KB238783

교회사전집3
니케아 시대와 이후의 기독교

Philip Schaff

필립 샤프

니케아 시대와 이후의 기독교

크리스챤
다이제스트

† 제3판 서문

제3권은 대 콘스탄티누스부터 대 그레고리우스까지 기독교 황제들과 총대주교들, 에큐메니컬 공의회들을 중심으로 전개된 파란만장한 시기를 다룬다. 이 책으로 그리스 · 라틴 · 개신교 기독교 세계의 공동 유산인 고대 기독교 역사가 마감된다.

이 책의 초판은 1867년에 출판했고, 그 이래로 중요한 변화를 가하지 않다가 1884년 개정판을 낼 때 부록에 최근의 참고문헌을 보충했다.

이 개정판에서는 부록을 개정하고 최근의 문헌들을 충실히 소개했으며, 현재의 연구 상황에 부합하도록 몇 부분에 수정을 가했다.

1889년 7월 뉴욕에서

저자

† 서문

하나님께서 계속해서 건강과 힘을 주신 데 힘입어 파란만장했던 4세기 초부터 6세기 말에 이르는 교회의 역사를 펴내게 되었다. 이것으로 필자의 고대 기독교 역사가 마무리된다.

원래는 제3기를 한 권으로 압축하여 엮어 낼 생각이었으나, 균형 유지를 감안하여 여러 해 전에 펴낸 제1권과 부피가 비슷한 두 권으로 분리할 필요가 있겠다고 판단했다. 쪽수가 제3권에 이어 제4권으로 연결되는 것은 그러한 이유 때문이다.

교회사 이 부분의 출판을 준비하느라 강의에는 그만큼 소홀할 수밖에 없었다. 유럽 탐방 등 다른 작업들에 쫓기고 원고의 한 부분을 잃어버려 다시 쓰느라 강의에 매진할 수 없었던 것이다. 반면에 미국의 여러 좋은 도서관들을 수시로 자유롭게 드나드는 큰 유익을 얻었다. 특히 에이스터 도서관(the Astor Library)과 뉴욕 유니온 신학교 도서관에 큰 신세를 졌다. 이 도서관들은 그리스와 라틴 교부들의 저서들을 완벽하게 구비하고 있었고, 그 밖의 처음 여섯 세기 역사의 주요 자료들을 거의 빠짐없이 소장하고 있었다.

필자는 여러 종의 교부 총서를 사용했지만(주로 베네딕투스회 판본), 바실리우스 · 나지안주스의 그레고리우스 · 제롬 · 아우구스티누스 · 레오의 저서들처럼 장 · 절 구분에 차이가 있거나 연설문과 서신에 번호가 다르게 매겨져 있는 경우에는 그 점을 꼼꼼하게 지적했다. 원전들을 끊임없이 참고한 것 외에도 최근의 독일과 프랑스와 영국의 사가들의 글도 수시로 검토했다.

작업을 진행해 가는 과정에서 17세기와 18세기 초반의 대 학자들에 대해서 존경의 심정을 금할 수 없었다. 그들은 대단한 근면과 인내로 채석장에서 귀석 캐내듯 여기저기 널려 있는 기독교 고전들을 수집하고, 모든 구석을 샅샅이 조사했다. 필자로서는 교부들의 저서들에 대해서는 베네딕투스회 편집자들이 남긴 총서를 참조하면 되었고, 성인전(聖人傳) 분야에서는 볼란드파(the Bollandists)의 판본을, 공의회들의 법령에 대해서는 만시(Mansi)와 아르두앙(Hardouin)을, 교부학과 문학사에 대해서는 갤란디(Gallandi), 뒤팽(Dupin), 세일리에(Ceillier), 우댕(Oudin), 케이브(Cave), 파브리키우스(Fabricius)를 참조하면 되었으며, 그 밖에도 페타우(Petau)의 「교의신학」(*Theologica dogmata*), 티이몽(Tillemont)의 「회고록」(*M moires*), 불(Bull)의 「니케아 신앙 변승」(*Defensio Fidei Nicaenae*), 빙엄(Bingham)의 「고대사」(*A ntiquities*), 발흐(Walch)의 「이단의 역사」(*Ketzerbistorie*)에 큰 힘을 입었다. 이 저작들과, 비록 다 소개는 못했지만 이들과 대등한 저작들은 학문성과 예리함과 건실한 판단과 경건에서 오늘날 튜턴 출판사가 펴낸 탁월한 저작들보다 낫다고는 못할지라도 거의 대등하다. 튜턴 출판사의 저작들은 비평적 분별, 철학적 이해, 예술적 재현, 공평하고 자유로운 정신에서 타의 추종을 불허한다. 이렇게 해서 시대성과 재능이 서로를 보완해 준 셈이 되었다.

과거와 현재의 유명 학자들의 업적을 든든한 발판으로 삼아, 필자는 역량을 다하여 방대한 자료를 간명하게 정리하려고 노력했고, 기독교 황제들과 총대주교들, 그리고 에큐메니컬 공의회들의 시대를 진실하고 생생하게 소개하려고 노력했다. 이 점에서 필자의 노력이 과연 성공한 것인지, 성공했다면 그것이 어느 정도인지는 역량 있는 분들이라면 평가할 것이다.

친구 목사 로체스터의 요먼스 박사(Rev. Dr. Yeomans)에게 진 신세는 이루 헤아릴 수 없이 크다. 그는 내 스스로 할 수 있었던 것보다 훨씬 더 훌륭한 영어로 원고를 다듬어 주었다. 나는 독일어 원고도 따로 준비하여 그것을 라이프치히로 보냈으므로, 미국에서 영어판이 출판될 때 그곳에서 독일어판이 동시에 출판될 것이다. 독일어 원고 중 일부분은 내가 직접 썼고, 최종 수정 과정에서 상당 부분을 첨가했다. 그러나 대부분은 요먼스 박사가 다듬은 원고를 독일어로 그대로 번역했다. 그는 꼼꼼하면서도 자구(字句)에 얽매이지 않는 역량으로 저자의 의도와 독자의 편의를 충분히 살렸으며, 그렇게 번역해낸 필자의 사도시대 교회사와 처음 3세기의 교회사로 인해서 최고의 비평가들로부터 높은 평가를 받았다.

이 책은 저자뿐 아니라 번역자에게도 진정한 사랑의 수고였으며, 그것 자체만으로도 충분한 보상이 되고도 남는다. 신적 진리의 비밀들을 해설하고 기독교의 복을 지구상에 전파하는 일에 하나님의 직접적인 도구들로 쓰인 그 위대하고 선량한 분들의 기억을 되살리어 살아 있는 세대에게 유익을 끼치는 것만큼 더 보람되고 유익한 일이 어디 있겠는가?

다른 바쁜 일들이 정리되는 대로 속히 이 작업에 다시 착수하여 원래의 계획대로 완수하는 것이 필자의 소원이자 목표이다. 그동안 필자는 교회사에서 여러모로 가장 중요하고 그리스 교회와 라틴 교회와 복음적 [개신교] 교회의 공동 유산인, 기독교 역사의 위대했던 첫 부분을 완료하는 만족을 누리고 있다. 하나님께서 이 책을 진리를 선양하고, 완전한 자유를 주는 그분을 섬기려는 신심(信心)에 불을 붙이는 데 써주시기를 소원한다.

필립 샤프

5 바이블 하우스, 뉴욕

1866년 11월 8일.

† 차례

제3기
로마 제국과 결합한 교회
대 콘스탄티누스부터 대 그레고리우스까지 A.D. 311-590

제5장 성직위계제도와 교회 정치 ·········· 223

제6장 교회의 권징과 분열들 ·········· 330

제7장 공예배와 종교 관습, 의식 347

II. 오리게네스 논쟁들

III. 그리스도론 논쟁들

IV. 인간론 논쟁들

제10장 교부들과 신학 저서들 748

I. 그리스 교부들

II. 라틴 교부들

제3기

로마 제국과 결합한 교회

대 콘스탄티누스부터 대 그레고리우스까지
A.D. 311-590

1. 서론과 개관

앞의 두 권에서 사도들과 순교자들의 기독교를 살펴보았다면, 이제는 총대주교들과 황제들의 기독교로 시선을 옮긴다.

이 책의 주제인 교회사 제3기는 황제 콘스탄티누스부터 교황 그레고리우스 1세에 이르는 기간에 해당한다. 간단히 말하자면 4세기부터 6세기 말에 이르는 기간이다. 이 기간에도 기독교는 이전의 3세기와 마찬가지로 그리스-로마 제국과 고대 고전 문화의 지리적 무대인 지중해 중심의 나라들에서 진행해 갔다. 그러나 사역의 범위와 규모가 크게 확대되어서 심지어 제국 변경의 야만족들에게까지 손길을 뻗쳤다. 무엇보다도 세속 국가와의 관계와 사회적·정치적 입지와 중요도에서 철저하고도 항구적인 변화를 겪었다. 제3권에서는 그리스-로마 제국의 교회를 다루게 되며, 게르만족 야만인들에게 기독교가 전파되기 시작하던 상황을 부수적으로 다루게 된다. 먼저 이 중요한 기간의 일반적 특성과 주요 사건들을 개관해 보자.

콘스탄티누스 대제가 즉위하면서 기독교는 세속 국가에게 박해를 받던 처지에서 국가와 결합하는 처지로 급격한 위상 변화를 겪었다. 국교회 체제가 시작된 것이다. 역사상 가장 고도로 발달하고 영향력을 행사하던 우상 숭배 형태인 그리스-로마의 이교는 3백 년에 걸친 투쟁 끝에 기독교에 무릎을 꿇고 원기를 다 소진한 채 "갈릴리인이여, 당신이 이겼소!"라는 고백을 남기고 소멸했다. 문명 세계의 군주가 면류관을 벗어서 십자가에 달렸던 나사렛 예수의 발 앞에 놓았다. 네로·도미티아누스·디오클레티아누스의 계승자가 황제의 의관을 갖춘 채 교회의 보호자로서 니케아 공의회에 참석하여, 여전히 박해의 상처를 지니고 있던 감독주교들의 승락을 받아 황금 보좌에 앉았다. 하늘 영광을 버리고 낮은 땅에 오셔서 머리 둘 곳도 없으셨던 구주와 똑같이 멸시를 당하던 작은 신앙 집단이 제국을 지배하는 군주의 지위로 올라섰고, 이교의 사제들이 누리던 특권을 누리게 되었고, 부와 권력이 날로 커졌고, 우상의 신전들에서 채취한 석재들로 그리스도와 그의 순교자들을 기리는 무수한 예배당을 건립했고, 그리스와 로마의 지혜를 사용하여 이교 세계에 미련하게 보였던 십자가의 도를 선양했고, 제국의 입법 활동에 강한 영향력을 행사했고, 제국의 사회 생활을 관장했으며, 세계사의 흐름을 주도했다. 그러나 동시에 교회는 위로는 카이사르부터 아래로는 비천한 노예에 이르는 제국의 방대한 인구를 끌어안고, 기존의 모든 제도들 속에서 지내는 과정에서, 세상과 이교로부터 이질적인 요소들을 허다히 품게 되면서 새로운 위험들에 노출되고 무거운 짐을 짊어지게 되었다.

교회와 국가의 결합은 어떤 때는 건강한 형태로 다른 때는 해로운 형태로 교회사의 모든 부분에 그 영향을 확대해 놓았다.

니케아 시대와 니케아 이전 시대의 기독교는 세상 정신이 교회에 들어와 크게 잠식했던 모습을 드러낸다. 천년왕국설이 완전히 자취를 감추면서 그리스도의 재림과 그의 영광스러운 통치를 갈망하던 태도도 사라진 반면에, 현실에 안주하려는 경향이 저변에 널리 깔리게 되었다. 하지만 그런 분위기에서 개인과 집단의 은둔 시설들을 중심으로 자아와 세상을 부정하려는 숭고한 열정이 확산되면서 기독교의 거룩성을 높이 선양한 몇몇 영웅들이 등장하게 되었다.

수도원주의(monasticism)는 이전 시대의 금욕적 경향을 이어받아 갈수록 깊어지던 기독교의 세속화에 맞서 싸우면서, 세상을 등지고 광야로 나가 살면서 교회의 순결과 순교의 영광을 지키려고 노력했다. 금욕적 원리를 도덕의 최고 덕목으로 올려놓았으며, 그 과정에서 광신과 야만적 도취의 경계를 넘나든 경우가 적지 않았다. 수도원주의는 거역할 수 없는 매력을 지닌 채 믿기 어려울 만큼 빠른 속도로 이집트로부터 동방과 서방의 온 교회로 확산되었으며, 아타나시우스(Athanasius)·바실리우스(Basil)·크리소스토무스(Chrysostom)·아우구스티누스(Augustine)·제롬(Jerome) 같은 교회의 위대한 교사들에게 천국에 이르는 가장 확실하고도 짧은 길로서 인정을 받았다. 수도원주의는 곧 사제단의 강력한 경쟁자가 되었으며, 사제와 평신도 중간에 제3의 지위를 형성했다. 은수자(隱修者)들과 수사들은 신앙이 비범하고 기괴한 성격을 띨수록 대중에게 더욱 존경을 받았다. 4세기부터 16세기까지 기독교적 삶이라는 개념 자체에 금욕주의와 수도원주의가 확고히 들어서 있었으며, 그 결과 이 시기의 기독교는 자발적 독신과 가난과 절대 순종, 그리고 기둥 위의 성인들과 광야의 순교자들이 보여준 극단적·자학적 삶을 숭고하게 여겼다. 반면에 매일 가정 생활과 사회 생활에서 발휘하고 사는 그리스도인의 덕들은 도덕성의 다소 열등한 단계로 간주되었다.

이 점에서 옛 가톨릭 교회의 윤리 사상은 복음적 개신교 사상과 현대 문명과 본질적으로 다르다. 그러나 옛 가톨릭 교회의 윤리 사상을 제대로 이해하고 평가하기 위해서는 급속히 쇠망의 길을 걷고 있던 로마 제국의 부패한 사회상과 관련지어 생각해야 한다. 그 시대의 기독교 정신은 퍽 근신하고 생기가 넘쳤기 때문에 타락한 사회에 동화되지 않아야 한다는 의지와 은둔적인 자세를 취할 수밖에 없었으며, 은둔과 단절의 학교에 머물면서 세상을 변화시키고, 옛 이교의 폐허 위에 새로운 기독교적 사회 질서를 수립하는 과업을 준비할 필요를 강하게 느꼈다.

니케아 시대와 니케아 이후 시대에 이루어진 교리 발전은 생산성과 중요성에서 사도 시대와 종교개혁 시대에 버금갔다. 이 기간에 객관적이고 근본적인 교리들이 수립되었으며, 이 교리들이 세계적 혹은 옛 가톨릭적 신앙고백을 형성했다. 그리스 교회는 삼위일체와 그리스도의 위격에 관한 정통 신앙의 견해를 신앙고백서의 형태로 정의해낸 반면에, 라틴 교회는 죄와 은혜를 중심으로 한 인간론과 구원론을 크게 발전시켰다. 4세기와 5세기에는 동방에서 아타나시우스와 크리소스토무스, 서방에서 제롬과 아우구스티누스 같은 위대한 교부들이 등장했다. 이 시기에는 모든 학문과 과학이 교회를 위해 봉사했고, 황제로부터 예술가에 이르는 모든 사회 계층이 신학 논쟁에 매우 활발한, 심지어는 열광적인 관심을 기울였다. 또한 이 시기에는 최초로 로마 제국 전역의 교회들이 대표를 파견한 세계[에큐메니컬] 공의회들이 열려서 신앙의 조항들을 권위 있게 확정했다.

하지만 이 시기는 정통 신앙의 경계선이 한층 더 엄격하게 그어진 시기이기도 하다. 탐구의 자유가 제한되었으며, 국가 교회의 체제에서 이탈할 경우 과거처럼 영적 무기들로 제재를 당했을 뿐 아니라, 국가에 의해 형사 처벌까지 받았다. 벌써 4세기에 이르면 이단에 속했든 정통 신앙에 속했든 권력을 쥔 집단이 황제의 권위를 등에 업고서 반대자들에게 면직과 재산 몰수와 추방을 가했다. 거기서 한 발짝 더 나아간 것이 고문과 사형으로서, 실제로 중세 교회가 이 방법을 사용했고, 17세기 중반까지도 개신교와 로마 가톨릭 양 진영에서 국가 교회의 권위에 의해 이 방법을 사용했으며, 심지어 오늘날까지도 여러 나라에서 기존 체제를 위협하는 일체의 종교적 반대파들에게 이 방법을 사용하고 있다. 국교회 체제가 존재하는 한 절대적인 '신앙과 예배의 자유'란 사실상 논리적으로 불가능하다. 신앙과 예배의 자유가 존재하려면 영적 권력과 세속 권력이 분리해야 한다. 그럴지라도 교회와 정치가 결합하여 반대파를 박해하기 시작하던 초창기부터 그런 행위를 비판하고 종교적 관용을 옹호하는 목소리가 크게 제기되었다. 물론 그런 목소리는 어김없이 탄압받는 진영에서 나왔고, 그 진영이 권력을 쥐었을 때는 애석하게도 자신들의 옛 처지를 잊고 탄압자의 위치에 서긴 했지만 말이다. 게다가 탄압에 저항할지라도 개인적 상해와 침해에 대한 반발에서 비롯된 경우가 많았고, 박해의 원리에 대한 우려나 복음의 본질과 "네 칼을 도로 칼집에 꽂으라", "내 나라는 이 세상에 속한 것이 아니니라"는 의미심장한 말씀을 분명히 이해해서 저항한 경우는 많지 않았다.

교회의 조직은 제국의 정치적·지리적 구분에 맞춰서 이루어졌다. 성직위계 제도(the hierarchy)의 권한이 대폭 증대되면서 주교[감독]들이 국가의 고위 관료가 되어 사회와 정치 분야에서 막강한 영향력을 행사하게 되었다. 그리고 그 과정에서 본연의 영적 권위와 독립성을 다소 상실하게 되었으며, 이러한 현상은 비잔틴 황궁에서 더욱 두드러졌다. 주교를 정점으로 삼던 제도도 수도대주교와 총대주교 위주의 제도로 바뀌었다. 5세기에는 로마·콘스탄티노플·안디옥·알렉산드리아·예루살렘의 총대주교들이 기독교 세계를 대표하는 지위에 올랐다. 이들 가운데 로마와 콘스탄티노플이 가장 강력한 경쟁자들이었으며, 로마의 총대주교는 당시에 벌써 보편적 영적 수위권(首位權)을 주장했다. 이 주장은 훗날 중세 교황제에서 절정에 달하게 된다. 비록 그것은 서방 세계에 국한되었고, 그리스 교회와 모든 비가톨릭 분파들에게 끊임없이 비판과 저항을 받긴 했지만 말이다. 관구[지역] 교회회의(synod)들 외에도 이제는 총 교회회의(general synod)들이 열리게 되었다. 하지만 이때는 총 교회회의들이 황제들에 의해서 소집되었고, 비록 정치 세력에 휘둘리지는 않았지만 다소 영향을 받았다.

콘스탄티누스 때부터 교회의 기강이 해이해져 갔다. 이제는 로마 세계 전체가 명목상 기독교 세계가 되었으며, 위선적인 신자들의 수가 통제할 수 없을 정도로 불어났다. 그럴지라도 암브로시우스(Ambrose)가 황제 테오도시우스(Theodosius)를 단호하게 대한 태도는 강직한 권징 사례들이 아예 없었던 것이 아님을 보여준다.

예술이 교회 의식에 들어왔기 때문에 예배가 많이 화려해졌다. 기독교 건축, 기독교 조각, 기독교 회화·음악·시(詩)가 등장하여 경건과 엄숙함, 그리고 온갖 종류의 미신과 공허한 과시를 은근히 조장했다. 종교적 형상들은 길고 격렬한 반대를 받은 뒤에야 비로소 도입되었다. 제사와 신비의 요소가 발전했으나, 그 과정에서 외형적 의식(儀式)을 마술 행하듯 거행하는 미신적인 태도도 끼어들었다. 교회의 축일들이 늘어났고 의식도 화려해졌다. 의식의 내용도 그리스도를 높이는 데만 치중하지 않고 순교자들과 성인들을 극진히 숭배했는데, 그것은 우상 숭배의 경계를 넘나드는 것이었으며, 여전히 대중의 정서에서 뿌리뽑히지 않은 이교의 영웅 숭배를 연상케 한다. 종교 의식들이 증가하고 축적되면서 감각과 상상력을 자극했지만, 과거 교회가 하나님을 예배할 때 간직해온 단순성과 영성과 열정을 손상시켰다.

이처럼 우리가 이 시기의 문턱을 넘을 때 발견하게 되듯이 교회의 사회적·정치적 환경이 철저하고도 갑작스럽게 변화하고 있었음에도 불구하고, 콘스탄티누스 이전 교회가 지녀온 빛과 그림자가 자연스럽고 필연적으로 연속되고 있었고, 고대의 그리스-로마 가톨릭교회가 점차 중세의 그리스-로마 가톨릭교회로 전환되고 있었다.

이제 우리는 처음으로 로마 제국의 기독교뿐 아니라, 동쪽과 북쪽에서 제국과 고대 고전 문명 전체를 위협하던 게르만족 야만인들에게 들어간 기독교도 진지하게 살펴보게 될 것이다. 게르만족을 생각할 때, 교회가 로마 제국의 수명을 연장해 주었다고 생각하지 않을 수 없다. 그뿐 아니라 교회는 제국에게 새로운 위세와 상승, 새로운 힘과 통일을 부여했으며, 재난과 역경에서 위로를 제공했다. 그러나 교회가 제국의 최종적 해체까지 막을 수는 없어서 먼저 서방이 몰락하고 (476), 그 뒤에 동방이 몰락했다(1543). 그러나 교회는 태풍처럼 밀려온 거대한 이민들 속에서 살아남았고, 이교 침입자들을 기독교의 영향력 아래로 끌어들였고, 야만인들에게 평화롭게 지내는 방법을 가르쳤고, 고대 세계의 폐허 위에 좀 더 고등한 문화를 심었으며, 그로써 교회가 그 어느 것에도 무너지지 않고 모든 것을 굴복시키는 능력을 지니고 있음을 온 세상에 새롭게 천명했다.

4, 5, 6세기의 역사를 세밀히 검토할 때 다음과 같은 시대 구분을 유념해 두어야 한다.

　1. 콘스탄티누스와 아타나시우스의 시대, 혹은 니케아와 삼위일체 시대. 기간은 311년부터 제2차 니케아 공의회가 열린 381년까지이고, 주요 사건은 콘스탄티누스가 회심한 것, 제국 정부가 교회와 손을 잡은 것, 그리고 그리스도와 성령의 신성 교리가 쟁점이 되어 발생한 아리우스 논쟁과 반(华) 아리우스 논쟁이다.

　2. 니케아 이후 시대, 혹은 그리스도론과 아우구스티누스의 시대. 제4차 공의회가 열린 451년까지이며, 주요 사건은 그리스도의 위격을 쟁점 삼아 발생한 네스토리우스 분쟁과 유티케스 분쟁, 그리고 죄와 은혜가 쟁점이 되어 발생한 펠라기우스 논쟁이다.

　3. 대 레오(Leo the Great, 440-461)의 시대, 혹은 서방에서 교황 수위권(首位權)이 대두한 시대. 주요 사건은 476년에 서로마 제국을 멸망시킨 야만족의 침공이다.

　4. 유스티니아누스(Justinian, 527-565)의 시대. 비잔틴 국가-교회의 전제 권력이 절정에 달한 시기이자, 쇠퇴의 길로 접어든 시기이다.

　5. 그레고리우스(Gregory, 590-604)의 시대. 고대 그리스·로마 세계에서 중세 로마-게르만 기독교로 이행한 시기로서, 중세 교회사에 포함시키는 것이 더 타당할 것이다.

제 1 장

로마 제국에서 이교가 몰락하고
기독교가 승리를 거두다

2. 콘스탄티누스 대제(306-337)

디오클레티아누스와 갈레리우스 치하에서 제국은 새 종교를 완전히 뿌리뽑으려고 그리스도인들에게 최후의 대 박해를 가했으나, 오히려 결과는 311년에 관용령이 공포되고 박해자들이 비참하게 몰락하는 것으로 나타났다.[1] 관용령이 공포되었다는 사실은 이교가 돌이킬 수 없을 정도로 무력하게 된 반면에 기독교가 이제는 아무도 거스를 수 없는 대세로 상승하고 있던 현실을 마지못해서 인정한 것이었다. 이로써 카이사르들의 제국에서 전자의 몰락과 후자의 등극 사이에는

---

1) 참조. 제1권 § 57. 갈레리우스는 두렵고 혐오스러운 병(morbus pedicularis, 寄生症)에 걸린 뒤 곧 죽었다. 에우세비우스는 *H. E.* viii. 16에서, 락탄티우스는 *De mort, persec.* c. 33에서 그 병을 상세하게 소개한다. 기번(xiv장)은 이렇게 말한다: "무절제한 생활로 몸이 무척 비대했던 그는 온 몸에 종양이 퍼진 뒤 몹시 혐오스러운 병명(病名)을 만든 무수한 벌레들에게 먹혀 죽었다." 디오클레티아누스는 305년에 권좌에서 물러났고, 313년에 자살함으로써 독기어린 삶을 마감했다. 은퇴해서 지내는 동안 제위에 앉아 있을 때보다 양배추를 재배하며 지내는 것이 더 큰 낙을 준다는 것을 발견했다. 이것은 충분히 그랬으리라고 믿을 만한 고백이다. (미국 대통령 링컨은 남북전쟁이 한창이던 1862년 12월에 만약 기회만 주어진다면 자신의 지위를 흔쾌히 버리고 일반 병사가 되어 막사에서 지내겠다고 공언했다.) 관용령이 발표된 뒤에도 동방에서 모든 수단을 동원하여 박해를 자행한 막시미누스(Maximin)도 313년에 비참하게 독살되었다. 마지막 세 명의 박해자들이 이렇게 비참한 최후를 맞이하는 모습을 지켜본 그리스도인들은 그것을 분명한 하나님의 심판으로 평가했다.

한 발짝의 차이밖에 남아 있지 않았다.

그 한 발을 내딛음으로써 역사에 거대한 획을 그은 사람이 콘스탄티누스 1세 (Constantine I)이다.[2] 그는 시대의 징후를 파악하고서 그에 순응했다. 과연 그는 그 시대를 위해서 준비된 사람이었다. 하나님께서 섭리로써 그와 그 시대를 통제하시고 서로 부합하게 예비하셨다. 콘스탄티누스는 진정한 진보의 대열에 앞장섰다. 훗날 조카 배교자 율리아누스(Julian)가 그 대열에서 이탈했다가 뒤처진 것과 사뭇 대조되었다. 그는 교회를 반대와 박해에 짓눌리던 낮은 지위에서 존경과 권세를 누릴 만한 지위로 끌어올리는 데 견인차 역할을 했다. 이에 대한 보답으로 후대인들은 그에게 '대'(the Great, 위대한 자)라는 칭호를 붙여주었다. 하지만 그가 이 칭호를 받은 것은 도덕적 성품 때문이 아니라, 군사적·행정적 능력과 현명한 정책, 기독교에 보여준 배려와 보호, 그의 재위가 끼친 심원한 결과들 때문이었다. 실제로 그의 위대함은 1등급이 아니라 2등급이었으며, 그가 어떤 존재였는가 하는 것보다는 무슨 일을 했는가 하는 것으로 평가해야 한다. 하지만 그리스 교회는 그를 심지어 성인의 반열에 올려 놓음으로써, 마치 라틴 교회가 샤를마뉴에게 부여한 것과 유사한 평가를 그에게 부여한다.

초대 기독교 카이사르이자 콘스탄티노플과 비잔틴 제국 설립자였고, 로마 황제들 가운데 재능과 열정과 업적에서 몇 손가락 안에 드는 황제였던 콘스탄티누스는 기독교 신정(神政)을 최초로 추구한, 즉 모든 백성을 그리스도인들로 간주하고, 백성의 정치적·사회적 권리와 신앙의 권리를 하나로 연결하고, 교회와 국가를 지상에 수립된 신적 정부의 두 팔로 간주하는 정치 체제를 최초로 추구한 인물이었다. 기독교 신정 사상은 그의 후임자들에 의해서 더욱 충분하게 발전했고, 중세를 지배했으며, 현대에 와서도 다양한 형태로 여전히 작용하고 있다. 물론 이 사상이 역사 안에서 충분히 실현된 적은 없었다. 비잔틴 제국에서도, 독일이나 러시아 제국에서도, 로마의 국가 교회에서도, 칼빈이 감독한 제네바 공화국에서도, 혹은 뉴잉글랜드의 초창기 청교도 식민지들에서도 이 사상이 충분히 실현되지는 못했다. 하지만 다른 한편으로 콘스탄티누스는 복음의 도리를 충분히 깨닫지 못한 채 기독교를 정치와 결합하고, 평화의 거룩한 상징을 전

---

2) 콘스탄티누스 1세의 원명은 카이우스 플라비우스 발레리우스 아우렐리우스 클라우디우스 콘스탄티누스 마그누스이다.

쟁의 공포와 결합하고, 하나님 나라에 대한 영적 관심사를 국가의 지상적 관심사와 결합시킨 전형적인 인물이기도 하다.

이 비범한 인물과 그의 재위를 평가하려 할 때는 역사의 대원칙을 고수해야 한다. 역사의 대원칙이란 시대를 대표하게 된 사람들이 의식적으로든 무의식적으로든 자기 시대의 정신을 자유로우면서도 책임있게 드러낸다는 것이다. 그들이 시대 정신을 수립할 수 있기 전에 시대 정신이 먼저 그들을 세워놓으며, 시대 정신 자체는 그것이 선하든 악하든 혹은 혼합된 것이든 인간들의 모든 행동과 마음의 생각을 다스리고 주관하시는 하나님의 섭리의 손에 들려 쓰이는 도구일 뿐이다.

기독교는 3세기의 역사를 지나오는 동안 이미 내적으로는 세상을 이긴 상태였으며, 따라서 외적인 혁명이란 가능했을 뿐 아니라 불가피한 결과였다. 이렇게 철저하고 중대한 변화의 원인을 어느 한 개인의 동기 – 그것이 정치적 고려에서 나온 것이든, 신앙적 고려에서 나온 것이든, 아니면 미신적 생각에서 나온 것이든 – 에서 찾는다면 지나치게 피상적인 판단이 아닐 수 없다. 그러나 어느 시대든 그 시대를 대표할 만한 사람들이 준비되고 등장하는 것도 부인할 수 없는 사실이다. 콘스탄티누스가 그런 사람이었다. 그는 정치적 식견이 탁월한 사람이었다. 시대의 흐름의 선두에 서서 로마 제국에서 우상 숭배가 수명을 다했다는 것과, 기독교만이 제국에 새로운 활력을 불어넣고 도덕적으로 제국을 떠받쳐 줄 수 있다는 것을 분명하게 꿰뚫어보았다.

특히 교회의 보편적[가톨릭적] 통일을 견지하는 문제 앞에서는 그의 중앙집권적 정책이 교회의 성직위계적(hierarchical) 주교제와 잘 맞아떨어졌다. 따라서 그는 313년부터 주교들과 긴밀한 관계를 유지했고, 도나투스파 논쟁과 아리우스파 논쟁 때에도 평화와 화해를 최우선 과제로 삼았으며, 모든 공문서에서 '교회'라는 단어를 사용할 때마다 '가톨릭'[보편적]이라는 수식어를 반드시 붙였다. 선대의 황제들이 제국 이교(異敎)의 대신관(大神官)이었던 것처럼, 자신이 교회 외부 문제들을 총괄하는 주교[정규 주교들인 '교회 내부 주교'와 구분되는 '교회 외부 주교']로 대접받고 싶어했다. 욕심이 있어서가 아니라 제국의 장래를 고려했기 때문이었다. 야만족들로 인해 터가 흔들리고 사방에서 위협을 당하던 제국을 공고히 세우기 위해서는, 그리고 미래를 책임지게 될 야만족들 사회에 최소한 기독교와 문화의 씨앗이 뿌려질 때까지는, 제국 주민들을 하나로 결집할 수 있는 띠가 있어야 했던 것이다. 따라서 콘스탄티누스 개인의 정책이 제국의 이해와 잘 맞아떨어졌다. 그는 제국을 정치적으로 개혁할 유일한 세력 집단이 기독교라고 판단했고, 그 판단은 정확했다. 당시 제국은 고대 로마의 정신이 급속히 퇴조하고 있던 반면에, 내부로는 사회적·종교적 분열들과 외부로는 야만족의 압박에 의해서 사회가 해체의 위기로 치닫고 있었던 것이다.

그러나 콘스탄티누스의 심중에는 정치적 동기와 종교적 동기가 복잡하게 얽혀 있었다. 그리고 그 동기에는 비록 선명하고 깊지는 않으나 솔직하고 강력한 미신적 성향이 깔려 있었다. 즉 신앙을 외면의 성공으로 판단하고, 상징과 의식에 마술적 가치를 부여하는 성향이 혼합되어 있었던 것이다. 실은 그의 가족 전체가 신앙 정서에 강한 지배를 받았다. 헬레나(Helena)는 성지 순례에 열의를 쏟았고, 콘스탄티아(Constantia)와 콘스탄티우스(Constantius)는 아리우스주의를 열광적으로 지지했으며, 율리아누스(Julian)는 이교에 광적인 지지를 보냈다. 콘스탄티누스 본인도 처음에는 기독교를 미신으로 받아들이고 그것을 자신이 숭배하던 이교적 미신과 나란히 취급하다가 나중에 가서야 이교를 버리고 기독교를 받아들였다. 물론 그때도 순수하고 깨달음에 토대를 둔 신앙으로 올라서지 못하긴 했지만 말이다.

처음에 콘스탄티누스는 자기 아버지와 마찬가지로 죽어가던 이교 세계의 정신적 버팀목이었던 신플라톤주의의 절충주의에 입각하여 모든 신들을 신비스러운 세력들로 여겨 존경했다. 특히 태양신 아폴로를 각별히 존경하여 308년에는 그 신에게 막대한 예물을 갖다 바쳤다. 심지어 321년에 이르러서도 제국 사회에 무슨 불행한 일이라도 생기면 옛 이교적 관습대로 점쟁이들을 불러 자문을 구하곤 했다. 더욱이 훗날 황궁을 비잔티움으로 옮길 때에도 '순교자들의 하나님' 과 이교의 운명의 여신 포르투나에게 가호를 빌었다.[3] 그리고 생을 마치는 날까지 폰티펙스 막시무스(Pontifex Maximus, 이교의 최고 사제)의 칭호와 위엄을 유지했다.[4] 그가 발행한 주화들에는 한쪽 면에는 그리스도의 이름이, 다른 쪽 면에는 태

---

3) 에우세비우스(*Vit. Const.* 1. iii. c. 48)에 따르면 그는 콘스탄티노플을 '순교자들의 하나님' 께 헌정했다고 하지만, 조시무스(*Hist.* ii. c. 31)에 따르면 두 여신인 마리아와 포르투나에게 헌정했다고 한다. 그 후에 그 도시는 성모 마리아의 각별한 가호를 내세우게 되었다.

양신의 형상과 '솔 인빅투스'(정복되지 않는 태양)라는 문자가 새겨져 있었다. 물론 이러한 모순된 태도는 313년의 관용령에 터를 둔 정치적 고려였을 수도 있다. 게다가 유대교에서 기독교로, 혹은 로마교에서 개신교로 이행(移行)하는 과도기의 사람들 가운데 콘스탄티누스처럼 옛 신앙과 새 신앙 사이에서 어정쩡한 태도를 취했던 사람들을 예로 들기란 그리 어렵지 않다. 콘스탄티누스가 이교 세력의 정적들이었던 갈레리우스, 막센티우스, 리키니우스를 차례로 제압하는 과정에서 기독교에 너욱 호감을 갖세 된 것이나, 십자가 상징의 마술적 능력에 대한 신념이 더욱 커진 것도 부인할 수 없는 사실이지만, 그럼에도 불구하고 그는 이교 신앙을 공식적으로 버리지 않았으며, 337년에 임종을 맞이하게 되기 전까지 세례를 미뤄두고 있었다.

그는 중후하고 사람을 압도하는 인격을 갖고 있었으며, 주위의 아첨자들에게 아폴로 같은 인물로 추앙을 받았다. 키가 훤칠하고 어깨가 넓고 준수한데다 매우 활력적이고 건강했으나, 의상과 외양에 허영에 가까운 관심을 쏟아서 항상 동양의 왕관이나 보석을 박아넣은 투구를 썼고, 진주들로 치장하고 금으로 꽃무늬를 수놓은 비단 자색 망토를 걸쳤다.[5] 지성은 그다지 세련되다고 할 수 없었으나, 선천적으로 명쾌하고 강인하고 기민하여서 빈 구석을 드러내는 일이 드물었다. 전하는 바로는, 기본적으로 인간을 경멸한데다 칭찬받기를 무척 좋아했다고 한다. 인간 본성을 잘 알고 있었고, 행정에 대한 열정과 기지도 대단한 사람이었다.

도덕성에서도 고결한 면이 없지 않아서, 당시로서는 드물게 혼인의 정절을 지켰고, 거의 낭비에 가까울 정도로 박애심과 인심이 후했다.[6] 그가 제정한 많은 법률들과 규례들은 기독교의 정의와 자비의 정신을 내비쳤고, 여성의 지위 상승을 권장했고, 노예들과 이재민들의 생활 형편을 개선했으며, 제국 전역에서 교회가 자유롭게 활동할 수 있도록 뒷받침해 주었다. 이런 점들로 인해 그는 이교

---

4) 그의 계승자들도 같은 태도를 견지하다가 375년에 그라티아누스가 그 칭호를 버린 이후로 그것은 공허한 칭호가 되었다.

5) Euseb. *Laud. Const.* c. 5.

6) 그리스도인들이 그에 관해서 남긴 기록들은 한결같이 그가 절제력이 강한 사람이었다고 전하지만, 율리아누스는 반대되는 진술을 하며, 그가 음식을 탐하는 옛 로마인의 폐습을 버리지 못했다고 비난한다.

시대와 기독교 시대의 모든 로마 황제들을 통틀어 가장 훌륭했고 가장 여건이 좋았고 가장 유력했던 황제의 한 사람으로 평가를 받는다.

그럴지라도 콘스탄티누스에게는 큰 결핍과 과오들이 있었다. 그가 교회에 베푼 호의에 눈이 먼 에우세비우스는 그의 전기를 쓸 때 그를 미래의 모든 기독교 군주들의 전범으로 세우려는 명백한 의도로 거짓에 가까운 찬사로 일관했으나, 콘스탄티누스는 그의 전기에 묘사된 만큼의 순수하고 덕망 높은 인물이 결코 아니었다. 유감스럽게도 콘스탄티누스는 기독교에 대한 지식이 증가한 것만큼 신앙의 덕을 실천하는 면에서는 장성을 나타내지 못했다. 권력이 증가할수록 과시욕과 낭비벽도 커졌고, 의심과 독재의 성향도 갈수록 강해졌다.

그는 권력의 절정에 오른 시기에 중대한 범죄들을 저질렀는데, 그러한 범죄들은 아무리 시대 정신과 절대 군주의 정책을 내세우더라도 변명의 여지가 없는 것들이었다. 피비린내 나는 전쟁을 통해서 마침내 제국을 독차지하려는 야심을 성취하게 된 뒤에, 그러니까 니케아에 대규모 공의회를 소집한 그 해에 그는 정적에게 자비를 베풀겠다는 엄숙한 약속(324)을 깨뜨리고서 자신에게 정복된 정적이자 처남인 리키니우스를 처형했다.[7] 그것으로도 성이 차지 않아서 얼마 뒤에는 후환을 없애려고 열한살도 채 되지 않은 조카 소 리키니우스(the young Licinius)를 죽이게 했다. 그러나 참으로 악한 일은 326년에 자신의 맏아들 크리스푸스를 살해한 일이다. 아들이 역모를 꾸미고 계모 파우스타(Fausta)에게 불륜을 도모했다는 의혹을 받은 것이 이유였으나, 크리스푸스가 무고했다는 것이 학계의 일반적인 평가이다. 이러한 집안의 정치적 참극은 의심과 정쟁의 소용돌이에서 비롯되었으며, 훗날 필리페 2세(Philip II, 1527-98. 스페인 왕)가 돈 카를로스(Don Carlos)에게, 표트르 대제(Peter the Great, 1672-1725. 러시아 황제)가 아들 알렉시스(Alexis)에게, 대 술레이만(Suleiman the Great, 1496-1566. 오스만 터키의 황제)이 아들 무스타파(Mustapha)에게 행한 일을 기억하게 한다.

후대의 저자들은 콘스탄티누스 황제가 이 죄를 저질러 놓고는 다윗 왕처럼 비

---

7) 에우세비우스는 그리스도인들의 원수에게 취해진 이 조치를 전쟁 법으로써 정당화한다. 그러나 엄숙한 약속을 어긴 것은 어떻게 되는가? 에우세비우스는 크리스푸스와 파우스타가 살해된 사건에 대해서 짐짓 묵과한다. 그것은 진리를 말하되 온전한 진리를 말해야 할 역사가의 가장 중요한 의무를 저버린 것이다.

통하게 울면서 후회했다고 전하지만 실은 근거없는 이야기이다. 그 외에도 콘스탄티누스는 326년경에 두번째 아내 파우스타를 살해했다는 비판을 자주 받았다. 20년간 행복한 결혼 생활을 하던 파우스타가 의붓아들 크리스푸스를 모략하고 노예 혹은 친위대 병사와 간통을 저지른 죄로 뜨겁게 달군 목욕탕에서 질식해서 죽게 했다는 것인데, 이 역시 낭설로 여겨진다. 그러나 파우스타가 죽게 된 이유와 경위에 관한 기록이 아주 늦게 나온데다 내용마저 일관되지 않아서 콘스탄티누스가 모종의 개입을 하지 않았는가 하는 강한 의혹이 생긴 것도 무리가 아니다.[8]

　어쨌든 기독교는 콘스탄티누스를 도덕적으로 확고히 변화시키지 못했다. 그는 기독교 본연의 사명을 수행하는 일보다 기독교의 사회적 지위를 증진하는 데 더 관심이 있었다. 따라서 외부의 상황에 따라 그의 호의와 미움을 번갈아 받았던 그리스도인들과 이교도들, 정통 신앙 진영과 아리우스 진영이 한 번은 그에게 찬사를 보냈다가 다음 번에는 비난을 퍼붓는 일이 반복되었다. 그는 인품과 공로는 출중한데 기괴한 범죄들을 저지름으로써 공적 행위와 사적 성격의 차이를 드러낸 점에서 표트르 대제와 비슷하며, 죽을 때 다음과 같은 말로 자위한 것도 표트르와 비슷하다. "하나님께서 내가 내 백성[교회]에게 행하려고 노력한 선행을 하감하시어 내 죄를 사해 주실 것을 믿습니다." 그의 경건이 어떤 성격의 것이었는가 하는 것은, 헬레나가 예루살렘에서 가져온 구주의 십자가에 박혔던 거룩한 못들을 그가 하나는 자신의 군마(軍馬)의 재갈에, 다른 하나는 투구 장식

---

8) 조시무스(Zosimus)는 분명히 이교도로서의 편견과 비방의 입장에서, 사랑하는 손자를 잃은 데 격노한 어머니 헬레나의 사주를 받은 콘스탄티누스가 무고한 파우스타와 황제의 세 계승자의 어머니로 추정되는 간부(姦婦)를 죽였다고 주장한다. 반면에 필로스토르기우스(Philostorgius)는 파우스타에게 죄가 있었다고 주장한다(*H. E.* ii. 4; 이 책은 일부만 현존한다). 이들보다 이전 시대의 증인들은 이들의 주장 자체를 간접적으로 일축한다. 차기 황제의 재위 기간에 작성된 두 편의 연설문은 파우스타가 자신의 아들 소 콘스탄티누스(the younger Constantine)가 죽은 뒤에도 살아남았고, 소 콘스탄티누스도 아버지보다 3년이나 더 살았음을 암시한다. 에바그리우스(Evagrius)는 크리스푸스와 파우스타가 살해되었다는 설 자체를 부정한다. 하지만 이것은 그 사건에 침묵하는 에우세비우스의 글에만 의존한 것이다. 에우세비우스는 황제에게 극단적인 호의를 보이는 까닭에 글의 가치가 심각하게 훼손된다. 기번과 니버는 파우스타의 죽음에 콘스탄티누스가 전혀 무관하다는 입장을 견지한다.

에 사용한 예에서 잘 드러난다. 과단성 있고 순수하고 일관성 있는 성격과 거리가 있었던 그는 두 시대와 두 종교의 과도기에 서 있었다. 그리고 그의 생애는 두 가지 특징을 고스란히 드러낸다. 그는 마침내 임종 침상에서 "자, 이제는 이중성을 죄다 버립시다"라고 말하며 세례받기를 청함으로써 사적 성격과 공적 생애가 두 가지 상반된 원칙들에 지배를 받아왔음을 정직하게 시인했다.

지금까지 살펴본 개괄적인 내용을 넘어서서 이제는 콘스탄티누스의 생애와 재위가 교회사에 지니는 주된 특징들을 살펴보자. 그의 성장기와 교육, 그리고 십자가 환상, 관용령, 기독교에 유리하게 제정한 법률, 세례와 죽음의 순서로 살펴보기로 한다.

306년까지 갈리아 · 스페인 · 브리타니아를 통치하다가 죽은 공동 황제 콘스탄티우스 클로루스(Constantius Chlorus)의 아들인 콘스탄티누스는 272년으로 추정되는 해에 브리타니아 혹은 일리리쿰 다르다니아의 성읍 나이수스(오늘날의 니사)에서 태어났다.[9] 어머니 헬레나는 여관집 딸로서,[10] 콘스탄티우스(Constantius)와 결혼했다가 콘스탄티우스가 정치적 이유로 막시미아누스의 딸과 결혼하자 그와 이혼했다.[11] 기독교 저자들은 헬레나를 신중하고 경건한 여성

---

9) 바로니우스(Ann. 306, n. 16)와 그 밖의 학자들에 따르면 그는 브리타니아에서 태어났다고 한다. 왜냐하면 307년에 작성된 찬사에 콘스탄티누스가 브리타니아에서 출생하여서 그 땅을 고귀하게 만들었다고 적혀 있기 때문이다. 하지만 이 말은 그의 출생뿐 아니라 황제 즉위를 언급한 것으로도 이해할 수 있다. 그는 그 땅에서 군인들에 의해서 카이사르로 옹립되었기 때문이다. 이와 상반된 견해들도 고대의 증거들에 근거를 두며, Pagi, Tillemont, 그리고 현대의 대다수 학자들의 지지를 받는다.

10) 암브로시우스(*De obitu Theodos*)는 콘스탄티우스가 헬레나를 사귈 당시에 헬레나가 '주막집 여자'(stabulariam)였다고 말한다.

11) 이것이 더 타당성이 높은 견해로서, 권위 있는 문서에 토대를 둔다. 조시무스와 심지어 '유월절 연대기'는 헬레나가 콘스탄티우스의 첩이었고, 콘스탄티누스가 서자였다고 전한다. 그러나 이 말이 사실이라면 그가 디오클레티아누스의 궁정에서 환대를 받고 아무런 반대 없이 카이사르에 선출된 것이 납득하기 어렵게 된다. 콘스탄티우스에게는 정실(正室) 테오도라에게서 낳은 세 아들과 세 딸이 있었기 때문이다. 하지만 헬레나가 처음에는 첩이었다가 나중에는 정실이 되었을 가능성도 있다. 콘스탄티누스는 황제가 된 뒤에 어머니를 극진히 봉양했으며, 아우구스타(여성 아우구스투스)와 여제(女帝)라는 칭호와 그에 걸맞는 예우를 부여했다.

으로 묘사하며, 성인의 반열에 올리는 영예를 바쳤다. 헬레나라는 이름은 십자가 발견과 성소(聖所) 숭배와 항상 붙어다닌다. 이 여성은 수(壽)를 누리다가 326년 혹은 327년에 로마 시내 혹은 근교에서 생을 마쳤다. 미모와 재산에 힘입어 미천한 집안에서 황궁의 안주인이 되었다가 조세핀(나폴레옹의 부인)과 같은 운명에 처하게 되었으나, 아들 덕분에 황후의 존엄을 되찾고 가톨릭 교회의 성인으로 생을 마감한 것이다. 니케아 시대의 주요 사건들과 기독교가 로마 제국에서 거둔 승리를 묘사하는 역사 소실을 쓴다면 헬레나가 흥미로운 등장인물이 될 것이다.

콘스탄티누스는 디오클레티아누스 밑에서 이집트와 페르시아에 대한 전쟁을 치르면서 처음 두각을 나타낸 뒤, 갈리아와 브리타니아로 갔다가 요크의 총사령관 관저에서 임종하는 아버지와 로마 군인들에 의해서 황제로 옹립(擁立)되었다. 그의 아버지는 평소에 그리스도인들을 평화롭고 기품있는 시민들로 높게 평가했고, 동방에서 디오클레티아누스의 박해가 자행되는 동안 서방에서 그들을 보호했는데, 이러한 관용의 태도가 콘스탄티누스에게 이어졌다. 관용책으로 유리한 결과들을 얻어내던 콘스탄티누스는 갈레리우스가 그리스도인들을 적대시하다가 불리한 상황에 봉착하는 것을 지켜보면서 관용책을 더욱 힘있게 추진했다.

에우세비우스에 따르면 콘스탄티누스의 생각은 다음과 같았다: '아버지는 기독교의 하나님을 존경하여 항상 성공하신 반면에, 이교 신들을 숭배하던 황제들은 비참한 최후를 맞이했다. 그러므로 행복하게 살면서 다스리기 위해서 아버지의 노선을 따라 그리스도인들의 진영에 가담해야겠다. 이교도들은 감소하고 있는데 그리스도인들은 날로 증가하고 있다.' 제국의 권좌를 꿈꾸던 야심찬 군 지휘관의 마음에 이러한 저급한 공리주의적인 생각이 굳게 자리잡고 있었다. 테오도레투스(Theodoret)는, 콘스탄티누스가 항상 존경했고 여든의 나이(325)에 예루살렘을 순례한 그의 어머니가 아들의 마음에 기독교 신앙의 씨앗을 심어주었다고 말하고, 에우세비우스는 어머니가 아들의 감화를 받아 그리스도인이 되었다고 말하지만, 어느 쪽이 사실인지 분명하지 않다. 이교도 조시무스(Zosimus)에 따르면 콘스탄티누스가 크리스푸스를 살해한 뒤(이 사건은 326년 이전에는 발생하지 않았다) 스페인에서 온 어떤 이집트인(이집트 출신의 코르도바 주교 호시우스를 가리키는 듯함)이 기독교로 회심하면 그 죄를 사함받을 수 있다고 설득했다고 하지만, 이것은 악의가 담긴 거짓 진술이다.

콘스탄티누스가 기독교에 대한 호감을 맨처음 공식적으로 드러낸 것은 막센티우스와 대립할 때였다. 이탈리아와 아프리카의 정부를 강탈한 막센티우스는 잔인하고 방탕하여 이교도들뿐 아니라 그리스도인들에게도 다같이 미움을 받은 폭군으로 묘사되는 것이 보통이다.[12] 로마 시민들에게 도와달라는 요청을 받은 콘스탄티누스는 여러 민족으로 구성된 9만5천의 병력을 이끌고 갈리아에서 알프스 산맥을 넘어 진격해 내려가 세 차례의 전투에서 막센티우스를 물리쳤다. 막센티우스는 마침내 312년 10월에 로마 근교의 밀비아 다리에서 티베르 강에 빠져 죽는 치욕을 당했다.

저 유명한 십자가 기적 이야기가 등장하는 것이 바로 이 대목이다. 그 사건이 발생한 정확한 날짜와 장소는 확인할 길이 없지만, 그 사건은 로마 근교에서 막센티우스에게 최후 승리를 거두기 직전에 발생했음에 틀림없다. 이 환상은 교회사에서 가장 유명한 기적의 하나이고 중대한 상징적 의미를 지닌 것이므로 자세히 살펴볼 가치가 있다. 이것은 우리 그리스도인들에게 한편으로는 로마 제국에서 기독교가 이교에 승리를 거둔 시점이기도 하고, 다른 한편으로는 이질적이고 정치적이고 군사적인 이해가 기독교와 뒤섞이기 시작한 불길한 시점이기도 하다. 니케아 시대에 그처럼 거대한 혁명과 전환이 초자연적 성격을 입었다는 것은 그다지 놀라운 일이 아니다.

그 사건은 다양하게 평가되며, 극단적으로 엇갈리는 평가도 없지 않다. 최초의 증인인 락탄티우스(Lactantius)는 그 전투가 있은 지 3년 가량 지난 뒤에 황제가 밤에 꾼 꿈에 관해서만 언급하는데, 그 꿈에서 황제가 병사들의 방패들에 '하나님의 천상의 상징', 즉 십자가와 그리스도의 이름(그 이름의 첫 두 글자인 헬라어 키<X>와 로<P>)을 새겨넣은 뒤 출병하라는 지시를 받았다고 한다(그리스도께서 지시하셨는지, 천사가 지시했는지는 언급하지 않는다).[13] 반면에 에우세비우스는 훗날 연로한 콘스탄티누스가 맹세의 문구를 실어 보낸 사신(私信)을 근거로 좀 더 상세한 기사를 전한다. 하지만 그것은 유일한 증인인 황제가 죽은지 일년 뒤이자 그 사건이 발생한지 26년이 지난 뒤에 작성한 글이다.[14]

---

12) 심지어 조시무스조차 그를 몹시 혹평한다.

13) *De mortibus persecutorum*, c. 44 (ed. Lips. II. 278 sq.)

14) 338년에 작성한 *Vita Constant.*(콘스탄티누스의 생애) i. 27-30(이 글은 역사 기

황제는 갈리아에서 이탈리아로 진격하면서 그 중차대한 순간에 참 하나님께 빛과 도움을 간절히 구한 뒤에(정확한 지점과 날짜는 밝혀지지 않는다) 자신의 병사들과 함께[15] 저녁 무렵의 하늘에서 태양 위에 밝게 빛나는 십자가와 "이것으로 정복하라"는 글귀를 보았다.[16] 그날 밤 꿈에 그리스도께서 친히 그에게 나타나셔서 이 십자가 상징이 그려진 군기(軍旗)를 주시면서 그것을 가지고 막센티우스와 그 밖의 모든 적들을 향해 진군하라고 명령하셨다고 한다. 에우세비우스가 (혹은 그보다는 콘스탄티누스 자신이) 전힌 이 기사는 락탄티우스가 전한 밤의 꿈에다가 낮의 환상과 군기에 대한 명령을 덧붙이는 반면에, 락탄티우스는 병사들의 방패에 새겨넣어진 그리스도의 이름 처음 두 글자를 언급한다. 후대의 사가로서 에우세비우스에 철저히 의존하는 루피누스에 따르면(그 점 때문에 그 사건의 적절한 증인으로 간주할 수 없다) 콘스탄티누스의 꿈에 십자가 상징이 나타났고(이것은 락탄티우스의 기사와 일치한다), 그가 잠에서 깨어 두려워하고 있을 때 천사(그리스도가 아닌)가 나타나 그에게 "혹 빈케"(이것으로써 정복하라)라고 지시했다고 한다.[17] 락탄티우스, 에우세비우스, 루피누스가 4세기의 기독교 저자들 가운데 유일하게 그 환영(幻影)을 언급한다. 하지만 이들 외에도 이교도들 가운데도 다소 모호하게나마 그것이 실제 사건이었음을 입증하는 두세 증인이 있다. 당대의 연설가 나자리우스(Nazarius)는 321년 3월 1일에 로마에서 행한

록이라기보다 찬사에 가까우며, 모호한 연설과 완곡한 표현으로 가득하다). 그러나 326년에 집필한 「교회사」에서는 그 사건을 상세히 언급할 좋은 대목(l. ix. c. 8, 9)에서 그 사건에 관해서 전혀 언급하지 않는데, 실수로 빠뜨렸는지 그 사건을 모르고 있었는지 아니면 의도적으로 그랬는지 확인할 길이 없다. 어느 경우든 「교회사」에서 그 사건에 입을 다문 것은 후대에 기록한 자세한 기사를 흔쾌히 받아들이기 힘들게 만들며, Gibbon에게 뿐 아니라 Lardner와 그 밖의 학자들에게도 비판을 받는 빌미가 되었다.

15) 이것은 아마 오기(誤記)이거나 과장인 듯하다. 만약 여러 민족 출신의 병사들로 구성된 군대 전체가 십자가 환상을 보았다면 에우세비우스는 살아 있는 여러 증인들의 말을 자신의 기록에 첨부했을 것이고, 콘스탄티누스가 엄숙한 맹세를 덧붙일 필요도 없었을 것이다.

16) Hac 혹은 Hoc [sc. signo] vince 혹은 vinces. 에우세비우스는 그 글귀가 헬라어였다는 인상을 남긴다. 그러나 니케포루스와 조나라스는 그것이 라틴어였다고 말한다.

17) *Hist. Eccl.* ix. 9. 비교. 유사한 내용의 Sozomenus의 *H. E.* i. 3.

황제 예찬 연설에서 콘스탄티누스가 막센티우스와 전투를 벌일 때 신적인 병사들로 이루어진 군대를 이끌고 신적인 도움을 받았다고 말하지만, 카스트로와 폴룩스(제우스와 레다의 쌍둥이 아들. 뱃사람들의 수호신)의 현현(顯現) 같은 과거의 경이로운 일화를 회상함으로써 그 사건을 이교 신앙 홍보에 이용한다.[18]

이 유명한 전승은 그리스도께서 친히 나타나신 실제 기적일 수도 있고, 경건을 빙자한 사기일 수도 있고, 구름에 나타난 자연 현상과 착시일 수도 있으며, 예언적 꿈일 수도 있다.

예루살렘이 멸망하기 전에 하늘에 나타난 징조들과 같은 기적의 적절성은 역사에 큰 획을 그은 승리, 즉 제국에서 이교를 몰락시키고 기독교를 수립한 사건이 지닌 의미로써 정당화할 수 있다. 그러나 에우세비우스에게 가해진 노골적인 반대들은 일단 제외해 놓고 보더라도, 이 경우에 평강의 왕을 전투 상황과 관련짓고 구속(救贖)의 거룩한 상징을 군사적 야심에 귀속시키는 작위적인 태도는 복음의 정신과 건실한 그리스도인의 정서에 부합하지 않는다. 그러한 태도를 강조하다 보면 하나님에게 속한 것을 시대 정신과 개인의 열정 및 이해(利害)에 과도하게 귀속시키게 된다. 더욱이 그리스도께서 실제로 콘스탄티누스에게 직접(에우세비우스에 따르면) 혹은 천사를 통해서(루피누스와 소조메누스에 따르면) 나타나셨다면 그에게 사람을 무수히 죽일 군기를 만들라고 하시기보다는 회개와 세례를 권하셨으리라 생각하는 것이 옳다.[19] 어떠한 경우든 에우세비우스와 테오도레투스, 그리고 이전의 저자들처럼 이 사건을 마치 바울이 다메섹 가는 길에서 그리스도를 본 사건과 같은 갑작스럽고 진실한 회심으로 평가할 수 없다.[20] 이는 한편으로는 콘스탄티누스가 기독교를 적대시한 적이 없고 소년 시절부터 아버지의 태도를 따라 우호적이었기 때문이고, 다른 한편으로는 52년이 지나 거

---

18) Nazar. *Paneg. in Const.* c. 14.

19) Dr. Murdock은 또 한 가지 반론을 덧붙이는데, 그것은 그의 청교도적 관점에서 상당한 설득력을 지닌다: "만약 빛의 십자가 기적이 사실이었다면, 하나님께서 십자가를 우리 종교의 공식 상징으로 사용하도록 친히 재가하신 셈이 아닌가? 그렇다면 십자가를 사용하는 것이 더 이상 미신이 아니며, 이 점에서 로마 가톨릭 교회의 주장이 옳고 개신교 교회의 주장은 틀리게 되는 것이 아닌가?"

20) 테오도레투스는 콘스탄티누스가 사람들에게서 혹은 사람들에 의해서 부름을 받지 않고, 사도 바울처럼 하늘로부터 부름을 받았다고 말한다. *Hist. Eccl.* l. i. c. 2.

의 죽게 된 때에야 비로소 세례를 받았기 때문이다.

이 사건을 단순한 군사 전략이나 의도적 사기로 보는 정반대 가설은 가능성이 훨씬 더 희박하다. 이 가설이 옳다면 초대 기독교 황제가 지긋한 나이에 거짓과 위증이라는 이중의 죄를 지은 셈이 되며, 혹시 에우세비우스가 그 이야기를 꾸몄다면 '교회사의 아버지'로서 신용과 품위를 송두리째 잃게 되는 셈이 된다. 그 외에도 기억해야 할 것은 에우세비우스보다 먼저 활동한 락탄티우스의 증언과, 「박해자들의 말로」(the Deaths of Persecutors, 이 책의 서사가 누구든간에)는 에우세비우스의 증언에 아무런 근거도 두지 않으며, 당시 이교 사회에 퍼져 있던 모호한 소문들에서도 가외의 힘을 얻는다. 마지막으로 불굴의 십자가 종교에 가장 적절한 구호가 된 '혹 빈케'도 순전한 날조로 일축하기에는 근거가 너무나 확실하다. 그러므로 어떤 실제 사실이 전승을 뒷받침하고 있다고 생각하는 것이 마땅하며, 남은 문제는 그것이 외적이고 가시적인 현상이었는가, 아니면 내적인 체험이었는가 하는 것뿐이다.

또 다른 가설은 구름이 자연스럽게 조성된 것을 콘스탄티누스가 착시 현상을 일으켜 초자연적 십자가 상징으로 착각했다는 것이다. 이 가설은 신약성경에 기록된 기적들을 무색하게 만들고 평범한 사건을 중대한 사건으로 침소봉대한 것으로 만들 뿐 아니라, 그리스도의 상징과 헬라어 혹은 라틴어 문장(이 상징으로 정복하라!)을 아예 설명하지 못하게 만든다.

그러므로 가능성은 꿈이나 환상 혹은 마음의 체험으로 압축된다. 이것은 락탄티우스가 남긴 가장 오래된 증언뿐 아니라 루피누스와 소조메누스의 증언에도 뒷받침을 받는다. 에우세비우스가 말한 '하늘에 나타난 십자가'는 원래 꿈이었으나[21] 훗날 콘스탄티누스의 상상으로든 아니면 그 역사가의 잘못된 기억으로든 (두 경우 모두 고의로 속이려는 의도 없이) 외적이고 객관적인 환상의 성격을 띠게 되었다고 보기를 우리는 주저하지 않는다. 사람들이 그 환상의 기원을 초자연적인 데서 찾으려고 한 것은 특히 그 후에 초래된 대성공을 감안할 때 지극히 자연스러우며, 당대에 만연하던 생각들과 잘 부합한다.[22] 테르툴리아누스와 그

---

21) 소조메누스가 그렇게 주장한다(*H. E.* lib. i. cap. 3). 그는 이렇게 주장하고 나서 에우세비우스의 기록을 자신의 말로 소화하여 소개한다.

22) 리키니우스도 막시미누스와 전투를 벌이기 전에 천사가 나타나 승리하고 싶으

밖의 니케아 이전 교부들, 그리고 니케아 교부들은 많은 사람들이 밤의 꿈과 환상을 통해서 회심했다고 전한다. 콘스탄티누스와 그의 동료들은 적군의 공격을 사전에 인지했던 일, 예수의 무덤 발견, 콘스탄티노플 건설 같은 그의 생애에서 가장 중요한 사건들이 환상과 꿈을 통해 신적 계시로 말미암아 발생했다고 보고했다. 그렇다고 해서 역사의 중요한 전기(轉機)를 제공한 십자가 환상을 신적 섭리와 전혀 무관한 사건으로 생각하자는 것은 아니다. 더 나아가 특별 섭리, 즉 과거의 신학자들이 프로비덴티아 스페키알리시마(providentia specialissima)라고 부른 것을 우리는 인정한다. 그러나 그렇다고 해서 자연 질서가 훼손되었다고 생각하거나, 실제 기적이 구주의 객관적이고 직접적인 현현(顯現)으로 이루어졌다고 인정하는 것은 아니다. 중요성에서는 이 사건보다 크게 뒤질지라도 영국의 대령이자 독실한 신자였던 제임스 가디너(James Gardiner)도 다소 비슷한 환상을 보았다.[23] 섭리적 혹은 예언적 꿈과 밤의 환상을 통해서 계시와 훈계가 사람

면 기도하라고 일러주는 환상을 보았다(Lactant. *De mort. persec.* c. 46). 배교자 율리아누스는 이 점에서는 그리스도인인 자신의 백[숙]부보다 한술 더 떠서 각종 징조와 예감과 진기한 것과 유령과 꿈과 환상과 점술과 신탁에 중독되었다(참조. § 4). 그는 페르시아를 정벌하러 나갈 때 라비니우스에게 신들의 모든 군대가 그를 옹위하고 있다는 말을 들었는데, 하지만 나지안주스의 그레고리우스는 그 군대가 귀신들의 무리라고 지적했다.

23) 에우세비우스가 콘스탄티누스에게 들은 이야기를 기록했듯이, 가디너의 친구 필립 도드리지 박사도 가디너에게 들은 이야기를 기록했다. 가디너는 1719년 7월 주일 밤에 책을 읽으며 진지한 생각에 잠겨 있을 때 "불현듯 읽고 있던 책에 비범한 불빛이 비추고 있다는 생각이 들었다. 처음에는 초에 무슨 변화가 생겨서 일어난 현상이려니 생각했다. 그러나 눈을 들어 보니 그의 앞에 십자가에 달리신 예수 그리스도께서 보이는 모습으로 공중에 나타나 계신 것이 아닌가? 게다가 마치 귀로 듣는 듯한 음성이 그의 마음에 울려퍼졌다: '죄인이여, 내가 너를 위해 이 일을 당했는데, 이것이 내게 대한 보답이란 말인가?'" 이 사건을 계기로 그는 방탕한 생활을 버리고 진실하고 경건한 사람이 되었다. 그러나 그 환상은 순전히 내면적인 것이었을 가능성이 크다. 도드리지 박사의 글에 그 음성에 대해서 이런 말이 덧붙었기 때문이다: "그것이 귀에 들리는 음성이었는지, 아니면 그의 마음에 새겨진 강렬한 인상에 불과했는지 그는 자신 있게 말하지 못하지만, 음성이었던 것 같다고 말한다. 그는 자신이 깨어 있었다고 생각했다. 그러나 늦은 밤에 책을 읽다가 자기도 모르는 새 잠깐 졸음에 떨어지기가 쉽다는 것은 누구나 다 안다. 이러한 환상이 그 뒤 그의 생애에 전기가 된 의미심장한

들에게 임한다는 일반적인 이론은 성경 자체가 인정한다.[24]

그러므로 실상은 다음과 같았을 것으로 추정된다. 이교도인 막센티우스가 「시빌레서」를 뒤적이며 점을 치고 우상들에게 제사를 드리고 있는 동안(조시무스의 진술[25]), 기독교를 여러 종교들 가운데 가장 우수하고 장래성이 있다고 판단하고 있던 콘스탄티누스는 전투를 앞두고서 그리스도인들의 하나님께 도움을 구하는 기도를 간절히 올렸다(에우세비우스의 진술). 전투를 앞두고 마음이 두려움과 기대로 뒤얽힌 채 잠이 든 그는 꿈에서 그리스도의 십자가 상징과 함께 의미심장한 글귀와 승리에 대한 보장을 보았다. 제국 도처의 그리스도인들이 이 상징을 널리 사용하는 것을 익히 보아왔고, 자신의 군대에도 상당수의 그리스도인들이 포함되어 있는 것을 아는 콘스탄티누스는 라바룸(로마 황제의 군기)을 제작했다. 혹은 그보다는 이교의 라바룸에 그리스도의 이름 결합 문자(X와 P)를 넣어 기독교 십자가 군기로 만들고 그것을 병사들의 방패에도 새겨넣었다. 그는 이제 로마의 독수리 기장(旗章)을 대체한 이 십자가 군기 덕택에 이교도 막센티우스에게 결정적인 승리를 거두게 되었다고 공로를 돌렸다.

따라서 콘스탄티누스는 로마로 개선한 뒤에 광장에 자신의 조각상을 세우면서, 오른손에 라바룸을 들고 라바룸 밑에는 "나는 참다운 용맹의 징표인 이 구원의 상징으로써 그대들의 도성을 폭군의 멍에에서 구출했다"는 글을 새겨넣게 했다.[26] 3년 뒤에 원로원은 그를 위해 대리석 개선문을 세웠는데, 이것이 가시거리에 있는 이교 콜로세움의 웅장한 폐허와 함께 오늘날까지도 고대 예술의 쇠퇴와 이교의 몰락을 한눈에 보여준다. 공교롭게도 그의 개선문 곁에는 유대교의 몰락

___

꿈으로 변했을 가능성이 매우 크다. 하지만 가디너가 진실하게 회심했음을 의심하는 사람은 아무도 없다. 그것은 그 뒤 그의 생애에서 콘스탄티누스의 경우보다 훨씬 더 분명하게 입증되었다.

24) 민수기 12:6: "나 여호와가 환상으로 나를 그에게 알리기도 하고 꿈으로 그와 말하기도 하거니와"; 욥기 33:15, 16: "사람들이 침상에서 졸며 깊이 잠들 때에나 꿈에나 밤에 환상을 볼 때에 그가 사람의 귀를 여시고 경고로써 두렵게 하시니." 구체적인 사례들에 관해서는 창 31:10, 24; 37:5; 왕상 3:5; 단 2:4, 36; 7:1; 마 1:20; 2:12, 13, 19, 22; 행 10:17; 22:17, 18을 참조하라.

25) *Histor.* ii. 16.

26) Eus., *H. E.* ix. 9.

과 성전 파괴를 기념하는 티투스 개선문이 서 있다. 콘스탄티누스 개선문에 새겨진 글귀는 그가 폭군에게 승리를 거두게 된 원인을 그의 원대한 정신에 돌릴 뿐 아니라 신의 격려에도 돌리는데, 그리스도인이라면 그 글귀를 보고서 자연스럽게 참 하나님으로 이해하겠지만, 이교도는 연설가 나자리우스(Nazarius)가 콘스탄티누스 예찬사에서 그랬듯이 영원한 도성(urbs aeterna)의 천상적 수호로 이해할 것이다.

어쨌든 콘스탄티누스가 막센티우스를 누른 것은 기독교가 이교를 군사적 · 정치적으로 누른 사건이었다. 지적 · 도덕적 승리는 이미 선대에 교회의 저술과 삶에 의해서 완수되었다. 모욕과 압제의 상징[십자가]이 이후로는 명예와 지배의 기장이 되었고, 그 시대 교회의 정서에 따라 황제의 뇌리에 마술적 효험이 있는 것으로 각인되었다.[27] 과거에 로마 군단이 세계를 정복할 때 앞장세웠던 독수리와 그 밖의 야전 기장들이 십자가로 대체되었다. 제국의 주화와 병사들의 군기와 투구와 방패에 십자가 문양이 찍혔다. 모든 군사적 십자가 상징들 위에는 제국의 원래 라바룸이 금과 보석으로 화려하게 장식되어 50명의 가장 충직하고 용감한 병사들에게 지급되었는데, 이것들이 그리스도인들에게는 승리감을 안겨주고 대적들에게는 두려움과 공포를 확산시키는 역할을 하다가, 테오도시우스 2세의 유약한 계승자들 때에는 사용되지 않고 콘스탄티노플 황궁에 성유물로 보관되었다.

콘스탄티누스는 로마에서 이렇게 승리를 거둔 뒤에(이 승리는 312년 10월 27일에 있었다) 동방의 동료 리키니우스와 함께 313년 1월에 밀라노에서 종교 관용령을 공포했다. 이 칙령은 311년에 반기독교적 황제 갈레리우스가 내린 관용령에서 한 걸음 더 나간 것으로서, 종교적 혼합주의의 정신으로 기존의 모든 예배 형식들에 충분한 자유를 허락하되, 특히 기독교를 대상으로 지목했다.[28] 313

---

27) 심지어 콘스탄티누스가 등장하기 오래 전의 교회 교사들인 유스티누스, 테르툴리아누스, 미누키우스 펠릭스도 이교도들의 이러한 반감에도 불구하고 십자가 상징이 자연과 인간 생활의 도처에 널려 있는 것을 발견했다. 군기들과 전승 기념비들, 선박의 돛과 긴 노, 날아가는 새의 모양, 수영을 하거나 기도하는 사람, 사람의 이목구비와 팔을 벌린 신체의 형태에 십자가 모양이 담겨 있다고 보았다. 이들의 주장에서 초기 그리스도인들이 십자가 상징을 일상적으로 사용하고 있었던 것을 짐작할 수 있다. 참조. 제2권, § 77.

년의 칙령은 기독교를 기존의 범위 내에서 인정했을 뿐 아니라, 로마 제국의 모든 백성에게 각기 선호하는 종교를 선택할 수 있게 했다. 동시에 디오클레티아누스의 박해 때 몰수된 교회 건물들과 재산을 되돌려주도록 명령했으며, 몰수된 사유 재산은 국고로 배상하도록 지시했다.

하지만 이 주목할 만한 관용령에서 종교를 인간의 보편적이고 양도할 수 없는 권리로 이해한 근세 영·미(英美) 개신교의 '신앙의 자유 이론'의 뿌리를 찾는 것은 무리이다. 그 이전과 이후에도 그랬지만 당시에도 기독교 교회 내부에서 신앙에 대한 모든 강제 규정을 폐지해야 한다는 다양한 견해가 있었다. 그러나 로마 제국의 정신은 대단히 절대주의적이어서 공예배를 관장하는 대권을 포기하지 못했다. 콘스탄티누스의 관용령은 일시적인 국가 정책으로서, 칙령의 표면에 명시되어 있는 대로, 공공의 안전을 최대한 보장하고, 황제와 제국을 위해 모든 신들과 천상의 권세들의 가호를 빌었다. 이 관용령은 기독교, 특히 이단과 분파에 폐쇄적인 태도를 취한 가톨릭[보편적] 성직위계적 기독교가 국교로 격상될 수 있는 문을 열어놓았다. 기독교가 일단 이교와 동등한 지위에 올라선 뒤에는 수적 열세에도 불구하고 이미 내적으로 수명을 다한 이교에게 승리를 거두는 것은 시간 문제였던 것이다.

이때부터 콘스탄티누스는 비록 이교들을 박해하거나 금하지는 않았으나 적극적으로 교회의 편을 들었다. 칙령을 공포할 때마다 기독교 교회를 존경의 어조로 언급했고, 일관된 태도로 교회의 가톨릭적[보편적] 속성을 강조했다. 보편적이고 철저히 조직되고 확고하게 응집되고 보수적인 집단이어야만 제국을 확고히 장악하려는 자신의 이해를 채워줄 수 있고, 제국의 통치와 법 체계를 자신이 바라던 대로 확고히 수립할 수 있었기 때문이다. 이미 313년부터 코르도바의 주교 호시우스가 황제의 고문단에 포함되었으며, 이교 저자들은 그 주교에게 황제를 좌우할 수 있는 마술적 힘이 있는 것처럼 글을 써놓았다. 락탄티우스와 가이사랴의 에우세비우스도 황제의 신임을 받았다. 콘스탄티누스는 기독교 성직자들에게 군사적·공민적 의무를 면제해주었고(313년 3월), 그리스도인들을 모욕하는 다양한 관습들과 법령들을 폐지했고(315), 그리스도인 노예들의 해방을 촉

---

28) 앞서 말했듯이 이것은 제3차 관용령이 아니라 2차 관용령이다. 312년의 관용령은 존재하지 않으며, 착오에 기인한다. 참조. 제2권 § 25.

진했고(316년 이전), 가톨릭 교회들에 유산을 기증하는 행위를 합법화했고(321), 일요일을 국정 공휴일로 공포했고(321. 물론 일요일을 주일<主日>로 공포한 것이 아니라, 아폴로 숭배에 부합하게, 그리고 복점관에게 정기적으로 자문을 구하기 위한 규례에 따라 태양의 날로 공포했다), 예배당 건축과 성직자 지원을 후하게 뒷받침했고, 이교의 상징들인 유피테르[주피터], 아폴로, 마르스, 헤라클레스의 초상들을 제국의 주화들에서 제거했으며(323), 자기 아들들에게 기독교 교육을 받게 했다.

쉽게 예상할 수 있듯이 제국의 신민(臣民)들은 황제의 이러한 강력한 조치를 따라가되, 신념이나 원칙과 상관 없이 시류에 뒤지지 않기 위해서 따라갔다. 324년 한 해 동안 1만2천 명의 장년 남자들이 그만한 비율의 부녀들과 어린이들과 함께 로마에서 세례를 받았으며, 황제가 모든 회심자에게 흰옷 한 벌과 금 열두 냥을 약속했다는 이야기는 비록 사실 자체는 크게 과장되었을지라도 그 시대의 정서에는 어느 정도 부합한다.

콘스탄티누스는 동방의 동료이자 이복형제인 리키니우스에게 승리하여 로마 제국 전체의 유일한 수장이 된 뒤에는 훨씬 더 분명한 친(親)기독교적 노선을 걸었다. 그와 대결하기 전에, 리키니우스는 자신의 입지를 강화하기 위해서 여전히 수적으로 우세하던 이교 파벌의 수장을 자임했으며, 그리스도인들을 차츰 궁지로 몰아넣되 처음에는 방자하게 조롱하더니 차츰 관가와 군대에서 그들을 솎아내어 추방했으며, 몇몇 경우에는 심지어 유혈 박해까지 자행했다. 이러한 현실로 인해서 그와 콘스탄티누스의 권력 투쟁이 종교 전쟁의 양상도 띠게 되었으며, 324년 7월에 리키니우스가 아드리아노플 전투에서, 9월에 칼케돈 전투에서 패했을 때 그것은 십자가 군기가 이교의 신들을 다시 한 번 제압한 사건이 되었다. 다만 콘스탄티누스가 리키니우스와 그의 아들을 처형하지만 않았다면 자신과 자신의 진영의 위신을 더욱 높일 수 있을 뻔했다.

황제는 이제 모든 신민에게 기독교를 받아들이라는 권고를 제국 전역에 공포했지만, 여전히 자유로운 확신을 따를 여지를 남겨주었다. 325년에는 교회의 후원자로서 니케아 공의회를 소집하고 직접 그 회의에 참석했고, 아리우스파를 추방했으며(하지만 훗날 그들을 다시 불러들였다), 신학 논쟁들에 대해서도 비록 그 깊은 의미는 이해하지 못했으나 제국의 통일을 바라는 군주의 심정으로 모든 논쟁들을 조정하는 데 큰 열의를 나타냈다. 신조 문서에 서명하는 관행과, 준봉

(遵奉)하지 않는 행위를 국법으로 다스리는 관행을 최초로 도입했다. 325-329년
에는 어머니 헬레나와 관련하여 예루살렘의 성처(聖處)들에 웅장한 교회당들을
건립했다.

　　로마 시가 여전히 이교의 전통들로 신성시되고 이교적 분위기가 지배적이었
기 때문에, 콘스탄티누스는 330년에 천도(遷都)를 신의 명령으로 판단하고서 제
국의 수도를 비잔티움으로 옮겼으며, 그로써 이미 도미티아누스가 시작해 놓은
동양화 및 분할 정책을 영구히 고착시켰다. 이 중요한 요충지를 수도로 정한 점
에서, 그는 마드리드·빈·베를린·상트 페테르부르크·워싱턴을 건설한 사람
들보다 한수 위의 취향과 안목을 보여주었다. 두 바다와 두 대륙을 잇는 요충지
에 자리잡은 이 소도시를 새로운 수도로 정한 뒤에는 절대군주로서의 수단을 총
동원하여 믿기지 않을 만큼 빠른 속도로 웅장하고 새로운 기독교 로마로 건설했
다. 나지안주스의 그레고리우스는 이 도시에 대해서 "이제는 바다와 육지가 보
화를 적재하고 도시들의 여왕으로 삼기 위해서 서로 경쟁한다"고 표현했다. 이
도시에는 이교 신전들과 제단들 대신에 교회들과 수난상들이 세워졌다. 하지만
그와 동시에 그리스 전역에서 수호신들의 조각상들이 흉물스럽게 개조된 상태
로 새 수도로 유입되었다.[29] 황궁의 주요 접견실이 수난상과 그 밖의 성경의 장
면들을 상징하는 그림들로 장식되었다. 로마에서 큰 인기를 끌던 검투 경기가
이곳에서는 금지되었으나, 극장과 원형극장과 경마장은 여전히 호황을 누렸다.
제국의 새 수도가 겉보기에 기독교 도시임은 누구나 한눈에 알아볼 수 있었다.
배교자 율리아누스의 짧은 재위 기간을 제외하고는 새 로마의 일곱 언덕에서 이
교 제사의 향연이 피어오른 적이 없었다. 이 도시에는 주교가 상주하게 되었는
데, 이 도시의 주교는 이웃 도시 에베소가 지닌 사도 교구의 권위를 주장했을 뿐
아니라 얼마 가지 않아서 알렉산드리아 총대주교의 위세를 능가했고, 수세기 동
안 교황권을 놓고 유서 깊은 로마 주교와 경쟁했다.

　　황제는 예배에 착실히 참석했으며, 그의 기도하는 모습이 현존하는 메달들에

---

29) 그 중 가장 거슬리는 것은 거대한 아폴로 동상이다. 페이디아스의 작품으로 추
정되는 이 동상을 콘스탄티누스는 광장 한복판에 서 있는 36m의 포르피리오스 기둥
위에 세웠는데, 적어도 후대의 몇몇 해석에 따르면 이것이 그리스도와 태양신의 속성
들로써 황제 자신을 상징하는 데 사용되었다고 한다. 오늘날 이 기둥은 남아 있지 않
고 부서진 조각들만 나뒹굴고 있다.

묘사되어 있다. 부활절이 되면 아주 경건한 태도로 밤을 지샜다. 주교들이 장시간 설교하는 동안에는 서서 설교를 듣곤 했다. 주교들은 항상 황제를 배석하고 있었으며, 유감스럽게도 그에게 아첨을 심하게 했다. 그는 심지어 자신이 직접 문안을 작성하여 궁정에서 강론을 했으며, 통역관들을 두어 라틴어로 행해지는 강론을 헬라어로 통역하게 했다.[30] 누구나 와서 강론을 들을 수 있도록 공고를 했더니 허다한 시민들이 황제의 강론을 듣기 위해서 궁정으로 몰려왔다. 황제는 강론 도중에 우레처럼 터져나오는 박수갈채를 막기 위해서 자신의 지혜가 하늘이 내려준 것이라는 뜻으로 손가락으로 하늘을 가리켰으나 허사였다. 그가 강론에서 주로 다룬 주제는 기독교의 진리, 우상 숭배의 어리석음, 하나님의 통일성과 섭리, 그리스도의 강림, 심판이었다. 때로는, 입으로는 자신을 크게 예찬하면서 행실로는 자신의 권고를 어기는 궁정인들의 탐욕과 착취를 호되게 책망하기도 했다.[31] 강론 가운데 한 편이 현존하는데,[32] 이 강론에서 콘스탄티누스는 특유의 어조로 기독교를 추켜세우면서, 그 증거로 기독교의 신적 발상지가 된 도시들과, 특히 「시빌레서」와 베르길리우스의 「제4목가」(*the Fourth Eclogue*)를 포함한 예언이 성취된 사실을 지적하며, 기독교를 받아들임으로써 제국을 행복하고 안정되게 통치하고 있는 자신과 기독교를 박해하다가 비참한 말로를 맞이한 전임 황제들을 대조한다.

그럴지라도 그는 말년에 이르기까지 313년의 칙령에 담긴 관용의 원칙들을 충실하게 고수했고, 이교 사제들과 신전들의 특권을 보호했으며, 때가 되면 이교가 저절로 소멸할 것이라고 설득함으로써 이교에 대한 폭력을 지혜롭게 막았다. 그리스도인들에게 높은 지위를 맡기기를 좋아하면서도, 궁정과 관청에 이교도들을 여전히 많이 남겨두었다. 하지만 우상 숭배를 법으로 금지시킨 경우도 적지 않았다. 페니키아의 외설스러운 아프로디테 숭배 의식처럼 부도덕을 조장하는 경우나, 그리스도의 무덤과 마므레 상수리 나무 같이 그리스도인들이 각별히

---

30) Euseb. *V. C.* iv. 29–33. 부르크하르트(1. c. p. 400)는 에우세비우스가 전하는 이 기록을 아예 신뢰하지 않으며, 의도적으로 꾸민 이야기라는 견해를 넌지시 드러낸다.

31) Euseb. *Vit. Const.* iv. 29 ad finem.

32) Const. *Oratio ad sanctorum coetum.* 이 강론은 에우세비우스가 자신이 쓴 황제 전기의 부록에 헬라어 번역문으로 보존했다.

거룩히 여기는 장소에 대해서는 우상 숭배를 법으로 금했으며, 버려진 신전들과 신상들을 폐기하거나 기독교 교회로 개조하게 했다. 에우세비우스는 황제의 이러한 조치들을 명백한 지지 의사를 담아 기록하며, 말년에 여러 이단들과 분파들을 제재하기 위해 공포된 칙령들에 대해서도 예찬을 하지만, 아리우스파에 대해서는 언급하지 않는다. 콘스탄티누스는 말년에는 우상에게 제사하는 모든 행위를 법으로 금한 듯하다. 에우세비우스가 그 조치에 관해서 말하며, 콘스탄티누스의 아들들도 341년에 그러한 내용의 칙령을 언급한다. 그러나 계승자들이 그러한 법을 다시 공포해야 했다는 사실은 그가 이교 금지령을 공포했을지라도 그의 재위 기간에 그 법이 대대적으로 집행되지는 않았음을 입증한다.

아들들의 폭력적 광신과 대조를 보인 콘스탄티누스의 이러한 기민하고 신중하고 온건한 정책은 그가 임종 때까지 세례를 미루었던 사실과 잘 부합한다.[33] 그가 세례를 연기한 데에는 본인 스스로도 표현했듯이 미신적 동기도 있었다. 한편으로는 구주께서 세례를 받으심으로써 거룩하게 된 요단 강에서 세례를 받고 싶은 욕구도 있었고, 다른 한편으로는 세례를 받은 뒤 죄를 범해서 성례의 효력을 상실하게 될까봐 두렵기도 했던 것이다. 될 수 있는 대로 모험을 하지 않은 채 과거의 죄를 남김없이 씻어주는 세례의 효력을 최대한 힘입기를 바랐으며, 그로써 현세와 내세를 충분히 이용하려고 했다. 당시의 준(準) 그리스도인들에게 시행된 임종 세례는 오늘날 로마 가톨릭 교회가 시행하는 임종 회심과 임종 성찬에 해당한다. 그러면서도 그는 감히 복음을 강론했고, 자칭 주교들의 주교라고 했고, 최초의 총공의회를 소집했으며, 기독교를 제국의 종교로 만들었던 것이다! 참으로 이해하기 어려운 이율배반적 행위였던 셈인데, 이 점을 놓고 볼 때 당시 황궁에서 시무했던 주교들을 도무지 호의적으로 평가할 수 없다. 그들은 황제가 아니었다면 교회에서 엄격한 권징을 당해야 할 행위를 묵인하고, 황제가

---

33) 콘스탄티누스가 324년에 로마 주교 실베스터에게 세례를 받았고, 그 대가로 교황에게 토지를 기부했다는 이야기는 중세의 허구로서, 바로니우스(ad ann. 324, No. 43-49)는 이것을 여전히 사실로 옹호하지만, 다른 로마 가톨릭 사가들은 일찌감치 포기했다. 같은 시대를 살았던 에우세비우스의 증언만으로도 이 허구는 일축되고도 남는다(*Vit. Const.* iv. 61, 62). 그는 콘스탄티누스가 죽기 직전에 세례를 받았다고 기록하며, 그 구체적인 정황을 묘사한다. 소크라테스, 소조메누스, 암브로시우스, 제롬도 그와 같은 주장을 한다.

교리문답자[세례 예비자]의 의무를 한 번도 변변히 이행하지 않았는데도 신자의 특권을 거의 다 누리도록 허용했던 것이다.

콘스탄티누스는 평생 한 번도 크게 앓아보지 않고 지내다가 죽음이 임박했음을 감지하고는 교리문답자로 등록했고, 예순다섯이 된 337년에 니코메디아의 아리우스파 주교 에우세비우스에게 세례를 받음으로써 교회의 정회원이 되었다.[34] (주교 에우세비우스는 아리우스와 함께 유배를 당했다가 바로 얼마 전에 복권되었다.) 그가 남긴 유언은 정통 기독교보다는 이단에 우호적인 형식을 띠었지만, 그것은 의도적인 것이 아니라 우발적인 것이었다. 그는 유언을 통해서 자신이 이교에 대적하는 그리스도인임을 밝혔으며, 아리우스주의가 그의 세례를 얼마나 오염시켰든 간에 그리스 교회는 그를 성인으로 인정함으로써 그 오염을 묵인해 주었다. 세례가 엄숙하게 진행된 뒤에 그는 앞으로 예수의 제자로 합당하게 살겠다고 약속했다. 비단으로 공교하게 만들고 금으로 화려하게 장식한 황제 겉옷을 다시 입기를 거부하고 흰 세례복을 입고 지내다가, 며칠 뒤인 337년 5월 22일 오순절에, 역대 황제들 가운데 아우구스투스를 제외하고는 아무도 누려보지 못한 길고 안정되고 탁월한 재위를 뒤로 한 채 하나님의 자비에 의탁하면서 숨

---

34) 따라서 제롬은 콘스탄티누스가 아리우스주의로 세례를 받았다고 말한다. 그리고 소책자 운동[옥스퍼드 운동]을 이끌었던 뉴먼 박사도 콘스탄티누스가 교회에 시혜를 베풀면서, 다른 한편으로는 이단을 유산으로 물려주었다고 말한다. 그 이단이 그가 죽은 뒤에도 여러 세기 동안 살아남았고, 사실상 오늘날도 동방의 여러 분파들에 살아남아 있다고 지적한다(*The Arians of the 4th Century*, 1854, p. 138). 그러나 에우세비우스(교회사가와 동명이인)가 당시에 가장 지근거리에 있었던 주교였을 가능성이 크며, 이 자리에서는 분파 지도자로서 활동하지 않은 듯하다. 콘스탄티누스 역시 말년에는 아리우스파에게 많은 영향을 받긴 했어도 항상 자신을 니케아 신앙의 참된 지지자로 여겼으며, 테오도레투스(*H. E.* I. 32)에 따르면 그가 임종 침상에서 아리우스파 에우세비우스의 만류에도 불구하고 아타나시우스를 유배지에서 다시 불러들이도록 지시했다고 한다. 그는 교리 문제들에서는 무지로 인해 자주 그릇되게 처신했으며, 진리보다는 평화를 지키는 데 큰 관심을 기울였다. 교리 논쟁의 깊은 의미란 그의 영역을 완전히 넘어서는 것이었다. 이 점에서는 기번의 평가가 옳다: "신앙 문제에서는 귀가 얇았던 황제는 신학 논쟁에는 문외한이었기 때문에 이단들의 의중은 전혀 간파하지 못한 채 그들의 온건하고 그럴듯한 신앙고백에 솔깃했을 가능성이 크다. 그는 아리우스를 보호하고 아타나시우스를 박해하는 동안에도 니케아 공의회를 기독교 신앙의 보루로 간주했고, 자신의 재위의 큰 명예로 여겼다." ch. xxi.

을 거두었다. "이로써 초대 기독교 황제가 세상을 떠났다. 그는 신앙을 최초로 옹호한 황제이자 최초로 교황과 동방 교회 전체를 후원한 황제였으며, 최초로 성지에 예배당들을 세웠고, 이교도이자 그리스도인이었고 정통 신자이자 이단이었고, 자유분방한 동시에 열광적이었던 인물로서, 모방이나 존경의 대상이라기보다는 기억하고 깊이 연구해야 할 대상이다."[35]

그의 유해는 황금 관에 입관되어 저명 인사들과 군대에 의해서 니코메디아에서 콘스탄티노플로 운구된 뒤 성대한 기독교 의식에 따라 사도 교회에 매장되었다.[36] 그 과정에서 로마 원로원은 오만하게도 오랜 관습대로 그 시대에 일어난 거대한 종교 혁명을 무시한 채 그를 이교 올림포스 신들의 반열에 올렸다. 그가 죽은 직후에 에우세비우스는 그를 만대의 제왕으로 치켜세웠다. 5세기부터는 동방에서 그를 성인으로 인정하기 시작했으며, 그리스와 러시아 교회는 오늘날까지 '이사포스톨로스' 곧 '사도들과 대등한 자' 라는 과분한 칭호로써 그를 기억한다.[37] 반면에 라틴 교회는 그를 성인의 반열에 올린 적이 없고, 다만 '위대한 자'[대제]라는 칭호를 붙이는 것으로 만족했다. 그것이 그가 기독교와 문화에 이바지한 것을 감사히 기념하는 정당한 태도이다.

3. 콘스탄티누스의 아들들(337-361)

콘스탄티누스의 죽음과 함께 절대왕조도 당분간 종말을 맞이하게 되었다. 제국이 그의 아들들인 콘스탄티누스 2세(Constantine II), 콘스탄스(Constans), 콘스탄티우스(Constantius)에 의해 분할되었다. 이들은 기독교 식이 아닌 터키의 동

---

35) Stanley, *l. c.* p. 320.

36) 이 교회는 그 뒤 비잔틴 황제들의 묘지로 쓰이다가, 제4차 십자군 전쟁 때 관들이 파헤쳐지고 유골들이 폐기되었다. 마호메트 2세는 그 교회를 철거하고 그 자리에 자신의 이름을 붙인 웅장한 사원을 지었다.

37) 참조. *the Acta Sancta,* ad 21 Maii, p. 13 sq. 니버는 다음과 같이 정당하게 평가한다. "동방의 일부 저자들이 콘스탄티누스를 '사도들과 대등한 자' 로 부르는 것은 그 말이 무슨 뜻인지 모르고서 하는 말이다. 그리고 그를 '성인' 으로 부르는 것은 그 단어를 모독하는 것이다."

양 전제군주의 방식으로 통치했다. 이들이 즉위하는 과정에서 선왕의 여러 친족들이 희생되었는데, 선왕의 조카들인 갈루스와 율리아누스 두 사람만 (전자는 병에 걸려 누워있었던 탓에, 후자는 아직 어린 탓에) 군인들의 무자비한 살육을 면했다. 3년 뒤에는 세 형제가 권좌를 놓고 전쟁을 벌였다. 콘스탄티누스 2세는 콘스탄스의 손에 죽었고(340), 콘스탄스는 야만족 출신 야전 지휘관이자 경쟁자인 마그넨티우스에게 살해되었다(350). 마그넨티우스는 콘스탄티우스에게 패한 뒤 자살했고, 이로써 이제까지 동방에서 다스리던 콘스탄티우스가 유일의 황제가 되었으며, 훗날 자연사하기까지 여러 차례의 격랑 속에서 권력을 유지했다(353–361).

콘스탄티누스의 아들들은 아버지에게 받은 기독교 교육을 헌신짝처럼 내팽개치고, 아버지의 현명한 관용 정책을 철회했다. 절제력이 있고 품행이 단정하되 질투심과 자존심이 강하고 유약했던 콘스탄티우스는 궁정의 내시들과 여성들과 주교들에게 철저히 끌려다니면서 이교를 무력으로 탄압했고, 여러 신전들을 약탈하고 파괴한 뒤 노략한 물품을 교회에 바치거나, 내시들과 아첨꾼들과 쓸모없는 측근들에게 나눠주었으며, 로마 · 알렉산드리아 · 아테네에 대해서 제사와 신상 숭배를 사형으로 엄히 금했다. (물론 이 조치가 그대로 시행되었을 리 없다.) 허다한 무리가 기독교로 넘어왔다. 쉽게 예상할 수 있듯이 이들은 대부분 입으로만 기독교 신앙을 인정했을 뿐 마음으로 받아들이지는 않았다. 그러나 황제는 니케아 정통신앙 지지자들도 이교도들처럼 탄압하여 재산을 몰수하고 추방했다. 그의 형제들은 아타나시우스를 지지했으나, 그는 열광적인 아리우스주의자였다. 실제로 교회 일에 사사건건 간섭했고, 교회는 그의 재위 기간에 교리 논쟁으로 격동에 휘말렸다. 그는 갈리아 · 이탈리아 · 일리리쿰 · 아시아에서 많은 공의회들을 소집했다. 신학자로서 존경을 받기를 원했고, 주교들의 주교라 불리는 것을 좋아했다. 하지만 아버지처럼 세례받는 일은 죽기 직전까지 미뤄두었다.

신자들 중에는 구약 이스라엘 백성이 여호수아의 지휘로 가나안 족속들을 몰아낸 것과 연계하여 콘스탄티우스가 우상 숭배를 무력으로 탄압한 것을 정당화한 사람들이 있었다.[38] 그러나 아타나시우스 · 호시우스 · 힐라리우스 같은 지적

---

38) *De errore profanarum religionum* 저자 Julius Firmicus Maternus가 그랬다. 그는 348년경에 이 소책자를 써서 황제들인 콘스탄티우스와 콘스탄스에게 헌정했다.

인 교회 지도자들은 관용을 주장했다. 물론 그들이 주장한 관용은 정통 신앙을 위한 관용이었고, 그들 자신이 이 신앙을 위해서 아리우스파에 의해 저마다 면 직과 추방을 당한 경험이 있던 사람들이었다. 예를 들어 아타나시우스는 이렇게 말한다. "사탄은 그 안에 진리가 없기 때문에 도끼와 검을 들고 나온다. 그러나 구주께서는 온유하셔서 자기에게 오는 자를 완력으로 다루지 않으시고, 영혼의 문을 두드리시면서 '나의 누이여, 내게 문을 열어주겠는가?' 하고 말씀하신다 [아가 5:2].[39] 문을 열어드리면 들어오신다. 그러나 열어드리지 않으면 잠잠히 떠 나신다. 진리는 검과 감옥이나 군대의 힘으로는 전파되지 않고 설득과 권고로라 야 전파되기 때문이다. 황제 앞에서 죽을까봐 벌벌 떠는데 어떻게 설득이 있을 수 있겠는가? 어기면 당장 추방과 죽음을 예상해야 하는데 어떻게 권고가 있을 수 있겠는가?" 힐라리우스도 동일한 정신으로 황제 앞에서 그의 그릇된 점들을 직언한다. "폐하께서는 국부(國富)로써 하나님의 성소에 큰 짐을 지웠고, 신전들 에서 약탈하고 백성에게 몰수한 재물을 하나님께 무례히 내밀었습니다."

콘스탄티우스처럼 무력으로 강요한 기독교는 이교의 반발을 자극하게 마련이 다. 그것이 역사의 법칙이다. 과연 이교가 그러한 반발을 하고 나왔다. 물론 황 제가 죽은 직후에 짧은 기간에 그치긴 했지만 말이다.

4. 배교자 율리아누스와 이교의 반발(361-363)

제국 정부와 사회의 정서가 이렇게 대대적으로 기독교로 돌아섰음에도 불구 하고 이교에는 여전히 많은 지지자들이 있었다. 이교는 관습과 미신을 통해서 순박한 농촌 사회에서 무시 못할 영향력을 견지하고 있었으며, 알렉산드리아 · 아테네 등지의 철학과 수사학 학교들과 거기서 내놓는 저서들을 통해서 지식인 계층에도 영향력을 유지했다. 그러던 차에 역대 로마 황제들 가운데 손꼽힐 만 한 재능과 열정과 명성을 지닌 황제의 주도로 이교가 다시 한 번 로마 제국에서 과거의 영화를 회복하기 위해 체계적이고 열정적인 노력을 기울였다. 그러나 결 국 이 노력이 철저히 실패로 끝나면서 이교가 제 수명을 다했다는 뚜렷한 증거

---

39) 참조. 아가 5:2.

를 내놓게 되었다. 간략하면서도 흥미롭고 여러 가지 교훈을 준 율리아누스
(Julian)의 재위 기간에 콘스탄티누스의 정책이 과연 현명했고 역사의 발전에 부
합한다는 사실과, 기독교가 실제로 현실의 도덕적 열정과 미래의 모든 희망을
견지하고 가고 있다는 사실이 분명하게 되었다. 동시에 현실의 이 박해는 세속
화한 교회와 성직자들에게 가해진 일벌백계(一罰百戒)일 뿐이었다.

배교자(Apostata)라는 별명이 붙은 율리아누스는 콘스탄티누스 대제의 조카이
자 콘스탄티우스의 사촌으로서 331년에 태어났고, 따라서 백부가 죽을 때 여섯
살밖에 되지 않았다. 정권이 교체되면서 자기 아버지를 포함한 친척들이 모두
살해당하는 모습을 지켜본 그는 콘스탄티누스에 대한 사랑이나 그가 궁정의 종
교로 삼은 기독교에 대한 존경이 마음에 싹틀 리가 없었다. 훗날 그는 자신이 학
살을 면한 원인을 옛 신들의 특별한 가호 탓으로 돌렸다. 그는 그릇된 교육에 의
해 체계적으로 비뚤어진 사람으로 자라났으며, 현학적인 교사들이 그의 자유롭
고 독립적인 정신에 기독교 신앙을 강요하려고 애를 썼으나 자신들의 생활로써
는 도무지 모범을 보여주지 못한 탓에 오히려 기독교 신앙의 원수로 자라났다.
근세 프러시아의 프리드리히 대제(Frederick the Great)가 그와 가장 유사한 예가
아닌가 싶다. 율리아누스는 황제에게 항상 감시를 당했으며, 외딴 시골에서 거
의 죄수처럼 갇혀 지냈다. 자신의 의붓형제와 함께 니코메디아의 아리우스파 주
교 에우세비우스와 여러 내시들의 지도하에 명목적인 기독교 교육을 받았다. 세
례도 받았다. 심지어 성직자 훈련까지 받았고, 독서자에 임명되기까지 했다.[40] 기
도와 금식을 했고, 순교자들의 기억을 칭송했고, 주교들을 깊이 존경했고, 은수
자(隱修者)들에게 축복을 구했으며, 니코메디아 교회에서 낭독자로서 성경을 낭
독했다. 심지어 놀 때도 경건의 형식을 갖추어 놀아야 했다. 그러나 이렇게 강압
적이고 기계적인 금욕 생활과 극단적으로 논쟁적인 형태의 기독교가 율리아누
스의 지적이고 신중하고 열정적인 정신에 반감을 일으켰으며, 결국 그를 이교
진영으로 몰아냈다. 콘스탄티누스가 강요한 아리우스의 거짓 기독교가 율리아
누스의 이교적 반기독교를 키워낸 것이다. 콘스탄티누스가 파종한 악의 씨앗이
율리아누스로 결실한 셈이다. 젊은 왕자 율리아누스는 열정적으로 호메로스 ·
플라톤 · 아리스토텔레스 · 신플라톤주의자들을 공부했다. 그런 저서들이 부분

---

40) *Jul. ad Athen.* p. 271; Socr. iii. 1; Sozom. v. 2; Theod. iii. 2.

적으로 금서가 되어 있던 상황이 호기심을 더욱 키워주었다.

그는 훗날 자신의 찬사를 쓴 저명한 수사학자 리바니우스의 강의록을 은밀히 구해서 읽었다. 하지만 리바니우스의 글들은 문체만 거창하고 번드름할 뿐 알맹이가 없고 저급한 취향만 만족시키는 데 그침으로써 당시에 쇠퇴해 가던 이교 문학의 현실을 잘 반영한다. 그는 점차 이교를 대표하던 유력 인사들을 사귀기 시작했는데, 특히 리바니우스·아이데시우스·막시무스·크리산티우스 같은 신플라톤주의 철학자들과 수사학자들과 사제들이 그의 가까워졌다. 이들은 온갖 궤변과 마술로써 그의 마음에 미신을 확고하게 심어주었다. 이로써 율리아누스는 점차 이교 파벌의 은밀한 우두머리가 되어갔다. 황후 유세비아의 호의와 중재 덕택에 아테네의 학교들을 여러 달 동안 방문했고(355년), 그곳에서 엘레우시우스 비교(秘敎)에 가입했으며, 그로써 그리스 우상 숭배로 개종을 마쳤다.

하지만 이 이교는 간단하지도 않고 금방 발전하지도 않았다. 대단히 가공적이고 병적인 소산이었다. 철학과 시와 미신이 이상하게 혼합된 신플라톤주의적·범신론적 절충주의의 이교였으며, 적어도 율리아누스에게서는 기독교를 상당히 모방 내지 풍자한 형태를 띠었다. 율리아누스가 이끈 이교는 옛 신화에 동양의 신지학(神智學)과 일부 기독교 사상을 가미하여 옛 신화 체계에 영성(靈性)을 부여하고 되살리려고 시도했다. 다양한 민족 신들과 수호신들, 영웅들과 자연 세력들 위에 더 높고 추상적인 통일체가 있다고 가르쳤고, 신들이 꿈과 환상, 신탁, 제물의 내장, 점(占)을 통해서 인간에게 직접 뜻을 전달한다고 믿었으며, 온갖 유형의 마술을 시행했다.[41]

율리아누스 자신은 상당한 철학 지식을 갖고 있었으면서도 대단히 하찮은 신들의 전설을 신뢰하거나, 근거없는 알레고리 해석을 동원하여 그 전설에 보다 깊고 신비스러운 의미를 부여했다. 유피테르·미네르바·아폴로·헤라클레스와 영적인 교제를 나누었으며, 밤에 깊은 공상에 잠겨 있을 때면 그들이 찾아와 보호를 약속했다. 그는 점술에도 능통했다. 여러 신들을 숭배했으나, 그 중에서 가장 각별하게 숭배한 신은 대왕 헬리오스 곧 태양신이었다. 태양신의 종으로 자임했으며, 어릴 때부터 태양신의 영원한 빛이 마술적인 힘으로 그의 마음을 사로잡았다. 그는 자신을 우주의 중심으로 간주했으며, 자신에게서 빛과 생명과

---

41) 참조. 제1권 § 61.

구원이 만물에게 흘러나간다고 생각했다. 이러한 신관(神觀)을 가지고 기독교 유일신론에 접근했으나, 유일하고 참되시며 살아 계신 하나님과 인격적이고 역사적인 그리스도께 복종하지 않고 그 자리를 공허한 신화와 범신론적 공상으로 대체했다.

그의 도덕적 성격은 터무니없는 그의 이교 체계와 잘 부합한다. 그는 재능도 탁월하고 성품도 스토아주의적인 면모를 갖추었음에도 불구하고 단순하고 자연스러운 것을 좋아했으며, 그것이 모든 위대한 사상과 인격의 근본이라고 생각했다. 그의 헬리오스 숭배가 기독교 유일신론의 반영이었듯이, 인위적이고 과시적이었던 그의 금욕주의도 그가 비천함과 영적이라는 이유로 경멸해 마지않던 당대 교회의 수도원주의를 모방한 것에 지나지 않았다. 그는 가식과 허영, 궤변과 다변(多辯)으로 가득했고, 매우 위선적인 사람이었다. 말을 하거나 글을 쓰더라도 그냥 해보는 일이 없이 항상 미리 연구하고 결과를 계산했다. 시대 정신을 분별하여 진정한 진보의 흐름에 앞장서지 못하고, 생명력도 장래성도 없는 파벌에 가담하여 지도자의 처신에 모든 게 좌우되는 거짓되고 근거가 희박한 지위로 전락했다. 위대한 사상가들은 반드시 자기들의 시대와 크고작은 전쟁을 벌이게 마련이다. 앞으로 살펴볼 종교개혁자들이 그랬고, 사도들이 그랬으며, 그리스도께서도 친히 그렇게 하셨다. 그러나 그분들의 반립(反立)은 시대의 진정한 필요를 깨닫고 참다운 유익을 끼치기 위해서 노력하는 데서 우러나온다. 그리고 그 반립은 지극히 진보적이고 개혁적이며, 마침내 좀 더 깊은 시대 정신을 이룩해내고, 그것을 더욱 높은 위치로 끌어올린다. 하지만 율리아누스의 반립은 역사의 조류에 대한 극단적인 오해에서 출발하여 이기적 야심에 힘을 공급받았고, 역행과 반동이었으며, 더욱이 악의 진영에 헌신했다. 그는 과오가 한두 가지가 아니었으므로 광신적인 비판자의 손에 비참한 최후를 당한 것이 결코 무리가 아니었다.

율리아누스는 기독교를 배교했다고 하지만 실은 처음부터 마음에 신앙을 받아들이지 않았을 것이다. 그럴지라도 그는 자신의 배교의 시기를 스무살이던 351년으로 밝힌다. 그러나 그때는 콘스탄티누스가 살아 있던 때였으므로 자신의 이교적 소신을 극단적인 위선으로 가장했고, 공식적인 자리에서는 기독교 의식에 참여하면서도 혼자 있을 때는 유피테르와 헬리오스에게 제사를 드렸다. 361년 1월에도 비엔(Vienne) 교회에서 주현절(主顯節) 축일에 참여하여 황제에게 극진한 찬사를 올렸으나, 내심으로는 그를 미워했고, 그가 죽은 뒤에는 훨씬 더 심한 말로 그를 조소했다. 십년의 세월을 가면을 쓰고 지냈던 것이다. 책상물림인 줄로만 알았던 그가 355년 12월 이후에는 갈리아에서 카이사르[부황제]로서 탁월한 군사적·행정적 역량을 발휘하여 세상을 깜짝 놀라게 했다. 당시는 제국이 게르만 부족들에게 심한 위협을 당하던 때였다. 그는 군인들에게 열정적인 지지를 받았으며, 그들에게 아우구스투스[황제] 대우를 받았다. 그런 뒤 의심과 탐욕이 깅한 황제의 사촌이자 자신의 이복형제에게 반기를 들었고, 361년에는 공식적으로 자신을 신들의 친구로 선언했다. 같은 해에 황제 콘스탄티우스가 갑자기 죽자 그가 제국의 유일한 수장이 되었고, 12월에는 콘스탄티누스 가문의 유일한 상속자로서 군중의 열렬한 환호를 받으며 콘스탄티노플에 입성했으며, 그로써 내전을 모면하는 행운을 누렸다.[42]

그는 권좌에 오르자마자 행정 수반·군 지휘관·법관·연설가·대신관·서신 작성자·저자로서 그 높은 지위에 요구되는 의무들을 열정적으로 수행해 나갔다. 알렉산더 대왕과 마르쿠스 아우렐리우스·플라톤·디오게네스의 명성을 한몸에 받기 위해서 노력했다. 그에게 유일한 레크레이션은 업무를 자꾸 바꿔가며 수행하는 것이었다. 그는 손으로는 글을 쓰면서 귀로는 듣고 입으로는 말하는 것을 한꺼번에 하곤 했다. 자신에게 주어진 시간이 모두 제국과 자신의 정신 함양을 위한 것이라고 생각했다. 18개월(361년 12월-363년 6월)밖에 되지 않은 짧은 기간에 평생 추진할 행정 계획과 집필 계획을 상당 부분 이행했다. 재정을 철저히 긴축했고, 불필요한 사치를 궁정에서 제거했으며, 단 한 번의 법령으로 궁정에 우글거리던 수많은 이발사·조리사·웨이터·의전관 등 잉여 직원들을 해고한 반면에, 오히려 더 쓸모없는 이교 신비주의자·궤변론자·마술사·요법가·점쟁이·한담가 같은 사람들을 끌어들였고, 이제 이들이 궁정 곳곳에 우글거렸다. 전임자들과는 대조적으로 철학자와 금욕주의자로서 단순한 생활을 유지했으며, 황제직에 따르는 각종 의전(儀典)과 유희를 경멸함으로써 자신의 자부심과 허영을 채웠다. 주로 채식만 하면서 하루하루 그날을 관장하는 신 혹은 신들의 취향에 따라 이번에는 이 음식을, 저번에는 저 음식을 금했다. 평범한 옷을

---

42) 그의 형 갈루스는 한동안 안디옥에서 황제로 다스리다가 이미 354년에 콘스탄티우스에게 폐위된 뒤 무능과 잔인한 통치로 인해 참수되었다.

입었고, 바닥에서 잠을 잤고, 수염과 손톱을 길렀으며, 이집트의 엄격한 고행자들처럼 단정과 정결의 법을 무시했다. 이러한 견유학파적 기행(奇行)과 허황된 과시 때문에 단순하고 검소하게 사는 모습이 많이 가려지고 사람들에게 조롱을 받았다. 그의 기행적 삶은 개혁자의 과단성과 지혜 못지않게 반동주의자의 현학성과 무모함을 드러냈다. 군사와 행정 분야에서의 역량과 과단성에서는 콘스탄티누스에게 뒤지지 않았으며, 사상과 문필뿐 아니라 열정과 도덕적 자제력에서는 콘스탄티누스보다 월등히 뛰어났다. 게다가 백부가 재위를 시작하던 나이에 재위를 마친 점도 분명히 그의 장점에 속한다.

그러나 그의 위대한 전임자가 지녔던 명쾌하고 건실한 상식이 그에게는 전혀 없었으며, 시대의 요구를 분별하여 그에 따라 행동하는 현실적인 정치 감각도 없었다. 상식을 지키고 살기보다 뛰어넘는 경우가 많았다. 정치를 실제적으로 잘해 나가려면 상궤를 뛰어넘기보다 상식을 지키는 것이 더욱 중요하고, 꼭 그렇게 해야 할 경우가 많은 법인데, 이 점에서 그에게는 결핍이 있었다. 그러나 율리아누스가 군주로서 범한 가장 큰 과오는 자기 시대에 가장 중요한 문제 곧 종교를 전혀 그릇된 태도로 대한 데 있었다. 이러한 태도가 그의 재위를 유성처럼 갈피를 잡지 못하고 철저히 실패하게 만들었다.

율리아누스가 그렇게 열정적인 통치를 펼치고, 짧지만 대단히 적극적이고 비범하고 부정적인 면에서 큰 교훈을 남기면서 재위하도록 몰아간 원동력은 이교에 대한 강렬한 사랑과 기독교에 대한 철저한 혐오였다. 그는 신들의 숭배를 되살리고, 기독교를 본래의 천시받는 분파로 되돌려놓고, 가능하다면 지상에서 완전히 쓸어버리는 것을 자신의 필생의 과업으로 간주했다. 이 과업을 위해서 자신이 신들에게 부름을 받았다고 믿었고, 마술과 환상과 꿈을 통해서 이러한 믿음을 더욱 공고히했다. 이 목적을 위해서 자신의 재능과 열정과 권한으로 확보할 수 있었던 모든 수단을 남김없이 사용했다. 그가 이러한 노력을 기울이고서도 실패한 이유는 목표 자체가 무모하고 실현할 수 없는 것이었기 때문이다.

I. 먼저 그의 계획이 지닌 적극적인 면, 즉 이교를 되살려 개혁하려 했던 점을 살펴보자.

그는 국가 재정으로 신들의 예배를 고대의 화려한 격식을 갖춰서 복원했다. 숨어지내던 수많은 사제들을 다시 불러모으고, 그들에게 예전의 특권과 지위를 부여하고, 군인들과 관리들에게 버려진 신전들과 제단들을 복구하라고 지시했

다. 어떠한 신 혹은 여신도 소홀히 방치하지 말라고 했다. 그러면서도 자신은 아
폴로 곧 태양을 각별히 숭배했다. 다른 부분에서는 재정을 긴축하면서도 희귀한
새들과 무수한 황소와 어린양을 제물로 공급했는데, 나중에 가서는 희귀한 새들
의 멸종을 우려할 만한 상황이 되기까지 했다.[43] 주화들과 군기들에서 십자가와
그리스도를 상징하는 글자를 제거하고, 그 자리에 이교의 상징을 넣었다. 황제
들의 조각상들과 초상화들 주위에 우상 숭배의 상징들을 설치함으로써 황제들
에게 경의를 표시하려넌 신들에게 배례(拜禮)하시 않을 수 없세 만들었나. 그가
신들의 화상(畵像)을 옹호할 때 사용한 논리는 훗날 기독교의 화상 옹호론자들이
성인들의 화상을 옹호할 때 사용한 논리와 똑같았다. 황제를 사랑한다면, 아버
지를 사랑한다면 그의 초상화를 즐겨 바라보게 마련이듯이, 신들의 친구라면 신
들의 화상을 즐겨 보고, 자신을 내려다 보는 화상 안에서 보이지 않는 신들에 대
한 경외심을 가득 얻게 된다고 그는 말했다.

　율리아누스는 우상 숭배의 완벽한 모범을 보였다. 이교에 대해서는 항상 열의
를 나타냈고, 두 명의 전임 황제 치하에서 비록 공식적으로 폐지되지는 않았으
나 철저히 잊혀졌던 폰티펙스 막시무스[대신관]의 직무를 주도면밀하게 수행했
다. 조석(朝夕)마다 떠오르고 지는 태양 곧 지존의 빛의 신에게 제사를 드렸고,
밤에는 달과 별들에게, 낮에는 그 밖의 다른 신들에게 제사를 드렸다. 그를 동경
한 이교도 리바니우스는 "그가 떠오르는 태양을 피로써 맞이하고, 지는 태양을
다시 피로써 배웅했다"고 말한다. 율리아누스는 마음껏 외출할 수 없었으므로
궁전을 신전으로 개조하고 정원에 제단들을 세운 뒤 여느 예배당보다도 정결하
게 관리했다. 리바니우스는 이렇게 쓴다. "신전이 있는 곳이면 그곳이 도시든 산
이든 산꼭대기든, 아무리 험준하여 접근하기 어렵든 그는 그곳으로 달려갔다."
그는 제단과 신상 앞에서 엎드려 절했으며, 심한 비바람에도 개의치 않았다. 하
루에도 여러 번 사제들과 무희(舞姬)들에게 둘러싸인 채 수백 마리의 황소를 제
물로 바쳤고, 제사를 드릴 때는 직접 나무를 가져다가 불을 붙였다. 제물을 잡을
때도 직접 칼을 들고서 배를 갈라 내장의 형태를 보고서 앞날을 점쳤다.

　그러나 그의 열정에는 메아리가 없었으며, 이교 지식인들의 눈에도 그러한 그
의 행태가 부질없는 짓으로 비쳤다. 그는 자기 진영 사람들의 무관심을 거듭 불

---

43) Ammianus Marc. xxv. 4.

평했으며, 기독교 주교들와 은밀히 내통한 혐의로 자신의 사제들 가운데 한 사람을 기소했다. 그의 제사를 보러 오는 사람들도 신심(信心)보다 호기심을 가지고 왔으며, 제사가 끝나면 우레와 같은 박수 갈채를 보냄으로써 고군분투하는 황제에게 '내가 종교극의 배우 역할 따위나 했단 말인가!' 하는 자괴심을 안겨주었다. 구경꾼이 아예 없는 날도 적지 않았다. 한 번은 안디옥의 유명한 백향목 앞에서 아폴로 다프네우스의 신탁(神託)을 복원하기 위해 술과 춤과 향을 갖춰 성대한 행사를 마련하고 널리 알렸는데도 불구하고 신전에는 늙은 사제 한 사람만 와 있었고, 이 사제마저 불길하게도 거위를 잡아 제사를 드렸다.[44]

하지만 율리아누스는 기독교 윤리를 도입하여 이교에 혁신과 변화를 일으켜 보려고 하기도 했다. 그렇게 하면 이교를 원래의 모습으로 되돌려 놓을 수 있다는 헛된 생각 때문이었다. 이로써 본인의 뜻과 상관 없이 무의식중에 이교의 빈곤을 드러내고 기독교를 지극히 높인 셈이 되었다. 이러한 이유 때문에 그리스도인들은 그를 '기독교를 흉내낸 원숭이' 라고 불렀다.

율리아누스는 무엇보다도 돌이킬 수 없이 훼손된 이교 사제 조직을 기독교 성직 체계를 본따 재건하고자 했다. 사제들이 신들과 인간들 사이의 중재자들이므로 항상 신전에 거주해야 하고, 거룩한 일에 전념해야 하고, 에피쿠로스와 피론(pyrrho) 학파의 부도덕하거나 회의적인 책을 봐서는 안 되고 피타고라스 · 플라톤 · 크리시푸스 · 제논의 책을 공부해야 하며, 선술집이나 극장에 가서는 안 되고, 신분에 어긋나는 거래를 해서도 안 되며, 구제와 자선에 힘쓰고 정절과 절제를 엄수하고, 소박한 옷을 입되 의식을 집전할 때는 반드시 화려하고 기품을 갖게 할 만한 복장을 갖춰야 한다고 주장했다. 당시 기독교 사제들 사회에 널리 통용되던 사상을 거의 모두 차용하여 그것을 자신의 다신교에 적용했다. 그런 다음에는 교회의 헌장과 예배에서 성직위계제도를 차용했고, 출교와 면죄와 회복으로 이루어지는 권징 체계와 설교와 음악을 포함하는 고정된 의식을 도입했다. 사제들에게 심홍색 성직복에 주교관을 착용하게 하고, 주기적으로 강론하여 사람들을 계도하도록 했다. 비속하고 부도덕한 신화 이야기들을 알레고리로 해설

---

44) Misopog. p. 362 sq. 여기서 율리아누스는 그 한심한 정황을 직접 언급하면서, 안디옥 사람들이 신전의 막대한 수입을 기독교와 현세적 쾌락에 낭비한다고 분노를 토해낸다.

하고 현실에 적용하도록 한 것이다! 신전마다 잘 조직된 성가대를 두어서 회중이 따라부르도록 했다. 마지막으로, 여러 도(道)들에 수도원들과 수녀원들, 병자와 고아와 나그네를 돌보는 자선 시설들을 두게 하고서 국고에서 상당액을 지원했으며, 자발적인 기부금을 장려했으나 별로 호응을 얻지 못했다. 그는 기독교에 대해서 주목할 만한 인정을 했는데, 그것은 이교도들이 신앙의 형제들조차 돕지 않는 반면에, 유대인들은 절대로 도움을 구걸하는 법이 없고, '저 불경한 갈릴리인들'(그가 그리스도인들을 부를 때 사용한 경멸조의 칭호)은 자기 형제들을 도울 뿐 아니라 가난한 이교도들에게까지 도움의 손길을 내밀며, 그로써 별볼일없는 자신들의 종교를 선행으로 뒷받침한다고 말한 것이다.

그러나 이렇게 외부의 요소들로 이교를 거듭나게 하려는 시도는 철저히 허망한 것이었다. 그것은 썩어가는 시체를 흔들어 깨우거나, 새 순을 꺾어 죽은 나무에 접붙이거나, 좋은 씨를 암반에 뿌리거나, 새 술을 낡은 부대에 부어 부대가 터지고 술을 버리는 것과 다름없었다.

II. 율리아누스의 계획이 지닌 부정적인 면은 기독교를 탄압하고 결국 뿌리뽑겠다는 것이었다.

그는 아주 기민하게 이 계획을 이행했다. 유혈 박해는 의도적으로 피했다. 철학적 관용의 덕목을 저버리고 싶지 않았고, 교회에 새로운 순교의 영예를 안겨줄 마음도 없었기 때문이다. 게다가 무력 탄압이 아무런 효과도 내지 못했다는 것을 지난 3세기의 역사가 잘 말해주고 있었다. 리바니우스에 따르면 불과 칼로는 사람의 신앙을 바꿀 수 없으며, 박해는 위선자들과 순교자들을 낳을 뿐이라는 것이 율리아누스의 소신이었다고 한다. 마침내 율리아누스는 그리스도인들의 수가 워낙 많기 때문에 제국 차원에서 박해를 감행할 경우 내전을 감수해야 한다는 것을 인식했다. 따라서 그는 형평과 보편적 관용을 유지하는 척하면서 교회를 '점잖게' 박해했다.[45] 그리스도인들을 박해하기보다 기독교를 박해했으며, 기독교에서 신자들이 떨어져나가게 하려고 노력했다. 개인적인 비난을 일으키거나 박해의 공포를 조성하지 않고서 박해의 결과를 거두려고 생각했다. 하지만 기대했던 결과가 나타나지 않자 갈수록 강포하게 되었고, 따라서 만약 그가 페르시아 전쟁에서 승리하고 돌아왔더라면 공개적인 무력 탄압을 감행했을 것

---

45) 나지안주스의 그레고리우스가 이렇게 표현했다(*Orat.* iv).

이다. 실제로 나지안주스의 그레고리우스와 소조메누스, 그리고 일부 이교 저자들도 도(道)들에서, 특히 안투사와 알렉산드리아에서 국지적인 박해가 자행되었다고 말하며, 이 박해가 적어도 간접적으로는 황제에게 책임이 있었다고 말한다. 그 상황에서 관리들은 황제의 공식적 명령에 따라 움직이지 않고 자신들의 불법적인 조치를 최대한 묵인하던 율리아누스의 의중을 읽고서 움직였으며, 박해 죄로 기소될지라도 하나마나한 조사와 무죄 방면을 겪으면서 황제의 의중이 어떠한 것인지 실제적으로 확인했다.

그러므로 그는 먼저 모든 파벌과 분파의 그리스도인들에 대해서 관용 정책을 시행했다. 그리스도인들 사이에 내부 논쟁으로 자중지란이 일어나 서로 무너뜨리기를 기대한 것이다. 콘스탄티우스 때 유배당한 정통파 주교들과 그 밖의 성직자들에게 자신들의 교구로 돌아가도록 허용했고, 아리우스파 · 아폴리나리우스파 · 노바티아누스파 · 마케도니아파 · 도나투스파도 그대로 내버려 두었다. "인간으로 태어나 불멸의 신들을 숭배하는 가장 영광스러운 특권을 저버린 채 죽은 사람들과 그들의 유골을 숭배하는 가난하고 눈멀고 속아넘어간 갈릴리인들"을 측은히 여겼다. 한번은 시각장애자인 칼케돈의 주교 마리스에게 면박을 당하는 수모를 겪었다. 갈릴리인들의 하나님이 눈을 뜨게 할 수 없었느냐는 황제의 조소에, 그 주교는 "제가 앞을 못보게 되어서 당신 같은 불경한 배교자를 바라보는 고통을 면하게 된 데 대해서 하나님께 감사드리고 있습니다" 하고 대답했던 것이다. 황제는 그 뒤 그 주교에게 심한 벌을 내리게 했다.[46]

안디옥에서도 철학적 평정으로 기독교 주민들의 조소를 참아냈지만, 「미소포곤」(*the Misopogon*)이라는 저서에서는 그 도시 주민들을 가차없이 비판하여 보복하는 글을 적었다. 그리스도인들을 대할 때마다 본능적으로 강한 적개심이 타올랐고, 조소를 퍼부었다. 이것은 심지어 그가 경멸조로 사용한 갈릴리인들이라는 표현에서도 드러난다. 그는 유대인들의 관습에 따라 항상 이 용어를 사용했고, 다른 사람들에게도 그리스도인들을 이렇게 부르도록 지시했다.[47] 그리스도인

---

46) Socrates: *H. E.* iii. 12.

47) Warburton이 주장한 대로, 이 표현의 밑바닥에는 내심 그리스도의 이름에 대한 두려움이 깔려 있었을 것이다. 왜냐하면 신플라톤주의자들은 이름에 신비스러운 힘이 붙어 있다고 믿었기 때문이다.

들이 인간에게 경멸을, 신들에게 혐오를 받아 마땅한 광신자 집단이자, 세상에 있는 거룩하고 신적인 모든 것에 노골적으로 대항하는 무신론자 집단이라고 간주했다.

때로는 여러 집단의 대표들을 불러 자기 앞에서 논쟁을 벌이게 한 다음 "맹수들도 갈릴리인들의 분파만큼 사납고 비타협적이지 않다"고 고함쳤다. 자신의 판단과 달리 관용이 교회에 해롭지 않고 오히려 유익하며, 교리 논쟁의 열기를 누그러뜨리는 경향이 있음을 발견했을 때는 눈엣가시처럼 여기던 아타나시우스를 알렉산드리아에서, 심지어 이집트에서 추방했으며, 당대의 가장 위대한 인물이었던 그를 보잘것없는 난쟁이라고 부르고 그에게 아주 저속한 욕을 퍼부었다. 그의 영향으로 유력한 이교도들 특히 이교도 여성들이 수없이 기독교로 넘어가고 있었기 때문이었다. 따라서 그의 관용은 순수한 인류애에서 나온 것도 아니고 종교적 무관심에서도 나온 것이 아니라, 이교에 대한 광신적 사랑과 기독교에 대한 철저한 미움을 은폐하는 위선적인 가면이었던 셈이다.

이러한 위선적인 태도가 그리스도인들을 노골적으로 차별하고 불이익을 안겨준 데서 나타난다. 그가 이교를 후하게 후원한 것 자체가 기독교에 해를 입힌 것이었다. 그에게는 배교만큼 더 기쁜 일이 없었으며, 배교하는 자들에게 후한 상을 내걸었다. 이로써 그리스도인들에게 불순한 방법으로 순진한 사람들을 개종시킨다고 비난해놓고 자신이 그러한 짓을 범했다. 한번은 공권력을 동원해서라도 사람들을 이교로 개종시켜야 한다고 주장하기까지 했다. 모든 고위 관직에 이교도들을 중용하고, 그들이 명백히 국법을 어기더라도 처벌을 하지 않거나 하더라도 솜방망이에 그친 반면에, 그리스도인들에 대해서는 모든 부분에서 무시했으며, 법정에 호소해도 그들의 주(主)가 원수에게 속옷뿐 아니라 겉옷도 주라고 하고, 오른편 뺨을 치거든 왼편도 돌려 대라고 하지 않았느냐고 조롱하면서 그들을 쫓아냈다(참조. 마 5:39, 40). 그리스도인들은 군대와 관직에서 쫓겨났고, 과거의 특권을 모두 박탈당했고, 무거운 세금을 부과받았고, 신전 복원 공사에 강제 동원되었고, 공식적인 우상 숭배 행사에 기금을 내도록 강요받았다. 에데사에서 아리우스파와 정통파가 논쟁을 벌인 것을 빌미로 그 도시 교회의 재산을 몰수하고 그것을 군인들에게 나누어 주었으며, 부자가 천국에 들어가기 어렵다는 그들 종교의 교리(참조. 마 19:23, 24)를 존중하여 그들이 천국에 들어가기 쉽게 도와주었을 뿐이라고 조소했다.

법도 부당하고 탄압적이기는 마찬가지여서, 제국의 모든 공립학교의 운영권을 이교도들에게 넘겨주었고, 그리스도인들이 학문과 예술을 가르치지 못하도록 금했다.[48] 이로써 율리아누스는 기독교 청소년들에게 교육의 유익을 주지 않으려고 했고, 무지와 야만으로 전락하거나 아니면 이교 학교에 다니면서 고전학과 아울러 우상 숭배 원칙도 섭취하도록 강요했다. 그는 그리스 고전들, 특히 그 가운데서도 시인들의 저서들은 단순한 문학 작품이 아니라 이교도들만 독점권을 지니는 종교 문헌들이기도 하다고 보았으며, 기독교가 진정한 인간 문화와 양립할 수 없다고 간주했다. 갈릴리인들은 자신들의 교회에서 마태와 누가를 해설하는 것으로 만족해야지, 영광스러운 그리스 저자들을 모독해서는 안 된다. 그들이 고전 작품들을 배우면서 저자들이 존경한 신들을 멸시한다면 앞뒤가 맞지 않고 배은망덕한 일이다. 왜냐하면 사실상 신들이 호메로스 · 헤시오도스 · 데모스테네스 · 투키디데스 · 이소크라테스 · 리시아스 같은 저자들의 정신을 인도하여 작품을 쓰게 했으며, 이 저자들은 메르쿠리우스[헤르메스]와 뮤즈의 신들에게 자신들의 작품을 헌정했기 때문이다. 이러한 논리를 토대로 율리아누스는 고전 문화를 사용하여 이교를 논박하고 기독교를 옹호한 바실리우스 · 나지안주스의 그레고리우스 · 라오디게아의 아폴리나리우스 같은 교회의 교사들을 특히 미워했다. 두 명의 아폴리나리우스는 황제의 고전 교육 금지령을 피하기 위해서 호메로스 · 핀다로스 · 에우리피데스 · 메난드로스의 작품을 기독교적인 내용으로 모방한 작품을 서둘러 써냈다. 이렇게 해서 나온 작품들은 소조메누스에게 원작과 방불하다는 평가를 받았으나 곧 잊혀졌다. 그레고리우스도 '고난당하신 그리스도' 라는 비극과 여러 편의 찬송을 썼는데, 그 글들이 현존한다. 이로써 이교부들은 고전 문학이 기독교 고등 교육에 반드시 필요하다는 점을 증거했고, 교회도 그 이래로 같은 견해를 견지했다.[49]

---

48) 나지안주스의 그레고리우스(*Orat.* iv)는 황제가 모든 이성적 인간들의 공동 재산인 학문을 마치 그것이 그리스인들의 전유물인 것처럼 여겨 가르치지 못하게 한 것을 격렬히 비판했다.

49) Dr. Baur는 교부들이 고전을 필수적인 교육 수단으로 삼아놓고서 이교 사상을 사탄의 작품이라고 단죄한 것을 이율배반적인 행위였다고 비판한다. 그러나 그들이 이교 사상을 단죄한 것은 종교에 초점을 둔 것이었을 뿐, 순교자 유스티누스 · 클레멘스 · 오리게네스와 마찬가지로 신적 로고스가 헬레니즘 철학과 시를 사용하여 기독교

율리아누스는 더 나아가 이교를 증진하기 위해서 글로써 기독교 신앙을 공격했다. 죽기 직전에 그리고 페르시아 원정을 준비하는 과정에서 직접 펜을 들어 기독교를 신랄하게 비판하는 글을 썼는데, 그 글에 대해서는 다음 절(9)에서 자세히 살펴볼 것이다.

III. 율리아누스가 기독교의 해묵은 원수인 유대교에 호의를 베푼 것도 기독교를 위해하려는 똑같은 구도에서 나온 정책이었다.

황제는 공식 문서로써 역사 깊은 유대교를 존중하고 그 신도들에게 공감을 표시했으며, 역경 속에서 꿋꿋이 살아가는 그들을 칭찬하고, 그들을 탄압하는 그리스도인들을 비판했다. 유대인들에게서 과중한 세금 부담을 덜어주었고, 심지어 그들에게 성지로 돌아가 모리아 산에 원래의 웅장한 규모로 성전을 재건하도록 장려했다. 국고에서 막대한 예산을 할애하여 이 사업을 지원했고, 노련한 신하 알리피우스에게 성전 재건 사업의 감독을 맡겼으며, 만약 자신이 페르시아 전쟁에서 승리를 거두고 돌아온다면 모세의 제사를 복원하는 행사에 자신이 직접 참관하겠다고 약속했다.[50]

당연한 말이지만, 그가 유대교를 장려하려고 이렇게 한 것은 아니었다. 그리스도인들을 비판하는 글에서도 구약성경을 철저히 업신여기고, 모세와 솔로몬을 이교의 입법가들과 철학자들보다 한참 낮게 평가한 바 있기 때문이다. 그가 성전을 재건하려고 한 목적은 우선 자신의 치적을 널리 알리고 그로써 허영을 채우려는 것이었다. 그리고는 성전이 파괴될 것이라는 예수의 예언을 짓밟고(하지만 그 예언은 이미 3백 년 전에 확실히 성취되었다), 그리스도인들이 유대인들을 제재할 때 사용하던 가장 자주 사용하던 주장을 무산시키고, 새 종교의 세력을 예루살렘에서 꺾으려는 것이었다.[51]

황제의 격려에 고무된 유대인들이 동방과 서방에서 조상들의 거룩한 도성으로 몰려들었다. 그들로서는 하드리아누스 이래로 방문이 금지되어 한 번도 밟아 보지 못했던 땅이었다. 대규모 민족 종교 사업을 위해 예루살렘에 들어가던 그

의 길을 예비하셨다고 인정했다.

50) Jul. *Epist.* 25. 이 서신은 유대인들에게 쓴 것으로서, 소조메누스도 이 서신을 언급한다.

51) Gibbon, ch. xxiii: "유대인 성전 복원 사업은 기독교 교회를 파괴하려는 공작과 은밀히 연결되었다."

들은 메시야의 통치가 속히 임하고 모든 예언이 성취되기를 대망하면서 열광적
인 분위기에 휩싸였다. 전하는 바로는 여성들이 저마다 귀금속을 가지고 와서
은 삽과 가래를 구입했으며, 심지어 성지의 흙과 돌을 비단 앞치마로 날랐다고
한다. 그러나 이교도 황제와 유대 민족이 손을 잡은 것만으로는 하나님의 심판
으로 무너졌던 것을 복원할 수 없었다. 건물을 세우려고 여러 번 시도를 했으나
격렬한 지진으로 번번이 실패했던 것이다.[52] 이것은 당시의 이교 사가조차 신빙

---

52) 율리아누스도 서신이나 연설로 추정되는 어떤 글의 단편에서 그 사업의 실패를
시인하는 듯하지만, 좀 더 영리하게 원인에 대해서는 입을 다문다. 이 글에서 그는 이
렇게 묻는다. "세 번씩이나 무너졌는데도 아직까지 재건되지 않은 성전에 대해서 그들
[즉, 유대교 예언자들]이 뭐라고 말할 것인가?" "내가 그들을 질책하기 위해서 이렇게
말하는 것이 아니다. 나 자신이 이렇게 뒤늦게나마 거기서 예배를 받으셨던 분을 기
리기 위해 성전을 재건할 뜻을 품었었기 때문이다." 율리아누스는 성전 재건에 실패
한 사건을 하늘이 유대교를 달가워하지 않는다는 뜻으로 이해했거나 아니면 순전히
우연으로 이해했겠으나, 페르시아 전쟁을 마치고 돌아와서는 공사를 재개할 생각이었
다. 하지만 율리아누스가 성전이 세 번 파괴된 것을 과연 자신의 재위 때 발생한 일로
말했는가 하는 것은 불확실하다. 앗수르에 의한 파괴와 로마에 의한 파괴를 가리켰을
가능성도 있다. 그럴 경우 세번째 파괴는 단순한 과장일 수도 있고, 안티오쿠스가 성
전을 모독한 사건을 가리킨 것일 수도 있으며, 혹시는 율리아누스 자신의 재위를 가리
킨 것일 수도 있다. 확고한 이교도로서 율리아누스의 친구였고 전우였던 암미아누스
마르켈리누스는 그 정황을 좀 더 구체적으로 전한다. 그의 기록에 따르면 율리아누스
는 위대한 업적을 남겨 자신의 재위를 후세에 영원히 남기려는 의욕을 가지고 막대한
비용을 들여 예루살렘에 웅장한 성전을 재건하기로 작정하고 그 공사를 안디옥의 알
리피우스에게 위임했다고 한다. 그의 글은 다음과 같이 계속된다: "그러므로 알리피우
스는 열성을 다해 그 공사에 임했으며, 안디옥 총독의 지원을 받았다. 그때 하늘에서
불덩어리들이 성전 터에 무섭게 쏟아져내렸고, 한참을 그렇게 내려 그 지대를 인부들
이 감히 접근할 수 없도록 만들었으며, 이러한 일이 거듭해서 발생하자 알리피우스는
공사를 포기했다." Michaelis, Lardner, Gibbon, Guizot, Milman, Gieseler 같은 이들은
이것을 자연 현상으로 설명한다. 요세푸스와 타키투스의 말대로 그곳 토양에 역청이
섞여 있고, 지하가 텅 비어있고, 성전 터가 있는 산에 저수지들이 있는 묘한 지형 때문
에 생긴 현상이라는 것이다. 헤롯도 성전을 건축할 때 다윗의 묘를 발굴하려고 했다
가 불이 일어나 인부들을 태워죽였다고 한다(Joshep. *Antiqu.* xvi, § 1). 그러나 주후
70년에 티투스가 성전을 파괴할 때, 135년에 하드리아누스가 그곳에 아일리아 카피톨
리나를 건설할 때, 그리고 644년에 오마르가 그곳에 터키 사원을 건축했을 때는 우리

성을 인정하는 이야기이다. 그리고 기독교 저자들이 덧붙이듯이 강한 회오리바람과 번개와 지진이 일어나고 하늘에서 기적적인 징조들, 특히 눈부시게 빛나는 십자가 형상이 나타난 듯하다.[53] 그 결과 작업 인부들이 불길에 타죽거나 공포에 질리고 낙담하여 공사장을 도망쳤다. 이렇게 해서 율리아누스는 그리스도인들에게서 신앙의 기반을 제거하기는커녕 이 무모한 사업이 실패로 끝나면서 그들에게 새로운 권위만 보태주었다.

이 사업이 섭리적으로 좌절된 사건은 율리아누스의 재위 선제가 머지않아 무덤으로 가라앉게 될 것을 보여주는 상징이다. 그는 카이사르[부황제] 시절에 서로마 제국에 주둔하면서 그곳의 야만족들을 정복했었다. 그런데 이제는 세계의 군주로서 동방의 적들을 굴복시키고, 페르시아를 정복함으로써 제2의 알렉산더라는 명성을 얻을 계획이었다. 거만하게도 모든 평화 제의를 거부한 그는 안디옥에서 겨울을 난 뒤 엄숙한 예를 갖춰 신탁(神託)을 구하고 나서 6만 5천의 병력을 이끌고 티그리스 강을 건넜다. 메소포타미아로 진입한 그는 여러 요새 성읍들을 탈취했고, 그 과정에서 몸소 군대를 진두 지휘함으로써 전쟁의 위험에서

가 아는 한 그러한 파괴적인 현상들이 생기지 않았다. 그러므로 하나님께서 섭리로써 이러한 자연 세력들을 쓰셔서 유대인들의 성전이 재건되지 못하도록 막으셨다고 믿어야 한다.

53) 나지안주스의 그레고리우스·소크라테스·소조메누스·테오도레투스·필로스토르기우스·루피누스·암브로시우스·크리소스토무스는 비록 각론에서는 다르지만, 이 사건을 초자연적 사건으로 평가하는 점에서는 일치한다. 테오도레투스가 맨 먼저 강한 회오리바람 이야기를 전한다. 이 바람으로 막대한 양의 석회와 그 밖의 건축 자재들이 사방으로 흩어져 못쓰게 되었으며, 그런 뒤에 천둥과 번개가 따랐다고 한다. 소크라테스는 하늘에서 불이 내려와 인부들의 연장과 삽과 도끼와 톱을 녹여버렸다고 하며, 지진이 일어나 옛 터전에 남아 있던 돌들을 삼키고 공사를 위해 파헤친 곳을 메워버렸으며, 주변 건물들마저 무너뜨렸다고 한다. 그러다가 혼동이 그치고 주변이 조용해졌을 때, 그레고리우스에 따르면 하늘에 찬란한 십자가가 원에 둘러싸인 채 나타났으며, 그 자리에 있던 사람들의 몸에 십자가 모양이 새겨져 밤에도(루피누스) 빛을 발했으며, 물로 씻어도 지워지지 않았다(소크라테스). 하지만 이 저자들 가운데 엄격히 말해서 당대의 증인은 그 사건이 일어난 해인 363년에 그 일을 전한 그레고리우스로서, 그의 증언은 이교도들이 감히 이의를 제기하지 못할 만큼 확신에 차 있다 (*Orat.* iv. p. 110-113). 그 뒤에 암브로시우스와 크리소스토무스도 이 사건을 여러 번에 걸쳐 언급한다.

몸을 사리지 않았으며, 가는 곳마다 여건만 맞으면 이교 신들의 숭배를 되살려 놓았다. 그러나 병력을 대단히 위험한 상황에 처하게 만들었고, 대수롭지 않은 야간 전투에서 적군이 쏜 화살에 맞아 치명상을 입었다. 그 결과 363년 6월 27일에 서른둘의 나이로 생을 마감했다. 이교도의 증언에 따르면 그는 임종할 때 스토아 철학자로서의 평정과 위엄을 갖춘 채 영혼의 영광을 말했다고 한다(하지만 평소에 그는 영혼 불멸을 기껏해야 불확실한 견해로 여겼다).[54] 하지만 후대에 등장한, 다소 의심스러운 기독교의 증거들에 따르면 크게 낙심한 채 "갈릴리인이여, 그대가 이겼소!" 하고 말했다고 한다.[55] 암미아누스가 전하는 바, 그가 친구들에게 남긴 고별사도 매우 독특하다. 소크라테스의 고별사를 연상시키는 이 글은 소크라테스의 자연스럽고 소박한 맛이 없고, 대신에 자아 도취와 연극적인 정서가 뒤섞여 있다. 그의 시체는 그가 사도들 가운데서도 가장 미워했던 사도 바울의 출생지 다소로 운구되어 묻혔으며, 그가 선한 군주에다 용감한 군인이었다는 내용의 간단한 비문이 적힌 묘비가 세워졌다. 하지만 묘비에는 그의 종교에 관한 언급이 실리지 않았다.

이렇게 해서 한 군주가 인생의 절정기에 죽었다. 그는 탁월한 군사적 · 행정적 · 학문적 역량과 비범한 열정을 거짓 종교를 광적으로 신봉하고 참 종교를 탄압하는 데 탕진했고, 쓸데없고 악한 목적에 사용했으며, 그로써 불후의 영예 대신에 실패한 배교의 수치를 안게 되었다. 만약 그가 좀 더 오래 살았다면 아마도 제국을 종교 내전의 비참한 수렁으로 몰아넣고 말았을 것이다. 당시 그리스도인들은 그가 페르시아 전쟁에서 이기고 돌아올 경우 대대적인 유혈 박해가 개시될 것이라고 예상하고 있었다. 그러므로 그리스도인들이 그에 관한 기억을 증오했다는 것을 조금도 이상하게 여길 필요가 없다. 안디옥의 그리스도인들은 교회당들과 극장들에서 잔치와 춤으로써 그의 죽음을 축하했다.[56] 저명한 신학자이자 연설가였던 나지안주스의 그레고리우스조차 율리아누스를 바로 · 아합 · 느부갓

---

54) 암미아누스, 1. xxv. 3. 그는 직접 원정에 참여하여 황제의 호위병으로 근무했으며, 그로써 상황을 지켜볼 만한 가장 좋은 위치에 있었다.

55) 소조메누스, vi. 2; 테오도레투스, iii. 25; 그 뒤 약간 다른 내용으로 필로스토르기우스, vii. 15. 반면에 율리아누스를 가장 악하게 평가한 나지안주스의 그레고리우스는 이 발언에 대해서 아무런 말도 하지 않는다.

56) Theodor. *H. E.* iii. 27.

네살과 비교했다. 그의 고등한 재능들을 제대로 평가하고, 그가 기독교에 대해 철저히 그릇된 위치에 섰던 이유를 왜곡된 교육과 전임 황제의 독재와 당대 교회의 불완전한 모습들을 들어 변명하거나 적어도 해명하는 작업은 좀 더 공평한 현대 역사학에게 맡겨진 과제로 남겨졌다.

율리아누스가 몰락하면서 그가 소생시킨 인위적인 이교 사상과 체계도 "파편조차 남기지 않은 채 한여름밤의 꿈처럼" 사라졌으며, 다만 역사의 강물을 거슬러 헤엄치거나 기독교의 진진을 가로막는다는 게 불가능하다는 큰 교훈을 분명하게 남겼다. 그에게 총애를 받은 이교 철학자들과 점술가들도 다시 음지로 쫓겨났다. 모든 꿈이 산산조각 나는 상태에서도 그들은 자신들의 미신에서 아무런 위로도 얻지 못했다. 리바니우스는 자신이 숭배하던 신들을 향해서, 왜 콘스탄티누스는 20년을 재위하게 하고, 율리아누스는 겨우 스무 달밖에 재위하지 않게 했느냐고 원망했다. 그러나 그리스도인들은 이 사건에서 중요한 교훈을 배울 수 있었다. 그것은 나지안주스의 그레고리우스가 율리아누스의 재위 초반에 했던 말로서, 교회가 외부의 적보다 내부의 적을 오히려 더욱 두려워해야 한다는 것이었다.

5. 요비아누스부터 테오도시우스까지(363-392)

이때부터 이교는 더디지만 꾸준하게 해체의 수순을 밟아가다가, 태풍처럼 몰려내려온 거대한 이민들로 인해 카이사르들의 제국이 붕괴되면서 비천한 최후를 마쳤고, 그로써 기독교의 승리를 만천하에 공포했다. 기독교가 공인된 이래로 황제들과 주교들과 수사들이 이교 신전들을 파괴하고 재산을 몰수하는 과정에서 참으로 다양한 불의를 저지른 것이 사실이다. 그러나 그 불의는 3백년간 기독교가 당한 피의 박해와 비교하면 아무것도 아니었다. 고대 그리스·로마의 이교는 내부의 부패로 소멸했고, 그것은 어떠한 인간의 힘으로도 막을 수 없었다.

율리아누스 이후로 기독교 황제들이 단절 없이 제위를 계승해 갔다. 율리아누스가 죽음으로써 콘스탄티누스 가문도 막을 내리게 되었으며, 그리스도인이었던 장군 요비아누스(363-364 재위)가 군대에 의해서 황제로 선출되었다. 그는 페르시아와 어쩔 수 없이 불리한 내용의 평화조약을 체결했고, 라바룸(로마 황제의 군기)에 다시 십자가를 넣었고, 교회에 다시 여러 특권을 부여했지만, 거기서 더 나아가 콘스탄티누스의 정신을 받들어 보편적 관용을 공포했다. 당시의 상황에서는 이것이 가장 현명한 정책이었다. 콘스탄티누스와 마찬가지로 그도 개인적으로는 니케아 신앙을 고수하고 아타나시우스를 호의적으로 대했으나, 교회 내부의 문제에는 간섭하지 않았다. 하지만 불과 여덟 달을 재위한 뒤에 서른셋의 나이에 죽었다. 아우구스티누스는 하나님께서 그를 율리아누스보다 일찍 불러가신 이유에 대해서 설명하기를, 어떠한 황제도 콘스탄티누스처럼 현실적 이익을 위해서 그리스도인이 되지 않고 오직 영생을 얻기 위해서 그리스도인이 되도록 하시기 위함이었다고 말했다.

그의 계승자 발렌티니아누스 1세(375년 죽음)는 대체로 전제 정치를 펼치긴 했으나 전임 황제와 마찬가지로 종교 자유 정책을 공포했으며, 개인적으로는 니케아 정통신앙을 지지했으면서도 교리 논쟁에 초연한 태도를 취했다. 반면에 그의 형제이자 공동 황제로서 378년까지 동방에서 다스린 발렌스는 아리우스파를 지지했고, 보편교회[가톨릭] 신자들을 박해했다. 하지만 두 사람 모두 피의 제사와 점술을 금했다. 발렌티니아누스 치하에 로마를 다스린 막시미누스는 특히 로마 귀족 사회에서 마술 금지법을 어긴 사람들을 잔인하게 탄압했다. 점쟁이들은 산 채로 태워죽인 반면에, 그들의 시종들은 끝에 납을 단 가죽끈으로 때려 죽였다. 기록에 남은 마술 사례들은 거의 다 이교에서 연원을 찾을 수 있다.

발렌티니아누스의 재위 때 이교가 최초로 파가니스무스(paganismus) 곧 농민의 종교라고 공식적으로 불리게 되었다. 도시들에서는 이교가 완전히 자취를 감추었고, 다만 외딴 농촌 마을들에서만 겨우 명맥을 유지하게 되었기 때문이다.[57] 2세기에 켈수스가 기독교를 가리켜 잡부들과 노예들의 종교라고 불렀던 것을 생

---

57) 파가니라는 단어는 파구스(pagus, 촌락, 시골)에서 유래했고, 원래 '시골 사람들', '농부들'을 가리켰으나, 나중에는 '조야한', '단순한', '무식한'이라는 뜻으로 쓰였고, 368년에 공포된 발렌티니아누스의 법령에 최초로 종교적 의미로 사용되었으며(*Cod. Theodos.* 1. xvi. tit. 2, 1. 18), 테오도시우스 때에는 원래의 단어들(gentes, gentiles, nationes, Graeci, cultores simulacrorum 등) 대신에 널리 사용되었다. 영어의 heathen과 heathenism('황야'라는 뜻의 heath에서 유래), 독일어의 Heiden과 Heidenthum('들판'이란 뜻의 Heide에서 유래)도 비슷한 뜻이며, 후대에 통용되던 라틴어 paganismus를 모방한 단어들인 듯하다.

각하면 상황이 얼마나 크게 반전된 셈인가! 물론 두 시대에 현저한 예외들이 있었던 것이 사실이다. 특히 로마에서는 오랫동안 유서깊고 유력한 여러 가문들이 이교 전승들을 견지했고, 로마 시에도 4세기 후반까지도 152개의 신전들과 수호신들을 숭배하는 183개의 작은 성소들과 제단들이 남아 있었다.[58] 그러나 옛 종교의 옹호자들 — 테미스티우스, 리바니우스, 심마쿠스 같은 사람들 — 은 관용령을 주장하는 데 만족했으며, 그로써 억압을 당하는 상황에서 마치 과거의 그리스도인들처럼, 그리고 훗날 가톨릭 교회와 개신교 국가에서 박해받게 된 분파들처럼 신앙의 자유를 옹호하는 사람들이 되었다.

발렌티니아누스의 아들이자 계승자인 그라티아누스(375-383) 치하에도 같은 상황이 지속되었다. 하지만 얼마 후에 이 황제는 밀라노 감독 암브로시우스의 영향을 받아 한 걸음 더 나아갔다. 그는 폰티펙스 막시무스라는 칭호와 위엄을 버리고, 신전 재산을 몰수했고, 사제들과 베스타 신전 여사제들의 특권을 폐지했으며, 적어도 부분적으로 국고로 그들을 지원하던 관행을 중단했다.[59] 이 조치로써 이교는 콘스탄티누스 이전의 기독교와 오늘날 미국에서처럼 자발적인 체제에 의존하게 되었으나, 기독교와 달리 자기 희생 정신도, 자기 보존을 위한 에너지도 지니고 있지 못했다. 국고 지원이 끊기자 생명의 근원도 끊겼으며, 그 뒤 한동안 존속한 것은 오로지 타성에 의한 결과였다. 그라티아누스는 이교 진영의 저항에도 불구하고 382년에 로마 원로원 의사당에서 빅토리아(승리의 여신)의 신상과 제단을 철거했다. 이곳은 한때 원로원 의원들이 서약과 분향과 제사를 드리곤 한 장소로서, 그라티아누스도 이전에는 다른 곳에서는 금지한 제사를 이곳에서는 관용해야 했고, 일부 이교 축전들을 국고로 지원해야 했다. 암브로시우스의 영향으로 가톨릭 신앙을 열정적으로 받아들인 그는 이교도들에게 자유를 허용하지 않았으며, 유노미우스파(성자가 성부에 의해 창조되었고, 성령이 성자에 의해 창조되었다고 주장한 이단들)·포티누스파(그리스도의 선재를 부정한 이단들)·마니교의 공식 집회를 금지했다.

그의 형제 발렌티니아누스 2세(383-392)는 빅토리아의 제단을 복원해 달라는

---

58) Publicus Victor와 Sextus Rufus Festus의 *the Descriptiones Urbis*에 따른 내용. 이 글은 발렌티니아누스 이전이나 오랜 이후에 작성되었을 가능성이 없다.

59) *Cod. Theos.* xii. 1, 75; xvi. 10, 20. Symmach. *Ep.* x. 61. Ambrose, *Ep.* xvii.

로마인들의 새로운 청원을 기각했다(384). 로마의 원로원 수석 의원(princeps senatus)이자 수석 폰티펙스로서 이제 이교 진영의 대변자가 된 웅변과 덕망을 갖춘 로마 장관 심마쿠스가 황제에게 편지를 보냈다. 격조 있고 세련되되 변증의 의중이 실린 이 편지에서 심마쿠스는 자신의 개인적 신앙과 도시[로마]의 종교(religio urbis)를 구분하면서, 한때 세계를 지배하여 신들을 숭배하게 했던 찬란한 역사를 지닌 그 유서 깊은 도시의 권리들을 존중해야 옳지 않겠느냐고 청원했다. 그 사실을 안 밀라노의 암브로시우스가 주교로서의 위엄과 당당함을 갖추어 황제에게 편지를 보냈다. 그 내용은, 첫째 심마쿠스의 청원을 수락하면 이교를 승인하고 기독교 신앙을 저버리게 될 것이고, 둘째, 로마가 우상 숭배 때문에 강대국이 된 것이 아니고, 로마에게 정복된 민족들도 한결같이 우상 숭배에 중독되어 있었다는 것이며, 셋째, 기독교가 박해 속에서 오히려 교세가 크게 증가했고 신앙에 헌신한 허다한 처녀들과 고행자들을 배출한 능력을 나타낸 반면에, 온갖 이교는 특혜를 누리면서도 베스타 신전의 여사제 일곱 명을 제대로 유지하지 못하고 억눌린 자들에게 자비와 사랑을 나타내지도 못했다는 것이었다.

389년에도 이교 진영은 테오도시우스에게 같은 내용의 청원을 했으나, 이번에도 암브로시우스의 영향에 가로막혀 뜻을 이루지 못했다. 로마인들의 마지막 민족적 성소가 아무런 힘도 쓰지 못한 채 철거되었다. 제위를 탈취한 유게니우스(392-394 재위) 치하에서 이교 진영이 거둔 승리도 불과 몇 년을 버티지 못했다. 프루덴티우스에 따르면, 유게니우스가 테오도시우스에게 굴복하면서 대표적인 귀족 가문들인 안니가(家), 프로비가, 아니키가, 올리비가, 파울리니가, 바시가, 그라키가 등의 가문에서 6백 명이 즉시 기독교로 개종했다고 한다.

6. 테오도시우스 대제와 그의 계승자들(392-550)

이교를 최후로 진압한 황제는 반드시 정확하지는 않지만 황제 테오도시우스 1세로 평가된다. 그는 고트족을 격멸한 일뿐 아니라 이 일로 인해서도 이름에 대제(the Great)라는 칭호가 붙으며, 덕망 높은 인격 때문에 로마의 현제들 가운데 한 사람으로 평가된다. 스페인에서 동명(同名)의 훌륭한 장군의 아들로 태어난 그는 제국이 야만족들에게 침공을 당할 위기에 처한 시기(379)에 그라티아누스에 의해서 동방의 공동 황제로 초빙을 받았고, 발렌티니아누스가 죽은 뒤에는 제국의 수장이 되었다(392-395 재위). 황제가 된 뒤 제국의 통일과 가톨릭 신앙의 수위성을 확립하기 위해서 노력했다. 니케아 정통신앙을 확고히 지지했고, 제2차 에큐메니컬 공의회(381) 때 정통신앙에 승리를 안겨주었고, 정통신앙 진영에 국교로서의 모든 특권을 부여했으며, 모든 이단과 분파를 엄히 제재하는 법률을 연속해서 공포했다. 이교를 처리하는 문제에서 한동안은 제사를 마술과 섬술에 사용하는 행위를 금한 기존의 방침을 고수했으나(385), 점차 금령의 범위를 제사를 통한 숭배 자체로 확대했다. 391년에는 종교적 목적으로 이교 신전을 찾아가는 행위를 벌금형으로 금했고, 다음 해에는 사적으로 제주(祭酒)를 붓거나 그 밖의 이교 의식을 거행하는 것조차 금했다. 그러므로 이때부터는 우상 숭배가 정치 범죄가 되어 중형에 처해졌다.[60] 그에 앞서 콘스탄티우스가 그런 내용의 법령을 공포한 적이 있으나, 법을 집행할 만한 여건이 그때는 아직 무르익지 않았었다.

그럴지라도 테오도시우스는 이교 집단이 상당한 세력을 보유하고 있는 지역들에서는 이 법을 무리하게 집행하지 않았다. 이교도들을 공직 사회에서 솎아내지 않았고, 적어도 사상와 언론의 자유만큼은 충분히 허용했다. 그와 동향 사람인 기독교 시인 프로덴티우스는 그가 인재를 기용하는 문제에서는 종교를 고려하지 않고 경력과 재능을 보았으며, 이교도 심마쿠스를 고위직인 집정관(consul)으로 임명했다고 전하면서, 그의 조치에 찬성의 의사를 표시했다.[61] 황제는 마찬가지로 이교도 수사학자 테미스티우스를 콘스탄티노플 장관(prefect)으로 기용했고, 심지어 그에게 자기 아들 아카디우스의 교육을 맡기기까지 했다. 384년 혹은 390년에 신전들을 보존해달라는 유명한 탄원서를 쓴 리바니우스와 개인적인 교분이 있음을 공개적으로 인정했다. 하지만 리바니우스가 그 탄원서를 황제에게 직접 올렸을 것으로 생각되지는 않는다. 이처럼 테오도시우스는 이교도들과 상당한 교분을 유지했던 까닭에, 죽은 뒤에 고대 로마의 관습대로 원로원에 의해서 신들의 명단에 오르게 되었다.[62]

---

60) *Cod. Theos.* xvi. 10, 12.

61) Prudent. in *Symmachum* (403년에 집필), l. i. v. 617 sqq.

62) 이 시기에 이교 문단의 시(詩)를 오랜 잠에서 흔들어 깨웠고, 시의 영감을 테오

테오도시우스는 신전을 철거하라는 법령을 공포하지 않았다. 다만 그라티아누스가 시행한 대로 신전 재산을 몰수하고 국고로 우상 숭배를 지원하지 못하도록 차단하는 정책을 승계해 갔을 뿐이다. 그러나 여러 지역, 특히 동방에서는 수사들과 기독교 주민들의 드센 여론에 밀려 신전들이 파괴되는 일이 있었고, 그것이 리바니우스를 큰 비탄에 빠뜨렸다. 리바니우스는 신전을 파괴하는 수사들을 가리켜 "코끼리처럼 게걸스럽게 먹고 끝없이 마셔대며, 짐짓 심각하고 우울한 표정을 짓고 다니나 속에는 음욕이 가득한, 검정 옷을 입은 사람들"이라고 한다. 그리스도인들은 이교 신들이 살아 있는 존재들 곧 귀신들로서 신전들에 거한다고 믿었기에 신전 파괴 운동에 열성을 보였던 것이며, 그러한 자각 때문에 예술과 고고학에 대해 고려할 겨를이 없었다. 신플라톤주의적 신비주의의 본산이었던 알렉산드리아에서는 강포하고 현세적인 주교 테오필루스의 사주로 이교도들과 그리스도인들 사이에 유혈 충돌이 발생하여 세라피스의 거대한 신상과 웅장한 신전이 파괴되었다(391). 로마의 유피테르 카피톨리누스 신전에 버금가는 이교 건축의 이 기념비적 건물을 무너뜨리면 그 위로 하늘이 임할 것이라는 기대가 팽배했으나, 그 기대는 성취되지 않았다. 이 결정적인 타격으로 미신의 세력이 일거에 꺾였고, 이집트에 있던 다른 신전들도 곧 비슷한 운명에 처해졌다. 하지만 파라오들과 프톨레마이오스 왕조와 로마 황제들이 나일 계곡에 남겨 놓은 건축물들의 웅장한 유적들은 여전히 남아서 고대 세계의 신비한 어둠에 희미한 빛을 비추고 있다. 시리아 도(道) 아파메아의 주교 마르켈루스는 자신의 교구에 존재하는 이교 숭배의 기념비들과 거점들을 무너뜨리겠다는 일념으로 무장 군인들과 검투사들을 이끌고 갔다가 흥분한 이교도들에게 붙잡혀 산 채로 불에 타 죽었으나, 살해 주동자들은 아무런 처벌도 받지 않았다. 갈리아에서는 투르의 성 마르탱[마르티누스]이 375-400년에 신전들과 형상들을 무수히 파괴했으며, 그 자리에 교회들과 수도원들을 건립했다.

그러나 이렇게 신앙을 빙자한 문화 유적 파괴에 대해서 교회 내부로부터 중요한 이견들이 제기되었다. 안디옥의 크리소스토무스는 테오도시우스의 재위 초기에 순교자 바빌라스를 기리는 아름다운 소책자에서 이렇게 말한다: "그리스도

___

도시우스와 그의 가문의 영광에서 얻은 Claudian은 테오도시우스의 죽음을 신들의 지위로 등극한 일로 묘사한다. *De tertio consulatu Honorii*, v. 162 sqq.

인들은 오류를 힘과 폭력으로 말살해서는 안 되고 설득과 훈계와 사랑으로 인간을 구원하기 위해서 노력해야 한다." 아우구스티누스도 비록 일관성은 부족하지만 동일한 정신으로 이렇게 말한다: "우선 이교도들의 마음에서 우상들을 몰아내면, 그래서 그들이 일단 그리스도인들이 되면 우리에게 그렇게 선한 일(우상들을 파괴하는 일)을 부탁하거나 기대할 것이다." 그럴지라도 아우구스티누스는 우상 숭배를 금지한 황제들의 엄격한 법령들을 높이 평가했다.

서방에서는 우상 파괴 운동이 체세적으로 진행되지 않았으며, 현존하는 그리스와 이탈리아의 신전 유적지들은 당시에도 이성과 심미안이 때로는 조야한 광신보다 우세했다는 것과, 세우기보다 무너뜨리기가 쉽다는 격언이 꼭 통하지 않은 경우도 있다는 것을 입증한다.

테오도시우스가 죽으면서 제국은 다시 동방과 서방으로 양분되었고, 두 지역이 다시는 재결합되지 못했다. 테오도시우스를 계승한 아들들은 유약한 사람들이었다. 동방을 다스린 아카디우스(395-408 재위)와 서방을 다스린 호노리우스(395-423 재위), 그들을 각각 계승한 테오도시우스 2세 혹은 소 테오도시우스(아카디우스의 아들, 408-450 재위)와 발렌티니아누스 3세(423-455 재위)는 테오도시우스의 이교 규제법의 골격을 유지하면서 몇 가지 규정을 더 보탰다. 408년에 호노리우스는 심지어 이교도들을 민간과 군사 분야의 공직에서 추방하는 칙령을 공포하기까지 했다.[63] 그리고 423년에는 이교도들의 존재를 문제삼는 또 다른 칙령이 공포되었다.[64] 그러나 당시에 특히 서방에는 이민이 대거 유입되면서 사회 분위기가 상당히 혼란했기 때문에 그러한 법령들을 철저히 집행하기가 어려웠다. 게다가 그러한 법령들이 반복해서 공포되었다는 것 자체가 이교 숭배자들이 여전히 많았음을 입증한다. 이 사실은 다양한 이교 저자들에 의해서도 입증된다. 조시무스는 소 테오도시우스의 재위 때 그의 궁정에서 410년까지 이어져온 '새 역사'를 집필하면서 기독교 황제들에 대한 심한 편견을 드러냈다. (조시무스는 자신이 표현하듯이 comes<궁정의 대신>와 advocatus fisci<재무 고문>라는 고위직을 갖고 있었던 것으로 나타난다.) 많은 지역에서 그리스도인들이 우상을 파괴하다가 격분한 이교도들에게 살해되었다.

---

63) *Cod. Theodos.* xvi. 5, 42.
64) *Theodos.* II., in *Cod. Theodos.* xvi. 10, 22.

하지만 기독교 진영도 폭력에 의존했다. 그 마지막 사례가 히파티아(Hypatia)의 두려운 참극이었다. 알렉산드리아에서 신플라톤 철학을 가르치던 히파티아라는 여성은 미모와 지성과 학식과 덕성으로 유명했고, 그리스도인들과 이교도들에게 한결같이 호평을 받고 있었다. 이 여성이 451년에 백주에 대로에서 기독교도들과 광적인 수사들에게 붙잡혀(아마 포악한 주교 키릴루스의 암묵적 동의가 있었던 것 같다) 마차에서 끌려나와 거의 옷을 벗기운 채 대성당까지 질질 끌려갔고, 단 앞에서 조개껍질로 살해된 뒤 사지가 절단된 다음 불에 태워졌다. 사가 소크라테스는 이 사건을 기록하면서 다음과 같이 덧붙인다: "이 사건으로 키릴루스와 알렉산드리아 교회에 엄청난 비난이 퍼부어졌다."[65]

7. 이교의 몰락

제국 동부에서 이교가 마지막으로 해체된 시기는 5세기 중반으로 추정된다. 435년에 테오도시우스 2세는 신전들을 철거하거나 교회당으로 개조하라고 명령했다. 관공서와 궁정에는 유스티니아누스 1세(527-567 재위)의 재위 초반에 이를 때까지 이교도들이 더러 있었던 것으로 보인다. 그러나 이 전제적 황제는 예배 형식으로서의 이교를 사형으로 금했으며, 529년에는 9백 년의 역사를 지닌 이교 최후의 신학교였던 아테네 철학 학교를 폐교했다. 폐교될 당시 그 학교에는 불과 일곱 명의 철학자들이 가르치고 있어서 고대 그리스의 일곱 현자를 연상케 했다.[66] 이것은 실로 묘한 일치였다. 마치 서로마의 마지막 황제 로물루스 아우구스투스(경멸의 뜻을 담아 아우구스툴루스라고 축소해서 부르기도 함)가 로마 시 건설자의 이름과 제국 건설자의 이름을 합쳐 가지고 있었던 것과 같은 기막힌 역사의 장난이었다.

---

65) Socrat. vii. 15 (그는 키릴루스의 지시로 이 사건이 자행되었다고 판단한다.)

66) 시리아의 다마스키우스, 킬리키아의 심플리키우스(가장 유명했던 학자), 브루기아의 율랄리우스, 리디아의 프리스키아누스, 가자의 이시도루스, 헤르미아스, 디오게네스. 이들은 신념을 포기하느니 추방을 당하는 쪽을 택할 정도로 용기가 있었으며, 페르시아 왕 코스로에스에게 가서 환대를 받았으나 훗날 관용의 약속을 받고서 다시 제국으로 돌아왔다.

서방에서는 이교가 6세기 중반까지 명맥을 유지했으며, 그 후에도 로마의 여러 교양인들과 귀족 가문들 가운데 개인적인 종교적 신념으로 남기도 했고, 수도에서 멀리 떨어진 지방들과 시칠리아·사르디니아·코르시카의 산지들의 경우에는 숭배 형태로 고스란히 남았다. 뿐만 아니라 404년에 여전히 로마 시에서 거행되던 검투 경기들과, 495년 2월에도 여전히 성황리에 기념되던 가축의 신 루페르쿠스를 기리는 방탕한 이교적 축제인 루페르칼리아 제전 같은 대중의 관행과 이교직 관습들에도 이교가 그대로 실아남았다. 그러나 크세 보자면 숭배 체계로서의 그리스·로마의 이교는 대규모 이민의 침입으로 무너져내린 서로마 제국의 폐허에 깔려 매장되었다. 북부의 야만족들이 제국을 무너뜨리는 일 못지않게 우상 숭배를 파괴하는 데에도 열성을 기울임으로써 기독교 신앙이 승리하는 데 실제적으로 이바지했다는 것은 주목할 만한 일이다.

고트족 왕 알라릭은 로마에 입성하면서 사도 베드로와 바울의 교회들을 성소로 간주하여 절대로 훼손하지 말라고 단단히 명령했다. 그리고 로마 주민들에게 인도애를 나타냈는데, 그것을 아우구스티누스는 기독교(비록 빗나간 아리우스파 기독교일지언정)가 이 야만족들에게 끼친 영향 탓으로 올바로 평가한다. 그는 이교도들의 비방과 달리 그리스도의 이름이 로마 시를 파괴하게 만든 것이 아니라 오히려 구원했다고 말한다.[67] 476년에 서로마 제국을 멸망시킨 오도아케르는 성 세베리누스의 격려를 받고서 이탈리아 원정을 감행했으며, 비록 자신이 아리우스파였을지라도 가톨릭 주교들을 깍듯하게 대했다. 오도아케르를 정복하고 계승하여서, 동로마 황제 아나스타시우스에게 이탈리아 왕으로 승인받은(500년) 동고트족의 테오도릭도 아리우스파로서 오도아케르와 같은 태도를 취했다. 이로써 과거에 로마인들이 그리스인들(그리고 유대인들)을 정복한 뒤 그들에게 거꾸로 문화를 제공받았듯이, 야만족들은 기독교 세계를 정복한 뒤 기독교에게 법을 제공받았다. 이로써 일찍이 로마에게 승리를 거둔 기독교가 야만족들에게도 승리를 거둔 셈이 되었다.

이렇게 해서 권세와 지혜와 아름다움을 자랑하던 그리스·로마 이교가 막을 내렸다. 그리스·로마의 이교는 불치병이 서서히 그러나 꾸준히 진행된 끝에 숨을 거두게 되었다. 그 최후는 우상 숭배를 증오하는 우리의 입장에서도 어느 정

---

67) Aug.: *De civit. Dei*, l. i. c. 1–6.(「하나님의 도성」)

도 비통함 없이는 지켜볼 수 없는 참담한 비극이다. 기독교가 처음 등장했을 때 문명 세계의 지혜와 문학과 예술과 정치 권력을 장악하고 있던 이교는 변변히 무장도 갖추지 못한, 십자가에 못 박혀 죽은 나사렛 사람의 종교를 말살하기 위해서 그 모든 것을 동원했다. 4-5세기 동안 지속된 전쟁에서 결국 이교가 무릎을 꿇고 소생의 가망 없이 땅바닥에 쓰러졌다. 국가의 보호를 받았으면서도 모든 힘을 상실했고, 심지어 순교의 용기조차 내지 못했다. 반면에 기독교 교회는 헤아릴 수 없이 많은 고백자들과 피의 증인들을 배출했으며, 유대교도 온갖 박해에도 불구하고 오늘날까지 살아 남아 있다. 기독교가 365년을 존속한 뒤인 398년경에 몰락할 것이라는 기대는 이교 자체에 성취되는 것으로 결말이 났다.[68] 옛 종교가 가물가물하게 드러낸 마지막 생명의 기운은 가련하게 관용을 호소한 것과, 제국의 멸망을 애도한 것이었다. 제국의 가장 훌륭한 분자들이 교회 안으로 피신하여 기독교 신앙으로 개종하거나 적어도 명목상으로나마 그리스도인들이 되었다. 이제 신들이 권좌에서 쫓겨났고, 신탁과 점이 중단되었고, 시빌레 서들이 소각되었고, 신전들이 훼파되거나 예배당으로 개조되었으며, 혹은 기독교의 승전 기념비로 오늘날까지 서 있다.

그러나 고대 그리스와 로마가 영구히 멸망하긴 했어도 그리스·로마의 이교적 정신은 멸절되지 않았다. 여전히 인간 본성에 살아남아 있으며, 오늘날은 어느 시대보다도 더 하나님의 성령에 의해서 거듭나야 할 필요를 느끼게 한다. 그리스·로마의 이교 정신은 그리스 교회와 로마 교회들이 간직해온 여러 우상 숭배적이고 미신적인 관습들에도 살아남아 있는데, 그것에 대해서 순수한 기독교 정신은 처음부터 본능적으로 투쟁해 왔으며 앞으로도 투쟁할 것이며, 마침내 거대하고 세련된 우상 숭배의 모든 잔재들이 인간 마음뿐 아니라 사회에서도 제압되고, 단지 물로만 아니라 성령과 복음의 불로도 세례를 받고 성화되는 그날까지 그 투쟁을 쉬지 않을 것이다.

고대 그리스와 로마의 우수한 재능은 그 문화가 낳은 시인들과 철학자들과 사가들과 웅변가들의 불멸의 작품들 속에 여전히 살아남아 있지만, 이제는 그리스

---

68) 아우구스티누스는 *De civit. Dei*, xviii. 53에서 이 이야기를 언급한다. 이 이야기는 이교도 Gieseler(vol. i. § 79, not. 17)가 그 연대에 그리스도의 재림과 세상의 종말이 임할 것이라는 (이단적인) 그리스도인들의 기대를 이용해서 이 이야기를 했다.

도의 원수들이 아니라 벗이자 종이다. 진정으로 위대하고 고귀하고 아름다운 것은 소멸되지 않는 법이다. 고전 문학은 자연적 문화의 영역에서 복음의 길을 예비했으며, 복음이 전파된 이후로는 복음을 변증하는 무기로 쓰였다. 구약성경과 마찬가지로 합법적 유산으로 기독교 교회의 소유가 되었으며, 기독교 교회는 그 소중한 작품들을 야만족 이민들의 약탈과 중세의 암흑에서 건졌으며, 그것을 현대 문명을 키워내는 데 자료로 사용했다. 이방인들의 대사도가 남긴 "만물이 다 너희 섯임이라"는 말이 여기서 성취되었나. 고내의 고전 작품들이 마귀가 지배하던 우상 숭배의 손아귀에서 풀려나 유일하고 참되시며 살아 계신 하나님께 쓰임을 받는 데로 들어왔다. 유일하고 참되신 하나님은 옛적에는 그들에게 알려지지 않으셨으나 이제는 모든 곳에 계시되셨고, 그로써 기독교 학문과 문화의 유년기를 지도하는 교사들로서의 제 소임을 다할 수 있게 되었다. 이렇게 원수를 친구와 동지로 바꾸어놓은 것이 기독교가 거둔 가장 고귀하고 가치있고 완전한 승리이다.

제 2 장

기독교가 문학에서 그리스와 로마의 이교에 거둔 승리

8. 이교 논쟁들. 새로운 반론들

이교와 기독교의 내면적 투쟁에서도 전자는 와지끈 무너지는 모습을, 후자는 확고한 정신력을 드러냈다. 이 점에서 니케아 시대는 이전 시대에 박해 속에서 참 종교의 진리를 변호하고 우상 숭배의 오류를 논박한 변증가들의 열매를 수확하게 되었다. 기독교에 대한 문필적 공격은 사실상 이미 고갈되었고, 이제는 상황이 완전히 반전되어 이교 자체를 변명하는 수세의 위치에 몰리게 되었다. 그러는 동안 당시에 기독교 진영에게 변증이었던 것이 이제는 공세적인 논쟁이 되었다. 마지막으로 버티고 섰던 대적은 신플라톤 철학으로서, 특히 알렉산드리아 학파와 아테네 학파가 심지어 5세기에 이르기까지 그 거점 역할을 수행했다. 하지만 앞에서도 언급했듯이,[1] 신플라톤 철학은 더 이상 순수하고 새로운 이교의 산물이 아니라, 이교적이고 기독교적이며, 동양적이고 헬레니즘적이고 사변적이고 마술적인 요소들이 인위적으로 혼합된 체계였으며, 옛 종교가 갈수록 취약해지고 새 종교가 저항할 수 없이 강성해지고 있다는 반증밖에 되지 못했다.

기존에 기독교에 자주 가해지던 유형의 비판들 외에도 콘스탄티누스 시대 이후에도 새로운 잡다한 비판들이 가해졌는데, 그 중 더러는 이전의 비판들과 논조가 완전히 바뀌어 성경이 가르치는 기독교보다는 니케아 시대와 니케아 이후 시대의 국교(國敎) 체제에 비판의 초점을 맞추었으며, 그로써 교회에 이교적 요

---

1) 참조. § 4, 제1권 § 61.

소들이 침투했음을 입증했다. 과거에는 단순하고 순수한 도덕이 부패로 만연한 이교 사회에서 그리스도인들을 크게 돋보이게 했는데, 이제는 온 세상이 교회 안으로 밀려들어오면서 교회가 세상의 온갖 악을 받아들이고 있음을 누구나 쉽게 관찰할 수 있었다. 이러한 다양한 악에 맞서서 기독교의 참된 덕목들이 예전과 다름없이 빛나게 발휘되었던 것이 사실이다. 그러나 이교도들은 기독교의 외양을 뚫고서 내면을 들여다 보고, 알곡과 가라지를 구별할 능력도 그러고 싶은 마음도 없었다. 또한 처음 3세기 동안 그리스도인들은 목숨을 걸고 신앙을 고백했고, 고난과 죽음 앞에서도 신앙을 견지했으며, 다만 관용만을 주장했다. 그런데 이제는 소수의 이교도들한테 위선적이고 이기적이고 탐욕적이라는 비판과, 이교도들과 유대인들과 이단들을 관용하지 않고 박해한다는 비판을 받지 않을 수 없게 되었다. 과거에는 황제와 제국의 원수들이라는 혐의를 받던 그들이 이제는 기독교 황제들 앞에 굽신거리며 아부한다는 비판을 여러 형태로 받게 되었다. 과거에는 온갖 유형의 우상 숭배와 허례적 예배를 증오한 것으로 알려진 그들이 이제는 고대의 영웅 숭배를 본따서 순교자들과 성유물들을 숭배하는 모습을 드러냈으며, 그 정도가 심지어 과거 이교 사회의 수준을 넘어섰다.

마지막으로, 기독교가 승리한 사실마저 비판의 표적이 되었다. 이미 마르쿠스 아우렐리우스 때와 테르툴리아누스 때에도 그랬듯이, 후대의 이교 사가들은 제국에 재난이 빈번하게 발생한 것이 기독교 때문이며, 그토록 강성하던 로마 제국이 쇠망한 사건 자체도 다 기독교 때문이라고 주장했다. 그러나 당시에 크게 성행하던 이 비판은 아주 간단한 사실에 의해서 논박되었다. 그것은 기독교가 좀 더 이른 시기에 훨씬 더 크게 성행한 동방 제국이 서방 제국보다 거의 10세기나 더 오래 존속했다는 사실이다. 서로마 제국이 멸망한 원인은 기독교 때문이 아니라, 첫째는 야만족들의 침입 때문이었고, 둘째는 도덕이 크게 해이해져서 피정복 민족들의 온갖 폐습들이 제국 전역에 신속히 번졌기 때문이었다. 이러한 현상은 이미 아우구스투스 시대에, 즉 로마인들이 영광스럽게 생각했던 공화정 때에 벌써 시작했다. 만약 사회와 개인의 윤리의 토대가 붕괴되지 않았다면 공화정이 훨씬 더 오랫동안 존속했을 것이기 때문이다.[2]

---

2) Gibbon도 서로마 제국이 멸망한 원인을 기독교로 돌리지 않고, 제국이 너무 비대해져서 스스로의 무게를 감당하지 못한 탓으로 거의 돌린다. 「로마제국 쇠망사」 제

높은 관점에서 바라보자면, 로마의 멸망은 본질적인 옛 이교 세계에 임한 하나님의 심판이었다. 마치 예루살렘의 멸망이 유대인들의 불신앙에 임한 심판이었던 것과 마찬가지였다. 그러나 그것은 기독교가 조만간 야만족 황제들을 회심시킴으로써 이교 세계의 폐허 위에 세우기 시작한 새 창조와, 더 고등한 기독교 문명으로 향하기 위한 불가피한 과정이었다. 이것이 이교의 대적들이 십자가 종교에 가한 마지막 공격에 대한 최상의 논박이었다.

9. 율리아누스가 기독교에 가한 공격

기독교 신앙에 대한 마지막 직접적이고 체계적인 공격은 황제 율리아누스에게서 나왔다. 그는 363년 겨울을 안디옥에서 보내면서 저녁마다 온 세상에 자신이 배교한 이유를 설명하기 위해서 그리스도인들을 비판하는 글을 썼다. 그 글이 알렉산드리아의 키릴루스가 432년경에 쓴 논박서에 적어도 단편으로 보존되어 있다. 세 권으로 된 이 글(원래는 일곱 권이었던 것으로 추정되지만 키릴루스는 세 권만 언급한다[3])은 어쨌든 그처럼 강력한 현상이었던 기독교를 냉정하게 철학적·역사적으로 평가한 흔적을 드러내지 않는다. 율리아누스는 죄와 구속 혹은 겸손과 사랑 같은 근본 사상들을 논의에서 배제했다. 그가 섰던 영역은 헬리오스(그리스의 태양신. 로마의 아폴로에 해당함)가 진리의 대왕의 온유한 광채

38장에서 그는 이렇게 말한다: "로마의 쇠망은 지나친 확장에 따른 자연스럽고도 불가피한 결과였다. 번영이 쇠망의 원리를 무르익게 했다. 정복된 땅 넓이에 비례하여 파멸의 원인들이 증가했다. 세월이나 뜻밖의 사건으로 인해 인위적인 지원이 중단되자마자 제국의 거대한 구조가 제 무게를 견디지 못한 채 주저앉았다. 제국이 파멸한 이야기는 간단·명료하다. 따라서 우리는 로마 제국이 왜 멸망했는가를 묻는 대신에 제국이 그토록 장구한 세월을 버틸 수 있었던 사실을 놀랍게 여겨야 한다." 기번은 그런 다음에 기독교, 혹은 좀 더 구체적으로 말하자면 수도원주의가 피동적이고 소극적인 덕목으로 애국심과 적극적인 결혼관을 위축시킴으로써 제국의 멸망에 일조했다고 언급한다. 그러나 다음과 같이 덧붙인다: "만약 로마 제국의 쇠망이 콘스탄티누스의 개종으로 앞당겨졌다면(그는 '야기되었다면'이라고 말하지 않는다), 그의 승리한 종교가 멸망에 따른 폭력을 막았고, 정복자들의 사나운 기질을 완화했다."

3) 그의 논박서 *Contra Jul.* i. 3.

를 능가하고, 입신 양명에 대한 열망으로 인해 자기 부정이라는 영적 영광에 아무런 여지도 남기지 않는 철저히 자연주의의 영역이었다. 그는 켈수스와 포르피리오스 같은 이교 철학자들이 주장했던 내용을 변형하여 되뇌었으며, 예전에 성직자 교육을 받을 때 자구적(字句的)으로 배웠던 성경에 대한 비교적 폭넓은 지식을 활용하여 그들의 사상을 부연했다. 그의 가슴 깊은 곳에는 배교자로서의 지독한 증오감이 맺혀 있었다. 그것은 그를 유명하게 한 관용과 전혀 어울리지 않았으며, 그의 대적들이 갖추고 있던 선하고 훌륭한 것들을 하나도 제대로 식별할 수 없게 만들었다. 그는 '그 갈릴리인'의 종교가 인간의 사악한 고안이며, 유대교와 이교의 장점을 모두 도려낸 채 악한 요소들만 뒤섞어 놓은 것이라고 부른다. 즉 유대교의 다소 경직되되 건전한 권징도 없고, 이교의 신들에 대한 경건한 신앙도 없는 종교라고 평가한다. 따라서 그는 그리스도인들을 불순한 피는 죄다 빨아먹고 순결한 피는 그냥 남겨두는 거머리들에 비유한다. '죽은 유대인' 예수가 생시에 이교의 영웅들과 견줄 만한 일은 하나도 하지 않고, 다만 불구자들을 고치고 소경의 눈을 뜨게 하고 귀신을 쫓아내는 참으로 시시한 일밖에 해놓은 것이 없다고 바라본다.[4] 예수는 소수의 무식한 촌사람들밖에 설득하지 못했고, 심지어 동족마저 얻지 못했다(참조. 요 7:5). 마태도, 마가나 누가나 바울도 예수를 하나님이라 부르지 않았다. 요한이 최초로 그러한 과감한 시도를 했으며, 교활한 기교로 자신의 견해가 널리 받아지도록 만들었다.[5]

후대의 그리스도인들은 그의 교리를 더욱 불경스럽게 왜곡시켰으며, 만대를 위해 제정되고 예수 자신도 폐지할 수 없다고 공포한 유대교 제사 예배와 의식

---

4) 키릴루스는 율리아누스가 그리스도를 극악하게 비판해놓은 단락들을 삭제하지만, 아주 독특한 다음 내용은 그대로 인용한다: "그대들 가운데서 최하층민들을 과도하게 설득한 예수가 생시에 언급할 가치가 있는 일을 하나도 하지 않았는데도 오늘날까지 삼백 년씩이나 사람들의 입에 오르내려왔다. 그가 벳새다와 베다니 같은 촌락들에서 저는 자들과 눈 먼 자들을 고치고 귀신들린 자들에서 귀신을 쫓아냈다고 하는데 그런 것들이 과연 위대하다고 칠 만한 일들인가?"

5) 그는 이렇게 말한다(Cyr. 1. x. p. 327): "바울도 마태도 누가도 마가도 감히 예수를 하나님이라고 부르지 못했다. 그러나 정직한 요한은 그리스와 이탈리아의 도시들에 거주하는 허다한 사람들이 이 병[기독교]에 걸려 있다는 것을 깨닫고, 또 추측하건대 베드로와 바울의 묘가 공경받고 있다는 것을 듣고, 그는 그 교리가 발전되었다고 가정했다."

법을 포기했다(참조. 마 5:17-19). 상이한 여러 민족의 특성들을 한데 아우르는 보편 종교가 율리아누스에게는 불합리하고 불가능하게 보였다. 그는 성경에서 발견한 온갖 모순들과 터무니없는 내용들을 샅샅이 드러내기 위해서 노력했다. 모세가 기록한 창조 기사는 결함 투성이이며, 플라톤의 창조 기사와 견줄 수 없다고 보았다. 하와가 아담을 돕는 배필로 지음을 받아놓고서 아담을 멸망으로 이끌었다. 뱀의 입에다 인간의 말을 넣어주었는데, 정작 저주를 받는 것은 뱀이다. 그가 한 일이라곤 인간에게 선악을 알게 하는 지식을 깨닫게 하고, 그로써 인간에게 큰 봉사를 한 것뿐인데 말이다. 모세는 신을 질투하는 존재로 묘사하고 유일신론을 가르치지만, 천사들을 신들이라고 부름으로써 다신론도 가르친다. 십계명의 도덕률들은 "너는 나 외에는 다른 신들을 네게 있게 말지니라"와 "안식일을 기억하여 거룩히 지키라"는 계명을 제외하고는 이교 사회에서도 발견된다.

율리아누스는 모세보다 리쿠르고스와 솔론을 더 좋아했다. 삼손과 다윗을 보더라도 그들은 용맹이 그다지 뛰어나지 않았고, 그들보다 출중한 사람들이 그리스와 이집트에는 얼마든지 있었으며, 그들이 떨친 세력이라고 해봐야 유대의 좁은 영역을 벗어나지 못했다. 유대인들은 역사상 알렉산더나 카이사르 같은 장군을 배출한 적이 없었다. 솔로몬도 테오그니스나 소크라테스, 그리고 그 밖의 그리스 현자들과 견줄 만한 인물이 되지 못한다. 더욱이 솔로몬은 여자들의 치마폭에 싸여서 헤어나오지 못했으며, 따라서 현자로 칠 가치조차 없다. 바울은 천하의 사기꾼이었다. 하나님을 가리켜 언제는 유대인들의 하나님이라고 했다가 말을 바꾸어 이방인들의 하나님이라고 했다가, 나중에는 두 집단의 하나님이라고 했다. 구약성경과 그리스도의 교훈에 모순되게 가르친 적이 한두 번이 아니고, 스스로 모순된 모습을 보인 적도 여러 번이었으며, 대체로 상황에 맞춰서 가르침도 왔다갔다 했다. 그 이교 황제는 기독교 세례가 사마귀나 점이나 불구를 제거하지 못하면서 큰 죄들을 씻을 수 있다는 주장을 허망하게 생각한다. 성경을 헬레니즘 문학보다 훨씬 열등하게 평가하며, 고전 작품들이 그것을 연구하는 사람들을 위대한 영웅들과 철학자들로 길러내는 반면에 성경은 사람들을 노예로 만든다고 주장한다. 초대 그리스도인들을 아주 하찮은 존재들로 평가하고, 자기 시대의 그리스도인들을 무식하고 관용할 줄 모르고 죽은 사람들과 유골들과 나무 십자가를 숭배한다고 비판한다.

율리아누스는 기독교에 신랄한 비판을 퍼붓는 과정에서 자신이 혐오하고 공격하는 그 종교의 훌륭한 역사적 특성을 자신도 모르게 시인한다. 라드너(Lardner)는 기독교를 비판한 율리아누스의 글을 면밀히 분석한 끝에 그 성격을 다음과 같이 유능하고 충실하게 요약한다:

"율리아누스는 그리스도인들뿐 아니라 유대인들에 대해서도 비판을 가한다. 신약의 역사와 신약성경 책들에 대해 값진 증언을 하며, 그의 저서에 간추려 놓은 그 내용을 읽어본 사람이라면 그 점을 부인할 수가 없다. 그는 예수께서 아우구스투스의 재위 때, 구레뇨가 유대 땅에서 조세 자료를 파악하기 위해 인구 조사를 벌일 당시에 태어나신 것을 시인하며, 기독교가 황제 티베리우스와 클라우디우스 때 등장하여 전파되기 시작한 것을 시인한다. 마태·마가·누가·요한 네 복음서와 사도행전의 진정성과 권위를 증거하며, 그 글들을 인용할 때도 오직 이 책들이 그리스도인들에게 권위를 인정받던 역사서들이고, 예수 그리스도와 사도들에 관한 유일하게 권위 있는 회고록들이며, 그들이 전파한 교리서임을 넌지시 드러내는 식으로 인용한다. 그 책들이 이른 시기에 집필되었음을 인정하고, 심지어 그 점을 논증하기까지 한다. 사도행전과 사도 바울의 서신들인 로마서·고린도전후서·갈라디아서도 인용하거나 단순히 거론한다. 예수 그리스도의 기적들을 부정하지 않으며, 그분이 '소경들과 저는 자들과 귀신들린 자들을 고치신 일'과 '바다를 꾸짖어 잠잠케 하시고 풍랑이 이는 바다 위로 걸으신 것'을 인정한다. 물론 이러한 일들의 의미를 어떻게 해서든 축소하려고 하지만 별다른 성과를 거두지 못한다. 그 결과 그리스도께서 수행하신 그런 일들이 신적 사명을 입증하는 훌륭한 증거들이었음을 부정할 수 없게 만든다. 율리아누스는 초기에 예수를 믿은 사람들의 수가 얼마 되지 않았음을 입증하기 위해서 노력했음에도 불구하고 사도 요한이 복음서를 쓰기 전에 '그리스와 이탈리아에 그러한 사람들이 허다했다'고 인정한다. 마찬가지로 초기 신자들이 열등한 사람들이었음을 입증하려고 노력했음에도 불구하고 '남종들과 여종들' 외에도 가이사랴의 로마군 백부장 고넬료와 구브로의 총독 서기오 바울이 클라우디우스의 재위 말 이전에 기독교에 회심했음을 인정한다. 그는 예수의 대 사도들이자 그의 복음을 성공적으로 전파한 베드로와 바울에 대해서 자주 분개한다. 하지만 그로써 신약성경 책들에 기록된 많은 내용이 사실임을 자기도 모르게 증거한다. 기독교를 뒤엎을 속셈이었으나 오히려 확증한다. 그가 기독교에 가한 비판들은 전혀 무해하며, 지극히 연약한 그리스도인의 마음조차 흔들어 놓기에 충분하지 않다. 자기 시대나 그 직전의 그리스도인들이 기독교 신앙에 도입한 몇 가지 사항들에 대해서는 정당하게 비판을 하지만, 신약성경의 진실하고 권위있는 책들에 함축된 기독교에 대해서는 효과적인 공격을 제대로 하지 못했다.”[6]

율리아누스 이외에 기독교를 비판한 다른 저서들은 하찮은 것들이다.

필로파트리스(Philopatris, ‘그 애국자’)의 대화록은 기독교를 철저히 비판하고 조소하기로 작정한 루키아누스(200년경 죽음)의 저작으로 추정되어 그의 총서에 포함되어 있다. 그러나 문체가 루키아누스에 비해 훨씬 열등한 점으로 미루어 율리아누스의 재위 때나 훨씬 후기에 기록된 글일 가능성이 있다.[7] 이렇게 추정하는 근거는 이 글이 비록 논증을 갖추지 않고 다만 조소의 형식을 사용하긴 하나 교회의 삼위일체 교리와 성령의 성부 발출 교리를 비판하기 때문이다. 필로파트리스가 쓴 이 글은 이교도로 자임하는 크리티아스와 그리스도인의 역할을 맡은 에피쿠로스주의자 트리에폰이 나누는 대화의 형식으로 그리스도인들의 인간됨과 교리들을 경박하게 조롱하는 내용이다. 그리스도인들이 정부에 비호의적이고, 시민 사회에 위해(危害)하고, 국가 사회에 닥친 재난들을 내심 반기는 사람들이라고 묘사한다. 사도 바울이 머리가 반쯤 벗겨지고 긴 코를 지닌 갈릴리 사람으로서, 공중을 지나 셋째 하늘을 다녀왔다고 전한다(참조. 고후 12:1-4).

신플라톤주의를 마지막으로 대표한 유명 인사인 아테네의 프로클루스(Proclus, 487년 죽음)는 세계가 영원하다는 플라톤의 이론을 변호했고, 기독교를 언급하지 않은 채 성경의 세상 창조와 종말 교리를 열여덟 개의 논증을 가지고 비판했다. 그의 비판에 대해서 7세기에 기독교 철학자 요한 필로포누스(John Philoponus)가 논박했다.

마지막 이교 사가들인 5세기 전반의 유나피우스(Eunapius)와 조시무스(Zosimus)

---

6) Dr. Nathaniel Lardner의 *Works*, ed. by Dr. Kippis in ten vols. Vol. vii. pp. 638, 639. 라드너의 글에서 발췌한 이 내용과 그가 남긴 저서 전체는 복음 역사의 신뢰성에 대해서 슈트라우스와 르낭의 신화설을 훌륭하게 배격한다.

7) Niebuhr의 견해에 따르면 이 글은 968년이나 969년에 황제 포카스의 치하에 기록되었음에 틀림없다고 한다. Moyle은 302년으로, Dodwell은 261년으로, 그 밖의 학자들은 272년으로 잡는다.

는 콘스탄티누스 시대부터 시작하는 로마 제국 역사를 편향되게 진술함으로써, 그리고 제국의 쇠퇴를 기독교 탓으로 돌림으로써 기독교를 간접적으로 비판했다. 그런가 하면 암미아누스 마르켈리누스(Ammianus Marcellinus, 390년경 죽음)는 기독교 황제들과 배교자 율리아누스의 어두운 면들과 밝은 면들을 공정한 시각으로 소개한다.[8]

10. 이교의 변증 문학

율리아누스가 죽은 뒤에 대다수 이교 저자들은 자신들의 종교를 변호하는 데 치중했으며, 자신들이 처한 상황 때문에 관용을 옹호하게 되었다. 물론 그들이 주장한 관용이란 종교 혼합주의로서, 좀 더 냉정한 형태로는 철학적 무관심주의로 전락하는 그러한 견해였다.

그들 가운데 대표적인 사람들을 소개하자면 다음과 같다. 테미스티우스(Themistius)는 수사학 교사, 원로원의원, 콘스탄티노플 장관이었고, 훗날 젊은 황제 아카디우스의 교사였다. 아우렐리우스 심마쿠스(Aurelius Symmachus)는 그라티아누스와 발렌티니아누스 2세 때 활동한 수사학자·원로원의원·로마 장관으로서, 승리의 여신 제단의 보존을 웅변으로 탄원했다. 특히 주목할 만한 사람은 수사학자 리바니우스(Libanius)로서, 율리아누스의 친구이자 열렬한 지지자였으며, 콘스탄티노플·니코메디아·안디옥에서 가르쳤다. 이들은 모두 4세기 후반 사람들로서, 고전적 웅변을 마지막으로 꽃피웠다가 지게 했다. 이들은 저마다 각기 다른 정도에서 신플라톤주의의 혼합주의에 열중했다. 신(神)이 모든 사람의 마음에 종교적 본성과 소원을 심어놓았지만, 신을 예배하는 구체적인 형식은 여러 민족들과 개인들의 자유로운 의사에 맡겨놓았다고 주장했다. 따라서 외부에서 종교를 강요하는 것은 종교의 본질에 어긋나며, 위선을 낳을 뿐이라고 했다. 테미스티우스(Themistius)는 이러한 종교의 다양성이 종교 자체에 유익하다고 주장했는데, 그 논지가 여러 개신교 신자들이 분파들의 체제를 정당화할

---

8) 유감스럽게도 그의 역사서 가운데 로마 황제 네르바에서부터 353년까지 다룬 처음 13권이 유실되었다. 나머지 18권은 353년부터 378년까지의 역사를 다룬다.

때 사용한 것과 유사하다. 그는 요비아누스(Jovian)에 관한 연설에서 다음과 같이 말한다. "다양한 종교들이 선의의 경쟁을 한다면 신을 숭배하는 열정을 자극하는 데 도움이 된다. 길은 여러 갈래여서 더러는 고되고 더러는 쉽고 더러는 험하고 더러는 평탄하지만, 다 똑같은 목적지에 도달한다. 하나의 길만 남겨둔 채 나머지 길들을 봉쇄한다면 선의의 경쟁을 막게 된다. 신은 인간 사회가 그렇게 획일적으로 경직되는 것을 바라지 않는다 …… 우주의 주는 다양성을 좋아한다. 시리아인들과 그리스인들과 이집트인들이 그를 섬기되 각자의 방식으로 섬기는 것이 그의 뜻이며, 시리아인들 가운데서도 여러 소종파들이 각기 다른 형태로 존재하는 것이 그의 뜻이다. 그런데 우리는 어찌하여 불가능한 것을 강요하는 가?" 심마쿠스도 같은 문체로 논리를 펼친다. 그러기 위해서 기독교에 대한 직접적인 공격을 삼가고, 기독교의 배타적 우월성을 비판하는 것으로 그친다.

리바니우스는 테오도시우스 1세에게 보낸 호소문(384년 혹은 390년)에서 정치적·종교적·예술적 논조를 다 동원하여 신전들을 보존해 달라고 호소하지만, 그 과정에서 신전들을 마구 훼파하는 수사들에 대한 강렬한 반감을 드문드문 내비친다.

물론 이교도들이 이렇게 관용을 호소한 것은 절망에 처한 소수 집단의 필사적인 자구 노력에 지나지 않았으며, 이교가 처음 3세기 동안 기독교를 적극 박해한 데 대해 간접적으로 스스로를 비판한 것이다.

11. 기독교 변증가들과 논쟁가들

상황이 크게 반전된 까닭에 기독교를 변호하는 일이 콘스탄티누스 시대 이전처럼 시급하지도 중요하지도 않았다. 이제는 교회의 신학 활동이 주로 내부의 교리 논쟁 쪽으로 가닥을 잡았다. 하지만 4·5세기에도 여러 중요한 변증서들이 나왔는데, 이 저서들은 같은 시기에 등장한 이교 문학을 훨씬 능가했다.

(1) 콘스탄티누스 시대에 라틴 교회에는 락탄티우스(Lactantius)가, 그리스 교회에는 에우세비우스(Eusebius)와 아타나시우스(Athanasius)가 한 세기 뒤의 인물인 테오도레투스(Theodoret)와 함께 옛 변증학의 대미를 장식했다.

락탄티우스는 기독교 진리를 변증하면서 그 서론으로 이교의 미신과 철학을 논박했다. 논박하는 과정에서 미신보다는 차라리 철학을 높게 평가한다. 모든 종교의 자유를 주장함으로써 콘스탄티누스의 관용령들이 지닌 전환 시대의 관점을 대변한다.

저명한 역사가 에우세비우스는 근면한 학문적 노력을 기울여 여러 변증서들, 특히 「복음의 준비」(*Evangelic Preparation*)에서는 이교에 대한 일반적인 비판 이론들을 수집했고, 「복음의 증명」(*Evangelic Demonstration*)에서는 예언들을 주로 강조하는 방식으로 기독교를 뒷받침하는 적극적인 증거들을 수집했다.

학문성은 에우세비우스보다 못하지만 사변의 범위와 치밀성에서는 그를 능가한 아타나시우스는 젊었을 때 집필한 「그리스인들을 비판함」(*Against the Greeks*)과 「로고스의 성육신에 관하여」(*On the Incarnation of the Logos*, 325년 이전)에서 기독교 신앙의 신적 기원과 진리, 합리성, 완전성을 크게 강조한다. 이 두 논문, 특히 둘째 논문은 오리게네스의 교리서 「원리들에 관하여」(*De principiis*)에 버금가며, 기독교 신앙의 학문 체계를 하나님과 세상, 죄와 구속에 관한 근본적인 견해들 위에 수립하려고 한 최초의 시도이다. 그리고 이 두 논문이 그리스 교회에서 적극적 변증의 열매를 무르익게 했다.

아타나시우스는 로고스가 살아 계시고 유일하고 참되신 하나님의 형상이라고 가르친다. 인간은 로고스의 형상이다. 로고스와 교제를 나누는 데 낙원에서의 원초적 거룩함과 복됨이 있다. 인간은 자신의 의지로 타락했으며, 따라서 구속을 필요로 하게 되었다. 악은 그리스인들이 추정하듯이 그 자체가 실체도 아니고 물질도 아니며, 만물의 창조주께로부터 오지도 않는다. 그것은 인간 편에서 자유를 훼손한 것이고, 이기심과 자기 사랑이며, 감각적 원리가 이성을 지배하는 것이다. 죄는 하나님을 배반하는 것이므로 우상 숭배를 낳게 마련이다. 인간들은 일단 하나님에게서 떨어져 유한과 감각에 던져진 뒤에는 자연 세력들이나 사멸적 인간들 혹은 아프로디테 숭배에 나타나듯 심지어 육체의 정욕을 신격화했다. 죄의 불가피한 결과는 죽음과 부패이다. 하지만 로고스는 인간들을 저버리지 않으셨다. 인간들에게 율법과 선지자들을 주셔서 그들로 하여금 구원을 예비하도록 하셨다. 마침내 친히 인간이 되셔서 인간 본성 안에서 죄와 죽음의 세력을 중립화하셨고, 하나님의 형상을 회복하셨으며, 그로써 우리를 하나님과 연합시키시고 우리에게 당신의 쇠하지 않는 생명을 부여하셨다. 성육신의 가능성과 타당성은 로고스가 자신이 친히 창조하시고 유지·보존하시는 세상과 애당

초 맺으신 관계에 놓여 있다. 하지만 성육신은 로고스의 우주 통치를 유예하지 않는다. 로고스는 인간이 되신 동안에도 모든 곳에서 일하시며 아버지의 품에 계셨다. 성육신이 구원에 필요했던 원인은 인간 본성 자체에 부패가 들어왔고, 따라서 그 본성 안에서 부패가 제거되어야 했기 때문이다. 하나님을 전파하는 것과 같은 외부적 구속은 아무런 효과도 일으키지 못한다. "이런 이유 때문에 구주께서 친히 인성(人性)을 취하셨는데, 이는 인간이 생명과 연합함으로써 사멸적 상태와 죽음에 남아 있지 않고, 부활에 힘입어 불멸을 흡수함으로써 불멸하게 되도록 하기 위함이다. 구속을 외적으로 전파하는 일이 끊임없이 반복되어야 하지만, 그럴지라도 인간 안에는 죽음이 거할 것이다."[9]

성육신의 목적은 소극적인 면에서는 죄와 죽음을 제거하는 것이고, 적극적인 면에서는 의와 생명을 전달하고 인간을 신격화하는 것이다. 그리스도의 기적들은 그분이 원래부터 자연을 다스리는 분이시며, 인간들을 자연 숭배에서 하나님을 숭배하는 자리로 인도하신다는 증거이다. 예수의 죽음은 죄를 제거하기 위해서 꼭 필요했고, 부활하신 그분에게 생명을 주는 능력이 있어서 이제는 신자들이 죽더라도 그것이 더 이상 형벌이 아니라 부활과 영광으로 건너가는 것임을 입증하기 위해서도 꼭 필요했다.

아타나시우스는 성육신을 이렇게 사변적으로 분석해 놓고서, 기독교의 끊임없는 도덕적 영향력을 거론함으로써 그것을 뒷받침한다. 기독교는 매일 사람을 우상 숭배와 마술과 점술에서 참되신 하나님을 경배하는 데로 불러내고, 죄악되고 비이성적인 정욕들을 씻어주고 야만적인 행습을 길들이고, 죽음에 대한 본능적인 공포를 몰아내고 기쁨을 가지게 하고, 눈을 들어 땅에서 하늘을, 사멸에서 부활과 영원한 영광을 바라보게 함으로써 거룩한 생활을 하도록 힘을 준다. 성육신이 끼치는 유익들은 마치 끊임없이 밀려오는 해변의 파도처럼 다 헤아릴 수 없다.

(2) 콘스탄티누스의 아들들이 다스리던 343-350년에 율리우스 피르미쿠스 마테르누스(Julius Firmicus Maternus)라는 저자가 고대에 관한 해박한 지식에다가 뜨거운 열정을 가지고 이교를 비판하는 글을 썼다. 그 글의 어느 부분에서는 유헤메로스설(the principle of Euhemerus, 신화의 신들이 신격화된 인간이라는 설)

---

9) *De incarn.* c. 44 (*Opera*, ed. Bened. i. p. 86).

에 근거하여 이교가 사멸적 인간들과 자연의 요소들을 신격화한 것이라고 주장하고, 다른 부분에서는 이교가 성경 역사를 왜곡한 것이라고 주장한다.[10] 말미에서는 신약성경의 온유한 정신을 크게 오해하여 콘스탄티누스의 아들들에게 마치 하나님이 이스라엘 자손들에게 가나안 부족들을 정복하라고 명령하셨던 것처럼 무력으로 이교를 뿌리뽑으라고 촉구하며, 신전들을 약탈하고 탈취물로 자신들과 교회를 부유케 하라고 노골적으로 조언한다. 이런 유의 변증은 콘스탄티우스의 전제적인 태도와 부합하는 것이었던 까닭에 율리아누스 때 이교의 반동을 초래했다.

(3) 율리아누스가 기독교에 공격을 가했을 때 즉각적인 대응은 나오지 않았지만,[11] 차후에 여러 편의 논박서들이 등장했으며, 그 중 대표적인 것이 알렉산드리아의 키릴루스(Cyril, 444년 죽음)가 쓴 열 권의 「불경스러운 율리아누스를 논박함」(*against the impious Julian*)으로서, 오늘날까지 현존하며 그의 대표작 가운데 포함된다. 거의 비슷한 시기에 테오도레투스(Theodoret)가 변증적이고 논쟁적인 「이교적 질환들을 치유함」(*The Healing of the Heathen Affections*)이라는 저서를 썼다. 모두 열두 권의 논문으로 이루어진 이 저서에서 그는 성경의 예언들과 기적들을 이교의 신탁들과 비교하고, 사도를 고대의 영웅들과 입법가들과 비교하고, 기독교 도덕을 이교 세계의 부도덕과 비교함으로써 거짓 종교의 오류들을 논박하고자 힘썼다.

12. 아우구스티누스의 신국론. 살비아누스

(4) 라틴 변증가들 가운데 빼놓을 수 없는 사람은 5세기의 아우구스티누스, 오로

---

10) 예를 들어 이집트의 세라피스는 다름 아닌 요셉이었으며, 요셉이 사라의 증손자였으므로 '사라스 아포'라 불렸다고 한다.

11) 물론 아폴리나리우스가 황제와 이교 철학자들을 비판하는 「진리에 관하여」라는 책을 쓴 것이 사실이다. 율리아누스는 이 책을 읽은 뒤에 냉소적으로 "나는 그것을 읽었고 이해했고 단죄했다"고 말했다고 한다. 그 말을 전해들은 기독교 주교들은 같은 표현을 사용하여 "그대는 읽었으나 이해하지 못했다. 만약 이해했다면 단죄하지 않았을 것이니까"라고 대응했다. 이 이야기는 소조메누스가 전한다(v. 18).

시우스, 살비아누스이다. 이들은 그리스 변증가들과 다른 길을 개척했으며, 로마 제국의 불행과 쇠망이 모두 전통적 제신(諸神) 숭배를 버리고 기독교가 등극했기 때문에 초래된 결과라는 이교도들의 비판을 불식시키는 데 주된 노력을 기울였다. 이러한 비판은 이미 테르툴리아누스가 다룬 바 있지만, 야만족들이 거듭 침입하고 특히 410년에 고트족 왕 알라릭이 군대를 끌고 와서 로마 시를 함락하고 약탈한 사건이 벌어진 뒤부터는 이 비판이 큰 탄력을 받았다. 스페인의 장로 오로시우스(Orosius)는 아우구스티누스의 제안을 받고서 역사적 논증의 방식으로 417년에 세계사의 개략을 집필했다.

아우구스티누스 자신도 그 비판에 대해서 「신국론」(*On the City of God*)이라는 불후의 저서를 써서 논박했다. '신국'[하나님의 도성] 곧 그리스도의 교회를 22권의 책으로 변증한 이 저서는 인생의 막바지에 야만족들이 대거 몰려들어오는 상황에서 413년부터 426년까지 12년간 심혈을 기울여 쓴 역작이다. 아우구스티누스는 고대 로마의 덕목들을 평가하는 데 인색하지 않았다. 이런 덕목들 때문에 제국이 한때 위대한 지위에 올랐던 것이며, 그것이 약해졌기 때문에 제국이 쇠망하게 된 것이라고 주장했다. 그러나 사람들과 상황들을 지상적 손익(損益)과 현세적 성공으로 평가하는 피상적인 견해에 갇히지 않았다. 「신국론」은 이교를 논박하고 기독교를 변증하는 일에 가장 유력하고 광범위하고 심오하고 비옥한 저작으로서, 고대 교회가 현대 교회에 물려준 유증(遺贈)이며, 고대 교회가 그리스·로마의 이교에 대항하여 벌인 문학적 투쟁을 훌륭하게 마감한다. 이 책은 하직을 고하던 이교의 세계 제국에게 던지는 장엄한 조사(弔辭)이며, 다가오는 기독교의 세계 질서를 맞이하는 숭고한 환영사이다. 제롬조차 로마 제국의 멸망을 임박한 세상 종말의 징조로 간주하고서 한탄한 반면에,[12] 그 아프리카의 교부는 그 사건을 장차 기독교가 벌여나갈 정복을 예비하는 과도기적 혁명 정도로 해석했다.

그는 엄청난 역사의 전환점에 서서 유한한 세상 왕국의 기원과 과정과 종말을 생각하고, 다른 한편으로는 영원한 하나님의 나라를 인간의 타락에서부터 시작하여 지옥과 천국이 완전히 영원히 갈리는 최후 심판 때까지 고찰한다. 두 도성[왕국]의 대립은 선한 천사들과 악한 천사들이 구분되어 있는 지극히 높은 영적

---

12) *Proleg. in Ezek.*; *Epist.* 60.

세계들에 그 뿌리를 두며, 가인과 아벨과 더불어 역사에 표출되기 시작하여 그리스도가 탄생하실 때까지 이교와 유대교의 진행 과정에서 계속해서 표출되며, 그 위대한 시대가 지난 뒤부터 그리스도가 영광 중에 재림하실 때까지 계속된다. 이처럼 아우구스티누스의 역사 철학은 이원론적이다. 이 세상의 모든 왕국들과 심지어 사탄마저 그 크신 뜻에 붙잡아 사용하시는 하나님의 통일되고 포괄적인 계획을 이해하는 데까지는 이르지 못한다. 한 도성은 하나님께 드리고, 나머지 한 도성은 귀신들에게 넘겨준다. 그럴지라도 현세에서는 하나님의 도성에도 어두운 그늘이 있고, 귀신들의 도성에도 밝은 광명이 있음을 인정함으로써 경직된 구분을 누그러뜨린다. 현세의 질서에서는 두 도성이 무수한 점들에서 서로 접촉하며 서로에게 영향을 준다. 그리고 모든 유대인들이 하늘 예루살렘의 시민들이 아니었던 것과 마찬가지로, 하나님의 참된 백성들이 보이는 끈이 아닌 보이지 않는 천상의 끈에 의해서 하나님의 도성에 연합되어 있었던 멜기세덱과 욥처럼 이교도들 사이에 흩어져 있었다.

아우구스티누스는 이러한 숭고한 대조를 사용하여 성경과 고대에 관한 자료와 사색, 기독교적 체험을 하나로 엮지만, 많은 인위적이고 알레고리적인 착상들과 공허한 생각들을 한데 봉합한다. 처음 열 권에서 그는 이교를 비판하는 데 초점을 맞춘다. 로마 권력이 점차 쇠퇴한 것을 우상 숭배와 도덕적 해체 과정에 따른 필연적인 결과로 지적하며, 그 과정이 카르타고를 멸망시킨 뒤에 외국의 악습들이 로마에 소개되면서부터 시작되었다고 말한다. 제국이 당해온 재난들과 임박한 멸망이 이교도들에게 회개를 요구하는 강한 경종인 동시에 그리스도인들에게는 유익한 시련이며, 새로운 창조를 위한 산고(産苦)라고 한다. 이 비극적인 역사를 담은 마지막 열두 권에서 사뭇 대조적인 필체로 초자연적인 하나님 나라를 묘사한다. 그 나라는 반석 위에 세워져 있고, 시대의 온갖 폭풍우와 혁명에서 새로운 활력과 힘을 받아 나오고, 찌든 인류 사회에 불멸의 신적 생명을 불어넣고, 이 땅에서의 사역을 완료한 뒤에는 마침내 영원한 안식에 들어가며, 거기서 신자들이 영원무궁히 안식하고 보고, 보고 사랑하고, 사랑하고 찬송할 것이다.

「신국론」에 비해서 덜 중요하지만, 나름대로 주목할 만하고 독특한 것이 갈리

---

13) *De gubernatione Dei, et de justo Dei praesentique judicio.*

아의 장로 살비아누스(Salvianus)가 섭리와 세계 정부에 관해서 쓴 변증서이다.[13] 이 책은 5세기 중반 무렵(440-455)에 기독교가 그 시대의 모든 불행을 초래했다는 비난과, 그리스도인들 사이에서 번지고 있던 신적 섭리에 관한 의심들을 한꺼번에 불식시키기 위해서 집필되었다. 하지만 저자는 하나님이 그 시대에 내리신 심판들을 이교도들의 탓으로 돌리지 않고 당대의 그리스도인들 탓으로 돌린다. 강렬하고 생동적이면서도 과장된 면이 없지 않은 문체를 사용하여 특히 갈리아 · 스페인 · 이탈리아 · 아프리카의 그리스도인들의 도덕적 상황을 극히 비관적으로 그린다. 그가 기독교에 대해서, 아니 그보다는 신적인 세계 정부에 대한 그리스도인들의 신념을 뒷받침하기 위해 내놓는 변증도 타락한 그리스도인들에게 가하는 비판이다. 이교도들을 회심시키려는 것은 분명히 아니며, 교회로 하여금 내부에 이교도들보다 더 위험한 원수들이 있음을 환기시키고, 스스로를 도덕적으로 개혁해야 외부의 원수들에 대해서도 승리를 거둘 수 있을 것이라고 격려하는 데 적합했다.

저자는 예레미야의 눈으로 그 시대를 바라보면서 이렇게 말한다. "모든 곳에서 하나님께 기쁨을 드려야 할 교회가 오히려 진노케 하시는 것 외에 무슨 일을 하고 있는가? 교회 안에서조차 술 취하지 않거나 방탕하지 않거나 간음하지 않거나 음행하지 않거나 도적질하지 않거나 아니면 이런 짓들을 한꺼번에 하지 않는 자들을 과연 얼마나 만날 수 있는가? 남들에 비해 덜 악한 것이 그리스도인들 사이에서 거룩함으로 통하는 지경이 되었다." 그리스도인들이 하나님께 예배를 드리고 교회문을 나서면, 아니 예배를 드리는 동안에도 수치스러운 행위로 빠져든다. 어지간해서는 갑부가 교회에 나오는 일이 드문데, 그렇게 어렵사리 교회에 나온 뒤에도 살인과 음행을 저지르곤 한다. 우리는 기독교의 능력을 통째로 상실했으며, 그리스도인의 신분으로 죄를 지음으로써 하나님의 명예를 더욱 훼손한다. 우리는 야만족들과 이교도들보다 더 나쁜 사람들이다. 색슨족이 거칠다고 하고, 프랑크족이 신의가 없다고 하고, 고트족이 비인간적이라고 하고, 알라니아족이 주정뱅이들이라고 하고, 훈족이 방탕하다고 할지라도, 그들은 복음을 모르기 때문에 하나님께 받게 될 벌도 우리에 비해서 훨씬 적다. 우리는 하나님의 계명을 알고도 이런 온갖 죄악들을 범하고 있다. 살비아누스는 특히 로마의 그리스도인들을 아리우스파인 고트족과 반달족과 비교하면서, 본성의 큰 죄들에다 문명의 세련된 악들, 극장에 대한 열망, 방탕, 반인륜적 음행을 더하는 로마의 그리스도인들에게 신랄한 비판을 가한다. 그러므로 공의로우신 하나님이 그들을 야만족들의 손에 넘겨주시고, 이민족들에게 약탈을 당하도록 하신 것이라고 설명한다.

5세기 기독교 세계를 이토록 두렵게 묘사한 것은 금욕주의적이고 수도원주의적인 열정이 여러 면에서 과도하게 표출된 것임은 새삼 재론할 필요가 없다. 그럴지라도 없는 사실을 과장한 것만은 아니다. 그림의 어두운 면을 소개한 것이며, 그런 점에서 서로마 세국이 최종 해제 과정에 집어들었을 당시의 도덕적·심리적 상황을 좀 더 충분히 이해할 수 있게 해준다.

제 3 장

교회와 국가의 동맹과 그것이 사회 도덕과
종교에 끼친 영향

13. 교회가 제국에서 얻게 된 새로운 지위

앞 장에서는 기독교가 그리스·로마의 이교를 점차 대체해 가다가 카이사르들이 다스리는 제국의 공식 종교가 된 경위를 살펴보았다. 그때 이래로 유럽의 교회와 제국은 서로 불협화음을 자주 내면서도 연합을 유지했다. 상황에 따라 세속 권력이 영적 권력의 비호를 받는 성직자 중심의 연합이 되기도 했고, 혹은 영적 권력이 세속 권력에 흡수되는 카이사르 중심의 연합이 되기도 했다. 반면에 미국은 18세기 말 이래로 두 권력이 평화로우면서도 독립적으로 나란히 병존했다. 교회가 국가를 발판 삼아 활동할 수 있었지만, 국가도 교회를 발판 삼아 활동할 수 있었으며, 이러한 상호간의 영향이 이익과 복이 되기도 했고 손해와 화가 되기도 했다.

처음 3세기의 순교자들과 고백자들은 세상 종말이 임박했다고 판단하고 주님이 속히 재림하시기를 갈망했기 때문에 로마 제국과 기독교 교회 사이에 생긴 이렇게 거대하고 급작스러운 변화 같은 것을 한 번도 예상한 적이 없었다. 테르툴리아누스는 그리스도인의 지위가 로마 황제의 직무와 양립할 수 없다고까지 주장했다.[1] 그럴지라도 성직자들과 평신도들은 새로운 질서에 신속하고도 쉽게 적응했으며, 그것을 구약의 신정(神政) 체제의 재현으로 인식했다. 하지만 제국과 교회의 연합에서 아무런 이익도 얻지 못하고 오히려 제국과 제도 교회로부터

---

1) *Apologeticus*, c. 21.

박해를 받게 된 도나투스파 같은 분파들은 세속 권력이 종교 문제에 간여하는 현실에 저항했다.[2] 바뀐 상황에서 대거 교회에 들어온 이교도들은 이미 오랫동안 정치와 종교, 황제 직위와 성직자 직위(폰티펙스 막시무스)의 결합에 익숙해져 있던 사람들이었다. 그들은 어떤 종류의 종교가 됐든 종교 없는 국가를 상상할 수 없었다. 이교가 제국에서 수명을 다했고, 유대교도 민족적 폐쇄성과 정체된 상황에 갇혀 있었기 때문에, 기독교가 권좌에 오를 수밖에 없었다.

이 변화는 실로 거대했을 뿐 아니라 자연스럽고 불가피했다. 콘스탄티누스가 버려진 신전들에 십자가 기장(旗章)을 꽂았을 때, 그것은 거역할 수 없는 역사의 조류에 순응한 행위였을 뿐이다. 기독교는 칼 한 번 휘두르지 않고 반란의 음모 한 번 꾀하지 않은 채 이미 거짓 종교에 대해서 영으로 물질을 누르고, 진리로 오류를 누르고, 신앙으로 미신을, 하나님께 대한 경배로 우상 숭배를, 도덕성으로 타락을 누르고 내부적인 승리를 거둔 상태였다. 기독교는 3백 년간 압제를 받는 가운데서도 아무도 짓밟을 수 없는 도덕적 활력을 유지했으며, 새로운 사회적 지위를 풍성하게 확보했다. 언제까지나 멸시받는 분파와 집 없이 광야를 배회하는 고아로 존재할 수는 없었다. 십자가에 달려 돌아가신 지 사흘날에 부활하시어 교회를 세우신 신적인 설립자와 마찬가지로, 기독교는 압제를 딛고 일어나 세상의 고삐를 쥐고, 모든 것을 변화시키는 원리로서 국가와 학문과 예술을 장악하고, 그 안에 더욱 고상한 생명을 불어넣고 그것들을 하나님을 위해서 사용하는 자리로 우뚝 서야 했다. 물론 교회는 끝까지 종의 자세를 견지한다. 그리스도께서 세상에 오신 목적이 섬김을 받으려 함이 아니라 섬기려 함이기 때문이다. 그리고 교회는 어느 때나 거룩하지 못한 세상으로부터 안팎으로 고난을 받는다. 그럴지라도 교회는 하나님의 아들의 신부이며, 따라서 왕실의 혈통을 지니고 있다. 게다가 정결케 하고 거룩케 하는 능력을 모든 개인과 사회의 생활에 발휘해야 한다. 물론 국가도 그 대상에서 제외되지 않는다. 과학과 예술이 연합하는 것과 마찬가지로, 교회가 국가와 연합하는 것이 거룩한 것들을 훼손하는

---

2) 따라서 카르타고의 주교 도나투스는 347년에 황제가 파견한 사절들인 파울루스와 마카리우스를 박대하고 돌려보냈다. 하지만 도나투스파는 그들이 일으킨 논쟁 때문에 제국이 교회에 간섭하는 최초의 사례를 빚어낸 장본인들이며, 만약 제국이 자신들에게 유리하게 판결했다면 틀림없이 사뭇 다른 태도를 보였을 것이다.

것이 아니다. 국가도 사실상 하나님에게서 나왔으며, 따라서 하나님의 영광을 위해 쓰여야 한다.

반면에 국가는 하나님께서 인간의 생명과 재산을 보호하고, 법과 정의를 집행하고, 지상의 복리를 증진하기 위해서 제정하신 제도이기 때문에 기독교를 적대시하는 국가는 항구적으로 존속할 수 없으며, 적어도 기독교에 법적 존재와 자유로운 활동을 허용해야 한다. 그리고 국가가 우상 숭배와 결탁했을 때보다 더 발전하고 도덕적 목표에 더 훌륭히 도달하려면 기독교의 영향을 흔쾌히 받아들여야 한다. 국가가 종속되어 있는 성부 하나님의 나라는 본질상 교회 곧 성자 하나님의 나라와 양립 불가능하지 않다. 오히려 성부가 성자에게로 이끄시며, 성자는 하나님이 만유 안에 만유가 되실 때까지 성부에게로 이끄신다. 따라서 왕들이 교회에 대해서 양육하는 아버지들이 되고 왕비들이 젖을 먹여 키우는 어머니들이 될 때(참조. 사 49:23) 비로소 예언이 성취되기 시작한다: "세상 나라가 우리 주와 그 그리스도의 나라가 되어 그가 세세토록 왕노릇 하시리로다"(계 11:15).

미국의 정교 분리가 두 집단의 진정한 관계를 가장 적절하게 정착시킨 상태라고 하더라도, 위와 같은 견해에 매우 잘 부합하는 면이 있다. 그것은 콘스탄티누스 이전으로 돌아가는 것이 아니라, 두 집단이 서로 존중하고 인정하고 지지하는 관계에 서는 것이며, 4세기의 강력한 혁명이 지속된 결과로 간주해야 한다.

그러나 기독교가 국교의 지위에 오른 사건은 우리가 생각하는 것과 정반대되는 양상도 드러낸다. 교회를 타락시키는 큰 위험이 그 안에 내포되어 있었던 것이다. 로마 제국은 나름대로의 법률과 제도와 관습을 지니고 있음으로써 여전히 이교에 깊이 뿌리를 두고 있었던 까닭에 마술 지팡이를 한 번 휘두르듯 일거에 변화시킬 수 없었다. 그러므로 국가를 기독교한 만큼 교회도 세속화하고 이교화했다. 교회가 세상을 이긴 만큼 세상이 교회를 이겼으며, 기독교가 현세적으로 이득을 보았다고 하지만 영적으로 손해를 봄으로써 남은 것이 없었다. 로마 제국의 대다수 인구가 세례를 받되 물로만 받았을 뿐 성령과 복음의 불로 받지 못했으며, 이교의 생활 습성과 관습을 새로운 이름의 신전[교회] 안으로 끌고 들어왔다. 콘스탄티누스가 십자가를 군기의 문장(紋章)에 포함시킨 사건은 이런 의미에서 세속적 권력과 영적 권력, 지상의 나라와 하늘로부터 임하는 나라가 뒤섞일 것을 예고하는 대단히 불길한 징조였다. 두 권력이 육체와 영혼, 율법과 복음의 관계로써 연합하는 식으로 경계가 확정된 사건은 그 자체가 무수한 오류의 원천이자 격렬한 관할권 투쟁의 근원이 되었다. 이러한 부작용이 중세 내내 지속되었고 현대에 들어서까지 반복되고 있다. 다만 미국은 국가와 교회가 분리함으로써 그러한 갈등과 불화를 사전에 차단했다.

하지만 교회와 국가가 연합함으로써 다양한 해악들이 초래되었을지라도, 복음의 깊은 정신은 황제가 교황을 지배하던 시대든 교황이 황제를 지배하던 시대든 그러한 해악들을 항상 불리쳐 나갔으며, 다양한 권력 체세하에서 인간을 구원하기 위한 신적인 능력을 보존했다. 기독교는 세상에 서서 활동하고 여러 면에서 세상과 연결되어 있을지라도 세상에 속해 있지 않고 그 위에 서 있다.

게다가 교회가 국가와 연합함으로써 비로소 타락하기 시작했다고 생각해서도 안 된다.[3] 타락과 배교란 어느 한 사건이나 한 개인 때문에 발생하는 것이 아니

---

3) 이 견해가 오늘날 미국에 팽배하다. 과거에는 그렇지 않았다. 조나단 에드워즈는 교회의 역사가 구속 계획을 드러내 왔다고 보는 실제적이고도 신앙적인 관점을 가지고 쓴 「구속사」(*History of Redemption*)에서 콘스탄티누스의 즉위를 심지어 장차 그리스도께서 자기 백성을 구속하시기 위해서 구름을 타고 오실 일의 예표로 바라보며, 그 사건이 교회에 대단히 유익한 결과들을 끼쳤다고 주장한다: "(1) 기독교 교회가 그로써 박해의 수렁에서 벗어났다 …… (2) 하나님께서 이제는 원수들에게 두려운 심판을 내리시게 되었다 …… (3) 이교가 이제 제국 전역에서 대거 폐지되었다 …… (4) 기독교 교회가 큰 평화와 번영의 상태로 들어갔다." 그는 더 나아가 이렇게 말한다(p. 312): "이 사건은 노아 홍수 이래로 발생한 가장 큰 혁명이었다. 흑암의 왕 곧 이교 세계의 왕이자 신(神)인 사탄이 쫓겨났다. 울부짖던 사자가 일찍이 지녀본 적이 없는 가장 강한 권력을 쥔 상태에서 하나님의 어린양에게 정복을 당했다. 이것은 예레미야 10:11을 훌륭하게 성취한 사건이었다: '너희는 이같이 그들에게 이르기를 천지를 짓지 아니한 신들은 땅 위에서, 이 하늘 아래서 망하리라 하라.'" 오늘날도 미국과 영국에서 여전히 널리 읽히는 이 책은 뉴잉글랜드에서 교회와 국가가 분리되기 오래 전, 즉 1739년에 집필된 것이 확실하다(초판은 저자가 죽고 나서 26년 후인 1774년에 출판되었다). 그러나 그 유명한 청교도 신학자가 이 문제에 관해서 피력한 견해가 오늘날 미국의 지배적인 견해와 크게 다른 이유는 미국의 교회 환경이 그만큼 바뀌었기 때문이기도 하고, 오늘날은 교회와 국가에 관한 문제가 기독교 신학과 윤리학에 전혀 본질적인 문제가 되지 않기 때문이기도 하다. 미국에서는 심지어 로마 가톨릭 교회를 포함한 모든 교단들이 정교 분리에 만족하는 반면에, 유럽에서는 거의 예외 없이 정반대 견해가 팽배하다.

다. 콘스탄티누스가 됐든 그레고리우스 1세가 됐든 그레고리우스 7세가 됐든 그
것은 마찬가지이다. 타락과 배교는 인간 마음에 뿌리박혀 있다. 심지어 사도 시
대에도 적어도 씨앗 형태로나마 모습을 드러냈으며, 미국의 상황이 입증하듯이
두 권력 집단이 분할된다고 해서 피할 수 있는 것도 아니다. 우리는 옛 세계의
온갖 오류와 부패를 두루 가지고 있다. 그것들은 어느 한 교단에 집약되어 있지
않고 다양한 교단들과 분파들에 분산되어 있다. 교회사는 처음부터 선과 악의
이중적인 발전을 드러낸다. 빛과 어둠, 진리와 거짓, 거룩함의 비밀과 죄악의 비
밀 곧 기독교와 적그리스도 사이의 끊임없는 대립이 교회사의 벽두부터 나타나
기 시작했다. 주님께서 베푸신 그물 비유과 가라지 비유에 따르면 최후 심판 때
까지는 그 둘이 완전히 구별되는 것을 기대할 수 없다. 물론 상대적인 의미에서
는 세계사가 세상에 대한 심판이듯이 교회사도 교회에 대한 점진적인 심판이긴
하지만.

14. 교회의 권리와 특권. 세속적 이점들

콘스탄티누스가 회심하고 기독교가 점차 국교로 수립되어가면서 초래된 가장
중요한 효과는 교회가 오늘날 미국의 교회가 지니고 있는 것과 같은 법인(法人)
의 권리들뿐 아니라 그때까지 이교와 이교 사제들이 누려온 특권들까지 얻게 되
었다는 것이다. 이러한 권리들과 특권들을 교회는 황제들의 무언의 허용에 의해
서 혹은 테오도시우스 법전과 유스티니아누스 법전에 기록된 기독교 황제들의
특별법들을 통해서 점진적으로 얻어나갔다. 하지만 우리가 시작 단계에서 반드
시 짚고 넘어가야 할 점은 그러한 권리와 특권이 가톨릭 곧 정통 교회에만 국한
되었다는 것이다. 아리우스파 황제들이 잠시 집권하던 시기의 아리우스파를 제
외하면 이단들과 분파들은 과거보다 훨씬 못한 처지에 떨어졌고, 심지어 콘스탄
티누스 때에도 그들에 대해서는 종교 활동이 벌금형과 재산 몰수형으로 금지되
었으며, 테오도시우스와 유스티니아누스 때에는 사형으로 금지되었다. 모든 기
독교 집단들을 공평하게 대하는 정책이 비잔틴 황제들의 획일적인 전제 체제와
교황들의 배타적이고 절대적인 체제에서는 전혀 낯선 것이었다. 물론 어떤 형태
든 국교 체제에서는 그러한 정책이 일관되게 시행되기 어려운 법이다. 비국교파

들에게 무엇이든 양보를 할 경우 교회와 국가간의 유대가 느슨해지기 때문이다.

가톨릭 교회가 콘스탄티누스 때부터 국법으로 부여받은 면제들과 특권들을 구체적으로 소개하면 다음과 같다:

1. 성직자들에 대한 공공 의무 면제

성직자들에게 면제된 의무들 가운데는 군복무, 부역, 큰 비용이 드는 품위 유지, 그리고 교회 부동산에 대한 세금이 있었다.[4] 면제의 경우 과거에는 이교 사제들뿐 아니라 이사들과 수사하자들, 그리고 유대교 회당장들도 부분적으로 누렸던 것으로서, 313년에 콘스탄티누스가 최초로 아프리카의 가톨릭 성직자들에게 부여했으며, 그후 319년에 제국 전역의 가톨릭 성직자들에게 확대했다. 그러나 이러한 정책에 편승하여 많은 사람들이 내적 소명도 없이 성직자가 됨으로써 국가에 손해를 끼쳤다. 그러자 320년에 황제가 "부자들이 세상의 짐을 짊어져야 하고, 가난한 자들을 교회의 재산으로 부양해야 한다"는 단순한 근거로 부자들에 대해서 성직자가 되지 못하도록 규제하고, 성직자 수를 제한하는 법을 제정했다. 364년에는 발렌티니아누스 1세도 비슷한 법을 공포했다. 발렌티니아누스 2세와 테오도시우스 1세 때는 부자들이 다른 사람들에게 재산을 양도하여 그들로 하여금 대신 국가의 요구를 충당하게 하는 조건으로 성직자가 되도록 허용했다. 그러나 이러한 작위적인 법들이 엄격히 지켜지지 않았음은 물론이다.

콘스탄티누스는 교회에게 토지세도 면제해 주었다가 훗날 이 면제를 철회했다. 그의 후임자들도 이 문제에서는 일관된 정책을 유지하지 못했다. 암브로시우스는 교회의 권리를 가장 강하게 옹호하는 축에 들었으면서도 교회 토지 재산에 대한 공정한 실사(實査)에 응했다. 그러나 훗날 성직자들은 교회가 모든 세금을 면제받을 권한이 있다고 주장했다.

2. 교회의 기부금 수수와 재산 축적

이 점도 콘스탄티누스가 물꼬를 터놓았다. 그는 디오클레티아누스의 박해 때 몰수되었던 건물과 토지를 교회에 돌려주었을 뿐 아니라(313년), 교회에게 유증(遺贈)을 받을 수 있는 권리를 부여했고(312년), 자신이 직접 아프리카와 성지,

---

4) 제국의 주민들에게 부과된 의무들을 munera publica 혹은 '레이투르기아이' 라고 한다. 이 의무들이 제국 신민(臣民)으로서의 각 개인에게도 부과되었고, 재산에도 부과되었다.

니코메디아와 안디옥, 콘스탄티노플의 성직자들과 교회 건물들을 지원하기 위해서 현금과 곡물을 후하게 내놓았다.[5] 물론 이것이 국고를 개인 지갑처럼 마음대로 사용하고, 신민들에게 각출한 것을 가지고 인심을 후하게 쓸 수 있는 절대군주에게는 그리 대단한 일이 아니었다는 점을 기억해야 한다. 그도 그랬듯이 그의 후임자들도 교회에게 이교 신전들과 부속 토지들, 그리고 이교도들의 공공 재산을 양도했다. 그러나 교회에게 그것을 다 준 것이 아니었고, 오히려 더 많은 부분은 국고에 환수되거나 황제 측근의 수중에 들어갔다. 부유한 사람들은 더러는 순수한 신앙심에서, 더러는 대가를 바라보고 자손들에게 물려주어야 할 재산을 교회에 내놓는 경우가 많았다. 주교들과 수사들이 과부들과 임종을 앞둔 사람들에게 부당한 영향력을 사용하여 돈을 받아내는 경우도 적지 않았다. 이런 현실에 대해서 아우구스티누스는 아들에게 돌아갈 몫을 박탈하는 일체의 유증을 단호히 금지했다.

　발렌티니아누스 1세는 특히 로마의 성직자들이 유증을 가로채는 행위를 규제할 필요를 느끼고서 370년에 그것을 금하는 법령을 공포했으며,[6] 제롬은 그것이 합리적인 조치였다고 인정했다.[7] 교회 재산은 대부분 부동산으로 전환되거나 적어도 부동산으로 확보되었다. 이러한 추세에 힘입어 얼마 가지 않아서 교회가 제국의 모든 토지 재산의 1/10을 소유하게 되었다. 물론 교회가 보유하게 된 토지는 오랫동안 쓸모없거나 방치되었지만, 상황이 유리하게 바뀌면서 재산 가치도 기하급수적으로 치솟았다. 크리소스토무스가 활동하던 4세기 말엽에는 안디옥 교회가 무수한 빈민들과 병자들, 나그네들 외에도 3천 명의 과부들과 동정녀들 전체 혹은 일부를 보살필 정도로 넉넉한 재정을 보유하고 있었다.[8] 로마와 알렉산드리아 교회 같은 수도대주교 교회들은 대단히 부유했다. 6세기에 로마의 여러 교회들은 거액의 현금과 금·은 기구들 외에도 이탈리아와 시칠리아, 심지어 시리아·소아시아·이집트에서까지 수많은 가옥들과 토지들을 보유했다.[9]

---

5) 314년이라는 이른 시기에 그는 아프리카 속주의 재정으로 카르타고 주교 카이킬리아누스에게 3,000폴리스(folles, 18,000파운드)를 지불하여 아프리카·누미디아·모리타니아의 가톨릭 교회들을 지원하게 했다. Euseb.: *H. E.* x. 6; *Vit. Const.* iv. 28.

6) 로마 주교 다마수스에게 보낸 칙령에서. *Cod. Theod.* xvi. 2, 20.

7) *Epist.* 34 (al. 2) *ad Nepotianum.*

8) Chrys. *Hom.* 66 in Matt (vii. p. 658).

빈민 구제에 힘쓴 일로 '구제가'라는 명예로운 칭호를 얻은 요한은 알렉산드리아 총대주교가 되었을 때(606) 교회 금고에서 8천 파운드의 금을 발견했으며, 자신이 직접 받은 액수만도 금 1만 파운드에 달했다. 하지만 자신은 변변한 외투 한 벌도 소유하지 않았으며, 어떤 때에는 한꺼번에 7천5백 명의 빈민들에게 식사를 제공했다고 한다.[10]

　교회 세입을 관장할 권한은 주교들에게 있었다. 주교들은 당시의 일반적인 관습에 띠리 기금을 서너 부분으로 분배했디. 먼지 자신들을 위해서 일부를 떼이냈고, 휘하 성직자들에게 급여를 주었고, 교회의 예배 비용을 지불했으며, 빈민 구제에 사용했다. 그 과정에서 탐욕과 족벌주의의 의혹을 자주 받았다. 크리소스토무스와 아우구스티누스 같은 양식 있는 성직자들은 이렇게 세상 재물에 간여하느라 더 숭고한 의무에 자주 방해받는 것을 끔찍이 싫어했으며, 교회에 재산이 넉넉하니까 개인이 구제를 시행하는 일이 줄어들어드는 현실을 보고서 과거에 교회가 가난하던 시절을 그리워했다.

　교회 재산이 크게 증가함에 따라 그 결과가 양면으로 나타났다. 그것은 교회에 이익과 손해를 동시에 끼쳤다. 교회 재산을 관리하고 집행하는 사람들이 어떤 정신을 가지고 있는가 하는 데 따라서 그 재산이 하나님 나라를 진척시키고, 교회당을 건축하고 유지하며, 빈민과 병자와 과부와 고아와 가난한 나그네와 노인을 위한 보호 시설들을 설립하는 데 쓰일 수도 있었고, 아니면 나태와 사치를 조장하고 그로써 도덕적 타락과 쇠퇴를 초래하는 데 쓰일 수도 있었다. 성직자들의 권력이 절정에 달했을 때조차 사려깊은 사람들은 그러한 현실을 감지하고 크게 우려했다. 콘스탄티누스가 교황의 세속 권력이 있게 한 장본인이었다고 믿은 단테(Dante)는 황제 콘스탄티누스가 교황 실베스터에게 기부금을 하사했다는 허구를 토대로 그에게 다음과 같은 신랄한 냉소를 퍼부었다:

"그대들은 금과 은으로 신들을 만든다.
그대들이 우상 숭배자들과 무엇이 다른가?

---

　9) 참조. 우리가 다루는 시기의 말미에 대 그레고리우스가 쓴 편지.

　10) 참조. *the Vita S. Joannis Eleemosynarii*(알렉산드리아의 마지막 가톨릭 총대주교 이전의 총대주교) in *the Acta Sanct. Bolland.* ad 23 Jan.

그들[그리스도인들]의 신이 하나인데 그대들의 신은 수백 배가 아닌가?

콘스탄티누스여! 당신이 얼마나 큰 악들을 불러들였던가!
그것은 당신의 회심 때문이 아니라, 그토록 많은 재물을
최초의 부자 신부[교황]에게 기부한 일 때문이다!"[11]

15. 성직자들에 대한 지원

3. 성직자들에 대한 처우가 개선된 것이 기독교가 제국에서 새로운 지위에 서면서 얻게 된 또 다른 유익이었다.

이전까지는 성직자들이 그리스도인들의 자발적인 헌금에만 의존해서 살았으며, 그리스도인들 또한 대부분 가난한 사람들이었다. 그런데 이제는 교회 기금에서 그리고 황실과 지방 정부의 재정에서 지불되는 고정 급여를 받게 되었다. 게다가 햇과일과 곡식 그리고 십일조까지 받았다. 십일조는 아직은 법적 강제력을 띠지 않았으나 아주 이른 시기부터 자발적인 관습으로 대두했으며, 추측하건대 처음부터 유대인 배경을 지닌 교회들에서 구약 율법의 사례를 따라서 시행한 듯하다(참조. 레 27:30-33; 민 18:20-24; 신 14:22 이하; 대하 31:4 이하). 이러한 지원 수단이 충분치 않은 경우에는 성직자가 농사를 짓거나 부업을 하여 생계를 유지했다. 「사도교령」(*the Apostolic Canons*. 381년경에 작성된 듯한 「사도헌장」 제8장에 실려 있음)은 성직자가 세속 직업에 종사하는 행위를 면직의 벌로써 금하는데도 불구하고,[12] 5세기에 가서는 여러 교회회의들이 이러한 자급자족 방식을 권장했다.

---

11) *Inferno, canto* xix. vs. 112-118. 밀턴(Milton)은 자신의 산문 작품집에서 Ariosto의 단락뿐 아니라 이 단락도 번역하는데, 거기서 콘스탄티누스가 달에서 기부한 것을 지상에서 잃어버렸거나 남용된 것들 가운데 포함시키는 익살을 부린다.
    "아, 콘스탄티누스여! 얼마나 큰 악이 초래되었던가!
    그대의 회심 때문이 아니라, 최초로 부유하게 된 교황이
    그대에게 받은 풍성한 기부 때문에…"
12) *Constit. Apost.* lib. viii. cap. 47, can. 6 (p. 239, ed. Uelzen).

성직자들의 경제 사정이 이렇게 나아진 만큼 그들의 도덕 수준이 저하된 경우가 종종 있었다. 형편이 펴이면서 먹고 사는 문제를 염려하지 않게 되고, 독립적인 태도를 갖게 되고, 모든 힘을 본연의 의무에 쏟아붓게 된 점도 있지만, 반면에 안락과 사치에 빠지고, 무수한 무자격자들이 성직자가 되어볼 생각을 품게 되고, 교인들 사이에 자유롭게 이루어지던 구제의 관행이 위축되었다. 좀 더 우수한 주교들, 이를테면 아타나시우스 · 두 그레고리우스 · 바실리우스 · 크리소스토무스 · 테오도레두스 · 암브로시우스 · 아우구스디누스 같은 성직자들은 소박한 금욕 생활을 했으며, 교회로부터 받은 수입을 공공의 유익에 사용했다. 반면에 허영에 몰두하고 화려한 생활을 좋아하고 육체의 정욕을 추구한 성직자들도 있었다. 이교도 역사가 암미아누스(Ammianus)는 시골 교회의 성직자들이 대체로 소박하고 절제되고 덕스러운 생활을 했다고 전하는 반면에, 여성 신도들의 연보로 크게 치부한 로마의 성직자들은 매우 사치스러운 옷을 입었고 왕실의 연회를 능가하는 연회를 열었다고 전한다.[13] 제롬도 그의 견해에 동의한다.[14]

저명한 이교도 장관 프라이텍스타투스는 교황 다마수스에게 말하기를, 자신에게 로마 교구를 주면 당장 그리스도인이 되겠다고 했다. 잠시나마 콘스탄티노플 총대주교를 지낸 나지안주스 그레고리우스의 기록에 따르면 콘스탄티노플의 주교들도 사치스러운 점에서는 로마의 동료들에 뒤지지 않았으며, 제국의 최고위 관료들에 못지않은 성대하고 화려한 식사를 즐겼다고 한다. 콘스탄티노플과 카르타고의 주교좌성당들은 사제들 · 부제들 · 여부제들 · 차부제들 · 선창자들 · 가수들 · 건물 관리인들을 수백 명씩 두었다.[15]

앞에서 언급했듯이, 위대한 교부 두 분이 니케아 시대 이전에 널리 시행되었고 현대의 미국 사회에서 복원된 대로, 자발적 헌금으로 교회와 성직자를 지지하는 제도를 원칙상 선호했던 것을 눈여겨볼 가치가 있다. 크리소스토무스는 당시의 현실에서는 교회에 필요한 재정을 다른 방법으로는 충당할 수 없다는 것을 분명히 알고 있었지만, 그럼에도 교회가 재정을 비축하는 것에 단호히 반대했으

---

13) lib. xxvii. c. 3.

14) *Hieron. Ep.* 34 (al. 2) 그리고 그 밖의 여러 곳.

15) 콘스탄티노플 주교좌성당이 성직자들과 하위 관리자들의 수가 지나치게 많다는 이유로 비난을 받게 되자 유스티니아누스가 그 수를 525명으로 줄이도록 했는데, 525명 가운데도 절반은 불필요한 자리였을 것이다. 참조. Iust. Novell. ciii.

며, 안디옥의 청중에게 이렇게 말했다. "교회의 재정은 여러분 모두의 몫입니다. 다만 여러분이 인색하기 때문에 교회가 자꾸만 지상의 재물을 소유하게 되고 부동산을 취급하게 되는 것입니다. 여러분이 선한 일에 신실하지 않으므로 하나님의 사역자들이 본무와 거리가 먼 잡다한 일들에 간여할 수밖에 없습니다. 사도들의 시대에도 사람들이 얼마든지 가옥과 전토를 소유하고 살 수 있었습니다. 그런데 그들이 왜 가옥과 전토를 팔아서 그 돈을 사도들에게 바쳤겠습니까? 그것은 당연히 그렇게 하는 것이 더 좋은 방법이었기 때문입니다. 여러분의 조상들은 여러분이 자신의 수입에서 구제하기를 바랐으며, 혹시 여러분이 탐욕 때문에 가난한 사람들을 방치하여 배를 곯게 하지 않을까 우려했습니다. 그런데 그 우려가 현실이 되었습니다."[16] 아우구스티누스는 히포 교회가 교회 재산을 거두고 성직자들과 가난한 자들을 자발적인 헌금으로 지지하게 되기를 소원했다.[17]

16. 주교의 사법권과 중재권

4. 이제는 주교들이 콘스탄티누스 시대부터 갖기 시작한 사법권(jurisdiction)의 법적 정당성에 관해서 살펴보자.

그리스도인들은 유대교 회당의 방식대로 그리고 사도 바울의 권고에 따라(참조. 고전 6:1-6) 처음부터 자신들끼리의 문제를 이교 사회의 법정으로 가져가지 않고 교회 앞으로 가져가는 데 익숙해 있었다. 그러나 콘스탄티누스 시대 이전까지는 주교가 판결을 내렸을 때 원고 · 피고 양측이 자발적으로 복종해야 그 판결이 유효했다. 하지만 콘스탄티누스 이후부터 주교의 판결에 법적 효력이 붙게되었고, 영적인 문제에 관한 한 일단 주교가 판결하고 나면 세상 법정에 가서 항소할 수 없게 되었다. 콘스탄티누스 자신이 일찌감치 314년에 도나투스파 논쟁과 관련하여 그러한 항소가 제기되었을 때 다음과 같은 의미심장한 발언으로 그것을 기각했다. "사제들의 판결을 그리스도 자신의 판결로 간주해야 한다." 심지어 출교(파문) 선고조차 한 번 받으면 끝이었다. 유스티니아누스는 항소를 수도

---

16) *Homil.* 85 (마태복음 설교). *Hom.* 21 (고린도전서 7장 설교. x. 190).
17) Possidius, in *Vita Aug.* c. 23.

대주교에게만 하도록 허용하고, 민간 법정에 대해서는 불허했다. 여러 공의회들, 그 가운데서도 451년의 칼케돈 공의회는 주교 법정을 회피하거나 민간 법정에 항소하는 성직자들을 면직의 벌로써 위협하는 데까지 나아갔다. 범법자가 교회의 견책을 비판하는 경우에 주교들이 국가에 도움을 청하는 일도 있었다. 유스티니아누스 1세는 주교의 사법권을 수도원들에게까지 확대했다. 그 후(628년) 헤라클리우스는 성직자들 사이의 형사 소송조차 주교들에게 넘기도록 했고, 그로써 성직자들이 민간 법정에 호소하는 행위를 안전히 금했다. 물론 그럴지라도 중죄가 입증될 경우에는 교회 법정이 면직과 출교를 내리는 것으로 끝난 뒤 체형(體刑)을 받을 수 있게 했다.[18] 테오도시우스가 성직자들에게 베푼 또 다른 특권은 성직자들을 고문하여 민간 법정에서 증언하도록 강요하지 못하게 한 것이다.

이렇게 주교들의 권한과 영향력이 증대된 것은 국가의 사법권을 견제하는 데 유익하게 작용했으며, 대체로 정의와 인간애를 증진하는 데 이바지했다. 물론 그러는 과정에서 성직자들이 성직위계제도를 토대로 교만하게 되고, 다양한 민간 소송건에 자주 자문 의뢰를 받음으로써 본연의 업무에 장애를 받으면서까지 세상 일에 얽매이는 부작용도 있었다. 크리소스토무스는 그러한 현실을 다음과 같이 탄식한다: "중재자가 민간 판사보다 더 큰 번민과 격무와 어려움을 당한다. 옳은 것을 발견하기도 어렵지만, 옳은 것을 발견했을 때 그것에 불이익을 주지 않도록 하기란 더욱 어렵다. 이 직무에는 격무와 어려움만 따르는 게 아니라 적지 않은 위험도 따른다."[19] 시간을 아껴서 할 일이 많았던 아우구스티누스도 주교의 직무에 포함된 이 부분이 몹시 부담스러웠지만, 교회를 사랑하는 심정으로 근실히 수행했다.[20] 다른 주교들은 이 문제들을 하위 성직자들에게 넘겼고, 트로

---

18) 하지만 콘스탄티누스조차 니케아 공의회 전부터 만약 자신이 간음하다가 적발된 주교를 보면 성직자인 그를 처벌함으로써 교회에 추문을 일으키기보다 황제의 겉옷으로 그를 덮어주겠노라고 말했다.

19) *De sacred.* l. iii. c. 18. 서두.

20) 시편 25장 강해(vol. iv. 115)와 *Epist.* 213에서 그는 교인들이 일주일의 닷새 동안은 자신을 방해하지 않고 신학 연구에 매진할 수 있게 배려하겠다고 약속해놓고서 정오를 전후로 세상의 일들을 가지고 와서 괴롭게 하는 것에 불편한 심기를 드러낸다. 참조. Neander, iii. 291 sq. (ed. Torrey, ii. 139 sq.).

아스의 주교 실바누스 같은 사람은 아예 평신도에게 넘겼다.[21]

5. 교회가 제국과 손잡음으로써 얻게 된 또 다른 유익은 주교의 **중재권**이었다

범법자들과 죄수들과 다양한 법익 박탈자들을 위해서 세속 권력에 대해 중재할 수 있는 특권은 원래 이교 사제들과 특히 베스타 신전의 여사제들에게 속했던 것인데, 이제 기독교 성직자들, 특히 주교들에게 넘어왔고, 그 후부터 주교의 본질적인 기능으로 자리잡았다. 460년경에 갈리아의 어느 교회가 수사를 주교로 임명하는 데 반대하는 일이 있었는데, 그 이유가 퍽 흥미를 끈다. 수사가 민간 관리들과 접촉해본 경력이 없기 때문에 교인들의 영혼을 위해서는 하늘의 재판장에게 중재할 수 있을지언정, 그들의 육체를 위해서는 지상의 관리들에게 중재할 수 없다는 것이 그 이유였던 것이다. 주교들은 특히 과부들과 고아들을 보호하고 자신들에게 위탁된 재산을 관리하는 자들로 간주되었다. 529년에 유스티니아누스는 주교들에게 감옥을 관장할 권한도 주면서, 그리스도의 수난일들인 수요일과 금요일마다 감옥들을 방문하도록 했다.

이러한 중재권 행사로 인해 공의가 자주 방해받지 않았을까 생각할 수도 있겠다. 그러나 잔인하고 작위적인 독재가 시행될 때에 주교들이 중재권을 행사하여 인도애와 자비가 시행되도록 한 경우도 적지 않았다. 때로는 주교들이 총독들과 황제들에게 강력히 호소한 결과 속주들 전체가 지나친 세금과 정복자들의 보복에서 구출되기도 했다. 예를 들어 387년에 안디옥의 플라비아누스는 반란 사건으로 인한 황제의 진노를 막기 위해서 노령과 노환의 이중 부담을 무릅쓰고서 콘스탄티노플로 여행하여 황제를 직접 알현했으며, 황제와 자신에게 동일한 주(主)가 되시는 분의 대사로서 "너희가 사람의 과실을 용서하면 너희 천부께서도 너희 과실을 용서하시려니와"(마 6:14)라는 주님의 말씀을 전함으로써 자신의 뜻을 깨끗이 관철시켰다.

6. 중재권은 교회를 도피처로 삼을 권리와 직결되었다.

과거에는 몇몇 예외적인 경우를 제외하고는 이교 신전들과 제단들이 치외법권 지역들이었는데, 이제는 기독교 교회들이 이러한 특권을 물려받았다. 이 특권은 431년에 테오도시우스 2세에 의해서 몇 가지 단서가 붙은 채 입법화되었으며, 비무장한 도피자가 교회 건물의 어느 부분이나 심지어 거룩하다고 인정

---

21) Socrat. l. vii. c. 37.

터로 피신했을 때 그에게 해를 입히는 행위에 대해 사형이 규정되었다.[22]

이렇게 해서 노예들이 주인들의 학대에서, 채무자들이 냉혹한 채권자들의 탄압에서, 여성들과 처녀들이 몸을 버리게 될 위험에서, 피정복지 주민들이 정복자들의 칼에서 피신하여 거룩한 장소들로 도피함으로써 주교들이 강력한 중재로 정의나 자비를 얻어줄 때까지 기다릴 수 있었다. 단순히 미신에서만 유래한 것이 아니라 사람들의 고상한 측은지심에도 뿌리를 둔 이 법은 이민자들이 대거 유입되고 내선이 끊이시 않던 사회 불안기에도 크게 존중되었다.[23]

17. 주일(主日)의 법적 승인

7. 국가가 주일과 교회의 그 밖의 절기들을 승인함.

국가가 모든 개인에게 주일과 그 밖의 절기들을 의무적으로 지키도록 강제해서도 안 되고 그렇게 할 수도 없겠지만, 기독교 안식일을 공공연하게 방해하고 훼손하는 행위를 금지하고, 그리스도인들이 그날들을 합당하게 지킬 수 있는 권리와 의무를 보장해 주는 일은 국가가 할 수 있고 또 반드시 해야 한다. 321년에 콘스탄티누스는 '숭엄한 태양의 날' 에 도회지에서 법정을 개정하거나 세속적인 노동을 하는 행위를 금했다. '숭엄한 태양의 날' 이란 그가 직접 사용한 표현으로서, 아마도 한때 자신이 숭배하던 태양 신 아폴로와 의의 진정한 태양이신 그리스도를 가리키기 위해서 사용한 듯하다. 그러나 그는 논밭과 포도원 경작은 분명히 허용했다. 농사에는 다른 날로 미룰 수 없는 일이 항상 따르기 때문이다.[24] (하지만 안식의 날을 가장 필요로 하는 사람들은 다름 아닌 고된 노동에 찌든 농부들이다.) 얼마 후인 321년 6월에 그는 노예들을 일요일에 쉬게 하도록 허용했다.[25] 이것은 박애의 행위이기 때문에 일반적인 정책과는 달랐으며, 부활과 구속

---

22) *Cod. Theodos.* ix. 45, 1-4. 비교. Socrat. vii. 33.

23) 기번(Gibbon)은 이렇게 말한다. "전제 정치에 따른 포악한 통치가 교회의 온건한 중재에 의해서 상당히 유보되었다. 그리고 상당수의 유명인사들의 생명이나 재산이 주교의 중재로 보호받을 수 있었다."

24) 이러한 예외는 많은 교회사가들이 무심코 지나치지만, 321년의 동일한 법(*Cod. Justin.* lib. iii. tit. 12, de feriis, l. 3에 수록됨)에 분명히 실려 있다.

을 기념하는 날에야 적합했다. 에우세비우스에 따르면 콘스탄티누스는 더 나아가 주일에 군사 훈련을 일절 금했으며, 그리스도의 죽으심을 기념하여 금요일도 거룩하게 지키도록 명령했다고 한다.[26]

콘스탄티누스는 더 나아가 의도는 좋으나 그릇된 열정으로 병사들에게, 심지어 이교도 병사들에게까지 주일을 엄수하도록 지시했다. 주일에는 지휘관의 신호로 다음과 같은 기도를 암송하도록 했다: "저희는 오직 당신만 하나님으로 인정하나이다. 저희는 당신을 왕으로 고백하나이다. 당신이 우리를 도우시는 이시요, 당신에게서 저희가 승리를 얻었사오며, 당신을 힘입어 저희가 원수들을 정복했나이다. 저희에게 내리신 좋은 것들로 인해서 당신께 감사드리오며, 당신이 선한 것을 내려주시기를 기대하나이다. 저희가 당신께 지극히 겸손하게 간구하오니, 저희의 콘스탄티누스와 그의 아들들을 지켜주셔서 무병 장수하고 승승장구하게 해주시옵소서."[27] 이 기도문은 기독교 예배의 성격으로 시행되지는 않았을지라도 법적 명령의 형식을 띠었기 때문에 명백히 양심의 권리들을 짓밟았고 불가피하게 위선과 공허한 형식주의(formalism)를 조장할 수밖에 없었다.

후대의 황제들은 주일을 범하는 행위를 신성 모독으로 규정했고, 주일과 주요 축일[절기]들에는 세금을 거두고 개인 빚을 받는 행위도 금했으며(368, 386년), 심지어 연극과 서커스 관람까지 금했다(386, 425년). 그러나 이렇게 주일에 대중 오락을 금했으나 — 카르타고 공의회(399년 혹은 401년)는 정당한 근거를 가지고 이 조치를 강조했다 — 아마 엄격하게 강요된 적은 없는 듯하며, 오히려 현실은 딴판으로 돌아가기 일쑤였다. 그리고 이러한 분위기가 점차 제국 전역에 만연하게 되었다.[28]

---

25) *Cod. Theodos.* lib. ii. tit. 8.L.1.

26) Eus. *Vit. Const.* iv. 18-20. 비교. Sozom. i. 8. 오늘날 파리와 빈, 베를린, 그리고 유럽의 다른 여러 도시들에서 다름 아닌 주일에 군사 퍼레이드와 연극 공연이 수시로 벌어지는 것과 얼마나 큰 대조인가! 프랑스에서는 선거가 대부분 안식일에 치러진다!

27) Eus. *Vit. Const.* l. iv. c. 20. 기도문은 에우세비우스가 c. 19에서 말하듯이 라틴어로 기록되어 있다. 에우세비우스는 전군(全軍)에 대해서 말하며(참조. c. 18), 추측하건대 병사들 가운데 상당수가 이교도였을 것이다.

28) 4세기 말과 5세기 초에 크리소스토무스는 교회보다 극장이 인파로 붐빈다고 한탄했는데, 그러한 현실은 오늘날에 이르기까지 유럽의 거의 모든 대도시들의 상황도

18. 기독교가 입법에 끼친 영향. 유스티니아누스 법전

이렇게 국가가 교회에게 법인의 권리들을 부여하는 동안, 교회는 국가에 대단히 유익한 영향을 끼쳤다. 국가를 이교적 법률과 관습에서, 이기주의와 보복과 응징의 정신에서 해방시켰고, 단순한 물질적 번영에서 사회의 좀 더 고등한 도덕적 관심사를 갖는 수준으로 일으켜 세웠다. 앞서 다룬 시기에서는 기독교의 도덕성과 이교 로마 사회의 부패상이 극명하게 대조되던 모습을 지켜보았다.[29] 이제는 기독교 도덕성의 원리들이 사회의 인정을 받아가고, 적어도 일정한 정도에서라도 사회와 정치 생활을 이끌고 가게 된 경위를 살펴보게 된다.

일찍이 2세기부터 비교적 우수한 이교도 황제들의 치하에서, 그리고 명백히 간접적이고 투쟁적이면서도 거역할 수 없었던 기독교 정신의 영향을 받아 개혁적이고 인도적인 성격의 입법이 이루어졌으며, 후대의 기독교 황제들은 그렇게 제정된 법률들을 고대 그리스·로마 문화의 토대 위에서 시행할 수 있는 데까지 시행해 나갔다. 그러나 이제는 무엇보다도 공의와 형평과 인도애와 사랑의 원리가 국정 수행 과정에서 부각되었다.

이렇게 된 것은 기독교가 인간이 하나님의 형상으로 지음을 받았다는 교리와, 인격의 가치가 무한히 크고, 인류가 원래 하나였으며, 그리스도를 통해서 다 같이 구속을 받는다는 교리로써 보편적 인권을 최초로 부각시킨 결과였다. 기독교는 그러한 교리들에 힘입어, 민족들과 계층들을 냉혹하게 구분하고, 존중받는 사람만을 시민으로서 존중하는 반면에 허다한 노예들과 외국인들과 야만인들에 대해서는 시민의 권리를 부정한 배타적 민족 정서와 매정한 이기심, 고대 세계의 정치적 절대주의를 극복했다.[30]

그리스도께서 친히 하층민들, 어부들과 세리들, 빈민들과 불구자들과 소경들과 귀신들린 자들과 각색 병으로 고생하는 자들을 대상으로 개혁을 시작하셨으며, 그들에게 먼저 자신들의 존귀함을 일깨워 주시고 그들의 숭고한 운명을 가

마찬가지이다. 오직 영국과 미국만 칼빈주의와 청교도주의의 영향으로 주일에는 극장이 문을 닫는다.

29) 제1권 1장, §§ 86–93.

30) 참조. Lactantius: *Inst. divin.* l. v. c. 15.

르쳐 주셨다. 마찬가지로 이제는 교회가 국가에서 그리고 국가를 통해서 억눌린 자들과 주린 자들, 그리고 이교 체제하에서 정치적으로 조금도 존중되지 않고 무참히 짓밟히던 계층들을 일으켜 세웠다. 물론 이러한 개혁은 법보다 강한 대중의 관습에 의해서, 그리고 여전히 본질적으로는 이교적 성격을 띠었고 해체될 운명을 안고 있던 로마 제국 내의 사회 구조에 의해서 적지 않은 장애에 가로막혔다. 그러나 마침내 이러한 장애를 뚫고 개혁이 진행되어 나갔으며, 제국이 전복된 사건도 개혁의 물길을 돌려놓을 수 없었다. 개혁은 게르만 부족들 사이에서도 진행되어 나갔다. 그리고 비록 기독교 국가들에서조차 부패한 인간 본성에서 옛 사회적 병폐들이 쏟아져 나오고, 때로는 혁명의 폭력을 수반할지라도, 기독교는 언제나 박해받는 자들을 변호하고 전쟁의 공포를 완화하고 그리스도인들의 공적·사적 생활에 만연해 있는 무수한 악을 제어함으로써 전제군주들과 대중의 거친 열정을 제어하고 정화하고 치유하고 유화하고 가로막는 데 힘썼다. 기독교 세계를 문화 수준이 가장 높다고 하는 이교 국가들이나 이슬람교 국가들과 대충 비교해 보더라도 이 점은 충분히 입증된다.

이 점에서도 콘스탄티누스의 재위가 전환점이 된다. 그는 동양적 전제군주이면서 기독교의 근실한 도덕성을 온전히 갖추지 못했음에도 불구하고, 분명히 기독교의 공의와 인간애의 정신이 숨쉬는 여러 법률들을 공포했다. 십자가형을 폐지했고, 검투 경기와 잔인한 의식을 금했고, 영아 살해를 단속했으며, 노예 해방을 권장했다. 에우세비우스는 콘스탄티누스가 과거의 법률들을 대부분 개선하거나 새로운 법률들로 대체했다고 말한다.[31] 그때부터는 그 로마 입법가의 토가 밑에서 그리스도인의 따뜻한 심장을 느끼게 된다. 수도원주의의 아버지가 이집트 광야에서 설파한 복음적 설교와 훈계들 ― 즉 가난한 사람들에게 공의와 자비를 나타내고, 장차 올 심판을 기억하라는 ― 이 세상의 군주들 곧 콘스탄티누스와 그의 아들들에게 끼친 영향을 우리는 감지하게 된다.

그리스도인들을 진심으로 미워한 율리아누스조차 자신이 받은 교육의 영향과

---

31) *Vit. Const.* l. iv. c. 26. 이 책에는 콘스탄티누스의 가장 중요한 법률들이 요약되어 있다. 이교도 리바니우스(Basil. ii. p. 146)조차 콘스탄티누스와 그의 아들들의 재위 기간에 하층민들을 염두에 둔 입법들이 많이 이루어졌다고 기록한다. 하지만 그는 황제들이 저마다 현명했기 때문에 이러한 입법을 했다고 평가한다.

그 시대를 지배하던 정신을 완전히 무시하지 못했고, 이교 개혁을 위한 여러 수단들을 교회로부터 차용할 수밖에 없었다. 그는 특히 모든 사람들에게 자비를 베풀고, 가난한 사람들을 돕고, 죄수들에게 관용을 베풀 것을 요구하는 기독교의 덕목을 인정했다. 물론 이것은 이교적 정서에 반하는 것이었으며, 율리아누스 자신도 그리스도인들에게 결코 자비를 베풀지 않았지만 말이다. 그러나 율리아누스의 사해동포적 계획과 조치들이 철저히 실패로 끝난 사건은 인간에 대한 참 사랑이 오직 기독교의 토양에서만 자랄 수 있음을 입증한다. 그리고 율리아누스가 이렇게 기독교를 소극적으로 인정했을지라도 인간의 권리들과 형평을 증진하기 위한 법은 단 한 줄도 공포하지 않았다는 점이 주목할 만하다.

율리아누스의 후계자들은 콘스탄티누스의 발자취를 따랐으며, 서로마 제국이 멸망하는 날까지 기독교 정신을 토대로 법 체계를 유지했다. 비록 그렇게 하는 과정에서 여전히 남아 있던 이교적 요소와 자주 갈등을 빚기도 했고, 때로는 일시적인 배교와 반동이 일어나긴 했지만 말이다. 또 한 가지 주목할 점은 콘스탄티누스 이후에 법 체계가 과거보다 훨씬 더 엄격하고 가혹해졌다는 것이다. 이러한 모순이 생긴 원인은 비잔틴 정부가 전제적 성격을 띠었기 때문이기도 하고, 시대가 그만큼 혼란했기 때문이기도 하다.[32]

이제는 황제의 법령들을 하나로 엮어 법전(*codex* 혹은 *corpus juris*)으로 편찬할 필요가 생기게 되었다. (황제가 질문에 답하는 형식으로 공포한 법령일 경우에는 '칙답'<Rescripta>라고 했고, 황제가 자발적으로 공포한 법령일 경우에는 '칙령'<Edicta>이라고 했다.) 4세기 중반에 이런 유의 시도가 최초로 두 번에 걸쳐 이루어졌는데, 그 결과가 일부 단편들로만 남아 있다.[33] 그러나 테오도시우스 2세가 429-438년에 여러 법률가들을 시켜 편찬케 한 「테오도시우스 법전」(*Codex Theodosianus*)이 현존한다. 이 법전에는 콘스탄티누스 이래로 기독교 황

---

32) 형법이 이렇게 가혹해진 원인을 교회에서 찾아서는 안 된다. 이는 교회가 4, 5세기까지는 여전히 사형에 반대했기 때문이다. 참조. Ambros. *Ep.* 25, 26 (al. 51, 52); Augustine, *Ep. 153 ad Macedonium.*

33) 그레고리아누스 사본과 헤르모게니아누스 사본. 두 법률가인 편찬자들의 이름을 따서 그렇게 부른다. 이 법전들은 하드리아누스부터 콘스탄티누스에 이르기까지 이교 황제들의 칙답들과 칙령들을 싣고 있으며, 이교 법률과 기독교 법률을 쉽게 비교해 볼 수 있게 한다.

제들이 제정했으나 여러 이교적 요소들로 변질된 법률들이 실려 있으며, 발렌티니아누스 3세가 서방 제국에도 적용하도록 재가했다. 백년 뒤에 교회를 등에 업은 비잔틴 제국의 독재가 한창일 당시에 탐욕스럽고 변덕스러운 입법으로 인한 비난을 면할 수 없는 유스티니아누스 1세가 저명한 트리보니아누스의 지휘하에 다수의 법률가들로 하여금 하드리아누스 때부터 자신의 시대까지 이르는 로마법을 수집하여 개정하고 정리하도록 의뢰했다.[34] 이렇게 해서 7년(527-534)이라는 짧은 기간에 최고의 역량을 지닌 법률가들의 손을 거쳐 저 유명한 「유스티니아누스 법전」(Codex Justinianeus)이 나오게 되었다. 그 후로 이 법전은 로마 제국의 보편적 법률서가 되었고, 로마 · 콘스탄티노플 · 베리투스의 대학들에서 유일한 교과서로 쓰였으며, 오늘날까지 기독교 유럽의 상당 지역에서 법학의 토대를 이루고 있다.[35]

---

34) Tribonianus는 파플라고니아의 시데 출신으로서 변호사 겸 시인이었고, 자신의 재능과 유스티니아누스의 총애에 힘입어 콰이스토르(검찰관)와 콘술(집정관)을 지냈고, 마침내 마기스터 오피시오룸(총리대신)을 지냈다. Gibbon은 그의 폭넓은 학식과 행정력, 끝없는 탐욕과 금전상의 무절제에 대해서 그를 베이컨 경과 비교한다. 그러나 두 정치인은 한 가지 점에서 달랐다. 베이컨이 확고한 기독교 신앙을 표방한 반면에, 트로비니아누스는 이교적 성향과 무신론으로 비판을 받았다. 콘스탄티노플에서 민란이 발생했을 때 황제는 그를 파면하지 않을 수 없었으나, 그가 없어서는 정부를 유지할 수 없음을 파악하고는 곧 복직시켰다.

35) 마치 나폴레옹의 법전이 나폴레옹보다 오래 살아남았듯이, 그 황제가 벌인 정복 사업들보다 오래 살아남은 「유스티니아누스 법전」은 주로 세 가지 개별 권들로 이루어져 있다: (1) *Institutiones.* 533년에 편찬한 초보적인 법률 교과서. (2) *Digesta* 혹은 *Pandectae*(완비된 저장고). 이전 시대의 저명한 법률가들의 판단을 토대로 로마 법 정신을 요약한 책으로, 530-533년에 작성되었다. (3) *Codex.* 528년과 529년에 준비되었고, 534년에 복원되고 증보되고 개선되었으며, 따라서 *Codex repetitae praelectionis* 라 불렸다. 4,648개의 법률들이 765개의 제목하에 연대순으로 배열되어 있다. 여기에 (4) 후대에 작성된 부록(*Novelloe constitutiones*, 혹은 단순히 *Novelloe*<新法>)이 붙었다. 이것은 535년 1월 1일부터 유스티니아누스가 죽은 해인 565년까지 새로 수집한 168개 법령들로서, 대부분 헬라어로 혹은 헬라어와 라틴어로 작성되었다. 이 법전은 유스티니아누스의 신법(新法) 가운데 일부를 제외하고는 유스티니아누스와 트리보니아누스가 읽을 줄 알았던 라틴어로 작성되었다. 그러나 훗날 이 언어가 동방에서 사멸되면서 이 법전은 헬라어로 번역되었으며, 600년에 황제 포카스에 의해서 이 형태

이 로마법 총서(「유스티니아누스 법전」)는 기독교가 국가와 어떤 관계를 맺었고 국가에 어떤 영향을 끼쳤는지를 보여주는 중요한 자료이다.[36] 물론 그것이 상당 부분 이교 로마의 유산인 것이 사실이다. 그러나 콘스탄티누스 시대부터 게르만족의 다양한 요소들이 끼어들고, 모세 율법의 영향을 받고, 가장 우수한 대목들에서는 기독교 정신의 영향을 받고, 제국의 성격이 동양적인 변화를 겪음으로써 「유스티니아누스 법전」도 본질적인 수정을 받았다. 이 법전은 교회를 신적 권위를 지닌 합법 기관으로 충분히 승인하며, 법전의 여러 조항들이 주교들의 직접적인 주문에 의해서 제정되었다. 마찬가지로 영국과 미국의 전통적 법률인 '불문법'(Common Law)은 비록 앵글로색슨 시대부터 유래했고 따라서 이교 게르만 왕국에서 유래하긴 했지만, 기독교와 교회의 영향을 받아 무르익었으며, 기독교와 교회로부터 받은 영향을 로마 법전보다 훨씬 더 농후하게 드러낸다. 인간의 개인적 권리와 자유를 다루는 조항들의 경우는 특히 더 그러하다.

19. 여성과 가정의 지위 상승

기독교가 그리스 · 로마 제국의 법률에 끼친 유익한 영향은 특히 다음과 같은 점들에서 묻어난다.

1. 여성에 관한 법. 기독교는 이교 세계에서 사실상 노예 신분에 전락해 있던 여성의 지위를 처음부터 조용하게 끌어올렸다.[37] 초창기부터 이교도들에게도 큰

로 재가되었다. 876년에 황제 바실리우스(마케도니아인)는 헬라어 요약본을 작성하도록 했는데, 비잔틴 제국에서는 이 법전이 *Basilicae*라는 제목으로 점차 유스티니아누스의 책을 대체했다. *Pandects*는 폐기되는 처지를 간신히 모면했다. 서방의 편집본들과 사본들 대부분(기번은 전부라고 말하지만 그렇지 않다)은 플로렌티누스 사본을 토대로 작성된 것들로서, 이 사본은 7세기 초에 콘스탄티노플에서 필사(筆寫)되었고, 훗날 전쟁과 교역에 의해서 아말피로 옮겨졌다가 피사로, 다시 1411년에는 피렌체로 옮겨졌다.

36) 이 총서는 로마 가톨릭 교회법인 *Corpus juris canonici*와 구분하여 *Corpus juris Romani* 혹은 *C. juris civilis*라 불렀다. 제국의 법이 황제들의 칙답들과 칙령들을 토대로 삼고 있듯이, 교회법은 고대 공의회들의 교회법들을 주로 토대로 삼고 있다.

존경을 받은 노나(Nonna), 안투사(Anthusa), 모니카(Monica) 같은 덕망 높은 여성들을 배출했다. 비록 훗날 게르만족의 치하에서는 중단되긴 했으나, 기독교 황제들은 여성의 인권을 신장하는 이 작업을 꾸준히 추진했다. 321년에 콘스탄티누스는 토지를 매각하는 경우를 제외하고는 여성들에게 남성들과 똑같은 재산 관리권을 부여했다. 동시에 여성들이 수줍음을 타는 것을 고려하여 법정에 직접 소환하는 행위를 금지했다. 390년에 테오도시우스 1세는 그때까지 남성들에게만 부여되었던 후견인 자격을 최초로 어머니들에게도 부여했다. 439년에 테오도시우스 2세는 여성들을 매춘에 끌어들여 벌어먹고 살면서 국가에 상당한 액수의 면허세를 지불하던 포주(leno, lenones)라는 수치스러운 직업을 금지했으나 불행하게도 이렇다 할 성과를 거두지 못했다.[38] 여성들이 남성들의 야수와 같은 욕정에 희생되지 않도록 다양한 방법으로 보호를 받았다. 콘스탄티누스 때부터는 하나님께 일생을 바친 처녀들과 과부들을 겁탈하는 자들을 사형으로 처벌할 수 있었다.[39]

2. 결혼에 관한 법. 콘스탄티누스는 독신과 무자(無子)를 범법으로 간주하던 고대 로마의 관행을 폐지하고 결혼 생활에 상당한 자유를 부여했다.[40] 반면에 일정한 촌수 내의 결혼을 금지하는 구약의 율법이 도입되면서 오히려 결혼의 범위가 중벌로써 축소되었다. 심지어는 사촌지간에는 3대까지 결혼할 수 없었다.[41] 유스티니아누스는 대부모(代父母)와 대자녀의 관계도 영적 친족 관계로 규정하여 그들 사이의 결혼을 금했다. 그러나 이러한 법들은, 아우구스투스 시대 이래로 아무런 제약 없이 시행되어 공공 도덕을 신속하고도 크게 타락시킨 자유로운 이혼을 규제함으로써 이제는 결혼의 존엄성과 신성성이 중시되는 매우 긍정적인 결과를 끼쳤다. 하지만 그리스도의 말씀대로 배우자들 가운데 한 쪽의 불륜만으로도 충분한 이혼 사유가 된다고 가르친 교부들의 엄격한 견해는 제국에서 시행될 수 없었다.[42] 황제들이 이 분야에서 제정한 법률들은 로마의 자유분방한 관행과

---

37) 이 주제과 이교도의 가정 생활에 관해서는 제1권 § 91을 참조하라.

38) *Cod. Theod.* lib. xv. tit. 8: de lenonibus.

39) *C. Theod.* ix. 24.

40) *C. Theod.* viiii. 16, 1. 비교. Euseb. *Vit. Const.* iv. 26.

41) *C. Theod.* iii. 12. de incestis nuptiis.

42) *C. Theod.* iii. 16: de repudiis.

교회의 교리 사이에서 오락가락했다. 심지어 5세기에 이르러서도 사람들이 마치 외투 바꿔 입듯 아내를 갈아치우고, 신방(新房)이 장터에 진열된 신발처럼 돈 받고 공개되는 현실을 개탄하는 기독교 저자의 글을 대하게 된다. 유스티니아누스는 공법을 교회가 바라는 수준까지 끌어올리고 싶어했으나 현실을 감안하여 완화하지 않을 수 없었으며, 그의 계승자도 합의 이혼을 허용했다.[43]

첩을 거느리는 관행은 콘스탄티누스 때부터 금지되었으며, 간음은 대죄의 하나로 처벌되었다.[44] 하지만 현실적으로는 이 분야에서도 이교의 관습이 완강히 버티고 선 경우가 간간이 있었으며, 심지어 계약과 지참금 혹은 교회의 승인이 없이 상호 합의로만 이루어진 경솔한 결혼에 대해서조차 법률이 오랫동안 관용한 듯하다.[45] 교회의 엄숙한 승인을 국가가 합법적 결혼의 조건으로 요구한 것은 8세기 이후의 일이다. 재혼이나 이교도들과 이단들과의 결혼도 교회의 엄격한 교사들이 절대로 해서는 안 될 일로 가르쳤는데도 불구하고 계속해서 용인되었다. 다만 유대인들과의 결혼에 대해서만 그들이 그리스도인들에 대해서 품고 있는 광적인 미움을 고려하여 금지했다.[46]

3. 아버지가 자녀에 대해 지니는 권한에 관한 법. 고대 로마법은 아버지의 권한을

---

43) Gibbon: "결혼의 존엄성은 그리스도인들에 의해서 회복되었다 …… 기독교 군주들이 최초로 이혼의 정당한 이유들을 구체적으로 명시했다. 콘스탄티누스부터 유스티니아누스에 이르기까지 그들이 수립한 제조들은 제국의 관습과 교회의 의지 중간에서 흔들리는 듯하며, 신법(新法, the Novels)의 저자도 *Code*와 *Pandects*의 법 체계를 지나치게 자주 개혁하는 듯하다 …… 유스티니아누스의 계승자는 불만에 찬 신민들의 청원에 굴복하여 합의 이혼의 자유를 허용했다."

44) "facinus atrocissimum, scelus immane"이라 불리는 326년의 법에 규정됨. *Cod. Theod.* 1. ix. tit. 7, l. 1 sq. 간음에 대한 정의도 이제는 광범위해졌다. 고대 로마법에 따르면 남성의 경우 간음이 자유 시민의 기혼 부인과 저지른 불륜에 국한되었고, 그 행위 자체로는 처벌 대상이 되지 않고 다만 그 행위가 다른 남편의 권리를 침해한 이유로만 처벌될 수 있다고 간주되었다. 하지만 기독교 황제들 치하의 법도 노예 여성과의 신체 접촉을 간음의 대상에서 제외했다. 따라서 국가가 이 점에서도 교회의 요구에 이르지 못했으며, 오늘날까지도 노예제도가 존재하는 여러 나라들의 경우에는 상황이 다르지 않다.

45) 심지어 398년의 톨레도 공의회는 이 관행을 법령(제17조)으로 용인했다.

46) *Cod. Theod.* iii. 7, 2; *C. Justin.* i. 9, 6. 수녀에게 청혼했다가는 사형을 당했다.

자녀의 자유와 생명을 좌우하는 범위까지 확대했다. 알렉산더 세베루스는 군주 중심의 정신에 영향을 받아 사적 재판권을 인정하지 않음으로써 아버지의 권한에 제한을 가했으며, 콘스탄티누스는 더 큰 제약을 가했다. 이 황제는 폼페이우스의 법이 무죄로 규정했던 아버지의 자식 살해를 대죄의 하나로 규정했다.[47] 그러나 자녀를 노예로 내다 파는 잔인하고 패륜적인 관행은 특히 노동자와 농민 계층에서 한동안 계속되었다. 아무리 발렌티니아누스와 테오도시우스 1세가 간접적인 조치들을 취해 그 관행을 막으려 했어도 그것을 뿌리뽑지 못했다. 391년에 테오도시우스는 아버지가 가난에 못이겨 노예로 팔아넘긴 어린이들을 해방시킬 것과, 그런 어린이들을 노예로 사들인 사람들에게 아무런 배상도 하지 말 것을 명령했다. 그리고 529년에 유스티니아누스는 노예로 팔린 모든 어린이들을 예외 없이 해방시키도록 명령했다.[48]

20. 사회 개혁. 노예제도

4. 노예제도는 제국 전역에 남아 있었으며,[49] 유스티니아누스의 법도 그것을 합법적 제도로 인정했다.[50] 유스티니아누스 법전은 인류를 자유민들과 노예들로 크게 구분하는 데 토대를 둔다. 물론 이 법전은 인간들의 생득적 형평성을 주장하며, 그 점에서는 특정 인종들과 계층들이 신체적·지적 열등성 때문에 영원한 노예 상태를 면할 수 없다고 간주하는 아리스토텔레스의 이론보다 월등 솟아오른다. 그럼에도 불구하고 여러 가지 방식으로 이러한 양보를 사실상 무색하게

---

47) 주후 318년. 발렌티니아누스도 374년에 같은 내용의 법을 공포했다.

48) *Cod. Theod.* iii. 3, 1; *Cod. Just.* iv. 43, 1; viii. 52, 3. Gibbon은 이렇게 말한다: "로마 제국은 유아들의 피로 얼룩졌다. 발렌티니아누스와 그의 동료들에 의해서 그러한 살인 행위들이 코르넬리우스 법의 문서와 정신에 명백히 범죄 행위로 규정될 때까지는 계속해서 그랬다. 법학과 기독교의 교훈들만으로는 이러한 비인간적 관행을 뿌리 뽑기에 충분하지 못했으며, 법학과 기독교의 온순한 영향이 사형의 위협으로 강화될 때에야 비로소 그 관행이 뿌리뽑혔다."

49) 참조. 제1권, § 89, 필자의 *Hist. of the Apost.* § 113.

50) *Instit.* lib. i. tit. 5-8; *Digest.* 1. i. tit. 5 and 6, etc.

만든다. 이를테면 노예의 법적·사회적 열등성을 확고히 강조했고, 노예에게 간음으로부터 보호를 받을 수 있는 법적 권위를 인정하지 않았고, 노예가 결혼해도 첩으로밖에 인정하지 않았고, 노예에게 자녀들에 대한 권한을 박탈했으며, 노예를 가축과 다름 없는 상품으로 간주하여 그를 사고 파는 행위를 다른 상품 매매와 마찬가지로 유효한 법적 거래로 인정했다. 노예들을 나이와 체력과 훈련 정도에 따라서 금 열 조각부터 일흔 조각까지로 사고 파는 것이 매일 이루어지는 일이었다.[51] 노예의 수는 제한되지 않았다. 심지어 2-3천의 노예를 소유하는 주인들도 적지 않았다

야만족의 법전들도 이 점에서는 본질적으로 로마법과 다르지 않다. 그들의 법전들도 노예제도를 인류의 일상적인 조건으로 인정하고, 노예를 사고 팔 수 있는 상품으로 간주한다. 모든 전쟁 포로들이 노예가 되었으며, 그로써 수많은 인명이 무차별 학살과 멸절을 면했다. 스틸리코(Stilicho)가 라다가이수스(Rhadagaisus)에게 승리를 거두었을 때 200,000명의 고트족과 그 밖의 게르만 부족을 노예 시장에 내다 팔았으며, 그로써 노예 가격을 금 25조각에서 1조각으로 떨어뜨렸다. 남자 노예들을 납치하여 팔아넘기는 것이 유럽의 연안 지역에서 이루어지던 해적질의 일부분이었다. 대 그레고리우스 시대에 로마에서는 앵글로색슨족 노예들이 공짜로 팔렸다. 야만족 법전들은 유스티니아누스 법전 못지않게 자유민이 노예와 교제를 나누는 것을 엄격히 금했으나, 노예들간의 결혼의 합법성과 종교적 신성성을 인정하는 점에서 유스티니아누스 법전을 능가했다. 롬바르드족의 법전은 성경의 권위를 근거로 "하나님이 짝지어 주신 것을 사람이 나누지 못할지니라"고 규정했다.

노예들을 자유 시민들과 구분하고, 보편적 인권으로부터 차단하는 장벽이 고대 교회에 의해서 크게 약해진 것은 사실이지만 무너지지는 않았다. 고대 교회는 다만 인간들의 도덕적·종교적 형평성만을 가르쳤을 뿐이다. 심지어 주교들과 제국의 고위 성직자들 사이에서도 노예 주인들을 발견하게 된다. 로마에서는

---

51) 하지만 노예의 법정 가격은 대개 시장 가격에 못 미쳤으며, 유스티니아누스 때에는 다음과 같이 정해졌다(Cod. 1. vi. tit. xliii. 1. 3): 열 살 이하의 일반 남자나 여자 노예는 금 열 조각; 열 살 이상의 노예는 금 스무 조각; 기술을 가진 노예는 금 삼십 조각; 공증인과 필경사는 오십 조각; 의사와 산파는 육십 조각. 내시는 칠십 조각에 달했다.

노예들이 교황의 권속에 속했다. 이 사실을 뜻밖에도 501년에 심마쿠스의 교황 선출이 문제가 되어 열린 로마 교회회의의 법령에서 확인하게 된다. 이 교회회 의에서 심마쿠스의 반대파는 그의 노예들을 증인들로 출석시킬 것을 요구한 반 면에, 그의 지지 세력은 제국의 법이 노예들에게 법정 증언권을 부여하지 않는 다는 이유로 이러한 예외적인 요구에 반대했다.[52] 야만족 사회들도 예외가 아니 어서 교회들이 노예를 소유했으며, 그러한 노예들을 보호하기 위한 특별 규정들 이 마련되었다는 글을 읽게 된다.[53] 콘스탄티누스는 노예와의 통혼을 엄히 금하 고, 노예의 자식은 반드시 노예가 된다는 내용의 법령과 도주 노예들을 제재하 는 법령을 공포했다(319년과 326년). 당시에는 도주 노예들이 큰 무리를 지어 다 니면서 외곽에 자리잡은 속주들을 약탈하거나 적대적인 야만족들과 손을 잡고 서 제국을 공격하기도 했기 때문이었다.

그러나 콘스탄티누스는 노예 해방을 장려했고, 심지어 주일에 노예를 해방하 는 행위를 허용했으며, 다른 사람들과는 달리 성직자들에게는 증인들을 배석시 키고 의식을 갖추지 않아도 단지 말로써 자신들의 노예들을 해방시킬 수 있는 권한을 부여했다.[54] 테오도시우스와 유스티니아누스는 노예 해방을 훨씬 더 적극 장려했다. 유스티니아누스는 노예로 전락시키는 처벌을 금했으며, 해방 노예들 에게 시민의 지위와 권리들을 부여함으로써 과거에 그 계층에 붙어 있던 얼룩을 제거했다. 그가 제정한 법의 정신은 일반인의 노예 소유를 점진적으로 폐지하는 쪽을 지향했다. 비잔틴 제국에서는 대체로 사회 계급들이 비교적 평등한 지위를 유지했다. 하지만 그것은 기독교의 원칙 때문이 아니라 전제적 군주정의 이익 때문이었다. 전제정과 극단적 민주정은 보편적 평등성과 통일성을 지향하는 점 에서 일치하는 법이다. 그 두 사회는 군주의 위엄이나 민중의 의지를 제외한 어 떠한 위압적인 위대함도 용인하지 않는다. 다만 전제적 체제에는 오로지 노예들

---

52) 참조. Hefele: "Conciliengeschichte," ii. p. 620; and Milman: "Latin Christianity," vol. i. p. 419 (Am. ed.). 그는 이 법령을 토대로 "노예들이 교황의 권속을 구성했고, 그들이 법에 의해서 아직까지도 고문을 당할 수 있었으며, 이것이 엔노디우스의 말로 써 분명해진다"고 추론한다.

53) 참조. Milman, l. c. i. 531.

54) 316년과 321년에 그러한 내용의 두 법령을 공포했다; *Corp. Jur.* l. i. tit. 13, l. 1 and 2.

만 있을 뿐인 반면에, 극단적 민주적 체제에는 주인들만 있을 뿐이다.

게다가 당시에는 노예제도가 완전히 폐지되는 것을 요구하거나 바라는 세력이 없었으며, 심지어 교회도 마찬가지였다. 이전 시기에도 그랬듯이, 교회는 여전히 기독교 정신으로 노예들을 친절히 대하라고 가르치고, 노예들에게 주님을 위해서 복종하라고 명령하고, 그들이 신앙 안에서 지닌 더 숭고한 도덕적 자유와 평등을 생각하고서 낮은 지위에서도 만족하라고 위로하며, 노예들을 신앙으로 가르쳐서 그 제도가 폐지되기 위한 내면의 준비를 해나가는 것으로 충분하다고 생각했다. 성급하고 강압적인 조치들은 예외 없이 단호한 반대에 부닥쳤다. 강그라 공의회는 모든 사람에 대해서 신앙을 빙자하여 노예들에게 주인들을 업신여기도록 유혹하는 행위를 출교의 벌로써 금했다. 칼케돈 공의회는 교회법 제4조에서 수도원들에 대해서 주인들의 허락 없이 노예들을 은닉시키는 행위를 출교의 벌로써 금했으며, 그로써 기독교가 불복종을 조장하는 데 앞장서지 않도록 했다.

교부들은 노예제도를 필요악인 동시에 하나님이 내신 징벌의 수단으로 간주했으며, 그 연원을 함과 가나안에게 내려진 저주로 거슬러 올라가 찾았다(참조. 창 9:25). 물론 교부들이 개별적인 노예 해방을 주인이 그리스도인으로서 베푸는 사랑으로 간주하여 권장했지만, 그것을 노예의 권리로 가르치지는 않았다. "자유할 수 있거든 차라리 사용하라"(고전 7:21)는 유명한 구절을 그들은 노예들에게 어떻게 해서든 자유를 얻기 위한 기회를 모색하라고 권고하는 데 사용하지 않고, 정반대로 비록 노예 신분이긴 하나 그리스도 안에서 내면으로는 자유하며, 외적인 조건은 아무런 문제될 것이 없으므로 노예 상태로 그대로 남아 있으라고 권고하는 데 사용했다.

크리소스토무스는 교부들 가운데 노예 해방 이론에 가장 근접한 주장을 했고, 노예제도 문제 전반에 가장 민감한 반응을 보였음에도 불구하고 그조차 이 견해에서 구체적으로 다르지 않다. 그에 따르면, 인류는 원래 온전히 자유롭고 평등하게 창조되었으며, 노예가 없었다고 한다. 그러나 인간이 타락함으로써 스스로를 다스릴 권한을 상실한 채 삼중의 예속에 떨어졌다. 첫째는 여성이 남성에게 예속된 것이고, 둘째는 노예가 주인에게 예속된 것이며, 셋째는 백성이 군주에게 예속된 것이다. 그는 이 세 가지 관계를 하나님의 형벌이자 징계 수단으로 간주했다. 따라서 타락으로 인해서 하나님의 섭리로 생긴 노예제도가 상대적으로는 정당화되는 동시에 원칙적으로는 단죄된다. 그런데 크리소스토무스에 따르면, 그리스도께서 우리를 악과 그 결과들로부터 구원하셨기 때문에, 노예제도도 원칙적으로는 교회에서 폐지되지만, 죄와 사망이 폐지되었다는 의미에서만 그러하다. 중생한 그리스도인들은 노예들이 아니라 그리스도 안에서 완전히 자유로운 사람들이며, 서로에 대해서 형제들이다. 한 사람이 절대권을 가지고 다른 사람이 그에게 종속되는 관계가 서로 사랑으로 섬기는 관계에 자리를 내준다. 이 견해를 일관성 있게 끌고 나가면 당연히 노예 해방이라는 결론에 도달한다.

물론 크리소스토무스는 그 결론에까지 논의를 끌고가지 않지만, 귀족들이 수백·수천 명의 노예들을 보유하고 있던 현실에서 과도하게 노예를 보유하는 행위를 단호히 단죄하며, 꼭 필요한 도움을 얻기 위해 한두 명의 노예를 보유하는 것으로 충분하다고 생각한다. 잉여 노예들을 해방시킬 것을 권유하며, 해방시킬 경우에는 그들을 잘 교육시켜서 스스로 생계를 유지하고 살 수 있는 길을 마련해 줄 것을 당부한다. 그는 초대 예루살렘 기독교 공동체가 유무상통(有無相通)을 하면서 자신들의 노예들을 모두 해방시켰다는 견해를 피력하며,[55] 그로써 청중에게 그 본을 따르라는 암시를 준다. 그러나 이 교부는 노예들에게 예속을 끊으라고 격려한 흔적은 드러내지 않는다. 오히려 사도의 선례를 따라서 노예들을 향해서 그리스도를 위해서 현실에 만족하고 기쁘게 순종하라고 권고하며, 주인들에게는 인간애와 사랑을 발휘하라고 권고한다. 암브로시우스·아우구스티누스·라벤나의 페트루스 크리솔로구스(458년 죽음)도 같은 견해를 견지했다.

라틴 교회를 가장 숭고하게 대표한 아우구스티누스는 「신국론」(하나님의 도성)이라는 심오한 저서에서 노예제도를 창조시의 인간관과 최후의 사회 상태에서 배제하며, 그것이 죄로 인한 악한 결과이되 하나님의 지시와 통제하에 생긴 것이라고 생각한다. 이는 하나님께서 인간을 이성적인 존재로 지으시고, 인간이 아닌 이성이 없는 것들만 다스리도록 하셨기 때문이라고 말한다. 하지만 인간이 죄를 지음으로써 노예 상태라는 필연적인 짐을 지게 되었다. 그러므로 종[노예]이라는 단어는 노아가 그릇 행한 자기 자식을 저주할 때 사용하기까지는 성경에서 발견되지 않는다. 따라서 그 이름이 붙어야 할 것은 본성이 아니라 죄책이다. 라틴어 세르부스는 세르바레[그보다는 세르비레] 곧 전쟁 포로들을 죽음에서 보존해

---

55) *Homil.* xi. in Acta Apost. (Opera omn., tom. ix. ix. p. 93).

준다는 의미의 단어에서 유래한 것으로 추정되며, 그 자체에 죄에 대한 보응이라는 뜻이 함축되어 있다. 그 이유는 아무리 의로운 전쟁에서라도 한편에는 죄가 있으며, 정복을 당한 쪽은 자신들의 죄를 바로잡거나 처벌하는 신적인 심판에 의해서 겸손하게 되기 때문이다. 다니엘은 동족이 포로로 끌려온 진정한 원인이 그들의 죄에 있다고 보았다. 그러므로 죄는 노예의 어머니이며, 인간이 인간에게 종속되게 만드는 첫 번째 원인이다. 그럴지라도 이 일은 하나님의 심판과 무관하게 발생하지 않는다. 하나님께서는 **불의를** 차마 보지 못하시며, 범법자들의 다양한 행위에 각각 어떻게 보응할 줄을 아시기 때문이다 …… 사도는 종들에게 권하기를 상전들에게 복종하고 선의로써(ex animo) 섬기라고 한다. 그렇게 하는 목적은 속히 상전들한테서 풀려날 수 없을지라도 두려워 눈가림으로만 상전들을 섬기지 않고 신실한 사랑으로 섬기고, 그로써 죄악을 이기고, 모든 인간의 주권과 권한이 아무것도 아니고 오직 하나님께서 만유 안에 만유이심을 드러냄으로써 종의 신분을 오히려 자유의 기회로 삼기 위함이다.[56]

예상할 수 있듯이, 노예들을 소유하고 있던 황제들과 부자들 그리고 귀족들이 회심한 뒤에는 노예들을 해방시키는 사례들이 더욱 빈번해졌다.[57] 유스티니아누스와 동시대인인 자선사업가 성 삼손(St. Samson, Xenodochos)의 전기작가는 그에 관해서 이렇게 말한다: "그는 자신의 허다한 노예들을 더 이상 거느리고 싶지 않았고, 그리스도 안에서 함께 종이 된 그들을 고압적으로 대할 마음은 더욱 들지 않았다. 오히려 관대하게 그들을 자유롭게 떠나보내기를 원했고, 자립해서 살 수 있을 만한 자금을 그들에게 주었다."[58] 5세기의 갈리아 장로 살비아누스는 노예들이 날마다 해방되었다고 말한다.[59] 다른 한편으로 교회도 내부적으로 노예의 수가 증가하는 것을 막기 위해 많은 노력을 기울였다. 특히 포로로 잡혀온 사람들을 속량(贖良)하기 위해서 때로는 교회들에 있는 금ㆍ은 기구들을 팔기도 했다. 그러나 6세기 말에 자유인들과 노예들의 비율이 이전 시기와 비교하여 대략

---

56) *De Civit. Dei*, lib. xix. cap. 15.

57) 이전의 사례들에 대해서는 앞 시기 후반을 다룬 제1권 § 89 말미를 참조하라.

58) *Acta Sanct. Boll. Jun.* tom. v. p. 267. 팔라디우스(*Hist.* c. 119)에 따르면 성 멜라니아는 남편 피니우스와 뜻을 같이하여 8천 명이나 되는 노예들을 해방시켰다고 한다. 하지만 이것은 도저히 믿기지 않는 수를 전하는 고대 라틴어 번역일 뿐이다.

59) *Ad eccles.* cath. 1. iii. § 7.

어떻게 변했는지 추산할 만한 신뢰할 만한 자료가 남아 있지 않다.

이상의 내용을 종합해서 추론하건대, 니케아 시대와 니케아 이전 시대의 기독교는 비록 보수적인 태도를 견지하여 사회 개혁과 폭력에 의한 개혁에 반대하긴 했지만, 내면의 본능과 궁극적인 경향은 인간의 보편적 자유를 지지했고, 노예를 상전과 영적으로 평등한 지위로 끌어올리고, 노예도 상전 못지않은 덕과 복과 상을 받을 수 있는 존재로 대함으로써 인간을 예속하는 혐오스러운 제도를 점진적인 완화와 궁극적 소멸의 길에 들어서게 했다. 하지만 유럽에서 노예제도가 소멸되기까지는 그 후로 여러 세기가 흘러야 했다. 게다가 훗날 노예제도가 폐지된 것도 교회만의 영향에 의해서 이루어진 결과가 아니라, 다양한 경제적 · 정치적 원인들, 특히 북부 지역에서 노예제도가 더 이상 이익을 끼치지 못하게 된 상황, 야만족들의 정복으로 형성된 새로운 관계들, 로마 제국에 정착한 튜턴족의 습관, 농경 노예가 토지에 귀속된 상황, 노예가 농노로 바뀌어 토지로부터 떼어놓을 수 없게 된 상황, 따라서 노예가 상전의 독단과 전횡에서 어느 정도 벗어나게 된 상황이 함께 어우러져 이루어진 결과이다.

5. 이교 시대에는 크게 방치되었던 가난하고 불행한 사람들, 특히 과부들과 고아들, 죄수들과 병자들이 제국의 입법가들에게 주목을 받게 되었다. 315년에 콘스탄티누스는 죄수들의 이마에 낙인을 찍는 행위를 금지하면서, "인간의 얼굴은 천상의 아름다움에 따라 조성된 것이므로 훼손해서는 안 된다"고 말했다.[60] 그는 죄수들이 재판을 받기 전에 비인간적으로 학대를 당하지 못하도록 조치를 취했다.[61] 부모들이 자녀들을 유기하면서 내세우는 온갖 구실들을 없애기 위해서 그럴 만한 부모들에게 자신의 사비와 국가 재정을 들여 식량과 의복을 공급했다. 마찬가지로 특히 331년의 법률에 의해서 가난한 자들이 판사들과 변호사들과 세리들에게 매수와 수탈을 당하지 않도록 보호했다.[62] 334년에는 과부들과 고아들, 병자들과 빈민들에게 해당 속주 밖의 법정에 강제 소환하지 못하도록 명령했다. 365년에 발렌티니아누스는 과부들과 고아들을 인두세 부과 대상에서 제외했다.[63] 그는

---

60) *Cod Theod.* ix. 40, 1 and 2.

61) *C. Theod.* ix. tit. 3, de custodia reorum.

62) *Cod. Theod.* I. tit. 7, l. 1.

63) *Cod. Theod.* xiii. 10, 1 and 4. 과부들을 위해서 입법된 다른 법들은 *Cod. Just.* iii. 14; ix. 24에 수록되어 있다.

364년에는 빈민들을 관장할 책임을 주교들에게 위임했다. 호노리우스도 409년에 같은 조치를 취했다. 앞에서 언급했듯이, 유스티니아누스는 529년에 주교들에게 국립 감옥들을 감독할 권한을 주었으며, 수요일과 금요일마다 감옥을 방문하여 죄수들에게 신앙의 진실함과 위로를 인식시켜 주도록 했다. 그는 채권자들의 고리대금과 비인간적 착취를 금지하는 법을 공포했으며, 자선 및 종교 재단들이 수입을 설립 의도와 달리 전용하는 것을 엄격히 금하는 법을 공포했다. 여러 황제들과 황후들이 교회의 기구들을 통해서 빈민들과 병자들, 나그네들과 과부들, 고아들을 특별히 보호했으며, 그들에게 세금을 면제해 주고 황실 재정으로 그들을 지원했다.[64] 그럴지라도 오늘날과 마찬가지로 당시에도 구제 사업을 주도한 것은 개인들의 자발적인 사랑이었으며, 국가는 독자적이고 독창적으로 구제 사업을 주도해 가기보다 개인들의 활동을 재가하고 후원하는 선에서 거리를 두고 따라갔다.

21. 검투 경기 폐지

6. 마지막으로, 기독교의 인도적 사랑이 이교의 야만주의와 포악을 가장 위대하고 아름답게 제압한 사건의 하나는 검투 경기를 폐지시킨 일로서, 검투 경기에 대해서는 이미 2세기의 변증가들이 대단히 진지하게 항의한 바 있다.[65]

주로 죄수들과 전쟁 포로들, 야만족들이 수백·수천 명의 규모를 이룬 채 서로 죽이거나 맹수들과 싸움으로써 관중들에게 오락을 제공한 이 유혈 경기들은 이 책이 다루는 시기의 초반까지도 왕성하게 거행되고 있었다. 이 분야에서 이교 문화는 무능력을 드러낸다. 이교 문화의 시각에서는 야만족의 생명이 로마인들을 위한 잔인한 오락을 제공하는 것 외에 다른 용도가 없었다. 로마인들은 국경 지대에서 벌어지는 피비린내 나는 전투를 동네에서 편안하게 구경하고 싶어 했다. 심지어 인간애가 있었다고 하는 심마쿠스조차 집정관으로 재직하는 동안 (391년) 이런 종류의 오락을 제공했으며, 29명의 색슨족 포로들이 이러한 공개적

---

64) *Cod. Theod.* xi. 16, xiii. 1; *Cod. Just.* i. 3; *Nov.* 131.
65) 참조. 제1권 § 88.

인 수치를 면하기 위해서 집단 자결했다는 소식을 듣고서 격분했다.[66] 베스타 신전의 여사제들이 존재하는 동안에는, 원형극장에 대기해 있던 검투사들을 싸우도록 독려하고, 패한 검투사를 죽이도록 신호를 보내는 것이 그들의 몫이었다.[67]

이러한 경기들이 일으키는 피에 대한 갈증이 아우구스티누스의 「고백록」에 잘 소개된다.[68] 훗날 타가스테의 주교가 된 그의 친구 알리피우스는 385년에 몇몇 친구들의 권유로 로마의 원형경기장에 가긴 했으나 눈을 꼭 감고 잔인한 광경을 바라보지 않겠다고 단단히 마음을 먹었다. 그런데 아우구스티누스는 이렇게 말한다. "그들이 원형경기장에 도착하여 지정된 좌석에 가서 앉았을 때는 이미 사방이 피에 대한 갈증으로 들끓고 있었다. 그러나 알리피우스는 눈을 감은 채 자기 영혼을 이 죄에 내놓지 않았다. 만약 그가 귀마저 틀어막았다면 얼마나 좋았을까! 검투사가 대결에서 패하여 쓰러지자 경기장이 떠나갈 듯한 함성이 들렸다. 그는 호기심을 이기지 못한 채 눈을 뜨고 말았다. 물론 어떤 광경을 보더라도 무시하고 씻어내겠다고 마음을 먹은 채 말이다. 그러나 그는 검투사가 육신에 당한 것보다도 더 심한 타격을 자기 영혼에 받은 채 검투사보다 더 불쌍하게 넘어졌다 …… 이는 그가 피를 본 순간 그 강렬한 흡인력에 매료되어 그 광경에 깊이 빠져들었고, 자기도 모른 채 분노와 복수심에 사로잡혔고, 살인 게임에 몰두하게 되었으며, 피의 향연에 잔뜩 취하게 되었기 때문이다 …… 그는 주시하고 고함치고 흥분하다가 자기를 그곳으로 데려간 사람들과 함께 돌아갔는데, 잔뜩 격앙된 채 그들보다 먼저 자리에서 일어나서 그들을 데리고 돌아갔다."

기독교는 마침내 원형극장을 폐쇄하는 데 성공을 거두었다. 재위 초반만 해도 이 문제에 관해 대중의 관습을 존중하고, 전쟁 포로로 잡아온 허다한 야만족들을 트레브의 원형극장에 세워 죽게 하여 이교 웅변가에게 극찬을 받았던 콘스탄티누스는 니케아 공의회가 열리던 325년에 유혈 경기를 금지하는 최초의 법령을 공포했다. 제국이 평화를 얻은 시기에 그런 행사가 기쁨을 줄 수 없다는 것이 그 이유였다.[69] 그러나 페니키아 장관들에게 보낸 이 칙령이 동방에서조차 항구적

---

66) Symm. l. ii. *Ep.* 46. 비교. vii. 4.

67) Prudentius Adv. Symmach. ii. 1095.

68) *Lib.* vi. c. 8.

69) *Cod. Theod.* x v. tit. 12, l. 1, de gladiatoribus.

인 영향을 끼치지 못했다. 다만 콘스탄티노플은 예외여서 그 도시에서는 다시는 검투사들의 피가 흐르지 않았다. 시리아와 특히 서방, 그 중에서도 로마에서는 워낙 뿌리가 깊은 그 관습이 5세기까지 지속되었다.

호노리우스(395-423)는 초기에는 이 관습을 뿌리뽑는다는 게 불가능하다고 판단했으나 결국 404년경에 검투 경기를 폐지했다. 그렇게 할 수 있도록 계기를 제공한 사건이 있었는데, 그것은 텔레마쿠스라는 동방 수사가 보여준 영웅적인 지기 부인 행위였다. 로마를 방문하게 된 그 수사는 이 비인간적이고 야만적인 행사를 보고서 격분하여 원형경기장으로 뛰어들어갔고, 맞붙어 싸우던 검투사들을 떼어놓았으며, 그런 뒤 흥분한 관중들에 의해서 사지가 찢겨 죽었다. 인간성을 위해 순교를 한 셈이었다.[70] 하지만 이 사건은 사람들간의 유혈 대결만 종식시켰을 뿐이다. 크리소스토무스와 아우구스티누스, 살비아누스 같은 기독교 지도자들의 깊은 탄식에서 잘 드러나듯이, 이후에도 피를 흘리지 않는 다양한 경기들이 심지어 교회의 주요 절기들과 야만족들에게 침입을 받는 상황에서도 예전과 조금도 다름없는 규모와 열기로 거행되었다. 심지어 다소 인명의 손실이 발생하는 맹수들과의 대결도 계속되었으며, 스페인과 남아메리카에서는 오늘날까지 거행됨으로써 기독교의 이름에 먹칠을 하고 있다.[71]

22. 교회와 국가의 연합이 끼친 해악. 교회의 세속화

---

70) 테오도레투스가 그를 인간성의 순교자라고 부른다. *Hist. eccl.* l. v. c. 26. 검투 경기에 관한 호노리우스의 법은 현존하지 않는다. 그럴지라도 그 뒤부터는 인간들끼리의 검투 경기에 관한 언급이 나오지 않는다.

71) 469년에 작성된 레오의 법(*Cod. Justin.* iii. tit. 12, l. 11에 수록됨)에는 scena theatralis와 circense theatrum뿐 아니라 lacrymosa spectacula까지도 계속되는 것으로 언급된다. 마찬가지로 5세기에 살비아누스도 (*De gubern. Dei*, l. vi. p. 51에서) 당대 사람들이 인간과 맹수의 유혈 대결을 좋아한다고 비판한다. 7세기라는 늦은 시기에조차 동방에서는 트룰로 공의회의 금령이 요구되었다. 서방에서는 테오도릭이 맹수와의 대결을 군대 퍼레이드로 대체한 듯하며, 거기서 중세의 마상대회가 유래했다. 그럴지라도 이러한 경기들이 완전히 자취를 감춘적은 없었고, 유럽 남부 특히 스페인에서 투우 경기의 형태로 오늘날까지 남아 있다.

이제는 교회와 국가의 연합으로 조성된 어두운 면을 살펴보자. 이제 살펴볼 내용은 콘스탄티누스 시대 이후에 교회와 국가의 관계가 변형되면서 생긴, 그리고 현대에 이르기까지 유럽 교회의 상황에서 끊임없이 모습을 드러내온 해악들이다.

이러한 해악들은 '교회의 세속화'라는 일반적인 표현으로 요약할 수 있다. 교회는 로마 제국의 거의 모든 인구를 받아들임으로써 그야말로 대중의 교회, 민중의 교회가 되었으나, 동시에 다소 세상의 교회가 되기도 했다. 기독교가 유행처럼 번졌다. 위선자들과 형식적인 신자들의 수가 급속히 증가했다.[72] 엄격한 권징과 열정, 자기 희생, 형제 사랑이 급속히 위축되었다. 그리고 수많은 이교적 관습들과 관행들이 이름만 바꾼 채 예배와 그리스도인의 삶에 끼어들었다. 로마 제국은 우상 숭배의 영향하에 서서히 커왔기 때문에 일거에 마술적으로 변화될 수 없었다. 그러므로 세속화 과정과 이교화 경향이 나란히 맞물려 진행되었다.

그럴지라도 기독교의 순수한 정신은 이런 상황에 의해서 오염되지 않았다. 오히려 가장 암울한 시절에도 신실하고 충직한 고백자들을 배출했고, 때때로 새로운 속주들을 정복했고, 세속화와 이교화의 영향, 그리고 내부의 부패에 맞서서 수도원주의의 형태로 국교회의 내부와 외부에서 끊임없이 대응했으며, 노나·안투스·모니카 같은 모범적인 그리스도인 어머니들과 안토니우스·파코미우스·베네딕투스 같은 특출한 사막의 성인들을 배출했다. 새로운 원수들과 위험들 앞에서 새로운 의무들과 덕들이 이전보다 더욱 광범위하고 본격적으로 수행되고 발휘되었다. 또 한 가지 잊어서는 안 될 점은 세속화 경향이 비단 콘스탄티누스와 국가의 영향 탓만이 아니었다는 것이다. 그것은 인간의 부패한 마음에 더 깊은 원인을 두고 있었으며, 사실상 오래 전에 이교 황제들이 다스리던 시대부터, 특히 박해 사이에 간간이 평온이 깃들 때 그리스도인답게 살려는 열정과 진지함이 위축되고 세속 정신에 젖어들 때부터 이미 그 모습을 드러냈었다.

그러므로 콘스탄티누스 이전과 이후의 차이는 참 기독교가 단절되고 거짓 기독교가 시작되었다는 데 있지 않고, 거짓 기독교가 참 기독교를 압도했다는 데

---

72) 예를 들어 아우구스티누스는 *Tract. in Joann.* xxv. c. 10에서 교회가 예수 자체를 좇지 않고 예수를 통해서 세상적 이익을 얻으려고 하는 사람들로 날마다 북적대는 현실을 개탄한다. 비교. 에우세비우스의 비슷한 개탄. *Vita. Const.* l. iv. c. 54.

있다. 교회의 사역지가 크게 넓어지긴 했으나, 거기에는 옥토도 많았던 반면에 황량하고 잡초가 무성한 돌밭이 훨씬 더 많았다. 교회와 세상, 거듭난 자들과 거듭나지 않은 자들, 이름만 걸어놓은 그리스도인들과 마음으로 순종하는 그리스도인들 사이에 그어져 있던 선이 다소 지워졌으며, 과거에 두 집단 사이에 자리잡고 있던 적대감이 세례와 신앙고백이라는 외적인 형식 안에서 뒤섞였다. 이로써 빛과 어둠, 진리와 거짓, 그리스도와 적그리스도의 대립과 투쟁이 기독교의 품 안에 들어와 전개되었다.

23. 세속성과 사치

교회의 세속화는 초기 그리스도인들의 가난하고 소박하던 생활과 사뭇 다른 물질 숭배와 사치의 만연에서 극명하게 나타났다. 제국 말기의 로마 사회는 귀족 위주로 치우치면서 겸양과 교양이 자취를 감추고 겉치장과 감각적 과소비에 병적으로 빠져들었다. 귀족들은 대리석 궁전과 목욕탕과 노예들과 호화로운 마차를 얼마나 많이 보유했는가에 따라서 서로를 평가했으며, 귀부인들은 세속적 혹은 종교적 상징들로 장식한 비단과 금 의복과, 순도 높은 금목걸이, 팔찌, 반지 따위에 탐닉하고, 교회에 갈 때도 극장에 갈 때와 똑같이 화려하게 차려입었다. 크리소스토무스는 안디옥의 귀족에게 다음과 같은 글을 보냈다: "당신은 많은 부동산과 수십 군데나 되는 궁전, 수많은 목욕탕, 수천수만 명의 노예, 은과 금으로 장식한 마차들을 가지고 있습니다."[73]

381년에 제2차 콘스탄티노플 에큐메니컬 공의회의 의장을 지낸 나지안주스의 그레고리우스는 사치에 찌든 당시의 타락한 문화를 수사학적으로 다소 과장되게, 하지만 현실을 상당히 반영하여 소개한다: "우리는 남들이 두려워 감히 손도 대지 못하는, 화려한 천이 깔린 높고 사치스러운 자리에 거드름을 빼고 앉으며, 혹시 가난한 사람이 와서 아쉬운 소리를 하면 몹시 귀찮아 합니다. 우리는 실내를 꽃향기로, 심지어 희귀한 꽃들의 향기로 가득 채우지 않으면 성이 차지 않습니다. 식탁에 지극히 향기롭고 값진 기름을 항상 발라두어 안락하고 쾌적하게

---

73) *Orat.* xiv.

해두어야 만족합니다. 노예들을 일사불란하게 통제하여 항상 대기시켜 둡니다. 그들에게 좋은 옷을 입혀 잘 꾸미게 하고, 머리카락을 처녀처럼 길러 나풀거리게 하고, 면도를 말끔하게 하여 음란한 눈을 넉넉히 만족시킬 만큼 꾸미게 합니다. 노예들이 더러는 손가락 끝으로 우아하게 잔을 들고 대기하고 있고, 더러는 머리맡에서 부채질을 합니다. 우리의 식탁은 언제나 진수성찬으로 다리가 휘어야 하며, 자연과 공기와 물과 땅에서 거두는 청정 식품들이 그득하여서, 요리사들과 빵굽는 자가 내놓는 가공적인 식품들은 보관해 둘 곳이 없을 정도가 되어야 성이 찹니다 …… 가난한 사람들은 물로 만족합니다. 그러나 우리는 술을 곁에 넉넉히 두고는 취하도록 마십니다. 한 잔으로 만족하지 않고, 두 잔째는 향을 맡아보고서 좋은 술이라고 추켜세우며, 셋째 잔을 마시고는 철학을 논합니다. 혹시 왕처럼 국내산 술에 외국산 술을 곁들여 내오지 못하면 초라하게 생각합니다." 반세기 뒤에 갈리아의 장로 살비아누스는 로마 제국에 사는 그리스도인들의 전반적인 도덕상을 더욱 개탄스럽게 묘사한다.[74]

물론 이렇게 타락상을 진지하게 비판하고, 수도원주의과 금욕주의에 입각하여 세상을 경멸하는 분위기가 널리 팽배했다는 사실은 그만큼 우수한 정신이 존재했음을 반증한다. 그러나 기독교가 뿌리뽑아야 했던 고삐풀린 탐욕과 방탕과 외설과 극장 출입과 무절제, 한 마디로 온갖 이교적 악들이 여전히 로마 제국과 주민들을 해체의 내리막길로 급속히 끌고 가서, 마침내 거칠지만 단순하고 도덕적으로 활력이 있는 야만족들의 수중에 들어가게 했다. 제국이 무너져내리고 있음을 그리스도인들이 자각하고서 하나님께서 왜 이러한 상황을 허용하시는지 근심스럽게 의문을 품을 때, 그 시대의 예레미야인 살비아누스는 "여러분의 사악함과 여러분이 저지른 죄악들을 생각하고, 과연 여러분이 하나님께 보호를 받을 자격이 있는지 판단하라"고 대답했다.[75] 이름만 기독교이고 본질로는 이교 세계인 그 사회가 도덕적으로 쇄신할 수 있는 길은 멸망이라는 하나님의 심판뿐이었다. 로마 제국에서 준비된 기독교 문화가 정말로 뿌리를 내리고 그 열매를 맺기 위해서는 새롭고 신선한 나라들이 있어야 했다.

---

74) *Adv. avarit.* and *De gubern. Dei,* passim. 비교. § 12의 후반.

75) *De gubern,* l. iv. c. 12, p. 82.

24. 비잔틴 황실 기독교

기독교와 세상의 부자연스러운 혼합은 콘스탄티노플 황실에서 절정에 달했다. 물론 비잔틴 황실이 네로나 도미티아누스의 황실만큼 도덕적으로 타락했던 것은 아니지만, 이교도 황제들 가운데 비교적 건전했던 황제들에 비해서 허세와 방탕이 훨씬 심하여 철저히 동양적인 전제주의로 빠져들어갔다. 리바니우스의 기록에 따르면, 콘스탄티우스의 가문에는 천 명이 넘는 이발사, 천 명의 식당 종업원, 천 명의 요리사, 그 정도 수의 내시들이 있어서 마치 여름날의 날파리들만큼 득실댔다고 한다.[76] 이러한 끝없는 사치가 이교도 황제 율리아누스에 의해서 잠시 제어되었다. 그는 스토아주의적이고 견유학파적인 근엄함을 좋아했으며, 그러한 태도를 과시하기를 즐겼다. 그러나 그의 뒤를 이은 기독교도 황제들은 도로 사치스럽고 방탕한 생활로 돌아갔다. 우상 숭배를 사형의 벌로써 금한 이 황제들은 자신들의 법률과 칙령과 궁전들을 '하나님이 내리신' 것이라고 주장하고, 스스로 땅에 임한 신으로 행세했으며, 어쩌다가 백성들 앞에 모습을 드러낼 때는 믿기지 않을 만큼 큰 의전(儀典)과 허세를 드러냈다.

현대의 어느 역사가의 생생한 표현을 빌자면, "아카디우스는 백성 앞에 군주의 위엄을 드러낼 때 허다한 시종들과 공작들과 호민관들과 관리들과 군 지휘관들을 거느렸으며, 금 장식으로 번쩍이는 말들과 귀금속으로 치장한 방패들과 금으로 도금한 창들을 선보였다. 그들은 황제의 행차를 선언하고, 천한 백성들에게 황제가 지나가도록 물러서라고 명령했다. 황제는 화려한 마차에 서거나 비스듬히 누운 채 이동했고, 그의 둘레에는 금으로 장식한 방패를 들고 금 안장과 고삐를 단 노새들을 탄 수행원들이 호위했고, 마차에는 귀금속이 장식되었으며, 황제 곁에서는 시종들이 금부채로 시원한 바람을 일으켰다. 백성들은 먼 발치에서 눈처럼 흰 방석과 비단 카펫, 그리고 그 위에 화려한 색깔로 수놓아 있는 용들을 바라보았다. 요행히 가까운 거리에서 황제를 지켜볼 수 있게 된 사람들은 그의 귀에 금고리들이 걸려 있고, 팔에는 금팔찌가 둘려 있고, 왕관에는 다채로운 색깔의 보석들이 박혀 있고, 자색 겉옷(왕관과 함께 황제만 입는 옷)의 솔기들에는 귀금속들로 수놓아져 있는 것을 구경했다. 집으로 가다가 황제의 행차를

---

76) *Lib., Epitaph. Julian.*

만나 구경한 백성들은 그 화려하고 성대한 광경에 놀라 입을 다물지 못했다. 황제는 궁전으로 돌아가서는 금을 밟고 다녔다. 배들이 먼 속주들에서 사금을 실어왔으며, 허다한 수행원들이 그것을 촘촘히 뿌려놓았기 때문에 황제가 어지간해서는 맨땅을 밟기 어려웠던 것이다."[77]

비잔틴 황실의 기독교는 음모와 위선과 아첨의 분위기에 휩싸여 있었다. 황실 신학자들과 주교들이 그 높은 지위와 거룩한 직무로 인해서 어느 정도 방어벽 역할을 한 것은 틀림없을지라도, 그들조차 그러한 분위기에서 벗어나지 못했다. 주교들 가운데 한 사람은 재위 30주년을 맞이한 콘스탄티누스에게 하나님께서 그를 온 세상을 다스릴 통치자로 세우셨으며, 저 세상에서는 하나님의 아들과 함께 다스리게 될 것이라고 찬사를 바쳤다! 허영이 심한 황제의 귀에도 이러한 신성모독적인 아첨이 지나치게 들렸던지라, 황제는 주교에게 오히려 자신이 이 세상과 저 세상에서 하나님의 종들 가운데 하나로 쓰일 수 있도록 기도해 달라고 부탁했다.[78]

심지어 교회사가이자 주교였던 에우세비우스조차 다른 곳에서는 권력보다 더 숭고한 복이 무엇인지 잘 말해놓고, 황제 주변의 그리스도인들이 아첨을 일삼는 모습에 개탄하면서도,[79] 콘스탄티누스가 니케아 공의회가 끝난 뒤 자신의 궁전에서 주교들을 초대하여 잔치를 베풀었을 때 그 극진한 호의에 눈이 멀어 황제의 20년 재위를 그리스도께서 세상을 주관하시는 영광스러운 통치의 상징으로 표현했다![80]

그리고 이 주교들은 그 중 많은 수가 디오클레티아누스 때 받은 박해의 흔적을 몸에 지니고 있던 사람들이었다. 시대의 정신이 그만큼 급속히 변한 셈이다. 반면에 암브로시우스가 황제 테오도시우스에게 보인 결연한 태도와 크리소스토무스의 고결한 생애는 황제들의 죄를 꾸짖을 만한 근실함과 용기를 갖춘 기독교 주교들이 전혀 없었던 것이 아니었다는 유쾌한 증거가 된다.

---

77) Milman, *History of Ancient Christianty*, p. 440 (Am. ed.).

78) Euseb, *Vit. Const*, iv. 48.

79) *V. Const.*, iv. 54.

80) *V. Const.*, iii. 15.

25. 정치가 종교에 개입함

교회와 국가가 연합하면서 두 집단이 주도권을 놓고 갈등하고 투쟁하는 길고 지루한 역사가 시작되었다. 국가는 교회를 제국에 종속시키려고 했고, 교회는 국가를 성직위계제도에 종속시키려고 했으며, 두 집단 모두 주님의 말씀이 각자의 권한에 관해 정해 놓으신 한계를 자주 넘어섰다: "가이사의 것은 가이사에게 하나님의 것은 하나님께 바치라 하시니"(눅 20:25). 곤스단티누스 때부터 교회의 역사와 유럽 세계의 역사는 이처럼 서로 워낙 긴밀히 연결되었기 때문에 두 집단 중 어느 하나를 다른 집단과 떼어놓고서는 이해할 수 없게 되었다. 반면에 정치 지도자들은 교회의 가장 높은 교인들이자 후원자들로서 교회의 정치에 간섭할 권리를 주장했으며, 이익을 노리거나 편견에 사로잡힌 채 다양한 방법으로 교회의 대내외 문제들에 개입했다. 다른 한편으로 주교들과 총대주교들은 국가 종교의 가장 높은 권위자들과 관리들로서 온갖 유형의 세속 문제들과 비잔틴 황실의 음모들에 개입했다. 이렇게 서로 뒤섞인 것은 교회와 신앙에 유익을 끼치기보다 해를 더 많이 끼쳤으며, 교회의 자유롭고 자연스러운 발전에 발목을 잡았다.

고대 이교 세계는 종교와 정치, 영적 권력과 세속 권력의 분리에 관해서 아는 바가 없었다. 왜냐하면 종교 자체를 자연적 관점에서 바라보고, 그것을 인간 사회의 가장 지고한 형태인 국가의 목적에 종속시켰기 때문이다. 플루타르크가 말하듯이 이집트의 왕들은 동시에 사제들이기도 했으며, 혹은 왕으로 선출될 때 사제단에 들어갔다. 그리스에서는 민간 행정관이 사제들과 성소들을 감독했다. 로마에서는 누마의 시대 이후에 이 감독권이 원로원 의원에게 위임되었으며, 훗날에는 황제의 직위에 연결되었다. 아우구스투스부터 배교자 율리아누스까지 모든 이교도 황제들은 동시에 대신관(폰티펙스 막시무스) 곧 국교의 수반이자 황제 교황들이었다.[81] 그러한 지위로 사제의 모든 기능을 수행할 수 있었고, 심지어

---

81) 아우구스투스는 A.U.(로마 건국을 원년으로 한 연대 표기법) 742년에 레피두스가 죽은 뒤에 폰티펙스 막시무스의 지위를 취했으며, 그 뒤부터 비록 원로원이 부여하는 형식을 띠긴 했으나, 황제가 되면 으레 그 지위를 갖게 되었다. 과거에는 폰티펙스 막시무스가 민중에 의해서 종신직으로 선출되었고, 세속 일에 관여할 수 없었고, 이탈리아를 떠날 수 없었고, 시체를 만질 수 없었고, 재혼을 주례할 수 없었으며, 과거에 왕

미신 혹은 정책상 필요할 경우에는 제사까지도 드릴 수 있었을 뿐 아니라, 대사제단(열다섯 명 이상의 폰티펙스들)의 수장이기도 했다. 대사제단[대제관단]은 아래로 세 하위 계급의 사제들('에풀로' 들<Epulones, 로마의 축제 때 제사상을 담당한 신관>, '퀸데켐비르' 들<Quindecemviri, 시빌레 곧 여자 예언자의 예언서를 낭독하고 해석하던 15인의 신관>, '아우구르' 들<Augures, 복점관들: 새들의 나는 모양, 먹는 모양, 울음소리 따위로 점을 치던 신관들>)을 통제·감독하고, 신전들과 제단들·제사· 점(占)·축제·행사·시빌레서 해석·달력을 감독했다. 한 마디로 모든 공식적 종교 행사를 관장했으며, 부분적으로는 혼인과 상속 문제까지도 관장했다.

그런데 그라티아누스(380년경)까지 이르는 기독교 황제들이 폰티펙스 막시무스의 칭호와 기장(旗章)을 그대로 유지하고, 제국의 종교로 수립된 기독교에 대해서 전임 황제들이 이교에 대해 지녔던 것과 동일한 감독권을 내세웠으리라는 것은 쉽게 짐작할 수 있다. 다만 다음과 같은 중대한 차이가 있었다. 즉, 기독교 황제들은 기독교가 종교적 요소와 정치적 요소, 교회적 요소와 세속적 요소를 좀 더 엄격히 구분하는 것을 발견했고, 교회가 전부터 견지해오면서 신적 제정과 권위를 주장하던 교리와 관습과 전통을 준수하지 않을 수 없었다.

26. 황제교황제와 성직위계제도

그런데 이 일은 콘스탄티누스 때 최초로 발생하여 그의 후임자들, 특히 유스티니아누스 때 비잔틴의 '황제교황제', 즉 국가가 교회를 관장하는 체제로 발전

이 거하던 궁전(regia)에 거주했다. 아우구스투스는 비록 큰 지혜를 발휘하긴 했으나 그 지위를 독단적으로 사용했다. 임의로 사제들을 선출하고 사제단 인원을 늘렸고, 베스타 여사제들을 선출했고, 예언 해석을 확정했고, 「시빌레서」에서 위조로 삽입된 내용을 제거했고, 카이사르가 시작해놓은 달력 개조 작업을 지속했으며, 마치 과거에 율리우스 카이사르의 출생월인 퀸틸리스 달[月]이 율리우스 달로 바뀌었듯이, 엑스틸리스 달[月]을 자신을 기념하여 아우구스투스 달로 바꾸었다. 참조. Charles Merivale, *Hist. of the Romans under the Empire*, vol. iii. (London, 1851), p. 478 sqq. (이 책은 Gibbon이 시작하는 시대에서 끝을 맺는다.)

했다.[82]

콘스탄티누스는 주교들에게 연회를 베푼 자리에서, 기독교 황제인 자신이 신적 임명을 받은 주교로서 교회의 외부 문제를 담당한다면, 내부 문제는 주교들의 소관이라고 말했다. 이 의미심장한 말에는 그가 세속 군주로서 교회를 독특하고 새로운 방식으로 대하겠다는 의중이 담겨 있었다. 그는 하나님께 권위를 받은 주교들을 두 부류로 구분했다. 하나는 과거의 폰티펙스 막시무스의 직위에 해당하는 세속 주교 곧 황제 주교로서 그 권위가 로마 제국 전역에 해당되며, 따라서 에큐메니컬 곧 보편적 주교이다. 다른 하나는 영적 곧 사제적 주교로서 여러 교구들의 주교들로 나뉘며, 총공의회를 통해서만 통일성과 전체성을 드러내는 주교이다.

따라서 그는 아직 세례를 받지 않았는데도 교회의 후원자와 보편적이고 세속적인 주교로 행세했다.[83] 그리스도의 신성에 관한 논쟁을 해결하기 위해서 제1차 에큐메니컬 공의회를 소집했고, 주교들을 임명하고 면직시켰고, 경우에 따라서는 회중 앞에서 심지어 설교를 하기도 했다. 그러나 명민한 기지로써 (비록 재위 초반에 해당하는 314년의 일이긴 하지만) 도나투스파 논쟁에 초연한 자세를 취했으며, 주교의 법정이 순전히 영적인 문제를 판결하는 최고 재판소라고 말했다. 황제로서 감독권을 행사하는 과정에서는 명쾌한 통찰과 확고한 이론을 따르기 보다는 본능적인 통치 욕구, 정치·종교적 의무, 그리고 시대의 의무들을 따랐다. 그의 말은 황제 주교직과 사제적 주교직의 관계와 각 직위가 기독교 국가에서 지니는 권한의 범위 문제를 풀지 못하고 오히려 키워놓았다.

이 문제는 그 뒤로 성·속 모두에게 역사적 문제와 갈등의 원인이 되어서, 중

---

82) 잉글랜드와 스코틀랜드에서는 에라스투스주의라는 단어가 이러한 뜻으로 쓰인다. 그러나 이 단어는 그다지 일반적이지 않고, 그리스 교회에 적용하기에는 적합하지 않다. 왜냐하면 이 단어를 제공한 Thomas Erastus(하이델베르크의 박식하고 유능한 의학 교수이자 내과의사. 1583년에 스위스 바젤에서 죽음)가 국가에 대한 교회의 독립을 반대했을 뿐 아니라, 팔츠의 제후 프리드리히 3세와 하이델베르크 요리문답의 저자들, 특히 칼빈의 제자인 올레비아누스가 옹호한 교회의 금령(ban)과 장로교 헌법과 권징 체계에도 반대했기 때문이다. 그는 자신의 견해 때문에 마침내 하이델베르크에서 열린 교회 공의회에서 출교를 당했다.

83) 에우세비우스는 실제로 그를 하나님께 임명받은 보편적 주교라고 부른다. 그의 아들 콘스탄티우스는 '주교들의 주교'라 불리는 것을 좋아했다.

세 내내 황제와 교황 사이에, 황제 주교직과 성직위계적 주교직 사이에 분쟁을 일으켰으며, 모든 개신교 국교회에서 변경된 형태로 재현되고 있다.

일반적으로 말하자면, 그때부터 지배적인 견해는 하나님께서 모든 권력을 사제들과 왕국 사이에 구분하셔서, 내적 혹은 영적 문제들, 특히 교리와 예배 문제들은 전자에게 맡기시고, 정치와 권징 같은 외부적 혹은 현세적 문제들은 후자에게 맡기셨다는 것이었다. 그러나 교회에서 내면과 외면이란 마치 영혼과 몸처럼 서로 침투하고 의존하며, 따라서 국교회로 존립하려면 상호 침범과 충돌이 자주 발생할 수밖에 없다. 이러한 상황은 벌써 우리가 다루는 시기에 여러 면에서 나타나게 되었는데, 특히 비잔틴의 전제정치가 멀리 떨어진 서방에 비해 자유롭게 시행된 동방에서 더욱 두드러졌다.

콘스탄티누스 이후의 황제들은 (훗날의 교황들과 마찬가지로) 총공의회들을 소집하고, 공의회 경비를 부담하고, 대리자들을 통해서 공의회를 주재하고, 교리와 권징 문제에 대해서 로마 제국 전역에 강제력을 지니는 판결을 내리고, 그 판결을 자신의 권위로써 유지했다. 황제들은 대부분의 유력한 수도대주교들과 총대주교들을 지명하거나 인준했다. 모든 신학 논쟁에 참여했으며, 그로써 논쟁 당사자들을 달아오르게 했다. 군대의 힘으로 정통신앙을 보호하고 이단을 처벌했다. 하지만 이단 진영에 서서 정통파 주교들을 교구에서 추방한 경우도 적지 않았다. 이렇게 해서 아리우스주의 · 네스토리우스주의 · 유티케스주의 · 단성론이 차례로 황실의 호의와 보호를 받았다. 심지어 황후들도 교회의 대내외 문제에 간섭했다. 유스티나(Eustina)는 모든 수단을 다 동원하여 아리우스주의를 밀라노에 보급하려고 노력했으나 주교 암브로시우스에게 가로막혀 뜻을 이루지 못했다. 유독시아(Eudoxia)는 고결한 크리소스토무스를 면직시키고 추방하는 데 앞장섰다. 배우였다가 황후 자리에 오른 테오도라(Theodora)는 황제 유스티니아누스를 배후에서 조종했으며, 갖은 술수를 사용하여 단성론 이단이 승리를 거두게 만들었다. 물론 교리적 결정은 공의회에서 나오게 되어 있었고, 공의회의 재가가 없이는 오랫동안 유지될 수가 없었던 것이 사실이다. 그러나 바실리쿠스 · 제노 · 유스티니아누스 1세 · 헤라클리우스 · 콘스탄스 2세와 그 외 황제들은 공의회에 자문을 구하지 않은 채, 혹은 자신들이 장악한 공의회들을 통해서 순전히 교회에 관련된 칙령들과 직답들을 공포했다. 유스티니아누스는 자신의 유명한 법전을 삼위일체에 관한 황제의 신조와, 네스토리우스 · 유티케스 ·

아폴리나리우스에 대한 황제의 저주로써 시작하는데, 그 근거를 분명히 사도 교회와 네 차례의 에큐메니컬 공의회에 두지만, 황제 자신이 자신의 모든 신민들의 신앙과 양심에 대해서까지 절대 입법권과 행정권을 쥐고 있다는 의식이 문구에 강하게 담겨 있다.

이 시기에 가톨릭 교회는 기독교 황제에게 교회를 보호하고 지지할 의무와 교회의 대외 문제를 관장할 권리가 있다고 인식하여 황제의 의견을 대체로 존중했지만, 교회를 다스리고 교리를 확정하고 예배를 인도할 권한은 성직자들 특히 주교들에게 있다고 주장했다. 당시의 교회는 이러한 새로운 환경을 기독교의 토양에 모세와 다윗의 신정(神政)이 회복된 것으로 간주했으며, 신정에 준하여 매사를 판단했다. 그러나 교회에서 황제의 권한이 어느 범위까지 미칠 것인가 하는 점에 관해서는 의식적으로든 무의식적으로든 대체로 특별한 종교적 이해에 따라서 의견이 결정되었다. 따라서 가톨릭교도들과 이단들, 아타나시우스파와 아리우스파가 교리 결정과 주교 임면(任免), 후원과 박해에 대해 황제의 개입을 정당화하거나 비판할 때도 황제의 개입이 자기들에게 어떤 영향을 끼치는가를 고려한 뒤에 입장을 취했다. 도나투스파도 초기에는 황제에게 보호를 요청했으나, 황제가 자신들에게 불리한 판결을 내리자 국가가 교회 문제에 간섭하는 일체의 행위를 비판했다. 비잔틴 황실이 종교 문제에 대단히 독단적으로 개입하는 행위에 대해서 그것을 정당화하는 주교들도 있었다. 그들은 멜기세덱과 이스라엘의 경건한 왕들을 예로 들면서, 자신들을 황실의 충직한 도구로 바쳤다. 그러나 세속 권력에 맞서서 교회의 권리들을 과감하게 변호한 사람들도 없지 않았다. 고백자 막시무스는 콘스탄티노플의 판사들 앞에서 멜기세덱이 오직 그리스도의 표상이었을 뿐 황제의 표상은 아니었다고 주장했다.

일반적으로 성직위계제도는 황제교황제에 대해 강력하고 건전한 견제가 되었으며, 세속 권력에 대한 교회의 자유와 독립을 견지했다. 그 시대는 황제가 독재를 하지 않으면 주교들이 독재를 하는 시대였다. 그리고 둘 가운데 후자가 덜 해롭고 좀 더 유익했는데, 왜냐하면 주교들이 좀 더 고상한 지적·도덕적 관심사들을 대변했기 때문이다. 만약 성직위계제도가 없었다면 교회가 로마 제국과 야만족들 사이에서 정치적·군사적 독재자들의 노리개가 되었을 것이다. 그러므로 교회가 국가와 연합한 그 시기에 이미 황제의 변덕스러운 정책을 견제하고 교회를 도구로 전락시키려는 시도를 뿌리칠 만큼 크고 강해졌다는 것은 대단히 중요한 일이었다. 「사도헌장」은 주교들을 심지어 모든 왕들과 행정관들보다 우위에 둔다.[84] 크리소스토무스는 국가의 대신들이 교회의 지도자들만큼 명예를 받지 못했다고 말한다. 비록 비열한 목적을 달성하기 위해서 권력을 남용한 고위 성직자들도 있었으나, 아타나시우스 · 바실리우스 · 암브로시우스 · 크리소스토무스 · 아우구스티누스 · 레오 같이 지극히 순수하고 고결한 고위성직자들도 있었다. 4, 5세기에 활동한 이들은 인격과 역량에서 당대의 황제들을 훨씬 능가하는 성직자들이었다. 신적 계시에 의존하는 교회의 교리들과 제도들이 인간의 권력과 의지보다 우위에 있다는 것이 널리 인정된 견해였다. 사람들은 성직자들이 양심에 관한 모든 문제들에서 자신들을 지도할 자들로 여겨 맹목적 신앙과 미신의 태도로 그들을 대했으며, 황제들조차 주교들을 교회의 아버지들로 여겨 큰 존경을 바치고 그들의 손에 입맞추고 그들에게 복을 구하고 그들의 훈계와 권징에 복종해야 했다. 대부분의 경우에 황제들은 교회 파벌들의 도구에 지나지 않았다. 외부로부터 교회에 강요된 인위적인 법들은 그것을 입법한 자들이 무대에서 사라질 때 함께 사라지고 역사에 의해서 단죄를 받는 경우가 대부분이었다. 이렇게 된 이유는 신적 권위가 권좌들과 왕들과 주교들보다 우위에 있었고, 진리의 힘이 모든 거짓과 음모의 책략들보다 우위에 있었기 때문이다.

　서방 교회는 전반적으로 동방 교회에 비해 독립성을 크게 견지했다. 이것은 로마 교회의 성격이 그만큼 강인했기 때문이기도 했고, 로마의 정치 상황이 비교적 유리했기 때문이기도 했으며, 비잔틴 황실의 영향력과 음모에서 멀리 떨어져 있었기 때문이기도 했다. 이 점에서는 성직위계제도의 원리가 대 레오 때부터 절대 교황제 시대까지 교회의 발전에 이바지한 바가 있었으나, 중세의 야만족들을 상대로 세상을 위한 제 소임을 다한 뒤에는 양심을 억압하는 독재로 타락했으며, 그 결과 몰락의 길을 걸었다. 가톨릭 체계에서는 교회의 자유와 독립이 절대적 사제직과 교황제의 수위성(首位性)을 내포한다. 하지만 개신교에서는 그것이 만인 제사장직이라는 좀 더 광범위한 기반에서만 실현될 수 있다. 물론 국교회로 존재하는 모든 개신교 교회들에서는 그것이 다소 국가 권력에 의해 제한되긴 하지만 말이다.

---

84) *Lib.* ii. c. 11. 이 문서는 주교들에게 그들의 높은 지위를 상기시킨다.

27. 종교 자유의 제한과 이단 박해의 시작

교회와 국가의 결합으로 빚어진 불가피한 결과는 신앙과 예배에 대한 자유가 제한되고, 국교회의 교리와 권징에서 이탈하는 행위가 국가에 의해 처벌된 것이다.

교회는 국가에 의해서 지배와 승인을 받으면서 외부적으로는 자유와 권위를 얻었지만, 내면의 자유와 자치(自治)를 어느 정도 상실하게 되었다. 앞에서 살펴본 대로 교회는 기독교 국가, 특히 비잔틴 제국 수장의 후원과 감독을 받게 되었다. 처음 3세기 동안 교회는 외적으로는 천대와 박해를 받았지만 국가로부터 철저히 독립한 데 힘입어 내적으로는 큰 자유를 누렸고, 그 가운데서 교리와 제도를 발전시켰다.

그러나 이제 무엇보다 크게 제약을 받게 된 것은 '오류와 분열의 자유'였다. 니케아 이전 시대에도 이단과 분열을 후시대 못지않게 혐오하고 증오했으나, 그럴지라도 도덕적인 방법으로 곧 말과 글로써 바로잡았으며, 교회의 권위를 토대로 출교를 함으로써 처벌했다. 순교자 유스티누스와 테르툴리아누스, 심지어 락탄티우스조차 양심의 자유를 옹호했으며, 이교들에 반대하여 신앙이 본질상 자유로운 의지의 문제이며, 따라서 외적인 강제가 아닌 훈계와 설득으로만 증진될 수 있다고 주장했다.[85]

그런데 그들이 그리스도인들을 박해하는 이교도들에 대해서 비판했던 말이 이단들을 박해하는 교회에게 고스란히 적용되었다. 니케아 시대 이후에는 국교회가 가르치는 신앙에서 이탈하는 행위가 종교적 오류로서 증오되고 출교로써 처분되었을 뿐 아니라, 기독교 국가에 도전하는 범죄로 간주되었으며, 따라서 국가의 형법으로 처벌되었다. 처음에는 면직과 추방과 재산 몰수로 처벌되다가, 테오도시우스 이후에는 심지어 사형까지 부과되었다.

교회가 이단들을 이렇게 박해하게 된 것은 콘스탄티누스 이래로 종교적·사회적 권리와 의무가 혼합되고, 국가와 교회, 법과 도덕이 뒤섞이면서 자연스럽게 생긴 결과였다. 박해를 시행한 측은 폰티펙스 막시무스의 계승자들로 자처한

---

85) Just. Mart. *Apol.* i. 2, 4, 12; Tertull. *Apol.* c. 24, 28; *Ad Scapul.* c. 2; Lactan. *Instit.* v. 19, 20; Epic. c. 54; 참조. 제1권 § 51.

황제들 곧 국가였다. 교회가 일관되게 견지한 입장은 극단적인 경우 출교까지를 포함하는 영적인 형벌이었다. 이것은 그리스도와 사도들이 모든 세상적·육체적 무기를 분명히 금하고, 그런 무기를 쓰느니 차라리 고난과 죽음을 받는 게 옳다고 가르치신 결과였다. 그러나 교회는 유대교의 신정(神政) 및 국가 교회 사상에 매료되어 사실상 법의 지위와 복음의 지위를 다양한 방식으로 혼동했고, 국가에게도 그러한 혼동을 조장한 경우가 적지 않았으며, 그로써 적어도 간접적으로 박해에 책임을 지게 되었다. 이것은 특히 로마 교회가 가장 큰 권력을 행사하던 중세부터 16세기 말에 두드러진 현상이었다. 그리고 로마 교회는 이러한 노정을 걸으면서 세상과 현대 문명의 눈에 자신의 독특한 교리와 관습보다 훨씬 더 공세적인 모습으로 비쳤다. 개신교 종교개혁은 기독교가 외부 조직 곧 교황제와 동등하다는 꿈을 몰아냈으며, 그로써 교회의 배타성 원리에 강한 충격을 주었다. 그럴지라도 종교 관용에 관한 인식에 급진적인 변화가 생긴 것은 18세기에 비로소 된 일이며, 관용과 자유 예배의 과정은 국교회의 기반이 점차 느슨해진 일과, 시민적 권리와 종교적 권리, 세속적 권리와 영적 권리가 좀 더 뚜렷하게 구분된 일과 나란히 진행되었다.

콘스탄티누스는 재위 초반에 완전한 신앙의 자유를 선포했으며(312), 재위 기간 내내 그 정책을 견지했다. 어쨌든 전임자들처럼 신앙의 문제에 공권력을 동원하지 않았다. 그러나 그에게 이 관용은 확정된 원리의 문제가 아니라 일시적 정책에 불과했다. 그것은 로마의 권좌를 최초로 우상 숭배에서 벗겨낸 데 따른 필연적인 결과였으며, 이교가 누려온 독점적 수위권이 기독교의 독점적 수위권으로 옮겨간 자연스러운 전환이었다. 그 뒤로는 거꾸로 이교 자체에 대해서 불관용이 시행되었으나, 그 거짓 종교가 점차 제풀에 소멸하고, 순교를 내놓을 만한 도덕적 힘이 없었던 까닭에 기독교 황제들의 치하에서는 이교 황제들이 기독교에 가했던 것과 같은 피의 박해가 발생하지 않았다.

그러자 불관용의 표적이 기독교 이단들로 바뀌었다. 콘스탄티누스조차 자신이 가톨릭, 즉 주류를 형성하고 있던 정통파 성직위계적 교회에 부여했던 자유와 특권을 기독교 이단들에 대해서는 제한했으며, 니케아 공의회가 끝난 뒤에는 326년의 칙령에 의해서 이단들과 분리파에게서 이러한 특권을 완전히 배제했다.[86] 따라서 그는 아리우스파 지도자들을 추방하고 그들의 저서들을 소각했으나, 나중에는 정통신앙과 이단에 대한 견해가 흔들리게 되고 그런 상황에서 일부 주교들과 자신의 누이의 설득에 넘어가 아리우스를 불러들이고 아타나시우스를 추방했다. 그 자신은 죽기 직전에 아리우스파 주교에게 세례를 받았다. 그의 아들 콘스탄티우스는 우상 숭배와 니케아 정통신앙을 미친 듯이 박해했으며, 제국에서 아리우스주의 하나만 수립하기 위해서 혼신의 힘을 기울였다. 이러한 독재에 맞서서 호시우스 · 아타나시우스 · 힐라리우스 같은 정통파 주교들이 진지하게 항거하면서 관용을 주장했다.[87] 하지만 이것은 불관용으로 인해 고초를 겪던 진영에서 나온 주장이며, 상황이 반전되었을 때 이들은 아리우스파를 추방하는 것을 부당하다고 간주하지 않았다.

배교자 율리아누스 때에도 다시 신앙의 자유가 선포되었지만, 그것은 이교를 독점적 국교의 지위로 되돌리기 위한 사전 정지 작업이었으며, 따라서 콘스탄티누스의 관용과 유사한 성격을 띠었다. 율리아누스가 오래 재위하지 못하고 죽은 뒤에 아리우스주의가 적어도 동방에서는 다시 성행했으며, 가톨릭 정통신앙에 비해 불관용적이고 폭력적인 모습을 드러냈다.

마침내 니케아 신앙으로 세례를 받은 최초의 황제 대 테오도시우스가 아리우스파의 과도적 지배에 종지부를 찍고서 니케아 신조의 독점적 권위를 선포했으며, 동시에 이교의 우상 숭배뿐 아니라(이후로는 제국에서 이교 숭배에 사형에 해당하는 중죄로 간주되었다) 모든 기독교 이단들과 분파들에 대해서도 가혹한 형벌을 부과했다. 그의 통치 원리는 제국과 정통파 교회의 일치였다. 그는 380년에 세례를 받은 직후에 유약한 공동 황제들인 그라티아누스와 발렌티니아누스 2세와 연계하여 당시 아리우스파의 본산이던 콘스탄티노플 주민들에게 다음과 같은 칙령을 공포했다: "우리 세 황제는 모든 백성이 사도 베드로가 로마인들에게 가르치고, 전승에 의해서 충실하게 견지되고, 오늘날 로마의 교황 다마수스와 사도적 거룩성을 지닌 알렉산드리아의 주교 페트루스가 고백하고 있는 신앙을 굳게 붙들기를 바라노라. 사도들의 제도와 복음의 교훈에 따라 성 삼위일체로서 동등한 위엄을 지니신 성부와 성자와 성령의 하나의 신성을 다 함께 믿기를 권하노라. 우리는 이 신앙을 견지하는 자들을 가톨릭 그리스도인들이라 부를 것을 명하며, 지각 없이 다른 종교들을 추종하는 자들을 이단들이라 부르고 그들이

---

86) *Cod. Theod.* xvi. 5, 1.

87) 참조. § 3.

교회라는 이름으로 집회를 갖는 것을 금하노라. 그들은 하나님의 공의의 단죄를 받을 뿐더러 우리가 하늘의 지혜로 인도받아 타당하다고 판단하여 내리는 중벌을 기대해야 할 것이다."[88] 그 뒤 15년이 지나는 동안 이 황제는 적어도 15개의 이단 규제법을 공포했으며,[89] 그로써 이단들에게 종교 활동의 권리를 모두 박탈하고, 모든 공직에서 배제하고, 벌금·재산 몰수·추방으로 위협하고, 마니교와 아우디우스파(the Audians), 심지어 십사일파(the Quartodecimanians) 같은 집단들에 대해서는 사형으로 규제했다.

그러므로 이단을 박해하는 국교회의 이론이 수립되고 그것이 입법으로 구현된 것은 테오도시우스 때였던 셈이다. 물론 그의 정책 의도는 이단과 분파에 속한 백성들을 처벌하기보다는 두려움을 심어주어 정통신앙으로 돌이키게 하려는 것이었다.[90]

하지만 이론에서부터 실천까지는 불과 한 걸음 차이밖에 나지 않았다. 그리고 이 걸음을 그의 경쟁자이자 동료인 막시무스가 내딛었다. 그는 이타키우스(Ithacius)라는 저급한 주교의 사주를 받아 스페인의 주교 프리스킬리아누스와 그가 이끌던 마니교와 유사한 분파의 고결한 지도자 여섯 명(장로 두 명, 집사 두 명, 시인 라트로니아누스, 보르도의 점잖은 부인 유크로키아)을 고문하고, 385년에 트레브에서 참수(斬首)에 처했다. 이것이 기독교 군주가 종교적 견해를 토대로 이단들의 피를 흘린 최초의 사건이었다. 주교들이 트레브에 모였을 때 테오그니스투스 한 사람을 제외하고는 모두 이 조치를 승인했다.

그러나 기독교 교회의 양식있는 인사들은 이 사건에 큰 우려를 표명했다. 밀라노의 주교 암브로시우스와[91] 투르의 주교 마르탱은[92] 그 조치에 오래 기억될 만한 항의를 했으며, 이타키우스와 처형에 동의한 다른 주교들과 신앙의 교제를 단절했다. 그럴지라도 이 주교들, 그 중에서 적어도 암브로시우스는 사형 자체에 반대했고, 다른 점에서는 이교도들과 이단들에게 관용을 베풀지 않았다는 점

---

88) *Cod. Theod.* xvi. 1, 2.

89) 참조. *Cod. Theod.* xvi. tit. v. leg. 6–33.

90) Sozomen이 그렇게 주장한다. l. vii. c. 12.

91) *Epist. xxiv. ad Valentin.* (tom. ii. p. 891).

92) In *Sulpic. Sever. Hist. Sacra,* ii. 50.

을 잊어서는 안 된다.[93] 그 사건 자체도 상궤를 벗어난 채 이루어졌다. 한편으로는 주교들이 형사 사건의 고소인들로 나타났고, 다른 한편으로는 세속 판사가 주교들의 청원을 받아들여 신앙 문제에 대한 견해를 표명했다. 그 결과 이단들에 대한 세속 법정과 영적 법정의 기능이 좀 더 정확하게 구분되었다.

위에 소개한 프리스킬리아누스파 처형 사건은 기독교 역사에서 이단을 처형한 최초의 사례로서, 이 시기에 이단들을 처형한 사례들 가운데 하나에 지나지 않는다. 그러나 그 뒤부터는 공권력으로 이단을 제재하는 행위를 훌륭한 교부들조차 옹호했다. 크리소스토무스는 이단들과 이교도들에게도 그리스도인으로서 사랑을 나타낼 것을 권고하면서 그들을 처형하는 데 반대했으나, 그들의 집회를 금지하고 그들의 집회소들을 몰수하는 데 찬성했다. 따라서 노바티아누스파와 십사일파에게 제재를 가했으며, 그 결과 훗날 그가 불행한 처지에 떨어지자 많은 사람들은 그것을 당연한 보응으로 간주했다.[94] 제롬은 신명기 13:6-10을 근거로 종교적 오류론자들에게 사형을 가하는 행위조차 정당화하는 듯한 인상을 준다.[95]

아우구스티누스는 9년 동안 마니교에 몸담았다가 하나님의 기이한 은혜로 외부로부터 조금도 압력을 받지 않은 채 가톨릭 교회로 회심한 전력이 있기 때문에, 초기에는 진정으로 복음적인 견해, 즉 이단들과 분리주의자들을 폭력으로 제재해서는 안 되며 교훈과 훈계로 돌이키게 해야 한다는 견해를 주장했으나, 400년 이후부터는 그러한 견해를 철회했다. 그것은 도나투스파를 겪는 과정에서

---

93) 따라서 Gibbon이 27장에서 그것을 일관성이 결여된 태도였다고 비난한 것은 전혀 근거 없는 비난만은 아니다: "이 경우에 관용을 주장한 밀라노의 암브로시우스와 투르의 마르탱 같은 저명한 성인들과 주교들이 인간적으로 일관성 없는 태도를 드러낸 것을 발견한다는 것은 퍽 즐거운 일이다. 그들은 트레브에서 처형된 불행한 사람들을 동정했다. 그들을 처형하는 데 가담한 주교들과 신앙의 교제를 나누기를 거부했다. 투르와 밀라노의 주교들은 평소 이단들에게 가차없이 영원한 저주를 선언했다. 그러나 그들이 영원한 저주의 모형에 지나지 않는 현세적 죽음을 당한 데 대해서 충격을 받고 경악했는데, 그것은 자연스러운 정서가 신학의 인위적인 편견을 밀어낸 결과였다."

94) *Hom.* xxix. and xlvi. in Matt. 참조. Socrat. *H. E.* vi. 19. 다른 곳에서 그가 피력한 원칙은 해를 가하기보다 차라리 자신이 해를 당한다는 것이다.

95) *Epist.* xxxvii. (al. liii.) *ad Riparium adv. Vigilantium.*

생긴 결과였다. 많은 사람들이 제국의 법에 의존하여 그 집단을 제재하는 동안 그 자신은 토론과 글로써 그들을 회심시키려고 부단히 노력했으나 아무런 성과가 없었기 때문이다.[96] 그 뒤로 아우구스티누스는 이단 박해를 옹호하게 되었는데, 그렇게 하면서 내세운 근거로는 첫째, 자신의 기독교 국가 이론, 둘째, 광신적인 떠돌이 수사들의 기행(奇行)에 대한 우려, 셋째, 국가의 사법 처리가 건전한 영향을 끼치기를 바라는 기대, 넷째, 누가복음 14:23에 기록된 큰 잔치 비유에서 코기테 인트라레(Cogite intrare, 강권하여 데려다가)에 대한 그릇된 해석이었다.[97]

아우구스티누스는 이렇게 말한다: "사람이 형벌이나 고통이 두려워 하나님을 섬기게 되는 것보다 훈계를 받고 자진해서 그렇게 하는 것이 물론 좋은 일이다. 그러나 전자의 방식이 더 좋다고 해서 후자의 방식을 버려서는 안 된다 …… 악한 종들처럼 회초리가 두려워 주님 앞으로 나가 신앙으로 장성해야 할 사람들이 많다 …… 주님께서 친히 명령하시기를, 먼저 손님들을 잔치에 청한 다음 응하지 않으면 강제로 데려오라고 하신다."[98]

이 교부는 만약 국가가 종교적 오류를 처벌할 권리를 인정받지 못한다면 살인이나 간음 같은 다른 범죄에 대해서도 처벌할 수 없는 셈이라고 주장하면서, 그 이유에 대해서 사도 바울이 갈라디아서 5:20에서 분리와 이단을 다른 죄들과 마찬가지로 육체의 일로 규정하기 때문이라고 설명한다.[99] 그는 도나투스파가 황제의 우상 숭배 금지령을 지지하는 듯하면서도 기독교의 이단 박해를 비판하는 점을 지적하면서, 그 집단이 일관성을 상실했다고 비판한다. 아우구스티누스는 여러 경우에 행정관들에게 관용과 인도애를 발휘해 줄 것을 진지하게 촉구했고, 그로써 "진리 외에는 아무것도 정복하지 못하며, 진리의 승리는 사랑이다"라는 자신의 고상한 좌우명에 실제로 충실했다.

그러나 네안더(Neander)가 올바로 파악하듯이, 그의 이론에는 "영적 독재와

---

96) *Epist. 93, ad Vincent.* § 17. 참조. *Retract.* ii. 5.

97) Cogite intrare라는 구절은 이단을 무력으로 제재하는 행위를 변호하는 데 자주 사용되었지만, 당연히 복음 전체의 정신과 조화를 이루도록 해석하는 것이 옳다. 이 구절은 훗날 사도 바울이 물리적 강압에 의존하지 않은 채 이교도들을 회심시키기 위해서 발휘한 열정과 관련지어 해석해야 한다.

98) *Epist. 185, ad Bonifacium,* § 21, § 24.

99) *C. Gaudent. Donat.* i. § 20. *C. Epist. Parmen.* i. § 16.

불관용, 박해, 심지어 종교재판소의 씨앗이 묻혀 있다."[100] 후대의 역사에서 그의 이름에 붙은 큰 권위를 토대로 그 자신은 두려워 차마 시도하지 못한 잔인한 행동들을 정당화하는 경우들이 종종 생겼다. 그가 죽은 지 얼마되지 않아 일관되고 배타적이고 보편적인 교황제를 최초로 대표한 교황 대 레오는 심지어 이단에 대한 사형을 옹호했다.[101]

그 뒤로는 박해받는 당사자들이나 이따금 종교적 박해에 대해서 항의했을 뿐, 그 외에는 아무도 뭐라고 하지 않았다. 박해받는 당사자들두 원래 소신이 그래서가 아니라 고통이 견디기 힘들자 정책과 이기심으로 관용을 주장했다. 예를 들어, 아프리카의 도나투스파 주교 페틸리아누스(아우구스티누스에게 글로 논박을 당한 인물)는 과거에 동족인 테르툴리아누스가 그리스도인들을 박해하는 이교도들에 사용한 말을 그대로 이용하여, 왜 양심의 문제를 공권력으로 짓누르는 것이며, 그리스도와 사도들은 결코 박해하지 않고 오히려 고난과 죽음을 당하지 않았느냐고 하며 자신의 가톨릭 정적들을 비판했다. 그는 이렇게 말한다. "여러분은 자신들의 손으로 우리를 죽임으로써 하나님을 섬긴다고 생각하고 있는 것입니까? 정말로 그렇게 생각하고 있다면, 아 가련한 이들이여, 그것은 크나큰 오류입니다. 하나님은 사제들에게 교수형 집행인들을 붙여 주시지 않습니다. 그리스도께서는 악을 악으로 갚지 말고 감내하라고 가르치십니다."

도나투스파 주교 가우덴티우스는 이렇게 말한다. "하나님은 신앙을 전파하시기 위해서 선지자들과 어부들을 세우셨지, 군주들과 군인들을 세우시지 않았습니다." 하지만 잊어서는 안 될 또 한 가지 점은, 도나투스파가 교회 문제로 황제의 법정에 호소한 최초의 사람들이었으며, 황제의 법정이 자신들에게 불리한 판결을 내리기 전까지는 국교회 체제에 반대하지 않았다는 사실이다.

---

100) *Kirchengesch.* iii. p. 427; Torrey's ed. ii. p. 217.

101) *Epist. xv. ad Turribium.* 이 서신에서 레오는 프리스킬리아누스파를 처형한 사건에 분명한 지지 의사를 밝힌다.

제 4 장

수도원주의의 발생과 발전

28. 기독교 수도원주의의 기원. 다른 금욕주의 형태들과의 비교

수도원주의는 4세기 초에 교회사에 등장했고, 그 뒤로 교회사에 현저한 자리를 차지했다. 이집트에서 시작한 이 운동은 거역할 수 없는 물결로 동방과 서방을 휩쓸었고, 종교개혁 시대에 이르기까지 기독교의 주된 곳간 역할을 했으며, 그리스 교회와 로마 교회에서는 여전히 없어서는 안 될 제도이자, 성인들과 사제들과 선교사들을 가장 왕성하게 배출해 내는 신학교로 남아 있다.

일반적인 금욕적 경향으로서의 수도원주의는 기독교 교회에만 있는 게 아니라, 그리스도의 탄생 이전과 이후에도, 특히 동방의 여러 종교들에도 있었다. 수도원주의는 종교적 엄숙주의·열정·야망에서 생긴다. 세상이 참으로 덧없다는 깨달음과, 육체의 여러 가지 속박과 세상의 유혹들을 훌훌 벗어던진 채 홀로 떨어져 명상에 잠겨 살겠다는 영혼의 고상한 성향이 그 모태이다. 그러나 수도원주의는 이러한 경향을 신앙이 갖는 사회적이고 실제적이며 세상을 바로잡으려는 정신보다 우위에 둔다. 힌두교에서는 금욕주의 체계의 뿌리가 거의 모세 시대에 해당하는 시기로 거슬러 올라가며, 적어도 알렉산더 대왕의 시대 이전에 있었던 것만큼은 분명하다. 그는 인도에서 금욕주의가 철저하게 시행되는 것을 목격했는데, 그가 소개하는 내용을 보면 사실상 오늘날의 모습과 다르지 않다. 힌두교의 금욕주의를 잠깐 살펴보고 넘어가자.

일부분이 주전 15세기에 작성된 「베다」(*Veda*)와, 불교가 등장하기 전, 그러니까 주전 6-7세기에 완성된 「메누의 법」, 그리고 그 밖의 여러 인도 종교의 경전들은 모범과 계명으로 상념의 완전한 단절과 속세로부터의 탈피, 자아를 제어하는 다양한 고행들을 명령하는데, 이 명령에 헌신하는 자가 속세의 허다한 무리보다 우월한 지위에 오르고, 마침내 모든 존재의 신적 근원에 흡수된다고 한다. 금욕 체계는 본질상 브라만교와 불교의 금욕 체계가 비슷하다. 브라만교와 불교는 양극단이면서도 같은 뿌리를 갖고 있으며, 둘의 관계는 여러 점에서 유대교와 기독교의 관계 혹은 로마 교회와 개신교의 관계를 닮았다. 불교는 후대에 브라민교를 개혁한 종파이다. 그 기원이 주전 6세기로 추정되며(다른 기록들에 따르면 훨씬 전이라고 함), 비록 나중에 브라민들(Brahmins, 힌두교 지도자들)에게 축출을 당했으나 여느 이교 종파보다 더 많은 신도들을 보유하게 되었다. 인도차이나 반도와 주변의 모든 섬들, 일본, 티벳, 시베리아 접경까지 이르는 중국과 중앙 아시아의 상당 지역이 다 불교의 지배를 받고 있기 때문이다.

그러나 두 종교는 상반된 원리들에서 출발한다. 브라만교의 금욕주의는 범신론적 세계관에서 유래하고, 불교의 금욕주의는 무신론적이고 허무주의적이면서도 대단히 진지한 세계관에서 유래한다. 브라만교가 절대적이되 추상적 통일 개념과 세상에 대한 경멸을 축으로 삼는 반면에, 불교는 절대적이되 비현실적 다양성 개념과 모든 존재의 허무와 공허에 대한 깊은 슬픔을 축으로 삼는다. 브라만교가 객관적이고 긍정적이고 이상주의적인 면이 강한 반면에, 불교는 주관적이고 부정적이고 현실적인 면이 강하다. 브라만교가 브라마(Brahma, 梵. 세계의 최고 원리)의 보편적 정신에 흡수되는 것을 목표로 삼는 반면에, 불교는 무실체[空]에 흡수되는 것을 일관된 목표로 삼는다(물론 이것은 불교가 범신론적 혹은 이원론적 토대보다 무신론적 토대에서 출발하는 경우에 한한다).

이 주제에 대해서 현대의 어느 저자는 이렇게 말한다: "브라만교는 시초를 돌아보고, 불교는 종국을 바라본다. 전자가 우주의 발생과 기원론을 선호한다면, 후자는 종말론을 선호한다. 둘 다 현존 세상을 배격한다. 브라만교도는 세상을 더 높은 존재인 브라마와 대조하기 때문에 경멸하고, 불교도는 현 세상이 공허하기 때문에 경멸한다. 전자는 모든 것에서 신을 바라보며, 후자는 모든 것에서 공허를 바라본다."[1] 그러나 극단은 서로 통하는 법이듯이 브라만교의 추상적인

---

1) Ad. Wuttke, *Das Geistesleben der Chinesen, Japaner, and Indier* (second part of his *History of Heathenism*), 1853, p. 539.

실체와 불교의 추상적인 무실체 곧 공(空)은 중국에는 서로 만나며, 동일한 금욕적 삶을 유도할 수 있다. 브라만교의 금욕주의가 다소 은둔주의로 치우치는 반면에, 불교의 금욕주의는 일반적으로 정식 사찰 생활이라는 사회적 형태를 띤다.

힌두교 승려들 곧 '벌거벗은 철학자들'(그리스인들이 그들을 이렇게 불렀음)은 숲·동굴·산·바위 등지에서 기거하면서 가난과 독신과 절제와 침묵을 실천하며 산다. 밀짚에서 혹은 땅바닥에서 자고, 배로 기어다니고, 하루종일 발끝으로 서 있고, 억수로 퍼붓는 비를 그냥 맞거나 작열하는 태양 아래서 사방에 불을 피운 채 지내고, 몰골은 야수와 같아서 기괴하기 짝이 없으나 대중들에게, 특히 여성들에게 큰 존경을 받고, 기적을 행하며, 죽을 때도 타오르는 장작더미에 눕거나 갠지스 강에 몸을 던져 자결함으로써 고행을 마치는 경우가 드물지 않다. 고대인들과 현대의 여행객들이 전하는 그들의 모습이 한결같이 이와 같다.

불교의 승려들은 힌두교의 요가 수행자들(Yogis)과 탁발 승려들(Fakirs)에 비해 덜 광신적이고 덜 극단적이다. 그들은 주로 금식과 기도, 독경(讀經)과 집중적인 명상에 힘쓰며, 육체를 길들이기 위해서 채찍을 사용한다. 승려단과 관련하여 철저한 수행(修行) 체계와 많은 수의 사찰들을 보유하고 있으며, 여성 수행자들을 위한 사찰들도 따로 두고 있다. 불교, 특히 티벳 불교의 수행 체계는 독신·가난·복종·공동 식사·독서·다양한 경건 행위에 주력하는 점에서 로마 가톨릭 교회의 수도원주의와 흡사한데, 어느 정도나 흡사한가 하면, 로마 교회의 선교사들이 그것을 마귀가 모방한 것으로밖에 설명할 수 없다고 생각했을 정도이다.[2] 그러나 원본이 모사보다 앞서게 마련이며, 인도에 기독교가 전래된 기

---

2) 티벳에서 활동한 가톨릭 선교사들의 기록에 대해서는 Pinkerton의 *Collection of Voyage and Travels*, vol. vii과 프랑스의 성 라자르회의 선교사 사제 Huc의 저서 *Souvenirs d'un Voyage dans la Tartarie, le Thibet, et la Chine, pendant les ann es 1844-1846*를 참조하라. 이 주제 전체에 대해서는 R. S. Hardy의 *Eastern Monachism* 과 *A Manual of Buddhism in its modern development, translated from Singalese MSS* (Lond. 1850)를 참조하라. 불교와 로마교의 현저한 유사성은 수사(승려)들과 공동 수도 생활을 넘어서서 각기 대 라마와 교황을 정점으로 삼는 성직위계제도적 조직과, 예배, 의식들, 축일들, 행렬들, 순례, 고해, 일종의 미사, 죽은 자를 위한 기도, 종부성사 등으로까지 확대된다. 대 지리학자 Carl Ritter(*Erdkunde*, ii. p. 283-299, 2d.)에게 큰 명성을 안겨준 견해, 즉 티벳의 라마교가 네스토리우스파 선교사들에게서 종교 형

원을 혹시 사도 바돌로매와 사도 도마의 사역으로 간주한다 할지라도 인도의 금욕 체계는 이미 기독교가 전래되기 오래 전에 완료되어 있었다.

헬레니즘의 이교는 진지하고 사변적인 점에서 동양의 이교에 훨씬 못 미쳤다. 그럴지라도 피타고라스파가 일종의 수도원 사회였으며, 플라톤의 물질과 영혼 사상도 영지주의와 마니교 금욕주의의 바닥에 깔려 있을 뿐 아니라, 오리게네스와 알렉산드리아 학파의 윤리학과 상당한 관계를 갖고 있었다.

유대교는 고대의 나실인 제노(참조. 민 6:1-21) 외에노 팔레스타인에 에세네파(Essenes)를,[3] 이집트에 테라퓨타이파(Therapeutae)를 두고 있었다.[4] 물론 이들은 외국의 요소들이 모세 종교에 끼어들어왔음을 드러내며, 따라서 신약성경에 전혀 언급되지 않는다.

마지막으로 이슬람교는 기독교와 이교들을 단순히 모방한 종교인데도 탁발수사들과 수도원들을 보유하고 있다.

그렇다면 오랜 역사를 지닌 이러한 현상들이 기독교 수도원주의의 근원이었을까, 아니면 다만 유사한 현상이었을까? 콘스탄티누스 시대에 외국의 관습과 의식이 교회에 물밀듯이 밀려들어왔다는 것은 부인할 수 없는 사실이다. 따라서 많은 사람들은 수도원주의도 이교에서 들어온 것이며, 바울이 목회서신서들에서 분명히 예고한 바, 사도적 기독교로부터 배교한 결과였다고 주장했다.[5] 그러

식과 의식을 일부 차용했다는 견해도 일견 타당성이 없지는 않다. 그러나 이 견해는 단지 가설에 지나지 않으며, 코친차이나(인도차이나 남쪽 지역의 옛 명칭)와 통킹(베트남 북부 지방), 일본의 불교가 네스토리우스파 선교사들의 전도를 받은 적이 없었음에도 불구하고 티벳과 타타르, 중국 북부의 라마교처럼 로마교와 놀랄 만큼 비슷한 모습을 보이는 사실에 의해 개연성을 상실한다. 11세기경에 발생한 프레스터 존, 즉 동아시아를 다스리는 기독교 사제-왕에 대한 전승과 네스토리우스파 선교에 관해서는 위에 소개한 Ritter의 책을 참조하라.

3) 이들 유대교 수사들에 관해서는 the elder Pliny가 *Hist. Natur.* v. 15에 잘 소개해 놓았다.

4) Eusebius(*H. E.* ii. 17)는 그들을 그리스도인들로 오인한다.

5) 칼빈도 딤전 43 주석에서 사도 바울이 금욕주의적 배교에 관해서 해놓은 예언을 주로 엔크라테이아파·영지주의·몬타누스파·마니교에 관련짓지만, 그것을 로마교에까지 적용한다. 하지만 현대의 우수한 해석가들은 사도가 결혼과 특정 음식을 본질상 더러운 것으로 규정한 이단적인 영지주의적·이원론적 금욕주의를 내다본 것이라

나 그러한 견해는 이 현상이 역사에서 차지해온 거대한 자리와 조화를 이룰 수 없다. 게다가 그 견해에 따르면, 동방과 서방을 망라하여 아타나시우스 · 크리소스토무스 · 제롬 · 아우구스티누스 같은 위인들과 대표자들을, 한 마디로 고대 교회 전체를 사도가 예언한 신앙으로부터 배교한 집단에 포함시키게 된다. 한결같이 수도 생활을 동경하고 격찬한 이 사람들이 반기독교적 오류론자들이었다거나, 요비니아누스나 비길란티우스처럼 이러한 금욕주의를 배격한 소수의 배타적인 사람들이 니케아 시대와 그 이후의 순수한 기독교를 대변한 유일한 사람들이었다고 주장할 사람은 아무도 없을 것이다.

이 문제를 다룰 때는 두 유형의 금욕주의를 신중하게 구분해야 한다. 비록 형태는 비슷하지만 서로 상반되고 화합될 수 없는 것으로서, 하나는 영지주의적 · 이원론적 금욕주의이고, 다른 하나는 가톨릭적 금욕주의이다. 그러나 후자는 기독교의 자기 부인과 도덕적 완전을 향한 갈망에서 독자적으로 생겼으며, 비록 다양한 군더더기들이 붙긴 했으나 교회사에서 중요한 역할을 수행했다.

사이비 유대교와 이단적 기독교의 성격을 띤 이교적 금욕주의, 그 중에서도 특히 영지주의와 마니교의 금욕주의는 정신과 물질을 철저히 대립시키는 형이상학적 이원론에 토대를 둔다. 이에 반해 가톨릭 기독교의 금욕주의는 영혼과 육체 사이의 도덕적 갈등에서 생긴다. 전자가 영적 자부심과 이기심의 산물이라면, 후자는 하나님과 인간에 대한 겸손과 사랑의 산물이다. 거짓 금욕주의는 육체가 멸절되고 인간이 범신론적 형태로 신과 합일하는 데 목표를 둔다. 기독교의 금욕주의는 육체가 거룩한 상태에 이르고 그리스도 안에서 살아 계신 하나님과 인격적 교제를 나누는 자리에 이르기 위해 노력한다. 그리고 두 유형의 금욕주의는 결과에서도 사뭇 다르다. 하지만 이렇게 원리가 서로 다름에도 불구하고, 그리고 영지주의와 마니교가 단죄를 받았음에도 불구하고, 이교의 이원론이 가톨릭의 금욕주의와 세계관에 강한 영향을 끼치되, 특히 동방의 은둔주의와 수도원주의에 강한 영향을 끼쳤고, 오직 복음적 개신교 사상에 의해서 비로소 제

고 주장한다. 반면에 로마 교회와 그리스 교회는 결혼을 성례로 존중하되 다만 독신의 하위에 둘 뿐이며, 독신을 사제들과 수사들에게만 부과한다. 그러므로 딤전 4:1-3을 가톨릭 교회에 적용하는 것은 부분적이고 간접적인 방식으로만 받아들일 수 있을 것이다.

대로 극복되었던 것이 엄연한 사실이다. 그 영향이 정확히 어느 정도였으며, 교회의 초기 금욕주의에서 기독교적 요소들과 이교적 요소들이 정확히 어떠한 비율을 차지했는가 하는 것이 특별한 연구를 요하는 흥미로운 주제였다.

기독교 수도원주의의 씨앗들은 2세기 중반까지 거슬러 올라가 찾을 수 있으며, 사실상 사도시대의 일부 유대 그리스도인들의 우려스러운 금욕적 행위들에서도 희미하게나마 발견된다. 이러한 기독교의 금욕주의, 그 중에서도 특히 금식과 독신은 니케아 이전의 대다수 유력한 교부들에게 나소 분명하게 권상되었으며, 적어도 부분적으로는 특정 그리스도인 계층에 의해서 실천되었다(심지어 오리게네스는 스스로 거세할 정도로 극단적인 금욕을 실천했다).[6] 약 250년에 해당하는 데키우스의 박해 때부터 이미 금욕주의자들 혹은 기독교 철학자들이 광야로 은둔하는 최초의 사례들이 있었다. 물론 이때는 이런 사례들이 아직은 예외적인 경우들이었고, 개인적 위험을 면하기 위한 방책이긴 했지만 말이다. 교회가 광야의 자녀일 동안, 그리고 박해하는 세상과 대립하여 서 있는 동안에는 남녀 금욕주의자들이 대개 교회 근처에서 혹은 교회 안에서, 심지어는 가정에서 살면서 거기서 그리스도인의 완전이라는 이상을 실현하기 위해 힘썼다. 그러나 콘스탄티누스 치하에서 제국의 대다수 인구가 명목상의 그리스도인이 되었을 때, 그들은 이 세상 교회, 특히 알렉산드리아 · 안디옥 · 콘스탄티노플 같은 도시들의 교회가 도무지 정이 들지 않았으며, 따라서 자발적으로 황량하고 외진 곳과 산의 동굴로 물러나 살면서 방해를 받지 않은 채 영혼 구원을 위해서 힘썼다.

이처럼 금욕주의는 세속화를 가속시키는 국교회 체제와 권징의 쇠퇴에 대한 반발이자, 신앙 생활의 중심 무대를 광야로 옮김으로써 기독교 교회의 정절을 보존하려는 진실하고 선량한(비록 그릇된 인식에 토대를 두긴 했으나) 노력이었다. 로마 제국이 겉으로는 기독교 사회가 되었으나 속으로는 이교 정신이 가득하여 도덕적으로 부패한 현실과, 허리가 휠 정도로 과중한 세금,[7] 극단적인 독재와 노예제도, 과도한 사치와 절망적인 가난, 모든 계층의 포화, 학문과 예술 분

---

6) 참조. 제1권 § 94-97.

7) 락탄티우스는 심지어 숨쉴 자유조차 돈을 내고 사야 했다고 말하며, 조시무스 (*Hist.* ii. 38)에 따르면 아버지들이 세금 낼 돈을 마련하기 위해서 딸들을 매음굴에 팔았다고 한다.

야의 창의력 고갈, 접경 지대들에서 끊이지 않은 야만족들의 침공 위협 — 이 모든 상황이 진실한 사람들로 하여금 은둔 생활을 선호하게 만들었다.

하지만 그와 동시에 수도원주의는 순교 열정을 발산할 수 있는 통로가 되기도 했다. 국가가 기독교화함으로써 순교가 중단되면서 자발적 순교, 점진적인 자기 탈피, 이를테면 일종의 종교적 자살에 길을 열어주었다. 이집트와 시리아의 뜨거운 사막과 으스스한 동굴에서 금욕주의자들은 자기 고문의 고통을 감내하고 자연적 욕구들을 억제하고 지옥의 괴물들과 끊임없이 싸움을 함으로써 선조들이 박해 속에서 피의 죽음으로써 좀 더 빠르고 쉽게 얻었던 하늘 영광의 면류관을 얻고자 노력했다.

수도원 생활이 움튼 땅은 이집트였다. 이곳은 동양과 그리스 문학, 철학과 종교, 기독교 정통신앙과 영지주의 이단이 서로 만나 어우러지기도 하고 대적하기도 한 땅이었다. 이곳에서 수도원주의가 환영을 받고 발전하게 된 비결로는 기후와 지리적 특징들, 오아시스처럼 격리되어 있는 지형, 황량한 사막과 비옥한 나일 계곡의 완연한 대조, 미신적이고 사변적이며 수동적인 민족성, 테라퓨타이파의 모범, 알렉산드리아 교부들의 도덕 원리들, 특히 오리게네스가 가르친 고등하고 저급한 도덕성 이론과, 자발적 가난과 독신의 미덕 등을 들 수 있다. 아일리아누스(Aelian)는 이집트인들에 대해서 평하기를, 아무리 극단적인 고문을 받아도 불필요한 소리를 입 밖에 내지 않고, 고문을 당해 죽을지언정 진리를 타협하지 않으려고 하는 사람들이라고 한다. 이러한 민족성이 신앙 열정에 한 번 사로잡히면서 사막의 성자들을 배출해 내게 되었다.

29. 수도원주의의 발달

수도원 제도가 발달해 간 역사는 네 단계로 구분해서 봐야 한다. 처음 세 단계는 4세기에 완료되었고, 나머지 한 단계는 중세의 라틴 교회에서 무르익었다.

첫 단계는 아직 조직되지도 않았고 교회로부터 분리되지도 않은 금욕 생활이다. 이것은 니케아 이전 시대로부터 전해져 내려온 것으로서, 앞에서 이미 살펴본 바 있다. 이 초기 형태의 금욕주의가 니케아 시대에 들어와서 독거(獨居)로든 공동 생활로든 대부분 모양을 갖추었으나, 여전히 교회 내에서, 특히 수사들이라 불릴 수 있었던 성직자들 사이에서 존속했다.

둘째 단계는 독거 형태의 은둔 생활(anchoretism)이다.[8] 이 형태는 4세기 초에 발생하여 금욕주의에 고정적이고 항구적인 형태를 부여했으며, 외형적으로도 세상으로부터 구별되도록 했다. 엘리야와 세례 요한을 전범으로 삼았으며, 그들보다 더 멀리 나아갔다. 공동 생활에서 부분적이고 일시적으로 물러나는 것으로 만족하지 않은 은둔 수사[隱修者]들은 사회를 완전히 등지고, 심지어 동료 금욕주의자들에게서도 멀리 떠났으며, 어쩌다 한 번씩 인간사에 접촉했는데, 그것도 각계 각층에서 자신들을 존경하여 찾아온 방문객들, 특히 병자들과 가난한 사람들을 맞이할 때나(유명한 수사들일수록 그러한 접촉이 빈번했다), 특별한 경우에 다른 세계에서 온 정신적 지도자의 태도로 도시들을 찾아간 경우에 한정되었다. 그들의 의복은 낙타털과 짐승 가죽이었고, 음식은 빵과 소금이었고, 거처는 동굴이었으며, 일과는 기도와 육체적 고행, 그리고 환상 속에서 사탄의 세력들과 싸우는 것으로 이루어졌다. 이러한 생활 형태는 테베의 파울루스와 성 안토니우스가 시작한 것으로서, 동방에서 완성의 경지에 이르렀다. 서방인들에게는 이러한 생활이 너무나 기괴하고 실천하기 힘든 것이었기 때문에 특히 기후 조건이 좋지 못한 지역들에서는 거의 시행되지 않았다. 여성들에게는 이러한 생활이 전혀 걸맞지 않았다. 적어도 두세 명씩 집단을 이루어 생활한 은수자들도 있었다. 이를테면 이집트의 사라바이트파(Sarabaites), 시리아의 레모보스파(Rhemoboths)가 그들인데, 하지만 이들은 서로 다투고 가끔 방탕한 모습을 보이고 성직자들을 비판했기 때문에 사회적 인식이 좋지 못했다.

수도 생활의 발달에서 셋째 단계는 수도원을 짓고 거기서 공동생활을 하는, 일반적 의미에서의 수도원주의이다. 이 형태도 역시 이집트에서 에세네파와 테라퓨타이파를 모방하여 시작되었으며, 성 파코미우스에 의해서 동방에, 훗날 성 베네딕투스에 의해서 서방에 보급되었다. 두 금욕주의자는 후대의 유명한 수도

---

8) anchoretism은 '물러나다'(인간 사회에서)라는 뜻의 '아나코레오'에서 유래한 단어이다. 모나코스('홀로'라는 뜻의 '모노스'와 '홀로 살다'라는 뜻의 '모나제인'에서 유래함)와 monaenus(이 라틴어에서 monk<수사>라는 단어가 유래함)도 원래 독거 형태의 은둔 생활도 가리키지만, 대체로 공동 수도 생활 혹은 탁발 수도 생활과 동의어로 쓰인다.

회 설립자들과 마찬가지로 원래는 은수자들이었다. 수도원 생활은 사회적 기반을 둔 정규적인 금욕 생활 조직이다. 따라서 어느 정도만큼은 인간 본성의 사회적 요소를 인정하며, 그것을 좀 더 광범위한 세계에서 격리된 좁은 영역에서 반영한다. 은둔 생활이 수도원 생활로 이어진 경우가 종종 있었던 것처럼, 수도원 생활도 세상에서 지친 영혼들에게 피신처였던 동시에, 여러 면에서 교회에서 실제적인 삶을 가르치는 학교 역할도 했다. 수도원은 고립된 기독교에서 사회적 기독교로 이행하는 과도적 형태였다. 수도원은 서로 협력하여 금욕적 성결에 도달하기 위해 결성된 동성(同性)의 여러 은수자들로 구성된다. 공동 수도 생활은 해당 문화의 법률에 따라서 한 지붕 밑에서 한 사람의 감독 곧 대수도원장(abbot)의 주도로 이루어진다.[9] 그들은 일과를 공동 기도 시간과 노동 시간으로 구분하며, 남는 식량과 물품을 구제에 사용한다. 단 탁발 수사들은 자신들이 구제에 힘입어 살기 때문에 그 점에서 예외이다.

수도원주의가 이렇게 수정되면서 광야의 독거 생활을 실천할 수 없었던 여성들도 수도 생활에 참여할 수 있게 되었으며, 수사들의 수도원들이 설립되면서 즉시 수녀들(nuns)의 수녀원들도 등장했다.[10] 은수자들과 공동 생활 수사들 사이에는 질시와 반목이 적지 않았다. 전자가 후자에 대해서 세상에 순응하여 너무 안일하게 산다고 비판한 반면에, 후자는 전자에 대해서 이기적이고 인간애가 박약하다고 비판했다. 교회의 유명한 학자들은 일반적으로 수도원 생활을 선호했다. 그러나 은수자들은 비록 수가 줄어들지언정 완전히 사라지지 않았다. 많은 수사들이 처음에는 은수자였다가 수도원 수사(coenobite)가 되었다. 그리고 적지 않은 수도원 수사들이 은수자가 되었다.

수사들의 집단을 일으킨 사회적 자극이 결국에는 여러 수도원들로 하여금 하나의 수도회칙과 공동의 치리 조직 아래 결합하는 수도회들이 되게 했다. 넷째이자 마지막인 이 단계에서 수도원주의는 기독교를 널리 보급하고 학문을 증진하는 데 크게 이바지했고, 로마 가톨릭 교회에서 실제적인 제 소임을 충분히 수

---

9) '아바스' 즉 '아버지.' 이 단어에서 abbot이라는 단어가 유래했다. 여성 감독은 시리아어로 아마스라 불렸으며, 그 단어에서 abbess라는 단어가 유래했다.

10) nuns라는 단어는 '정절', '거룩'을 뜻하는 nonna에서 유래했다. 이 단어는 콥트어에서 생긴 듯하며, 일찍이 제롬이 사용했다. 남성 수사들을 가리키는 monks에 해당하는 nonnus라는 단어는 중세에 자주 쓰였다.

행했으며, 오늘날도 여전히 로마 가톨릭 교회에서 큰 영향력을 행사하고 있다. 동시에 넷째 단계의 수도원주의는 어떤 의미에서 독일 종교개혁의 요람이 되었다. 루터는 성 아우구스티누스회 소속으로서, 그가 에르푸르트 수도원에서 받은 훈련은 마치 바울에게 모세 율법이 그리스도에게 인도하는 몽학선생이었던 것처럼 복음적 자유에 이를 수 있게 하는 준비가 되었다. 바로 이 이유에서 개신교는 수도 생활의 완성이자 종결이다.

30. 수도원주의의 본질과 목표

수도원주의는 처음부터 실제 생활과 구분되는 명상 생활로 통했다.[11] 고대 교회는 명상 생활을 참되고 신적인 기독교 철학이자,[12] 탈세속적이고 순수히 사도적이며 천사와 같은 생활로 간주했다.[13] 수도원주의는 진지하게 생활하고, 정신으로 육체를, 이성으로 감각을, 초자연으로 자연을 제압하기 위해서 투쟁하며, 지극히 높은 거룩함의 단계에 이르러 영혼이 아무런 방해도 받지 않은 채 하나님과 사귐을 갖는 데 목표를 둔다. 하지만 다른 한편으로는 육체와 가정과 국가, 그리고 하나님이 세워놓으신 세상의 사회 질서를 병적일 만큼 지나치게 낮게 평가하는 데 토대를 두기도 했다. 물론 물질 자체를 악의 원리로 이해한 영지주의적·마니교적 금욕주의와 달리 세상을 하나님의 피조물로 인정하고, 가정과 재산을 신적인 제도로 인정한다. 그러나 도덕성을 두 등급으로 분류하여, 하나님의 자연 법칙 안에서 움직이는 평범하고 낮은 등급의 도덕성이 있고, 그것을 넘

---

11) 나지안주스의 그레고리우스와 그 밖의 사람들에 따른 구분. 중세 내내 명상 생활(vita contemplativa)과 실제 생활(vita activa)이 나사로의 두 자매의 태도로 예시되었다(참조. 눅 10:38-42).

12) 사변 체계가 아닌 특정 규율에 다른 생활 방식으로서 그렇게 인식되었다. 고대에는 금욕주의자와 철학자가 같은 뜻으로 사용되었다.

13) 천사와 같은 생활(vita angelica)이라는 표현은 그리스도께서 부활한 뒤에는 시집가거나 장가가는 일이 없고 천사와 같이 지낼 것이라고 하신 말씀(참조. 마 22:30)을 부당하게 적용한 것이다. 그리스도께서는 이 표현을 닮아야 할 모범으로 가르치기 위해서 사용하시지 않고, 다만 사두개인들의 그릇된 생각을 바로잡아 주시기 위해서 사용하셨다.

어서서 특별한 공로를 수반하는 고등하고 비범하고 귀족적인 등급이 있다고 본다. 기독교의 큰 과제를 세상을 변화시키는 데 두지 않고, 세상에 대해 단념하는데 둔다. 수도원주의는 국가와 결합한 가시적 교회의 허다한 수가 조성해 내던세속성에 맞서서 극단적인 비세속성을 추구했다. 완전한 포기를 요구하되 다만죄에 대해서 뿐 아니라, 그 자체로는 합법적이고, 하나님이 친히 내신 것이고, 인류의 존속과 번영에 없어서는 안 되는 재산과 결혼에 대해서까지 포기를 요구했다. 하지만 개인에게 가난을 요구했다고 해서 공동 재산 소유마저 배격한 것은 아니다. 베네딕투스회를 비롯한 몇몇 수도회들은 세월이 흐르는 과정에서 막대한 부를 축적했던 것은 잘 알려진 사실이다. 수도원 제도는 수도원장을 그리스도의 가시적 대표자로 여겨 그에게 절대 복종할 것을 요구한다. 명령에 복종하고 자신을 희생하는 것이 군인의 첫째 의무이며, 군인으로 성공하고 명예를얻는 조건인 것처럼, 육체와 세상, 마귀에 대한 전쟁을 수행하는 이 영적인 군대에 속한 수사들도 개인의 의지를 갖는 것이 허용되지 않는다. 그들에게는 테니슨(Tennyson)의 시가 잘 어울린다:[14]

> "그들의 일은 왜라고 묻는 것도 아니고
>
> 대꾸를 하는 것도 아니고
>
> 다만 순종하다가 죽는 것입니다."

자발적 가난, 자발적 독신, 절대 복종이 이른바 삼중 수도 서약을 구성하며, 그것이 숭고한 덕을 이루며 천국에서 더 큰 상을 받게 한다고 간주되었다.

그러나 이러한 삼중 자기 부정은 수도원주의가 지니는 소극적인 면이자 목표를 달성하기 위한 수단일 뿐이다. 그것은 인간에게 현세의 재산과 결혼 생활, 독자적인 의지에 붙은 유혹들을 훌쩍 뛰어넘게 하며, 천성을 향한 걸음을 촉진한다. 수도원주의가 지니는 적극적인 면은 삶 전체를 자신의 모든 시간과 힘과 함께 주저없이 하나님께 드리는 것이다. 비록 앞에서 말한 대로 이 일이 사회의 영역과 자연 질서 안에서 이루어지지 않고 밖에서 이루어지긴 하지만 말이다. 이러한 헌신적인 삶이 기도와 묵상, 금식, 육체적 고행으로 이루어진다. 어떤 수사

---

14) 그의 유명한 전쟁 시, "The Charge of the Light Brigade at Balaclava," 1854.

들은 육체가 경건 생활을 방해한다는 이유로 육체를 사용하는 행위를 아예 단념하는 데까지 나갔다. 그러나 일반적으로는 영적인 활동과 학문 연구를 적절히 결합하거나, 농사·광주리 제조·옷감 제조 등 자신들의 생계를 유지하고 가난한 사람들을 돕기 위한 노동에 적절히 힘쓰는 것을 수사들에게 합법적일 뿐 아니라 건전한 행위로 여겼다. 부지런한 수사는 귀신 한 명에게 시달릴 뿐이지만, 게으른 수사는 귀신의 군대에게 시달린다는 것이 격언이었다.

수도원 생활은 엄숙하고 엄격한 금욕적 규율들에도 불구하고 고상하고 명상에 힘쓰고 하늘을 사모하는 사람들에게는 나름대로 영적인 기쁨과 뿌리칠 수 없는 매력을 갖고 있었다. 감옥과 같은 도시의 소란과 허영에서 도망쳐 나온 그들은 수도원 생활을 하나님과 성인들과 기쁜 사귐을 누리며 자유롭게 사는 낙원으로 만들었다. 반면에 다른 이들에게는 수도원이 게으름과 의타성과 몹시 위험한 유혹과 궁극적인 파멸로 인도하는 곳이 되었다.

31. 수도원주의와 성경

그러므로 수도원주의는 기독교의 경건과 덕을 가장 고상하고 순결하게 표현하는 형태이자, 하늘에 도달하는 가장 확실한 길로 자처한다. 그렇다면 성경이 당연히 수도원주의를 크게 강조했을 테고, 그리스도와 사도들의 삶에도 분명히 그러한 모습이 나타났으리라고 생각하게 된다. 하지만 수도원주의가 지니는 가장 근본적인 결함이 바로 성경적 뒷받침을 받지 못한다는 것이다.

수도원주의 옹호자들은 한결같이 엘리야와 엘리사, 세례 요한을 가장 먼저 수도원주의의 모범으로 제시한다.[15] 그러나 이분들은 구약의 율법적 차원에 서 있으며, 특별한 시대의 특별한 인물들로 간주해야 옳다. 설혹 이분들을 부분적인 은둔 수도 생활(수도원 생활이 아닌)의 표상으로 간주할지라도, 성경은 어느 곳

---

15) 제롬이 그러하다(*Ep*. 49. ed. Ben. *ad Paulinum*). 이 서신에서 제롬은 엘리야와 요한 외에도 이사야와 선지자들의 아들들을 수도원주의의 아버지로 제시한다. 하지만 *Vita Pauli*에서 그는 좀 더 정확하게 테베의 파울루스와 안토니우스를 선지자들과 구분되는 최초의 은수자들이라고 부른다. 이렇게 엘리야와 세례 요한을 모범으로 삼는 것이 가톨릭 저자들의 전통적인 관점이 되었다.

에서도 이분들을 우리가 구체적으로 본받아야 할 대상으로 가르치지 않고, 다만 그들이 세상에 끼친 영향을 소개할 뿐이다.

수도원주의 옹호자들이 그 다음으로 지적하는 근거는 신약성경의 몇몇 고립된 구절들로서, 실제로는 재산과 결혼을 단념할 것을 요구하지 않지만, 더 숭고한 완전을 얻으려고 노력하는 그리스도인들에게 특별하고 예외적인 경건의 형태로 권장하는 듯한 인상을 준다.[16]

마지막으로 수도 생활의 정신을 뒷받침하는 근거로서 심지어 그리스도와 사도들의 가난, 마르다와 달리 조용하게 말씀을 들은 마리아의 태도, 초대 예루살렘 교회의 자발적 유무상통(有無相通) 공동체까지도 지적된다.

그러나 초대 기독교를 이렇게 수도원적 관점에서 이해한 것은 외형상 우연히 비슷한 점들을 본질적인 동질성으로 잘못 해석하고, 기독교 정신을 성경 전체의 교훈에서 평가하지 않고 고립된 몇몇 구절들을 가지고 평가한 것으로서, 초대 기독교의 전모를 아주 빈약하고 초라하게 묘사한 것이다. 복음은 모든 사람들에게 사실상 동일한 도덕적 요구를 하며, 대중의 종교와 소수 엘리트의 종교를 구분하는 일이 없다.

모든 신자들의 모범이신 예수께서는 수사도, 은수자도, 어떤 유형의 금욕주의자도 아니셨으며, 다만 만민이 닮아야 할 완전한 모범이셨다. 예수의 생애나 교훈에는 수사의 근엄함과 금욕적 엄격함을 내비치는 흔적이 조금도 없으며, 그분이 내놓으신 모든 말씀과 행위에는 자유와 순결, 지극히 폭넓은 자비와 흠없는 성결이 놀랄 만큼 잘 조화를 이루고 있다. 예수께서는 산으로 혹은 한적한 곳으로 물러가신 일들이 있지만 일시적으로 그렇게 하신 것이며, 그 목적도 적극적인 사역을 위한 힘을 새로 얻으시려는 것이었다. 예수께서는 남녀로 이루어진 제자들과 함께 계실 때, 동족과 친구들을 대하실 때, 가나와 베다니에서, 세리들 및 죄인들과 함께 하신 식탁에서, 그리고 모든 계층 사람들을 접촉하실 때 세상

---

16) 따라서 그것을 mandata divina[신적 명령]와 구분하여 consila evangelica[복음의 권고]라고 불렀다. 이것은 고전 7:25을 근거로 한 것이다. consilium(의도)과 votum paupertatis(가난의 서원)는 마 19:21에 근거를 두며, votum castitatis(순결의 서원)는 고전 7:8, 25, 38-40에 근거를 둔다. votum obedientiae(복종의 서원)에 대해서는 특정 본문이 인용되지 않는다. 그 이론은 사실상 이미 오리게네스가 주장했는데, 그것은 그의 사견으로 그치지 않고 널리 시행되던 관행을 반영한 것이었다. 참조. 제1권 § 94, 95.

으로부터 항상 성결을 유지하셨고, 세상을 하나님 나라로 변화시키셨다. 그분의 가난과 독신은 금욕주의와 하등 상관이 없었다. 그것은 한편으로는 구속의 사랑을 인해 자신을 낮추신 결과이고, 다른 한편으로는 당신의 이상적인 독특성과 온 교회에 대해서 지니시는 절대적이고 특별한 관계를 나타내는 것이었다. 그렇게 하시는 것이 당신의 신부인 교회에 적합하고 합당한 일이었다. 하와의 어떠한 딸도 인류의 구주에게 합당한 배우자가 되거나, 새 창조를 대표하는 머리가 될 수 없었다.

나사로의 누이들이 보여준 행동은 명상 생활이 실천 생활과 한 집에서 남녀 사이에 함께 이루어질 수 있음을 입증할 뿐이며, 사회를 등지는 행위를 정당화하지 않는다.

사도들과 초기 그리스도인들의 삶도 결코 은둔 생활이 아니었다. 만약 그분들이 은둔 생활을 했다면 복음이 로마 세계의 모든 도시들에 그렇게 신속히 전파될 수 없었을 것이다. 베드로는 결혼을 한 사람으로서 아내를 데리고 선교 여행을 했다. 바울은 성직자가 한 명의 아내를 두는 것을 규율로 가르치며, 비록 교회가 핍박을 당하던 상황에서 개인적으로 독신을 선호하긴 했을지라도 율법의 속박과 불안한 금욕주의에 반대하여 복음적 자유를 누구보다도 앞장서서 강조했다.

그러므로 수도원주의는 어느 모로 보나 기독교 신앙의 정규적인 형태가 아니다. 그것은 비정상적인 현상이요, 인간이 고안해낸 신앙 생활 방식으로서(참조. 골 2:16-23), 성경의 기독교를 쇠약하게 하고 왜곡시킨 경우가 적지 않다. 그러므로 신앙은 자기 부인의 강도로 평가하거나, 겉으로 나타나는 자기 훈련 행위로 평가해서는 안 되고(그런 것은 이교와 유대교, 이슬람교에서도 얼마든지 찾아볼 수 있다), 그러한 행위를 유발하는 기독교의 겸손과 사랑의 정신으로 평가해야 한다. 겸손은 기독교적 삶의 근간이고, 사랑은 모든 것을 지배하는 원리이며, 기독교 신앙의 독특한 특징이기 때문이다. 하나님을 사랑하고 인간을 긍휼히 여기는 일이 없다면 아무리 자신을 가혹하게 훈련하고 세상을 아무리 극단적으로 단념할지라도 하나님 앞에서는 모두 쓸데없는 일이다(참조. 고전 13:1-3).

32. 수도원 생활의 빛과 그림자

순수하고 정상적인 성경의 기독교와 비정상적인 수도원적 기독교의 차이는 고대 교회에서 수도원주의가 실제로 시행된 상태를 자세히 살펴보면 더욱 확연하게 드러날 것이다.

세상을 버리는 형태의 경건이 이렇게 급속히 전파되었다는 것은 자기를 부정하는 도덕적 진지성이 상당했음을 입증하며, 여러 가지 실수와 방황에도 불구하고 존경심을 품지 않을 수 없게 된다. 우리 시대는 온갖 안락한 환경에 익숙해 있긴 하지만 대중의 평균 도덕성에서는 니케아 시대를 훨씬 앞서기 때문에 그러한 극단적인 금욕주의를 내놓을 수 없다. 수도원주의의 확산과 가치를 평가할 때는 대중을 타락시키는 극장의 악영향, 과중한 세금, 노예제도, 끊이지 않는 내전, 그리고 로마 제국의 절망적 상태를 모두 감안해야 한다. 더욱이 이 현상이 지니는 도덕적 중요성을 수치(數値)로써 평가해서는 안 된다. 수도원주의는 처음부터 상반된 인격과 상반된 동기를 지닌 사람들을 끌어들였다. 과거의 순교 때와 마찬가지로 도덕적 진지함과 신앙 열정을 가지고 수도 생활에 입문한 사람들이 있는가 하면, 게으름과 불만, 좌절, 염세적 태도, 신앙으로 명예를 얻으려는 야심, 그리고 온갖 불행이나 우발적 상황 등 온갖 사악한 동기들을 가지고 들어온 사람들도 있었다. 유명한 사례 한 가지만 언급하자면, 팔라디우스(Palladius)는 단순자 파울루스(Paul the Simple)에 관해서 말하는데, 그는 아내가 불륜을 저지른 데 격분한 나머지 당일로 "예수의 이름으로" 서약한 뒤 광야로 들어갔다. 예순의 나이에도 불구하고 안토니우스의 지도를 받아 곧 대단히 모범적인 수사가 되었으며, 대단히 겸손하고 단순하며 마음을 완벽하게 다스리는 생활을 했다.

이러한 상이한 동기들을 감안할 때 수사들의 도덕적 성격이 대단히 편차가 컸으며, 극단적으로 상반된 사례들을 나타냈다는 데에 놀랄 필요가 없다. 아우구스티누스는 수사들과 수녀들 속에서 지극히 훌륭한 인간들과 지극히 악한 인간들을 다 발견했다고 말한다.

우선 은수자들의 역사를 좀 더 면밀히 살펴보자면, 그 역사에서 영웅적인 인물들을 많이 발견하게 된다. 그들은 믿기지 않을 만큼 육체의 욕망을 훌륭히 다스렸으며, 구약의 선지자들과 세례 요한과 마찬가지로 단순히 모습을 드러내거나 가끔 하는 설교를 통해서 당대 사람들에게, 심지어 이교도들에게까지 강렬한 인상을 심어놓았다. 성 안토니우스가 알렉산드리아를 방문했을 때 허다한 인파가 나와서 마치 저 세상에서 온 사자를 대하듯이 그의 언행에 집중했으며, 그 결과 수많은 사람들이 회심했다. 그의 수척한 얼굴, 강렬한 눈동자, 기괴하면서도 존경을 자아내는 외모, 세상을 경멸하는 표정, 짧지만 폐부를 찌르는 발언들이 그 시대 사람들에게는 웬만큼 정교한 설교보다 훨씬 더 강한 교훈을 주었다. 몇 해고간에 기둥위에 서서 금식하고 기도하면서 방문객들에게 회개하라고 촉구하던 성 시므온은 그 세대 사람들에게 천국을 가리키는 살아 있는 기적이요 표징이었다. 때때로 황제의 진노로 도시와 속수 전체가 도륙을 당할 위기에 처하게 되었을 때 그러한 은수자들이 나서서 효과적으로 중재함으로써 도시들과 속주들을 위기에서 건진 경우도 있었다. 387년에 테오도시우스가 민란이 일어난 안디옥을 궤멸하려고 하자, 은수자 마케도니우스가 나서서 황제가 보낸 사절 두 사람을 만났다. 사절들이 말에서 내려 그의 손과 발에 입을 맞추어 경의를 표하자, 그는 자신들의 연약함을 토로한 다음, 황제의 동상은 쇠할지언정 인간은 하나님의 불멸의 형상을 지닌 고귀한 존재들임을 일깨워 줌으로써 도시를 궤멸의 위험에서 구했다.[17] 은수자들이 합법적인 낙들을 자발적으로 포기하고 자처한 고통을 묵묵히 참아내면서 보여준 영웅적인 삶은 과연 존경을 받을 만하고, 도저히 믿기지 않는 경우가 적지 않다.

그러나 수도원주의의 약점이라고 할 수 있는 이러한 도덕적 영웅주의는 오늘날 기독교의 표준뿐 아니라 모든 건실한 표준을 벗어난다. 그리스도와 사도 교회의 가르침과 실천에서 아무런 지지도 얻지 못한다. 성경의 선례보다 이교의 선례에 훨씬 더 가깝다. 큰 명성을 날린 대다수 사막의 성인들은 기독교 신앙고백과 기계적으로 암기한 몇몇 성경 구절들을 제외하면 불교의 고행자들과 이슬람교의 탁발승들과 다를 바 없었다. 그들이 내세운 높은 덕목은 스스로 고안해 낸 육체 훈련 위주로서, 거기서 사랑을 찾아보기 힘들었으며, 기껏해야 영적 허영심을 만족시킬 뿐 복음이 가르친 구원의 도리를 완전히 흐려놓는 경우가 대부분이었다.

이것은 4, 5세기에 가장 명성을 날린 동방의 은수자들 가운데 어느 누구를 지적하더라도 충분히 예증할 수 있다.

성경은 기도할 것과 일할 것을 교훈한다. 이방인들이 하듯이 입술로만 기계적

---

17) Theodoret., *Hist. relig.* c. (vita) 13.

으로 기도하지 말고 마음을 다해 기도하라고 한다. 그러나 단순자 파울루스는 매일 3백 번의 기도를 드렸고, 한 번 기도할 때마다 조약돌을 한 개씩 품에 넣었다(조약돌을 일종의 묵주<로자리오>로 사용한 것이다). 그러던 어느 날 어떤 처녀가 하루에 7백 번 기도를 올린다는 소문을 들은 그는 번민을 떨치지 못한 채 마카리우스에게 자신의 불편한 심정을 털어놓으니까, 마카리우스는 이렇게 대답했다. "양심에 가책이 생기신다면 그것은 마음으로 기도를 드리지 않았거나 좀 더 자주 기도를 드리지 않았기 때문입니다. 나는 6년 동안 기도에 소홀한 데 대해 자책감을 느끼지 않은 채 매일 수백 번씩 기도를 드렸습니다."

그리스도께서는 다른 사람들과 함께 먹고 마셨으며, 그로써 옛 언약의 대표자인 요한과 분명히 다르게 행동하셨다(참조. 마 11:18, 19). 바울도 하나님의 선물을 감사함으로 받아 사용하라고 권한다(참조. 딤전 4:3-5). 그러나 유명한 은수자이자 장로인 알렉산드리아의 이시도루스(Isidore, 아타나시우스에 의해 성직 임명을 받음)는 고기를 만지지 않았고 포식을 하지 않았으며, 팔라디우스가 전하듯이 훗날 낙원에서 천사의 음식을 먹게 될 자가 이성 없는 짐승처럼 물질을 먹어야 하는 것이 부끄러워 식탁에 앉아 자주 눈물을 흘렸다고 한다. 대 마카리우스는 오랫동안 일주일에 한 번만 식사를 했으며, 잠도 서서 장대에 기댄 채 잤다. 그에 비해 명성이 뒤지지 않는 소 마카리우스는 3년 동안 하루에 약 100그램 정도의 빵만 먹고 지냈으며, 7년 동안 익히지 않은 야채와 콩만 먹고 지냈다. 프톨레마이오스는 물 없는 광야에서 3년을 홀로 지내면서 12월과 1월에 질그릇에 받아둔 이슬로 갈증을 해소했으나, 결국 큰 회의와 정신 질환과 방탕에 빠지고 말았다.[18] 소조메누스는 바타이우스라는 사람이 극단적인 금욕 생활을 하다가 치아에서 벌레가 기어나왔고, 알라스가 80세가 되도록 빵을 입에 대지 않았으며, 헬리오도루스가 여러 날 철야를 하고 7일간 연속해서 금식을 했다는 이야기를 전한다.[19] 기독교의 디오게네스라 평을 받는 시므온은 10m 가량 되는 기둥에 올라가 기도와 금식과 설교를 하며 36년의 세월을 보냈으며, 식사는 일주일에 한 번 하고 금식할 때에는 아예 아무것도 입에 대지 않았다. 하지만 이러한 영웅주의는 동방의 건조한 기후였기 때문에 가능했고, 서방에서는 적절하지 않았다.

---

18) 참조. *Hist. Laus.* c. 33, 95.

19) *Hist. Eccles.* lib. vi. cap. 34.

은둔 수행에는 거의 언제나 조야하고 지저분한 면이 따르게 마련인데, 이것은 그 시대에 비추어 볼 때는 관대하게 평가할 수 있겠으나, 성경이 가르치는 도덕성과는 하등 관계가 없으며, 선량한 취향뿐 아니라 건실한 도덕적 정서도 훼손한다. 금욕적 성결은 적어도 이집트인들의 개념에 따르면 깨끗하고 단정한 생활과 양립할 수 없고, 누추한 것을 선호하게 마련이다. 그것은 청결을 거룩 다음으로 치는 건실한 복음적 윤리와 현대 기독교 문화의 공리와 상반된다. 성 안토니우스와 힐라리온은 그들을 존경했던 내 아타나시우스와 학사 세롬이 전하는 바에 따르면 머리를 빗질하거나 단정하게 자르고(단, 일년에 한 번 부활절을 제외하고는), 손발을 씻는 행위를 경멸했다고 한다. 다른 은수자들은 인도의 고행 수행자들처럼 거의 벗은 몸으로 광야를 돌아다녔다.[20] 소 마카리우스는 그의 제자 팔라디우스에 따르면 사막의 습지에서 여섯 달 동안 벗은 채 멧돼지의 가죽도 뚫는다는 아프리카 모기들에게 물리며 지냈다고 한다. 그는 과거에 모기에게 분풀이를 한 행위를 반성하는 차원에서 스스로 그러한 징벌을 자처했으며, 모기들과 벌들에게 너무나 많이 물려서 마치 문둥병에 걸린 것처럼 보였으며, 목소리를 들어야 겨우 그인 줄을 식별할 수 있었다.[21]

주상성인(柱上聖人) 시므온은 테오도레투스에 따르면 스무 마리의 큰 빈대들을 몸에 넣어 다니면서 오랫동안 끊임없는 고통을 겪었으며, 벌레들이 득실거리는 농창들을 감추고 지내면서 인내와 온유를 훈련했다고 한다. 메소포타미아에는 특별한 계층의 은수자들이 있었는데, 그들은 하루종일 들판에서 기도와 찬송을 하며 지내다가 밤이 되면 짐승들처럼 산으로 돌아갔다.[22] 테오도레투스는 많은 찬사를 받던 키프로스의 은수자 아켑시스마스(Akepsismas)에 관해서 쓰는데, 그는 6년을 독방에서 지내면서 누구와도 만나거나 말하지 않았다. 그 모습이 너

---

20) 이들은 완전히 벗지 않고 몸 중앙 부분을 가리고 지냈다. 아우구스티누스(*De civit. Dei*, l. xiv, c. 17)와 후대의 여행객들이 그 이야기를 전한다. 반면에 옷을 벗고 지내는 것을 몹시 부끄러워한 수사들도 있었다. 암몬은 한 번도 벗고 지낸 적이 없다고 한다. 파코미우스의 수도회칙에 따르면 타벤나이의 수사들은 항상 옷을 입은 채 잠을 자야 했다.

21) 참조. *Hist. Lausiaca*, c. 20, and Tillemont, tom. viii. p. 633.

22) 참조. Sozomen, *H. E.* l. vi. 33. 에프라임 시루스는 그들에게 보내는 특별한 찬사를 썼는데, 그것 Tillemont의 *Mem. tom.* viii. p. 292 sq에 실려 있다.

무나 거칠고 털투성이어서 어느 목동이 그를 늑대로 오인하고서 돌을 던졌다가 나중에 잘못을 깨닫고는 그 은수자를 성인으로 숭배했다고 한다.[23]

이런 유형의 도덕성이란 짐승의 단계에서 불과 한 발짝밖에 떨어져 있지 않았던 것이다. 이 성인들 가운데 많은 사람들은 부도덕한 사람들과 함께 사느니 차라리 들짐승들과 사자들과 늑대들과 하이에나들과 어울려 지내는 편을 좋아하고, 여성의 얼굴을 마치 마귀 대하듯 외면한 게으름뱅이들이거나 우울한 염세주의자들이었다. 술피티우스 세베루스는 테바이드(고대 이집트와 테베의 지배력이 미쳤던 주변 지역)에서 어떤 은수자를 만났는데, 그는 매일 저녁 식사를 암컷 늑대에게 나누어 주었다. 늑대가 식량을 도둑질한 것을 자백하고 고행차 며칠 동안 찾아오지 않자, 그는 늑대에게 다시 와주기를 청했으며, 늑대가 다시 오자 음식을 배나 주어 위로했다고 한다.[24] 같은 저자가 또 다른 은수자를 소개하는데, 그는 50년을 인간 사회를 등진 채 시내 산 동굴에서 살았다고 한다. 옷은 해어질 대로 해어지고, 아무렇게나 자란 머리털과 수염으로 온통 뒤덮인 그는 사람들과 접촉하게 되면 천사들의 방문에 지장이 생긴다는 이유로 방문객들을 피했다. 그 말로 인해 그가 천사들과 만난다는 이야기가 퍼졌다.[25]

이 기인들이 성경의 권위를 떠난 채 개인 영혼의 유익을 얻거나 자신들을 존경스럽게 구경하는 사람들 앞에서 허영을 채우기 위한 목적으로 고대와 현대의 힌두교 수행자들이 실천하던 것과 동일하거나 능가하는 기괴한 자기 고문을 수행했다고 말하는 것은 그들에게 결코 칭찬이 되지 못한다. 고대와 현대의 여행자들의 말에 따르면, 힌두교 수행자들 가운데 어떤 이들은 진흙 구덩이에 들어가 코만 밖으로 내민 채 지내고, 다른 이들은 사악한 땅을 경멸한 나머지 쇠로 만든 우리를 나무 사이에 걸어놓고 그 속에 들어가 지낸다. 어떤 이들은 육중한 쇠 목걸이나 족쇄를 착용하거나, 은밀한 부위에 무거운 쇠사슬을 감고 지냄으로써 정절을 자랑한다. 다른 이들은 주먹을 꽉 쥔 채 지내서 손톱이 자라 손바닥을 뚫고 나오게 한다. 어떤 이들은 외발로 언제까지나 서서 지내며, 다른 이들은 고

---

23) *Hist. rel.* cap. (vita) xv. (*Opera omnia*, ed. Par. iii. 843 sqq.)

24) *Dial.* i. c. 8. 세베루스는 이 놀라운 사례에서 들짐승조차 길들이는 그리스도의 능력을 바라본다.

25) *l. c.* i. c. 11.

개를 한쪽 어깨에 기울인 채 지내서 다시는 똑바로 펴지 못한다. 어떤 이들은 쇠못이 숭숭 박힌 나무침대에 누워서 지내고, 다른 이들은 평생 나무 기둥에 사슬로 몸을 묶은 채 지낸다. 어떤 이들은 거꾸로 매달리거나 등에 갈고리를 박은 채 뜨거운 불 위에서 반시간 동안 매달려 있는다.

알렉산더 폰 훔볼트(Alexander von Humboldt)는 힌두교 수행자들이 모여 사는 아스트라칸을 방문했을 때 신전 현관에서 벌거벗은 채 잔뜩 웅크리고 있는 요가 수행자를 발견했다. 머리털을 방치하여 외모가 들짐승과 다를 바 없었던 그는 이러한 자세로 22년 동안 지내면서 모진 겨울을 났다고 한다. 어느 예수회 선교사는 타파소니아스(Tapasonias)라고 하는 계층의 어느 수행자가 쇠우리를 몸에 쓰고 있었는데 머리와 사지는 밖으로 나와 있어서 걸을 수는 있지만 앉거나 누울 수는 없었다고 한다. 밤에는 그의 신도들이 쇠우리 밖에 수백 개의 등불을 달아주어서 자신들의 주인이 세상을 조롱하는 빛으로 걸어다니는 모습을 보여줄 수 있도록 했다.

일반적으로 은수자의 생활은 외부 세계로부터 도피하는 행위와, 부패한 마음이 자리잡고 있는 내면 세계를 괴롭게 하는 행위가 뒤섞이게 마련이다. 하지만 사랑의 의무는 도외시되며, 겸손과 극도의 자기 부인의 가면 속에 영적인 자부심과 질투가 도사리고 있는 경우가 적지 않다. 게다가 독거(獨居)에 따르는 온갖 위험, 심지어 야만적인 생활, 짐승과 같은 누추함, 혹은 좌절과 자살에 노출되기도 한다. 은수자들의 아버지인 안토니우스는 이 점을 제대로 간파하고서 추종자들에게 독거의 가치를 지나치게 높게 평가하지 말라고 경계했으며, "혹시 그들이 넘어지면 하나가 그 동무를 붙들어 일으키려니와 홀로 있어 넘어지고 붙들어 일으킬 자가 없는 자에게는 화가 있으리라"는 전도자의 잠언(전 4:10)을 일깨워주었다.

수도원 생활은 이러한 오류들에 덜 노출되었다. 은둔 수행에 비해 사회와 문화에 좀 더 다가섰다. 그럴지라도 은수자들과 같은 영웅적인 현상들을 내놓지 못했으며, 나름대로 위험한 점들을 갖고 있었다. 크리소스토무스는 자신이 직접 경험한 바를 토대로 수도원의 밝은 면을 소개한다. 안디옥의 수사들에 관해서 그는 이렇게 말한다. "그들은 해 뜨기 전에 일어나 건강하고 건실한 모습으로 대수도원장의 인도하에 한목소리로 하나님을 찬송한 다음 무릎을 꿇고 기도를 드리고, 성경을 읽고, 일터로 나간다. 9시, 12시, 오후 3시에 다시 기도한다. 하루종일 일한 뒤에 빵과 소금으로 이루어진 식사를 한다. 아마 기름도 곁들이는 듯하며, 가끔 콩도 메뉴에 포함된다. 식후에 감사 찬송을 드리고, 아무런 근심과 슬픔과 불평도 없이 짚으로 만든 요에 눕는다. 동료 중 누가 죽으면 '그이는 완전케 되었다'고 말하며, 모두 그와 같이 영원한 안식과 그리스도를 직접 뵙는 자리에 이를 수 있게 해달라고 기도드린다." 크리소스토무스 · 바실리우스 · 그레고리우스 · 제롬 · 닐루스 · 이시도루스 같은 사람들은 홀로 금욕 생활을 하면서 신학을 연구했으며, 그로써 성경 지식도 해박했을 뿐 아니라 영적 체험도 풍부했다.

그러나 대다수 수사들은 문맹이어서 사색과 연구에 깊이 빠져들 만한 지적 역량을 갖고 있지 못했으며, 금욕의 원리대로 감각을 탈피하지 못한 채 우울한 정서에 사로잡히거나 조야한 신인동형설과 화상(畵像) 숭배에 빠져들었다. 종교적 열정이 식거나 사라질 때는 수도원 생활도 은둔 생활과 마찬가지로 수도생활의 본뜻을 상실한 채 지루한 일과의 반복이 되거나 은밀하게 악을 범하면서 겉으로 위선을 나타내는 생활의 연속이 되었다. 수사들은 자신들의 독방에 들어갈 때 마음에 도사리고 있는 가장 위험한 원수를 가지고 들어갔으며, 그곳에서 인간 사회에서 보기 힘든 치열한 투쟁을 겪는 경우가 많았다.

육욕과 자부심과 야심 같은 유혹들이 은수자들과 수사들에게 지옥의 모습으로 다가섰다. 환상과 꿈을 통해서 그때그때의 마음 상태에 따라서 어떤 때는 기쁘고 유혹적인 형태와 색깔로, 다른 때는 위협적이고 두려운 형태와 색깔로 나타났다. 수사들의 끝없는 상상이 광야들과 암자들을 지독히 악한 사회로, 날개 달린 귀신들과 지옥의 온갖 괴물들로 득실거리게 했다. 그로써 악령들로 널리 인식된 이교 신들을 중심으로 하는 새로운 유형의 다신론이 생기게 했다. 수도원의 귀신론은 조야한 미신들과 깊은 영적 체험들이 이상하게 혼합하여 생긴 결과이다. 이렇게 해서 단조로운 고립 생활이 되었을 수도 생활이 전기적(傳奇的, romantic)인 그늘진 면을 이루며, 윤리학 · 심리학 · 병리학의 역사를 위한 많은 자료를 남긴다.

특히 수사들을 괴롭힌 것은 육욕으로 인한 시험들이었는데, 이것들은 극도의 노력과 항시적인 경계가 아니면 좀처럼 떨쳐버리기가 어려웠다. 독신을 벗어나서는 참된 정절을 지킬 수 없다고 생각했던 성인들도 적어도 상상을 더럽히는 불결한 꿈 때문에 괴로워했다고 스스로 털어놓았다.[26] 과도한 금욕주의가 순리를 거스르는 악으로 빗나간 경우도 가끔 있었다. 그러한 생활이 때로는 사람을 미치게 하고 절망하게 하고 자살하게 했다. 파코미우스는 벌써 자기 시대에 많은 수사들이 절벽에서 몸을 던지고, 자해하고, 그 밖의 방법으로 자살하는 일들이 있었다고 전한다.[27]

수도원주의의 전형적인 특징은 뭐니뭐니해도 여성에 대한 병적인 반감과 결혼 생활에 대한 거친 경멸이다. 이런 점을 감안할 때 수도원주의가 성행하던 땅인 이집트와 동방 전역에서 여성들과 가정 생활이 제대로 존중되지 않고, 오늘날까지 문화의 하층에 머물러 있다는 것이 조금도 이상한 일이 아니다. 바실리우스의 수도회칙 가운데는 여성과 대화를 하거나, 접촉을 하거나, 불가피한 경우가 아니면 심지어 쳐다보지도 말라고 금하는 규정이 실려 있다. 수도원주의가 심지어 남편과 아내의 신성한 관계마저 단절시키는 경우도 적지 않았다. 그럴 경우 대부분은 암몬과 닐루스처럼 상호 합의하에 헤어지는 것이 보통이었으나, 합의조차 없이 헤어지는 경우도 많았다. 하나님의 말씀은 결혼의 띠를 사람이 풀 수 없다고 분명히 가르치는 반면에, 유스티니아누스의 법은 실제로 양측에 결혼을 파기할 무조건적 권리를 부여하는 듯하다. 강그라 공의회는 결혼이 구원에 도움이 되지 않는다는 견해를 비판하고, 아내들에게 남편들과 함께 거하도록 권했다.

마찬가지 방식으로 수도원주의는 친족에 대한 사랑과 부모ㆍ자녀간의 관계와도 상충되었다. 그것은 주님을 위해서 모든 것을 버리라는 주님의 계명을 잘못 해석한 결과였다. 닐루스는 수사들에게 혈족에 대한 정을 철저히 버릴 것을 요구했다. 성 안토니우스는 여동생과 헤어진 뒤에 죽을 때까지 한 번밖에 더 보지 않았다. 그의 제자 프리오르(Prior)는 수사가 되었을 때 친족을 다시는 보지 않겠다고 서약했으며, 심지어 누이를 만났을 때도 눈을 감은 채 대화를 나누었다. 파코미우스와 관련해서도 이와 비슷한 이야기가 전해진다. 암브로시우스와 제롬

---

26) 아타나시우스는 성 안토니우스에 관해서 말하면서, 가끔 마귀가 여성의 모습으로 그에게 나타났다고 한다. 제롬은 성 힐라리온에 관해서 말하면서, 그가 잠자리에 누워 있을 때 벌거벗은 여인들의 상상 때문에 곤욕을 치른 경우가 많았다고 한다.

27) *Vita Pach.* § 61.

은 아주 진지한 어조로 처녀들에게 수녀원 생활을 강권하며, 부모가 만류하더라도 반드시 그렇게 해야 한다고 가르쳤다. 푸아티에의 힐라리우스는 자기 딸이 결혼하고 싶다고 말하자 하나님께 그 아이의 생명을 거둬가 달라고 기도했다고 한다. 무키우스라는 사람은 특별한 이유도 없이 친아들을 잔인하게 학대했으며, 마침내 대수도원장의 명령으로 강물에 던졌는데, 수도원의 어느 수사가 그 아이를 건져주었다.[28]

수도원주의는 아무리 좋은 상황에서라도 그리스도께서 온전한 모범을 보여주시고 사도들이 본을 보여준 조화로운 도덕적 발전과 균형 있는 인격에 도달할 수 없다. 수도원주의가 고상하고 섬세한 인격을 드러내지 못하는 이유는 그런 것이 매일의 가정 생활과 하나님의 사회적 규례들이라는 학교에서만 배양될 수 있기 때문이다. 수도원주의가 내놓는 도덕성은 긍정적이지 못하고 부정적이다. 하나님이 내리신 선물을 철저히 외면하는 것보다 감사하는 태도로 절제하여 누리는 것이 더 훌륭한 덕이고, 철저히 침묵을 지키며 사는 것보다 덕을 세우는 적절한 말을 하는 것이, 독신으로 지내는 것보다 부부가 정절을 지키며 사는 것이, 홀로 금욕 생활을 하여 스스로는 유익을 얻지만 다른 아무에게도 유익을 끼치지 못하는 것보다 교회를 위해서 자기를 부정하는 태도로 실천하는 것이 더 훌륭한 덕이다.

그리스 교회든 로마 교회든 가톨릭교는 수도원 생활을 배제하고는 존립할 수 없다. 그것은 도덕적 극단만을 알 뿐인데, 그것은 전혀 건강한 수단이 되지 못한다. 그뿐 아니라 교황제가 존립하려면 수도회들이 필요하다. 그것은 절대 왕조가 정복과 방어를 위한 대규모 상비군을 필요로 하는 것과 같은 이치이다. 그러나 복음적 개신교는 도덕성을 이중으로 구분하는 관점을 배격하고, 모든 사람에게 하나님의 율법에 따른 의무를 부과하고, 신앙의 본질을 외적인 행위가 아닌 마음에 두고, 세상과 사회를 등지는 것을 중시하지 않고 복음의 자유로운 정신에 힘입어 세상을 정결케 하고 거룩케 하는 것을 중시함으로써 거대한 수도원 제도에 대해서 종언을 고한다.

---

28) Tillem. vii. 480.

33. 교회에서 수사들이 차지한 위치

교회의 생활 체제에서 수도원주의가 차지한 사회적 지위를 살펴보자면, 수도원주의는 처음에는 동방과 서방에서, 그리고 훗날 칼케돈 공의회에서조차 평신도 조직으로 간주되었다. 그러나 수사들은 세속인들(seculares)과는 다른 신앙인들(religiosi)로 구분되었으며, 그로써 일반 평신도들과 성직자들 사이의 중간 계층을 형성했다. 그들은 엄석 귀족들이 되긴 했으나 지배 계층은 되지 않았다. 귀족들이긴 한데 교회의 성직위계 조직에는 포함되지 않았다. 제롬은 "수사는 가르치는 자가 아니라 참회하는 자이며, 자신을 위해서 혹은 세상을 위해서 고난을 감수하는 자이다"라고 말한다. 많은 수사들은 성직이 완성을 향해 정진하는 자신들의 상태와 양립할 수 없다고 생각했다. 파코미우스의 것으로 전해지는 다음과 같은 격언이 널리 알려졌다. "수사는 특히 여성들과 주교들을 멀리해야 한다. 그들은 마음을 평화롭게 놔두지 않기 때문이다." 아타나시우스를 수행하여 로마를 방문했던 암모니우스는 주교가 되어달라는 제의를 받고서 귀를 잘라버렸고, 계속해서 그런 제의를 하면 혀마저 잘라버리겠다고 경고했다.[29] 투르의 마르탱은 자신에게 기적을 일으키는 능력이 생김으로써 수도원을 떠나 주교구로 가게 되었다고 한탄했다.

반면에 이미 4세기부터 주교좌를 꿈꾸는 사람들도 있었고, 강권에 떠밀려 마지못해 주교좌에 오른 사람들도 있었다. 수도원의 대수도원장은 대개 서품을 받은 사제들로서 수사들을 대상으로 성례[성사]들을 집례했으나, 해당 교구의 주교에게 종속되었다. 그 결과 수도원들은 교황의 특별한 허가에 힘입어 어떻게든 주교의 관할권에서 벗어나 독립하려고 노력했다. 10세기부터 수사들에게 성직자의 성격이 붙게 되었다. 물론 어떤 의미에서는 수사들이 처음부터 성직자들보다 우위에 있었다. 그들은 자신들을 회심자들(conversi)과 신앙인들(religiosi)로 자임하고, 자신들의 삶을 신앙적 삶(vita religiosa)으로 간주했으며, 재속(在俗) 성직자들을 내려다 보고, 자신들의 관구에서 안하무인격으로 행동하기도 했다. 다른 한편으로 수도원들은 이미 4세기부터 성직자들을 배출하는 매우 좋은 신학교 역할을 했으며, 특히 동방에서는 많은 수의 주교들을 배출했다. 유스티니아누스의

---

29) Sozom. iv. 30.

신법(新法, *Novel*) 제6조는 주교들을 성직자들 가운데서 선출하거나, 수도원에서 선출해야 한다고 규정한다.

복장에서는 수사들이 초기에는 그 나라 사람들의 평상복을 고수하되 가장 간소하고 조야한 천으로 만든 옷을 택했다. 훗날에는 머리를 밀고 독특한 제복을 입었다.

34. 수도원주의가 끼친 영향과 결과

수도원주의가 안토니우스와 베네딕투스로부터 루터와 로욜라에 이르기까지 세상에 미친 영향은 교회사의 모든 분야에 깊이 각인되어 있다. 이 점에서도 빛과 그림자를 구분할 필요가 있다. 수도원 제도는 전혀 상반된 방향으로 운영되었고, 따라서 아주 다양한 평가가 생기게 했다. 성공회 역사가이자 주교좌성당 수석사제 밀먼(Dean Milman)은 다음과 같이 말한다. "수도원주의가 초창기부터 기독교에 끼친 전반적인 영향을 개관하자면 워낙 뚜렷하게 상반되는 영향들을 끼친 사실에 놀라고 당혹하지 않을 수 없다. 한편으로는 맹목적 무지와 편협, 그리고 때로는 지극히 저급한 방탕의 산실이면서도, 다른 한편으로는 학문의 수호자요 문화 창달자요 겸손하고 평화로운 종교의 전파자이다."

이 명백한 모순은 쉽게 설명된다. 수도원주의 자체가 교회와 세상에 복을 끼친 것은 아니다. 왜냐하면 인도의 수도원주의는 3천 년간 온갖 극단적인 고행을 추구했으면서도 단 한 명의 영혼도 구원하지 못했고, 인류에게 단 하나의 유익도 끼치지 못했기 때문이다. 수도원주의 자체가 아닌 수도원주의 안에 있는 기독교가 모든 유익을 끼쳤으며, 이 비정상적인 생활 방식이나마 사용하여 사랑과 평화의 사명을 수행했다고 말해야 옳다. 수도원주의는 기독교 정신에 의해 활력을 얻고 통제를 받는 정도만큼 복을 끼친 반면에, 그 정신에서 벗어날 경우에는 타락하여 악의 원천이 되었다.

우리는 수도원주의의 역사를 한눈에 내려다볼 수 있는 유리한 위치에 있는데, 이 위치에서 바라볼 때 초창기의 수도원주의는 본질상 부패하고 멸망의 위기에 처한 그리스 · 로마 제국의 사회에 맞서서 건강한 사회를 내놓았으며, 중세의 로마인들과 게르만 민족들 사이에 창달될 새로운 기독교 문명을 위한 예비 학교를 내놓았다. 성직위계제도나 교황제와 마찬가지로, 수도원주의도 기독교 정신이 좀 더 숭고한 목표에 도달하기 위한 수단으로 사용되다가 목표에 도달한 뒤에는 폐기되는 훈육 제도에 해당한다. 가정과 국가, 학문과 예술 등 모든 인간 사회에 누룩처럼 두루 퍼져서 전체를 거룩하게 하는 일이 항상 기독교의 큰 과업으로 남아 있기 때문이다. 이교에 토대를 둔 고대 로마 세계는 만약 살비아누스를 비롯한 4, 5세기 저자들이 묘사한 도덕 상황이 절반이라도 사실이라면 그러한 변화와 거리가 멀었다. 따라서 기독교의 도덕은 처음부터 이교 사회를 노골적으로 적대시하는 태도를 취했으며, 마침내 중세에 이르러서 비록 야만적이긴 하나 유연성이 있는 민족들을 거듭나게 하는 임무를 떠안고서 그들 사이에 좀 더 고등한 문명의 씨앗을 심을 수 있을 만큼 강해져야 했다.

수도원주의는 로마 제국과 야만족들 사이에서 이교의 몰락과 기독교의 승리를 촉진했다. 대도시들의 세속성·경박성·부도덕성에 대해 경종을 울렸으며, 회개하고 돌이키라고 강력히 촉구했다. 세파에 지친 영혼들에게 평온한 안식처를 제공했으며, 이 안식처에 들어온 진실한 제자들을 아무런 장애도 받지 않고 하나님과 사귐을 가지는 성소로 인도했다. 병자들에게는 도덕적 질병을 치유하는 병원이 되었고, 건강하고 왕성한 사람들에게는 도덕성을 영웅적으로 실천할 수 있는 장이 되었다.[30] 수도원주의는 부자와 가난한 자, 귀한 자와 천한 자를 같은 차원에 둠으로써 인간이 본래 하나이며 평등하다는 사실을 상기시켰다. 노예 제도를 폐지하거나 적어도 완화하도록 만들었다. 나그네에게 쉴 곳을, 가난하고 궁핍한 사람들에게 먹을 것을 제공했다. 명상과 자기 교정과 영적 훈련을 위한 좋은 학교였다.

---

30) Chateaubriand은 주로 첫 번째 관점에서 수도원 제도를 높이 평가한다. "육체의 건강을 위한 피난처들이 있다면, 당연히 종교가 영혼의 건강을 위한 피난처들을 갖는 것을 용인해야 한다. 영혼은 육체보다 훨씬 더 병에 잘 걸리고, 영혼의 병들은 훨씬 더 심각하고, 잘 낫지 않고 고치기도 어렵기 때문이다." Montalembert(*l. c.*, i. 25)는 이 말이 시적이고 감동적이긴 하나 그릇되다고 비판하면서, 수도원주의가 세상에 배출된 사람들 가운데 가장 건강하고 강한 사람들의 활동 무대였다고 말하며, 그 말을 뒷받침하기 위해서 크리소스토무스의 글을 인용한다. "그리스도의 병사들이 주둔하고 있는 텐트들을 와서 보라. 그들의 전투 대형을 와서 보라. 그들은 매일 싸우며, 우리를 공격하는 정욕들을 매일 물리치고 죽인다."

대부분의 가톨릭 선교사들이 수도원에서 파송되었으며, 이들은 온갖 시련을 딛고서 유럽 북부와 서부의 야만족 사회에, 훗날에는 동아시아와 남아메리카에 십자가 깃발을 세웠다. 수도원은 성직자들을 많이 배출해 낸 신학교였으며, 교회에 그레고리우스 1세와 그레고리우스 7세 같은 유력한 주교들과 교황들을 많이 제공했다. 안토니우스와 베르나르 같은 성인들을 배출했고, 크리소스토무스와 제롬 같은 신학자들을 훈련했으며, 중세의 여러 대에 걸친 스콜라 학자들과 신비주의자들을 배출했다. 중세의 대단히 심오한 신학서들, 이를테면 안셀무스의 논문들과 토마스 아퀴나스의 「신학대전」, 토마스 아 켐피스의 「그리스도를 본받아」 같은 대작들이 수도원 생활의 엄숙하고 조용한 분위기에서 집필되었다. 아름답기 그지없는 「예수, 감미로운 기억」(*Jesu dulcis memoria*), 애잔한 정을 일으키는 「슬픔의 성모」(*Stabat mater dolorosa*), 두렵고 장엄한 「진노의 날」(*Dies irae, dies irae*) 같은 대대로 애송된 성가들을 중세의 수사들이 지어 불렀다.

교부학과 고대학에서는 베네딕투스회 수사들이 17세기에 이르기까지 각별히 이바지했다. 마지막으로 수도원주의는 적어도 서방 세계에서는 땅을 경작하고 사람들을 교육하는 일을 촉진했으며, 성경과 교부들의 저서, 고대의 고전들을 근면히 필사(筆寫)함으로써 현대 유럽 문명이 물려받은 유산의 상당 부분을 종교개혁 이전에 수립했다. 오늘날 프랑스·이탈리아·스페인·독일·영국, 심지어 북부 지대인 스코틀랜드와 스웨덴을 여행해 보면 폐허가 된 대수도원들, 참사회 건물들, 수녀원들, 소수도원들과 은수자들의 암자들 등, 한때 주변의 산지와 삼림 지대의 사람들에게 교육과 선교의 전초 기지 역할을 했던 시설들에서 한때 수사들이 쏟아부었던 유익한 노력의 흔적들을 고스란히 만나게 된다. 하지만 수도원이 학문과 예술에 이바지한 내용들은 수도 생활과 제도를 설립한 사람들의 의도와 거리가 먼 부산물들에 지나지 않았다. 수도원 설립자들은 오로지 민중을 신앙과 도덕으로 교육하기를 원했다. 먼저 하늘 나라를 구했더니 이 모든 것이 그들에게 더해진 것이다.

그러나 반면에 수도원주의는 사회로부터 많은 유용한 힘을 앗아갔다. 가정 생활과 국가에 대한 공민적·군사적 의무, 그리고 실제적인 사회 활동에 대한 무관심을 조장했고, 종교의 통로를 세상에서 광야로 뚫어놓았으며, 그로써 이집트·시리아·팔레스타인과 로마 제국 전체의 몰락을 가속화했다. 종교적 광신주의를 키웠고, 종종 대중을 선동했으며, 신학 논쟁에 열렬히 가담했다. 물론 대체로는 정통신앙의 진영에 섰지만, 에베소의 '강도 공의회'의 경우처럼 이단의 진영에 선 경우도 적지 않았으며, 특히 조야한 미신을 대변하기도 했다. 수도원주의는 복음으로 말미암는 단순하고 신적인 구원의 길 대신에 인위적이고 기괴하고 허식적인 거룩성을 강조했다. 잉여 공로를 쌓는 인간의 행위들을 강조함으로써 그리스도께서 모든 사람을 위해 단번에 이루신 공로를 흐려놓았다. 마음으로 어떤 생각을 품고 사는가 하는 것보다 겉으로 드러나는 행위만을 높게 평가했고, 자기 의를 조장함으로써 조급하고 법률적이고 기계적인 종교를 퍼뜨렸다. 마리아와 성인들을 우상처럼 섬기도록 했고, 화상(畫像)과 성유물을 숭배하도록 했으며, 온갖 유형의 미신과 경건을 빙자한 사기를 조장했다. 환상들과 기적들의 소문을 널리 유포시켰는데, 그 분량과 정도가 사실상 그리스도와 사도들이 행한 기적을 능가했으며, 모든 자연과 이성의 법칙을 무색하게 만들었다. 니케아 시대는 수사들이 지어낸 터무니없는 이야기들로 가득하며, 이 점에서 암흑시대라고 하는 중세에 조금도 뒤지지 않는다.[31]

---

31) 예수회 수사 Rosweyde의 *Vitae Patrum*과 *Acta Sanctorum*에 잔뜩 소개되어 있는 수사들이 일으켰다고 하는 기적들은 많은 경우 자연과 이성의 법칙에 위배되며 굳이 거론할 일고의 가치도 없지만, 그런데도 제롬·루피누스·세베루스·팔라디우스·테오도레투스 같은 교부들의 입으로 전해지며, 니케아 시대의 특징을 여실히 보여준다. 우리는 그 이야기들을 싸잡아 거짓과 사기로 일축할 생각이 없고, 다만 Isaac Taylor(*Ancient Christianity*, ii. 106)의 판단을 받아들일 뿐이다: "니케아 시대의 기적들은 생각이 깊고 단정하고 경건한 사람에게 충격을 준다. 그만큼 유치하고 불쾌하고 신성모독적이고 사악하다." Robertson(*Hist. of the Christian Church*, i. 312)을 비롯한 개신교 사가들의 견해는 좀 더 귀 기울일 만하다. 그들은 당시 그리스도인들이 집요한 공상 가운데 뜻하지 않은 환각을 경험했을 수도 있고, 처음부터 거짓으로 이야기를 지어낸 경우도 있을 수 있을 텐데, 그것을 체로 거르듯 진위를 가려내기가 불가능할지라도 어쨌든 사실인 경우가 많았을 것이라고 생각한다. 그러나 이 이야기들 가운데 많은 수는 심지어 로마 교회 사람들조차 부담스러할 만한 것이어서, 비평적 사가들에 의해서 아예 삭제되거나 적어도 상당 부분이 줄여지고 수정되었다. 우리에게 전해지는 이야기들에는 이루 헤아릴 수 없이 많은 환상과 예언의 사례들, 병자와 귀신들린 자를 고친 사례들 외에도, 죽은 자를 일으키고(투르의 마르탱의 생애에 그런 일이 있었다고 한다), 마른 지팡이가 열매 맺는 나무로 자라고, 어느 수사가 대수도원장의 말에 절대 복종하여 풀무 속을 지나갔으나 마치 냉탕을 지나가듯 몸이 조금도 그슬리지

수도원주의는 전반적인 도덕 표준을 낮게 설정한 뒤에 자신들의 상대적인 우위를 내세웠다. 민중들에게 스스로를 속되고 천박한 인간들(profanum vulgus mundi)로 생각하게 만들고 그런 정도로 생활하게 함으로써 그들의 도덕 수준을 전반적으로 저하시켰다. 따라서 살비아누스뿐 아니라 크리소스토무스와 아우구스티누스 같은 기독교 지도자들이 당대 기독교의 무관심과 방종을 수시로 지적하며 탄식했던 것이다. 그러한 경향은 오늘날까지도 사라지지 않아, 남부 유럽과 남미 국가들에서는 수도원들이 속된 평신도들과 극단적으로 대조되는 금욕적 성결을 표방하며 대단히 왕성한 활동을 벌이고 있지만, 건실한 도덕적 중간층이 존재하지 않아 민중들 사이에 건강한 가정 생활이나 도덕적 열정을 찾아보기 힘든 유감스러운 상태가 계속되고 있다. 16세기에는 수사들이 종교개혁과 참된 모든 진보를 가장 강하고 집요하게 가로막은 사람들이었다. 그럴지라도 마치 사도들 가운데 가장 담대하고 가장 자유로웠던 분이 가장 엄격한 바리새파 출신이었던 것과 마찬가지로, 가장 위대한 종교개혁자들은 수도원의 학생이자 수도

않는 등의 사례들이 들어 있다. (참조. Sulp. Sever. *Dial.* i. c. 12, 13.) 야수들조차 큰 역할을 수행하여, 이집트의 사막의 성인들을 섬기는 이성을 지닌 시종들로 변모한다. 제롬에 따르면 테베의 파울루스의 장례식 때는 사자 두 마리가 자진하여 교회 문지기 역할을 했다고 한다. 파코미우스는 뱀들과 전갈들이 널려 있는 곳을 해를 입지 않고 지나고, 악어들이 우글거리는 나일 강을 건넜다. 강을 건널 때 악어들이 그에게 등을 돌렸다고 한다. 소 마카리우스 혹은 수사 마르쿠스는 들짐승들과 매우 친하게 지냈는데, 한 번은 하이에나가 새끼를 물고 자신의 암자에 찾아와 새끼의 눈을 뜨게 해달라고 간청했다. 그 성인이 기도를 드리고 침을 바르는 방식으로 새끼의 눈을 뜨게 해주자, 다음 날 감사의 표시로 큼직한 양가죽을 가지고 왔다. 성인은 처음에는 그 선물을 도로 내주면서 살해와 도둑질을 했으니 이중으로 죄를 지은 것이라고 꾸짖었다. 그러나 하이에나가 참회하는 태도를 보이면서 행실을 고치겠다는 뜻으로 고개를 끄덕이자 마카리우스는 가죽을 받았고, 훗날 그것을 위대한 주교 아타나시우스에게 유증(遺贈)했다. 세베루스(*Dial.* i. c. 9)도 무명의 은수자와 관련된 비슷한 이야기를 전하는데, 하지만 그의 이야기에는 루피누스와 마찬가지로 팔라디우스의 하이에나 대신에 새끼 다섯을 거느리고 온 암사자가 등장하며, 성인이 별달리 꾸짖지 않은 채 가죽을 선물로 받는 것으로 되어 있다. 하지만 그는 그 이야기를 하기 직전에(c. 8) 늑대 이야기를 한다. 저녁마다 자신에게 음식을 나눠주곤 하던 어떤 친절한 은수자의 물건을 훔친 늑대가 성인을 찾아와 깊이 회개하고 고개를 숙이고 용서를 구했다는 내용이다. 아마 팔라디우스나 그의 라틴어 번역자가 이 두 이야기를 하나로 엮은 듯하다.

원 제도의 자녀였다.

35. 테베의 파울루스와 성 안토니우스

기존의 금욕주의자들과 구분되는, 최초로 이름이 알려진 기독교 은수자는 이집트 남부 테베의 파울루스라는 전설적인 인물이다. 데키우스의 박해가 한창이던 250년에 그는 스물둘의 나이로 마을을 떠나 외딴 동굴에 들어가 살면서 독거(獨居)에 정을 붙였으며, 전설에 따르면 그곳에서 90년을 지냈다고 한다. 동굴 곁에는 샘이 솟고 종려나무 한 그루가 자라고 있어서 음식과 그늘과 의복을 제공해 주었으며, 그 동굴에서 그는 340년까지 살았다.[32] 말년에는 엘리야의 경우처럼 까마귀가 하루도 거르지 않고 그에게 떡 반 조각을 물어다 주었다고 한다. 그러나 안토니우스가 등장하기 전까지 누구도 이 놀라운 성인을 알지 못했다. 안토니우스가 숭고한 각성을 품고 그를 찾아갔고, 그가 죽은 뒤에는 그를 묻어준 뒤 세상에 그의 이름을 알렸다. 안토니우스가 처음에 그 은수자를 찾아갔을 때, 평소에 짐승들이 찾아오면 맞이해 주었어도 사람이 찾아가면 외면하던 그의 습관 때문에 동굴 앞에서 한 시간이 넘도록 간청을 해야 했다. 마침내 그가 웃는 얼굴로 나와 그를 거룩한 입맞춤으로 맞이해 주었다. 파울루스는 세상에 아직도 우상 숭배자들이 있느냐, 고대 도시들에 새 건물들이 건축되었느냐, 지금 세상을 다스리는 자가 누구냐는 등 호기심이 담긴 질문들을 던졌다. 이런 흥미로운 대화가 오가는 동안 커다란 까마귀가 천천히 날아와 성인과 손님을 위해 한 덩이의 빵을 놓고 날아갔다.

파울루스가 이렇게 말했다. "항상 사랑과 자비가 넘치시는 주님께서 우리에게 저녁 거리를 주셨군요. 매일 떡 반 조각을 받은 것이 벌써 60년이나 되었는데, 그리스도께서 오늘은 당신의 군인들을 위해서 두 배나 주셨습니다." 두 사람은 주님께 감사 기도를 드린 뒤에 샘 곁에 자리를 잡았다. 그러나 누가 떡을 떼어야

---

32) 플리니우스는 종려나무의 종을 39개로 소개한다. 이 나무는 이집트에서 가장 잘 자라며, 항상 청청하고 잎이 두꺼운 데다가 일부 지역들에서는 그 열매로 떡을 만들어 먹는다.

하는가 하는 문제가 생겼다. 안토니우스는 주인이 떡을 떼는 게 관례라고 말하며 양보했고, 파울루스는 아무래도 장로가 떡을 떼는 게 옳겠다고 말했다. 도덕적 중요성을 띨 수도 있는 수사들의 이러한 에티켓 문제로 해가 다 저물고 나서야 두 사람은 서로 빵의 양쪽 끝을 잡아당겨 각자 손에 남는 것을 먹자고 합의했다. 샘에서 물을 떠서 마시고 하나님께 감사함으로써 식사가 끝났다. 안토니우스는 그 날로 암자로 돌아간 뒤 두 제자에게 이렇게 말했다. "아, 내가 수사 행세를 했으니 얼마나 큰 죄를 저질렀는가! 어제 내가 광야에서 뵌 분은 엘리야요 요한이다. 낙원에 계신 사도 바울을 뵌 것이다."

얼마 뒤에 안토니우스는 성 파울루스를 두 번째로 방문했으나 그 성인은 머리를 똑바로 세우고 팔을 하늘로 치켜든 자세로 동굴에서 죽어 있었다. 그는 시신을 잘 감싼 뒤에 시편과 찬미를 부르면서 고이 묻어드렸다. 그러나 삽을 쓸 필요가 없었다. 광야 저 안쪽에서 사자 두 마리가 자진해서, 아니 그보다는 초자연적인 충동에 이끌려 찾아와 파울루스의 발치에 앉아 꼬리를 흔들었으며, 비통하게 울부짖으면서 죽은 사막의 성인의 시신을 묻을 만큼 모래에 깊숙한 무덤을 팠던 것이다! 안토니우스는 종려나무 잎사귀로 만든 파울루스의 외투를 가지고 돌아가 부활절과 오순절 같은 엄숙한 날에 그것을 입었다.

삼십 년쯤 뒤에 학자 제롬이 파울루스의 전기를 썼는데, 글에 밝혀져 있듯이 안토니우스의 두 제자인 아나타스와 마카리우스의 말을 근거로 삼았다. 그러나 그는 서문에서 파울루스에 관해 믿기 어려운 여러 이야기들이 떠돌아다니는데, 그런 이야기들은 책에 재론할 가치가 없다고 말한다. 학자인 그가 무덤을 판 사자 이야기를 믿었을 정도라면, 과연 믿기 어려워 재론할 가치가 없는 이야기들이 어떤 것인지 상상하기가 쉽지 않다.

파울루스는 90년간 사회에 나타나지도 않고 알려지지도 않은 채 광야에서 가시적 교회와의 사귐도 없이, 성경과 공예배와 성례도 없이 살다가 죽었는데도 가장 높은 단계의 경건에 이르렀다고 평가되어 시성(諡聖)되었다. 이것이 은혜의 방편들의 필요와 역사(役事)에 관한 가톨릭 교회의 보편적 교리와 어떻게 부합하는가? 아우구스티누스는 자기 시대의 금욕적 정신에 눈이 먼 나머지 완성의 단계에 도달한 은수자들은 성경 없이도 지낼 수 있다고까지 말한다. 물론 이런 유의 완전이란 성경 안에 있지 않고 성경 밖에 있는 것이 분명한 사실이다.

은둔 수도 생활을 널리 성행하게 만든 장본인은 이집트의 성 안토니우스였다.

그는 이러한 비정상적이고 기괴한 거룩성을 드러낸 가장 유명하고 가장 독창적이고 가장 존경을 받은 인물로서, '수사들의 총대주교' 이자 '헤아릴 수 없이 많은 씨앗을 뿌린 아버지' 이다.

안토니우스는 기품이 있는 콥트 족의 그리스도인 가정 출신으로서 251년경에 테베 지방의 변경에 자리잡은 코마에서 태어났다. 천성이 과묵하고 사변적이고 사려깊던 그는 놀이 친구들을 멀리했고, 고등 학문을 경시했다. 언어는 자국어인 콥트어밖에 몰랐으며, 평생 그리스 문학과 세속 학문에 담을 쌓고 지냈다. 그러나 부모를 따라서 예배에 빠짐없이 참석했으며, 성경 강해를 귀담아 듣고 그것을 평생 간직했다.[33] 기억이 그의 서재였다. 훗날 그는 성경의 개별 구절들을 충실하게, 하지만 지극히 문자적으로 사용했으며, 은수자들에게 강론을 시작하면서 가톨릭과 사뭇 다른 인상을 주는, "성경이 우리에게 충분한 교훈을 준다"는 말을 했다. 열여덟이 되던 해인 270년경에 부모를 여읜 그는 여동생을 보살펴야 할 의무를 짊어지게 된 동시에 상당한 양의 부동산을 상속했다. 6개월 뒤에 그는 사도들이 예수의 뒤를 철저히 좇은 일을 놓고 명상하다가 교회에서 주님이 부자 청년 관원에게 하신 말씀을 듣게 되었다. "네가 온전하고자 할진대 가서 네 소유를 팔아 가난한 자들에게 주라. 그리하면 하늘에서 보화가 네게 있으리라. 그리고 와서 나를 따르라"(마 19:21). 이 말씀이 그에게 하나님의 음성으로 들렸고, 그가 걸어야 할 인생의 길을 정해주었다. 그는 자신이 물려받은 1,214k m²(약 37만평)의 토지를 마을 주민들에게 분할해 주었고, 여동생을 보살펴 줄 약간의 재산만 남긴 채 재산을 가난한 사람들에게 나누어 주었다. 그러나 그렇게 하고 나서 얼마 후에 교회에 가서 설교를 듣다가 "내일 일을 위하여 염려하지 말라"(마 6:34)는 말씀을 듣고는 남겨둔 재산마저 가난한 사람들에게 나눠주고 여동생은 '경건한 처녀들의 단체' 에 의탁했다.[34] 그 뒤로는 평생 단 한 번 여동생을 찾아보

---

33) 아우구스티누스(*De doctr. Christ.* § 4)는 안토니우스가 글을 읽을 수 없었기 때문에 성경을 귀로 듣고 그것을 암기했다고 말한다. 아타나시우스의 전기를 보면 그가 성경의 여러 구절들을 익숙히 알고 있음을 보여준다. 그러나 그에게 혹은 그와 같은 부류의 은수자들이 성경을 깊이 그리고 연관성 있게 알고 있었다는 흔적이 남아 있지 않다.

34) '경건한 처녀들의 단체' 라고 아타나시우스가 말하는데, 그때는 아직 수녀원들이 존재하지 않았기 때문에 아타나시우스가 말한 것은 교회 내의 여성 금욕자들의 모

앞을 뿐인데, 이것은 금욕주의자들이 혈육을 도외시한 단적인 예다.

재산을 정리하고 여동생을 교회의 단체에 의탁한 뒤, 그는 마을을 떠나 인근 지역에 가서 금욕 생활을 시작했다. "쉬지 말고 기도하라"는 교훈대로 끊임없이 기도했으며, "일하기 싫어하거든 먹지도 말게 하라"는 교훈대로 노동을 했다. 단촐하게 끼니를 해결하고서 남는 것은 가난한 사람들에게 나눠주었다. 이웃 지역의 금욕주의자들을 찾아가 — 당시에 이집트에는 그런 사람들이 이미 많이 있었다 — 겸손하고 감사하는 태도로 그들의 고결한 생활을 배웠다. 이 사람에게는 근실히 기도하는 생활을, 저 사람에게는 항상 깨어 있는 생활을, 다른 사람에게는 훌륭하게 금식을 하는 생활을, 또 다른 사람에게는 온유한 성품을 배웠으며, 모든 금욕주의자들에게 그리스도와 동료 인간들을 사랑하는 법을 배웠다. 이러한 노력에 힘입어 그는 모든 사람들에게 사랑을 받고, 하나님의 벗으로서 존경을 받게 되었다.

그러나 더욱 높은 금욕적 성결의 단계에 오르기 위해서 285년 이후에는 교회의 영역에서 더욱 벗어나 외딴 광야로 나갔으며, 그로써 엄밀한 의미의 은둔 수도[隱修]의 창시자가 되었다. 처음에는 무덤에서 살다가 20년 동안 폐허가 된 성터에서 살았고, 마지막에는 홍해에서 일곱 시간 거리, 나일 동편에서 사흘 거리에 자리잡은 콜짐 산으로 가서 살았는데, 이곳에는 그의 이름과 기억을 간직한 고색창연한 수도원이 아직도 남아 있다.

이렇게 외딴 지역들에서 홀로 지내면서 날이 갈수록 엄격하게 금욕 생활에 힘썼다. 가끔 바구니를 만들고, 방문객들을 맞이하고, 마귀와 전투를 벌이는 일을 제외하고는 단조로운 나날의 연속이었다. 금식할 때는 철저히 음식을 멀리했다. 평상시에 먹는 음식도 빵과 소금이 전부였고, 가끔 대추야자 열매를 먹었다. 음료는 물이 전부였다. 고기와 술은 건드리지도 않았다. 식사는 하루에 한 번, 해가 진 뒤에 했고, 장로 이시도루스와 마찬가지로 부도덕한 정신에 이끌려 좋은 음식을 먹고 싶은 생각이 드는 것을 부끄러워했다. 이틀 내지 닷새 동안 금식하는 것이 다반사였다. 평소에 사막의 성인들에게 일정한 존경심을 품고 있던 사라센 유랑자들과 그의 친구들이 때때로 빵을 가져다 주었다. 그러나 그는 말년에 들어서는 남의 힘을 조금도 빌리지 않고 살면서 나그네들을 대접할 양으로

임이다. 하지만 이러한 모임에서 정규 수녀원이 자라기란 아주 쉬웠다.

산지의 야자수 그늘 밑 샘이 흐르는 곳에 텃밭을 경작했다.[35] 때로는 산에서 들짐승들이 내려와 얼마 되지 않는 텃밭을 망쳐놓곤 했는데, 그럴 때면 그는 다음과 같이 충고를 해서 다시는 그 짐승들이 오지 못하도록 했다. "나는 너희들에게 조금도 해를 입힌 적이 없는데, 어찌 너희들은 내게 해를 입히느냐? 주님의 이름으로 충고하건대, 모두들 썩 꺼지고 다시는 내 곁에 얼씬도 하지 말아라." 그의 잠자리는 맨바닥이거나 기껏해야 밀짚이었다. 아예 눕지 않고 기도로써 밤을 지새는 날도 많았다. 몸에 기름을 바르는 행위를 그는 경멸했고, 말년에는 마치 불결도 금욕적 완전의 필수적인 부분인양 발을 절대로 씻지 않았다. 옷은 모두 털옷과 양가죽에 노끈으로 묶는 식이었다. 이렇게 척박한 인생을 살았지만 얼굴에는 항상 인자함과 기쁨이 떠나지 않았다.

마귀와 그가 이끄는 허다한 귀신들과 싸우는 일이 다른 독거(獨居) 성인들의 경우와 마찬가지로 안토니우스의 일상에서도 중요한 부분이었으며, 그것이 평생 지속되었다. 마귀가 환상과 꿈에서 그에게 나타났고, 심지어는 대낮에도 온갖 모습을 하고서 나타났다. 때로는 친구로, 때로는, 매력적인 여성으로, 때로는 용으로 나타나 그를 시험하되, 지난 날 부유하게 살던 시절과 유력했던 가문, 그리고 누이동생에 대한 책임을 기억나게도 하고, 부와 명예와 인기를 약속하기도 하고, 올바로 살기가 이다지 어려운데 적당히 악과 타협해서 살면 얼마나 살기가 쉬운지 이모저모로 보여주기도 하고, 음란한 생각과 상상을 일으키기도 하고, 금욕 생활의 위험과 그로 인해 받게 될 벌을 들어 협박하기도 했다. 한번은 마귀가 안토니우스를 심하게 구타하여서 그에게 빵을 가져온 친구가 땅바닥에 거반 죽어서 쓰러져 있는 그를 발견할 정도였다고 아나타시우스는 말한다. 또 어떤 때는 마귀가 동굴 벽을 뚫고 들어와 사자들처럼 표호하고 늑대들처럼 울부짖고, 곰들과 사나운 하이에나들처럼 으르렁거려 동굴을 진동케 하고, 뱀들과 전갈들처럼 기어다니며 공포를 조장했다. 그러나 안토니우스는 괴물들 앞에서 용감하게 대처했으며, 어느 정도 시간이 지나면 초자연적인 빛이 천장을 뚫고

---

35) 제롬은 *Vita, Hilarionis*, c. 31에서 안토니우스의 말년의 생활을 소개하는데, 그 내용을 보면 그의 생활이 아타나시우스의 글을 보고 추측하게 되는 것만큼 황량하지는 않았다. 제롬은 심지어 야자수와 여러 유실수들, 포도나무들이 그의 정원에 있었고, 그 실과들을 누군가는 따먹었을 것이라고 말한다.

들어와 동굴을 환하게 비추어 괴물들을 쫓아내곤 했다. 그는 은수자들의 요청으로 설교를 할 때는 귀신들과 벌이는 이러한 투쟁을 꼭 언급하며, 투쟁을 올바로 해나갈 실마리도 함께 제시한다. "사탄과 그의 사자들을 두려워하지 마십시오. 그리스도께서 그들의 권세를 꺾으셨습니다. 그들을 물리칠 가장 좋은 무기는 신앙과 경건입니다 …… 악령들의 존재는 우리가 당황하고 좌절하고 금욕자들을 미워하고 악한 욕망을 품고 죽음을 두려워하는 데서 나타납니다 …… 그들은 우리 내면을 들여다보고서 우리의 영적 상태에 부합하는 형태로 나타납니다. 그들은 우리의 생각과 공상의 반영입니다. 육체의 생각을 품고 있다면 그들의 밥이 되고 맙니다. 그러나 주님 안에서 기뻐하고 하늘의 것들을 마음에 담고 있다면 그들은 힘을 쓰지 못합니다 …… 마귀는 금식과 기도와 겸손과 선행을 무서워합니다. 우리가 십자가로 무장을 하면 그의 망상은 곧 사라집니다."[36]

안토니우스가 거처를 떠난 것은 아주 예외적인 경우들뿐이었다. 그가 모습을 드러내면 그리스도인들과 이교도들을 가리지 않고 그의 털옷과 수척하고 유령 같은 모습에 강렬한 인상을 받았다. 막시미누스 치하에서 박해가 자행되던 동안인 311년에 안토니우스는 순교의 면류관을 쓰겠다는 포부를 품고서 알렉산드리아로 갔다. 탄광 지대와 감옥들을 찾아가 고백자들을 방문하고, 법정에서 그들을 격려하고, 그들이 사형장으로 끌려갈 때 함께 따라갔다. 그러나 아무도 이 사막의 성인에게 손을 대지 못했다.

백살이 된 351년에 그는 두 번째이자 마지막으로 이집트의 그 대도시에 모습을 드러내어 친구 아타나시우스의 정통신앙을 변호하고 아리우스주의를 비판했는데, 그의 설교를 듣고서 회심한 이교도들과 이단들의 수가 평소에 일년 동안 생긴 회심자들의 수보다 더 많았다. 그는 아리우스파가 그리스도의 신성을 부정하는 행위가 뱀의 독보다 더 악하며, 창조주 대신 피조물을 숭배하는 이교보다 나을 게 없다고 주장했다. 이단들과는 손잡을 생각이 추호도 없다고 말하고, 자신의 제자들에게도 이단들과 교류하지 말라고 경계했다. 그가 돌아갈 때 아타나시우스가 성문까지 배웅했는데, 그곳에서 어떤 소녀에게서 악령을 쫓아내 주었다. 사람들이 알렉산드리아에 좀 더 머물러 줄 것을 청했지만, 그는 "고기가 물을 떠나면 죽듯이, 은둔지를 떠난 수사도 죽게 마련입니다"라는 대답으로 거절

---

36) Athanas. c. 42. 이 내용은 심리학적으로 중요한 관찰이다.

했다. 훗날 수사들은 그의 모범을 본따서 정통신앙이 위태롭게 될 때는 모두가 사막을 떠나 도시로 몰려들었고, 밀랍초를 든 채 긴 행렬을 지어 응송(應頌)을 부르면서 시내를 누비고 다니거나 공의회장 앞에 모여서 정통신앙을 열정적으로 옹호했고, 심지어 물리력을 행사한 경우도 적지 않았다.

안토니우스는 인간 사회를 멀리했지만, 많은 사람들이 그의 은둔지를 찾아가 위로와 도움을 구했다. 그리스도인들뿐 아니라 이교도들, 금욕주의자들, 병자들, 가난한 자들이 육체와 영혼의 궁핍을 채우기 위해서 하늘에서 내려온 이집트의 의사를 찾아갔다. 안토니우스는 자신을 만나러 온 사람들에게 기도와 노동, 빈민 구제에 힘쓰라고 명령하고, 하나님을 힘써서 사랑하라고 당부하고, 병자들과 귀신들린 자들을 기도로써 고쳤다. 아타나시우스는 그가 일으킨 여러 기적들을 전하는데, 그 내용이 당대에 유포된 다른 수사들의 이야기에 비하면 터무니없는 면이 훨씬 덜하긴 하지만 진위 여부는 단정할 수 없다. 안토니우스는 그의 전기작가가 확신있게 말하듯이 자신의 기도가 응답되었다고 해서 자랑하거나 기도 응답이 없다고 불평하는 법이 없었으며, 언제나 하나님께 감사를 드렸다. 수사들에게 기적의 은사를 지나치게 중시하지 말라고 타일렀다. 기적은 인간의 일이 아니고 하나님이 은혜로 하시는 일이기 때문이라고 했다. 그리고 수사들에게 다음 말씀을 상기시켰다: "귀신들이 너희에게 항복하는 것으로 기뻐하지 말고 너희 이름이 하늘에 기록된 것으로 기뻐하라." 마르티아누스라는 관리가 다급하게 찾아와 귀신들린 딸을 고쳐달라고 간청하자, 그는 "여보시오, 왜 나한테 그것을 간청하는 겁니까? 나도 당신과 같은 인간입니다. 당신에게 믿음이 있다면 하나님께 기도를 드리시오. 그러면 들어주실 것이오." 마르티아누스는 그 말을 듣고서 기도를 드렸는데, 집에 돌아가 보니 딸이 온전해져 있었다.

안토니우스에게는 제자들과 후계자들이 수없이 많았지만, 신선하고 독창적인 정신에서는 그에 버금갈 만한 사람이 없었다. 그는 비록 제도 교육을 받지 않았고 한계를 안고 있었지만, 건전한 상식과 뛰어난 기지가 있었다. 그가 남긴 탁월한 답변들과 적절한 문장들이 지금까지 전해져 내려온다. 한번은 이교 철학자들이 그를 방문했는데, 안토니우스는 그들에게 "어리석은 자를 만나려고 왜 이토록 고생들을 하시오?" 하고 물었다. 그러자 그들은 자신들이 그를 지혜자로 생각했기 때문에 찾아온 것이라고 설명했다. 그러자 그는 이렇게 대답했다. "만약 당신들이 나를 어리석은 자로 생각한다면 여기까지 온 것이 헛수고일 것이오.

그러나 내가 만약 지혜자라면 당신들은 나를 본받아 그리스도인들이 되어야 할 것이오." 또 한번은 어떤 사람이 안토니우스더러 무식하다고 하자, 그는 "어떤 것이 더 오래되고 훌륭합니까? 정신입니까 학문입니까?" 정신이라고 대답하자 그는 "그렇다면 정신은 학문 없이도 잘 할 수 있습니다" 하고 말했다. 이와 비슷한 경우에 그는 이렇게 말했다. "창조 세계 전체가 내 책입니다. 이 책에 내게 활짝 펼쳐져 있으며, 이 책에서 나는 마음만 먹으면 언제나 하나님의 말씀을 읽을 수 있습니다." 알렉산드리아에 가서 교회의 교사인 소경 디디무스(Didymus)를 만났을 때는 이렇게 말했다. "육체의 눈을 잃었다고 상심하지 마십시오. 그런 것은 파리들도 갖고 있습니다. 다만 영적인 눈을 갖고 있다는 것을 기뻐하십시오. 천사들도 이 눈으로 하나님의 얼굴을 뵙고 그분의 빛을 받습니다."[37]

황제 콘스탄티누스조차 자기 아들들과 함께 그를 영적 아버지로 생각한다고 밝힌 다음 정중하게 자문을 구했다. 안토니우스는 처음에는 그 편지를 받으려 하지 않았다. 글을 쓸 줄 몰랐으므로 답장을 할 길이 없었기 때문이다. 그리고는 과거에 디오게네스가 알렉산더에게 행했듯이 이 위대한 인물에게 별로 신경을 쓰지 않았다. 하지만 황제가 그리스도인이라는 말을 듣고는 다음과 같이 답장을 받아적게 했다. "당신이 그리스도를 경배한다고 하니 당신은 참 행복한 사람입니다. 지상의 권력을 자랑하지 마십시오. 장차 있을 심판을 생각하고, 그리스도께서 유일하게 참되고 영원하신 왕인 줄을 아십시오. 사람들에게 공의와 사랑을 실행하고, 가난한 자들을 보살피십시오." 제자들에게는 이 일을 놓고서 이렇게 훈계했다. "황제가 내게 편지한 것을 대단한 일로 생각해서는 안 됩니다. 그도 인간이기 때문입니다. 하나님께서 인간을 위해서 율법을 써주신 일과 당신의 아들로 말미암아 우리에게 말씀해 주신 일을 훨씬 더 크고 기이한 일로 생각해야 합니다."

수도원주의의 총대주교격인 안토니우스는 말년에는 될 수 있는 대로 방문자들을 만나지 않고 다만 제자 두 사람만 곁에 두고서 자신의 병약한 몸을 수발들도록 했다. 세상을 떠날 날이 가까이 왔음을 느꼈을 때는 이집트의 관습대로 자기 몸을 향료로 염하여 미라로 만들지 말고 땅에 매장한 다음 매장지를 절대 비

---

37) 이 이야기는 아타나시우스가 전한 것이 아니고, 루피누스, 제롬, 소크라테스 (*Hist. Eccl.* iv. 25)가 전한 것이다. 참조. Tillemont, *l. c.* p. 129.

밀에 부치라고 당부했다. 그는 자신이 지닌 양가죽 두 점 가운데 하나를 세라피온의 주교에게, 다른 하나를 자신의 속옷과 함께 아타나시우스에게 유증했다. 아타나시우스는 과거에 안토니우스에게 속옷을 새것으로 드렸다가 이제 헌옷을 도로 돌려받게 되었다. 종려나무 잎사귀로 만든 겉옷은, 제롬에 따르면 안토니우스가 테베의 파울루스에게 물려받아 부활절과 오순절에만 입었다고 하는데, 아타나시우스는 그 점에 관해서 아무런 말을 하지 않는다.

이렇게 재산을 물려준 뒤에 안토니우스는 제자들에게 "자녀들이어, 그럼 잘들 있으시오. 이 사람은 이제 떠나 다시는 여러분 곁에 있지 않을 것입니다"라고 말했다. 이 말을 마친 뒤 발을 곧게 펴고는 평온한 얼굴로 숨을 거두었다. 그때가 그의 나이 105살이 되던 356년이었다. 이처럼 그의 유언은 성인들과 성유물을 절대로 숭배해서는 안 된다는 것이었지만, 그럼에도 불구하고 그로 인해 성인과 성유물 숭배가 크게 성행했다. 볼란드파(Bollandists)와 버틀러(Butler)가 상세히 전하듯이, 유스티니아누스 때인 561년에는 안토니우스의 유골이 기적적으로 발견되어 알렉산드리아로 옮겨졌고, 그 뒤에 콘스탄티노플로, 마지막에는 프랑스 남부 비엔으로 옮겨졌으며, 11세기에는 '성화'(聖火) 혹은 '성 안토니우스의 불'로 불린 전염병이 크게 번질 때 안토니우스의 유골이 큰 이적들을 많이 일으켰다고 한다.

니케아 시대의 가장 위대한 인물인 아타나시우스는 안토니우스의 전기를 간단한 인물평으로 매듭짓는다: "여러분은 이 짤막한 이야기를 읽고 소싯적부터 그 지긋한 나이가 되도록 금욕 생활을 놓치 않은 안토니우스가 얼마나 위대한 인물인가를 판단할 수 있을 것이다. 그는 노년에 깊이 접어들어서도 좋은 음식을 입에 대지 않았고, 새옷을 장만하지도 않았고, 심지어 발조차 씻지 않앗다. 그런데도 그의 심신은 여전히 건강했다. 그의 눈은 마지막 감기는 날까지 총기를 잃지 않았고, 치아도 워낙 많이 사용해서 닳긴 했어도 여전히 건강했다. 끝까지 손과 발을 자유롭게 사용했으며, 음식과 의복을 자주 바꾸고 늘 씻는 데 익숙해져 있는 사람들보다 더 건강하고 활력이 넘쳤다. 그의 명성은 도회지에서 멀리 떨어진 고적한 산의 거처에서 로마 제국 전역으로 퍼졌다. 그에게 명성을 안겨준 것은 학식도 아니고 세속의 지혜도 아니고 인간적 예술도 아니고, 다만 하나님을 향한 경건이었다 …… 그리고 모든 형제들이 알아야 할 것은, 주님께서 거룩한 수사들을 그냥 하늘로 데려가실 뿐 아니라, 그들이 아무리 깊은 광야에

서 은둔하며 지낼지라도 그들의 이름을 온 땅에 널리 알려지게 하신다는 것이
다."

니케아 시대 전체가 안토니우스를 모두가 본받아야 할 성인으로 존경했다. 이
사실이 기독교 신앙의 본질에 대한 고대와 현대, 고대 가톨릭과 복음적 개신교
사이의 방대한 견해 차이를 극명하게 드러낸다. 안토니우스의 생애는 특히 사도
바울의 표준으로 평가하자면 딱히 기독교적 요소라고 할 만한 것이 얼마 되지
않는다. 그럴지라도 비록 상궤를 벗어나긴 했어도 그처럼 기품 있고 순수하고
투박한 성결을 유지한 은수자를 존경하지 않을 수 없다. 안토니우스는 양가죽
안에 어린아이 같은 겸손과 온화한 품성, 강인한 의지, 하나님을 향한 뜨거운 사
랑을 간직했으며, 일상의 낙을 전혀 뒤로 한 채 거의 90년간 이러한 생활을 유지
하면서 육체의 모든 시험을 이겼다. 교육이나 학문의 도움을 받지 않은 채 오직
경건에 의해서만 고대 교회사에서 가장 비범하고 유력한 사람이 되었다. 당대의
이교도들조차 그를 존경해마지 않았으며, 훗날 주교가 된 유명한 철학자 시네시
우스(Synesius)는 회심하기 전부터 안토니우스를, 번득이는 직관이 이성적 사유
를 대신하고, 본래부터 정신력이 워낙 강해서 학교 교육을 굳이 받을 필요가 없
었던 진기한 인물로 평가했다.

36. 은둔 수도의 확산. 힐라리온

안토니우스의 생애는 그의 세대에 마술과 같은 힘을 발휘했으며, 아타나시우
스가 쓴 그의 전기는 라틴어로도 번역되어 대대로 널리 읽혔다. 크리소스토무스
는 이 책이 신앙 인격 형성에 유익한 책이라고 하면서 모든 사람에게 권장했
다.[38] 교부들 가운데 가장 복음적인 아우구스티누스조차 치열한 신앙적 투쟁을
벌이는 동안 이 책을 읽고 큰 힘을 얻었으며, 이 책의 영향을 받아 세상을 완전
히 단념하게 되었다.[39]

안토니우스가 여전히 살아 있는 동안에 알렉산드리아 남부의 니트리아부터

---

38) *Hom.* viii. in Matth. tom. vii. 128 (ed. Montfaucon).
39) 참조. Aug., *Confess.* i. viii. c. 6 and 28.

스케티스 광야를 지나 리비아와 테베 지방에 이르는 이집트 사막들에는 은수자들로 가득했다. 수도원주의의 열풍이 기독교 세계를 뒤덮었으며, 모든 계층 사람들을 전염병처럼 사로잡았다. 과거에는 순교가 그랬듯이, 이제는 수도원주의가 지상에서 가장 빨리 가장 확실하게 명성을 얻고 하늘에서 영원한 상을 받을 수 있는 길이 되었다. 아타나시우스가 안토니우스의 전기를 결론짓는 이 전망이 모든 자기 부인 행위를 충분히 보상해 주었고, 경건한 열망을 왕성하게 자극했다. 은수자는 끊임없이 은둔 생활에 힘써야 한다. 세상을 미워하고 인간을 피하는 이 열정적인 사람들에게는 가지 못할 만큼 뜨거운 사막이 없었고, 접근하지 못할 만큼 험한 바위가 없었고, 기어오르지 못할 절벽이 없었고, 거하지 못할 만큼 음침한 동굴이 없었다. 2백 내지 5백 명의 수사들이 대수도원장 한 명의 지도를 받으며 지내는 모습은 어디서나 쉽게 볼 수 있는 정경이었다. 이집트에서는 은수자들과 공동 생활 수사들(cenobites)의 수가 도시들의 주민 수와 대등했던 것으로 추정되어왔다.[40] 사막과 나일 강의 비옥한 계곡의 자연적 차이가 수도 생활과 세속의 도덕적 차이에 반영되었다.

대 마카리우스(the elder Macarius)는 두려운 스케티스 사막에 은수 생활을 도입했고,[41] 아문(Amun) 혹은 암몬(Ammon)은 니트리아 산지에 도입했다.[42] 아문은 결혼을 했으나 아내를 설득하여 결혼한 직후부터 엄격한 금욕 생활을 했다.

---

40) 참조. Rufinus, *Vitae Patr*. ii. c. 7. Montalembert(*Monks of the West*, vol. i, p. 314)는 수사들의 수가 증가한 일에 관해서 이렇게 말한다: "이집트 은수자들의 역사에서 수사들의 수가 증가한 것만큼 굉장한 것도 없다. 그러나 대다수 권위자들은 한결같이 그것을 사실로 인정한다(참조. Augustine, *De morib. Eccles.*, i. 31). 그것은 도시가 사막으로, 문명이 단순함으로, 소란이 고요로, 타락이 순결로 대거 옮겨간 현상이었다. 한번 물꼬가 트이자 허다한 남자들과 여자들, 어린이들이 그리로 쏟아져 들어갔고, 이러한 현상이 한 세기 동안 거역할 수 없는 세력으로 창궐했다."

41) 이 이름을 지닌 은수자들이 여러 명(5-7명)이 있는데, 이들이 자주 혼동된다. 가장 유명한 사람이 대(the elder 혹은 the Great) 마카리우스(390년 죽음)로서, 설교집을 남긴 사람이 그로 추정된다. 소 마카리우스(404년 죽음)는 알렉산더 출신으로서 팔라디우스의 스승이었다. 팔라디우스는 그와 오랫동안 지내면서 그를 대 마카리우스만큼 높은 지위에 세웠다.

42) 암몬 혹은 이집트 이름으로 아무스와 아문에 관해서는 Tillemont의 책 vii. p. 153-166, 그리고 notes, p. 672-674를 참조하라.

소조메누스에 따르면 4세기가 끝나기 전에 니트리아에만 5천 명의 수사들이 있었으며, 이들은 대부분 독방 곧 라우라(laura, 독거 수도원)에서 살았고, 함께 모여 예배를 드리는 토요일과 주일을 제외하고는 일절 서로 대화를 나누지 않았다고 한다.

이집트에서 독거 생활이 주변의 다른 나라들로 퍼져나갔다.

힐라리온(Hilarion)은 팔레스타인과 시리아에 펼쳐진 가자 광야에 독거 생활을 정착시켰다(제롬이 그의 생애를 생생하고 자세하게 기록한다).[43] 이 성인은 4세기의 은수자들 중에서 안토니우스에 버금가는 명성을 얻었다. 그는 이교도 부모에게서 태어나 '가시밭의 한 떨기 장미처럼' 자라났다. 알렉산드리아의 학교에 다녔고, 교회에 착실하게 나갔으며, 서커스와 검투 경기, 연극을 멀리했다. 훗날 성 안토니우스와 두 달을 함께 지냈으며, 그의 제자들 가운데 가장 유명한 사람이 되었다. 부모를 여읜 뒤에는 유산을 형제들과 가난한 사람들에게 나누어 주었고, 아나니아와 삽비라처럼 되는 것이 두려워 아무것도 받지 않았으며, "이와 같이 너희 중에 누구든지 자기의 모든 소유를 버리지 아니하면 능히 내 제자가 되지 못하리라"(눅 14:33)는 그리스도의 말씀을 기억했다. 그리고는 가자 광야로 들어갔다. 그곳은 화적들과 자객들이나 거하는 지대였다. 안토니우스처럼 외설스러운 꿈과 마귀가 던지는 그 밖의 시험들과 전투를 치르고, 자신의 신체를 곡식이 아닌 여물이나 먹여야 하는 '나귀'로 간주하여 금식과 철야로 다스린 결과, 스무살밖에 되지 않았을 때에도 마치 해골처럼 보였다. 해 지기 전에는 아무것도 먹지 않았다. 기도·시편 찬송·성경 암송·바구니 짜기가 그의 일과였다. 그의 암자는 그의 키보다 낮은 150cm밖에 되지 않았고, 거처라기보다 무덤이라 하기에 알맞은 곳이었다. 잠은 맨바닥에서 잤다. 머리는 일년에 한 번 부활절에 잘랐다.

그의 거룩함의 명성이 점차 널리 알려져 그를 존경하는 사람들이 많이 생겼으며, 한번은 천 명이 한 번에 찾아오기도 했다. 따라서 거주지를 여러 번 바꾸지 않을 수 없었는데, 처음에는 시칠리아로 물러갔다가, 달마티아로, 마지막에는 키프로스 섬에 가서 지내다가 371년에 여든의 나이로 그곳에서 죽었다. 그는 복음서들을 한데 엮은 책과 싸구려 담요를 친구 헤시키우스(Hesychius)에게 유증

---

43) *Opera, tom.* ii. p. 13-40.

했으며, 헤시키우스는 그의 시신을 고향 팔레스타인으로 운구하여 그곳에 있는 마유마스 수도원에 안장했다. 키프로스 사람들은 성인의 시신을 빼앗긴 것이 못내 아쉬웠지만, 자신들이 성인의 정신을 간직하고 있다고 생각하면서 스스로를 달랬다 제롬은 힐라리온이 생전에 많은 환상들을 보았고 기적으로 많은 병을 고쳤다고 전한다.

37. 성 시므온과 주상 성인들

같은 부류의 다른 은수자들을 일일이 소개하는 것은 불필요한 일이다. 저마다 대동소이한 면들을 지니고 있기 때문이다. 그러나 5세기에 새롭고 전혀 독창적인 길이 주상 성인(柱上聖人, Stylites saint)들의 아버지인 시므온(Symeon)에 의해서 개척되었다. 이들은 여러 해 동안 밤이나 낮이나, 여름이나 겨울이나, 비가 오거나 볕이 들거나, 서리가 내리거나 태양이 뜨겁게 작열하거나 한결같이 기둥 위에서 지내면서 기도와 고행을 힘썼고, 그런 방식으로 천국에 이르기 위해서 노력했으나, 자신들의 극단적인 자기 부정을 다른 각도에서 바라보거나 자신들이 복음이 가르친 구원의 도리에 무지하다는 것을 깨닫지 못했다. 이렇게 아찔한 기둥 위에서 은수자들의 금욕주의가 절정에 달했다.

주상 성인 시므온은 시리아와 길리기아 접경에서 목동 생활을 하다가 열세 살 때 교회에서 팔복(八福)에 관한 말씀을 듣고서 큰 감동을 받고는 수도원을 찾아 갔다. 수도원 문 앞에서 무릎을 꿇은 채 며칠 동안 식음을 전폐한 채 수도원의 하찮은 종으로라도 받아달라고 간청했다. 수도원에 들어간 뒤부터 일주일에 한 번 주일에만 식사를 했다. 사순절에는 40일 동안 음식을 입에 대지 않았다. 이것은 열대 기후에서조차 하기 힘든 일이었다.[44] 처음 이 시도를 했을 때는 거의 죽

---

44) 하지만 Butler(*l. c.*)는 자기 시대에 Dom Claude Leante라는 베네딕투스회 수사도 비슷한 일을 했다고 전한다: "그는 마흔한 살이던 1731년에 벌써 11년 동안 40일을 매일 미사 때 먹는 것을 제외하고는 음식을 먹지 않았으며, 더욱 놀라운 것은 사순절 기간에 앉아서 졸았을 뿐 하루도 누워서 잠을 자지 않았다는 것이다. 밝은 태양 빛 아래 똑바로 서기가 힘들었으며, 사순절이 끝날 무렵에는 얼굴에 핏기라고는 하나도 없고 피골이 상접해 있었다."

을 뻔한 지경까지 갔다. 그러나 워낙 강골이었던지라 견뎌낼 수 있었으며, 테오
도레투스가 그를 방문했을 때 그는 벌써 26회의 사순절에 완전 금식을 실천한
터였는데, 이것은 모세와 엘리야, 심지어 그리스도까지도 능가하는 기록이었다.
그가 자초한 또 한 가지 고통은 노끈으로 몸을 너무나 단단히 묶어 노끈이 뼈에
닿을 정도로 조인 것이었는데, 노끈을 풀려면 극도의 고통을 감내해야만 했다.
이 일을 겪은 뒤 그는 수도원에서 나왔다. 그리고는 한동안 은수자가 되어 산에
들어가 살면서 발에 쇠사슬을 매단 채 지냈으며, 혹은 존경심에 혹은 호기심에
찾아온 방문객들을 맞이했다.

　이러한 생활로도 만족할 수 없게 되자 423년에 새로운 거룩한 생활법을 고안
하게 되었는데, 안디옥에서 동쪽으로 이틀 길(약 100k m) 떨어진 곳에 기둥을 세
워놓고 그 꼭대기에 올라가서 36년을 지낸 것이다. 기둥 높이가 마지막에는 거
의 40규빗(약 20m)나 되었다.[45] 그가 천국과 완전에 접근한 비율에 따라 기둥이
올라간 셈이다. 이곳에서는 눕거나 앉지 못하고 다만 서 있을 수밖에 없었으며,
혹시는 기둥(혹은 난간)에 몸을 기대거나 굽힐 수 있었다. 굽히는 자세로는 머리
가 거의 발까지 닿았는데, 워낙 금식을 많이 하여 등뼈가 그렇게 유연해진 것이
다. 어떤 구경꾼은 하루 종일 서서 성인이 전능하신 하나님 앞에서 절하는 횟수
를 헤아렸는데, 244번까지 헤아린 다음 헤아리기를 중단했다. 성인은 짐승 가죽
을 걸치고 목에는 사슬을 둘렀다. 성찬조차 기둥 위에서 받았다. 그 위에서 성
시므온은 길고 고단한 일과를 몇 주일, 몇 달, 몇 년을 계속하면서 작열하는 태
양과 퍼붓는 폭우와 몸을 오그라들게 하는 서리와 거센 폭풍을 온몸으로 맞으면
서 매일 무거운 죄의 짐에 눌려 신음하며 죽음과 순교의 삶을 살았으나, 참된 영
혼의 위로와 평안에 이르지는 못했다(그것은 그리스도의 무한한 공로를 어린아
이처럼 의지할 때 찾아오는 것이다). 그는 초인적인 성결을 추구했으며, 하늘에
서의 영광스러운 상급과 땅에서의 불멸의 명성을 얻고자 애썼다. 알프레드 테니

---

45) 그가 직접 세워서 4년을 지낸 첫 번째 기둥은 6규빗(약 3m)이었고, 두 번째 기
둥은 12규빗, 세 번째 기둥은 22규빗, 네 번째이자 사람들이 그를 위해서 세워주었고
그가 20년간 기거한 기둥은 36규빗이었다고 테오도레투스는 전한다. 다른 사람들은
마지막 기둥이 40규빗이라고 말한다. 꼭대기 면적은 직경 90c m밖에 되지 않았다. 하
지만 그가 기대어 자거나 쉴 만한 난간이 있었을 것이다. 식사는 제자들이 사다리를
놓고 올려주었다.

슨(Alfred Tennyson)은 시므온의 입장이 되어 하나님께 드리는 독백을 생생하게
묘사한다:

"저는 이루 말할 수 없이 비루한 인간으로,
　딱지에서 상처까지 온통 죄로 덮이어,
　세상에도 쓸모없고 하늘에도 발붙일 데 없고,
　마귀의 군대에도 부적합한 존재이나,
　성인들의 나라에 대한 소망을 결코 버리지 않고,
　천국 문을 절박하게 두드리며, 하염없는 눈물과
　부르짖음과 간구로 쉴새없이 아뢸 것입니다:
　주님, 자비를 베푸사 저의 죄를 도말해 주옵소서.
　　　　　　　　* * *

　제가 내쉬고 나직히 고하는 건
　원망이 아님을 주께서 아시나이다.
　지금보다 천 배의 고통이 저를 더 짓눌러도
　당신 앞에서 제 영혼을 누르는
　천근 납덩이 같은 죄책감보다는
　견딜 만하나이다.

　주님, 주께서 아시듯이,
　전 처음에는 이 고통을 꽤나 잘 견뎠나이다.
　그때는 몸이 건장하여서,
　비록 추위에 이가 딱딱 마주치고 (지금은 다 빠져 형편없이 되었지만)
　싸늘한 달빛 아래서 된서리에 수염이 엉겨붙어도,
　거룩한 찬미와 시편으로 부엉이 울음을 덮었고,
　그런 저를 지켜보는 천사의 모습도 가끔 보았나이다.
　이젠 심히 노쇠했고, 제 종말도 다가왔나이다.
　그날을 저는 사모하나이다. 이젠 귀도 반쯤 먹어,
　기둥 밑에서 사람들이 뭐라 해도 잘 듣지 못하고,
　눈도 거의 멀어 앞에 펼쳐진 들판도 보이질 않나이다.

다리는 온통 이슬로 짓물렀나이다.
그럴지라도,
이미 굳어버린 척추가 지친 제 머리를 지탱하는 동안,
사지가 힘없이 무너지는 그 순간까지,
간구하고 부르짖기를 그치지 않겠나이다.
제게 자비를 베푸시옵소서, 제 죄를 도말해 주옵소서."

그럴지라도 시므온은 제 한 몸 구원하는 데 갇히지 않았다. 원근각처에서 많은 사람들이 찾아와 그 '살아 있는 시대의 기적'을 바라보았다. 그는 계층을 가리지 않고 동일한 우정과 온유함과 사랑으로 권고해 주었으며, 다만 여성들에 대해서는 기둥 둘레에 쳐놓은 담장 안으로 들이지 않았다. 이 독창적인 강단에서 하늘과 땅 사이의 중보자로서 경이감에 잔뜩 사로잡혀 있는 구경꾼들에게 하루에 두 번 회개를 촉구했고, 논쟁들을 해결해 주었고, 정통신앙을 옹호했고, 심지어 황제에게조차 법을 이끌어냈고, 병자들을 고쳤고, 기적을 일으켰으며, 이스마엘족 · 이베리아족 · 아르메니아족 · 페르시아족 같은 무수한 이교도들을 기독교로 혹은 적어도 그리스도의 이름으로 회심케 했다. 이 모든 내용을 저 유명한 테오도레투스가 그 성인이 살아 있는 동안 직접 목격하고서 글로 전한다. 그는 시므온을 세상의 거대한 기적이라고 표현하며,[46] 그를 촛대 위의 초와, 온누리에 빛을 비추는 태양에 비유한다. 이런 생활 방식을 비판하는 사람에게는 하나님께서 종종 특이한 방법을 쓰셔서 나태한 자들을 일깨우기도 하시며, 선지자들의 역사가 그것을 여실히 보여주지 않느냐고 되묻는다.[47] 그리고는 다음과 같은 말로 이야기를 매듭짓는다. "성인이 더 오래 살게 된다면 그는 더욱 위대한 기적들을 행할 수 있을 것이다. 그는 우주의 장식이요 신앙의 영예이기 때문이다."

시므온은 459년에 오래 감추고 지낸 다리의 종양이 악화되어 예순아홉의 나이로 죽었다. 그의 시신은 엄숙한 행렬을 통해 안디옥 수도대주교 교회로 운구되었다.

---

46) *Hist. Relig.* c. 26 서두.

47) 테오도레투스가 염두에 둔 구절들은 다음과 같다: 사 20:2; 렘 1:17; 28:12; 호 1:2; 3:1; 겔 4:4; 12:5.

시므온은 죽기 전에도 그리스도인들과 이교도들, 평민들과 페르시아의 왕들, 테오도시우스 2세와 레오, 마르키아누스 같은 황제들에게 이루 말할 수 없는 존경을 받았고, 그들에게 축복과 자문을 요청받았다. 이런 점을 감안하면 그가 겸손하기로 널리 알려졌음에도 불구하고 자꾸만 솟아나는 영적 자부심의 유혹과 싸워야 했다는 것이 이상한 일이 아니다. 한번은 환상 중에 천사가 불병거를 몰고 나타나 엘리야처럼 그도 하늘로 데리고 올라가겠다고 말했다. 복된 상태에 들어산 영혼들이 그를 만나보기를 살방하고 있다는 것이었다. 그런데 그가 오른발을 병거에 들여놓았을 때 발목을 접질리고 말았고(야곱이 환도뼈를 다쳤듯이), 그 순간 십자가 성호를 긋자 사탄의 환영(幻影)이 사라져 버렸다.「성인전」(*Acta Sanctorum*)이 전하는 이 사건은 아마 그의 몸에 난 상처를 설명하기 위해서, 그리고 자부심이 그만큼 위험하다는 교훈을 주기 위해서 조작된 듯하다. 경건한 수사 닐루스(Nilus)가 허세에 사로잡힌 주상 성인들에게 "누구든지 자기를 높이는 자는 낮아지고"라는 말씀을 상기시킨 것도 같은 뜻에서 한 일이다.[48]

후기 주상 성인들 가운데 가장 두드러진 사람은 콘스탄티노플 근처의 다니엘(490년 죽음)과 시리아의 소 시므온(Symeon the younger, 592년 죽음)이었다. 소 시므온은 68년을 기둥 위에서 지냈다고 한다. 동방에서는 이러한 형태의 수도 생활이 비록 예외적인 경우에 한하긴 했으나 12세기까지 이어졌다. 서방에서는 우리가 아는 한도에서는 주상 성인이 한 명뿐이었는데, 투르의 그레고리우스에 따르면 그는 트레브 근처의 기둥에서 오랫동안 살았으나 결국 주교의 명령으로 내려와 인근의 수도원에 들어가 살았다고 한다.

38. 파코미우스와 수도원 생활

엄격한 독거(獨居) 생활이 오랫동안 존속했고, 오늘날까지도 그리스 교회와 로마 교회에서 여기저기 나타남에도 불구하고, 4세기 중반부터는 수도원주의가 대체로 공동 생활의 형태를 띠기 시작했다. 그만큼 수도원 생활이 은수(隱修) 생활에 비해 위험도 덜하고, 남녀 모두가 참여할 수 있고, 교회에도 유익하기 때문이

---

48) *Ep.* ii. 114; cited in Gieseler, ii. 2, p. 246, note 47.

었다. 안토니우스는 앞에서 살펴보았듯이 "홀로 있어 넘어지고 붙들어 일으킬 자가 없는 자에게는 화가 있으리라"는 잠언을 언급하면서 완전 독거의 위험을 경계한 바 있다. 대다수 유력한 금욕주의자들은 은수를 공동 수도 생활로 들어가는 디딤돌로 여겼다. 그렇지 않은 사람들에게는 은수가 공동 수도 생활의 목표였으며, 완전에 이르는 마지막이자 가장 높은 단계였다.

이러한 공동 수도 생활의 창시자는 파코미우스(Pachomius)였다. 안토니우스와 동시대인으로서 그와 마찬가지로 이집트인이었던 그는 고대인들 사이에서 명성이 안토니우스에 못지않았다. 그는 292년경에 테베 남부 지대에서 이교도 부모에게서 태어났고, 전제 군주 막시미누스가 콘스탄티누스와 리키니우스를 공격하기 위해 원정을 감행할 때 그의 부대에 배속되어 함께 원정길에 올랐다. 그의 부대가 테베에 주둔할 때 그곳의 그리스도인들이 그와 그의 동료들을 아주 따뜻하게 대해준 데 감화를 받은 그는 기독교 신앙을 받아들였고, 나중에 제대를 한 뒤에는 세례를 받았다. 그런 뒤 313년에는 완전에 이르는 도를 배우기 위해서 연로한 은수자 팔레몬(Palemon)을 찾아갔다. 그 성인은 그에게 은수 생활의 어려움을 일깨워 주었다. "많은 사람들이 세상에 염증을 느끼고서 이곳에 오지만 오래 견디지를 못해. 젊은이, 내가 먹는 음식이 빵과 소금뿐이라는 것을 잊지 말게. 나는 술도 안 마시고, 기름도 바르지 않고, 밤의 절반은 깨어 있으면서 시편을 찬송하고 성경을 묵상하며 지내며, 때로는 아예 잠을 자지 않고 밤을 새운다네." 파코미우스는 그 말을 듣고 깜짝 놀랐지만 실망하지는 않았다. 그리고 여러 해를 학생으로서 이 노인 곁에서 지냈다.

325년에 그는 환상에 나타난 천사의 지시를 받아 이집트 남부 나일경의 타베나이 섬으로 가서 수사들의 공동체를 세우게 되었다. 이 수사들의 공동체는 단기간에 아주 강하게 되어 벌써 그가 죽기 전에(348년) 테베 지방에 여나무 개의 수도원을 보유하고 있었고, 수사들의 수도 3천 명(어떤 이들의 말에 의하면 7천 명)에 달했으며, 한 세기 뒤에는 5천 명에 달했다. 생활 방식은 파코미우스의 엄격한 수도회칙에 의해서 정해졌는데, 후대의 전설에 따르면 천사가 그에게 수도회칙을 전해 주었다고 하며, 훗날 제롬이 그것을 라틴어로 번역했다. 수사들의 공동체에 들어가기 위해서는 3년간의 시험 기간을 거쳐야 했다. 당시에는 아직 엄격한 서약을 요구하지 않았다. 수사들은 영적 훈련을 하면서 동시에 농사·선박 건조·바구니 제작·요와 이불 짜기 등 노동을 병행했으며, 노동을 통해서 번 수입으로 자신들의 생계를 유지했을 뿐 아니라 가난한 사람들과 병든 사람들을 도와주었다. 수사들은 금욕적 경건의 등급에 따라 스물네 계층으로 구분되었고, 각 계층에 헬라어 알파벳 문자로 이름이 붙었다. 이들은 독방 하나를 세 명이 함께 사용했다. 식사는 공동으로 했으나, 식사 도중에는 얼굴을 가린 채 엄격히 침묵을 지켰다. 필요한 것이 있으면 손짓으로 말했다. 병든 수사는 각별히 보호를 받았다. 토요일과 일요일에는 성찬을 거행했다. 파코미우스는 대수도원장(abbot 혹은 archimandrite)으로서 전체를 감독했다. 각 수도원마다 소수도원장과 청지기가 있었다.

파코미우스는 자신의 누이를 위해서 수녀원도 설립했으며, 누이가 자신을 만나고 싶어해도 일절 허락하지 않고 자신이 여전히 잘 있다는 것만 아는 것으로 만족하라는 전갈을 보냈다. 마찬가지 방식으로 안토니우스의 누이와 암몬의 아내도 여성 수도 생활의 중추적 인물들이 되었으며, 이렇게 해서 설립된 수녀원들이 급속도로 전파되었다.

파코미우스는 회심한 뒤부터는 한 번도 포식을 하지 않았으며, 50년 동안 돌에 앉아 잠을 잤다. 전승에 따르면 그가 온갖 부류의 기적을 일으켰다고 하는데, 심지어 방언을 하기도 하고 자연을 철저히 제어하기도 하여서 뱀과 전갈을 밟고, 악어 등에 올라 나일 강을 건너기도 했다고 한다.[49]

파코미우스가 죽은 뒤 니트리아 지방에는 테베 지방에 세워졌던 수도원에 조금도 뒤지지 않는 50개의 수도원이 설립되었다. 그들은 인근의 리비아 사막에 사는 은수자들을 위해서 빵 공장을 일곱 곳 운영했으며, 적어도 후기에는 신학 연구에도 관심을 기울였다. 최근에 발견된 귀중한 사료들이 그 사실을 입증한다.

이집트에서부터 수도원 생활이 거역할 수 없는 시대 정신으로서 기독교 동방 세계 전역에 급속히 보급되었다. 그리스 교회의 가장 유력한 교부들은 수사 출

---

49) M hler는 이 점에 관해서 다음과 같이 말한다(*Vermischte Schriften*, ii. p. 183): "고대인들은 그런 식으로 신앙을 표시했다. 즉 하나님과 화목한 인간에게는 자연에 아무런 원수도 없다는 것이다. 이 말은 단순한 시적인 표현을 넘어선다. 이 말에는 그 세대와 향후 세대가 파코미우스에 대해서 지녔던 높은 견해가 최소한도로 반영되어 있다." 인용문 가운데 마지막 문장은 이 저명한 로마 교회 옹호자의 마음에조차 이 성인의 기적 이야기의 사실성에 대해 의심이 깔려 있음을 암시한다.

신이거나 적어도 수도원주의의 친구들과 후원자들이었다. 에프라임은 메소포타미아에서 수도원주의를 전파했다. 세바스테의 유스타티우스는 아르메니아와 파플라고니아에서, 대 바실리우스는 폰투스와 카파도키아에서 수도원주의를 퍼뜨렸다. 바실리우스는 자신이 세운 수도원들과 수녀원들에 성직자들을 배치하고 개선된 수도회칙을 주었다. 이 수도회칙이 그가 죽기 전(379년)에 약 8만 명의 수사들에 의해 채택되었고, 루피누스에 의해 라틴어로 번역되었다. 바실리우스는 은수의 장점과 공동 수도의 장점을 규합하려고 했고, 젊은 사람들에 대한 교육을 촉진하고 (앞 시대에 아타나시우스가 그랬듯이) 대중 사이에서 아리우스주의와 투쟁함으로써 수도원을 교회에 유익을 주는 기관으로 만들려고 노력했다.[50] 그와 그의 친구 나지안주스의 그레고리우스는 학문적 · 신학적 연구를 금욕적 은둔 훈련과 결합한 최초의 교회 지도자들이었다. 크리소스토무스는 수도원 생활을 예찬하고 옹호하는 세 권의 책을 썼으며, 수도원주의의 숭고한 면을 전반적으로 소개한다.

5세기 초반에 동방의 수도원주의를 가장 훌륭하게 대표한 사람은 시나이[시내]의 닐루스(Nilus)와 나일 강의 동쪽 어귀에 자리잡은 펠루시움의 이시도루스(Isidore)였다. 닐루스는 크리소스토무스의 학생이자 그를 크게 흠모하던 사람으로서 금욕주의에 관한 방대한 분량의 글을 남겼다. 콘스탄티노플에서 고위 관리로 지내던 중 뜻을 품고 사직한 뒤 아들을 데리고 시내 산으로 갔으며, 반면에 그의 아내는 딸을 데리고 이집트의 수녀원으로 들어갔다.[51] 이시도루스는 펠루시움의 대수도원장으로서 2천 통의 편지를 남겼다.[52] 이 두 사람이 남긴 글들은 그 시대와 세대의 풍부한 영적 체험과, 광활하고 비옥했던 사역 무대를 잘 보여준다.

---

50) 나지안주스의 그레고리우스는 바실리우스에 대한 찬사(*Orat.* xx. of the old order, *Orat.* xliii. in the new Par. ed.)에서 이론적인 삶과 실천적인 삶을 수도원주의로써 규합하려고 노력한 점을 높이 평가한다.

51) 참조. Neander, iii. 487 네안더는 닐루스를 높게 평가한다.

52) 참조. Tillemont, xv. 그의 편지들은 *Bibliotheca Maxima*의 제7권과 Migne의 *Patrol. Graeca*, tom. 58, Paris, 1860에 수록되어 있다.

39. 동방의 광신적이고 이단적인 수도원 집단들

수도원주의는 일반적으로 교회의 정통신앙을 확고히 고수했다. 정통신앙의 아버지인 아타나시우스와 수도원주의의 아버지인 안토니우스가 주고받은 교분은 이 점에서 고전적인 사실이다. 그러나 네스토리우스주의와 유티케스주의, 단성론, 펠라기우스주의, 그리고 그 밖의 이단들도 수사들에게서 나왔으며, 수사들 가운데서 가장 열정적인 옹호사들을 얻었다. 그리고 수도원주의의 열정은 금욕적 이단들에게로도 흘러들어갔는데, 그 점을 여기서 살펴보고자 한다.

1. 유스타티우스파(Eustathians). 세바스테의 주교이자 바실리우스의 친구로서 아르메니아·폰투스·파플라고니아에 수도원주의를 정착시킨 유스타티우스(Eustathius)를 추종한 집단이다. 이 분파는 결혼이 구원을 가로막고, 성직을 제대로 수행하지 못하게 한다고 주장했다. 이런 유의 극단적인 견해들로 인해 파플라고니아의 강그라에서 열린 공의회에서 단죄를 당했고(360-370), 그 뒤로 점차 소멸했다.

2. 아우디우스파(Audians)도 유사한 원리들을 주장했다. 이 분파의 설립자 아우디우스 혹은 우도(Udo)는 시리아의 평신도로서, 당대 성직자들의 부도덕성, 특히 탐욕과 사치를 비판했다. 많은 박해를 묵묵히 견뎌내던 그는 마침내 친구들과 함께 교회를 떠났다. 그와 함께 교회를 떠난 친구들 가운데는 주교들과 사제들도 있었다. 이들은 330년경에 스키티아에 엄격한 금욕적 분파를 세웠는데, 이 분파가 백년간 존속한 듯하다. 이들은 부활절을 지키는 방식에서는 십사일파(Quartodecimans)를 따라 니산 월 14일에 유대교식으로 지켰다. 에피파니우스(Epiphanius)는 그들의 모범적이면서도 지나치게 엄격한 금욕적 생활을 우호적으로 평가한다.

3. 유키테스파(Euchites) 혹은 메살리우스파(Messalians).[53] 열광파(Enthusiasts)라고도 한다. 이들은 메소포타미아와 시리아를 떠돌아다니며 구걸하던 수사들로서(360년부터 활동함), 그리스도인의 삶을 끊임없이 기도하는 삶으로 인식했고, 모든 육체 노동과 도덕법, 성례들을 경시했으며, 스스로 완전하다고 자랑했다. 이들은 모든 사람이 저마다 악귀를 지닌 채 세상에 들어온다고 가르쳤고, 악귀를

---

53) 메살린= Εὐχίται(유키타이. '기도'라는 뜻의 εὐχή에서 유래).

몰아낼 수 있는 방법은 기도뿐이며, 기도로써 악귀가 나가면 성령께서 영혼에 들어오셔서 영혼을 모든 감각적 속박으로부터 해방시키고, 교육과 은혜의 방편들이 필요 없는 위치에 올려 놓으신다고 가르쳤다. 복음의 역사가 단순히 알레고리일 뿐이라고 주장했다. 그러나 겉으로는 가톨릭 교회에 남아있음으로써 범신론적 신비주의와 반율법주의를 은폐했다. 이들은 4세기 말에 자신들의 원리들이 알려지면서 교회와 국가로부터 제재를 당하게 되었다. 그런데도 7세기까지 존속했으며, 중세의 유키테스파와 보고밀파(Bogomiles) 안에서 다시 나타났다.

40. 서방의 수도원주의. 아타나시우스 · 암브로시우스 · 아우구스티누스 · 투르의 마르탱

라틴 교회에서는 기후 때문에 혹은 민족성 때문에 수도 생활이 훨씬 온건한 형태를 띠긴 했으나 그 종류는 대단히 다양했으며, 그리스 교회에 비해 훨씬 더 비옥한 터전이 되었다.[54] 비록 주상 성인이나 금욕적 영웅을 배출하지 않았지만 그 대신 실천적이었으며, 야만족들 사이에서 기독교와 문화의 토양을 일구고 씨를 뿌리는 데 중요한 역할을 수행했다.[55] 카시아누스(Cassian)는 이렇게 말한다. "일하는 수사는 귀신 하나에게 시달리지만, 게으른 수사는 귀신의 군대에게 시달린다." 그럴지라도 동방 수도원주의의 유력한 대표자들이 육체 노동과 연구를 권장했다는 점과, 동방의 수사들이 비록 조야하고 거친 형태이긴 하나 신학 논

---

54) 술피티우스 세베루스는 세 권의 대화록 가운데 첫권에서 갈리아인들과 이집트인들의 식성(食性)의 차이에 관해 흥미로운 사례들을 많이 소개하는데, 그가 이집트의 은수자를 처음으로 만났을 때 자신과 네 명의 일행에게 보리빵과 푸성귀 한 줌을 저녁 식사로 내놓는 것을 보고 무척 당황했다고 술회한다. 물론 그들은 오랜 여행에 지쳐있던 상황이었던지라 그것을 아주 맛있게 먹었다고 한다.

55) Montalembert는 이렇게 말한다: "이집트 사막에서 시작된 수도원주의의 물결은 크게 두 갈래로 갈라졌다. 한 줄기는 동방으로 퍼져나가서 처음에는 모든 것을 삼킬 듯이 기세등등하다가 차츰 정체되거니 결국 소멸되었다. 다른 한 줄기는 서방으로 빠져나갔고, 거기서 다시 온 세계로 수백 갈래로 갈라져 흐르면서 온 땅을 비옥하게 만들었다."

쟁에 적극 참여했다는 점을 잊어서는 안 된다. 반대로 서방의 수사들 가운데서도 투르의 마르탱(Martin)처럼 노동을 사색에 방해가 되는 것으로 간주한 사람들도 있었다.

성 안토니우스의 손님이자 제자였다가 훗날 그의 전기와 찬사를 쓴 아타나시우스는 서방 세계에 수도원주의를 최초로 전파했으며, 340년에 추방을 당했을 때 데리고 간 이집트의 반(半) 야만적인 사막의 고행자들로 인해서 세련되고 나긋나긋한 로마인들을 놀라게 했다. 그 중 한 사람인 암모니우스는 세상을 철저히 등진 터였던지라 대도시의 웅장하고 훌륭한 장소들을 찾아갈 마음이 없었고, 다만 성 베드로와 성 바울의 무덤을 둘러보았을 뿐이다. 반면에 이시도루스는 붙임성 있는 단순한 인격으로 인해 많은 사람들의 주목을 받았다. 두 사람이 처음에 서방 세계에 모습을 드러냈을 때 처음에는 혐오와 경멸의 대상이 되었으나 곧 존경과 모방의 대상이 되었으며, 특히 여성들과 수가 급격히 감소한 고대 로마 귀족들 사회에서 그러했다. 처음 방문 때 조성된 인상은 훗날 아타나시우스가 로마를 두 번 더 방문함으로써, 특히 그가 쓴 안토니우스의 전기로 인해서 한층 고조되었다. 안토니우스의 전기는 소개된 순간부터 즉시 수도원주의의 복음서로서 인기와 권위를 누렸다. 라틴 교회의 많은 사람들이 새로운 생활에 헌신하기 위해서 이집트와 팔레스타인으로 갔다. 그리고 그런 사람들을 위해서 제롬은 훗날 파코미우스의 수도회칙을 라틴어로 번역해 주었다. 다른 사람들은 로마 근처나 고대 신전들과 광장의 폐허에 수도원들을 세웠으며, 얼마 남지 않은 이교의 여사제들이 허다한 기독교 동정녀들에 의해서 곧 뒷전으로 밀려났다. 수도원주의는 로마에서부터 점차 이탈리아 전역과 지중해 섬들로 퍼져나갔으며, 심지어 고르곤 산과 카프라야 산의 험준한 암벽 지대, 곧 자발적으로 세상을 등진 은수자들이 과거에 황제들이 죄수들과 정치범들을 유배시키곤 하던 곳으로 찾아갔다.

로마 최초의 수녀들 가운데 한 사람인 마르켈리나(Marcellina)가 누이였던 암브로시우스는 밀라노에 이탈리아 최초의 수도원을 세웠으며,[56] 대단한 열정을 가지고 심지어 부모의 뜻을 거슬러 가면서까지 독신 생활을 권장했다. 심지어 밀라노의 어머니들이 딸들에게 그의 설교를 듣지 못하게 할 정도였다. 반면에 다른

---

56) Augustine, *Conf.* vii. 6.

지역들, 심지어 모리타니아에서까지 수많은 처녀들이 독신 생활에 헌신하기 위해서 그를 찾아왔다.[57] 이탈리아의 해안들과 작은 섬들에는 점차 수도원들이 들어섰다.[58]

아우구스티누스는 하나님이 값없이 베푸시는 은혜를 구원과 평안의 유일한 근거로 이해하는 복음적 원리들을 가르친 점에서, 펠라기우스주의에 좀 더 가까운 수도원 생활 이론과 본질적으로 다르지만, 그럼에도 불구하고 수도원과 관련하여 당시 교회의 주도적인 정신을 지지했고, 자신의 성직자들과 함께 자발적 가난과 독신으로써 수사와 같은 생활을 했으며, 그것이 예루살렘 초대 교회를 본받는 것이라고 생각했다. 그러나 북아프리카에서 수도원주의를 열정적으로 권장했음에도 불구하고 해방 노예들과 하층민들에게만 호응을 얻었다.[59] 아우구스티누스는 수도원주의를 가장 고상한 면, 즉 마음을 다해 하나님께 복종하고 영적이고 영원한 일들에만 전념하는 면에서 바라보았다. 그러나 수도원주의의 해악들도 인정했다. 키르쿰켈리오파(Circumcelliones)와 방랑 수사들(Gyrovagi)처럼 유리걸식하는 수사들을 분명히 비판했고, 수도를 한다는 이유로 노동을 기피하는 행위를 비판하는 책을 썼다(「수사들의 노동에 관하여」<*De opere monachorum*>).

갈리아에 수도원주의를 심은 사람은 투르의 마르탱(Martin, 마르티누스)이었다. 그의 생애와 기적들은 그가 죽고 나서 몇 년 뒤에 그의 제자 술피티우스 세베루스(Sulpitius Severus)가 유려하고 밝은 언어로 집필했다.[60] 훗날 들판의 수호

---

57) Ambr., *De virginibus*, lib. iii. (377년경에 그의 누이 마르켈리나에게 보낸 글).

58) Ambr., *Hexameron*, l. iii. c. 5; Hieron., *Ep. ad Occanum de morte Fabiolae*, *Ep.* 77 ed. Vall. (84 ed. Ben., al. 30).

59) *De opera monach.*, c. 22. 훨씬 후대에 살비아누스(*De gubern. Dei*, viii. 4)는 아프리카인들이 수도원주의를 혐오했다고 말한다.

60) 그는 *Vita Martini*와 마르탱에 관한 세 편의 편지, 그리고 웅변적이면서도 세련되게 집필한 세 편의 대화록으로 마르탱의 생애와 기적들을 소개한다. *Vita Martini*는 동양의 수사들을, 나머지 두 글들은 마르탱이 일으킨 기적들을 소개한다. 그는 *Dial.* i. c. 23에서 로마의 서적 판매자들이 자신의 *Vita Martini*를 다른 어떤 책보다 빠른 속도로 팔아 큰 이윤을 남겼다고 말한다. 당시에는 성인들의 행적을 다룬 글들이 모험 소설로 읽혔다.

성인이 된 이 유명한 성인은 판노니아(헝가리)에서 이교도 부모에게서 태어났다. 이탈리아에서 교육을 받고 부모의 강요에 의해서 콘스탄티우스와 배교자 율리아누스 때 군에 입대했다. 벌써 그때부터 예사롭지 않은 절제와 겸손과 사랑을 발휘했다. 부하들의 군화를 자주 닦아주었고, 한번은 겉옷을 반으로 잘라 헐벗은 걸인에게 입혀주었다. 다음 날 밤 꿈에서 겉옷 반쪽을 입으신 그리스도를 뵙게 되었는데, 그분은 그가 듣도록 천사들에게 "마르탱을 보라. 그는 교리문답자에 불과한데도 내게 옷을 주어 입혔느니라"고 말씀하셨다.[61] 마르탱은 열여덟에 세례를 받았고, 어머니를 전도하여 회심케 했고, 이탈리아에서 은수자로 지냈고, 훗날 푸아티에 근처에 (프랑스에서 최초로) 수도원을 세웠으며, 우상의 전각들을 철거하고 성인과 기적 행위자로서 큰 명성을 얻었다. 370년경에는 한사코 고사했음에도 불구하고 대중에 의해 만장일치로 루아르 강변에 자리잡은 투르의 주교로 선출되었다. 그러나 주교가 된 뒤에도 엄격한 수도 생활을 해나갔고, 루아르 강 건너편에 수도원을 세웠으며, 곧 그의 주위에 80명의 수사들이 몰려들었다. 제도 교육은 받지 못했으나 타고난 웅변력과 풍부한 영적 체험, 지칠 줄 모르는 열정이 있었다.

술피티우스 세베루스는 마르탱을 자신이 알고 있던 동방의 모든 수사들보다 높게 평가하며, 어떠한 말로도 그의 공로를 다 표현할 수 없다고 말한다. "마르탱은 한 시간도 기도를 거르고 지나가는 법이 없었다 …… 아무도 그가 화를 내거나 침울해 하거나 흥겨워 떠드는 모습을 본 적이 없다. 하늘의 평정으로 가득한 안색에서도 인간의 죄와 결핍을 넘어서 있는 듯이 보였다. 그의 입에는 오직 그리스도만 있었다. 그 마음에는 오직 경건과 평안과 동정만 있었다. 원수들의 죄를 생각하고서 자주 눈물을 흘렸다. 그들이 자기가 없는 동안 독설을 퍼부은 것을 알았으나 아무런 해도 가하지 않았다 …… 물론 주교들을 제외하고는 그를 박해하는 사람은 거의 없었다."[62] 전기 작가는 그가 마귀와 기이한 투쟁을 했다고 전하면서, 그가 마귀를 볼 수 있고 만질 수 있는 다양한 모습으로 보았을 것이라고 추정한다. 또한 환상들과 기적에 의한 치유들도 전하며, 심지어 죽은 자를 살린 세 번의 사례(두 번은 주교가 되기 전에, 한 번은 주교가 된 후에)를 전하

---

61) 전기 작가는 물론 여기서 마태복음 25:40을 염두에 두었다.

62) 전기를 마감하는 부분인 c. 26, 27에서(Gallandi, tom. viii. 399).

는데, 이것은 동방의 은수자들이 내세우지 못한 기적이었다.[63]

그리고 전기 작가는 마르탱이 일으킨 기적에 관해서 자신이 들은 것이 훨씬 더 많지만 독자들이 지루하지 않도록 상당 부분을 생략했다고 밝힌다. 하지만 그는 이 기적들이 보편적으로 인정을 받은 것은 아니고, 심지어 같은 수도원에 살던 수사들에게조차 인정을 받지 않았음을 여러 번에 걸쳐 암시한다. 마르탱의 경건은 수사의 겸양과 성직자의 거만이 결합되었다는 점이 독특하다. 독재적 황제 막시무스가 트리에의 궁전에서 베푼 만찬에서 그는 자신이 마신 포도주 잔을 먼저 장로에게 건넴으로써 황제보다 장로를 앞세웠다.[64] 그 자리에서 황후가 마르탱에게 우상 숭배에 가까운 존경을 표시했다. 심지어 음식을 손수 만들고, 식탁보를 깔고, 마치 마르다가 주님 앞에서 그랬듯이 하녀처럼 마르탱 앞에서 시중을 들었다.[65] 마르탱이 주교로서의 영예를 더욱 드높인 일은 트레브에서 프리스킬리아누스파를 처형한 조치에 대해 항의한 일이었다. 마르탱은 397년 혹은 400년에 죽었다. 그의 장례식에는 2천 명의 수사들과 많은 수의 수녀들, 그리고 허다한 군중이 참석했다. 그의 무덤은 프랑스에서 가장 사람들의 발길이 잦은 순례지의 한 곳이 되었다.

갈리아 남부에서도 수도원주의가 똑같이 빠른 속도로 퍼져나갔다. 금욕주의 저자이자 반(半)펠라기우스주의자인 요한 카시아누스(John Cassian, 432 죽음)는 마실라(마르세유)에 수도원 두 곳을 설립했는데, 이 수도원들에서는 학문 연구도 이루어졌다. 호노라투스(Honoratus, 426년 이후 아를의 주교)는 레리나 섬에 성 호노라투스 수도원을 설립했다.

---

63) 참조. *Dial.* ii. 5 (in Gallandi Bibli. tom. viii. p. 412).

64) *Vita M.* c. 20 (in Gallandi, viii. 397).

65) *Dial.* ii. 7. 이 일은 동일한 만찬 석상에서 있었던 듯하다. 마르탱은 그 만찬 외에는 황제의 만찬 초대를 거절했기 때문이다. 세베루스는 마르탱이 여성을 그렇게 가까이 있도록 허락한, 혹은 여성이 가까이에서 섬기도록 허락한 유일한 경우였다고 강조한다. 마르탱은 주교로서의 방문조차 받기를 거절한 수녀에게 칭찬을 아끼지 않았는데, 세베루스는 그 일에 관해서 이렇게 말한다. "마르탱에게 보이지 않으려는 수고를 마다하지 않은 훌륭한 처녀여! 그 일을 모욕으로 간주하지 않고 그 미덕을 칭찬하고, 그 지역에서 그렇게 희귀한 모범을 찾고는 기뻐해 마지않은 복된 마르탱이여!" (*Dial,* ii. c. 12, Gall. viii. 414).

41. 수사로서의 성 제롬

    교부들 가운데 수도원 생활을 가장 열성적으로 촉진시킨 사람은 동방과 서방의 학문과 신앙 사이에 다리를 놓은 제롬이었다. 그의 생애는 신학의 역사와 수도원의 역사에 거의 대등하게 속한다고 할 수 있다. 따라서 교회 미술은 그를 묘사할 때 일반적으로 사자와 해골을 곁에 둔 채 글을 읽거나 쓰고 있는 자세를 취하고 있는 고행자로 묘사함으로써 학문과 은수석 생활의 조화를 강조한다. 그는 수도 생활을 권장할 뿐 아니라 실제로 받아들인 최초의 신학자였으며, 그의 모범은 수도원주의가 학문을 증진시키는 데 막대한 영향을 끼쳤다. 그는 뛰어난 재능과 학식, 강인한 사고력, 뜨거운 신앙, 성경 번역과 강해로써 이룩한 불후의 업적, 금욕적 경건을 향한 진지한 열정을 지녔지만, 다른 한편으로는 큰 허영과 야망, 쉽게 흥분하고 화를 잘 내는 성격, 열정을 절제하지 못하는 기질, 관용을 모른 채 박해에 열을 올리는 정신, 일관성 없는 태도도 함께 지님으로써 글을 통해서 그를 대하노라면 그의 인격에 매료되기도 하고 심한 거부감을 느끼게 되기도 하며, 어떤 때는 그의 위대함에 압도되다가도 다른 때는 그의 연약함에 경멸 내지 동정을 품게 된다.

    제롬의 원명은 소프로니우스 에우세비우스 히에로니무스(Sophronius Eusebius Hieronymus)이다. 그는 331–342년에 아퀼라에서 그다지 멀지 않은 달마티아 접경 스트리디온에서 태어났다.[66] 부유한 그리스도인 부모 슬하에서 자라났으며, 로마에서 유명한 문법학자 도나투스와 수사학자 빅토리누스의 지도를 받으며 공부했다. 아주 근면하게 고전 시인들과 웅변가들, 철학자들의 작품들을 읽었으며, 상당량의 문헌을 수집했다. 주일에는 보노수스를 비롯한 젊은 친구들을 데리고 순교자들의 지하 묘지를 방문했는데, 그들의 묘지가 그에게 지울 수 없는 인상을 새겨놓았다. 하지만 거대하고 부패한 도시가 내미는 유혹들을 거절하지 못하고서 동정을 잃었다. 훗날 그는 이 일을 두고두고 고통스럽게 회고한다.

---

[66] 이런 이유에서 그를 스트리도넨시스라고도 부른다. 이 이름은 그를 동시대의 동명이인으로서 예루살렘의 장로로 추정되는, 그보다 덜 알려진 제롬과 구분할 때도 사용된다.

370년경에, 그러니까 그가 공부를 위해서 트레브와 아퀼라로 가기 전이었는지 후였는지는 확실하지 않지만 어쨌든 청년기 후반에, 그는 로마에서 세례를 받았고, 그때부터 엄격한 금욕 생활로 주님께 자신을 온전히 바치겠다고 결심했다. 막 회심했을 때는 고전에 대한 애착을 버린 채, 울며 겨자 먹기로 성경만 공부했다. 회심한 뒤 몇 년 동안 병적일 정도로 극단적인 금욕 생활을 하던 그는 어느 날 희한한 꿈을 꾸었다. 이교도 키케로주의자로서 그리스도의 심판대에 소환된 그는 심한 책망과 채찍질을 당했다. 채찍질이 얼마나 심했던지 곁에 섰던 천사들이 그를 긍휼히 여겨달라고 호소할 정도였다. 그 자신도 다시는 세상적인 책들을 손에 쥐지 않겠노라고 엄숙히 맹세했다. 꿈에서 깨어났을 때 채찍에 맞은 자리가 여전히 얼얼했다. 그는 자신이 깊은 공상에 빠졌던 것이 아니라, 주님께서 친히 자신을 채찍질하신 것이라고 생각했다. 그는 이 일을 겪은 뒤 여러 해 후에(384년) 여자 친구 유스토키움(Eustochium)에게 그 이야기를 해주면서 세상적인 책을 절대로 읽지 말라고 타일렀다. "빛과 어두움이 어찌 사귀며, 그리스도와 벨리알이 어찌 조화되며(고후 6:14), 시편과 호라티우스, 복음서들과 베르길리우스, 사도들과 키케로가 어찌 일치가 되겠는가? …… 우리는 주의 잔과 귀신들의 잔을 동시에 마실 수 없다."[67]

그러나 이 경고가 고전 학문을 지나치게 중시하는 데 대해서는 적절할 수 있겠지만, 제롬 자신은 성경 번역과 주석들에서 신앙에 헌신하면서도 동시에 언어와 고전에 대한 지식을 갖추는 것이 대단히 귀중하다고 생각한 흔적을 뚜렷이 남긴다. 꿈에서 그리스도 앞에서 한 맹세도 적어도 말년에는 엄격히 지키지 않았다. 오히려 수사들에게 키케로의 대화록들을 베껴 적어 사본들을 남기게 했고, 베들레헴에서 베르길리우스를 강해했으며, 글을 쓸 때도 고전 저자들에 대한 회고와 인용을 많이 사용했다. 한때 다정한 친구였다가 나중에는 철저한 적이 된 아퀼라의 루피누스가 이러한 모순된 태도와 엄숙한 맹세를 깨뜨린 행위를 비판하자, 제롬은 자신이 과거에 읽었던 내용을 기억에서 지워버릴 수 없었다는 식으로 즉답을 피했다. 이교 저자의 글을 인용하는 것이 그의 글을 읽는 것만큼 큰 죄가 아니라는 어의가 그 대답에 실려 있었다. 게다가 자신이 말한 것이 모두 꿈이었으며, 꿈에서 한 맹세는 구속력이 없다고 주장했다. 선지자들이 "꿈은 허

---

67) *Ep.* xxii. ed. Vall. (i. 112).

황되며, 믿을 가치가 없다고 가르친다"고 그에게 지적했다. 그럼에도 불구하고 훗날 에라스무스가 통탄하듯이, 그는 이 꿈을 수도원적 반지성주의를 변호하는 데 자주 사용했다.

제롬은 세례를 받은 뒤부터 자신의 삶을 동방과 서방으로, 금욕 훈련과 학문 노력으로 구분했다. 거주지를 로마에서 안디옥으로 옮기면서 몇몇 친구들을 데리고 갔고, 장서들도 그리로 다 옮겼으며, 유명한 은수자들을 방문했고, 소 아폴리나리우스가 안디옥에서 행하던 성경 주해 강의들에 참석했으며, 그 뒤(374년)에는 시리아에 황량하게 펼쳐진 칼키스 사막에서 한동안 금욕자로서 지냈다. 이곳에 머물 때 다른 은수자들과 마찬가지로 육체의 정욕에 맞서서 치열한 투쟁을 벌였는데, 10년 뒤에 동정녀 친구인 유스토키움에게 보낸 장문의 편지에서 그때 겪었던 외설스러운 내용을 상세하게 회상한다.[68] 몸은 피골이 상접했는데도 불구하고 머릿속에는 로마의 화려하고 푸짐한 연회들과 여성들의 춤이 떠나지 않고 그를 괴롭혔으며, 그로써 세상을 등진 채 독거(獨居)하며 수도 생활을 하는 것이 육체와 마귀의 시험들에서 벗어나는 것이 아님을 역력히 입증했다. 그는 깊은 절망에 빠진 채 예수의 발 앞에 엎드려 회개의 눈물로 그 발을 적시고, 일주일간의 금식과 단조로운 히브리어 문법 공부로써 육체의 욕망을 제어했으며(루스티쿠스에게 보낸 편지에 따르면 그는 회심한 유대인에게 히브리어를 배웠다고 한다),[69] 마침내 평안을 얻고 자신이 천상의 천사들의 성가대로 옮겨졌다고 생각하게 되었다. 아마 이 기간에 위에서 말한 꿈을 꾼 듯하며, 수도 생활을 뜨겁게 예찬하는 금욕적인 글들을 여러 편 쓴 듯하다.[70] 하지만 그가 쓴 유명한 은수자들의 전기는 매우 밝고 절도가 있다.[71]

---

68) *Ep.* xxii. (i. 91, ed. Vallars.)

69) *Ep.* cxxv., ed. Vallars. (al. 95 or 4).

70) *De laude vitae solitariae*, Ep. xiv. (tom. i. 28–36) ad Heliodorum. 로마의 귀부인 파비올라는 이 편지를 암기했으며, Du Pin은 이 편지를 웅변의 걸작이라고 평가한다(*Nouv. Bibl. des auteurs eccl.* iii. 102). 하지만 실제로는 지나치게 수사적이고 과장되다. 제롬 자신이 훗날 이 편지 내용이 지나치게 과장되었음을 인정했다.

71) Gibbon은 그 전기들에 관해서 이렇게 말한다: "파울루스와 힐라리온, 말쿠스의 이야기들이 감동적으로 소개된다. 이 밝은 저작들의 유일한 결점은 진실과 상식이 결여되어 있다는 것이다."

그는 부모가 반대하더라도 세상을 등지고 수도 생활을 하라고 권한다. 마치 수도원주의와 기독교가 하나인 양 아비와 어미를 버리라는 주님의 말씀을 그런 식으로 해석한 것이다. 그는 373년에 시리아 사막을 여행하던 중에 자신을 버리고 떠난 친구 헬리오도루스에게 이렇게 쓴다. "그대 어머니께서 머리를 풀고 옷을 헤쳐 자네를 먹여 키운 젖을 내보일지라도, 아버지께서 자네가 가지 못하도록 문지방에 드러누우실지라도, 아버지를 타넘고 나가 냉정한 눈으로 십자가 깃발로 달려가야 할 것이오. 이렇게 하는 것만이 신앙이며, 이런 면에서 신앙은 퍽 잔혹한 것이지요 …… 하나님의 사랑과 지옥의 공포를 생각하면 가족의 유대를 쉽게 끊을 수 있습니다. 과연 성경은 부모에게 순종하라고 명합니다. 그러나 부모를 그리스도보다 더 사랑하는 사람은 영혼을 잃게 됩니다 …… 아, 사막이여, 그리스도의 꽃들이 만발한 곳이여! 아, 황야여, 새 예루살렘을 건설할 돌들이 마련된 곳이여! 아, 은거(隱居)여, 하나님과 사귐을 누리게 하는 삶이여! 형제여, 세상보다 더 큰 그대 영혼을 가지고 세상에서 무얼 하고 있소? 지붕의 그늘과 연기 자욱한 도시의 토굴에서 언제까지 그렇게 남아 있을 생각이오? 내 말을 믿으시길 바라오. 여기서 나는 참 밝은 빛을 보고 살고 있소."[72] 그러나 이러한 웅변적인 호소로도 소기의 효과를 거두지 못했다. 헬리오도루스는 교육 수도회에 들어가 주교가 되었던 것이다.

제롬은 적극적이고 부단한 정신에 힘입어 다시 사회적 명성을 얻었으며, 논쟁이 많이 벌어지던 시대에 교리 문제와 교회 문제로 인한 모든 논쟁들에 개입하게 되었다. 안디옥 주교 파울리우스에게 장로 임명을 받았으나, 지교회를 보살필 의무는 받지 않았다. 그는 하나의 고정된 직위를 수행하기보다 수사와 학생

---

72) *Ep.* xiv. (t. i. 29 sq.). 수도 생활의 매력을 유사하게 설명해 놓은 내용을 그레고리우스, 바실리우스, 암브로시우스, 크리소스토무스, 카시아누스, 닐루스, 이시도루스의 저서들에서도 만나게 된다. 5세기 초에 활동한 시내 산의 덕망 높은 수사 닐루스는 이렇게 말한다(*Ep.* lib. i. w p. 1, Neander가 인용, *A m.* ed. ii. 250). "하나님께서 수사들에게 베푸신 은혜가 너무나 극진하여서, 그들은 사람들로부터 아무런 명예도 바라지 않으며, 더 이상 이 세상에서 크게 되기를 바라지 않는다. 정반대로 사람들에게서 피하려고 할 때가 많다. 반면에 세상의 모든 영화를 소유한 세도가들이 자발적으로 혹은 불행한 현실에 쫓겨 비천한 수사들에게 찾아와 위로를 얻고, 치명적인 위험에서 건짐을 받고, 일시적인 구원뿐 아니라 영원한 구원까지 얻는다."

으로서 두루 다니는 편을 좋아했으며, 380년경에는 콘스탄티노플로 여행하여 그
곳에서 저 유명한 나지안주스의 그레고리우스에게 아리우스파를 비판하는 설교
를 들었으며, 에우세비우스의 연대기와 오리게네스의 예레미야와 에스겔 주석
을 라틴어로 번역했다. 382년에는 로마에서 멜레티우스 분쟁이 발생하자 파울리
누스와 에피파니우스를 데리고 로마로 돌아갔다. 로마에서 주교 다마수스와 절
친한 교분을 나누게 되면서 그의 신학 자문과 교회사 비서의 역할을 수행하게
되었고, 다마수스의 권고로 새로운 성경 주해 작업을 시작하게 되었으며, 특히
성경의 라틴어 번역본을 새로 개정하는 작업에 착수하게 되었다. 이 작업은 훗
날 동방에서 마무리하게 된다.

동시에 그는 로마에서 연설과 글로써 수도원주의를 열정적으로 옹호했다. 그
전까지 로마에서는 수도원이 전혀 발을 붙이지 못했고, 심지어 성직자 사회에서
조차 격렬한 반대를 받았다. 제롬은 주로 몰락한 로마 사회의 부유층과 지식인
계층에 관심을 두고서, 스키피오 가문 · 그라쿠스 가문 · 마르켈루스 가문 · 카밀
루스 가문 · 아니쿠스 가문의 후손들에게 그들이 보유하고 있는 대저택들을 수
도원으로 전환하여 자기 희생과 정절을 실천하는 생활을 하라고 권유했다. 그리
고 그의 권유가 큰 호응을 얻었다.

"과거에 로마를 건설하고, 번성과 자유를 구가하던 기간 동안 로마를 지배하
고, 세계를 이기고 정복했던 옛 귀족들이 4세기 동안 카이사르들의 지독한 멍에
를 짊어진 채 조상들의 영광을 빙자하여 완고하고 이기적으로 행하던 모든 일에
대해서 죄값을 다 치렀다. 타락한 로마(공화정을 버리고 제정을 받아들인 것을
두고 말함: 역자주)가 자신을 내어준 주인들 밑에서 오랜 세월 노예처럼 지내며
굴욕과 수치를 당하고 수가 크게 줄어든 그들이 마침내 수사들이 실천하던 기독
교적 삶 안에서 희생의 존엄성과 영혼 해방을 발견했다. 이 옛 로마인들의 아들
들은 한때 자신의 조상들에게 세계 제국을 안겨준 원대한 열정과 고갈됨 없는
원기를 가지고 기독교적 삶에 가담했다. 성 제롬은 이렇게 말한다. '사도들의 증
거에 따르면 과거에는 그리스도인들 사회에 귀족들과 유력한 자들이 거의 없었
다. 하지만 이제는 그렇지 않다. 그리스도인들의 사회뿐 아니라 수사들의 사회
에도 헤아릴 수 없이 많은 지식인들과 귀족들과 부자들이 있다.' …… 수도원은
그들에게 조상들의 전투와 승리를 재현할 수 있고 더욱 숭고한 목적을 위해 더
두렵고 큰 원수들과 싸워 이겨야 할 전쟁터를 제공해 주었다. 그 기억이 멸망한

로마 위를 여전히 배회하고 있는 위대한 로마인들은 다만 사람들과 싸우고 다만 그들의 육체만 굴복시켰지만, 그들의 자손들은 귀신들과 싸우고 영혼들을 정복시키는 전투를 벌인다 …… 하나님께서는 그들을 새 민족의 조상으로 부르시고, 앞으로 건설할 새로운 제국을 그들에게 주시고, 선조들의 영광을 영적으로 거듭난 세계의 품에 묻고 변형시키기도록 허락하셨다."[73]

제롬의 전도로 회심한 이 귀족들은 대부분 여성들이었다. 그중에는 마르켈라·알비니아·푸리아·살비나·파비올라·멜라니아 같은 과부들이 있었고(그들 가운데서도 파울라와 그녀의 가문은 특히 유명했다), 유스토키움·아펠라·마르켈리나·아셀라·펠리키타스·데메트리아스 같은 처녀들도 있었다. 제롬은 이 여성들을 자신을 중심으로 선별된 집단으로 모은 뒤 그들에게 성경을 가르쳤는데, 이미 그들 가운데 더러는 상당한 학식을 갖추고 있었다. 또한 그들이 묻는 양심상의 질문들에 대답했고, 그들에게 독신 생활과 풍부한 자선과 열성적인 금욕주의를 권장했으며, 과도한 찬사로써 그들의 영적 허용심을 부추겼다. 제롬은 가톨릭 로마의 영적 귀족 사회를 구성한 이 거룩한 여성들에게 선지자인 동시에 전기 작가, 예찬자였다. 심지어 파울라의 사위이자 그녀의 상속 예정자인 원로원 의원 팜마키우스(Pammachius)조차 제롬의 영향으로 재산을 가난한 사람들에게 나눠주었고, 고급 자색 옷 대신에 수사복을 입었고, 동료들의 조롱을 달갑게 받았으며, 제롬의 과찬에 의하면 로마 수사들의 수장이요, 세계 제일의 도시의 수사들 가운데 우두머리가 되었다. 제롬은 재혼이 참된 거룩한 생활과 양립할 수 없다고 간주했다. 심지어 초혼조차 그리스도의 신부가 되기 위한 예비 단계가 아닌 경우에는 낮게 평가했다. 그는 유스토키움에게 결혼한 여성들과 일절 접촉하지 말라고 경계했으며, 파두아처럼 그리스도의 신부의 어머니를 가리켜 '하나님의 장모' 라고 부르기를 서슴지 않았다.[74]

이렇게 상류층 여성들과 친하게 지낸데다(제롬은 그 여성들이 자신을 동경하는 것보다 더 깊이 그들을 동경했다), 로마 성직자 사회와 상류층의 부도덕성을

---

73) Montalembert(그 자신이 프랑스의 옛 귀족 가문 출신이었다), *l. c.* i. p. 388 sq. 참조. Hieron., *Epist.* lxvi. ad Pammachium, de obit. Paulinae (ed. Vallars. i. 391 sqq.).

74) *Ep.* xxii. ad Eustochium.

가차없이 비판한 까닭에 부당한 비판과 근거없는 비방을 많이 당하게 되었는데, 하지만 그는 그러한 반응을 차분한 위엄과 그리스도인다운 온유함으로 대하지 못하고 격앙된 채 경멸과 야유로써 맞대응했다. 384년에 그의 후원자인 다마수스가 죽은 뒤 그는 로마를 떠났고, 385년 8월에 친형제 파울리아누스와 몇몇 수사들, 파울라, 그리고 그녀의 딸 유스토키움을 데리고 "바빌로니아에서 예루살렘으로, 즉 느부갓네살이 아닌 예수께서 다스리실 땅으로" 순례를 했다. 그는 신앙심과 구도 정신을 품고 팔레스타인의 성지들을 두루 디녔고, 알렉산드리아에 가서 한동안 머물면서 유명한 디디무스의 강의를 들었고, 니트리아 산의 암자들을 방문했으며, 마지막으로 386년에 두 명의 여성 친구들과 함께 구주의 탄생지에 정착했다. 그곳에서 자신의 소싯적의 죄를 참회하고 세상 사람들로부터 자신을 지키려는 생각이었다.

그는 베들레헴에 수도원을 세우고 죽는 날까지 감독했고, 이단을 제외한 모든 여행자들을 위한 보호 시설을 설립했고, 학문 연구에 부단히 정진했고, 여러 권의 주석을 썼으며, 라틴어 성경 번역을 완수했다. 그것은 그의 인생에서 참으로 가장 숭고한 기념비였다. 그러나 불행하게도 격렬한 문필 논쟁에 휘말렸다. 헬비디우스와 요비니아누스, 비길란티우스, 펠라기우스 같은 정통신앙의 대적들과 논쟁을 벌였을 뿐 아니라, 오랫동안 교분을 나눠온 루피누스와 심지어 아우구스티누스와도 논쟁을 벌였다.[75] 팔라디우스는 제롬이 질투가 강한 성격 때문에 자기 이외의 다른 사람을 관용할 수 없었고, 경건한 많은 수사들을 베들레헴에서 쫓아냈다고 말한다. 제롬은 자신의 명성을 듣고서 베들레헴에 지나치게 많은 수사들이 몰려드는 것을 불평했다. 로마가 함락되면서 삶의 터전을 잃은 로

---

75) 그가 갈라디아서 2:14를 놓고 아우구스티누스와 벌인 논쟁은 두 명의 대표적인 라틴 교부들의 도덕적 인품을 여실히 드러낸다는 점에서 퍽 중요하다. 제롬은 바울과 베드로가 안디옥에서 갈등을 겪은 기사에서 목회적 기지를 짚어내며, 바울이 그곳에서 수석 사도를 진심으로 나무란 것이 아니라 다만 그런 시늉을 함으로써 유대인들에게 의식법을 지켜야 한다는 그들의 그릇된 생각을 바로잡아 주려고 한 것일 뿐이라고 추정했다. 아우구스티누스는 베드로의 존엄성을 살려주기 위해서 바울에게 위악(僞惡)을 돌린 제롬의 해석이 못마땅하여 그에게 반대 의사를 전달했다. 하지만 제롬은 아주 교만하게 아우구스티누스의 일천한 문법 지식을 탓했다. 그러나 두 사람은 훗날 화해했다.

마의 귀족들도 생계 유지를 위해서 그를 찾아왔다. 마지막으로는 훈족의 침입과 이단 펠라기우스파가 그의 평온을 깨뜨렸다. 제롬은 419년 혹은 420년에 노령의 나이에 열병으로 죽었다. 그의 유해는 훗날 로마의 마리아 마기오레 바실리카로 이장되었으나, 피렌체·프라하·클뤼니·파리·스페인 에스코리알 왕궁(역대 왕의 종묘와 예배당, 수도원이 딸린 왕궁)에도 유사 묘지가 마련되어 크게 숭배되었다.[76]

로마 교회는 오래 전부터 제롬에게 표준적인 교회 교사들과 성인들 가운데 맨 앞자리를 부여했다. 하지만 몇몇 공평한 가톨릭 사가들은 그의 명백한 모순점들과 기복이 심한 성격을 솔직히 인정하고 그런 점들을 옳지 않게 여긴다고 밝혔다. 개신교는 진리를 사랑하고 강조하기 때문에 제롬을 다음과 같이 판단하는 쪽으로 기운다. 즉, 그가 완숙하고 실용적인 학자이자 자기 시대 사람들이 거룩하다고 여긴 모든 것에 열과 성의를 다한 사람이긴 하지만, 차분한 자제력과 깊은 성찰에서는 부족했으며, 그가 살던 시대와 수도원 제도의 장점들뿐 아니라 한계와 폐단들도 지니고 있다는 것이다. 하지만 이러한 평가에 덧붙여야 할 점은 그가 수도원주의에 열정과 존경을 바치긴 했지만, 사이비 수사들과 수녀들을 예리하게 식별하여 가차없이 비판했으며, 수도원주의에 감초처럼 따라붙는 우울함과 위선과 영적 자부심을 아주 위험한 것으로 지적했다는 것이다.[77]

---

76) 예수회 수사이자 *the Acta Sanctorum*(성인 전기) 가운데 히에리온의 전기를 쓴 Stilting은 제롬이 죽은 뒤 그와 그의 유물에 바쳐진 숭배를 소개하는 데 무려 30쪽의 분량을 할애한다.

77) 대다수 로마 가톨릭 전기 작가들, 이를테면 Martianey, Vallarsi, Stilting, Dolci, 심지어 성공회의 Cave는 절대적인 제롬 예찬가들이다. 하지만 얀센주의적 성향 탓에 아우구스티누스 쪽으로 기우는 Tillemont은 좀 더 이지적인 판단을 한다. Dr. John H. Newman은 퓨지주의(옥스퍼드 운동의 이론)에서 로마교로 넘어가기 전에 피력한 견해에서 로마 교회의 권위를 인정하지 않을 수 없는 정서 때문에 생긴 갈등을 드러낸다: "만약 그가 성인이 아니라면 그의 글들과 견해들에는 내가 받아들이기 힘든 점들이 당연히 있을 것이다. 그러나 그를 완전한 성인으로 인정하는 가톨릭(?) 세계의 판단 같은 어떤 것에 대해서 감히 뭐라고 이견을 제시하는 것이 나로서는 더욱 힘들다"(*Church of the Fathers*, 263, cited by Robertson.) 루터는 제롬에 대한 전통을 과감하게 파기하지만, 제롬의 「불가타」 성경이 자신의 독일어 번역 성경에까지 크게 공헌한 점을 잊은 채 극단적인 비판을 아끼지 않는다. 이 교부에 대한 명백한 반감을 여러 번

42. 성 파울라

제롬을 따른 여러 여성 제자들 가운데 가장 유명한 사람이 로마 가톨릭 수녀의 전형인 성 파울라이다. 404년에 이 여성이 죽었을 때 제롬은 특유의 과장된 문체로 이렇게 송덕문을 시작했다. "내 신체의 모든 부분들이 혀로 바뀐다면, 내 모든 관절들이 인간의 소리를 낼 줄 안다면, 거룩하고 존귀한 파울라의 덕을 온 힘을 디헤 기릴 것이디."

파울라는 347년에 스키피오 가문과 그라쿠스 가문, 파울루스 아이밀리우스 가문의 혈통을 이어받는 저명한 가문에서 태어났고,[78] 서른셋의 나이에 과부가 되었으며, 슬하에 자녀가 다섯이었다. 그 나이에 제롬의 영향을 받기 시작하여 결국 세상의 모든 부귀를 버리고 지독히 엄격한 금욕 생활을 해나갔다. 그 무렵에 파울라에 관해 좋지 못한 소문이 돌았는데, 이에 대해 그녀의 영적 지도자(제롬)가 아셀라에게 보낸 편지에서 다음과 같이 분개한 어조로 답변했다. "그렇다면 과연 로마에 내 마음을 사로잡을 만한 부인이 그 여성말고는 아무도 없었단 말입니까? 그녀는 항상 슬퍼하고 금식하며, 지저분하게 지내고,[79] 많이 울어서 눈이 퉁퉁 붓고, 노래라고는 시편밖에 모르며, 입을 열면 오로지 복음만 말하고, 기쁜 내색을 하지 않고, 금식을 밥먹듯 하는 여성이 아닙니까? 도통 먹는 것이라고는 본 적이 없는 그 여성말고 내게 기쁨을 줄 만한 여성이 없었단 말입니까? 내가 그녀를 정절로 인해 존경하기 시작한 다음부터 다른 모든 덕이 내 눈에 보이지 않았다는 말입니까?" 이렇게 말한 제롬은 파울라가 성경을 거의 통째로 암기하고 있으며, 심지어 히브리어를 배웠고, 시편을 자신과 함께 원어로 노래할

드러내며, 그가 그리스도께 관해서 글을 쓸 줄 몰랐고, 다만 금식과 정절, 쓸모없는 수도 생활에 관해서만 잔뜩 글을 썼다고 비판한다. 후대의 기독교 사가들의 평가는 다소 우호적인 성격을 띠게 되긴 했으나 그것은 서신들과 논쟁서들에서 여러 모로 취약성을 드러낸 그의 도덕적 성격보다는 학문성에 대한 평가였다.

78) 그녀의 아버지는 자신의 족보가 아가멤논에게까지, 그녀의 남편은 아이네아스에게까지 거슬러 올라간다고 말했다.

79) 이렇게 지저분한 것은 고대의 금욕적 성결에 반드시 따라붙던 면으로서, 수사들의 경우에도 봐주기 힘들었지만, 수녀들의 경우에는 훨씬 더 봐주기 힘들고 반감을 일으켰다.

줄 알고, 성경 해석에 관한 질문을 수시로 자신에게 던지며, 자신도 그 질문에 부분적으로밖에 대답해 줄 수 없었다고 말한다.

파울라는 어머니로서의 신성한 감정을 억제한 채 딸 루피나와 작은 아들 톡소티우스를 로마에 남겨두고 안디옥으로 가서 제롬을 만났으며, 그와 함께 팔레스타인과 이집트를 순례했다. 물론 그동안 자식들을 위해서 끊임없이 눈물로 기도를 드렸음을 두말 할 나위가 없다. 재발견된 십자가 앞에서 마치 주님께서 여전히 거기에 달려 계신 듯 무릎을 꿇고 간절히 기도를 드렸고, 천사가 굴려버린 부활의 바위에 입을 맞추었고, 예수의 무덤으로 추정되는 곳을 혀로 핥았으며, 베들레헴의 마구간에 들어가 구유를 보고서는 가슴이 벅차 눈물을 흘렸다. 이집트에 갔을 때는 니트리아 사막에 들어가 은수자들의 발 앞에 엎드려 절했으며, 다시 성지로 돌아와 구주께서 나신 곳에 영구히 정착했다. 그곳에 제롬을 위한 수도원 한 채와 수녀원 세 채를 지었으며, 그곳에서 404년까지 대수녀원장으로 22년간 지냈다.

고기와 술을 멀리했고, 딸 유스토키움과 함께 검소한 생활을 했으며, 몸이 몹시 아픈 날에도 마모직을 깔고 바닥에 누워 자거나 기도로써 밤을 지샜다. "하나님의 계명을 어기고서 화장으로 숱하게 장식했던 내 얼굴을 변형시켜야 한다. 수없이 우상 숭배에 참여한 내 몸을 괴롭게 해야 한다. 항상 눈물로써 철없이 웃으며 지내온 삶을 벌충해야 한다"는 것이 그녀의 지론이었다. 남을 돕는 데는 조금도 인색할 줄 몰랐다. 죽을 때 걸인의 상태로 죽기를 원했고, 남에게 빌린 수의(壽衣)를 입고 묻히기를 원했다. 결국 419년에 죽었을 때 딸에게 많은 빚을 물려주었다. 그 빚은 모두 자선의 목적으로 높은 이자로 계약한 것이었다.[80]

7일장으로 치러진 파울라의 장례에는 예루살렘과 팔레스타인 다른 도시들의 주교들과, 그 밖의 성직자들, 수사들과 수녀들, 그리고 무수한 평신도들이 참석했다. 제롬은 조사(弔辭)에서 "잘가시오 파울라여, 그대를 존경하는 이 늙은이를 위해서 기도해 주시오!"라고 말했다.

---

80) 제롬은 유스토키움이 — 아마 다른 사람의 도움을 받아 — 어머니의 빚을 갚기를 소원했다고 말한다. Fuller는 "남을 도우려면 넉넉한 마음도 있어야 하지만 그만한 은행 잔고도 있어야 한다"고 올바로 지적한다.

43. 누르시아의 베네딕투스

자신의 이름을 딴 유명한 수도회를 설립한 누르시아의 베네딕투스(Benedict)는 서방의 수도원주의에 고정되고 항구적인 형태를 부여함으로써 조직에 허술하던 동방의 수도원주의를 크게 능가하게 만들었고, 가톨릭 교회의 실제적이고 학문적 관심을 갖고 있던 사람들에게 큰 유익을 끼쳤다. 그런 이유로 서방 교회 수사들의 총대주교라는 영예로운 별명을 얻었다. 그는 난순하되 현명한 도덕적인 생활 규율이 수 세기 동안 얼마나 큰 영향력을 발휘할 수 있는지 그 현저한 사례를 보여주었다.

베네딕투스는 480년경에 움브리아(이탈리아 중부의 도시) 누르시아의 유명한 아니키우스 가문에서 태어났다. 당시는 유럽의 정치·사회 상태가 혼란하기 짝이 없었고, 학문·도덕·종교가 회복 불가능한 상태로 빠져드는 것처럼 보였다. 그는 로마에서 공부했으나 열다섯이라는 어린 나이에 동기들의 부패한 사회에서 빠져나와 어둡고 좁고 허름한 수비아코의 빈민촌에 들어가 3년을 홀로 지냈다. 인근에 살던 로마누스라는 수사가 때때로 그의 끼니를 채워주곤 했다. 밧줄에 빵을 매달고 줄에 작은 종을 달아 그에게 내려보내면 종소리가 나서 빵이 내려왔다는 것을 알렸다. 이곳에서 은수자들이 일반적으로 벌이는 귀신들과의 투쟁을 벌였고, 기도와 금욕 생활로써 자연을 제어하는 비범한 능력을 얻었다.

교황 그레고리우스에 따르면, 그가 한번은 육체의 욕망에 강렬한 시험을 받아서 은거지를 떠나 과거에 사귀었던 아름다운 여인을 따라가야겠다고 생각할 지경까지 이르게 되었다고 한다. 그러나 마지막 순간에서 마음을 다잡은 그는 자신의 동굴 집 앞에서 가죽옷을 벗고 불순한 육체의 정욕이 깨끗이 사라질 때까지 맨살로 가시와 찔레에 몸을 굴렸다. 이 치열한 전투가 벌어졌던 영적 전쟁터에 7세기 후에 아시시의 성 프란체스코가 장미 두 그루를 심었고, 그것이 베네딕투스의 가시와 찔레를 극복하고서 자라났다. 베네딕투스는 점차 널리 알려졌는데, 처음에는 주변의 목동들에게 들짐승으로 오인을 받기도 했지만 후에는 성인으로 존경을 받았다.

이 시기의 은수 생활이 끝난 뒤에는 정규 수도원을 위한 사역을 시작했다. 그 산간 지역에 차례로 열두 개의 수도원을 설립하고, 각 수도원마다 열두 명의 수사와 수도원장을 배치하고, 자신은 그들 모두를 감독했다. 그러나 뜻밖에 어느 비열한 사제의 박해로 인해 수비아코를 떠나게 되었는데, 그가 새로 정착한 지역은 삼니움과 캄파니아의 접경에 자리잡은 네아폴리탄 도의 황량하지만 퍽 아름다운 산간 지역이었다. 이곳에서 그는 우상 숭배의 잔재를 말살하고, 이교를 숭배하던 많은 마을 주민들을 전도와 기적으로써 기독교로 회심하게 했으며, 529년에는 숱한 어려움을 극복한 끝에 아폴로 신전의 폐허 위에 그 유명한 몬테 카시노 수도원을 세웠다. 그리고 그곳이 베네딕투스회의 모체이자 본부가 되었다.[81]

이곳에서 그는 죽을 때까지 14년을 일했다. 사제 서품을 받은 적은 없으나, 은자(隱者)보다는 선교사와 사도와 같은 인생을 보냈다. 땅을 경작하고, 가난한 사람들을 먹이고, 병자들을 고치고, 인근 주민들에게 전도를 하고, 자신에게 모여드는 많은 수의 젊은 수사들을 지도하고, 고정된 방식 혹은 수도회칙의 터 위에 수도원 생활을 조직했으며, 자신도 수도회칙을 성실하게 지켰다. 그가 사람들의 마음을 얼마나 크게 사로잡았고 얼마나 큰 존경을 받았는가 하는 것은 542년에 로마인들의 정복자이자 이탈리아의 주군인 야만족 왕 토틸라(Totila)가 그 성인 앞에서 꿇어 엎드려 절하면서 그의 책망과 훈계를 받고, 그의 축복을 구한 뒤 좀 착한 사람이 되어서 떠난 일화에 잘 나타난다. 그는 성인의 예언대로 10년을 재

---

81) 몬테 카시노(Monasterium Cassinense, 카시노 수도원)는 베네딕투스가 예언한 대로 583년에 파괴되었으나 731년에 재건되었고, 748년에 축성(祝聖)되었다가 857년에 다시 사라센족에 의해 파괴되었으며, 950년경에 재건되었고, 그 후 여러 번 참화를 당한 뒤 1649년에 좀 더 철저히 보수되었다. 1727년에 베네딕투스 13세에 의해 세 번째로 축성되었으며, 황제들과 교황들의 후원을 받아 재산과 규모가 커졌으나, 오늘날에 와서는 과거의 막대한 수입이 격감했으며(16세기 말에는 500,000다카트였던 것으로 추산됨), 많은 어려움을 겪으며 존속하고 있다. 전성기에는 이 수도원의 대수도원장이 나폴리 왕국의 총리대신으로서 4백개의 읍과 촌락들을 다스렸으며, 수사들의 수도 수백 명을 헤아렸지만, 1843년에는 20명밖에 남지 않았다. 이 수도원에는 아주 훌륭한 도서관이 있다. Montalembert(l. c. ii. 19)는 몬테 카시노를 이렇게 평가한다: "가톨릭 세계에서 가장 강력하고 유명한 수도원이다. 이 수도원이 특히 유명한 이유는 베네딕투스가 이곳에서 수도회칙을 작성했고, 훗날 그 탁월한 법전에 복종한 무수한 공동체들에 전범이 될 형태를 수립했기 때문이다." 그는 단테의 Paradiso(「신곡」의 천국편)에서 시적인 표현을 인용하기도 한다. Dom Luigi Tosti는 1842년에 나폴리에서 이 수도원의 자세한 역사를 세 권으로 펴냈다.

위한 뒤 나르세스(Narses)가 이끄는 그리스·로마 군대와 벌인 대 전투에서 몰락했다. 베네딕투스는 543년 3월 21일에 제단 앞에서 선 자세로 성찬을 받고 기도한 뒤에 숨을 거두었으며, 누이 스콜라스티카(Scholastica) 곁에 묻혔다. 그의 누이도 몬테 카시노 근처에 수녀원을 설립한 사람으로서, 그보다 몇 주 앞서 죽었다. 오누이는 일년에 단 한 번 산기슭에서 만나 기도와 신앙의 대화를 나누었다. 그가 죽은 날 수사 두 명이 환상을 통해서 몬테 카시노에서 하늘로 이어진 찬란한 별들의 길을 보았고, 하나님께 사랑을 입은 베네딕투스가 이 길을 통해서 하늘로 올라갔다는 음성을 들었다.

그에 관한 전승을 곧이곧대로 믿은 전기 작가 교황 그레고리우스 1세는 자신의 「대화록」(*Dialogue*) 제2권에서 그가 기적으로 예언들을 하고 병자들을 고쳤다고 하며, 심지어 죽은 자도 살렸다고 한다.[82] 그가 세속 문화와 영적 지식이 부족한 점에 대해서는 그를 박식한 무학자(無學者)와 배우지 않은 현자라고 부른다. 어쨌든 그는 입법자의 재능을 지녔으며, 비록 인품과 생애에서는 클레르보의 베르나르, 아시시의 프란체스코, 로욜라의 이그나티우스(이냐시오)만큼 흥미를 끌지는 못했어도 수도회 설립자들 가운데 최고의 인물로 꼽힌다.[83]

44. 성 베네딕투스의 수도회칙

---

82) Gregor., *Dial.* ii. 37.

83) Butler(*l. c.*)는 그를 심지어 모세와 엘리야에 비견한다. "다른 모세처럼 신실한 영혼들을 참된 약속의 땅과 하늘 나라로 인도하도록 하나님께 택함을 받은 그는 초자연적 은사들, 심지어 기적을 일으키고 예언을 하는 은사들까지 풍부하게 받았다. 그는 다른 엘리세우스(엘리야)처럼 하나님께 자연을 다스리는 비범한 능력과, 옛 선지자들처럼 미래의 사건들을 예언하는 능력을 부여받았다. 그는 종종 낙심한 수사들을 격려하여 일으켜 세우고, 마귀의 다양한 간계를 십자가 성호로 물리쳤으며, 수도원을 지을 때 아무리 무거운 돌도 간단한 기도로 가볍게 만들었고, 몬테 카시노의 담장이 무너져 깔려 죽은 수련수사를 많은 사람들이 보는 앞에서 살려냈다." Montalembert는 지나치다 싶은 기적들은 생략하는데, 다만 소용돌이에 빠진 플라키두스를 건져낸 기적에 대해서는 Bossuet(ii. 15)의 말을 빌어 소개한다.

베네딕투스를 유명하게 만든 그의 수도회칙은 수도원주의 역사에 큰 획을 긋는다. 그것은 퍽 짧은 세월 안에 과거와 당시의 모든 수도회칙들을 대체했으며, 수도회들 가운데 가장 유명한 수도회에 불멸의 법전이자 로마 가톨릭 전체의 수도원 생활에 근간이 되었다.[84] 베네딕투스의 수도회칙은 서론에 이어 73장으로 구성된 도덕·사회·전례·고해에 관한 규례들로 이루어져 있다. 그 내용을 읽어보면 인간 본성을 제대로 간파하고 있고, 로마인들의 실제적인 지혜가 돋보이며, 서방의 관습에 잘 맞추었다는 인상을 받게 된다. 단순함과 복잡함, 엄격함과 유순함, 겸손과 용기가 잘 어우러져 있으며, 수도원 생활 전체에 고정된 통일성과 조밀한 조직을 부여하는데, 그의 수도회칙이 정하는 조직은 주교제와 마찬가지로 무한한 융통성과 확장 능력을 지녔다. 그의 수도회칙은 모든 수도원을 교회 내의 교회로 간주하여서 주교와 교인들의 관계를 반영했고, 수사들간에 평등한 관계가 유지되는 민주적 기반 위에 군주적 권위를 수립했다. 그럴지라도 대규모 재속(在俗) 교회에서 실현될 수 있는 것보다 더 높은 수준의 완전을 표방했음은 물론이다. 중세라는 거칠고 기율이 잡히지 않은 사회에 대해서 베네딕투스의 수도회칙은 충실한 훈련을 제공했고, 사회가 쇄신되어서 건강하게 발전하는 데 없어서는 안 될 복종과 자제와 질서와 근면을 항상 강조하고 자극했다.[85]

베네딕투스 수도회칙의 정신은 경건한 권고를 담은 '서문'(prologus)의 내용에서 가늠해 볼 수 있다: "그러므로 내 형제들이여, 우리는 어떤 이가 주의 장막에 거하게 될지 주님께 지혜를 구한 결과 그런 이에게 주시는 계율들을 들었습

---

84) 가톨릭 교회는 베네딕투스의 수도회칙 외에도 다른 세 가지 수도회칙을 인정한다: 1. 동방의 수사들이 여전히 간직하고 사는 성 바실리우스의 수도회칙; 2. 재속 참사회들과 전도 수도회인 도미니쿠스회, 그리고 여러 군대 수도회들이 채택하는 성 아우구스티누스의 수도회칙; 3. 아시시의 성 프란체스코와 그가 세운 13세기의 탁발 수도회의 수도회칙.

85) 교황 그레고리우스는 성 베네딕투스의 수도회칙이 영감(靈感)되었다고까지 믿었으며, Bossuet는 "기독교의 축소판, 즉 복음이 가르치는 모든 교훈들과 교부들이 수립한 모든 제도들, 완전을 위한 모든 조언들을 체계적이고도 신비스럽게 축약해 놓은 글"이라고까지 과장한다. Montalembert도 프랑스인 특유의 수사적 평가의 흔적을 보인다. 하지만 수도원주의는 복음의 자유를 전혀 알지 못하며, 기독교를 새로운 율법으로 바꾸어 놓는다.

니다. 만일 우리가 이 계율들을 이행하면 천국의 상속자들이 될 것입니다. 그러므로 거룩한 마음으로 이 계율들에 복종하며 싸울 수 있도록 몸과 마음을 준비합시다. 그리고 우리 안에 있는 본성이 이러한 복종을 하는 것이 항상 가능하지 않을진대 주님께 은혜를 베푸시어 도와주실 것을 마음을 다해 구합시다. 우리가 지옥의 고통을 면하고 영생을 얻고자 한다면, 아직 시간이 있을 동안, 아직 이 죽을 육신을 가지고 사는 동안, 그리고 이생의 빛이 그 목적을 위해서 우리에게 비추고 있는 동안 영원한 상을 거두기 위해서 매진하고 투쟁합시다. 그러기 위해서 우리는 지나치게 무겁거나 엄격한 짐을 부과하지 않을 하나님의 **종들의 학교**(school of divine servitude)를 세워야 합니다. 그러나 만약 옳고 바른 도리에 순종하는 과정에서, 악들을 바로잡거나 정절을 지키기 위해서 다소 엄격하게 해야 할 때는 겁에 질린 나머지 그다지도 들어서기 힘든 구원의 길에서 떠나지 않도록 주의해야 합니다. 일정 기간 순종과 믿음을 지키고 살다보면 마음이 넓어질 것이고, 하나님의 계명들을 지키는 길에서 말할 수 없이 달콤한 사랑을 품고 달려갈 것입니다. 주님께서 자비를 베푸시어, 저희가 주님의 교훈에서 벗어나지 않고, 죽기까지 수도원에서 그분의 교훈을 간직하고 살면서, 그리스도의 고난에 인내로써 동참하고, 그로써 그분 나라에 동참할 자격이 있는 사람들이 되게 해 주옵소서."

이 수도회칙의 주된 규정들은 다음과 같다:

각 수도회의 수장은 대수도원장이다. 그는 수사들에 의해서 선출되고, 그들의 동의를 받아 수도원장 대리(provost<praepositus>, 원장 신부)를 임명하며, 여러 수사들의 요구가 있을 때에는 여러 분구(分區, decaniae)의 책임자들을 임명하여 원장 신부를 보조하게 한다. 대수도원장은 그리스도를 대신하여 권위와 모범으로써 다스리며, 자신의 수도원에 대해서 마치 주교가 교구에 대해서 갖는 지위를 갖는다. 중대한 문제들이 생기면 수사들의 총회를 소집하여 자문을 구하지만, 일상적인 문제들에 대해서는 원로 수사들에게만 자문을 구한다. 정식으로 수도원에 들어가려면 일년간의 시험기 곧 수련수사기를 거쳐야 하며(훗날에는 그 기간이 3년으로 연장되었다), 그로써 준비가 되지 않은 채 경솔하게 그 엄숙한 자리에 들어서지 못하게 했다. 만약 수련수사가 자신의 결심을 후회하면 거리낄 것 없이 수도원을 떠날 수 있었다. 하지만 끝까지 결심을 고수하고자 한다면 시험기가 끝난 뒤 대수도원장과 수사들 앞에서 심사를 받아야 하며, 심사에 통과되면 수도원에 그 유물들이 안치되어 있는 성인들을 향해서 도움을 구하면서, 자신이 직접 작성하거나 적어도 자필 서명을 한 영구 서약서를 예배당 제단에 올려놓으며, 그로써 세상으로 돌아갈 가능성을 영구히 단절한다.

이 중요한 제도가 수도원에 안정을 부여했고, 수도원 제도 전체가 진실성과 견고성과 항구성을 갖게 했다.

서약은 세 가지 내용으로 이루어졌다. 첫째는 수도회에 영구히 귀의하겠다는 서약(stabilitas)이고, 둘째는 언제나 모든 수도회들의 근본 정신으로 간주되어온 자발적 가난과 정절에 대한 서약(conversio morum)이며, 셋째는 하나님과 그리스도의 대표자인 대수도원장에 대한 절대 복종(obedientia coram Deo et sanctis ejus)이다. 이 복종이 수사의 핵심 덕목이다.

수도원의 일과는 영적 훈련과 육체 훈련이 적절하게 안배된 형태로 이루어진다. 이것이 베네딕투스 수도회칙의 훌륭한 점으로서, 그 근간을 이루는 원리는 나태가 영혼의 치명적인 원수이며 마귀의 일이라는 것이다. 하루 일과 중 일곱 시간이 기도와 시편 찬송과 명상에 배정된다.[86] 두세 시간은 신앙 서적을 읽는 데 배정되며, 특히 주일에는 이 시간이 엄수된다. 6-7시간은 실내나 들판에서 노동하는 데 배정되며, 혹은 부모들이 수도원에 위탁한 어린이들(oblati)을 가르치는 데 배정된다.

훗날 명성을 떨친 수도원 학교들과 집중적인 학문 연구의 전통은 여기서 시작되었다. 제도 교육을 받지 못한 베네딕투스와 그의 계승자들에게 전혀 낯설었던 이것이 훗날 그 수도회의 중요한 면이 되었고, 여러 수도원들에서 노동 대신에 시행되었다.

다른 점들에서는 생활 형태가 극단적으로 엄격한 면이 없이 단순했으며, 꼭 필요한 일들에만 한정되었다. 복장은 고깔이 달린 검정색 겉옷이었고(거기서 흑

---

86) 성무일도의 정시과(定時課, horae canonicae)는 야과(夜課, Nocturnae vigiliae), 조과(朝課, Matutinae), 1시과(Prima), 3시과(Tertia), 6시과(Sexta), 9시과(Nona), 만과(晚課, Vespera), 종과(終課, Completorium)이며, 시편 119장 164절("주의 의로운 규례를 인하여 내가 하루 일곱 번씩 주를 찬양하나이다")과 62절("내가 주의 의로운 규례를 인하여 밤중에 일어나 주께 감사하리이다")을 토대로 삼는다(c. 16). 시편이 수도원의 기도서이자 찬송가였다. 시편을 일주일에 시편 전체를 음송할 수 있도록 하루에 일곱 부분씩 배분했다.

의<黑衣>의 탁발수사들<Black Friars>이라는 명칭이 유래했다), 옷감은 기후와 계절에 따라 바뀌었다. 일주일에 금식일로 정해진 이틀과, 9월 중순부터 부활절까지는 하루에 한끼만 먹었다. 수사 일인당 하루에 450g의 빵 한 덩이와 콩, 그리고 이탈리아의 관습에 따라 포도주 반 병(hemina=약 270ml)을 받았다. 포도주를 마시지 않아도 건강을 유지할 수 있으면 아예 마시지 말도록 권장되었다. 육류는 허약하고 병들어 간호를 받아야 하는 수사들에게만 허용되었다.[87] 식사 시긴에는 신앙의 덕을 세우는 글을 낭독했고, 수사들은 침묵해야 했다. 수사들에게는 사유 재산이 없었고, 단출한 옷마저 자기 소유가 아니었다. 노동의 결실도 공동의 곳간으로 들어갔다. 수사는 영혼에 위험한 세상과 접촉하지 말아야 하기 때문에 수도원마다 시설과 생활 유지에 필요한 기술과 노동력을 지닌 사람들을 기용해야 했다. 나그네를 맞이하고 어려운 사람을 돕는 일도 수도원이 해야 할 일이었다.

규율을 어길 경우에는 먼저 은밀히 불러 훈계한 다음, 그래도 잘못을 고치지 않으면 기도회에 참석하지 못하게 하고, 그 다음에는 다른 수사들과 접촉하지 못하게 하고, 마지막으로는 수도원에서 추방했다. 하지만 그런 뒤에도 세 번에 걸쳐 복권될 수 있었다.

45. 베네딕투스회. 카시오도루스

베네딕투스는 자신의 수도회칙을 원래 단순히 몬테 카시노 수도원을 위해 마련한 것이므로 그것이 그토록 역사적으로 광범위한 중요성을 갖게 될 것을 전혀 예감하지 못했다. 아마 자기 자신의 영혼과 동료 수사들의 영혼이 거듭나고 구원을 받는 것 이상을 꿈꾸지 않았을 것이다. 후대의 가톨릭 사가들은 그가 유럽의 정치·사회적 갱생까지 내다보는 심원한 계획을 수립했고, 학문과 예술을 보존하고 촉진했다고들 말하지만, 그런 평가들은 그의 생애나 그의 수도회칙으로 전혀 뒷받침되지 않는다. 그러나 그는 겸손히 씨앗을 심었으며, 하나님께서 섭

---

87) 조류도 허용되지 않았다. 투르의 그레고리우스와 같은 시대를 산 마비용(Mabillon)의 글에 따르면 당시에는 조류가 왕족들과 귀족들만 먹을 수 있는 귀한 음식이었다.

리로써 백 배의 결실을 하도록 하셨다. 그는 수도회칙에 의해서 자신의 의지나 지식과 무관하게 수도회 설립자가 되었으며, 이 수도회는 12세기에 도미니쿠스 회와 프란체스코회에 의해서 어느 정도 뒷전으로 밀려나기 전까지 유럽 전역으로 급속히 퍼져나갔고, 확고한 우위를 유지했고, 다른 모든 수도회들에 전범이 되었으며, 가톨릭 교회에 무수한 선교사들과 권위자들과 예술가들과 주교들과 대주교들과 추기경들과 대 그레고리우스와 그레고리우스 7세 같은 교황들을 배출했다. 베네딕투스가 죽은 뒤 한 세기가 채 되지 않아서 이탈리아와 갈리아와 스페인을 정복하고 주인 행세를 하고 있던 야만족들이 문화로써 재정복되었으며, 영국과 독일, 스칸디나비아의 광활한 영토가 기독교 세계로 재편입되거나 선교사들에게 문호를 개방했다. 이러한 역사의 과정에서 베네딕투스의 수도회칙으로 규율과 조직을 갖춘 수도원 제도가 중요한 역할을 수행했다.

베네딕투스 자신은 테라키나 부근에 두 번째 수도원을 설립했으며, 그가 총애하던 제자들 가운데 플라키두스와 성 마우루스 두 사람이 '거룩한 수도회칙'을 각각 시칠리아와 프랑스에 소개했다.[88] 베네딕투스가 활동하던 시절에 수사였던 교황 대 그레고리우스는 그 수도회의 위신을 크게 높였고, 앵글로색슨족에게 베네딕투스회 수사들을 파견하여 그들을 로마 가톨릭 신앙으로 회심시켰다. 이 수도회칙은 기존의 수도원들과 신설 수도원들을 가리지 않고 점진적으로 워낙 널리 받아들여졌기 때문에 샤를마뉴 때에는 수사들이 있을 경우 그들이 과연 베네딕투스회 수사들이 아닌가 하는 것이 문제가 될 정도가 되었다. 물론 이 수도회가 재산 증가와 권징의 쇠퇴로 인해 이따금 쇠퇴를 겪은 것이 사실이지만, 신앙과 인문학, 그리고 토지 개간에서부터 신학 연구에 이르는 유럽 문화 전반을 장려한 데 힘입어 역사에서 영예로운 지위를 얻고 불후의 예찬을 받은 것이 엄연한 사실이다. 베네딕투스회 수사들이 펴낸 방대하고 훌륭한 편집본들과 대단히

---

88) 글랑푀일 대수도원 설립자 마우루스(St. Maur sur Loire)는 베네딕투스회에 소속된 프랑스의 유명한 마우루스회(1618년부터 출범)의 수호성인이다. 마우루스회는 17세기와 18세기 초반에 철저한 고고학적·역사적 조사 활동들과 높은 수준의 교부 총서 편집본으로 큰 명성을 얻었다. 이 수도회에서 배출한 대표적인 인물들은 D. (Dom, Sir라는 뜻의 Domnus와 동의어) Menard, d'Achery, Godin, Mabillon, le Nourry, Martianay, Ruinart, Martene, Montfaucon, Massuet, Garnier, de la Rue이고, 우리 시대에는 솔렘 수도원에서 귀중한 교부들의 단편집을 편집한 Dom Pitra를 꼽을 수 있다.

학문적인 서론들, 전기들, 고문헌에 대한 논문들, 색인들을 친숙히 접하는 사람은 베네딕투스회에 대해서 존경과 감사의 심정을 품지 않을 수 없다.

하지만 앞서 말했듯이 학문 후원은 설립자나 그의 수도회칙의 구도에 실려 있지 않았다. 수도원이 학문을 후원하기 시작하도록 만든 장본인은 학자 겸 수사였던 제롬을 배제한다면 카시오도루스(Cassiodorus)였다고 할 수 있다. 이탈리아 고트족 왕실의 고관으로서 부귀를 누리던 그는 538년에 은퇴하여 이탈리아 남부 칼라브리아의 비바리움(비비어슴)에 직접 수도원을 설립했다. 이곳에서 수사 겸 대수도원장으로 거의 30년을 지내면서 방대한 문헌을 수집하고, 수사들에게 성경과 교부들의 저서들, 심지어 고전들을 필사(筆寫)하고 연구하도록 독려했으며, 그들을 위해서 여러 권의 문학과 신학 교과서들을 집필했는데, 그중에서 특히 「신적 학문 강요」(De institutione divinarum literarum)라는 논문은 초보 형태의 백과사전으로서, 여러 세대에 걸쳐 수도원 교육의 규범으로 사용되었다. 비바리움 수도원은 한때 몬테 카시노와 대등한 지위를 누렸으며, 카시오도루스는 6세기의 지식 회복자라는 명예로운 칭호를 얻었다.

이미 규칙적인 생활에 익숙해 있었던 베네딕투스회 수사들은 비바리움 수도원의 사례를 곧 추종했다. 이로써 수도원 창시자 안토니우스가 모든 학문을 경시하며 시작했던 수도 생활이 역사를 통해 발전해 가는 과정에서 이주와 십자군 원정들로 인한 거칠고 불안한 사회에 문화의 도피처가 되었으며, 고대의 학문적 보물들을 현대를 위해 잘 간직한 곳간 역할을 했다.

46. 수도원주의에 대한 반발. 요비아누스

수도원주의는 시대의 강력한 운동으로서 온 교회의 협력이나 존경을 한 몸에 받으며 진행되어 갔지만, 반발도 없지 않았다. 그리고 반발은 여러 상이한 방향들에서 제기되었다. 율리아누스와 리바니우스 같은 열정적인 이교 옹호자들은 수사들이 신전과 우상 숭배를 광적으로 반대한 데 대해서 그들을 극단적으로 혐오하고 욕설을 퍼부었다. 기독교 정치인들과 발렌스 같은 황제들은 수도원이 정부와 군대로부터 많은 인력을 빼가고, 야만족들로 인해 제국이 위태로운 지경에 처했을 때 적극적이고 용감한 삶보다 게으르고 수동적인 명상이나 권장하는 것을 비판했다. 그런가 하면 세상의 향락에 빠져 지내던 자들은 종교적 진지함과 금욕 생활의 열정 때문에 마음 편하게 즐기지 못하는 데다가 비판을 받는 것이 도무지 못마땅했다. 그러나 다른 동기를 가지고 수도원주의를 비판하는 입장도 있었다. 마리아와 성인 숭배와 그 밖의 남용들을 비판하는 시각에서 수도원의 기독교 윤리관을 비판한 이들이 바로 그들이었다. 하지만 이러한 형태의 반발은 주로 한정된 경우들에 그쳤고, 성격이 긍정적이기보다 부정적이었으며, 지혜와 절제의 정신이 부족했고, 따라서 5세기에 완전히 자취를 감추었다가 오랜 후에 수도원주의가 세상에 대한 제 소임을 다한 뒤에 보다 성숙하고 포괄적인 형태로 다시 대두했다.

이 마지막 부류의 비판자들에는 헬비디우스 · 요비니아누스 · 비길란티우스 · 아이리우스가 있었다. 처음 세 사람은 제롬의 열정적인 답서들을 통해서 우리에게 알려지며, 마지막 사람은 에피파니우스의 파나리온을 통해서 알려진다. 이들은 가톨릭 교회사에서는 이단들로 평가되는 반면에, 여러 개신교 사가들에게는 '진리의 증인들'과 종교개혁의 선구자들로 평가를 받는다.

우선 위에 소개한 네 사람 가운데 가장 중요한 요비니아누스(Jovinian)부터 살펴보자. 그는 금욕적 경향과 그것에 관련된 교리들을 철저히 비판하는 자리에 섰다는 점에서 네안더 같은 학자들에 의해서까지도 가끔 루터와 비교되었다. 그는 390년 이전에 로마에서 수도원의 윤리 원칙들을 비판하는 책을 썼다(이 책은 현존하지 않는다). 그러면서도 그 자신이 수사였으며, 죽는 날까지 자유로운 방식으로 수사의 생활을 해나간 듯하다. 어쨌든 결혼하지 않았으며, 아우구스티누스의 기록에 따르면 "임박한 환난을 인하여"(고전 7:26), 그리고 결혼에 따르는 여러 거추장스러운 상황들이 싫어서 결혼을 하지 않았다고 한다. 제롬은 그에게 과연 그의 주장대로 결혼을 해서 독신과 결혼 생활이 같은지 검증해 보든가, 아니면 독신에 대한 비판을 거두든가 택일하라고 다그쳤다.[89] 제롬은 그의 인품을 크게 폄하하는데, 강렬한 반감이 그에 대한 평가를 크게 좌우한 듯하다. 그는 요비니아누스를 부패의 종이자 미개한 저자, 기독교 에피쿠로스라고 부르며, 한때 엄격한 금욕 생활을 해본 뒤에 이제는 하늘 대신 땅을, 덕 대신 악을, 그리스도 대신 자신의 배를 더 좋아하고, 항상 우아한 옷을 입은 신랑처럼 활보한다고 비

---

89) *Adv. Jovin.* lib. i. c. 40 (Opera, ii. 304).

판한다. 아우구스티누스는 제롬에 비해서 한결 관대한 평가를 내리되, 다만 그가 수녀들에게 성경의 경건한 여성들을 모범으로 제시함으로써 많은 수녀들에게 결혼하도록 오도한 점에 대해서는 비판을 가한다.

기젤러(Gieseler)의 추정대로, 요비니아누스는 수도원주의를 극단적으로 추장(推獎)하는 제롬의 글을 읽고 생긴 반감과, 로마에서 브레실라(Bresilla)가 죽은 사건(384)에 격분하여 수도원주의에 대해서 의문을 제기하고 비판하게 되었을 것이다. 그리니 그는 390년경에 시제들의 결혼을 극력 반대하던 로마 주교 시리키우스(Siricius)에 의해서 자신의 추종자들과 함께 출교와 추방을 당했다. 그가 발걸음을 옮긴 곳은 밀라노였다. 그 도시의 두 수사 사르마티오(Sarmatio)와 바르바티아누스(Barbatian)가 자신과 같은 견해를 주장했다는 말을 들었기 때문이다. 그러나 암브로시우스는 공의회를 열어 그를 단죄함으로써 로마 주교와 동일하게 그를 대했다. 이때부터 그와 그의 집단은 역사의 무대에서 자취를 감추며, 그는 460년 이전에 유배지에서 숨을 거두었다.

제롬에 따르면 요비니아누스는 다음과 같은 네 가지 주장을 했다고 한다: (1) 세례를 받아 그리스도 안으로 연합된 처녀들과 과부들과 기혼 여성들은 여타의 품행이 동등하면 공로가 동등하다. (2) 세례를 받아 온전한 믿음으로 거듭난 사람들은 마귀에게 굴복당할 수 없다. (3) 음식을 금하는 것과 감사함으로 그것을 받는 것 사이에는 아무런 차이가 없다. (4) 세례의 언약을 지키는 사람은 누구든 천국에서 동등한 상급을 받을 것이다.

요비니아누스가 강조한 것은 주로 첫째 사항이었으며, 따라서 제롬도 논박서 한 권 전체를 이 쟁점에 할애하며, 나머지 쟁점들은 둘째 권에서 통합해서 다룬다. 요비니아누스는 결혼 생활과 독신 생활이 도덕적으로 동등하다는 점을 입증하기 위해서 창세기 2:24(타락 전에 하나님께서 친히 결혼 제도를 제정하시는 대목)과 마태복음 19:5(그리스도께서 결혼 제도를 승인하시는 대목), 타락 전후의 족장들, 모세와 선지자들, 사가랴와 엘리사벳, 사도들(특히 결혼 생활을 한 베드로), 그리고 바울(그는 직접 결혼을 권장하고<고전 7:36, 39>, 감독이나 집사에게 한 아내의 남편이 될 것을 요구하며<딤전 3:2, 12>, 젊은 과부들에게 결혼하여 아이를 낳으라고 조언한다<딤전 5:14; 참조. 딤전 2:15; 히 13:4>)을 증거로 제시했다. 결혼과 하나님이 내리시는 음식을 금하는 행위를 마니교의 오류라고 단언했다. 이러한 주장들에 답하기 위해서, 제롬은 근거가 없는 추론들에 몰입하며,

결혼을 아주 천시하는 발언을 하는데, 그의 글을 읽어본 친구들조차 민망해할 정도였다. 아우구스티누스는 요비니아누스의 저서를 읽고 격려를 받고서 「결혼의 유익에 관하여」(*De Bono conjugali*)이라는 저서를 특별히 써서 결혼의 장점들을 제시했다. 하지만 금욕적인 독신 생활을 숭상하던 기본적인 입장에는 변함이 없었다.[90]

요비니아누스의 두번째 주장은 아우구스티누스와 칼빈주의의 성도의 견인 (perseverantia sanctorum) 교리와 아주 흡사하다. 하지만 그가 강조한 것은 영원하고 불변한 하나님의 작정이 아니라, 단순히 요한일서 3:9과 5:18에 근거한 생각일 뿐이며, 정반대의 도덕 상태를 추상적으로 생각하여 그것과 관련지어 상정한 것일 뿐이다. 그는 진정으로 중생한 사람, 즉 "세례 때 품었던 충만한 신앙이 남아 있는" 사람만이 배교하지 않는다고 하며, 단지 물에 의한 세례와 성령 세례가 수반되는 세례를 구분하는데, 이 구분에는 현실 교회와 이상적 교회의 구분도 내포된다.

세번째 주장은 금식을 예찬하는 금욕주의를 로마서 14:20과 디모데전서 4:3을 근거로 비판하는 데 초점이 있다. 그는 하나님께서 모든 동물들을 지으신 목적은 인간을 섬기도록 하기 위함이었고, 그리스도께서 가나의 혼인 잔치에 하객으로 참석하셨고, 삭개오의 집에서 세리들과 죄인들과 한자리에 앉아서 식사를 하셨고, 바리새인들에게 음식을 탐하고 포도주를 즐기는 사람이라는 비방을 받으셨으며, 사도가 친히 가르치기를, 깨끗한 사람에게는 모든 것이 깨끗하며, 감사함으로 받으면 버릴 것이 없다고 했다고 주장한다.

하지만 요비니아누스는 거기서 한 걸음 더 나아가 스토아주의자들과 같은 노선에 서서, 도덕적 선행과 악행에 차등을 두는 것을 부정하고, 그 결과 상과 벌에 대한 차등마저 부정했다. 선과 악에 저마다 발전 과정이 있다는 사실을 간과했다. 모든 외적 관계들을 무시하고 내면의 정신만 중시했으며, 그로써 참된 그리스도인들과 세상 사람들, 중생한 사람들과 그렇지 못한 사람들 사이의 큰 차이 밑에 존재하는 무수한 사소한 차이들을 무시했다. 이에 비해서 수도원주의를 옹호한 사람들은 도덕성에도 높은 단계와 낮은 단계가 있다고 가르쳤고, 금욕주의자들을 특수한 계층으로 간주하여 일반 그리스도인 다중(多衆)과 구분해서 대

---

90) *De bono conj.* c. 8.

했다.

요비니아누스는 그리스도께서 신자들 안에 거하실 때는 정도의 차이 없이 거하시기 때문에, 신자들도 정도의 차이나 발전 단계와 상관 없이 그리스도 안에 거한다고 말한다. 사람 사회에는 두 계층, 즉 의인들과 악인들, 양들과 염소들, 슬기로운 다섯 처녀와 어리석은 다섯 처녀, 좋은 열매를 맺는 좋은 나무들과 나쁜 열매를 맺는 나쁜 나무들이 있을 뿐이라고 한다. 그는 각기 다른 시각에 포도원에 들어갔으나 똑같은 품삯을 받은 일꾼들의 비유도 근거로 제시한다. 이에 대해서 제롬은 씨 뿌리는 자와 각기 다른 종류의 밭의 비유, 달란트 비유, 아버지의 집에 거할 곳이 많다는 말씀(요비니아누스는 이 말씀을 지상에 존재하는 상이한 교회들로만 해석했다), 부활의 몸을 서로 영광이 다른 별들에 비유한 말씀, 그리고 "적게 심는 자는 적게 거두고 많이 심는 자는 많이 거둔다"(고후 9:6)는 구절을 가지고 답변했다.

47. 헬비디우스, 비길란티우스, 아이리우스

로마의 사제였는지 평신도였는지 확실치 않은 헬비디우스(Helvidius)는 게나디우스에 따르면 밀라노의 아리우스파 주교 아욱센티우스의 제자였다고 하며, 383년 이전에 주의 모친의 영원한 동정녀성 — 당시에 유행하던 독신 예찬의 가장 중요한 토대 — 을 비판하는 글을 썼다. 그는 결혼 생활이 명예와 영광에서 독신에 의한 정절과 조금도 다르지 않다고 생각했다. 그의 생애에 대해서는 알려진 바가 없다. 아우구스티누스는 헬비디우스파에 대해 말하면서, 그들이 에피파니우스의 마리아 숭배 반대파(Antidicomarianites)와 같은 집단이었을 것이라고 한다. 제롬은 헬비디우스가 거칠고 제도 교육을 받지 못한 사람이라고 말하면서도, 그의 주장들을 인용함으로써 그가 적어도 일정한 성경 지식과 상당한 재능을 갖춘 사람이었음을 스스로 입증한다. 헬비디우스는 주님의 출생 전에는 요셉이 자기 아내를 가까이 하지 않았으나 후에는 가까이 했다고 주장하면서, 그 근거로 우선 마태복음 1:18, 24, 25을 제시하고, 다음으로는 마태복음 1:25, 누가복음 2:7에 예수님이 마리아의 '맏아들'로 표현된 점을, 그 다음으로는 예수님의 형제들과 누이들에 관해서 말하는 여러 단락들을 제시하고, 마지막으로는 테르툴리아누스와 빅토리누스의 권위에 호소한다. 이에 대해서 제롬은 "…… 까지"라는 말이 반드시 어떤 행동이 시작하거나 끝난 뒤의 시점을 가리키는 것만은 아니라는 점과, 출애굽기 34:19, 20, 민수기 18:15 이하에 따르면 '맏아들'이 반드시 다른 자녀의 출산을 전제로 하는 것이 아니고, 누구든 태를 먼저 열고 나온 사람을 가리킨다는 점, 예수님의 '형제들'도 요셉이 전처에게서 나온 아들일 가능성이 있고, 혹은 그 히브리 단어의 용례에 따르면 사촌들이라는 뜻도 된다는 점, 그리고 헬비디우스가 호소한 권위들이 이그나티우스·폴리카르푸스(?)·이레나이우스의 증언으로 상쇄되고도 남는다는 점을 들어 반박한다. "만약 헬비디우스가 이 분들의 글을 읽어보았다면 좀 더 도움이 될 다른 방도를 찾았을 것이다"라고 그는 말한다.

잘 알려진 바이지만, 이 문제는 여전히 해석학의 쟁점으로 남아 있다. 마리아의 항구적 동정녀성은 성경보다는 반대 이론에서 더 큰 지지를 받는다. 그러나 그이론이 워낙 금욕주의 체계에 본질적인 부분을 차지하는 까닭에 이 시기부터 가톨릭 신앙의 조항으로 자리를 잡았고, 이것을 부정할 경우 신성을 모독하는 이단으로 저주를 받았다. 하지만 개신교 신학자들[91] 가운데서도 적지 않은 수가 로마 가톨릭의 이 교리에 동의하면서, 하나님의 아들이시며 세상의 구주이신 분께서 태어나신 후에 마리아가 인간의 보통 자녀들을 낳았다는 것은 마리아의 존엄성과 잘 맞지 않는다고 생각한다.

갈리아 출신으로서 스페인 바르셀로나의 장로로 활동하고, 경건하면서도 뜨거운 열정과 문필적 재능을 겸비한 비길란티우스(Vigilantius)는 5세기 초에 그 시대의 금욕적 정신과, 그것에 연계된 미신을 비판하는 글을 썼다. 제롬은 이 글을 읽고는 406년의 어느 날 밤에 서둘러 반박의 글을 작성했는데, 이 글은 탄탄한 논리보다는 개인적인 욕설과 저급한 경멸이 잔뜩 앞서 있다. 이 글에서 그는 이렇게 말한다. "지상에는 괴물들과 켄타우로스[半人半馬]들, 사이렌[반은 여자이고 반은 새인 요정: 역자주]들, 리워야단들, 베헤못들이 존재했다 …… 갈리아에만 괴물들이 존재한 적이 없고 대신에 용감하고 숭고한 위인들이 늘 넘쳐났는데,

___

91) 예를 들어 루터(그는 심지어 헬비디우스를 '천치'라고 부른다)와 츠빙글리가 종교개혁자들 가운데서 그렇게 주장했고, 후대의 신학자들 가운데서는 Olhausen과 J. P. Lange가 그렇게 주장했다.

그런데 어느 날 갑자기 도르미탄티우스(Dormitantius, '흐리멍텅한 자')라고 불러야 옳은 비길란티우스(Vigilantius, '깨어 있는 자')라는 자가 나타나서 불순한 생각으로 그리스도의 영을 거슬러 말하고, 순교자들의 무덤에 존경을 바치지 못하게 하고 있다. 그는 철야기도에 반대하고, 부활절에만 할렐루야를 불러야 한다고 주장한다. 그는 금욕과 절제를 이단이라고 주장하며, 정절을 방종의 유모라고 부른다(pudicitiam, libidinis seminarium) …… 칼라구리스의 이 여관주인은 포도주에 물을 타며, 정순한 신앙에 독을 탄다.[92] 그는 순결에 빈대하고, 정절을 혐오하고, 성인들의 금식을 나무라며, 즐거운 잔치 자리에서 다윗의 시편으로 흥을 돋구기나 할 뿐이다. 심지어 주교들이 그의 방탕에 짝한다는 말을 듣는다는 것은 참으로 두려운 일이다. 결혼한 사람만 집사로 임명하고 독신의 정절은 신뢰하지 않는 그들에게 주교라는 칭호가 어울릴지 의문이다."[93]

비길란티우스는 돈을 지혜롭게 사용하는 것이 더 바른 태도이며, 그것을 한꺼번에 가난한 사람들에게 주거나 예루살렘의 수사들에게 바치기보다는 고향에서 자선의 목적으로 조금씩 사용하는 것이 더 훌륭하다고 생각한다. 하지만 그는 자신의 두 전임자들보다 한 걸음 더 나아가, 당시에 널리 받아들여지고 수도원주의에 의해 촉진된 성인과 성유물 숭배를 비판하는 데 주력한다. 그는 그것이 미신과 우상 숭배라고 간주한다. 죽은 사람들의 '비참한 뼈'를 숭배하는 그리스도인들을 가리켜 유골 수집가와 우상 숭배자라고 부른다. 그는 순교자들이 일으켰다고 하는 기적들에 회의를 표시했고, 죽은 자들을 향해 기도하고 그들을 위해서 기도하는 행위를 쓸데없는 짓으로 비판했으며, 철야나 야간 예배를 무질서와 방종이라고 단정했다. 제롬도 마지막 사항에 대해서는 시인하면서도, 철야나 야간 예배를 남용하는 행위는 비판해야 마땅하지만 정당한 사용마저 폐지해서는 안 된다고 주장한다.

360년경에 활동한 세바스테의 장로 아이리우스(Aerius)도 수도원주의를 부분적으로 비판한 사람들에 속한다. 그는 금욕주의자이긴 했으나 금식에 관한 법들과

---

92) 갈리아 남부에 소재; 오늘날 가스코뉴의 카세레에 해당함. 여관 주인의 업무란 영적 사역과 함께 할 수 있는 것이 아니었으므로, 비길란티우스의 아버지가 칼라구리스의 여관주인이었다고 추정되었다.

93) *Adv. Vigil.* c. 1 and 2 (*Opera*, tom. ii. p. 387 sqq.)

특정 시기에 금식을 강요하는 행위에 대해서는 그리스도인의 자유를 침해하는 행위로 간주하여 비판했다. 에피파니우스는 이것을 이단설로 간주하고, 그 밖에도 세 가지 다른 이단적 견해를 그에게 돌린다. 첫째는 주교가 장로보다 우월하다는 것을 부정하는 견해이고, 둘째는 널리 시행되던 부활절 절기에 반대하는 견해이며, 셋째는 죽은 자를 위한 기도에 반대하는 견해이다.[94] 그는 성직자들에게 맹렬한 박해를 받았으며, 사회에서 살지 못하고 지지자들을 데리고 들판과 동굴로 물러나 살 수밖에 없었다.

---

94) Epiph., *Haer.* 75. Bellarmine은 이러한 외적인 유사성을 근거로 개신교를 아이리우스 이단으로 규정한다.

제 5 장

성직위계제도와 교회 정치

48. 성직자들의 학교

앞 장에서 교회가 로마 제국의 국교의 지위에 오른 것과, 이 거대한 변화가 성직자들과 사회의 도덕성에 어떤 영향을 끼쳤는가 하는 것을 살펴보았으므로, 이제는 새로운 상황에 처하게 된 성직위계제도의 내부 조직과 발전을 살펴보기로 하자. 사도들이 감독하던 제1기와 주교제가 근간이 된 제2기의 조직과 비교할 때 제3기의 조직이 지니는 발전된 면으로는 첫째, 총대주교 제도의 등장과, 둘째, 그 제도와 긴밀히 연관된 에큐메니컬 공의회 제도이다. 그러나 먼저 교회의 교육 체계의 성격과 영향을 먼저 살펴봐야 할 것이다.

성직자 후보생 교육은 교회가 국가와 연합함으로써 재력과 학교들과 학문과 고전 이교 세계의 문헌을 소유하게 되고, 자라나는 세대를 교육할 의무가 교회에게 위임됨으로써 크게 촉진되었다. 잦은 교리 논쟁들이 연구 정신을 왕성하게 자극했으며, 그 결과 4-5세기의 교부들과 주교들 가운데서 고대 교회의 위대한 신학자들을 만나게 된다. 이들이 성직자 후보생을 철저히 교육할 필요를 강하게 주장했으며, 이 목적을 위한 학과들에 대해서 풍부한 교육을 제공했다.[1] 아프리카 교회는 397년에 카르타고 공의회의 법령에 의해서 성직자 후보생들의 지식과 정통 신앙을 확인하는 시험을 의무화했다. 541년에 공포된 유스티니아누스의 법률도 동방에서 비슷한 성격의 시험을 의무화했다.

---

1) 예. 크리소스토무스, *De sacerdotio*; 아우구스티누스, *De doctrina Christiana*; 제롬, 여러 편지들; 대 그레고리우스, *Regula pastoralis*.

그러나 성직자 후보생을 위한 정규적이고 보편적인 교육이 여전히 크게 미흡한 수준을 넘어서지 못하고 있었던 것도 사실이다. 고전 문학의 꾸준한 쇠퇴, 철학과 예술 활동의 점진적인 중단, 세속 학문과 문화에 대한 수도원적 편견의 증가, 교회의 사역지가 급속히 확장된 상황에서 목회자의 수가 크게 부족하게 된 상황, 제국의 불안한 상태, 끊이지 않는 야만족들의 침공 등이 성직자 후보생에 대한 철저한 교육을 가로막은 요인들이었다. 많은 성직자 후보생들이 안수(ordination)에 무슨 마술적인 능력이라도 있는 것처럼 생각했다. 그렇지 않은 사람들도 준비할 기회나 시간이 없었으며, 여러 공의회들이 성직자 후보생들에게 먼저 독서자·부제·장로 같은 하위 성직으로 은사를 검증하도록 요구했음에도 불구하고, 대중이 요구하거나 상황의 필요에 따라서 제국의 관리로 일하다가 곧장 성직자가 되는 경우나 심지어 그런 식으로 주교까지 되는 경우도 없지 않았다. 하지만 이러한 비정규성이 종종 교회에 유익을 끼쳐서, 암브로시우스처럼 세례를 받기도 전에 대중의 갈채에 의해서 밀라노 주교로 임명된 고도의 재능을 지닌 사람을 얻기도 했다.

나지안주스의 그레고리우스는 많은 사제들과 주교들이 귀족 가문이나 관공서에서 장부를 담당하다가, 혹은 농사를 짓거나 노를 젓거나 군복무를 하거나 심지어 배우 생활을 하다가 이렇다 할 교육도 받지 않은 채 성직자가 되어 가장 신성해야 할 직위가 가장 조롱거리가 될 수 있는 상황에 처한 것을 개탄한다. 그는 이렇게 말한다. "질병들의 본질을 아는 사람만이 의사가 될 수 있다. 물감들을 수없이 배합해가며 그림을 많이 그려본 사람만이 화가가 될 수 있다. 그러나 마치 전설이 거인들에 관해서 말하듯이 성직자가 철저히 교육을 받지 않은 채 금방 씨앗을 뿌려 금방 자라는 식으로 곧장 성직에 입문하는 경우를 주위에서 얼마든지 볼 수 있다. 우리는 하루 만에 성자들을 이루어내며, 지혜가 전혀 없고 선한 뜻 외에는 영적 직분에 합당한 준비가 전혀 없는 사람들에게 지혜로운 성직자가 되라고 요구한다."[2] 이런 불평들이 그리스 교회의 신학 활동이 활짝 꽃피었던 니케아 시대 말기에 벌써 제기되었다고 한다면, 5세기 중반 이후와 6세기

---

2) Greg. Orat. xliii. c. 26 (*Opera omnia*, ed. Bened., Paris, 1842, tom. i. p. 791 sq.), 그의 다른 연설문들에 실린 유사한 구절들, 그리고 그의 *Carmen de se ipse et advers. Episc.* 참조. Ulmann, Greg. v. Naz. p. 511 sqq.

에 특히 유력한 성직자들 가운데서조차 성경 원어들을 알고 있는 것이 희귀한 예였던 라틴 교회에서는 더 말할 나위가 없었을 것이다.

이 시기가 교양과 신학 교육 면에서 성직자 후보생들에게 제공한 기회들은 다음과 같았다.

1. 동방 교회는 신학교가 4-5개 있었으나, 수요를 충당하기에는 턱없이 부족했다.

가장 오래되고 유명한 신학교는 알렉산드리아의 교리문답 학교였다. 이 학교는 방대한 문헌과 이집트의 메트로폴리스에 위치함으로써 누린 경제적 유익과 교회적 중요성, 그리고 연속해서 일어난 유명한 교사들에 힘입어 2세기 중반부터 줄곧 번성을 누리다가 4세기 말에 이르러 오리게네스와 네스토리우스와 단성론의 사상이 혼합되면서 시들다가 결국 죽었다. 그 학교를 빛낸 마지막 인물은 비록 소경이었으나 학문과 경건이 뛰어난 디디무스(Didymus, 340-395)였다.

알렉산드리아 교리문답 학교를 본따서 규모가 좀 더 작은 팔레스타인 가이사랴의 학교가 설립되었다. 오리게네스가 알렉산드리아에서 추방된 뒤에 설립한 이 학교는 4세기 초에 그를 존경한 장로 팜필루스와 그의 친구 에우세비우스로부터 새롭긴 하지만 일시적인 지원을 받았다. 이 학교에는 에우세비우스가 박식한 저서들을 집필할 때 활용한 신학 도서관이 있었다.

가이사랴 학교보다 훨씬 더 중요했던 것은 안디옥 신학교였다. 290년에 장로 도로테우스(Dorotheus)와 루키아누스(Lucian)가 설립한 이 학교는 4세기가 지나는 과정에서 알렉산드리아 학자들이 채택한 오리게네스의 알레고리 방법에 반대하여 철저히 문법적·역사적인 해석학을 발전시키되, 이번에는 크리소스토무스의 경우처럼 교회론과 결부짓고, 몹수에스티아의 테오도루스와 네스토리우스의 경우처럼 이성주의적 정신을 표방했다.

안디옥 학교의 후신인 에데사의 신학교는 박식한 부제 에프라임 시루스(Ephraim Syrus, 378년 죽음)에 의해 설립되었고, 메소포타미아와 페르시아에 목회자들을 제공했으며, 백여년 동안 존립했다.

네스토리우스파는 5세기 말에 메소포타미아의 니시비스에 신학교를 세웠는데, 이 학교는 여러 학과들로 조직되었고, 분명한 교육 계획을 갖고 있었다.

서방 교회는 이렇다 할 신학교가 없었고, 다만 수도원들과 주교들의 사설 학교들이 신학 교육을 제공했다. 카시오도루스(Cassiodorus)는 교황 아가페투스

(Agapetus)를 설득하여 로마에 탄탄한 신학교를 설립하려 했으나, 전운이 감돌던 당시 이탈리아의 정세 때문에 뜻을 이루지 못했다. 제롬은 디디무스가 지도하던 알렉산드리아 학교에서 일정 기간을 보냈다.

2. 앞서 살펴보았듯이 많은 사제들과 주교들이 수도원 출신으로서, 세상을 등진 채 은둔하며 고요히 명상에 몰입하고, 생각이 진지한 사람들과 사귐을 갖고, 폭넓은 영적 체험을 터득하는 유익을 맛본 사람들이었다. 그러나 다른 한편으로 이들은 수사 특유의 편협함에 쉽게 빠져들었고, 특히 대도시의 경우 광범위한 사역에 필요한 세상과 인간들에 대한 폭넓은 지식과 교양을 지닌 경우가 극히 드물었다.

3. 서방에는 주교가 지도하는 작은 규모의 교구 신학교들이 있었다. 주교들은 자신의 교구에서 독서자·차부제·부제 등의 하위 성직을 두루 거친 사람들을 자체 신학교에서 이론과 실천 양면에서 훈련하여 성직자로 세웠다.

아우구스티누스가 히포에서 '성직자 수도원'을 운영하여 북아프리카의 여러 교구들에서 봉사할 유능한 장로들과 주교들을 많이 배출한 것이 교구 신학교의 좋은 모범이 되었다. 유럽 남부 지역들에서도 이와 유사한 성직자 수도원 혹은 교구 신학교들이 점차 생겼으며, 이것이 로마 가톨릭 교회에서는 오늘날까지 매우 보편적인 관행이 되었다.

4. 4세기의 신학을 이끌어간 교부들 가운데 상당수가 저물어 가던 이교 문화권의 이교 학교들에서 일반 학문을 공부한 뒤에, 사회를 떠나 금욕 생활을 하는 중에 독학으로, 혹은 유명한 교회 지도자 밑에서, 혹은 사회 생활을 하면서 홀로 성경과 초기 교회 문헌을 공부함으로써 신학을 공부했다.

예를 들어, 대 바실리우스와 나지안주스의 그레고리우스는 배교자 율리아누스가 황태자 시절에 아테네에서 유학할 때와 같은 시기에 그곳에서 공부했다. 크리소스토무스는 안디옥의 저명한 수사학자 리바니우스의 강의를 들었으며, 아우구스티누스는 카르타고·로마·밀라노에서 공부했다. 제롬은 로마의 문법학자 도나투스에게 고전학을 배웠다. 이 교부들이 교리의 발전과 변호, 강단 수사법, 특히 성경 번역과 주해에 이룩해 놓은 크고 귀중한 업적은 고전 교육의 가치가 얼마나 큰가 하는 것을 여실히 보여주는 증거이다. 그리고 교회는 대대로 선량한 이유로 고전 교육을 인정해왔다.

49. 성직자와 평신도. 선출

성직자들은 구약성경의 선례에 따라서 갈수록 평신도 집단과 구분되는 특별한 직위에 오른 사람들로 엄격히 구분되었다. 성직 임명(ordination)은 안수와 기도로 엄숙히 거행되고, 훗날에는 기름과 향유를 붓는 의식이 덧붙었으며, 마치 세례가 보편적 사제직[만인 제사장직]에 들어가게 하듯이 특별한 사제의 지위에 들어가는 것을 공식적으로 표시했다. 게다가 세례와 마찬가지로 철회할 수 없는 성격(character indelebilis)을 갖고 있었다. 사제직은 점차 성직 임명 외에도 독신과 외적인 표지들, 이를테면 체발(剃髮)과 성직복 착용 같은 부가적인 특징들을 지니게 되었다(성직복은 초기에는 예배 때에만 착용되다가, 나중에는 평상시에도 착용되었다). 신자들이 모두 제사장이라는 사상은 비록 완전히 자취를 감추지는 않았으나 상당히 위축되었다. 그럴지라도 우리가 다루는 시기만 해도 그 사상이 가끔 제기되었다. 예를 들어, 아우구스티누스는 신자들이 세례를 받은 사실로 인해 그리스도인들이라 불리듯이, 모든 신자들은 한 분 대제사장에게 속한 지체들이기 때문에 제사장들[사제들]이라고 말한다.[3]

성직위계제도의 원리가 점차 부각되면서 평신도들이 자신들의 목회자를 선출하는 권리도 위축되었다.[4] 그러나 이 시기에는 아직 그 원리가 평신도들의 권리를 완전히 짓누르지는 않았다. 하위 성직자들은 주교들이 선출했고, 주교들은 대교구(province)의 동료 주교들과 성직자들이 선출했다. 멜레티우스 분열을 전제한 것으로 추정되는 니케아 교회법 제4조는 주교가 관구의 주교들 전원에 의해서, 그렇지 않으면 적어도 세 명의 주교에 의해서 임명 및 축성되어야 한다고 규정했다. 하지만 이 조항이 겨냥한 것은 평신도의 권리를 제한하려는 것이 아니라, 멜레티우스처럼 한 사람의 주교가 독단적으로 다른 주교를 선출하는 행위를 제한하려는 것이었다. 장로들 특히 주교들을 선출할 때 회중의 동의를 구하는 절차는 적어도 외형으로는 사도들과 초대 교회의 관행에 대한 기억에 오랫동

---

3) *De civit. Dei*, lib. xx. cap. 10.

4) 로마의 클레멘스(*ad Corinth*, c. 44)에 따르면 사역자를 선출할 때 회중의 동의를 존중하는 것이 사도 시대와 속사도 시대의 관습이었다고 한다. 그리고 키프리아누스의 서신들, 특히 *Ep.* 68은 그러한 규율이 3세기 중반까지 지속되었음을 보여준다.

안 남아 있었던 것이다. 회중의 동의를 구하는 방식은 정식 투표를 거치거나 ─ 특히 해당 교구에 3명 이상의 후보가 나타났을 경우에 ─ 아니면 회중이 가부(可否)로써 승인과 배척의 의사를 세 번에 걸쳐 밝힐 것을 요구받았다.[5] 이 시기에 회중의 영향력은 주교 선출에서 가장 두드러진다. 로마 주교 레오는 교황 절대주의를 표방했음에도 불구하고 그의 후임자들에 의해서 오랫동안 잊혀져온 "만민을 주관해야 할 사람은 만민에 의해서 선출되어야 한다"는 철저히 민주적인 원칙을 강조했다.[6]

때로는 관구 주교들과 성직자들이 모여 정규 투표를 하기 전에 회중의 뜻이 결정되기도 했다. 밀라노의 암브로시우스와 콘스탄티노플의 넥타리우스(Nectarius)는 세례를 받기 전에 주교로 임명되었다. 전자는 회중에 의해서, 후자는 황제 테오도시우스에 의해서 임명되었으며, 물론 이것은 「사도헌장」 제8조와 니케아 교회법 제2조에 분명히 위배되는 행위였다.[7] 투르의 마르탱도 회중의 요청에 의해서 주교가 되었으나, 몇몇 주교들은 그의 왜소하고 허약한 외모를 이유로 내세우며 그를 주교로 임명하는 데 반대했다. 크리소스토무스는 안디옥에서 살다가 콘스탄티노플의 성직자들과 시민들의 만장일치 표결을 토대로 한 황제 아카디우스의 초빙을 받아 그 도시의 총대주교가 되었다. 회중은 때때로 교회 외적인 고려와 선동 정치가들의 조종에 따라 움직였고, 자격도 없고 무식한 자들을 고위 성직자로 세우라고 요구하기도 했다. 그로 인해서 소요와 갈등이 빈번히 발생했고, 로마에서 다마수스가 교황에 선출되었을 때 조성되었던 것과

---

5) *Constitut. Apost.* viii. 4; Council. Aurelat. ii. (A.D. 452) c. 54; Gregr. Naz. *Orat.* xxi. 알렉산드리아의 페트루스가 남긴 편지(in Theodor. *Hist. Eccl.* iv. 22)에 따르면 동방 교회에서는 주교가 회중의 조약돌 투표에 의해서 선출되었다고 한다. 그 자신도 알렉산드리아 대주교이자 아타나시우스의 후임자로 선출될 때(373) "성직자들과 도시의 주요 인사들의 만장일치 찬성으로" 회중의 뜻에 따라서 선출되었으며 (iv. cap. 20), 자신이 제명되었을 때는 자신의 사악한 후임자 루키우스에 대해서 "그가 세속 관직을 사듯 돈으로 주교직을 매수했고 …… 교회의 규례에 따라 주교들의 교회회의와, 성직자들의 투표 혹은 회중의 요청으로 선출되지 않은 점"을 들어서 비판했다(iv. c. 22).

6) *Epist.* x. c. 4 (Opera, ed. Baller. i. 637).

7) Paulinus, *Vita Ambros.*; Sozomen, *H. E.* 1. iv. c. 24, vii. 8. 이 역사가는 이러한 파격적 행위를 하나님이 특별한 섭리로써 개입하신 일로 해명한다.

같은 유혈 투쟁도 발생했다.

간단히 말해서, 고대 그리스·로마의 공화정 시절에 대중의 자유 선거 제도를 훼손시켰고 현대의 민주주의 국가들에서도 똑같은 해악을 끼치고 있는 이기적인 열정과 부패한 영향력들이 교회의 선거에도 악영향을 끼쳤다. 성직자들 자신들이 불순한 동기에 이끌린 경우도 적지 않았다. 크리소스토무스는 장로들이 주교를 선출할 때 오직 영적으로 적합한 사람인가를 주시하지 않고, 귀족 출신인지, 재산이 많은지, 진인척과 친구들이 어떤 사람들인지에 관심을 갖는 현실을 개탄한다.[8] 주교들 자신들도 때로는 별로 나을 게 없었다. 집정관으로 재직하던 넥타리우스는 아직 세례도 받지 않은 상태에서 381년에 황제 테오도시우스에 의해서 졸지에 콘스탄티노플 주교로 발령을 받은 뒤에,[9] 자신의 주치의를 부제로 임명하기를 원했고, 주치의가 자신은 그럴 만한 역량이 모자란다고 하면서 고사하자, "그럼 나는 어떻소? 지금 나는 신부라고 하지만 과거에 당신보다 훨씬 부도덕하게 살았다는 것을 과거에 나를 따라다니면서 종종 나와 함께 죄를 범한 당신이 잘 알지 않소?"라고 대답했다. 하지만 주치의 마르티리우스(Martyrius)는 한사코 고사했다. 넥타리우스는 주교가 된 다음부터 새 사람이 되었지만, 마르티리우스는 세례를 받기 전까지 실컷 죄에 탐닉하고 싶었던 것이다.[10]

황제도 4세기 중반 이후에 수도대주교들과 총대주교들의 선출에 결정적인 영향력을 행사했으며, 독재적이고 전횡적인 방법으로 자신의 권한을 남용하는 일이 적지 않았다.

이로써 모든 유형의 성직 임명이 권력 남용에 노출되어 있었으며, 누구든 선출권자들이 도덕 의식이 박약하거나 영적 분별력이 없을 경우에는 무자격자를 성직에 오르지 못하게 할 아무런 안전 장치도 없었다.

우리가 다루는 시기가 끝날 무렵에는 주교 선출에서 공화제적 요소가 완전히 자취를 감추었다. 그리스 교회는 8세기 이후에는 주교들에게만 선출권을 주었

---

8) *De Sacerdotio*, lib. iii. c. 15. 같은 장에서 그는 심지어 많은 악한들이 못된 짓을 하지 못하도록 그들을 성직자로 선출하는 일도 많다고 말한다.

9) Sozomenus, *Hist. Eccl.* vii. c. 8. 소조메누스는 이 선출에서 하나님의 특별하신 개입을 바라본다.

10) Sozomenus, vii. c. 10.

다.[11] 라틴 교회는 11세기 이후부터는 주교 선출에서 회중을 완전히 배제하고, 가톨릭 교회의 성직자들에게만 그 권한을 부여했다. 그러나 서방에서, 특히 스페인과 프랑스에서는 회중 대신에 세속 군주가 교회의 빈번한 저항에도 불구하고 주교 선출에 중요한 영향력을 행사했다.

심지어 교황 선출도 서로마 제국이 멸망한 뒤부터는 주로 로마의 세속 권력자들의 주도로 이루어지게 되었다. 먼저는 동고트족 왕들이, 그 뒤에는 라벤나의 총독들이 비잔틴 황제의 이름으로, 샤를마뉴 이후에는 독일 황제가 교황 선출을 좌우했다. 그러다가 결국 1059년에 이르러서는 힐데브란트(Hildebrand, 훗날의 교황 그레고리우스 7세)의 영향으로 교황 자신이 임명한 추기경들의 집단(추기경회)이 독점적인 교황 선출권을 갖게 되었다. 그럴지라도 중세의 교황 절대주의 치하에서도 근대의 나폴레옹의 군사 절대주의 치하에서와 마찬가지로 유리하다고 판단될 경우 자체의 이익을 위해서 민주적 원칙을 동원하기도 했다.

50. 성직자들의 결혼과 독신

수도원주의가 확산되면서 큰 영향을 끼치고, 금욕 생활이 전반적으로 존경받는 생활 형태로 대두하고, 독신이 결혼보다 우수하다고 간주되고, 성직자와 평신도의 구분이 갈수록 뚜렷해지는 이러한 현상들이 한데 합쳐지면서 성직자 독신주의가 거역하기 힘든 대세를 이루게 되었다. 사도 바울이 하나님의 명령과 인간의 조언을 분명히 구분한 뒤 인간의 조언에 해당하는 규율을 각 사람의 재량으로 맡기고, 사도 시대에 그리스도인들이 탄압을 받던 상태를 감안하여 하나님의 특별한 은사로 자각하는 사람들에게만 좀 더 안전하고 초연한 생활 방식으로 권했던 것이 이제는 탄압을 받던 시대가 지나갔음에도 불구하고 적어도 라틴 교회에서는 굽힐 수 없는 법이 되었다. 과거에는 자발적이었고 따라서 명예로운 예외 조항이었던 것이 이제는 규율이 되었고, 과거에 규율이었던 것이 이제는

---

11) 787년에 니케아에서 열린 제7차 에큐메니컬 공의회는 교회법 제3조에서 제1차 에큐메니컬 공의회인 니케아 공의회 교회법 제4조를 그릇 해석한 터에서 일반인들과 세속 권력자들이 주교 선출에 참여하는 것을 완전히 봉쇄했다. 제8차 에큐메니컬 공의회도 주교가 오직 주교단에 의해서만 선출된다고 결정했다.

예외 조항이 되었다. 부부관계가 사제직과 사제의 기능들, 특히 제단 사역에 따르는 존엄과 성결에 걸맞지 않는 것으로 비쳤다. 성직자들은 모범을 보여야 할 계층이므로 교부들이 한결같이 추장(推奬)한 수도원주의의 도덕적 이상을 항상 견지해야 하며, 수도원주의가 사회 바깥에서 교회를 향해 바치는 무조건적이고 일관된 헌신을 성직자들은 사회의 품안에서 드러내야 한다는 것이 통념이 되었다. 성직자들은 소명 때문에 어쩔 수 없이 세상과 접촉해야 하지만, 적어도 성적 순결에서는 수사들과 경생을 해야 하며, 그로써 민중에 대한 영향력을 증대해야 한다. 더욱이 독신 생활은 성직자들에게 국가와 사회에 대해 훨씬 더 독립된 지위를 허락했으며, 그로써 성직위계제도에 크게 이바지했다. 그러나 다른 한편으로는 민중의 정서와 가족 관계에서 더욱 소원(疏遠)해지게 만들고 욕망에 탐닉하도록 만들었는데, 이것은 강요된 독신의 유익으로 벌충할 수 없을 정도로 기독교 윤리와 성직자들의 진정한 영향력에 큰 해를 끼친 듯하다.

하지만 성직자 독신을 실천하는 면에서 그리스 교회와 라틴 교회는 4세기에 서로 다른 양상을 띠기 시작했으며, 이러한 차이가 오늘날까지 지속된다. 그리스 교회는 중도에서 멈춰 서서 독신의 의무를 고위 성직자들에게만 부과했으며, 따라서 고위 성직자를 대체로 수도원이나 홀몸이 된 장로들 가운데서 선정했다. 반면에 라틴 교회는 독신의 의무를 하위 성직자들에게까지 확대했으며, 동시에 성직위계 원칙을 절대 교황권에 적용했다. 그리스 교회가 라틴 교회와 다른 점은 결혼의 표준이 높은 데 있는 게 아니라, 과거의 전통을 좀 더 고수하고, 금욕적 원리를 비교적 느슨하게 적용하는 데 있다. 이론에서는 라틴 교회와 마찬가지로 복음적 개신교 교회와 멀리 떨어져 있을지라도, 실천에서는 그다지 멀리 떨어져 있지 않은 것이다. 그리스 교회는 순결을 결혼보다 우위에 두며, 결혼을 소극적인 효용성의 측면에서만 중시한다. 사제에 허용되는 초혼(初婚)을 필요악이자, 부도덕을 예방하기 위해 육체에 양보하는 조건적 선으로 간주하며(참조. 고전 7:9), 고위 성직자에 대해서는 모든 성관계를 금할 것을 요구한다. 그러므로 그리스 교회는 사제의 결혼을 부분적으로는 승인하고 부분적으로는 단죄하는 일정치 않은 모습을 보인다.

동방에서는 성직자에게 항상 초혼이 허용되었다. 심지어 초기에는 주교들에게까지 한 번에 한해 결혼이 허용되었으며, 독신은 선택 사항이었다. 그럴지라도 일찍부터 일정한 규제가 도입되었는데, 이를테면 성직 임명 후의 결혼(부제와 차부제는 예외)과 세례받은 후의 재혼은 금지되었으며, 주교(감독)가 한 아내의 남편이어야 한다는 사도의 지침(딤전 3:2, 12; 딛 1:6)이 재혼·삼혼으로 인한 순차적 일부다처제를 금한 명령인 동시에 한 번의 결혼만 허용한 명령으로 받아들여졌다. 성직자들에게는 재혼뿐 아니라 초혼의 경우일지라도 첩·과부·기생·노예·배우와 결혼하는 것이 금지되었다. 이런 몇 가지 규제와 함께, 「사도헌장」과 「사도교령」은 사제들의 성직 임명 전의 결혼을 분명히 허용했고, 성직 임명 후에도 그 결혼의 유지를 허용했다.[12] 314년의 앙키라 교회회의는 부제들에게 임명 전에 동거 상태에 있었을 경우에 한해서는 임명 후에라도 결혼을 허용했다. 그 경우가 아닌 상태에서 부제 임명을 받았을 경우에는 독신으로 남거나 아니면 직위에서 떠나야 했다.[13] 거의 같은 시기로서 325년 이전이었음이 분명한 네오 가이사랴 교회회의도 그 수준을 넘어서지 않은 채 다음과 같이 결정했다. "장로(부제가 아닌)가 결혼할 경우(즉, 성직 임명을 받은 후에), 그는 면직을 당한다. 그가 음행을 하거나 간음을 저지를 경우에는 성직에서 완전히 추방된 뒤 고행에 처해진다."[14]

325년의 니케아 총공의회에서는 사제들의 결혼을 원천적으로 금지하자는 안건이 상정되었다. 아마 서방의 주교 호시우스가 이것을 상정한 듯하다.[15] 하지만 이 안건은 강력한 반발에 부닥쳐 기각되었다. 덕망 높은 이집트의 주교 파프누티우스(Paphnutius)는 비록 어릴 때부터 엄격한 금욕 생활을 했고, 마지막 박해 때 한 쪽 눈을 잃고 한 쪽 발을 절게 된 고백자였음에도 불구하고, 지나친 엄격성은 교회를 해치고 방종을 조장할 우려가 있으며, 결혼과 부부 생활은 신성한 것이며 무흠한 행위라고 주장하여 큰 호응을 얻었다.[16] 파플라고니아의 강그라

---

12) Lib. vi. cap. 17 (ed. Ueltzen, p. 144).

13) Can. 10.

14) Can. 1.

15) 코르도바의 호시우스. 그는 305년에 스페인 엘비라에서 열린 공의회에 참석하여 비슷한 안건을 상정함으로써 관철시킨 바 있다(can. 33).

16) 참조. Socrates, *H. E.* i. c. 11 (그의 글에는 사제의 결혼을 금하게 하자는 안건이 혁신으로 불린다); Sozomen, *H. E.* i. c. 23; Gelasius, *Hist. Conc. Nic.* ii. 32. 그 진술은 이처럼 충분히 인정되며, 동방 교회의 유서 깊은 관행과 「사도헌장」과 「사도교령」의 지침과도 완전히 부합한다. 니케아 공의회 교회법 제3조도 여성들의 불륜만을 금하기 때문에 사제의 결혼을 금한다고 볼 수 없다(참조. 제1권, § 95). 성직자 독신주의

에서 열린 공의회(어떤 학자들에 따르면 380년 이후에야 열렸다고 함)는 세바스
테의 주교 유스타티우스(Eustathius)와 그의 추종자들이 주장한 여러 금욕적 행
위들 가운데서도 특히 결혼한 사제를 멸시하고 그들의 성직을 인정하지 말아야
한다는 주장을 단죄했다.[17] 「사도헌장」(Constitutions)과 마찬가지로 동방에서 점
진적으로 등장한 이른바 「사도교령(敎令)」(Apostolic Canons)은 성직자들이 신앙
을 구실로 아내를 내어버리는 행위를 면직과 출교의 벌로써 금했다.[18] 아마 이 교
령도 유스다디우스의 과대 금욕주의를 경계하느라 작성된 듯하다.

이런 탓에 동방 교회에서는 4-5세기에 가서도 사제들뿐 아니라 주교들조차
결혼 생활을 했던 경우를 심심치 않게 발견하게 된다. 그 유명한 사례가 나지안
주스의 그레고리우스의 아버지였다. 그는 주교로 재직하는 동안 두 아들 그레고
리우스와 소(the younger) 카이사리우스, 그리고 딸 하나를 낳아 키웠다. 니사의
그레고리우스도 마찬가지였다. 하지만 그는 결혼하지 않고 지내는 삶을 예찬했
고, 자신이 동정의 면류관을 잃은 것을 가슴 아프게 생각했다. 시네시우스
(Synesius, 430년경 죽음)도 같은 사례이다. 그는 펜타폴리스 프톨레마이스의 주
교로 선출되었을 당시에 결혼 생활을 지속하는 것을 조건으로 주교직을 수락했
다.[19] 439년까지의 교회사를 집필한 소크라테스는 당대의 관행에 관해서 진술하
기를, 테살리아에서는 트리카의 헬리오도루스 때부터 성직 임명 이후의 결혼 생
활을 면직의 벌로써 금했지만(헬리오도루스는 젊었을 때 호색적인 글을 쓰는 작

의 흔적을 사도 시대부터 찾고 싶어하는 여러 로마 교회 신학자들(Baronius,
Bellarmine, Valesius)의 의심은 교리적 편향에서 생기는 것이며, 로마 가톨릭 사가
Hefele(Concilengeschichte, vol. i, p. 417 sqq.)에 의해서 충분히 논박된다.

17) 참조. Hefele, l. c. i. 753 sqq.

18) Can. 5 (ed. Ueltzen, p. 239).

19) 그때 그가 밝힌 소견은 다음과 같다: "하나님과 율법, 그리고 테오필루스(알렉
산드리아의 주교)의 축성된 손이 내게 아내를 주었습니다. 미리 말해두건대, 나는 아
내를 버리지도 않을 것이며, 마치 결혼 생활이 불법인 양 은밀히 아내와 지내지도 않
을 것입니다. 아내를 버리는 것은 신앙에 위배되는 일이고, 은밀히 결혼 생활을 하는
것은 율법에 위배되는 일이기 때문입니다. 오히려 나는 아내에게서 선량한 아이들을
많이 낳고 싶습니다"(Epist. 105 ed. Basil). 니사의 그레고리우스가 테오세비아와 결혼
했다는 것을 일부 로마 가톨릭 저자들이 논박을 하지만, 나지안주스의 그레고리우스
(Ep. 95)와 니사의 그레고리우스(De virg. 3)의 글로 충분히 뒷받침되는 듯하다.

가였다), 동방에서는 성직자들과 주교들이 법의 강요를 받지 않았는데도 자진해서 아내와 성관계를 중단했다고 한다. 그리고 덧붙이기를, 이는 주교로 재직하는 동안 합법적인 아내를 통해서 자녀를 낳는 사람들이 많았기 때문이라고 한다.[20]

하지만 그리스의 신학자들 가운데서도 에피파니우스처럼 로마의 이론에 동의한 사람들도 있었다. 유스티니아누스 1세는 사제들의 결혼에 철저히 반대하면서, 사제가 낳은 아이는 사생아라고 했고, 기혼자를 주교로 선출하는 행위를 금했다(528). 그럴지라도 7세기에 내려올 때까지 아프리카와 리비아, 그리고 그 밖의 지역들에서 많은 주교들이 트룰로 공의회 법령 제12조에 명시된 대로 결혼 상태를 유지했다. 그러나 이것이 많은 사람들에게 단죄되다가 결국 금지되었다. 7세기부터는 주교들의 결혼이 점차 자취를 감춘 반면에, 하급 성직자들 사이에서는 결혼이 여전히 합법적인 행위로 간주되었다.

제6차 에큐메니컬 공의회에 해당하는 트룰로 공의회(692)는 성직자 결혼에 관한 동방 교회의 법을 폐지했다. 성직 임명 전에 이루어진 초혼도 주교에 대해서는 면직의 벌로써 금했다. 그러나 「사도헌장」과 「사도교령」과 부합하게 장로와 부제의 경우에는 (로마의 관행과 달리) 구약성경의 규례에 따라서 공식적인 사역 기간에는 성 접촉을 피하는 것을 조건으로(거룩한 것을 집행하는 사람은 반드시 성결해야 하기 때문에) 부부 생활을 허용했다.[21] 이처럼 동일한 상태가 어떤 경우에는 불륜으로 단죄되고, 다른 경우에는 도덕적 행위로 승인과 권고를 받는다. 주교는 임명을 받은 직후에 합법적인 아내를 먼 지역의 수녀원으로 보내지 않고 그대로 데리고 살면 면직을 당한다. 반면에 장로나 부제는 오히려 아내를 내어버리면 면직과 심지어 파문을 당한다.

결혼이 성직자의 위엄과 성결에 부합하지 않다는 왜곡되고 마니교에 가까운 금욕적 원리에서 출발한 서방 교회는 기존에는 개인의 선택 사항이었던 성직자 독신주의를 사제들에 대한 보편적 법으로 제정하기 위해서 4세기 말부터 집중적인 노력을 기울였다. 그렇게 해서 다른 점에서는 레위기의 율법을 크게 존중하

---

20) *Hist. Eccl.* v. cap. 22.

21) Can. 3, 4, 그리고 특히 12, 13, 48. 그 가운데 제48조는 주교가 임명을 받은 뒤에 아내를 먼 수녀원으로 보내고, 생계를 지지하도록 규정했다.

면서도 그 점에서는 정면으로 대치되는 위치에 섰다. 하지만 그 법은 비록 거듭해서 입법되긴 했으나 오랫동안 일관되게 강요될 수는 없었다. 앞서 언급했듯이 305년에 스페인 엘비라에서 열린 공의회가 결정한 법령은 그 효력이 속주의 범위를 벗어나지 못했다. 적어도 서방에서 전체 교회의 권위를 가지고 성직자의 결혼을 금한 법령은 385년에 로마 교회에서 주교 시리키우스가 자신에게 여러 권징의 문제를 가지고 자문을 구한 스페인 주교 타라고나에게 보낸 교령(敎令) 서신의 형태로 공포되었다. 지상권(至上權)의 어조로 공포된 최초의 본격적인 교황의 법령이 그렇게 비성경적이고 부자연스럽고 도덕적으로 위험한 규제를 부과했다는 것은 성직자 독신주의와 성직위계제도의 이해 사이의 관계를 이해하는 데 의미심장하다. 시리키우스는 모세 율법을 근거로 성직자 독신주의를 비판하는 사람들에게, 기독교 사제직이 다만 한시적으로 존립해서는 안 되고 영구히 존립해야 하며, 사제직은 유대교의 사제직과 달리 세습적인 것이 아니라고 논박했다. 그리고 재혼과 과부와의 결혼이 성직 임명에 부적격 사유이며, 성직 임명 뒤에도 여전히 결혼 생활을 하는 행위를 면직으로써 벌해야 한다고 규정했다.[22] 그리고 이 규정으로써 주교들뿐 아니라 장로들과 부제들에게도 위협을 가했다. 대 레오는 훗날 성직자 독신 의무를 심지어 차부제에게까지 확대 적용했다.

가장 유력한 라틴 교부들인 암브로시우스와 제롬, 심지어 아우구스티누스조차 — 비록 아우구스티누스는 비교적 온건했지만 — 사제들의 독신주의를 옹호했다. 아우구스티누스는 전임자 베르켈라의 에우세비우스와 함께 휘하의 성직자들을 한데 모아 일종의 수도원 생활을 하게 했다(370). 처음부터 수사로서 시작한 투르의 마르탱은 주교가 된 뒤에도 수사의 생활을 이어갔다. 이탈리아 · 아프리카 · 스페인 · 갈리아의 공의회들은 로마의 주도를 따랐다. 예를 들어, 클레르몽 교회회의(355)는 법령 제12조에서 이렇게 규정했다: "부제나 사제 임명을 받은 사람은 결혼 생활을 지속할 수 없다. 그는 아내였던 여성의 형제가 된다. 그러나 정욕을 이기지 못해서 [그리스도의] 전쟁의 허리띠를 버리고 성 관계를 갖는 자들이 있기 때문에, 그러한 자들은 영구히 직위를 상실하게 된다고 규정한다." 이를테면 461년의 투르 공의회 같은 다른 공의회들은 성직 임명을 받은

---

22) *Epist. ad Himerium Episc. Tarraconensem* (in Harduin, *Acta Conc.* i, 849–850), c. 7.

뒤에 자녀를 낳은 성직자들에게 미사 집례를 금하고, 독신 법을 고위성직(ad altiorem gradum)으로 국한하는 것으로 그쳤다.

그러나 이런 유의 법령들이 반복해서 공포되었다는 점과, 형벌을 완화하지 않을 수 없었던 점은 이 부자연스러운 법을 일반적으로 적용하는 것이 그만큼 어려웠다는 것을 입증한다. 로마로부터 격리되어 있던 영국과 아일랜드의 교회에서는 사제들의 결혼이 앵글로색슨족의 시대에 이르기까지 지속되었다.

그러나 사제들의 사회에서 합법적 결혼이 사라지면서, 미혼 성직자가 경건한 과부들과 처녀들을 "은밀히 끌어들여" 동거하는, 일찍부터 만연한 악이 갈수록 보편적 관행으로 자리잡았다. 이 영적인 결혼은 처음에는 담대한 금욕적 모험으로 시작하다가 육체로 끝나고 말아 교회의 명예를 크게 훼손하는 경우가 적지 않았다.

325년의 니케아 공의회는 법령 제3조에서 이러한 악을 규제했다: "대 공의회는 주교든 사제든 부제든 다른 어떤 성직자든 어머니나 누이나 친척 아주머니나 전혀 의혹을 받지 않을 만한 여성이 아닌 경우에는 쉬네이사크토스(동거녀)를 두는 것을 엄격히 금한다." 이 법령이 성직자와 여성의 동거에 관해(de cohabitatione clericorum et mulierum) 차후에 제정된 모든 법령의 근거가 된다. 이 법령은 거듭해서 재공포되고 강화되어야 했는데, 이것만으로도 이 법이 얼마나 자주 불복종되었는가를 분명하게 드러낸다. 527년 혹은 531년에 스페인 톨레도에서 열린 공의회는 법령 제3조를 통해서 이렇게 규정했다. "차부제 이상의 모든 성직자는 한 여성과만 살아야 하며, 그 여성이 자유민이든 해방 노예든 노예든 상관 없다. 오직 한 명의 어머니나 한 명의 누이나 혹은 가까운 친척만이 그의 집을 지킬 것이다. 만약 가까운 친척이 없다면 가정부가 별채에서 지내야 하며, 어떠한 구실로도 그의 거처에 들어가서는 안 된다. 이 규정에 반하는 어떠한 행위로도 그의 영적 직위가 박탈되고 그의 교회가 폐쇄되며, 그는 가톨릭 교도들과의 모든 교제에서 추방된다."

506년에 갈리아 남부 아가탕스에서 35명의 주교가 참석한 공의회는 법령 제10조와 11조에서 이렇게 규정했다: "성직자는 친족이 아닌 여성의 집을 방문하거나 그런 여성을 집에 들여서는 안 된다. 어머니나 누이, 딸 혹은 조카딸만 그와 함께 살 수 있다. 여성 노예들이나 해방 노예들도 성직자의 집에 두어서는 안 된다." 다소 무거운 규제안을 지닌 유사한 법령들이 393년의 히포 공의회, 453년의 앙제 공의회, 461년의 투르 공의회, 524년의 스페인 레리다 공의회, 535년의 클레르몽 공의회, 563년의 브라가 공의회, 538년의 오를레앙 공의회, 567년의 투르 공의회에서 통과되었다. 황제 유스티니아누스는 「신법」(*Novelle*) 제23조에서 주교가 어떤 여성이든 집에 들이는 행위를 금했으나, 692년의 트룰로 공의회는 단순히 니케아 교회법으로 회귀했다.[23] 서방의 공의회들은 니케아 교회법에 허용된 예외 규정들을 폐지하려고 노력했으며, 성직자들이 동료가 배석한 경우가 아니면 여성과 접촉하는 행위 자체를 금지했다.

하지만 실제 상황이 전혀 그렇지 못했음을 반영하는 이러한 엄수주의는 상황을 진전시키지 못하고 오히려 도덕적 불감증으로 몰고 간 결과, 중세의 라틴 교회는 도처에서 성직자의 공개적인 축첩(蓄妾) 행위와 맞서 싸워야 했으며, 교황 그레고리우스 7세도 과거의 성직자 독신법을 되살리기 위해서 전력을 기울였으나, 공개적인 축첩 행위보다 도덕적으로 더 위험한 은밀한 축첩 행위를 막는 데는 역부족이었다.[24] 여성을 집으로 들이는 행위에 관한 후대의 교회법은 다소 관대한 성격을 띠었으며, 성직자가 가까운 친척을 접촉하는 행위를 제한하지 않은 채 다만 첩들과 '의심을 살 소지가 있는'(de quibus possit haberi suspicio) 여성들만 제한했다.

51. 성직자 사회의 전반적인 도덕 상태

아우구스티누스는 영적 직분에 관해서 다음과 같이 말함으로써 로마 제국의 성직자 사회의 양지와 음지를 제대로 이해할 수 있는 열쇠를 제공한다. "성직을 피상적으로, 사람들의 비위를 맞춰가면서 수행할 경우에는 이 세상에서 특히 오

---

23) Can. 5: "어떤 성직자도 옛 교회법(Nicaen. c. 3)에 허용된 여성들을 제외하고는 여성을 집에 들여서는 안 된다. 고자인 자들조차 이 규정을 지켜야 한다."

24) Milman은 이렇게 말한다(*Hist. of Latin Christianity*, i. 123): "교황 시리키우스 때부터 종교개혁 때까지 내내 그 법[성직자 독신법]이 무시되고 범해지고 회피되었다. 그 법이 보편적으로 준수되는 상황에 접근한 적이 한 번도 없었다. 다만 그것을 범하는 행위가 때로는 좀 더 노골적인 성격을 띠었고, 때로는 은밀한 성격을 띠었을 뿐이다."

늘날은 주교나 장로나 부제만큼 쉽고 유쾌하고 만족스러운 직업도 없는 반면에, 하나님이 보시기에 그것만큼 비루하고 애처롭고 가증한 직업도 없다. 하지만 우리의 대장되시는 분이 명하신 방식으로 전투를 수행하고자 할 경우 이 세상에서 특히 오늘날 주교나 장로나 부제만큼 어렵고 고되고 위태로운 직업도 없는 반면에, 하나님이 보시기에 그것만큼 복된 직업도 없다."[25] 교회의 형편이 나아지고 사역 범위가 넓어진 상태에서 경솔하고 무자격한 사람들이 이 거룩한 직분을 맡기 위해 성황을 이루는 반면에, 암브로시우스 · 아우구스티누스 · 나지안주스의 그레고리우스 · 크리소스토무스 같은 당대의 진지하고 유능한 주교들이 그 직분에 따르는 책무를 두려워하여 감히 나서지 않아서 교회가 나서서 그들에게 그 직분을 강권해야만 했다는 것은 이상한 일이 아니다.

나지안주스의 그레고리우스는 자신이 전혀 생각지도 않고 있는데, 아버지가 회중 앞에서 갑자기 자신을 사제로 축성하자 광야로 도망쳤다(361). 훗날 그는 아름다운 변증의 글을 통해서 자신이 도망친 사연을 밝히면서, 기독교 사제와 신학자의 이상적 모습을 묘사한다. 사제는 무엇보다도 모범적인 그리스도인이어야 하고, 몸소 하나님께 거룩한 제사를 드려야 하며, 살아 계신 하나님이 거하실 만한 살아 있는 성전이 되어야 한다고 말한다. 또한 사제는 인간을 아는 깊은 지식이 있어야 하고, 영적인 의사로서 다양한 죄를 지은 모든 계층의 사람들을 치유하고, 그들 속에 있는 하나님의 형상을 회복시키고 보존하고 보호하고, 성령에 힘입어 그들의 마음에 그리스도를 전하고, 그들이 신적 본성과 영원한 구원에 참여하도록 해야 한다고 말한다. 더 나아가 사제는 세상과 세상들, 물질과 영혼, 선한 천사들과 악한 천사들, 만유를 주관하는 섭리, 인간 창조와 중생, 하나님의 언약, 그리스도의 초림과 재림, 그리스도의 성육신과 수난과 부활, 만물의 종말과 보편적 심판, 그리고 무엇보다도 복된 삼위일체의 신비에 관한 거룩한 철학 곧 신적 학문에 통달해야 한다. 신앙에 관한 이러한 교리들을 보통 사람들이 알아들을 수 있도록 풀어 가르칠 수 있어야 한다.

그레고리우스는 예수를 온전한 사제의 표상으로 세우며, 그분 다음으로 사도 바울을 제시하면서, 사도가 오직 그리스도를 위해서 살면서 강의 위험과 강도의 위험과 동족의 위험과 이방인의 위험과 시내의 위험과 광야의 위험과 바다의 위

---

25) *Epist. 21 ad Valerium.*

험과 거짓 형제 중의 위험을 당하고, 자지 못하고 주리며 목마르고 여러 번 굶고 춥고 헐벗는 등 온갖 상황과 온갖 시련 속에서도 과연 복음이 세상을 구원할 만한 능력이 있음을 입증한 사실을 감동적인 언어로 묘사한다. 하지만 그레고리우스는 이러한 이상을 발견하기는 했으나 실현하지는 못했다. 주교들에 관해서 대체로 매우 비판적인 평가를 하며, 심지어 당대의 가장 유명한 공의회들에 대해서도 같은 평가를 내리면서, 그들이 무식하고 부당한 방법으로 승진을 꾀하고, 아첨을 일삼고, 교만하고 사치스럽고 마음이 세상에 기울어 있다고 비판한다.

심지어 이렇게까지 말한다. "현재는 가장 신성한 직분이 가장 큰 조롱거리가 될 위험에 처해 있다. 고매한 신앙 인격을 지닌 사람이 고위 성직에 오르지 못하고, 부정한 방법을 사용한 사람들이 그 직위에 오른다. 이제는 더 이상 가장 자격 있는 사람이 주교가 되지 못하고, 가장 세도가 큰 사람이 주교가 된다."[26] 그의 글, 특히 "자신에 대해서, 그리고 주교들에 관하여"라는 풍자시는 그가 콘스탄티노플 총대주교직을 사임한 뒤에(381) 쓴 것으로 추정되어 여러 면에서 과장되었을 가능성이 있지만, 대체로는 현실을 바탕으로 쓴 것이다.

제롬도 자신의 서신들에서 당시의 성직자들, 특히 로마의 성직자들을 가차없이 비판한다. 그들이 탐욕을 일삼고 유증(遺贈)을 가로채는 데 혈안이 되어 있는 것을 비난하며, 좋은 옷에 향수를 뿌리고 다녀서 성직자라기보다 신랑 같은 인상을 주는, 겉멋에 취한 성직자들을 풍자한다. 하지만 이교도 암미아누스 마르켈리누스는 농촌 지역 성직자들이 검소하고 소박하고 고결한 생활을 영위했다는 증언을 하는데, 퍽 신뢰성이 높은 증언이다.[27]

크리소스토무스는 성직 임명을 받기 전(375-381년의 어느 시기)에 혹은 부제로 봉사할 때(381-386년의 어느 시기) 집필한 것으로 추정되는 사제직에 관한 유명한 책에서 이 직분의 이론적 · 실제적 자격들과 숭고한 의무들, 책임들, 명예들을 그 시대 최고의 지성과 청년의 열정을 발휘하여 묘사한다.[28] 그는 사제가

---

26) *Orat.* xliii. c. 46. (Opera, ed. Bened. tom. i. p. 791.)

27) *Lib.* xxvii. c. 3, sub ann. 367.

28) *De Sacerdotio* libri sex. 이 책은 낱권으로 자주 출판되었으며, 현대어들로도 여러 번 번역되었다(예를 들면 독일어 번역은 Hasselbach가 1820년에, Ritter가 1821년에, 영어 번역은 Hollier가 1740년에, Bunce가 1759년에, Hohler가 1837년에, Marsh가 1844년에 내놓았고, 가장 우수한 번역은 B. Harris Cowper의 번역<London, 1866>이다).

비록 세상에 있기 때문에 수사보다 맞서 싸워야 할 위험과 난관이 더욱 크고 많을지라도, 모든 점에서 수사보다 우수해야 한다고 주장한다.[29] 그는 사도 바울이 제시한 큰 원칙, 즉 복음을 전할 때는 어떤 상황에서든 사람을 기쁘게 하지 않고 하나님을 기쁘시게 해야 한다는 원칙을 설교자의 가장 높은 목표로 설정한다. "설교자는 물론 사람들의 평가를 무시해서는 안 된다. 그러나 청중에게 억지로 좋은 평가를 얻으려고 노력해서는 안 되고, 그들이 설교를 듣고도 무덤덤하다고 해서 괴로워할 필요도 없다. 자신의 설교가 하나님께 인정을 받을 만하게 준비되고 전달되었다는 판단에서만 참되고 확실한 위안을 얻어야 한다."[30] 그럴지라도 이 책은 전체적으로는 그다지 만족스럽지 못하다. 훗날 백스터(Baxter)도 「개혁된(참된) 목사」(*Reformed Pastor*)라는 저서에서 모범적인 성직자 상을 묘사하는데, 주관적·경험적 기독교와 영혼들에 대한 올바른 목회를 훨씬 더 깊고 풍부하게 다루는 백스터의 그 저서를 크리소스토무스의 저서와 비교해 보면 17세기 영국 개신교 교회의 모습이 훨씬 더 훌륭하게 부각될 것이다.

여기서 여러 교부들의 도덕 의식에 큰 결함을 드러내고, 그들이 이교적 윤리의 굴레에서 완전히 벗어나지 못했음을 보여주는 한 가지 점을 눈여겨 볼 필요가 있다. 크리소스토무스가 이 책을 쓰게 된 동기는 자신이 어찌하든 주교로 선출되는 것을 면하고, 그것을 친구 바실리우스에게 맡기려는 책략에서 비롯되었다.[31] 그는 이 행위를 정당화하기 위해서 첫권의 제5장에서 책략이 선한 목적에 쓰일 때는 합법적이고 유용할 수 있음을 입증하기 위해서 많은 공을 들인다. "속임의 잠재력은 다양하되, 다만 그것이 불의한 의도로 사용되어서는 안 된다. [의도가 선한 속임은 속임이라고 할 수 없고, 위급한 상황을 벗어나는 여러 가지 방법을 찾아내고 영혼의 오류들을 고칠 수 있는 일종의 전략, 지혜, 기지라고 불러야 한다." 그는 성경의 사례들을 근거로 제시한다. 아버지를 속임으로써 친구와 남편을 구출한 요나단과 사울의 딸을 거론하고, 심지어 부당하게도 사도 바울을

---

29) *De Sacerdotio*, lib. vi. cap. 2–8.

30) πρὸς ἀρέσκειαν τοῦ θεοῦ, lib. v. c. 7.

31) 물론 여기서 말하는 바실리우스는 (소크라테스의 추정대로) 대 바실리우스가 아니다. 그는 훨씬 연로했고, 379년에 죽었기 때문이다. 아마 (Montfaucon의 추정대로) 시리아 안디옥 근처 라파네아의 주교가 아니었는가 싶다. 그의 이름은 381년의 콘스탄티노플 공의회에 참석한 주교들의 명단에 나타난다.

거론하면서, 그가 유대인에게는 유대인이 되고, 이방인에게는 이방인이 되었던 태도와, 갈라디아서에서 할례를 무익하다고 가르쳐 놓고서 정작 디모데에게는 할례를 행한 태도를 지적한다. 하지만 크리소스토무스는 진실의 의무에 대한 이런 느슨하고 악한 원칙을 성경에서 배운 것이 아니라 그리스 소피스트들에게서 배운 것이 분명하다.[32] 뿐만 아니라 그는 교회에서 이러한 태도를 취한 유일한 사람이 아니라, 앞선 시대에 활동한 알렉산드리아 교부들과, 자신을 추종한 카시아누스와 제롬, 그리고 그 밖의 유력한 가톨릭 신학자늘도 그와 같은 태노를 취했다.[33]

제롬은 연습상의 기록과 권위 있는 기록을 구분하는 의심스러운 태도를 취하며, 오리게네스와 마찬가지로 안디옥에서 바울이 베드로를 심하게 책망한 일도 유대 그리스도인들의 연약함을 감안하여 진리를 잠시 뒤로 한 목회적 전략의 일환일 뿐이라고 설명했다.[34] 그러나 섬세한 기독교 진리관을 지닌 아우구스티누스는 이러한 해석에 반대하면서, 이러한 해석이 성경 전체의 권위를 훼손한다고 반박했다. 사도란 아무리 선한 목적을 위해서라도 거짓말을 할 수 없었다고 했으며, 마치 사도가 거짓말을 한 것처럼 보이는 경우에 대해서는 혹시 자신이 잘못 읽었거나 번역이 잘못 되었거나 자신의 이해력을 의심하는 편이 낫다고 한다. 더 나아가 안디옥에서 바울은 진실을 말하고 베드로의 일관적이지 못한 태도들 혹은 실제적인 오류(이론적인 오류가 아닌)를 정당하게 비판한 것이며, 따라서 진리 안에서 담대했다는 평가를 받을 만하다. 마치 베드로가 이 경우에 비판을 온유하게 받아들임으로써 진리 안에서 온유한 모범을 보였듯이.[35]

---

32) 고대에 가장 순결하고 도덕적인 철학자라고 하는 플라톤조차 의사들과 통치자들에게 거짓을 선한 목적을 이루는 수단이자, 병자를 고치고 백성에게 유익을 끼치는 데 유익한 수단이라고 옹호한다. 참조. *De republ.* iii. p. 266, ed. Bipont.

33) Clemens Alex., *Strom.* vi. p. 802; Origen, *Strom.* vi. (in Hieron. *Apol.* i. adv. Ruf. c. 18). 이 책에서 그는 진리를 저버리는 의심스러운 전략을 변호하면서 앞서 소개한 플라톤의 글을 인증한다.

34) Epist. 48 (ed. Vall., or Ep. 30 ed. Bened., Ep. 50 in older editions), ad Pammachium, pro libris contra Jovinianum, and Comm. ad Gal. ii. 11 sqq. 크리소스토무스의 제자 요한 카시아누스도 특정한 경우에 거짓과 속임의 정당성을 변호한다.

35) 두 교부가 주고받은 다소 신랄한 서신에 관해서는 Hieron. Epist. 101–105, 110, 112, 115, 134, 141이나, August. Epist. 67, 68, 72–75, 81, 82를 참조하라.

이로써 제롬과 아우구스티누스는 양 극단의 윤리관을 대표했다. 한 쪽은 지나치게 주관적인 태도로 모든 도덕적 행위를 동기와 목적만을 가지고 판단하며, 그로써 폭군 살해나 수치를 면키 위한 자살이나 이단들과의 약속 파기 같은 행위들을 인정한다(마치 궤변적 교묘함으로 가득 찬 훗날 예수회의 결의론과 마찬가지로). 다른 한 쪽은 객관적이고, 영원하고 불변한 원리들과 철회할 수 없는 선악간의 대립에서 출발하며, 기지(機智)를 진리에 복속시킬 만큼 자유롭지만 진리를 기지에 복속시키지는 않는다.

한편 그리스 교회에서도 일찍이 4세기부터 아우구스티누스의 견해가 곳곳에서 받아들여졌다. 예를 들어 대 바실리우스는 자신이 작성한 짧은 수도회칙에서, 그리스도께서 모든 거짓에 대해 그 유형을 가리지 않고 사탄에게서 나오는 것이라고 규정하신 점을 근거로(참조. 요 8:44) 선한 목적을 위한 전략(오이코노미아)마저도 배척했다. 그러므로 크리소스토무스는 이 점에서는 자기 시대를 대표하고 인도하는 자리에 서지 못하고, 다만 동방 교회에서 유행하던 견해를 대표한 셈이다.

공의회들이 성직자들에 관련하여 제정한 입법을 살펴보면 교회가 성직자들의 도덕적 순결과 위엄을 지키기 위해서 얼마나 진지하고 엄격한 노력을 기울였는가를 알게 된다. 교회법으로 규정된 평균 성직 위임 연령은 구약성경의 유추를 토대로 부제는 25세, 사제와 주교는 30세였다. 교리문답자(세례 예비자), 새 개종자(neophyte), 임종을 앞두고 세례받은 자, 고행자(penitent), 귀신들린 자(energumen), 배우, 댄서, 군인, 관리(궁정·국가·도시의 관리),[36] 노예, 내시, 중혼자(重婚者), 그리고 세례받은 뒤에 단정하지 못한 생활을 한 사람들이 성직 임명에서 배제되었다. 술집과 극장에 자주 출입하는 자들과, 춤과 도박을 즐기는 자들, 고리대금과 세속적인 사업을 추구하는 자들도 성직자가 될 수 없었다. 그러나 시각을 바꿔서 살펴보면, 방탕과 술취함, 싸움, 저속한 언행 같은 지극히 평범하고 저급한 행위들에 대해서 경고가 남발되고, 특정 비행(非行)들에 대해 처벌이 강조된다는 것은 성직자 사회의 도덕 표준이 그만한 정도밖에 되지 않았

---

36) 국가 관리들조차 성직 임명에서 배제한 근거는 402년의 로마 공의회 법령 제10조에 다음과 같이 제시되어 있다: "국가 관리의 녹을 먹는 자는 직무에 불가피하게 따르는 죄들 때문에 사전에 고행을 하지 않는 한 성직자가 될 수 없다." 참조. Mansi, iii, 1133, and Hefele, ii. 75.

음을 보여주는 증거이다.[37] 심지어 공의회장에서조차 저급하고 상스러운 언행으로 성직자의 품위를 훼손하는 일이 적지 않았다. 특히 449년의 에베소 공의회는 '강도들의 공의회'라는 오명을 가지고 있다.

하지만 이러한 시대 상황을 접할 때는 당시에 로마 제국이 몰락해 가던 상황에서 성직자들의 역할이 대단히 까다로웠으며, 제국의 인구 전체가 명목상 회심을 함에 따라 갑자기 확장된 사역 범위를 제대로 감당하기 어려웠다는 점을 잊어서는 안 된다. 어쨌든 당시 세계에서는 성직이 지식과 노력 분야의 큰 원동력이었다. 성직자들이 부패의 홍수를 막아냈고, 시대의 악습들을 질책했고, 폭군의 학정을 두려움 없이 비판했고, 자선과 사회 유익을 위한 기관들을 설립했고, 고대의 귀중한 문헌들을 보존했고, 복음을 야만족들에게 전파했으며, 거칠고 혈기 왕성한 그 약탈자들에게 교육과 문화를 보급하는 역할을 수행했다. 평범한 허다한 무리들 가운데서 4-5세기의 위대한 교회 교사들이 우뚝 솟아서 당대의 모든 학문과 재능과 경건을 취합했고, 불후의 저서들을 통해서 후대를 위한 기반을 확고하게 닦았다.

52. 하위 성직자들

콘스탄티누스가 즉위한 이후에 주교들의 권위와 영향력이 증대되면서 하위 성직자들이 갈수록 그들에게 의존하게 되었다. 이제는 주교직과 장로직이 현저히 구분되었다. 하지만 그런 상황에서도 두 직위가 원래는 동일했다는 의식이 사회 일각에 여전히 남아 있었다. 4세기 말에 제롬은 주교들에게 그들이 장로들보다 높은 지위에 오르게 된 것은 하나님께서 원래 그렇게 우월한 지위로 제정하셨기 때문이 아니라는 점을 환기시켰다. 교회에서 논쟁들이 일어나기 전에는

---

37) 참조. Hefele의 책 ii, 574, 638, 686, 687, 753, 760 등에 소개된 공의회들의 법령들. 심지어 「사도교령」 27, 65, 72조항도 구타와 살인, 도둑질 같은 성직자 사회에 만연하던 범죄들을 겨냥한다. 그러므로 이러한 현상이 일찍부터 조성되었다고 볼 수밖에 없다. 법이란 항상 현실을 전제로 제정되는 것이기 때문이다. 바울의 목회서신서들에는 이런 유의 권고나 금령이 실려 있지 않다.

두 직분 사이에 아무런 구분이 없었고, 다만 장로가 나이를 가리키는 표현이고, 주교는 공식적 권위를 가리키는 표현이지 않았느냐고 지적했다. 그러나 사람들이 사탄의 사주를 받아 파벌들과 분파들을 세우고, 순수하게 그리스도를 따르는 대신에 바울파나 아볼로파나 게바파를 자처했을 때, 모든 사람들이 장로들 가운데 한 사람을 우두머리로 세워서 그가 교회에 대한 보편적 감독권을 가지고 분열의 씨앗을 제어할 수 있도록 동의했던 점을 제롬은 상기시켰다.[38] 그리스 교회의 대 주석가들은 제롬과 같은 노선에서 신약성경 시대에는 주교[감독]와 장로가 사실상 동일한 직분이었다는 데 동의한다.[39]

주교좌성당들에서는 여전히 장로들이 주교의 협의회를 구성했다. 주교가 상주하지 않는 도회지와 시골의 교회들에서는 장로들이 좀 더 독립적으로 사역했다. 설교를 하고 성례를 집전하고 영혼들을 돌보는 것이 그들의 임무였다. 북아프리카에서는 오랫동안 장로들이 주교가 참석한 집회에서 설교하는 것이 허용되지 않다가, 아우구스티누스가 자신의 주교에 의해서 이러한 제약을 면제받았다. 4-5세기 아프리카 교회의 회중의 원로들(seniores plebis)은 성직자들이 아니라, 회중의 유력한 회원들이었다.[40]

4세기에는 대장로(archpresbyter)라는 직분이 생겼다. 그의 의무는 예배를 주관하고, 주교가 부재중이거나 와병중일 때 주교를 대리하는 것이었다.

부제(집사, deacon)는 레위인이라고도 불렸으며, 앞 시대와 동일한 기능들을 수행했다. 서방에서는 독서자들이 아닌 부제들만 공예배 시간에 복음서의 교훈집을 읽을 권한이 있었다. 복음서 교훈집은 주님의 말씀을 담고 있으므로 서신서들이나 사도들의 어록보다 중시되었다. 부제들은 세례를 베풀고 설교를 하는 권한도 받았다. 부제들의 수는 예루살렘 교회를 본따서 아무리 큰 교회에서도 일곱 명으로 고정되었다. 물론 일곱이라는 수가 엄격히 고수된 것은 아니다. 유스티니아누스 1세 때에 콘스탄티노플에는 장로 60명 외에도 부제[집사] 100명, 여

---

38) Hieron. *Comm.* ad Tit. i. 7.

39) Chrysostom, *Hom.* i. in Ep. ad Philipp.

40) 밀레베의 Optatus는 그들을 가리켜 ecclesiasticos viros라고 하는데, 이것은 clerici라는 의미로 그런 것이 아니라(오히려 그는 전자와 후자를 구분한다), 넓은 의미에서 이교도들과 이단들과 구분되는 가톨릭 그리스도인들이라는 의미로 그렇게 부른다.

부제 40명, 차부제 90명, 독서자 110명, 선창자 25명, 문지기[관리인] 100명 해서 모두 525명의 직원들이 있었다. 부제들은 장로들의 휘하에 있었으나 주교와 밀접한 관계를 갖고 봉사하는 경우가 많았으며, 장로보다 더 큰 영향력을 행사했다. 따라서 부제가 장로로 임명되는 것을 좌천이라 생각하는 일이 적지 않았다. 4세기 이후에는 대부제(archdeacon)가 부제들의 우두머리이자 주교의 가장 신뢰할 만한 고문이었고, 주교의 대표이자 특사였으며, 후임 주교가 되는 경우도 드물지 않았다. 예를 들이 아타나시우스는 니케아 공의회에서 알렉산드리아의 대부제로 참석하여 중요한 역할을 수행했으며, 주교가 죽은 뒤에는 알렉산드리아 총대주교직을 계승했다.

여부제[여집사] 직분은 고대에, 특히 그리스 교회에서 남녀를 엄격히 구분하던 상황에서 부제직을 온전히 수행하는 데 필요했다. 이 직분은 원래 사도시대에 생겨서 동방 교회에서 12세기까지 존속했다.[41] 이 직분은 성직자들의 미망인들이나, 남편이 성직에 오르는 바람에 결혼 생활을 정리해야만 했던 주교들의 부인들이 맡아 수행했다. 이들의 기능은 가난하거나 병들거나 옥에 갇힌 여성들을 돌아보고, 과년한 여성들이 세례를 받을 때 보조하고, 동방의 시골 교회들과 추측하건대 서방의 시골 교회들에서도 과년한 여성들을 개인적으로 가르쳐서 세례받을 준비를 시키는 것이었다.[42] 이전에는 디모데전서 5:9에 기록된 사도의 지침에 근거하여 여집사가 되려면 나이가 예순이 되어야 했다.[43] 하지만 451년에 열린 칼케돈 에큐메니컬 공의회는 법정 연령을 마흔 살로 내렸으며, 법령 제15조는 다음과 같이 규정했다. "여성은 마흔 살이 되기 전에는 여부제로 임명받을 수 없으며, 법정 연령이 되었을지라도 엄격한 시험을 거쳐야 한다. 하지만 임명을 받고 상당 기간 봉사를 했을지라도 하나님의 은혜를 저버리고 결혼을 할 경우에는 남편과 함께 저주에 처해진다."

여부제를 임명할 때 드리는 기도는 「사도헌장」에 따라서 다음과 같은 내용으

---

41) 참조. 롬 12:1, 12; 필자의 *Hist. of the Apost. Church,* § 135, p. 535 sqq.

42) 참조. *Pelagius ad Rom.* xvi. 1. Neander(iii. p. 314, note; Torrey의 번역, ii. p. 158)는 제4차 카르타고 공의회 법령을 토대로, 여집사들이 과년한 여성들을 따로 가르쳐 세례를 준비케 하는 관습이 서방에서 널리 성행했을 것으로 추정한다.

43) 참조. *Codex Theodos.* l. xvi., Tit. ii. lex 27.

로 이루어진다: "영원하신 하나님, 우리 주 예수 그리스도의 아버지시여, 당신은 남자와 여자의 창조주이시며, 미리암과 드보라와 한나와 훌다에게 성령으로 충만케 하셨고, 당신의 독생자께서 여성에게서 태어나는 것을 멸시치 않으셨으며, 게다가 장막과 성전에서도 여성들에게 당신의 거룩한 문을 지키는 일을 맡기셨사옵나이다. 이제 부제[집사]의 직분에 임명을 받는 당신의 이 여종을 하감하시고 성령을 부어주셔서 육체와 정신의 모든 더러움을 씻어 주시며, 그로써 이 여성이 자신에게 맡겨진 임무를 합당하게 수행하고, 당신의 영광과 당신의 기름부음받은 이를 찬송하는 일을 합당하게 수행할 수 있는 능력을 베풀어 주시옵소서. 하나님과 성령님께 영광과 존귀가 영원히 있사옵나이다. 아멘."[44]

이 시기부터 우리에게 전해지는 사도의 지침에 가장 충실했던 여부제[여집사]는 크리소스토무스의 친구이자 그에게 열일곱 편의 아름다운 서신을 받은 올림피아스(Olympias)였다.[45] 올림피아스는 덕망 높은 이교 가문에서 태어났으나 기독교 교육을 받았다. 아름답고 부유했던 이 여성은 열일곱 살(384)에 콘스탄티노플의 장관 네브리디우스와 결혼했으나 스무 달 후에 과부가 되었으며, 황제 테오도시우스가 그녀를 자신의 친족과 결혼시키려고 애를 썼음에도 과부로 남았다. 여부제로 임명받았고, 엄격한 금욕 생활을 했으며, 재산을 가난한 사람들에게 나누어 주고 자신은 선을 행하는 데서 가장 큰 보람을 느꼈다. 크리소스토무스는 콘스탄티노플에 와서 총대주교가 되었을 때 올림피아스의 목회자가 되었으며, 그녀가 많은 재산을 올바로 기부할 수 있도록 조언해 주었다. 올림피아스는 크리소스토무스가 시련을 당할 때도 끝까지 신의를 저버리지 않았으며, 그가 죽은 뒤 여러 해를 더 살다가 420년에 숨을 거두었다. 콘스탄티노플과 그 나라 전역에서 모든 가난한 사람들과 곤궁한 사람들이 그녀의 죽음을 애도했다.

반면에 서방에서는 여부제 직분이 5-6세기의 갈리아 공의회들에 의해 최초로 금지된 이후에,[46] 마침내 완전히 폐지되었다. 533년의 제2차 오를레앙 교회회의

---

44) *Const. Apost.* lib. viii. cap. 20.

45) 이 서신들은 Montfaucon의 Bened. edition of Chrysostom, tom. iii. p. 524-604와 Lomler가 편집한 Joann. Chrysost. Opera praestantissiam, 1840, p. 168-252에 실려 있다.

46) 이 공의회들로 인해서 여부제를 임명할 때는 성직 임명식 대신에 단순한 강복으로 끝났다.

는 법령 제18조에서 "이제부터는 여성이 여성으로서의 약점 때문에 부제의 강복(benedictio diaconalis, 이미 성직 임명<ordinatio> 대신에 시행되던)을 받지 못한다"고 규정했다. '여성으로서의 약점 때문에'라는 근거에서 짐작할 수 있듯이 훌륭한 여부제가 그만큼 찾아보기 힘들었던 듯하며, 사도가 세운 이 직분을 폐지한 원인이 사제들의 의무적 독신 제도와 관련이 있었던 듯하다. 아무래도 사제들이 여성 직분자들을 가까이 접하게 되면 독신 제도에 위험이 따랐을 것이다. 그 밖에도 가난한 사람들과 병든 사람들을 국가가 보호하고, 어른 세례와 침례가 중단되면서 여성 사역자의 보조도 그만큼 불필요해진 탓도 있었을 것이다. 오늘날은 가톨릭 교회가 병든 자들과 가난한 자들을 보살피고, 어린이들을 가르치고, 그 밖의 자선 활동을 하는 자비 수녀회(the Sisters of Mercy) 같은 수녀회들을 두고 있는 것이 사실이며, 개신교 진영에도 비록 서약의 의무는 없이 자발적인 복음의 정신을 표방할지라도 여집사 회관(Deaconess Institutes)이나 자매의 집(Sisters' House) 같은 유사한 박애 단체들이 생긴 것이 사실이다.[47) 그러나 이 단체들은 비록 목적은 매우 비슷하지만 사도 시대와 고대 교회의 여집사 직분과 같지 않다. 고대 교회의 여집사 직분은 모든 기독교 교회의 집사직에 상응하는 정규적이고 항시적인 직분이었으며, 12세기 이후에는 비록 지엽적인 자선 활동이 끊이지 않았을지라도 그 직분이 회복되지 않았다.

이 시기에는 일반 성직들 외에도 대도시들과 교구들의 종교적 업무가 크게 증가한 데 따른 교직들이 추가로 제정되었다:

1. 청지기(steward). 이 직분은 주교의 감독하에 교회 재산을 관리했으며, 일부는 성직자들 가운데서 선출되었고, 일부는 법에 명시된 자격을 구비한 평신도들 가운데서 선출되었다. 콘스탄티노플에는 '대 청지기'가 비록 성직자는 아니었어도 상당한 지위를 지닌 사람이었다. 칼케돈 공의회는 모든 교구에 이 직분을 세울 것과, 성직자들 가운데서 이 직분을 수행할 사람들을 선출할 것을 명하면서, "교회 경영이 무책임하게 이루어지지 않고, 그로써 교회 재산이 낭비되고 성직자의 권위가 훼손되는 일이 없도록 하기 위함"이라는 이유를 제시했다.[48) 교회

---

47) 라인 강변 카이저스베르트에 세워진 여집사의 집(Mutterhaus), 1836; 베를린의 베다니, 1847; 그와 유사한 복음주의 병원들 – 드레스덴(1842), 스트라스부르크(1842), 파리(1841), 런던(1840), 뉴욕과 피츠버그(1849), 스미르나와 예루살렘 등.

의 소송을 전담하도록 때로는 '변호사'(ἔκδικος)라는 특별 대변인이 선임되기도 했다.

2. 서기(secretary, notarii, excerptores). 이 직분은 교회의 공식 행사(gesta ecclesiastica)를 문서로 작성하는 직분이었다. 대체로 성직자들이나 교회에서 봉사하기 위해서 스스로 준비해온 사람들이 이 직분을 맡았다.

3. 간호사(nurse) 혹은 **구급대원**(parabolani).[49] 이 직분은 규모가 큰 교회 병원들에 특히 관련이 있었다. 기능이 집사직과 비슷했지만, 병자를 영적으로 보살피기보다 육체적으로 돕는 일에 치중했다. 알렉산드리아에서는 5세기에 이 직분자들이 6백 명의 거대한 조합을 구성했으며, 주교가 상비군으로 남용하는 경우도 적지 않았다. 이런 이유로 인해서 알렉산드리아 시민들 사이에서 이들에 대한 불평이 끊이지 않자, 황제 테오도시우스는 그들의 수를 5백 명으로 축소했다. 서방에는 이 직분이 보급되지 않았다.

4. 장례 담당자(burier of the dead, copiatae, fossores, fossarii). 이들도 교회의 하위 성직(ordo minores)에 속했다. 테오도시우스 2세 때 콘스탄티노플에는 이들의 수가 천 명이 넘었다.

53. 주교

이제 주교들은 절대권을 가지고 휘하의 성직자들과 자신의 교구를 다스리는 위치에 서게 되었다. 이들은 보편적으로 성령의 은사들이 전달되는 매체들이자 은사들을 널리 전파하는 자들로 간주되었으며, 신앙과 권징에 관한 모든 문제들에서 교회의 교사들이자 입법자들로 통하게 되었다. 이 직분과 장로직의 구분이 이제는 완연해졌다. 하지만 제롬과 크리스소토무스, 테오도레투스 같은 고대 교회의 대표적인 해석학자들은 원래 신약성경 시대에는 두 직분이 동등했으며, 당

---

48) *Conc. Chalced.* can. 26. 이 법령은 *Corp. jur.* can. c. 21, C. xvi. q. 7과 c. 4, Dist. lxxix에도 두 번 반복된다.

49) 파라볼라니. '생명을 무릅쓰다'라는 뜻의 헬라어에서 유래한 듯함. 이런 이름이 붙은 이유는 이들이 전염병에 걸린 환자들에 대해서도 죽음을 무릅쓰고 간호했기 때문이다.

시의 주교직이 신적 제정에서 유래한 것이 아니라 교회의 필요상 생긴 것이라고 언급했는데, 이 점을 주목할 가치가 있다.[50]

주교 선출에 회중이 참여하여 주교직의 근원이 회중에게 있음을 알리는 전통은 여전히 존속하긴 했으나 갈수록 형식에 그쳤고, 마침내 완전히 폐지되었다. 결국에는 주교들이 스스로 공석을 채우고, 성직자들을 선출하고 임명했다. 주교들은 공식적인 은사들을 전달하는 수단인 성직 임명 외에도, 5세기부터는 서방에서 장로들로부터 세례받은 자들에게 견신례를 베풀고, 세례 때 사용되는 성유(聖油)를 축성(祝聖, 기도로써 거룩히 구별함)하는 독점권을 인수했다. 반면에 동방에서는 견신례[塗油式, chrism]를 장로들도 집례했으며, 고대의 관습에 따라서 세례 직후에 시행했다.

주교들은 이러한 영적 권한 외에도 콘스탄티누스 때부터는 세속 권력도 확보했다. 교회가 국가와 결합하면서 주교들이 성직자인 동시에 비중 있는 국가 관리가 되었으며, 이러한 관계에서 교회에 할당된 다양한 특권들을 누렸다.[51] 이때부터 주교들이 독립적이고 법적 뒷받침을 지닌 관할권[사법권]을 행사했다. 교회 토지를 관장했으며(몇몇 경우는 그 규모가 대단히 방대했다), 시유지(市有地)의 일부분을 차지하는 일도 있었다. 주민들과 심지어는 황제의 품행을 감독했으며, 입법 활동에 영향력을 행사했다. 그들에게는 면책 특권이 있었으며, 누구도 그들을 법정에 소환하거나 선서를 강요할 수 없었다. 그들의 교구들은 더욱 확장되었고, 권한과 세입도 증가했다. dominus beatissimus(μακαριώτατος), sanctissimus(ἁγιώτατος), reverendissimus, Beatitudo나 Sanctitas tua 같은 숭고한 호칭들이 보편적으로 쓰이게 되었다. 주교 앞에서 무릎을 꿇고 손에 입을 맞추는 등의 존경의 표시를 모든 계층 사람들과 심지어 황제까지도 시행했다.

4세기 말에 크리소스토무스는 이렇게 말한다. "제국의 수뇌부(hyparchs)와 속주 총독들(toparchs)도 교회의 지도자들 만한 영예를 누리지 못한다. 교회 지도자들이 궁정과 귀부인들의 사회와 귀족들의 가문에서 상석을 차지한다. 그들보

---

50) 현대 로마 교회 신학자 Perrone은 *Praelectiones Theologicae*(t. ix. § 93)에서 주교가 신적 권리에 의해서 장로보다 우월하다는 교리가 가톨릭 신앙의 조항이라는 주장을 부정한다. 그러나 트렌트 공의회(sess. xxiii. can. 6)는 삼중직(주교·사제·부제)의 신적 제정을 부정하는 모든 사람을 단죄한다.

51) 참조. 이 책 제3장, § 14-16.

다 윗자리를 차지할 사람이 아무도 없다."

이러한 지위를 4세기부터 보편화한 주교의 표지들이 나타냈다. 주교가 교회와 결혼했음을 상징하는 반지와, 홀장(笏杖) 곧 목자의 지팡이(대체로 손잡이가 갈고리처럼 구부러져 있음), 유대교 대제사장의 에봇과 로마 황제들이 폰티펙스 막시무스들로서 입었던 것으로 추정되는 의복을 본따서 만든 어깨에 걸치는 영대(領帶, pallium)가 그것들이었다.[52] 영대는 솔기 없이 통으로 짠, 어깨에 걸치는 천으로서, 과거에는 흰 린넨으로 만들었으나 후대에 서방에서는 흰 양털로 만들고, 그 위에 비단으로 붉은 색이나 검은 색 십자가를 수놓았다. 오늘날 로마 교회의 관습대로는 교황이 순결한 성 아그네스를 기념하여 해마다 엄숙하게 축복하고 축성하는 양들에게서 양털을 취한다. 후대에 영대에 붙은 상징적 의미, 즉 주교의 표상이 되는 선한 목자가 길잃은 양을 도로 찾아 어깨에 메고 돌아온다는 의미는 그러한 관행에서 생긴 것이다. 알렉산드리아의 전승은 이 의복의 연원을 복음서 저자 마가에게로 돌리지만, 나지안주스의 그레고리우스는 콘스탄티누스 대제가 이 의복을 예루살렘의 주교 마카리우스에게 최초로 주었다고 전한다.[53] 동방에서는 모든 주교들이 영대를 착용했고, 서방에서는 대주교들만 착용했는데, 그레고리우스 1세 때부터는 교황이 대주교를 임명할 때 이 의복을 입혀주었다. 처음에는 교황이 대주교에게 영대를 무료로 하사했으나, 훗날에는 대주교구의 경제 형편에 따라 상당한 사례비를 받았다.

주교는 성직에 따른 모든 권리와 특권을 누리게 된 만큼, 성직에 따른 모든 의무를 수행하고 진정한 대주교이시며 양들의 목자장이신 분을 본받는 점에서 몸

---

52) 영대는 superhumerale, pallium 혹은 에봇이라고도 한다. 에봇(출 28:6–11; 39:2–5)은 그것에 붙은 사각형 흉패(참조. 출 28:15–30)와 함께 유대교 대제사장의 주요 공식 복장이었으며, 대주교의 영대에 선례가 되었음에 틀림없으나 후대에는 영대가 에봇보다 훨씬 더 화려하게 되었다. 에봇은 두 개의 견대로 이루어졌고(pallium와 chasuble과 마찬가지로), 어깨의 앞뒤에 걸치도록 되었고, 세 가지 색깔의 고운 베실로 공교하게 짜서 금고리와 사슬로 고착시키고, 금실과 이스라엘 열두 지파의 이름을 새긴 열두 개의 보석으로 화려하게 장식했다. 우림과 둠밈(출 28:30)이 흉패에 붙인 열두 개의 보석과 같은 것이었는가 하는 점에 대해서는 의견이 일치하지 않는다.

53) *Orat.* xlvii. 테오도레투스도 그렇게 주장한다: *Hist. eccl.* ii. 27. 마카리우스는 황제에게 그 옷을 받기 전에는 세례를 집례할 때 금을 입힌 옷을 입었다고 한다.

소 본을 보여야 했다. 금욕적 덕들, 특히 가톨릭 윤리학에서 도덕적 완성의 이상에 속하는 정절의 덕을 고도로 드러내야 했다. 아타나시우스 · 바실리우스 · 암브로시우스 · 아우구스티누스 · 크리소스토무스 · 투르의 마르탱 같은 많은 주교들이 엄격한 절제와 가난을 실천하며 살았고, 자신의 수입을 신앙적이고 자선적인 목적에 사용했다.

그러나 주교직에 붙어오는 권한과 세속적 이익이 탐욕과 야심의 미끼가 되었고, 주교가 됨으로써 입신양명의 꿈을 해결하려는 유혹이 커졌다. 주교의 의관(衣冠)을 갖추고 있을지라도 속에는 여전히 인간의 심장이 뛰고, 인간의 온갖 연약함과 격정이 발산되었으며, 이런 것들은 하나님의 은혜를 끊임없이 받아야만 극복할 수 있었기 때문이다. 수도대주교들과 총대주교들, 특히 알렉산드리아와 콘스탄티노플, 로마의 대주교들 가운데는 박해의 시대를 몸소 경험했음에도 불구하고 하나님의 아들이 종의 형체를 취하신 사실과 그분의 사도들과 순교자들이 가난을 자처했던 사실을 망각한 채 세속 관리들과 심지어 황제에 대해서조차 세상적 위세와 사치로 경쟁을 벌였다. 성직을 얻기 위해서 입에 담기 어려운 파렴치한 음모를 꾸민 사례들도 적지 않았다. 암미아누스(Ammianus)는 로마 주교의 자리가 귀부인들의 풍부한 예물과 황제를 능가하는 화려한 생활이 보장된 자리였기 때문에 많은 사람들이 기를 쓰고 그 자리에 오르려고 노력했다고 말하는데, 그것이 조금도 과장된 이야기가 아니었다.[54]

로마의 장관 프라이텍스타투스(Praetextatus)는 파벌간의 유혈 투쟁을 통해서 로마 주교 자리에 오른 다마수스를 향해서, 만약 그만한 앞날이 보장된다면 자신도 당장 그리스도인이 되겠다고 하면서 빈정거렸다. 주교가 그러니 대도시의 하위 성직자들이 무엇을 보고 배웠을는지 짐작하기 어렵지 않다. 제롬은 로마의 사제들이 온통 복장과 향수에만 관심을 쓰고, 머리를 곱슬곱슬 말고, 번쩍이는 반지를 끼고, 여성들에게 지나친 관심을 쏟고, 형색을 성직자라기보다 신랑처럼 하고 다니는 모습을 신랄하게 풍자한다.[55] 그리스 교회도 별로 나을 게 없었다. 나지안주스의 그레고리우스는 자신이 주교인데다 오랫동안 콘스탄티노플 총대주교를 지냈음에도 불구하고 성직자들이 야심을 품고 자리를 놓고 시기하고 사

---

54) Amm. Marcell. xxvii. c. 3, sub anno 367.

55) *Epist. ad Eustochium de virginitae servanda.*

치스러운 생활을 하는 것을 한탄하며, 주교들이 다만 일반인들보다 높은 덕망에 의해서만 구별되어야 하지 않겠느냐고 호소한다.

54. 성직위계제도의 조직: 시골 주교들과 도시 주교들, 수도대주교들

주교제는 직위와 그에 따른 권리들에서 하나였음에도 불구하고 시골 주교와 도시 주교, 수도대주교, 총대주교로 이어지는 다양한 등급을 허용했다. 이러한 구분은 이미 교회 내의 자연스러운 신앙 정서에 의해서 확립되어 있었던 까닭에, 예루살렘·안디옥·에베소·고린도·로마 같은 사도가 세운 교구들을 담임하게 된 주교들이 자연히 성직위계제도의 수위(首位)에 섰다. 그러나 이제는 이러한 등급이 정치적 성격을 띠게 되면서, 로마 제국에서 그 도시가 차지하는 지위에 따라 대주교들의 등급도 조정되고 확립되었다.

콘스탄티누스 대제는 제국을 네 개의 장관 관할구(praefecture. 동방, 일리리쿰, 이탈리아, 갈리아)로 구분했고, 장관구를 14-15개의 장관대리 관할구(vicariate, diocese, 혹은 proconsulate)로 구분했으며,[56] 장관대리 관할구를 여러

---

56) 교구들 혹은 대리장관구들은 다음과 같았다:

I. 동방 장관구(the Praefectura Orientalis). 안디옥을 정치적·교회적 수도로 삼은 동방(Oriens)의 다섯 교구; 알렉산드리아를 수도로 삼은 이집트 교구(Aegyptus); 에베소를 수도로 삼은 아시아 총독구(Asia proconsularis); 가이사랴를 수도로 삼은 폰투스 교구(Pontus); 헤라클레아(훗날은 콘스탄티노플)를 수도로 삼은 트라키아 교구(Tracia).

II. 일리리아 장관구(the Praefectura Illyrica). 데살로니가가 수도로서, 교구는 마케도니아와 다키아 두 곳뿐이었다.

III. 이탈리아 장관구(the Praefectura Italica). 로마(즉, 이탈리아 남부와 지중해의 섬들. 혹은 이른바 농촌 관구들), 이탈리아, 혹은 이탈리아 대리 장관구(중심 도시는 메디올라눔<밀라노>), 일리리쿰 서부(중심 도시는 시르미움), 아프리카 서부(중심 도시는 카르타고).

IV. 갈리아 장관구(the Praefectura Gallica). 갈리아의 교구들(중심 도시, 트레베리<트리에>와 루그두눔<리옹>), 히스파니아(중심 도시, 히스팔리스<세비아>), 브리타니아

개의 도(province, 관구)로 구분했다.[57] 장관 관할구들은 수석 장관들(Praefecti Praetoria)이, 장관대리 관할구들은 장관대리들(Vicarii)이, 도들은 도백(道伯, Rectores)들이 다양한 칭호들을 가지고 다스렸는데, 공통적으로는 지방장관 (Praesides, 지사, 우두머리)이라는 칭호가 사용되었다.

교회와 국가가 결합한 뒤부터는 교회 조직과 정치 조직이 합당하게 평가되는 한도에서, 따라서 다양한 예외를 둔 채 서로를 수용했다는 것은 자연스러운 결과였다. 이러한 수용 원칙은 서방보다는 동방에서 더욱 분명하고 엄격하게 이행되었다. 4세기에 니케아 공의회가 이 원칙을 토대로 진행되었고, 제2차와 제4차 에큐메니컬 공의회들도 이 원칙을 확립했다. 정치적 영향력은 콘스탄티노플이 총대주교구로 승격된 일에서 가장 강하게 느껴졌다. 하지만 로마 주교 레오는 자신의 권한을 정치적 고려와 결부짓는 데 반대하고, 오로지 그것을 베드로의 수위권(首位權)에 두었다. 물론 로마 교구가 그만한 중요성을 갖게 된 것은 영적 영향력에 정치적 영향력이 결합되었기 때문이라는 것은 두말할 나위가 없다. 수도대주교들이 단일 대교구(province)를 감독한 반면에, 총대주교들의 권한은 여러 대교구들로 확대되었다. 교구(diocese)라는 단어는 처음에는 행정적 용어로 쓰이다가 교회 용어로 넘어온 것으로서, 처음에는 여러 대교구들로 이루어진 총대주교 관할 구역을 가리켰지만(그리스 공의회들의 법령에 이 표현이 계속해서 등장하는 것은 이런 이유 때문이다), 훗날 서방에서는 일반 주교의 관할 구역을 가리키게 되었다. 수도대주교의 관할 구역을 가리켜 동방에서는 에파르키(eparchy)라고 했고, 서방에서는 프로빈키아(provincia)라고 했다(이하에서는 '대교구'라고 표기하기로 한다: 역자주). 일반 주교구는 동방에서는 소교구(parish)라고 한 반면에, 라틴 교회에서는 그에 해당하는 용어(parochia)가 대개 지교회의 관할 구역을 가리켰다.

주교들 가운데 가장 낮은 직위는 시골 주교들(country bishop)로서, 이들은 인근 도시들에서 장로들이 파견되지 않은 시골 교회들을 담임하는 사역자들이었다.[58] 소규모 주교구들이 많았던 북아프리카에서는 이러한 시골 주교들이 상당히

(중심 도시 에보라쿰<요크>).

57) 예를 들어 동방 교구에는 관구가 다섯 개, 이집트 교구에는 아홉 개, 폰투스 교구에는 열세 개, 갈리아 교구에는 열일곱 개, 스페인 교구에는 일곱 개 있었다.

많았으며, 다른 주교들과 대등한 지위를 가지고 사역했다. 그러나 동방에서는 이들이 주변 도시의 주교들에게 점차 종속되다가 마침내는 완전히 자취를 감추게 되었는데, 이렇게 된 데에는 그들의 부족한 역량 탓도 있었지만, 주로는 성직 위계제도가 갈수록 강하고 확고하게 수립되었던 탓이었다. 시골 주교들 가운데는 직무를 수행할 능력이 없는 사람들도 많았다. 자신의 수도대주교구에 50명의 시골 주교들을 감독하던 가이사랴의 바실리우스는 그들에게 성직자가 될 자격이 전혀 없는 자들을 성직자로 받아들인 행위를 놓고 그들을 책망했다. 더욱이 시골 주교들은 도시 주교들의 대망을 가로막았다. 이는 주교들의 수가 증가함에 따라 비록 모든 주교들이 교회에 집단적으로 행사하는 영향력은 커졌을지언정 교구의 수와 각 주교의 권한은 줄어들었기 때문이다. 343년의 사르디카 공의회가 의장 호시우스의 동의안을 받아들여 다음과 같은 결정을 내린 것도 그 두 가지 점을 다 고려한 결과였음에 틀림없다. "사제 한 사람으로도 충분한 작은 읍에 주교가 주재함으로써 주교의 위엄과 권위가 훼손되는 것을 허락하지 않는다.[59] 그러나 대교구(eparchy)의 주교들은 주교가 이미 주재했던 지역이나, 인구가 너무 많아 주교구가 될 자격이 있다고 판단되는 읍에 한해서만 주교를 임명할 것이다." 그 이래로 이들 코레피스코포이(시골 주교들)의 지위는 주교의 명의로 이따금 시골 교구를 방문한 순회자들이나, 도시 주교의 직접적인 감독하에 사역하는 상주 장로들(parochi)에 의해서 충당되었다.

　도시 주교들 가운데 맨 윗자리는 여러 대교구들의 중심 도시들을 관장하는 주교들이 차지했다. 이들을 동방에서는 수도대주교(metropolitan bishop)라고 했고, 서방에서는 대체로 대주교(archbishop)라고 했다.[60] 이들은 대교구 안에서 사역하

---

58) 코레피스코포이. 이들에 관한 주요 진술들은 다음과 같다: *Epist. Synodi Antioch.*, A. D. 270, in Euseb. *H. E.* vii. 36. *Council. Ancyr.*, A. D. 315, can. 13 (여기서는 그들이 장로들과 집사들을 임명하는 행위가 금지된다); *Council. Antioch.*, A. D. 341, can 10 (동일한 금령); *Conc. Laodic.*, 320-372, can. 57 (여기서는 새로운 시골 주교구를 수립하는 행위가 금지된다). *Conc. Sardic.*, A. D. 343, can. 6 (여기서는 시골 주교구가 완전히 해체된다).

59) Can. 6.

60) 메트로폴리테스, metropolitanus, 그리고 유사한 칭호인 엑사르코스(가장 권한이 큰 수도대주교들에게 적용됨); archiepiscopus, and primas.

는 주교들을 감독했고, 두세 명의 보조자들을 붙여 그들을 임명했고, 대교구 회의를 소집했으며(대교구 회의는 니케아 공의회 법령 제5조와 그 외 공의회들의 지침에 따라서 일년에 두 번 의무적으로 열렸다), 그러한 교회회의들의 의장이 되었다. 이들은 교회회의의 법령들을 주고받음으로써 다른 교회들과 일치를 증진시켰고, 성직위계제도의 조직을 공고히 했다.

교회의 필요에 따라서 점진적으로 생긴 이러한 수도대주교 체제는 4세기에 동방에서 법률로 확립되었으며, 동방에서 그리스-러시아 교회로 보급되었다. 니케아 공의회는 그처럼 이른 시기에 법령 제4조에서 모든 신임 주교는 수도대주교의 지도와 재가를 받아 관구 주교들의 만장일치로 임명되어야 한다고 규정했다.[61] 훨씬 더 명료한 것은 341년의 안디옥 공의회 법령 제9조이다: "대교구에 소속된 주교들은 수도대주교에게 대교구의 모든 관할권이 귀속된다는 것을 알아야 한다. 왜냐하면 수도에는 사업을 하는 모든 사람들이 사방에서 몰려들기 때문이다. 따라서 수도대주교가 명예에서도 우선권을 지닌다는 것과, 우리 조상들이 제정한 훨씬 더 구속력 있는 법령에 따라서 다른 주교들이 그의 의사를 묻기 전에는 어떤 일도 해서는 안 된다는 것이 선한 결론으로 귀결되었다. 다만 그들의 소교구들(오늘날 용어로 말하자면 교구들)과 그들에게 속한 관구들의 재량에 해당하는 일들, 이를테면 장로들과 부제들을 임명하고, 관구 내의 법적 문제를 판결하는 일들은 수도대주교의 의사를 묻지 않고 할 수 있다. 이런 경우를 제외하고는 수도대주교의 의사를 묻지 않고 어떤 일도 할 수 없으며, 수도대주교는 다른 주교들의 동의를 구하지 않고는 어떤 일도 할 수 없다." 이 공의회는 법령 제19조에서 수도대주교가 배석하지 않은 자리에서, 그리고 과반수 이상의 대교구 주교들이 참석하거나 그들의 동의가 없는 상태에서 주교를 임명하는 행위를 금했다.

아프리카에도 교회와 국가가 결합하기 이전인 키프리아누스 때부터 비슷한 제도가 존재했다. 모든 대교구에 한 사람의 수석 주교(prima)가 있게 했고, 대체로 가장 연로한 주교가 이 직위를 맡았다. 그러나 카르타고 주교는 아프리카 총독구의 수석 주교였을 뿐 아니라, 카르타고 총독구에 따라서 누미디아와 마우레

---

61) 이 교회법은 최근에 콥트어 번역본에서도 발견되었으며, Pitra에 의해서 the Spicilegium Solesmense, i. 526 sq.에 실려 출판되었다.

타니아 교회의 수장이었으며, 아프리카의 총공의회를 소집할 권한이 있었다.

55. 총대주교

하지만 수도대주교들 위에는 다섯 명의 총대주교들이 있었다.[62] 과두제의 정상에 해당한 이 다섯 사람은 이를테면 그리스 · 로마 제국의 가톨릭 성직위계제도라는 건축물에 우뚝 세워진 다섯 개의 탑에 해당했다.

이미 제4차 에큐메니컬 공의회 때 공식적인 직함으로 확정된 이 총대주교들은 제국의 4대 도시인 로마 · 알렉산드리아 · 안디옥 · 콘스탄티노플의 주교들이었으며, 이들 네 명에다가 예루살렘 주교가 추가로 포함되었다. 예루살렘 주교는 비록 그 거룩한 도성이 멸망함으로써 주교직도 단절되긴 했으나, 가장 역사가 깊은 기독교 교회의 수장으로서의 명예를 인정해 준 것이다. 이 다섯 명의 총대주교들은 하나 이상의 관구를 감독했고(당시에는 'diocese'라는 용어가 후대의 '주교구'보다 훨씬 광범위한 총대주교의 관할구를 가리켰다: 역자주), 적어도 둘 이상의 대교구(province 혹은 eparchy, 수도대주교의 관할구: 역자주)를 감독했다. 이들이 수도대주교들을 임명했고, 교회 논쟁들에서 최종 판결을 내렸고, 에큐메니컬 공의회들을 주재했고, 공의회의 법령과 황제들의 교회 관련 법령들을 공포했으며, 서로 연합하여 성직위계제도 최고의 입법권과 행정권을 행사했다. 총대주교들과 단일 대교구를 관할하는 수도대주교들의 관계는 에큐메니컬

---

62) patriarcha; 때로는 정치 용어를 따라 엑사르코스. patriarch는 원래 이스라엘의 족장들을 가리키는 용어로서(히 7:4, 아브라함에게; 행 7:8 이하, 야곱의 열두 아들에게; 7:29, 다윗 계열 메시야 가문의 창시자인 다윗에게), 초창기의 동방 교회에서는 일반적으로 주교들에게 명예로운 호칭으로 사용했으나(나지안주스의 그레고리우스와 니사의 그레고리우스의 경우처럼), 콘스탄티노플 공의회(381) 이후와 칼케돈 공의회(451) 이후에는 공식적으로 다섯 명의 유력한 수도대주교들에 한해서 사용되었다. 서방에서는 여러 수도대주교들, 특히 아퀼레이아의 주교가 이 칭호를 명예의 뜻으로 자신에게 사용했다. 로마 주교는 자신을 다른 총대주교들과 동일한 지위에 놓는 이 특별한 칭호를 사용하지 않고, 대신에 papa라는 칭호를 사용하기를 좋아했다. '총대주교'는 과두제적 교회 정치를 드러내고, '교황'은 군주제적 교회 정치를 드러낸다.

공의회들과 지방(속주) 공의회들의 관계와 같았다. 하지만 이들은 회(會)를 구성하지 않고 각각 독자적으로 행동했다. 그럴지라도 중요한 문제가 생기면 서로 자문을 구했고, 콘스탄티노플의 황궁에 특사들(apocrisiarii)을 상주시킬 권한을 갖고 있었다.

권한은 동등했으나 교구와 영향력의 크기는 서로 달랐으며, 자체 내에 일정한 서열이 있었다. 콘스탄티노플이 수도로 건설되기 전, 그리고 니케아 공의회가 열리기 전까지 교회와 성치 양면에 걸친 서열은 첫째가 로마였고, 둘째가 알렉산드리아, 셋째가 안디옥이었다. 그러나 4세기 말 이후에는 서열에 변화가 생겨서, 콘스탄티노플이 로마와 알렉산드리아 중간의 둘째 서열을 차지했고, 예루살렘이 다섯째이자 가장 작은 총대주교구로 추가되었다.

예루살렘 총대주교가 관할한 지역은 팔레스타인의 작은 세 대교구뿐이었고,[63] 안디옥 총대주교는 시리아·페니키아·길리기아·아라비아·메소포타미아 등 열다섯 개의 대교구들로 구성된 동방의 광활한 정치 구역을 관할했다.[64] 알렉산드리아 총대주교는 제1이집트(Aegyptus prima)와 제2이집트(Aegyptus secunda), 테베 저지와 고지, 리비아 저지와 고지 등 아홉 개의 부유한 대교구를 지닌 이집트 전체 교구를 관할했다.[65] 콘스탄티노플 총대주교는 세 관구인 폰투스·소아시아·트라키아와, 28개의 대교구들, 동시에 야만족들 사이에 수립된 교구들을 관할했다.[66] 로마 총대주교는 두 개의 장관 관할구(prefectures)인 이탈리아와 갈리아, 그리고 모든 관구들과 대교구들을 포함한 서방 전역으로 영향력을 점차 확대했다.[67]

총대주교 제도는 주로 로마 제국 교회에만 해당되었으나, 제국으로부터 기독

---

63) 참조. Wiltsch, i. p. 206. Wiltsch가 인용하고 동의하는 듯한 Ziegler의 진술, 즉 553년의 제5차 에큐메니컬 공의회는 예루살렘 총대주교의 관할구에 수도대주교구들인 페니키아의 베리투스와 시리아의 루바를 덧붙였다는 진술은 오기(誤記)인 듯하다. 루바는 어떠한 공의회 법령들에도 등장하지 않으며, 베리투스는 먼저 페니키아에 속했다가 훗날에는 안디옥 총대주교구에 속했다.

64) Wiltsch, i. 189 sqq.

65) Ibid. i. 177 sqq.

66) Ibid. p. 143 sqq.

67) 참조. §57.

교를 받은 야만족들에게도 간접적인 영향을 끼쳤다. 하지만 제국 내부에서조차 여러 수도대주교들, 특히 동방 교회 키프로스의 주교와 서방 교회의 밀라노·아퀼레이아·라벤나의 주교들은 이 시기에 지리적으로 자신들의 교구가 소속된 총대주교들에 대해서 자율권을 주장했다. 5세기에는 안디옥 총대주교들이 키프로스[구브로] 섬(사도 바울이 전도여행을 나서서 최초로 복음을 전한 곳)을 자신들의 관할권에 넣으려고 시도했으나, 431년의 에베소 에큐메니컬 공의회는 키프로스 교회에게 자체의 주교들을 임명할 유서 깊은 권리를 확증해 주었다.[68] 북아프리카의 주교들도 로마 교구에 대해서 오랫동안 키프리아누스가 강조했던 독립 정신을 견지했으며, 393년에 히포 레기우스 공의회에서 총대주교들이 취하던 princeps sacerdotum(성직의 원수<元首>, 프린켑스는 로마 황제에게 쓰인 칭호: 역자주), summus sacerdos(정상의 성직자) 같은 칭호들에 항의했으며, primae sedis episcopus(수석 주교)라는 칭호만 허용할 뜻을 비쳤다.[69]

그리스도론 논쟁들의 결과 네스토리우스파와 단성론파가 정통 교회에서 떨어져 나가면서 자신들만의 독자적인 총대주교들을 세웠는데, 그 제도가 오늘날까지 존속된다. 이것은 총대주교 제도가 동방의 기독교 유형에 가장 잘 부합하는 것임을 보여준다. 동방의 분리파 교회들뿐 아니라 그리스 정교회도 오늘날까지 본질상 총대주교 제도를 견지하고 있다. 반면에 라틴 교회는 일찍이 대 레오 때부터 군주적 중앙집권 제도를 수립하는 데 힘썼으며, 중세의 과정에서 절대 교황제를 배출했다.

56. 총대주교의 권한과 관할권에 관한 교회회의들의 입법

이제는 총대주교라는 과두적(寡頭的) 제도에 관련된 교회의 입법 활동을 연대순으로 살펴보기로 하자.

이러한 입법 활동의 씨앗은 니케아 이전 시대에 뿌려져 있었다. 안디옥·알렉산드리아·로마의 주교들이 한편으로는 저마다 자기 교회의 연륜과 사도적 기

---

68) 참조. Wiltsch, i, p. 232 sq., and ii. 469.

69) Cod. can. eccl. Afr. can. 39, Neander 인용, iii. p. 335 (Germ. ed.)

원을 내세우고, 다른 한편으로는 이 세 도시가 로마 제국의 세 수도로서 지닌 정치적 중요성을 내세우면서 일찍부터 수위권(首位權)을 주장했던 것이다. 로마 교회와 안디옥 교회의 사도적 기원은 신약성경에 명확히 나타나 있다. 알렉산드리아의 기독교 역사는 적어도 간접적으로는 복음서 저자 마가를 통해서 베드로에게까지 거슬러 올라가며, 정치적으로 안디옥보다 중요했다. 반면에 로마는 처음부터 교회와 국가 양면에 걸쳐 우위를 점하고 있었다. 이렇게 오랜 연륜과 강한 권세를 지닌 수도대주교들의 우월성이 4, 5세기의 에큐메니컬 공의회들을 통해서 공식적인 법적 정당성과 확고한 터를 굳혔다.

최초의 에큐메니컬 공의회인 325년의 니케아 공의회는 아직 다섯 명의 총대주교에 관해서 언급하지 않고 다만 위에 소개한 세 명의 수도대주교만 언급하며, 그들이 전통적으로 누려온 권리들을 확증한다.[70] 니케아 공의회는 훗날 많은 검토의 대상이 된 법령 제6조에서 아마 이집트에서 발생한 멜레티우스파 분열 사건과, 그 사건과 연관되어 알렉산드리아 주교의 권위가 공격을 당한 사건을 염두에 두고서 다음과 같이 공고했다:

"이집트와 리비아, 펜타폴리스에서 준수되어온 고대의 관습은 계속해서 강제력을 지닌다. 즉, 알렉산드리아 주교는 이 모든 [대교구들]에 대해서 관할권을 갖는다. 이것 역시 로마 주교에게 통례였기 때문이다[즉, 이집트에서 그런 것이 아니라, 그의 교구에서]. 마찬가지로 안디옥과 그 밖의 수도대주교구들에서도 그 교회들이 관할권을 갖는다. 이제 아주 분명한 것은, 만약 누구든 수도대주교의 동의 없이 주교가 되었다면 대 공의회가 그를 주교로 인정하지 않는다는 것이다."[71]

---

70) 교황 니콜라스는 866년에 불가리아의 제후 보고리스에게 쓴 편지에서 사도들이 세운 교회들을 지도하는 사람들은 로마와 알렉산드리아, 안디옥의 주교들뿐이므로 자신은 그들만 진정한 의미에서의 총대주교들로 인정하고자 한다고 썼다. 반면에 콘스탄티노플은 사도적 뿌리를 갖고 있지 않으며, 심지어 모든 공의회들 가운데서 가장 존경할 만한 니케아 공의회에 의해서조차 언급되지 않으며, 예루살렘 공의회는 이 공의회들에 언급되는 것이 사실이지만, 다만 아일리아라는 이름으로만 언급된다.

71) 가장 오래된 라틴 교회법(in Mansi, vi. 1186)에서 이 법령 앞에는 "로마 교회가 항상 수위권을 지닌다"(Ecclesia Romana semper habuit primatum)는 중요한 말이 붙

니케아 교부들은 이 법령을 통과시킬 때 새로운 법을 도입하는 차원이 아닌, 교회 전통을 토대로 기존의 관계를 확증하는 차원을 견지했다. 그리고 알렉산드리아에서 발생한 문제들을 고려하여 그 교구를 특별히 언급했다. 로마는 예를 들기 위해서만 언급할 뿐이다. 그리고 안디옥과 그 밖의 수도대주교구들에 대해서도 기존의 권리들을 확증했다.[72] 알렉산드리아와 로마, 안디옥의 주교구들은 실질상 동일한 지위를 갖고 있었지만, 안디옥의 경우는 로마 제국의 제3의 수도로서, 일반 수도대주교들로 건너가는 디딤돌 역할을 수행했다. 니케아 법령이 말하는 '그 밖의 대교구들'(other eparchies)은 모든 대교구들 곧 모든 수도대교구들로 이해하거나, 아니면 제1차 콘스탄티노플 공의회 법령 제2조에 기록된 대로 카파도키아의 가이사랴, 소아시아의 에베소, 트라키아의 헤라클레아라는 세 대교구만을 가리키는 말로 이해해야 한다. (이 세 대교구들은 콘스탄티누스가 동방의 행정 구역을 구분할 때 동등한 권리를 지니게 되었지만, 훗날 콘스탄티노플의 위세에 가리게 되다가 결국 흡수되었다.) 하지만 어느 경우든 이렇게 '그 밖의 대교구들'이라는 말이 덧붙었다는 사실은 당시에 총대주교들의 권위가 아직 다른 수도대주교들의 권위와 엄격히 구분되지 않았음을 입증한다.

여기서 로마 · 알렉산드리아 · 안디옥의 주교들은 다른 주교들과의 관계에서 단순히 무리들 가운데 으뜸들(primi inter pares)로, 혹은 최고의 교회적 지위뿐 아니라 최고의 정치적 지위까지도 겸한 제1등급의 수도대주교들로 나타난다. 그들

어 있다. 하지만 이 말은 위조임에 분명하다. 원래 교회법에 실려 있지 않았으나 제목처럼 붙여 로마 교회의 정서를 표시한 것이다. 참조. Gieseler, i. 2, § 93, note 1; Hefele, *Hist. of Councils,* i. 384 sqq.

72) Greenwood도 문제를 그런 각도에서 바라본다(*Cathedra Petri,* 1859, vol. i. p. 181): "이 법령의 목적이 알렉산드리아 교회에 무슨 새로운 관할권을 부여하는 데 있는 것이 아니고, 다만 기존의 권한을 확증하는 데 있었던 것이 분명하다. 이 법령은 예를 드는 방식으로 그 교회의 권한을 다른 수도대주교 교회들인 로마와 안디옥 교회들과 같은 수준에 놓는다. 더욱이 법령에 사용된 용어들도 관습 이외의 다른 어떤 근거도 드러내지 않는다. 그리고 각 수도대주교구의 관습들은 교구 혹은 수도대주교구 자체의 영토적 범위에 국한된다. 그리고 그러한 범위 안에서 각자 전통에 의해서 서로 다른 권위와 권한을 지녀왔을지라도, 이 법령에 의해서 기존의 권리와 권한을 넘어서는 어떠한 관할권이 새로 존재할 수 없었다."

다음의 제2등급의 수도대주교들은 아시아 장관대리 관할구인 에베소와 폰투스의 네오 가이사랴, 트라키아의 헤라클레아의 주교들이었다. 반면에 5년 뒤에 가서야 건설되었던 콘스탄티노플은 니케아 공의회에서 전혀 언급되지 않으며, 예루살렘은 아일리아(Aelia)라는 이름으로만 언급된다.

제1차 에큐메니컬 공의회와 제2차 에큐메니컬 공의회 사이인 330년에 콘스탄티누스가 콘스탄티노플 혹은 새 로마를 건설했다. 황궁 소재지로 격상된 이 도시가 총대주교구로 등장했다. 이 도시의 주교는 과거에 헤라글레아의 수도대주교 관할권에 속했던 고대 비잔티움 주교의 계승자로 그치지 않고, 황실의 호의와 항상 황궁에 무수히 모였던 주교들의 영향력을 통해서 불과 몇 십년 내에 동방의 몇 손가락 안에 드는 수도대주교가 되었으며, 5세기에는 고대 로마 주교의 가장 강력한 경쟁자가 되었다.

이 새로운 총대주교구는 381년에 개최된 제1차 콘스탄티노플 에큐메니컬 공의회에서 공식적으로 승인을 받았고, '명예에서 로마 주교에 버금가는 지위'(the precedence in honor, next to the bishop of Rome)를 인정받았다. 그리고 그것은 순전히 새 로마가 황제의 주재지라는 정치적인 고려를 토대로 한 결정이었다.[73] 동시에 황제가 주재하던 도시가 있던 트라키아(과거에는 이 지역 교회의 수도가 헤라클레아였다)는 콘스탄티노플의 행정구에 편입되었다.[74]

많은 그리스인들은 '버금가는' 라는 단어를 서열이 아닌 시간의 뜻으로만 이해함으로써, 그 법령을 콘스탄티노플 주교가 로마 주교와 동등함을 알리는 공식적인 주장으로 받아들였다. 그러나 이것을 명예상의 수위권을 인정한 것으로 간주하는 것이 좀 더 자연스럽다. 그리고 로마 교구는 그것을 그 외의 여러 근거를 내세움으로써 주장할 수 있었다. 훗날 레오의 항의가 보여주듯이, 교황들은 이

---

73) *Conc. Constant.* i. can. 3.

74) 후자는 위에 언급한 교회법 조항에 명시되지 않는다. 그러나 콘스탄티노플의 주교들과 역사가들인 Socrates(v. 8)와 Theodoret(Epist. 86, ad Flavianum)는 그 조항에 헤라클레아가 언급되었다고 이해하며, 칼케돈 공의회(can. 28)도 그렇게 해석했다. 하지만 콘스탄티노플 주교와 헤라클레아 수도대주교의 관계는 오랫동안 불확실하게 남았으며, 403년에 크리소스토무스 문제로 소집된 퀘르쿰 공의회에서는 알렉산드리아의 총대주교 테오필루스가 참석했음에도 불구하고 헤라클레아의 파울루스가 의장을 맡았다. 참조. Le Quien, tom. i. p. 18; and Wiltsch, i. p. 139.

것으로 만족하지 않았다. 그들은 콘스탄티노플의 풋나기와 동일한 범주에 드는 게 도무지 내키지 않았을 뿐 아니라, 더 나아가 온 세계 교회를 관할하는 수위권을 주장했던 것이다. 반면에 알렉산드리아 총대주교로서도 이 법령이 마음에 들지 않았다. 그때까지 둘째 서열을 유지해 왔는데, 이제 셋째 서열로 밀려나게 되었기 때문이다. 따라서 알렉산드리아의 티모테우스는 그 법령에 서명하지 않았으며, 이집트에서는 이 법령이 무효로 간주되었다. 하지만 훗날 황제들이 알렉산드리아 총대주교들을 설득하여 승복하게 만들었다.

381년의 공의회가 끝난 뒤 콘스탄티노플 주교는 에베소의 수도대주교와 카파도키아 가이사랴의 수도대주교의 권한을 축소하고, 심지어 다른 총대주교들의 권한을 축소시키기 위해서 다각도로 노력했다. 이렇게 권력 신장을 노린 그의 노력은 사르디카 공의회의 금령에도 불구하고, 동방 모든 지역의 주교들이 자신들의 문제를 황제 앞에 가져와 도움을 청하기 위해서 콘스탄티노플에 와 있던 현실로 인해 큰 이익을 얻었다. 황제는 먼 지역의 주교들이 자신에게 내놓는 문제들을 대체로 콘스탄티노플과 그가 주재하는 공의회에 넘겼다. 이 공의회는 콘스탄티노플에 상주하던 주교들의 회의로서 그 도시의 주교가 의장이 되었다. 이런 방식으로 그가 다른 총대주교들의 권한까지도 침범하는 행위가 비록 교회법의 재가까지는 아닐지라도 파벌들의 동의에 의해서 관습으로 굳어졌다. 넥타리우스는 394년의 공의회에서 의장으로 선출되지 않았는데도 그 공의회에서 다른 두 명의 총대주교들인 알렉산드리아의 테오필루스와 안디옥의 플라비아누스가 참석한 가운데 의장을 자처하여 안건을 거의 혼자서 처리했고, 그로써 동방 전체에 대해서 수위권을 행사한 최초의 콘스탄티노플 총대주교가 되었다.

그의 후임자인 크리소스토무스 때에는 교구의 관할권이 훨씬 더 확장되어서, 테오도레투스에 따르면 수도를 훨씬 넘어서서 여섯 개의 대교구를 지닌 트라키아와, 11개의 대구교를 지닌 아시아 전역, 그리고 역시 11개의 대교구를 지닌 폰투스에까지 미쳤으며, 그로써 모두 28개의 대교구를 관할하게 되었다.[75] 400년에 크리소스토무스는 "에베소의 요청으로" 에베소의 헤라클리데스를 그곳의 수도대주교로 임명했고, 동시에 성직매매 죄로 면직된 주교들 대신에 6명의 주교를 임명했다. 그의 두 번째 후임자인 아티쿠스는 421년경에 황제 소 테오도시우스

---

75) *H. E.* lib. v. cap. 28.

로부터 콘스탄티노플 인근의 어떠한 교구에서도 콘스탄티노플 주교의 동의를 받지 않고는 주교를 임명할 수 없게 하는 법을 얻어냈다.[76] 하지만 이 법이 확고한 법적 토대를 지니려면 총공의회의 분명한 재가가 있어야 했는데, 그 재가를 해준 것이 칼케돈 공의회였다.

451년에 칼케돈에서 열린 제4차 에큐메니컬 공의회는 다음과 같은 유명한 법령 제28조를 제정함으로써 콘스탄티노플 주교의 권한을 확증하고 확대해 주었다:

"거룩한 교부들의 법령을 철저히 따르고, 150명의 주교들이 최근에 반포한 조항[즉, 381년의 제2에큐메니컬 공의회 법령 제3조]을 익히 아는 우리도 콘스탄티노플 곧 새 로마의 지극히 거룩한 교회의 대권들에 관련하여 동일한 법령을 결의하고 반포했다. 이는 교부들이 고대 로마의 권좌[주교좌]에 대해서 대권들($\tau\acute{a}$ $\pi\rho\epsilon\sigma\beta\epsilon\iota\alpha$)을 부여한 것도 황도(皇都)로서의 특성을 고려하여 나름대로 근거를 가지고 한 것이기 때문이다. 동일한 점을 고려한 일백오십 인의 주교들은 새 로마의 지극히 거룩한 권좌에도 동일한 대권들을 부여했으며, 그 도시가 황제의 위엄과 원로원에 의해서 높임을 받고, 고대 황도 로마와 동일한 대권을 누리는 점을 감안하여, 교회적으로 동일한 존경을 받고 오직 로마에만 버금가는 지위를 누리는 것이 당연하다고 타당한 근거를 가지고 판결했다."

"그리고 [우리는] 폰투스, 아시아, 트라키아 지역에 대해서는 수도대주교들을 임명하기로 결정했고, 야만족들이 차지하고 있는 지역들에 대해서는 콘스탄티노플에 있는 지극히 거룩한 교회의 지극히 거룩한 권좌에 의해서 [일반적인] 주교들이 임명되게 하기로 결정했다. 물론 모든 수도대주교에서는 신적 교회법들에 제시된 대로 대교구의 신임 주교들이 기존 주교들의 동의에 의해서 임명된다. 그러나 그 대교구들의 수도대주교들은 이미 말한 대로 일상적인 절차에 의해서 만장일치로 선출된 뒤에 콘스탄티노플 대주교에 보고되면, 콘스탄티노플 대주교가 그를 임명하게 될 것이다."

---

76) Socrates, *H. E.* 1. vii. 28.

이 유명한 칼케돈 교회법은 그리스어 본문으로는 한 문단으로 되어 있지만, 이 책에서는 편의상 두 부분으로 구분해서 소개했다. 첫 부분은 콘스탄티노플 총대주교에게 총대주교들 가운데 두번째 서열을 부과하며, 이 점에서 콘스탄티노플 공의회 법령 제3조를 단순히 반복하고 확증한 데 불과하다. 둘째 부분은 거기서 더 나아가 이미 크리소스토무스와 그의 후임자들이 사실상 행사했던 콘스탄티노플 총대주교의 수위권을 트라키아 관구뿐 아니라 소아시아와 폰투스 관구들에까지 확대하여 인정하며, 그에게 이 세 지역의 수도대주교들과 그 지역들 내의 야만족들에 대한 모든 주교들을 임명할 독점권을 부여한다.[77] 이 법령이 그에게 동방의 여느 총대주교보다 더 광범위한 판도를 부여했다. 그 뒤 530년에 황제 유스티니아누스가 공포한 칙령은 그에게 다른 총대주교들로부터 항소를 받을 특별한 권한을, 따라서 동방 전역을 다스리는 권한을 부여했다.

칼케돈 공의회가 이 법령을 제정한 것은 동방의 정교(政敎) 분리 원칙을 일관되게 따른 것뿐이었다. 그 의도는 동방의 새로운 정치적 수도를 교회의 수도로 만들고, 그 주교의 서열을 알렉산드리아와 안디옥의 주교들 위에 두고, 그를 될 수 있는 대로 로마 주교와 대등한 지위에 세우기 위함이었다. 이렇게 해서 테오필루스와 디오스쿠루스의 사건들이 보여주듯 다양한 방식으로 권력을 남용한 알렉산드리아 총대주교의 야심을 확실하게 견제하게 되었다.

그러나 이러한 상황이 로마 주교에게 질투와 경계를 안겨주었다. 콘스탄티노플의 경쟁자가 자신과 동등한 권한을 갖게 된다면 알렉산드리아나 안디옥의 경쟁자보다 훨씬 더 위험하게 되는 셈이었다. 그로서는 칼케돈 공의회가 베드로의 수위권에 관해서는 일언반구도 없이, 로마 주교의 권한을 콘스탄티노플 주교와 마찬가지로 정치적 토대에 놓고 다루는 것이 특히 큰 모욕을 안겨주었음에 틀림없다. 물론 그것이 오류는 아니었으나, 진실의 절반에 불과했고, 그 점에서 불공정한 처사로 간주되었다.

동방 교회가 서방 교회와 갈등을 겪기 시작하게 된 계기가 바로 이 문제였으

---

77) 콘스탄티노플 총대주교가 관할권을 행사한 야만족들 가운데는 보스포루스 해협에 주둔하고 있던 훈족(그들의 왕 고르다가 유스티니아누스 때 세례를 받았다)과, 527년에 기독교 신앙을 받은 헤룰리우스족(the Herulians), 같은 시기에 콘스탄티노플로부터 사제들을 받은 육시누스 해 연안의 아바스기우스족(the Abasgians)과 알라니우스족(the Alanians)이 있었다. 참조. Wiltsch, i. 144 and 145.

며, 이때 시작된 갈등이 오늘날까지 계속되고 있다. 교황의 대표단은 칼케돈 공의회의 제16회이자 마지막인 회기에 공의회 법령 제28조에 항의했다. 하지만 그들의 항의는 회의록에 기록되도록 허용은 되었으나 아무런 성과도 거두지 못했다. 교황의 대표단이 항의의 근거로 제시한 자료는 니케아 공의회 법령 제6조였다. 그들이 사용한 것은 증보된 라틴어 문서로서, 후기에 삽입된 '로마 교회가 항상 수위권을 갖는다'(Ecclesia Romana semper habuit primatum)는 문장으로 로마 주교에게 보는 총대주교들보다 우월한 지위를 부여하고, 콘스탄티노플을 별달리 부각시키지 않는 듯한 인상을 주었다. 그러자 공의회 진행자들은 그 문장이 삽입되지 않은 헬라어 원본에 실린 법령을 낭독하면서, 콘스탄티노플 총대주교의 두번째 서열을 분명히 인정한 제2에큐메니컬 공의회의 법령 처음 세 조항을 함께 낭독했다.[78] 이 점에 대한 변론이 있은 뒤에 황제가 세운 위원단은 그 결과를 다음과 같이 정리했다: "양측이 개진한 의견을 모두 수합한 우리는 모두에 대한 수위권과 가장 중요한 지위가 옛 로마 대주교에게 존속해야 한다는 것을 인정하되, 새 로마의 대주교도 동일한 수위권을 누리며, 아시아 · 폰투스 · 트라키아의 관구들에 수도대주교들을 임명할 권한을 지닌다는 것을 인정한다." 그리고는 이것이 과연 공의회의 의견인지 밝혀달라고 공의회에 요청했다. 그러자 주교들은 그 의견에 충분하고도 강한 동의를 표시한 뒤, 그 문제를 매듭지어줄

------

78) 로마의 특사들의 주장을 바로잡은 이 조치를 로마 가톨릭 사가들, 특히 교황지상주의자들(ultramontanists)은 거의 백안시하기 때문에, 대 레오의 총서를 펴낸 발레리니파(the Ballerini, tom. iii. p. xxxvii. sqq.)와 심지어 Hefele(*Conciliengesch.* i. p. 385, and ii. p. 522)조차 칼케돈 공의회의 헬라어 법령의 관련 단락이 후대의 삽입이라는 근거 없는 주장을 제기했다. Hefele는 라틴어 문서가 니케아 교회법 제6조 원문에서 벗어난 점을 어쩔 수 없이 시인하면서도, 칼케돈 공의회 때 헬라어 본문이 낭독되었을 리 없다고 생각한다. 헬라어 본문 자체도 콘스탄티노플의 격상에 반대하는 기조를 지녔고, 따라서 로마 대표단에게 유리했기 때문이라는 것이 그의 이유이다. 그러나 로마의 대표단은 칼케돈 교회법 제28조를 비판한 레오와 마찬가지로 주로 라틴어 본문에 추가된 Ecclesia Romana semper habuit primatum을 강조했으며, 다른 총대주교를 로마 주교와 동등하게 간주하는 것이 그 문장에 위배된다고 주장했다. 로마의 특사들이 니케아 교회법에 호소했기 때문에, 그리스인들은 콘스탄티노플 공의회 법령들을 통과시키기에 앞서서 이 호소를 처리해야만 했다. 이 두 문서만으로도 로마 대표단의 항의에 충분한 답변이 되었다.

것을 요청했다. 그러자 황제 위원단은 "조금 전에 우리가 상정했던 것을 공의회가 재가했습니다"라는 말로써 안건을 정리했다. 콘스탄티노플 교회에 부여된 대권이 로마 대표단의 항의에도 불구하고 재가되었다는 뜻이었다.[79]

공의회가 끝난 뒤 로마 주교 레오는 452년 5월 22일자로 발행한 세 편의 서신으로 항의의 뜻을 표시했다. 첫째 서신은 황제 마르키아누스에게 보낸 것이었고, 둘째 서신은 황후 풀케리아에게, 셋째 서신은 콘스탄티노플 총대주교 아나톨리우스에게 보낸 것이었다.[80] 그는 공의회의 교리적 결정에는 만족을 표시했으나, 콘스탄티노플 주교를 총대주교 지위로 격상시킨 것은 교만과 야심에서 비롯된 행위로서 — 그런 교황은 과연 얼마나 겸손하고 자족했던가! — 동방의 다른 수도대주교들의 권리를 침해한 것이고 — 그런 교황은 갈리아 관구의 권리를 침해하지 않았던가! — 특히 니케아 공의회가 보증한 로마 교구의 권리를 침해한 것이며 — 로마가 삽입한 문구를 토대로! — 교회의 평화를 해치게 될 것이라고 선언했다 — 교황들이 항상 신성시하며 지켜온 그런 평화를! 그는 정치적인 방향에서 자신의 권위에 접근하는 설명들에는 귀 기울이지 않고, 다만 자신의 지위가 신적으로 제정되었다는 점과, 베드로의 수위권만을 주장했다.

이 서신들에서 레오는 제1차 에큐메니컬 공의회의 결정에 대해서 마치 그 공의회 법령 제6조가 로마의 수위권을 인정한 것 같은 거짓된 인상을 주면서까지 큰 존경을 표시한다. 그러나 제2차 에큐메니컬 공의회에 대해서는 한 마디도 하지 않는다. 그것은 칼케돈에서 확증된 그 공의회 법령 제3조 때문이었다. 그는 기존에는 공의회가 다만 이단을 뿌리뽑고 신앙을 바로 세우려는 목적으로만 소집되었는데, 아나톨리우스가 자신의 야심을 채우기 위해서 공의회를 이용했다고 비난한다. 그러나 성령의 영감을 받은 니케아 공의회의 법령은 아무리 위대한 교회회의에 의해서도 대체될 수 없으며, 니케아 공의회 법령과 배치되는 모든 결정들은 무효라고 주장한다. 그러면서 아나톨리우스에게 야심을 버리라고 훈계하고, "네가 가진 것을 굳게 잡아 아무도 네 면류관을 빼앗지 못하게 하라"(Tene quod habes, ne alius accipiat coronam tuam, 계 3:11)는 말씀을 상기시킨다.

---

79) Mansi, vii. p. 446-454; Harduin, ii. 639-643; Hefele, ii. 524, 525.
80) Leo, Epist. 104, 105, 106 (al. ep. 78-80). 참조. Hefele, l. c. ii. 530 sqq.

그러나 이러한 항의로 공의회의 결정을 변경할 수도 없었을 뿐더러 그 문제에 관한 그리스 교회의 입장을 바꾸어 놓을 수도 없었다. 다만 아나톨리우스가 황제의 설득을 못 이겨 레오에게 겸손한 태도로 서신을 보냈을 뿐이다. 콘스탄티노플 주교들은 자신들의 서열을 고집했고, 비잔틴 황제들이 이러한 그들의 태도를 뒷받침해 주었다. 칼케돈 공의회의 법령 제28조는 황제 유스티니아누스 1세에 의해서 「신법(新法)」(Novelle) 제131조에서 분명히 확증되었고, 트룰로 공의회(법령 제36조)에 의해서 엄숙히 재확인되있으나, 프리스카(Prisca) · 디오니시우스(Dionysius) · 엑시구스(Exiguus) · 이시도루스(Isidore)의 라틴 교회법전들에는 생략되어 있다. 시간이 지나면서 로마의 거센 비판은 사그러들었으나, 그럴지라도 이 교회법을 공식적으로 인정한 적은 한 번도 없었다. 다만 라틴 제국이 수립되고 라틴계 인물이 콘스탄티노플 총대주교로 재위하는 동안인 1215년에 인노켄티우스 3세의 주재로 열린 제4차 라테란 공의회가 콘스탄티노플 총대주교가 알렉산드리아와 안디옥 총대주교에 앞서 로마 주교에 다음 가는 서열을 차지한다고 양보한 일이 있었을 뿐이다.[81]

예루살렘 주교는 가이사랴의 수도대주교와 안디옥 총대주교와 더불어 오랫동안 경쟁을 벌인 끝에 총대주교의 직위를 얻는 데 성공했다. 그러나 그의 직위는 주로 명예에 그쳤고, 실제 권한에서는 다른 총대주교들에 훨씬 못 미쳤다. 만약 고대 예루살렘이 70년에 성벽 일부와 성문 세 개만 남는 운명에 처해지지 않았다면 가장 역사가 깊은 기독교 교회의 좌소라는 점에서 야고보 때와 마찬가지로 성직위계 조직에서 중심적인 지위를 차지했을 것이다. 그렇긴 하지만 하드리아누스 이후에 폐허 위에 재건된 아일리아 카피톨리나에 옛 도시의 영광스러운 위엄이 새로 입혀졌다. 황태후 헬레나(Helena)가 그곳을 순례하고, 황제가 그 거룩한 터에 웅장한 교회 건물들을 건립하면서, 예루살렘은 기독교 세계 전 지역에서 독실한 순례자들이 몰려드는 중요한 성지가 되었다. 그 도시의 주교는 비록 가이사랴 수도대주교보다 서열이 낮았으나, 팔레스타인에서 공의회가 열릴 때는 그와 함께(아마 부의장으로서) 공의회를 주재했다.[82] 니케아 공의회는 비록 가

---

81) Harduin, tom. vii. 23; Schr ckh, xvii. 43; Hefele, ii. 544.

82) 참조. 가이사랴의 수도대주교였던 Eusebius, *H. E.* v. 23. 그는 로마와 알렉산드리아, 안디옥뿐 아니라 예루살렘의 역대 주교들을 소개하면서, 정작 가이사랴의 역대

이사랴 수도대주교에게 종속된 그의 지위에는 아무런 변화도 가하지 않았으나, 명예에서는 다른 주교들보다 앞서는 지위를 부여했다. 적어도 이것이 짧고 다소 모호한 법령 제7조의 의미인 듯하다: "아일리아[예루살렘] 주교가 존경을 받는 것이 관례이고 오래된 전통이기 때문에, 비록 수도[가이사랴]가 자신에게 할당된 권위를 견지할지라도, 아일리아 주교도 명예로운 지위를 누리는 것이 당연하다." 두 주교 사이의 법적 관계는 오랫동안 불확실하게 남아 있다가, 제4차 에큐메니컬 공의회의 제7차 회기 때에 예루살렘 주교를 총대주교로 확정했고, 아무런 이의 없이 그에게 팔레스타인에 속한 세 개의 대교구를 관구로 할당했다.

57. 옛 로마와 새 로마의 경쟁적 총대주교들

이로써 4세기 말에 이르면 그리스 · 로마 제국의 가톨릭 교회가 5명의 협력적인 동시에 독립적인 총대주교들(동방의 네 명과 서방의 한 명)의 과두제(寡頭制) 하에 있게 된 것을 보게 된다. 그러나 주교제[감독제]가 발전하기 시작한 초창기부터 그 기저에 깔려 있던 정치 조직에 대한 모방과, 교회의 일치를 가시적이고 유형적으로 이해하려는 경향은 과두제에서 멈추지 않고 군주제까지 밀고 올라 갔는데, 이런 현상은 특히 서방에서 두드러졌다. 이제는 제국이 지리적 · 정치적으로 동방과 서방으로 단절되어서, 395년에 테오도시우스가 죽은 뒤부터 각자 여러 명의 황제들을 배출하면서 분열이 영구히 고착되었는데, 이런 상황에서는 성직위계제도에도 두 명의 수장을 기대하지 않을 수 없다. 바로 이런 현실을 옛 로마와 새 로마의 두 총대주교들에게서 확인하게 된다. 전자는 서방 곧 라틴 교회를, 후자는 동방 곧 그리스 교회를 대표했다. 이제는 이들이 어떤 권한을 가졌으며, 서로간에 어떠한 관계를 유지했는지 주의 깊게 살펴볼 것이다.

동방 교회의 조직은 정치 조직에 워낙 큰 영향을 받았던 까닭에, 황도(皇都)의 주교가 동방의 네 총대주교들 가운데 가장 강력한 권력을 차지하게 된 것은 당연한 결과였다. 앞에서 살펴보았듯이, 제2차와 제4차 에큐메니컬 공의회는 그의 실제적 우월성을 교회 차원에서 정식으로 승인했으며, 그에게 최고의 위엄을 부

____

주교들은 생략한다.

여했다. 유스티니아누스 1세 때부터 그는 더 나아가 최고 항소권을 받았으며, 에큐메니컬 총대주교라는 명예로운 칭호를 받아 오늘날까지 유지해 오고 있다.[83] 비록 교황들과 황궁 주재 교황 대사들의 끊임없는 항의를 받으면서도, 다른 총대주교들을 임명했고, 그들의 면직이나 선출을 막후에서 적지 않게 조종했으며, 기회가 있을 때마다 그들의 일에 간섭하고 자신의 수위권을 주장했다.

예루살렘 · 안디옥 · 알렉산드리아의 총대주교들은 5-6세기에 지루한 단성론 논쟁들을 거치면서 구심력을 잃고 세력이 약해졌으며, 그 뒤 622년 이후에는 이슬람교의 정복으로 말미암아 그림자 같은 신세로 전락했다. 반면에 콘스탄티노플 총대주교는 남서부와 북부에서 중요한 약진을 했으며, 한창 번성을 누리던 8-10세기에는 원래의 교구에다가 칼라브리아와 시칠리아, 일리리쿰 · 불가리아 · 러시아의 모든 대교구들을 통합했다. 비록 잦은 대지진들과 화재들을 겪기도 하고, 페르시아인들과 아랍인들, 헝가리인들과 러시아인들, 라틴인들과 터키인들에게 침공을 당했을지라도 15세기 중반까지 비잔틴 제국의 좌소이자 그리스 교회의 중심으로서의 지위를 견지했다. 하지만 콘스탄티노플 총대주교는 사실상 무리들 가운데 으뜸(primus inter pares)으로 남았을 뿐, 교황이 서방의 수도 대주교들에게 행사했던 것과 같은 지상권(至上權)을 동방의 동료 대주교들에게 행사한 적이 없었다. 고대 로마의 경쟁자처럼 전체 교회에 대한 유일한 통치권

---

83) universalis episcopus(보편적 주교)라는 칭호는 과거에는 동방의 총대주교들이 아첨으로 사용했으며, 훗날에는 로마 주교들이 그레고리우스 1세의 비판에도 불구하고 몰염치하게 사칭했다. 교황 그레고리우스 1세와 레오 9세의 진술, 즉 칼케돈 공의회가 로마 주교 레오에게 universalis episcopus를 부여했으며, 그가 그 칭호를 거부했다는 진술은 그릇된 것이다. 그 흔적은 공의회들의 법령들에서든 레오의 서신들에서든 찾아볼 수 없다. 하지만 레오가 갈리아 주교들에게 보낸 라틴어 법령에서는 다음과 같이 부풀려져 있다: "Sanctus et beatissimus Papa, caput universalis ecclesiae, Leo." 칼케돈 공의회에 참석한 교황의 대표단은 Vicarii apostolici universalis ecclesiae papae 라고 서명했는데, 이것을 그리스인들은 '교회의 에큐메니컬 주교' 라고 번역했다. 아마 이 표현에서 그레고리우스 1세의 오류가 발생한 듯하다. 교황들은 보편적인 주교나 총대주교가 되기를 원치 않고, 보편적인 교회의 아버지가 되기를 원했다. 그 이유는 전자를 취할 경우 동방 총대주교들과 같은 위치에 서게 되기 때문이었음이 의심할 여지가 없다.

을 사칭하지도 않았다. 로마 주교에 대해서 그는 평등한 권리와 협력적 위엄을 주장했을 뿐이다.

기독교 세계를 이끌어간 두 총대주교들이 벌인 이러한 긴 경쟁에서 승기를 잡은 것은 로마의 총대주교였다. 성직위계제도의 군주제적 경향이 동방보다는 서방에서 훨씬 더 강하게 나타나면서, 교회에 보편적 군주제를 재촉했다.

콘스탄티노플 총대주교는 황제의 호의와 제국 수도에 주재하는 데서 따라오는 모든 유익을 누렸다. 두 대륙을 잇는 교량의 위치에 자리잡은 새 로마는 행정과 상업과 문화의 수도로서 대단히 아름다운 천혜의 도시였다. 게다가 야만족들이 쉽게 침공하기 힘든 강한 성채였다. 우상의 신전에 의해 더럽혀진 적이 없고, 처음부터 기독교 도시로 건설되었다. 서방이 야만족의 거친 파도에 휩쓸리고 있을 때 이 도시는 학문과 예술을 보듬었다. 그리스의 언어와 문학을 잘 간직하여 중세 내내 보존했다. 터키의 침공을 받은 뒤에는 피난해 들어온 학자들에 힘입어 라틴 교회에 고전학에 대한 열정의 불을 붙였으며, 결국 그리스가 신약성경을 들고 죽음에서 일어나 종교개혁을 위한 횃불을 붙이게 되었다.

그러나 로마의 총대주교가 여전히 훨씬 더 유리한 위치에 있었다. 심지어 그리스 역사가 테오도레투스도 시인하듯이 그를 중심으로 기독교 세계 안팎의 중요한 정치적·종교적 정세가 결집되었다.[84]

우선 그의 권위는 기독교 세계 전체가 인정하듯이 단절되지 않은 계승을 통해서 사도 베드로에게까지 거슬러 올라가는 교회적·영적 기반에 토대를 두었다. 반면에 콘스탄티노플은 어떤 의미에서도 사도의 권좌(apostolica sedes)가 아니었다. 한편으로는 천도(遷都)에 의해서, 다른 한편으로는 에베소 수도대주교구에게서 탈취한 권한에 의해서 순전히 정치적인 후광에 힘입어 건설된 도시였다.[85] 따라서 레오 이후의 교황들은 자신들의 직위가 하나님께로부터 유래했다는 점과, 사도들의 군주가 온 교회에 대해 수위권을 지닌다는 점을 집중적으로 부각시켰다.

더욱이 정치적 관점에서 바라볼 때도, 옛 로마는 훨씬 더 깊고 위대한 제국의

---

84) Epist. 113, 교황 레오 1세에게 보낸 서신.

85) 사도 안드레가 고대 비잔티움에 복음을 전했다는 말은 후대에 생긴 신뢰할 수 없는 전설이다.

전통을 갖고 있었으며, 사람들의 기억에 제국의 전성기와 동일시된 반면에, 새 로마는 제국의 쇠퇴와 더불어 시작했다. 서방 제국이 야만족들의 수중에 떨어졌을 때, 로마 주교는 제국의 유일한 계승자로, 혹은 홉스(Hobbes)의 유명한 표현대로 "무덤에 앉아 왕관을 쓴, 죽은 로마 제국의 유령"으로 남았다.

또한 로마가 황궁으로부터 멀리 떨어져 있었다는 점도 성직위계제도가 모든 정치적 영향력과 음모로부터 독립된 채 발전하는 데 유리하게 작용했다. 반면에 콘스탄티노플 주교는 황세와 함께 주재하는 징치직 유익을 누리는 대가로 교회의 자유를 상당 부분 포기해야 했다. 따라서 「콘스탄티누스의 증여」(*donatio Constantini*)라는 전승이 8세기의 위조 문서임에도 불구하고 상당한 진실을 지니고 있었다. 즉, 제국의 수도가 동방으로 이전함으로써 교황이 세속 권력과 정치적 독립을 소유하는 길이 열린 것이다.

더 나아가 니케아 시대와 이후 시대에 삼위일체와 그리스도론 논쟁이 대대적으로 벌어지는 동안 교황들은 거의 흔들림 없는 범교회적 정통성과 교리적 안정을 유지한 반면에,[86] 콘스탄티노플 교구는 그리스 특유의 신학적 불안정과 논쟁 정신으로 인해 아리우스파 · 네스토리우스파 · 단성론파 등의 이단들에게 시달렸으며, 심지어 신앙의 문제들에서까지도 대체로 궁정의 가변적인 분위기를 탈피하지 못했다. 따라서 동방의 대립 파벌들조차 로마 교황에게 자문과 보호를 구하기 일쑤였으며, 그에게 판결의 기회를 넘겨준 경우가 적지 않았다. 이러한 사례들이 쌓이면서 교황의 관할권 이론에 유리한 기반을 조성해 주었다. 로마 로쿠타 에스트(Roma locuta est, 로마에서 판결이 났다)라는 표현이 최고이자 최종 판결의 성격을 띠었다. 로마는 많은 것을 터득한 대신에 사소한 것도 잊지 않았다. 완숙한 행정적 기지를 발휘하여 모든 상황을 자신에게 유리하게 돌려놓을 줄 아는 법을 배웠다.

---

86) 한 가지 예외라면 아리우스파 교황 펠릭스 2세의 짧은 재위를 들 수 있다. 그는 황제 콘스탄티우스가 355년에 리베리우스가 유배되어 있는 동안 무력으로 교황 자리에 앉힌 자로서, 일부 사가들에 의해서 불법 대립 교황으로 간주된다. 하지만 그에 관한 기록들은 크게 엇갈리며, 따라서 심지어 로마 가톨릭 사가들의 견해조차 그렇게 엇갈린다. 리베리우스도 유배에서 풀려나기 위해서 357년에 잠시 아리우스파로 넘어갔다. 후대의 또 한 가지 예외는 교황 호노리우스로서, 심지어 681년의 제6차 콘스탄티노플 에큐메니컬 공의회조차 그를 단의론(Monothelite) 이단으로 저주했다.

마지막으로, 제4차 에큐메니컬 공의회까지는 그리스 교회가 의문의 여지 없이 교회사의 주무대이자 신학의 중심지였을지라도, "제국의 별은 서쪽으로 운행한다"는 역사의 보편 법칙에 따라 미래는 라틴 교회 곧 로마 총대주교의 것이었다. 동방 교회가 내부 투쟁과 무질서로 인해서 '그 거짓 선지자'[마호메트]의 정복을 촉진한 데 반해, 로마는 과감하고도 막힘 없이 서쪽을 타개해 나갔으며, 유럽의 야만족들을 십자가의 종교로 끌어들였다.

58. 라틴 총대주교

로마 총대주교가 콘스탄티노플 총대주교에 대해서 지녔던 이러한 이점들이 동시에 교황제가 등장하게 만든 주된 요인들이었는데, 이 점에 대해서 좀 더 면밀히 살펴볼 필요가 있다.

교황제(papacy)는 의문의 여지 없이 역사의 긴 과정을 거쳐 생긴 결과이다. 이 제도가 수립되기까지 수 세기가 소요되었으며, 이 제도가 부분적으로 와해되는 데에도 이미 수 세기가 소요되었다. 명예욕과 권력욕, 심지어 노골적인 사기(詐欺)까지도 이 제도의 발전에 이바지했다.[87] 교황의 성직복 속에는 그것에 부여된

---

87) Council. Nicaen. of 325, can. 6, Rufinus의 라틴어판(Hist. Eccle. x. 6)에 수록됨: "Et ut apud Alexandrian et in urbe Roma vetusta consuetudo servetur, ut vel ille Aegypti, vel hic suburbicariarum ecclesiarum sollicittudinem gerat." suburbicariarum ecclesiarum이라는 문구는 헬라어 원문에는 없고, 4세기 말에 로마 총대주교구를 라틴 교회의 관점에서 정의한 것이다. 17세기 이래로 이 문구는 지식인들 사이에서 지리한 논쟁을 불러일으켰다. 법학자 Gothofredus와 그의 동료 Salmasius는 regiones suburbicariae를 로마 장관이 관할하는 작은 지역으로, 즉 로마 시를 포함하여 로마에서부터 백 번째 이정표까지 해당되는 직접적인 근교로 제한하여 해석한 반면에, 예수회 학자 Sirmond는 로마의 대리자가 관할하는 훨씬 더 광범위한 지역으로, 즉 캄파니아의 열 개의 도(province, 관구), 움브리아·피체눔 근교·발레리아·삼니움이 딸린 투스키아, 칼라브리아·루카니아·브루티·시칠리아·사르디니아·코르시카가 딸린 아풀리아로 확대 해석했다. 니케아 공의회의 교회법 제6조에서 로마 주교가 알렉산드리아 주교와 비교된 점은 후자쪽에 무게를 실어준다. 알렉산드리아 교구도 여러 도들로 확장되어 있었기 때문이다.

권력을 남용하려는 끈질긴 성향과 함께 인간 본성이 감추어져 있기 때문이다.
권력이 클수록 유혹도 크고, 남용도 큰 법이다. 그러나 이러한 인간의 충동 배후
에는 교회의 필요와 하나님의 계획이 놓여 있었으며, 이런 요소들이야말로 교황
이 유럽의 나라들과 민족들 위에 군림한 일과, 훗날 쇠퇴한 일을 설명하기 위한
올바른 근거가 된다.

세계와 교회의 역사의 키를 영원한 계획대로 움직여 간 하나님의 섭리는 당사
사들조차 모르는 가운데 조용하고 은밀하게 주어진 지위에 적합한 사람들을 예
비하실 뿐 아니라, 깊은 과거 속에 강력한 제도의 터를 마련해 놓으심으로써 시
대가 요구할 때 그들이 철저히 준비된 채 등장할 수 있게 하신다. 예를 들어, 로
마의 라틴 총대주교의 기원과 점진적인 발전은 중세를 내다본 것이었고, 교회가
이교도 야만족들을 순치(順治)하고 교육하는 사명을 수행해 나가는 데 필요한 외
적인 준비를 부분적으로 갖춘 것이었다. 서로마 제국을 멸망시킨 맹렬한 무리들
은 옛 문명의 폐허 위에서 자신들의 운명을 세워가야 했고, 경외를 자아내는 교
회의 권위와 확고한 성직위계적 조직에 의해서 기독교와 자유에 이르도록 훈련
을 받아야 했으며, 마침내 성년이 되어 더 이상 훈육 선생이 필요없게 되고, 그
의 구속에서 벗어나는 자리에 도달해야 했다. 교황제에 정점을 두는 피라미드
조직을 갖춘 가톨릭 성직위계제도는 종교개혁 때까지 로마인들과 게르만인들
사이에서 제 소임을 다하였으며, 그것은 유대교의 신정(神政)과 옛 로마 제국이
기독교를 위한 내면과 외면의 준비였던 것과 같은 것이었다. 이 교육의 목적을
충분히 드러낸 과정이 바로 중세사이지만, 그 토대는 벌써 우리가 다루는 시기
에 닦여 있었다.

로마 주교는 자신이 주교와 수도대주교, 총대주교, 그리고 교황 곧 온 교회의
수석 대주교라는 네 가지 직분을 구현한다고 주장한다. 처음 세 가지 직분은 모
든 교단이 그 역사적 정당성을 인정하지 않을 수 없지만, 마지막 직분에 대해서
는 그리스 교회와 개신교 교회, 그리고 가톨릭에 포함되지 않은 모든 분파들이
그에게 돌리기를 부정한다.

그의 주교구는 로마 시와 그곳에 세워진 성 요한 라테란 주교좌 성당이다. 이
성당 본당의 현관 위에는 '온 로마와 세계 교회의 어머니이자 머리'(Omnium
urbis et orbis ecclesiarum mater et caput)라는 문장이 새겨져 있어서, 성 베드로
성당보다 높은 서열을 주장한다. 그 문장은 마치 베드로가 첫째이자 가장 높은

사도가 아니며, 마지막에는 미래의 이상적 교회의 대표자인 요한의 수위권에 복종해야 했다는 인상을 준다. 전승에 따르면 황제 콘스탄티누스가 이 바실리카를 이교 시대부터 내려온 옛 라테란 궁전 곁에 건립했으며, 그 궁전을 교황 실베스터에게 주었다고 한다. 이 건물이 아비뇽 유수(幽囚) 이후에 교황들이 유서 깊은 성 베드로 성당 곁의 바티칸을 관저로 삼을 때까지 교황들의 관저 겸 공의회(라테란 공의회들) 장소로 사용되었다.

로마 주교는 수도대주교 혹은 대주교로서 인근 지역의 관구관하(管區管下, suffragan) 주교 7인(훗날 추기경 주교들이라 불림)에 대한 직접적인 관할권을 지녔다. 그 일곱 지역은 오스티아 · 포르투스 · 실바 칸디다 · 사비나 · 프라이네스테 · 투스쿨룸 · 알바눔이었다.

그는 총대주교로서 동방의 네 총대주교들과 동등한 지위에 섰으나, 관할 구역과 명예는 그들보다 훨씬 컸다. 이 문제에서는 현실이 엄존했기 때문에 이름은 그다지 중요하지 않았다. 로마 주교들은 자신들을 총대주교라 부르지 않고 교황이라 불렀는데, 그 이유는 동료 총대주교들 위에 우뚝 서기 위함이었다. 총대주교라는 직함이 과두적 권력을 가리킨다면, 교황이란 직함은 군주적 권력을 가리켰던 것이다. 그러나 동방 교회와 현대 가톨릭 사가들 가운데서는 로마 주교에게 총대주교라는 직함을 사용하는 경우도 아주 많다.

로마 총대주교구는 본래 로마 장관 대리(the Vicarius Urbis)의 정치적 지배를 받는 열 개의 '근교 대교구'를 포괄했는데, 이탈리아 중부의 상당 지역과 이탈리아 북부 전지역, 시칠리아 · 사르디니아 · 코르시카 섬들이 거기에 포함되었다.[87] 하지만 넓은 의미에서 로마 총대주교구는 로마 제국 서방 전역으로 확대되었고, 그로써 이탈리아 · 갈리아 · 스페인 · 일리리쿰 · 브리타니아 남부 · 아프리카 북서부를 포괄했다.[88]

---

88) 제국의 정치적 판도에 따르면, 5세기의 로마 총대주교구는 세 개의 장관구로 구성되었고, 이 장관구들은 다시 8개의 장관 대리 관할구(diocese)와 69개의 도(province)들로 분할되었다. 그것을 좀 더 자세히 소개하자면 이와 같다: (1) 이탈리아 장관구 – 세 개의 장관 대리 관할구인 이탈리아 · 일리리쿰 · 아프리카를 포괄함; (2) 갈리아 장관구 – 갈리아 · 스페인 · 브리타니아의 장관 대리 관할구를 포괄함; (3) 일리리쿰 장관구 – (이것을 이탈리아 장관구에 속한 일리리쿰 도와 혼동해서는 안 됨) 이 지역은 379년 이후에 동방 일리리쿰으로 서방 제국으로부터 갈라졌으나, 교회 행

로마 주교는 처음부터 공식적인 의미에서의 유일한 라틴 총대주교였다. 그가 교회적인 면에서 이렇게 라틴 교회의 유일한 수장이 될 수 있었던 이유는 로마가 서방의 유일한 사도좌(sedes apostolica)였기 때문이다. 이에 반해 그리스 교회는 세 개의 총대주교구와 에베소 · 데살로니가 · 고린도 같은 여러 주교구들이 사도좌의 명예를 분점했기 때문이다. 또한 그는 정치적으로도 홀로 설 수 있었던 이유는 로마가 서방의 유일한 수도였기 때문이다. 이에 반해 동방에는 콘스탄티노플 · 알렉산드리아 · 안디옥이라는 3개의 제국 수도가 있었다. 따라서 아우구스티누스는 종교적 관점에서 글을 쓰면서, 한 번은 교황 인노켄티우스 1세를 '서방 교회의 통치자'라고 불렀다.[89] 그리고 황제 유스티니아누스는 「신법」(Novelle) 제109조에서 정치 판도를 근거로 전 세계의 교회 분포를 언급하면서 이미 알려진 다섯 개의 총대주교구만을 언급하며, 따라서 서방의 경우에는 한 개의 총대주교구만을 언급한다. 에큐메니컬 공의회들의 법령들도 서방에 로마 이외의 총대주교구를 언급하지 않으며, 로마가 동방 교회가 서방 교회와 의견을 주고받는 유일한 통로였다. 4-5세기의 대규모 신학 논쟁들에서 로마 주교는 한결같이 라틴 기독교 세계의 대표이자 기관으로 나타난다.

더욱이 당시 서방의 모든 정통 교회는 아리우스파 고트족들 · 반달족 · 수에비족과 대립하면서 정치적으로 혼란에 빠져 있었기 때문에 공동의 구심점을 중심으로 결속하고, 중심적 권위자의 강력한 보호를 받는 것이 초미의 관심사였다. 이 구심점을 세계 수도의 사도적 교회 이외에는 다른 데서 찾을 수 없었다. 로마 주교들이 거의 모든 중요한 교리나 권징의 문제들에 대해서 자문을 받았다. 4세기 말 이후에는 이들이 서방 주교들에게 답서와 목회 서신들, 교령(敎令) 서신들을 발행했으며,[90] 이 공문들을 통해서 자신들에게 의뢰된 질문에 답하되, 처음에는 아버지의 조언과 같은 어조를, 다음에는 사도적 권위를 띤 어조를 사용하여 그동안 자유로운 견해에 맡겨졌던 것을 법으로 확정했다. 현존하는 최초의 법령

정 구역으로는 로마에 남았고, 두 개의 장관 대리 관할구인 마케도니아와 다키아를 포괄했다.

89) *Contra Julianum*, lib. i. cap. 6.

90) 교령(敎令), Epistolae decretales. 이 용어는 Gieseler와 그 밖의 학자들에 따르면 500년경에 decretum Gelasii de libris recipiendis et non recipiendis라는 문서로 최초로 등장했다고 한다.

은 교황 시리키우스(Siricius)가 385년에 스페인 주교 히메리우스(Himerius)에게
보낸 서신으로서, 사제의 독신을 법으로 강제하는 내용이었으며, 따라서 분명히
사도적 제도와 거리가 먼 것이었다. 그러나 이 서신에서 시리키우스는 자신의
전임자 리베리우스(Liberius)가 이미 공포했던 '일반 교령'(generalia decreta)에
호소한다. 같은 방식으로 로마 주교들은 314년의 아를 교회회의 같은 서방의 총
공의회 혹은 총대주교구의 공의회들을 거듭해서 소집했다. 6-7세기 이후에 그
들은 살로나 · 라벤나 · 메시나 · 시라쿠사 · 팔레르모 · 아를 · 오튕 · 세비야 · 니
코폴리스(에피루스의) · 캔터베리의 대주교들과 수도대주교들에게 그들의 우월
한 관할권의 증표로서 팔리움(pallium, 영대)을 하사했다.

59. 라틴 총대주교직에 관한 투쟁과 대결

그러나 이러한 총대주교로서의 권한이 서방 전역에서 처음부터 획일적인 정
도로 인정된 것은 아니었다. 6세기 후반에 이르기 전까지는 로마 주교가 위에 언
급한 정도의 권한을 차지하지 못했다.[91] 그것은 성경에 기록된 신앙 조항처럼 처
음부터 만대를 위해 고정된 신적 제도가 아니라, 긴 역사 과정의 결과였으며, 섭
리의 인도하에 인간이 세운 교회의 행정적 제도였다. 다음과 같은 움직일 수 없
는 사실들이 그 증거로 존재한다:

첫째로, 심지어 이탈리아에서도 우리가 다루는 시대에 이르기까지 여러 수도
대주교들이 로마와 그 밖의 모든 관할권으로부터 독립된 자신들의 수장권을 주
장했다. 밀라노의 대주교들은 자신들의 교회의 역사를 사도 바나바로 거슬러 올
라가 잡았기 때문에 6세기 후반에 이르기까지는 교황과 아무런 접촉도 하지 않
았고, 교황의 팔리움을 받지 않은 채 주교를 임명했다. 그레고리우스 1세가 롱고
바르드족이 약탈을 자행하는 동안인 593년에 그곳에서 총대주교로서의 권한을

---

91) 이 점은 Hefele도 인정한다(i, 383 sq.): "하지만 로마 주교가 모든 곳에서, 즉 서
방 전역에서 총대주교로서의 충분한 권한을 행사한 것은 아니었다. 즉, 여러 대교구들
에서는 주교를 임명할 때 그의 협조를 받지 않았다." 단순히 주교뿐 아니라 수도대주
교를 임명할 때도 그러했다.

행사하려고 했던 최초의 로마 주교였다. 그는, 출교[파문]를 당한 뒤 자신에게 항소한 장로를 복권시켰다.[92] 아퀼레이아의 수도대주교들은 복음서 저자 마가에게로 거슬러 올라간다고 본 자신들의 역사와, 콘스탄티누스 대제가 자신들의 도시를 베네티아와 이스트리아의 수도로 격상시킨 사실을 근거로 밀라노와 경쟁하고 심지어 로마와도 경쟁했으며, 자신들을 '총대주교들'이라고 부르면서 대 그레고리우스 때조차 교황의 관할권에 복종하기를 거부했다.[93] 마찬가지로 라벤나 주교도 황제 호노리우스가 그 도시를 자신의 주재지로 선정한 408년 이후부터 14개가 넘는 주교구에 관할권을 행사하는 강력한 수도대주교가 되었다. 그럴지라도 그는 대 그레고리우스에게 팔리움을 받았으며, 주교 임명도 로마 주교의 손에 의탁했다.[94]

전통적으로 사도 교구를 존중해온 북아프리카의 주교들은 5세기 초에는 키프리아누스의 정신에 따라 로마의 간섭과 침해에 거듭 반대했고, 심지어 내부의 논쟁을 해외의 법정으로 가져가 항소하는 행위를 출교의 벌로써 금지하기까지 했다. 이에 관련된 사례가 있는데, 그것은 시카의 장로 아피아리우스(Apiarius)가 아우구스티누스의 제자이자 친구인 주교 우르바누스에 의해서 여러 가지 죄목으로 면직을 당한 뒤에 로마에 항소한 사건이었다. 이에 대해서 418년에 교황 조시무스가, 424년에 교황 첼레스티노가 각각 나서서 그를 복권시키기 위한 노력을 기울였다. 이 사건에서 우리는 교황들이 명백히 무자격한 사제를 두둔하기 위해서 흔쾌히 개입함으로써 지역 교회의 권징 체계를 무너뜨리고, 결국 자신의 수위권만을 챙기는 모습을 보게 된다. 아프리카인들은 니케아 교회법 원본을 표준으로 삼았으며(교황 조시무스는 그것 대신에 니케아 공의회가 규정하지 않은 로마의 항소 처리권에 관한 사르디카 부록으로 대체했다), 어떠한 대교구에도 공정한 판결을 내리는 데 필요한 성령의 은사가 반드시 있다는 점과, 성령께서 주교 개인뿐 아니라 대교구 전체에도 영감을 베푸실 수 있다는 점을 교황에게

---

92) 참조. Wiltsch, i. 234.

93) 참조. 그레고리우스 1세, Epist. l. iv. 49; and Wiltsch, i. 239 sq. 아퀼레이아 수도대주교구에는 베로나 · 트리덴툼(트렌트) · 아이모나 · 알티눔 · 토르첼룸 · 폴라 · 첼리나 · 사비오나 · 포룸 율리 · 벨루눔 · 콘코르디아 · 펠트리아 · 타르비시움 · 비첸티아 같은 주교구들이 속했다.

94) Baron. Ann. ad ann. 433; Witsch, i. 69, 87.

주지시켰다. 아피아리우스의 항소건에서 마지막으로 제작된 문서는 424년에 (제 20차) 카르타고 공의회가 교황 첼레스티노 1세에게 작성한 다음과 같은 취지의 서신이다:[95] "

아피아리우스는 새로운 재판을 요구했고, 그가 범한 큰 비행들이 그로써 낱낱이 밝혀지게 되었습니다. 재판을 지켜본 교황 특사 파우스티누스는 아주 거친 태도로 이 사람을 아프리카 교회의 사귐에 다시 받아들일 것을 요구했습니다. 그가 교황에게 항소했고, 교황이 그를 사귐에 받아들였다는 것이 그 이유였습니다. 그러나 이런 일이란 결코 있어서는 안 될 일이었습니다. 마침내 아피아리우스가 자신의 모든 죄상을 실토했습니다. 이후로는 교황이 더 이상 아피아리우스처럼 아프리카에서 로마로 오는 사람들의 항소를 기꺼이 받아줄 수도 없고, 니케아 공의회가 규정한 대로(교회법 5조) 주교든 사제든 출교를 당한 자를 교회의 성찬(사귐)에 받아들일 수도 없습니다. 로마에 항소하겠다는 생각은 아프리카 교회의 권위를 짓밟는 것이며, [조시무스와 그의 특사들이] 니케아 교회법이라고 하면서 제시한 것은 니케아 교회법이 아니고, 콘스탄티노플과 알렉산드리아에서 받아들여온 니케아 교회법 정본들에서 발견할 수 없습니다. 그러므로 교황은 이제 더 이상 아프리카에 판사들을 보내서는 안 되며, 아피아리우스가 그의 죄목들로 인해서 이미 출교를 당했기 때문에 교황은 아프리카 교회가 더 이상 교황 특사 파우스티누스의 간섭에 복종할 것을 기대해서도 안 됩니다. 주 하나님께서 교황을 길이 지키시기를 바라며, 교황이 아프리카인들을 위해서 기도해 주시기를 바랍니다."

펠라기우스 논쟁이 벌어졌을 때 유약한 조시무스는 처음에는 전임자 인노켄티우스의 판결을 뒤엎고 이단을 지지하는 발언을 했다가 아프리카인들에게 사직을 강요받기까지 했다. 북아프리카 교회는 라틴 교부들 가운데 가장 위대한 지도자인 성 아우구스티누스의 지도하에 이 입장을 견지했는데, 아우구스티누스는 다른 점들에서는 누구보다도 가톨릭 체제 확립에 이바지한 신학자 겸 주교였다. 하지만 북아프리카 교회는 반달족의 침공을 받고서 자신들의 약함을 절감하고는 처음으로 로마의 관할권에 복종했다. 레오(440-461 재위)는 로마 교구가

---

95) Mansi, iii. 839 sq.

96) Epist. 87; Mansi, vi. 120.

유럽을 넘어서서 지상의 다른 지역에까지 확장될 수 있었던 것을 자랑한 최초의 교황이었다.[96] 그와 대 그레고리우스는 말대꾸를 허용하지 않는 아버지의 권위를 가지고 아프리카 주교들에게 서신을 보냈다.

스페인은 북아프리카에 비하면 처음부터 교황들에게 우호적이었다. 그곳의 정통 신앙 진영의 주교들은 5세기에 아리우스파 반달족·수에비족·알라니족에게 심한 압박을 받았고, 그 직후에는 고트족들에게 압박을 받는 바람에 로마 주교에게 자문과 보호를 구하지 않을 수 없었으며, 로마 주교는 자신을 위해서 항상 그들에게 자문과 보호를 제공했다. 앞에서 살펴보았듯이 일찍이 385년에 교황 시리키우스가 스페인 주교에게 보내는 교령(敎令) 서신을 발행했다. 레오가 아스투리카의 주교 투리비우스와 갈리아와 스페인의 주교들에게 보낸 서신들에서도 교황의 권위가 똑같이 묻어난다. 교황 심플리키우스(467–483)는 세비야의 주교 제노를 교황 대리로 임명했으며, 대 그레고리우스는 아버지의 어조로 쓴 서신과 함께 세비야 주교 레안데루스(Leander)에게 팔리움을 하사했다.[97]

갈리아에서는 레오가 아를의 대주교 힐라리우스 건에 대해서 로마의 관할권을 관철시키는 데 성공했다. 물론 그 과정에서 반발도 없지는 않았다. 그 사건은 갈리아 교회의 관점과 교황지상주의(ultramontane)의 관점에서 서로 다르게 전해진다.[98] 힐라리우스(Hilary, 403–449)는 수사로서 엄격한 수도 생활을 해나가다가 타의에 의해서 억지로 주교가 된 인물로서, 탁월한 웅변가이자 왕성한 활동을 벌인 고위 성직자였다. 로마의 지나친 주장들에 대항하여 갈리아 교회의 자유를 최초로 옹호했으나, 본인 자신이 성직위계제도에 따른 야심을 떨쳐버리지 못한 채 브장송에서 열린 교회회의(synodus Vesontionensis)에서 그 도시의 주교 첼리도니우스(Celidonius)를 면직시켰다. 면직 사유는 그가 주교 임명을 받기 전

---

97) Greg. Ep. i. 41; Mansi, ix. 1059. 참조. Wiltsch, i. 71.

98) 이 차이는 대 레오의 저서들에 대한 상이한 두 편집본들에 나타난다. 한 권은 갈리아인이자 얀센주의자 Pasquier Quesnel(1681년에 추방되어 1719년에 브뤼셀에서 죽음)의 편집본이다. 아를의 힐라리우스의 저서들과 그에 대한 변호의 글을 싣고 있는 이 문헌(Par. 1675, in 2 vols)은 1676년에 금서목록 성성(the Congregation of the Index)에 의해서 단죄를 당하고, 심지어 읽는 것조차 금지되었다. 다른 한 권은 Ballerni 형제가 작성한 편집본으로서, 전자에 대항하여 등장했으며(Ven. 1755–1757, 3 vols.), 이탈리아의 교황지상주의 진영의 시각을 대표한다.

에 미망인과 결혼을 했고, 형법 법정에서 판사로 임석하여 사형 언도를 내렸다
는 것이었다. 이런 행위들은 당시 교회법에 따르면 주교직에 오르지 못할 사유
였다. 그런데 힐라리우스의 조치는 브장송이 속한 비엔 대교구에 대한 명백한
권리 침해였다. 실제로 28년 전인 417년에 교황 조시무스가 7개의 대교구의 수
도인 아를의 주교를 임명하면서 그를 갈리아의 교황 대리로 삼고, 그에게 중대
한 문제들(causae majores)을 제외한 일반 문제들에 한하여 비엔과 제1·2나르본
대교구에 대해 수도대주교의 권한을 부여한 바 있었다. 하지만 비엔과 나르본,
마르세유의 수도대주교들은 이 조치를 받아들이지 않았고, 후임 교황들은 이런
현실을 감안하여 기존의 수도대주교들을 다시 인정하는 것이 최상책이라고 판
단했다.[99]

　첼리도니우스는 힐라리우스의 행위를 바로잡아달라고 교황 레오에게 항소했
다. 레오는 455년에 로마 교회회의(concilium sacerdotum)를 소집했고, 한겨울에
맨발로 로마로 달려온 힐라리우스가 교황에게 상황을 충분히 납득시키는 데 실
패하자 첼리도니우스를 주교로 복권시켰다. 오히려 교황은 직접 혹은 간접으로
힐라리우스를 옥에 가두게 했으며, 그가 탈옥하여 갈리아로 도피하자 그를 로마
교회와의 사귐에서 잘라내고, 한때 일시적으로 아를의 주교에게 부여했다가 보
다 나은 판단에 따라 다시 거두었던 비엔 교구에 대한 모든 특권들을 그에게서
박탈했다. 교황은 다른 수도대주교들의 권리를 침해한 죄와, 무엇보다도 지극히
복된 베드로의 수위권에 복종치 않은 죄로 힐라리우스를 고소했으며, 더 나아가
"누구든 사도 베드로의 수위권을 침해하는 자는 그 교만 때문에 사도의 위엄을
훼손하게 마련이므로 지옥에서 자멸하게 된다"고까지 말했다.[100]

　그가 힐라리우스를 주교직에 그대로 남겨둔 것은 특별히 배려한 것이었다. 하

---

99) 참조. Bonifacii I Epist. 12 ad Hilarium Narbon. (not Arelatensem), A.D. 422, in
Gieseler, p. 219. 여기서 보니파키우스는 니케아의 원칙, 즉 각 수도대주교가 하나의
대교구만을 다스려야 한다는 원칙에 찬성한다. Greenwood는 이러한 변화를 간과한
채 조시무스의 임명을 근거로 힐라리우스를 전적으로 두둔한다. 그러나 조시무스의
임명이 정당했을지라도, 주교의 면직은 여전히 중대한 문제들에 해당하는 문제였으므
로, 힐라리우스가 교황 대리로서 그 문제를 교황에게 제출하여 재가를 받았어야 옳았
다.

100) Leo, Epist. 10 (al. 89) ad Episc. provinciae Vienensis. 이것은 참된 기독교의 관
점을 얼마나 두렵게 곡해한 것인가!

지만 교황 레오는 이것으로 만족하지 않고 세속 권력에 도움을 청하여, 서방의 유약한 황제 발렌티니아누스 3세에게 갈리아의 군사령관 아이티우스 명의의 칙령을 이끌어냈다. 레오의 요구를 거의 그대로 수용한 이 칙령은 온 세계(universitas)가 로마 주교를 감독자 겸 통치자로 인정한다는 것과, 힐라리우스든 다른 어떤 주교든 그의 명령을 거역할 수 없다는 것, 그리고 갈리아의 주교들이든 다른 지역의 주교들이든 유서 깊은 관습을 거슬러 영원한 도성의 교황의 권위를 무시한 채 어떤 일도 할 수 없다는 것, 그리고 교황의 모는 법령들이 법석 효력을 갖고 있다는 것이 그 골자였다.

레오가 갈리아 교회들에게 보낸 서신과, 황제의 칙령은 영적 권력과 세속 권력이 제한 없는 주권을 추구하느라 방어적이면서도 공세적인 동맹을 결성한 최초의 예를 제시한다. 하지만 그 칙령은 기껏 발렌티니아누스의 권위가 통하는 서방에서만 효력을 발휘할 수 있었다. 사실상 힐라리우스와 그의 후임자들까지도 레오의 태도에도 불구하고 자신들이 교황 조시무스에게서 받았고, 후임 교황들에게 확증받은 특권을 주장했다.[101] 이것을 넘어서는 대립의 쟁점은 알려지지 않는다. 아를의 힐라리우스는 우리가 아는 한 로마와 공식적으로 다시 화해하지 않은 채 모든 이들의 존경과 사랑을 받는 상태에서 449년에 숨을 거두었다. 그리고 교황과 화해하지 않았음에도 불구하고 로마의 달력에 자신과 대립한 레오에 의해서 성인으로 등재되었다. 레오가 이 논쟁에서 힐라리우스를 대단히 엄격하고 단호하게 몰아부친 것이 사실이지만, 그럴지라도 중요한 점은 그가 주교들에 대한 수도대주교들의 권력 잠식을 막기 위해서 주교들의 항소권을 확고히 견지했다는 점이다. 교황의 독재가 때때로 고위 성직자들의 독재를 제어하는 건강한 역할을 수행했던 것이다.

로마 주교들은 갈리아 북부와 그다지 빈번히 접촉하지 않았다. 그럴지라도 이 지역에서도 4−5세기에 자체의 관할권을 주장하여 뜻을 관철시킨 사례들이 생겼다.

초창기 브리타니아 교회는 처음부터 매우 고립된 지위에 있다가, 5세기 중반 무렵에 이교도들인 앵글로색슨족의 침공에 밀려 웨일스 · 콘월리스 · 컴벌랜드

---

101) 교황 비길리우스(539−555), 펠라기우스(555−559), 대 그레고리우스는 아를의 대주교에게 팔리움 외에도 교황 대리의 지위까지 수여했다. 참조. Wiltsch, i. 71 sq.

와 그 밖의 훨씬 더 고립된 섬들로 밀려났다. 대 그레고리우스 때 앵글로색슨족
이 기독교로 개종하기 전까지는 잉글랜드와 로마 사이의 정규적인 관계도 이루
어지지 않았다.

마지막으로, 로마 주교들은 동쪽으로 권력을 확장하여 일리리쿰 동부의 장관
관할구(praefecture)를 자신들의 세력권에 포함시키는 데도 성공을 거두었다. 일
리리쿰은 원래 서방 제국에 속했고, 아리우스 논쟁이 전개되는 동안 내내 니케
아 신앙에 충실히 남았으며, 그 신앙을 옹호하기 위해서 자진해서 로마에 귀속
되었던 것이다. 379년에 황제 그라티아누스가 일리리쿰 동부를 동방 제국에 병
합시켰을 때도, 그 지역의 주교들은 기존의 소속을 포기하기를 거부했다. 교황
다마수스는 데살로니가의 수도대주교 아콜리우스(Acholius)에게 교황 대리 겸
새 장관 관할구에서의 총대주교 권한을 부여했다. 콘스탄티노플 총대주교도 나
름대로 이 지역을 자신의 교구로 끌어들이기 위해서 거듭 노력을 했으나 성과를
거두지 못했다. 535년에 유스티니아누스는 이 지역을 새로운 교구로 조직하고,
프리마 유스티니아나(혹은 자신의 출신 도시인 아크리다)에 독립된 총대주교구
를 설치했다. 그러나 이러한 인위적인 혁신은 아무런 실질적 효과도 거두지 못
했으며, 그레고리우스 1세가 일리리쿰 주교들과 활발한 접촉을 회복시켰다. 그
러다가 8세기에 이르러서 이사우리아 출신 황제 레오가 즉위하면서 비로소 일리
리쿰 동부가 로마 교구에서 단절되어 콘스탄티노플 총대주교구에 편입되었다.

60. 교황제

마침내 로마 주교는 자신의 지위가 신적으로 제정되었다는 주장과, 자신이 사
도들의 군주인 베드로의 계승자라는 주장에 근거하여, 자신이 세계 교회의 수장
이며, 기독교 세계의 보이지 않으시는 최고의 수장이신 그리스도의 가시적 대표
자라고 주장하고 나섰다.

올바로 말하자면 이 주장은 한 번도 충분히 인정을 받은 적이 없고, 오늘날까
지 교회사에서 불화의 씨앗으로 남아 있다. 그리스 기독교 세계는 그 주장을 한
번도 인정한 적이 없으며, 라틴 기독교 세계도 다양한 저항을 내놓다가 결국 종
교개혁이 일어났으며, 그 결과 기독교 세계의 가장 중요한 지역들이 교황제에서

영구히 벗어났다. 로마교 제도의 근본적인 오류는 교황제와 교회를 동일시하고, 그 입장을 일관되게 견지하기 위해서 개신교뿐 아니라 동방 교회 전체에 대해서도 교회의 지위를 인정하지 않는 것이다. 니케아-콘스탄티노플 신조의 "하나의 거룩한 보편적 사도적 교회"(una sancta catholica apostolica ecclesia)란 보편적 그리스도인들의 전체 집단, 즉 로마 교회(ecclesia Romana)가 알렉산드리아·안디옥·예루살렘·콘스탄티노플의 교회들과 마찬가지로 가장 유력한 가지들 가운데 하나로 존재하는 집단으로 이해함이 마땅하다. 교황제 개념과 교회에 대한 교황의 보편적 주권 주장은 물론 우리가 다루는 시기 이전부터 분명히 제기된 것이 사실이지만, 그렇다고 해서 서방의 범위를 넘어서까지 통하지는 못했다. 결과적으로 교황직은 역사적 사실로서 혹은 지금까지 인정되어온 한도에서 절대 군주제로 치달아온 라틴 총대주교직에 다름 아니다.

교황제 옹호자들은 이 제도의 토대를 수도대주교와 총대주교의 경우처럼 단순히 교회의 관습에 두지 않고 신적인 권리에 둔다. 그리스도께서 "너는 베드로라. 내가 이 반석 위에 내 교회를 세우리니"(마 16:18)라는 유명한 말씀으로 베드로에게 부여하신 특별한 지위에 교황제의 토대를 두는 것이다. 그들은 역사 대대로 이 구절을 교황제를 뒷받침하는 움직일 수 없는 해석학적 바위로 받아들였다. 교황들 본인들도 자신들의 지위가 교회의 가시적이고 무류(無謬)한 중추적 권위를 지닌 신적 제도라고 주장할 때 이 구절을 중요한 증거로 삼아온 경우가 허다하게 많았다. 이 견해에 따르면 머리가 몸에 앞서듯이, 수위권이 사도권에 앞서는 셈이다.

그러나 첫째로, 베드로가 이렇게 부각되었다고 해서 다른 사도들의 독립성에 조금이라도 영향을 준 것은 아니다. 특히 바울은 자신의 서신서들과 사도행전의 명백한 증거가 나타내듯이 철저히 독자적인 권위에 의존했으며, 심지어 안디옥에서는 베드로를 비판하는 강한 입장을 취했다. 둘째로, 베드로의 개인적 지위가 로마 주교의 수위권으로 연결되려면 두 가지 증거가 있어야 한다. 먼저 베드로가 실제로 로마에서 사역했느냐 하는 것이고, 다음에는 그가 자신의 특권들을 그 도시의 주교에게 이양했느냐 하는 것이다. 앞의 사실은 초기 교회의 보편적 전승의 뒷받침을 받는다. 당시에는 아무도 그 점을 의심하지 않았다. 그러나 취약점도 없지 않은데, 그것은 성경에 그 점과 관련한 뚜렷한 증거가 없다는 것과, 신약성경 자체에 나타난 더욱 뚜렷한 증거로는 바울이 로마에서 사역을 했고,

그가 그리스도 이외의 다른 어떤 상위 권위에 대해서 열등하거나 종속된 지위에 있지 않았다는 것이다. 다음으로, 두번째 추정, 즉 로마 주교들에게 수위권을 이양했을 것이라는 추정은 역사적 근거도 없고 해석학적 근거도 없으며, 단순히 어떤 직위를 계승하는 자가 전임자의 공식적 특권들을 모두 물려받는다는 원리를 토대로 추론한 것에 지나지 않는다. 그러나 교황 이론이라는 사슬을 하나로 이어주는 이 두 가지 연결고리들을 사실로 인정한다 치더라도 여전히 두 가지 큰 문제가 남는다. 첫째는 로마 주교가 과연 베드로의 유일한 계승자인가, 아니면 이 명예를 베드로 자신이 한때 거하며 사역했던 예루살렘과 안디옥 주교들과 나누어 갖는가 하는 문제이다. 둘째는 그 수위권이 전 세계 교회에 대한 최고의 관할권에 해당하는가, 아니면 동등한 권위와 계급을 지닌 총대주교들 사이의 명예로운 수위권에 불과한가 하는 문제이다. 전자는 로마의 견해였고, 후자는 그리스의 견해였다.

아프리카 주교 키프리아누스(258년 순교)가 마태복음 16장의 그 구절을 순진한 의도로, 훗날 자신의 견해가 남용될 것을 의심하지 않은 채 교황제의 해석에 최초로 대입하고, 항구적인 베드로 권좌(cathedra Petri) 사상을 이끌어낸 장본인이다. 하지만 이런 이론을 제시한 그가 동시에 주교의 동등권과 독립성을 강조했으며, 훗날에는 구체적으로 이단 세례의 유효성에 관한 교리 논쟁이 벌어졌을 때 교황 스테파누스를 과감하게 비판하고, 죽을 때까지 이 점을 줄기차게 항의했다는 점을 잊어서는 안 된다.[102]

61. 교부들의 견해

베드로와 그 계승자들의 수위권에 관한 교부들의 발언은 비록 로마의 관점에서 작성한 것이긴 하나 Rev. Jos. Berington과 Rev. John Kirk의 저서에 종합적으로 수집되어 있다: *The Faith of Catholic confirmed by Scripture and attested by the Fathers of the first five centuries of the Church*, 3d ed., London, 1846, vol. ii. p. 1–112. 참조. Prof. Ferd. Piper의 논문 *Rome, the Eternal city*, in the

---

102) 참조. 제1권, § 110.

Evang. Jahrbuch for 1864, p. 17-120. 이 논문은 영원한 도성(urbs aeterna)이라는 주장에 대한 교부들의 견해와, 그 도시가 겪은 다양한 운명들을 소개한다.

이제는 4-5세기 교부들 가운데서 교황제 개념이 어떻게 전개되었는가 살펴보고자 한다. 그 시대의 교부들은 베드로가 다른 사도들에 대해서 일정한 수위권을 지녔음을 인정하고, 그리스도의 신성을 고백했다는 점에서 그를 교회의 토대로 산주하는 셈에서 대체로 일치한다. 반면에 그들은 그리스도를 가장 숭임한 의미에서 교회의 신적 토대이자 반석이라고 가르쳤다. 그리고 바로 여기에 그들이 마태복음 16:18의 페트라를 어떤 때는 베드로 개인에게, 어떤 때는 그의 신앙고백에, 어떤 때는 그리스도께 결부짓는 명백한 자기 모순을 해결할 실마리가 있다. 당시에는 주교들 일반이 사도들의 계승자들로 간주되었던 까닭에, 교부들은 베드로가 로마에서 순교했다는 유서 깊은 전승을 토대로 로마 주교가 베드로의 계승자이자 수위권의 상속자라고 보았다. 그러나 이 수위권의 성격과 특권들에 관한 그들의 견해는 매우 불분명하고 다양했다. 반석을 그리스도께 적용하는 해석은 특히 아우구스티누스가 매우 진지하게 옹호한 것으로서, 심지어 중세의 가장 위대한 교황인 그레고리우스 7세조차 황제 루돌프에게 보내는 면류관에 새긴 유명한 문구로써 이 해석을 인정했다: "페트라[즉, 그리스도]가 베드로[즉, 사도]에게, 페트루스[교황]가 루돌프에게 왕관을 수여하다."[103]

니케아 이전 교부들뿐 아니라 니케아 이후 교부들까지도 비록 로마 교구를 존경심을 가지고 대했음에도 불구하고 영원한 도성(urbs aeterna)이라는 로마의 이교적 명칭을 요한계시록 17:3의 붉은 빛 짐승(참람된 이름들이 가득한)을 탄 여자와 관련지음으로써 참람한 것으로 간주했다는 것을 주목할 필요가 있다. 교부들 사이의 지배적인 해석은 로마와 로마 제국이 적그리스도의 등장과 주님의 재림 이전에 멸망한다는 것이었던 듯하다.[104]

1. 라틴 교부들의 견해.

---

103) Baronius, *Annal. ad. ann.* 1080, vol. xi. p. 704.

104) 그렇게 가르친 대표적인 교부들은 이와 같다: 크리소스토무스, ad 2 Thess. ii. 7; Hieronymus, Ep. cxxi. qu. 11 (tom. i. p. 880 sq.); Augustine, *De civit. Dei*, lib. x x. cap. 19.

키프리아누스의 사상은 주로 북아프리카에서 발전했고, 이 지역에서 최초로 교황제 사상이 발표되었다.

밀레비의 주교 옵타투스는 384년경에 도나투스파를 비판한 저서를 쓴 저자로서, 키프리아누스와 마찬가지로 '교회의 가시적 통일' 사상을 확고히 견지했고, 그것을 최고선으로 주장했으며, 움직일 수 없는 베드로의 권좌(cathedra Petri)를 그 사상의 가장 안전한 보장으로 이해했다. 베드로에 관해서는 사도들의 수장이요 천국 열쇠를 지닌 사람으로서, 한때 그리스도를 부인했음에도 불구하고 다른 사도들과 꾸준히 관계를 유지함으로써 교회의 통일성이 인간의 어떠한 공격에도 노출되지 않는 불변의 외적인 사실로 나타날 수 있게 한 인물로 보았다. 이 모든 특권들이 이 사도의 계승자들인 로마 주교들에게 전승되었다고 보았다.[105]

밀라노의 암브로시우스(397년 죽음)는 로마 교회를 대단히 높게 평가하며, 그 도시의 주교에게 마치 이교 로마의 황제들이 지녔던 정치적 권한과 같은 종교적 통치권을 인정한다.[106] 그럼에도 불구하고 베드로의 수위권을 다만 "명예가 아닌 신앙고백의, 서열이 아닌 믿음의 수위권"이라고 부르며,[107] 사도 바울을 베드로와 동등한 지위에 둔다.[108] 처음 여섯 세기 동안에 암브로시우스나 그 밖의 밀라노 주교들이 로마의 관할권에 종속되었음을 보여주는 사례는 발견되지 않는다.

라틴 교부들 가운데 가장 학문이 높았던 주석가 제롬(419년 죽음)은 페트라를 설명하는 대목에서 일관된 태도를 보이지 못한다. 어떤 때는 아우구스티누스처럼 그 단어를 그리스도에 관련짓는가 하면,[109] 다른 때는 베드로와 그의 신앙고백에 관련짓는다.[110] 마태복음 16장 주석에서는 그 두 해석을 다음과 같이 연결한다: "그리스도께서 사도들에게 빛을 비춰주셨듯이, 사도들도 그리스도를 따라서 세상의 빛이라 불렸으며, 그들이 주님에게 다른 칭호들을 받았듯이, 시몬은 바위이신 그리스도를 믿었기 때문에 베드로라는 이름을 받았으며, 베드로라는 이

---

105) *De schismate Donatistarum*, lib. ii. cap. 2, 3, and l. vii. 3. 이 저서는 Siricius가 로마 주교일 당시에, 그러니까 384년경에 집필되었다.

106) Ambr. Sermo ii. in festo Petri et Pauli.

107) *De incarnat. Domini.* c. 4.

108) *De Spiritu S.* ii. 12.

109) Hieron. in *Amos*, vi. 12.

110) Adv. Jovian. l. i. cap. 26 (in Vallars. ed., tom. ii. 279).

름에 부합하게 '내가 이 반석 위에 내 교회를 세우리니' 라는 말씀을 들었다."

제롬은 로마 주교가 베드로의 계승자임을 인정하지만, 다른 곳에서는 주교들의 동등한 권리를 옹호하며,[111] 심지어 주교직이 직접적인 신적 제도에서 유래한 것이 아니라, 교회의 관례와 장로들의 의장직에서 유래한 것이라고 이해한다.[112] 그러므로 그는 기껏해야 명예상의 수위권을 뒷받침할 만한 증인으로 인용될 수 있을 뿐, 관할권상의 수위권을 뒷받침하는 증인으로는 인용할 수 없다. 심지어 그는 로마 주교의 권위를 가장 강하게 옹호한 글인 친구 교황 디마수스에게 보낸 서신(376)에서조차 명예상의 수위권의 선을 넘지 않는다: "로마 수장의 야심을 버리시오. 나는 어부의 계승자이자 십자가의 제자와 더불어 말하고 있습니다. 그리스도 이외의 다른 머리를 따르지 않는 나는 당신의 거룩함과 더불어, 즉 베드로의 권좌와 더불어 신앙의 사귐에 참여하고 있습니다. 그 반석 위에 교회가 세워져야 하다고 나는 알고 있습니다."[113] 교황좌에 미련을 두었던 이 교부는 그 뒤에 로마 성직자 사회와 결별한 채 베들레헴에 가서 은둔하면서 금욕 생활과 연구에 몰두했으며, 그곳에서 혹시 다마수스의 계승자가 되는 것보다 펜으로써 교회에 더 크게 이바지했다.

라틴 교회의 가장 위대한 신학자 아우구스티누스(430년 죽음)는 초기에는 "내가 이 반석 위에 내 교회를 세우리니"라는 말씀을 베드로 개인에게 적용했으나, 후에는 이 해석을 분명히 철회하고는 페트라($\epsilon\pi\iota$ $\tau\alpha\acute{\upsilon}\tau\eta$ $\tau\hat{\eta}$ $\pi\acute{\epsilon}\tau\rho\alpha$)와 페트루스($\sigma\grave{\upsilon}$ $\epsilon\hat{\iota}$ $\Pi\acute{\epsilon}\tau\rho\sigma\varsigma$)가 구분된 것을 토대로 페트라를 그리스도로 간주했다. 제롬도 비록 이 단어를 히브리어와 아람어 게파스에 적용하는 것은 옳지 않다고 암시하긴 했으나, 아우구스티누스와 같은 구분을 했다.[114] 그는 생애 말년에 「재고록」(*Retractations*)에서 초기의 사상을 다음과 같이 수정한다.[115] "나는 어느 책에선가 성 베드로에 관해서, 교회가 바위인 그 위에 세워져 있다고 말한 적이 있다. 그것은 성 암브로시우스의 가사로 많은 사람들이 부르는 노래이다:

---

111) 참조. Epist. 146, ed. Vall. i. 1076 (or Ep. 101 ed. Bened., al. 85) ad Evangelum.

112) 참조. § 52.

113) Ep. x v. (alias 57) ad Damasum papam (ed. Vall. i. 37 sq.).

114) Hier. *Com. in Ep. ad Galat.* ii. 11, 12 (ed. Vallars. tom. vii. col. 409).

115) *Retract.* l. i. c. 21.

교회의 반석 자신이

새벽 닭 울 때 자기 죄를 뉘우친다.

(Hoc ipsa petra ecclesiae

Canente, culpam diluit.)[116]

그러나 그 뒤로 나는 '너는 베드로라. 내가 이 반석 위에 내 교회를 세우리니'라는 주님의 말씀을 베드로가 살아 계신 하나님의 아들로 고백한 분과 관련지어 이해해야 한다고 자주 말했던 것을 안다. 이 반석에서 이름을 딴 베드로는 교회의 인격을 대표하며, 그 인격이 이 반석 위에 세워져 있고, 천국 열쇠를 받은 것이다. 이는 주님께서 그에게 '너는 반석(페트라)이라'고 하시지 않고, '너는 베드로(페트로스)라'고 하셨기 때문이다. 반석은 그리스도이셨고, 그분에 대한 신앙고백을 통해서 시몬은 베드로라는 이름을 받은 것이다. 그럴지라도 독자 제위께서는 두 해석 가운데 어느 것이 더 타당한지 결정할 수 있을 것이다."

다른 책에서 그는 같은 노선에 서서 이렇게 말한다: "베드로는 자신의 사도직의 수위권에 힘입어 비유적 개념으로 교회를 대표하여 선다 …… 그가 주님께 '내가 천국 열쇠를 네게 주리니'라는 말씀을 들었을 때는 온 교회를 대표해서 그 말씀을 들은 것이다. 교회는 이 세상에서 마치 홍수와 폭풍처럼 다가오는 다양한 시험으로 공격을 받지만 무너지지 않는다. 왜냐하면 베드로에게 그 이름을 받게 한 반석 위에 세워져 있기 때문이다. 반석이 베드로의 이름을 딴 것이 아니라 베드로가 반석의 이름을 딴 것이며(non enima Petro petra, sed Petrus a petra), 이는 그리스도께서 그리스도인의 이름을 딴 것이 아니라 그리스도인이 그리스도의 이름을 딴 것과 같은 이치이다. 주님께서 '내가 이 반석 위에 내 교회를 세우리니'라고 말씀하신 이유는 베드로가 '주는 그리스도시요 살아 계신 하나님의 아들이시니이다'라고 말했기 때문이다. 베드로가 신앙을 고백한 이 반석 위에 당신의 교회를 세우시겠다는 것이다. 이는 그리스도께서 베드로 자신도 그 위에 세워져 있는 반석이시기 때문이었다. 사람은 예수 그리스도 이외의 다른 어떤 토대에서 설 수 없다. 이처럼 그리스도 위에 세워진 교회는 베드로의 인격 안에서 그리스도께로부터 천국의 열쇠 곧 죄를 매고 푸는 권세를 받았다."[117]

---

116) 암브로시우스의 아침 찬송 중에서: "Aeterne rerum conditor."

아우구스티누스가 페트라에 대해서 제시한 이러한 해석은 그 이후로 일부 개신교 신학자들에 의해서 로마교 사상을 비판할 목적으로 되살아났다. 물론 아우구스티누스가 생각한 교회란 사도들에게서, 특히 베드로에게서 시작하여 주교들의 계승을 통해서 내려온 가시적 가톨릭 교회인 것이 사실이다. 그는 자기 시대의 관행에 따라서 로마 교회를 사도좌(sedes apostolica)라 불렀다.[118] 그러나 키프리아누스와 제롬과 마찬가지로 그는 주교직의 본질적 통일성을 강조했고, 천국 열쇠가 개인이 아닌 교회 전체에게 위임되었으며, 베드로는 교회를 대표할 뿐이라고 주장했다.[119] 이 견해는 앞에서 아피아리우스의 상소건과 아우구스티누스가 주도한 펠라기우스 논쟁에서 살펴보았듯이, 아우구스티누스 시대에 북아프리카 교회가 로마에 대해서 지녔던 독립된 입장에 부합한다. 그러므로 이 교부는 로마 주교의 제한된 권위를 증거하는 증인으로서만 인용할 수 있는 셈이다. 또 한 가지 올바로 봐야 할 점은, 아우구스티누스가 무수한 저서들에서 그 권위를 언급하는 사례가 거의 없고, 어쩌다 한 번 언급하더라도 지나가는 말로 언급할 뿐이라는 점인데, 이것은 그가 이 문제에 로마 신학자들만큼 중요한 의미를 부여하지 않았음을 보여준다.

4-5세기의 후기 라틴 교부들은 페트라를 베드로와 그의 신앙고백에 관련짓는 해석을 선호했으며, 베드로의 권한이 로마 주교들에게 계승되었음을 인정했지만, 새로운 주장들을 내놓지는 않았다. 대표적인 사람이 토리노의 막시무스(450년경)인데, 하지만 그는 암브로시우스와 마찬가지로 바울을 베드로와 동렬에 놓았다.[120] 오로시우스와 여러 교황들도 그들 가운데 포함되며, 레오도 빼놓을 수 없다. 레오에 관해서는 다음 절(63)에서 살펴볼 것이다.

2. 그리스 교부들의 경우는 에우세비우스와 예루살렘의 키릴루스, 바실리우스, 두 명의 그레고리우스, 에프라임 시루스, 아스테리우스, 알렉산드리아의 키릴루스, 크리소스토무스, 테오도레투스는 어떤 때는 페트라를 신앙고백이라고 했다가, 다른 때는 베드로 개인이라고 했고, 또 어떤 때는 둘을 다 가리킨다고 했다. 그들은 이 사

---

117) *Tract. in Evang. Joannis*, 124, § 5.

118) *De utilit. credendi*, § 35.

119) *De diversis serm.* 108.

120) *Hom.* v., 베드로와 바울의 축일에 관한 언급. 바울에게는 지식의 열쇠가, 베드로에게는 권력의 열쇠가 위임되었다고 그는 말한다.

도에 대해서 한결같이 아주 고매한 칭호들을 사용하는데, 때로는 수사학적 과장을 사용하여 '사도좌의 수장', '사도들의 군주', '사도들의 혀', '열쇠 보유자', '천국 수문장', '기둥'과 '반석', '교회의 확고한 토대'라고 불렀다. 그러나 무엇보다도 그들이 이런 표현들로써 이해한 것은 단순히 베드로의 명예상의 수위권으로서, 그 권세가 다만 그에게 처음으로 부여되었을 뿐, 나중에 주님께서 모든 사도들에게 그 권세를 부여해 주셨다는 것이다. 둘째로, 그들은 이 대권이 로마 주교에게 독점적으로 이양되는 것에 찬성하지 않고, 갈라디아서 2장에 따르면 베드로가 한동안 머물며 사역했고, 전승에 따르면 그가 주교를 지내고 후임자를 임명하기까지 한 안디옥의 주교들에 대해서도 그 대권을 주장했다.

예를 들어, 크리소스토무스는 안디옥의 이그나티우스를 가리켜 "베드로 이후에 교회 정부를 관장한 베드로의 계승자"라고 부르며,[121] 다른 책에서는 훨씬 더 분명하게 이렇게 말한다: "나는 베드로의 이름을 부른 이래로 또 다른 베드로[안디옥의 주교 플라비아누스]를 생각한다. 그는 우리의 공동의 아버지와 교사로서 베드로의 권좌뿐 아니라 그의 덕들도 물려받았다. 실로 사도들의 지도자를 처음부터 교사로 모신 것이 우리 도시[안디옥]의 특권이기 때문이다. 그리스도인이라는 이름이 유래한 이 도시가 사도들의 수장을 목자로 모시는 것이 당연했던 것이다. 그러나 우리는 그를 교사로 모신 뒤에는 끝까지 붙들어두지 않고 제국 수도 로마로 보내드렸다."[122]

테오도레투스도 크리소스토무스와 마찬가지로 안디옥 학교 출신으로서, "대도시 안디옥"이 "베드로의 권좌"를 갖고 있다고 말한다.[123] 교황 레오에게 보낸 서신에서 그는 물론 베드로와 그를 계승한 로마의 주교들을 극히 존경을 표하며, 그들 안에서 교회의 모든 외적·내적 상황들이 통합된다고 말한다.[124] 그러나 같

---

121) S. Ignat. *Martyr.*, n. 4.

122) *Hom.* ii. in *Principium Actorum*, n. 6, tom. iii. p. 70 (ed. Montfaucon). 어떤 이들은 마지막 문장("제국 수도 로마로 보내드렸다")을 후대에 교황제를 지지하는 관점에서 삽입한 것으로 간주한다. 그러나 이 문장에는 수위권을 양보한다는 암시가 실려 있지 않다. 크리소스토무스는 곧이어 이렇게 말한다: "우리는 물론 베드로의 유골을 모시고 있지 않지만, 그분의 신앙을 간직해왔다. 이렇게 그분의 신앙을 간직하고 있는 한에는 그분을 모시고 있는 것과 같다."

123) Epist. 86.

은 서신에서 "삼중의 복을 받은 거룩한 두 별 베드로와 바울은 동방에서 일어나 모든 곳에 빛을 비추었습니다"라고 말한다. 이 말과 관련하여 잊어서는 안 될 점은 그가 이 서신에서 유티케스파가 주도한 에베소 '강도 공의회'(449)의 결정에 대해서 자신을 보호해 달라고 교황 레오에게 청하고 있었다는 사실이다. (이 공의회에서 그와 콘스탄티노플 총대주교 플라비아누스는 부당하게 면직을 당했다.)

그를 철저히 반대한 거만하고 고압적인 알렉산드리아의 키릴루스도 그에 앞서 네스토리우스와 대립할 때 교황 첼레스티노(Celestine)에게 지극히 저자세를 취하면서, 그를 "온 [로마] 세계의 대주교"라고 불렀다. 그런데 동일한 고위성직자들이 다른 상황에서는 로마 주교가 자신들의 관할권을 침해할 때 거만한 태도로 물리쳐 버렸다.

62. 공의회들이 규정한 교황의 권한

교부들의 개인적인 견해보다 훨씬 더 중요한 것이 공의회들의 공식적 법령이다.

먼저 언급할 것은 343년에 아리우스 논쟁이 한창일 당시에 열린 일리리쿰의 사르디카(오늘날의 불가리아 소피아) 공의회이다. 여느 공의회에 비해 로마의 주장에 가장 우호적이었던 이 공의회는 면직된 아타나시우스와 니케아 정통신앙 편에 서서 다음과 같은 사항들을 결의했다:

(1) 면직된 주교가 떳떳하다는 소신이 있다면 사도 베드로에 대한 기억을 존중하여 로마 주교 율리우스에게 항소할 수 있으며, 향후의 조치는 그가 면직을 재가하든 새로운 공의회를 소집하든 그에게 일임하면 된다.

(2) 궐석이 된 주교직은 로마 주교의 판결이 통보될 때까지는 비워둔다.

---

124) Epist. 113. 참조. Benningtonand Kirk, l. c. p. 91-93. 에베소에 주재하던 세 명의 교황 특사들 가운데 한 사람인 Renatus에게 보낸 서신(Epist. 116)에서, 그는 교황 레오에게 탄원을 올리면서, 로마 교구가 세계 교회를 주관할 위치에 있음을 말한다. 그러나 명예에 의한 감독이라는 동양적 의미로 말한 것이 틀림없다.

(3) 항소를 받은 로마 주교는 최선의 판단에 따라서 이웃 대교구 주교들에게 재판을 다시 열도록 하거나, 사절들에게 주교들의 문제를 판결할 충분한 권한을 위임하여 해당 지역에 파견할 수 있다.[125]

이처럼 동방에서조차 주교가 단죄를 당하거나 면직을 당할 경우 로마 주교에게 항소하여 재심을 의뢰한 사례들이 분명히 있었다. 그러나 공의회가 이러한 권위를 이미 관행으로 굳어진 권리로 인정한 것이 아니었음을 유념해야 한다. 공의회는 그것을 새로운 권한으로, 더욱이 주교 율리우스 개인에게만 해당하는 것으로 부여했다.[126] 만약 그렇지 않았다면 그의 이름이 거명되지 않았거나, 아니면 그의 후임자들도 그와 함께 거명되었을 것이다. 더욱이 공의회 법령은 동일 대교구 소속의 주교들에게 면직된 주교에게만 항소권을 허용하며, 다른 경우에 대해서는 언급하지 않는다.

마지막으로, 사르디카 공의회는 에큐메니컬 공의회가 아니라 서방의 지역 교회회의였을 뿐이며, 따라서 전체 교회에 효력을 미치는 법을 제정할 수 없었다. 이는 동방의 주교들이 회의 초반에 철수하여 인근 읍인 필리포폴리스에서 대립 공의회를 열었기 때문이다. 게다가 일리리쿰 장관구와 함께 사르디카 시도 당시에는 서방 제국과 로마 총대주교구에 속해 있었으며, 379년 이전에는 그러한 소속에 변화가 없었다. 원래 이 공의회는 에큐메니컬 공의회로 의도되었으나, 막상 회의가 열리자 참석한 주교들의 수가 170명밖에 되지 않았고, 그나마 동방의 주교들 76명이 빠져나가면서 94명만 남게 되었다. 비록 불참 주교 200인(대부분 이집트의 주교들)이 서명했고, 공의회 법안이 재가를 위해 그들에게 발송되긴 했으나, 동방과 심지어 300개의 주교구를 보유한 라틴 아프리카에서는 참석율이 극히 저조했다. 이 공의회의 결정은 황제 콘스탄티우스(Constantius)에게 재가를

---

125) Can. 3, 4, 5 (in the Latin translation, can. 3, 4, 7).

126) 많은 논란이 된 이 공의회 법령들은 개신교 사가들뿐 아니라 Peter de Marca, Quesnel, Du-Pin, Richer, Febronius 같은 가톨릭 갈리아 학파 사가들도 그런 식으로 설명한다. 그리고 이 해석이 전체의 맥락에 가장 잘 부합한다. 율리우스가 명시된 것도 그렇고(그의 이름은 Prisca와 Isidore의 라틴어 번역본에는 빠져 있으나, 헬라어 Dionysian texts에는 분명히 명시되어 있다), "Si vobis placet"(can. 3)라는 말로써 항소를 먼저 이 공의회의 법령에 종속되게 한 것도 그러하며, 마지막으로 로마 주교의 재심권을 명예적인 것으로 표현한 "Sancti Petri apostoli memoriam honoremus"라는 문장이 실린 것도 그러하다.

받지 못했고, 후대의 당국자들에 의해서도 에큐메니컬 공의회로 인정을 받지 못했다. 따라서 그 법령도 곧 잊혀질 수밖에 없었다. 더욱이 로마 주교들이 아닌 알렉산드리아 주교들이 정통신앙 진영을 앞장서서 옹호한 아리우스 논쟁과 심지어 네스토리우스 논쟁이 끝나는 순간까지 사르디카 공의회 법령들은 철저히 간과되었다.

381, 451, 680년의 총공의회들도 그러한 최고 항소 법원이 있는지조차 모른 채, 모든 교회 문제는 예외 없이 먼저 대교구 교회회의에서 판결하도록 했고, 항소권을 인정하되 로마 주교가 아닌 해당 지역의 총대주교에게 항소하도록 결의했다. 오직 로마만 사르디카 공의회 법령을 잊지 않고서 이 유일한 선례 위에 보편적 권리를 수립했다. 교황 조시무스는 면직당한 시키의 장로 아피아리우스(417-418 재직)의 항소건을 다루면서 사르디카 교회법을 니케아 교회법으로 오인하는 중대한 실수를 범함으로써 그 교회법에 과도한 무게를 실어놓았다. 하지만 그는 아프리카 주교들로부터 니케아 교회법 정본을 제시받고는 실수를 정정했다. 그러나 후대의 교황들은 사르디카 교회법을 넘어서서 행동했다. 사르디카 공의회가 대교구 회의에게 주교 면직권을 부여했으나, 그들은 위(僞) 이시도루스의 교령집(the pseudo-Isidorian Decretals)을 토대로 그 권한을 박탈한 것이다.

마지막으로, 네 번의 대 에큐메니컬 공의회에 관하여 살펴보자. 첫째가 제1차 니케아 공의회이고, 둘째가 제1차 콘스탄티노플 공의회, 셋째가 에베소 공의회, 넷째가 칼케돈 공의회이다. 이 공의회들이 로마 주교의 권한에 관해서 취한 입장은 앞에서 총대주교 제도 입법과 관련하여 살펴본 바 있다.[127] 누차 확인했듯이, 이 공의회들은 로마 주교에게 동등한 공식적 지위를 지닌 다섯 총대주교들 가운데 명예상의 상석을 부여하고, 그로써 그를 무리들 가운데 으뜸(primus inter pares)으로 인정하지만, 관할권상의 수위권과 전체 교회에 대한 군주적 권위를 요구하는 그의 주장은 허용하지 않는다. 총대주교 제도 자체가 실제로 군주제가 아닌 과두제였다. 따라서 로마의 대표단과 교황 레오가 451년의 콘스탄티노플 공의회 법령에 항의했던 것이고, 이와 유사한 사례가 381년의 콘스탄티노플 공의회에서도 있었던 것이다. 이 항의는 법령을 철회하도록 만들기에는 역부족이었으며, 동방 교회는 그것을 기억에 오래 담아두지 않았다. 606년에 제위 찬탈자

---

127) 참조. § 56.

포카스(Phocas)와 심지어 680년의 제6차 콘스탄티노플 에큐메니컬 공의회처럼 그리스 총대주교들과 황제들이 로마 교구에 양보한 사례들이 간혹 있긴 했으나, 이런 조치들은 보편적 의미를 지니지 않았고, 다만 특별한 상황과 편견에서 비롯된 것이었다.

그러므로 고대 교회의 가장 큰 교리적 · 입법적 권위자들이 교황으로서의 특수한 권위를 내세우는 로마 주교의 주장을 단호히 일축하고, 로마 주교도 총대주교들 가운데 한 사람이며, 총대주교들의 과두제에서 명예상의 수위권을 지닌다고 간주한 것은 아무도 부정할 수 없는 역사의 사실이다. 그 뒤에 그리스 교회가 라틴 교회와 갈라서서 오늘날까지 이르른 사실은, 독립을 포기하고 로마에 귀속되지 않겠다는, 혹은 위대한 역대 공의회들의 법령들을 저버리지 않겠다는 의지를 표명한 것이다.

하지만 바로 이 점에 교황의 보편적 주권에 반대하는 그리스 교회와 개신교의 차이가 있다. 그리스 교회는 5세기의 과두적 총대주교제에 근거하여 교황의 보편적 주권에 반대했다. 따라서 그 교회가 토대로 삼은 것은 한 시대이며, 세계사에서 교황제가 거대한 역할을 수행하기 이전의 교회 조직 원리인 셈이다. 반면에 개신교는 기독교를 좀 더 넓게 바라보는 시각을 가지고 교황의 보편적 주권에 반대한다. 개신교는 교황제를 일개의 제도로 바라본다. 그 제도가 총대주교제도가 발전하는 과정에서 합법적으로 생긴 것이 사실이고, 중세의 로마인들과 게르만인들을 교육하는 데 필요했던 것이 사실이지만, 결국 제 소임을 다했고 수를 누릴 만큼 다 누렸다고 본다. 마치 모세 율법 중심의 신정(神政) 제도가 족장 시대와 기독교 시대 사이에 자리잡았듯이, 교황제는 총대주교들 중심의 성직 위계제도와 종교개혁 시대 사이에 해당하는 제도이다. 개신교는 교황의 군주제와 총대주교들의 과두제를 동시에 반대하며, 따라서 후자뿐 아니라 전자에 대해서도 기독교 세계가 진행되어 온 과정에서 일정 시기, 일정 단계에 대해서만큼은 그 정당성을 인정할 수 있다.

63. 대 레오(440-461)

초기 로마 주교들은 직위의 그늘에 가려 인물이 제대로 부각되지 않았다. 시대 정신과 기독교 사회의 여론이 주교들을 이끌고 갔지, 주교들이 시대 정신과 여론을 이끌고 간 것은 아니었다. 앞 시대에는 부활절 논쟁에서 빅토리누스가, 배교자 복권 논쟁에서 칼리스투스가, 이단 세례 논쟁에서 스테파누스가 성직위 계제도를 업고 권위를 내세운 첫 주교들이었고, 이 세 가지 문제에서 로마의 견해가 마침내 오늘날까지 견지되고 있긴 하지만, 이들의 주장은 다소 설익은 감이 있었고, 이레나이우스·히폴리투스·키프리아누스에게 강력한 비판을 받았다.

우리가 다루는 시대 바로 전에는 일리리쿰을 로마 관할권에 복속시키고 「불가타」의 권위를 확립한 다마수스와, 최초의 진본 교령(敎令, decretals) 서신을 발행한 시리키우스가 위에 언급한 전임자들의 전철을 밟았다. 인노켄티우스 1세(402-417)는 그들보다 한 걸음 더 나아가, 펠라기우스 논쟁 때 전체 기독교 세계에서 로마 교구의 승인 없이는 어떠한 것도 결정할 수 없으며, 특히 신앙의 문제에서는 모든 주교들이 성 베드로의 처결을 기다려야 한다는 과감한 주장을 내세웠다.[128]

그러나 진정한 의미에서 교황이라고 할 수 있는 사람은 레오 1세이다. 그는 라틴 성직위계제도의 역사에서 '대'(the Great)라는 칭호를 지니기에 합당한 인물이다. 사실상 그에게서 교황제의 이상이 살과 피를 입게 되었다. 그는 왕성한 열정과 명쾌한 정신으로 교황제 이상을 품었고, 시대 상황이 허용하는 한도에서 로마 특유의 지배 정신으로 그 이상을 구현했다. 마치 키프리아누스가 주교제 역사에서 새로 그었던 것과 같은 획을 교황제 역사에 그었다. 150년 뒤에 재위한 대 그레고리우스가 교황제보다 총대주교제에 가까운 사상을 피력했던 것을 감안할 때, 레오는 로마 교구의 수위권에 관한 한 대 그레고리우스보다 더 적극적이었다. 동시에 레오는 로마의 역대 교황들 가운데 최초로 중요한 신학자이기도 했다. 사상의 예리함과 깊이가 전임자들과 그레고리우스 1세까지 이어질 후임자

---

128) *Ep. ad Conc. Carthag.* and *Ep. ad Council. Milev.*, 두 서신 모두 416년에 작성됨. 이 주장은 펠라기우스를 비판하는 입장에서 제기된 것으로서, 이에 대해서 아우구스티누스는 "Causa finita est; utinam aliquando finiatur error"(사건은 끝났다. 원컨대 언젠가는 오류가 끝나게 되기를)라는 말을 했고, 훗날 로마 신학자들은 이 말을 대단히 자주 인용한다. 그러나 인노켄티우스의 후임자 조시무스가 펠라기우스 진영에 서자, 아우구스티누스와 아프리카의 교회는 그를 단호히 비판하면서, "상황이 바뀌면 입장도 변한다"는 키프리아누스의 항변권을 사용한다.

들을 능가했다. 베네딕투스 14세는 그를 소수의 교회 박사들(doctores ecclesiae), 즉 권위있는 가톨릭 신앙 교사들에 포함시켰다(1744). 레오는 마니교와 프리스킬리아누스주의, 펠라기우스주의와 그 밖의 이단들과 대립했고, 그리스도의 위격에 관한 정통 신앙 교리를 완성한 자라는 불후의 이름을 얻었다.

레오의 출생 연대와 장소, 초기 생애는 알려지지 않는다. 주된 자료를 제공하는 그의 서신들은 442년 이후에야 시작된다. 그는 로마인으로 추정된다.[129] 설혹 출생으로 로마인이 아니었다 할지라도, 정신과 태도에 나타나는 긍지와 당당함, 고도의 입법적·행정적 역량, 확고한 의지력을 미루어 로마인이었음에 틀림없다. 첼레스티노(Celestine, 423-432 재위)와 식스투스 3세(432-440) 때 대부제와 로마 교회 특사로서 처음 두각을 나타낸 그는 식스투스 3세가 죽은 뒤 갈리아에 출타해 있는 동안 성직자계와 원로원, 대중의 일치된 요구에 의해 교황으로 선출되어 21년간 재위했다(440-461). 그는 이 높은 직위에 오를 때 느꼈던 심정을 설교를 통해서 다음과 같이 표현한다. "주님, 저는 저를 부르시는 주의 음성을 듣고서 두려웠습니다. 제게 맡겨진 일을 생각하고는 두려워 떨었습니다. 제게 맡겨진 짐과 저의 언약함 사이에, 이 높은 직위와 저의 무가치함 사이의 간격이 얼마나 큽니까? 자격 없이 높은 직위에 오르는 것, 지극히 거룩한 임무가 죄에 파묻힌 자에게 맡겨지는 것만큼 두려운 일이 어디에 있겠습니까? 주님께서 제 어깨에 이리도 무거운 짐을 지워주시오니, 저와 함께 이 짐을 져주시기를 간구하옵니다. 제 길을 인도하시고 제게 힘을 주옵소서."

레오는 교황으로 재직하는 동안 로마 제국에서 거의 유일한 실세로서 비범한 활동을 펼쳤으며, 교회의 모든 문제를 주도적으로 풀어나갔다. 사생활에 관해서는 알려진 바가 전혀 없는데, 그의 순수한 동기와 도덕성에 굳이 의심을 품을 이

---

129) Quesnel과 대다수 그의 계승자들이 그렇게 추정한다. 추정의 근거는 Prosper의 연대기와, 레오의 Ep. 31, c. 4 가운데 레오가 449년에 에베소 공의회에 불참하는 이유를 설명한 "파트리아와 교황좌를 떠날 수 없기 때문"이라는 대목이다. 하지만 파트리아는 이탈리아를 뜻할 수도 있고, 혹은 적어도 열 개의 대교구들을 포함한 로마 교구를 뜻할 수도 있다. Liber pontificalis(교황 열전)에는 그가 토스카나 사람으로 되어 있지만, 그 책의 두 사본에는 로마 사람으로 되어 있다. Acta Sanctorum(성인전)에서 카니시우스는 그가 토스카나 사람이었다는 견해를 취한다. Butler는 그가 토스카나 귀족 출신이지만 로마에서 태어났다고 추정함으로써 두 견해를 절충한다.

유가 없다. 그는 모든 열정과 시간과 능력을 기독교의 유익에 바쳤다. 그러나 그와 더불어 기독교의 이익이 로마 교회의 보편적 지배와 동일시되기 시작했다.

그는 주님께서 베드로의 계승자인 자신에게 온 교회를 돌볼 사명을 위임하셨다고 확고히 믿었다.[130] 훗날 교황권 확립에 발판이 된 무수한 교리적 주장들이 그의 머리에서 나왔다. 그는 교회의 토대인 페트라가 베드로와 그의 신앙고백을 가리킨다고 했다. 비록 그리스도께서 그 주제에 관해서 하신 말씀을 종합해 보면 그분이 친히 반석이자 토대이고, 그분 외에 교회의 다른 터가 없는 것이 사실이지만, 그럴지라도 주님은 자신의 권위를 베드로에게 위임하심으로써 그의 신앙고백으로 인해 그를 반석으로 삼으시고, 그 위에 아무도 무너뜨릴 수 없는 성전인 자신의 교회를 세우셨다고 보았다. 그리스도가 자신의 교회와 맺으신 근본적인 관계가 베드로에게서 역사 안에서의 구체적인 형태와 실재를 취하게 되었다고 보았다. 주님은 구체적으로 베드로 개인을 지목하여 그에게 천국 열쇠를 맡기셨으며, 다른 사도들에게는 그에게 협력하는 일반적인 자격으로만 열쇠를 맡기셨을 뿐이다. 주님께서는 마치 사도들의 지도자가 확고한 정신을 견지해야만 나머지 사도들도 확고히 설 수 있다는 듯이, 고난을 목전에 둔 순간에 베드로의 믿음을 위해서 기도하셨다. 다른 모든 사도들이 믿음에 견고히 서는가의 여부가 베드로에게 달려 있었다. 주님은 부활하신 뒤에 그에게 자신의 양들을 보살피도록 위탁하셨다. 그러므로 베드로는 온 교회의 목자이자 군주이며, 그를 통해서 그리스도께서 땅에 보편적 주권을 행사하신다. 하지만 이 수위권은 사도 시대에 한정되지 않고, 베드로의 신앙이 그렇듯이, 교회 자체가 그렇듯이 항구적으로 존속한다. 존속하되, 베드로가 주님과 관계를 맺었듯이 베드로와 관계를 맺은 로마 주교들을 통해서 존속한다. 그리스도께서 베드로 안에서 행하셨듯이, 베드로도 자신의 후임자들 안에 거하면서 말하고 끊임없이 "내 양을 먹이라"는 명령을 이행한다. 베드로가 로마에서 사역하다가 숨을 거둔 뒤 무수한 복된 순교자들과 함께 거룩한 땅에 잠들어 있는 것은 하나님의 특별한 섭리에 따른 결과이다. 세계 제국의 중심만이 하나님 나라의 중심이 될 수 있다. 하지만 로마의 정치적 지위가 아무리 중요할지라도, 신앙적 고려를 배제한다면 그만한 중요성

---

130) *Ep. v. ad Episcopos Metrop. per Illyricum constitutos*, c. 2 (ed. Ball. i. 617, in Migne's Patristic Libr. vol. liv. p. 515).

을 지닐 턱이 없다. 온갖 오류와 미신의 온상이었던 로마가 베드로에 의해서 기독교 세계의 수도로 변화되었으며, 과거의 지상 제국 시절보다 훨씬 더 광활한 통치권을 갖게 되었다. 따라서 사도좌(sedes apostolica)가 아니고 다만 정치적 기반에서만 권위를 지닌 콘스탄티노플 주교구는 신적 권리와 인간적 권리 양면에 수위권의 뿌리를 두는 로마와 결코 경쟁할 수가 없다. 베드로가 잠시 체류했던 안디옥과, 그가 자신의 제자 마가를 통해서 교회를 세운 알렉산드리아 역시 로마에 대해서는 한 단계 아래 서 있을 뿐이다. 로마에는 베드로의 유골이 안치되어 있으며, 동방에서 다만 설계되었을 뿐인 것이 그곳에서는 완성된 것이다. 그러므로 로마 주교는 모든 주교들의 수장(primus omnium episcoporum)이며, 그에게 충만한 권한들(plenitudo potestatis), 모든 양들을 보살필 의무(solicitudo omnium pastorum), 보편 교회 전체를 돌볼 의무(communis cura universalis ecclesiae)가 위임되었다.[131)]

레오는 이로써 은혜와 개인적 자격의 수위권을 권리와 계승의 수위성으로 바꾸어 놓았다. 물론 설교를 통해서 자신의 인격을 말할 때는 대단히 겸손한 태도를 취하지만, 그렇게 함으로써 오히려 자신의 공적인 지위를 더욱 높인다. 그는 로마인들에게 자신의 즉위 기념일을 참되게 거행하는 것이 베드로를 인정하고 공경하고 순종하는 것이라고 말한다. 베드로가 여전히 목자와 양떼를 보살피고 있으며, 그의 위엄은 지극히 커서 미급한 그의 계승자라도 넉넉히 채워준다고 한다. 그러므로 '하나님의 종들의 종', '그리스도의 대리자', 심지어 '지상의 하나님' 같은 표현들에 실린 겸손과 교만의 전형적인 조합이 이미 레오에게서 나타난 셈이다. 레오는 이렇게 자연인으로서의 자신은 무한히 낮추고 공인으로서의 자신은 크게 높이는 이중적인 의식을 가지고 해마다 자신이 베드로의 권좌에 즉위한 날을 기념했다. 베드로가 자신의 대권을 은밀히 계승하는 행위와 성직을 빙자한 교만을 단단히 경계한 것과 달리(참조. 벧전 5:3), 레오는 자신의 권위를

---

131) 레오는 이런 견해를 성 베드로 축일과 자신의 즉위 기념일에 행한 설교들에서 뿐 아니라 아프리카·일리리쿰·갈리아 남부의 주교들과, 알렉산드리아의 디오스쿠루스, 콘스탄티노플 총대주교 아나톨리우스, 황제 마르키아누스와 황후 풀케리아에게 보낸 공식 서신들에서도 거듭해서 피력한다. 워낙 많은 곳에서 이런 견해를 제시하기 때문에 굳이 특정 증거 본문을 제시할 필요가 없다. 참조. 특히 Ep. x., xi., xii., xiv.

자주 강조했다. 안디옥에서 베드로가 자신보다 늦게 사도가 된 바울의 질책을 온유하게 받았던 것과 달리(참조. 갈 2:11), 레오는 자신의 권위에 대한 도전을 불신앙적인 교만이자 지옥에 이르는 확실한 길이라고 선언했다.[132]

구원을 받으려면 교황에게 복종해야 한다는 논리였다. 누구든 사도 교구, 즉 모든 은혜의 선물이 몸 전체로 내려보내는 몸의 머리와 함께 하지 않는 자는 교회의 몸에 속해 있지 않으며, 은혜에 참여해 있지 않다고 그는 말했다. 이것이 두려운 논리이긴 하지만, 교황제의 원리가 합법적 논리로 삼고 있는 섯이 바로 이것이다. 교황제는 하나님 나라를 협소한 범위의 특정 조직에 국한하며, 그리스도의 보편적이고 영적인 통치를 세속적 형태와 인간적 기관(organ)에 종속시키는 것이다. 그러나 초창기에는 교황의 이 금령이 야만적인 날벼락(brutum fulmen)으로 비쳤다. 갈리아의 대주교 힐라리우스가 이 일로 교황에게 제재를 당했음에도 불구하고 보편적인 존경과 사랑을 누리다가 죽었으며, 죽은 뒤에는 시성되었던 것이다. 레오의 원리가 실천 불가능하다는 점 — 그 원리를 따르자면 그리스의 그리스도인들과 개신교의 그리스도인들이 모두 천국에서 제외된다 — 자체가 그 원리 자체를 논박한다.

레오는 자신이 이상으로 수립한 교황제를 실행에 옮기는 과정에서 중세의 대교황들의 전형적인 특징인 노회한 기지와 외교적 언사와 확고부동한 일관성을 드러냈다. 당시의 정세가 대체로 그에게 유리하게 돌아가고 있었다. 동방은 교리 논쟁들로 사분오열되어 있었고, 아프리카는 야만족의 노략으로 황폐해졌고, 서방은 유약한 황제 밑에서 제대로 힘을 발휘하지 못했고, 전대의 아타나시우스나 아우구스티누스 혹은 제롬 같은 강인하고도 순수한 주교나 신학자가 존재하지 않았고, 서방 제국의 멸망이 임박했고, 교황제 치하의 교회가 맡아 양육해야 할 새로운 민족들로 인해 새로운 시대가 동트고 있었고, 가장 많은 수의 주교들이 참석한 마지막으로 중요한 총공의회가 소집되었으며, 보편적 정통 신앙 체계가 그리스도의 두 본성의 관계에 관한 결정과 더불어 마감될 상황에 있었다.

레오는 먼저 북아프리카 교회가 아리우스파 반달족에게 짓밟힘으로써 혼란에 빠진 상황을 이용하여 전 세계 교회를 돌보는 목자의 어조로 그 교회 주교들에

---

132) Ep. x. c. 2 (ed. Ball. i. p. 634; ed. Migne, vol. 54, p. 630). 힐라리우스 건으로 갈리아 주교들에게 보낸 서신.

게 서신을 보냈다. 아프리카인들은 상황이 워낙 급박한데다 키프리아누스와 아우구스티누스 같은 구심적 인물들이 없었던 까닭에 그의 권위에 복종했다(443). 그는 이탈리아에서 마니교와 펠라기우스파의 잔존 세력을 추방하고, 주교들에게 만약 각자의 교회에서 이단을 소제해 내지 않으면 좌시하지 않겠다고 협박했다. 콘스탄티노플에 대한 교회의 전초 기지로서 로마에게 중요했던 일리리쿰 동부에서도 과거에 다마수스가 확보했다가 그 뒤에 잃어버린 수위권을 되찾아 확립하는 데 성공했다. 데살로니가의 아나스타시우스는 레오에게 자신의 직위를 공고히 해달라고 요청했고, 이에 대한 화답으로 레오는 444년에 일리리쿰의 모든 주교들에 대한 관할권을 아나스타시우스에게 일임한다는 내용의 기도문을 하사했다. 하지만 주교들에게 중요한 문제에 대해서는 교황에게 항소하여 신적 계시에 따른 판결을 기대할 수 있는 권리를 남겨놓았다. 그 뒤 얼마 지나지 않아 자신에게 항소가 들어왔을 때, 레오는 대리인에게 그 항소를 위임하면서, 대리인으로서의 임무가 충분한 권한(plenitudo potestatis)을 행사하는 것이 아니라 레오 자신의 목회 사역에 참여하는 것임을 주지시켰다. 스페인 교회에서 아스토르가 주교 투리비우스가 프리스킬리아누스파를 제재하기 위해 그의 개입을 요청함에 따라 스페인 교회의 문제들을 처리할 때도 그 기회를 활용하여 자신의 영향력을 확대할 길을 모색했다. 그는 이 이단을 조목조목 논박했고, 스페인인들은 그의 견해를 토대로 프리스킬리아누스파 오류를 단죄하는 18개의 저주를 첨부한 정통 신앙 규범(regula fidei)을 작성했다.

그러나 이미 언급했듯이, 갈리아에서는 아를의 힐라리우스라는 만만치 않은 견제 세력을 만났다. 레오는 세속 권력에 도움을 청하여 황제 발렌티니아누스로부터 자신에게 철저히 유리한 칙령을 얻어냈음에도 불구하고 부분적인 승리밖에 거두지 못했다.[133] 이보다 더 저조했던 것은 동방에서 자신의 수위권을 확립함으로써 콘스탄티노플에 자리잡고 있는 자신의 경쟁자가 유명한 칼케돈 교회법 제28조에 힘입어 공식적으로 자신과 대등한 지위에 오르지 못하도록 방지하려던 시도였다.[134] 그는 이 법령에 진지하게 항의했으나 지속적인 성과를 거두지 못했다. 그러나 그리스도론 논쟁의 둘째 단계에서는 대단히 강한 영향력을 행사했

---

133) 참조. § 59.
134) 참조. § 36 후반부.

다. 알렉산드리아의 디오스쿠루스의 전횡과, 수치스러운 에베소 강도 공의회 (449) 결과들을 무효화했고, 제4차 에큐메니컬 공의회가 열리도록 주된 계기를 제공했고, 자신의 특사들을 보내 그 공의회를 주재하도록 했으며(과거 세 차례 의 공의회에서는 로마 주교가 그렇게 한 적이 없었다), 콘스탄티노플의 플라비 아누스에게 보낸 유명한 서신으로써 그 공의회의 의제였던 교리 문제가 최종적 인 해결을 보도록 만들었다. 그럴지라도 이 영향력을 행사할 때 주로 직위에만 의존하지 않고 분제에 대한 깊은 동찰력과, 알렉산느리아 · 안디옥 · 유티케스 · 네스토리우스의 극단들 사이에서 가톨릭 정통 중용 노선을 견지해 나가는 탁월 한 기지에 힘입었다.

레오는 이로써 교회의 정치와 교리를 형성해 갔을 뿐 아니라, 로마 시를 파멸 에서 두 번이나 구출함으로써 그 도시에 불후의 봉사를 했다. '하나님의 회초리' 훈족 왕 아틸라(Attila)가 아퀼레이아를 멸한 뒤에 세계의 수도를 심각하게 위협 하고 있을 때(452), 레오는 수행원을 둘만 데리고 홀장(笏杖)을 쥐고는 하나님의 도우심을 의뢰하고서 대범하게 적진을 찾아갔으며, 기품있는 행동과 간언(諫言) 과 예물로써 거친 이교도 왕의 마음을 돌려놓았다. 라파엘로(Raphael)가 그림으 로 묘사한 후대의 전설은 베드로와 바울이 주교 곁에 나타나 아틸라에게 칼을 겨누고는 침공을 단념하지 않을 경우 죽이겠다고 위협하는 모습으로 사실을 윤 색했다.[135] 비슷한 일이 몇년 뒤에 다시 발생하는데(455), 반달족 왕 게네세릭 (Geneseric)이 황후 유독시아의 부탁을 받고서 로마를 치러온 것이다. 레오는 게 네세릭에게 적어도 살인과 방화만은 하지 않겠다는 약속을 얻어냈다. 그러나 야 만족들은 로마 시를 열나흘이나 점령하면서 막대한 재물을 카르타고로 빼내어 갔다. 그 뒤 교황은 약탈로 인한 궁핍과 고통을 덜고, 교회들을 복원하기 위해서 사력을 다했다.[136]

레오는 461년에 죽어 성 베드로 교회에 묻혔다. 그가 죽은 날짜와 정황은 알려

---

135) 레오 자신은 아틸라를 찾아간 일을 언급하지 않는다. Prosper는 *Chron. ad ann.* 452에서 그 사건을 간단히 언급하며, Canisius는 *Vita Leonis*(in the *Acta Sanctorum*, for the month of April, tom. ii. p. 18)에서 후대에 덧붙은 과장된 내용들 과 함께 소개한다.

136) 참조. 레오의 84번째 설교. 반달족이 떠난 직후에 행한 설교로서, Prosper의 Chron. ad ann. 455에 수록되어 있다.

지지 않는다.[137)

레오의 저서는 설교 96편에다 남들에게 받은 것을 포함한 서신 173편으로 이루어져 있다. 그의 글들은 진지하고, 힘있고, 사려깊고, 교회 중심적이고, 대구(對句)와 알레고리를 사용한 해석이 가득하고, 문체가 가끔 무겁고 과장되고 모호하다. 그의 설교집은 로마 주교가 남긴 최초의 것이다. 그는 취임사에서 설교를 자신의 신성한 의무로 공언했다. 그의 설교들은 짧고 단순하며, 대부분 대축일들과 자신의 취임 기념일에 행한 것들이다.[138) 그의 것으로 간주되는 다른 저서들, 이를테면 반(半)펠라기우스주의와 아우구스티누스주의를 융화시킨 중도적 예정 교리를 취한 '모든 민족을 향한 부르심'에 관한 저서는 정말로 그의 저서인지 의문시된다.[139)

64. 레오 1세에서 그레고리우스 1세에 이르기까지의 교황제 (461-590)

레오 1세와 그레고리우스 1세는 처음 여섯 세기에 배출된 가장 위대한 로마 주교들이다. 두 사람 중간에는 이렇다 할 중요한 인물이 베드로의 권좌에 앉은 일이 없다. 게다가 그 중간기에는 교황제의 이상과 권한에 별로 주목할 만한 발전이 없었다. 물론 이 기간의 교황들이 레오의 정신에서는 더 나아간 것이 사실이지만, 그레고리우스의 정신에는 이르지 못했다. 레오가 절대 군주로서 생각하고 행동했다면, 그레고리우스는 총대주교들 가운데 제1서열자로서 그렇게 했다. 그러나 두 사람 모두 자신들이 베드로의 계승자들이라는 확고한 신념이 있었다.

레오가 죽은 뒤에 에베소 공의회 때 그를 대신하여 참석한 대부제 힐라리우스(Hilary)가 후임 교황에 선출되어 레오가 수립한 원칙들을 가지고 다스렸고(461-

---

137) 로마 교회력에는 그의 이름이 4월 11일에 올라 있다. 하지만 저자들에 따라서 그가 사망한 날짜를 6월 28일, 10월 30일, 11월 4일, 11월 10일로 다양하게 추정한다.

138) Sermones de natali. 카니시우스는 *Acta Sanct.*, l. c. p. 17에서 레오를 '기독교의 데모스테네스'라고 부른다.

139) De vocatione omnium gentium – 이 저서는 에라스무스, 루터, 불링거, 그로티우스에게까지 높은 평가를 받았다.

468 재위), 동방에 대해서는 엄격한 정통신앙을, 갈리아에 대해서는 자신의 수위권을 강조했다.

그의 후임자 심플리키우스(468-483 재위)는 로물루스 아우구스툴루스 치하에 제국이 마침내 멸망하는 것을 지켜보았으나(476), 자신의 서신들에 그 사건을 전혀 언급하지 않는 점으로 미루어 그 사건을 대수롭지 않게 여겼던 듯하다. 마지막 몇 황제들이 흐리멍텅한 사람들이었기 때문에, 오히려 교황권이 신장되기에는 유리했다. 로마가 빌망한 뒤에는 공석이 된 황세의 시위를 교황이 어느 정도 차지했고, 서방 민족들의 정서에 베드로의 계승자가 옛 로마 제국의 유일한 상속자로 비쳐졌다.

제국이 멸망하면서 교황은, 정치 면에서 야만적이고 이단적인(아리우스파였으므로) 왕들의 지배를 받는 백성이 되었다. 그러나 이 왕들은 정책이 그래서 그랬는지, 아니면 무지하거나 무관심해서 그랬는지 아무튼 과거의 대다수 이교도 황제들이 그랬듯이 교회 문제에 대해서만큼은 철저한 자유를 부여했다. 이탈리아에서는 정통신앙 진영이 수적으로나 문화적으로 훨씬 우세했다. 게다가 새 군주들이 아리우스주의를 표방하긴 했으나, 속으로 정말로 그 사상을 믿기보다는 겉으로 고백하는 수준을 넘지 않았다. 최초로 이탈리아 왕국을 맡아 다스린 오도아케르(Odoacer, 476-493 재위)는 정통신앙에 관용을 베풀었으나, 483년의 교황 선거가 왕국에 유리한 쪽으로 진행되게 하려고 시도했으며, 주교가 교회 재산을 전용하는 행위를 저주의 벌로써 금했다. 20년 뒤에 로마에서 열린 공의회는 이렇게 평신도가 교황 선출에 개입하는 행위를 비판하고, 오도아케르의 금령을 무효화했으나, 교회 재산을 전용하는 행위를 금지하는 유사한 법령을 공포했다.[140]

교황 펠릭스 2세(Felix II) 혹은 다른 계산법에 따르면 3세(483-492 재위)는 전임자가 동방의 단성론과 벌였던 전쟁을 지속했고, 황제 제노(Zeno)가 발행한 교령(敎令)인 '헤노티콘'(Henoticon)을 평신도가 신앙 문제에 부당하게 침해한 행위로 간주하여 배격했으며, 심지어 콘스탄티노플 총대주교 아카키우스(Acacius)를 파문하는 과감한 조치까지 취했다. 아카키우스는 동방의 다른 총대주교들의 지원을 받아 교황을 저주함으로써 응수했다. 이로써 생긴 두 교회간의 분열은 호

---

140) 이것이 심마키우스가 주재한 제5차 공의회(501년 11월에 개회)이며, 따라서 synodus palmaris(종려 교회회의) 이후에 열린 공의회이다.

르미스다스(Hormisdas)가 교황이 될 때까지 30년간 지속되었다.

겔라시우스 1세(Gelasius I, 492-496 재위)는 사제의 권한이 왕과 황제의 권한보다 높으며, 베드로의 권좌에서 선언된 결정에는 항소할 수 없다는 원칙을 분명히 공포했다. 그런데 바로 이 교황에게서 아주 주목할 만한 증거를 발견하게 되는데, 그것은 그가 평신도들에게 성찬의 포도주를 주지 않는 행위(즉, '단형 영성체'<單形領聖體, *communio sub una specie*>)를 '신성모독'으로 선언했다는 사실이다.

아나스타시우스 2세(Anastasius II, 496-498 재위)는 콘스탄티노플과 우호적인 관계를 복원하는 데 힘썼으며, 그로써 이단에 동의한 게 아니냐는 의혹을 받았다.[141]

그의 갑작스러운 서거로 인해 교황 선출을 둘러싼 치열한 경쟁이 벌어졌고, 그 상황이 유혈 투쟁으로 번졌다. 이탈리아의 정복자이자 군주로서 오도아케르처럼 아리우스파인 동고트족 왕 테오도릭(Theodoric, 「니벨룽겐의 반지」에 등장하는 '베를린의 디트리히')이 이 투쟁에 자문 요청을 받고서 라우렌티우스 대신 심마쿠스의 편을 들어주었다. 심마쿠스가 다수의 표를 얻었고, 먼저 축성을 받았다는 것이 그 이유였다. 그러나 이 조치에 굴하지 않은 라우렌티우스의 진영은 심마쿠스가 큰 죄들을 저질렀고, 그 가운데는 심지어 간음과 교회 재산 횡령까지 있다고 비난했다. 이로써 유혈 투쟁이 재개되어 사제들이 살해되었고, 수도원들이 불태워졌으며, 수녀들이 능욕을 당했다. 테오도릭은 원로원으로부터 다시 판결 요청을 받고는 로마에 공의회를 소집했고, 심마쿠스가 이 요구에 동의했다. 이로써 이단 왕이 소집한 교회회의가 교황을 결정하게 된 셈이 되었다! 논쟁 과정에서 여러 차례의 교회회의들이 빠른 속도로 연거푸 열렸는데, 그 연대는 여전히 논란이 되고 있다. 가장 중요한 회의가 종려 교회회의(synodus palmaris)로서, 501년 10월에 심마쿠스의 주재로 열린 제4차 회의였다.[142] 이 회의는 성 베드로의 계승자에 관해서 판결을 내리는 것이 공의회의 본분이 아니라는 논리를 근거로 이 교황(심마쿠스)의 죄를 묻지 않았다. 하지만 반대파가 이 결정

---

141) 단테는 그가 지옥에 있는 것으로 묘사하며, 바로니우스는 그의 갑작스러운 죽음을 하나님의 명백한 심판으로 돌린다.

142) '종려'라는 이름은 로마의 건물 이름에서 취한 것이다.

에 만족하지 않자, 훗날(521) 파비아의 주교가 된 부제 엔노디우스(Ennodius)가 이 공의회를 옹호하고 나서서, 레오가 이미 시행한 바 있는 교황 절대권을 최초로 이론으로 뚜렷이 제시했다. 그것은 로마 주교가 인간의 모든 법정 위에 있으며, 오직 하나님께만 책임을 진다는 것이었다.[143] 그럴지라도 심지어 중세에조차 황제들과 총공의회들이 교황들을 세우기도 하고 폐하기도 했다. 이 분쟁은 로마 교회에서 절대 교황제와 입헌 주교제 사이에 벌어진 분쟁들 가운데 하나였으며, 트렌트 공의회조차 이 쟁점을 해결하지 못했다.

호르미스다스(Hormisdas, 514-523 재위)가 교황으로 있을 때 그리스 교회의 단성론파가 정통파 황제 유스티니아누스의 열정에 밀려 와해되면서, 519년에는 53년의 분열을 접고 로마 교회와의 결합이 복원되었다.

테오도릭은 그리스 교회와의 협상과 사절단 방문을 조금도 방해하지 않았으며, 자신의 가장 저명한 백성[교황]에게 콘스탄티노플에 대한 교회적 수위권을 주장하도록 허용했다. 이 반(半) 야만적이고 이단적인 군주는 대체로 관용을 견지했으며, 가톨릭 교회에 매우 관대했다. 심지어 군주의 권력이 정부에 국한되어야 하며, 백성들의 양심을 짓밟아서는 안 된다는 원칙에까지 도달했다(이것은 현대에야 비로소 인정된 원칙이다). "누구도 원치 않는 신앙을 강요받아서는 안 된다"고 그는 말했다. 그럼에도 불구하고 재위말에 이르러서는 대수롭지 않은 정치적 혐의를 가지고 저명한 철학자 보에티우스(Boethius)를 처형하도록 지시했으며, 그가 처형됨으로써 아우구스툴루스와 더불어 멸망한 로마 제국보다 훨씬 더 값진 고대 로마 문학이 막을 내리게 되었다. 그는 같은 이유로 원로원 의원 심마쿠스를 죽게 하고, 교황 요한 1세(523-526)를 유폐했다.

그가 재위에 있으면서 거의 마지막으로 취한 조치는 교황 자리를 놓고 파벌들이 기나긴 투쟁을 벌여온 상황에서 유능한 펠릭스 3세(혹은 4세)를 교황으로 지명한 것이었다. 그는 교황을 임명하면서, 이후에도 과거와 마찬가지로 교황이 성직자들과 민중에 의해서 선출되어야 하되, 교황이 임직 전에 세속 군주의 인준을 받아야 한다는 명령을 공포했다. 그리고 이러한 뜻으로 성직자들과 로마

---

143) Libellus apologeticus pro Synodo IV Romana, in Masi, viii. 274. 이 변호는 심마쿠스가 주재한 503년의 제6차 로마 공의회에서 엄숙히 채택되었으며, 공의회의 법령과 동등하게 규정되었다.

시는 그의 지명에 동의했다.

이렇듯 교황 선출 방식을 정리해 놓았음에도 불구하고, 보니파키우스 2세 (Boniface II, 530-532)와 요한 2세(John II, 532-535)의 선출 과정에서 다시 예전과 동일한 불미스러운 분쟁과 뇌물 수수 사건이 발생했다. 이런 현상이 교황청 역사에서 고질병처럼 누차 재발되었다.

테오도릭의 사망(526) 직후에 고트 제국이 내부 분열과 그로 인한 권력 약화로 사분오열되었다. 이탈리아는 유스티니아누스를 섬기던 벨리사리우스 장군에게 정복됨으로써(535) 아프리카와 함께 다시 동로마 제국에 통합되었고, 잠시나마 태평을 누렸다. 그러나 정통신앙을 옹호한 이 강한 황제는 황후 테오도라 (Theodora)에게 휘둘렸다. 테오도라는 그가 무대에서 권좌로 이끌어 올린, 이단 사상을 지닌 노회한 여성이었다. 그에게 많은 승리를 안겨준 벨리사리우스도 아내 안토니나(Antonina)의 치마폭에 감싸여 지냈다.

이탈리아가 정복되면서 교황들은 콘스탄티노플의 황제에게 의존할 수밖에 없는 위험하고도 무력한 상황에 떨어졌다. 그 상황에서도 황제가 교황을 존경한 것이 사실이지만, 콘스탄티노플 주교도 그에 못지않게 존경했으며, 실제로는 두 주교를 정교 일치를 토대로 한 독재의 수단으로 이용하려고 했다. 교황 아가페투스(Agapetus, 535-536)는 유스티니아누스의 독단적인 정책을 과감히 비판하고, 유티케스주의자 안티무스(Anthimus)를 콘스탄티노플 총대주교로 임명하려는 황제의 방침에 반대한 끝에 자신의 뜻을 관철시켰다. 그러나 단성론파인 황후의 음모 때문에 그의 후임자 교황 실베리우스(Silverius, 호르미스다스의 아들, 536-538 재위)가 모반의 뜻을 품고 고트족과 내통한 혐의로 면직된 뒤 판다타리아 섬으로 유배되었다. 그는 폭군 황제들이 반대자들을 귀양보내던 이 섬에서 540년에 숨을 거두었는데, 그가 자연사를 한 것인지, 아니면 살해당한 것인지 우리로서는 알 길이 없다.

후임 교황으로는 테오도라의 충복인 비길리우스(Vigilius)가 벨리사리우스의 군사적 보호를 받으며 교황좌에 올랐다(538-554 재위). 황후는 그에게 이 직위와 거액을 제공하면서, 그가 칼케돈 공의회의 법령을 무효화하고, 안티무스와 그의 동료들을 정통으로 선언할 것을 조건으로 내걸었다. 속에 야심이 가득하고 일구이언을 일삼던 그 고위성직자는 황후가 내건 조건을 받아들이고는 실베리우스의 폐위와 아마도 죽음까지도 성사시켰다. 그가 교황으로 재위하는 동안에 삼장

(the Three Chapters)을 둘러싼 격렬한 논쟁이 발생했고, 제2차 콘스탄티노플 총
공의회가 열렸다. 그는 집권한 뒤 교황으로서의 위엄을 지키고 의무를 수행하는
것과 외국의 신학적·정치적 영향에 굴복하는 것 사이에서, 그리고 유티케스파
의 정서에 따라 삼장을 거듭 단죄하는 것과 단죄를 거듭 철회하는 것 사이에서
우유부단하게 흔들렸다. 그는 황제의 명령으로 콘스탄티노플에서 수년간 체류
하면서 개인적으로 숱한 박해를 당했으나, 순교 정신을 발휘하지도 못하고 순교
의 영광에 이르지도 못했다. 예를 들어, 적어도 서방 교회측의 기록에 따르면,
제단에 있던 그를 사람들이 완력으로 끌어내리려고 하자 그가 양손으로 제단을 워
낙 힘껏 붙잡는 바람에 제단 닫집을 받치고 있던 기둥이 그에게 무너졌다고 한
다. 사람들은 겉옷으로 그의 목을 두른 채 그를 거리로 끌고 다니다가 공동 감옥
에 처넣었다. 이렇게 한 것은 그가 유스티니아누스와 그의 공의회의 뜻에 굴복
하기를 거절했기 때문이었다. 하지만 결국 그는 폐위당할 것을 두려워하여 굴복
하고 말았다. 그리하여 결국 귀환을 허락받아 로마로 가던 도중 시칠리아에서
돌에 맞아 죽었다(554).

펠라기우스 1세(Pelagius I, 554-560)는 유스티니아누스의 명령으로 비길리우스
의 후임자가 되었으나(그는 교황 특사로 콘스탄티노플에 주재하던 시절에 황제
의 총애를 받았다), 자신을 교황으로 축성할 의사가 있는 주교가 단 두 명뿐이라
는 것을 발견했다. 그가 원래 강력한 친동방파 인사인데다가, 유티케스파 그리
스도론을 부분적으로 승인하고 그로써 칼케돈 공의회의 권위를 훼손한 것으로
평가되던 제5차 에큐메니컬 공의회를 인정함으로써 서방의 많은 주교들, 심지어
이탈리아의 주교들마저 그에게 등을 돌렸고, 그 결과 그들과 로마의 관계가 잠
시 단절되었다. 그는 전체 기독교 세계를 향해서 발행한 서신에서 자신이 처음
네 차례 공의회의 결정에 전폭 동의한다고 밝힌 다음, 제5차 공의회가 결코 칼케
돈의 교리를 벗어나지 않았다고 변호했다. 그러나 결국 나르세스의 군사 지원을
받아서야 비로소 주교들의 복종을 받아낼 수 있었다. 그리고 그를 가장 완강히
반대하던 아퀼레이아와 밀라노의 주교들을 체포하여 콘스탄티노플로 인도했다.

유스티니아누스가 세운 이 두 교황에게서 로마의 성직위계제도가 비잔틴의
독재에 얼마나 큰 빚을 졌으며, 그것에 얼마나 크게 손상되었는가 하는 것을 볼
수 있다.

568년 이후에 아리우스파인 롱고바르드족이 이탈리아로 남하하면서, 교황들

은 다시 비잔틴 황실에 더욱 의존하게 되었다. 이들은 그리스 황제의 대리자로 라벤나에 주재하던 총독에게 조공을 바쳤고(554년부터), 교황 선출과 즉위에 대해 황제의 승인과 감독을 받아야 했다. 그러나 이탈리아에 대한 그리스 총독의 장악력이 미약했던 데다가 아리우스파 야만족들이 그를 압박함으로써 교황은 대단히 유리한 상황을 맞이하게 되었다. 원래 가장 큰 재산 소유자로서 이제 이탈리아에서 막강한 정치적 영향력마저 누리게 된 그가 확고한 정치 권력 부재로 생긴 혼란한 상황에서 법과 질서를 유지하는 데 자신의 영향력을 행사했다.

다른 점들에서도 요한 3세(560-573), 베네딕투스 1세(574-578), 펠라기우스 2세(578-590)의 재위는 교황청 역사에서 가장 어둡고 빈약한 기간으로 평가된다.

그러나 그레고리우스 1세(Gregory I, 590-604)와 더불어 새로운 시대가 시작된다. 레오 1세 이후에 즉위한 로마 주교들 가운데 가장 위대한 인물인 그는 총대주교제를 중세의 엄격한 교황제로 전환한다. 우리는 여러 가지 이유에서 그가 향후 시대를 선도한 인물이었다고 평가한다. 물론 그는 과감성과 열정과 일관성에서 레오 1세와 비교가 되지 않는 평범한 모습으로 교황좌에 올랐다. 심지어 전임자 펠라기우스 2세와 마찬가지로 콘스탄티노플 총대주교 요한 예유나토르(John Jejunator)가 587년의 공의회에서 취한 보편적 주교라는 칭호에 단호히 반대했다.[144] 그 칭호가 적그리스도적 의미를 담고 있다고 주장했다. 이런 태도는 총대주교들의 동등성을 생각하게 하며, 레오의 입장에서 한 걸음 후퇴한 듯한 인상을 준다. 그러나 그가 수행한 정책들을 전반적으로 놓고 바라볼 때, 그리고 그가 교황제를 매우 엄격하게 고수한 점을 기억할 때, 그가 보편적 주교라는 칭호에 반대한 것은 칭호 자체보다 그 칭호를 소유한 사람을 반대한 것이며, 따라서 그것이 진실한 겸손에서 나오지 않고 콘스탄티노플의 경쟁자에 대한 질시에서 나왔다고 생각하는 것이 거의 정확할 것이다. 바로 이러한 동기에서 로마 주교들은 자신들을 동방의 총대주교들과 동렬에 놓는 총대주교라는 칭호를 회피했으며, 베드로의 권좌가 지니는 구체적인 권위를 내포하는 교황이라는 칭호를 선호했던 것이다. 그레고리우스는 '하나님의 종들을 섬기는 종' 이라는 겸손을 빙자한 거

---

144) 심지어 유스티니아누스조차 콘스탄티노플 총대주교에게 보편적 총대주교(오이쿠메니코스 파트리아르케스, universalis patriarcha)라는 칭호를 공식적으로 사용했다.

만한 칭호를 최초로 사용한 사람으로 알려져 있다. 그의 후임자들은 그의 비판은 아랑곳없이 스스로를 기독교 세계의 '보편적 주교' 라 불렀다. 그가 동방의 동료들을 적그리스도적 교만으로 몰아세웠던 것을 후대의 교황들은 보편 교회에서 자신들의 지위에 적합한 표현으로 간주했다.

65. 공의회 제도. 에큐메니컬 공의회들

총대주교들, 심지어 로마 총대주교 위에는 옛 가톨릭 교회의 통일과 권위를 가장 높은 지위에서 대표한 에큐메니컬 혹은 총(general) 공의회들이 있었다.[145] 이 공의회들은 원래 로마 제국에 한정되었으나, 후에는 회의에 주교들을 파견한 제국 주변의 야만족 나라들까지도 포함했다. 고대 교회사의 평지에서 높은 봉우리나 거대한 피라미드처럼 우뚝 솟은 공의회들은 교리와 권징의 문제들로 인해 그리스 · 로마 제국의 기독교 세계 전체가 동요할 때 최종적인 권위를 가지고 그 문제들을 해결했다.

공의회 제도는 예루살렘 사도 공의회에서 유래하여(참조. 행 15장; 갈 2장), 처음 다섯 세기 동안 가톨릭적 형태로 완전히 발전한 모습을 갖추었다. 이 제도는 주교제와 마찬가지로 위계적 차서를 상정했다. 먼저 교구 주교(후대의 의미에서의)가 휘하의 성직자들을 소집하여 주재하는 교구(diocesan) 즉 지역 공의회가 있었고, 다음으로는 수도대주교 혹은 대주교가 자신의 대교구에 소속된 주교들을 소집하여 주재하는 대교구(provincial) 공의회가 있었고, 그 위에는 총대주교구의 모든 주교들을 망라하는 총대주교구(patriarchal, 과거의 의미에서의 교구) 공의회가 있었고, 그 위에는 전체 그리스 교회나 전체 라틴 교회를 대표하는 전국

---

145) 수노도스 오이쿠메니케(concilium universale, s. generale)라는 명칭은 381년의 콘스탄티노플 공의회 교회법 제6조에 처음으로 나타난다. 오이쿠메네라는 단어는 본래 인간이 거주하는 온 땅이라는 뜻이며, 좁은 뜻으로는 야만족들이 사는 나라들과 구분하여 그리스인들이 거주하는 땅을 가리킨다. 마지막으로는 로마인들에게는 이 명칭이 정치 판도가 고대 그리스-라틴 교회의 판도와 일치하는 로마 세계(orbis Romanus)를 뜻한다. 그러나 제국 바깥 지역의 야만족 주교들도 공의회 참석이 허용되었으므로, 에큐메니컬 공의회들은 전체 가톨릭 기독교 세계를 대표했다.

(national) 공의회(부정확하게 총<general> 공의회라고도 표현됨)가 있었으며, 마지막으로 맨 위에는 기독교 세계 전체를 대표하는 에큐메니컬(ecumenical) 공의회가 있었다. 그외에도 콘스탄티노플 주교가 그 도시에 거주하는 대교구 주교들을 소집하여 주재하는 쉬노도스 엔데무사(고정지역 공의회)가 있었다.

이전 세기들에는 공의회가 정규적인 틀을 가지고 열리지 않고, 2세기 말의 몬타누스파 논쟁이나 부활절 논쟁처럼 다급한 현안이 생길 때마다 열렸다. 카파도키아의 피르밀리아누스(Firmilian)는 키프리아누스에게 보낸 서신에서 자신이 활동하던 시기인 3세기 중반에 소아시아 교회들이 해마다 주교들과 장로들로 구성된 정기 교회회의를 개최했다고 언급한다. 그때를 기점으로 이집트·시리아·그리스·북아프리카·이탈리아·스페인·갈리아에 그런 유의 회의들이 증가한 것을 발견하게 된다. 325년의 니케아 공의회는 교회법 제5조에서 대교구(provincial) 공의회를 매년 두 번, 즉 부활절 전의 금식 절기와 가을에 의무적으로 열어야 한다고 규정했다. 이 교회법에는 다른 교회회의들에 관한 지침이 제시되지 않는다.

이전 세기들에는 에큐메니컬 공의회에 관한 언급이 없고, 다만 고대 교회의 대규모 신학 논쟁으로 야기된 특수한 회의들만 언급될 뿐이다. 에큐메니컬 공의회들은 로마 황제가 회심하고 기독교가 국교로 확립되기 전에는 열릴 수가 없었다. 이 공의회들은 첫 세대의 기독교를 전반적으로 주도한 그리스 교회의 권한을 가장 높이 최종적으로 표현했으며, 모든 신학 활동이 펼쳐진 주요 무대였다. 따라서 다른 교회들뿐 아니라 그 교회에서도 에큐메니컬 공의회가 여전히 가장 높은 덕망을 유지하고 있으며, 교회의 화상(畫像)들에 의해서 대중의 정서에 여전히 살아 있다. 그리스와 러시아의 그리스도인들은 842년부터 해마다 사순절 첫 주일에 정통 신앙이 승리를 거둔 축일로서 일곱 차례의 에큐메니컬 공의회들을 기념한다.[146] 그들은 장차 제8차 에큐메니컬 공의회가 열려서 기독교 세계의 분열과 죄악을 치유하게 되기를 소망한다. 일곱 차례의 에큐메니컬 공의회들은 특히 니케아와 칼케돈 같은 공의회 신조들을 통해서 로마 가톨릭 교회와 개신교

---

146) 842년에 황후 테오도라의 지시로 기념하게 된 이 주일은 그리스인들 사이에 정통신앙 기념 주일로 불린다. 그 주일에는 공예배 시간에 고대의 공의회들이 연극의 방식으로 재연된다.

교회들을 망라한 서방 교회에서 여전히 살아 있다.

엄밀히 말하자면 이 공의회들 가운데 기독교 세계 전체를 올바로 대표한 회의는 없다. 평신도들과 심지어 하위 성직자들이 회의에서 배제되었다는 사실을 제외하더라도, 회집한 주교들조차 가톨릭 주교단의 소수에 지나지 않았다. 북아프리카에만도 제2차, 3차 혹은 5차 공의회에 참석한 수보다 더 많은 주교들이 있었다.[147] 이 공의회들은 압도적으로 동양적 성격을 띠었고, 안건도 그리스 교회에서 발생한 논쟁 일색이었고, 헬라어가 사용되었고, 콘스탄티노플이나 ㄱ 주변 지역에서 열렸으며, 거의 그리스인들로 구성되었다. 라틴 교회는 로마 주교가 파견한 두세 명의 대표만 참석했을 뿐이다. 물론 이 대표단이 서방 교회 전체의 이름으로 활동하긴 했지만 말이다. 심지어 520명 혹은 630명이 참석한 칼케돈 공의회조차 레오 1세가 파견한 두 명의 대표와 아프리카에서 망명한 두 명의 주교를 제외하면 모두 동방 교회 일색이었다. 381년의 콘스탄티노플 공의회는 라틴 주교가 단 한 명도 참석하지 않았고, 그리스 주교도 150명밖에 참석하지 않았으며, 다음 세기에 라틴 교회의 동의하에 에큐메니컬 공의회의 지위를 얻었다. 반면에 449년의 에베소 공의회는 황제와 교황에 의해서 애초부터 에큐메니컬 공의회로 구상되었으나, 결국 유티케스 이단설을 강압적으로 승인한 이유로 역사에 강도들의 교회회의로 낙인이 찍혔다. 343년의 사르디카 공의회도 총공의회로 구상되었으나, 회의 벽두부터 동방 주교들이 퇴장하여 대립 회의를 소집함으로써 반쪽짜리 공의회밖에 되지 못했다.

그러므로 공의회의 '에큐메니컬'적 성격을 결정하는 것은 참석한 주교들의 수도 아니고 소집 절차의 적법성도 아니며, 다만 공의회가 내린 결정들의 결과와 중요성과 정확성, 무엇보다도 정통 기독교 세계의 동의 여부인 셈이다.

따라서 그리스와 라틴 교회가 에큐메니컬적 권위를 인정하는 공의회들의 횟수는 일곱 번이다. 그 순서는 325년에 개회하여 그리스도의 신성 교리를 확정하고

---

147) 보편 교회에서 분열해 나간 도나투스파는 308년에 카르타고에서 자신들만의 공의회를 열었는데, 이 공의회에 270명의 주교들이 참석했다(참조. Wiltsch, *Kirchl. Geogr. u. Statistik*, i. p. 53 and 54). 반면에 제2차 에큐메니컬 공의회에는 불과 150명의 주교가, 제3차 공의회에는 160명(혹은 198명)의 주교가, 제5차 공의회에는 164명의 주교가 참석했다.

아리우스 이단을 단죄한 제1차 니케아 공의회와 더불어 시작하여, 787년에 개회하여 교회에서 화상(畵像) 사용을 승인한 제2차 니케아 공의회로써 마감된다. 처음 네 공의회는 정통 개신교 교회에서 신학적으로 높은 평가를 받는 반면에, 나머지 세 공의회는 덜 중시되고 거의 언급되지 않는다.

에큐메니컬 공의회들은 교회적 중요성뿐 아니라 정치적 혹은 국교회적 성격도 지닌다. 그 명칭 자체가 — 오이쿠메네(οἰκουμένη), 오르비스 로마누스(orbis Romanus) — 제국에 해당된다. 이러한 규모의 교회회의들이 가능했던 원인은 콘스탄티누스의 즉위로 인해 거대한 상황 반전이 이루어졌기 때문이다. 황제는 제1차 에큐메니컬 공의회를 소집하게 했다. 물론 그런 발상은 주교들 가운데 그의 측근들이 그의 생각에 넣어주었기에 가능했을 것이다. 루피누스는 콘스탄티누스가 "성직자들의 견해를 받아들여"(ex sacerdotum sententia) 공의회를 소집했다고 말한다. 그럴지라도 어쨌든 그리스·로마를 통할하던 기독교 황제가 나섰기에 고대적 의미의 에큐메니컬 공의회가 가능했으며, 그가 그 공의회의 좌장 겸 입법상의 실세 역할을 했다.

중세에 실행된, 그리고 오늘날도 여전히 로마 신학자들이 주장하는 엄격한 성직위계적 혹은 교황제적 이론에 따르면, 보편 교회의 수장인 교황만이 보편 공의회를 소집하고 주재하고 인준할 수 있다고 한다. 그러나 325년부터 867년까지 처음 일곱 내지 (로마의 계산법에 따르면) 여덟 차례의 에큐메니컬 공의회 역사는 그 세 가지 권한이 비잔틴 황제들의 수중에 있었음을 보여준다. 이것은 여전히 현존하는 황제들의 칙령들과 공의회들의 법령들, 모든 그리스 역사가들의 기록, 그리고 당대의 라틴 문헌들이 일관되게 전하는 내용이다. 훗날 러시아의 차르들과 독일·스칸디나비아·영국의 왕들은 비잔틴의 이러한 선례와 이스라엘 왕들의 사례를 근거로 — 정당하게든 부당하게든 — 영토 내의 교회에 대해서 그와 유사하면서도 훨씬 더 확대된 관할권을 수립했다.

첫째로, 에큐메니컬 공의회들의 소집은 황제들에게서 나왔다.[148] 황제들이 회의

---

148) 이것은 심지어 로마 가톨릭 교회사가 Hefele(i. p. 7)조차 Bellarmine과 그 밖의 로마 신학자들의 견해에 반대하면서 인정하는 점이다. "처음 여덟 번의 총공의회들은 황제들에 의해서 구상되고 소집되었다. 반면에 차후의 공의회들[즉, 모든 로마 가톨릭의 총공의회들]은 교황들에 의해서 소집되었다. 그러나 초창기 공의회들의 소집에서도 교황들의 참여가 없지 않았으며, 특정한 사례들에는 참여의 폭이 다소 컸

장소와 시간을 정했고, 칙령을 내려 수도대주교들과 제국 내의 저명한 주교들을 소집했고, 여행 수단을 제공했으며, 여비와 기타 비용을 국고로 지원했다. 니케아 공의회와 제1차 콘스탄티노플 공의회의 경우에는 로마 주교의 사전 조언이나 동의가 없는 상태로 소집되었다.[149] 451년의 칼케돈 공의회에서는 최초로 교황의 영향력이 두드러지긴 했으나, 이때조차 교황은 더 높은 권위를 지닌 공의회에 사실상 종속된 듯하다. 그 공의회는 콘스탄티노플 총대주교의 지위를 규정한 법령 제28조에 대해 레오가 세기한 항의를 대수롭지 않게 일축했던 것이다. 에큐메니컬 공의회뿐 아니라 대교구 공의회도 서방의 군주들이 소집한 경우가 적지 않았다. 314년의 아를 공의회는 콘스탄티누스가, 549년의 오를레앙 공의회는 킬데베르트가, 그리고 훗날의 사례를 언급하자면 794년의 프랑크푸르트 교회회의는 샤를마뉴가 각각 소집했다. 또 한 가지 현저한 사실은 이미 언급한 바 있는 것으로서, 6세기 초에 로마의 여러 정통 교회회의들이 이견들을 무릅쓰고 심마쿠스를 교황으로 선출할 목적으로 세속 군주에 의해서 소집되었는데, 그가 바로 이단인 테오도릭이었던 것이다. 그럴지라도 이 교회회의들은 유효한 것으로 간주되었다.

둘째로, 황제들이 자신들이 소집한 공의회들 가운데 두 번을 제외한 모든 경우에 직접 혹은 간접으로 적극 개입했고, 의장직을 맡았다. 콘스탄티누스 대제, 마르키아누스와 황후 풀케리아, 콘스탄티누스 프로고나투스, 이레네, 마케도니아인 바실리우스가 한결같이 공의회에 직접 참석했다. 그러나 이들을 제외한 나머지 황제들은 일반적으로 로마 주교들과 마찬가지로 특사들이나 대리자들에게 충분한 권한을 위임한 뒤 대신 참석하게 했다(로마 주교가 초기 에큐메니컬 공의회들에 직접 참석한 경우는 없었다). 대리자들이 황제의 칙령과 그 밖의 문서

다.” 뒤의 주장은 지나치게 포괄적이며, 처음 두 공의회의 역사에 의해서도, 제5차 공의회의 역사에 의해서도 입증될 수 없다.

149) 니케아 공의회의 경우, 에우세비우스와 고대의 모든 권위 있는 문헌에 따르면 콘스탄티누스 일인에 의해서 소집되었다. 그리고 그 뒤 3세기가 지난 680년의 공의회에서야 비로소 교황 실베스터가 공의회 소집권을 지닌다고 주장되었다. 381년의 콘스탄티노플 공의회의 경우, 교황 다마수스가 황제 테오도시우스와 유대하여 소집했다는 로마의 이론은 이 공의회를 382년의 대수롭지 않은 또 다른 공의회와 혼동한 데서 생긴 것이다.

를 낭독함으로써(라틴어와 헬라어로) 공의회 개회를 알렸다. 이들은 총대주교들과 협의하여 공의회를 주재하고, 입법 활동을 관장하고, 질서와 안전을 책임지고, 폐회를 주관하고, 공의회 법령에 주교들의 서명 맨 위나 맨 밑에 서명했다. 이들은 이런 유력한 지위에 힘입어 혹시 나름대로 신학적 이해 관계나 견해가 있을 경우 논의와 결정에 적지 않은 영향을 끼쳤다. 하지만 대부분의 심의와 입법 기구의 의장이 자신에게 의결권이 위임되는 경우를 제외하고는 투표권을 가지지 않듯이, 이들에게도 투표권이 없었다.

황제나 그의 대리자들이 이렇게 공의회를 주재했던 사실을 공의회 법령들과 그리스 역사가들이 종종 언급한다. 심지어 교황 스테파누스 5세(817)는 콘스탄티누스 대제가 니케아 공의회를 주재했다고 기록한다. 에우세비우스에 따르면, 콘스탄티누스는 엄숙한 연설로써 주요 현안들을 공시했고, 회기들에 항상 참석했으며, 회의장에서 상석에 앉았다고 한다. 그가 공의회를 마치면서 마련한 연회에 주교들 사이에 앉은 모습이 그의 예찬가인 사가 에우세비우스의 눈에는 성도들 사이에 앉으실 그리스도의 표상처럼 보였다! 이렇게 콘스탄티누스가 모든 공의회 가운데 가장 유명하고 중요한 공의회에서 유력한 지위를 차지했다는 사실은 당시에 그가 아직 세례조차 받지 않았던 점을 감안할 때 더욱 눈길을 끈다. 황제 마르키아누스와 황후 풀케리아는 칼케돈 공의회의 법령을 인준하기 위해서 공의회에 참석했을 때, 미리 공의회장에 와있던 주교들로부터 신앙의 수호자요 정통신앙의 기둥이요 이단들의 원수와 박해자로서 동방의 예법대로 극진한 하례를 받았다. 황제는 제2의 콘스탄티누스, 새로운 바울, 새로운 다윗이라는 극찬을 받았고, 황후는 제2의 헬레나를 비롯하여 그 밖의 과장된 칭호들로 극찬을 받았다. 황제나 그의 대리자가 참석하지 않고 콘스탄티노플 총대주교가 직접 의장직을 맡은 경우는 제2차와 5차 총공의회뿐이다.

그러나 황제의 대리자가 참석하든 않든 여러 총대주교들이나 그들의 대표들, 특히 총대주교들 가운데 가장 세력이 컸던 로마 주교의 특사들이 공의회를 이끌어 갔다. 제3차, 4차, 6차, 7차, 8차 총공의회가 다 그랬다.

황제들이 공의회에 관심을 보인 이유는 신학적·종교적 논의보다는 실무의 처리와 공의회 외적인 문제에 있었다. 이러한 구분은 앞에서 살펴본 콘스탄티누스의 이중 주교직에 관한 유명한 발언에 잘 나타난다. 그리고 니케아 공의회에서 황제가 자신의 그러한 발언에 따라서 행동했다. 그는 자신의 이교 전임자들이 로마 원로원 의원들에게 보였던 것보다 더 큰 존경을 주교들에게 나타냈다. 사도들의 계승자들이 지상의 사제들과 신들에 해당한다고 여기고 그들을 주관하는 자가 아닌 그들을 섬기는 자가 되기를 원했다. 그는 니케아 공의회에서 개회 연설을 마친 뒤 발언권을 공의회 임원들에게 위임했는데, 임원들이란 아마 알렉산드리아 주교 알렉산더, 안디옥의 유스타티우스, 코르도바의 호시우스를 가리켰을 것이다. (호시우스는 황제의 각별한 친구로서, 서방 교회와 로마 주교의 대표 자격으로 참석했다.) 이와 비슷하게 세속적 의장과 영석 의상을 구분한 행위를 테오도시우스 2세에게서도 발견하게 된다. 그는 자신의 신하 칸디디아누스(Candidian)를 제3차 총공의회에 대리인으로 파견하여 의사 일정 전반을 관장할 충분한 권한을 부여했으나, 신학적인 문제에 대해서는 아무런 권한도 부여하지 않았다. 그리고 공의회에 그 이유에 대해서 쓰기를, "이는 지극히 거룩한 주교들의 명단에 들지 않은 사람이 교회적인 논의에 끼어드는 것이 적절치 않기 때문"이라고 했다. 그럼에도 불구하고 알렉산드리아의 키릴루스가 이 공의회를 주재했으며, 초기에는 혼자서, 나중에는 교황 특사들과 협력하여 의사 일정을 관장했다. 반면에 칸디디아누스는 네스토리우스파를 지원했으며, 네스토리우스파는 안디옥 총대주교 요한의 주재로 자체 공의회를 개최했다.

마지막으로, 공의회의 재가도 황제들에게서 나왔다. 그들은 한편으로는 서명에 의해서, 다른 한편으로는 특별 칙령에 의해서 공의회 법령에 법적 유효성을 부여했다. 그리고 그 법령에 국법의 지위를 부여했다. 누구든 그 법령을 지키도록 했고, 지키지 않는 자들은 면직과 추방으로 처벌했다. 이러한 조치를 콘스탄티누스 대제가 니케아 교회법에 대해서 취했고, 테오도시우스 대제가 콘스탄티노플 교회법에 대해서, 마르키아누스가 칼케돈 교회법에 대해서 취했다. 제2차 에큐메니컬 공의회는 황제에게 그러한 재가를 해달라고 간청했다. 공의회에 황제가 직접으로든 대리인을 통해서든 참석하지 않았기 때문이다. 반면에 교황의 인준은 필수적인 것으로 간주되지 않다가, 451년의 제4차 총공의회 이후에야 비로소 필수적인 것으로 간주되었다.[150] 그럼에도 불구하고 유스티니아누스는 교황

---

150) 즉 공의회가 레오에게 보낸 서신(Ep. 89, in the Epistles of Leo, ed. Baller., tom. i. p. 1099)과, 마르키아누스가 레오에게 보낸 서신(Ep. 110, tom. i. p. 1182 sq.)에서.

비길리우스의 동의 없이, 오히려 교황의 묵시적인 반대 의사를 거스른 채 553년의 제5차 공의회 법령을 관철시켰다. 하지만 중세에는 상황이 역전되어, 공의회에 대한 교황의 영향력이 증대된 반면에, 황제의 영향력은 위축되었다. 그보다는 독일의 황제가 비잔틴 황제처럼 교회에서 유력한 지위를 주장하지 않았다고 해야 옳을 것이다. 그럴지라도 교황과 총공의회의 관계, 즉 둘 중에서 어느 쪽이 더 높은가 하는 것은 교황파(curialist 혹은 ultramontane)와 주교파(episcopal 혹은 Gallican schools) 사이에 여전히 쟁점으로 남아 있다.

이렇게 황제와 그의 대리인들이 유력한 지위를 차지한 점 외에도, 에큐메니컬 공의회들의 특성은 철저히 성직위계제도적(hierarchical)이었다. 예루살렘의 사도 공의회에서 장로들과 형제들이 사도들과 함께 참석했으며, 판결도 온 교회의 이름으로 전달되었다(참조. 행 15:22, 23). 그러나 이러한 공화주의적 혹은 민주주의적 요소는 귀족주의적 정신 앞에서 일찌감치 자리를 내어준 상태였다. 오직 주교들만 사도들의 계승자들이자 상속자들 곧 가르치는 교회(ecclesia docens)로서 공의회에 참석할 자격이 있었다. 이런 이유로 인해서 제5차 니케아 교회법에는 심지어 대교구 교회회의조차 '대교구 주교들의 총회'라 표기되었다. 물론 장로들과 부제들도 심의에 참여했고, 아타나시우스는 당시에 부제에 불과했음에도 열정과 재능에 힘입어 니케아 공의회에서 대다수 주교들보다 큰 영향력을 행사했다. 그러나 그들은 로마의 특사들처럼 주교의 대리인으로 참석한 경우가 아니면 투표권이 없었다. 평신도들은 물론 완전히 배제되었다.

그럴지라도 당대의 주교들이 민중의 의사에 의해서 선출되었다는 점을 반드시 기억해야 한다. 그런 방식으로 선출된 한에는 주교들이 실제로 그리스도인들을 대표한 셈이며, 비록 공의회에서 사도들의 계승자로서 자신의 이름으로 투표를 했을지라도 그 행위에 대해서 회중 앞에서 설명해야 했던 경우가 적지 않았다. 에우세비우스는 자신의 교구인 가이사랴에서 니케아 공의회 때 자신이 행사한 투표에 대해서 해명해야 할 필요를 느꼈으며, 칼케돈에 참석한 이집트 주교들은 자신들의 회중들이 들고 일어날 것을 걱정했다.

더 나아가 황제들의 절대 독재 시대에 공의회들은 공개 심의 원칙을 진리에 도달하고 논쟁을 잠재울 최선의 방법으로 재가했다. 로마 원로원의 장엄한 광경을 교회적인 형태로 재현했으며, 입헌 정부와 의회 제도를 예시했다.

권징 문제에서는 다수결 원칙이 시행되었다. 그러나 신앙의 문제에서는 만장일치가 권고되었으며, 다만 불가피한 상황에서는 소수 반대파의 견해가 묵살되었다. 회의 중에는 복음서 사본을 펼쳐 탁자 위에 올려놓음으로써 그리스도의 임재의 상징으로 삼았고, 그분의 무오한 말씀이 모든 교리의 표준이 됨을 알렸다. 나중에는 교회법들과 성인들의 유물들도 비슷한 자리에 놓였다. 적어도 후대의 관례에 따르면, 주교들은 재위 기간이나 교구의 서열 순서대로 원형으로 둘러앉았다. 주교들 뒤에는 사제들이 앉았고, 사제들 뒤에는 부제들이 앉았다. 회의는 엄숙한 예배로써 시작하고 마쳤다. 고대의 공의회늘에서는 다양한 의제늘이 공개적으로 논의되었고, 공의회 법령들에는 긴 강론들과 논의들이 실렸다. 그러나 트렌트 공의회에서는 의제들이 개별 위원회들로 분할되었고, 인준을 받기 위해서만 전체 회의에 상정되었다. 투표는 머릿수로 이루어지다가, 콘스탄스 공의회부터는 이탈리아 고위 성직자들의 숫자 공세를 방지하기 위해서 민족수로 이루어졌다.

에큐메니컬 공의회들의 권한(jurisdiction)은 교회의 모든 입법, 즉 기독교 신앙과 실천(fidei et morum)에 관한 모든 문제들, 조직과 예배에 관한 모든 문제들을 포괄했다. 공의회가 공포하는 교리적 법령은 교의(dogmata) 혹은 신조(symbola)라고 불렀고, 권징적 법령은 교회법(canones)이라고 불렀다. 동시에 공의회들은 필요할 경우 주교들과 총대주교들을 파문하는 최고의 법적 권위를 행사했다. 이 공의회들이 모든 논쟁점들을 판결하는 데 행사한 권위(authority)는 최고이자 최종적이었다.

에큐메니컬 공의회들의 교리적 결정들은 일찍부터 무오성을 인정받았다. 주님께서 음부의 권세가 교회를 이기지 못할 것이라고 하시고, 세상 끝날까지 교회의 사역에 함께 하시겠다고 하시고, 진리의 성령께서 교회를 인도하실 것이라고 하신 약속들이 온 교회를 대표하는 에큐메니컬 공의회들에 문자 그대로 적용되었다. 이 공의회들은 법령을 공포할 때 사도 공의회의 본을 따서 성령과 우리는 …… 옳은 줄 알았노니(Visum est Spiritui Sancto et nobis, 행 15:28)라는 잘 알려진 문구를 사용했다.[151] 콘스탄티누스 대제는 교회들에게 보낸 회람(回覽) 서신에서 니케아 공의회의 법령을 신적인 명령으로 표현한다.[152] (하지만 신적인이라는 표현

---

151) 대교구 공의회들도 일찍부터 이 문구를 사용했다. 252년의 카르타고 공의회와 314년의 아를 공의회가 대표적인 예다.

이 비잔틴 전제군주들의 어휘에서 오용된 사실을 잊어서는 안 된다.) 아타나시우스는 그리스도의 신성 교리와 관련하여 "하나님께서 니케아 공의회를 쓰셔서 하신 말씀은 영원히 거한다"고 말한다. 칼케돈 공의회는 니케아 교부들의 교회법이 하나님께서 그것을 통해서 친히 말씀하셨기 때문에 변경 불가한 법이라고 선언했다.[153] 에베소 공의회는 네스토리우스에게 면직을 판결하는 글에서 "그가 모독한 주 예수 그리스도께서 이 지극히 거룩한 공의회를 통해서 판결하신다"는 문구를 사용한다. 교황 레오는 칼케돈 공의회가 그리스도의 위격에 관한 교리에 대해서 이룩한 "철회할 수 없는(irretractabilis) 합의"에 관해서 말한다.

교황 대 그레고리우스는 아리우스·마케도니우스·네스토리우스·유티케스의 이단설과 불경건을 각각 논박하고 단죄한 처음 네 공의회들을 심지어 네 정경 복음서들의 수준에 올려놓는다.[154] 마찬가지 방식으로 유스티니아누스는 처음 네 공의회가 작성한 교의들을 성경과 같은 위치에 두며, 그 교회법들을 해당 지역의 법률과 동일시한다.[155] 나머지 세 공의회는 신학적 중요성을 갖지 못하며, 따라서 에큐메니컬 정통신앙의 토대를 놓은 처음 네 공의회와 동등한 권위도 갖지 못한다. 만약 이 말이 사실이 아니라면 그레고리우스가 방금 소개한 단락에서 553년의 제5차 공의회도 언급했을 것이다. 그리고 처음 네 공의회들도 각기 서열이 다르다. 니케아와 콘스탄티노플 공의회들이 결과의 면에서 가장 높은 지위를 차지한다.

그러나 교회법들에 규정된 권징 규율의 경우는 그렇지 않았다. 권징 규율은 신앙을 정의한 신조처럼 보편적인 구속력을 갖고 있는 것으로 인정되지 않았다. 왜냐하면 교회의 외적 형식에 더 해당하는 조직과 관행의 문제들이란 세월과 함께 다소 변하기 때문이었다. 예를 들어, 성직자가 임지를 옮기는 행위를 금한 니케아 공의회 교회법 제15조에 대해서 57년 뒤(382)에 나지안주스의 그레고리우스는 오래 전에 사멸된 법으로 간주한다. 그레고리우스 자신이 임지를 여러 번

---

152) Euseb., *Vita Const.* iii. 20. 참조. 그의 Ep. ad Eccl. Alexandr., in Socrates, *H. E.* i. 9. 여기서 그는 비슷한 표현들을 사용한다.

153) 제1조, in Mansi, vi. p. 672.

154) Lib. i. Ep. 25.

155) Justin., *Novell.* cxxxi.

옮겼으며, 크리소스토무스는 안디옥에서 콘스탄티노플로 청빙을 받았다. 레오 1 세는 제2차 에큐메니컬 공의회 교회법 제3조를 강하게 비판했는데, 그 이유는 콘스탄티노플 주교에게 로마 주교에 버금가는 지위를 부여했기 때문이었다. 그리고 그는 같은 이유로 제4차 에큐메니컬 공의회 교회법 제28조를 비판했다.[156] 실제로 로마 교회는 이 교회회의들이 작성한 모든 권징 법령들을 채택하지 않았다.

교부들 가운데 가장 유능하고 경건했던 아우구스티누스는 자기 시대의 한계 안에서 공의회의 권위에 대한 철학적 견해를 제시했는데, 그것은 과도한 예찬과 경시를 모두 배제한 지혜롭고 균형있는 견해로서 복음적 개신교의 자유로운 정신에 가까운 것이었다. 그는 에큐메니컬 공의회들을 신앙의 가장 높고 완전한 표준인 성경에 올바로 종속시키며, 공의회의 법령이 폐기되거나 철회될 수는 없을지라도 훗날의 보다 깊은 연구에 의해서 증보되고 완성될 수 있다고 생각한다. 공의회 법령이 이미 전개된 논쟁에 의해서 제대로 준비된 결과를 구체화하며, 쟁점에 대한 당대의 가장 명쾌하고 정확한 관점을 교회에 제시한다고 본다. 그러나 교회의 인식 자체도 발전의 가능성을 안고 있다. 성경이 진리를 확실하고 무오하게 전달하고 의심의 여지를 남기지 않는 반면에, 주교들의 판단은 하나님의 말씀을 계속 연구하는 데서 생기는 새로운 진리에 힘입어 다른 주교들이 보다 현명한 판단을 함으로써 수정되고 보완될 수 있다. 대교구 공의회의 판결은 총공의회의 판결에 의해서, 총공의회의 판결은 후대의 총공의회의 판결에 의해서 수정·보완될 수 있다.[157]

아우구스티누스가 이렇게 말한 것은 공의회의 결정이 기독교의 겸손과 조화, 사랑의 정신으로 이루어진다는 것을 가정하고서 한 것이다. 그러나 만약 그가 431년의 에베소 공의회에 참석했다면 — 그는 죽음을 앞둔 시기에 그 공의회에 초대를 받았다 — 자신이 예상한 것과 정반대되는 정신이 공의회를 이끌어 가는 현실에 개탄했을 것이다. 그러므로 아우구스티누스는 교회의 교리가 점진적으로 발전하되, 때때로 총공의회들을 통해서 그 발전상을 나타낸다고 분명히 인정하는 셈이다(물론 그것은 어디까지나 적극적인 오류가 배제된, 진리 안에서의

---

156) Epist. 106 (al. 80) ad Anatolium, and Epist. 105 ad Pulcheriam. 참조. § 57.

157) *De Baptismo contra Donatistas*, l. ii. 3.

발전이다). 이는 그가 이단들을 비판하는 것과 같은 특정한 의미에서는 성경의 권위를 가톨릭 교회의 권위에 종속시키기 때문이다. 그가 마니교 이단을 비판한 유명한 문구에 그러한 면모가 나타난다: "나는 가톨릭 교회의 권위가 강권하지 않는다면 복음을 믿지 않을 것이다."[158] 마찬가지로 빈켄티우스 레리넨시스는 교회의 교리가 지식에서 다양하게 발전해 가는 성장의 단계를 거치며, 항상 제기되는 오류들에 대립하여 갈수록 명쾌하게 정의되지만, 수정되거나 절단되는 일이란 있을 수 없다고 가르친다.[159]

개신교 교회가 총공의회들과 모든 교회 전승의 권위를 성경에 부합한 정도에 따라서 평가하는 반면에, 그리스 교회와 로마 교회는 성경과 전승을 상호 보완의 위치에 놓는다. 개신교 교회는 처음 네 번의 총공의회를 비록 맹목적으로 존숭하지는 않으면서도 높이 평가하는 올바른 태도를 취하며, 그 회의들이 작성한 교리 진술들을 신앙고백서들에 받아들였다. 그렇게 한 이유는 그 진술들이 인간의 불완전을 안고 있으면서도 삼위일체와 그리스도의 신성ㆍ인성에 관한 성경의 교훈을 가장 명확하고 적절하게 표현했기 때문이었다. 이 진술들을 넘어서는 교회의 판단이 오늘날까지 사실상 나타나지 않았다(물론 교회의 판단을 신학적 사색과 분명히 구분해야 한다). 그것이 그 공의회들의 지혜와 중요성을 역력히 말해준다. 그러나 그렇다고 해서 니케아 신조와 이후의 아타나시우스 신조가 그 안에 정의된 조항들에 대한 온 교회의 지식의 최고점(non plus ultra)이라는 말은 아니다. 오히려 과거의 이 업적들을 자랑스럽게 여기고 굳게 붙드면서도, 동일한 문제들을 항상 새롭게 연구하여 기독교의 이 근본적인 신비들을 더욱 꿰뚫고 들어가며, 4-5세기와 마찬가지로 오늘날도 동일하게 교회 안에 거하시면서 능력 있게 일하시는 동일한 성령의 인도하에 하나님 말씀의 무한한 광맥에서 새로운 보석을 캐내는 것이 신학과 교회의 몫이라고 말하는 것이 옳다. 그리스도론을 예로 들자면, 이 교리는 루터교가 발전시킨 그리스도의 두 상태(state)에 관한 교리와 개혁교회가 가르친 그리스도의 삼중직 교리에 힘입어 내용면에서 풍성해진 반면에, 옛 가톨릭 교리는 네스토리우스의 양성론(兩性論, dualism)과 유티케스의 단성론(單性論, monophysitism)을 비판하여 그리스도의 두 본성 교리만

---

158) *Contra Epistolam Manichaei*, lib. i. c. 5 (in the Bened. ed., tom. viii. p. 154).

159) *Commonitorium*, c. 23 (in Migne's *Curs. Patrol.* tom. 50, p. 667).

을 다룬 칼케돈 공의회의 무오한 틀에 그대로 남아 있다.

이렇게 성경 진리를 더 넓고 깊게 깨닫기 위해 힘쓴 점에서 개신교는 에큐메니컬 정통신앙의 띠로 고대 그리스·라틴 교회와 일체로 연결되어 있다고 느낀다. 그러나 에큐메니컬 공의회들의 권징 관련 법령들에 대해서는 로마 교회에 비해서 훨씬 더 자유롭고 독립된 태도를 취한다. 그 교회법들은 교회의 직제와 예배에 관한 본질상 중요하지 않은, 즉 성직위계적이고 제사적인 개념에 토대를 두는데, 이것을 루터교와 성공회는 부분적으로, 츠빙글리파와 칼빈파는 완전히 배격했다. 그렇다고 해서 권징 분야에 관해서는 이 공의회들로부터 전혀 배울 것이 없다거나, 고대의 무수한 관습이나 제도를 복음적인 자유의 정신으로 되살릴 가치가 없다는 말은 아니다.

그 공의회들의 도덕적 특성은 사실상 이전과 이후의 교회회의들과 일치했으며, 따라서 그 공의회들의 역사적 중요성과 교리적 권위를 '표준'으로 삼을 수가 없다. 그 공의회들은 고대 교회의 양지와 음지를 충실하게 반영한다. 질그릇에 천상의 보화를 간직한다. 예루살렘 공의회에서 성령의 영감을 받는 사도들 사이에조차 많은 변론이 있었고(참조. 행 15:6), 그 직후에 베드로와 바울, 바나바 사이에 비록 일시적이긴 하지만 격렬한 갈등이 있었다고 한다면, 니케아 시대와 이후 시대의 주교들과, 이미 도덕적 부패로 잠식된 교회에게서 훨씬 더 열악한 상황을 예상하게 되는 것은 무리가 아니다. 그 공의회들에는 풍성한 재능과 학식과 덕성도 나타났지만, 무지와 음모와 파벌 의식도 못지않게 나타났다. 이런 폐습들은 기나긴 논쟁들의 과정에서 이미 양 진영에 돋아나 있던 차에, 공개적인 투쟁으로 확연히 모습을 드러냈다. 처음 네 번의 총공의회들은 한결같이 가장 중요하고 가장 어려운 신학 쟁점들을 놓고 벌어진 논쟁들로 인해서 소집된 회의들로서, 사실상 결정적인 전투가 전쟁에서 차지하는 그러한 위치를 교리사에서 차지한다. 종교란 인간의 가장 깊고 거룩한 관심사이기 때문에 종교적 열정이야말로 가장 격렬하고 극단적인 양상을 띠기 십상이다. 특히 황실에서부터 저잣거리에 이르기까지 모든 계층이 신학 문제에 치열한 관심을 갖고 흥분의 소용돌이에 휩싸이는 시기에는 더욱 그러하다. 따라서 악명높은 신학의 광기(rabies theologorum)가 종교개혁 시대인 16세기와 신앙고백 논쟁 시대인 17세기를 제외한 역사상 어느 시기보다도 4-5세기에 왕성했던 것이다.

이 점은 당대인들과 공의회들 자체의 법령들이 충분히 증거한다. 나지안주스의 그레고리우스는 역사가 소크라테스의 판단에 따르면 당대에 가장 열정적이고 웅변적인 사람으로서,[160] 본인 자신이 콘스탄티노플 주교로서 한동안 제2차 에큐메니컬 공의회를 주재했으며, 공의회들을 지켜보고 겪으면서 그 회의들에 대한 신뢰를 철저히 상실했으며, 자신의 시집(詩集)에서 그 회의들을 가리켜 '왜가리들과 거위들의 모임' 이라고 불렀다. 그는 382년(제2차 에큐메니컬 공의회가 개회된 다음 해로서, 그가 말하는 것이 바로 그 회의임에 분명함)에 황제의 이름으로 자신을 교회회의에 초대했다가 뜻을 이루지 못한 프로코피우스(Procopius)에게 다음과 같이 대답했다. "솔직히 말하자면 나는 주교들의 회의 자체를 아예 없애는 데 찬성합니다. 교회회의가 좋게 결말이 나거나, 악을 증가시키지 않고 감소시킨 예를 한 번도 본 적이 없기 때문입니다. 주교들의 회의에서는 상상외로 투쟁심과 야심이 팽배하며, 따라서 저마다 자신이 심판자가 되어 다른 사람들의 잘못을 바로잡으려다가 역으로 비판을 당할 뿐, 실제로 잘못을 바로잡지는 못합니다. 그러므로 나는 공의회에 발을 끊고서 홀로 정진하는 데서 영혼의 안위를 얻었던 것입니다."[161]

물론 그레고리우스가 원래 사변적인 사람이어서 공적 활동 자체를 달가워하지 않았고, 그런 관점을 가지고 개인적 성향에 위축되는 정당하지 못한 태도를 취한 것이 사실이다. 게다가 일관성 있는 태도를 취하지도 못했다. 다른 곳에서는 니케아 공의회를 높게 평가했고, 아타나시우스 다음으로 니케아 신조를 앞장서서 옹호한 사람이었기 때문이다. 그럴지라도 그가 당대의 주교들과 공의회들을 비판적으로 평가한 많은 글에는 그들이 완전히 무흠하다는 망상을 쫓아낼 만한 요소가 충분히 남아 있다. 보조브르(Beausobre)는 대 그레고리우스가 중상모략가였거나 아니면 당시의 주교들이 대단히 태만하고 무력했거나 둘 중 하나임에 틀림없다고 정확히 평가한다.

5세기에도 더 나을 게 없고 오히려 악화되었을 뿐이다. 431년에 에베소에서 열린 제3차 총공의회의 기록을 보면 부끄러운 음모와 상대를 제거하려는 매정한 욕망 일색이었으며, 야비하고 거친 행동이 악명높은 449년의 에베소 강도 공의회 못지않게 성행했다는 것을 알 수 있다. 물론 449년의 공의회가 오류를 위해

---

160) *Hist. Eccl.* lib. v. cap. 7.

161) *Ep. ad Procop.* 55, old order (al. 130).

투쟁한 것과 달리 431년의 공의회는 진리를 위해 투쟁했다는 중대한 차이가 있긴 하지만 말이다. 심지어 칼케돈 공의회조차 저명한 주해가이자 역사가인 테오도레투스(Theodoret)가 소개되자 공의회장이 마치 오늘날 터키 경찰의 감독하에 예루살렘의 성묘 교회 앞에서 그리스 수사들과 로마 수사들이 티격태격하는 모습을 연상시키는 정경을 자아냈다. 테오도레투스를 반대한 이집트 주교들은 있는 힘을 다하여 "신앙을 버린 자다! 저 네스토리우스의 교사를 제거하라!"고 고함을 질렀다. 그의 지지자들도 뒤질세라 "저자들은 [강도 공의회에서] 우리에게 폭력을 휘두르며 강제로 서명하게 만들었다. 저 마니교도들, 플라비아누스의 원수들, 신앙의 원수들을 제거하라! 살인자 디오스쿠루스를 처단하라! 그의 악행들은 알만한 사람들은 다 안다!"고 목청을 높였다. 그러자 이집트 주교들이 "저 유대인, 하나님의 대적을 없애고, 다시는 저자를 주교라고 부르지 말라!"고 소리쳤다. 그러자 동방의 주교들이 "폭도들을 제거하라, 살인자들을 처단하라! 정통 신앙을 가진 자만 공의회에 참석할 자격이 있다!"고 응수했다. 마침내 황제의 대리인들이 개입하여 '그 무가치하고 무익한 설전'을 그만두도록 진정시켰다.

이렇게 인간들의 정욕이 함부로 난무하는 속에서도 주님께서 교회의 배에 앉아 계시면서 큰 물결과 바람을 뚫고 배를 안전하게 인도해 가셨다는 사실을 잊어서는 안 된다. 교회를 버리지 않으실 진리의 성령께서 마침내는 항상 오류를 제압하셨고, 심지어는 약한 도구들을 통해서라도 당신의 영광을 나타내셨다. 이렇게 인간의 불완전함과는 판이하게 위로부터 온 이러한 착오없는 인도를 생각하는 터에서 공의회들을 존중해야 할 것이다. 과연 하나님께서만 영광을 받으시기에 합당하시다!(Soli Deo gloria).

66. 고대 교회의 에큐메니컬 공의회 목록

여기서는 그리스 · 로마 교회의 모든 에큐메니컬 공의회들의 목록을 개괄적으로 소개하고, 그 특성과 활동 사항을 간단히 언급하고자 한다.

1. 제1차 니케아 공의회 (325). 니코메디아 황궁 근처의 활발한 상업 도시로서, 육로뿐 아니라 해로로도 접근하기가 쉬운 비두니아의 니케아에서 열렸다. 318명

의 주교들 외에도, 다수의 사제들과 부제들, 시종들이 참석했으며, 이들은 대부분 동방 교회의 대표들이었다. 콘스탄티누스 대제가 소집을 했고, 소집 이유는 아리우스 논쟁을 해결하기 위함이었다. 323년의 결정적인 전투들에서 승리하여 로마 제국의 주인이 된 콘스탄티누스는 교회 성직자들의 도움을 받아 완전한 통일과 평화를 회복하기를 원했다. 이 공의회가 내놓은 결과는 그리스도의 참 신성 교리와, 성자와 성부의 본질이 동등하다는 교리를 확립한 것이었다. 이 교의들이 지니는 근본적인 중요성, 공의회에 참석한 주교들의 수와 학식과 경건과 지혜, 게다가 그들 중 상당수가 디오클레티아누스에게 받은 박해의 흔적을 여전히 지니고 있었던 사실, 황제와 '교회사의 아버지' 에우세비우스, '정통신앙의 아버지' 아타나시우스(물론 당시에 그는 대부제에 지나지 않았다)가 직접 참석했다는 사실, 게다가 새롭게 열린 시대의 성격 등이 결합하여 이 최초의 세계 교회회의에 독특한 무게와 권위를 실어주었다. 이 공의회는 '위대하고 거룩한 공의회'라는 명칭을 갖고 있고, 역대 공의회들, 특히 그리스 교회의 공의회들 가운데 가장 높은 지위를 차지하며, 권위 면에서 영원히 존경을 받는 사도신경에 버금가는 니케아 신조 안에 여전히 살아 있다. 하지만 이 신조는 제2차 총공의회 때에야 비로소 오늘날의 형태와 같은 최종적인 형태를 갖추게 되었다(라틴어 필리오케<filioque, '그리고 아들로부터'>는 훨씬 후에 삽입됨). 니케아에 모인 성직자들은 그 외에도 다양한 권징 문제에 대한 여러 가지 법령들(대개 20개조로 계산됨)을 공포했는데, 가장 중요한 것은 수도대주교들의 권한과 부활절 날짜, 이단 세례의 유효성에 관한 법령들이었다.

2. 제1차 콘스탄티노플 공의회 (381). 테오도시우스 대제가 황도(皇都)에 소집한 이 공의회는 니케아 공의회 이후 5백 년이 될 때까지 역사에 거명조차 되지 않았다. 하지만 이 공의회는 동방 교회만의 회의였으며, 황제가 선대에 급격히 수가 줄어든 니케아파 지지자들을 대상으로만 소집한 까닭에 참석한 주교수도 150명밖에 되지 않았다. 황제는 이 회의에 참석하지 않았다. 안디옥의 멜레티우스(Meletius)가 죽는 날까지 의장을 지냈고, 그 뒤에는 나지안주스의 그레고리우스가, 그리고 그가 사직한 뒤에는 새로 선출된 콘스탄티노플 총대주교 넥타리우스(Nectarius)가 의장을 맡았다. 이 회의는 니케아 신조에 성령의 신성과 위격에 관하여 마케도니아파 혹은 성령이단파(Pneumatomachists)와 상반되는 조항을 첨가했고(이런 이유로 니케아—콘스탄티노플 신조라는 명칭이 생김), 니케아 교회법에

이어 일곱 개의 조항을 추가로 공포했는데, 하지만 라틴어판은 처음 네 조항만 전함으로써 나머지 세 조항의 진정성에 의문을 남긴다.

3. 에베소 공의회 (431). 테오도시우스 2세가 서방의 공동 황제 발렌티니아누스 3세와 협의하여 소집했고, 야심이 많고 강압적인 알렉산드리아의 총대주교 키릴루스의 주도로 진행되었다. 이 공의회는 처음에는 160명의 주교로 구성되었으나, 나중에는 로마에서 온 교황 특사들을 포함하여 198명의 주교들이 참석했다.[162] 특사들은 교황으로부터 논의에 끼어들지 말라는 당부를 받았음에도 불구하고 나머지 주교들의 견해를 평결하는 자리에 앉았다. 이 공의회는 그리스도의 두 본성의 관계에 관한 네스토리우스의 오류를 단죄하되, 바른 교리를 명쾌하게 진술하지는 않았다. 그러므로 부정적인 결과만 내놓았을 뿐이며, 도덕 면에서도 그랬듯이 교리 면에서도 처음 네 공의회 가운데 중요성이 가장 덜하다. 네스토리우스파 곧 갈대아 그리스도인들은 이 공의회를 철저히 무시한다. 공의회가 작성한 여섯 조항의 법령은 네스토리우스와 펠라기우스 문제만을 다루며, 디오니시우스 엑시구스(Dionysius Exiguus)의 교회법 전집에 하나도 실리지 않았다.

4. 칼케돈 공의회 (451). 황제 마르키아누스가 로마 주교 레오의 요청을 받아들여 콘스탄티노플 맞은편에 자리잡은 비두니아의 칼케돈에 소집했다. 모두 520명의 주교가 참석했는데(어떤 이들은 630명이라고 함), 로마 주교가 파견한 대표단 3명과 아프리카의 주교 2명을 제외한 나머지는 모두 그리스와 동방에서 파견된 사람들이었다.[163] 제4차 에큐메니컬 공의회인 이 회의는 그리스도의 위격에 관하여 유티케스주의와 네스토리우스주의와 상반되는 정통 교리를 확정했고, 30개 조항의 교회법을 공포했다(어떤 사본들에 따르면 27개나 28개 조항이라고 함). 그 가운데 제28조는 로마의 특사들과 레오 1세에게 반대를 받았다. 이 회의가 총

---

162) 늦게 도착한 안디옥의 요한은 그 도시에서 네스토리우스 진영을 옹호하는 대립 공의회를 소집했다. 황제 대리 칸디디아누스의 보호를 받은 이 회의는 43명의 주교로 구성되었고, 네스토리우스를 파문한 바 있는 키릴루스를 파문했다.

163) 공의회 자체는 레오에게 보낸 서신에서 참석자 수를 520명으로 적는 반면에, 레오는 (Ep. 102에서) 참석자 수가 6백 명 가량 되었다고 전한다. 일반적인 견해는 총 참석 인원이 대리인들을 포함하여 630명이었다는 것이다(Tillemont, *Memoires*, t. v. p. 641).

공의회들을 통틀어 규모가 가장 컸고, 니케아 다음으로 가장 중요하지만, 동방 교회의 모든 단성론 분파들에게 배척을 당한다.

5. 제2차 콘스탄티노플 공의회 (553). 칼케돈 공의회로부터 한 세기 뒤에 황제 유스티니아누스가 교황의 동의 없이 소집했고, 의제는 장기간 끌어온 단성론 논쟁을 조정하는 것이었다. 콘스탄티노플 총대주교 유티키우스(Eutychius)가 의장을 맡았고, 불과 164명의 주교들만으로 구성되었으며, 삼장(三章, Three Chapters; Tria capitula, κεφάλεια) 곧 작고한 세 명의 신학자 겸 주교들인 몹수에스티아의 테오도루스, 키로스의 테오도레투스, 에데사의 이바스가 가르친 그리스도론(네스토리우스 이단설로 기울었다는 비판을 받음)에 대해서 14조항의 아나테마(저주)를 선언했다. 하지만 이 회의는 유약한 교황 비길리우스에게 재가를 받은 뒤에 조차 서방의 많은 주교들에게 인정을 받지 못했으며, 이탈리아 북부와 로마 교구 사이에 일시적인 분열이 생기게 했다. 중요도 면에서는 앞의 네 공의회에 크게 못 미친다. 헬라어로 작성된 법령들은 열네 조항의 아나테마를 제외하고는 모두 유실되었다.

앞서 소개한 다섯 번의 공의회들 외에도 후대에 그리스인들과 라틴인들 모두에게 명백한 에큐메니컬적 권위를 인정받은 공의회가 두 번 더 열렸다. 하나는 콘스탄티누스 프로고나투스의 관할하에 소집된 제3차 콘스탄티노플 공의회(680년)로서, 단의론(單意論, Monothelitism)과 교황 호노리우스(638 죽음)를 단죄하고, 옛 가톨릭 그리스도론을 완성했다.[164] 다른 하나는 황후 이레네의 관할하에 소집된 제2차 니케아 공의회(787)로서, 가톨릭 교회의 화상 숭배를 재가했으나 교리적으로 이렇다 할 결과를 내놓지는 못했다.

이로써 오늘날은 터키의 볼품없는 소읍 이즈니크가 들어서 있는 니케아가 공인된 에큐메니컬 공의회들의 시작과 끝을 장식하는 명예를 누렸다.[165]

---

164) 죽은 교황을 에큐메니컬 공의회가 이단으로 단죄하는 것은 교황 무류설과 너무나 부합하지 않는다. 따라서 로마의 사가들이 어떻게 해서든 그 사실을 부인하려고 힘쓰거나 궤변으로 그 의미를 축소하려고 해왔다.

165) 이즈니크는 헬라어로 '에이스 니카이안'이라 표기한다. 영어권에서 사용하는 Nice와 Nicene는 오기(誤記)임에 틀림없지만, Gibbon을 비롯한 영어권의 저명한 저자들이 사용함으로써 인정을 받았다.

이후로는 그리스인들과 라틴인들이 갈라서며, 더 이상 에큐메니컬 공의회라고 이름붙일 만한 회의가 열리지 않았다. 그리스인들은 692년의 제2차 트룰로 공의회(혹은 제4차 콘스탄티노플 공의회. 신조를 작성하지 않고, 교회법만 내놓음)에 대해서 독립된 제8차 에큐메니컬 공의회로 인정하지 않고, 다만 제5차와 6차 에큐메니컬 공의회의 부속 회의 정도로 평가한다(그런 이유로 퀴니섹스투스 공의회<Quinisexta seatusconsultum synodus, 제5-6 원로원 긴급 법령 공의회>라 불림). 라딘 교회는 이러한 평가를 항상 배척해왔다. 반대로 라틴 교회는 제4사 콘스탄티노플 공의회(869)를 제8차 에큐메니컬 공의회의 지위로 끌어올린다(이 공의회는 그리스 교회가 라틴 교회와 대립할 때 수장격이었던 총대주교 포티우스에게 면직을 선고했다).

하지만 그 후 포티우스가 복권됨으로써 그리스 교회에서는 이 공의회를 무효화했다. 로마 교회는 유일한 보편성을 확립하기 위해서 일곱 혹은 여덟 번의 그리스 공의회들에다 바티칸 공의회(1870)까지 이어진 열두 번 이상의 총공의회를 덧붙이지만, 그리스 교회와 개신교는 그 회의들의 지역적 성격만 인정할 뿐이다. 고대 교회의 마지막 명실상부한 그리스-라틴 에큐메니컬 공의회(787)가 열린 뒤부터 중세 교회의 첫 라틴 에큐메니컬 공의회(1123)가 열리기까지는 336년의 세월이 흘렀다. 교황청은 그 기간 동안 자체의 권위를 확립해야만 했다.[166]

---

166) 트렌트 공의회까지의 에큐메니컬 공의회 횟수에 관해서는 로마 신학자들 사이에서도 견해가 일치하지 않는다. 갈리아 학파는 21회로, 벨라르민은 18회로, 헤펠레는 16회로 간주한다. 앞서 언급한 그리스-라틴 공의회들 외에 로마 신학자들이 에큐메니컬 공의회로서 누구든 이견을 달지 않는 것은 다음 여덟 차례의 라틴 공의회이다: 제1차 라테란(로마) 공의회(1123), 제2차 라테란 공의회(1139), 제3차 라테란 공의회(1179), 제4차 라테란 공의회(1215), 제1차 리옹 공의회(1245), 제2차 리옹 공의회(1274), 피렌체 공의회(1439), (제5차 라테란 공의회<1512-1517>는 논란이 된다), 트렌트 공의회(1545-1563). 15세기 초에 열린 세 번의 개혁적 공의회들인 피사·콘스탄스·바젤 공의회와 제5차 라테란 공의회(1512-1517)의 에큐메니컬적 성격은 로마 신학자들 사이에서 의문시되며, 교황파와 갈리아파의 견해가 엇갈린다. Hefele는 그 공의회들이 얼마만큼은, 즉 교황에게 재가를 받은 한도에서는 에큐메니컬 공의회로서의 성격을 지닌다고 간주한다.

67. 교회법 저서들

　에큐메니컬 공의회들은 권징 법령 곧 교회법을 통해서 교회법의 주요 산실 역할을 했다. 이 공의회들이 작성한 교회법들에 4세기의 중요한 대교구 공의회들인 앙키라 공의회(314), 신 가이사랴 공의회(314), 안디옥 공의회(341), 사르디카 공의회(343), 강그라 공의회(365), 라오디게아 공의회(343년과 381년 사이의 어느 기간)의 법령들이 덧붙었고, 세 번째로 유력한 주교들과 교황들, 황제들의 명령들이 덧붙었다. 5세기 초 이후 혹은 어쨌든 칼케돈 공의회 이전에 이 문헌들을 토대로 동방과 북아프리카, 이탈리아, 갈리아, 스페인에서 다양한 교회법 모음들이 등장했다. 하지만 이 법률서들의 권위는 대교구의 한계를 넘지 못했으며, 여러 점에서 자체 모순을 안고 있었다. 보편 교회의 법전(*codex canonum ecclesiae universae*)이 아직 존재하지 않았다. 그럴지라도 이전의 법률 모음서들은 동방과 서방에서 각각 등장한 두 권의 법률서에 의해서 잠식되었다.

　라틴 교회의 가장 중요한 교회법 모음서는 비록 스구디아 출신이긴 하나 로마인이었던 대수도원장 디오니시우스 엑시구스(Dionysius Exiguus)에게서 나왔다.[167] 그는 잘못된 계산으로 연대상의 오류를 범했음에도 불구하고 '디오니시우스력' (Dionysia Era)이라는 기독교 달력을 도입함으로써 불후의 이름을 남겼다. 그리스도를 만대 역사의 축으로 간주하고, 그 관점을 연대기에 도입한 것이 이 '작은' 수사의 위대한 발상에서 시작되었다. 500년경에 디오니시우스는 살로나의 주교 스테파누스를 위해서 헬라어로 작성된 교회법 모음서를 라틴어로 번역했는데, 이 문헌이 스테파누스에게 소개의 글로서 보낸 서신과 함께 현존한다. 이 문헌에는 먼저 50개 조항의 이른바 「사도 교령」(*Apostolic Canons*)이 실려 있다. (사도 교령은 로마의 클레멘스가 편찬한 것처럼 되어 있으나, 실은 3, 4세기에 꾸준히 이루어진 결실이었다.) 다음으로, 사르디카 공의회와 아프리카 공의회를 비롯한 4-5세기의 가장 중요한 공의회들의 법령들이 실려 있으며, 마지막으로는 시리키우스의 서신(385)에서부터 아타나시우스 2세의 서신(498)에 이르는 교황의 법령 서신들이 실려 있다. 디오니시우스 법전은 후대의 첨가에 의해서 점차

---

167) 그가 엑시구스('작은'이라는 뜻)라는 별명을 갖게 된 이유가 단신이었기 때문이었는지, 아니면 수사로서 겸손을 나타낸 것이었는지 분명치 않다.

증보되었으며, 교황들의 호의에 힘입어 거의 서방 전역에서 권위를 인정받았다. 그럴지라도 이 법전과 함께 쓰인 다른 교회법 모음서들이 있었는데, 이 법률서들은 특히 스페인과 북아프리카에서 쓰였다.

디오니시우스가 세상을 떠난 지 약 50년 뒤에 요한 스콜라스티쿠스(John Scholasticus)가 헬라어로 교회법 모음서를 펴냈다. (그는 법률가로서 활동하다가 안디옥의 장로가 되었고, 564년 이후에 콘스탄티노플 총대주교가 되었다.) 이 모음서는 법령들을 철저하고도 편리하게 배열한 점에서 기존의 법전을 능가했으며, 이런 이유와 저자의 지명도 덕분에 그리스 교회에서 보편적 권위를 인정받게 되었다. 그는 이 책에 85개조의 사도 교령을 수록했고, 앙키라(314)와 니케아(325)에서 시작하여 칼케돈(451)에 이르는 공의회들의 법령들을 50개의 표제하에 주제별로 수록했다. 그리스인들이 에큐메니컬의 지위를 부여한 제2차 트룰로 공의회(692년의 퀴니섹스툼 공의회)는 85개조의 「사도 교령」을 채택한 반면에, 「사도 헌장」(Apostolic Constitutions)에 대해서는 비록 사도 교령과 마찬가지로 사도들로부터 유래했을지라도 일찌감치 변질되었다는 이유로 인정하지 않았다. 이렇게 해서 그리스 교회와 라틴 교회 사이에는 이른바 사도 교령의 숫자를 두고 견해 차이가 생겼다. 라틴 교회는 50개조의 교령만 디오니시우스 법전에 수록했다.

요한 스콜라스티쿠스는 콘스탄티노플 총대주교로 재직하는 동안 유스티니아누스의 「신법」(Novelles)을 토대로 교회의 국가 관련 법률들 곧 노모이($\nu\acute{o}\mu o\iota$)의 모음서를 편찬했다. 이 법률들은 교회회의의 교회 관련 법률들 곧 카노네스($\kappa\alpha\nu\acute{o}\nu\varepsilon s$)와 구분하여 그렇게 불렸다. 그 뒤 현실적인 필요에 따라 두 법률들이 노모카논(Nomocanon)이라는 명칭으로 결합되었다.

이 교회법 저서들은 성직위계적 조직을 완료·확증하고, 성직자들의 생활을 규율하고, 질서와 권징을 촉진하는 역할을 수행했다. 하지만 교회에 외형적 계율주의를 정착시킴으로써 진보 정신을 저해하는 역기능을 초래하기도 했다.

제 6 장

교회의 권징과 분열들

68. 권징의 쇠퇴

교회와 국가의 연합은 대체로 교회의 권징에 해로운 영향을 끼쳤으며, 그 경위는 두 가지 상반된 방향으로 이루어졌다.

한편으로 그것은 교회 권징이 더욱 경직성을 띠게 하여, 영적인 범죄를 형법으로 다스리는 데로 나가게 했다. 이 일에서 국가가 교회를 도왔고, 성무 중단과 파문에 법적 강제력을 실어주었으며, 교회를 대신하여 형법을 집행해주었다. 니케아와 이후 시대에 신학 논쟁들이 벌어지는 동안 주교들이 추방되고 면직되는 사례들이 무수히 발생한 것도 특히 비잔틴 전제 군주의 뒷받침과, 당시의 종교적 불관용과 편협성 탓이 컸다. 심지어 교회가 영적 실체이며 교회가 그리스도께 받은 무기들도 영적인 것들이라는 견해를 고수한 프리스킬리아누스파(Priscillianists)에게 덕망 높은 신학자들의 항의에도 불구하고 사형이 언도되기까지 했다.[1] 이단이 사회의 안전을 해치는 가장 중대하고 용서할 수 없는 범죄로 간주되어 세속 정부에게 그에 준한 처벌을 받았다.

그러나 법이 이렇게 강력해졌음에도 불구하고, 다른 한편으로는 권징이 약화되었다. 이단 규제법이 갈수록 강경해지면서 실제적 오류에 대한 태도는 갈수록 무르게 되었다. 이상하게 보이겠지만, 이단에 대한 혐오와 도덕의 방종, 교리적 순결을 위한 열정과 생활의 순결에 대한 무관심이 현실에서는 병존하는 경우가 많은 것이다. 그리스도께서 땅에서 일하실 당시의 바리새주의와, 슈페너

---

1) 참조. § 27.

(Spener)와 경건주의 운동을 탄압한 정통 루터교, 감리교와 개신교를 적대시한 영국 국교회 고위 성직자들이 어떠했는가를 생각하면 그 점을 쉽게 이해할 수 있다. 심지어 사도 요한 시대에 에베소 교회의 현실이 이와 같아서, 훗날 동방 교회의 양지와 음지를 동시에 예표했다.[2] 물론 디오클레티아누스 박해 때 제 모습을 갖춘 네 가지 고행 단계를 토대로 한 진지하되 경직된 고행 체계가 여전히 시행되었고, 4세기의 공의회들에 의해서 거듭 재확증되었던 것이 사실이다. 그러나 권징의 대상이 갈수록 승가하고 그늘 가운데 고위식 인사들이 석시 않세 되면서 규정대로 권징을 시행하기가 갈수록 어려운 상황이 되어 갔다.

콘스탄티누스의 강력한 혁명을 거치면서 교회는 정절을 상실했고, 내면의 변화를 경험하지 않은 채 교회에 몰려든 이교 세계의 허다한 사람들을 받아들였다. 이론으로는 정통신앙을 강력히 부르짖으면서도 생활은 추문으로 얼룩져서 성무 정지와 파문을 당해야 마땅한 황제들과 고위 관리들이 적지 않았으나, 그럼에도 그들의 주위에는 유약하거나 세상적인 주교들이 자리잡고 있으면서 하늘에 계신 주님의 명예와 교회의 위엄을 생각하기보다 지상의 군주들에게 호의를 입는 데 더욱 마음을 기울였다. 다른 면에서는 당대의 선량한 주교 축에 드는 에우세비우스조차 콘스탄티누스의 큰 죄악들에 대해서는 한 마디도 하지 않은 채 그의 공적만을 과하게 예찬했다.

그리스 교회에서는 권징이 점차 쇠퇴하여 사회의 도덕적 기강을 크게 약화시켰으며, 모든 사람이 자기 양심에 따라 성찬에 참여하도록 허용되었다. 악인들이 주님의 상에 나오는 것을 막는 권한이 주교들에게만 부여되었다. 390년경에 콘스탄티노플 총대주교 넥타리우스(Nectarius)는 참회적 권징을 시행하도록 세운 고해 사제(참회 담당 장로)라는 직책을 폐지했다. 그 계기가 된 사건이 있었으니, 공개 고해를 하러 교회에 온 귀부인이 저급한 부제에게 폭행을 당하는 불미스러운 일이 발생한 것이었다. 넥타리우스가 취한 조치를 곧 동방의 다른 주교들도 뒤따랐다.[3]

---

2) 계 2:1–7. 참조. 필자의 *Hist. of the Apostolic Church*, p. 429.

3) Sozomen, vii. 16; Socrates, v. 19. 이 사건은 로마 교회가 개신교와 고해성사에 관한 논쟁을 벌일 때 개신교를 비판하는 근거로 삼았다. 넥타리우스가 고해 사제 제도와 교회에서의 공개적 고해를 폐지한 것은 분명한 사실이다. 그러나 이 역사가들의 진술에서는 그가 비밀 고해를 권장했다는 추론도 혹은 비판했다는 추론도 이끌어낼

노바티아누스파의 엄격한 삶에 내심 찬동한 역사가들인 소크라테스와 소조메누스는 넥타리우스의 이 조치를 권징과 과거의 도덕적 순결이 쇠퇴하기 시작한 계기로 평가한다. 그러나 진정한 원인은 훨씬 더 이전에, 즉 교회가 세속 권력과 결탁한 데 있었다. 물론 종교개혁 때에 칼빈이 이끈 제네바 공화국처럼 국가에 그리스도인들의 종교적 진실성과 열정이 가득했더라면 교회의 권징이 국가와의 연합으로 쇠퇴하지 않고 오히려 탄력을 받았을 것이다. 그러나 방대한 로마 제국은 이교적 전통들과 관습들을 쉽고도 신속하게 버릴 수 없었으며, 기독교의 이름하에서 여전히 고수했다. 대다수 사람들이 기껏해야 요한의 세례를 받았을 뿐, 그리스도께서 주시는 성령과 불의 세례는 받지 못했다.

하지만 이러한 새로운 상황에서라도 교회가 원래부터 간직해온 도덕적 진지함이 이따금씩 발휘되었다. 다윗이 범죄했을 때 그를 찾아가 책망한 선지자 나단처럼 심지어 황제에게 책망을 가한 주교들이 없지 않았다. 크리소스토무스는 부제에게 부자격자들을 일체 성찬에 받아들이지 말라고 단단히 타일렀다. 비록 황궁의 부패상을 신랄하게 비판하다가 마침내 면직과 유배를 당하게 되긴 했지만, 그는 끝내 그러한 태도를 굽히지 않았다. 그는 성찬을 집례하는 사람들에게 이렇게 말한다. "아무리 장군이나 총독이나 심지어 황제의 관을 쓴 자라도 불의한 행실을 고치지 않고 그냥 [성찬상에] 나오거든 맞아들이지 마십시오. 여러분에게는 그들보다 더 큰 권세가 있습니다 …… 주님께서 진노하시지 않도록 경성하여 그들에게 양식대신 검을 주십시오. 그리고 혹시 유다 같은 사람이 성찬상에 나오더라도 맞아들이지 마십시오. 사람을 두려워하지 말고 하나님을 두려워해야 합니다. 사람을 두려워하면 그가 속으로 여러분을 능멸할 것입니다. 하지만 여러분이 하나님을 두려워한다면 사람들 앞에서도 존경받을 자로 나타나게 될 것입니다."[4]

시네시우스(Synesius)는 가난한 사람들을 잔인하게 압제하고 주교의 교훈을 경시한 펜타폴리스의 총독 안드로니쿠스(Andronicus)를 파문에 처했으며, 그의 권징은 소기의 효과를 거두었다. 교회 권징의 가장 유명한 사례는 390년경에 밀라노에서 암브로시우스가 테오도시우스 1세에게 내린 것이다. 그 주교는 무소불

수 없다.

4) *Hom.* 82 (al. 83) in Matt., toward the close.

위의 권력에다 정통신앙까지 겸비한 황제에게 성찬을 베풀기를 거절하고, 교회 밖으로 도로 나가도록 했다. 데살로니가에서 폭동이 일어났을 때 황제가 군대를 풀어서 남녀노소를 가리지 않고 7천 명의 양민을 학살한 것이 그 원인이었다. 여덟 달 뒤에 암브로시우스는 황제의 요청을 받아들여 사죄를 내리되, 그러기에 앞서 황제에게 교회 앞에서 공식적으로 죄를 자백하게 했고, 앞으로는 사형을 언도하더라도 30일 이내에는 형 집행을 하지 않겠다는 다짐을 받아냈다. 그것은 혹시 필요할 경우 언도를 철회하고 자비를 베풀 시간을 갖도록 하기 위힘이었다.[5] 이 사건에서 암브로시우스는 교회가 국가에 대해서 지니는 위엄과 권한을 분명히 입증했고(그럴지라도 성직자로서 교만한 태도를 나타내지는 않았을 것이다), 그리스도인은 군사력을 자제하고 자비를 베풀어야 한다는 점을 확고히 주지시켰다. 현대의 어느 사가는 이렇게 말한다. "이로써 교회는 권력이 마음대로 휘둘러지던 시기에 민중의 자유를 지켜주는 도피성이었음을 입증했으며, 성인들이 민중 법정의 역할을 수행했다."[6]

69. 도나투스파 분열. 외적인 역사

도나투스파는 우리가 다루는 시기의 교회에서 대단히 치명적인 분열을 일으켰다. 그들이 벌인 운동이 북아프리카 교회들을 한 세기 내내 두 개의 적대적인 진영으로 갈라놓았다. 과거의 분열들과 마찬가지로,[7] 이 분열도 배교자들을 복권시키는 문제와 관련하여 좀 더 엄격한 권징을 시행할 것을 주장한 진영과 관용을 베풀 것을 주장한 진영간의 갈등이 불거져서 발생했다. 그러나 이 사건은 기독교화한 국가의 개입으로 말미암아 교회적인 동시에 정치적인 성격도 띠었다. 엄격한 권징을 요구하는 입장은 전 시대에 특히 몬타누스파와 노바티아누스

---

5) 암브로시우스는 395년에 거행된 테오도시우스의 장례식 설교 때 이 사건을 직접 회고했다. 이 사건은 암브로시우스의 전기작가 파울리누스와 아우구스티누스(*De civit. Dei*, v. 26), 그리고 사가들인 테오도레투스(v. 17)와 소조메누스(vii. 25), 루피누스(xi. 18)도 언급한다.

6) Hase, *Church HIstory*, § 117 (p. 161, 7th ed.)

7) 참조. 제1권 § 115.

파가 대표하던 것이었는데, 그들이 여전히 살아 있었다. 반면에 온건한 원칙과 시행은 로마 교회에서 가장 강력한 지지를 받았으며, 콘스탄티누스 시대 이래로 널리 성행했다.

도나투스파 분열의 조짐은 디오클레티아누스의 박해 때 나타나서 교회 권징과 순교에 관한 논쟁을 되살려 놓았다. 당시 누미디아 대주교인 티기시스의 세쿤두스(Secundus)의 지지를 받고, 카사이 니그라이의 주교 도나투스(Donatus)가 이끈 강경파는 죽음을 경시한 채 순교를 향해 매진했으며, 위험을 피해 도주하거나 성경을 내주는 행위를 교회의 사귐에서 끊어내야 할 비겁하고 반역적인 행위로 단정했다. 반면에 주교 멘수리우스(Mensurius)와 그의 차부제와 후임 주교 카이킬리아누스(Caecilian)를 필두로 한 온건파는 사려 분별과 신중을 옹호했으며, 과도한 고백자들과 순교자들의 동기를 의심했다. 이로써 이미 305년에 키타시의 주교 선출 문제를 놓고 분열을 목전에 두게 되었다.

그러나 공식적인 분열이 터져나온 것은 박해가 중단된 311년 이후의 일이다. 박해가 중단되자 카이킬리아누스를 성급하게 카르타고 주교로 임명한 문제와 관련하여 난기류가 조성되었다. 도나투스파는 그를 승인하기를 거부했다. 그들이 제시한 이유는 그의 임명식에 누미디아 주교들이 거의 참석하지 않았고, 예배도 그들이 인계자(traditor, 배교자), 즉 성경을 이교 박해자들에게 넘겨준 자로 단언한 압통기스 혹은 압통가의 주교 펠릭스(Felix)가 인도했다는 것이었다. 카르타고에도 그의 대적이 많았는데, 그들 중에는 회중의 장로들(seniores plebis)과 특히 부유하고 미신적인 과부 루킬라(Lucilla)가 있었다. (루킬라는 매일 미사 때 반드시 성유물에 입을 맞추었고, 성례의 영적 능력보다 성유물의 효험을 더 선호했던 것으로 추정된다.) 카이킬리아누스 건으로 티기시스의 세쿤두스와 대부분 강경파에 속한 70명의 누미디아 주교들이 카르타고에 모여 그에게 면직과 파문을 선고하고(그는 이 회의에 참석하기를 거부했다), 루킬라의 총애를 받던 독서자 마요리누스(Majorinus)를 주교로 선출했다. 315년에 마요리누스가 죽자 도나투스(위에서 언급한 도나투스의 후대 사람으로서 동명이인)가 그의 위를 이어받았다. 뛰어난 재능과 뜨거운 에너지와 웅변력을 지닌 그는 지지자들에게 기적 행위자로 존경을 받았고, '위대한 자'(the Great)라는 칭호를 얻었다. 그 파벌의 이름은 위에 언급한 도나투스가 아닌 이 사람에게서 유래했다.[8]

양 진영은 해외의 교회들을 자기 편으로 만들려고 노력했고, 그로써 분열이 확산되었다. 도나투스파는 황제 콘스탄티누스에게 호소했는데, 이것이 교회 문제를 황제에게 호소한 첫 사례였으며, 훗날 두고두고 후회하게 되는 조치였다. 당시에 갈리아에 있던 황제는 그 문제를 로마 주교 멜키아데스(Melchiades, 밀티아데스<Miltiades>)와 다섯 명의 갈리아 주교들에게 일임한 뒤, 고소를 당한 카이킬리아누스와 양 진영에서 선출된 10명의 주교들에게 로마 주교 앞에 출두하도록 지시했다. 판결은 카이킬리아누스에게 유리한 쪽으로 내려졌으며, 이로써 그가 아프리카를 제외한 기독교 세계 전체 지역에서 카르타고의 합법 주교로 인성을 받게 되었다. 도나투스파는 강력히 항의했다. 그 결과 콘스탄티누스가 314년에 아를(아렐라테) 공의회에 재심을 위임했으나 판결은 먼젓번과 똑같았다. 이에 불복한 도나투스파가 교회 법원을 불신하고 황제에게 직접 재판을 받겠다고 요청하자, 황제는 316년에 밀라노에서 그들에게 죄를 묻는 판결을 내렸고, 곧이어 그들을 규제하는 형법을 공포하면서, 승복하지 않을 경우 그들의 주교들을 추방하고 교회 재산을 몰수하겠다고 위협했다.

박해가 한때 국가에 도움을 요청했던 그들을 원수들로 만들었으며, 뜨겁게 달아오른 그들의 광신에 기름을 끼얹었다. 그들은 황제의 사절 우르사키우스(Ursacius)를 난복하게 쫓아낸 뒤, 지상의 어떠한 권력도 자신들을 '사기꾼'(nebulo) 카이킬리아누스와 교회적인 사귐을 갖도록 권유할 수 없다고 선언했다. 콘스탄티누스는 공권력으로 신앙을 제한한다는 것이 무망한 일임을 인식하고서, 321년에 도나투스파에게 완전한 신앙과 예배의 자유를 허용하는 칙령을 내렸다. 그는 이 관용 원칙을 끝까지 고수했으며, 가톨릭 진영에 대해서도 인내와 도량을 권했다. 도나투스파는 330년에 열린 자체 공의회에 170명의 주교들이 참석했다.

콘스탄티누스의 계승자 콘스탄스는 다시 공권력에 의존했다. 그러나 협박도

---

8) "Pars Donati, Donatistae, Donatiani." 과거에는 이 집단이 대개 '마요리니파'(Pars Majorini)라고 불렸다. 실제로 밀레베의 옵타투스는 한 명의 도나투스만 알고 있었던 듯하다. 그러나 도나투스파는 분명히 카르타고의 도나투스 마그누스(대 도나투스)와 카시스 니그리스의 도나투스를 구분한다. 아우구스티누스도 같은 언급을 한다: *Contra Cresconium Donati*, ii. 1. 과거에는 아우구스티누스 자신도 두 사람을 혼동했다.

회유도 그 집단을 돌이키지 못했다. 마침내 유혈 사태가 발생했다. 키르쿰켈리온파(Circumcellions) 곧 농민들의 오막살이에서 신세를 지면서 농촌 지역을 방랑하던 도나투스파 탁발수사들이 반란에 가담한 농민들과 노예들과 합세하여 약탈과 방화와 살인을 자행하기 시작했으며, 순교에 대한 광적인 열정을 품은 채 그리스도의 참 군인들로서 물불을 가리지 않았으며, 목숨을 초개같이 버렸다.[9] 그럴지라도 도나투스파 가운데는 이러한 혁명의 열기에 찬성하지 않은 사람들이 있었다. 결국 반란이 군대에 의해 진압되면서 도나투스파의 여러 지도자들이 처형되고, 나머지는 추방되었으며, 그들의 교회들은 폐쇄되거나 몰수되었다. 대 도나투스는 망명지에서 죽었다. 그리고 그의 자리를 파르메니아누스(Parmenianus)라는 사람이 물려받았다.

배교자 율리아누스 때 도나투스파는 다른 모든 이단들과 분리파들과 함께 종교의 자유를 얻고서 예전의 교회들을 되찾았으며, 가톨릭 교도들에게 더럽혀진 자신들의 교회들을 씻어낸다는 뜻에서 교회 건물을 새로 칠했다. 그러나 다음 황제들의 대에 가서는 외부의 박해와 내부의 불화로 인해 이전보다 더욱 열악한 상태에 떨어졌다. 두 집단 사이의 분쟁은 일상 생활의 시시콜콜한 문제들에까지 확대되었다. 예를 들어, 히포의 도나투스파 주교 파우스티누스(Faustinus)는 자기 교회 신도들에게 가톨릭 주민들을 위해서 빵을 굽는 행위를 금했다.

70. 아우구스티누스와 도나투스파. 그들의 박해와 소멸

4세기 말-5세기 초에 히포의 대 아우구스티누스는 교훈과 박해로써 도나투스파를 가톨릭 교회로 돌아오도록 하려고 강한 노력을 기울였다. (당시에는 히포에도 무시할 수 없는 규모의 도나투스파 회중이 있었다.) 그는 그 주제로 여러 권의 저서를 썼으며, 아프리카의 모든 교회들에게 그들을 대적하도록 만들었다.

---

9) "Cellas circumientes rusticorum"(농촌의 오막살이집들을 전전하는 자들). 이 말에서 Circumcelliones라는 이름이 유래했다. 그러나 그들은 스스로를 그리스도를 위해 경주하는 군대(Milites Christi Agonistici)라고 불렀다. 이들이 언제 어디서 생겼는지는 확실하지 않다. 밀레베의 옵타투스에 따르면 콘스탄티누스의 재위 기간인 347년에 최초로 등장했다고 한다.

그들은 아우구스티누스의 탁월한 변증을 두려워했으며, 될 수 있는 대로 그와 맞닥뜨리지 않으려고 했다. 하지만 결국 그 문제는 411년에 황제의 지시로 카르타고에 마련된 중재 법원에 위임되어 사흘간 변론이 진행되었는데, 이 자리에는 286명의 가톨릭 주교들과 279명의 도나투스파 주교들이 참석했다.[10)

가톨릭 진영의 대변인 역할을 맡은 아우구스티누스는 변론이 시작되기 전에 행한 두 편의 감동적인 설교를 통해서 사랑과 관용과 온유를 강조했다. 분리파 진영에서는 페딜리아누스(Petilian)가 대변인 역할을 맡았다. 제국의 호민관이자 공증인이요 아우구스티누스의 친구인 마르켈리누스(Marcellinus)가 사회권과 최종 판결권을 쥐고 있었다. 이렇듯 변론이 명백히 편파적인 성격을 띠고 있었고, 결국 가톨릭 진영이 승리를 거두게 되었다. 변론은 두 가지 쟁점에 초점이 맞춰졌다: (1) 가톨릭 주교들인 카이킬리아누스와 압퉁가의 펠릭스가 정말로 배교자들이었는가? (2) 교회가 가증한 죄인들과 사귐을 가짐으로써 본연의 본질과 특성들을 상실하는가? 도나투스파가 공권력에 의한 종교의 강요와, 세속 권력과 영적 권력의 결탁을 강하게 비판하기 위해 많은 노력을 기울이긴 했지만, 역시 변론 기술과 논증력에서 아우구스티누스를 당할 수 없었다. 황제의 대리인은 예상대로 가톨릭 진영에 유리한 판결을 내렸다. 그런데도 분리파는 자신들의 견해를 고수한 채 황제에게 항소했으나 뜻을 이루지 못했다.

이제는 그들을 규제하기 위한 좀 더 강경한 법이 제정되어서, 도나투스파 성직자들이 고향에서 추방되고, 평신도들에게 세금이 부과되고, 교회들이 몰수되었다. 415년에 그들은 심지어 종교 집회를 갖는 것도 금지되었으며, 법을 어기고 집회를 갖다가 발각되면 사형에 처해졌다.

아우구스티누스는 과거에는 오직 영적인 방법으로만 이단을 제재해야 한다고 생각했으나, 이제는 교회 밖에는 구원이 없으므로 그들을 어떻게든 교회의 사귐 안으로 데리고 들어와야 한다는 명분으로 공권력 사용을 옹호했다. 누가복음 14:23의 잔치 비유에서 "사람을 강권하여 데려다가 내 집을 채우라"는 명령을 근거로 제시했다. 하지만 그 문맥에서 '강권하여'라는 말은 사도 바울에게서 볼 수 있는, 이방인들을 회심시키기 위한 거룩한 열정을 가리키는 생생한 강조법임

---

10) 아우구스티누스는 자신의 *Breviculus Collationis cum Donatistis*(Opera, tom. ix. p. 545-580)에서 논쟁 내용을 전한다.

에 분명하다.[11]

이로써 새로운 종류의 열광주의가 대두하게 되었다. 주교 가우덴티우스(Gaudentius)는 만약 자신의 교회를 무력으로 빼앗으려고 할 경우 자신은 회중과 함께 교회 안에서 불에 타 죽을 것이라고 경고했으며, 마카베오하(14장)에 나오는 라지스(Rhazis)의 예를 들어 이러한 자살의 정당성을 주장했다.

428년에 아리우스파 반달족이 아프리카를 정복하면서 아프리카 교회는 무너져 내렸고, 논쟁도 막을 내리게 되었다. 그것은 마치 프랑스 대혁명이 예수회 진영과 얀센파 진영을 모두 휩쓸어 버린 것과 같았다. 그럴지라도 그레고리우스 1세의 서신에서 확인하게 되듯이 도나투스파의 잔존 세력이 7세기까지 존속하면서, 폐허 속에서 여전히 그릇된 성결에 대한 열정을 과시하고, 교회가 국가의 힘을 빌려 박해를 자행한 일을 비난하고 그 책임을 묻고 있었다. 아프리카 교회 전체는 7세기에 사라센 정복에 의해 함몰되었다.

71. 도나투스파 분열의 내면적 역사. 교회론

도나투스파 논쟁은 분리주의와 가톨릭주의(보편주의) 간의 투쟁이었고, 교회의 순결주의와 절충주의 간의 투쟁이었으며, 교회를 중생한 성도들의 배타적 공동체로 이해하는 견해와 국가와 국민으로 이루어지는 총체적 기독교 세계로 이해하는 견해 간의 투쟁이었다. 이 논쟁은 기독교 교회의 본질 교리, 특히 성결의 속성에 관한 교리를 축으로 전개되었다. 그리고 이 논쟁을 계기로 아우구스티누스가 가톨릭적 교회관을 완성하게 되었는데, 이는 이미 과거에 비슷한 분쟁의 와중에서 키프리아누스가 부분적으로 발전시킨 것이었다.[12]

도나투스파는 수도원주의 관련 저서들을 남긴 테르툴리아누스와 마찬가지로 교회가 죄악의 세상에서는 불완전하게 실현될 수밖에 없는 성도들의 사귐이라는 이상적이고 영적인 견해에서 출발했다. 성도 개인들의 주관적 성결이나 개인 차원의 신자다운 삶을 주로 강조했으며, 교회의 보편성과 성례의 효과도 그것에

---

11) 아우구스티누스의 견해에 대해서는 § 27 후반을 참조하라.

12) 참조. 제1권, § 111, 115, 131.

달려 있는 것이라고 보았다. 따라서 참 교회란 성결의 학교라기보다 이미 거룩해진 사람들 혹은 적어도 그렇게 보이는 사람들의 사회라고 이해했다. 이렇게 말한 이유는 자신들의 사회에도 위선자들이 있게 마련이고, 자신들이 사람을 판단하는 데도 오류가 있을 수밖에 없기 때문이었다. 교회가 죄인임이 명백한 사람들을 관용한다면 거룩함을 상실하고 더 이상 교회로서 존립할 수 없게 된다고 그들을 보았다. 거룩하지 않은 사제들은 성례를 집행할 수 없다. 중생하지 않는 자들에게서 어찌 중생이 나올 수 있으며, 거룩하지 않은 자늘에게서 어찌 거룩함이 나올 수 있는가? 자기에게 없는 것은 남에게 줄 수 없는 법이다. 믿음이 없는 사람에게 믿음을 소개받은 사람은 믿음이 아닌 죄책을 받은 셈이다.[13] 그들이 카이킬리아누스의 선출을 배격한 밑바탕에는 사실상 이러한 논리가 깔려 있었다. 그가 무자격한 사람에 의해서 주교로 임명되었다는 것이다. 이러한 논리를 근거로 그들은 가톨릭 세례를 세례로 인정하기를 거부했다. 이 점에서 그들은 키프리아누스에게 다소 지원을 받았는데, 키프리아누스도 이단 세례의 유효성을 배척했고 — 하지만 그는 분리주의의 관점이 아닌 가톨릭적 관점에서 그렇게 했다 — 이 문제를 놓고 로마의 스테파누스와 불화를 겪었기 때문이다.[14]

따라서 그들은 몬타누스파와 노바티아누스파와 마찬가지로 엄격한 교회 권징을 요구했고, 신자로서 자격이 없는 사람들, 특히 박해 때 신앙을 부정하거나 성경을 내어준 사람들을 예외 없이 출교할 것을 요구했다. 더 나아가 교회의 일에 대한 세속 권력의 개입을 철저히 배격했다(하지만 실은 맨 먼저 콘스탄티누스에게 도움을 청한 자들은 그들이었다). 군중을 통째로 받아들이는 거대한 제국 교회에서 바벨론의 모습을 바라본 그들은 유일하고 참되며 거룩한 교회를 자임하면서 제국 교회를 이탈했다. 자신들의 이러한 입장을 뒷받침하기 위해서 하나님의 백성에게 외적인 성결을 요구하는 구약성경의 단락들과, 사도 바울이 고린도 교회의 행음자에 대해서 취한 조치를 근거로 제시했다.

이러한 주관적이고 영적인 교회관에 반대한 아우구스티누스는 가톨릭권의 대변인으로서 객관적이고 실제적인 교회관을 펼쳐나갔는데, 그의 이론이 다양하게 수정된 형태로 로마 교회에서 뿐 아니라 개신교에서도 분리주의자들을 비판

---

13) Aug., *Contra literas Petil.* l. i. cap. 5 (tom. ix. p. 208).

14) 참조. 제1권, § 104.

할 때 거듭 강조되었다. 그는 교회의 보편성을 크게 강조하며, 신자 개인의 거룩한 생활과 교회가 수행하는 기능의 유효성의 토대를 그것에 둔다. 교회의 본질을 무수한 그리스도인들의 개인적 특성에서 찾지 않고, 온 교회가 그리스도와 함께 연합되어 있는 사실에서 찾는다. 그는 사관(史觀)을 가지고 교회 설립 당시로 거슬러 올라가서, 신약성경의 교회가 온 세상에 널리 확대되어온 사실과, 사도들과 그리스도로부터 단절되지 않은 주교들의 계승을 통해서 하나로 통해 있는 사실을 지적한다. 이 교회만이 참 교회일 수 있다. 교회가 단번에 지상에서 사라지거나, 아프리카의 분파인 도나투스파 안에만 존재하는 일이란 있을 수 없다.[15] 온 땅에 두루 퍼져 있는 거대한 가톨릭 기독교 세계와 비교할 때 그들이 한 줌밖에 되지 않는 자신들의 무리에 관해서 무슨 말을 할 수 있는가? 이처럼 그는 수적인 우세까지도 논리에 동원한다. 그리고 이런 논리는 다른 상황에 적용하기에는 곤란한 점이 있다. 수적 논리를 가지고 초대 교회를 사회의 주류를 형성하던 유대인들과 허다한 이교도들과 비교하거나, 종교개혁 당시의 개신교 교회를 로마 가톨릭 교회와 비교한다는 것은 무리한 일이다.

가톨릭의 견해에 따르면, 교회가 신적 제도로서 객관적 특성을 지니는 까닭에 성례를 비롯한 교회의 모든 기능들도 효과를 지닌다. 페틸리아누스(Petilian)가 「도나투스파와의 만남」(*Collatio cum Donatistis*)에서 "신앙이 없는 사제에게 신앙을 받는 사람은 신앙이 아닌 죄책을 받는다"고 말했을 때, 아우구스티누스는 "그러나 그리스도는 신실치 않은 분(perfides)이 아니며, 그에게서 나는 죄책(reatum)이 아닌 신앙(fidem)을 받는다. 그러므로 진정으로 일하는 이는 그리스도이며, 사제는 다만 그의 기관일 뿐이다"라고 대답했다. 그는 같은 주제를 놓고 다음과 같이 말했다. "나의 기원은 그리스도이고, 나의 뿌리는 그리스도이고, 나의 머리는 그리스도이다. 나를 태어나게 한 씨앗은 하나님의 말씀이며, 비록 그 말씀을 내게 전해준 설교자가 말씀에 순종하지 않을지라도 나는 순종해야 한다. 나는 내게 세례를 베푼 사역자를 믿는 게 아니라 그리스도를 믿는다. 그만이 죄인을 의롭다 하시며, 죄책을 사하실 수 있다."[16]

---

15) Augustine, *ad Catholicos Epistola contra Donatistas* (대개는 *de Unitate ecclesiae*라는 짧은 제목으로 인용됨), c. 12 (Bened. ed. tom. ix. p. 360).

16) *Contra literas Petiliani, l. i. c. 7 (Opera, tom. ix. p. 209).

마지막으로, 교회 권징에 관하여 도나투스파를 반대한 진영도 그것이 유익하고 필요하다는 점을 인정했지만, 시대의 상황과 사람들의 오류로 인해 고착된 한계 안에서 시행해야 한다고 생각했다. 죄인을 성도와 완벽하게 구별한다는 것은 최후의 심판 전에는 불가능한 일이다. 그때까지는 많은 것들을 참아야 하며, 그로써 더 큰 악을 막고, 아직 개선 가능성이 있는 사람들에게 행실을 고칠 기회를 주되, 특히 대다수 사람들이 특정한 죄악을 범하고 있는 상황에서는 더욱 그러해야 한다. 아우구스티누스는 이렇게 말한다. "권징과 교정이 위에서 임할 때까지, 혹은 대추수로써 가라지가 뽑힐 때까지는 사랑의 정신으로 벌을 내려야 한다."[17] 그는 이 견해를 뒷받침하기 위해서 주께서 베푸신 가라지 비유와 그물 비유를 제시한다(참조. 마 13장). 이 두 비유가 두 진영의 해석학적 전장(戰場)이었다. 도나투스파는 주께서 친히 가라지 비유를 설명해 주신 대로 '밭'을 교회가 아닌 세상으로 이해했다. 반면에 가톨릭 진영은 비유 전체가 가리키는 것은 천국 혹은 교회라고 대답했고, 밀이 가라지에 섞여 함께 뽑히는 일이 없도록 최후의 추수때까지는 가라지를 뽑지 말라고 경계하신 주님의 말씀을 특히 강조했다. 도나투스파는 더 나아가 부지중에 죄를 지은 사람들(그물 비유는 그들에게만 해당된다고 함)과 고의로 죄를 지은 사람들을 구분한다. 그러나 이러한 해석은 그다지 큰 설득력을 발휘하지 못했다. 이는 그들의 논리대로 교회가 만약 무자격자들과 조금이라도 접촉하여 거룩성을 더럽히게 된다면, 그들의 정체가 사람들 앞에서 드러나는가의 여부는 하등 문제가 되지 않으며, 어떠한 교회도 지상에 남지 못하게 될 것이기 때문이다.

반면에 도나투스파 못지않게 교회의 거룩성을 지키기 위해서 노력했던 아우구스티누스도 그리스도의 진정한 몸과 혼합된(곧 허울뿐인) 몸을 구분할 필요를 강하게 느꼈다. 위선자들은 이 세상에서조차 그리스도 안에 있지 않고, 다만 겉으로만 그렇게 보일 뿐이라고 주장했다.[18] 그럼에도 불구하고 그는 교회를 둘로 가르려는 도나투스파의 시도를 비판했다. 그리스도께서 한때 죽으셨으나 지금은 영원히 살아 계신 것처럼, 그리고 신자들이 지금은 죽을 몸을 입고 있으나 장차 죽지 않을 몸을 입게 될 것처럼, 교회는 비록 현세에서는 거룩하지 않은 자들이

---

17) Aug., *Contra Epistolam Parmeniani, l.* iii. c. 2, § 10–15.

18) *De doctr. Christ.* iii. 32.

교회에 들어와 섞여 있을지라도 내세에서는 불순한 요소들이 깨끗이 제거될 하나의 교회라고 주장했다.[19]

우리는 이러한 주장에서 훗날 개신교 교회가 보이는 교회와 보이지 않는 교회를 구분하게 되는 씨앗을 발견하게 된다. 이 구분은 보이지 않는 교회를 또 하나의 교회가 아닌 교회 내의 작은 교회(ecclesiola in ecclesia 혹은 ecclesiis)로, 신앙을 입으로 고백하는 사람들 속에 있는 참 신자들의 작은 집단으로 간주하며, 따라서 마치 육체 안에 영혼이 있듯이 혹은 각질 속에 씨앗이 있듯이 보이는 교회의 한계 안에 존재하는 보이는 교회의 참된 실체로 간주한다. 이 점에서는 온건파 도나투스주의자이자 신학자인 티코니우스(Tychonius)가 아우구스티누스의 견해에 근접했다.[20] 그는 교회를 그리스도의 이중의 몸이라고 부르며,[21] 한 부분이 참된 그리스도인들로 구성된 반면에, 다른 부분은 외양뿐인 그리스도인들로 구성된다고 한다.[22] 티코니우스는 가톨릭 세례의 유효성을 인정한 점에서 뿐 아니라 이 점에서도 도나투스파를 이탈했다. 비록 그들과 동일한 권징론을 주장하고, 가톨릭 교회가 교회와 세상을 뒤섞은 데 대해서는 반대했지만 말이다. 그러나 티코니우스든 아우구스티누스든 이러한 구분을 더욱 분명하게 발전시키지 않았다. 두 사람 모두 생각의 저변에서는 기독교를 교회와 동일시했으며, 교회를 외적 조직과 동일시했다.

---

19) *Breviculus Collationis cum Donatistis, Dies tertius,* cap. 10, § 19, 20.

20) 혹은 아우구스티누스가 표기한 대로 Tichonius라고도 한다. 그는 도나투스주의자이긴 했으나 재세례에 반대했고, 가톨릭 성례의 유효성을 인정했다. 그러나 가톨릭 교회의 세속주의와 국가와의 결합에는 반대했으며, 도나투스파의 엄격한 권징을 지지했다. 그의 저서들 가운데는 *Liber regularum* 혹은 *de septem regulis* 한 권만 남아 있는데, 이 책은 일종의 성경 해석학 저서이거나 성경의 비밀들을 올바로 이해하도록 돕는 안내서이다. 아우구스티누스는 「기독교 교육론」(*De doctrina Christiana*)(lib. iii. c. 30)에서 티코니우스의 해석학 원리들을 길게 소개한다. 티코니우스는 4세기 말 이전에 죽은 듯하다.

21) "Corpus Domini bipartitum." 이것이 성경을 올바로 이해하기 위한 그의 원리들 가운데 두번째였다.

22) 아우구스티누스는 그의 취지에 대해서는 동의하되, 표현 방식에 대해서만 반대할 뿐이다. 참조. *De doctr. Christ.* iii. 32 (tom. iii. 58).

72. 다마수스와 우르시누스에 의한 로마 교회의 분열

로마 교회가 다마수스(Damasus)와 우르시누스(Ursinus 혹은 Ursicinus)에 의해서 분열을 겪은 원인은 권징 문제와 하등 상관이 없고, 다만 아리우스 논쟁 때문이기도 했고, 개인적 야심 때문이기도 했다. 저명한 이교도 원로원 의원 프라이텍스타투스(Praetextatus)가 교황 다마수스에게 "나를 로마 주교로 세워주기만 한다면 낭상 내일이라도 그리스도인이 되겠소"라고 말할 정도로, '갈릴리의 그 어부'의 계승자는 심지어 그 당시에도 대단히 큰 권력과 신망을 지니고 있었다.[23] 다마수스와 우르시누스로 인한 분열은 로마 주교 선출이 얼마나 권력 투쟁적 성격을 드러냈는가를 여실히 보여준다. 로마인들에게 주교 선출이 갖는 의미는 과거에 친위대 병사들에게 황제 선출이 갖는 의미 못지않게 중요했다. 주교 후보자들은 성직자들과 회중의 지지를 끌어들이기 위해서 총력을 기울였다.

그 분열은 주교 리베리우스(Liberius)가 정통신앙을 지지한다는 이유로 면직 및 추방되고, 아리우스파 펠릭스(Felix)가 황제 콘스탄티우스의 자의적 뜻에 따라 대립 교황으로 선출됨으로써 시작되었다(355).[24] 리베리우스는, 유배지에서 아리우스파의 시르미움 신조에 서명한 뒤, 펠릭스가 물러나고 358년에 그가 직위를 되찾았으며, 전하는 바로는 훗날 자신이 아리우스주의에 굴복한 일을 회개했다고 한다. 하지만 대립은 여전히 계속되었다.[25]

366년에 리베리우스가 죽은 뒤 다마수스가 펠릭스파에 의해서, 우르시누스가 리베리우스파에 의해서 베드로의 계승자로 선출되었다. 이로써 유혈 투쟁이 재개되었다. 평화의 왕의 제단마저 훼손되었으며, 우르시누스가 몸담아 지내온 교회에서는 단 하루 만에 37명이 목숨을 잃었다.[26] 다른 대교구들도 분쟁에 휘말렸

---

23) 이 일화는 제롬도 소개하며(참조. § 53 후반), 암미아누스의 진술로 확증된다.

24) 펠릭스에 대해서 아타나시우스(*Historia Arianorum ad Monachos*, § 75, Opera ed. Bened. i. p. 389)와 소크라테스(H. E. ii. 37)는 아리우스주의자로 확고히 단죄한다. 그런데도 이 이단 겸 대립교황이 로마의 성인들과 순교자들 명단에 끼어들었다. 그레고리우스 13세의 지시로 그 문제에 대한 조사가 시작되었는데, 그의 유골과 함께 '교황과 순교자'라는 비명이 갑자기 발견되는 바람에 조사가 중단되었다.

25) 바로니우스에 따르면 펠릭스의 질투가 들릴라 역할을 했다고 한다. 그의 질투가 가톨릭의 삼손(리베리우스)에게서 힘을 앗아갔다.

다. 여러 해에 걸친 투쟁 끝에 결국 다마수스가 황제의 지원을 받아 확고한 지위를 구축했고, 우르시누스는 추방되었다. 양 진영이 남긴 진술들은 선출의 우위성과 적법성과 관련하여 너무나 상반되는 데다 유혈 투쟁의 상황에서 집필되었기 때문에 어느 진영에 더 큰 책임이 있는지 가려내기가 불가능하다. 367-384년에 재위한 다마수스는 다른 면들에서는 과격한 인물로 묘사되긴 하지만, 학문과 문학적 취향을 지닌 사람이었고, 제롬의 라틴어 번역 작업을 후원하고 라틴어 시편을 교회의 찬송에 도입함으로써 유익을 끼쳤다.[27]

73. 안디옥에서 발생한 멜레티우스 분열

안디옥에서 발생한 멜레티우스 분열은 아리우스 논쟁과 맞물려 전개되었으며, 거의 반 세기가 넘도록 지속되었다.[28]

361년에 안디옥 교회의 다수가 멜레티우스(Meletius)를 주교로 선출했다. 그는 한때 아리우스파에 몸담았던 전력이 있고, 그 집단에 의해 성직 임명을 받았으나, 주교로 선출된 뒤에는 니케아 정통신앙을 고백했다. 그는 말에 호소력이 있는데다 인품도 온화하고 붙임성이 있어서 가톨릭 진영과 아리우스 진영 모두가 그에게 호감을 가졌다. 그러나 교리 면에서는 우유부단했기 때문에 양 진영의 극단주의자들에게 불만을 샀다. 그가 니케아 신앙을 고백하자, 아리우스파는 공의회를 열어 그를 면직시키고 유배를 보낸 뒤, 그의 직위를 과거에 아리우스와

---

26) Ammian. Marc. l. xxvii. c. 3. 암미아누스는 로마 주교구의 허례와 사치를 소개한 뒤, 그것이 그토록 탐욕과 야심의 목표가 되었다고 말하며, 소박하고 자기를 부인하며 사는 농촌 성직자들의 생활을 대비시킨다. 이 기사는 아우구스티누스에 의해서 확증된다(*Brevic. Coll. c. Donat.* c. 16; *Hieron. in Chron. an.* 367). 소크라테스(iv. 29)도 여러 번의 전투를 개괄적으로 소개하며, 그 와중에 많은 인명이 살상되었다고 전한다.

27) 그의 대적들은 그가 로마의 귀부인들과 지나치게 가까이 지냈다고 비난한다. 그러나 제롬도 로마의 기혼 여성들 사회에 금욕 생활을 보급하려는 열정 때문에 그러한 비난을 받았다.

28) 이 분열을 지난 시대에 알렉산드리아에서 발생한 분열과 혼동해서는 안 된다. 참조. 제1권, § 115.

함께 추방당한 적이 있는 유조이우스(Euzoius)에게 넘겨주었다.[29] 가톨릭 진영은 유조이우스와 관계를 단절하긴 했으나 내분에 휩싸였다. 다수파는 유배당한 멜레티우스를 지지한 반면에, 좀 더 연륜이 깊고 엄격한 정통신앙을 표방하던 사람들(이들은 당시까지 유스타티우스파로 알려졌고, 아타나시우스와 의사소통을 유지해왔다)은 멜레티우스가 비록 얼마 전에 가톨릭으로 넘어오긴 했으나 아리우스파에서 성직자가 되었다는 이유로 그를 주교로 인정하지 않고, 대신에 덕망이 높은 장로 파울리누스(Paulinus)를 주교로 선출했으며, 칼라리스의 루시퍼(Lucifer)가 그(파울리누스)를 대립 주교로 임명했다.[30]

멜레티우스파와 옛 니케아파 간의 교리적 차이는 주로 다음과 같은 것이었다. 첫째, 후자가 삼위일체의 세 위격을 인정한 반면에 전자는 세 얼굴(porsopa)만 인정했다. 둘째, 전자가 신적 본질의 삼중성을 강조한 반면에, 후자는 통일성[일체성]을 강조했다.

정통신앙 진영 내에서 동방인들은 멜레티우스를 안디옥의 합법적 주교로 지지했고, 서방인들과 이집트인들은 파울리누스를 지지했다. 멜레티우스는 그라티아누스의 보호하에 유배지에서 돌아온 직후에 파울리누스에게 화친의 손을 내밀면서, 양분된 교회를 하나로 합칠 것과, 둘 가운데 살아남은 자가 통일된 교회를 감독하기로 하자고 제의했다. 그러나 파울리누스는 아리우스파에게 임명을 받은 자를 동료로 간주하는 것은 신조에 어긋난다고 하면서 제의를 거부했다.[31] 그 뒤 군사 당국자들이 유조이우스가 차지해온 주교좌성당을 멜레티우스에게 넘겨주었다. 멜레티우스는 수석주교의 자격으로 제2차 에큐메니컬 공의회(381)를 주재했으나, 회의가 개회된 지 며칠만에 세상을 떠나고 말았다. 그의 장례는 성대하게 거행되었다. 염한 시신 앞에 조명이 환히 밝혀졌고, 여러 나라 언어로 시편 찬송이 연주되었으며, 그의 유해가 안디옥으로 운구되어 성 바빌라스(St. Babylas)의 묘 곁에 묻히기까지 여러 도시들을 지날 때 동일한 성대한 의식

---

29) Sozom., *H. E.* iv. c. 28.

30) 루시퍼는 정통신앙 진영의 극단주의자로서, 훗날 알렉산드리아에서 아타나시우스와 갈등을 겪은 뒤, 교회 순결을 엄수하기 위한 원리들을 토대로 자신의 분파인 루시퍼파(Luciferians)를 결성했다. 참조. Socr. iii. 9; Sozom. iii. 15.

31) Theodoret, *H. E.* lib. iii. 3. 그는 멜레티우스의 제안을 관대한 조치로 극찬했다.

32) Sozom. vii. c. 10. 이 역사가는 장례 때 시편 찬송을 부르는 것이 로마의 관습과

이 거행되었다.[32]

　안디옥 사람들은 저마다 반지와 잔과 침실 벽에 그의 형상을 새겼다. 이것은 크리소스토무스가 멜레티우스의 덕을 기리는 감동적인 연설에서 전하는 내용이다.[33] 당시에는 파울리누스가 아직 살아 있었는데도 불구하고 플라비아누스(Flavian)가 후임 주교로 선출되었다. 이것이 새로운 갈등을 일으켰으며, 로마 주교를 격분케 만들었다. 크리소스토무스는 로마와 알렉산드리아가 플라비아누스와 화친하도록 중간에서 노력했다. 그러나 389년에 플라비아누스가 죽은 뒤에 파울리누스파가 에바그리우스(Evagrius, 392년 죽음)를 후임 주교로 선출한 탓에 분쟁이 계속되다가, 413년 내지 415년에 알렉산드리아 주교가 옛 정통신앙의 잔류 세력을 멜레티우스의 계승자와 화목하게 하는 데 성공함으로써 마침내 분열이 종식되었다. 두 진영은 성대한 잔치를 열어 연합을 축하했으며, 서로 뒤섞여 교회까지 거대한 행렬을 벌였다.[34]

　그리하여 길고 지루했던 분열은 끝이 나고, 안디옥 교회는 362년의 알렉산드리아의 아타나시우스 교회회의에서 실패했던 그 평화를 다시 누리게 되었다.[35]

상반된 것이었다고 말한다.

　33) 크리소스토무스는 연설 서두에서 멜레티우스가 예수께 간 지가 5년이 지났다고 말한다. 그가 381년에 죽었으므로 그 연설을 한 때는 386년이나 387년이었던 셈이다.

　34) Theodoret, *H. E.* l. v. c. 35.

　35) 참조. *the Epist. Synodica Conc. Alex.* in Mansi's Councils, tom. iii. p. 345 sqq.

제 7 장

공예배와 종교 관습, 의식

74. 예배에 발생한 큰 변화

세속 권력에 대한 기독교의 법적·사회적 지위에 생긴 변화가 예배에도 큰 영향을 끼쳤다. 기존에는 기독교 예배가 비교적 소수의 정직한 고백자들에게 한정되었고, 그들 대다수가 사회의 가난한 계층에 속했었다. 그런데 이제 예배가 개인 집과 광야와 카타콤에서 비밀리에 드려지던 상태에서 밝은 대낮으로 나왔으며, 이제는 이교 전통으로 양육받아온 상류 계층 사람들과 허다한 민중에게 맞춰져야 했다. 성직위계제도의 발달과 공예배의 장식화는 나란히 진행된 현상이었다. 공화적이고 민주적인 헌법이 단순한 예식과 관습을 요구한다면, 귀족제와 군주제는 격식을 갖춘 예법과 화려한 궁정 생활을 두게 마련이다. 보편 사제직[만인 제사장직]이 단순한 예배와 긴밀히 연관된다면, 주교 중심의 성직위계제도는 화려하고 웅장한 의식과 연관되게 마련이다.

니케아 시대에는 교회가 낮은 종의 형체를 버리고 화려한 궁정의 예복을 입었다. 초기의 소박했던 예배 대신에 다채롭고 복잡한 예배를 취했다. 온갖 세련된 예술을 예배에 도입했고, 기독교 건축·조각·회화·시·음악의 숭고한 작품들을 배출하기 시작했다. 도처에서 이교 신전과 제단이 서 있던 자리에 그리스도와 성모 마리아, 순교자들과 성인들을 기리는 웅장한 교회와 예배당이 들어섰다. 외형적 성직위계제도가 발달함에 따라 사제직·제사·제단 같은 이교와 유사한 개념들이 좀 더 충분히 발달하고 확고히 자리를 잡았다. 미사 곧 사제의 손으로 매일 반복하는 그리스도의 대속 제사가 예배 제도 전체의 신비스러운 중심이 되었다. 교회의 절기(축일) 수도 늘어났다. 행렬과 순례, 무수한 미신적 관습들과 의식들이 도입되었다. 하나님께 드리는 공예배가 연극적인 성격을 띠면서, 아직 신령과 진정으로 하나님을 예배할 힘이 없던 대다수 사람들의 마음을 사로잡고 강한 인상을 심어주었다. 예배가 지성과 의지보다는 눈과 귀, 정서와 상상에 비중을 두었다. 간단히 말해서, 이미 니케아 시대에 오늘날 그리스 교회와 로마 교회가 드러내는 사제 중심적이고 신비적이고 의식적이고 상징적인 예배의 본질적 특성들이 거의 다 나타나 있었다.

예배가 화려해지고 장식된 것은 한편으로는 엄연한 진보였고, 성직위계 조직과 마찬가지로 민중을 훈련하는 데 권징적·교육적 힘을 발휘했다. 그러나 외양과 격식에서 생긴 이익이 소박함과 영성의 큰 상실로 상쇄되었다. 감각과 상상이 만족과 자극을 얻은 반면에, 마음은 춥고 배고프게 되는 경우가 적지 않았다. 적지 않은 이교적 관습들과 의식들이 새로운 이름에 감싸인 채 교회에 은밀히 들어왔다. 물로만 세례를 받았을 뿐, 복음의 불과 성령으로 세례를 받지는 못한 것이다. 사람들이 종교적 관습을 대단히 강하게 고수한다는 것은 이미 잘 알려진 사실이다. 수세기 동안 이어온 전통을 일거에 떨쳐버린다는 것은 생각하기 어려운 일이다. 게다가 이교 사회에서 전승되어온 것이라고 해서 무조건 싸잡아 단죄할 수 있는 것도 아니다. 유대교 의식과 이교 의식은 모두 다, 기독교가 충족시켜야 하고, 오직 기독교만 채워줄 수 있는 보편적인 종교적 결핍 위에 수립되어 있다. 마지막으로 교회가 채택해온 형식 혹은 의식 가운데 그것에 새로운 정신을 불어넣고 숭고한 도덕적 의미를 붙이지 않고서 채택한 것은 하나도 없다. 그러나 어느 정도까지 채택해야 하는가 하는 문제는 확정짓기가 매우 어려우며, 유대교와 이교의 오래된 본질은 인간 본성에 부합한 면을 갖고 있기 때문에 그 의식에 새로운 정신을 불어넣어 채택한다 할지라도 본래의 고질적인 성격을 끊임없이 드러낸다. 그렇기 때문에 니케아 시대와 니케아 이후 시대의 진실한 교부들은 비록 다른 면들에서는 가톨릭의 예배 개념들에 누구보다도 깊이 연루되어 있는 장본인들임에도 불구하고 이 점을 인식하고서 안타까워했다.

당시에 기독교 세계 전역에 거대한 조류처럼 휩쓸었던 기독교 순교자 숭배와 성인 숭배에 대해서는 그것이 시끌벅적한 민중의 축제로써 신들과 영웅들을 숭배하던 이교 의식의 계승이었다고 분명히 말할 수 있다. 아우구스티누스는 이교도의 입에 "그렇다면 우리는 이제 그리스도인들이 우리와 함께 숭배하는 신들을 버려야 하는가?"라는 질문을 넣어준다. 그는 고대의 관습을 존중하는 민중의 약함을 고려하여 순교자들을 기리는 행위를 허용할 수밖에 없다고 생각하면서도, 그들이 순교자들의 무덤에 자주 모여 웃고 떠들고 마시는 모습을 보고서 개탄한다. 대 레오는 과거에 떠오르는 태양을 숭배하던 로마의 그리스도인들이 성 베드로 성당을 개축하는 공사를 시작하기 전에 이교의 아폴로에게 존경을 표시한다고 말한다. 테오도레투스는 그리스도인들이 순교자들의 무덤에서 행하는 의식들에 대해서 이교적 헌주(獻酒), 속죄, 신들과 반신반인들을 가리킴으로써 변호한다. 레오는 헤라클레스·아이스쿨라피우스·바코스·디오스쿠리 등 이교도들이 숭배한 여러 대상들이 단지 신격화한 인간들이었던 까닭에, 그리스도인들이 순교자들을 숭배하는 것을 탓해서는 안 된다고 생각한 것이다. 그것은 순교자들을 신들로 숭배하는 것이 아니라, 유일하고 참되신 하나님의 증인들과 종들로서 그들을 존경하는 것이라고 그는 보았다.

크리소스토무스는 안디옥과 콘스탄티노플의 그리스도인들이 박수를 치는 따위의 극장의 관습들을 교회에 끌어들인 현실을 깊이 슬퍼한다. 4세기부터 로마에서 제국 전역으로 퍼져나간 성탄절에는 구주의 탄생을 기리는 거룩한 예배에 이교의 신 사투르날리아 숭배에 따랐던 방탕하고 들뜬 분위기가 결합되었고, 이런 현상은 심지어 개신교권에서조차 오늘날까지 지속되고 있다. 콘스탄티누스가 도입하고 오늘날까지 유럽의 모든 나라들에서 지속되는 일요일 제도에도 태양신 아폴로를 숭배하는 의미와 그리스도의 부활을 기념하는 의미가 뒤섞여 있다. 오늘날은 많은 사람들이 주일을 범하고, 이런 현상은 특히 유럽 대륙에서 심한데, 이것은 이교의 막강한 영향력이 아직까지도 로마와 그리스, 심지어 개신교권 기독교 세계에까지 미치고 있음을 역력히 증거한다.

75. 공휴일로서의 일요일과 주일로서의 일요일

주일(主日)을 지키는 관습은 사도 시대부터 시작되었으며, 그 후로 줄곧 공예배의 근간을 이루면서 기독교 세계 전역에서 고상하게 하고 거룩하게 하고 힘을 북돋워주는 영향을 발휘했다.

기독교 안식일인 주일은 한편으로는 하나님께서 창조의 일을 마치고 안식하신 일과 십계명 중 제4계명에 근거한 유대교 안식일의 연장이자 쇄신이었으며, 그 안에 담긴 정신은 의식법과 사회법처럼 단순히 민족적 의미를 갖는 데 그치지 않고, 인류를 위한 보편적 의미와 항구적 유효성을 갖는다. 다른 한편으로, 주일은 복음의 새 창조가 이루어지는 날이자, 그리스도의 부활을 기념하고 그 사건으로써 완성되고 신적인 인(印)이 쳐진 구속 사역을 기념하는 날이다. 이 날은 태초의 창조와 유대교 율법, 그리스도의 구속이라는 삼중의 토대 위에 세워져 있으며, 인간 본성의 육체적이고 도덕적이고 종교적인 필요에 뿌리를 두고 있다. 주일에는 율법적인 면과 복음적인 면이 있다. 일반적인 법과 마찬가지로, 기독교 안식일 제도도 인간들을 위한 유익한 규제이며, 그들을 그리스도에게 인도하는 몽학선생이다. 그러나 주일은 철저히 복음적이기도 하다. 이 제도는 원래 가정 제도와 마찬가지로 인간의 유익을 위해서 제정되었으며, 하나님이 땅에 내리신 두번째 제도로서 그 기원이 가정과 마찬가지로 타락 이전의 낙원으로 거슬러 올라간다. 이 날은 구약의 신자들에게 '즐거운 날' 이었으며(참조. 사 58:13), 신약에서는 그리스도께서 부활하시고 성령을 부어주신 일을 기념하는 영광스럽고 복된 날이다. 기독교 안식일은 구약의 안식일이 불과 성령으로 세례를 받아 중생하고 성화되고 영화된 날이다. 창조와 구속, 실낙원과 복낙원을 이어주는 연결고리이며, 성도들이 하늘에서 영원히 안식할 일의 보증이자 예비이다.[1]

고대 교회는 일요일을 확고하게 기독교적 관점에서 새로운 제도로 보았으며, 어떤 면에서도 유대교 안식일의 연장으로 보지 않았다. 이 날을 부활 혹은 새로운 영적 창조를 기념하는 날로 지켰으며, 따라서 마치 부활절이 성 금요일과 대조되듯이 겸비(謙卑)와 금식의 날들과 완연히 대조되는 거룩한 기쁨과 감사의 날로 지켰다.

기독교가 국가의 승인과 보호를 받지 못하던 동안에는 주일을 지키는 것이 순전히 종교적이고 자발적인 일로서, 분주한 세상살이와 적대적 사회의 방해로 인해 언제든 중단될 위험에 노출되어 있었다. 이교 로마인들은 유대교 안식일이든 기독교 주일이든 전혀 관심을 두지 않았다.

---

1) 기독교 안식일에 관한 저자의 좀 더 자세한 견해는 *The Anglo-American Sabbath* (English and German), New York, 1863에 실려 있다.

다른 여러 문제들과 마찬가지로 이 문제에서도 콘스탄티누스의 즉위는 새 시대를 열었을 뿐 아니라, 교회에 유익을 끼치고 공공 질서와 도덕성에도 적지 않게 이바지했다. 콘스탄티누스는 일요일을 국가 공휴일로 제정했으며, 이렇게 함으로써 비로소 교회의 주일 성수가 보편적으로 뿌리내리고 제대로 시행될 수 있었다. 321년에 콘스탄티누스는 도시 지역에 대해서 일요일에 노동을 하거나 법률 소송을 하는 행위를 금하는 법을 공포했으며, 후에는 군사 훈련도 법으로 금했다.[2] 주일에 노예를 해방하는 행위에 대해서는 그것을 그리스도인의 겸손과 자비의 행동으로서 그날에 행하기에 대단히 적합한 일로 간주하여 허용했다.[3] 그러나 콘스탄티누스의 일요일 법을 지나치게 높게 평가해서는 안 된다. 그는 일요일 준수를 명할 때 — 혹은 그보다는 일요일 모독을 금할 때 — 안식일(Sabbatum)이나 주일(Dies Domini)의 이름으로 하지 않고, 오래 전부터 통용되어 온 천문학적이고 이교적인 이름이자 모든 백성에게 친숙한 이름인 태양의 날(Dies Solis, 즉 日曜日)을 사용했다. 그것은 그리스도인들뿐 아니라 헤라클레스·아폴로·미트라 숭배자들에게도 통할 수 있는 이름이었다. 그의 법에는 제4계명이나 그리스도의 부활에 관한 언급이 전혀 없다. 그 외에도 그는 이교가 여전히 성행하고 있던 농촌 지역에 대해서는 노동을 허용함으로써 권리 침해의 인상을 모두 피했다. 그리스도인들과 이교도들은 각자의 절기에 쉬는 데 익숙해 있었다. 그런데 콘스탄티누스는 쉬는 날을 하나로 통합하되, 그리스도인들이 초기부터 자신들의 주와 구주의 부활을 기념하던 날인 일요일에 우선권을 준 것이다. 321년의 유명한 칙령에 담긴 의미는 그 이상도 이하도 아니었다. 그것은 올바른

---

2) *Lex Constantini* a. 321 (Cod. Just. 1. iii., Tit. 12, 3): "태양을 기리는 날에 도시에 거하는 관리들과 백성들은 쉬어야 하며, 일체의 노동을 중단해야 한다. 하지만 농촌에서 농사를 짓는 사람들은 자유롭고도 합법적으로 일을 계속할 수 있다. 다른 날은 파종하거나 포도를 심기에 적합하지 않은 경우가 종종 생기기 때문이다. 적기에 그 일을 하지 않음으로써 하늘이 내리는 선물을 잃는 일이 생겨서는 안 된다. (각각 두 번째 집정관직을 수행하고 있는 크리스푸스와 콘스탄티누스가 3월 7일에 반포함.)" 군사 훈련을 금지한 법은 에우세비우스의 *Vita Const.* IV. 19, 20에 언급되며, 다소 후대에 취해진 조치인 듯하다. 이 점에서 콘스탄티누스는 주일에 군대의 열병(閱兵)을 받기를 좋아한 근대의 기독교 제후들보다 한 차원 앞선다.

3) *Cod. Theod.* 1. ii. tit. 8, 1.

방향으로 나가는 첫걸음에 불과했지만, 사회의 주도권이 이교에서 기독교로 넘어가려고 하던 시기에 콘스탄티누스가 현명하게 혹은 안전하게 취할 수 있는 유일한 조치였을 것이다.

콘스탄티누스는 종교에 대해서는 소극적이고 보호적인 법을 제정했지만, 군대에 대해서는 그런 수준을 넘어서서 일요일을 적극적으로 지킬 것을 명령했다. 기독교 병사들에게는 예배에 참석하도록 했고, 이교 병사들에게는 야외에서 일정한 신호에 따라서 팔을 들고 하늘을 우러른 채 다음과 같은 매우 모호한 기도를 암송하도록 했다. "저희는 당신만을 신으로 인정하고, 당신을 저희의 왕으로 존경하며, 당신에게 도움을 청하나이다. 당신의 은덕으로 저희가 승리를 거두며, 당신의 도움으로 저희가 적군을 제압했나이다. 당신이 이미 베푸신 은택에 감사를 드리며, 장래에도 저희에게 은택을 내리시기를 비나이다. 저희가 모두 당신 발 앞에 엎드려 저희의 황제 콘스탄티누스와 당신의 사랑을 입은 그 아들들의 무병장수와 건승을 진심으로 구하나이다."[4]

콘스탄티누스의 계승자들은 그가 제정한 일요일 법을 이어받아 시행했고, 교회의 다른 성일들에도 법적 승인과 사회적 의의를 부여했으며, 그로써 여러 성일들이 중시되면서 주일에 특별히 돌아가야 할 관심이 상대적으로 줄어들었다. 예를 들어, 테오도시우스 1세는 법적 공휴일 수를 124일로 늘렸다. 발렌티니아누스 1세와 2세는 주일에 세금을 징수하고 돈을 거두는 행위를 금지했고, 과거에 제정된 주일의 법률 소송 금지법을 엄격히 시행했다. 386년에 대 테오도시우스가 주일의 연극 공연을 금했고, 425년에 소 테오도시우스가 훨씬 더 엄격하게 금했으며, 460년에 레오와 안테미우스(Anthemius)는 주일에 연극 이외의 다른 세속적 유희도 금했다.[5] 하지만 이러한 법들이 엄격하게 시행된 것 같지는 않다. 401년의 카르타고 공의회는 사람들이 주일에 연극과 그 밖의 유희에 탐닉한다고 한탄한다. 잘 알려져 있듯이, 이러한 현실은 오늘날까지도 개신교와 로마 가톨릭 국가들을 막론하고 유럽 대륙 전역에서 성행하고 있으며, 기독교 군주들과 관리들도 이런 현실을 묵인하는 경우가 다반사이다.

---

4) Euseb., *Vit. Const,* iv. 20.

5) *Cod. Theod.* xv. 5, 2, a. 386. 황제의 생일이 주일과 겹칠 경우 다양한 오락이 거행되는 그 행사를 다른 날로 연기해야 했다.

교회가 제정한 법령도 주일과 성일들에 대해서 공업과 농업 분야에서의 불필요한 노동을 금했으며, 연극 관람을 비롯하여 사냥과 결혼 같은 공공 오락과 행사까지 금했다. 국가는 소극적인 입법을 취할 수밖에 없었으나, 교회는 거기서 더 나아가 성일을 적극적으로 지키도록 규정했는데, 특히 공예배에 정기적으로 참석하는 것과 성찬을 자주 받는 것, 그리고 자발적인 헌금(십일조)을 하는 것을 강조했다. 많은 공의회들은 오직 자발적 행위로서만 도덕적 가치를 지니는 행위를 처벌 규정으로써 강요할 수 있다고 생각함으로써 법의 원리들과 도덕적 원리들을 혼동했다. 305년의 엘리베리스 공의회는 도시에 거주하는 사람이 3주 연속으로 주일에 교회에 나가지 않을 경우 성찬 참여 자격을 보류한다고 결정했다. 343년의 사르디카 공의회와[6] 692년의 트룰로 공의회도[7] 같은 법 정신을 가지고 특별한 사유 없이 3주 연속으로 공예배를 생략하는 성직자에 대해서 면직 처분을 규정했고, 평신도에 대해서는 일시적인 파문[출교]을 규정했다. 그러나 공의회들은 주일 자체를 사도들로부터 전수된 법적 규례로 규정하면서도, 유대교 안식일에 대해서는 철저히 부정했다. 「사도교령」(the Apostolic Canons)과 강그라 공의회(450년경 유스타티우스파의 영지주의적·마니교적 금욕주의에 대해서)는 주일에 금식하는 행위를 단죄했다.[8] 그리스 교회에서는 이 금령이 여전히 효력이 있다. 일요일은 그리스도의 부활을 기념하는 날이므로 영적인 기쁨의 날이기 때문이다. 동일한 상징적 근거에서 주일에, 그리고 부활절부터 오순절까지는 기도할 때 무릎을 꿇는 행위가 금지되었다.

325년의 니케아 총공의회는 교회법 제20조에서 이 문제에 대해서 다음과 같이 결정했다: "어떤 이들은 주일과 오순절 기간[즉, 부활절부터 일곱 주간]에 무릎을 꿇고 서약을 하지만, 거룩한 공의회는 모든 곳에서 모든 것이 통일되도록 선 자세로 하나님께 기도를 드리도록 규정한다." 692년의 트룰로 공의회는 교회법 제19조에서 "토요일 저녁부터 주일 저녁까지는 아무도 무릎을 꿇지 못한다." 로마

---

6) 교회법 제11조. 과거의 여러 법령들을 근거함. 참조. 사도헌장, xiii, xiv (xiv와 xv), 엘비라 공의회 교회법 제21조. Hefele, *Conciliengesch*, i, p. 570.

7) 교회법 제80조.

8) *Can. Apost.* liii. (혹은 lii). 강그라 공의회는 교회법 제18조에서 "누구든 금욕적 이유로 주일에 금식할 경우에는 아나테마[저주]에 처해진다"고 규정한다. 같은 공의회는 하나님의 집을 멸시하고 분리해 나가 집회를 갖는 사람들을 단죄한다.

교회는 오늘날까지 대체로 이 관행을 견지한다.[9] 신약성경은 그런 부차적인 문제들에 대해서 아무런 규율도 제시하지 않는다. 반면에 사도 바울은 투옥을 앞두고서 맞이한 부활절과 오순절에 거듭 무릎을 꿇고 기도를 드렸다(참조. 행 20:36; 21:5). 538년의 오를레앙 공의회는 교회법 제28조에서 이렇게 규정한다: "주일에 말을 타서도 안 되고 걸어서도 안 된다거나, 집이나 사람을 단장해서도 안 된다는 것은 유대교의 미신이다. 그러나 야외에서 이루어지는 노동은 그 당사자들도 교회에 와서 기도할 수 있도록 금지된다."[10]

주요 교부들의 주일관을 살펴보면, 그들은 한결같이 주일 성수를 지지하되, 그것을 독특한 기독교적 제도로 간주하고, 주일과 유대교 안식일을 강하게, 참으로 아주 강하게 구분하는 것을 발견하게 된다. 주일과 안식일이 비록 형태와 정신이 다를지라도 본질과 목표는 하나라는 것과, 이레 중 하루를 거룩히 지키라는 제4계명이 십계명이나 의식법의 중심 부분이며 따라서 항구적인 준수를 요구한다는 것을 그들은 망각한 것이다.[11] 에우세비우스는 안식일이 아닌 일요일이 "첫째이자 가장 중요한 날이며 구원의 날"이라고 말하며, 콘스탄티누스가 "만민에게 매주 함께 모여 이른바 주일을 절기로 지키면서 육체까지라도 쉬고 하나님의 율례와 교훈으로 정신을 고양하도록 한 것"을 높이 평가한다.[12]

아타나시우스는 주일을 항구적인 부활 기념일로서 크게 높이면서도 옛 안식

---

9) 하지만 로마 가톨릭 신자들은 성체를 받고 기념할 때 항상 무릎을 꿇는다.

10) 참조. 주일의 신성함에 대한 공의회들의 산발적인 법령들, in Hefele, l. c. i. 414, 753, 760, 761, 794; ii. 69, 647, 756; Neal, *Feasts and Fasts*; Gilfillan, *The Sabbath*, &c., p. 390.

11) Hessey(*Sunday*, etc., p. 114)는 이렇게 말한다: "이 두 세기[4, 5세기]의 저자들의 글에 실린 어떤 단락에서도, 혹은 교회나 정부의 어떠한 공문에서도 제4계명을 주일 준수 의무의 토대로 제시한 경우를 한 번도 찾아볼 수 없다." 16세기 종교개혁자들도 율법주의를 비판하고 그리스도인의 자유를 옹호하려고 하느라 안식일 법을 다소 느슨하게 대했다. 제4계명의 영속성과 기독교 안식일의 법적·도덕적 성격을 강조한 것은 엘리자베스 여왕 재위 말의 잉글랜드 청교도들의 몫이었다. 1595년에 처음 출판된 Dr. Bownd의 「안식일 교리」(*The Doctrine of the Sabbath*)라는 책은 영국인들의 정신에 그 주제에 대한 혁신을 일으켰으며, 이로 인해 주일을 엄수하는 모습을 잉글랜드와 스코틀랜드, 영국의 그 밖의 섬들과 미국에서 오늘날까지 찾아볼 수 있다.

12) *De Laud. Const.* c. 9 and 17.

일은 종료되었다고 주장한다.[13) 상 이집트(Upper Egypt)의 장로 마카리우스
(Macarius, 350)는 안식일을 주님께서 영혼들에게 주신 진정한 안식일의 예표와
그림자라고 영적인 해석을 한다. 주일이 죄로부터 자유를 누리는 진정하고 영원
한 안식이라고 주장한다.[14) 힐라리우스는 현세 전체를 내세에 누릴 영원한 안식
을 위한 준비로 표현한다. 에피파니우스는 주일을 사도들이 제정한 날로 말하지
만, 수요일과 금요일을 부분 금식일로 지키는 관습도 사도들에게서 유래했다는
그릇된 주장을 한다. 암브로시우스는 주일을 복음적 절기로 자수 언급하며, 그
날을 폐기된 율법적 안식일과 대조한다. 이집트의 공주수사(共住修士,
coenobite)들을 소개하면서, 그들이 "주일에 기도와 성경 읽기에만 전념한다"고
말한다. 그러면서도 경건한 파울라와 그 여성의 벗들이 주일에 교회에 갔다가
집에 돌아와서는 "자신들에게 할당된 일을 하고 자신들과 다른 사람들을 위해
옷을 지었다"고, 별다른 비판 없이 소개한다. 아우구스티누스도 주일을 제4계명
이 아닌 부활과 직접 연결시킨다. 그는 암브로시우스와 마찬가지로 영적인 기쁨
의 날인 그날에 금식하는 것을 몹시 부끄럽고 이단적인 행위로 간주한다. 「사도
헌장」(the Apostolic Constitution)은 이 점에서 한 걸음 더 나아가 "주일에 금식하
는 것은 죄이다"라고 규정한다. 그러나 여전히 기독교 주일 외에도 토요일에 유
대교 안식일을 지킬 것을 규정한다. 크리소스토무스는 그리스도인들에게 유대
인들과 함께 토요일 안식일을 지키지 말라고 경고하면서, 주일을 올바로 지킬
것을 진지하게 명한다. 대 레오는 교부들이 이 주제에 대해서 해놓은 발언을 통
틀어 가장 아름답다고 평가되는 문체로, 주일을 태초의 창조의 날이자 그리스도
의 구속의 날, 부활하신 구주께서 모여 있는 제자들을 찾아오신 날, 성령이 부어
지신 날, 하나님의 큰 복이 세상에 임한 날로 예찬한다.[15) 그러나 그 역시 이 날
을 제4계명과 관련짓지 않으며, 다른 교부들과 마찬가지로 이 날의 토대가 하나
님의 영원한 도덕법에 있다는 것을 생각하지 않는다.

동방 교회는 주일 외에도 유대교 안식일도 금식을 하지 않고 서서 기도하는 방

---

13) *De sabbatis et circumcisione*라는 논문에서. 이것은 아타나시우스의 저작성이
의심받는 저서에 속한다.

14) *Hom.* 35.

15) Leon. Epist. ix. ad Dioscurum Alex. episc. c. 1.

식으로 구별해서 지켰다. 반면에 서방 교회, 특히 로마 교회는 유대교에 반대하여 주간의 제7일(토요일)을 금요일과 마찬가지로 금식일로 지켰다. 두 교회 사이의 이러한 차이는 692년의 트룰로 공의회 교회법 제55조로써 항구적으로 고착되었다: "로마에서는 사순절(Quadragesima; Lent. 부활절 이전의 40일 금식 기간)의 모든 토요일에 금식이 시행된다. 이것은 사도교령 제66조에 위배되므로 반드시 중단되어야 한다. 이것을 시행하는 사람은 성직자의 경우 면직되고, 평신도의 경우 출교된다."

여러 나라들에서는 수요일과 금요일도 부분 금식으로써 그리스도의 수난을 기념하는 날(dies stationum)로 꾸준히 지켰다. 하지만 라틴 교회는 점차 수요일 금식을 토요일 금식으로 대신했다.

마지막으로 매일의 예배를 살펴보자면, 성무일도(聖務日禱)의 횟수가 세 번에서 일곱 번으로 증가했다. 이것은 "주의 의로운 규례로 말미암아 내가 하루 일곱 번씩 주를 찬양하나이다"라는 시편 119:164에 따른 것이었다. 그러나 이것은 수도원에서나 엄격히 지켰으며, 각 기도 시간에는 다음과 같은 전문 용어가 붙었다: 조과(朝課, matina, 오전 3시경), 제1시과(prima, 6시경), 제3시과(tertia), 제6시과(sexta, 정오), 제9시과(nona, 오후 3시), 만과(晚課, 저녁기도, vesper), 종과(終課, completorium), 심야과(深夜課, masonyctium 혹은 vigila). 야간의 두 예배는 대개 하나로 통합되었다. 예배는 기도와 찬송, 성경(특히 시편) 강독, 순교자들의 전기와 교부들의 설교 강독으로 이루어졌다. 수도원과 달리 교회에서는 대개 아침과 저녁 예배만 드렸고, 대절기들에는 밤예배인 심야과를 시행했다.

76. 교회력

4세기 이후에는 연례 종교 축일들을 고정된 주기로 표기한 교회력이 등장한다. 물론 이때의 교회력은 세부 내용에서는 변동이 잦았으므로 가톨릭 교회력의 골격을 형성했다고 볼 수 있다.

민간과 국가가 사용하던 달력과 구분되는 교회력 개념은 유대교에도 나타나며, 어느 정도는 이교 세계에도 일찍부터 존재했다. 교회력 곧 종교력은 공식적 절기들을 주기적으로 기념함으로써 민중에게 위인들과 주요 사건들의 기억을 새로이 환기시키고 간직하게 하려는 자연스러운 필요에 그 뿌리를 둔다. 유대교의 교회력은 모세가 제정한 모든 의식들과 마찬가지로 상징적이며 예표적이다. 안식일은 창조와 장차 있을 구속을 기념했고, 부활과 참된 구속을 가리켰으며, 따라서 기독교의 주일을 예표했다. 유월절은 부활절을 가리켰으며, 초실절[추수절]은 기독교 오순절을 가리켰다. 이 절기들은 원래 진지하고 위엄과 기품이 있게 지켰지만, 바리새주의의 손을 거치면서 노예적인 안식일 엄수주의와 냉랭한 행사로 전락했으며, 그런 점으로 인해 그리스도와 사도들에게 비판을 받았다. 이교의 축일들은 정반대로 극도의 문란함과 사회적 비행으로 치달았다.[16]

교회력의 독특성은 예수 그리스도의 인격과 사역에 중심을 두고, 그분의 영광을 높이는 데 목표를 두는 데 있다. 원래 그 개념은 복음 역사의 주된 사건을 한 해의 주기로 표현하는 것이었다. 그리스도의 탄생과 수난과 부활을 기념하고, 성령이 부어지신 사건을 기념함으로써 감사와 경배의 심정을 환기시키려는 것이었다. 이것이 축일(祝日)의 부분 곧 주님의 절기(semestre Domini)이다. 나머지 부분은 축일의 성격을 띠지 않는 교회의 절기(semestre ecclesiae)로서, 기독교 교회의 삶, 그 설립과 성장과 완성을 중생에서부터 죽은 자의 부활에 이르는 날까지 교회 전체와 신자 개인의 차원에서 표시하는 데 초점을 둔다. 교회력은 이를테면 연대기로써 표명하는 신앙고백이라고 할 수 있다. 그것은 위대한 구원 사건들의 감동적인 파노라마이며, 그리스도인들을 위해 연출된 복음의 드라마이다. 교회력은 신앙의 모든 주요 조항에 대해 교회 예배 가운데 일정한 자리를 매기며, 기독교 교리가 균형을 잃고 괴상한 방향으로 나가지 않고 온전함과 건실함을 유지하도록 유도한다.[17] 대중의 정신에 구원의 토대가 되는 가장 중요한 사

---

16) Philo는 *Tract. de Cherubim* (in Augusti, l. c. p. 481 sq.)에서 유대교의 축일들과 이교의 축일들의 차이를 강렬한 색채로 묘사한다. 그리고 교부들은 그 묘사를 이용하여 기독교의 축일들이 이교적 성격으로 타락해 가는 현상을 자주 비판한다.

17) 이 개념은 W. Archer Butler의 설교에 잘 소개되어 있다: "교회력의 가장 큰 유익은 교회가 자녀들의 경건을 육성하여 신앙관이 균형을 유지하도록 하는 일에 도구가 된다는 데 있다. 우리는 기독교 진리들에 자연스럽게 붙어 있는 내용들을 다 떼어낸 채 특정 진리들만 붙들고, 우리가 선호하는 그 부분만을 가리켜 복음이라고 생각하는 경향이 있다. 몇몇 본문들만을 중시하므로 성경의 나머지 부분들은 가려진다. 교회의 축일[절기] 제도는 복음의 역사를 교회력 전체에 충만하게 퍼뜨려 놓는다. 그것은 일종의 연대기적 신조로서, 시간과 계절의 흐름을 사용하여 우리가 원하든 원치 않

건들을 끊임없이 환기시킴으로써, 그리고 그 사건들을 민간과 국가가 사용하는 달력과 결부지음으로써 대중의 신앙과 삶이 하나로 결합되록 이바지한다. 그러나 다른 한편으로는 교회력이 점차 비대해지고, 성인들의 축일들이 증가함으로써 미신과 나태를 크게 조장했고, 안식일(주일)과 주요 절기들이 뒷전으로 물러나게 했으며, 그리스도의 공로가 성인들의 가호(加護)의 그늘에 가려지게 했다. 따라서 종교개혁에 의한 정화와 단순화가 절대 필요한 과제가 되었다.

교회력의 순서에 토대가 되는 것은, 첫째로 예수의 생애와 사도 교회의 역사이고, 둘째로 특히 부활절과 오순절에 관련되는 유대교 종교력이며, 셋째는 계절의 자연적 순환이다. 자연의 순환이 대체로 고등한 정신 생활의 기틀이 되며, 부활절과 봄, 오순절과 추수의 시작, 성탄절과 동지(冬至), 세례 요한의 탄생과 하지(夏至) 사이에는 분명히 상징적인 상관 관계가 있는 것이다.

하지만 교회력은 기독교 예배와 공적 생활에 따른 요구에 부응하여, 그리스도나 사도들의 적극적인 지시가 없는 상황에서 구약 의식의 선례에 따라 발전했다. 신약성경에는 연례 절기들을 지켰음을 보여주는 확실한 흔적이 없다. 그러나 이미 2세기 초에 이르면 유대교의 유월절과 추수절(초실절, 맥추절, 칠칠절)을 토대로 주간의 금요일과 일요일에 부활절과 오순절을 널리 지키는 모습을 발견하게 된다. 부활절은 구주의 수난을 기념하는 슬픔의 절기인 반면에, 오순절은 구주의 부활과 성령의 부어지심을 기념하는 기쁨의 절기이다.[18] 이 두 절기가 교회력의 핵심이다. 이보다 덜 중요한 절기로는 주현절(Epiphany) 곧 그리스도께서 메시야로 나타나심을 기념하는 절기가 있었다. 4세기에는 성탄절이 과거의 두 주요 절기에 추가되면서 이전의 주현절을 부분적으로 대신하게 되었으며, 이후로는 주현절이 그리스도께서 이방인들 가운데 나타나신 일만을 기념하게 되었다. 더 나아가 부활절 가운데 파스카 스타우로시몬(πάσχα σταυρώσιμον, 십자가의 유월절)과 아나스타시몬(ἀναστάσιμον, 부활의 유월절)이 엄격히 구분되면

든 신조의 조항 하나하나마다 제 위치와 존엄성을 부여한다. 날은 날에게 말하며, 각 축일마다 나름대로 독특한 특징을 지닌다. 이로써 교회력은 우리의 신앙고백과 마찬가지로 정통신앙을 생생하게 지키는 보루이다." 하지만 역사는 (특히 독일과 프랑스의 역사는) 교회력도 신조도 합리주의와 무신론으로 두렵게 치달은 배교를 예방할 수 없음을 역력히 보여준다

18) 참조. 제1권, § 99.

서, 후자가 기쁨의 절기로 간주되었다.

그러므로 이때부터 각 절기마다 예비 절기와 본 절기로 이루어지는 세 가지 대 절기, 즉 성탄절과 부활절과 오순절의 주기가 자리를 잡게 된 셈이다. 비중이 덜한 주현절과 승천절(Ascension)은 각각 이 절기들에 통합되었다.[19] 각 절기가 그리스도의 구속 사역의 세 단계, 즉 준비 단계와 실행 단계와 완성 단계를 나타내는 그리스도론적 성격을 지닌다. 모두가 그리스도 안에 나타난 하나님의 영광을 기념하는 데 목표를 둔다.

교회력의 축일 부분에 삼위일체 개념과 배열이 등장한 것은 훨씬 후대에 삼위일체 축일(오순절 다음에 오는 주일)이 도입되면서 생긴 일이다. 삼위일체 축일은 9-10세기에 시작되었으며, 라틴 교회에서는 1334년에 교황 요한 22세에 의해서 최초로 공인되었다. 그는 이 절기를 성부 하나님이 성자를 보내신 날(성탄절), 성자가 우리를 위해 죽으셨다가 다시 사신 날(부활절), 성령께서 우리를 새롭고 거룩하게 하시려고 오신 날(오순절)을 포괄적으로 마무리하는 절기로 삼았다.[20] 그리스 교회는 니케아 시대에 삼위일체 교리를 확립하는 데 각별한 열정을

---

19) 하지만 이 시기에는 절기의 수에 관한 일치된 견해가 없었다. 예를 들어 크리소스토무스는 주간의 요일에 상응하는 일곱 대 절기를 말한다: 성탄절, 주현절, 수난절, 부활절, 승천절, 오순절, 그리고 죽은 자들의 부활절. 하지만 마지막 절기는 엄밀히 말해서 교회의 절기가 아니며, 따라서 후대의 그리스인들은 창조의 엿새에 해당하는 여섯 대 절기를 말했고, 그 뒤에는 하늘에서 승리의 교회가 누릴 영원한 안식일이 있게 될 것이라고 했다. 참조. Augusti, i. p. 530.

20) 삼위일체 축일이 대 그레고리우스 때부터 유래했다는 주장은 그레고리우스가 남긴 "Ut de Trinitate specilalia cantaremus"(성 삼위에 대해 특별하게 찬양하도록)라는 말에 근거를 두지만, 이 말은 근거가 되기에 매우 빈약하다. 이 말은 하나님께 드리는 공예배 때 성 삼위일체를 찬양하는 내용이기 때문이다. 삼위일체 축일의 최초로 뚜렷한 흔적은 샤를마뉴 시대와, 리에주의 주교 스테파누스가 그 절기를 옹호한 10세기에 나타난다. 그런데도 1150년에 가서도 트레브의 대수도원장 포토는 이 절기를 신생 절기들에 포함시킨다. 많은 사람들은 하나님의 통일성을 기념하는 뚜렷한 절기가 없는 상황에서 삼위일체 하나님을 특별한 절기로 기념하는 것이 부적합하다고 생각한다. 로마 교회력은 이 축일이 성체 축일(Corpus Christi, 그리스도의 몸의 축일)로써 절정에 달하면서 신비스러운 종결을 장식하는데, 성체 축일은 1311년에 교황 클레멘스 5세가 도입했으며, 삼위일체 주간 중 목요일(오순절 한 주간 이후에 오는 다섯번째 요일)에 화체(化體)의 신비를 기념하여 거행되었다.

쏟아부었음에도 불구하고 오늘날까지 이 절기를 채택하지 않는다. 그 이유는 아마도 그 절기를 지키지 않을 수 없게 만든 특별한 역사 사건이 없었고, 그리스도 안에 계시된 성 삼위일체의 신비가 모든 교회 절기들과 모든 기독교 예배 안에서 경배의 주된 대상이기 때문인 듯하다.

그러나 고대 교회는 이 세 가지 대절기 주기로 만족하지 않았다. 일찍이 니케아 시대부터 교회는 이 절기들에 마리아 축일·사도들의 축일·순교자들의 축일·성인들의 축일을 덧붙였는데, 이 부가적인 축일들은 처음에는 지역적 성격을 띠었으나, 점차 보편적인 성격을 띠게 되었다. 이로써 교회력의 모든 날들이 특정 순교자나 성인을 기념하는 축일이 되었으며, 실제로든 미신에 의해서든 모든 날이 성인의 사망일, 즉 천상적 생일이 되었다.[21] 축일이 이렇게 크게 증가한 데는 그리스도인의 삶 전체가 단절되지 않는 하나의 영적 잔치이어야 한다는 바른 생각이 그 기저에 깔려 있다. 그러나 로마의 성인력(聖人曆)은 이상적인 상태를 전제로 하며, 마치 바리새인들이 하나님의 말씀에 자신들의 유전을 덧붙임으로써 말씀의 효력을 없앴듯이 과장으로써 진리를 변질시킨다. 그것은 주일과 힘써 일해야 할 엿새의 구분을 없애어 주일의 의미를 퇴색케 하고, 게으름을 조장한다. 마지막으로 로마의 성인력은 불확실한 전설들과 공상적인 신화들에 크게 의존하는데, 이런 것들은 심지어 어떤 경우에는 복음 역사의 기적들마저 신뢰성을 떨어뜨리거나 혹은 심한 미신을 조장한다.

그리스·동방 교회력은 다음과 같은 큰 특징에서 로마 교회력과 다르다. 즉, 그리스·동방 교회력은 비교적 유대교의 의식과 관습에 크게 밀착되어 있는 반면에, 로마 교회력은 유대교의 민간과 국가의 달력에 가깝다. 전자가 9월(티스리월) 중순, 그러니까 성 십자가 축일 다음의 첫 주일을 출발점으로 삼는 반면에, 후자는 성탄절 전의 네 주간 동안 계속되는 대림절(Advent)을 출발점으로 삼는다. 원래는 동방이든 서방이든 부활절이 교회력의 출발점이었으며, 「사도헌장」과 에우세비우스는 부활절이 들어 있는 달을 첫달이라고 부른다(이것은 유대인의 성력<聖曆>의 첫달인 니산 월에 따른 것이다. 유대인의 민력<民曆>의 첫달은

---

21) 따라서 순교자들이 죽은 날이 그들의 생일(Natales, natalitia, nativitas, γενέθλια)이라 불렸다. 그리스 교회도 교회력의 매일에 해당하는 성인을 두고 있지만, 그 교회의 달력은 여러 면에서 로마 교회의 달력과 다르다.

오늘날의 9월 중순에 해당하는 티스리 월 첫날로부터 시작했다). 그리스 교회에서는 유대교의 「파라쉬오트」(*Parashioth*)와 「하프토로트」(*Haphthoroth*)를 본딴 성경의 「연속 성구집」(*lectiones continuae*)도 유명하게 되었고, 교회력이 네 복음서에 맞춰 구분되었다. 반면에 라틴 교회에서는 6세기 이래로 복음서들과 서신서들에서 선별한 부분들(pericopes<페리코프, 그날 읽을 성경 부분>)이 낭독되었다. 4세기 이후로 서방 교회의 또 다른 특징은 교회력을 각각 세 달씩 네 부분으로 구분하고(각 부분을 **쾌템버**<Quatember>라 부름), **쾌템버** 사이에 사흘간의 금식 기간을 둔 것이다. 교황 레오 1세는 **쾌템버** 기간의 금식에 관해서 여러 편의 설교를 행했으며, 그 기간에 특히 빈민 구제에 힘쓸 것을 역설했다. 그리스 교회는 이런 방식 대신에 교회력을 네 복음서에 따라 구분하여 일년 동안 복음서 전체를 낭독할 수 있도록 했다. 오순절 다음 날부터는 마태복음을, 9월 14일부터는 누가복음을, 부활절 금식일부터는 마가복음을, 부활절 이후 첫 일요일에는 요한복음을 낭독했다.

따라서 이미 4세기에는 교회 축일 참석이 징계가 걸린 의무 사항이 되었으며, 확립된 신적 규례로 간주되었다. 그러나 크리소스토무스와 제롬, 아우구스티누스 같은 대다수 유력한 교회 교사들은 기독교 축일 준수가 법적 강제가 되어서는 안 되고 항상 복음적 자유의 행위여야 한다고 주장했다. 역사가 소크라테스는 그리스도와 사도들이 그 문제에 관하여 규례와 처벌을 제시한 바 없다고 말한다.[22]

축일들의 남용은 그날들의 정당한 사용을 곧 위축시켰고, 여러 교부들의 진지한 경고에도 불구하고 이교의 감각적인 축제들이 사나운 홍수처럼 교회를 휩쓸었다. 나지안주스의 그레고리우스는 교인들이 특히 주현절에 행렬과 화려한 의상과 잔치와 음주에 탐닉하지 못하도록 할 강한 필요를 느끼고서 다음과 같이 말한다. "그런 일들은 그리스인들에게 맡겨둡시다. 저들은 자신들의 신을 배로 섬기지만, 영원한 말씀을 앙모하는 우리는 말씀과 율법에서만 만족을 얻으며, 우리가 축일로써 기리는 거룩한 분을 묵상할 따름입니다."[23] 하지만 반면에 가톨릭 교회는 특히 교황 그레고리우스 1세('종교 의식의 아버지' <pater caerimo-

---

22) 참조. Augusti, l. c. i. p. 474 sqq.

23) *Orat.* 38 in Theoph., cited at large by Augusti, p. 483 sq.

niarum>) 이후에는 선량하되 그릇된 의도로 이교적 형태의 의식과 대중 축제들의 기독교화를 좋게 여겼고, 그로써 무의식중에 중세에 기독교가 이교화하는 데 악영향을 끼쳤다. 교회력에 등재된 성인들이 고대의 신들을 대신했고, 로마가 두 번째로 만신전(萬神殿)이 되었다. 이러한 신종 이교주의와 그에 따른 악폐들에 대해서 순수한 기독교는 진지하게 항거하지 않을 수 없었다.

특주

16세기 종교개혁은 교회 의식(儀式) 전체와 그에 따른 교회력을 초기의 성경적인 순수한 형태로 되돌리려고 시도했으나, 일관성에서 각기 차이가 있었다. 루터교 · 성공회 · 독일 개혁교회는 주요 절기들인 성탄절 · 부활절 · 오순절과 함께 페리코프 체계를 남겨두고, 몇몇 경우에는 마리아 축일과 사도들의 축일도 남겨놓은 반면에(물론 이런 축일들은 갈수록 퇴색되긴 했지만), 엄격한 칼빈주의 교회들, 특히 장로교와 회중교회는 교회의 모든 절기들을 인간적인 제도로 배격하고, 하나님께서 친히 제정하신 안식일[주일]만 다소 엄격하게 준수했다. 스코틀랜드 교회의 1575년 8월 6일 총회는 다음과 같이 결의했다. "지금까지 거룩하게 지켜온 날들 가운데 안식일을 제외한 날들, 이를테면 율 축일(Yule day, 성탄절)과 성인들의 축일들 같은 날들은 폐할 수 있으며, 의식과 잔치와 금식과 그 밖의 헛된 행위로 그날들을 지키는 자들은 국법으로 처벌할 수 있다." 초기에는 대다수 종교개혁자들, 심지어 루터와 부처(Bucer)까지도 주일을 제외한 모든 축일을 폐지하는 데 찬성했다. 그러나 민중의 분위기와 오랜 관습은 그러한 급진적 개혁에 반대했다. 16세기 말과 17세기 초 이후에 영국과 북아메리카에서는 주일을 엄격히 지키는 관습이 자리를 잡아간 반면에, 유럽 대륙의 개신교는 이 점에서 훨씬 느슨했으며, 사실상 가톨릭과 다를 바 없었다. 주목할 점은 엄격한 주일 준수가 민중의 정서에 연례 축일들이 완전히 사라진 나라들인 스코틀랜드와 뉴잉글랜드에서 발견된다는 것이다. 하지만 미국에서는 과거 여러 해 동안 주일 성수가 조금도 침해를 받지 않은 채 성탄절과 부활절이 옛 지위를 되찾았고, 미국의 정규 관례가 될 전망이라는 점이다. 성 금요일[그리스도의 수난일]과 오순절도 그런 지위를 찾게 될 것이다. 1864년의 성 금요일에 뉴욕의 여러 개신교 교단(성공회 · 장로교 · 네덜란드와 독일 개혁교회 · 루터교 · 회중교회 · 감리교 · 침례교) 지도자들이 모여 자신들이 공동으로 섬기는 구주의 대속적 죽음을 기념하고, 그리스도인들의 덕을 세우기 위해서 자복(自服)하고 기도했다. 그리스도의 명예를 위해서 복음 역사의 위대한 사실들을 기념하는 것이 초기 기독교로부터 물려받은 공동의 유산이며, 기독교 예배와 떼어놓을 수 없다는 견해가 갈수록 공감대를 넓혀가고 있다.

헨리 스미스(Prof. Dr. Henry B. Smith)는 1864년의 신파(New School) 장로교 총회에서 기독교의 통일과 교회의 재통일에 관한 주제로 행한 개회 연설에서 이렇게 말한다 "이 절기들은 우리[개신교]의 구분뿐 아니라 교횡청의 변질보다도 너무 오래 전에 생겼다. 이 날들은 인간을 높이지 않고 그리스도를 높인다. 기독교의 본질적 사실들을 공적이면서도 엄숙하게 인정하며, 따라서 항상 불신앙에 대립하여 서 있다. 기독교 신앙의 역사적 측면을 드러내며, 우리를 기독교 역사와 연결시킨다. 다양한 교단들이 지키는 절기들은 각 교단의 신조나 권징을 조금도 훼손하지 않고서도 얼마든지 통합할 수 있다." 미국 개신교가 이 점에서 초기의 복음적 순수함을 벗어나서 교황청의 마리아 숭배와 성인 숭배로 돌아갈 위험은 없다. 개신교 교회들도 나름대로 새로운 연례 절기들을 많이 제정했다. 독일에서는 종교개혁절과 추수감사절, 죽은 자들의 축일이 생겼고, 미국에서는 여러 금식 및 기도일들 외에도 추수감사절이 생겼다. 청교도가 정착한 뉴잉글랜드에서 시작된 이 절기는 미국의 거의 모든 주에서 점차 채택되다가 최근에는 정부에 의해서 국가 절기로 채택되었다. 페리코프에 대해서 개혁교회는 루터교에 비해서 자유롭게 다루며, 성경의 교훈을 형편에 맞게 순서를 정해 자유롭게 강해할 수 있는 권한을 견지한다. 복음서들과 서신서들을 주일 예배의 정규 부분으로 낭독할 수도 있으나, 목회자가 정경의 어느 부분이든 임의로 선정할 수 있다. 다만 교회력과 회중의 형편을 현명하게 고려하여 정해진 일정한 체계를 따라서 매년 구원 계획과 순서 전체를 다루도록 권장된다.

77. 성탄절 주기

성탄절은 하나님의 아들의 성육신을 기념하는 절기이므로 세계사의 중심점이자 전환점이 되는 사건에 관련된다. 모든 절기들 가운데서 민중과 가정의 생활과 가장 긴밀히 맞물리는 날이며, 서방의 교회력에서 가장 주요한 절기로 존재한다. 가톨릭 세계 전체와 개신교 세계의 대다수 지역에서 어린이들에게 가장 기쁜 날로서, 독생자를 선물로 주신 하나님의 무한한 사랑에 감사하여 무수히 많은 선물들이 오간다. 한겨울에 사랑과 감사의 거룩한 불을 붙이며, 한해 중 가장 긴 밤에 생명의 태양과 주의 영광이 환히 밝아오는 것이 전파된다. 이 날은 진정한 황금기 곧 구속받은 모든 사람이 하나님 앞에서 하나님 안에서 자유와 평등을 누리는 날의 강림을 가리킨다. 해마다 천상의 순결과 신적인 겸손을 지니신 거룩한 아기 예수를 생각할 때 모든 연령의 사람들에게 임하는 기쁨과 복을 감히 헤아릴 사람이 없다.

이렇게 깊은 의미와 광범위한 인기를 누리고 있음에도 불구하고 주님의 탄생 축일은 비교적 늦게 제정되었다. 그 이유는 다음과 같은 방식으로 설명해 볼 수 있을 법하다: 첫째로, 부활절과 오순절처럼 구약성경에 선례가 되는 절기가 없었다. 둘째로, 그리스도가 탄생하신 날과 달이 복음 역사 어디에도 언급되지 않음으로 확실하게 말할 수 없다. 또 이런 방식으로도 설명할 수 있다: 교회가 처음에는 구속의 완성된 사실 곧 그리스도의 죽음과 부활에만 치중하고, 그것을 주일 예배와 교회력의 중심으로 삼았다. 마지막으로: 최초의 주현절이 성탄절을 대신했다. 하지만 교회력을 낳게 한 예술적·종교적 정서가 곧 그리스도를 기리는 다른 모든 연례 절기들의 토대를 이루는 절기를 낳게 했다. 이것이 안디옥에 이 절기가 도입된 지 10년 뒤에 크리소스토무스가 한 말에 잘 담겨 있다. 그는 그리스도의 탄생이 없었다면 세례도 수난도 부활도 승천도 성령을 부어주신 일도 없었을 것이고, 따라서 주현절도 부활절도 오순절도 없었을 것이라고 올바로 말했던 것이다.

주현절(Epiphany)은 동방에서 서방으로 전래되었다. 하지만 성탄절은 반대의 노정을 취했다. 이 절기는 주교 리베리우스가 사역할 당시에 로마에서 맨 처음 발견된다. 그는 360년 12월 25일에 성 암브로시우스의 누이 마르켈라(Marcella)를 수녀 곧 그리스도의 신부로 축성하면서 다음과 같은 격려의 말을 해주었다: "그대는 그대 신랑의 생일 잔치에 허다한 무리가 오고 있는 것을 보고 있습니다."[24] 이 구절에는 성탄절이 이미 널리 시행되고 있다는 뜻이 함축되어 있다. 성탄절은 380년경에 안디옥에 도입되었다. 알렉산드리아에서 주현절이 그리스도의 탄생일로 기념된 것도 430년경까지 내려가지 않았다. 386년 12월 25일에 안

---

24) Ambrose, *De virgin.* iii. 1.

디옥에서 성탄절 강설을 행한 크리소스토무스는 그 절기가 얼마 전에 (약 10년 전에) 도입된 것인데도 불구하고 그것을 다른 모든 기독교 절기[축일]들이 발생할 수 있도록 한 근본 절기 혹은 뿌리라고 부른다.

추측하건대 성탄절은 이교 로마에서 해마다 12월에 보편적 자유와 평등이 성행할 황금기를 기념하고, 정복되지 않는 태양을 기리는 축일들이자 특히 노예들과 어린이들에게 큰 인기가 있었던 큰 공휴일들 — 사루르날리아·시길라리아·유베날리아·브루말리아 — 을 기독교 식으로 변형하거나 개소한 것인 듯하다.[25] 이러한 연관성이 성탄절과 관련된 여러 관습들, 이를테면 어린이들과 가난한 사람들에게 선물을 준다거나, 촛불을 밝힌다거나, 성탄절 나무를 세우는 등의 관습들이 생기게 된 연원을 설명해 준다. 다른 한편으로는 불신자들의 세계가 이 절기에 성탄절의 진정한 의미를 곡해하여 빠져드는 무절제의 연원도 거기서 찾아볼 수 있다. 하지만 그렇다고 해서 성탄절을 정당하게 지키지 않는다면, 그것은 성경이나 그 밖의 하나님의 은사들이 남용된다고 해서 그것들을 정당하게 사용하는 것을 금하는 것과 마찬가지이다. 만약 성탄절이 박해기에 생겼다면, 이교적인 모든 것을 증오하던 당시의 분위기를 감안할 때 이 절기가 이교에서 유래했을 가능성은 없게 되는 셈이다. 하지만 니케아 시대에는 이교도들의 대거 개종으로 인해 교회와 세상간의 치열한 대립이 상당히 약화되었다. 그 외에도 앞서 소개한 이교의 절기들에는 감각적인 부패가 끼어 있었음에도 불구하고 인간들의 진정한 열망이 담겨 있었다. 따라서 그 절기들을 가리켜 무의식적으로 내놓은 성탄절에 관한 예언들이라고 해도 과언이 아니다. 마지막으로, 크리소스토무스·니사의 그레고리우스·대 레오 같은 교부들도 의의 태양이시며 세상의 빛이신 그리스도의 탄생을 축하하는 절기를 정복되지 않는 태양의 탄생

---

25) 사투르날리아는 사투르누스 혹은 크로노스의 황금기를 상징하는 축일로서, 이 날에는 모두가 노동을 쉬었고, 죄수들이 석방되었고, 노예들이 신사의 복장과 모자(자유민의 표지)를 쓰고 돌아다녔으며, 모든 계층 사람들이 뒤섞여 즐겼다. 시길라리아는 사투르날리아가 끝나는 12월 21일과 22일에 벌인 형상들과 꼭두각시들의 축제로서, 이때에는 축소형으로 만든 신들과 밀랍 초들과 온갖 아름답고 사치스런 물품들을 어린이들과 친척들에게 나눠주었다. 브루말리아는 '브루마'(bruma; brevissima, 가장 짧은 날)에서 유래했으며, 동지(冬至)와 '정복되지 않는 태양의 귀환'과 관련되었다.

26) Dies 혹은 natales invicti Solis. 이 날은 페르시아의 태양신 미트라스의 절기로서,

절,[26] 즉 동지를 지난 12월 25일에 태양이 천지에 만연한 어둠의 권세를 뚫고 당당한 역정을 새로 시작하는 절기와 상징적으로 관련지어 설명했다. 더 나아가 4-5세기 교회의 지배적 견해는 그리스도께서 실제로 12월 25일에 태어나셨다는 것이었다. 크리소스토무스는 이 견해를 입증하기 위해서 로마 고문서 보관소에 보관된 퀴리누스[구레뇨] 치하의 인구조사 자료의 날짜를 제시한다. 그러나 기존의 자료들을 가지고는 그리스도의 탄생일을 정확하게 제시할 수 없다.[27]

성탄절을 중심으로 다른 절기들이 모였고, 이 절기들이 성탄절과 함께 성탄절 주기를 구성한다. 12월 25일 전에는 성탄 전야(the Christmas Vigils)를 기념하는데, 이 시간은 그리스도께서 밤에 태어나셨음에 틀림없었기 때문에 더욱 엄숙하게 기념되었다(참조. 눅 2:8).

대 그레고리우스 이후에는 성탄절에 앞서 네 주일 동안 우리 주님이 육체로 오신 일과 최후 심판을 위해 다시 오실 일을 예비했다. 따라서 이 기간을 대림절 주일들(Advent Sundays)이라고 불렀다. 서방의 교회력은 대림절과 함께 한 해를 시작했다. 그리스 교회는 대림절을 여섯 주일로 잡으며, 11월 14일부터 이 절기를 시작한다. 이 교회가 대림절을 제정한 목적은 그리스도께서 오시기 전 장구한 세월 동안 존재했던 어둠과 탄식과 소망을 교회로 하여금 기억하고 재연하려는 것이었다. 따라서 그리스 교회는 이 절기 동안 소란스러운 행사와 심지어 결혼도 금했다. 페리코프는 회개와 심정과 구주에게 대한 열망을 일깨우는 성구들에서 선정한다.

4세기부터 성탄절 뒤에는 첫 기독교 순교자인 성 스데반 기념일(12월 26일), 사도이자 복음서 저자 요한 기념일(12월 27일), 베들레헴의 무고한 아기들의 기념일

도미티아누스와 트라야누스 때 정식으로 로마에 도입되었다.

27) 초기 교회에서 어떤 사람들은 주현절인 1월 6일을 그리스도의 탄생일로 간주했다. 성경 연대기 저자들 가운데 Jerome, Baronius, Lamy, Usher, Petavius, Bengel, Seyffarth는 12월 25일을 그리스도의 탄생일로 파악하는 반면에, Scaliger, Hug, Wieseler, Ellicott(*Hist. Lectures on the Life of our Lord Jesus Christ*, p. 70, note 3, Am. ed.)는 2월 9일로 파악한다. 누가복음 2:8은 공통된 견해에 비판적인 증거로 자주 제시된다. 왜냐하면 탈무드 저자들에 따르면 팔레스타인에서는 11월초에 양들을 우리에 들이고, 이듬해 3월이 될 때까지는 목초지로 데리고 나가지 않기 때문이다. 하지만 이것도 지역과 계절에 따라 편차가 많은 것이 사실이다.

(12월 28일)이 차례로 이어지면서 삼중의 순교를 대표했다. 첫째 순교는 의지와 사실로써 나타났고(스데반), 둘째 순교는 사실 없이 의지로써 나타났고(요한), 셋째 순교는 의지 없이 사실로써 나타난 것으로서, 무흠한 유아기에 무의식중에 당한 순교였다. 그러나 초기 교회는 순교를 대체로 천상적 출생이자, 그리스도의 지상적 탄생의 열매로 간주했다. 따라서 고대 교회는 순교자들의 고귀한 군대의 지도자인 스데반의 축일에 다음과 같은 찬송을 불렀다: "어제 그리스도께서 땅에 강생하신 것은 오늘 스데반이 하늘에서 태어나도록 하심이다."[28] 복음서 저자 요한의 축일과 그리스도의 탄생일이 밀접히 연관된 것은 주님과 그분에게 사랑을 입은 제자의 두터운 관계와, '말씀이 육신이 되었다'는 그의 복음서의 근본 사상에서 기인한다. 베들레헴의 무고한 유아 순교자들, 즉 "순교의 꽃봉오리들이자, 박해의 돌풍에 꺾인 장미꽃 봉오리들, 그리스도께 바쳐진 첫열매들, 제사에 바쳐진 흠없는 어린양들"은 천국에 들어간 수많은 어린이들을 대표한다.[29] 인류의 절반 이상이 유아기에 죽는다고 하는데, 그럴지라도 어린이들에게 "천국이 이런 사람의 것이니라"는 말씀이 강하게 적용된다. 유아 순교의 비밀은 끊임없이 반복된다. 얼마나 많은 어린이들이 태어나서 고통만 당하다가 죽는가? 그러나 사실은 그들이 세상에 나와 당하는 고통이 곧 하늘에서 태어나는 기쁨으로 흡수되며, 잠시 짊어진 십자가가 영원한 면류관으로 보상을 받는다.

성탄절로부터 팔일 뒤에 교회는 예수께서 할례를 받으신 일과 이름을 받으신 일을 기념했다. 물론 이것은 6-7세기 이후에야 비로소 시행되었다. 이보다 훨씬 늦게 시작된 것이 신년 축일로서, 이 절기는 예수의 할례 축일과 날짜가 겹친다.

---

28) 하지만 이러한 관계 설정은 이상적인 것에 지나지 않는다. 왜냐하면 처음에는 스데반의 순교일이 8월로 간주되다가, 후에는 그의 유골을 발견한 데 따라 1월로 옮겨졌기 때문이다.

29) 참조. 5세기의 스페인 시인 프루덴티우스가 지은 아름다운 찬송, Salvete flores martyrum. 영어 번역 가사는 The Words of the Hymnal Noted, Lond. p. 45에 수록되어 있다:

　　　"다 나와 맞이하라! 생명이 막 동틀 무렵
　　　헤롯이 그대들 구주의 목숨을 노릴 때
　　　강풍에 꺾인 장미 봉오리들처럼
　　　스러져 간 그대들 어린 순교의 꽃들이여" (중략).

이교시대의 로마인들은 사투르날리아처럼 해[年]의 순환을 술잔치로 기념했다. 교회의 교사들은 이런 폐습에 물들지 않도록 정월 초하루를 고행과 기도의 날로 만들었다. 예를 들어 아우구스티누스는 설교를 통해서 이렇게 가르쳤다. "여러분 자신을 이교도들로부터 구별하여, 그들과 상반된 자세로 새해를 맞이하십시오. 그들은 선물을 주고받지만, 여러분은 구제를 하십시오. 그들은 모여 세속적인 노래를 부르지만, 여러분은 하나님의 말씀을 읽으십시오. 그들은 극장에 모여들지만, 여러분은 교회로 나오십시오. 그들은 술에 취하지만, 여러분은 금식하십시오."

반면에 1월 6일에 거행된 주현절은 앞서 살펴본 대로 성탄절보다 오래되었으며, 알렉산드리아의 클레멘스도 이 절기를 언급한다. 이 절기는 대체로 그리스도께서 세상에 자신을 나타내신 일에 관련되며, 원래는 예수의 탄생과 세례를 축하하는 이중적 성격을 띠었다. 하지만 성탄절이 도입되고난 다음부터는 탄생에 관한 부분은 제외되었다. 동방 교회는 이 날에 특히 그리스도의 세례 혹은 그분이 자신을 메시야로 드러내신 일을 기념했으며, 그것과 함께 그리스도께서 가나의 혼인 잔치 때 기적의 능력을 처음 나타내신 일을 기념했다. 이방 기독교의 성격을 더 많이 지닌 서방 교회는 4세기 이후에 이 절기에 세 왕의 축일이라는 이름을 붙여 동방박사들이 아기 예수께 경배한 일을 특별히 부각시켰으며, 그로써 이 날을 이방 선교의 축일로 바꾸어 놓았다. 박사들을 고상한 이교 세계의 대표자들로 간주한 것이다. 그러면서도 원래 그리스도의 탄생과 관련된 의미를 보존했다. 주현절은 성탄절 주기를 마감하는 절기이다. 주현절에는 이른바 부활절서신(*Epistolae paschales*)으로써 부활절 일자를 공고하는 것이 일찍부터 시행된 관습이었다. 이 일은 특히 점성술이 발달한 알렉산드리아의 주교가 맡아서 시행했으며, 그 기회를 이용하여 주교가 덕을 세우기 위한 교훈을 베풀고, 당대의 중요한 신앙 문제들에 대해서 강론했다.

78. 부활절 주기

부활절은 교회에서 가장 오래되고 큰 연례 절기이다. 본질적 사상과 의식 면에서 부활의 아침인 기독교 주일에 태어난 이 절기는 유대인들의 유월절과 마찬가지로 원래는 교회력의 시작을 알리는 절기였다. 철저히 그리스도의 인격과 사역을 중심으로 이루어지며, 그의 고난과 부활의 위대한 구원 사건에 집중된다. 이 절기의 기원과 성격은 이미 언급했으므로,[30] 여기서는 니케아 이후 시대에 겪은 변화와 발전에만 국한해서 살펴볼 것이다.

부활절 앞에는 사순절(Quadragesima)이라 부르는 사십 일간의 회개와 금식 기간이 있었는데, 니케아 공의회가 이 기간을 상정한 것으로 미루어 적어도 325년에는 벌써 존재하고 있었음을 알 수 있다.[31] 이 절기는 예수께서 광야에서 사십 일을 금식하신 일을 모방한 것인데, 예수께서 금식하신 일 자체는 모세와 엘리야의 사십 일 금식과 이스라엘의 사십 년 광야 방랑과 예표-실체적 관계를 갖고 있다. 처음에는 자발적으로 시행되던 이 일이 점차 교회의 고정된 관습과 규례가 되었다. 이 기간의 길이는 지역에 따라 다양한 편차가 존재하다가, 그레고리우스 1세(590-604 재위)가 부활절로부터 여섯번째 전 주간의 수요일('재의 수요일'이라 부름)을 사순절의 첫날로 확정했다.[32]

이 날에는 사제들과 민중이 스스로 멸망할 자들임을 자각하고 회개하는 표시로 먼지와 재를 뒤집어 쓴 채 "인간이여, 그대가 흙이며 흙으로 돌아가야 함을 기억하라. 회개하여 영생을 상속하라"라고 말했다. 사순절 기간에는 형사 재판, 형 집행, 결혼, 감각적 유희가 금지되고, 사회와 개인 생활에 엄숙함과 진지함과 침묵이 부과되며, 기도와 고행과 자선이 증가한다. 그럴지라도 위선적으로 금식하는 경우가 많았고, 부자들은 금지된 고기 대신에 매우 맛있는 음식들을 장만하여 먹었다. 크리소스토무스와 아우구스티누스는 일찍부터 이러한 위선과 남용을 책망했다. 민중은 사순절이 시작되기 전에 무절제한 쾌락에 탐닉했고, 훗날 이러한 남용이 모든 가톨릭 나라들, 특히 이탈리아에서 (로마와 베네치아가, 그리고 독일의 쾰른에서 가장 성행함) 사육제(Carnival)로써 합법화되었다.[33]

---

30) 제1권, § 99.

31) 니케아 교회법 제5조는 대교구 공의회들이 일년에 두 번, 사순절 전과 가을에 열려야 한다고 규정한다.

32) 재의 수요일(Ash Wednesday)은 dies cinerum, caput jejunii, 혹은 quadragesimae라고 한다.

33) Carnival이란 단어는 caro와 vale에서 유래했다. 육체가 술 잔치를 통해서 잠시 일탈한다는 뜻이 담겨 있다. 하지만 어떤 사람들은 그 의미를 정반대로 생각한다.

사순절의 여섯 주일을 가리켜 사순절 첫째 주일(Quadragesima prima), 사순절 둘째 주일(Quadragesima secunda) …… 사순절 여섯째 주일(Quadragesima sexta)이라 부른다. 혹은 그날 미사의 입당송 첫 단어를 따서 인보카비트(시 91:15), 레미니스케레(시 25:6), 오쿨리(시 34:15), 라이타레(사 66:10), 유디카(시 43:1), 팔마룸(마 21:8)이라고도 부른다. 사순절 전의 세 주일은 각각 에스토미히(시 31:2에서) 혹은 퀸쿠아게시마(즉, Dominica quinquagesimae diei 곧 부활절 전의), 섹사게시마, 셉투아게시마라고 부른다. 하지만 이것은 부정확한 명칭들이다. 이 세 주일이 사순절의 예비 기간으로 간주되었다. 대도시들에서는 사순절 금식 기간에 매일 설교하는 것이 관습이 되었으며, 이렇게 매일 행하는 사순절 설교(Quadragesimales 혹은 sermones Quadragesimales) 관행이 오늘날까지 로마 교회에서 유지되고 있다.

사순절 금식은 대 주간(Great Week) 혹은 침묵 주간(Silent Week) 혹은 성 주간(Holy Week, 고난주간)에 절정에 이르는데, 이 기간은 예수의 수난과 죽음을 교회가 함께 기념하는 데 초점이 있으며, 사순절의 다른 주간들과 달리 매일 교회에 나가 공예배를 드리고 엄격한 금식을 실천하고 깊은 침묵을 유지한다. 이 주간 내에도 중요한 날들이 있다. 첫째는 종려주일(Palm Sunday, dominica palmarum)이다. 동방 교회는 4세기부터, 서방 교회는 6세기부터 이 날에 예수께서 십자가에 좌정(enthronment)하시기 위해서 예루살렘에 입성하신 일을 기념했다. 다음은 세족(洗足) 목요일(Maundy Thursday, feria quinta paschae, dies natalis eucharistae, dies viridium)이다. 이 날은 성찬 제정을 기념하는 날로서, 저녁에 의식을 거행했고, 대개 애찬(愛餐)과 세족식(洗足式)이 병행되었다. 성 주간의 금요일은 성 금요일(Good Friday, dies dominicoe passionis)로서 다른 모든 금요일들과 달리 구주의 죽으심을 기념하는 날이다. 이 날은 한 해 중 가장 깊이 참회하고 금식하는 날로서, 여느 주일의 화려함과 엄숙함을 피하고 깊은 침묵과 거룩한 슬픔에 잠긴다. 이 날은 성찬이 거행되지 않고(대신에 전날 저녁에 성찬

---

dies quo caro valet, 즉 여전히 고기를 먹고 육체에 탐닉하도록 허용된 날이라는 뜻이다. 사육제의 기간은 주현절부터 재의 수요일까지의 기간이거나, 혹은 보편적 관행에 따르면 사순절 이전의 사흘이나 여드레이다. 이 기간은 이탈리아 모든 도시에서 지키는데, 특히 로마에서는 가장행렬과 경주, 연극 공연, 익살 광대극, 장난, 그 밖의 거친 유희와 광란이 선량한 유머로써 이루어지며, 이런 점에서 옛 로마의 사투르날리아, 루페르칼리아, 플로랄리아를 대체했다고 볼 수 있다.

을 거행한다), 제단 덮개를 벗겨놓고, 수난상을 가리고, 촛불을 끄고, 수난 기사를 낭독하고, 교회의 찬송 대신에 오로지 참회의 시편 찬송만을 부른다. 마지막으로 대 안식일(Great Sabbath, sabbatum magnum 혹은 sanctum)이 온다. 이 날은 주님께서 무덤에서 쉬며 음부에 내려가신 일을 기념하며, 한 해 중에서 세례를 거행하기에 가장 좋은 날이다. 세례가 그리스도의 죽음에 참여하는 것을 상징하기 때문이다(참조. 롬 6:4-6). 대 안식일은 대개 금식일로 지내며, 심지어 토요일에 금식하지 않는 그리스 교회에서도 이 날에는 금식을 했다.

대 안식일 저녁에 부활절 철야(Easter Vigil, vigiliae paschales)가 시작된다. 성경 낭독과 찬송, 기도로 진행되는 이 의식은 부활절 아침까지 이어지면서, 십자가의 유월절에서 부활의 유월절로, 예수의 죽음에 대한 깊은 참회의 슬픔에서 생명의 왕의 부활을 믿는 기쁨으로 전환되는 엄숙한 기점을 형성했다. 모든 그리스도인들과 심지어 많은 이교도들이 부활의 아침을 맞이하기 위해서 등불을 들고 교회에 나왔다. 이 날 밤에는 도시들이 조명으로 화려하게 장식되어 불 바다로 변모했다. 자정 무렵에는 엄숙한 행렬이 교회 주변을 맴돈 다음 부활을 기념하기 위해서 다시 '거룩한 문들'로 당당하게 들어갔다. 고대의 전승에 따르면 부활절 밤에 그리스도께서 세상을 심판하러 다시 오실 것을 기대했다고 한다.[34]

부활절(Easter, festum dominicae resurrectionis)은 기쁨에 찬 인사로 시작했는데, 러시아 교회에서는 이 관습이 아직도 남아 있다. 인사는 "주께서 살아나셨습니다!"(Dominus resurrexit)라는 말에 이어 "그분이 과연 살아나셨습니다!"(Vere resurrexit)라는 화답으로 이루어졌다. 그런 뒤 거룩한 형제의 입맞춤으로 그리스도 안에서 새로 공고하게 된 사랑의 유대를 확증했다. 모든 절기[축일]들 중에서도 가장 장엄하고 기쁜 절기였던 부활절은 한 주간 내내 계속되다가 부활절 여덟째 날(Easter Octave, Octava paschae, pascha clausum) 혹은 흰 주일(White Sunday, dominica in albis 혹은 Quasimodogentii)이라 불리는 다음 주일에 종료되며, 이 주일에는 세례받은 사람들이 흰옷을 입고 교회에 나와 교회에 연합된 사실을 엄숙하게 확인했다.

---

34) 참조. Lactantius, *Inst. divin.* vii. c. 19; Hieronymus ad Matt. xxv. 6.

79. 부활절 날짜

부활절 날짜가 2세기 이후에 길고 격렬한 논쟁의 주제이자 현실적 혼란의 원인이 되었다. 후대에 벌어진 성찬 논쟁을 연상시키는 이 논쟁은 인간의 열정과 무지가 어떻게 신약성경의 위대한 사실들과 제도들을 거룩한 일치의 끈에서 불화의 횃불로 변질시키고, 가장 단 꿀을 독으로 바꾸었으며, 많은 노력에도 불구하고 하나님의 그 선물들이 끼치는 크고 고마운 능력을 말살할 수 없었던 증거를 여실히 보여준다.

부활절 논쟁은 우리가 다루는 시기까지 이어지다가, 로마와 알렉산드리아의 부활절 준수 관습이 보편적으로 채택되면서 종결되었다. 로마와 알렉산드리아의 관습은 성탄절과 유대교 유월절과 달리 그날의 고정된 날짜를 부활절로 정하지 않고, 주간의 어느 날에 그 날짜가 겹치든 간에 그 주간의 주일을 부활절로 정하는 것이었다. 따라서 이 절기는 그에 따른 모든 절기들과 함께 날짜가 유동적인 절기가 되었고, 상이한 달력 계산법들로 인해서 많은 불편과 혼동이 초래되었다. 정확한 부활절 날짜 산정 공식은 '춘분 뒤 첫 만월 다음에 오는 주일'이다. 따라서 부활절이 3월 22일부터 4월 25일 사이에 들어 있는 어떠한 주일에도 해당될 수 있는 셈이다.

314년의 아를 공의회는 이미 교회법 제1조에서 기독교 유월절이 "온 세상이 지키는 하루와 한 절기(uno die et uno tempore per omnem orbem)"로 지켜져야 하며, 로마 주교가 그 날짜를 정해야 한다고 결정한 바 있다. 그러나 이 결정이 보편적으로 승복되지 않음에 따라, 니케아 교부들은 그 문제를 안건으로 삼았으며, 이것이 325년 제1차 니케아 에큐메니컬 공의회의 두 번째 주요 안건이었다. 이 안건에 대한 심의 결과는 비록 공의회 법령들에는 실려 있지 않지만, 공의회가 작성한 회람 서신과 황제 콘스탄티누스의 회람 서신에는 당연히 보존되어 있다.[35] 그 뒤부터는 모든 지역에서 부활절이 주일에 지키도록 의무화되었다. 유대교 유월절 당일이 아닌 니산 월 제14일 이후, 그러니까 춘분 이후 첫 만월 다음에 오는 주일이 부활절 날짜로 확정되었다. 이렇게 결정하게 된 주된 동기는 주님을 십자가에 못 박음으로써 유월절을 훼손한 유대교에 대한 반감 때문이었다.

---

35) Socrates, *Hist. Eccl*, i. 9; Theodoret, *H. E.*, i. 10; Eusebius, *Vita Const.*, ii. 17.

콘스탄티누스가 니케아 공의회에 관해서 발행한 회람 서신에는 이렇게 적혀 있다. "우리는 가장 적대적인 종족인 유대인들과 아무것도 공유하기를 원치 않는다. 이는 우리가 구주로부터 하나님을 영화롭게 하는 다른 방법[요일들의 순서]을 받은 까닭에, 이 방법을 조화롭게 채택하여서 유대인들의 악한 사귐에 참여하지 않기를 바라기 때문이다. 그들은 우리가 자신들에게 지도를 받지 않으면 이 절기를 지킬 수 없다고 교만한 주장을 늘어놓지만, 실제로 그것은 매우 공허한 주장이다 …… 우리 주님의 살인자들과 아무것도 공유하지 않는 것이 우리의 의무이다." 이렇게 유대교에 대한 철저한 반감이 서신 전반에 흐른다.

그러므로 니케아에서 로마와 알렉산드리아의 부활절 준수 관습이 승리를 거두었으며, 항상 부활절을 니산 월 14일에 지켜온 십사일파(Quartodecimanians)의 유대교적 관습은 이때부터 이단이 되었다. 그럴지라도 그 관습이 동방 여러 지역에서 여전히 존속했으며, 400년경인 에피파니우스 때에는 교리에서는 정통이면서도 의식에서는 유대교의 신화에 중독되어 있고, "니산 월 14일에 유월절을 지키지 않는 모든 자는 저주를 받는다"는 원칙을 고수하는 십사일파가 많이 있었다.[36] 이들은 니산 월 14일에 성찬을 거행하고 오후 세 시까지 금식을 했다. 하지만 이들도 여러 파벌로 분열되었다. 그 가운데 아우디우스파(Audians)라는 매우 금욕적인 집단은 다른 집단들과 마찬가지로 유월절을 날짜에서는(방법은 다를지라도) 유대인들과 똑같이 니산 월 14일에 지켜야 한다고 주장하면서, 그 근거로 자신들이 소유하고 있던 「사도헌장」 판본을 제시했다.

정통신앙 진영에서도 니케아 공의회의 조치가 일사불란한 결과를 얻지 못했다. 이렇게 된 원인은 니케아 공의회가 아마 여러 정황을 깊이 감안하여 로마와 알렉산드리아의 부활절 날짜 계산법에 따른 문제를 묵과했기 때문이었다. 적어도 공의회 법령에는 그 문제에 관한 언급이 없다.[37] 어쨌든 다음과 같은 차이가 남게 되었다. 즉, 과거에도 그랬듯이 로마가 여전히 부활절 만월의 기점(terminus a quo)을 3월 18일로 고정한 반면에, 알렉산드리아는 그것을 정확하게 21일로

---

36) Epiphanius, *Haer, l,* c, 1, 참조, 출 12:15.

37) 하지만 Hefele는 알렉산드리아의 키릴루스와 레오 1세의 말을 근거로, 니케아 공의회가 (1) 알렉산드리아 교회에 부활절 날짜 선택권을 주고, (2) 로마 교회에 그것을 공포할 권한을 주었으나, 이 순서가 제대로 지켜지지 않았다고 생각한다.

잡았던 것이다. 그 결과 라틴 교회는 니케아 공의회 다음 해와 330년, 333년, 340년, 341년, 343년에 알렉산드리아와 다른 날짜에 부활절을 지키게 되었다. 이 문제를 해결하기 위해서 — 최근에 발견된 아타나시우스의 부활절 서신들에서 확인되듯이 — 사르디카 공의회가 부활절 문제를 다시 의제로 정했고, 상호 양보를 통해서 향후 50년을 위한 절충안을 마련했으나 항구적인 결과는 내놓지 못했다. 387년에 이르러서는 이집트의 부활절과 로마의 부활절이 무려 다섯 주나 벌어지게 되었다. 그 후 이 문제를 해결하기 위한 많은 노력이 이렇다 할 성과를 거두지 못하다가, 마침내 현재 우리가 사용하는 기독교력을 고안한 수사 디오니시우스 엑시구스(Dionysius Exiguus)가 알렉산드리아의 계산 방식을 토대로 부활절 날짜 계산을 절충하는 데 성공했다. 다만 갈리아와 브리타니아의 그리스도인들은 여전히 옛 관습을 고수함으로써 앵글로색슨족과 갈등을 겪었다. 1582년에 서방 교회에 개선된 그레고리우스력이 도입되면서 다시 불일치가 발생했다. 동방과 러시아의 교회는 율리우스력을 고수했고, 그 결과 오늘날 서방 교회보다 약 12일 늦게 부활절을 지키고 있다. 천문학적 정교함으로 달[月]들을 구분하지 않는 그레고리우스력에 따르면 때로 유월절 만월이 서너 시간 일찍 오며, 그 결과 기독교 부활절이 1825년의 경우처럼 니케아 공의회의 분명한 금령에도 불구하고 유대교 유월절과 겹치는 일이 발생한다.

80. 오순절 주기

부활절 이후부터 오순절까지의 일곱 주간은 내내 즐겁고 축제적인 성격을 띠었다. 오순절은 넓은 의미에서 오십번째 날(Quinquagesima 혹은 Pentecost)이라 불렸으며, 그리스도께서 부활하신 뒤 신비스러운 방식으로 제자들에게 자주 나타나신 일과, 하나님 우편에 오르신 일, 하늘에서 교회의 머리가 되시어 영원히 교회와 함께 계시는 일을 기념하는 날이었다. 이 절기는 지속적인 주일로 간주되었고, 금식과 서서 기도하는 일이 금지되었으며, 부활절 전의 사순절과 현저히 대조되었다. 사순절에 고난과 죽음을 당하시는 구주를 생각하고서 깊은 슬픔과 회개의 심정을 가졌다면, 오순절에는 부활하시어 영원히 살아 계시는 구주를 향한 믿음으로 기쁨을 지녔다. 물론 이 기쁨은 세상적 유희와 구별된 것이어야 하며, 예배와 기도, 찬송, 감사로써 거룩해진 것이어야 한다. 따라서 50일 동안 극장들은 문을 닫았다. 그러나 허다한 명목적인 그리스도인들은 이 절기의 진정한 의미를 쉽게 망각하고서 사순절에 행한 금식을 무분별한 유희로 벌충하려고 했다.

라틴 교회는 부활절 이후의 일곱 주일들에 각각 다음과 같은 이름을 붙였다: 쾌시모도-제니티, 미세리코르디아 도미니, 유빌라테, 칸타테, 로가테(혹은 보켐 유쿤디타티스), 엑사우디, 펜테코스테. 동방 교회는 이 절기에 사도행전을 낭독한다.

50일의 축일들 가운데 제40일과 제50일이 특히 중요했다. 항상 목요일이었던 부활절 뒤 제40일은 4세기 이후에는 그리스도께서 하나님의 우편에 오르신 일을 기념했으며, 그런 이유에서 승천일(Ascension day, dies ascensionis)이라 불렀다. 제50일 곧 엄격한 의미에서의 오순절(Pentecost, dies pentecostes)은 마치 부활절이 부활절 주기의 핵이자 정점이었듯이 이 절기의 핵이자 정점이었다. 오순절은 부활절 뒤 제50일에 한자리에 모인 제자들에게 성취된 구속의 충만함으로 부어지신 성령의 절기였다. 동시에 이 날은 기독교 교회가 탄생한 날이기도 했다. 그런 이유로 이 절기에는 세례와 성직 임명이 특히 많이 시행된다. 오순절은 유대교에서 첫 결실을 기념하는 절기였고, 훗날에는 시내 산에서 율법이 부여된 일을 기념하는 절기였던 동일한 이름의 절기에 해당하며, 이러한 이중적인 의미가 성령이 부어지시고 기독교 교회가 설립됨으로써 성취되었다. 제롬은 파비올라에게 이렇게 썼다. "하나님의 율법의 두 가지 계시가 유월절 뒤 제50일에 임했습니다. 첫째는 시내 산에서, 둘째는 시온 산에서 임했습니다. 시내 산에서는 산이 흔들렸고, 시온 산에서는 성전이 흔들렸습니다. 시내 산에서는 화염과 번개 속에서 나팔 소리와 천둥이 울려퍼진 반면에, 시온 산에서는 강한 바람과 함께 불의 혀가 나타났습니다. 시내 산에서는 트럼펫 소리가 율법의 말씀을 선포한 반면에, 시온 산에서는 사도들의 입을 통해서 코넷[트럼펫보다 음역이 높고 소리가 부드러운 관악기: 역자주] 소리가 복음을 선포했습니다."

오순절은 사흘 혹은 일주일간 계속되다가 오순절 제8일(Pentecostal Octave)로 마감되었다. 이 날을 그리스 교회는 (크리스스토무스도 마찬가지로) 모든 성인들과 순교자들의 축일이라고 불렀다. 왜냐하면 순교자들이 교회의 씨앗이자 아름다움이기 때문이었다.[38] 반면에 라틴 교회는 10세기 이후에야 비로소 오순절 이후의 주일을 성 삼위일체 하나님께 바쳤고, 중세 후기에는 삼위일체 축일 이후의 목요일에 화체(化體)의 신비를 기념하여 성체 축일(the feast of Corpus Christi)을 교회의 축제 부분에 덧붙였다. 이로써 교회력의 말미에 순전히 교의적인 의미를 덧입힌 셈이다. 개신교는 반삼위일체주의자들에 반대하여 삼위일체 축일을 유지했으나, 성체 축일은 당연히 배격했다.

초기 교회에서 오순절은 기독교력의 마지막 대 절기였다. 따라서 그 뒤로부터 대림절까지 이어지는 주일들이 오순절부터 헤아려졌다.[39] 그러므로 교회력의 후반에 해당되는 주일 수가 부활절 시기에 따라서 22-27개로 다양하게 된다. 한 해의 이 부분에는 심지어 옛 독서 성구집들과 전례서들에서조차 교회의 위인들을 기리는 몇몇 하위 축일들을 발견하게 된다. 이를테면 교회의 설립자들인 성 베드로와 성 바울의 축일(6월 29일); 전투의 교회를 대표하는 주요 순교자인 라우렌티우스의 축일(8월 10일); 승리의 교회를 대표하는 대천사 미가엘의 축일(9월 29일)이 대표적인 예다.

81. 동정녀의 승귀(昇貴). 마리아론

이러한 축일 주기들에 허다한 하위 축일들이 끼어들었는데, 가장 대표적인 것이 성인들의 군대의 여왕으로 존경을 받은 거룩한 동정녀 마리아의 축일들이다.

마리아 숭배는 원래 그리스도를 향한 신앙의 반영에 지나지 않았고, 마리아 축일들도 그리스도를 영화롭게 하기 위해 고안되었다. 이 제도는 동정녀와 하나님의 아들의 성육신이 갖는 거룩한 신비의 내면적 관계에서 비롯되었다. 그리고 이러한 종교적·신학적 관심에 다른 동기들이 결합되었다. 동정녀 마리아는 세상의 구주의 어머니로서 모든 여인들 가운데, 그리고 구속사에서 의심할 여지 없이 영원히 독특한 지위를 차지한다. 땅에서 아홉 달간 잉태했고, 진정한 모성을 가지고 십자가까지 따라갔으므로 하늘에서도 누구보다도 그분 가까이에 있는 것이 당연하다. 마리아에게 여성과 어머니로서의 가장 훌륭한 덕을 결부시키고, 그녀를 여성의 순결과 사랑과 경건의 숭고한 전범으로 존경하는 것이 지극

---

38) 서방 교회도 11월 1일에 유사한 축일을 두고 있으나, 8세기 이후에 제정되었다.

39) 로마 교회에서는 심지어 성 삼위일체 축일이 도입된 이후에도 그렇게 했다.

히 자연스러울 뿐 아니라 당연하기도 하다. 마리아의 모범으로부터 만대에 조용한 복이 임하며, 그 이름과 기억은 지금뿐 아니라 영원토록 신앙의 가장 거룩한 비밀들과 은택들에서 떼어놓을 수 없다. 이런 이유 때문에 그녀의 이름이 간단하고 단정한 말로 사도신경에까지 들어가게 된 것이다: "성령으로 잉태하사 동정녀 마리아에게 나시고."

하지만 가톨릭 교회는 라틴 교회든 그리스 교회든 이 선에서 멈추지 않았다. 4세기 중반 이후에는 싱경의 건전한 한계를 벗어나 '주의 어머니'(눅 1:43)가 하나님의 어머니로, 겸손한 '주의 여종'(눅 1:38)이 하늘의 여왕으로, '은혜를 받은 자'(눅 1:28)가 은혜를 베푸는 자로, '여자 중에' 복이 있는 자(눅 1:42)가 모든 여인들 위에서 대언하는 자로 변모하며, 심지어는 성경 어디서도 보편적 죄성에서 제외된다고 가르치지 않는 타락한 아담의 구속(救贖)된 딸이 죄 없고 거룩한 공동의 구주로 변모한다. 처음에는 자범죄에서만 면제를 받았으나 나중에는 원죄마저 면제를 받았다. 물론 그럴지라도 성모의 무염 시태(無染始胎) 교리는 오랫동안 견제를 받다가, 1854년에야 비로소 로마 교회에서 신조로서 확립되었다. 이렇게 마리아를 존경하던 태도가 점차 숭배하는 태도로 변질되었으며, 이러한 정서가 중세인들의 신앙에 워낙 확고히 뿌리를 내린 까닭에, 비록 스콜라 신학이 라트리아(latria, 하나님께만 바치는 최고의 존경)와 둘리아(dulia, 천사들과 성인들에게 바치는 존경)와 히페르둘리아(hyperdulia, 마리아에게 바치는 존경)를 구분했는데도 불구하고 실제적으로는 마리아 숭배가 그리스도에 대한 경배보다 성행했다. 따라서 가톨릭 예술에 나타난 무수한 성모상들에서 인간 어머니가 주인공인 반면에, 신적 아기는 조연에 지나지 않는다. 로마 교회의 기도문들도 아베 마리아를 말하지 않고서 파테르 노스테르(우리 아버지)를 말하지 않으며, 심지어 하나님의 영원한 아들보다도 인정 많고 정겨운 어머니에게 도고(禱告, 중보기도)를 청하는 경우가 더 많다. 이런 간접적인 방식이 소기의 응답을 얻는 데 더욱 효과적이라는 생각 때문이다.

마리아 숭배는 오늘날까지도 그리스 · 로마 가톨릭 교회와 개신교 교회 사이에 분열을 고착시키는 주요 원인의 하나이다. 로마 교회는 구속(救贖)의 인간적 요인들이나 도구들을 부당하게 높이고, 그리스도 앞에 하위 중보자들을 세움으로써 신자가 그리스도께 직접 나아가는 것을 가로막거나 굳이 직접 나아갈 필요가 없게 만드는 근본적인 오류를 범하는데, 마리아 숭배만큼 그 오류를 강력하게 표현하는 것도 없다. 더 나아가 우리는 마리아 숭배를 고대 이교 신앙의 잔재로 간주하는 모든 공정한 역사가들의 주장에 동의하지 않을 수 없다. 마리아 숭배는 케레스(Ceres), 이시스(Isis) 같은 고대 모신(母神)들 숭배를 뚜렷이 연상케 한다. 이는 성인 및 천사 숭배가 그리스와 로마의 영웅 숭배를 연상케 하는 것과 같다. 인류에게는 다신론이 워낙 깊이 뿌리박혀 있기 때문에, 그것이 기독교적인 형태로도 모습을 드러냈다. 대중의 종교적 소욕은 심지어 여신들조차 친숙하게 여기도록 만들었고, 그러한 정서가 신이요 인간인 구주의 어머니로서 큰 은혜와 복을 받은 마리아를 가장 가치 있는 경모(敬慕)의 대상으로 자연스럽게 만들었다.

그러면 이제는 가톨릭의 마리아론과 마리아 숭배가 역사에서 어떻게 발전해 왔는지 큰 흐름을 짚어보자.

신약성경에는 마리아를 숭배했다거나 절기[축일]를 제정하여 기념했다는 언질이 전혀 없다. 물론 한편에서 보자면, 엘리사벳은 성령의 감동을 받아 마리아를 "주의 모친"이라고 올바로 부르며 — 하지만 어디에도 '하나님의 모친' 이라는 말이 나오지 않으며, 이 두 표현은 동의어가 될 수 없다 — 엘리사벳뿐 아니라 천사 가브리엘도 마리아에게 "여자 중에" 복이 있다는 말로 인사한다. 게다가 마리아 자신이 성령의 감동으로 부른, 그리고 훗날 만대의 교회를 통해서 울려퍼진 찬송에서도 "이제 후로는 만세에 나를 복이 있다 일컬으리로다"고 예언한다(참조. 눅 1:48). 예수께서 성년이 되시기 전에 마리아는 내내 무흠하고 순결하고 겸손한 여성으로 나타나며, 생애 후반, 특히 십자가 곁에서의 감동적인 정경(참조. 요 19:25-27)에서 이러한 인상을 확증해 주는 몇몇 사례가 남아 있다.

그러나 다른 한편에서 보자면, 신약성경의 어느 부분도 마리아를 보편적 죄성과 구속의 필요에서 면제시키며, 무류(無謬)한 거룩한 인물로, 즉 신적 경배를 받을 만한 대상으로 표현하지 않는다. 정반대로 마리아는 과연 여성스럽게 시종일관 복음 역사의 배후에 서 있고, 사도행전과 서신서들에서도 언급되지 않으며, 다만 "예수의 모친"으로만 언급될 뿐이다(참조. 행 1:14). 하물며 마리아의 탄생과 죽음은 언급조차 되지 않는다. 마리아의 영광은 아들의 더 높은 영광 앞에서 거룩한 겸손으로 희미해진다. 오히려 주님께서 훗날 사람들이 당신의 모친을 육체를 따라 신격화할 가능성을 예언적으로 거론하면서, 처음부터 그렇게 하지 못하도록 분명히 경계하신 예들이 있다. 가나 혼인 잔치 때는 어머니로서의 허영이 섞인 경솔한 열정을 예를 갖춰 우회적으로 책망하셨다(참조. 요 2:4).[40] 이후에는 어머니를 다른 여성 제자들과 동일한 차원에 두셨으며, 육체적 혈족 관계를 하나님의 뜻을 행하는 영적 친족 관계보다 하위에 두셨다(참조. 마 12:46-50). 모르는 여자가 자신의 어머니에게 선량한 뜻으로 복을 비는 말을 했을 때는 그 여자를 책망하지 않으셨으나, 하나님의 말씀을 듣고 순종하는 모든 사람들에게 복이 있다고 하심으로써 그 말을 바로잡아 주셨으며, 이처럼 마리아에 대한 존경의 범위를 한정히심으로씨 마리아를 신격화할 우려를 미리 차단하셨다(참조. 눅 11:27, 28).

정경 복음서들이 이렇게 마리아를 건전하고 근실하게 소개하는 것과 대조적으로, 3-4세기에 등장한 무수한 외경 복음서들은 마리아의 생애를 온갖 공상적 이야기와 기적들로 장식했고, 그로써 성경을 떠난 마리아론과 마리아 숭배의 거짓된 역사적 토대를 제공했다. 물론 가톨릭 교회가 일찍이 「겔라시우스 교령집」(*the Decrees of Gelasius*)으로 이러한 외경 문학을 단죄한 것이 사실이지만, 이 문학의 터무니없는 많은 요소들 — 이를테면 마리아의 부모의 이름을 요아힘(눅 3:23의 엘리가 아닌)과 안나로 표기하는 것,[41] 마리아가 동굴에서 태어났다고 전하는 것, 성전에서 교육을 받고 연로한 요셉과 함께 형식상의 결혼을 했다는 것[42] — 이 가톨릭 전승에 끼어들었다.

---

40) '여자여'라는 말은 분명히 존경의 뜻이 담긴 표현이다(참조. 요 19:26; 20:13, 15). 그러나 "나와 무슨 상관이 있나이까"라는 말씀은 히브리어(수 22:24; 삼하 16:10; 19:22; 왕상 17:18; 왕하 3:13; 대하 35:21)와 마찬가지로 부당한 간섭을 꾸짖는 말이다(참조. 마 8:29; 눅 8:28; 막 1:24. 이것은 고전들의 경우에도 마찬가지이다). 최고의 문법적 성경 주해가인 Meyer는 γύναι(여자여)라는 단어에 대해서 다음과 같이 설명한다: "예수께서 μῆτερ(어머니)라는 말을 쓰시지 않은 것은 이적을 행하실 높은 지위에서 무심결에 나온 것이며, 그런 지위에서 아무리 어머니일지라도 여성의 유약함이 끼어드는 것을 배격하신 것이다."

41) 에피파니우스(*Haer.* 78, no. 17)도 예수님의 조부모 이름을 그렇게 소개한다. 로마 신학자들은 이것을 누가복음 3:23과 조화시키기 위해서 엘리 혹은 헬리가 헬리아킴의 축약형이며, 요아킴의 경우도 마찬가지라고 추정한다.

42) 외경 「요셉의 역사」(*Historia Josephi*)에 따르면 요셉은 마리아와 결혼할 때 이미 아흔 살이었다고 한다. 에피파니우스는 적어도 여든 살이었다고 하며, 전처에게서 난 자녀들이 있었다고 한다. 오리게네스와 에우세비우스, 니사의 그레고리우스도 요셉이

정통 가톨릭 마리아론과 마리아 숭배는 일찍이 2세기부터 발전하기 시작했으며, 그 토대는 인간 타락의 역사를 알레고리로 해석한 것과, 하와와 마리아를 대척적 관계로 놓고서, 아담의 아내가 죄와 사망의 역사에서 차지했던 지위를 그리스도의 어머니가 구속사에서 차지했다고 추정한 것에 있었다.[43] 많은 오류의 산실이 된 이러한 개념은 독창적이긴 하나 성경적이지 않으며, 첫째 아담과 둘째 아담을 대비시킨 사도 바울의 참된 교훈을 외경으로 대체해 놓은 것이다. 이 개념은 그리스도의 위치에 마리아를 대신 올려놓는 경향을 띤다. 마리아를 하와의 대칭으로 설명하기 시작한 사람들은 순교자 유스티누스 · 이레나이우스 · 테르툴리아누스였다. 이들은 마리아가 더 숭고하고 영적인 의미에서 "모든 산 자의 어미"였다고 말하며, 마치 하와가 불순종에 의해서 죄와 사망의 근원이 되었던 것처럼, 순종을 통해서 인류에게 구속의 복을 끼치는 중재적 혹은 도구적 원인이 되었다고 가르쳤다. 이레나이우스는 마리아를 '동정녀 하와의 대언자' 라고도 부르는데, 이 말이 훗날 중보자의 의미로 해석되었다.[44] 이런 이유로 이레나이우스는 가톨릭의 마리아 교리에서 가장 오래된 권위자로 평가받는다. 하지만 이 평가는 일부분만 타당할 뿐이다. 이레나이우스는 마리아가 무죄했다는 생각을 하지 않았으며, 요한복음 2:4에서 그리스도가 하신 대답을 마리아의 성급한 태도에 대한 책망으로 분명히 설명하기 때문이다.[45] 마찬가지로 테르툴리아누스 · 오리게네스 · 대 바실리우스, 심지어 크리소스토무스조차 우리 주님의 모친을 극진히 존경하면서도, 주의 모친이 한두 경우에(예. 요 2:3; 마 13:47) 어머니로서의 허영심뿐 아니라 의심과 걱정까지도 드러낸 점을 지적하며, 바로 이것이 십자가 밑에서 그녀의 영혼을 칼로 찌르듯 했다고 설명한다(참조. 눅 2:35).[46]

이렇게 마리아를 하와와 대비하는 예표론적 해석에 덧붙여 수도원주의가 등

나이 지긋한 홀아비였다고 한다. 반대로 제롬은 요셉이 마리아와 마찬가지로 순수한 독신자였다고 한다.

43) 참조. 롬 5:12 이하; 고전 15:22. 그러나 바울은 이 구절들에서 하와와 마리아를 아예 염두에조차 두지 않는다.

44) *Adv. Haer.* v. cap. 19, § 1.

45) *Adv. haer.* iii. cap. 16, § 7.

46) Tertullian, *De carne Christi*, c. 7; Origen, in *Luc. Hom.* 17; Basil, Ep. 260; Chrysostom, *Hom.* 44 in Matt. and *Hom.* 21 in Joh.; Cyril Alex., in *Joann.* l. xii.

장함으로써 마리아 교리는 동정녀성을 더욱 크게 부각하는 방향으로 발전하게 되었다. 수도원주의는 동정녀성[정절]을 떠나서는 진정한 성결을 인식할 수 없었던 까닭이다. 따라서 마리아의 생애에서 그리스도의 탄생 이전의 부분에 대해서는 문제시되지 않던 마리아의 동정녀성이 생애 전체로 확대되었고, 마리아가 정절을 보호받기 위해서 나이 지긋한 요셉과 결혼했고, 따라서 그것은 단순히 명의상의 결혼이었을 뿐이라고 해석되었다. 명백한 문자적 의미대로는 그와 정반대의 견해에 힘딩한 듯한 마태복음 1:25은 간과되거나 달리 설명되었다. 그리고 예수의 형제들의 경우 복음서들에 14-15번 등장하고, 그때마다 주의 모친과 밀접히 관련되어 나타나는데도 마리아가 후에 낳은 아들로 간주하지 않고 요셉이 전처를 통해서 낳은 아들들로 간주되거나, 히브리어 אָח의 넓은 의미에 따라 예수의 사촌들로 간주되었다(후자는 제롬의 해석이다).[47] 당시 그리스도인들의 정서로는 — 그리고 이것은 많은 경건한 개신교 신자들도 공유하는 정서이기도 하다 — 마리아의 고상한 인격과 그리스도의 위엄을 생각할 때 구세주를 낳은 태에서 다시 다른 보통 자녀들이 태어난다는 것은 이치에 맞지 않게 여겨졌다. 그 후로 영원한 동정녀(perpetua virgo, ἀεὶ παρθένος)라는 이름은 마리아에게만 사용되는 고유 명사가 되었다. 4세기 이후에는 이 이름을 단지 도덕적 의미로만 받아들이지 않고 육체적인 의미로도, 즉 마리아가 닫힌 태(clauso utero)에서 주님을 잉태하고 해산했다는 의미로도 받아들였다.[48] 물론 이러한 의미로 받아들이려면

---

47) 예수의 형제들은 항상 아델포이(네 명: 야고보, 요셉 혹은 요세, 시몬, 유다)와 아델파이(적어도 두 명)라 불리며(참조. 마 12:46, 47; 13:55, 56; 막 3:31, 32; 6:3; 요 7:3, 5, 10; 행 1:14 등), 아무데서도 신약성경에 잘 알려진 용어인 아네프시오이(사촌들)나 숭게네이스(친족들, 막 6:4; 눅 1:36, 58; 2:44; 요 18:26; 행 10:24) 혹은 휘오이 테스 아델페스(조카들, 행 23:26)로 불리지 않는다. 이런 증거들이 사촌설을 강하게 부정한다.

48) 테르툴리아누스(*De carne Christi,* c. 23), 알렉산드리아의 클레멘스(*Strom.,* vii. p. 899), 심지어 에피파니우스(*Haer.* lxxviii, § 19)는 이 점에 대해서 다른 견해를 주장했다. 내 지식의 한도에서는 밀라노의 암브로시우스가 이러한 기적적 견해를 최초로 주장한 듯하다(Epist. 42 ad Siricium). 그는 에스겔 44:1-3을 지적하면서, 여호와께서 그리로 들어오셨기 때문에 반드시 닫아 놓아야 하는 동문(東門)이 마리아를 예표했다고 설명한다. 예수께서 닫힌 무덤에서 부활하신 일과, 부활하신 예수께서 닫힌 문을 통해서 들어오신 일도 종종 마리아에 대한 유비(類比)로 사용되었다. 교부들은 구주의

부활하신 예수께서 닫힌 문들로 들어오신 일을 전하는 단락처럼 기적을 전제해야 한다. 그러므로 가톨릭의 견해에서는 마리아가 결혼한 동정녀, 즉 남편이 한 번도 손을 대지 않은 아내였다는 점에서 세계사에서 유일무이한 존재로 서 있는 셈이다.[49]

에피파니우스는 78번째 이단 비판서에서 4세기 말(367)에 아라비아에 거주하면서 상반된 견해를 옹호하던 집단을 안티디코마리안테스(Antidikomariantes), 마리아의 권위 곧 그녀의 영원한 동정녀성을 반대하는 집단이라는 이름의 이단으로 소개한다. 그러나 다른 한편으로 79번째 이단 비판서에서는 동시대에 아라비아에 존재하던 광신적인 여성 집단인 **콜리리데스파**(Collyridians)에 대해서도 이단으로 단죄한다. 이들은 여사제들로서 마리아를 신으로 숭배하고, 추측하건대 케레스 숭배를 모방하여 작은 케익(콜리리데스)을 마리아에게 바쳤다. 에피파니우스는 하나님과 그리스도에게만 경배를 드려야 한다고 강조한다. 제롬은 383년경에 헬비디우스(Helvidius)와 요비니아누스(Jovinian)를 글로써 모질게 비판했다. 그들은 테르툴리아누스처럼 성경과 초기 교회 교사들의 글을 인용하면서, 마리아가 그리스도를 낳은 뒤에 요셉에게 자녀들을 낳았다고 주장했던 것이다. 제롬은 이러한 주장이 성령의 전을 모독하는 것이라고 보았고, 심지어 헬비디우스를 에베소 신전 파괴자 에로스트라투스(Erostratus)와 비교하기까지 했다.[50] 사르디

무덤을 봉했던 돌이 부활 이후에야 비로소 굴려졌다고 주장했고, 구주께서 영생으로 살아나신 봉인된 무덤과 그분이 지상의 생명으로 태어나신 동정녀의 태를 비교했다. 훗날 가톨릭의 견해는 구주께서 마리아에게 나실 때 진통과 출혈 같은 보통의 출산에 따르는 일들이 발생하지 않았다는 것으로 통일되었다. 제롬은 예수께서 모든 "자연적 오욕" 아래 나셨다고 인정한 데 반해, 다마스쿠스의 요한(De orth. fide, iv. 14)은 "이 출생은 어떠한 [육체적] 쾌락 없이 이루어진 까닭에 해산의 고통도 따르지 않았다"고 말한다. 이 점에서도 구약의 예언을 증거로 삼아야 한다: "시온은 구로하기 전에 생산하며 고통을 당하기 전에 남자를 낳았으니"(사 66:7).

49) Augustine (De s. virg. c. 6): "오직 마리아만 영혼과 육체의 어머니인 동시에 동정녀이다."

50) 헬비디우스는 자신의 견해를 뒷받침하기 위해서 대표적인 해석들과, 주의 형제들에 관한 성구들, 특히 에기노스케와 헤오스가 사용된 마태복음 1:25을 인증한다. 반면에 제롬은 '알다'(한글개역성경, '동침하다')라는 단어가 반드시 결혼에 의한 접촉을 뜻하는 것은 아니며, '때까지'라는 단어도 반드시 시한을 가리키는 것은 아니라고 주장하면서 마태복음 28:20과 고린도전서 15:25을 예로 제시한다. 마찬가지로 헬비디

카의 주교 보노수스도 같은 견해를 주장했다가 일리리쿰의 주교들에게 단죄를 당했으며, 로마 주교 시리키우스는 392년에 그 단죄를 승인했다.

아우구스티누스는 한 걸음 더 나아갔다. 펠라기우스를 비판하는 과정에서, 마리아가 "주의 영예로 인하여"(propter honorem Domini) 자범죄(원죄가 아닌)에서 제외되었다고 본 펠라기우스의 견해에 대해서는 동의를 표했다.[51] 인류의 보편적 죄성에서 제외되었음을 인정하는 것인데, 마리아 외에 다른 인간에게는 이것을 인정하지 않았다. 그는 마리아의 부죄한 줄생과 생애를 가르쳤으나 무원죄 잉태를 가르치지는 않았다. 훗날 클레르보의 베르나르와 토마스 아퀴나스가 주장한 바, 예레미야(렘 1:5)와 세례 요한(눅 1:15)의 경우와 같은 모태 안에서의 성화(sanctificatio in utero)를 그가 염두에 두고 있었음에 틀림없다. 그 두 사람이 선지자 직분을 위해서 그러한 방식으로 잉태되었듯이, 마리아도 출생하기 전에 성령의 특별한 사역으로써 거룩하게 되어 신적 로고스를 순결하게 잉태할 준비가 갖춰졌다. 아우구스티누스가 그리스도의 거룩성에서 주의 모친의 거룩성을 도출해 낸 것은 중요한 발상의 전환이었으며, 이것이 훗날 더 많은 주장들이 수립되는 데 발판이 되었다. 그 발상에서 마리아의 무원죄 잉태(immaculate conception) 교리가 수립되기란 어렵지 않았으며, 마리아 자신을 무죄한 어머니로, 그로써 타락한 적이 없는 또 다른 하와로서 인류의 시조로 간주하는 견해가

우스는 트로토토코스(초태생)라는 단어가 마태복음 1:25(한글개역성경, '아들')과 누가복음 2:7('맏아들')에 그리스도에게 사용된 점을 강조한다. 이에 대해서 제롬은 율법에 따르면 태를 맨 처음 열고 나온 아들은 그 뒤에 동생이 생기는 것과 상관 없이 누구나 첫 아들 혹은 맏아들이라고 불린다고 올바로 반박한다(예. 출 34:19, 20; 민 18:15 이하). 제롬은 '예수의 동생들'이 사촌들, 즉 알패오와 동정녀 마리아의 누이(그 여성도 마리아라는 이름을 가졌다고 함)가 결혼해서 낳은 아들들이라고 설명한다(이것은 요 19:25을 토대로 잘못 추론한 결과이다). 하지만 제롬의 논지는 금욕 곧 독신에 대한 과대 평가에 있다. 그는 요셉이 '마리아의 남편'(maritus mariae)이 아니라 '보호자'(custos)였고(cap. 19), 두 사람의 결혼이 명의상의 결혼이었을 것이라고 추정한다. 그는 물론 기혼 여성들과 과부들 중에도 경건한 사람들이 있다는 것을 부정하지는 않지만, 그들이 부부 관계를 삼가거나 중단한 채 살아온 사람들이라고 주장한다(cap. 21). 이와 반대로 헬비디우스는 기혼 상태와 독신 상태에 동일한 도덕적 가치를 매긴다. 요비니아누스도 견해가 같았다. 참조. § 43.

51) *De nat. et grat. contra Pelag.* c. 36, § 42.

나오기도 어렵지 않았다.

아우구스티누스의 논적 펠라기우스는 수도원주의적이고 금욕주의적인 거룩 개념과 피상적인 죄론을 토대로 이 점에서 아우구스티누스를 훨씬 넘어서서 마리아의 완전한 무죄성을 주장했다. 그러나 아우구스티누스는 원죄를 모든 사람에게 적용하기를 거부하고, 마리아 외에도 아벨·에녹·아브라함·이삭·멜기세덱·사무엘·엘리야·다니엘 같은 구약의 성인들을 자범죄에서 제외함으로써 로마서 5:12의 모든 사람이 다수를 뜻한다고 봄으로써 주의 모친에게 부여하는 듯이 보였던 영예를 희석시켰다는 점을 기억해야 한다.[52] 아우구스티누스의 견해는 오랜 세월 동안 성행했으나, 이 점에 관한 한 로마 교회에서는 마침내 펠라기우스의 견해가 승리를 거두었다.[53]

하지만 이렇게 마리아를 추앙했음에도 불구하고 430년의 네스토리우스 논쟁 이전까지는 마리아를 여느 성인들보다 더욱 두드러지게 숭배한 흔적이 없다. 네스토리우스 논쟁은 그리스도론뿐 아니라 마리아론에도 중요한 전환점이 되었다. 마리아론에서 첨예한 관심사는 당연히 동정녀와 성육신의 신비의 관계였다. 신성과 인성의 완벽한 결합이 성립되려면 마리아가 어떤 의미에서 하나님의 어머니(테오토코스, Deipara)라 할 수 있어야 하는 듯이 보였다. 마리아에게서 태어난 이가 단순히 인간 예수가 아니라 신인(神人) 예수 그리스도였기 때문이다.[54] 하지만 교회는 이런 생각을 토대로 마리아가 창조되지 않은 신적 본질의 어머니라고 주장하거나 마리아 자신이 신이라고 주장할 의도가 없었고 — 그것은 터무니없고 신성모독적인 주장이기 때문이다 — 다만 마리아가 영원한 신적 로고스가 세

---

52) 참조, Augustine, *De nat. et grat.*, cap. 36.

53) 마리아의 무원죄 잉태 교리는 펠라기우스 이후 최초로 1140년에 리옹에서 뚜렷이 제기되었으나, 클레르보의 베르나르에게 논박되었고(Ep. 174), 그 뒤 프란체스코회와 도미니쿠스회 사이에서 뜨거운 쟁점이 되다가 1854년의 교황 대칙서로써 승리를 거두었다.

54) 테오토코스라는 표현은 성경에 나타나지 않으며, 오해의 소지도 많다. 이것에 가장 가까운 표현은 엘리사벳이 사용한 "내 주의 모친"(눅 1:43)이라는 말과 천사 가브리엘이 사용한 "주께서 너와 함께 계시도다"(눅 1:28)라는 말이다. 그러나 저명한 로마 가톨릭 교수 Reithmayr는 *the Catholic Encyclop.*, vol. vi. p. 844에 마치 엘리사벳이 "내 주 하나님의 어머니"라고 한 것처럼 진술하는데, 무슨 권리로 그렇게 했는지 이해할 수 없다. 누가복음 1:43을 그런 식으로 바꾸어 해석할 근거가 없는 것이다.

상에 들어오시기 위한 인간적 출입점이나 신비로운 통로였다고 주장하려는 것
뿐이었다. 아타나시우스와 니케아 시대의 알렉산드리아 교회(이 교회는 그리스
도 안의 신성과 인성의 결합을 단성론에 근접할 정도로 강조했다)는 이미 테오토
코스라는 표현을 자주 거리낌없이 사용해왔고,[55] 나지안주스의 그레고리우스는
심지어 그 표현의 정당성을 부정하는 자는 누구든 신앙에서 벗어난 것이라고까
지 주장했다.[56] 이와 반대로 네스토리우스와 안디옥 학파(이들은 그리스도 안의
두 본성의 구분을 강조했다)는 테오토코스를 잘못된 표현으로 간주했나. 그것이
비록 영원하고 불변한 신성을 모독하지는 않을지라도 이교의 신화로 빗나간 표
현으로 보았으며, '그리스도의 어머니'(크리스토토코스, mater Christi)라는 표현
을 더 좋아했다. 이 문제로 네스토리우스는 알렉산드리아 주교 키릴루스와 격렬
한 논쟁을 벌였으며, 이 논쟁은 431년에 에베소에서 네스토리우스주의가 단죄를
당하는 것으로 매듭지어졌다.

그 뒤로 테오토코스가 정통 기독교의 잣대가 되었으며, 이 표현을 배척하는 행
위가 모든 이단의 시작 혹은 끝으로 간주되었다. 네스토리우스주의의 패배는 곧
마리아 숭배의 승리였다. 성자의 영예와 더불어 성모(the Mother)의 영예도 확립
되었다. 네스토리우스의 논적들, 특히 그의 후임 콘스탄티노플 총대주교 프로클
루스(Proclus, 447년 죽음)와 알렉산드리아의 키릴루스(Cyril, 444년 죽음)는 하나
님의 어머니가 지니는 초월적 영광을 크게 강조했다. 마리아를 동정녀성의 면류
관, 하나님의 불멸의 성전, 성 삼위일체의 거처, 둘째 아담의 낙원, 하나님과 인
간 사이에 놓인 다리, 성육신의 베틀(직조기), 정통신앙의 홀(笏)로 표현했다. 마

---

55) 테오토코스라는 단어가 사용되고 있음을 알린 최초의 증인들은 오리게네스(소
크라테스에 따르면, *H. E.* vii. 32), 예루살렘의 키릴루스(*Catech.* x. 146), 아타나시우
스(*Orat.* iii. c. Arian. c. 14, 33), 디디무스(*De Trinit.* i. 31, 94; ii. 4, 133), 나지안주스의
그레고리우스(*Orat.* li. 738)이다. 그러나 예루살렘의 장로 헤시키우스(343년 죽음)는
그리스도의 조상 다윗을 테오파토르('하나님의 아버지', Photius, Cod. 275)라고 부르
며, 많은 외경 저서들에서는 야고보를 아돌포테오스('하나님의 형제', Gieseler, i. ii.
134)라고 부른다. 더욱이 마리아를 극진히 존경했던 아우구스티누스(430년 죽음)가
마리아를 가리켜 마테르 데이 혹은 데이파라('하나님의 어머니')라고 부르지 않고, 정
반대로 그런 표현에 반대하는 듯하다는 점을 주목할 필요가 있다(Tract. viii. in Ev.
Joann. c. 9).

56) *Orat.* li. 738.

리아를 통해서 삼위일체 하나님이 영화롭게 되시고 경모를 받으시며, 마귀와 귀신들이 쫓겨가며, 민족들이 회심하고 타락한 피조계가 하늘로 끌어올려진다고 했다.[57] 당시 사람들은 한결같이 에베소 공의회의 결정을 지지했으며, 공의회 소식이 알려지자 횃불을 들고 행렬을 벌리면서 크게 기뻐했다.

이 결정으로 마리아를 하나님의 어머니, 하늘의 여왕으로 숭배하는 것이 영구히 그리고 엄숙히 확립되는 듯이 보였다. 그러나 곧 네스토리우스주의를 지지하는 쪽으로 반동이 일어났고, 따라서 교회는 정반대의 극단론인 유티케스주의 혹은 단성론을 단죄할 필요를 느꼈다. 이 결정을 내린 것이 451년의 칼케돈 공의회였다. 이 공의회는 네스토리우스주의에서 진리의 요소 곧 그리스도의 신인적(神人的) 하나의 인격에 두 본성이 존재한다는 주장을 승인했다. 그럼에도 불구하고 테오토코스는 다소 단성론적 견해에서 유래했는데도 그대로 유지되었다.

82. 마리아 숭배

마리아에 관한 교리에 관해서는 이 정도로 매듭을 짓기로 하고, 이제는 그 교리의 실천적인 면을 살펴보자. 마리아론에서 마리아 숭배가 파생된다. 만약 마리아가 엄밀한 의미에서 하나님의 어머니라고 한다면, 마리아 자신도 신이며, 따라서 신적 경배의 대상이라는 논리적 결론이 따르는 셈이다. 물론 이것은 고대 교회의 의도도 목적도 아니었다. 실제로 고대 교회는 마리아가 로고스의 본질적이고 영원한 신성을 지닌 어머니라고 주장한 적이 없다. 심지어 로마와 그리스의 교리를 따르더라도 마리아는 피조물이요 인간 어머니였다. 그러나 마리아가 신성과 독특한 관계가 있다고 본 한때 성행하던 개념과, 일정한 정도로 마리아에게 경의를 표하는 태도와, 마리아에게 하나님 앞에서 강하게 대언해 주기를 구하는 일이 피할 수 없는 추세였으며, 곧 보편적 관습으로 자리를 잡았다.

---

57) 참조. Cyril, Encom. in S. M. Deiparam and Homil. Ephes, and the Orations of Proclus in Gallandi, vol. ix. 이와 유사한 지나친 찬사가 이미 Ephraim Syrus(378년 죽음)의 *De laudibus Dei genetricis*와 그의 총서 제3권(pp. 524-552, ed. Benedetti and S. Assemani)에 그의 이름으로 된 기도집(하지만 이것은 후대에 삽입된 것임에 분명하다)에서 사용된다.

공식적으로 마리아를 향해 기도한 최초의 사례는 에프라임 시루스(Ephraim Syrus, 379년 죽음)가 마리아와 성인들에게 드린 기도에 나타난다. (다소 부정확한 면이 없지 않지만, 시리아 교회의 전승이 그가 이 기도의 작성자라고 전한다.) 좀 더 확실한 최초의 사례는 나지안주스의 그레고리우스(389년 죽음)이다. 그는 키프리아누스에 대한 찬사에서 유스티나의 일화를 소개하면서, 유스티나가 순결을 빼앗길 위험한 상황에서 마리아에게 기도를 드리는 동시에 금욕적인 지혜로써 아름다움을 손상시켰으며, 그로써 다행히 자신을 연모하던 청년(회심하기 전의 키프리아누스)을 피할 수 있었다고 한다. [58]

그러나 아나타시우스 · 바실리우스 · 크리소스토무스 · 아우구스티누스의 무수한 저서들은 마리아에게 기도를 한 사례들을 전하지 않는다. 에피파니우스는 심지어 마리아에게 신적 위상을 부여하여 숭앙하는 행위를 단죄하며, 콜리리데스파(the Collyridians) 여자들이 마리아에게 예물을 바치는 관습을 신성모독적이고 영혼에 위험한 행위라고 규정한다. [59] 역사가 4세기 말에 이르기까지 마리아 숭배에 관해서 침묵하는 사실은 그것이 기독교의 원 정신에 낯선 것이었다는 것과, 니케아 이후 시대의 여러 호칭기도들과 함께 생겼다는 것을 분명히 입증한다.

하지만 5세기 초에 이르면 성인 숭배가 본격적으로 시행되기 시작했고, 이때부터는 마리아가 주님과 독특한 관계를 가졌다는 이유로 천군(天軍)의 가장 복된 여왕으로서 곧 머리의 위치를 차지하게 되었다. 마리아에게 상경지례(上敬之禮, hyperdulia, ὑπερδουλεία) 곧 최고 수준의 공경이 바쳐졌으며, 이것은 모든 성인들과 천사들에게 속하는 숭경(崇敬, dulia, δουλεία)과, 하나님께만 속하는 흠숭(欽崇, latria, λατρεία)과 구분되었다(이것은 트렌트 공의회가 재가한 후대의 스콜라적 구분을 예기하는 구분이다). 그때부터 무수한 교회당들과 제단들이 하나님의 성모(聖母, the holy Mother) 곧 영원한 동정녀에게 봉헌되었다. 그 교회당들 가운데는 431년에 반(反) 네스토리우스 공의회가 열렸던 에베소 교회도 포함된

---

58) *Orat. xviii. de St. Cypriano, tom. i. p. 279, ed. Paris.* 하지만 키프리아누스에 관한 초기의 신빙성 있는 기록들에는 키프리아누스가 그런 식으로 구애한 일과 유스티나가 마리아에게 기도한 일이 실려 있지 않다.

59) *Adv. Haer. Collyrid.*

다.

황제 유스티니아누스 1세는 어떤 법에서 마리아를 향해서 하나님 앞에 나아가 로마 제국 재건을 위해 빌어달라고 기도했으며, 성 소피아 성당의 화려한 제단을 봉헌하면서 마리아의 강력한 기도로써 교회와 제국에 충만한 복이 임하기를 소원했다. 그의 장군 나르세스(Narses)는 중세의 기사들처럼 마리아의 보호를 확인한 뒤에야 비로소 전투에 나갔다. 608년에 교황 보니파키우스 4세(Boniface IV)는 로마의 판테온 신전을 순교자들에 더하여 마리아의 성소로 바꾸었고, 이교의 올림포스를 기독교적 신들의 하늘로 바꾸었다. 결국에는 마리아의 화상(畵像)들(누가에게서 유래한 것처럼 꾸민 원형을 따라 제작된)이 신적으로 숭배되었으며, 미신이 관영한 중세의 무수한 전설들에서는 복음 역사에 발생한 기적들을 무색하게 할 정도의 무수한 기적들을 일으킨 것으로 소개되었다. 마리아가 그리스도의 속성들과 은혜의 사역들을 지닌 동역자 곧 공동 구속주로까지 격상되었다. 마리아가 그리스도와 마찬가지로 무죄 상태로 잉태되었고, 무죄 상태로 출생했고, 부활하여 승천했고, 하늘과 땅의 모든 권세에 참여하게 되었다는 내용이 민간 신앙으로 자리를 잡았다. 마리아가 예배와 의식, 예술, 그리고 모든 이단들에 대한 가톨릭 신앙의 권세와 영광, 최후 승리를 뜻하는 대중적 상징이 되었다.[60] 그리스 교회와 로마 교회는 중세 내내 (그리고 지금까지도) 하나님인 동시에 사람인 아기 예수를 품에 안은 인간 어머니를 서로 더욱 신격화하기 위해 경쟁을 벌였으나, 마침내 종교개혁이 일어나서 라틴 기독교 세계의 상당 부분을 이러한 비성경적인 유사 우상 숭배에서 해방시키고, 신자들의 정서와 경모를 십자가에 달리셨다가 부활하신 세상의 구주 곧 하나님과 사람 사이의 유일한 중보자에게만 집중하도록 만들었다.

한 가지 더 살펴볼 것이 있다. 그것은 가톨릭 교회의 기도에서 주기도(Pater Noster)와 병행하여 마리아에게 드리는 아베 마리아(Ave Maria)이다. 이 기도의 명칭은 가브리엘이 그리스도의 탄생을 알릴 때 성모에게 건넨 인사의 첫 단어들을 따서 지었다. 이 기도는 세 부분으로 구성된다:

(1) 천사의 인사 (눅 1:28):

---

60) 그리스 교회는 심지어 본기도(collect)에서 그리스도의 이름을 마리아의 이름으로 대체하고, 테오토코스의 이름으로 간구하는 데까지 나간다.

Ave Maria, gratiae plena, Dominus tecum! (은혜를 받은 자<마리아>여 평안할지어다. 주께서 너와 함께 하시도다.)

(2) 엘리사벳의 말 (눅 1:42):

Benedicta tu in mulieribus,[61] et benedictus fructus ventris tui, Jesus. (여자 중에 네가 복이 있으며 네 태중의 아이 예수도 복이 있도다.)

(3) 후대의 비성경적 첨가 (기도의 본문에 해당하며, 개신교와 모든 건전한 그리스도인의 정시에 거슬리는 내용임):

Sancta Maria, mater Dei, ora pro nobis peccatoribus, nunc et in hora mortis. Amen. (하나님의 어머니인 거룩한 마리아여, 살 때나 죽을 때나 죄인들인 저희를 위해 대신 빌어 주옵소서. 아멘.)

과거에는 글의 내용에 기도의 성격을 부여하는 이 셋째 부분이 네스토리우스를 단죄한 431년의 에베소 공의회에서 작성된 것으로 간주되었다. (참고로 그 공의회는 mater Dei 혹은 Dei genitrix<테오토코스>라는 표현을 승인했다.) 그러나 오늘날 로마 고고학자들은 그것이 훨씬 후대인 16세기 초(1508)에 첨가된 것이며, 종결부인 nunc et in hora mortis는 그 뒤에 프란체스코회에 의해서 첨가된 것임을 인정한다.[62] 그러나 이 기도문의 처음 두 부분조차 13세기 이전에는 표준 기도문으로 보편적으로 쓰이지 않았다.[63] 13세기부터 비로소 아베 마리아는 로마 교회에서 주기도문과 사도신경과 대등한 지위에 서게 되며, 그 둘과 함께 묵주기도(rosary)의 토대를 형성한다.

83. 마리아 축일들

---

61) 이 구절은 공인본문(textus receptus)에 따르면 이미 누가복음 1:28에서 천사가 한 것으로 기록된다. 하지만 중요한 사본들에는 이 구절에서 빠져 있으며, Tischendorf와 Meyer는 이 구절을 후대의 삽입으로 간주한다.

62) 예를 들면 Mast, Wetzer und Welte's Kathol. Kirchenlexikon, vol. i. p. 563.

63) Peter Damiani(1072년에 죽음)가 최초로 "Ave Maria, gratia plena! Dominus tecum"이라는 기도를 성직자들이 매일 드려야 한다고 언급한다. 그리고 1196년에 파리의 주교 오도가 이 주제에 관한 최초의 명령을 공포했다.

이처럼 신화적이고 공상적이며 거의 이교적이고 우상 숭배적인 마리아론이 동정녀의 생애에 관한 가장 중요한 사실들과 허구들을 기념하는, 그리고 어느 정도는 그리스도의 탄생과 부활과 승천을 기념하는 축일들과 대등한 차원에서 거행되는 축일들의 공적 의식이 형성되도록 영향을 끼쳤다.

1. 수태고지 축일(the Annunciation of Mary). 천사 가브리엘이 그리스도의 탄생을 고지한 일과 함께 그리스도가 잉태되신 일을 기념하는 축일(참조. 눅 1:26-39). 고대 교회는 마리아가 천사의 말을 들음으로써 로고스(Verbum)를 잉태했다고 믿었기 때문에 그 두 사건을 한 날에 기념했던 것이다. 따라서 이 축일은 성탄절로부터 꼭 아홉 달 전인 3월 25일에 거행되었다. 하지만 로마의 관습이 정착될 때까지 스페인과 밀라노 같은 일부 지역에서는 12월에 이 축일을 지켰다. 이 축일을 최초로 지킨 흔적은 네스토리우스가 폐위된 뒤인 430년 이후에 콘스탄티노플의 후임 총대주교가 된 프로클루스에게로 거슬러 올라간다. 그 뒤에는 7세기의 여러 공의회들과 설교들에서 좀 더 분명하게 나타난다.

2. 마리아의 성화 축일(the Purification of Mary) 혹은 성촉절(聖燭節, Candlemas). 예수께서 탄생하신 지 40일 뒤에 마리아가 정결 의식을 거행한 일을 기념하는 축일. 12월 25일부터 계산하여 2월 2일에 거행한다. 이 축일에는 예수께서 부모의 품에 안겨 성전에 가신 일과 그곳에서 시므온과 안나를 만난 일도 함께 기념한다(참조. 눅 2:22; 레 12:2-7). 그렇기 때문에 이 축일은 특히 그리스 교회에서는 수태고지 축일과 마찬가지로 마리아의 축일인 동시에 그리스도의 축일이기도 하다. 494년에 교황 겔라시우스(Gelasius)가 도입했다고 하며, 더러는 542년에 유스티니아누스 1세가 큰 지진과 두려운 전염병을 겪은 뒤에 최초로 제정했다고 한다. 추측하건대 이 축일은 누마(Numa, 로마 제2대의 전설적인 왕) 때부터 정화(淨化) 혹은 속죄의 달인 2월에 거행된 고대 로마의 정화 혹은 속죄 제사(Februa, Februalia)를 기독교식으로 개조한 것인 듯하다.[64] 이 축일에 촛불을 켜는 것도 이교에서 유래한 관습이다. 이 축일에는 군중이 촛불을 켜든 채 교회에서 시내로 행진을 하면서 노래를 부른다. 여기서 성촉절(聖燭節)이라는 이름이

---

[64] Februarius(2월)은 정결케 하는 신인 Februo에서 유래했다. 이는 마치 Januarius가 Janus 신의 이름에서 유래한 것과 같다. Februare = 정화하다. 원래는 February가 마지막 달이었다.

유래했다.

3. 마리아 승천 축일(the Ascension) 혹은 마리아 몽소 승천 축일(Assumption). 8월 15일에 거행하며, 그리스 황제 마우리티우스(Mauritius, 582-602 재위)가 제정했다. 더러는 교황 겔라시우스(496년 죽음)가 도입했다고 한다. 로마에서는 9세기 이후부터 주요 축일들에 포함되었으며, 다른 주요 축일들과 마찬가지로 8일간 지키며 철야를 한다.

하지만 이 축일은 순전히 외경을 토대로 삼고 있다.

사도들과 초대 교회 교사들이 마리아의 죽음에 관해서 철저히 함구한 것에 대해서 각양 각색의 한가하고 기발한 추측들이 무성하다가, 마침내 마리아가 에녹과 엘리야처럼 승천했다는 주장이 널리 자리를 잡았다. 오리게네스의 시대에 어떤 사람들은 누가복음 2:35을 토대로 마리아가 순교했다고 추정했다. 에피파니우스는 마리아가 죽어 매장되었는지 그렇지 않았는지 분명히 말하지 않으려고 한다. 외경에 속하는 두 권으로 된 헬라어 저서인 「마리아의 승천에 관하여」(*de transitu Mariae*, 4세기 말이나 5세기 초)와 그 뒤에 등장한 아레오바고 관원 위(僞) 디오니시우스와 투르의 그레고리우스(595년 죽음)의 저서들에는 처음으로 하나님의 어머니의 영혼이 그리스도와 그의 천사들에 의해서 사도들이 지켜보고 있는 가운데 하늘 낙원으로 들림을 받았고, 다음 날 아침에 육신도 구름에 실려 하늘에서 영혼과 결합하였다는 전설이 실렸다.[65] 결국 이 전설은 더욱 윤색되어서 사도들뿐 아니라 천사들과 족장들, 심지어 아담과 하와까지도 그 기이한 광경을 지켜보았다는 내용으로 발전했다.

오늘날까지도 로마 교회에서는 마리아의 부활과 승천이 다만 '경건과 개연성을 지닌 견해'의 문제일 뿐, 신앙의 조항은 아니다.[66] 그리고 로마 교회는 그리스도의 승천(ascensio, 그의 신성에 의한)과 마리아의 몽소(夢김) 승천(assumptio, 은혜와 공덕의 능력에 의한)을 구분한다.

---

65) 다마스쿠스의 요한이 이 주제에 관해 남긴 세 편의 강론 같은 후대의 글들에 따르면 마리아의 육신이 주님의 육신과 마찬가지로 무덤에서 사흘 동안 부패하지 않은 채 안식했다고 한다.

66) 1672년에 칼빈파를 비판하기 위해서 열린 예루살렘 그리스 교회 공의회는 공식적으로 그것을 신조로 선포했으며, 그로써 교의의 권위에까지 끌어올렸다.

그러나 가장 최근에 제정된 로마의 교의에 따르면 마리아가 심지어 원죄로부터도 자유로웠다고 하기 때문에, 그리고 죽음은 죄의 삯이기 때문에, 마리아가 아예 죽었다가 다시 살아나는 일을 겪지 않은 채 에녹과 엘리야처럼 살아 있는 상태로 하늘로 들림을 받았다고 해야 그들의 논리에 충실한 결론이 된다.

중세에는 또 다른 마리아 축일들이 생겼다. 650년 이후에는 마리아 탄생 축일(the Nativity of Mary)이 생겼고, 9세기 이후에는 마리아가 예루살렘 성전에서 11년간 금욕적 훈련을 받았다는 외경의 전승에 기초하여 마리아 봉헌 축일(the Presentation of Mary)이 생겼으며, 마리아가 엘리사벳을 방문한 일을 기념하는 마리아의 방문 축일(the Visitation of Mary)이 생겼다. 마리아의 방문 축일은 1274년에 프랑스에서 처음 언급되며, 그 범위가 서방 교회에 한정되었다. 무원죄 잉태 축일(the Immaculate Conception)은 마리아가 죄 없이 잉태되었다는 교리와 함께 제정되었으며, 1854년에 교황 피우스 9세가 그 교리를 공식적이고도 최종적으로 선포할 때까지 이어져 내려온 그 교리의 역사와 함께 뒤섞여 있다.

84. 순교자들과 성인들의 숭배

성인론(Hagiology)과 성인 숭배(Hagiolatry)를 포함한 성인 숭배 제도는 마리아 숭배와 동시에 발전했다. 후자는 전자의 절정에 지나지 않기 때문이다.

신약성경은 전자와 후자를 다 모른다. 사도들은 성도(sancti, 성인들)라는 표현을 교회의 영적 귀족 계층인 특정 계층에 사용하지 않고, 세례를 받고 회심한 모든 그리스도인들에게 차별 없이 사용한다. 그들은 세상으로부터 구별되어 하나님을 섬기는 데 자신들을 드리고, 그리스도의 피로 죄책을 씻음받고, 여전히 남아 있는 불완전한 점들과 죄들에도 불구하고 완전한 거룩에 이르라는 부르심을 받은 사람들이다. 사도들은 로마·고린도·에베소 등지에 있는 성도들 곧 기독교 신자들에게 서신들을 보낸다.[67]

이교의 다중(多衆)이 교회에 들어온 뒤에 성도[성인들]라는 칭호가 주교들과

---

67) 참조. 행 9:13, 32, 41; 26:10; 롬 1:7; 12:13; 15:25, 26; 고전 1:2; 4:1; 엡 1:1, 15, 18; 4:12; 빌 1:1; 4:21, 22; 계 13:7, 10 등.

공의회들, 그리고 기독교 신앙을 지키다가 세상을 떠난 위인들, 특히 처음 3세기의 순교자들에게만 국한해서 사용되게 되었다. 그러나 박해가 끝나고 적어도 로마 제국 영역 안에서는 더 이상 순교자의 면류관을 쓸 수 없게 되었을 때는 비범한 금욕적 경건과 교회에 끼친 큰 유익, 그리고 후에는 기적 능력이 가톨릭의 성인력(聖人曆)에 포함되는 데 빼놓을 수 없는 조건이 되었다. 특히 은수자(隱修者)들은 비록 외부로부터 박해를 받지는 않았을지라도 자발적으로 육체에 고통을 기하고 악령들을 이긴 점 때문에 거룩함과 공경 받을 자격에서 순교자들과 대등한 지위를 인정받았다. 그때에는 아직 시성(諡聖)을 판단하는 기관이 존재하지 않았다. 대중의 뜻이 시성 여부를 판단했으며, 그들의 소리가 곧 하나님의 소리로 통했다. 어떤 성인들은 자신들이 살다가 죽은 지역에서만 존경을 받았는가 하면, 다른 성인들은 민족 차원의 존경을, 또 다른 성인들은 보편적인 존경을 받았다.

순교가 감소하고, 존경할 대상들이 멀어지면서 성인 숭배가 증가했다. 멀리 떨어뜨려 놓고 보면 어지간한 인물도 훌륭해 보이는 법이고, 가까이 놓고 보면 존경심이 사라지는 법이다. 신앙의 용사들이 지녔던 죄와 과오가 과거의 희뿌연 안개에 가려진 반면에, 그들의 덕은 환하게 빛나서 미신적인 공상에 전설적 무용담을 지어내기에 풍성한 재료를 제공했다.

가톨릭 성인들 가운데 대다수가 고위 성직이나 수도 생활에 몸담았던 사람들이다. 그리고 수사들이 성인 숭배를 촉진하는 데 가장 큰 역할을 수행했다. 성인들 곧 하늘의 성가대 맨 앞에는 마리아가 신적 아들 곁에 왕후의 면류관을 쓴 채 서 있다. 그 뒤에는 참혹한 죽음을 당한 사도들과 복음서 저자들, 최초의 순교자 스데반, 그리고 처음 3세기의 순교자들이 서 있다. 세례 요한에 이르는 구약의 족장들과 선지자들도 그들과 함께 서 있다. 마지막으로는 저명한 은수자들과 수사들, 선교사들, 신학자들, 주교들, 그리고 인격이나 공적 활동을 통해서 당대인들 위에 우뚝 섰던 사람들이 서 있다. 금욕적 자기 부인이 신앙 인격을 판가름하는 잣대였다. 비록 족장 아브라함부터 시작하여 사도들의 대표격인 베드로에 이르기까지 성경의 여러 위대한 성인들이 결혼 생활을 유지했음에도, 암브로시우스와 제롬의 시대부터 로마의 윤리학은 결혼 생활 내에서는 진정한 거룩함을 인정하지 않았고, 다만 동정녀들(virgines)과 소수의 홀아비들(vidui)과 과부들(viduae)만 영적 귀족 계층에 받아들였다.[68] 이 점에서도 성인 숭배와 수도원주의 사이에 밀접한 관계가 있음이 드러난다.

같은 시기에 성인들에다 천사들까지 숭배 대상에 포함되었다. 초창기의 교회는 천사들이 전투의 교회(the militant church)의 향배에 각별한 관심을 갖고 있으며, 온 땅과 민족들을 두루 감찰한다고 생각했다. 그러나 암브로시우스는 우리의 수호 천사들에게 기도를 드리라고 권하고, 그것을 신자의 의무로 가르친 최초의 인물이다.[69] 천사들의 보호와 관심을 뒷받침하기 위해서 구약과 신약의 여러 구절들이 정당하게 그 근거로 제시되었다: 단 10:13, 20, 21; 12:1; 마 18:10; 눅 15:7; 히 1:14; 행 12:15. 그러나 골로새서 2:18과 계시록 19:10, 22:8, 9은 천사 숭배를 분명히 책망한다.

천사들이 신자들을 보호한다는 오래된 성경적 개념에서 특정 나라들과 도시들, 교회들, 계층들을 보호하고, 특정 악들과 위험들에서 지켜주는 수호성인들(patron saints) 개념이 등장했다. 베드로와 바울과 라우렌티우스가 로마의 수호성인들이 되었고, 야고보는 스페인의 수호성인, 안드레는 그리스의 수호성인, 요한은 신학자들의 수호성인, 누가는 화가들의 수호성인이 되었고, 훗날에는 포카스(Phocas)가 선원들의 수호성인, 이보(Ivo)가 법률가들의 수호성인, 안토니우스가 전염병을 막아주는 수호성인, 아폴로니아가 치통을 막아주는 수호성인이 되는 그런 식이었다.

성인들과 천사들간의 이러한 다양한 서열이 지상의 교회 성직위계제도에 반영된 천상의 성직위계를 구성한다. 5세기의 광적인 기독교 플라톤주의자 아레고바고 관원 디오니시우스는 성직위계제도를 토대로 인간과 하나님의 관계 전체를 예시했다. 그는 성직위계를 천상적인 것과 지상적인 것 두 계열로 구분하고, 각 계열을 다시 여러 등급으로 구분한 뒤, 모든 상위 등급이 바로 밑의 등급에 구원의 중보자가 되도록 했다.

---

68) 이 왜곡된 견해를 성경과 조화시키기 위해서, 로마의 전승은 베드로가 회심한 뒤에 아내와 헤어졌다고 작위적으로 해석한다. 하지만 이와 반대로 바울은 사역에 몸 담은 지 오랜 후인 57년에 정반대 상황을 분명히 상정하면서, 자신도 다른 사도들과 주의 형제들 그리고 게바처럼 선교 여행에 아내 된 자매를 데리고 다닐 권이 있다고 주장한다(참조. 고전 9:5). 헝가리의 성 엘리자베스와 프랑스의 성 루이 같은 결혼한 성인들은 희귀한 예외 경우들이다.

69) *De viduis,* c. 9.

　이상의 내용은 우리가 다루는 시기에 성행한 성인 숭배의 개략에 해당한다. 이제는 그것을 설명하고 평가한 다음 그 증거들을 살펴볼 차례이다.

　원래는 성인 숭배가 틀림없이 순수하고 진실한 신앙에서 출발했을 것이다. 성도의 교제에 대한 의식이 워낙 깊고 생생하여 죽음과 무덤 저편까지 확대되고, 심지어 하늘의 복락에 들어간 신자들까지 포괄하게 되었다. 성인 숭배는 그리스도에 대한 사랑과 긴밀히 연관되어 있었으며, 그리스도께서 선대의 신자들을 통해서 후손들을 위해 이루어주신 크고 선한 모든 일에 대한 감사가 밑바탕에 깔려 있었다. 교회는 승리의 교회(the church triumphant, 끝까지 신앙을 지킨 뒤에 안식에 들어가 있는 천상의 교회)와 사귐이 끊어지지 않고 하나가 되어 있다고 자각하고서, 신앙을 지키기 위해서 목숨을 내놓고 모든 원수들 앞에서 끝까지 신앙을 지킨 순교자들과 고백자들의 기억을 기념함으로써 순수하고 자연스러운 감사의 의무를 이행했다. 교회는 선조들의 고결한 신앙 인격과 봉사를 존경하고 배워야 할 본으로 삼음으로써 후손들에게도 성실하게 의무를 수행했다. 그리스도 주위에 수많은 제자들을 세워놓고, 그들에게 투영된 그리스도의 영광을 묵상하고, 암브로시우스의 다음과 같은 「테 데움」(*Te Deum*)으로 그리스도를 찬송함으로써 그리스도께 영광과 존귀를 돌렸다:

> "사도들의 영광스러운 무리가 찬양하나이다;
>
> 　선지자들의 훌륭한 모임이 찬양하나이다;
>
> 　순교자들의 숭고한 군대가 찬양하나이다;
>
> 　온 세상에 퍼져 있는 거룩한 교회가 인정하나이다;
>
> 　무한히 장엄하신 성부와;
>
> 　당신의 존귀하고 참되고 유일한 성자와;
>
> 　위로자 성령을.
>
> 　그리스도시여, 당신은 영광의 왕이시오며;
>
> 　당신은 성부의 영원한 아들이시나이다.
>
> 　당신이 인간 구원의 사명을 받으셨을 때
>
> 　동정녀의 태를 멸시치 않으셨으며
>
> 　당신이 사망의 쏘는 것을 이기셨을 때
>
> 　모든 신자들에게 하늘 나라의 문을 열어주셨나이다.

처음 3세기 동안에는 순교자 숭배가 그들의 신앙 인격을 감사함으로 기억하고 그들의 순교일을 하늘에서 태어난 생일로 기념하는 일로 국한되는 것이 보편적이었다. 이 행사는 대개 순교자들의 무덤에서 거행되었다. 서머나 교회가 주교 폴리카르푸스를 그런 방식으로 매년 기념했으며, 그의 유골을 금과 보석보다 귀하게 여겼다. 물론 그렇게 하면서도 지켜야 할 선은 지켰다: "우리는 그리스도를 하나님의 아들로서 경배한다. 우리는 순교자들을 주님의 제자들과 계승자들로서 사랑하고 존경한다. 그들이 자신들의 왕과 주인이신 분에게 바친 극진한 사랑을 기억하여서 우리도 그들의 벗과 동료 제자가 되기를 소원한다."[70] 이 단계의 성인 숭배가 아직은 순수한 모습을 견지하고 있는 것을 이 글에서 확인하게 된다.

그러나 니케아 시대에는 성인 숭배가 성인들을 신자의 수호자들과 중보자들로 여겨 그들에게 은혜의 보좌 앞에서 빌어줄 것을 공식적으로 기도하는 데로 전개되며, 세련된 형태의 다신론과 우상 숭배의 형태로 전락해 갔다. 성인들이 고대 로마의 가정과 농촌의 수호신들인 페나테스(Penates)와 라레스(Lares)의 지위에 올랐다. 이교 시대에 영웅들을 기념하여 신전들과 제단들을 지어 바쳤듯이, 이제는 순교자들의 무덤 위에, 따라서 그들의 이름 위에(혹은 좀 더 정확하게 말하자면 그들을 통해서 하나님께) 교회당들과 소예배당들을 세웠다. 사람들이 마치 예전에 아이스쿨라피우스(Aesculapius) 신전에서 그랬듯이 교회당에 병자들을 데려다 뉘어놓고 치유되기를 기도했으며, 과거에 이교 신전들에 예물을 달아매놓던 태도로 교회당에 금과 은을 갖다 바쳤다. 크리소스토무스가 말하듯이 순교자들의 무덤들은 왕궁보다 더 화려하게 장식되고 수많은 사람들의 발길이 끊이지 않았다. 그곳에서 그들을 기념하는 연회가 열렸으며, 그것은 죽은 자의 명복을 비는 이교의 제사 잔치를 생각나게 하는 것이었다. 순교자들의 유골은 공들여 제작한 상자에 보관되었으며, 그 안에는 기적의 능력이 깃들어 있다고들 믿었다. 과거에는 순교자들을 위해서 기도하고(이것은 그들이 죽은 뒤에도 아직 완전해지지 않았음을 전제한다) 그들의 사귐과 그들의 경건한 본으로 인해 하나님께 감사하는 것이 관습이었다. 그러나 이제는 그들을 위해 도고(중보기도)

---

70) 서머나 교회의 서신인 *De Martyr. Polycarpi*, cap. 17 (Patres Apost. ed. Dressel, p. 404).

71) Augustine, *Serm*. 159, 1 (al. 17).

하는 것이 부적절한 일로 간주되었고, 대신에 그들에게 산 자들을 위해서 도고해달라고 기도하게 되었다.[71]

이렇게 죽은 자들에게 기도하는 행위에는 죽은 자들이 지상에 남아 있는 하나님 나라의 모든 운명에 관심을 갖고 있으며, 그 관심을 기도와 도고로써 표현할 것이라는 추정이 따라붙었다. 이러한 추정은 땅에서 죄인이 회개할 때 하늘에서 천사들(성인들이 아님)이 기뻐한다고 말하는 누가복음 15:10과, 천사가 땅에 거하는 모든 성도의 기도를 수합하여 하나님의 보좌 앞의 금단(金壇)에 갖다놓는다는 계시록 8:3, 4 같은 몇몇 성구들에 의해 보증된다고 간주했다. 그러나 신약성경은 천사들에 대한 숭배를 분명히 책망하며(골 2:18; 계 19:10; 22:8, 9), 실제로 죽은 자들에게 기도를 드린 사례를 한 번도 제공하지 않는다. 아무데서도 피조물을 향해 기도하라고 가르치지 않는다. 이렇게 중요한 문제들에서는 아무리 그럴 듯한 추론일지라도 단지 추론만 가지고는 충분하지 않다. 추측하건대 성인들이 우리를 위해서 대신 빌어준다는 생각은 아마 남들을 위해서 기도해야 할 모든 그리스도인들의 의무에서 추론했을 가능성이 크다. 그리고 이 생각은 서신서들에서 사도들이 직접 본을 보이듯이, 살아 있는 성도들에게 기도를 부탁하는 당연한 권리에 의해서 뒷받침되었다.

그러나 여기서 해결할 수 없는 질문이 제기된다. 죽은 성인들이 신적인 편재(遍在)나 신적인 전지(全知)에 참여하지 않고서야 어떻게 땅에 사는 그렇게 많은 그리스도인들의 기도를 한 번에 다 들을 수 있는가? 하나님에게만 속하는 속성들로 피조물들을 덧입히는 것이 우상 숭배가 아닌가? 아니면 만약 죽은 성도들이 먼저 전지하신 하나님에게 우리의 기도에 대해서 들어서 안 뒤에 하나님 앞에서 다시 강력한 대언으로 우리를 위해서 빌어준다면, 무엇 때문에 이런 중복된 행위를 한단 말인가? 하나님께서는 그리스도를 인해서 자녀들의 기도를 홀로 들으실 수 있고 또한 항상 들으실 준비가 되어 계신데, 어찌 하나님께 직접 아뢰지 않는단 말인가?

아우구스티누스는 이 문제 앞에서 어려움을 느끼고, 자신에게 이 문제를 풀 만한 능력이 없음을 시인했다. 성인들이 (제롬을 비롯한 그 밖의 사람들이 추정했듯이) 단번에 그렇게 많은 장소에 있는 것인지, 아니면 그들의 지식이 하나님의 전지로부터 혹은 천사들의 전달을 통해서 임하는 것인지 결론을 내리지 않고 그 문제를 남겨둔다.[72] 그는 이미 하나님께만 돌려야 할 라트레이아(흠숭<欽崇>)

즉 경배와, 성인들에게 드리는 기도(invocatio) 즉 둘레이아(숭경<崇敬>)를 구분했으며, 마니교도 파우스투스가 다음과 같은 말로 가톨릭 그리스도인들에게 제기한 우상 숭배의 비판을 확고히 배격했다: "그대들은 우상들을 순교자들로 바꾸어 놓고서 기도 비슷한 것으로써 그들을 숭배하고, 죽은 자들의 망령들을 술과 고기로써 달랜다." 아우구스티누스는 교회가 과연 순교자들의 기억을 종교적 엄숙함으로 기념하여 그들을 본받으려는 마음이 일어나도록 해야 하고, 그들의 공로에 연합해야 하고, 그들의 기도에 도움을 받아야 하는 것이 사실이지만, 제사를 드리고 제단을 봉헌하는 일은 오직 하나님께만 한다고 말한다. 순교자들은 신이 아니므로 우리는 그들을 위해서 신전을 세우지 않으며, 그들이 죽어 영혼으로 하나님과 함께 있으므로 그들을 기념하기 위한 장소만 세운다. 우리가 제단을 세우는 것은 순교자들에게 제사를 드리려는 것이 아니라, 그들과 함께 우리의 하나님이신 동시에 그들의 하나님이신 한 분 하나님께 제사를 드리기 위함이다.[73]

그러나 이렇게 남용을 견제한 아우구스티누스의 건전한 구분과 경계(警戒)에도 불구하고 성인 숭배가 이교도들의 영웅 숭배라는 새로운 형식을 입고 시행되었다. 그것은 조금도 의아한 일이 아니다. 허다한 수의 그리스도인들이 사실상 철저한 회심을 거치지 않은 채 다신교에서 이제 막 건너온 사람들이었으며, 따라서 오래 지녀온 관념과 관습을 한 번에 더 떨쳐버릴 수 없었다. 정부의 전제적 통치, 백성의 굴종, 비잔틴 황제들과 그들의 조각상들에 바쳐진 우상 숭배적 공경, 그들의 발언에 붙여진 신적인(divina), 성스러운(sacra), 천상적인(caelestia)이라는 수식어들이 성인 숭배를 촉진했다. 이교 황제 율리아누스는 그리스도인들이 유일신교에 다신교를 다시 끌어들인다고 냉소적으로 비판했지만, 숭배의 대상들이 달랐기 때문에 마치 "무덤과 유골의 악취"에서 몸을 피하듯 그리스도인들이 시행하던 순교자와 성유물 숭배를 기피했다. 마니교의 비판에 대해서는 이미 언급한 바 있다.

---

72) *De Cura pro mortius* (421), c. 16. 다른 글에서 그는 첫번째 가설을 단호히 배격한다. 왜냐하면 그 가설대로라면 자신의 경건한 어머니가 항상 자기 곁에 있는 셈이 될 것이고, 이사야 63:16은 "아브라함이 우리를 모르고"라고 말하기 때문이다.

73) *De Civit. Dei*, xxii. 10.

5세기에 스페인의 장로 비길란티우스는 순교자와 성유물 숭배자들을 가리켜 유골 숭배자이자 우상 숭배자라고 불렀고, 성경에 따라서 오직 살아 있는 사람들만 서로를 위해서 기도할 수 있다고 가르쳤다. 심지어 일부 정통 교회의 교사들도 성인 숭배가 이교의 관습과 유사하다고 인정했다. (하지만 그러면서도 이교 예배에서 훌륭한 요소가 기독교에 훨씬 더 훌륭하게 재현된 것이라고 보았다.) 에우세비우스는 플라톤의 글에서 영웅들과 반신(半神)들, 그들의 무덤에 대한 숭배를 기록한 대목을 인용한 다음, 그것을 하나님의 친구들과 참 종교의 투사들에 대한 숭배에 적용하며, 그리스도인들이 그들의 무덤을 찾아가 그곳에서 그들의 기억을 기리고 기도를 드리는 것이 잘하는 일이라고 평가한다.[74]

테오도레투스(Theodoret)는 그리스인[헬라인]들이 순교자들의 무덤에서 벌어지는 일들을 대할 때, 제주(祭酒)와 속죄, 반신(半神)들과 신격화된 인간들이 모두 무덤에서 유래했기 때문에 최소한도로 우려할 만한 이유가 있다고 생각한다. 그의 주장은 다음과 같이 이어진다: 헤라클레스 · 아이스쿨라피우스 · 바코스 · 디오스크로이 형제(제우스의 아들들)가 다 신격화된 인간들이다. 따라서 그리스도인들이 순교자들을 신격화하지 않고 다만 하나님의 증인들과 종들로 여겨 존경할 뿐이라면 그들을 나무랄 수 없다. 고대인들은 그렇게 죽은 자들을 숭배하는 것을 잘못된 행위로 보지 않았다. 우리를 돕고 보호하는 성인들은 그러한 공경보다 훨씬 더 높은 수준의 공경을 받을 자격이 있다. 신들의 신전들이 파괴되었고, 철학자들과 신탁자들과 황제들은 잊혀졌지만, 순교자들은 보편적으로 알려져 있다. 신들의 축제들이 이제는 베드로 · 바울 · 마르켈루스 · 레온티우스 · 안토니우스 · 마우리키우스 같은 순교자들의 축일들로 대체되었으나, 이교적 허세와 관능은 찾아볼 수 없고 다만 기독교적 근실함과 단정함만 있을 뿐이다.[75]

그럼에도 불구하고 테오도레투스가 주장한 이 마지막 구분조차 때로는 자취를 감춘다. 아우구스티누스는 아프리카 교회가 순교자들을 기념한답시고 매일 잔치와 음주로 흥청대는 것을 통분히 생각하면서도, 이러한 연약함이 이교 사회의 해묵은 관습 탓에 생긴 것이므로 한동안은 관용해야 할 것이라고 생각한다.

새로운 영웅 숭배와 관련하여 새로운 신화가 대두하여 성인들의 역사에 빈 공

---

74) *Praeparat. Evangelica*, xiii. cap. 11, p. 663.

75) Theodoret, *Grae. affect. curatio. Disp*, viii. (ed. Schulz, iv. p. 902 sq.)

백을 메꾸었고, 때로는 신들과 영웅들의 이교 신화들을 기독교적 전설들로 바꾸었다.[76] 미신적인 상항과 환상, 꿈, 신앙을 빙자한 거짓말이 기독교 전설 시(詩)들에 풍부한 자료를 제공했다.

성인 숭배는 프루덴티우스(405년경)와 놀라의 파울리누스(431년 죽음) 같은 비교적 많은 자유가 허용된 시인들뿐 아니라, 니케아 시대와 이후 시대의 모든 유력한 신학자들과 설교자들에게까지도 강력한 변호와 격려를 받았다. 성인 숭배가 수도원 제도만큼 널리 인기를 끌었고, 동방과 서방의 교회 지도자들에게 뜨거운 지지를 받았다.

더욱이 수도원 제도와 성인 숭배는 밀접히 연결되었고, 서로에게 호의적이었다. 수사들은 성인 숭배의 가장 열정적인 친구들이었다. 5세기 교회는 이미 중세만큼이나 멀리 나가 있었고, 심지어는 트렌트 공의회의 수준에까지 멀리 나가 있었다. 트렌트 공의회는 성인들에 대한 기도를 금하지 않고, 성인들이 하늘에서 그리스도와 함께 다스리면서 우리를 위해서 빌어준다는 이유에서 그것을 (필수적이지는 않으나) "선하고 유익한" 행위로 인정하며, 그리스도가 우리의 유일한 구속주와 구주라고 분명히 언급하기 때문이다.[77] 하지만 이러한 온건하고 현명한 교리 진술도 로마 가톨릭 신자들이 여전히 성인들과 그들의 화상(畵像)들과 그들의 유골들을 숭배하면서 드러내는 지나친 행위들을 제거하지 못했다. 그리스 교회는 로마 교회에 비해 이론 면에서 한 걸음 더 나갔다. 모길라스(Peter Mogilas, 모길라)의 신앙고백(1643년에 네 명의 그리스 총대주교들이 서명했고, 다시 1672년에 예루살렘 공의회가 재가함)은 마리아와 성인들에게 하나님 앞에서 우리를 위해 빌어달라고 기도하는 것이 신자의 의무이자 본분이라고 규정하기 때문이다.

---

76) 예를 들면, 해변에서 말들에게 끌려다니다가 죽은 아테네 왕의 아들 히폴리투스의 운명이 3세기 초의 기독교 순교자 히폴리투스의 운명으로 탈바꿈했다. 폰투스의 시노페에서 정원사로 지내던 순교자 포카스는 모든 선원들의 수호성인이 되었고, 카스토르와 폴룩스의 자리를 차지했다. 선원들은 배에서 매번 식사를 할 때마다 포카스를 보이지 않는 손님으로 간주하여 그의 몫을 떼어놓았고, 그 몫을 모아두었다가 내다 판 돈으로 나중에 번영을 가져다 준 항해에 대한 감사 예물로 가난한 사람들에게 나누어 주었다.

77) *Conc. Trid. Sess.* xxv.

이제는 이 문제에 대한 증거와 좀 더 구체적인 사례를 얻기 위해서 우리가 다루는 시기의 교부들의 저서들에서 가장 중요한 단락들을 인용하고자 한다. 교부들이 남긴 무수한 추도(追悼) 강론들에서 순교자들은 마치 살아 있는 사람들이 받는 것과 같은 극진한 찬사들을 받으며, 신자들을 보호해 달라는 간구를 받는다. 이런 글들의 대체적인 어조는 개신교 신자들의 정서를 거스르며, 그리스도의 독점적이고 충분한 중보와, 행위의 공로와 상관 없이 순전히 은혜로 임하는 칭의에 관한 복음적 사상과 양립할 수 없다. 그러나 이 강론들의 상당 내용은 당대의 변질되고 비약되고 지나친 수사학 탓이었다는 점을 잊어서는 안 된다. 훌륭한 교부들은 성인들의 공로를 그리스도의 공로와 따로 떼어 생각하지 않고, 전자가 후자에게서 흘러나온 것이라고 보았다.

먼저 그리스 교부들부터 살펴보자. 대 바실리우스는 320년경에 세바스테에서 루키니우스 치하에 순교를 당했다고 전해지는 40명의 병사들에 대해서 "거룩한 성가대"와 "무적의 팔랑크스(그리스의 밀집 군대)"라고 부를 뿐 아니라, "인간 가정의 보편의 수호성인들이자 우리의 기도에 조력자들이고, 하나님 앞에서 가장 강력한 대언자들"이라고까지 부른다.[78]

에프라임 시루스(Ephraim Syrus)는 죽은 성인들에게 다음과 같이 부탁한다: "하나님의 상속자들인 여러분, 그리스도의 형제들인 여러분, 저를 잊지 말고 날마다 저를 공박하는 자에게서 저를 구원해 주시도록 구주 앞에서 기도해 주십시오." 그리고 어떤 순교자의 어머니에게는 이렇게 간청한다: "거룩하고 참되고 복되신 어머니시여, 성인들에게 '그리스도의 승리한 순교자들이시여, 가장 작고 가련한 에프라임을 위해서 빌어주십시오' 라고 기도해 주십시오. 그러면 제가 은혜를 입을 수 있을 것이고, 그리스도의 은혜에 힘입어 구원을 얻을 수 있겠습니다."

니사의 그레고리우스는 성 테오도루스(St. Theodore)가 추도식에 보이지 않게 와 있는 것으로 상정하고서 자기 나라와 평화와 정통신앙의 보존을 위해서 빌어달라고 구하며, 사도 베드로와 바울과 요한을 일깨워서 그들이 심어놓은 교회를 위해 기도하게 해달라고 간청한다(마치 그 사도들에게 그러한 훈계가 필요하다는 듯이!). 그는 이 성인의 묘지에 인파가 끊임없이 몰려들어 그 장소가 마치 개

---

78) Basil, *M. Hom.* 19, in XL. Martyres, § 8.

미집과 방불했던 것을 만족스럽게 전한다. 그레고리우스는 자신이 집필한 성 에프라임의 전기에서 어느 순례자가 이스마엘의 야만족 후손들 틈에서 길을 잃었다가 '성 에프라임이여 저를 도와주옵소서'라고 기도한 뒤 그 성인의 보호를 받아 다행히도 집을 찾아올 수 있었다는 이야기를 전한다. 그리고 말미에 가서는 자신이 직접 그 성인에게 이렇게 간구한다: "거룩한 제단 곁에서 생명의 근원이신 지극히 거룩한 삼위일체를 모시어 서 있는 당신이 저희 모두를 기억하사 저희로 사죄를 얻고 영원한 나라를 받아 누리도록 빌어주옵소서."[79]

나지안주스의 그레고리우스는, 세상을 떠난 카프리아누스가 카르타고의 그의 교회를 그가 전에 가르침으로써 했던 것보다 그의 중보기도에 의해 더 강력하게 인도하고 보호한다고 확신한다. 그는 키프리아누스가 현존하는 것처럼 그의 은혜와 가호를 기원한다. 또한 당시에 얼마 전에 죽은 아타나시우스에게 바치는 찬사에서는 이렇게 기도한다: "저희를 자비롭게 굽어보시사 이 백성이 완전하신 삼위일체께 온전한 예배를 드리는 자들이 되게 하옵시며, 평온할 때는 저희를 지키시고 핍박당할 때는 데려가시사 저희로 당신과 사귐을 가질 수 있게 하옵소서."

심지어 크리소스토무스조차 시대의 정신을 뚫고 일어서지 못했다. 그 역시 성인들과 그들의 유물들을 숭배해야 한다고 열정적인 웅변으로 옹호했다. 성 베르니케와 프로스도케 — 두 성인은 로마의 성인력에 한 자리도 차지하지 못했다 — 에게 바치는 추도사 말미에서, 그는 청중에게 두 성인의 기념일뿐 아니라 다른 날에도 이 성인들에게 우리의 보호자가 되어달라고 기도하라고 권한다: "이는 그분들이 이생에서 뿐 아니라 죽은 후에도, 아니 죽은 후에는 훨씬 더 담대한 분들이기 때문입니다. 그분들은 지금 그리스도의 성흔(聖痕, 순교의 표지)을 지니고 있으며, 왕 앞에 이 성흔을 내보일 때 무슨 일이든 설득할 수 있습니다."[80] 크리소스토무스에 따르면, 한 번은 추수기에 폭우가 내려 농사를 망칠 위기에 처했을 때 콘스탄티노플 주민 전체가 사도들의 교회로 달려가 베드로와 안드레, 바울과 디모데를 은혜의 보좌 앞에서 자신들을 위해 빌어줄 수호성인들로 선출했다고 한다.[81] 그는 히브리서 1:14를 강론하면서, 그리스도는 주와 주인으로서

---

79) *Orat.* 18 in Laud. Cypr., p. 286.

80) *Opp. tom.* ii. 770.

우리를 구속하시고, 천사들은 섬기는 자들로서 우리를 구속한다고 말한다.

아마시아의 아스테리우스(Asterius)는 선원들의 수호성인인 순교자 포카스(Phocas)를 가리켜 "세상에 있는 하나님의 교회들의 기둥과 터이며, 순교자들 가운데 가장 유명한 분으로서 모든 나라 사람들을 시노페에 있는 자신의 교회로 끌어모으고, 죽임을 당한 후 이제는 애굽의 요셉보다 더 풍성한 자양을 공급해 준다"고 말한다.

라틴 교부들 가운데 밀라노의 암브로시우스는 성인 숭배를 가장 앞장서서 확고하게 옹호한 사람이다. 그의 글 가운데 두 단락을 인용하겠다. "자신을 위해 그리도 훌륭하게 울었던 베드로가 우리를 위해서도 울어주어 그리스도께서 우리에게 인자한 낯을 보이시게 되었으면."[82] "천사들은 우리를 보호하도록 임명되었으니 천사들에게 우리를 위해 빌어달라고 간구해야 한다. 순교자들은 우리가 그들의 중보 기도의 담보로써 그들의 유골을 지니고 있으므로 그들에게 우리를 위해 빌어달라고 간구해야 한다. 자기들의 피로 자기들의 죄를 씻은 그들은 우리 죄를 위해서 기도할 수 있다. 그들은 하나님의 순교자들이요 우리의 대제사장들이요 우리의 생활과 행동을 주시하는 자들이기 때문이다. 우리는 우리의 약함을 인해 그들을 대언자들로 삼는 것을 부끄러워할 필요가 없다. 그들도 비록 육체의 연약함을 극복했을지라도 그 실상을 잘 알고 있기 때문이다."[83]

제롬은 비길란티우스의 견해, 즉 우리가 이생에서만 서로를 위해서 기도해야 하며, 죽은 자들은 우리의 기도를 듣지 못한다는 견해를 비판하면서, 죽은 성인들이 어린양이 어디로 인도하시든 그리로 따라간다는 요한계시록 14:4에 근거하여 그들이 편재(遍在)한다고 주장한다.[84] 그는 죽은 성인들의 기도가 땅에 있을 때보다 하늘에서 훨씬 더 큰 효력을 발휘한다고 생각한다. 모세가 육십만 백성의 사죄를 위해서 하나님께 간구했고, 최초의 순교자 스데반이 그리스도를 본받아 자신을 죽이는 자들을 위해서 기도했을진대, 죽은 성인들이 그리스도와 함께 있으면서 과연 기도를 쉬겠으며 그들의 기도가 응답되지 않겠는가 하고 반문한

---

81) *Contra ludos et theatra*, n. 1, tom. vi. 318.

82) *Hexaem.* 1. v. cap. 25, § 90.

83) *De viduis*, c. 9.

84) *Adv. Vigilant.* n. 6.

다.

아우구스티누스는 부자가 지옥에 있으면서도 여전히 땅에 남아 있는 다섯 형제의 운명을 걱정한 점을 토대로(참조. 눅 16:27), 죽어 하늘에 있는 경건한 자들이라면 자신들이 땅에 남기고 온 가족들과 친구들에게 훨씬 더 깊은 관심을 갖고 있는 게 당연하다고 추론한다.[85] 더욱이 그는 성인들을 우리의 대언자들이라고 부르되, 마치 베드로와 다른 사도들이 위대하신 목자장의 아래에 있는 목자들인 것처럼 가장 높은 진정한 대언자이신 그리스도 아래 있는 대언자들이라고 말한다.[86] 스데반 추모 강론에서 그는 그 순교자와 그를 돌로 쳐 죽이는 데 가담한 사도 바울이 주님 곁에서 주님과 함께 다스리면서 자신들을 위해서 빌어줄 것이라고 추정한다.[87] 스데반의 간구로 기적, 심지어 죽은 자가 살아나는 기적까지도 일어난 것으로 말한다.[88] 그러나 반면에 그는 이미 살펴본 대로 죽은 자들이 우리의 소원과 기도를 어떤 방법으로 알 수 있게 되는가 하는 문제는 자신이 풀 수 없는 난제로 남겨놓는다. 어쨌든 아우구스티누스의 실천적인 신앙에서는 성인 숭배가 하위적 지위를 차지한다. 그는 「고백록」(*Confessions*)과 「독백록」(*Soliloquies*)에서 마리아나 성인들을 향해서 말하지 않고 항상 하나님께 직접 아뢴다.

스페인의 시인 프루덴티우스는 기도와 죄에 대한 자백을 성 라우렌티우스에게 가지고 가며, 자신이 그리스도께 직접 나아가 아뢸 자격이 없다고 생각한다.[89]

놀라의 파울리누스가 남긴 시들은 성인들, 특히 성 펠릭스에게 대신 빌어줄 것을 청하는 기도들로 가득하다. 그는 그 성인을 기념하여 예배당을 건립했으며, 매년 송가(頌歌)를 지어 바쳤으며, 그를 자신의 수호성인이요 아버지요 주(主)라고 불렀다. 그는 이 성인의 기념일에 기적을 일으키는 그의 유골을 보기 위해 구름 같은 인파가 몰려들었고, 사람들이 너무 붐비는 바람에 저마다 그의 유

---

85) Epist. 259, n. 5.

86) *Sermo* 285, n. 5.

87) *Sermo* 317, n. 5.

88) *Serm.* 324.

89) *Hymn.* ii. in hon. S. Laurent. vss. 570–584.

골을 제대로 구경하지 못한 채 돌아갔다고 한다.

대 레오는 설교문에서 사도 베드로와 바울, 그리고 로마의 순교자 라우렌티우스의 능력 있는 대언을 크게 강조한다.[90]

교황 대 그레고리우스는 우리가 다루는 시기의 말기에 훨씬 더 멀리 나갔다.

이런 증거들을 놓고 볼 때 동정녀 마리아와 성인들이 교회 예배의 기도문들에 포함되어 있는 것과, 그들의 공로와 대언이 그리스도의 공로와 나란히 우리의 기도가 가납(加納)되는 근거로 서 있다는 것을 이상하게 여길 수가 없다.

85. 성인들의 축일들

성인 숭배 제도는 마리아 숭배 제도와 마찬가지로 여러 종교 축일들로 구체화했는데, 그 중 상당수는 지역적 성격을, 더러는 대교구적 성격을, 더러는 보편적 성격을 띠게 되었다. 각 성인에게는 일년에 하루 곧 사망일(천상의 생일)이 배정되었고, 그날에는 추모 강론과 예배가 거행되었다. 그러나 많은 경우는 사람들이 이교 신들과 영웅들의 축일들에 그랬던 것처럼 무절제한 유희로 그날을 훼손했다.

초기 교회로부터 전래된, 따라서 보편적 성격을 띠고 있는 중요한 성인들의 축일들은 다음과 같다:

1. 대표적인 두 사도 베드로와 바울의 축일. 그들이 순교한 날인 6월 29일에 거행한다. 라틴 교회와 그리스 교회에서 사도들의 축일들 가운데 가장 중요한 축일이며, 나지안주스의 그레고리우스 · 크리소스토무스 · 암브로시우스 · 아우구스티누스 · 대 레오가 이 축일에 관해서 남긴 설교들이 보여주듯이, 대체로 4세기 초에 도입되었다.

2. 이 외에도 로마 교회는 5세기 이래로 사도들의 수장을 기리고 교황의 위상이 높아진 것을 기념하는 특별한 축일을 지켰다. 그것이 베드로 교구 축일로서 2월 22일에 거행했다. (전승에 따르면 베드로가 그날 로마 주교좌에 올랐다고 한다.) 이 외에도 안디옥 교회가 1월 18일에 거행하던 성 베드로 축일이 있었다. (안

---

90) *Serm.* 85 in Natal. S. Laurent. c. 4.

디옥 교회는 사도가 안디옥에서 주교로서 시무했다고 추정한다.) 가톨릭 전례학
자들은 이 두 축일 가운데 어느 것이 더 오래되었는가 하는 문제를 놓고 논쟁을
벌인다. 대 레오 이후에는 주교들이 베드로와 바울의 축일을 규칙적으로 지켰다.
그 결과 사도행전 7:6을 토대로 베드로가 예루살렘에서 헤롯 치하에 사슬에 결
박된 일을 기념하여, 그리고 로마에서 네로 치하에 투옥된 일을 기념하여 베드로
의 결박 축일이 제정되었다.[91]

3. 사도이자 복음서 저자인 요한의 축일. 12월 27일에 거행하며, 이 축일에 관해
서는 이미 성탄절 주기와 관련하여 언급했다.[92]

4. 최초의 순교자 스데반의 축일. 12월 26일에 거행하며, 4세기 이후부터 전래되
었다.

5. 그리스도 앞에 있는 성인들의 마지막 대표자인 세례 요한의 축일. 이 축일은
일반적인 규율을 깨고서 그의 순교일이 아닌 생일에 거행하며, 성탄절과 관련하
여 6개월 전인 6월 24일에 거행한다. 이 축일은 세례 요한과 그리스도의 관계,
그리고 요한이 남긴 "그는 흥하여야 하겠고 나는 쇠하여야 하리라"는 유명한 말
을 동시에 기념하는 데 목적이 있었다. 그리스도께서 새 언약의 떠오르는 태양
이셨다고 한다면, 그는 옛 언약의 기우는 태양이었다(참조. 요 3:20). 세례자의
순교를 특히 더 기념하기 위해서 훗날 이 축일 외에도 요한의 참수 축일이 제정되
어 8월 29일에 거행했다. 그러나 그 뒤로는 그의 탄생 축일만큼 중요하지도 유명
하지도 않게 되었다.

6. 4세기 이후의 그리스 교회는 모든 신앙의 용사들을 공정하게 기리기 위해
서 오순절 이후의 주일에 모든 성인의 축일을 거행했다. (이 주일은 라틴 교회의
삼위일체 축일과 겹치며, 그런 이유로 그리스인들은 이 주일을 '순교자들과 성
인들의 주일'이라고 부른다.) 라틴 교회는 610년 이후에 비슷한 축일인 모든 성인
의 축일(Festum Omnium Sanctorum)을 11월 1일에 지켰다. 그러나 이 축일이 보

---

91) 이 축일은 8월 1일에 거행한다. 전설에 따르면 헤롯이 베드로를 결박했던 사슬
을 테오도시우스 2세의 아내 유독시아가 예루살렘을 순례하는 동안 발견하여 로마에
소중한 유물로 보냈는데, 로마에 보관되어 있던, 네로가 베드로를 결박했던 사슬과 대
조해 보는 순간 기적으로 붙어버려 뗄 수 없는 하나의 거룩한 사슬이 되었다고 한다.
92) 참조. § 77.

편화한 것은 9세기 이후이다.

7. 대천사 미가엘의 축일. 천사들의 지도자이며 승리의 교회의 대표자(참조. 계 12:7-9; 유 9)인 그의 축일은 9월 29일에 거행했다. 가톨릭 교회의 전설에서 미가엘이 몇 번 기적적으로 나타났다고 하는 데서 유래했다.[93] 천사 숭배는 마리아와 성인 숭배와 동시에 발전했으며, 교회당들이 천사들의 이름으로도 봉헌되었고 그들의 이름이 붙었다. 예를 들어, 콘스탄티누스 대제는 흑해 동쪽 연안에 대천사 미가엘에게 교회를 지어 봉헌했다. 전설에 따르면, ㅗ 일대에서 미가엘이 나타나 난파를 당한 선원 몇 명을 구출해 주었다고 한다. 유스티니아누스 1세는 그 천사에게 교회당을 여섯 채나 지어 봉헌했다. 그럼에도 불구하고 교황 겔라시우스 1가 493년에 제정했다고 하는 그의 축일이 9세기 이전에는 보편화되지 않았다.

86. 교회력. 성인들의 전설. 성인전

이제는 성인들의 명단과 그들의 축일들과 관련하여 교회력의 기원과 성격을 살펴볼 차례이다.

교회력은 내용 면에서는 4세기와 그 이후에 등장했고, 형식 면에서는 고전시대부터 특히 로마인들에게서 유래했다. 그들이 남긴 무수한 달력들에는 천문학적·점성술적 표시들과 함께 민간과 종교 축일들과 대중 스포츠의 일람표가 실려 있었다. 현존하는 두 개의 기독교 로마 달력(하나는 354년에, 다른 하나는 448년에 제작됨)은 과도기적인 모습을 보여준다. 전자는 일요일부터 시작하는 기독교 주간을 최초로 싣고 있으며, 이교 로마의 주간도 함께 표기되어 있다. 후자는 기독교 축일들과 성인들이 표기되어 있다(물론 그 횟수가 아직은 적어서 그리스도의 축일 네 번과 순교자 축일 여섯 번밖에 되지 않았다). 가장 오래된 순수한

---

93) 참조. Augusti., *Archaeologie*, i. p. 585. 전하는 바로는 7세기에 로마에 전염병이 돌 때 미가엘이 하드리아누스의 대영묘에 구원자로 나타났고, 따라서 그곳에는 천사의 성(城)이라는 이름이 붙었다(Castello di S. Angelo). 익히 알려져 있듯이 이 성은 티베르 강의 대교 곁에 놓여 있고, 요새로 사용된다.

기독교 달력은 고트족이 제작한 것으로서, 4세기에 트라키아에서 유래한 듯하다. 현존하는 그 달력의 단편에는 10월 말과 11월에 38일이 실려 있으며, 그 가운데 7일에 성인들의 이름이 표기되어 있다(두 사람은 성경의 인물들이고, 세 사람은 가톨릭 교회의 인물들이며, 두 사람은 고트족 교회의 인물들.)

하지만 그보다 훨씬 오래된 성인들의 축일이 날짜 순서대로 기재된 목록이 있다. 가장 오래된 것은 4세기 중반에 로마에서 작성된 것이며, 로마의 주교 12명과 순교자 24명의 기념일들과, 성탄절, 그리고 베드로의 축일(2월 22일)이 실려 있다.

이러한 일람표들이 교회력과 순교자력의 토대가 되었다. 처음에는 각 대교구가 자체의 축일 목록과, 따라서 자체의 달력을 갖고 있었다. 그러한 지역 목록들이 때로는 딥티카(diptycha, '두 겹으로 접은' 이라는 뜻)라 불렸다. 왜냐하면 목록이 두 쪽으로 된 서판에 기록되었기 때문이다. 딥티카에는 순교자들의 명단 외에도 역대 주교들과 살아 있는 기부자들의 명단이 실려있는 게 보통이었으며, 사제들은 성찬의 성물들을 축성하기 전의 기도에서 그들의 이름을 하나씩 불러야 했다. 대체로 순교자가 죽은 지역에서부터 시작된 순교자 숭배가 다른 지역으로 널리 퍼지면서 이름들이 서로 뒤섞이는 경우들이 생겼다. 이 면에서도 로마의 영향력이 가장 컸기 때문에 로마의 축일 목록과 달력이 서방 세계에서 가장 널리 통용되었다.

세월이 흐르면서 교회의 달력에 성인들의 이름으로 채워져 갔고, 결국 순교자들의 수가 한 해의 날수보다 많아지게 되자 여러 성인들의 축일들을 한 날에 기념할 수밖에 없게 되거나, 축일을 중첩해서 기념하느라 수도원의 성무일도 시간을 중단할 수밖에 없게 되었다. 동방 교회의 달력에는 서방 교회에 비해서 구약의 성인들이 많이 실려 있다.[94]

---

94) 로마 가톨릭의 성인력은 큰 변화 없이 독일과 다른 여러 나라들의 개신교 교회로 그대로 이전되었다. 최근에 베를린의 Piper 교수는 의심스럽거나 전형적인 로마의 성인들을 배제하고 종교개혁의 선구자들과 종교개혁자들, 그리고 개신교의 저명 인사들의 생일을 명단에 넣는 방식으로 교회력을 철저히 개신교적 방향에서 개혁했다. 이 작업에는 그가 펴내는 Evangelischer Kalender도 이바지했다. 1850년부터 매년 발행된 이 간행물은 개선된 교회력에 실린 가톨릭과 개신교 성인들에 대한 간략하면서 대중적인 소개를 다룬다.

교회력과 밀접한 관계를 가지고 생긴 것이 순교자록(*Martyrologia*) 혹은 순교자 행전(*Acta Martyrum*), 성인전(*Acta Sanctorum*)으로서, 그리스인들은 이것을 메놀로기아와 메노이아라고 부른다.[95] 처음에는 '딥티카'와 '순교자 달력' 곧 특정 교회가 순교자들의 순교일 순서에 따라 각 날에 기념하는 순교자들의 명단만 있었고, 순교자 달력에는 그들이 순교한 장소와 방식에 대한 설명이 붙기도 하고 빠지기도 한다. 이러한 간단한 골격에 점차 살이 붙고 생기가 들어서 각기 다양한 시기와 다양한 지자에 의해서 역사와 전설, 신리와 허구, 신앙과 미신이 뒤섞이고, 따라서 대단히 비판적인 경계가 필요한 혼합체가 되었다. 이러한 성인들의 전기들이 교회와 수도원에서 그들의 축일에 회중에게 낭독되면서 성인전(聖人傳, *Legenda*)이라는 이름을 얻게 되었다.

최초의 순교자 행전은 2-3세기에 등장했으며, 그 중 더러는 목격담이었다. 예를 들면 폴리카르푸스의 순교기(167년)와 프랑스 남부 리옹과 비엔의 순교자들을 다룬 글이 그 시기에 등장한 목격담들이다. 하지만 대부분은 적어도 현재의 형태대로는 콘스탄티누스 이후에 등장한 것들이다. 에우세비우스는 총괄적인 순교록을 집필했는데 이 저서는 현존하지 않는다. 최초의 라틴어 순교록은 제롬의 저작으로 간주되지만, 어쨌든 후대에 삽입된 많은 내용들이 포함되어 있다. 그러나 이 교부는 「덕망 높은 수사들의 생애」(*Lives of eminent Monks*)와 「저명한 교회 교사들의 명단」(*Catalogue of celebrated Church Teachers*)을 집필함으로써 이 분야에 크게 이바지했다. 교황 겔라시우스는 교회에서 성인록을 낭독하는 것을 금하거나 제한하는 것이 좋다고 생각했는데, 그 이유는 저자들의 이름이 알려져 있지 않고, 이단들이나 무학자들(idiots)이 쓸데없고 터무니없는 내용을 첨가했을 가능성이 있기 때문이었다. 대 그레고리우스는 로마와 다른 지역에서 순교자록이 사용되고 있었던 것을 전하는데, 그 순교자록은 아마 후대에 제롬의 저작으로 간주되고 널리 보급된 것이었을 가능성이 크다. 모든 나라 성인들을 다 수록하고 있는 현재의 「로마 순교자록」(*Martyrologium Romanum*)은 그 책

---

95) '달'이라는 뜻이 μήν에서 유래했고, 따라서 달[月] 명부라는 뜻이 된다. 그리스의 Menologia는 월별로 열거한 순교자들의 명단에 간단한 전기(傳記) 자료를 소개한 것이다. Menaea는 공예배를 위해 작성한 것으로서 열두 달에 맞춰 열두 권으로 되어 있으며, 매일 그날에 해당하는 성인에 대한 기도문과 민간 전설, 찬송이 실려 있다.

을 증보한 것으로서, 바로니우스가 1586년에 그레고리우스 13세와 식스투스 5세의 지시를 받아 학문적 주석을 달아 편집했으며, 훗날 예수회 수사 헤리베르트 로스바이데(Heribert Rosweyde)가 증보했다.

로스바이데(1629년 죽음)는 그것 말고도 16세기 말에 유명한 「성인전」(*Acta Sanctorum, quotquot toto orbe coluntur*)의 초고를 집필했다. 이 저서를 볼란드(Dr. John van Bolland, 1665년 죽음)와 볼란드파(Bollandists)라 불리는 그의 동료들과 후계자들(Henschen<1681년 죽음>, Papenbroek<1714년 죽음>, Sollier<1740년 죽음>, Stiltinck<1762년 죽음>, 그리고 그 외의 소소한 학자들)이 1643-1794년에 예수회의 감독하에 풍부하고 치밀한 학문적 뒷받침을 받아가며 앤트워프에서 모두 53권으로 출판했다. 이 저서에는 가톨릭 달력에 실려 있는 모든 성인의 전기가 볼란드파가 작성한 대로 11월 15일까지 날짜순으로 실려 있으며, 시성(諡聖)에 관한 모든 결정과 교황의 대칙서들, 역대 교회의 문서들이 학문적인 논문들과 주해들도 함께 실려 있다. 주목할 점은 이 저서가 민간 전설의 문체를 취하지 않고, 로마 가톨릭 신앙 체계가 허용하는 범위 안에서 철저한 역사적 고증과 자유로운 비평을 추구하고 있다는 점이다.[96] 이 저서는 1773년에 예수회가 해산되면서 절판되었다가, 1794년에 프랑스 대혁명과 네덜란드의 침공으로 바뀐 상황을 틈타 두 권(52, 53권)이 더 증보되었다. 그러나 1845년(혹은 제대로 말하자면 1837년)부터 브뤼셀에서 예수회의 후원을 받아 다시 본격적으로 출판되기 시작했다. 하지만 역사적 고증과 학문적 비평은 예전만 못했으며, 마무리를 짓는 데 주력했다. 수사들이 두 세기가 넘도록 자신들의 학문과 경건을 쏟아부은 이 방대하고 놀라운 저서는 순교자와 성인 예배 체계와 기독교 역사 연구에 풍부한 광맥으로 항상 남아 있을 것이다.

---

96) 이 책은 때로는 로마 교회 내에서조차 심한 탄압을 받았다. Papenbroek는 선지자 엘리야가 카르멜회 설립자가 아님을 입증했다는 이유로 이단으로 낙인이 찍혔으며, 스페인 종교재판소는 이 책을 금서로 단죄했으나, 1715년에 교황청의 개입으로 단죄가 풀렸다. 볼란드파는 카르멜회의 탄압에 점잖게 대응하여 그 수도회가 자랑하는 성 테레사의 전기를 자신들의 성인전 제54권에 실어 출판했다(1845. 10. 15, pp. 109-776).

87. 성유물 숭배. 부활 교리. 성유물들의 기적

순교자들과 성인들에 대한 숭배는 무엇보다도 그들의 영혼이 하늘에 살아 있다는 믿음에 관련되어 있지만, 낮은 차원에서는 그들이 땅에 남긴 유물 혹은 유골에까지도 확대되었다. 성유불(relics, reliquiae)이라고 하면 우선 그들의 시신 혹은 그보다는 유골·피·유해를 말하며, 다음으로는 그들과 어떻게든 밀접히 연관되었던 것들, 이를테면 의복·시쌍이·가사, 특히 그들이 순교당할 때 사용되었던 형구(形具)들을 가리킨다. 암브로시우스 시대 이후에는 그리스도의 십자가와 거기에 붙었던 명패와 못들(326년에 황후 헬레나에 의해 기적적으로 발견되었다고 함)도 성유물에 포함되었고,[97] 그리스도의 가시면류관과 홍포도 차례로 포함되었다(전설에 따르면 전자는 파리에서, 후자는 트레브에서 발견되었다고 함).[98] 그리스도의 시신에 관련된 성유물은 생각할 수 없었다. 그분은 육체가 썩기 전에 부활하시어 하늘로 오르셨으며, 우상 숭배와 미신이 닿지 못하는 그

---

97) 그리스 교회와 라틴 교회가 다 같이 축일로 기념하는 '십자가 발견' 사건에 관한 전설은 에우세비우스의 글에 실린 콘스탄티누스가 예루살렘 주교 마카리우스에게 보낸 서신에 희미하게 암시되어 있을 뿐이다(*Vita Const.* iii. 30). 그 뒤 수십년간 언급되지 않다가 먼저 예루살렘의 키릴루스에 의해서(하지만 그의 *Epist. ad Constantium*<351>은 Gieseler를 비롯한 비평가들에게 훨씬 후대의 저작으로 간주된다), 다음에는 암브로시우스·크리소스토무스·놀라의 파울리누스·소크라테스·소조메누스·테오도레투스·그외의 교부들에 의해서 언급된다. 이들의 증언에도 불구하고 그 사실은 특히 다음과 같은 점들로 인해서 신빙성이 없다. (1) 주님이 십자가에 달리신 장소는 황제 하드리아누스가 식별할 수 없도록 메꾸고 훼손한 다음 그곳에 이교 신전들과 신상들을 건립했다. (2) 당시대인들의 분명한 증언이 없다. (3) 보르도의 순례자가 333년에 예루살렘을 방문한 뒤 거룩한 성의 전모를 소개한 *itinerarium*(*Vetera Rom. itineraria*, ed. P. Wesseling, p. 593. 현존함)에는 그리스도의 십자가나 그것이 발견되었다는 이야기가 전혀 없다. 그런데도 이른바 이 기적으로 인해서 십자가와 수난상을 미신적으로 사용하는 행위가 급증하여 관습으로 굳어지게 되었다. 예루살렘의 키릴루스는 380년경에 그리스도의 십자가의 조각들이 온 세상을 가득 채우고 있다고 말하며, 그럼에도 불구하고 놀라의 파울리누스의 기록(Epist. 31)에 따르면 그리스도의 십자가 진본은 훼손되지 않은 채 예루살렘에 남아 있다고 한다. 기적이 계속되고 있다는 말인 셈이다!

98) 참조. Gildemeister, *Der heil. Rock von Trier*, 2d ed. 1845.

곳에서 성부 하나님 우편에 좌정해 계시기 때문이다. 성찬과 세상 끝날까지 교회에 항상 계시는 것이 그리스도의 참된 성유물이다.

성유물 숭배는 마리아와 성인 숭배와 마찬가지로 존경과 사랑과 감사의 건전한 신앙 정서에서 시작했으나, 곧 온갖 종류의 미신와 우상 숭배로 빠져들었다. 괴테(Goethe)는 그 현상에 대해서 "인간 정신이 품은 가장 영광스러운 것 위에 날이 갈수록 이질적인 잡동사니가 붙는다"고 말한다.

광야의 이스라엘이 하나님께서 계시해 주신 순수한 신앙을 간직하지 못하고 애굽의 고기가마를 사모하고 관능적인 이교에 빠져들었던 것처럼, 고대 교회도 같은 길을 걸었다.

성유물 숭배는 유대교에서 생긴 것이 아니다. 레위기 율법이 시신과 유골을 만지는 것을 부정한 행위로 엄격히 금하기 때문이다.[99] 그럼에도 불구하고 어떤 사람이 죽어 선지자 엘리사의 무덤에 던져졌다가 그의 유골과 접촉함으로써 회생한 특수한 사건이 성유물의 기적 능력을 뒷받침하는 사례로 인용되었다.[100] 하지만 이러한 기적이 일어났음에도 불구하고 이스라엘 백성이 선지자의 유골을 숭배하거나 시체에 관한 정결법을 폐하지도 않았다는 점에 유의해야 한다.

이교도들은 시체를 혐오하여 화장(火葬)했다. 다만 이집트에서는 미라로 만드는 것이 관습이었고, 그리스도인들도 순교자들이 죽은 뒤에 그 관습을 모방했으나, 성 안토니우스는 그런 행위를 비판했다. 하지만 테세우스(Theseus) 같은 유명한 영웅들의 유골을 보존하고, 그들의 무덤 위에 신전을 건립한 사례들이 없지는 않다.

기독교의 성유물 숭배는 성인 숭배에 따른 자연스러운 결과였으며, 사도 전승의 필수적인 조항이자 모든 고대 신조들에 실린 기독교의 **육체 부활** 교리와 밀접히 연관되었다. 복음에 따르면 육체가 플라톤주의자들과 영지주의자들, 마니교도들의 주장과 달리 악한 물질이 아니라 하나님의 피조물이다. 육체가 그리스도

---

99) 참조. 민 19:11 이하; 31:19. 시체나 유골 혹은 무덤을 만지면 칠일 동안 부정하게 되었고, 잿물로 씻어 정결케 해야 했으며, 그렇지 않을 경우 사형에 처해졌다. 사람이 죽은 장막과 그 안에 있는 모든 그릇들도 부정했다. 참조. Josephus, *c. Apion.* ii. 26; *Antiqu.* iii. 11, 3. 탈무드 저자들은 이 율법을 훨씬 엄격하게 해설한다.

100) 왕하 13:21 (칠십인역). 참조. 외경 Jesus Sirach (Ecclesiasticus) 48:13, 14; 49:12.

에 의해 구속되며, 중생에 의해서 성령이 거하시는 기관과 전이 된다. 무덤에서도 육체는 살아 있는 씨앗으로서 안식하다가 마지막 날에 다시 일어나게 되며, 그리스도의 영광스러운 몸과 같은 형상으로 변화한다. 의인들의 육체는 그들의 무덤에서 "푸르게 자라나며", 부활의 아침에 영광스러운 꽃을 피워낸다. 초대 그리스도인들은 처음부터 이 위로의 교리에 큰 의미를 두었으며, 켈수스와 율리아누스 같은 이교도들은 이러한 태도를 조소했다. 그리스도인들은 이교 사회의 화장(火葬) 관습도 혐오했으며, 엄숙한 의식을 갖춘 유대교의 매장 관습을 채택했다. 하지만 그 방법은 시대와 나라에 따라 다양했다.

그러나 부활 교리를 좀 더 면밀하게 정의하는 과정에서 두 가지 경향이 나타났다. 하나는 알렉산드리아 교회, 특히 오리게네스와 훨씬 후대에 두 명의 그레고리우스가 대표한 영적 견해였고, 다른 하나는 테르툴리아누스가 옹호했고 사도신경의 뒷받침을 받은 좀 더 실제적인 견해였으나, 에피파니우스와 제롬 같은 일부 교회 교사들은 바울이 가르친 신령한 몸($\sigma\hat{\omega}\mu\alpha\ \pi\nu\epsilon\nu\mu\alpha\tau\iota\kappa\acute{o}\nu$)과 "혈과 육은 하나님 나라를 유업으로 받을 수 없고"라는 선언을 무시한 채 철저히 물질주의적인 관점에서 이 견해를 강력하게 밀어붙쳤다.[101] 우리가 다루는 시기에는 두 번째 견해가 널리 성행하여 첫 번째 견해를 완전히 대체했으며, 그 결과 성인들의 유물들에 더 숭고한 가치를 매기고, 성유물 숭배의 기반을 더욱 확고하게 다졌다.

로마 가톨릭 사가들과 변증가들은 신약성경의 세 가지 사실에서 성유물 숭배의 정당성과 치유 효력을 발견한다. 첫째는 혈루증으로 고생하던 여성이 예수님의 옷을 만짐으로써 고침을 받은 사실이고(참조. 마 9:20), 둘째는 베드로의 그림자가 덮임으로써 병자들이 고침을 받은 사실이며(참조. 행 5:14, 15), 셋째는 바울의 손수건으로 같은 일이 발생한 사실이다(참조. 행 19:11, 12).

오리게네스와 예루살렘의 키릴루스 · 암브로시우스 · 크리소스토무스, 그리고 그 밖의 교부들은 이 세 가지 사실과 엘리사의 유골이 일으킨 기적을 토대로 자신들의 시대에 발생했다고 하는 유사하거나 더 큰 기적들을 입증한다. 물론 그

---

101) 제롬은 욥기 19:26을 잘못 번역한 것을 토대로 모든 뼈와 혈관과 신경과 치아와 모발까지도 회복될 것이라고 가르쳤다(성경이 저주받은 자들이 이를 갈 것을 말하고, 우리의 머리터럭이 다 헤아린 바 되었다고 가르치기 때문이다).

사례들은 마술이 범접할 수 없는 기적의 극단적인 한계를 이룬다. 그러나 앞서 소개한 사례들에서는 살아 있어서 그 자리에 있던 사람들이 치유 능력의 매체였다. 둘째 경우에서 누가는 실제의 치유 사례를 말하지 않고 단지 대중의 신앙을 기록할 뿐이다. 그리고 마지막으로, 그리스도든 사도들이든 치유 방법을 친히 결정하지 않았고, 치유를 토대로 발생한 미신들을 전혀 승인하지 않았다.[102]

어쨌든 신약성경과 사도 교부들의 문학은 그리스도의 십자가나 사도들의 유골과 유품을 우상 섬기듯 숭배한 일을 전혀 알지 못한다. 그리스도와 사도들의 살아 있는 말씀과 행위가 모든 관심을 사로잡았던 까닭에, 교회 설립자들의 육체적 외모와 행동, 가변적인 소지품들에 대한 권위 있는 기록이 하나도 남아 있지 않다. 바울은 그리스도를 육체대로 알기를 원치 않고 오직 영적으로 알고자 했다. 심지어 대다수 사도들과 복음 전도자들이 묻힌 장소조차 알려지지 않는다. 그들의 순교와 유골에 관한 전승들은 훨씬 후대에 등장했고, 역사적 신빙성을 주장할 만하지 못하다.

성유물을 숭배한 최초의 뚜렷한 증거는 2세기에 안디옥 교회에서 나타나는데, 그곳에서는 그 도시의 주교이자 순교자 이그나티우스(107년 죽음)의 유골이 값진 함에 보관되었다.[103] 서머내스미르내에는 반쯤 불에 탄 폴리카르푸스(167년 죽음)의 유골이 "가장 값진 보석보다 소중하고 금보다 더 정련되었다"고 간주되었다. 순교자들인 페르페투아(Perpetua)와 키프리아누스의 행전에도 비슷한 내용이 실려 있다. 「사도헌장」(*the Apostolic Constitutions*)의 저자는 죽은 자들의 하나님이 아닌 산 자들의 하나님과 함께 있는 성인들의 유물들을 존귀하게 대하라고 당부하며, 엘리사의 유골이 일으킨 기적과, 요셉이 야곱의 유골에 나타낸 존경, 그리고 모세와 여호수아가 요셉의 유골을 약속의 땅으로 가져간 일을 근거로 제시한다(참조. 창 1:1, 2, 25, 26; 출 13:19; 수 24:32; 행 7:16). 에우세비우스는 예루살렘의 야고보가 앉았던 주교좌가 자기 시대까지 보존되어 큰 존경을 받았다고 전한다.[104]

---

102) 반대로 바울의 손수건으로 병자들이 고침을 받았다는 기록 바로 다음에는 예수의 이름으로 마술을 행하려 한 일이 경고로서 기록된다(참조. 행 19:13 이하).

103) *Martyr. S. Ignat.* cap. vii. (*Patrum Apostolic. Opera,* ed. Dressel, p. 214). 하지만 이그나티우스의 순교자 행전의 진정성은 많은 학자들에 의해 논란이 된다.

104) *Hist. Eccl.* vii. 19, 32.

하지만 신앙의 동기로 성유물에 이러한 애착을 갖는 것은 만약 그것이 정당한 범위 내에서 이루어진다면 매우 자연스럽고 무흠한 일이며, 심지어 뉴잉글랜드의 청교도들도 그런 모습을 드러냈다. 1620년에 순례 조부들(the Pilgrim Fathers)이 상륙했던 플리머스의 바위가 많은 사람들이 찾는 순례지가 되었으며, 매사추세츠 초대 총독이 앉았던 의자는 조심스럽게 보관되어 하버드 대학교의 총장 취임식 때 사용된다.

그러나 4세기 중반부터는 성유물 숭배가 성인 숭배와 함께 결정적으로 미신적이고 우상 숭배적인 성격을 띠기 시작했다. 순교자들이 땅에 남긴 유물들이 환상과 계시에 의해서 발견되었고, 그 일이 그들이 죽은 지 몇 백년이 채 지나지 않아서 보편적으로 이루어졌으며, 그렇게 발견된 뒤에는 엄숙한 행렬로써 그들을 기념하기 위해서 세운 교회당들과 예배당들로 운구된 다음 제단 아래 안치되었다.[105] 그리고 이 사건이 매년 축일로써 기념되었다(운구 축일, festum translationis). 그리스도의 십자가가 발견되었다는 전설로 인해서 두 개의 교회 축일들이 제정되었다. 하나는 **십자가 발견 축일**로서 라틴 교회가 5-6세기부터 5월 3일에 기념해왔고, 다른 하나는 **십자가 거양(擧揚) 축일**로서 동방과 서방에서 9월 14일에 기념해왔다. 더러는 이 축일의 원년이 335년에 성묘 교회가 축성된 뒤라고 하며, 더러는 628년에 황제 헤라클리우스가 성 십자가를 재탈환한 뒤라고 한다. 성유물들은 때때로 신자 대중의 숭배를 위해 진열되고, 행렬로써 운구되고, 금과 은 함에 보관되고, 목에 각종 질병과 위험을 방지하기 위한 부적이 붙었으며, 기적 효험, 혹은 좀 더 엄격히 말하자면 하늘에 있는 성인들이 그리스도와 연합된 데 힘입어 병고침의 기적을 일으키고, 심지어는 죽은 자리를 살릴 때 사용하는 도구로 간주되었다.

성유물의 수는 원본은 하나인데도 이루 헤아릴 수 없이 많이 번식했다. 예를 들면 예루살렘에서 가져왔다고 하는 그리스도의 십자가 조각들이 도처에 널려 있었지만, 그 십자가 자체는 끊임없는 기적에 힘입어 온전하고 훼손되지 않은 상태로 남아 있었다고 한다! 십자가상과 수난상 숭배가 끝을 모를 정도로 확산

---

105) 순교자들의 유골을 제단 아래 안치한 것은 요한계시록 6:9을 근거로 한 것이다: "다섯째 인을 떼실 때에 내가 보니 하나님의 말씀과 저희의 가진 증거를 인하여 죽임을 당한 영혼들이 제단 아래 있어."

되었지만, 그것이 십자가에 달리신 분을 향한 예배를 평가하는 진정한 척도가 될 수 없는 것은 당연한 이치이다. 그런데 당시의 현실은 정반대로 치달아서, 허다한 대중이 진실한 마음보다는 겉 모양만 꾸린 채 예배하러 나왔으며, 나무와 은으로 만든 초라한 그리스도로 마음에 살아 계신 영광스러운 그리스도를 대체하는 경우가 비일비재했다.[106]

성유물들이 벌이가 괜찮은 상품이 되었다. 그러나 사기도 많이 발생하여 투르의 성 마르탱과 대 그레고리우스 같은 경솔하고 미신적인 성유물 숭배자들조차도 그러한 현실을 개탄스럽게 생각했다.[107] 테오도시우스 1세는 일찍이 386년에 성유물 매매를 금지했다. 여러 번에 걸친 공의회들도 같은 내용의 법령을 공포했다. 그러나 아무런 성과도 거두지 못했다. 이런 이유로 인해 주교들이 직접 나서서 역사적 전승이나 환상이나 기적을 제시하여 성유물들의 진정성을 입증하지 않으면 안 되게 되었다.

초기에는 이렇게 죽은 자의 유골을 숭배하는 행위가 반발에 부닥쳤다. 수도원주의의 아버지 성 안토니우스(356년 죽음)는 죽음을 앞두고서 그러한 관행을 비판하면서, 자신의 시신을 아무도 모르는 곳에 묻어달라고 부탁했다. 아타나시우스는 안토니우스의 견해에 찬성을 표시하면서,[108] 자신에게 전달된 여러 성유물들을 한데 묶어두어 우상 숭배에 쓰이지 못하도록 했다.[109] 그러나 반대의 목소

---

106) 루터는 후기 교황제 치하에 자행된 십자가의 "마술과 우상 숭배"를 말하면서, 그것이 "그리스도의 십자가를 마음과 삶으로 보듬지 않고 은으로 만들려고 한 것"이라고 평가하는데, 그의 평가는 여러 고상한 예들을 제외할 경우 우리가 다루는 시기에도 해당된다. Dr. Herzog가 *Theol. Encyclopaedia*, vol. viii. p. 60 f.에서 해놓은 평가가 과연 지나친 것이 아니다: "십자가가 다양한 형태와 상징으로 사용될수록 그리스도를 향한 진정한 복음적 신앙은 자취를 감춘다. 그리스도의 십자가가 겉으로 드러날수록 안으로는 사람들에게 거치는 것과 어리석은 것이 된다. 로마 가톨릭 교회는 이 점에서 참으로 많은 영적 체험을 너무나 많이 떠벌여서 더 이상 할 말이 없게 되고 머쓱하게 되는 그리스도인들과 많이 닮았다."

107) *Suppit. Severus, Vita beati Mart.* c. 11; *Epist. lib.* iv. ep. 30. 그레고리우스는 여기서 일부 그리스 수사들이 로마에 와서 실토한 대로, 성 바울 교회 근처에서 유골을 발굴하여 동방에 가서 성유물로 판매하려고 했던 일을 두고 말한다.

108) *Vita Antonii, Opera Athan.* ii. 502.

109) Rufinus, *Hist. Eccl.* ii. 28.

리가 곧 수그러들거나, 비길란티우스와 유노미우스처럼 열등하거나 이단적인 저자들에게 국한되었고, 혹은 포르피리오스와 율리아누스 같은 기독교를 적대시한 이교도들에게 국한되었다. 율리아누스는 이 점을 놓고서 그리스도인들에게 그들의 주인한테 배교한 것이라고 비판하면서, 그리스도께서 바리새인들에게 하신 비판, 즉 그들이 회칠한 무덤 같아서 겉은 아름다우나 속은 죽은 자의 뼈와 온갖 부정한 것으로 가득하다고 하신 말씀을 조롱조로 상기시킨다.[110] 물론 이러한 반대는 메아리 없는 외침으로 끝났고, 철저히 불경건한 자의 소리로 치부되었다. 심지어 이단들과 분리주의자들조차 이러한 유형의 미신을 끌어안았다. 가톨릭 교회가 공식적으로는 성유물들의 진정성과 기적적 효능을 부정했는데도 말이다.

우리가 다루는 시기의 대표적인 교회 교사들인 힐라리우스 · 두 그레고리우스 · 바실리우스 · 크리소스토무스 · 펠루시움의 이시도루스 · 테오도레투스 · 암브로시우스 · 제롬 · 아우구스티누스 · 레오, 그리고 심지어 화상(畵像) 숭배에 반대하던 사람들까지도 시대의 정신을 거스르지 못한 채 성유물 숭배에 지지를 보냈으며, 그 결과 성유물 숭배가 그리스와 로마의 가톨릭 종교의 본질적인 부분으로 자리를 잡게 되었다. 그들은 트렌트 공의회만큼 멀리 나갔다. 오히려 트렌트 공의회가 니케아 시대의 교부들보다 성인 숭배뿐 아니라 성유물 숭배에 대해서 신중한 태도를 취했을 정도이다. 그들은 감각적인 자극물과 만질 수 있는 보조 자료들로써 대중의 신앙을 끌어올리려는 선한 의도로 출발했다가, 위험한 오류와 심각한 미신을 촉진하게 되었다.

성유물 숭배와 관련하여 대표적인 증언들을 소개하고자 한다.

나지안주스의 그레고리우스는 성인들의 시신이 그들의 영혼과 마찬가지로 기적을 일으킬 수 있으며, 그들의 시신이나 수난의 상징의 지극히 작은 부분조차 온 육체만큼 효험을 지닌다고 생각한다.[111]

크리소스토무스는 순교자들의 유골을 금이나 보석보다 더 값어치 있게 평가하며, 그들의 유골에 질병을 치유하고 죽음을 쫓아내는 능력이 있다고 가르친다.[112] 그는 이집트 순교자들의 유골이 알렉산드리아에서 콘스탄티노플로 운구된

---

110) Cyrillus Alex. *Avd. Jul.* l. x. tom. vi. p. 356.

111) *Adv. Julian.* t. i. Orat. iii. p. 76 sq.

일을 기념하는 연설에서 성인들의 시신이 모든 보이는 원수들과 보이지 않는 귀신들로부터 성을 보호하는 가장 훌륭한 성벽이요, 어떠한 성벽과 해자와 무기와 군대보다 강하다고 웅변조로 칭송했다.[113]

암브로시우스는 이렇게 말한다. "다른 사람들이 은금을 모으는 것에 개의치 맙시다. 우리는 순교자들을 찔렀던 못들과 그들이 흘린 자랑스러운 피와 그들이 달렸던 십자가의 나무를 모읍니다."[114] 그는 누이에게 보내는 편지에서 쌍둥이 형제인 게르바시우스와 프로타시우스의 유골이 기적으로 발견된 사실을 길게 전하면서, 이 기적이 아니었다면 네로나 도미티아누스 치하에서 박해를 두 순교자가 전혀 알려지지 않고 앞으로도 내내 잊혀졌을 것이라고 말한다.[115] 이것이 초기 교회에 가장 널리 알려졌던 성유물 기적의 하나이다. 이 사건은 암브로시우스와 그의 연하 동시대인들, 그의 비서 겸 전기작가 파울리누스, 놀라의 주교 파울리누스, 당시에 밀라노에 있던 아우구스티누스 같은 당대의 가장 비중있는 권위자들에 의해 입증된다. 이 사건은 황후 유스티나가 대표한 아리우스파에 대해서 니케아 정통신앙의 승리를 결정지어 주었다. 그럴지라도 사실 자체가 대단히 믿기 힘들고, 적어도 부분적으로는 경건을 표방한 사기에 토대를 둔 듯하다.[116]

그 이야기는 386년에 암브로시우스가 밀라노에 건립한 교회당을 봉헌할 계획을 세우고 있을 때 환상에서 성 펠릭스와 나보르 교회 현관 앞을 파보라는 지시를 받았다. 그곳을 파보니 체구가 평범하지 않은 시체 두 구가 나왔는데, 머리가

---

112) *Opera, tom.* ii. p. 828.

113) *Hom.* in MM. Aegypt. tom. ii. p. 834 sq.

114) *Exhort. virgin.* 1.

115) Epist. xxii. *Sorori suae*, Op. ii. pp. 874-878. 참조. Paulinus, *Vit. Ambros.* p. iv; Paulinus Nol. Ep. xii. ad Severum; and Augustine in sundry places.

116) Clericus, Mosheim, Isaac Taylor(vol. ii. p. 242 ff.)는 Te Deum의 저자 암브로시우스가 이 날조된 사건에 편승한 것을 서슴없이 비판한다. 하지만 Taylor는 암브로시우스와 그 시대의 정신을 구분함으로써 그의 인격을 세워주려고 노력한다. 그는 이렇게 말한다(ii. 270): "암브로시우스는 교부들 가운데 높은 자리를 차지한다. 그의 인품에는 열정과 위엄이, 게다가 왕성한 지적 능력이 있었으며, 이 점에 대해서는 존경을 받아 마땅하다. 그러나 그 개인을 칭송하는 것만큼 그가 몸담아 살던 사회에 대해서 비판을 하지 않을 수 없다. 당시 사회는 고상한 지성을 손상하고, 고매한 인격자에게 이교 철학자들조차 혐오스럽게 생각할 만한 일에 참여하도록 강요했다."

잘려져 있었고(두 순교자는 참수를 당했기 때문이다), 새로운 피가 흥건히 고여 있는 상태에서 유골이 그대로 보존되어 있었다.[117] 이들이 바로 문제의 성인들이었다. 이들은 이틀간 구름떼처럼 몰려든 군중에게 전시된 다음 엄숙한 행렬로써 암브로시우스의 교회에 안장되었는데, 운구 도중에 시각 장애를 지니고 있던 세베루스라고 하는 백정의 눈을 뜨게 해주었다. 세베루스는 훗날 이 교회의 교회지기가 되었다. 하지만 유골이 일으킨 기적은 비단 이것만이 아니었다. "기적의 시대가 다시 찾아왔다"고 암브로시우스는 말한다. "얼마나 많은 천들이, 얼마나 많은 옷가지들이 성유물들을 덮었으며, 그로 인해 얼마나 많이 병고치는 능력을 지니게 되었던가. 성유물을 덮었던 옷가지를 살짝 만져보기만 하는 것이 모든 이들에게 기쁨의 근원이었으며, 그것을 만지는 자들은 병고침을 받았다. 주 예수여, 당신의 교회가 더 강한 힘으로 보호를 받아야 하는 오늘날 거룩한 순교자들의 능력을 일으켜 주시오니 저희가 감사를 드리옵나이다. 모든 사람은 내가 어떠한 전사(戰士)들을 찾고 있는지를 알기를 바란다. 내가 찾는 전사들은 우리를 공격하지 않고 우리를 위해서 싸워줄 수 있는 사람들이고, 아무에게도 해를 입히지 않고 모두에게 유익을 끼치는 사람들이다."「성 게르바시우스와 프로타시우스가 발견된 일에 관하여」(De inventione SS. Gervasii et Protasii)라는 설교에서, 암브로시우스는 아리우스파가 비난을 가하는 '소경이 고침을 받은 기적'을 변호하며, 그것이 보편적으로 인정되는 부정할 수 없는 사실이라고 말한다. 고침을 받은 세베루스는 잘 알려진 사람이며, 자신이 성유물 보(褓)를 만짐으로써 시력을 되찾았다고 공개적으로 간증한다고 말한다.

제롬은 유골을 우상 숭배하듯 떠받드는 데 반대한 비길란티우스를 동정할래야 동정할 수 없는 가련한 사람이자, 죽은 자를 부정하게 여기는 사마리아인이요 유대인이라고 부른다. 그러나 미신의 비판에 대해서는 스스로를 변호한다. 우리는 순교자들의 하나님을 공경하기 위해서 순교자들의 유물들을 존중하며,

---

117) 암브로시우스가 정말로 1세기 사람들이 4세기 사람들보다 신장이 컸다고 믿었던 것일까? 그러나 특히 터무니없는 것은 신선한 피가 흥건히 고여 있었다는 대목과, 그 피가 만병통치약으로 기독교 세계 전역으로 팔려나갔다고 하는 대목이다. 로마의 전승에 따르면 나폴리의 야누아리우스가 흘린 피 같은 많은 성인들의 굳은 피가 매년 액체가 된다고 한다. Taylor는 백정이었다가 기적으로 고침을 받은 세베루스가 이 피와 무슨 관계가 있었을 것이라고 생각한다.

"너희를 영접하는 자는 나를 영접하는 것이요"라고 말씀하신 주님을 공경하기 위해서 종들을 공경한다고 그는 말한다.[118] 성인들은 죽지 않았다고 한다. 이는 아브라함과 이삭과 야곱의 하나님께서 죽은 자의 하나님의 아니요 산 자의 하나님이시기 때문이라고 한다. 순교자들은 마치 감옥에 갇혀 있듯이 심판 날까지 아브라함의 품에 한정되어 있지 않고, 어린양을 따라서 그가 어디로 가시든 따라다닌다고 한다.[119]

아우구스티누스는 위에 언급한 게르바시우스와 프로타시우스의 시신이 기적적으로 발견되었다는 이야기와 그들과 접촉한 소경이 고침을 받았다는 이야기를 사실로 믿었다. 왜냐하면 그 자신이 회심할 당시인 386년에 밀라노에 있었기 때문이다. 그때 그는 시신이 발견된 것을 목격하지는 않았으나 소경이 고침을 받은 기적과, 그로 인해 민중들이 크게 술렁이는 것을 목격했다.[120]

그는 최초의 순교자 스데반의 유골이 당시에 아프리카의 다양한 지역에서 일으켰다고 하는 무수한 기적 치유 사례들도 그대로 믿었다.[121] 이 성유물들은 415년에, 그러니까 스데반이 돌에 맞아 죽은 뒤 거의 4세기가 지나간 후에 예루살렘 근처의 한적한 작은 마을에서 가말리엘의 환상을 본 루키아누스라는 사제에 의해서 발견되었다. 어느 정도 세월이 흐른 뒤에 이 유물 가운데 일부가 북아프리카 우티카에서 그리 멀지 않은 우잘리와 스페인, 갈리아로 옮겨졌고, 그것이 가는 곳마다 미신적인 사람들 사이에서 큰 소란을 일으켰다.

그러나 아우구스티누스는 다른 한편으로는 진짜 성유물들과 가짜 성유물들이 매매되는 현실을 개탄하면서,[122] 이제는 세계가 기독교로 회심했으므로 기적이 사실상 필요없으며, 따라서 여전히 기적을 요구하고 있는 그 사람이 곧 기적이

---

118) *Ep. cix. ad Riparium.*

119) *Adv. Vigil. c. 6.*

120) 그는 이 일을 네 번이나 분명하게 말한다: *Confess. ix. 7; De Civit. Dei, xxii. 8; Serm. 286 in Natali MM. Protasii et Gervasii; Retract. i. 13, § 7.*

121) *Serm. 317 and 318 de Martyr. Steph. Is. Taylor*는 초대 순교자의 성유물에 관한 전설을 철저히 조사한 결과 그것 역시 신앙을 빙자한 날조에 근거한 것이었고, 그것을 아우구스티누스가 곧이곧대로 믿은 것이라는 결론을 내렸다.

122) *De opere Monachorum, c. 28.*

123) *De Civit. Dei, xxii. c. 8.*

라고 주장한다.[123] 하지만 거기에 덧붙이기를, 오늘날까지 예수의 이름으로 성례나 성인에 의해서 기적이 발생하긴 했으나, 기독교 세계 전체에 찬란히 빛나거나 그럴 만한 의미와 권위를 지닌 기적은 없었다 한다.[124] 이로써 그는 우리가 그러한 현상들을 평가할 때 비판적 회의(懷疑)를 가질 만한 정당한 근거를 제시하는 셈이다.

88. 니케아 시대의 기적들

초기 교회를 통틀어 당연히 가장 탁월하고 고매한 교부들로 평가받는 암브로시우스와 아우구스티누스 같은 증인들 앞에서 성유물에 의한 기적들을 통째로 부정하고, 그것을 착각과 경건한 거짓으로 평가하는 것은 위험한 일이다. 그러나 그런 증인들의 인격과 권위에 눌려 지레 입을 막거나 눈을 감아서는 안 될 것이다. 아무리 탁월하고 생각이 트인 사람들일지라도 미신과 시대의 편견을 완전히 벗어날 수 없다는 것은 경험이 충분히 입증해 주는 바이기 때문이다.[125] 따라서 니케아 시대 기적들의 신뢰성에 과도한 교리적 비중을 두어서는 안 되며, 그것 위에 가톨릭과 개신교 사이의 훨씬 광범위한 쟁점을 올려놓아서는 더욱 안된다.[126] 사람도 다 그렇듯이, 어느 시대든 빛과 그림자가 뒤섞여 있으므로 어떠

---

124) Ibid.

125) 예를 들면 루터를 괴롭힌 마귀의 환영(幻影), 매더(Cotton Mather, 1663-1728, 미국 청교도 목사)가 겪은 기이한 일(*Magnalia*), 옛 청교도들이 벌인 마녀 재판, 많은 유력 인사들과 지식인들이 믿고 추종한 현대의 미신들(강신술로서 나타나는 두드리는 소리와 탁자가 돌아가는 현상)을 들 수 있다.

126) 가톨릭 교회를 대변하여 많은 로마 가톨릭 사가들과 변증가들이, 개신교를 대변하여 Isaac Taylor가 이러한 논쟁을 벌였다. 후자는 이 책에서 자주 인용한 저서(vol. ii. p. 239)에서 다음과 같이 말한다: "우리 앞에 놓인 문제[니케아 시대 기적들의 진정성]는 엄격한 의미에서 교회의 원리들과 전승의 권위에 관한 현대의 논쟁에 결정적인 열쇠가 된다. 만약 4세기의 기적들과 그 후 같은 형태로 발생한 기적들이 참된 것이었다면, 개신교는 방어할 수 없는 것이 되고, 몹시 악한 유의 불경건으로 단죄받아 마땅하다. 그러나 만약 이 기적들이 악한 날조라면, 그리고 그것들이 경건을 빙자한 기만적 체계의 첫 산물이었다면, 현대의 교황제가 단죄받아 마땅할 뿐 아니라, 4세기 교회도 함께 단죄를 받아야 한다. 그리고 종교개혁이 '거짓의 아비' 인 교황의 예속에

한 육체도 시대를 초월하여 우뚝 서지 못하는 법이다. 교회사에서 가장 중요한 시기들조차 — 나름대로의 무수한 과오를 남긴 니케아 시대도 거기에 포함된다 — 땅의 질그릇에 하늘의 보화를 간직했으며, 구주의 흠없는 영광을 보잘것없는 색채로 담아냈다.

4세기의 기적들 가운데 대표적인 것들을 꼽자면 콘스탄티누스의 십자가 환상 (312), 그리스도의 십자가 발견(326), 율리아누스가 추진한 이교 신전 건립의 좌절(363), 프로타시우스와 게르바시우스의 유해 발견(386), 스데반의 유골 발견 (415)과 그로 인해 발생한 무수한 치유 기적들이다. 가장 중요한 콘스탄티누스의 기적에 관해서는 앞에서 자세하게 다룬 바 있다.

여기서는 이 어려운 주제에 관한 개괄적 평가 몇 가지 소개하고자 한다.

기적 자체의 가능성을 부인하는 것은 살아 계신 하나님과 천지를 창조하신 전능하신 하나님을 믿지 않는 자나 할 수 있는 일이다. 자연 법칙들은 하나님의 자유로운 의지의 기관들이다. 하나님은 자신을 쇠사슬로 영구히 결박하시지 않고, 유연한 줄로 뜻하시는 대로 얼마든지 늘이기도 하시고 줄이기도 하신다. 기적이 실제로 발생했다는 것은 성경을 믿는 신자라면 누구나 확실히 믿으며, 신약성경에도 기적을 사도 시대로만 국한하는 구절이 없다. 그리스도와 사도들이 믿지 않던 당대의 유대인들에게 자신들의 신적 사명의 외적 증거로서 기적을 일으키셨다고 한다면, 그러한 일은 이교적이고 회의적인 기독교 세계에서도 때때로 재현될 수 있다. 게다가 영적인 기적은 중생과 회심으로써 끊임없이 발생하고 있다. 하나님께서 때로는 배우지 못한 대중의 연약함을 헤아리셔서, 성인들과 그

서 기독교 세계를 해방시킨 사건으로 높이 평가를 받아야 한다." 따라서 테일러는 옛 가톨릭의 기적들을 사탄이 일으킨 거짓 기적으로 보며, 바울의 서신서들에 예고된 교회의 배교의 징후들로 본다. 그는 금욕주의와 수도원주의를 동일한 관점에서 바라보며, 그것이 창조 세계를 혐오하고 자연을 마귀의 영역으로 넘겨준 비기독교적인 현상으로서, 영지주의의 특징이었다고 주장한다. 그러나 이렇게 함으로써 니케아 시대뿐 아니라 이레나이우스와 이그나티우스에게까지 거슬러 올라가는 니케아 이전 시대까지도 이러한 배교의 범위에 포함시키며, 참 기독교의 단절됨 없는 연속성을 사실상 포기한다. 더욱이 한편으로는 교부들을 수도원 금욕주의와 거짓 기적의 주동자로 만들면서, 다른 한편으로는 그들의 신앙적 진실함과 불후의 업적에 대해서 그들을 존경하고 큰 찬사를 보내는 일관되지 않은 모습을 드러낸다.

들의 성유물들을 통해서 간구되던 일들을 실제로 이루어 주셨다는 생각도 그 자체가 무가치하거나 전혀 신뢰할 수 없다고만 볼 수는 없다.

그러나 다음에 소개할 몇 가지 비중있는 고려들은 니케아 시대와 이후 시대에 일어났다고 하는 기적들에 대해서 달리 생각하게 만든다. 그 기적들을 아예 부정하도록 만들지는 않을지라도, 적어도 그 사례들 하나하나를 매우 신중하고 회의적인 시각에서 바라보게 한다.

1. 이 기적들은 성경에 소개된 기직들에 비해 노덕적인 성격이 매우 낮다. 이것은 외양으로는 성경의 기적들보다 장엄하고 훨씬 마음을 사로잡는 몇몇 기적 사례들에도 해당된다. 수사들이 일으킨 많은 기적들은 초자연적이지도 이성을 초월하지도 않으며, 다만 부자연스럽고(기괴하고) 이성에 대립된다. 심지어 염세적인 은수자들이 신뢰의 관계를 맺고 지내던 광야의 들짐승들인 표범과 하이에나에게 도덕적 정서와 상태, 회개와 회심을 돌리는데,[127] 이런 것들은 신약성경에서 찾아볼 수 없다.[128]

2. 이 기적들은 기독교 신앙을 세우는 데 아무런 기여도 하지 않고, 대부분 금욕 생활과 성례의 기적적 효험, 성인과 성유물 숭배, 그 밖의 미신적 관행들을 뒷받침하는 역할을 할 뿐이다. 이런 것들은 분명히 후대에 생긴 것들로서, 건강한 복음적 정신에 적지 않게 해를 끼친다.

3. 이 기적들은 사도 시대에서 멀어질수록 수도 증가하며, 4세기에만도 3세기 동안 발생한 모든 기적들을 합친 것보다 더 많은 기적들이 발생했다고 전해지는데, 반면에 기적이 발생해야 했던 이유, 즉 이교 세계의 세력과 대치해야 했던 상황은 이전 시대보다 훨씬 적었다.

4. 교부들은 다른 점들에서는 퍽 훌륭한 모습을 드러내는데도 불구하고 하나님의 영광을 더욱 증진하기 위함(ad majorem Dei gloriam) 혹은 경건을 빙자한 조작(fraus pia)이라는 그릇된 명분에 정당성을 부여한 점에서는 진리에 대한 빈약한 의식을 드러냈다. 시대를 앞서갔던 아우구스티누스만 유일하게 온갖 형태의 거

---

127) 참조. § 34에 인용한 사례들.

128) 에덴 동산의 말하는 뱀(창 3장)과 발람의 말하는 나귀(민 22:22-23; 참조. 벧후 2:16)를 유추들로 인용해서는 안 된다. 왜냐하면 이 경우들에서는 이성 없는 짐승들이 외부의 도덕적 능력의 기관으로 쓰였을 뿐이기 때문이다.

짓을 정당하게 단죄했다.

5. 아우구스티누스, 투르의 마르탱, 그레고리우스 1세 같은 여러 교부들은 이미 자신들의 시대에 성인들의 유물을 이용한 사기가 광범위하게 자행되고 있다고 시인한다. 그리고 그러한 사기에 사용된 유물들이 똑같은 성유물들의 모사품들인데도 한결같이 진본이라고 광고된 사실로써 확증된다.

6. 니케아 시대의 기적들은 당대인들에게조차 의심과 비판을 받았고, 술피티우스 세베루스는 성 마르탱의 기적들이 자기 고장 사람들보다 외국 나라들에서 더 유명하고 확고히 믿어졌다는 중요한 발언을 한다.[129]

7. 크리소스토무스와 아우구스티누스 같은 교부들은 어느 정도 스스로 모순된 견해를 드러낸다. 특히 순교자 축일의 강론 시간에는 항간에 널리 퍼진 기적에 대한 신앙을 높이 평가하면서도, 성경을 차분히 강해하는 때와 같은 좀 더 냉정한 순간에는 기적이 이미 오래 전에 중단되었다고 가르치는 것이다.[130]

더 나아가 니케아 시대의 기적들을 배격한다고 해서 모든 사례들이 다 의도적인 거짓이라는 추론을 정당화하는 것이 아니고, 위대한 교회 교사들이 이 점에 대해서 주장한 것을 말살하는 것도 아님을 기억해야 한다. 정반대로 진짜 기적

---

129) *Dialog.* i. 18.

130) 이러한 주장은 특히 James Craigie Robertson(성공회의 중도파)이 제기한다: *History of the Christian Church to Gregory the Great,* Lond. 1854, p. 334. 그는 이렇게 말한다: "기적 주제에 관해서는 4세기 말부터 5세기 초에 이르는 시기에 활동한 저자들의 진술들에 상당한 모순이 있다. 성 크리소스토무스는 기적이 오래 전에 중단되었다는 것이 이미 오래 전에 해결된 유명한 주장이라고 말한다(v. Newman, in Fleury, vol. i. p. xxxix). 그렇지만 바로 그 시기에 성 마르탱, 성 암브로시우스, 그리고 이집트와 동방의 수사들은 신앙 요법 행위를 본격적으로 시행하고 있었다고 전해진다. Sozomen(viii. 5)은 성찬의 떡이 돌로 변하는 사건이 콘스탄티노플에서 발생했다는 이야기를 전하는데, 그때의 총대주교가 다름 아닌 크리소스토무스였다. 아우구스티누스도 성경에 기록된 유의 기적들은 더 이상 시행되지 않는다고 말하면서도 곧이어 당시에 발생한 무수한 기적들의 수효를 헤아리는데, 그 중 히포에서만 2년 동안 성 스데반의 유물에 의해서 발생한 공인된 기적만 해도 일흔 개에 달했다(*De Civit. Dei,* xxii. 8, 1, 20). 나는 대체로 사도들과 그들의 동역자들의 시대 이후에 기적들이 발생했을 수 있다는 생각을 부정하지 않긴 하지만, 구체적으로 제시된 사례들을 살펴보면 도무지 수긍할 수 없다." 아우구스티누스의 기적관에 대해서는 § 87을 참조하라.

과 사이비 기적 사이에는 자기 기만, 투시(透視), 최면 현상과 치유, 인간 영혼의 비정상적 현상 같은 중간 단계들이 놓여 있는데, 이런 것들은 미스테리로 가득 하며, 용의자들을 대할 때 생기는 평범한 생각보다는 보이지 않는 영적 세계에 더 가까이 서 있다. 예를 들어 콘스탄티누스가 보았다고 하는 십자가 환상은 예 언적인 꿈이었을 가능성이 있으며,[131] 율리아누스가 추진하다가 좌절된 유대교 성전 건립 작업은 하나님의 특별한 섭리였거나 역사적 심판이었을 가능성이 있 다.[132] 어린이들 사이에서 아무런 구애노 받지 않고 무의식적으로 기적들을 일으 키는 신화적이고 시적인 능력이 고적한 광야에서 지냄으로 인해 무슨 일이든 쉽 게 믿던 수사들 가운데서 작용하여 그저 평범한 사건이 기적으로 비화되었을 가 능성도 있다. 교회사의 이 불확실한 부분을 평가할 때는 미신적 신비주의도 경 계해야 하지만, 편협한 자연주의와 회의주의도 못지않게 경계해야 한다. 하늘과 땅에는 우리의 철학으로 꿈꾸는 것보다 더 많은 것들이 있다는 것을 잊어서는 안 된다.

89. 행렬과 순례

대축일들과 특별한 행사 때 엄숙한 종교 행렬을 벌이는 것은 일찍부터 유대인 사회의 관습이었고,[133] 심지어 이교 사회에도 이같은 것들이 있었다. 이것은 쇼와 전시를 좋아하는 인간 본성에서 비롯된다. 어느 나라에서든 군사 퍼레이드, 대 규모 장례식, 국가 축제 따위로 이러한 인간 본성이 표출되는 것이다.

교회는 콘스탄티누스 시대까지 탄압을 받았기 때문에 그러한 사회적 과시가 가능하지도 않았고 권할 만하지도 않았다.

하지만 4세기에 들어서면 동방과 서방에서 정통 신자들과 이단들 사이에서 금 식일과 기도일, 감사 절기들, 장례식, 주교 취임, 성유물 이전, 교회당 축성 등의

---

131) 참조. § 2.

132) 참조. § 4.

133) 예를 들면, 여리고성을 공격할 때(참조. 수 6:3 이하)와 솔로몬이 성전을 봉헌 할 때(참조. 왕상 8:1 이하), 예수께서 예루살렘에 입성하실 때(참조. 마 21:8 이하).

행사 때, 그리고 특히 사회가 재난에 처했을 때 엄숙한 종교 행렬이 거행되었던 것을 알게 된다. 대표적인 두 가지 행렬은 감사 행렬과 참회 행렬이었다. 후자는 십자가 행렬이라고도 불렀다.

행렬은 교회에서 교회로 이동하며, 성직자들과 수사들, 민중들이 열을 지어 가면서 기도문과 시편, 호칭기도를 말이나 노래로 주고받는 식으로 이루어진다. 대열의 중앙은 대개 지도자격인 주교가 차지한다. 그는 중백의와 영대, 대외의(對外衣)를 착용하고, 머리에 주교관을 쓰고, 왼손에는 주교장(主敎杖)을 짚고 오른손으로는 백성을 축복하며 간다. 성경 사본·수난상·깃발·화상(畫像)과 성유물·불 붙인 촛불이나 횃불이 행렬에 엄숙함을 보태어준다.[134]

연례 행렬들은 성촉절과 종려주일에 거행되었다. 13세기부터는 성체성혈 대축일(Corpus Christi)도 연례 행렬로 거행되었는데, 이 날에는 제단에 놓였던 성체(성찬의 빵)를 들고 행렬을 벌이어서 그것을 숭배했다.

순례는 거룩하거나 유명한 장소들을 직접 가서 봄으로써 호기심을 충족시키고, 신심(信心)을 키우고, 감사를 실천하려는 자연스러운 욕구에서 비롯되었다. 순례 역시 기독교 시대 이전부터 시행되었다. 유대인들은 매년 대절기들이 되면 예루살렘으로 올라갔다. 훗날 이슬람 교도들이 메카로 올라가는 것처럼 말이다. 이교 사회에서도 일찍부터 영웅들의 무덤에 제단을 세워놓고 그곳을 순례하는 관습이 있었다. 그리스도인들이 가장 거룩하게 여기고 큰 관심을 가졌던 장소는 구주께서 세상을 구원하시려고 태어나시고 고난을 당하시고 죽으시고 부활하셨던 장소들이었다.

기독교의 성지 순례는 개별적인 경우들이긴 하지만 심지어 2세기에도 나타나며, 미신적일 만큼 독실했던 콘스탄티누스 대제의 어머니 헬레나의 예로부터 강한 자극을 받았다. 헬레나는 326년에 일흔아홉의 나이에 예루살렘을 순례하여 요단 강에서 세례를 받고, 그리스도의 십자가를 발견하고, 골고다와 감람산, 베다리에서 이교의 가증한 것들을 제거한 뒤 기독교 교회당들을 건립했다.[135] 이 사업에 아들의 힘을 입어 막대하게 후원했으며, 결국 327년에 니코메디아에서 아들의 품에 안긴 채 숨을 거두었다. 이 유명한 순례자들의 교회들이 중세 내내 십

---

134) 고대에도 행렬이 이런 요소들로 이루어졌다고 단정할 수 없다.

135) Euseb., *Vita Const.* iii. 41 sq., and *De locis Ebr. s. v. Bethabara.*

자군들에게 원대한 영향을 끼쳤으며, 심지어 최근에까지 영향력을 발휘하고 있다.[136]

헬레나의 행위를 전해들은 많은 사람들은 자신들도 그러한 여행으로써 영혼구원을 좀 더 분명하게 확인해보겠다는 일념으로 순례의 길에 나섰다. 그들이 돌아오면서 이른바 그리스도의 십자가의 편린들과 요단 강의 물, 예루살렘과 베들레헴의 흙, 그 밖의 진짜와 가짜 성유물들을 가져왔고, 그것들이 기적을 일으켰다고 주장했다.[137]

생각이 깨인 대다수 교부들은 순례 그 자체의 가치는 인정하면서도 그것을 미신적으로 숭상하는 분위기를 막고, 사람들에게 신앙이란 어느 장소에서든 실천할 수 있는 것임을 깨우칠 필요를 느꼈다. 니사의 그레고리우스는 순례가 성경 어디에도 명령되지 않았고, 특히 여성들에게는 부적절하고 위험하다고 역설하며, 이른바 순교지들에서 성행하는 부도덕한 행위들을 비판적으로 소개한다. "다른 곳으로 간다고 해서 하나님이 더 가까이 계시지는 않는다. 만약 여러분의 영혼의 거처가 하나님께서 거하실 만한 곳으로 준비가 되어 있다면 여러분이 있는 곳에 하나님이 여러분을 찾아오실 것이다"라고 그는 말한다.[138] 제롬은 자신의 친구 파울라가 동방으로 순례의 길을 떠난 사실에 큰 존경을 표시하며, 자신은 자신의 베들레헴에서 구주의 구유와 탄생지를 동경했었노라고 말한다.[139] 그러나 그도 브리타니아가 예루살렘과 똑같이 하늘에 가까우며, 꼭 예루살렘을 순례하지 않아도 브리타니아에서 거룩하게 살면 그것이 훌륭한 것이라고 말한다.[140]

예루살렘과 베들레헴, 그리고 성지의 기타 지역들 다음에는 로마가 서방과 동방의 순례자들이 사도들의 제왕들(limina apostolorum)의 문턱을 밟아보기 위해서 몰려드는 유명한 곳이었다. 크리소스토무스는 자신이 시간과 건강상의 이유로 귀신들을 떨게 하고 천사들을 기쁘게 했던 베드로와 바울의 사슬에 입을 맞

---

136) 1854-56년의 크림 전쟁을 상기해 보라.

137) 예를 들어 아우구스티누스(*De civit. Dei*, xxii. 8)는 벌써 당시에 예루살렘의 거룩한 흙이 초자연적 효험을 발휘하고 있는 사례들을 소개한다.

138) *Epist. ad Ambrosium et Basilissam.*

139) *Adv. Ruffinum ultima Responsio*, c. 22 (Opp. ed. Vall. tom. ii. p. 551).

140) *Epist. lviii. ad Paulinum* (Opp. ed. Vallarsi, tom. i. p. 318).

추지 못한 것을 애석하게 생각했다.

아프리카에서는 히포가 스데반의 유골로 인해서 유명한 순례지가 되었고, 캄파니아 지방에서는 놀라에 위치한 성 펠릭스의 무덤이, 갈리아에서는 투르의 성 마르탱(397년 죽음)의 무덤이 인기있는 장소가 되었다. 마르탱의 무덤이 특히 유명했으며, 수없이 많은 기적의 무대가 되었다.[141] 심지어 욥에 대한 기억이 많은 순례자들을 아라비아로 가게 하여 그곳에서 잿더미를 보고, 하나님의 사람이 그토록 크게 인내했던 땅에 입맞추게 했다.[142]

로마와 그리스 교회들에서는 성지 순례 관습이 오늘날까지 이어지고 있다. 개신교는 과거의 위대한 인물들과 큰 사건들에 의해 신성시되어온 유명한 장소들을 방문하는 일에서 모든 공로와 미신적 부가물들을 제거하고, 그것을 감사와 신앙적 호기심의 문제로 축소시켰다. 하지만 이러한 제한 속에서 개신교 신자들조차 팔레스타인의 거룩한 지점들과 로마의 카타콤, 비텐베르크 성 교회에 있는 루터와 멜란히톤의 소박한 묘지들, 옥스퍼드에 있는 영국 순교자들의 묘지, 혹은 매사추세츠에 있는 순례 조부(Pilgrim Fathers)들의 험한 상륙 지점을 가서 바라보고는 감동과 격려를 받지 않을 수 없다. 개신교 신자는 그런 장소들을 보면서 죽은 위인들의 정신을 더욱 가까이 느끼되, 이 정신이 그들의 묘지에 남아 있는 게 아니라 하늘에 계신 하나님과 성도들과 함께 영원히 살아 있다는 것을 안다.

90. 주일의 공예배. 성경 낭독과 설교

하나님께 드리는 일상적 공예배의 순서와 각 부분들은 과거 시대와 동일하게 남아 있다. 그러나 교리문답자들의 예배(missa catechumenorum, 기도와 성경 낭독, 설교로 진행됨)와 신자들의 예배(missa fidelium, 성찬이 덧붙음)를 엄격히 구분하던 관습은 기독교가 널리 전파되고 교회와 국가가 결합하면서 그 의미를

---

141) 16세기의 위그노들은 우상 숭배의 대상이 되고 있는 마르탱의 유골을 태워 그 재를 바람에 날려버렸다.

142) 크리소스토무스가 그렇게 말한다(*Hom. v. de statius*, § 1, tom. ii. f. 59).

상실했다. 5세기 이후에는 로마 제국의 주민들이 적어도 이름과 신앙고백으로서 그리스도인들로 간주되었고, 과거에는 이교도들의 방해를 막기 위해서 은밀히 거행하던 예배의 부분들조차 참석할 수 있게 되었다. 그리스 교회의 '성찬식' (liturgy)이라는 용어와 라틴 교회의 '미사'(mass)라는 용어는 관습적으로 사용되던 '폐회' 문구에서 유래한 것으로서,[143] 4세기 말(398)부터는 성찬 예식을 가리키는 데 쓰였다. 이것이 본격적인 의미의 신적 예배로서, 예배의 다른 부분들은 이 부분에 예속되었다. 미사에 관해서는 다음에 좀 더 자세히 설명하겠다.[144] 이 부분에서는 성찬에 앞서 드렸던, 따라서 교리문답자들과 신자들이 함께 드렸던 예배의 부분들을 살펴보고자 한다.

성경 한 부분을 읽는 것이 여전히 예배의 본질적인 부분이었다. 397년의 카르타고 공의회와 그 밖의 교회회의들은 교회법 말미에 정경에 포함되지 않은 책들 (이를테면 사도 교부들의 저서들)을 예배 시간에 낭독하는 것을 금하되, 다만 순교자들의 축일들에 그들의 전설을 낭독하는 것은 허용했다.

하지만 그때까지는 후대의 그리스 · 로마 교회의 독서성구집처럼 의무적으로 사용해야 하는 성구 체계가 아직 갖추어지지 않았다. 렉티오 콘티누아(lectio continua), 즉 성경 전서를 낭독하고 강해하게끔 마련된 순서가 사실상 5세기까지 남아 있었으며, 교회력에 맞춰 예배에 사용할 책을 선정하는 작업이 주교의 판단에 맡겨졌다. 하지만 대축일들에는 그러한 부분들이 그날의 주제와 특별한 관계를 가지고 낭독되었다. 유대교 회당의 관습에 따라서 신약성경을 토대로 일

---

143) missa는 missio, dismissio와 동의어로서, 원래 예배 후에 말하던 관습적인 문구 Ite, missa est (ecclesia)를 뜻했다. 예배의 첫 부분이 끝나면 부제가 이 문구를 공포함으로써 교리문답자들을 돌려보냈고, 둘째 부분이 끝나면 이 문구로써 신자들을 돌려보냈다. 그러나 두 부분이 하나로 합치면서 폐회 문구도 끝에 한 번만 사용되었고, 그 뒤에는 예배 자체, 특히 성찬을 가리키는 데 사용되었다. 그리스 교회에서는 이에 상응하는 문구가 아포루에스테 엔 에이레네, 즉 ite in pace (Apost. Const. lib. viii. c. 15) 였다. 암브로시우스는 missa, missam facere라는 용어를 최초로 성찬을 가리키는 데 사용했다(Ep. 20). 이 단어가 헬라어 무에시스, 혹은 '행동하다'라는 뜻의 히브리어 동사 עשה에서 유래했다고 보는 견해들은 지나친 억측이며, 이 단어가 라틴 교회에서만 사용된다는 사실로써 배제된다. 참조. 제1권, § 101.

144) 참조. §§ 96, 97.

년치의 예배용 성구들이 점차 선정되었고,[145] 이렇게 선정된 성구들을 가리켜 교훈집(Lessons) 혹은 발췌집(pericopes)라고 불렀다. 이 작업이 라틴 교회에서는 5세기에, 그리스 교회에서는 8세기에 이루어졌다. 교훈집은 복음서들과 서신서들 혹은 사도서들에서 (일부는 예언서들에서도) 취했으며, 그런 이유에서 '특정 주일 혹은 축일을 위한 복음서와 서신서'라 불렀다. 하지만 어떤 교회들에서는 세 개 혹은 심지어 네 개의 교훈집을 사용했다(복음서 한 권, 서신서 한 권, 구약성경의 한 부분, 그리고 사도행전). 현존하는 신약성경의 많은 사본들은 공예배를 위한 발췌집 혹은 교훈집만 수록하고 있으며, 그 중 상당수가 복음서 발췌집만 싣고 있다. 460년경에 알렉산드리아의 부제 유탈리우스(Euthalius)는 연중 주일들과 축일들에 맞춰서 복음서와 사도서(요한계시록을 제외한)를 57부분으로 구분했으나, 이 방식은 널리 받아들여지지 않았으며, 동방 교회는 여전히 렉티오 콘티누아를 고수했다. 현존하는 라틴의 독서 성구집들 가운데 6-7세기에 유래했고, 마비용(Mabillon)이 편찬한 갈리아 독서 성구집(*Lectionarium Gallicanum*)과, 이른바 동역자들(*Comes*, 즉 성직자의 동역자들) 혹은 동역자들의 책(*Liber Comitis*)이 특히 유명했다. 전승에 따르면 동역자들의 책은 제롬이 편찬했다고 하며, 로마 독서 성구집과 서방의 발췌집 체계 전체의 토대를 이룬다. 이것이 라틴 교회에서 성공회와 루터교로 전래되었으나, 세월이 흐르는 과정에서 많은 변화를 겪었다.[146] 이러한 성경 발췌집은 대체로 교회력에 맞추어 작성되었으나, 신자들이 발췌집에 실리지 않은 성경의 상당 부분을 접할 수 없게 하는 단점이 있었다.

독서 성구집은 예배 시간에 독서자(lector)가 적절한 도입의 말과 함께 낭독대

---

145) 유대인들은 아마 에스라 시대부터 구약성경을 파라쉬오트(Parashioth)라고 하는 크고 작은 부분들로 구분했다. 예를 들면 모세오경은 54개의 파라쉬오트로, 선지서들(즉 후기 역사서들과 선지서들)은 여러 하프타로트(Haphtharoth)로 구분했다. 그리고 이 부분들을 안식일들에 낭독했다. 이러한 구분이 절(節)에 따른 구분보다 훨씬 오래되었다.

146) 동역자들의 책(*Liber Comitis*)이 대단히 오래되었다는 것은 대림절 주일 대신에 성탄절 전야를 출발점으로 삼는 점과, 삼위일체 축일과 대다수 성인들의 축일들이 빠져 있는 점에서 나타난다. 이 책은 여러 교정본들이 있는데, 가장 오래된 것은 Pamelius의 편집본이고, 다음으로는 Baluze, 세번째는 Thomasi의 편집본이다. E. Ranke는 *Liber Comitis*를 제롬이 교황 다마수스에게 의뢰를 받아 작성했고, 따라서 그가 서방 독서 성구집 체계의 창시자였을 가능성을 지적한다.

에 놓고 읽었다. 대체로 서신서를 먼저 낭독하고 다음에 복음서를 낭독했으며, 송영이나 시편 찬송으로 끝을 맺었다. 때로는 부제가 제단에서 복음서를 낭독하여 그것이 주님께서 친히 하신 말씀임을 특별히 강조했다.

교부들은 예배 시간의 독서 성구집 낭독을 듣는 것 외에도 매일 부지런히 성경을 읽고 공부하라고 근실히 지도했다. 특히 크리소스토무스가 그렇게 했는데, 그는 교회에서 발생하는 모든 부패가 성경을 제대로 배우지 않았기 때문에 생긴다고 역설했디. 그렇지만 벌써 그 시대부터 그는 성경이 성직자들과 수사들의 책일 뿐, 평신도들의 책이 아니라는 주장과 맞서 싸워야 했다. 결국 이 주장이 득세하여 중세에는 평신도가 성경 읽는 것을 교황이 금지하는 폐단으로 이어지게 된다. 엄격히 말해서 성경이 원래 의도된 대로 모든 신자들의 책이 된 것은 인쇄술의 발달과 종교개혁 정신, 그리고 근대의 성경 보급 단체들의 활동에 힘입은 결과였다. 고대와 중세의 교회에서는 성경 사본들이 퍽 귀하고 비쌌고, 읽어낼 실력도 소수에게 제한되었던 까닭에 대다수 신자들은 공예배 시간에 낭독되는 성경의 부분적인 내용에 의존할 수밖에 없었다. 이러한 현실을 제대로 감안해야 고대와 중세를 경솔하게 비판하는 우를 범하지 않을 수 있다.

성경 낭독 다음에는 설교 시간이었는데, 설교는 방금 낭독한 발췌문을 토대로 하거나, 순서에 따라 한 권 전체를 토대로 했다. 아타나시우스·나지안주스의 그레고리우스·대 바실리우스·크리소스토무스·암브로시우스·아우구스티누스 같은 고대의 위대한 설교가들이 창세기·선지서들·시편·복음서들·서신서들에 대해서 행한 연속 설교들이 좋은 예다. 그러나 대축일들의 경우에는 이미 그날에 적합한 본문을 선정해 두었다. 이런 점들을 미루어 볼 때 고대 교회에는 독서 성구집 사용을 강요하는 일이 없었으며, 성경 교훈 체계와 성경 전서에 대한 연속 강해 설교의 장점들이 잘 살려졌던 셈이다. 독서 성구집 낭독은 제단 사역(alter-service)에 속한 일이므로 교회력에 맞춰서 시행해야 하는 반면에, 설교는 강단에 속한 일이므로 하나님의 모든 말씀으로 확대될 수 있는 것이다.

4-5세기의 설교는 그리스 교회에서 절정에 달했는데, 그 대표적인 면모가 나지안주스의 그레고리우스와 크리소스토무스의 설교들에 잘 나타난다. 그러나 작위적인 수사(修辭)와 웅변조의 허풍, 연극식의 행동이 끼어들어 설교를 부패시킨 경우도 적지 않았다. 그에 따라 회중 사이에서 박수와 환호가 자주 터져나오는 부작용이 생겼다.[147] 오늘날도 그렇지만 그 시대에도 적지 않은 사람들이 하

나님께 예배를 드리러 교회에 가지 않고, 유명한 설교자의 설교를 듣기 위해서 교회에 갔고, 설교가 끝나면 곧 빠져나갔다. 설교는 교회에 가야만 들을 수 있지만, 기도는 집에서도 얼마든지 할 수 있다는 것이 그들의 논리였다. 크리소스토무스는 안디옥과 콘스탄티노플에서 이러한 폐단을 종종 비판했다. 인기 있는 설교가들의 설교 내용은 속기사들이 받아적어 많은 사본들로 제작했는데, 때로는 당사자의 허락을 받기도 했지만 허락받지 않은 채 사본을 제작하여 유포하는 일도 많았다.

서방 교회에서는 설교가 그다지 발달하지 않았다. 대체로 실천을 강조하는 간단한 교훈으로 이루어졌고, 성찬 제사의 배경으로서 의미를 갖고 있었다. 따라서 설교가 시작될 때 회중이 교회를 빠져나가는 일이 잦았으며, 이런 이유로 신앙과 예배의 자유로운 성격을 깨닫지 못한 많은 주교들이 문을 닫아놓고 강제로 설교를 듣게 했다.

설교는 주교의 의자나 성가대석 난간(cancelli) 낭독대에서 자유롭게 행해졌다. 설교 의무는 주교들에게 맡겨졌다. 심지어 레오 1세와 그레고리우스 1세 같은 교황들도 로마의 회중 앞에서 자주 설교했다. 하지만 장로들과 부제들이 설교를 하는 경우도 있었다. 레오 1세는 설교와 가르침의 권위를 정식으로 임명받은 성직자들에게 국한했지만,[148] 수사들과 은수자들이 거리와 기둥(성 시므온처럼), 지붕 혹은 나무 위에서 설교하는 모습도 드물지 않았다. 심지어 황제 콘스탄티누스와 그의 몇몇 계승자들과 같은 평신도들조차 신자들에게 종교적 내용의 글을 쓰거나 강론을 했다(비록 교회에서 행한 것은 아니지만).[149]

91. 성례 일반

---

147) 크리소스토무스와 아우구스티누스는 극장에서나 볼 수 있는 이러한 무질서를 자주 책망했으나 별로 성과를 거두지 못했다.

148) Ep. 62 ad Maxim.

149) Euseb. *Vita Const.* iv. 29, 32, 55, and *Constantine's Oratio ad Sanctos*, in the appendix.

훗날 '성례'[성사라는 뜻으로 굳어진 라틴어 **사크라멘툼**(sacramentum)이 우리가 다루는 시기에 이를 때까지도 아주 불확실한 의미로 사용되고 있었다. 모든 신비스럽고 거룩한 것을 망라하는 뜻으로 통했다. 테르툴리아누스 · 암브로시우스 · 힐라리우스 · 레오 · 크리소스토무스 등의 교부들은 이 단어를 심지어 삼위일체 · 그리스도의 신성 · 성육신 · 십자가 수난 · 부활 같은 신비스러운 교리들과 사실들에 적용했다. 그러나 5세기 뒤에는 주로 그리스도께서 제정하시고, 이를 통해 신적인 복이 인간들에게 나타나고 인쳐지고 적용되게 하는 거룩한 예배 형식들을 가리키는 데 사용되었다. 이러한 가톨릭적 신학 개념의 본질이 개신교 교회들에게로 전수되었다. 물론 그 그 과정에서 성례[성사의 수와 효과의 해석에 중대한 변화가 생겼다.[150]

아우구스티누스는 성례에 대한 막연하고 수사적인 과장을 배제하고 성례의 본질에 대한 뚜렷한 교훈을 수립한 최초의 교부였다. 그는 성례를 보이지 않는 은혜 혹은 신적 축복의 보이는 표로 정의한다. 그러므로 두 가지 구성 요소가 하나의 거룩한 행위에 속한다. 하나는 외적 상징 곧 만질 수 있고 볼 수 있는 요소이고, 다른 하나는 신앙의 대상인 내면의 은혜 혹은 신적 효험이다.[151] 표와 그것이 상징하는 내용, 이 두 가지가 축성(祝聖, consecration)의 말로써 결합한다.[152] 아우구스티누스가 가르친 교리와 그가 해놓은 여러 말들에 담긴 일반 정신을 놓고

---

150) Sacramentum이라는 단어는 교부들 사이에서 다음과 같은 뜻으로 쓰였다: (1) 일반적인 맹세. 로마의 세속적 저자들이 이런 뜻으로 사용했다. (2) 세례 때의 서약. 세례 지원자가 이로써 그리스도의 군인(miles Christi)으로서 죄와 세상과 마귀에 대해서 싸우며 그리스도께 영원히 충성하겠다고 서약했다. (3) 세례 때의 신앙고백. 이것이 영적 서약으로 간주되었다. (4) 세례 자체. 이런 뜻에서 종종 신앙의 성례(sacramentum fidei), 구원의 성례(sacramentum salutis), 구원의 표(pignus salutis)라 불렸다. (5) 이 단어는 비밀(mystery, 신비)와 거의 동의어가 되었다. 이것은 「불가타」가 헬라어 뮈스테리온을 정확하지 못하게 번역했기 때문이며(참조. 엡 5:32), 따라서 그리스도인들이 아닌 사람들에게는 감추인 복음의 사실들, 진리들, 계명들을 가리키는 데 쓰였고, 기독교 계시 일반을 가리키는 데 쓰였다. (6) 성찬(eucharist)과 그 밖의 교회의 거룩한 예식들을 가리키는 데 쓰였다. (7) 12세기 이후에는 가톨릭 교회의 잘 알려진 칠성사(七聖事)를 가리켰다.

151) Augustine, *De catechiz. rudibus*, § 50.

152) Augustine, *In Joann. Evang. tract* 80.

볼 때, 그는 그리스도께서 제정하신 신적 제도를 동시에 그러한 거룩한 예식의 표로도 간주했다고 추론하지 않을 수 없다.[153] 그러나 결과적으로 이 중요한 점이 교회의 인식에서 후퇴했고, 성례에 대한 생각과 그 수가 방만하게 늘어나는 것을 허용했다.

아우구스티누스는 성례의 효과(operation)에 관한 교리를 최초로 분명하게 수립한 교부이기도 했다. 그는 성례가 받는 사람의 상태에 따라서 은혜나 정죄를, 복이나 저주를 끼친다고 보았다. 그러므로 성례는 직접적이고 마술적으로 작용하지 않고 간접적이고 윤리적으로 작용하며, 후대 스콜라적 표현대로 사효적(事效的)으로(ex opere operato, 성례 자체의 힘으로) 작용하지 않고 받는 자의 적극적인 신앙을 매개로 삼아 작용한다고 보았다(인효적<人效的>으로, ex opere operantis: 역자주). 성례는 신적인 제도이므로 씨앗에 담긴 생명의 원리와 마찬가지로 그 자체에 객관적인 의미가 있으며, (도나투스파의 주장대로) 그것을 집례하는 사람의 주관적 조건에 좌우되지 않는다. 그것을 복으로 붙드는 사람들에게만, 혹은 믿음으로 그것을 명령으로 알고 받는 사람들에게만 복으로 임한다. 믿음은 성례가 효과적인 은혜를 끼치게 만드는 원인이 아니라, 그 은혜를 받기 위한 주관적 조건이다.[154]

아우구스티누스는 성례의 일시적 효과와 항구적 효과를 구분하며, 그로써 후대 스콜라주의의 지울 수 없는 특성(character indelebilis)이라는 교리의 길을 닦아 놓는다. 세례와 안수(서품)는 지울 수 없는 특성을 남기며, 따라서 취소될 수 없다. 아우구스티누스는 세례를 군인의 견장(stigma militare, character militaris)에 즐겨 비유한다(군인은 자기 군대의 견장이 명예가 되든 수치가 되든 항상 달고 있어야 한다). 이러한 근거에서 한 번 세례를 받았으면 영구히 세례를 받은 것이고, 한 번 사제가 되었으면 영구히 세례를 받은 것이라는 가톨릭 교리가 생겼다. 그럴지라도 세례를 받은 사람이나 안수(서품)를 받은 사람도 출교를 받아 영원히 멸망할 수 있다. 이미 당시에는 성례가 마술적으로 작용한다는 미신적 견해가 교회에서 강한 지지를 받았으며, 그것이 후대에 사효성(事效性, opus operatum)

---

153) 참조. Epist. 82, §§ 14, 15; Ep. 138, § 7; *De vera relig.* c. 16, § 33.

154) 이러한 견해를 토대로 후대에 다음과 같은 문구가 생겼다: "믿음은 성례의 복을 생산하지 않고 주관적으로 그것을 받아 활용한다."

이라는 스콜라주의적 표현으로 굳어졌다.

교부들은 한결같이 성례가 구원에 대해서 지니는 상대적인(절대적이 아닌) 필요성을 주장했다.[155] 그들이 성례, 특히 세례와 성찬을 사죄와 하나님의 은혜를 받아 누리도록 하나님께서 제정하신 방법들로 이해한 것이 사실이지만, 그럼에도 불구하고 사람이 멸망하게 되는 것은 성례를 받지 않기 때문이 아니라 성례를 멸시하기 때문이라고 확고히 주장했다.[156] 이 주장을 뒷받침하기 위해서, 그들은 모세와 예레미야, 세례 요한, 십자가에 달린 강도 — 하지만 이들은 모두 구약 경륜에 속한 사람들이다 — 와, 세례를 받고 성찬에 참여할 기회를 얻기 전에 피로써 그리스도께 대한 신앙을 확증한 수많은 기독교 순교자들을 예로 들었다. 동정녀 마리아와 사도들도 어떤 의미에서는 이 부류에 해당된다. 그리스도께서 친히 세례를 주시지 않았으므로 이들은 기독교의 물세례를 받지 않았고, 그 대신 오순절에 성령과 불로써 세례를 받았기 때문이다. 고넬료도 세례를 받기 전에 베드로를 통해서 성령의 선물을 받았다. 그러나 성령을 받은 뒤에라도 기꺼이 외적인 성례를 받았다. 이 견해와 맥을 같이하여, 진실한 회개와 참된 신앙, 그리고 무엇보다도 순교의 피 세례(baptismus sanguinis)가 성례를 벌충해 주는 것으로 간주되었다.

성례의 수효는 여전히 불확실한 상태로 남아 있었다. 그럴지라도 우리가 다루는 시기의 교부들 사이에서는 세례와 성찬이 유일한 성례로 혹은 가장 중요한 성례로 간주되었다.

아우구스티누스는 성례의 수효가 줄어들었으나 의미는 강화된 것이 구약보다 신약이 뛰어난 점으로 간주하며,[157] 세례와 성찬을 주님의 허리에서 흐른 물과

---

155) 아우구스티누스도 그러했다. *De peccat. merit. et remiss. lib.* i. c. 24, § 34: 엄밀히 말한다면, 퀘이커 교도들과 세례받지 않은 유아들은 구원에서 배제되는 셈이다. 그러나 아우구스티누스는 세례받지 않은 상태에서도 회심했을 가능성을 예외적으로 인정한다. 본문의 이하 내용을 참조하라. 스콜라주의자들은 좀 더 정확하게 세 가지 필요성을 구분했다: (1) 절대적; (2) 목적론적; (3) 가설적 혹은 상대적. 성례들에는 마지막 필요성만 해당된다. 왜냐하면 하나님께서는 현재 기존 상황하에서 당신이 제정해 놓으신 이 방법들 없이는 평상적으로 사람을 구원하고자 하시지 않기 때문이다. 토마스 아퀴나스에 따르면 세 가지 성례, 즉 개인에게는 세례와 고해, 온 교회에게는 서품만 완전하게 필요하다고 한다.

156) 참조. Augustine, *De bapt. contra Donat.* l. iv. c. 25, § 32

피와 관련지어 교회의 존립에 터가 되는 참된 혹은 주된 성례들이라고 부른다.[158]
그러나 그는 포괄적인 성례 개념에다가 성경에 권장된 그 밖의 신비스럽고 거룩
한 관습들인 견신례[견진성사]와 결혼[혼인성사]과 성직 임명[신품성사]을 포함시
킨다. 이로써 그는 기독교의 다섯 가지 성례를 어느 정도 이미 승인한 셈이며,
후대의 로마 교회는 여기에다 고해성사와 종부성사[병자성사]를 추가했다.

예루살렘의 키릴루스는 자신의 「비법전수적 교리문답」(*Mystagogic Catechism*)
에서, 밀라노의 암브로시우스는 그의 책으로 추정되는 여섯 권으로 이루어진
「성례론」(*De Sacramentis*)에서 세례와 견신례와 성찬, 이 세 가지 성례만 언급할
뿐이다. 니사의 그레고리우스도 세 가지를 언급하지만 견신례 자리에 성직 임명
을 넣는다. 이는 동방 교회에서는 견신례 곧 안수를 그다지 중요하게 여기지 않
고 세례의 일부분으로 간주했기 때문이다. 반면에 서방 교회에서는 견신례가 점
차 독립된 성례로 굳어졌다.

6세기에 디오니시우스의 이름을 도용하여 저서를 남긴 그리스의 저자는 성례
를 여섯 가지로 소개한다: (1) 세례 곧 조명; (2) 성찬 곧 축성(consecration)들 중
의 축성; (3) 기름 부음으로 행하는 축성 곧 견신례; (4) 사제들에 대한 축성; (5)
수사들에 대한 축성; (6) 죽은 자에 대한 축성 곧 종부성사. 여기에는 혼인성사와
고해성사가 빠졌다. 대신 그 자리에 수사들에 대한 축성이 포함되었으나, 훗날
이것은 성례의 목록에서 제외되었다.

북아프리카와 밀라노, 갈리아의 교회들에서는 세족례(洗足禮)도 오랫동안 엄
연한 성례의 지위를 유지했다.[159] 암브로시우스는 로마 교회에 반대하여 세족례
의 성례적 성격을 주장했으며, 심지어 그것이 그리스도께서 제정하신 예식이며,
마치 세례가 인간을 자범죄에서 구원하듯이 원죄에서 구원해 주기 때문에 세례
만큼 필요한 예식이라고 주장했다. 이것은 그가 정당하게 파악하여 제시한 견해
이지만, 결국 받아들여지지 않았다.

성례의 수효에 관한 이러한 불확실성은 12세기까지 지속되었다.[160] 그럼에도

---

157) *Contra Faust.* xxix. 13.

158) *De symb. ad Catech.* c. 6.

159) 암브로시우스, 아우구스티누스, 그리고 「고대 갈리아 미사경본」(*Missale
Gallicum vetus*)의 증언에 따르면.

160) 가경자 베다(Beda Venerabilis, 735년 죽음), 코르비의 라트람누스(Ratramnus,

불구하고 동방이든 서방이든 12세기 이래로 교회의 관습은 조용히 성례를 일곱 가지로 한정하는 경향을 띠었다. 이 점에서는 그리스 교회와 로마 교회가 합치된 태도를 보였고, 심지어 5세기 이래로 그리스 정교회로부터 갈라져 나간 네스토리우스파와 단성론파조차 같은 태도를 취했다.[161]

서방 교회 최초로 성례를 일곱 개로 규정한 사람은 대체로 밤베르크의 주교 오토(Otto, 1124)로 추정되는데, 좀 더 정확하게 말하자면 '신앙 명제들의 거장' 페트루스 롬바르두스(Peter Lombard, 1164년 죽음)였다. 이 견해는 인간의 삶과 인간 사회의 가장 중요한 종교적 필요를 일곱 가지로 규명한 토마스 아퀴나스와 그 밖의 스콜라 학자들에 의해 이성적·수사학적으로 정당화되었다.[162] 그리고 이 견해가 1439년에 그리스 교회의 동의하에 피렌체 공의회에 의해 최종적으로 공식화했고, 트렌트 공의회에 의해서 이와 다르게 생각하는 자들에게 저주가 선언되었다. 종교개혁은 다른 쟁점들뿐 아니라 이 쟁점에 대해서도 신약성경으로 되돌아갔다. 세례와 성찬만이 그리스도께서 친히 제정하시고 명하신 성례라고 규명했고, 종부성사를 (처음에는 견신례까지도) 철저히 배격했고, 고해는 내면 생활의 영역으로 한정했고, 견신례·결혼·성직 임명은 좀 더 일반적인 신앙적 행위와 관습의 영역으로 한정했으며, 비록 이 행위들에 다소 성례적 성격이 있

868년 죽음), 베로나의 라테리우스(Ratherius, 974년 죽음)는 성례를 열거하면서 세례와 성찬만 언급한다. 심지어 헤일의 알렉산더(Alexander, 1245년 죽음)조차 그리스도께서 제정하신 것이 세례와 성찬뿐이라고 말한다. 반면에 다미아니(Damiani, 1072년)는 성례를 열두 개로 언급한다: 즉, 세례, 견신례, 병자 도유(塗油), 주교 축성, 왕 축성, 교회당 축성, 고해, 교회법 축성, 수사 축성, 은수자 축성, 수녀 축성, 결혼. 클레르보의 성 베르나르(1151년 죽음)는 성례를 열 가지로 열거한다. 견신례는 대개 성례에 포함되었다.

161) 하지만 그렇게 확정된 수가 동방의 이 초기 분파들의 신조 문서들이나, 심지어 정통 신학자인 다마스쿠스의 요한의 글에조차 실린 뚜렷한 흔적이 없다.

162) 그들이 주장한 일곱 가지 종교적 필요와 성례의 관계는 대체로 이러하다: 출생 = 세례; 성장 = 견신례; 자양 = 성찬; 치유 = 고해; 완전한 회복 = 종부성사; 사회의 번식 = 결혼; 사회의 정부 = 신품. 다른 이들은 성례를 본성의 네 가지 핵심 덕목인 지혜·용기·정의·절제와 세 가지 신학적 덕목인 믿음·사랑·소망과 비교한다. 그러나 성례들과 덕목들을 일치시키는 양태는 사람들마다 다르다. 물론 이러한 비교 자체가 다소 작위적이고 공상적임은 두말 할 나위가 없다.

음을 인정할 수 있어도 결코 세례와 성찬과 동렬에 놓을 수 없다고 판단했다.

92. 세례

세례와 세례에 의한 중생에 관한 니케아 이전 교부들의 견해가 이 시기에 들어서면, 성례에 관해 특별한 논문들을 쓴 대 바실리우스와 두 명의 그레고리우스에 의해서 수사적인 문체로 크게 윤색되고, 아우구스티누스에 의해서 더욱 분명하고 논리적으로 발전된다. 하지만 중생에 관한 교부들과 로마 가톨릭 교회의 견해는 그것이 마음의 주관적 변화(이것은 회심이라고 해야 더 옳다)를 뜻하기보다는 죄인의 객관적 상황과 관계에 발생한 변화, 즉 그가 사탄의 나라에서 그리스도의 나라로 옮긴 것을 뜻한다는 점에서, 오늘날 대다수 개신교 교단들, 특히 좀 더 청교도적 성격을 띤 교단들 사이에 성행하는 견해와 상당히 다르다. 현대의 어떤 신학자들은 세례를 받은 많은 사람들에게 새 생명의 증거가 현저히 결핍되어 있는 사실을 교부들의 교리와 조화시키기 위해서 세례적 중생과 도덕적 중생을 구분한다. 그러나 우리는 여기서 이 교리에 따르는 난제들을 논의하는 자리에 들어갈 수 없으며, 역사 진술의 선을 넘지 말아야 한다.

나지안주스의 그레고리우스는 세례에 기독교의 모든 복, 특히 사죄와 신생(新生), 하나님의 형상의 회복이 결집되어 있다고 본다. 어린이들에게 그것은 은혜의 인(印)이자, 하나님을 섬기는 일에 구별하여 드리는 것이다. 니사의 그레고리우스에 따르면 유아는 세례를 받음으로써 아담이 쫓겨났던 낙원에 다시 받아들여진다. 그리스 교부들은 뚜렷한 원죄관이 없었다. 펠라기우스파인 에클라눔의 율리아누스(Julian)에 따르면 크리소스토무스는 다음과 같이 가르쳤다고 한다: 우리가 유아들이 죄에 오염되지 않았음에도 세례를 베푸는 목적은 성결과 의와 양자됨과 유업과 형제애가 그리스도를 통해서 그들에게 전가되도록 하기 위함이다.[163]

---

163) 이 구절은 크리소스토무스의 저서에서 발견되지 않는다. 하지만 아우구스티누스는 그 인용문을 논박하지 않고 설명하려고 노력한다(*Contra Julian*, i. c. 6, § 21).

164) 참조. *De peccat. mer.* i. 20, 21, 28; Ep. 186, 27. 그는 이교도들에게도 비교적

아우구스티누스는 세례의 효능을 그가 좀 더 철저히 수립한 원죄 교리와 관련 지었다. 세례는 원죄의 죄책에서 건져주며, 육체의 죄악된 정욕을 씻어주는 동시에, 어른들에게는 세례받기 전에 지은 모든 자범죄들을 사함받게 하는 효과를 발휘한다고 보았다. 암브로시우스와 그 밖의 교부들과 마찬가지로, 요한복음 3:5을 토대로 세례가 천국에 들어가기 위해서 필요하다고 가르쳤으며, 그 본문으로부터 세례받지 않고 죽은 유아들이 멸망에 떨어진다는 두려운 교리를 연역해 냈다. 비록 그린 유아들에게 사상 온건한 형태의 멸망을 매기긴 했지만 말이다.[164]

318년의 카르타고 공의회도 같은 견해를 고수하여서, 법령 제2조에서 세례받지 않고 죽은 유아들이 행복한 중간기 상태에 들어간다는 개념을 배척했다. 하지만 여기서 눈여겨 봐야 할 것은, 법령 제2조에 추가된 이 내용이 그 공의회 법령을 기록한 모든 사본들에 실려 있지 않으며, 아마 어떤 두려움 때문에 삭제했을 가능성이 있다는 점이다.[165]

아우구스티누스에게서 이미 스콜라적이고 가톨릭적인 세례 교리의 모든 씨앗이 발견된다. (물론 그 씨앗은 그의 예정·하나님의 은혜의 주권·성도의 견인(堅忍) 교리와 전혀 일치하지 않는다.) 스콜라적 가톨릭 교회의 견해에 따르면, 세례는 중생의 성례로서, 이 성례는 소극적으로 죄사함의 방도 곧 원죄와 세례받기 전에 지은(세례 후에는 해당되지 않음) 자범죄를 사하는 방도이고, 적극적으로 보자면 효과적이고 협력적 은혜(gratia operans and co-operans)를 전가하여 믿음으로 새로운 영적 생명을 살게 해주는 토대이다. 이 효과가 생기기 위한 주관적 조건은 합당하게, 즉 참회하는 믿음으로 받는 것이다. 유아에게는 자범죄가 없으므로 이 경우에 세례의 효과는 원죄의 죄책을 제거하는 것으로 국한된다. 그리고 유아는 믿음을 표시할 수 없기 때문에 아우구스티누스도 비슷하게 생각하듯이 (부모들과 후견인들로 대표되는) 기독교 교회가 유아를 대신하여 기

온건하고 참을 만한 정죄를 할당했다(*Contr. Julian.*, iv. 23).

165) 참조. Neander, l. c. i. p. 424. 특히 Hefele, *Conciliengeschichte*, ii. p. 103. 이시도루스와 디오니시우스의 글에는 나오지 않는 문제의 단락은 다음과 같이 되어 있다: "천국이나 다른 곳에, 세례받지 못하고 죽은 유아들이 비록 그로 인해 천국 곧 영생에 들어가지는 못할지라도 행복하게 살고 있는 중간 지대가 있다고 말하는 사람은 저주를 받게 된다."

독교 다중(多衆) 앞에서 세례받은 유아를 가르칠 책임을 맡는다.[166]

이 시기에는 유아세례의 정당성과 사도적 기원을 대체로 받아들였다. 펠라기우스주의자들도 예외가 아니었다. 비록 유아세례 개념이 자신들의 체계에 맞지 않았는데도 그러했다. 그들은 원죄를 부정했고, 세례가 정결 의식이므로 반드시 죄 사함과 관계가 있다고 믿었던 것이다. 그들은 유아세례에 개선의 효과가 있다고 보았다. 켈레스티우스(Celestius)는 어린이들이 세례에 의해서 더 높은 단계의 구원 곧 하나님 나라에 들어갈 자격을 얻는데, 그것은 자연적인 능력으로는 얻을 수 없는 것이라고 주장했다. 따라서 그는 세례받지 않고 죽은 어린이들을 위해서 낮은 단계의 구원에 이르는 중간 상태를 가정했으며, 이것을 위에서 언급한 카르타고 공의회의 법령 제2조가 단죄했다. 펠라기우스는 비교적 신중한 태도를 견지했다. 세례받지 않고 죽은 어린이들이 어디로 가는지 자신은 알지 못하지만, 그들이 어디로 가지 않는지는 안다고 그는 말했다.

그러나 이렇게 유아세례가 보편적인 인정을 받았음에도 불구하고 실천적인 면에서는 결코 보편적이지 않았다. 강제 세례 — 이것은 기독교와 성찬의 본질에 위배된다 — 가 그때까지는 아직 알려지지 않았다. 많은 그리스도인 부모들이 자녀의 세례를 연기했는데, 때로는 무관심에서 그러기도 했고, 때로는 자녀가 커서 세례 은혜를 저버림으로써 더 나쁜 상황에 처하게 될까봐 두려워서 그러기도 했다. 예를 들어 나지안주스의 그레고리우스와 아우구스티누스는 모두 대단히 경건한 어머니 슬하에서 자란 사람들인데도 유아세례를 받지 않고 어른이 되어서야 세례를 받았다. 그러나 훗날 그들은 이 점을 유감스럽게 생각했다. 그레고리우스는 어떤 어머니에게 이렇게 조언한다. "죄가 당신의 자녀를 주관하지 못하게 해야 합니다. 자녀가 강보에 있을 때부터 하나님께 거룩히 구별해서 드려야 합니다. 당신은 본성의 연약함 때문에 신적인 표를 받기를 두려워하고 있군요. 그건 믿음이 약해서 그런 겁니다! 한나는 사무엘을 낳기 전부터 주님께 봉헌했습니다. 낳은 직후에는 자녀를 드려 제사장으로 훈련받게 했습니다. 인간

---

166) 스콜라주의자들은 세례가 모든 이들에게 적극적인 은혜를 전가하는지, 아니면 어른들에게만 전가하는지에 대해서 완전히 통일된 의견을 내놓지 못했다. 페트루스 롬바르두스는 후자의 견해에 섰지만, 대다수 신학자들은 비록 저마다 수정안을 제시하긴 했으나 세례의 긍정적 효과가 유아들에게까지 확대된다고 주장했다.

의 연약함을 두려워하지 말고 하나님을 의뢰하세요."

많은 어른 교리문답자들(세례 준비자들)과 개종자들도 더러는 경박하고 세상 사랑하는 마음을 버리지 못해서, 더러는 지나친 신중함과 세례의 마술적 효험을 잃을지도 모른다는 미신적 두려움 때문에 나중에 불행한 일을 당하거나 중병에 걸릴 때까지 세례받기를 보류했다. 가장 유명한 예가 임종 침상에서 비로소 세례를 받은 황제 콘스탄티누스이다. 당시에 세례를 연기한다는 것은 회개와 회심을 연기히는 것과 같았다. 이러한 관습은 대다수 유력한 교회 교사들에게 배척을 당했으나 좀처럼 사라지지 않다가, 유아세례가 보편적으로 도입된 5세기에 가서야 비로소 점차 자취를 감추었다.

이 무렵에 이단 세례는 그것이 삼위일체 하나님의 이름으로 베풀어졌을 경우에는 일반적으로 유효하다고 간주되었다. 적어도 서방 교회에서는 로마의 견해가 키프리아누스의 견해를 극복하고 널리 퍼진 셈이다. 다만 도나투스파는 예외였는데, 이들은 (가톨릭 세례뿐 아니라) 이단 세례를 철저히 배격했고, 성례의 효과를 교회의 상태에 두었을 뿐 아니라 성례를 집례하는 사제 개인의 경건 상태에도 두었다.

아우구스티누스는 도나투스파를 비판한 저서들에서 다음과 같은 논거로써 이단 세례의 유효성을 변호한다: 세례는 그리스도께서 제정하신 예식이며, 목회자는 다만 그리스도를 대신하여 이 예식을 거행한다; 성례의 은혜 혹은 효험은 전적으로 그리스도께 달려 있으며, 집례하는 대리인의 도덕적 상태에 달려 있지 않다; 불신자가 받는 것은 성례의 능력이 아닌 성례의 형식일 뿐이다; 세례를 받은 자라도 그가 보편의 구원의 사귐 안에 있지 않으면 성례가 소용 없지만, 그가 신앙을 고백하고 사귐 안에 들어오면 성례가 효과 있게 된다. 세례는 어디서 시행되든 지울 수 없는 특성, 혹은 그의 표현을 빌자면 '주님의 특성'(character dominicus), '왕의 특성'(character regius)을 부여한다. 아우구스티누스는 세례를 종종 '군인의 표지'와 비교한다. 군인은 표지로써 자신이 합법적인 지휘관에 의해서 몸에 낙인을 받은 사람인지, 반란군 지휘관에 의해서 낙인을 받은 사람인지 확연히 드러내며, 그 표지로 인해 복무할 의무를 지니며, 불복종했을 경우 처벌을 당하게 된다.

반면에 정통 신앙을 버리고 이단이 되었던 자가 보편적 교회에 들어오려고 하면 반드시 안수의 방식으로 가입 승인을 받았다. 보편적 교회는 그런 사람을 참회자처럼 대했다. 대 레오는 그런 사람들이 성화의 능력은 받지 못하고 다만 세례의 형식만 받았다고 말한다.[167]

반면에 니케아 시대의 가장 유력한 그리스 교부들은 키프리아누스와 피르밀리아누스의 견해를 지지했다. 아타나시우스 · 나지안주스의 그레고리우스 · 바실리우스 · 예루살렘의 키릴루스는 정당한 형식 외에도 세례를 베푸는 교회의 참된 삼위일체적 신앙도 세례가 유효하기 위한 필수적 조건으로 간주했다. 이른바 「사도 교령」(*Apostolic Canons*) 제45조는 회심한 이단들을 재세례 없이 받아들이는 행위를 파문으로 경고한다. 그러나 세월이 흐를수록 동방에서조차 온건한 견해가 득세했고, 마침내 절충안을 토대로 확정되었다.

381년의 콘스탄티노플 에큐메니컬 공의회는 법령 제7조에서(하지만 라틴어 판본들에는 이 조항이 빠져 있으며, 아마 후대에 삽입된 것으로 추정된다) 아리우스파 · 사바티우스파(the Sabbatians. 노바티아누스파의 한 집단으로서, 그들의 지도자 사바티우스의 이름을 따서 그렇게 부름), 십사일파(the Quartodecimanians) · 아폴리나리우스파의 세례를 인정하지만, "한 번의 침수로만 세례를 베푸는" 유노미우스파(the Eunomians)와 "성자로 나타난 성부를 가르치는" 사벨리우스파(the Sabellians), 몬타누스파(당시에는 이 집단이 정통교회의 세례 신조를 사용하지 않은 듯함), 그리고 그들과 같은 유의 이단들의 세례는 배척했다. 후자의 집단들에서 돌이켜 가톨릭 교회에 가입하고자 하는 사람에게는 먼저 귀신을 쫓아내는 의식을 거행한 뒤 교육을 시행하고 세례를 주었는데, 따라서 그를 이교의 개종자와 같은 차원에 놓고 대한 셈이다. 692년의 트룰로 공의회는 법령 제95조에서 이 법령을 재차 공포하면서 네스토리우스파와 유티케스파, 디오스쿠루스와 세베루스의 추종자들을 간단히 오류만 철회하면 교회에 받아줄 수 있는 이단들의 대상에 포함시켰다. 이러한 결정들은 원칙과 일관성이 결여된 것이었다.

개종자와 어른의 경우는 세례에 앞서 시행되고, 유아의 경우에는 세례 뒤에 시행한 교리문답 교육은 회중 앞에서 공개 검증(scrutinium)을 끝으로 종료되었다. 공개 검증 때는 교리문답자들이나 어린이들의 대부모(代父母)들이 신조 — 동방에서는 니케아 신조, 서방에서는 사도신경 — 를 암기하고 고백했다.

---

167) *Epist.* 129 ad Nicet. c. 7.

어른들이 주로 세례를 받은 시기는 부활절과 오순절이었으며, 동방에서는 주현절도 세례의 적기였다. 로마 제국의 인구가 이교에서 대거 기독교로 옮겨간 4세기에는 대절기[대축일]들이 되면 세례당(baptistery)이 개종자들로 붐볐으며, 이러한 집단 세례는 종종 장엄하고 엄숙한 성격을 띠었다. 어린이들은 태어난 직후에 세례를 받아 교회에 가입되는 것이 보통이었다.

세례의 형식은 여전히 침수(浸水)가 사용되었고, 동방에서 이러한 관행이 특히 두드러졌으며, 그 방식은 삼위일체의 이름을 근거로 한 삼중 침수였다. 그럴지라도 대 그레고리우스는 단회 침수도 허용했다. 스페인에서는 단회 침수 방식이 아리우스파의 다신론적 삼위일체관을 견제하기 위해 관행으로 굳어져 있었던 것이다.[168]

세례에는 여러 예비적이고 부가적인 의식들이 따랐는데, 그 중 더러는 일찍이 2-3세기에 생긴 것들이었다. 이 의식들은 나름대로 의미를 갖고 있긴 했으나 세례 본연의 순수함을 가리고 모호하게 만들었다. 구체적으로 소개하자면 이와 같다: 구마(驅魔) 곧 귀신을 내어쫓음[169]; 세례 예비자들에게 숨을 내쉼(insufflare, 요한복음 20:22에 따른 성령을 불어넣어 주는 표시); '에바다!' 라고 말하며 세례 예비자들의 귀를 만짐(sacramentum apertionis<소통의 성례>. 마가복음 7:34을 근거로 한 것으로서, 영적 깨달음의 문을 연다는 뜻을 지님); 그리스도의 군인이 되었다는 뜻으로 이마와 가슴에 십자가 성호를 그음; 그리고 적어도 아프리카에서는 마가복음 9:50, 마태복음 5:13, 골로새서 4:6에 따라 소금을 하나님의 말씀의 상징으로 전달함. 세례를 받을 때 개종자들은 요한계시록 2:17에 따라 대체로 새로운 이름을 받았다.

세례식 때 수세자(受洗者)는 먼저 서쪽을 바라보면서 사탄과 그의 모든 허영과 그를 섬겨온 생활을 내버린 다음, 동쪽으로 돌아서서 그리스도게 충성을 서약하고, 신조를 암송하거나 집례자의 질문에 답하는 방식으로 삼위일체 하나님께 대한 신앙을 고백했다. 그러면 집례자는 수세자의 이름을 부르면서 남녀 집사[부제]들의 보조를 받아 삼위일체 하나님의 이름으로 세 번 혹은 한 번 수세자를 물에 담그었다. 그리고는 수세자에게 축성(祝聖)된 기름을 바른 뒤(견신례), 그동안

---

168) Greg. Ep. i. 43, to Bishop Leander of Seville.
169) 참조. 제1권, vol. i, p. 399.

세례 예비자들의 영적 열등함을 표시하기 위해서 그들의 머리에 착용하게 했던 베일을 벗겼고, 중생과 성결과 자유의 상태에 들어왔다는 표시로 흰옷을 입혔다. 서방 교회에서는 세례가 끝나면 수세자에게 어린아이 같은 순수함을 간직하고 성찬을 미리 맛보라는 뜻에서 우유와 꿀을 주었다.

93. 견신례(堅信禮)

처음 몇 세기 동안은 견신례가 특히 어른의 경우에는 세례를 마무리하는 의식으로서 세례식과 밀접히 연관되었다. 하지만 개종자 세례가 끊기고 유아세례가 증가하면서부터는 점차 독립된 성례로 간주되었다. 아우구스티누스와 레오 1세 같은 교부들조차 이 의식을 분명히 성례(sacramentum)라고 부른다.[170] 이러한 독립성은 특히 주교가 이 의식을 집례한 라틴 교회에서는 성직위계제도가 강화되면서 더욱 촉진되었다.

가톨릭 교회의 견신례 이론은 이 의식이 세례의 은혜를 인증하고 완료하며, 동시에 어떤 의미에서는 유아세례를 주관적으로 완료한다는 것이다. 유아세례를 받았다가 이제 성년이 된 사람은 유아세례 때 부모나 후견인이 그의 이름으로 했던 서약을 자신의 입으로 밝히 말하고, 서약에 대해서 직접 책임을 졌다. 하지만 좀 더 올바로 말하자면 후자는 훗날 개신교(루터교와 성공회)의 견해이다. 고대 교회의 교리에 따르면 세례는 사람을 그리스도의 군대에 받아들이고, 견신례는 그에게 영적 전쟁을 치를 만한 힘과 용기를 부여한다.

견신례의 외적 형태는 이마·코·귀·가슴에 축성된 기름이나 향유를 바르는 것으로 이루어지는데,[171] 이것은 몸과 마음을 영적 제사에 바치는 것을 상징한

---

170) Aug. *Contra liter. Petil.* l. ii. c. 104 (tom. ix. p. 199); Leo, Epist, 156, c. 5. 견신례(confirmation)에는 여러 명칭이 있다. 본질의 관점에서는 confirmatio(견신례), 구상(의되의 관점에서는 sigillum 혹은 consignatio(인증식), 의식에 사용되는 물질의 관점에서는 chrisma 혹은 unctio(도유식), 형식의 관점에서는 impositio manum(안수례)이라 불렸다.

171) χρίσμα. 훗날 라틴 교회에서는 이것이 세례 때 시행되는 것과 구분되어 두번째 기름부음이 되었다. 하지만 견신례를 항상 세례와 관련지은 그리스 교회는 한 번

다. 그리고 성직자가 안수를 하는 것은 그리스도인의 보편적 부르심을 위한 성
령의 교통을 상징하며 그 효과를 끼친다.[172] 기름부음은 구약의 제사법과 부합하
게 안수보다 먼저 시행된다. 하지만 개신교 교회들 가운데 견신례를 여전히 시
행하는 교회에서는 기름부음이 완전히 폐지되었고, 안수만 남아 있다.

견신례의 용도와 집례 시기는 고대 교회의 여러 지역들마다 매우 다양했다.

그리스 교회는 모든 사제가 견신례 혹은 성유식을 집례할 수 있었고, 집례 시
기는 세례 직후였다. 그러나 라틴 교회에서는 제롬 시대 이후부터 이 기능이 성
직 임명권과 마찬가지로 주교들의 권한으로 간주되었고, 주교들이 관할 교구의
여러 지역을 주기적으로 순회하면서 수세자들을 굳게 세워주었다. 이러한 연유
로 두 가지 의식(세례와 견신례)이 상당한 시간적 편차를 두고서 시행되는 경우
가 잦았다.

94. 성직 임명식

성직 임명식(ordination, 敍品)은 일찍이 4-5세기에 성례에 포함되었다.[173] 아
우구스티누스가 최초로 그것을 성례라고 부르는데, 하지만 그는 자기 시대의 교
회가 보편적으로 이 의식의 성례적 성격을 인정했다는 설명을 붙인다.[174]

세례가 보편 사제직에 들어가게 하는 의식이라면, 성직 임명식은 특별한 사제
직에 봉헌하는 엄숙한 의식이며, 목회직을 수행하도록 은사를 전달하는 매체이
다. 이 의식은 성례들을 집행하고 신자들을 감독하고 교회로 하여금 질서를 유
지하고 제 소임을 수행하고 꾸준히 장성하도록 지도할 자격과 권위를 부여한다.
국가에서 뿐 아니라 교회에서도 다스리는 권세가 필요하다. 구약의 유대인 교회
에는 세습적인 제사장 계급이 있었는데, 신약의 교회에서는 이것이 모든 계층에

의 기름부음으로 끝냈다.

172) impositio manum. 하지만 안수는 기름부음만큼 두드러지게 되지 않았다. 따
라서 견신례가 chrisma 혹은 sacramentum chrismatis, unctionis라고도 불린다.

173) ordinatio(서품). 주교 임명의 경우에는 consecratio(축성).

174) *De bono conjug.* c. 18 (tom. vi. p. 242), c. 24 (p. 247); *Contra. Epist.
Parmen.* l. ii. c. 12 (tom. ix. pp. 29, 30).

서, 하지만 주로 중류층과 하류층에서 대를 끊기지 않고 자원해서 나오는 제사
장들로 대체된다.

세례와 견신례가 그렇듯이 성직 임명식도 후대의 스콜라 교리에 따르면 지울
수 없는 특성(character indelebilis)을 부여하며, 따라서 철회할 수 없다.[175] 그러나
파렴치한 불륜이나 큰 오류를 범할 경우 정직(停職)과 파문[출교]의 가능성마저
배제되는 것은 아니다. 325년의 니케아 공의회는 심지어 분리파인 노바티아누스
파의 성직 임명조차 유효하다고 인정했다.

주요 성직[ordines majores, 大品]이 집사[부제], 장로, 감독[주교] 세 가지이므로
성직 임명식도 세 가지였다.[176] 하지만 키프리아누스와 암브로시우스 같은 여러
유력한 주교들이 세 직분을 빠른 속도로 연거푸 받은 뒤 주교로만 사역했다.

성직 임명식은 위임식(委任式) 곧 특정 회중이나 교구를 맡는 것과 다르며, 위
임식은 목회자의 임지가 바뀔 때마다 반복될 수 있다.

성직 임명식은 안수와 기도로 거행되었고, 성찬으로 마감되었다. 이 세 가지
의식에 점차 그 밖의 예비적이고 보조적인 의식들이 첨가되었는데, 이를테면 체
발식(剃髮式),[177] 도유식(塗油式, 대 그레고리우스 이후에는 라틴 교회에서만 시행
함), 직분 표장(標章) 수여식(성경을 수여하며, 주교 축성의 경우에는 반지와 지
팡이를 수여함), 형제애의 입맞춤이 그런 것들이다. 성직 임명식은 주교만 집례
할 수 있었고, 장로는 보조할 수 있었다. 주교 임명 곧 축성 때에는 대체로 세 명
의 주교가 참석해야 했고, 의식도 여느 임명식보다 엄숙하게 거행되었다.

사제 서품은 그를 지원할 고정된 사역지 없이는 받을 수 없었다.[178] 세월이 흐
르면서 연령, 교육 수준, 신체적·도덕적 상태, 미혼 여부 등 더러는 구약성경에
서 원용한 자세한 조건들이 교회법으로 제정되었다.

성직 임명식이 즐겨 거행된 시기는 오순절과 계절에 따른 네 번의 기간(즉, 사

---

175) 이 점은 아우구스티누스도 이미 암시한 바 있다(*De bapt. c. Donat.* ii. 2).

176) 여집사와 여장로, 차부제의 임명에 관해서는 훗날 다양한 견해가 생겼다. 대개
이런 경우는 부적절한 혹은 변칙적인 성직 임명으로 간주되었다.

177) 5세기 이후에, 하지만 다양한 형태로 베드로의 체발식(tonsura Petri) 등이 생겼
다. 처음에는 참회자들에게 거행하던 이 의식이 나중에는 수사들에게, 결국에는 성직
자들에게 거행되었다.

178) 참조. 행 14:23; 딛 1:5; 벧전 5:1.

순절 초반, 오순절 뒤의 몇 주, 9월 14일 이후, 12월 13일 이후)으로서, 이 기간들은 겔라시우스 혹은 대 레오 이후에는 교회의 정규 참회 기간으로 자리잡았다. 예비자들은 성직 임명을 앞두고 기도와 금식으로 준비해야 했다.

95. 성례로서의 성찬

성찬(Eucharist, 로마 가톨릭: 성체)은 하나님께서 우리에게 특별한 복을 베푸시는 성례인 동시에, 인간이 하나님께 올리는 제사이기도 했다. 성례로서는 모든 성례의 맨 위에 자리잡았고, 제사로서는 유일한 지위를 차지했다. 성찬을 이러한 이중적 성격으로 거행하는 것이 고대 교회와 오늘날 기독교 세계 상당 지역의 의식들 가운데 지성소에 해당한다.

먼저 성례로서의 성찬 교리를 살펴본 다음, 제사로서의 성찬 교리를 살펴보고, 마지막으로 이 예식이 어떻게 거행되었는지를 살펴보기로 하자.

'성찬의 성례' 교리는 9세기의 파스카시우스 라드베르투스(Paschasius Radbert) 이전까지는 신학 쟁점과 교회 의식에 포함되지 않았다. 그러나 라드베르투스 이후부터는 구주께서 우리를 사랑하여 죽으신 일을 기념하는 이 의식이 치열한 쟁점이 되었고, 특히 종교개혁 시대에는 교황파와 개신교 사이에, 그리고 루터파와 츠빙글리파, 칼빈파 사이에 뜨거운 쟁점이 되었다. 따라서 고대 교회가 이 점에 관해 수립한 교리는 과거의 많은 논쟁들을 토대로 수립된 니케아의 삼위일체 교리, 칼케돈의 그리스도론, 아우구스티누스의 인간론과 구원론이 지니고 있는 그러한 명쾌성과 정확성이 결여되어 있다. 성찬 교리보다는 차라리 세례 교리에 교부들의 합의에 관해서 제대로 말할 수 있는 근거가 있다.

일반적으로 이 시기에는 성찬을 신비(혹은 비적<飛跡>)로 이해한 전 시대의 지도자들의 노선을 따라 이미 화체설 교리와 그리스·로마 교회의 미사 제사 교리에 크게 기울어져 있었다. 성찬이 실제로 제사이려면 제물이 된 분의 실제 임재를 필요로 하므로 화체설과 미사 제사는 떼어놓을 수 없다. 그러나 이 임재의 종류와 양태가 아직 구체적으로 규명되지 않아서 매우 다양한 견해들이 혼재했다. 그리스도께서 성물들 안에든 성물들과 함께든 실제로 임재하신다는 견해가 통용되었는가 하면(공재설<consubstantiation>), 변화된 성물들의 가현적 형태 아래 임재하신다는 견해(화체설), 혹은 기능적으로(dynamically) 영적으로 임재하신다는 견해도 통용되었다.

우리는 앞 시기를 다루면서 성찬에 대한 세 가지 견해를 구분했다. 첫째는 이그나티우스·순교자 유스티누스·이레나이우스의 신비적 견해였고, 둘째는 테르툴리아누스와 키프리아누스의 상징적 견해였으며, 셋째는 알렉산드리아의 클레멘스와 오리게네스의 알레고리적 혹은 영적 견해였다. 우리가 다루는 시기에는 첫째 견해, 즉 당시의 신비주의적이고 미신적인 경향에 가장 잘 부합했던 견해가 성행했으나, 둘째 견해도 상당수의 권위자들에 의해 주장되었다.

I. 사실적이고 신비적인 견해는 여러 교부들과 초기의 전례(典禮)들이 표방했는데, 이들의 증언에 대해서는 글을 전개해 가는 동안 좀 더 자세히 인용할 것이다. 이들은 성례와 제단의 제사에 관련된 용어들을 강하고 과도하게 사용한다. 그리스도의 살과 피가 실제로 임재한다고 가르치며(이러한 실제적 임재가 실제 제사 개념 자체에 포함됨), 그리스도의 실제적 임재가 감각할 수 있는 성찬의 성물들과 신비스럽게 결합하는 것을 로고스의 성육신이 반복되는 것으로 이해한다. 축성(祝聖) 행위로써 성물들 안에는 변화가 발생하며, 이러한 변화에 의해서 성물들이 비록 별개의 실체로 변하지 않을지라도 그리스도의 생명을 전달하는 매체이자 기관이 된다. 이 변화를 가리키기 위해서 다음과 같은 매우 강렬한 표현들이 사용된다: mutatio, translatio, transfiguratio, transformatio.[179] 그리고 변화의 예를 물이 포도주로 변하는 기적과 음식물이 소화되는 것, 그리고 누룩이 온 덩이에 퍼지는 힘으로 들었다.

예루살렘의 키릴루스는 여느 교부들보다 이 방향으로 더 나아간다. 비록 후대의 화체설을 가르치지는 않았지만, 그리스도의 몸과 성찬의 성물들 사이에 어떤 초자연적 관계가 있다고 분명히 가르친다. 그 주요 대목들을 살펴보자.[180] 그는 성찬을 설명하면서 이렇게 말한다. "그 다음에는 떡을 그리스도의 몸으로, 포도주를 그리스도의 피로 만들도록 성령을 보내달라고 하나님께 간구한다. 성령께

---

179) 그러나 아직은 transsubstantiatio라는 전문 용어는 사용되지 않았다. 이 용어는 9세기 중반에 파스카시우스 라드베르투스가 소개했으며, 이에 상응하는 헬라어는 훨씬 후대에 도입되었다.

180) 특히 그가 갓 세례를 받은 신자들에게 전한 다섯 편의 비교적(秘敎的)인 설교들에 그 내용이 많이 다뤄져 있다.

서 만지시는 것은 거룩하게 되고 변화되기 때문이다." "여러분이 떡의 표상으로 받는 것은 몸이며, 포도주의 표상으로 받는 것은 피인데, 여러분에게 이것이 베풀어지는 것은 여러분이 그리스도의 살과 피에 참여하여 그분과 하나의 살과 피를 갖도록 하려는 것이다." "성령께 기도를 드린 뒤에는 성찬의 떡이 더 이상 떡이 아니고 그리스도의 살이다." "그러므로 더 이상 떡과 포도주를 공허한 성물들로 생각해서는 안 된다. 주님의 말씀에 의하면 이것들이 그리스도의 살과 피이기 때문이다." 이 변화를 뒷받침하기 위해서 키릴루스는 한 번은 가나의 혼인 잔치를 거론하는데, 그것은 실체의 변화를 말하는 로마의 이론을 암시한다. 하지만 다른 때에는 성유의 축성을 거론하는데, 이 경우에는 실체가 변화하지 않는다. 명쾌하고 일관성 있는 견해를 견지하지 못한 것이다. 그의 견해는 성찬의 성물들이 축성에 의해서 잃는 것이 지상적 실체가 아니라 지상적 목적이라는 것인 듯하다.

니사의 그레고리우스는 대체로 영적 해석에 치중한 오리게네스의 충실한 제자였으나 이 점에서는 철저히 현실주의적인 견해를 취한다. 그는 성찬을 불멸의 음식이라고 부르며, 성물들의 본질이 사제의 축복에 의해서 그리스도의 영화롭게 된 몸으로 기적적으로 변화된다고 말한다.[181]

크리소스토무스도 성찬에 참여하는 인간의 본성 전체가 그리스도의 몸과 결합하는 것과, 심지어 입으로 먹는 것(manducatio oralis)까지도 여러 번 말하는데, 하지만 설교를 통해 그런 암시를 할 뿐이며, 냉철한 논리와 신학의 어조가 아닌 열렬한 수사학적 어조를 사용한다.

라틴 교부들 중에서는 힐라리우스와 암브로시우스, 가우덴티우스(410년 죽음)가 후대의 화체설 교리에 가장 근접한다. 가우덴티우스는 이렇게 말한다: "땅에서 빵을 생산케 하시는 창조주시요 자연의 주께서 빵으로 자기 몸을 예비하시고, 포도주로 자기 피를 삼으신다."[182]

그러나 이런 표현들이 로마의 화체설 교리에 근접한 것이 사실이긴 하나, 궁극적으로 그 안에 담긴 뜻은 성물들이 그리스도의 살과 피로 변하는 것이 실체

---

181) *Orat. catech. magna*, c. 37. 참조. Neander, l. c. i. 428, and Kahnis, ii. 213.

182) 브릭사의 주교였던 그는 다른 곳에서는 성찬을 그리스도의 수난의 상징(figure)이라고 부르고, 빵을 그리스도의 몸의 상징(figure)이라고 부른다.

상의 변화가 아니라 기능상의(dynamical) 변화인 듯하다. 그렇게 생각하게 되는 첫번째 이유는, 교부들의 글 특히 전례서들이 성찬 제사를 말할 때 사용하는 시적(詩的)이고 열정적이고 강렬한 언어와, 논리적이고 교리적인 정의에 사용하는 명쾌하고 냉정하고 차분한 언어 사이에 큰 차이가 있는 것을 잊어서는 안 되기 때문이다. 둘째로, 위와 같은 표현들을 사용한 교부들이 세례의 물과 견신례의 성유에도 동일하거나 거의 유사한 표현을 사용하되, 이런 물질 요소들의 실체가 성령으로 변한다고 가르치려는 의도를 전혀 나타내지 않는다는 점을 기억할 필요가 있다. 오히려 그들은 떡과 포도주와 관련하여 figura, signum(표상, 표징) 같은 표현들과, 주의 몸과 피에 대한 신진대사적 관계보다는 상징적 관계를 가리키는 유사한 표현들을 드물지 않게 사용한다. 마지막으로, 신비스러운 변화와 로고스의 성육신 사이에 즐겨 사용되는 비교는 그 자체가 성물들의 실체가 존속되는 것을 뒷받침한다(로고스의 성육신으로 인성이 사라진 것이 아니라, 인성이 취해져 신성과 결합되었다). 만약 그렇지 않다면 그것은 유티케스 이단을 조장하는 것이 될 것이다.

II. 상징적 견해를 최초로 대변한 사람은 에우세비우스였다. 그는 성찬을 그리스도의 살과 피의 상징들로써 그분을 기념하는 행위라고 부르며, 요한복음 6장의 그리스도의 살과 피를 그리스도의 말씀으로 해석한다. 그리스도의 말씀이 영과 생명이며, 신자들에게 참된 영혼의 양식이라고 한다.[183] 여기에 그가 존경하던 오리게네스의 영향이 감지된다. 에우세비우스는 오리게네스가 성찬의 성례적 측면에 관해 피력한 견해를 사실상 되풀이한다.

그러나 놀라운 것은 '정통신앙의 아버지' 아타나시우스조차 떡과 포도주라는 상징들에 영적으로 참여하는 것, 그리고 로고스가 내리시는 신적 은혜를 받는 것만을 인정했고, 그로써 자연스럽게 가톨릭과 전혀 거리가 멀고 오히려 과거의 알렉산드리아 학파나 오리게네스, 그리고 칼빈주의에 가까운 성찬 교리를 나타내었다는 사실이다. 아타나시우스는 예수께서 요한복음 6장에서 하신 신비스러

---

183) *Demonstr. evang.* 1, c. 10; *Theol. eccl.* iii. c. 12, and the *fragment of a tract, De paschate,* published by Angelo Mai in Scriptorum veterum nova collectio, vol. i. p. 247. 참조. Neander, l. c. i. 430.

운 강론을 성찬과 관련지으며, 그 강론에 나오는 살과 피라는 단어를 지상적이고 육체적인 현시(manifestation)로 이해하지 않고 천상적이고 신적인 현시로, 로고스께서 성령을 통해서 신자들에게 베푸시는, 위에서 내려오는 영적인 자양으로 이해했다. (그것이 유다 같은 사람들이나 불신자들에게는 자양이 되지 않고, 신자들에게만 자양이 된다고 보았다.) 그는 이 견해를 토대로 성찬 참여의 대상을 죽어 하늘에 가 있는 신자들과 심지어 천사들에게까지 확대 적용한다.[184]

나지안주스의 그레고리우스는 성찬을 성육신의 표상(type)으로 보며, 축성된 성물들을 큰 신비들의 상징과 대형(對型, antitype)이라고 부르지만, 성물들에 구원의 효능이 있다고 가르친다.[185]

바실리우스도 "내가 아버지를 인하여 사는 것같이"(요 6:57)라는 그리스도의 말씀을 가지고 그리스도께서 피조물이라고 추론하는 아리우스파를 비판하기 위해 그 말씀을 설명하면서, 성찬의 성물들에 영적인 의미를 부여한다. "만약 우리가 그리스도의 성육신과 인간 생명을 통해서 로고스와 지혜에 참여하는 자가 된다면, 우리는 그리스도의 살을 먹고 그의 피를 먹는 것이다"라고 그는 말한다.[186]

옛 그리스의 신비적 해석을 유능하게 대변한 대 마카리우스(Macarius the Elder, 390년 죽음)도 동일한 상징적 해석가의 무리에 포함된다. 그는 떡과 포도주를 그리스도의 살과 피의 대형(對型)이라고 부르며, 주님의 살을 영적으로 먹는 일만 강조하는 듯하다.[187]

칼케돈 공의회에 의해 정통신앙을 공인받은 테오도레투스(Theodoret)는 사제의 축성에 의해 성찬의 성물들에 발생하는 변화(μεταβάλλειν)를 가르치며, 성물들을 거룩하게 여길 것을 가르친다. 이것은 로마교의 인상을 강렬히 풍기긴

---

184) the Festival Letters in Lascow, p. 101에서 아타나시우스는 이렇게 말한다: "형제 여러분, 이 떡[성찬의]은 의인들의 양식이고, 땅에서 그러한 떡과 포도주로 자양을 얻는 성도들의 양식이기도 하지만, 그것으로 그치지 않고 우리가 하늘에 가서도 먹을 양식입니다. 심지어 높은 영들과 천사들을 위해서도 주님께서는 친히 양식이 되어주시기 때문입니다. 그는 하늘에 있는 모든 권세들에게 즐거움이 되십니다. 주는 모든 이들에게 모든 것이며, 모든 성도 하나하나를 극진히 사랑하십니다."

185) *Orat.* xvii. 12: viii. 17; iv. 52.

186) *Epist.* viii. c. 4 (혹은 오래된 판본들의 경우는 Ep. 141).

187) *Hom.* xxvii. 17.

하지만, 동시에 성물들이 주의 몸에 흡수된다는 견해를 단성론과 유사한 오류라고 규정하고 그것을 배격한다. 그는 이렇게 말한다. "그리스도의 살과 피의 신비스러운 표상들은 여전히 원래의 본질과 형태를 유지하며, [축성] 전과 마찬가지로 볼 수 있고 만질 수 있다;[188] 그러나 신자들은 영혼과 믿음의 묵상을 통해서 성물들 안에서 그것들이 어떻게 변한 것을 바라보며, 그것들을 합당하게 거룩하게 대한다."[189]

비슷한 말이 크리소스토무스가 수사 카이사리우스에게 썼다고 간주되는 서신과, 포티우스가 인용하는 안디옥의 에프라임의 글, 그리고 심지어 5세기 말의 로마 주교 겔라시우스(492-496)의 글에도 나타난다.

겔라시우스는 유티케스와 네스토리우스를 비판한 글에서 다음과 같이 분명하게 말한다. "우리가 받는 그리스도의 살과 피의 성례는 우리가 그것을 받음으로써 신성에 참여하는 자가 되기 때문에 신적인 것이다. 그럴지라도 떡과 포도주의 실체 혹은 본성이 중단되는 것은 아니다. 그리고 성찬을 거행할 때 기념하는 것은 분명히 그리스도의 살과 피의 이미지와 외형이다."[190]

주목할 사람은 아우구스티누스이다. 교회와 세례에 관한 교리를 비롯한 라틴 정통신앙의 핵심 사항들에서 단호히 가톨릭적 견해를 제시하는 그는 성찬을 상징적으로 해석하는 점에서는 선대의 아프리카 신학자들인 테르툴리아누스와 키프리아누스의 노선을 따라서 믿음으로 실질적이고도 영적으로 주의 몸에 참여하는 것을 말하며, 이 점에서 칼빈주의 혹은 정통 종교개혁 교리에 가장 가까이 접근한다. 하지만 사소한 점들에서는 화체설과 공재설 못지않게 이 노선과도 다른 견해를 제시한다. 그는 교부들 가운데 최초로 외적인 상징과 내적인 은혜를 뚜렷이 구분한다(그 둘이 다 성례 개념에 본질적이다). 성찬 제정의 말씀과, 요

---

188) *Dial.* ii. Opera ed. Hal. tom. iv. p. 126.

189) 이 말은 물론 축성된 성물들을 주관적으로 대했을 뿐 아니라 어떤 의미에서는 객관적이고 실제적으로, 즉 그리스도의 살과 피로 대했음을 입증한다. 그러나 성물들의 자연적 실재와 그것들이 상징하는 성격도 그대로 남아 있다는 것이 이 말을 한 테오도레투스의 생각이기도 하다.

190) *De daubus naturis in Christo adv. Eutychen et Nestorium* (in the *Bibl. Max. Patrum*, tom. viii. p. 703). 로마 교회의 많은 신학자들은 교리적 편견을 가지고 이 서신의 진정성을 의심한다.

한복음 6장에서 자신의 살과 피를 먹고 마시는 일에 관해서 베푸신 교훈이 지니는 상징적(figurative, 표상적) 성격을 강조한다. 테르툴리아누스와 한 노선에 서서 떡과 포도주를 "상징적인 혹은 표상적인"(하지만 단순히 표상에 그치지 않는) "그리스도의 살과 피"(figurae 혹은 signa corporis et sanguinis Christi)라고 부르며, "성례로써 가시적으로 받는 것과 영적으로 먹고 마시는 것"을, 즉 성찬을 육체적이고 가시적으로 먹고 마시는 행위와 영적으로 그리스도의 살을 먹고 그의 피를 마시는 행위를 구분한다.[191] 후자는 선택된 자들 곧 믿는 자들에게만 국한된다고 한다. 비록 도나투스파의 주관주의에 반대하여 성례가 (그 객관적 의미에서) 합당치 않게 받는 자들에게조차 그리스도의 몸인 것이 사실이라고 주장하지만 말이다. 유다에 대해서 말하면서, 다른 사도들은 떡이신 주님을 먹었던 반면에, 그는 주님의 떡을 먹었을 뿐이라고 한다. 다른 곳에서는 사크라멘툼이 "어떤 이들에게는 생명에 이르게 하고, 다른 이들에게는 멸망에 이르게 한다"고 말한다. 그러나 "진정한 성찬(res sacramenti)은 그것을 받는 모든 자를 생명에 이르게 한다"고 말한다. "그리스도 안에 거하지 않는 사람은 그분의 살을 먹거나 그분의 피를 마시지 않는 게 분명하며, 그렇게 위대한 것의 사크레멘툼(즉, 외적인 표상)을 먹고 마심으로써 오히려 정죄에 이른다."

아우구스티누스는 어쨌든 영적 참여를 가장 크게 강조하는 것이다. "여러분은 왜 치아와 배를 준비하는 것입니까? 믿음을 가지고 참여하십시오."[192] 신앙적 경외심으로 성찬을 대해야 하며, 마치 성찬에 마술적인 기적의 효과가 있는 양 미신적인 두려움으로 대해서는 안 된다고 그는 주장한다.[193] 더 나아가 그리스도의 몸이 편재한다는 가설도 분명히 배격한다. (이 가설은 성찬이 물질적으로 그리스도의 몸이라는 견해를 뒷받침하기 위해서 이미 사용되고 있었고, 훗날 루터교 신학자들이 공재설<consubstantiation>을 뒷받침하기 위해서 더욱 발전시켰다.) 그는 이렇게 말한다. "그리스도께서는 부활의 몸을 하늘로 지니고 올라가셨으며, 그것은 틀림없이 어느 한 장소에 있다 …… 우리는 그리스도의 육체의 실체

---

191) In Psalm. iii. 1; *Contra Adamant.* xii. 3; *Contra advers. legis et prophet.* ii. c. 9; *Epist.* 23; *De Doctr. Christ.* iii. 10, 16, 19; *De Civit. Dei,* xxi. c. 20, 25; *De peccat. mer. ac. rem.* ii. 26.

192) *Tract.* in Joh. 25: "Quid paras dentes et ventrem? Crede, et manducasti."

193) *De Trinit.* iii. 10.

성을 부정할 정도로 그분의 신성을 강조하는 견해를 경계해야 한다. 이는 주님의 몸이 땅에 거하실 때는 그것이 하늘에 계시지 않았음에 틀림없으며, 이제는 하늘에 계시므로 땅에 계시지 않는다." "나는 주님이 승천하실 때 지니셨던 몸을 지금도 하늘에서 지니고 계신다고 믿는다."[194] 그럼에도 불구하고 이 위대한 교회의 교사는 그리스도께서 성찬에 실제적으로 임재하신다고 확고히 주장한다. 순교자들에 관해서 말하면서, "그들은 그리스도의 피를 마셨고, 그리스도를 위해서 자신들의 피를 흘렸다"고 말한다. 더욱이 그는 동방의 교부들과 마찬가지로 축성된 성물들에 구원의 효능이 있다고 생각하는 경향을 나타낸다.

아우구스티누스의 제자 파쿤두스(Facundus)는 성찬의 떡이 "그리스도의 실제 몸이 아니라 그 몸의 신비를 함축한다"고 가르친다. 루스페의 펠군티우스(Felguntius)도 같은 견해를 제시했다. 심지어 훨씬 후대에 카롤링조 시대의 신학자들 가운데서 세비야의 이시도루스(Isidore), 가경자 베다(Beda Venerabilis)에게서, 라트람누스(Ratramnus)와 투르의 베렝가르(Berengar)에게서 아우구스티누스의 글이 끼친 강한 영향을 감지하게 되며, 16세기에 이르면 그것이 마침내 수정된 형태로 가장 강력하게 표출되어 종교개혁 교회들에 항구적인 발판을 구축해주었다.

교황 레오 1세는 때로 성찬을 상징적으로 해석한 교부들의 부류에 포함되기도 하지만, 이것은 바른 판단은 아니다. 그는 한때 아타나시우스가 그랬듯이 성찬을 '영적 음식'이라고 부르지만,[195] 신자가 믿음으로 성찬을 받을 때 성찬이 그리스도의 살과 피에 흡수된다고 생각한다. "마음으로 믿는 그것을 우리는 입으로 받는다 …… 그리스도의 살과 피에 참여하게 되면 우리가 받는 것 안에 들어가게 되며, 우리의 영혼과 육체에 그리스도를 지니게 된다." 성찬 때 의도적으로 포도주를 받지 않는 행위를 아직까지 이 교황은 죄로 간주했다.

---

194) Ep. 146. 참조. *Tract*. in Joh. 13; Ep. 187; *Serm*. 264에 실린 비슷한 글들.

195) "Spiritualis alimonia." 하지만 이 표현은 *Serm*. lix. 2의 단락이 분명히 보여주듯이 성찬이 육체에 행하는 사역을 결코 배제하지 않는다. '영적'이라는 단어가 '초자연적'이라는 단어와 자주 동의어로 쓰이기 때문이다. 심지어 이그나티우스조차 성찬의 떡을 "불멸의 약이자 죽음의 해독제"라고 부른다(*Ad Ephes*. c. 20). 하지만 짧은 시리아어 교정본에는 이 문장이 실려 있지 않다.

III. 고대의 전례서들 — 성찬에 관한 이 문헌들의 증언은 교부들의 증언 못지
않게 중요하다 — 은 성찬에 그리스도께서 실제로 임재하시는 것을 상정하지만,
곳곳에서 정서적인 용어를 위엄있게 사용할 뿐 어디서도 이 임재의 본질과 양
태, 그리고 축성된 뒤에도 여전히 보이는 형태로 존재하는 떡과 포도주와 그 임
재의 관계를 설명하려고 시도하지 않는다. 전례서들이 축성된 성물들에 관해서
사용하는 단어들은 이런 것들이다: '우리 주 예수 그리스도의 거룩한 몸, 귀한
피', '서룩하게 된 봉헌물', '천상적이고 흠 없고 영광스럽고 경외롭고 신적인
예물', '두렵고 피를 흘리지 않고 거룩한 제사' 등. 전례서들은 축성(祝聖)에 관
한 부분에서 성령께서 강림하시어 떡과 포도주를 "거룩하고 완전하게" 해주시
기를, 혹은 그것들을 "거룩하게 하시고" 그리스도의 살과 피로 "만들어 주시기
를" 기도한다.

IV. 축성된 성물들을 숭배하는 행위(adoration)에 대해서: 화체설을 받아들인
다면 이것이 논리적으로 필연적인 행위이며, 화체설의 확실한 시금석이다. 하지
만 고대의 전례서들에는 그렇게 숭배한 흔적이 나타나지 않으며, 교부들의 문헌
을 통틀어 그 행위를 추론해 볼 만한 곳도 네 군데밖에 되지 않는다. 이것은 화
체설 교리가 당시 교회의 의식에 아직 고착되지 않았다는 증거이다.

크리소스토무스는 이렇게 말한다. "동방박사들은 구유에 누우신 그리스도를
경배했다. 우리는 구유가 아닌 제단에서 그리스도를 보며, 그에게 훨씬 더 큰 경
배를 드려야 마땅하다."[196] 테오도레투스도 앞서 인용한 글에서 경배
(προσκυνεῖν)라는 단어를 사용하지만, 동시에 성물들의 실체가 축성 뒤에도 존
속한다고 분명히 주장한다. 암브로시우스는 그리스도의 몸에 관해서 "그것을 우
리가 오늘날 성찬의 성물들로써 숭배한다(adore)"고 말하며,[197] 아우구스티누스
는 그리스도의 몸에 참여하기에 앞서 행하는 숭배(adoration)를 말한다.[198]

하지만 이런 단락들에서 사용된 προσκυνεῖν과 adorare라는 단어는 당연히 포
괄적인 의미를 지니고 있으며, 특히 동방에서 성행하던 무릎 꿇는 행위를 본격

---

196) *Hom.* 24 in 1 Cor.

197) *De Spir.* S. iii. 11.

198) In Psalm. 98, n. 9.

적인 경배와 구분되는 단순한 존경의 표시로 이해한다. 고대의 전례서들에는 훗날 12세기에 화체설이 승리를 거둔 뒤 라틴 교회에서 유행하게 된 것과 같은 숭배 행위, 이를테면 성체를 거양(擧揚)하는 등의 행위를 위한 지침이 실려 있지 않다.

96. 제사로서의 성찬

그리스와 라틴을 통틀어 가톨릭 교회는 성찬을 하나님께서 신자들에게 은혜를 공급하시는 성례(sacramentum)로 보았을 뿐 아니라, 신자들이 감각적인 요소들이 대표하는 것을 실제로 하나님께 드리는 제사(sacrificium)로도 보았는데, 사실상 후자가 더욱 주된 의미로 통했다. 교부들은 이 견해를 위해서도 토대를 놓았으며, 따라서 교부들이 이 문제에 관해서는 대체로 개신교 진영보다는 그리스와 로마 가톨릭 교회의 진영에 더 가까이 서 있음을 인정해야 한다. 이 주제의 중요성을 감안하여 먼저 제사 개념을 설명한 뒤에, 그것의 원래 기독교적 형태와 훗날 전승에 의해 왜곡된 형태를 명쾌하게 구분하고자 한다.

제사 개념은 이교와 유대교를 통틀어 모든 고대 종교들에 중심을 차지했으며, 기독교에서 완성된다. 이는 그리스도께서 십자가에서 단번에 드리신 완전한 제사가 인간의 죄책을 완전히 제거하며, 그를 의로우신 하나님과 화목하게 했기 때문이다. 영원한 대제사장이 드리신 이 제사를 근거로, 신자들은 은혜의 보좌 앞에 나갈 수 있게 되었으며, 하나님께서 자신들의 기도와 도고(禱告)를 들으실 것을 기대할 수 있게 되었다.

성찬은 이 완전하고 영원한 효력을 지닌 제사와 더불어 뗄 수 없는 관계를 맺고 있다. 성찬은 원래 성례이며, 성찬에서 중요한 것은 우리가 하나님께 드리는 것이 아닌, 우리가 하나님께 받는 것이다. 하나님께 드리는 것은 받는 것이 있기에 가능한 차후의 일이다. 우리가 먼저 하나님께 받지 않은 것을 하나님께 드릴 수 없기 때문이다. 그러나 성찬은 제사의 성례(sacramentum of a sacrificium), 곧 그리스도께서 십자가에서 치르신 제사의 죽음을 감사함으로 기념하고, 이 제사의 결실에 믿음으로 참여하거나 새로운 마음으로 그 결실을 받는 예식이다. 다른 말로 하자면 성찬은 제사에 토대를 둔 예식이다. "너희가 이 떡을 먹으며 이 잔을 마실 때마다 주의 죽으심을 그가 오실 때까지 전하는 것이니라"(고전 11:26).

더 나아가 성찬은 그 이름이 암시하듯이 교회가 드리는 생명력 있고 합리적인 (living and reasonable, 살아 있고 영적인) 감사의 제사이며, 이 예식으로써 교회는 그리스도 안에서 그리고 그의 제사에 근거하여 기도와 도고로써 하나님께 자신을 새롭게 바친다. 이는 하나님께서 우리가 드리는 예물을 오직 그리스도를 통해서만 받으시며, 우리는 끊임없이 제시되고 제공되는 그리스도의 공로를 통해서만 우리의 기도와 도고가 하나님께 가납되기를 기대할 수 있기 때문이다.

이 견해에서 굳이 그리스도께서 드려진다고 말한다면, 매우 '상징적이고 윤리적인 의미에서' 그리스도가 모든 믿음의 기도 안에서, 무엇보다도 성찬 안에서 성부 하나님께 드려진다고 할 수 있다. 다시 말해서, 우리가 하나님과 화목하고 가납될 수 있는 유일한 근거로서 성부께 드려진다. 이것이 가톨릭 미사의 저변에 깔려 있는, 그리고 여전히 가톨릭 신자들의 정신에 강한 영향력을 행사하고 있는 깊은 진리이다.

그러나 세월이 흐르면서 이러한 사상이 이질적 요소들로 인해 변질되어 갔고, 그리스·로마의 미사 제사 교리로 변모했다. 이 교리에 따르면, 성찬은 살아 있는 자들과 죽은 자들의 구원을 위한 제사로서, 그리스도의 사제직 수행에 의한 구속 제사가 피 흘림 없이 반복되는 것이다. 따라서 그리스도의 몸이 실제로 문자적으로 매일 매시간, 무수히 많은 제단들에서 동시에 드려지는 셈이다. 미사(mass)라는 단어는 원래 교회의 공예배가 폐회할 때 회중에게 해산(dismissal)을 알리는 말(missio, dismissio)이었던 것이 4세기 말 이후에는 신자들의 예배, 즉 제사와 성찬의 성례로 구성되는 예배를 가리키는 이름이 되었다.[199] 동방 교회에서 이에 상응하는 용어들은 레이투르기아, 투시아, 프로포라이다.

미사 제사에 가톨릭 예배의 신비스러운 충만함과 영광이 집중된다. 여기에서 사제직 개념이 아찔할 정도로 높은 절정에 도달한다. 여기에서 관람객들의 신심(信心)과 경외심이 가장 높은 숭배의 위치로 고조된다. 독실한 가톨릭 신자에게는 하나님의 영원한 아들이 제단 위에서 사제의 보이는 손에 의해서 세상 죄를

---

199) missa fidelium. 교리문답자(세례 예비자)들의 예배인 missa catechumenorum 과 구분됨.

위해 하나님께 실제로 제물로 드려지는 예배의 행위보다 더 위대하거나 엄숙한 행위가 있을 수 없기 때문이다. 그러나 미사로 행해지는 가톨릭의 예배가 이교 세계의 허망한 제사들과 유대교의 단지 모형적인 제사들 위로 불쑥 솟아있다 할지라도, 고래로 유대와 그리스·로마 사회와 긴밀하게 얽혀 내려온 제사 제도가 로마의 이교 세계 전체가 명목상 회심한 뒤부터는 특히 로마 가톨릭의 성찬 의식에 지배적인 영향력을 행사했고, 초기의 단순하고 순수한 예배의 모습을 거의 식별할 수 없을 만큼 혼탁하게 만들어 놓았다. 성례(sacramentum)가 제사(sacrificium)에 의해 완전히 잠식되었으며, 제사가 심하게 물질주의적인 성격을 띠었고, 십자가에서 치러진 제사를 밟고 올라섰다. 제사를 끝없이 반복해서 드려야 한다는 사상이 그리스도께서 단번에 드리신 제사의 의미를 퇴색하게 만든다.

미사 제사는 성경적 근거가 약하며, 말라기 1:10 이하, 고린도전서 10:21, 히브리서 5:6, 7:1 이하, 13:10 같은 몇몇 단락들을 부당하게 문자적으로 해석하거나 노골적으로 그 뜻을 왜곡시켜야 겨우 근거를 확보할 수 있다. 특히 히브리서가 자주 부당하게 적용된다. 정작 히브리서가 힘주어 가르치는 것은 미사 제사와 정반대되는 것이다. 기독교 예배에 의해 옛 언약의 제사 제도가 폐지되었다는 것과, 우리의 유일한 대제사장이 성부의 오른편에서 드리신 제사가 영원한 효력을 지닌다는 것, 그리고 그 제사가 반복될 수 없다는 것이 히브리서의 주된 교훈이다(참조. 10:14; 7:23, 24).

이제는 미사와 관련하여 좀 더 구체적인 역사를 살펴보자. 니케아 이전 시대 교부들은 한결같이 성찬을 교회의 감사 제사(혹은 예물)로 인식했다. 회중이 축성된 성물들인 떡과 포도주를 하나님께 바쳤다.[200] 이 견해는 그 자체로는 흠잡을 데 없지만, 성물들이 그리스도의 살과 피와 동일시되면서, 그리고 그리스도의 육체적 임재가 물질주의적인 의미로 이해되면서 꾸준히 미사 제사 교리로 발전해 나갔다. 로마 교리의 씨앗들은 3세기 중반에 성직자를 사제(司祭, 제사장)로 이해한 키프리아누스의 고교회적(高敎會的) 견해에서 나타난다. 그는 사제직(sacerdotium)과 제사(sacrificium)를 상호 관련된 개념들로 이해했으며, 전자의 유대교적 개념이 후자의 유대교적 개념에 부합하다고 보았다. 성찬 때 사제가

---

200) 참조. 제1권, § 102.

그리스도를 대신하여 직분을 수행하며, 교회에서 실질적인 제사를 드린다고 보았다. 그럼에도 불구하고 키프리아누스는 그리스도가 영적 제사의 제물이라고 뚜렷이 말하지 않았으며, 그보다는 그리스도의 신비스러운 몸인 교회가 하나님께 드려지며, 그리스도와 혼인한다고 말했다.[201]

미사 제사 교리는 니케아와 니케아 이후 시대 교부들에게서 훨씬 구체적으로 발전한다. 물론 그들도 모호한 발언과 수사적인 과장을 많이 사용했고, 상징적 개념과 현실적 개념 시이에서 그게 왔다갔다 했으며, 결국 6세기 말에 가서야 대그레고리우스가 모든 점에서 미사 제사 교리를 확정지어 놓았다. 그 점들은 다음과 같다:

1. 성찬 제사는 교회의 가장 엄숙한 신비로서, 신자들에게 거룩한 경외심을 일으킨다. 특히 동방의 전례서들과 설교들에서 '두려운 제사' 같은 표현들이 자주 사용된 데에는 그런 뜻이 있다. 성 야고보의 전례서에도 "주님, 저희가 이 두렵고 피 흘림 없는 제사를 당신께 드립니다"라고 되어 있다. 그런데 놀라운 것은 회중이 그토록 엄숙한 행위에 무관심했다는 것이며, 크리소스토무스가 회중의 그러한 태도에 개탄하면서 "매일의 제사가 헛되이 드려지며, 우리는 헛되이 제단에 서 있다. 거기에 참여하는 사람이 없다"고 말한다.[202]

2. 성찬 제사는 십자가 제사에 새로운 제사를 보태는 것이 아니라, 단번에 드려진 유일한 제사를 매일 피 흘리지 않고 반복하고 영구히 신자의 것으로 삼는 것이다. 아우구스티누스는 이것을 한편으로는 기념 제사(sacramentum memoriae) 곧 그리스도의 희생적 죽음을 상징적으로 기념하는 의식이라고 표현하는데, 이에 대해서는 당연히 논박할 거리가 없다.[203] 그러나 다른 한편으로 그는 성찬을 그리스도의 몸으로 드리는 참된 제사(verissimum sacrificium)라고 부른다. 그는 사도 시대부터 우리 시대까지 확고하게 이어져온 주교들의 계승을 통해서 교회가 그리스도의 몸으로 하나님께 감사 제사를 바친다(immolat)고 말한다. 그러나 동시에 교회는 그리스도뿐 아니라 그리스도의 몸인 자신도 하나님

---

201) Epist. 63 ad Caecil. c. 14. 아우구스티누스의 견해도 비슷하다. 그는 교회가 머리이신 그리스도 안에서 그분과 함께 하나님께 드려진다고 보았다.

202) *Hom.* iii. in Ep. ad Ephes. (new Par. Bened. ed. tom. xi. p. 26).

203) *Contra. Faust. Manich.* l. xx. 18.

께 드린다. 모두가 한 몸인 것처럼, 모두가 동일한 제물이다.[204] 크리소스토무스에 따르면 동일한 그리스도, 온전한 그리스도가 모든 곳에서 제사로 드려진다고 한다. 그것은 과거에 대제사장이 드렸던 것과 다른 제사가 아니지만, 우리는 항상 동일한 제사를 드린다. 혹은 그보다는 이 제사를 기념한다.[205] 이 마지막 구절은 만약 크리소스토무스가 다른 글들에서 다음과 같은 강한 표현들을 사용하지 않았다면 상징적 개념에 절대적으로 유리하게 작용했을 것이다: "주님께서 죽임을 당하사 그곳에 누이시고, 사제가 제물 곁에 서 있는 것을 여러분이 볼 때" 혹은 "그리스도께서 죽임을 당하신 채 제단에 누워 계신다."[206]

3. 성찬 제사는 모세 율법에 규정된 제사의 대형(對型, anti-type)이며, 그것에 대해 실체와 모형적 그림자의 관계를 지닌다. 이 제사는 멜기세덱이 떡과 포도주로써 드린 피 흘림 없는 제사로써 특히 예시되었다. 그러므로 힐라리우스·제롬·아우구스티누스·크리소스토무스를 비롯한 교부들은 히브리서 7장의 유명한 병행절을 근거로 멜기세덱의 제사를 크게 중시한다.

4. 제사의 주체는 예수 그리스도의 몸이다. 그 몸이 옛적에 십자가 제단에 임재했듯이 교회의 제단에 실제로 임재하며, 그의 사제를 통해서 자신을 하나님께 바친다. 따라서 전례서들에 "그리스도, 우리 하나님이시여, 당신이 친히 바치시고 또한 바쳐지는 분입니다"라는 표현이 자주 사용된다. 하지만 앞에서도 살펴보았듯이, 아우구스티누스는 이 표현을 구속받은 온 교회가 자신을 하나님께 제사로 바치는 참되고 중요한 도덕 개념과 연관짓는다. 전례서들에 실린 기도들의 내용도 이와 다르지 않다.

5. 제사를 드리는 것은 기독교 사제의 독점적 권한이다. 후대의 로마 교회 신학자들은 "이것을 행하여(ποιεῖτε) 나를 기념하라"는 말씀을 "이것을 바쳐서(offer) ……"와 동의어로 받아들이고, 이 명령을 사도들과 그들의 계승자들에게 국한하는데, 하지만 이 명령은 분명히 모든 신자들에게 구속의 죽음을 기념하라는 것이며, 제사를 바치는 행위(immolatio sacrificii)가 아닌 성찬을 나누는 행위(communio sacramenti)를 가리킨다.

---

204) *De civit.* Dei, x. 20.

205) *Hom.* xvii. in Ep. ad Hebr. tom. xii. pp. 241, 242.

206) *De sacerd.* iii. c. 4 (tom. i. 467).

6. 성찬 제사는 죽은 신자들을 포함한 교회의 온 몸이 기도로써 탄원하는 은사들을 얻는 데 유효하다.

고대의 모든 전례들은 성도들의 교제가 단절되지 않는다는 확신하에 전개되며, 죽은 부모·형제를 위한 기념과 간구를 싣는다. 그들이 연옥에 있다고 여기지 않고, 하나님과의 교제에 들어가 점진적으로 거룩하고 복되어 가는 상태에 거하면서 완성의 위대한 날을 경건히 사모하고 있다고 여긴다.

이렇게 죽은 성도들이 더 큰 복으로 나아가기를 구한 기도는 비록 후시대의 관점에는 매우 부적절하게 보였을지라도, 바로 이것이 초기에 죽은 성도들(족장들, 선지자들과 사도들을 포함한)을 단순하게 기념하던 상태에서 6세기 이후에 로마 교회의 관습으로 정착된 연옥에서 고통당하는 영혼들을 위해 대언해 주기를 비는 상태로 전환되기 전의 과도적 상태에 해당된다.[207] 오늘날도 그리스 교회와 러시아 교회에서 사용되고 있는 크리소스토무스의 전례서에는 죽은 자들을 기념하는 행위가 다음과 같이 언급된다: "하나님, 믿음을 가지고 죽은 이들, 우리 조상들, 교부들, 족장들, 선지자들, 사도들, 설교자들, 전도자들, 순교자들, 고백자들, 동정녀들, 그리고 믿음 안에서 온전하게 된 모든 의로운 영혼들 …… 특히 지극히 거룩하고 순결하고 고결하고 영광스러운 성모 곧 하나님의 어머니요 영원한 동정녀인 마리아와 …… 거룩한 선지자요 선구자요 세례자인 요한, 거룩하고 영광스럽고 유명한 사도들, 그리고 당신의 모든 성도들을 위해서 저희가 당신께 이 합리적 예배(resonable service, 영적인 예배)를 드리오니, 저들의 기도를 들으시사 저희를 하감하옵소서. 그리고 영생의 부활을 소망하며 죽은 모든 이들을 기억하시고, 당신의 얼굴 빛이 그들에게 비추는 곳에서 그들에게 안식을 주옵소서."

예루살렘의 키릴루스는 성찬 제사와 하나님께 드리는 예배에 관해 상고하는 비교적(秘敎的) 성격을 지닌 교리강해서 제5권이자 마지막 권에서 성찬식 때 죽

---

207) Neale은 고대 전례서들의 영역본(*The Liturgies of S. Mark, S. James, etc.*, Lond. 1859, p. 216 f f.) 부록에 고대 교회가 죽은 성도들을 위해 드린 대표적인 전례 기도들을 소개하면서, 다음과 같이 추론한다: "(1) 죽은 자들을 위해 기도하고, 특히 그들을 위해서 성찬을 거행하는 것은 보편 교회가 초기부터 시행한 관습이었다. (2) 이 기도들에는 고통스러운 연옥 개념이나 죽은 자의 영혼이 비참한 지경에서 건짐을 받아야 하는 어떠한 상태도 실려 있지 않다."

은 자들을 위해 드려진 기도를 다음과 같이 소개한다: "영적 제사 곧 피흘림 없이 하나님께 드리는 예배를 드릴 때, 우리는 하나님께서 이 속죄 제사를 받으시사 온 교회와 세상에 평화를 주시기를 기도하며, 황제와 군인들과 죄수들, 병자들과 고통당하는 자들, 모든 가난한 자들과 곤궁한 자들을 위해서 기도한다. 그런 다음 잠자는 자들 곧 족장들과 선지자들과 사도들과 순교자들을 기념하면서, 하나님께서 그들의 기도와 도고를 통해서 우리의 기도를 받아주시기를 기도한다. 그리고 우리보다 앞서 세상을 떠난 모든 이들을 위해서 기도한다. 거룩한 제물이 우리 앞에 놓여 거룩한 경외심을 일으키는 동안 그들을 위해서 올리는 기도가 그들에게 더할 나위 없이 큰 도움이 되리라고 우리는 믿는다."[208]

이것은 분명히 훗날 라틴 교회가 믿은 연옥 개념에 한 발 다가선 것이다. 심지어 아우구스티누스조차 테르툴리아누스와 동일한 노선에 서서, 살아 있는 자들이 드리는 성찬 제사와 대언 혹은 대도(代禱, suffragia), 연보가 세상을 떠난 신자들에게 유익을 끼치며, 주께서 그런 것들을 보시고 그들의 죄대로 다 갚지 않으시고 더욱 자비를 베푸신다고 분명히 가르친다.[209] 그의 숭고한 어머니 모니카는 임종하면서 아들에게 자기를 아무데나 묻어도 괜찮지만, 다만 주님의 제단에서 자기 영혼을 기억해달라고 간곡히 부탁했다.[210]

이러한 생각과 긴밀하게 연결되어 있는 것이 죽음과 부활 사이의 중간 상태에서 회개하고 정결케 된다는 개념이다. 아우구스티누스도 이 개념을 마태복음 12:32과 고린도전서 3:15에서 추론하는데, 다만 그것이 자신의 사견임을 밝힌다.[211] 이 글들과 그 밖의 글들로부터, 그리고 과거 유대교와 이교 사상과 관습의 영향으로 대 그레고리우스 이후에는 이생에서 불완전한 상태로 죽은 신자들이 천국에 들어가기 전에 연옥의 불로써 죄의 찌끼를 남김없이 제거해야 한다는 교리와 죽은 자들을 위한 미사 제도가 생겼다. 이러한 교리와 제도로 인해 그리스도께서 단번에 드리신 영원한 제사를 감사하게 기억하는 일이 크게 퇴색되었고,

---

208) *Catech.* xxiii. 8.

209) *Serm.* 172, 2 (Opp. tom. v. 1196). 하지만 그는 이러한 효과를 믿음 안에서 죽은 사람들에게 한정한다.

210) *Confess.* l. ix. 27. 테르툴리아누스는 경건한 과부가 죽은 남편의 영혼을 위해서 기도하고, 남편의 추모일에 제사를 드리는 것을 합당한 도리로 간주한다.

211) *De civit. Dei,* xxi. 24와 그외의 글.

사귐으로서의 성찬 개념이 완전히 사라졌다.[212]

성찬은 꾸준히 제사의 뒷전으로 밀려났다. 어느 나라든 로마 교회에 가면 대제단에서 거행되는 화려한 미사를 구경할 수 있는데, 그 의식에서 신자들의 회중은 성찬에 참여하는 대신에 단순히 사제가 거행하는 제사 행위를 구경할 따름이다. 성찬은 이른 아침에 부속 제단에서 서둘러 거행하는 게 보통이다.

97. 성찬 집례

성찬 제사와 성찬 집례가 주일 공예배의 중심이자 절정이었으며, 예배의 다른 부분들은 예비와 보조의 성격을 띠었다. 고대 전례서들은 본질적으로 그리고 거의 독점적으로 성찬 기도서이자 예식서였다. 다른 내용은 세례 신조들과 세례 예비자들을 위한 기도문 외에는 실리지 않았다. 전례(典禮, liturgy, λειτουργία)라는 단어는 본래 하나님께 드리는 예배의 모든 부분을 포괄하지만, 좁은 의미에서는 성찬 혹은 미사 집례를 가리킨다.

바로 이 점에 가톨릭 예배와 개신교 예배의 가장 큰 차이가 있다. 가톨릭 예배에서는 미사 제사가, 개신교 예배에서는 설교가 중심을 차지한다.

고대 가톨릭 전례서들은 비록 특정 부분들, 특히 도입부에서 다양한 차이를 드러내지만, 본질적인 점들, 특히 성찬의 성물들을 축성하기 전과 후에 드리는 기도들에서는 일치한다. 그 전례서들은 (네스토리우스파와 단성론파 신조를 다룬 몇몇 시리아어 판본들을 제외하고는) 한결같이 복음서들에 기록된 성찬 제정

---

212) 로마 교회에는 침묵의 미사(missae solitariae)가 있다. 이 의식에는 오직 사제가 시동들만 데리고 참석하며, 어떤 영혼을 연옥에서 건지기 위해서 마술적으로 이루어진 그리스도의 몸을 하나님께 바친다. 이 의식은 먼저 떠나보낸 사랑하는 이들의 영혼에게 제사를 바치던 고대 로마의 관습에도 기원을 둔다. 죽은 자의 미사를 이렇게 남용하고, 그것과 관련하여 연옥과 면죄부라는 미신적 협잡이 성행하던 상황을 알면 종교개혁자들이 왜 미사에 그토록 도덕적 분노를 일으켰으며, 신조를 다룬 여러 저서들에서 미사를 왜 그토록 강력히 비판했는지 잘 이해할 수 있다. 특히 루터의 「슈말칼덴 조항」(ii. 2)과 하이델베르크 요리문답 제80문에 그런 강한 비판이 실려 있다(이 문항은 1563년판에는 없었으나 선제후 프리드리히 3세의 지시로 제2판에 최초로 삽입되었으며, 제3판에는 '저주받을 우상 숭배'라는 표현이 첨가되었다).

의 엄숙한 말씀을 그대로 신되, 그 말씀을 단순히 선언으로만 이해하지 않고 명령으로도 이해한다. 한결같이 축성(Consecration)과 대도(代禱, Intercession), 성체 배령(拜領, Communion)을 언급하며, (로마의 것을 제외하고는) 모두가 성물들을 거룩하게 하여 그리스도의 살과 피의 실질적인 매체가 되게 해달라고 성령께 구한다. 그리고 모두가 성찬을 주로 제사로 인식하며, 그 터에서 성찬을 배령 혹은 교통(communion)으로 인식한다.

성찬 집례는 좁은 의미에서 아나포라(Anaphora) 혹은 본미사(canon missae)라 불리며, 교리문답자 예배가 끝난 뒤에 시작된다. (교리문답자 예배는 주로 성경 낭독과 설교로 이루어지며, 봉헌<Offertory> 곧 떡과 포도주를 준비하고, 그것을 제단에 놓는 순서까지 이어진다.) 성찬식은 사제의 Sursum corda(마음을 드높이)라는 말로 시작한다. 이것은 신자들에게 마음을 들어 경배의 심정을 가지고 기도에 참여할 것을 권하는 말이다. 사제의 말을 받아 회중은 Habemus ad Dominum 곧 '저희가 주께 마음을 들어올리나이다' 라고 화답한다. 그러면 사제가 '주께 감사를 드립시다' 라고 권고하고, 회중은 '그것이 합당하고 옳습니다' 하고 화답한다.

아나포라의 첫 번째 주요 행위는 구주께서 성찬을 제정하실 때 드리신 기도를 본딴 감사 기도 곧 $\epsilon\dot{\upsilon}\lambda o\gamma\iota\alpha$ 혹은 $\epsilon\dot{\upsilon}\chi\alpha\rho\iota\sigma\tau\iota\alpha$이다. 이 기도로써 사제는 하나님께서 내리신 모든 창조와 구속의 선물들에 감사를 드리고, 성가대가 이른바 삼성송(三聖誦, Trisagion) 혹은 스랍들의 찬송(사 6:3)과 개선의 호산나(마 20:9)로 감사 기도를 마감한다: "거룩, 거룩, 거룩, 만군의 주, 하늘과 땅이 주의 영광으로 가득하도다. 지극히 높으신 분께 호산나: 주의 이름으로 오시는 이에게 복이 있도다: 지극히 높은 곳에서 호산나."

그 다음에는 성물들의 축성과 봉헌 순서인데, 이 순서는 그리스도의 생애에 이루어진 위대한 사실들을 기념하고, 복음서들이나 바울 서신에 실린 성찬 제정의 말씀을 낭독함으로써, 그리고 떡과 포도주를 그리스도의 성례적 살과 피로 신비스럽게 변하게 해달라고 성령께 기도함으로써 진행된다.[213] 성령께 드리는 이 기

---

213) 예를 들어 성 야고보 전례서 시리아어 판본에는 다음과 같이 되어 있다: "성령께서 높은 하늘에서 신속히 내려오셔서 성찬의 떡과 포도주를 덮으시고 그것을 거룩하게 하시는 이 시간이 얼마나 두려운가. 거룩한 침묵과 두려움으로 서서 기도하라."

도가 동방의 모든 전례서들에 나타나지만, 라틴 교회의 전례서들에는 빠져 있다. 라틴 교회는 오직 그리스도의 제정의 말씀만 사용하여 축성을 한다. 성찬 제정의 말씀의 형식도 전례서들마다 다르다. 축성된 성물들을 거양(擧揚)하는 의식은 11세기에 베렝가리우스 논쟁이 벌어진 이후에 도입된 것으로서, 성체(聖體, 성찬의 떡)를 그렇게 숭앙함으로써 회중들에게 그리스도께서 성찬에 실제로 임재하신다는 믿음을 드러낼 기회를 주려는 데 뜻이 있었다.

예를 한 가지 들고자 한다. 가장 오래되고 중요한 전례들 중 하나에는 축성과 봉헌의 기도가 다음과 같이 전개된다. (사제가 성찬 제정의 말씀을 낭독한 뒤 다음과 같이 말한다.)

"사제: 우리 죄인들은 생명을 주시는 그리스도의 고난과 구원의 십자가, 그리스도가 죽은 자 가운데서 사흘날에 부활하신 일, 승천하신 일, 하나님과 아버지의 우편에 앉으신 일, 영광스럽고 두렵게 다시 오실 일, 그때 영광 중에 다시 오셔서 살아 있는 자들과 죽은 자들을 심판하시고, 모든 사람에게 그 행한 대로 보응하실 일을 기억하면서, 주님께 이 두렵고 피 흘림 없는 제사를 바치나이다. 주께 간구하오니, 저희의 죄대로 갚지 마시고, 저희의 죄악대로 보응하지 마시며, 당신의 선하심과 형언할 수 없이 극진한 인간 사랑으로 저희의 죄악의 기록을 도말해 주시며, 하늘의 영원한 선물을 저희에게 내려주옵소서. 그 선물은 눈으로도 보지 못하고 귀로도 듣지 못하고 마음으로도 생각지 못한 것이었는데, 주 하나님께서 당신을 사랑하는 자들을 위해서 예비하신 것이로소이다. 사랑이 많으신 주님, 저로 인해, 저의 죄로 인해 당신의 백성을 버리지 마소서.

그가 세 번 반복한다: 이는 당신의 백성과 당신의 교회가 당신께 기도하기 때문이옵나이다.

회중: 저희에게 긍휼을 베푸소서, 주 하나님, 전능하신 아버지시여!

사제: 저희를 긍휼히 여기시옵소서, 전능하신 하나님이시여!

저희를 긍휼히 여기시옵소서, 하나님, 우리 구주시여!

저희를 긍휼히 여기시옵소서, 당신의 크신 자비로. 저희와 여기 놓인 예물들에 당신의 지극히 거룩하신 성령을 내려주옵소서. 생명을 주시는 성령께서는 하나님이시요 아버지이신 당신과 함께, 그리고 당신의 독생자와 함께 하나의 보좌에 앉아 다스리시며, 동일한 본질과 공동의 영원함을 지니신 분이시며, 율법과 선지자들, 그리고 당신의 새 언약 안에서 말씀하셨고, 요단 강에서 우리 주 예수 그리스도 위에 비둘기 형상으로 강림하시어 그 위에 머무셨으며, 오순절에 당신의 거룩하고 영광스러운 시온성의 다락방에서 당신의 거룩한 사도들에게 불의 혀 모양으로 임하셨나이다. 주여, 같은 성령을 저희와 여기 놓인 거룩한 예물들에 내려주시어서 그 거룩하고 선하고 영광스러운 임재로써 이 떡을 거룩하게 하여 당신의 그리스도의 거룩한 몸으로 만들게 하옵소서.

회중: 아멘.

사제: 그리고 이 잔은 당신의 그리스도의 고귀한 피이니이다.

회중: 아멘.

사제 (소리를 낮추어): 그것이 받는 이들에게 효험이 있어서 죄 사함과 영생을 얻게 하시고, 영혼과 육신이 거룩하게 하시고, 선행을 할 능력을 주시고, 당신이 믿음의 반석에 세우신 거룩한 보편적 교회가 힘을 얻게 하시고, 음부의 권세가 교회를 이기지 못하게 하시고, 교회를 모든 오류와 악, 불경건한 자들에게서 건지시며, 만물이 완성되는 날까지 보존하시옵소서."

축성 다음에는 대도(intercession)를 드리는데, 때로 매우 길게 이어지는 이 기도는 교회와 모든 계층의 사람들, 의인 아벨부터 마리아, 사도들, 순교자들, 낙원에 있는 성도들에 이르기까지 살아 있는 자들과 죽은 자들을 위해 드려지며, 마지막에는 주기도를 드린다. 여러 번의 대도들과 주기도에 대해 회중이나 성가대는 아멘으로 화답한다. 이것으로서 성찬 제사 집례가 끝난다.

그 다음에 오는 것이 성체 배령(communion) 곧 축성된 성물들에 참여하는 의식이다. 이 의식은 다음과 같은 말들로 시작된다: "거룩한 사람들을 위한 거룩한 것들,"[214] 큐리에 엘레이손(Kyrie eleison, 주여, 불쌍히 여기소서), 혹은 (클레멘스의 전례에서처럼) 글로리아 인 엑셀시스(Gloria in Excelsis): "높은 곳에서는 하나님께 영광, 땅에는 평화, 사람들에게는 기쁘신 뜻이. 다윗의 아들에게 호산나! 주의 이름으로 오시는 이가 복되시나이다: 하나님은 주이시요, 그가 우리 가운데 나타나셨도다." 주교와 사제가 먼저 성찬을 받으면 이어서 회중이 받는다. 클레멘스 전례에 기록된 성찬 배분 문구는 간단하게 "그리스도의 몸;" "그리스도의 피 곧

---

214) 이 말은 주의 상에 나오기에 합당치 못한 사람에게 하는 경고이다.

생명의 잔"이며, 이 말에 성찬을 받는 사람은 "아멘"하고 대답한다. 다른 전례서들에서는 배분 문구가 좀 더 길다.

거룩한 의식은 감사 기도와 시편 찬송, 그리고 강복으로 끝난다.

성찬은 매일 혹은 적어도 매주 거행되었다. 특히 대축일들에는 성찬에 자주 참여하도록 권장되었다. 북아프리카에서는 성찬에 매일 참석하는 사람들도 있었고, 주일에 한 번 참석하는 사람들도 있었고, 그렇지 않고 어쩌다가 한 번 참석하는 사람들도 있었다.[215] 아우구스티누스는 이것을 신자 개인의 필요에 맡겨 두었으나, 어떤 글에서는 "성찬이 우리가 일용할 양식이다"라고 말한다. 매일의 성찬은 주기도문의 넷째 간구에 대한 신비주의적 해석과 맞물렸다. 바실리우스는 주일에 네 번 성찬에 참석했다. 마실리아의 게나디우스(Gennadius)는 적어도 주일에 한 번은 성찬에 참석하도록 권고한다. 동방에서는 4세기 이후에 일년에 한 번이나 대축일들에 성찬을 거행하는 것이 관습이었던 것 같다. 크리소스토무스는 교회에 나오는 사람들이 설교만 듣거나 성찬 제사만 지켜보려 하고 성찬을 받는 데는 무관심한 것에 대해 자주 한탄한다. 그가 이러한 무관심에 대해서 해 놓은 말을 앞에서 인용한 바 있다. 후대의 몇몇 공의회들은 적어도 성탄절과 부활절, 오순절에 성찬에 참석하지 않는 모든 평신도들에게 출교파문를 경고했다.

동방과 북아프리카 교회들에서는 무분별하게 유아들에게도 성찬에 참여하게 하는 일이 성행했다. 이러한 관행은 유아세례에서 논리적 근거를 얻은 듯하며, 아우구스티누스와 인노켄티우스 1세에 의해 요한복음 6:53의 권위에 근거하여 옹호되었다. 그리스 교회에서는 이 관행이 오늘날까지 계속되지만, 라틴 교회에서는 9세기 이후에 논박되거나 금지되었다. 그렇게 한 이유는 사도가 성찬을 합당하게 받기 위해 먼저 자신을 살필 것을 요구하기 때문이다(참조. 고전 11:28, 29).

이러한 관행과 더불어 단형(sub una specie) 성찬의 사례들이 나타나기 시작했다. 키프리아누스 때에 카르타고의 어린 소녀가 성찬식에 참석하여 포도주를 받아 마시고는 취하는 일이 발생하면서 예외적으로 그런 시도가 이루어진 것이다. 그러나 평신도에게 잔을 주지 않는 것은 "너희가 다 이것을 마시라"고 하신 주님

---

215) Augustine, Epist. 118 ad Januar. c. 2.

의 분명한 명령을 어기는 것이고, 혹시 포도주를 받다가 흘림으로써 주의 피를 더럽히면 어쩌나 하는 미신적인 두려움에서 비롯된 것이며, 사제의 권한이 강화되면서 생긴 현상이다. 라틴 교회가 본격적으로 그렇게 한 유래는 12-13세기로밖에 거슬러 올라가지 않으며, 그 뒤로 스콜라주의의 병존 교리(빵에 그리스도의 살과 피가 다 들어 있다는 교리)로써 정당화되었다.

그리스 교회에서는 빵을 포도주에 적신 뒤 두 성물을 수저에 담아 주는 것이 관례였다.

가정에서 성찬을 거행하고, 성찬 후 병자와 수감자에게 성찬의 성물들을 전달하고, 축성되지 않고 남은 빵을 수찬(受餐) 자격이 없는 사람들에게 나눠주고, 축성된 성물들 혹은 그 대체물들은 부활절에 원거리에 있는 주교들이나 교회들에 보내 사귐의 정표로 삼는 것은 퍽 오래된 관습들이었다.

그리스 교회는 누룩을 넣어 만든 빵(유교병)을, 라틴 교회는 누룩을 넣지 않은 빵을 사용했다. 이 차이가 궁극적으로 복잡한 논쟁들의 불씨가 되었다.

포도주에 물을 섞는 것이 필수적인 일로 간주되었으며, 다양한 신비주의적인 방식으로 설명되었다. 가장 대표적인 방식이 예수께서 십자가에 달리실 때 허리에서 물과 피를 흘리셨던 사실을 근거로 삼는 것이었다.

98. 전례들. 그 기원과 내용

교회 용어에서 전례(典禮, liturgy)란 일반적으로는 공예배의 순서와 집례를 뜻하며, 구체적으로는 성찬 집례를 뜻한다. 그 다음에는 집례에 사용되는 책이나 기도서를 가리킨다. 라틴 교회는 공적 성찬식을 미사라고 부르며, 전례서들을 성찬 지침서(sacramentarium), 예규(rituale), 미사경본(missale), 신비의 책들(libri mysteriorum) 혹은 단순히 책들(libelli)이라고 부른다.

유대교 예배는 말보다 행위로 이루어졌지만, 고정된 기도문들과 시편들(예. 시 113-118), 그리고 회중의 아멘도 포함되었다(참조. 고전 14:16). 이교 그리스인들과 로마인들은 자신들의 제사 의식과 관련하여 고정된 기도들과 축성 문구들을 갖고 있었으나, 문서로 기록되지 않고 구전(口傳)되었다. 반대로 인도 문학에는 전례서들이 있으며, 심지어 코란경에도 기도의 예규들이 실려 있다.

신약성경은 전례도 의식도 제시하지 않고 그 둘을 위한 주된 요소들만 제시한다. 하나는 주기도문이고, 다른 하나는 세례와 성찬에 대한 제정의 말씀인데, 이 두 가지가 구전으로든 문서로든 교회의 최상의 기도서와 세례 및 성찬 문구들이 발전하게 만든 살아 있는 씨앗들이다. 서방 교회에서는 베드로의 신앙고백과 세례 문구로부터 점진적으로 사도신경이 대두했는데, 이것은 교리적 중요성 외에도 세례 예비자들과 신자들을 위한 공적 신앙고백으로서 전례적 기능도 수행한다. 농방 교회에서는 사도신경 대신에 니케아 신조기 시용된다. 천군 천사들이 찬송은 글로리아 인 엑셀시스의 토대가 된다. 요한계시록은 숭고한 전례적 이상(異像)이다. 이들뿐 아니라 시편이 기독교 교회에 합법적인 유산으로 전수되었고, 대대로 그리스도인들의 교화를 위한 가장 풍성한 자료가 되었다.

니케아 이전 시대에는 아직 전례서들이 발견되지 않는다. 물론 교회들이 저마다 점진적으로 고정된 형태의 예배식을 갖게 된 것이 사실이다. 속사도 시대 교회들은 사도들이 정한 예배식을 사용했으나, 세월이 흐르면서 그것이 점차 확대되고 수정되었고, 4세기까지는 구전 전승으로만 사용되었다. 그렇게 된 원인은 성례들 특히 성찬이 (초기 교회의) 내규 제도(Disciplina arcani)에 속했고, 교회의 지극히 거룩한 것이 더럽혀지는 것을 방지하기 위해서 유대인들과 이교도들, 심지어 교리문답자들조차 볼 수 없는 상태에서 집례되었기 때문이다. 또한 진주를 돼지에게 던지지 말라는 주님의 경계를 오해한 것과, 사모드라케와 엘레우시우스의 신비 의식을 본딴 것도 그 원인이었다.[216] 로마 제국에서 이교가 몰락하면서 내규 제도가 점차 사라졌고, 성례가 모든 사람에게 공개된 상태로 집례되었다.

따라서 4-5세기부터는 문서로 된 전례서들이 많이 등장하며, 정통 가톨릭 교회뿐 아니라 분리파(예를 들면, 네스토리우스파와 단성론파)도 저마다 전례들을 작성했다. 이 전례들은 대부분 사도들의 이름을 취하고 있으나, 현재의 형태로 봐서 이른바 「사도헌장」과 「사도교령」보다 더 분명한 사도적 기원을 가지고 있다고 볼 수 없으며, 사도신경보다 더 앞선다고 말하기도 어렵다. 이 시기의 전례들은 신약성경과 변증가들 및 니케아 이전 교부들의 글들로부터 추론할 수 있는 한 초기 기독교의 단순한 예배식과 크게 대조된다.

---

216) 참조. Tertullian, *Apolog.* c. 7; Origen, *Homil.* 9 in Levit. toward the end; Cyril of Jerusalem, *Praefat. ad Catech.* § 7, etc.

게다가 이 전례서들에는 호모우시오스('동일 본질', 성자에 관하여)와 테오토코스('하나님을 지닌 자', 동정녀 마리아에 관하여) 같은 신학 용어들이 실려 있으며, 더러는 381년의 제2차 에큐메니컬 공의회 때 첨가된 내용을 지닌 니케아 신조와 순교자들과 성인들이 숭배되었다는 언급들, 그리고 수도원주의에 관한 언급도 실려 있는데, 이런 점들은 틀림없이 그 작성 시기가 니케아와 니케아 이후 시대였음을 암시한다. 그럴지라도 이 전례들은 공통된 전례 전승을 토대로 삼고 있으며, 그 전승은 본질적인 요소들에서 과거 시기, 아마 몇 가지 점에서는 사도 시대나 심지어 유대 그리스도인들을 통해 유대교 예배에까지 거슬러 올라갈 가능성도 있다. 그렇지 않다면 그 전례들이 서로 유사하되, 여러 점에서 공관복음서들이 지니는 유사한 성격을 지니고 있는 것을 만족스럽게 설명할 수 없다. 이 고대 가톨릭 전례들은 기도들의 문구와 수와 길이와 순서에서, 그리고 그 밖의 본질적인 점들에서 서로 다르지만, 성찬 예배의 가장 중요한 부분들에서는 서로 일치한다. 물론 하나의 공통된 원본에서 파생했다고 보기에는 서로 너무나 다르지만, 그럴지라도 각각 자생했다고 보기에는 서로 너무나 비슷하다.

고대의 전례들은 한결같이 집례와 기도를 한데 결합하며, 유대교의 관습에 따라서 회중의 참여를 상정한다. 회중이 사제의 기도에 자주 화답을 하며, 이 점에서 회중도 저마다 사제로서의 성격을 지니고 있음을 증거한다. 이 화답들이 어떤 때는 간단한 아멘이고, 어떤 때는 큐리에 엘레이손이고, 어떤 때는 다음과 같은 사제와의 대화이다:

사제: 주께서 여러분과 함께 하시기를!
회중: 그대의 영혼과도 함께 하시기를!
사제: 여러분의 마음을 드십시오!
회중: 저희가 주께 마음을 드나이다.
사제: 함께 감사를 드립시다!
회중: 그것이 합당하고 옳습니다.

전례의 어떤 부분들, 이를테면 신조와 스랍의 찬송과 주기도문은 사제와 회중

---

217) 클레멘스의 전례에는 모두, 성 야고보의 전례에는 사람들.

이 함께 말하거나 노래했다. 원래는 신자들의 회중 전체가 화답하도록 되어 있었다.[217] 그러나 성직위계제도의 원칙이 발전함에 따라 민주적이고 회중적인 요소가 사라지고, 부제[집사]들이나 성가대가 회중의 화답 부분을 맡았았다. 특히 회중이 전례에 사용된 언어를 이해하지 못할 때는 더욱 그러했다.[218]

성 클레멘스의 전례와 성 야고보의 전례 같은 가장 오래된 전례들 가운데 상당수는 이미 오래 전부터 사용되지 않았으며, 따라서 역사적 관심만 끌고 있다. 성 바실리우스와 성 크리소스토무스, 로마의 전례들 같은 다른 전례들은 오늘날도 그리스 교회와 로마 교회에서 다양한 시기에 다양한 변화와 첨가가 가해진 상태로 여전히 사용되고 있다. 그 중 여러 가치있는 부분들이 라틴 미사 전문(典文)들을 통해서 성공회와 루터교, 그리고 일부 개혁교회의 전례와 문서에 전승되었다.

그러나 일반적으로 그 전례들의 분위기는 개신교의 예배 모범들과 사뭇 다르며, 이것은 성공회도 예외가 아니다. 그 전례서들에서는 성찬의 제사를 중심으로 모든 기도와 의식이 진행되기 때문이다. 살아 있는 자들과 죽은 자들을 위한 이 제사가 전부이며, 설교는 전혀 비본질적이고 사실상 행해지지 않는 경우가 비일비재하다. 이와 반대로 개신교에서는 성찬이 거의 유일한 **교통**(communion)이며, 설교가 모든 일상적 예배에서 중심을 차지한다.

동방 교회의 전례와 서방 교회의 전례 사이에는 다음과 같은 전형적인 차이가 있다:

1. 동방 교회의 전례는 공예배를 두 부분으로 구분하던 니케아 이전의 관행을 유지한다. 한 부분은 교리문답자들의 예배(Missa Cathechumenorum)로서 주로 가르치는 데 목적이 있었고, 다른 한 부분은 신자들의 예배(Missa Fidelium)로서 성찬식이었다. 그런데 교회와 국가가 결합하고 유아세례가 보편화되면서 이 구분이 초기에 표방했던 취지가 무색하게 되고 말았다. 라틴 전례들은 두 부분을 하나의 전체로 연결시킨다.

2. 동방 교회 전례들은 성찬 제정의 말씀 뒤에 성령의 임재를 비는 기도를 신

---

218) 과거의 헬라어 전례들을 대체한 성 바실리우스와 성 크리소스토무스의 전례들에서는 부제들이나 성가대가 주로 화답[응송<應頌>]을 했다. 로마 교회의 미사에서는 회중의 역할이 훨씬 더 사라졌으나, 사제를 따라서 말없이 기도를 드렸다.

는다. 성령의 임재가 없으면 성물들의 축성이 충분한 효과를 미치지 못한다는 생각에서 그렇게 한 듯하다. 이 전례들에 영향을 받은 흔적들이 갈리아의 전례들에 나타난다. 그러나 로마 교회의 전례에서는 성령의 임재를 비는 기도가 전혀 실리지 않으며, 성물들이 거룩하게 되는 것이 사제가 성찬 제정의 말씀을 낭송함으로써 이루어진다고 간주된다. 이것이 그리스 교회와 로마 교회간의 쟁점으로 남아왔다. 대 그레고리우스는 사도들이 축성 때 제정의 말씀과 주기도문 외에는 아무것도 사용하지 않았다고 주장한다.[219] 그러나 그가 6세기에 과연 어디서 이것을 알 수 있었을까? 신약성경은 그 주제에 관해서 아무런 정보도 주지 않기 때문이다. 성물들에 대한 성령 임재 기원(invocatio Spiritus Sancti)이 신약성경 어디에도 언급되지 않는다. 다만 주님께서 성찬 제정의 말씀을 하시기 전에 축사(thansgiving, 감사)하신 일을 축성(祝聖, consecreation, 거룩하게 하여 구별함)으로도 볼 수 있을는지 모르나, 그럴지라도 그리스 교회나 로마 교회가 생각하는 그런 의미는 아니었다. 더욱이 "이것은 내 몸이라"는 말씀을 비롯한 제정의 말씀들은 하나님께 아뢰신 것이 아니라 제자들에게 하신 것이고, 주님께서 복주신 결과를 표시한다.[220]

---

219) *Epist. ad Joann. Episc. Syriac.*

220) 이 쟁점에 대해서 Neale은 동방 교회의 견해에, Freeman은 라틴 교회의 견해에 동조한다. Neale은 *The Primitive Liturgies of S. Mark, S. James, etc.*, p. 23에서 이렇게 주장한다: "동방 교회의 교리에 따르면 성찬 제정의 말씀이 아닌 성령의 임재를 간구하는 기도로써 떡과 포도주가 우리 주님의 살과 피로 '변화한다'(changed, transmuted, transelemented, transubstantiated.) 언제 그 변화가 발생하는가 하는 것이 항상 두 교회 사이의 쟁점이었다. 원래 성령의 임재를 비는 기도가 모든 전례의 한 부분이었다는 데 의심의 여지가 없다. 베드로 전례에는 그 부분이 완전히 유실되었고, 에베소 전례(갈리아와 모자라빅 전례)에는 다소 남아 있으며, 에베소와 베드로 전례가 혼합된 전례들(암브로시우스 전례와 총대주교 전례 혹은 아퀼레이아 전례)에도 조금 남아 있다. 공인 러시아 요리문답(the authorized Russian Catechism)의 표현을 빌리자면 다음과 같다: '이것(성령의 임재를 구하는 기도)이 왜 그렇게 본질적인가? 그 이유는 이 행위가 이루어지는 순간에 떡과 포도주가 그리스도의 살 자체와 그리스도의 피 자체로 변하기 때문이다. 화체(化體, transubstantiation)라는 단어를 어떻게 이해해야 할 것인가? 동방 총대주교들이 신앙을 해설해 놓은 내용에는 말[言]이 떡과 포도주를 우리 주님의 살과 피로 변하게 하는 것이 아니라고 하고, 그 변화란 오직 하나님 외에는 알 수 없기 때문이라고 설명한다. 말은 떡이 참으로 실제로 본질적으로 주님의

3. 동방의 전례는 오히려 개신교 교회와 유사하게 헬라어·시리아어·아르메니아어·콥트어 등 다양한 자국어들의 사용을 허용하는 반면에, 로마의 미사는 통일을 기하기 위해서 모든 자국어를 금하고 라틴어만 허용하며, 그로써 라틴어를 모르는 사람들은 그것을 알아들을 수 없다.

4. 동방의 전례는 매주일마다 약간씩 바뀌며 반복되는 구속사의 상징적 드라마라고 할 수 있다. 토요일의 저녁기도는 창조와 타락, 그리고 그리스도에 대한 대망을 상징한다. 주일의 대예배는 그리스도의 탄생에서 승전에 이르는 그분의 생애를 예시한다. 기도와 강론이 있은 뒤에는 사제들과 부제가 그에 대한 상징적인 행위를 연출한다. 이를테면 촛불을 켜고 끄며, 문을 열고 닫고, 제단과 복음서에 입을 맞추고, 이마와 입과 가슴에 십자가 성호를 긋고, 흔들 향로를 흔들고, 성직복을 자주 바꿔 입고, 행렬을 벌이고, 무릎을 꿇고, 엎드려 절한다. 그리스와 러시아 정교회의 예배는 동방의 특성이 강하며, 상징적 의식이 화려하고 장엄한 면에서 로마 교회의 예배를 능가한다.

로마의 미사도 나름대로 구속사, 특히 그 중에서도 그리스도의 수난과 구속의 죽음을 연극적으로 기념하고 상징하는 면을 갖고 있지만, 그보다는 교훈적 성격이 더욱 강하며, 객관적 역사보다는 고백의 기도(confiteor)에서부터 성체성사 후의 기도(Postcommunio)에 이르기까지 구속을 주관적으로 적용하는 데 주안점을 둔다. 상징적 행위보다는 말과 노래에 비중을 두며, 대축일들을 위한 다양한 본기도(collect)들과 감사송들을 가지고 교회력의 순서를 충실히 견지함으로써 다양한 내용을 갖는다.[221] 이 점에서 개신교의 예배에 보다 가까이 서 있지만, 개신교

참된 몸이 되고 포도주가 주님의 참된 피가 된다는 것을 상징할 뿐이다." 이와 반대로 Freeman은 *Principles of Div. Serv.* vol. ii. Part ii. p. 196 f.에서 다음과 같이 주장한다: "동방 교회는 지난 4백년간 자기 교회의 박사들이 주장했고, 성 키릴루스의 권위를 빌려 자신이 주장했던 견해, 즉 (1) 봉헌의 기도와 (2) 성령의 임재를 비는 기도가 있은 후에야 비로소 성찬의 성물들이 거룩하게 변한다는 견해를 견지할 수 없다. 그 견해는 사실상 스스로 모순된다. 봉헌이란 이미 거룩하게 된 선물들 곧 그리스도의 살과 피를 드리는 데 의미가 있는데 그 견해는 그 의미를 무색하게 만들고, 그로써 그 것을 예배식 처음 순간의 봉헌과 같은 수준으로 전락시키기 때문이다. 이 고대의 기도들에서 취할 수 있는 유일한 견해는 그 기도들이 성찬 제정의 말씀과 동시에 드려졌던 것으로 이해하는 것이다."

의 예배는 상징적인 베일들을 완전히 제거하며, 설교를 중심에 둔다.

동방 교회의 모든 전례는 크게 두 부분으로 이루어진다. 첫째 부분은 아나포라 혹은 오블라티온(본미사)에 이어 수르숨 코르다가 선포되기 전에 행해지는 기도들과 의식들을 포함하고, 둘째 부분은 아나포라에서부터 끝까지를 포함한다.

첫째 부분은 다시 수르숨 코르다(마음을 드높이)까지 이어지는 교리문답자들의 미사와 신자들의 미사로 구분된다. 이 부분에는 예비 기도(Prefatory Prayer), 입당송(Introit, Ingressa) 혹은 교송(交誦 Antiphon), 소입장(Little Enterance), 삼성송(三聖誦, Trisagion), 성경 교훈, 복음서에 따른 기도, 교리문답자들 해산이 포함되고, 그 다음에는 신자들의 기도, 대입장(Great Entrance), 봉헌(Offertory), 평화의 입맞춤, 신조가 포함된다.

아나포라는 대 성찬 감사 기도, 예수의 생애 기념, 제정의 말씀, 성물들의 봉헌, 성령 임재 기원, 살아 있는 자들과 죽은 자들을 위한 대(大) 대도(代禱), 그리고 마지막으로 기도와 의식을 갖춘 성찬, 감사, 해산으로 이루어진다.

99. 동방 교회의 전례들

개정본들과 수정본들과 번역본들을 다 합치면 고대의 전례들이 아마도 백 가지가 넘을 것이다. 그러나 오늘날의 조사에 따르면 그 종류가 크게 대여섯 군으로 좁혀질 수 있다고 하며, 각 군에 해당하는 전례에는 그것이 발생하여 사용된 교회들인 예루살렘(혹은 안디옥)·알렉산드리아·콘스탄티노플·에베소·로마의 이름이 붙었다. 그들 대다수는 동방 교회의 것이다. 이 분야에서는 조직과 예배에 통일을 기했던 서방 교회에 비해 동방 교회가 훨씬 더 왕성하고 다양한 결

---

221) 본기도(collect)는 엄밀히 말해서 라틴 교회에만 있다. 라틴 교회는 그런 짧은 기도들을 수백 편 작성했다. collect라는 단어는 본기도가 특정일에 해당하는 서신서와 복음서의 의미를 기도의 형식으로 모으는 사실에서 유래했거나, 아니면 사제가 회중의 바람과 간구를 기도의 형식으로 모은 데서 유래했거나 둘중 하나이다. 본기도는 짧은 전례 기도로서, 하나의 간구로 이루어지며, 끝맺는 형식은 그리스도의 공로를 묵상하는 형식을 취하는 경우도 있고, 삼위일체께 송영을 바치는 형식을 취하는 경우도 있다.

과를 내놓았다. 동방 교회의 전례들 가운데서도 그리스 교회의 전례가 가장 오래되었고 가장 중요하다.

1. 성 클레멘스의 전례. 이것은 「사도헌장」(the Apostolic Constitutions) 제8권에 실려 있으며, 「사도헌장」과 함께 로마 주교 클레멘스의 저작으로 잘못 알려져 있다. 이것이 온전한 형태로 남은 가장 오래된 예배서이며, 아마 4세기 초에 동방에서 작성된 듯하다. 이것은 대부분 성 야고보와 알렉산드리아의 키릴루스의 전례와 일치하며, 이런 이유 때문에 예루살렘 군(群)의 한 지류로 간주된다. 어떤 교회들이 이것을 사용했는지 우리로서는 알 길이 없다. 이것은 평상적인 종류의 전례였으며, 니케아 혹은 니케아 이후 시대의 예배 형식과 후대에 첨가되고 수정된 형태의 예배 형식 사이에 어떤 차이가 있는지 보여주는 점에 가장 큰 가치가 있다.

클레멘스의 전례는 교리문답자 예배를 신자 예배와 엄격히 구분한다.[222] 이것에는 거룩한 성물들을 분배하는 가장 단순한 형식이 제시되어 있다: '그리스도의 몸', '그리스도의 피 곧 생명의 잔', 그리고 회중이 떡과 포도주에 대해서 말하는 '아멘.' 죽은 자들을 기념하는 대목에서 이 전례는 성인들의 구체적인 이름을 언급하지 않고, 심지어 하나님의 어머니도 언급하지 않으며(성모의 이름이 최초로 공예배에 자리를 잡은 것은 431년의 에베소 공의회 이후의 일이다), 사제의 여러 예비 기도들도 실려 있지 않다. 마지막으로 이 전례에는 니케아 신조와 심지어 주기도문조차 실려 있지 않다. (주기도문은 다른 모든 전례의 성찬 기도들에 첨부되어 있으며, 일부 교회법 학자들에 따르면 그것이 절대 필수적인 요소라고 한다.)[223]

2. 성 야고보 전례. 전승에 따르면 이 전례는 주님의 형제이자 예루살렘 주교를 지낸 야고보가 작성했다고 한다. 물론 이것을 야고보가 작성했을 리는 없다. 이 안에 니케아 신조가 실려 있다는 점과, 니케아와 니케아 이후 시대 신학에 속하

---

222) Neale은 그 전례를 「사도헌장」의 가장 오래된 부분으로 간주하고, 그것이 2세기 혹은 3세기에 작성되었다고 보며, 주된 부분들이 사도 바울에게서 유래했다고 본다. 그 정신과 사상이 여러 점에서 바울의 사상과 일치한다고 보는 것이다.

223) 클레멘스의 전례에 주기도문이 실리지 않은 것은 이 기도가 원래 모든 전례들의 축성 기도였다는 Bunsen의 견해를 논박하기에 충분하다.

는 호모우시오스와 테오토코스라는 표현이 나온다는 점만 놓고 보더라도 그러하다. 다음 구절도 이 신조가 훨씬 후대의 것임을 증거한다: "기도와 대도(代禱)를 통해서 우리에게 자비를 얻어주시는 지극히 거룩하시고 무류하시고 지극히 영광스러우시고 복되신 하나님의 어머니요 영원하신 동정녀이신 마리아와 모든 성인들을 기억합시다." 야고보 전례가 사용되는 것을 최초로 언급하는 사람은 5세기 중반의 콘스탄티노플의 프로클루스(Proclus)이다. 그러나 이 전례는 내용 면에서 가장 오래된 전례들 가운데 하나임이 분명하며, 이미 4세기부터 사용되었음에 틀림없다. 그렇게 생각하게 되는 것은 386년에 죽은 예루살렘의 키릴루스가 인용한 전례문들이 이 전례의 내용과 거의 똑같기 때문이다. 이 전례는 보편 교회를 위한 기도 서두에 언급된 대로 '영광스러운 시온 곧 모든 교회들의 어머니'인 예루살렘 교회를 위해서 작성되었다.

이 전례는 내용과 어법에서 고대의 전례들 가운데 가장 중요하며, 여러 전례들의 모체가 되었는데, 이 전례의 영향을 받아 작성된 대표적인 것이 성 바실리우스의 전례와 성 크리소스토무스의 전례이다. 안디옥 총대주교 전역에 보급되었고, 심지어 키프로스와 시칠리아, 칼라브리아에까지 보급되었으나, 이슬람교의 정복 이후에 동방 정교회에서는 비잔틴 전례로 대체되었다. 예루살렘과 그리스 제도(諸島)에서는 일년에 한 번, 즉 성 야고보의 축일인 10월 23일에 이 전례를 여전히 사용한다.

시리아어판 야고보 전례는 헬라어를 자유롭게 번역한 것으로서, 성령의 임재를 비는 기도가 길게 수록되어 있고, 나머지 기도들은 비교적 짧으며, 후대에 작성된 듯한 인상을 준다.[224] 39개의 단성론파 전례를 수록한 전거로서, 분리파인 시리아인들 곧 야코부스파(Jacobites) 사이에서 오늘날도 사용된다.

3. 성 마가 전례 혹은 알렉산드리아 전례. 이것은 유명한 복음서 저자가 작성한 것으로 되어 있다. 전승에 따르면 그는 이집트 수도인 그 도시에서 교회와 교리문답 학교를 세우기도 했다. 물론 이렇게 마가를 저자로 내세운 것은 지나칠 정도로 심한 시대착오이다. 왜냐하면 이 전례에는 381년의 니케아-콘스탄티노플 신

---

224) 시리아어판 성 야고보 전례. 현존하는 전례들 가운데 가장 방대한 전례들을 수록하고 있는 전거이다. 시리아어판 성 야고보 전례에 수록된 이 문서들은 모두 단성론파의 전례들이다.

조가 실려 있기 때문이다. 이 전례는 현재의 형태로는 알렉산드리아 주교 키릴루스(444년 죽음)에게서 유래한 듯하다. (그는 단성론파뿐 아니라 정통신앙파까지도 각자 자신들이 주장하는 그리스도의 위격 교리의 옹호자로 내세운 인물이다.) 어쨌든 이 전례는 키릴루스의 이름을 지닌 전례와 정확히 일치한다.

이것이 다른 전례들과 다른 점은 성찬 제정의 말씀과 성령 임재 기도 앞에 살아 있는 자들과 죽은 자들을 위한 장엄한 기도를 싣고 있는 데 있다. 원래 이 전례는 헬라어로 작성되었고, 훗날 콥트어와 아랍어로 번역되있다. 이집트에서는 12세기까지 사용되다가 그 뒤에 비잔틴 전례로 대체되었다. 콥트 교회는 여전히 이것을 보유하고 있다. 에티오피아의 미사전문은 이것에서 파생했다. 세 개의 콥트 전례와 열 개의 에티오피아 전례가 있는데, 이 모두가 동일한 군(群)에 속한다.

4. 에데사 혹은 메소포타미아 혹은 모든 사도들의 전례. 이것은 사도 다대오(Thaddaeus, Adaeus)와 사도 마리스(Maris)가 작성한 것으로 되어 있으며, 네스토리우스파 내에서만 사용된다. 훗날 이것에서 다음과 같은 네스토리우스파 전례들이 생겼다: (1) 해석자 테오도루스의 전례; (2) 네스토리우스의 전례; (3) 문둥병자 나르세스의 전례; (4) 바르수마스의 전례; (5) 말라바르 혹은 성 도마의 전례. 말라바르의 도마파 그리스도인들의 전례는 디암퍼 교회회의의 개정자들에 의해 크게 변질되었다.

5. 성 바실리우스의 전례와 성 크리소스토무스의 전례는 둘이 함께 비잔틴 혹은 콘스탄티노플 전례를 구성하며, 동시에 그리스-러시아 교회로 흘러들어갔다. 둘다 성 야고보 전례에서 유래했고, 그 전례를 간추린 형태로 제시한다. 클레멘스와 야고보의 전례들과 마찬가지로 사장(死藏)되지 않고 여전히 사용된다.

네오 가이사랴의 주교 바실리우스(379년 죽음)의 전례는 그리스와 러시아의 정교회들에서 사순절(종려주일을 제외한) 기간과 주현절 전야, 부활절, 성탄절, 그리고 성 바실리우스 축일(1월 1일)에 낭독된다. 이것에서 아르메니아 전례가 파생했다.

성 크리소스토무스(407년 죽음)의 전례는 다른 모든 주일들에 사용된다. 이것은 성 바실리우스의 전례를 간추리고 개선한 것이며, 비록 콘스탄티노플의 저명한 총대주교들의 영향 탓이긴 하지만, 6세기 이래로는 성 야고보와 성 마가의 전례들을 밀어냈다. 현존하는 사본들이 서로 너무나 다르기 때문에 원본의 내용을 가려내기가 불가능하다.

장엄함에서 로마의 전례마저 능가하는 현재 그리스와 러시아의 의식이 크리소스토무스 시대부터 현재 내용 그대로 내려왔을 리가 없다. 프로클루스의 말대로, 크리소스토무스는 인간의 연약함을 고려하여 콘스탄티노플 교회의 예배를 여러 점에서 단출하게 만들었을 것으로 추정된다. 그러나 그의 이름을 표방하고 있는 전례가 7세기에도 여전히 '거룩한 사도들의 전례'라고 불렸으며, 그의 이름이 붙은 것은 8세기 이후인 듯하다.

100. 서방 교회의 전례들

서방 교회의 전례들은 크게 세 군으로 분류할 수 있다: (1) 에베소 군 – 사도 요한에게로 거슬러 올라가며, 모사라베 전례(Mozarabic liturgy)와 갈리아 전례를 포함한다; (2) 로마 전례 – 로마 교회는 교황제와 마찬가지로 당연히 이것도 성 베드로에게 선이 닿아 있다고 주장한다; (3) 암브로시우스와 아퀼레이아 전례 – 앞의 두 가지를 혼합함. 그러므로 서방 교회의 전례는 동방에 비해 그다지 다양하지 않은 셈이다. 라틴 교회의 경향은 도처에서 통일을 강하게 지향하며, 그 결과 로마 전례가 나머지 것들을 밀어냈다.

1. 옛 갈리아 전례(Old Gallican liturgy). 갈리아 남부 기독교의 초창기와 마찬가지로 여러 면에서 아시아 에베소의 특성을 드러내며, 따라서 그 기원이 사도 요한에게 있다고 할 수 있으며, 후대의 형태는 5세기에 갖춰진 것이다. 작성자들 혹은 그보다는 개정자들 가운데 푸아티에의 힐라리우스가 특별하게 거명된다. 샤를마뉴 시대에 이것이 로마 전례로 대체되었다. 교회 조직과 정치에서 과감하게 자체의 권리를 주장하던 갈리아주의가 예배에서 쉽게 로마화되는 수모를 겪은 것이다.

옛 브리타니아 전례(Old British liturgy)는 틀림없이 갈리아 전례와 동일했겠으나, 앵글로색슨족이 회심한 뒤로는 이것 역시 로마 전례로 대체되었다.

2. 옛 스페인 혹은 (부정확한 표기이긴 하나) 고트 전례. 모사라베 전례라고도 한다.[225] 이것은 여러 면에서 갈리아 전례와 비슷하며, 아마 동방에서 갈리아를 통해서 그 영향이 전달된 듯하다. 409년에 서고트족이 침입하기 전부터 존재한 것

으로 보이는데, 이는 아리우스 이단이나 콘스탄티노플 의식 체계에 영향받은 흔적을 조금도 드러내지 않기 때문이다. 현재의 형태는 세비야의 이시도루스(Isidore)와 633년에 열린 제4차 공의회로 그 기원이 돌려진다. 스페인에서 13세기까지 사용되다가 그 뒤에 로마 전례로 대체되었다.

이 전례는 갈리아 전례와 마찬가지로 복음서들과 서신서들 외에도 구약성경에서 취한 교훈들도 싣고 있다. 축일들의 순서가 로마 전례와 다르며, 본 제사 의식 앞에 설교 시간을 둔다. 성찬에 잎서 말하는 싱다 상디스(Sancta Sanctis), 빵을 아홉 조각으로 찢는 행위(그리스도의 생애에서 아홉 가지 비밀을 기념함), 매일의 성찬, 부제가 잔을 배분하는 행위는 동방의 의식을 생각하게 한다. 모사라베 성가는 그레고리우스 성가와 퍽 유사하지만, 그 외에도 독립된 민족적 특성도 드러낸다.

3. 아프리카 전례는 테르툴리아누스와 키프리아누스, 아우구스티누스의 글에 실린 단편적인 인용문들을 통해서만 우리에게 알려지는데, 단편들을 종합해 보면 이것이 로마 전례 군에 속한다는 결론을 내리게 된다.

4. 성 암브로시우스 전례. 이것은 밀라노의 그 유명한 주교(397년 죽음)에게로, 심지어는 성 바나바에게로까지 돌려진다. 분명한 것은 암브로시우스가 시편들과 찬미들의 응송(應頌)을 도입하고, 여러 기도문들과 감사송(preface)들과 찬미들을 작성했다는 점이다. 그의 계승자 심플리키우스(Simplicius, 397-400)는 의식에 여러 가지 내용을 첨가한 것으로 추정된다. 여러 요소들이 고트족 왕들의 재위 기간(493-568)과 롬바르드족 왕들의 재위 기간(568-739)에 작성된 것으로 추정된다.

암브로시우스 전례는 오늘날도 밀라노 교구에서 사용된다. 로마 전례로 대체하려는 여러 번의 시도가 있었으나 모두 성공을 거두지 못했고, 결국 1497년에 교황 알렉산더 6세의 특별 대칙서에 의해 암브로시우스 의식(Ritus Ambrosianus)으로 확정되었다. 이 전례는 몇 가지 동방의 특징들을 제외하면 사

---

225) '고트 전례' 라는 이름이 붙은 이유는 고트족이 스페인을 지배할 때 이 전례가 발전하여 왕성하게 사용되었기 때문이다. '모사라베 전례' 라는 이름이 붙은 이유는 아랍인들이 스페인을 정복한 뒤에 그렇게 불렸기 때문이다. Mozarab, Muzarab, Mostarab은 스페인을 지배하던 아랍인들이 순수 혈통을 지닌 아랍인들과 구분하여 스페인 그리스도인들을 부르던 경멸조의 표현이다.

실상 로마 전례와 같지만, 로마 전례와 같은 함축적 간결성이나 모사라베 전례와 같은 풍부함과 충만함은 없다. 그 외의 차이점들을 거론하자면, 제사 예물을 봉헌하기 위한 기도가 로마 전례와 다른 것과, 사도신경을 봉헌 뒤에 암송하는 것, 그 교구 출신의 몇몇 성인들이 성인 명단에 포함되어 있다는 것, 그리고 성체 분배를 주기도문(Paternoster)에 앞서 고유한 문구를 가지고 시행한다는 것을 들 수 있다.

아퀼레이아 총대주교구에서 오랫동안 사용된 전례는 암브로시우스 전례와 비슷하며, 그 전례와 마찬가지로 로마 전례와 동방적 갈리아 전례 중간쯤에 해당한다.

5. 로마 전례는 전승에 따르면 주요 특징들이 사도 베드로가 작성했다고 하지만, 역사적 관점에서 볼 때 5세기 중반 이전으로 거슬러 올라갈 수 없다. 아마 오랜 세월을 두고 현재의 형태로 서서히 굳어졌을 것이다. 이 전례의 가장 오래된 기록은 세 명의 교황인 레오와 겔라시우스, 그레고리우스의 이름을 지닌 세 편의 전례서(Sacramentary)에 나타난다.

(a) 레오의 전례서(Sacramentarium Leonianum). 교황 레오 1세(461년 죽음)가 작성한 것처럼 거짓으로 표기되어 있는데, 아마 5세기 말에 작성된 듯하며, 일정한 계획 없이 전례 문구들을 모아놓은 문서이다. 1735년에 최초로 베로나 사본으로부터 편집되었다.

(b) 겔라시우스의 전례서(Sacramentum Gelasianum). 1680년에 로마에서 최초로 인쇄되었으며, 어떤 전례서를 작성했음에 틀림없는 로마 주교 겔라시우스(492-496)의 저작으로 표기되었다. 이 전례서에는 여러 성인들의 축일이 빠져 있으며, 7세기 이래로 사용되었다.

(c) 그레고리우스의 전례서(Sacramentarium Gregorianum). 무라토리(Muratori)와 그 밖의 저자들에 의해 편집되었다. 그레고리우스 1세(590-604)는 로마 전례(Roman Ordo et Canon Missae)의 초석을 놓은 사람으로 간주된다. 이 전례는 후대에 다양한 첨가와 수정을 거쳐 점차 라틴 교회에서 거의 독점적인 지위를 차지했으며, 트렌트 공의회에 의해 재가를 받았다.

로마 전례의 다양한 부분들을 한 권에 모아놓은 책이 「로마 미사경본」(*Missale Romanum*)이라 불리며, 사제들을 위한 지침서는 「전례법규」(*Rubricae*)라 불린다(붉은색 잉크로 작성되었거나 인쇄되었기 때문).

101. 전례용 의복

공예배가 외적으로 엄숙성을 유지하고, 성직자 집단과 평신도 집단의 구분을 엄격히 유지하기 위해서는 유대교 제사장 제도와 의식을 모방하여 성직자의 등급과 예배의 다양한 부분을 상징하는 전례용 의복이 필요했다.

그리스 교회가 사용한 전례용 의복과 장신구는 다음과 같다: 부제(副祭) — 스티카리온,[226] 오라리온 혹은 호라리온[227]; 사제 — 스티카리온, 펠로니온,[228] 조네,[229] 에피트라켈리온,[230] 에피마니키아[231]; 주교 — 사코스,[232] 오모포리온,[233] 에피고나티온,[234] 크로지에르.[235] 주교관(mitre)은 그리스 교회에서는 쓰이지 않았다.

라틴 교회가 사용한 전례용 의복은 다음과 같다: 사제 — 아믹트 혹은 후메랄,[236] 알바,[237] 싱투레,[238] 마니플레,[239] 오라리움 혹은 스톨레[240]; 주교 — 차수블레

---

226) 유대교 제사장의 수놓은 겉옷을 본따 만든 긴 겉옷. 라틴 교회의 알바(미사 때 사제가 입는 긴 흰옷)와 달마티카(옆이 트인 헐거운 祭服).

227) 라틴 교회의 스톨라(영대, 祭服의 띠 모양의 천)에 해당함.

228) 품이 넉넉한 망토. 라틴 교회의 카술라에 해당함.

229) 띠, 혁대.

230) 콜라리움(칼라, 깃), 이중 스톨라, 스카풀라(어깨에 걸치는 망토).

231) 성대(聖帶, 수대<手帶>). 라틴 교회에서 미사 때 사제가 왼팔에 걸치는 장식띠에 해당함.

232) 화려하게 수놓은 짧은 겉옷. 소매가 없고, 작은 종들이 달림.

233) 라틴 교회의 팔리움(목과 어깨에 두르는 양털띠)에 해당함. 하지만 좀 더 넓고, 단추로 목에 고착하도록 되어 있음.

234) 사각 방패. 조네(띠, 혁대)에서 무릎까지 내려오며, Simeon Metaphrastes에 의하면 죽음과 마귀에 대한 승리를 상징한다고 한다.

235) 홀장(笏杖).

236) 사제가 의식을 거행하기 전 기도를 드릴 때 목과 어깨에 두르는 린넨 천. 8세기 전에는 아무데서도 언급되지 않는다. 유대교의 에봇에 해당한다.

237) 목에서 다리까지 늘어지는 흰 린넨 겉옷. 알바에서 길이를 줄인 중백의(surplice, 하위 성직자의 평상적인 공식 복장)가 생겼다.

238) 알바를 여기기 위한 린넨 띠.

239) 원래는 부제와 사제의 왼쪽 팔에 거는 손수건이었으나, 후에는 주교들만 착용하게 되었다.

(chasuble),[241] 달마틱,[242] 펙토랄,[243] 미트르[244]; 대주교 — 팔리움. 이외에도 주교 반지와 지팡이 곧 홀장을 덧붙일 수 있다.

이러한 성직자의 의복들은 비록 공예배 때만 사용되긴 했으나, 거의 모두 7세기 이전에 사용된 듯하다. 하지만 각 의복이 생긴 구체적인 시기는 자신있게 말할 수 없다. 사제 의복이 사용된 것 자체는 사실상 구약성경에서 유래했으며, 그것이 유대 기독교를 매개로 하여 교회에 전수되었음에 분명하다. 물론 그 과정에서 많은 변화가 가해진 것이 사실이다. 콘스탄티누스 대제는 예루살렘 주교 마카리우스에게 세례 때 사용할 화려한 금박 영대를 선사했다.

가톨릭 전례학자들은 다양한 미사 복장들에 상징적 해석을 가하는데, 그 중 더러는 유대교 제사장 복장의 의미에서 끌어온 것이 분명하지만, 더러는 인위적이고 따라서 가변적이다. 예를 들어 '아믹트'는 산만해진 정신을 집중하는 것을 가리키고, '알바'는 사제들의 의와 거룩을, '마니플레'는 선행의 결실을, '스톨레'는 사제의 공식적 권한을, '미트르'는 성직자의 지도권을, 반지는 주교와 교회의 결혼을, 지팡이는 양들에 대한 감독권을 상징한다고 해석한다.

전례용 의복들의 색깔은 유대교의 제사장 복장에 빛과 구원을 상징하는 흰색이 주조를 이루었던 것과 같은 맥락에서 수세기 동안 흰색이었다. 그러나 점차 다섯 가지 색깔이 자리를 잡았다. 옷감은 (구약성경의 경우처럼) 아믹트와 알바에 린넨이 사용된 것을 제외하고는 다양하게 쓰였다. 오늘날 로마 교회의 관습

---

240) 양쪽 어깨에 걸치는 린넨 옷. 교황은 항상 이 옷을 입고, 사제는 직무를 수행할 때만 입는다. 347년 이후에 라오디게아 공의회는 차부제와 하위 성직자가 이 옷을 착용하는 것을 금지했다.

241) 온 몸을 덮되 소매는 없는 옷. 뒤에 십자가 문양이 있고, 앞에 금이나 고급 비단으로 놓은 수가 있다. 이 옷에서 행렬 때와 그 밖의 공식 행사 때 사용하는 두건 달린 축일용 망토인 대외의(大外衣)가 생겼다.

242) 그 옷이 유래한 장소에서 유래한 이름. 비싼 천으로 만든 겉옷. casula(祭衣)와 비슷하며, 그 밑에 입는다.

243) 주교와 대주교가 가슴에 착용하는 십자가. 유대교 대제사장의 흉패에 해당하는 듯하다.

244) 주교의 머리 장식. 주교관. 원래는 뾰족한 끝이 하나였으나 11세기 이후에는 두 개가 되었는데, 아마 구약과 신약을 상징하기 위해 두 개로 만든 듯하다.

에 따르면 성직복들은 다른 교회 기물들과 성수와 마찬가지로 주교나 어느 성직자에 의해 거룩한 목적을 위해서 축성되어야 한다. 그리스 교회는 심지어 그것을 매번 사용하기 전에 축성한다. 로마 교회의 미사경본과 그 밖의 전례서들은 미사 복장 착용에 관한 자세한 규정을 제시한다.

처음 다섯 내지 여섯 세기 동안 평일에는 성직자들이 보통사람들이 입는 평상복을 입었다. 그러다가 점차 유대교 제사장들과 기독교 수사들의 전례에 따라 공식 복장을 입음으로써 평신도보나 우월한 지위에 있음을 나디내기 시작했다. 428년까지도 로마 주교 첼레스티노는 일부 갈리아 사제들이 평상복인 속옷(투니카)과 겉옷(토가) 대신에 동방의 수사들이 입는 옷을 입었다는 이유로 누가복음 12:35을 그릇 해석하여 징계를 내렸으며, 무릇 성직자는 자신의 지위를 옷으로 구별해서는 안 되고 교리와 생활의 순결함으로 구별해야 한다고 올바로 타일렀다. 그러나 후대의 교황들과 공의회들은 이런 외양들에 관해 다양한 법식과 처벌 조항을 마련했으며, 트렌트 공의회는 사제의 권위에 합당한 공식 복장을 규정했다.

제 8 장

기독교 예술

102. 종교와 예술

　인간은 지적인 존재 곧 생각하고 알아가는 존재이고, 도덕적인 존재 곧 의지하고 행동하는 존재이며, 미학적인 존재 곧 느끼고 즐기는 존재이다. 이 세 가지 핵심적 기능들이 고래로부터 내려온 진(眞)·선(善)·미(美)의 삼중 체계에 해당하며, 학문 곧 진리에 대한 지식과, 덕 곧 선의 실행과, 예술 곧 아름다운 것들을 표현하고, 이상적인 것들과 현실적인 것들의 조화를 이끌어내는 행위에 해당한다. 이 세 가지 요소는 모두가 똑같이 하나님에게서 나오며, 하나님을 지향한다.

　종교는 이 세 가지에서 분리된 독자 분야가 아니라, 하나님의 영광을 위해서 세 가지 모두를 끌어올리고 거룩하게 하는 분야이다. 종교가 표현하는 것은 거룩성 곧 '하나님과의 연합' 개념인데, 하나님은 참되고 선하고 아름다운 모든 것의 근원이시다. 종교는 오직 죄만 미워한다. 죄는 원래 인간 본성에 속한 것이 아니고, 외부에서 침입해 들어온 것이다. 종교는 반죽 전체에 퍼지는 누룩이다. 영혼이 받은 모든 은사들과 능력들을 조화롭게 드러내는 데 목표를 둔다. 전인(全人)을 구속하고 중생시키며, 그가 하나님과 복된 사귐을 갖도록 인도한다. 오성을 밝게 하고, 의지를 거룩하게 하고, 마음에 평화를 주며, 심지어 육체마저 성령의 전으로 거룩하게 만든다. 옛말에 "나는 인간이다. 나는 인간의 어떤 것도 내게서 낯설다고 생각하지 않는다."(Homo sum, nihil humani a me alienum puto)라는 말이 있는데, 이 말이 충분히 해당되는 사람은 그리스도인뿐이다. "만물이 너희 것임이라"고 사도는 말한다. 만물은 하나님께 속해 있고, 하나님을 위해 존재한다. 이 진리들이 남용되고 불완전하고 섣부르게 적용되는 일이 많을지라도, 이 진리들을 잊어서는 결코 안 된다.

따라서 기독교 예술이 있는가 하면 기독교 학문이 있고, 영적 웅변이 있고, 기독교적 덕(virtue)이 있다. 느낌과 상상도 구속되어야 할 필요가 있으며, 이성과 의지 못지않게 거룩하게 될 수 있다.

예술의 고유하고 가장 큰 임무는 하나님을 예배하는 데 있다. 하나님께는 "거룩한 아름다움으로" 예배를 드려야 한다. 모든 학문은 신학과 신지학(神智學)에서 절정에 달하며, 모든 예술은 예배에서 완전하게 된다. 성경은 창세기 첫 장부터 계시록 마지막 장에 이르기까지, 죄가 없던 낙원에서부터 영화롭게 될 새 땅에 이르기까지 예배를 그렇게 중요한 위치에 올려놓으며, 예배를 종교의 가장 내밀한 부분에 놓는다. 이것은 특히 가장 영적이고 가장 고상한 두 예술 장르인 시와 음악의 경우에 더욱 그러하다. 시와 음악은 하나님의 아름다움을 선포한다. 창세로부터 종말에 이르기까지 하나님 나라 역사에서 위대한 시대를 맞이할 때마다 어김없이 그러했다. 성경의 상당 부분, 즉 시편·욥기·아가·비유들·계시록·역사와 예언과 교훈을 다룬 책들 가운데 상당 부분이 시로 기록되어 있고, 더욱이 대단히 순결하고 숭고한 시어(詩語)로 되어 있다. 기독교는 천군 천사가 하나님을 찬송하는 가운데 세상에 들어왔으며, 장차 교회가 완성될 때 하늘 성소에서 드리는 시와 찬미도 절정에 달할 것이다.

예술은 어느 시대나 그리고 모든 문명 국가들에서 궁극적으로는 예배와 관련된 채 존재해 왔다. 이교 세계에서는 예술이 우상 숭배에 사용되었다. 따라서 초기 그리스도인들이 예술을 혐오 내지는 경계했던 것이다. 그리스 철학과 로마 법도 예외일 수가 없다. 하지만 철학과 법은 그 자체가 배격할 만한 것이 아니다. 다만 그 안에 어떤 정신이 숨쉬고 있으며 어떤 목적을 표방하고 있는가 하는 데에 모든 것이 달려 있다.

콘스탄티누스 치하에 교회의 외부 환경에 발생한 거대한 혁명이 예술에 대한 편견을 몰아내고, 그것이 교회의 유익을 위해 쓰이는 데 장애가 되던 점들이 제거되었다. 이제는 하나님께 드리는 예배를 아름답고 풍성하게 하는 기독교 예술이 대두했고, 그 과정에서 만대에 교훈과 유익을 줄 만한 기념비적인 건축과 회화와 시와 음악이 창작되었다. 물론 초기 교회의 예배가 유대교와 이교의 요소들을 그대로 많이 간직했듯이, 기독교 예술사도 정당한 비판을 받을 만한 불순하고 우상 숭배적인 요소들을 많이 드러낸 것이 사실이다. 신학자들이 신학을, 사제들이 교회를 부패시켰던 것처럼, 예술가들도 예술을 부패시켰다. 그러나 이런 불완전한 점들을 치유하는 치유하는 방책은 예술을 폐지하고 교회에서 그것을 추방하는 데 있지 않고, 기독교의 정신과 예배에서 그것을 혁신하고 더욱 순수하게 형성해 가는 데 있다. 기독교는 진리와 아름다움과 거룩함의 종교가 아닌가!

그러므로 이 시기부터 교회사는 다양한 예술과 그것이 기독교 예배와 맺어온 관계도 조망의 범위에 포함시켜야 한다. 이 시기부터는 기독교 건축·조각·회화의 역사가 있고, 무엇보다도 기독교 시와 음악의 역사가 있게 된다.

103. 교회 건축

건축은 하나님께 공예배를 드리기에 적절한 공간을 마련하고, 하나님께서 친히 거하시며 자기 백성과 사귐을 갖고 그들에게 천상의 복을 내리시는 하나님의 전을 사람들 가운데 짓는 데 필요하다. 이것이 건축 예술의 가장 숭고한 직무이자 영광이다. 건축은 예배의 시녀이다. 아름다운 교회당은 돌로 표현하는 설교이며, 첨탑은 하늘을 가리키는 손가락이다. 옛 언약하에서는 예루살렘 성전만큼 더 중요하거나 화려한 건물이 없었다. 그 성전이 하나님의 명령으로, 광야의 성막을 원형으로 삼아 건축되었다. 그럼에도 불구하고 성전은 장차 올 성전의 중요한 상징이자 그림자일 뿐이었다.

과연 기독교는 장소에 매이지 않으며, 편재(遍在)하시는 하나님께 어디서든 예배드릴 수 있다. 사도들과 순교자들은 개인 거처에서, 심지어 광야와 지하 묘지에서 지극히 엄숙한 예배를 드렸으며, 참으로 길었던 박해 기간 동안에 교회당이라고 제대로 부를 만한 건물이 없었다. 하지만 교회당이 없었던 이유가 의도적 반대 때문이 아니었고, 기독교가 박해를 받는 상황 때문이었다. 그리스도인들은 안팎으로 평화를 누리게 되자마자 예배를 드리기 위한 처소를 따로 지었으며, 교회가 정상적이고 질서잡힌 상황에 들어가면서 이러한 예배 처소가 필요하게 되었다. 개인 집이 아닌 교회당이 세워졌던 최초의 흔적들은 3세기 후반, 그러니까 데키우스의 박해와 디오클레티아누스의 박해 중간에 찾아왔던 삼사십

년의 평화기에 발견된다.[1] 그러나 이 건물들이 이후의 박해로 철거되었다.

　교회당을 본격적으로 짓기 시작한 때는 콘스탄티누스의 재위 때이다. 기독교는 국가의 승인을 받고 재산권을 인정받게 되면서 제국 전역에 예배 처소들을 건축했다. 아마도 역사를 통틀어 교회당이 4세기만큼 왕성하게 건축된 때는 19세기 미국을 제외하고는 다시 없었을 것이다. 19세기에 미국에서는 십년이 멀다 하고 수백 개의 교회당들이 세워졌다. (이에 반해 동시대 유럽에서는 교회당 증가 추세가 인구 증가 추세에도 미치지 못했다.)[2] 콘스탄디누스와 그의 어머니 헬레나는 몸소 좋은 본을 보이면서 그 길을 선도했다. 황제는 자신의 새로운 수도를 아름답게 단장하는 데 그치지 않고 팔레스타인의 성소들도 아름답게 단장했으며, 아프리카의 도시 콘스탄티누스에 국가 재정에 사비를 덧붙여 바실리카들을 건축했다. 율리아누스를 제외한 그의 계승자들과 주교들, 그리고 부유한 평신도들도 경쟁하듯이 교회당을 건축하고 단장했다. 이것이 하나님께 기쁨을 드리고 공로를 쌓는 일로 간주되었다. 어디서나 그렇듯이 하나님의 영광을 위한 열정에 야심과 자기의가 뒤섞였다. 심지어 크리소스토무스는 교회당에서 가난한 사람들이 등한시되는 현실을 개탄하면서, 제단과 담장과 바닥을 단장하는 것으로 다 되는 것이 아니라, 무엇보다도 영혼을 주님께 산 제사로 드려야 한다고 강조한다.[3] 제롬도 값진 예물을 교회에 가지고 와서 보란 듯이 바치는 자들을 책망하면서, 돌로 세운 집이 아닌 신자의 영혼이 하나님의 참된 전이므로 오히려 가난한 동료 그리스도인들을 도우라고 지도한다.

　4세기에는 로마 시에 대규모 교회당이 40개가 넘었다.[4] 콘스탄티노플에는 콘스탄티누스가 건립한 사도들의 교회와 성 소피아 교회가 웅장함과 아름다움에서 가장 빼어났으며, 5세기에는 이 교회당들이 유스티니아누스에 의해서 크게 증축되고 단장되었다. 때로는 이교 신전들이나 공회당들이 예배 처소로 개조되

---

1) Euseb, *Hist. Eccl.* viii. 1.

2) 예를 들어 뉴욕, 브루클린, 필라델피아 같은 도시들이 훨씬 더 역사가 깊은 베를린, 빈, 파리보다 더 많은 교회당들을 보유하고 있다. 뉴욕이 3백 개라면 베를린과 파리는 각각 오십 개가 되지 못한다. 이것은 신앙의 자발적 원칙이 승리를 거둔 고귀한 사례이다.

3) *Homil.* lxxx. in Matt. § 2, and 1. § 3.

4) Optatus of Mileve, *De Schism. Donat.* ii. 4.

기도 했다. 예를 들어, 황제 포카스(Phocas, 602-610)는 로마 주교 보니파키우스 4세에게 아우구스투스 때 아그리파가 건축한 판테온 신전을 내주었다. 거대하고 웅장하기로 유명한 이 건물(오늘날은 '치에사 델라 로톤다'라 불림)이 그 뒤에 동정녀 마리아와 순교자들에게 축성되었다.

그러나 대개는 이교 신전들이 규모가 작고 원형으로 되어 있었던 까닭에 기독교 예배에 적합하지 않았다. 기독교 예배는 건물 내부에서 드려졌고, 회중이 모여 설교와 성경 낭독을 들을 수 있는 넉넉한 공간이 필요했던 것이다. 이에 비해 이교 제사는 신전 현관 앞에서 거행되었고, 군중이 신전 밖에서 그것을 구경했다. 아테네 아크로폴리스에 서 있는 판드로소스 신전은 몇 사람밖에 수용하지 못하며, 심지어 판테온조차 보통 교회당만큼 넉넉한 공간을 갖고 있지 못하다. 로마의 판테온은 예외여서 대다수 신전들보다 훨씬 규모가 크다. 규모가 작고 둥근 이교 신전들은 대부분 기독교 세례당과 장례식장으로 쉽게 개조되었다. 하지만 그보다는 신전을 헐어서 얻은 건축 자재들로 교회당을 짓는 경우가 틀림없이 더 빈번했을 것이다.

104. 교회당 헌당식

신축 교회당은 엄숙한 의식을 갖추어 헌당되었다. 성인들의 유골을 안치한 채 주교들이 임석하여 기도와 찬송, 성찬을 인도했다. 이 의식으로 교회 건물은 모든 세속적 용도에서 구별되어 오로지 하나님께 예배와 찬송을 드리고 그분 백성을 가르치는 데에만 바쳐졌다. 솔로몬 성전이 봉헌된 사례(참조. 대하 5-7장)와 시리아 이교도들에게 더럽혀진 성전을 정결케 한 사례(참조. 마카베오상 4:44 이하)가 이 관습에 성경적 권위를 제공한다. 박해 기간에는 헌당식을 눈치채지 않게 해야 했다. 그러나 이제는 이런 행사가 허다한 군중이 몰려드는 잔치처럼 되었다. 심지어 테오도레투스(Theodoret)를 비롯한 많은 주교들은 이교도들까지도 신축 교회당 헌당식에 초대했다. 이러한 의식을 최초로 소개한 사람이 에우세비우스이다. 예루살렘의 성묘(聖墓)에 건립된 구속주 교회와[5] 두로에 건립된

---

5) *Vita Constant.* iv. 43-46.

교회의 헌당식을 그는 자세히 소개한다.[6]

유대교의 선례를 따르자면[7] 헌당을 매년 기념하는 것이 보통이었다.[8]

교회당들은 성 삼위일체께 봉헌되거나 세분 위격(位格) 가운데 한 분 특히 그리스도께 봉헌되거나, 아니면 동정녀 마리아에게 혹은 사도들 특히 베드로·바울·요한에게, 혹은 저명한 순교자들과 성인들에게 봉헌되었다.

물론 헌당이라는 개념에 편재하시는 하나님을 특정 장소에 모셔둔다는 미신적인 개념이 반드시 실려 있었던 것은 아니다. 성반대로 솔로몬은 오래 전에 에루살렘 성전을 봉헌하면서 이렇게 말했다: "하나님이 참으로 땅에 거하시리이까. 하늘과 하늘들의 하늘이라도 주를 용납지 못하겠거든 하물며 내가 건축한 이 성전이오리이까." 아타나시우스는 부활절에 회중을 모았는데 장소가 여의치 않아서 아직 헌당하지 않은 신축 교회에서 예배를 드린 이유로 견책을 당했을 때, 우리가 골방에 들어가 기도하면 그곳이 거룩해지는 것이 아니냐고 하면서 주님의 명령을 제시했다. 크리소스토무스는 모든 집이 교회여야 하고, 모든 가장이 영적 목자여야 하며, 자기 자녀들과 심지어 하인들에 대해서까지라도 훗날 주님 앞에서 회계해야 할 것이라고 강조했다.[9] 벽과 지붕이 아닌 믿음과 생활이 교회를 구성하며, 교회에서 드리는 기도의 유익도 특별히 거룩한 그 장소에서 오는 것이 아니라 성도의 사귐과 사랑의 유대와 사제들의 기도에서 오는 것이라고 가르쳤다. 아우구스티누스는 자신의 회중에게 다음과 같이 훌륭한 조언을 준다: "달란트를 사용하여 이를 남기는 것이 여러분 모두의 의무입니다. 모든 사람이 자기 집에서 감독[주교]이 되어야 합니다. 아내와 아들과 딸과 하인이 참된 믿음을 가지고 살도록 지도해야 합니다. 사도의 교훈은 상전을 종 위에 두었고, 상전에게 복종하는 것을 종의 의무로 주었지만, 그리스도께서는 둘 모두를 위해서

---

6) *Hist. Eccl.* x. 2–4. 이 글에서 에우세비우스는 박해가 중단된 뒤 교회당들이 헌당되었던 일반적인 사례를 말한 다음 4장에서는 헌당사를 수록하는데, 자신이 직접 작성한 것으로 보이는 이 글에서 그는 두로 교회를 상세하되 과장된 방식으로 묘사한다.

7) 마카베오의 주도로 성전을 정결케 한 사건을 기념함. 참조. 마카베오상 4:59; 요 10:22.

8) Sozomen, *H. E.* ii. 25 (26).

9) *Hom.* vi. in Gen., § 2.

속전을 치르셨습니다."[10]

105. 교회당 내부 배치

기독교 교회당의 내부 배치는 일부는 예루살렘 성전을 모방했고, 일부는 기독교 정신에서 곧장 이끌어냈다. 그러므로 가톨릭 신앙 체계 전체와 마찬가지로 유대교와 기독교가 혼합된 모습을 드러낸다. 그 저변에는 사제직과 제사 개념, 그리고 그로써 섬김을 받으시는 하나님과의 사귐이 깔려 있다.

따라서 콘스탄티누스 이후의 모든 대규모 교회당은 크게 세 부분으로 구성되었다. 그것은 한편으로 솔로몬 성전의 구분을 본딴 것이고, 다른 한편으로는 세 부류의 참석자들 곧 교리문답자들과 신자들과 사제들, 혹은 하나님께 나아가는 세 단계를 상정한 것이다. 믿는 회중 전체가 은혜의 보좌 앞에 직접 나아간다는 복음적 개념이 아직은 나타나지 않았다. 모든 곳에서 사제가 하나님과 회중 중간에 섰다.

1. 현관(portico): 여기서도 다시 구분을 해야 한다.

(a) 안쪽 현관. 교회당에 딸린 지붕이 덮인 홀. 프로나오스(πρόναος)라 부르며, 때로는 형태가 길고 좁기 때문에 나르텍스(νάρθηξ), 페룰라(ferula)라고도 부르는데, 문자적으로 지팡이, 막대기라는 뜻이다.[11] 낙원(paradise)이라는 말도 등장한다. 왜냐하면 현관 벽 한쪽에 낙원의 아담과 하와가 그려지는 경우가 많았기 때문이다. 이것은 아마도 아담의 타락한 후손이 그리스도의 교회에서 다시 잃었던 낙원을 발견했음을 상징한 것인 듯하다. 안쪽 현관은 세례받지 않은 모든 자들, 교리문답자들, 이교도들, 유대인들, 그리고 교회에서 가벼운 징계를 받은 교인들을 위한 장소였는데, 이들은 설교와 성경 낭독은 들을 수 있었지만, 성찬을 거행

---

10) *Serm.* 94.

11) 나르텍스도 때로는 다시 두 개의 방으로 나뉜다. 윗방은 무릎꿇는 자들 곧 교리문답자들을 위한 방이고(그들은 설교 후의 기도에 무릎을 꿇는 자세로 참여할 수 있다. 따라서 genuflectentes<무릎꿇는 자들>라는 이름이 붙었다), 바깥 현관에 붙은 아랫방은 단순한 구도자, 유대인, 이교도들을 위한 방이다.

하는 시간에는 돌아가야 했다.

(b) 바깥쪽 현관. 아울레(αὐλή), 아트리움(atrium). 로쿠스 루겐티움(locus lugentium, 우는 장소) 혹은 히에만티움(hiemantium, 한데<추운 곳>)이라고도 함. 교회 담장으로 두르지 않은 개방된 곳이다. 하나님의 집은 어느 부분이라도 이런 표현으로 불리지 않는다. 이곳에서는 교회에서 중징계를 받은 자들과 '우는 자들'이 비가 오나 날씨가 추우나 한데서 기다리면서 교회당에 들어가는 신자들이 자신들을 위해 대신 빌어주기만을 눈물로 호소해야 했다.

바깥쪽 현관에는 세면대(laver 혹은 우물)가 있었다. 고대 유대교와 이교의 관습을 본딴 이것은 오늘날까지도 로마 교회에 남아 있으면서, 예배하러 오는 자들에게 교회당에 들어가기 전에 반드시 손을 씻어 마음이 정결케 되었다는 증표로 삼게 한다.[12]

9세기경 이후에 교회들이 더 이상 넓은 현관을 두지 않게 되었을 때 세면대가 교회당 본건물로 옮겨져서 성수반 형태로 문 앞에 고정되었는데, 솔로몬 성전의 제사장 뜰에 놓인 놋 바다를 모방한 것인 듯하다(참조. 왕상 7:23-26). 이러한 상징적 용례가 성수에 마술적 효험이 있다는 미신적 개념으로 수렴되기란 어렵지 않은 일이었다. 심지어 「위(僞) 사도헌장」(the pseudo-Apostolic Constitution)조차 축성된 물을 "질병을 떨쳐버리고 악령을 쫓아내는 방법이자, 육체와 영혼을 위한 약이고, 죄에서 정결케 하는 치료제"라고 부른다. 이런 표현들은 주로 중생과 관련된 세례의 물을 뜻하는데도 불구하고, 축성된 물 자체를 가리키는 데 쉽

---

12) 민 19:2 이하; 31:19 이하 (비교. 히 9:13). 붉은 암송아지의 재를 물에 섞어 뿌리는 물 혹은 '구별의 물'(즉, 부정을 깨끗게 하는 물)을 만들고, 그것으로 시체를 만져 부정하게 된 자들을 깨끗하게 하는 데 사용했다. 후대의 유대인들은 이 규례를 매우 엄격히 지켰다. 물로 씻기 전에는 아무도 성전이나 회당에 나올 수 없었고, 어떠한 예배와 기도와 제사 의식에 참여할 수 없었다(삼상 16:5; 대하 30:17). 그러므로 회당을 지을 때도 될 수 있는 대로 물가에 지었다. 바리새인들은 이러한 씻음의 문제를 대단히 꼼꼼하게 현학적으로 다루었다(참조. 마 15:2; 막 7:3; 눅 11:38). 이와 유사하게 예배 전에 상징적인 정결 의식을 치르는 관습이 고대 이집트인들과 페르시아인들, 브라만인들(이들은 갠지스 강의 물에 구원의 효험이 있다고 믿었다), 그리스인들, 로마인들, 그리고 이슬람교도들 사이에서도 발견된다. 터키의 모든 사원 앞에는 이런 목적으로 만든 커다란 물통이 있다.

게 사용되었다. 로마 가톨릭 교회에서는 물에 대한 축성이 부활절 주일 저녁에 거행되고, 그리스·로마 교회에서는 연중 세 번 거행된다.

　2. 본당. 교회를 새 언약의 방주로 이해하여 교회의 배(navis)라고 했다. 이 부분은 현관 문에서부터 제단 계단까지를 가리키며, 때로는 교회의 규모에 따라 2-4열의 신자석이 있으며, 신자들과 세례자들(유아세례만 받고 아직 견신례를 받지 않은 사람들)로 구성되는 평신도들의 자리로 고안되었다. 남자들은 남쪽 방향으로 오른쪽에 앉고(남자들의 좌석), 여자들은 북쪽 방향으로 왼쪽에 앉는다(여자들의 좌석). 성별을 보다 엄격히 구분하는 동방 나라들에서는 여성들이 윗층 회랑(回廊)에 앉는다.[13] 수사들과 수녀들, 고관들, 특히 황제와 황실 사람들이 제단 양 옆 반원형 벽감(壁龕, niche)에 마련된 특별 좌석에 앉았다.

　본당 중간쯤에는 낭독대(ambo, 설교단)가 있었다.[14] 훗날에는 이것이 두 개의 낭독대로 왼쪽에는 복음서 낭독대가, 오른쪽에는 서신서 낭독대가 설치되었고, 이곳에서 독서자 혹은 부제가 성경 교훈을 낭독했다. 설교는 반드시 설교단에서만 행해지지는 않았으며, 오히려 제단 계단에서(따라서 '난간에서 말함'이라는 표현이 생겼다) 혹은 제단 뒤의 주교석(exedra)에서 행해지는 경우가 더 많았다.

　낭독대들과 제단 사이에는 찬송 연주자들이 앉는 오데움(odeum)이 있었고, 그 왼쪽과 오른쪽에는 하위 성직자들(낭독자<anagnost 혹은 reader>, 구마사<exorcist>, 시종<acolyte>)의 좌석이 있었다. 본당의 이 부분은 교회 바닥보다는 조금 높게 돋우었다. 하지만 제단 성가대석보다 위치가 낮았기 때문에 낮은 성가대석(the lower choir)이라 불렸고, 그곳까지 계단이 이어져 있기 때문에 층계(gradual)라 불렸다. 동방교회에서는 성가대석과 본당이 어지간해서는 구분되지

---

13) 윗층 회랑은 ἐπερῶα라고 하며, 양쪽 측면 벽에 올려지었다. 이것 외에도 여자 신자석은 나무 격자 가림판이 세워져 남자들의 호기심 어린 혹은 정욕적인 시선을 차단했다. 크리소스토무스는 이렇게 말한다(*Homil.* 74 in Matth): "지난 날에는 이런 격자 가림판이 분명히 없었다. 그리스도 안에는 남자나 여자가 없기 때문이다(갈 3:28). 사도시대에는 남자와 여자가 하나로 조화를 이루었다. 그러나 그렇게 조화를 이룬 뒤에라도 남자는 여전히 남자고 여자는 여전히 여자였다. 그런데 이제는 여자들이 매춘부의 지위로 전락했고, 남자들은 발정한 말들과 같다." 그 시대의 도덕과 신앙 상태를 들춰보여주는 우울한 논평이다.

14) pulpitum, suggestus. 여기서 영어의 pulpit이라는 단어가 유래했다.

않았으며, 함께 본당(ναός)이라 불렸다. 서방 교회에서는 성가대석과 성소(제단이 놓인 자리)를 합쳐서 내진(cancelli, 성단소)이라 불렸다.

3. 지성소(the most holy place) 혹은 본성가대석(the choir proper). 낮은 성가대석과 구분하여 높은 성가대석(high choir)라고도 불린 이곳은 사제들을 위한, 그리고 성찬 제사를 드리기 위한 장소였다. 황제(동방의)를 제외한 평신도는 누구도 이곳에 들어올 수 없었다. 반원형 혹은 조가비 형태로 되어 있었고, 교회당 동쪽 끝, 현관 맞은편에 자리잡았다. 그리스도인들이 항상 지향해야 하는 빛이 동쪽에서 오기 때문이었다.[15] 이것은 난간 혹은 격자에 의해, 휘장에 의해, 혹은 그리스 교회에서 화상 칸막이(iconostas, 종교화들이 그려짐)라 불린 거룩한 문들에 의해 교회의 다른 부분과 분리되었다. 동방 교회에서는 이 화상 칸막이가 여전히 사용되고 있는 반면에, 서방에서는 낮은 난간으로 교체되었다.

지성소 중간에는 제단이 놓였다. 제단은 대체로 식탁이거나 때로는 뚜껑이 달린 궤였다. 제단은 초기에는 나무로 만들다가, 16세기 초부터는 돌이나 대리석, 심지어는 금은으로 만들고, 뒤에 벽을 세우고 둥근 지붕 모양의 덮개를 덮고, 그 위에는 대개 십자가를 세웠다. 제단은 속이 텅 비게 만들어 순교자들의 유골들을 간직하도록 했다. 제단의 위치를 될 수 있는 대로 정확하게 순교자의 무덤 위에 두었는데, 그 이유는 아마 계시록에 기록된 "다섯째 인을 떼실 때에 내가 보니 하나님의 말씀과 그들이 가진 증거로 말미암아 죽임을 당한 영혼들이 제단 아래에 있어 큰 소리로 불러 이르되"라는 말씀(계 6:9)을 토대로 한 듯하다.[16] 교회당을 정확히 성인의 매장지 위에 짓기 위해서, 그리고 박해 시대에 지하묘지에서 예배를 드리던 기억을 생생히 기억하기 위해서 교회당 밑에 지하 예배당 혹은 납골당을 설치하는 경우도 종종 있었다.

그러므로 제단은 무덤의 기능도 수행했고(물론 새롭고 더 숭엄한 생명의 기념비이기도 했지만) 제사 장소로서의 기능도 수행했다. 이곳은 교회당에서 가장

---

15) 이렇게 이른 시기에 벌써 동쪽과 서쪽을 구분하는 선이 거룩한 (혹은 교회 건축의) 선으로 확립되었다. 하지만 예외 경우들도 있었다. Socrates(H. E. v. 22)는 안디옥 교회의 독특한 예를 들면서, 그 교회에는 제단이 동쪽이 아닌 서쪽에 자리잡고 있다고 전한다.

16) 그리스 교회와 로마 교회에서는 제단을 세울 때 비록 덜 중요한 인물의 순교자의 유골일지라도 유골의 일부를 반드시 그 안에 안치해야 한다.

거룩한 장소였으며, 교회당의 다른 모든 부분이 이곳에 관련되었다. (이와 달리 개신교 교회에서는 강단과 하나님의 말씀이 전면에 나서며, 제단과 성례가 뒤로 물러선다.) 따라서 제단이 값진 천과 십자가상(혹은 훗날에는 수난상), 그리스도 께서 세상의 빛임을 상징하는 불붙인 초(교회에서 쓰기 위해 미리 축성한), 화려 한 장정을 입힌 성경 혹은 미사경본, 그리고 무엇보다도 축성된 떡을 보존하기 위한 장막 곧 작은 집(중세에 독일의 석공들과 조각가들은 이것에 공교한 작품 을 만들어 놓았다)으로 장식되었다.

측면 제단들(side altars)은 대 그레고리우스 이전에는 사용되지 않았다. 이그나 티우스·아타나시우스·나지안주스의 그레고리우스·아우구스티누스는 교회 에 하나의 제단밖에 알지 못했다. 그리스 교회도 오늘날까지 하나의 제단만 두 고 있다. 하지만 이러한 측면 제단들은 제단 공간에 속하지 않고 교회의 회중석 에 속해 있으며, 순교자와 성유물 숭배의 발전과 연관된다.

제단의 왼쪽에는 제의실(祭衣室, prothesis)이라는 탁자가 있었고, 그 위에는 성 찬의 성물들이 준비되어 있었는데, 그리스 교회는 이 탁자를 오늘날도 사용한 다. 성구보관실(sacristy)은 사제들이 의복을 갈아입고 쉬면서 조용히 기도하는 곳 이었다. 제단 뒤 원형 벽 위(그리고 좌정하신 그리스도의 그림 아래)에는 주교의 의자가 교회 안 전체를 내려다보게끔 놓여 있었다. 원형 벽 양쪽 측면에는 장로 들의 좌석이 있었다. 성직자들만 제단 난간 안에서 성찬을 받는 것이 허용되었 다.[17]

106. 건축 양식. 바실리카

4세기의 단순한 바실리카에서부터 13-14세기의 완벽한 고딕 대성당에 이르는 교회 건축사는 기독교의 다른 예술과 학문 분야들과 마찬가지로 과거의 유대교 와 이교의 형식들을 기독교의 원칙으로 점차 수용하고 변경시킨 경위를 드러낸

---

17) 암브로시우스 이전에는 황제들도 제단 공간에 고정석을 두는 것이 허용되었다. 그러나 암브로시우스는 테오도시우스의 승락을 받아 이 관습을 폐지했으며, 황제들에 게 난간 바로 뒤의 회중석 앞에 특별석을 마련해 주었다. Sozomen, *H. E.* vii. 25.

다. 교회는 이렇게 모든 민족의 유산을 계승했으나 그 유산에 딸린 죄악된 면들을 어느 정도밖에 청산하지 못한 채 그곳에 자신의 정신을 불어넣어 받아들였다. 이렇게 된 이유는 교회가 자신의 사명[전도]을 성취할 때 인간 자유를 무시하지 않고 그것을 통해서 성취하기 때문이며, 민족들을 마술적으로 변화시키지 않고 합법적이고 정규적으로 그들을 교육시켜서 변화시키기 때문이다.

서방 교회 건축사는 좀 더 풍부하다. 동방 교회는 비잔틴 양식에 국한되었고, 둥근 신전들과 세례당들과 대영묘들의 형식들을 더욱 중시한 반면에, 서방 교회는 로마 바실리카에서 출발하여 다양한 양식들을 발전시켰다.

초기 기독교 교회들이 취한 양식은 이교 신전에서 모방한 것이 아니었다. 왜냐하면 신전은 우상 숭배와 관련되어 그리스도인의 정서에 크게 거슬렸을 뿐 아니라, 앞에서 살펴본 대로 형식과 배열에서 기독교 예배에 전혀 부합하지 않았기 때문이다. 초기 기독교 건축은 바실리카 양식을 따랐고, 따라서 이런 양식으로 지어진 교회들은 바실리카(basilica)라 불렸다. 지금까지는 기독교 바실리카와 이교 바실리카가 관계가 있다는 것이 정설이었고, 이것이 저명한 감식가들의 견해였으나,[18] 현대의 몇몇 연구가들은 이 견해를 뒤엎고 기독교 바실리카가 완전히 독립된 기원을 갖고 있다고 주장했다.[19] 그리고 이 주장은 기독교 바실리카의 내부 배치와 건물의 상징적 의미가 오직 기독교적 정신에서만 나올 수 있다는 점에서 완벽한 사실이다. 우리가 갖고 있는 지식의 범위 내에서는 어떠한 법정이나 상업적 바실리카들이 기독교 교회로 개조된 경우는 없었다. 그러나 외적인 건축 형식에서는 틀림없이 비슷한 점이 있긴 한데, 교회가 이 고전 양식을 취해서는 안 되는 특별한 이유가 없어 보인다.

바실리카 곧 공회당은 원래 법적·상업적 건물로서, 단순하지만 아름다운 긴 직사각형 구조로 되어 있으며, 주요 집회장 곧 본당 한 곳과 측면 회중석 두 곳(많은 경우 네 곳)으로 구성되었다. 본당과 측면 회중석은 기둥들로 구분되었으며, 때로는 측면 회중석의 높이가 낮았다. 공회당은 사업과 오락의 장소였다. 공회당의 출입구 맞은 편 끝에는 반원형(때로는 높이를 돋운) 벽감이 있었다. 이곳에 판사와 변호사의 좌석이 놓였고, 이곳에서 법률 업무가 이루어졌다. 벽감 바

---

18) Bunsen, Schnaase, Kugler, Kinkel, Quast 외.

19) Zestermann(1847) and Krauser(1851).

닥의 밑에는 피의자를 가두는 독방 형태의 구치소가 있는 경우가 있었다.

건축사에도 네메시스(Nemesis, 보복) 같은 것이 있는 모양이다. 십자가가 무력함의 상징에서 명예와 승리의 상징으로 바뀌었듯이, 그리스도와 헤아릴 수 없이 많은 순교자들이 사형 판결을 받은 바실리카도 십자가에 달리신 분을 예배하기 위한 장소가 될 필요가 있었다. 법원이 제단으로 바뀌었다. 프라이토르의 좌석이 주교의 좌석으로 바뀌었다. 배심원들의 좌석이 장로들의 좌석으로 바뀌었다. 사업과 거래의 공간이 신자들의 예배 장소가 되었다. 지하감옥이 지하묘지, 곧 기독교 순교자가 하늘로 태어나는 장소가 되었다. 여기에 또 다른 변화들이 가해졌다. 특히 후진(後陣)과 본당 사이에 회중석이 가로질러져 회중석 전체가 십자가 모양을 띠게 되었으며, 이로써 바실리카가 한때 멸시를 당했으나 이제는 영광스럽게 된 십자가 형태를 부여했다. 가로·세로의 길이가 똑같은 십자가를 그리스 십자가라고 하고, 좌우 날개 부분이 현관에서 제단까지 이르는 본당보다 짧은 것을 가리켜 라틴 십자가라고 한다. 하늘로 향해 상승하는 기독교 정신을 표시하는 탑들은 9세기 이후에야 등장했으며, 등장했을 당시에는 주로 종을 걸기 위해 세워졌다.

이 양식은 4세기가 지나는 동안 동방과 서방에서 급속히 받아들여졌다. 특히 로마에서 두드러졌는데, 이 도시에서는 상당수의 바실리카가 오늘날까지도 보존되어 있다. 그 중 더러는 고대의 기품있는 단순성을 간직하고 있고, 더러는 후대의 변화들을 반영하고 있다. 로마의 일곱 언덕 가운데 하나인 에스퀼리누스 언덕에 세워진 성 마리아 마기오레 교회는 고대의 바실리카가 어떠한 것이었는지 제대로 볼 수 있게 해준다. 로마에서 가장 오래되고 대표적인, 그리고 사도 요한과 세례 요한에게 봉헌된 바실리카인 라테라노의 성 조반니 성당(라테라노라는 명칭은 로마 귀족 가문인 라테란가<家>에서 유래함), 시외의 오스티아 가도 변에 자리잡은 성 바울 성당(1823년에 소각되었다가 훗날 동일한 양식으로 화려하게 재건되었고, 1854년 12월에 교황에 의해 축성됨), 성벽 외곽에 자리잡은 성 클레멘테 성당, 성 아그네스 성당, 성 로렌초 성당이 전형적인 바실리카들이다. 유서 깊은 성 베드로 성당(바실리카 바티카나)은 이 사도가 네로의 박해 때 순교한 지점에 건축되었다가 15세기에 붕괴되기까지(마지막 잔해는 1606년까지 남아 있었다) 로마에서 화려함과 부유함에서 다른 모든 교회들을 능가했으며, 훗날 재건될 때는 잘 알려져 있듯이 과거와 동일한 양식이 아닌 16세기 이탈리아 양식을 취하게 되었다.

로마 다음으로는 라벤나가 유서 깊은 교회당들을 많이 보유하고 있다. 그 중에서도 클라세(항구도시. 주요 도시에서 5km 가량 떨어져 있으며, 6세기 중엽에 건설됨)에 있는 성 아폴리나리우스의 거대한 바실리카가 가장 유명하다. 이 도시의 모든 교회들이 다 그렇듯이 이 바실리카에도 수랑(袖廊)이 없다.

동로마 제국에는 심지어 콘스탄티누스 치하에서도 비잔틴 양식으로 전환되어가는 경향이 있다. 이곳의 가장 오래된 교회당들 가운데 나소 로마의 바실리카 양식을 따른 건물들은 313년에 착공된 두로의 교회(중세에 파괴되었으나, 사가 에우세비우스의 글을 통해서 전해짐), 콘스탄티누스가 콘스탄티노플에 지은 원래의 성 소피아 교회, 그리고 그와 그의 어머니 헬레나가 성지의 마므레 혹은 헤브론, 베들레헴의 그리스도 탄생지, 감람산의 승천지, 골고다 언덕의 성묘에 지은 교회들이다. 유스티니아누스는 화려한 비잔틴 양식의 교회들을 지었지만, 때로는 바실리카들도 지었다. 그 중에서 가장 화려한 것이 예루살렘의 성 마리아 교회였다. 이 교회는 솔로몬 성전을 모방하여 지었으나, 이슬람 교도들에 의해 무참히 파괴되었다.

107. 비잔틴 양식

이 시기에 만나게 되는 두번째 양식은 비잔틴 양식이다. 서방에서는 이것이 바실리카 양식에 변화를 가했고, 동방에서는 곧 그것을 대체했으며, 러시아-그리스 교회에서는 오늘날까지 유지되고 있다. 학문과 예술을 사랑한 황제 유스티니아누스 1세(527-565) 때인 6세기부터 유래했다. 당시는 콘스탄티노플이 절정의 번영을 구가하고 교회와 정치 양면에서 강력한 중앙집권 체제가 유지되었기 때문에 여러 면에서 프랑스의 루이 14세 시대와 비슷하다.

비잔틴 양식의 전형적인 특징은 반구체(半球體) 돔이다. 찬란한 하늘과 같은 모양으로 그리스 혹은 라틴 십자가(교회당을 평면으로 놓고 볼 때)의 중앙에 걸리고, 육중한 기둥들(바실리카의 호리호리한 기둥들과 달리)로 떠받쳐지고, 그 높이와 현저함으로 건물 다른 부분들을 압도한다. 이 돔은 한편으로는 비잔틴 제국의 중앙집권적 원칙에 해당하지만, 다른 한편으로는 지상에서 하늘을 향하는 기독교의 상승 정신을 지붕이 평평한 바실리카보다 훨씬 더 분명하게 드러낸다. (그 상승 정신이 훗날 독일 대성당들의 뾰족한 아치와 탑으로 좀 더 분명히 표출된다.) "바실리카 양식에서는 모든 것이 제단과 주교좌가 놓인 건물 끝을 향하게 되어 있고, 이러한 특성이 지배적인 탓에 위로 지향하는 면이 자유롭게 표출되지 못하는 반면에, 돔 구조에서는 모든 것이 건물의 넉넉한 중앙부에 집중되며, 중앙부는 경외심을 자아내는 높이의 웅장한 중앙 돔으로 솟으면서 시선을 어쩔 수 없이 위로 향하게 만든다. 바실리카는 후진(後陣)으로써 의의 태양이 영광스럽게 솟아오르는 지평선의 이미지를 드러낸다. 반면에 비잔틴 건물은 돔으로써 숭고하고 강렬한 장엄함으로 천체를 보여주지만, 그로써 제단에서 시선을 앗아가며, 제단을 종속적 의미를 지닌 장소로 만든다."

물론 돔이 전혀 새로운 것은 아니었다. 로마 판테온의 웅장한 돔은 지름이 40m로서 주전 26년인 아우구스투스 시대부터 유래했다. 그러나 판테온의 돔은 원형 벽에서 솟으며, 따라서 이교의 전형적인 특징대로 땅에 뿌리를 확고히 박고 있다. 비잔틴 돔은 아치들로 연결된 몇 개의 기둥들에 의지하며, 천체처럼 높이 떠 있는 교회 중앙의 공간을 벽으로 차단하지 않은 채 자유롭게 연결한다.

중앙의 주요 돔 둘레에는 네 개의 작은 돔이 사방에 자리잡고 있고, 각 돔 위에는 금박 입힌 높다란 십자가가 서 있는데, 이전의 교회당들의 경우에는 십자가가 초승달 문양 위에 온갖 부류의 사슬로 돔에 단단히 결속된 채 세워져 있었다.

이런 유의 교회당 중 가장 웅장하고 완벽한 건물은 콘스탄티노플에 있는 성 소피아 성당으로서, 황제 유스티니아누스가 조각가들인 트랄레스의 안테미우스와 밀레투스의 이시도레가 설계한 도면대로 아시아 특유의 화려함을 살려 건축하여 구주께 봉헌했으나,[20] 터키의 정복 뒤에 이슬람교 사원(아자 소피아)으로 개조되었다. 이 교회당은 폭이 약 68m에, 길이가 75m 가량이며, 네 개의 거대한 기둥이 떠받치는 돔은 제단 위로 약 50m 올라가 있는데, 지름이 약 33m이며, 거대한 중앙 공간 위로 워낙 자유롭고 가볍게 떠 있어서, 비잔틴 실록 사가 프로코

---

20) 하나님의 지혜 로고스. 잠언과 지혜서에서 소피아라 표기됨. 따라서 이 교회를 하기아 소피아 교회라고 부른다. 오늘날 콘스탄티노플에는 역시 유스티니아누스가 건립한 작은 규모의 성 소피아 교회가 여전히 서 있다.

피우스는 그것이 땅에 붙어 있지 않고 황금줄로 하늘에 걸려 있는 것 같다고 할 정도였다. 건축 자재로는 흰 결에 장미 채색이 들어간 프리기아 대리석, 나일 강에서 채취한 검붉은 대리석, 라오키나의 녹색 대리석, 보스포루스 해협에서 채취한 검고 흰 점이 찍힌 대리석, 금색깔의 리비아산 대리석 등 가장 값진 것들이 쓰였다. 그리고 조명이 켜진 은 샹들리에의 밝은 빛이 돔에 반사되어 위에서 두 배나 밝은 빛을 비칠 때, 밑에서 그것을 보고 있노라면 별들이 찬란히 빛나는 천체를 연상하게 되었으며, 이런 섬 때문에 헌낭식 날 유스티니아누스가 완공된 교회당에 엄숙한 행렬을 갖추고 들어서서 거만한 만족감으로 "솔로몬이여, 드디어 내가 당신을 능가했노라!"고 외쳤다.[21] 그 뒤로 성 소피아 교회는 기독교 동방과 러시아 교회뿐 아니라 심지어 이슬람교에 대해서도 새로운 그리스 건축의 위대한 모델로 서 있었다.

서방에서는 호노리우스(404년) 이후부터 아드리아 해에 자리잡은 라벤나 시가 서방 제국 혹은 총독의 도시가 되었으며, 고대 로마의 위엄과 예술의 마지막 난민으로서, 비잔틴 양식의 아름다운 기념비들을 보여준다. 대표적인 건물이 547년 주교 막시미아누스가 건립한 성 비탈레 성당이다.

서방에서는 기둥들과 그 위에 놓는 수평 부분으로 구성되는 바실리카의 기본 구조가 9세기까지 대체로 보존되었으며, 비잔틴 양식의 돔과 둥근 천장이 그것에 결합했다. 이 결합의 결과 로마네스크 양식 곧 둥근 아치 양식이 생겼다. 이 양식은 10-13세기에 성행했으며, 그 뒤 13-15세기에는 게르만 양식 곧 뾰족한 아치 양식과 그 결과 생긴 웅장한 걸작들인 고딕 대성당들이 성행했다. 15세기부터는 절충과 혼합이 성행하다가 현대에 들어서는 고대 양식을 재현하려는 시도가 이루어지고 있다. 반면에 동방 교회는 비잔틴 양식을 넘어선 적이 없으며, 신축 활동도 유스티니아누스 시대로써 거의 중단되었다. 그러나 그리스-러시아 교회가 장래에 새로운 어떤 것을 발전시킬 가능성은 여전히 잠재해 있다.

108. 세례당. 묘지 예배당과 지하묘지

---

21) 참조. Evagrius, *Hist. Eccl.* l. iv. cap. 31; Procopius, *De aedific.* i. 1.

세례당 혹은 조명당(photisteries)은 세례만을 위해서 고안된 예배당으로서, 그 자체로도 교회 건축의 한 형태이다. 처음 몇 세기 동안은 세례를 야외의 시냇가나 개인 집에서 거행했다. 그러나 공적인 기독교 예배가 합법화하면서 4세기에는 이 거룩한 의식을 위한 특별한 건물들이 등장하기 시작했다. 이 건물들은 완전히 별채로 지어진 경우도 있었고, 밀폐된 통로를 통해서 본당과 연결된 경우도 있었다. 세례당은 일반적으로 세례 요한에게 봉헌되었다. 세례당이 필요했던 이유는 그때까지 여전히 침수(浸水) 방식이 성행했기 때문이기도 하고, 세례 후보자들의 수가 수백·수천 명이 넘는 경우가 적지 않았기 때문이기도 하다. 당시에는 일년에 서너 번만, 즉 대축일들의 전야에, 주교좌 교회에서 본당에 기도하는 회중이 꽉 차 있는 상태에서 거행하는 것이 보통이었던 것이다.

세례당은 바실리카처럼 직사각형이 아닌 원형이었으며(대다수 로마 신전들처럼), 대체로 돔으로 덮여 있었다. 중앙에는 로마의 온천 지대 목욕탕들처럼 커다란 세례통이 있었고, 그 아래로 내려가는 계단이 여러 개 나 있었다. 세례통 둘레에는 기둥들이 둘러서 있었고, 참관인들을 위한 좌석이 있었다. 본 현관 앞에는 완전히 벽으로 둘러세워진 정사각형 혹은 직사각형 형태의 널찍한 대기석(待機席)이 있었다. 일반적으로 세례당은 남녀용으로 구분되었다. 실내가 화려하게 장식되었는데, 특히 세례통에는 갈급히 시냇물을 찾는 사슴이나 어린양 혹은 요한에게 세례를 받으시는 그리스도의 모습이 상징으로 묘사된 경우가 많았다. 콘스탄티누스 시대에 건축된 로마 성 베드로 성당의 가장 오래된 세례당은 바티칸 언덕의 샘에서 항상 신선한 물이 공급되도록 고안되었고, 아름다운 모자이크로 장식되었으며, 녹색·금색·자주색 모자이크가 세례통의 물에 비치게끔 되었다. 현존하는 세례당 가운데 가장 유명한 것은 로마의 라테란 성당 세례당으로서, 최초의 설계는 콘스탄티누스가 한 것으로 추정되지만, 세월이 흐르는 동안 많은 변화를 겪었다.[22]

6세기 이후에, 그러니까 어른 세례가 희귀해졌을 때는 세례통을 교회 현관이나 본당의 입구 왼쪽에 두는 것이 관례가 되었고, 세례를 주교뿐 아니라 모든 사

---

22) 전승에 따르면 이 세례당에서 콘스탄티누스가 교황 실베스터 1세에게 세례를 받았다고 한다. 하지만 이것은 분명히 오류이다. 콘스탄티누스는 세례를 미루다가 니코메디아에서 임종을 맞이했을 때 받았기 때문이다. 참조. § 2.

제도 집례하게 되면서 소교구 교회마다 세례를 베풀 수 있는 시설이 갖춰졌다. 하지만 기존의 세례당도 여전히 사용되었으며, 중세 후반까지도 간혹 세례당이 신축되곤 했다.

마지막으로, 콘스탄티누스 시대 이후에는 순교자들의 묘지에 작은 예배당 혹은 기념 예배당을 세우고 그것을 그들의 기억에 봉헌하는 것이 관례가 되었다. 이 부류의 건물은 사적인 경건과 교육에 특히 더 많이 사용되었다.

시하 예배당 곧 지하 묘지는 바로 위에 긴축된 교회당들과 연결되어서, 바해 시대에 카타콤에서 드리던 예배를 생각하게 해주었다. 지하 묘지는 항상 진지하고 숙연한 인상을 주며, 그들 중 상당수가 고고학적으로 적지 않은 의미를 갖고 있다.

109. 십자가상과 수난상

구속의 상징인 십자가상과 이마와 입과 가슴과 심지어 의복에까지 긋는 십자가 성호가 이 시기에 기독교의 개인 생활과 사회 생활에 보편적으로 쓰였다(그것은 심지어 2세기에도 사용되던 관행이었다). 하지만 십자가상과 십자가 성호가 미신적인 용도로 쓰이기도 했다. 테르툴리아누스 시대에 이교도들이 그리스도인들을 가리켜 십자가 숭배자들이라는 별명을 붙였는데, 많은 경우 그것이 전혀 근거가 없는 것만은 아니었다. 나무 십자가들도 사용되었지만, 교회가 권력을 갖게 되면서 십자가상을 금과 은으로 혹은 진주와 보석을 박아 화려하게 만들었다.[23]

에우세비우스가 진술하듯이 콘스탄티누스의 생애에서 십자가가 대단히 현저한 역할을 수행했다는 것은 잘 알려진 일이다. 십자가가 그의 회심에 견인차가 되었다. 50명과 함께 십자가 환상을 본 데 힘입어 막센티우스와 리키니우스에게

---

23) 십자가상은 세 가지 형태로 나타난다: crux decussata ✕ (사도 안드레가 이런 모양의 십자가에 달려 죽었다는 전설에 따라 성 안드레의 십자가라고도 함); crux commissa ⊤; crux immissa – 날개 길이가 모두 같은 + (그리스 십자가) 혹은 가로와 세로 길이가 다른 ✝ (로마 십자가).

승리하게 된 그는 병사들의 군기(軍旗)와 무기에, 공공 장소에 십자가를 새기도록 했고, 자신의 조각상 오른편에 십자가를 놓게 했다. 얼마 후에 율리아누스는 그리스도인들이 십자가의 나무를 숭배한다고 비난했다. 크리소스토무스는 이렇게 말한다: "온 세상이 혐오하던 상징이, 극형의 상징이 이제 온 세상으로부터 부러움과 사랑을 받는 대상이 되었다. 십자가가 어디에서든 당당하게 서 있는 모습을 보게 된다. 그것이 집·지붕·담장·도시와 촌락·장터·도로·광야·산지·계곡·바다·선박·책과 무기·겉옷·신방(新房)·연회장·금은 그릇·진주·벽화·침대·병든 동물의 몸·귀신들린 자의 몸·흥겨운 춤사위·금욕주의자 집단 등에 의연히 자리잡고 있다." 그 외에도 창문과 바닥에 십자가 표시를 하고, 이마에 표지를 붙이고 다니는 것이 통상적 관행이었다.[24) 아우구스티누스에 따르면 이 상징은 신자들에게 참된 겸손으로 그리스도를 따르고, 고난을 당함으로써 영광에 이르는 것이 신자의 본분임을 상기시키는 데 그 뜻이 있다고 한다.

자연 영역에서 취한 기독교의 다른 상징들을 사용한 일에 대해서도 마찬가지로 이야기할 수 있다. 이를테면 그리스도를 선한 목자, 어린 양, 물고기 등으로 묘사한 것이 그것인데, 이 경우에 대해서는 앞 시대를 다루면서 이미 살펴보았다.[25)

우리가 다루는 시대의 막바지에 이르면 처음으로 수난상(crucifix)을 만나게 된다. 이것은 단순한 십자가가 아니라 십자가에 달리신 구주의 형상이 함께 붙은 십자가이다. 수난상으로 전환해간 사례는 5세기에 어린 양이나 심지어 그리스도의 흉상(胸像)이 십자가에 붙되, 때로는 위쪽에 때로는 아래쪽에 붙은 데서 발견하게 된다. 훗날에는 그리스도의 전신(全身)이 십자가에 달리면서, 이전의 형태들은 이것으로 대체되었다. 692년의 콘스탄티노플 트룰로 공의회(퀴니섹스툼 공의회)는 법령 제82조에서 "이후로는 어린 양 대신에 그리스도의 인물상을 형상들 위에 두어야 한다"고 규정했다. 그러나 그 뒤 동방 정교회는 수난상을 포함한 모든 조형 형상들을 금했고, 오직 그리스도와 성인들의 그림만 허용했다. 초기의 라틴 수난상들은 그것을 보는 이에게 거부감을 주고 경건심을 해친다. 그러

---

24) 이것을 단순히 손가락으로 이마에 성호를 긋는 행위로만 이해할 수 없다.

25) 제1권, § 100.

나 가톨릭 예술이 융성하게 발전하면서 고난당하며 죽어가는 구주의 상(像)으로써 지극히 깊고 거룩한 고뇌를 제대로 묘사해냈다. 중세에는 수난상에 마리아와 요한, 군병, 그리고 십자가 끝을 무릎에 올려놓고 감싸안고 있는 참회하는 막달라 마리아의 모습이 함께 표현되는 경우가 많았다.

110. 그리스도의 형상

솔로몬 성전이 그리스도인의 정서에 교회 건축의 합법성과 유용성에 대해 아무런 의심도 일으키지 않도록 한 반면에, 제2계명은 기독교 회화나 조각을 직접적으로 금한 듯했다. 심지어 현대의 어떤 로마 가톨릭 사가는 이렇게까지 말한다. "초대 교회는 그리스도의 형상을 두지 않았다. 당시 대다수 그리스도인들은 모세의 계명(출 20:4)을 확고히 붙들고 있었기 때문이다. 더욱이 그 계명은 유대 그리스도인들뿐 아니라 이방 그리스도인들에게도 모든 형상을 금하도록 만들었다. 유대인들에게는 당연히 형상을 전시하고 숭배하는 것이 가증한 일이었을 테고, 갓 회심한 이교도들에게는 그것이 우상 숭배로 빠질 수도 있는 시험이 되었을 것이다. 그 외에도 교회는 자신의 명예를 위해서 형상들, 특히 주님을 묘사한 형상을 금하지 않을 수 없었다. 그런 것을 방치하면 불신자들에게 새롭고 특별한 종류의 사교(邪敎)와 피조물 숭배로 비치기 십상이었기 때문이다. 더 나아가 초기 그리스도인들은 주님의 육체적 외모에 관한 생각에서 그리스도의 형상을 만들려는 유혹은 지극히 작은 동기도 갖지 않았다. 박해를 당하던 교회로서는 자신의 주님을 이사야 53:2, 3이 여호와의 종으로 묘사한 대로 멸시를 당하고 흠모할 만한 아름다운 것도 없는 종의 형상으로만 이해했다."

그리스도에 대한 최초의 상징은 이단적이고 이교적인 기원을 갖고 있다. 영지주의의 일파인 카르포크라테스파(the Carpocratians)는 면류관을 쓴 그리스도의 형상을 숭배하면서, 더불어서 피타고라스, 플라톤, 아리스토텔레스 같은 철인들의 형상들을 숭배했으며, 빌라도가 그리스도의 초상화를 제작하도록 했다고 주장했다.[26] 황제 알렉산더 세베루스(222-235)는 범신론적 영웅 숭배의 정신으로

---

26) Irenaeus, *Adv. haer.* 1, 25, § 6.

자신의 사당(祠堂)에 아브라함, 오르페우스, 아폴로니우스, 그리스도의 형상들을 모셔놓고 숭배했다.

콘스탄티누스 이후에 정교회에서 화상(畵像) 숭배로 나아간 첫 걸음은 그리스도의 외모에 대한 개념에 발생한 변화였다. 교회가 박해받을 때는 예수의 겸손하고 고난당하는 종의 형상만 바라보았고, 그 안에서 박해의 고통과 어려움을 견디고 위로와 힘을 얻었다. 그러나 박해를 견뎌내고 승리했을 때는 동일하신 주께서 성부 하나님 우편에서 원수들 위에 군림하시는 영광스러운 모습을 바라보았다. 전자는 그리스도를 낮아지신 상태로, 심지어 혐오감을 주거나 적어도 "고운 모양도 없고 풍채도" 없는 상태로 인식했다. 이사야 52:14과 53:2, 3이 하나님의 고난의 종을 묘사한 글을 지나치게 문자적으로 이해한 결과였다.[27] 후자는 시편 45:3에 대한 메시야적 해석에 따라서 그리스도에게서 이상적 인간의 아름다움, 즉 인생보다 아름답고 입술에 은혜를 머금은 아름다움을 보았다.[28]

하지만 이 정도로는 그리스도의 형상의 정당성이 보증되지 않았다. 우선 예수의 외모에 관한 권위 있는 기록이 전무했기 때문이며, 더 나아가 신성의 충만함과 완전히 무죄한 인간성이 통일을 이룬 채 거하는 분을 인간의 예술로 제대로 묘사한다는 게 불가능하게 여겨졌기 때문이다.

이 점에 관해서 두 가지 상반된 경향이 전개되어 가다가, 때가 무르익었을 때 격렬하고 지리한 화상(畵像) 파괴 논쟁으로 충돌하게 되었고, 결국 787년에 니케아에서 열린 제7차 에큐메니컬 공의회에서 화상 사용과 숭배를 옹호하는 진영이 승리를 거두었다.

1. 한편으로는 니케아 이전 시대에 존재하던 그림이나 조각 등 화상에 대한 거부감이 여전히 살아남았다. 그런 것들을 교회에서 용인하면 이교의 우상 숭배에 빠지거나 기독교가 감각의 영역으로 전락될 수 있다는 우려 때문이었다. 그러나 일반적으로 화상에 대한 거부감은 그리스도의 상에 국한되었다. 네안더(Neander)가 정확히 지적하듯이, 초기 그리스도인들이 그리스도의 상을 거부했다는 것을

---

27) 예를 들면, Justin Martyr, *Dial. c. Tryph.*; Clement. Alex., *Paedagogus*와 *Stromata*의 여러 부분; Tertullian, *De carne Christi*, c. 9 and *Adv. Jud.* c. 14; Origen, *Contra Cels.* vi. c. 75. 켈수스는 그리스도인들이 자신들의 종교 창시자를 이렇게 낮게 이해한 것을 구실로 삼아 그들을 비판한다.

28) 예를 들면, Chrysostom, *Homil.* 27 (al. 28) in Matth.

근거로 종교적 주제들에 대한 상징과 묘사를 일절 배척했다고 단정해서는 안 된다.[29]

교회사가 에우세비우스는 그리스도의 상에 관해서 자신에게 질문을 한 황후 콘스탄티아(리키니우스의 미망인이자 콘스탄티누스의 누이)에게 편지를 통해서 그리스도의 상을 대단히 강렬한 어조로 비판했다. 그가 그 근거로 제시한 것은, 첫째, 그리스도께서는 이미 땅에서 입으셨던 종의 형체를 벗으셨기 때문이고, 둘째, 바울도 더 이상 감각적인 것에 집착하지 말라고 권고하기 때문이고(참조. 고후 5:16), 셋째, 그리스도께서 천상의 몸으로 지니신 초월적 영광은 인간이 다 이해할 수도 없고 묘사할 수도 없기 때문이며, 넷째, 둘째 계명이 하늘이나 땅에 있는 어떤 것의 형상도 우리 자신을 위해서 만들지 말라고 금하기 때문이라는 것이었다. 에우세비우스는 어떤 부인이 소지하고 있던 그리스도와 바울의 상들을 빼앗았다. 혹시 우상 숭배자들처럼 하나님을 형상으로 간직하고 다녀야 그리스도인처럼 보이지 않을까 하는 인상을 불식시키기 위함이었다. 신자들은 오히려 그리스도의 신성에 마음을 두어야 하며, 이 목적을 위해서 마음을 정결케 하는 데 힘써야 한다. 마음이 청결한 자라야 하나님을 볼 수 있기 때문이다.[30] 그런데 이렇게 주장한 에우세비우스가 콘스탄티누스에 관해서는 상반되는 태도를 취한다. 콘스탄티누스가 신앙 열정으로 새로운 제국 수도의 광장을 그리스도의 상징물들, 즉 선한 목자 상과 사자굴의 다니엘 상으로 장식하도록 만든 데 대해서 조금도 비판을 가하지 않은 채 그대로 전하는 것이다.[31] 마찬가지로, 혈루증을 앓던 여인이 기적으로 치유를 받은 뒤에(참조. 마 9:20) 그에 대한 보답으로 가이사랴 빌립보(파네아스)에 있는 자신의 집 앞에 두 개의 동상, 즉 무릎을 꿇고 있는 여인의 상과 그녀에게 손을 내미는 거룩한 분(그리스도)의 상을 세웠고, 자신이 파네아스에 갔을 때 직접 그 동상들을 보았노라고 기록한다.[32] 같은 책에서 에우세비우스는 자신이 본 그리스도의 그림들(카르포크라테스파의 것으로

---

29) *Kirchengesch.*, vol. iii. p. 550 (Germ. ed.).

30) In Harduin, Collect. concil. tom. iv. p. 406. 에우세비우스가 쓴 이 서신의 단편이 754년에 콘스탄티노플에서 열린 화상 파괴 공의회의 법령과 787년의 제2차 니케아 공의회 법령 제6조에 보존되어 있다.

31) *Vita Const.*, iii. c. 49.

32) *Hist. Eccl. lib.* vii. cap. 18.

추측됨)과, 사도 베드로와 바울의 그림들에 관해서 말하면서, 과거에 이교도들로서 자신들에게 복을 주신 분께 이런 식으로 감사를 표시하는 데 익숙한 사람들에게는 이런 그림들이 자연스러운 것이라고 주장한다.

편협한 광신도인 키프로스의 에피파니우스(403년 죽음)도 형상들에 반대한 듯하다. 이는 그가 팔레스타인의 아나블라타라는 마을의 제단 휘장에 그리스도 혹은 성인의 그림이 그려져 있는 것을 보고는 교회에 사람의 그림이 걸려 있는 것이 성경에 위배된다는 이유로 휘장을 찢어버린 뒤, 교회 직원들에게 휘장을 가난한 자들의 수의로 사용하라고 조언했기 때문이다.[33] 하지만 이러한 인위적인 행동을 본 마을 주민들이 크게 분개하는 바람에, 에피파니우스는 새 휘장을 갖다 걸지 않을 수 없었다.

2. 당대의 지배적인 정서는 이미 이러한 물질적 표상을 덕행과 신앙에 큰 도움으로 받아들이는 쪽으로 기울어 있었다. 이러한 현상은 교육을 받지 못한 계층들에서 특히 심했으며, 화상 사용은 사실상 그 계층들이 주도했다.

조각을 통한 묘사가 동방에서 인기를 끈 적은 사실상 없었다. 그리스 교회는 조각상을 관용하지 않으며, 심지어 수난상도 금한다. 서방 교회도 이 시기에는 얕은 돋을새김과 높은 돋을새김만으로 조각이 이루어졌고, 그나마 석관과 교회의 상아와 금 장식에만 이루어졌다. 조각은 그 본질이 비교적 유한하기 때문에 다른 예술들에 비해 기독교와 먼 거리를 유지했다.

반대로 회화는 거의 보편적으로 신앙 목적에 도입되었다. 그 원동력은 훗날 자생한 예술적 충동에 있지 않고, 지식인들만 접근할 수 있었던 성경의 대용으로 눈앞에 구체적인 형태로 보이는 신앙 대상을 소유하려는 실질적인 필요에 있었다. 어느 시대나 어린이들이 그림을 좋아하는 현상이 이와 유사하다.

교회 교사들은 본인들로서는 이러한 보조 수단이 필요하지 않았지만 이러한 수요를 인정하고 옹호했다. 실제로 후대의 전승은 이것의 기원을 사도 시대로 거슬러 올라가 설명하며, 복음서 저자 누가를 최초의 성화(聖畵) 화가로 간주했다. 하지만 그것은 다만 다음과 같은 의미에서만 사실이다. 즉, 누가는 복음서와

---

33) *Epiph. Ep. ad Joann. Hierosolym.* 이 문서를 제롬이 라틴어 번역본으로 보존했다. 754년의 콘스탄티노플 화상파괴 공의회는 화상에 반대하는 근거로 에피파니우스의 여러 저서를 인용하는데, 하지만 그 저서들의 진정성은 의심을 일으킨다.

사도행전에서 주님과 주의 모친, 그리고 사도들의 생생하고 신실한 모습들을 글로써 묘사하는데, 이것이 물감으로 그린 그림들과 대리석으로 만든 조각들보다 훨씬 더 가치가 크다.[34]

대 바실리우스(379년 죽음)는 이렇게 말한다. "나는 하나님의 아들이 육신으로 강림하셨음을 고백하며, 거룩한 마리아를 육신으로 하나님을 낳은 하나님의 어머니로 고백한다. 그리고 거룩한 사도들과 선지자들과 순교자들도 받아들인다. 그들의 닮은 모습을 나는 존경하고 경의로 입맞춘다. 그들은 거룩한 사도들로부터 계승했으며, 우리의 모든 교회들에 그림으로 묘사되어 있기 때문이다."[35]

그의 형제 니사의 그레고리우스도 순교자 테오도루스의 기념 강론에서 성화를 높이 평가하면서, 성화가 "벽에서 나직하게 말하며, 따라서 많은 유익을 끼친다"고 말한다. 놀라의 주교 파울리누스는 성 펠릭스 교회에 매년 대절기마다 성경 성화를 전시하게 했는데, 그의 지론은 배우지 못한 농촌 사람들에게 성화가 성경의 장면들을 똑똑히 깨닫게 하는 데 도움이 된다는 것이었다. 성화의 내용이 항상 기억에 남아 거룩한 생각과 정서를 일깨우고, 악을 행할 마음을 막아준다는 것이었다.[36] 키프로스에 위치한 네아폴리의 주교 레온티우스는 6세기 말에 유대인들에 대립하여 기독교를 옹호하는 글에서, 모세 율법이 겨냥한 것은 종교적 상들을 무조건 사용하지 않도록 하려는 것이 아니라, 그것들을 우상에게 하듯 숭배하지 못하도록 하려는 것이라고 주장한다. 회막과 성전에도 그룹들과 그 밖의 형상들이 있지 않았느냐고 지적한다. 그러면서 화상(畵像)이 끼치는 유익한 영향을 들어서 그것을 옹호한다. "거의 모든 세계에 걸쳐서 방탕한 사람들, 살인자들, 강도들, 난봉꾼들, 우상 숭배자들이 매일 그리스도의 십자가를 바라보고 감동하여 회개하며, 세상을 버리고 모든 덕을 실천하고 있다."[37] 그리고 벌써 그

---

34) 제롬은 누가의 전기를 기술한 *De viris illustr.* c. 7에서 이 전승에 관해 침묵하며(이 전승은 7세기 이후에야 비로소 등장했다), 누가를 골로새서 4:14대로 단순히 의원이라고 소개한다.

35) Epist. 205.

36) Paulinus, *Carmen* ix. et x. de S. Felicis natali.

37) 제2차 니케아 공의회의 법령 제4조에 실린 이 변증의 단편과, Neander의 책 제3권(2d Germ. ed.)을 참조하라. 그는 이 책에서 편견없이 다음과 같이 언급한다: "레온티우스가 여기서 비록 수사학적 과장법을 쓰고 있긴 하지만 그럴지라도 당시의 현실

시대에 레온티우스는 여러 성화들에서 피가 흘렀다는 기적 사실에 호소한다.

앞서 언급했듯이 그리스도를 직접 묘사하는 것이 황송한 일이었기 때문에, 첫 번째 묘사 대상은 구주께 대한 전형적인 예언들로 받아들여지던 구약성경의 장면들이었다. 이것이 자연 영역 — 즉, 어린 양, 물고기, 목자— 에서 기독교 이전 시대의 계시로 향하는 첫 걸음이었으며, 또한 이것은 복음 역사 자체의 영역으로 들어가는 또 다른 걸음이기도 했다. 이 부류의 성화들 가운데 애용되던 것은 이삭을 제단에 바치는 장면(십자가에서 드려진 위대한 제사의 예표), 모세가 지팡이로 바위를 쳐서 물을 내게 하는 장면(고전 10:4을 토대로 반석을 그리스도 자신으로 해석하기도 했고, 그보다는 그리스도께서 동정녀의 태에서 탄생하신 일로 해석하기도 했다), 욥이 고난당하는 장면(깊이 낮아지신 그리스도의 예표), 사자굴에 들어간 다니엘(그리스도께서 지하 세계에서 마귀와 사망을 제압하신 일의 상징), 선지자 요나가 큰물고기의 배에서 건짐을 받는 장면(부활의 예표), 엘리야의 승천 장면(그리스도의 승천의 예표)이었다.

그리스도의 위격 교리가 공식적으로 확정된 5세기 중반에 그리스도의 성화들이 최초로 등장했으며, 이것이 전승에 의해 심지어 그리스도의 본래 모습을 충실히 살린 성화들로 언급되었다.[38] 그때부터 신인(神人)을 마치 실제 모습처럼 묘사하는 데 따르는 어려움이 사라졌고, 그리스도의 성화, 특히 아기 예수를 안고 있는 성모의 성화를 인정하는가의 여부가 정통신앙을 판가름하는, 좀 더 구체적으로 말하면 그리스도 안의 두 본성을 추상적으로 구분한 네스토리우스 이단을 판별하는 잣대가 되기까지 했다. 투르의 그레고리우스가 남긴 증언에 따르면, 6세기에는 그리스도의 성화가 교회에만 걸린 게 아니라 거의 모든 개인 집에도 걸렸다고 한다.[39]

그리스도의 성화들 가운데 교회가 받아들인 것에는 크게 두 가지 유형이 있었다.

(1) **살바토르**(Salvator, 구주). 슬픔의 기색이 조금도 없고, 차분하고 냉정하고 기

을 말하고 있으며, 어떤 정서 상태에서 성화들을 보고서 실제로 받은 인상을 토대로 삼고 있다는 것을 의심할 수 없다."

38) 성화를 혐오한 네스토리우스파는 화상 숭배의 기원을 자신들의 대적 알렉산드리아의 키릴루스에게 돌렸으며, 그것을 단성론파 이단설과 관련지었다.

39) *De gloria martyrum*, lib. i. c. 22.

품이 있고 천상의 온유함이 깃들어 있는 성화이다. 전설에 따르면 그리스도께서 에데사의 왕 아브가루스에게 친히 선사하신 의복에 기적으로 찍힌 그림이라고 한다.[40] 원본은 물론 유실되었고(그보다는 아예 존재하지 않았고), 5세기 이후에 등장한 비잔틴 유형의 그리스도 성화에 붙은 신비스러운 이름일 뿐이다. 이것이 라파엘로와 미켈란젤로 때까지 다양한 그리스도 성화들의 기초가 되었다. 이 성화들은 주님의 얼굴을 젊고 아름답게 묘사한다. 이마가 높고 시원하며, 안광(眼光)이 있고, 코가 크고 높으며, 머리는 가운데 가르마를 중심으로 양쪽으로 빗어 내렸고, 턱수염이 다소 붉은 빛을 띠고 있다.

(2) 에케 호모(Ecce Homo, 이 사람을 보라). 가시면류관을 쓰신 고난의 구주의 성화이다. 전승은 이 성화의 기원을 골고다까지 구주를 따라가면서 베일을 벗어 구주의 얼굴의 땀을 닦아드렸다고 하는 성 베로니카에게로 돌린다. 주님께서는 베로니카의 옷에 가시면류관을 쓰신 자신의 머리 형상을 기적으로 새겨주셨다고 한다.[41]

아브가루스 성화와 베로니카 성화는 둘다 기적적 기원을 주장하며, 곧 인간의 손으로 그리지 않은 그림으로 자처한다. 하지만 이 두 점 외에도 전승은 누가와 니고데모가 자연스러운 방법으로 그린 그리스도의 성화들에 관해서 말한다. 누가에게 기원이 돌려지는 로마의 라테란 예배당 상타 상토룸에 소장되어 있는 살바토르 성화는 에데사 혹은 비잔틴 양식에 속한다.

저마다 주님의 성화라고 하는 그림들이 워낙 다른 점을 고려하면 그리스도의

---

40) 이 전설을 최초로 언급한 사람은 5세기의 아르메니아 역사가 코레네의 모세스이다. 그는 에우세비우스(*H. E.* i. 13)가 그리스도와 에데사의 아브가루스 우코모 사이에 오갔다고 언급한 위조 서신을 근거로 이 이야기를 했다. 아브가루스 성화는 10세기에 콘스탄티노플의 성 소피아 교회로 옮겨졌다가, 거기서 로마로 옮겨진 뒤 오늘날까지 성 실베스터 교회에 보존되어 있다. 그러나 제노아 시도 원본을 소장하고 있다고 주장한다. 두 그림은 그다지 비슷해보이지 않으며, 당연히 복사본들일 뿐이다.

41) 이 베로니카 성화는 700년경에 로마로 옮겨졌다고 하며, 오늘날 그곳의 성 베드로 성당에 다른 성유물들과 함께 보존되어 있으나, 아주 높은 사람들에게만 전시된다. 특히 Mabillion과 Papebroch가 주장하는 일반적인 견해에 따르면 베로니카라는 이름이 vera icon 곧 '참된 형상'이라는 두 단어를 합성한 데서 생긴 오류에 지나지 않는다고 한다. W. Grimm은 베로니카의 이야기 자체를 그리스의 아브가루스 전설에 대한 라틴판으로 간주한다.

성화들이 그토록 다양한 현상에 굳이 놀라지 않게 된다. 화상파괴론자들이 화상을 비판할 때 지적한 것이 바로 이 점이었다. 실제로 모든 민족마다 자체의 예술과 도덕의 이상에 맞게 묘사한 그리스도의 초상을 지니고 있다.

그리스도의 성화에 지대한 영향을 끼친 것이 푸블리우스 렌툴루스(빌라도의 친구로 추정되는 인물)가 로마 원로원에 보낸 라틴어 서신에서 그리스도를 묘사한 외경적인 내용이다. 서신에 따르면 그리스도는 가냘픈 체구에 얼굴이 기품이 있고, 검은 머리카락에 중간 가르마를 탔고, 이마가 시원하고, 눈이 맑고, 입과 코가 반듯하고, 턱수염에 붉은 빛이 도는 외모를 지니고 계셨다고 한다.[42] 그보다 오래 전에 존재했던 묘사는 다마스쿠스의 요한 혹은 8세기의 다른 어떤 저자가 남긴 다음과 같은 글이다. "그리스도께서는 외모에 기품이 있었다. 눈이 아름답고, 코가 크고, 머리카락이 곱슬곱슬하고, 한창의 나이에 등이 다소 굽으셨고, 턱수염이 검었으며, 어머니처럼 안색이 창백하셨다."[43]

그러나 그림이든 동상이든 대리석 조각이든 어떤 방식으로 그리스도의 상을 묘사할지라도 하나님의 아들이자 인자이신 분이 지니신 완전한 아름다움에 도달할 수 없다. 지상에서 이루어지는 가장 고도의 예술 작품이라도 하늘에 있는 원형의 희미한 반영에 지나지 않는다. 그럴지라도 그것은 그리스도께서 살아계셔서 위대한 화가들과 조각가들의 상상력과 정서에까지 발휘하시고, 세상 끝날까지 발휘하실 영향력이 얼마나 강한 것인가를 입증한다.

111. 성모와 성인들의 형상

그리스도의 형상들 외에도 교회사의 유력한 인물들의 형상들도 제작되었다. 대표적인 경우를 말하자면, 성모가 아기 예수를 안고 있는 모습, 동방박사들이 구유 앞에서 세 사람의 왕으로서 경배하는 모습, 네 복음서 저자, 열두 사도, 특

---

42) 렌툴루스의 서신가 현재의 형태로 제대로 알려진 것은 11세기 이후의 일이다.

43) Epist. ad Theoph. imper. de venerandis imag. (출처가 다소 의심스러움) in *Joh. Damasc. Opera*, tom. i. p. 631, ed. Le Quien. 그리스도에 관한 세번째 묘사는 새로운 내용이 담겨 있지 않으며, 14세기에 Nicephorus Callisti의 *Hist. Eccl. lib.* i. cap. 40에 실려 있다.

히 베드로와 바울, 박해 시대를 살다 간 여러 순교자들과 성인들, 후대의 훌륭한 주교들과 수사들의 형상들이 그것이다.

8세기나 그 후의 전승에 따르면 복음서 저자 누가는 그리스도뿐 아니라 마리아, 그리고 두 대표적인 사도들을 그림으로 남겼다고 한다. 훨씬 후대의 전설들은 누가가 성모화를 일곱 점이나 그렸고, 그 중 상당수가 여전히 남아 있는 것처럼 말한다. 예를 들면 그 중 하나가 로마의 마리아 마조레 교회의 보르게세 예배당에 있는 성모화라고 한다. 초기의 성모화들은 마리아를 여성의 아름다움과 순결과 사랑스러움의 이상으로, 자신의 신적 아들을 닮은 모습으로 묘사하려는 노력을 드러낸다.[44] 베드로는 둥근 머리에 머리카락과 턱수염이 곱슬곱슬한 모습으로 자주 묘사되고, 바울은 얼굴이 길고 정수리가 벗겨지고 수염이 뾰족한 모습으로 묘사된다. 두 사람 모두 두루마리를 손에 들고 있는 모습으로, 혹은 전자가 십자가와 열쇠(천국의)를, 후자가 칼(말씀과 성령의)을 들고 있는 모습으로 자주 묘사된다.

그리스도와 성인들, 성경 사건들을 이런 식으로 묘사해 놓은 그림들이 카타콤과 그 밖의 묘지들, 석관들과 묘비들, 개인 집들과 잔들과 인장 반지들, 그리고 (305년 엘비라 공의회의 금령에도 불구하고)[45] 교회 담장, 특히 제단 뒤편 담장들에서 발견된다.

성경 사본들과 전례서들, 개인 집들과 심지어 비잔틴 제국 대도시들의 관리 복장들조차 성경 그림들로 장식되었다. 4세기 후반에 폰투스 아마시아의 주교 아스테리우스는 이른바 '하나님을 기쁘게 해드린다는 의복'을 입는 행위를 비판하면서, 살아 있는 하나님의 형상들(신자들)을 존중하고 가난한 사람들을 돕는 것이 더 낫고, 중풍병자의 그림이 그려진 옷을 입고 다니는 것보다 병든 사람을 위문하는 것이 나으며, 무릎을 꿇고 예수의 발 앞에 꿇어엎드린 죄인 여자의 형상을 소지하고 다니는 것보다 통회의 눈물로 자신의 죄를 회개하는 것이 낫다고 충고했다.

---

44) 아기를 안고 있는 모습의 최초의 성모화들이 로마 카타콤들에서 발견되며, de Rossi(Imagini Scelte, 1863)는 그 기원을 2-3세기로 잡는다.

45) *Conc. Eliberin. or Illiberitin.* can. 36. 하지만 이 금령은 그리스도의 성화에만 국한된 듯하다. 만약 그렇지 않았다면 순교자들과 성인들도 경배의 대상으로 간주되었다고 생각해야 한다.

성인의 성화 앞에서 존경의 표시로 엎드려 절하는 관습은 6세기에 그리스 교회에서 처음 나타난다. 이런 관습이 한번 물꼬가 트이면 그 다음부터 배우지 못한 사람들이 상징과 상징의 대상을 혼동하고, 외적이고 물질적인 것에 마술적 힘을 부여하고, 형상에 잡다한 미신적 개념을 붙이는 것이 필지의 사실이다. 아우구스티누스조차 철저하지 못한 기독교 다중 사이에 형상 숭배자들이 많은 것을 비탄하지만, 그런 사람들을 복음의 본질을 알지 못하는 허다한 명목상의 그리스도인들의 부류에 넣는다.[46]

예술 작품들을 놓고 볼 때, 초기 기독교 회화와 조각은 대체로 예술로서의 가치가 없다. 교회 건물들보다 훨씬 가치가 덜하다. 아름답고 조화롭다기 보다는 진실하고 고상하다. 그것이 원래 예술적 취향에서 나오지 않고 실용적 필요에서 나왔기 때문이며, 적어도 그리스 제국에서는 주로 수사들의 손끝에서 나왔기 때문이다. 그것은 이교처럼 감각적 아름다움보다는 진실함과 숭고함에 치중한 것부터 기독교 정신에 잘 부합했다. 따라서 누드를 기피했으며, 조금이라도 육욕을 일으키지 않도록 몸을 단정하게 가리고, 손과 발과 얼굴만 드러나게끔 했다.

하지만 잘 알려진 대로 후대에 가면 기독교의 취향이 바뀌어서, 마음이 순수한 사람들에게는 모든 것이 순수하다는 원리를 토대로 심지어 십자가에 달리신 그리스도까지도 그대로 묘사했고, 벗은 몸으로 어머니의 젖을 물고 있는 혹은 어머니의 품에 안긴 아기 예수를 묘사했다.

더욱이 콘스탄티누스 시대에는 고대의 고전 회화와 조각이 크게 쇠퇴했다. 그나마 그 분야에서 가장 왕성한 활동이 이루어진 시기에조차 기독교적 원리를 적절하게 표현해 내는 수준에 이르지 못했다.

이런 점을 감안할 때, 고대의 예술 작품들이 후 시대에 태풍처럼 몰아친 화상 파괴 운동에 의해 가차없이 파괴되어 대부분 유실된 것은 그다지 애석해할 만한 일이 못 된다. 기독교 예술이 회화와 조각에서 전례 없이 꽃을 활짝 피워내고, 적어도 회화 분야에서만큼은 고대 그리스의 걸작들을 훨씬 능가한 것은 교회 건축이 이미 전성기에 도달해 있었던 중세 후반의 일이었다. 조각은 인간을 묘사할 때 삶의 기쁨이나 빛나는 눈빛을 드러내지 못한 채 그저 죽음의 영역에서 온

---

46) *De moribus ecclesiae cath.* i. 75. 마니교도들은 가톨릭 교회 전체가 형상 숭배에 빠져 있다고 비판했다.

그늘진 형태처럼 유한한 한계 안에서만 묘사할 수 있을 뿐이며, 고대 그리스인들 사이에서 이미 완전의 경지에 도달했다. 카노바(Canova, 1757-1882, 이탈리아의 신고전주의 조각가)와 토르발센(Thorwaldsen, 1768-1844, 덴마크의 조각가) 같은 이들도 그 수준을 능가하지 못했다. 그러나 회화는 달랐다. 인간을 주위 세계와 맺은 유기적 관계로써 묘사할 수 있고, 어느 정도는 얼굴과 눈에 표현되는 정신과 영혼의 무한한 깊이로써 묘사할 수 있는 회화는 기독교적 원리의 영향력이 제 소임을 완벽히 수행할 때를 기다렸으며, 마침내 레오니르도 디 빈치, 프라 베아토 안젤리코, 코레조, 알브레히트 뒤러가 그린 그리스도 상들은 오늘날까지 예술사를 장식하고 있는 가장 숭고한 작품들을 제공했다.

112. 봉헌된 예물들

이러한 문맥에서 언급할 만한 교회 장식의 또 다른 형태가 남아 있다. 그것은 이미 이교도들과 유대인들 사이에서 관습으로 굳어져 있던 '축성된 예물들'이다. 예를 들어, 델포이 신전은 예물로 바쳐진 무기와 금은 그릇들과 조상(彫像)들로 인해 크게 부유해졌다. 거의 모든 넵튠 신전에는 파선을 면하게 해준 데 대한 감사로 그 신에게 바쳐진 예물 목록표가 걸려 있었다.[47] 이와 유사한 관습이 유대인들 사이에서도 있었던 것 같다. 사무엘상 21장을 보면 다윗이 블레셋 장수 골리앗의 칼을 성소에 맡겨두었음을 암시하는 대목이 나오기 때문이다. 제사장들의 뜰에는 많은 수의 칼과 창, 값진 그릇들, 그 밖의 귀중품들을 볼 수 있었다.

콘스탄티누스는 예루살렘 교회의 제단 공간을 풍부한 금 예물과 귀금속들로 장식했다. 소조메누스는 예루살렘 주교 키릴루스가 기근시에 교회의 보물들과 거룩한 예물들을 내다팔았으며, 훗날 어떤 사람이 얼마 전에 교회에 예물로 바친 의복을 어떤 여배우가 입고 있는 것을 보았다고 전한다.[48]

그런 예물들 가운데 독특한 종류, 즉 기적으로 병고침을 받은 것을 기념하는 예물은 5세기에 등장했다. 적어도 그것을 최초로 언급한 사람은 테오도레투스인

---

47) 참조. *Horace, Ars poet.* v. 20.

48) *H. E.* iv. 25.

데, 그는 순교자들에 대한 여덟번째 강론에서 그 예물들에 관해서 이렇게 말했다. "믿음의 확신을 가지고 구하는 사람들이 응답을 받는다는 것은 그들이 치유를 받은 증거로 바친 거룩한 예물들이 밝히 입증해 준다. 어떤 이들은 금이나 은으로 만든 발을, 다른 이들은 손을 바쳤는데, 이 예물들은 질병에서 놓임을 받은 증표로 바친 것들이다." 성인 숭배가 유행하면서 이 관습도 탄력을 받았으며, 중세에는 아주 보편화했다. 누구든 병에서 회복되면 먼저 자신을 그 병에서 고쳐준 성인에게 예물을 바쳐 감사의 증표로 삼아야 했다. 아이가 이가 나면서 생기는 열을 잘 견뎌낸 부모들은 성 아폴로니아(전설에 따르면 그의 치아가 사형집행관의 종에게 핀셋으로 다 뽑혔다고 함)에게 밀랍으로 만든 턱뼈를 예물로 바쳤다. 마찬가지로 여행을 무사히 마치고 돌아왔을 때는 성 율리아누스에게, 추격을 피해 무사히 귀환했을 때는 성 후베르트에게 매우 후한 예물을 바쳤다. 그러나 성모 마리아에게는 누구보다도 많은 예물이 바쳐졌다. 기적을 일으키는 성모의 형상을 지닌 모든 교회나 예배당은 오늘날까지도, 무사히 귀환하고 병에서 회복된 데 대한 감사의 예물로 바쳐진 금은이 무수히 많이 보관되어 있다.

113. 교회의 시와 음악

시와 그 쌍둥이 자매격인 음악은 매우 숭고하고 영적인 예술이고, 기독교의 진수에 아주 가까우며, 건축과 회화와 조각보다 경건과 교육의 목적에 훨씬 더 풍성하게 이로움을 끼친다. 시와 음악은 단어와 곡조를 사용하며, 그런 점에서 돌과 색채를 사용한 조형 예술보다 영혼에 더 직접적으로 말할 수 있고, 사고와 정서 세계의 모든 부요를 더욱 적절하게 표현할 수 있다. 잘 알려져 있듯이, 구약성경에서 시와 음악은 하나님께 드리는 예배의 본질적인 부분이었다. 비단 구약시대뿐 아니라 만대에 걸쳐서, 그리고 기독교 교회의 거의 모든 교단들에서 그러하다.

종교 시의 다양한 유형들 가운데 찬송(hymn)이 가장 오래된 것인 동시에 가장 중요하다. 찬송은 풍성한 역사를 갖고 있으며, 그 안에 그리스도인들의 가장 깊은 경험들이 쌓여 있다. 그러나 찬송이 활짝 꽃을 피운 곳은 독일어권과 영어권의 복음주의 교회이다. 복음주의 교회에서는 찬송이 성경과 마찬가지로 최초로 사제나 성가대의 전유물이 되지 않고 회중의 것이 되었다.

좁은 의미에서 볼 때 찬송은 서정시에 속하며, 서사시와 극시(劇詩)와 구분된다. 또한 기도적인 성격과 대중적 형식, 그리고 곡조에 맞춰진다는 점에서 다른 형태의 서정시들(예. 오드·소네트·칸타타 등)과도 다르다. 찬송은 대중적인 영적 노래로서, 건강한 그리스도인의 정조(情操, sentiment)를 고귀하고 순수하고 누구나 이해할 수 있는 형식으로 표현하며, 교회의 모든 회중이 읽고 부르는 과정에서 인격이 함양되도록 하는 특성이 있나. 그러므로 찬송에는 '성경과 교회의 교리와 그리스도인 보편의 경험 혹은 기도의 정신에 위배되는 내용이 담겨서는 안 된다. 믿는 그리스도인이라면 누구나 글로리아 인 엑셀시스와 테 데움에 참여할 수 있다. 이러한 고전적 찬송들은 비록 수는 비교적 적긴 하지만 신앙고백적 차이들을 초월한 위치에서, 인간 견해들의 부조화를 천상의 조화로 녹여낸다. 이 점에서 고전적 찬송들은 전투의 교회에 속한 모든 교회들이 날마다 자양과 위로를 얻는 시편과 비슷한 점이 있다. 이 찬송들은 아름다움과 거룩한 기쁨이 깃든 안식일 정장(의복)에 그리스도인들이 삶으로써 피워낸 꽃을 보여준다. 하나님을 경외하는 모든 이들의 마음에 울려퍼지며, 매일 떠오르는 태양과 해마다 찾아오는 봄처럼 아무도 막을 수 없는 신선함과 생명력을 드러낸다. 실로 그 온화한 덕은 세월이 갈수록 더해간다. 약초의 효험이 짙을수록 더 오래가듯이 ……. 힘겨운 전투를 벌이고 있는 교회에게 그 찬송들은 말로 다할 수 없는 위로로 감싸준다. 구원의 후사(後嗣)들이 될 그들을 섬기도록 보냄을 받은 천사들과 같다. 좋은 찬송가는 성경 다음으로 신앙 인격 함양에 풍성한 샘이다.

시편은 교회가 옛 언약으로부터 물려받은 가장 오래된 기독교의 찬송가이다. 기독교 시의 출발점은 메시야가 땅에 강림하신 일이며, 마리아·엘리사벳·시므온·천군 천사들은 불후의 찬송으로 이 일을 맞이했다. 그러므로 종교와 시가 복음 안에서 결합된다. 서신서들에도 초대 기독교 찬송의 흔적들이 나타나는데, 그 운율조의 인용들은 분명히 구약에서 취한 것이 아니다.[49] 우리는 대 플리니우스(the elder Pliny)가 트라야누스에게 보낸 서신으로부터, 2세기 초의 그리스도인들이 그리스도를 자신들의 하나님으로 찬송했다는 정보를 얻는다. 그리고 후

---

49) 예를 들면, 엡 5:14.

50) 참조. Euseb. *H. E.* v. 28.

대의 자료에서 그런 찬송들이 많았다는 것을 알게 된다.[50]

하지만 박해기에 불렸던 찬송들 가운데 온전한 형태로 남은 것은 다음 몇 편 외에는 없다. 먼저, 알렉산드리아의 클레멘스가 신적 로고스에게 바친 노래가 있는데, 이것은 찬송이라 하기는 어렵고, 아마 대중이 부르도록 할 의도가 없었던 것 같다. 다음으로 「사도헌장」에 실린 '아침 노래'(the Morning Song)와 '저녁 노래'(the Evening Song)가 있는데, 특히 전자, 즉 글로리아 인 엑셀시스는 천군 천사의 찬송을 연장한 것으로서 오늘날도 여전히 기독교 세계 전역에서 불린다. 그 다음 순서로 오는 것이 테 데움으로서, 동방 교회가 원래 사용하던 형식으로 되어 있으며, 암브로시우스의 찬송보다 오래되었다. 테르 상투스(Ter Sanctus)와 고대의 여러 전례 기도들도 시로 분류할 수 있다. 이는 찬송이 본래 기도에 시적 영감의 옷을 입힌 것이고, 훌륭한 전례 기도들은 좋은 시들이기 때문이다. 가락과 운율이 결코 본질적인 것이 아니다.

이러한 풍성한 성경적·원초적 기독교의 전형들을 토대로 고대 가톨릭 교회의 찬송이 등장했는데, 이것이 찬송 역사의 첫 단계를 이루며, 이것을 토대로 중세와 후대의 복음적 개신교 찬송이 각각 새로운 획을 그으며 등장했다.

114. 동방 교회의 시

그리스 교회는 기독교 교리와 문화의 전 분야에 걸쳐 앞서 있었고, 고대 그리스로부터 풍부한 시 유산을 물려받았으므로 당연히 교회 찬송 분야에서도 열쇠를 제공했으리라 기대할 법하다. 하지만 이 기대는 아주 제한된 범위에서만 충족된다. 글로리아 인 엑셀시스와 테 데움은 초기 교회로부터 전수된 성시(聖詩)들 가운데 가장 귀중한 보석들임에 틀림없으며, 두 찬송 모두 동방 교회의 산물로서 (전자는 완전히, 후자는 부분적으로), 아마 3세기나 2세기에 작성된 듯하다.[51] 그

---

51) 누가복음 2:14을 토대로 작성된 이른바 Hymnus angelicus가 그리스 교회의 산물이며, 아침 찬송으로 사용되었다는 것은 Daniel의 *Thesaurus hymnol.* tom. ii. p. 267 sqq.에 의해 충분히 입증된다. 이 찬송은 유명한 알렉산드리아 성경 사본과 그 밖의 자료들에 수록된 *the Apostolic Constitutions* (l. vii, al. 48)에 약간 다른 형태로 발견된다. 이른바 암브로시우스의 찬송 혹은 *Te Deum* 가운데 적어도 일부는 헬라어로

러나 운문체 산문으로 된 이 찬송들을 제외하고는, 동방 교회는 처음 여섯 세기 동안 항구적인 가치나 보편적 용도를 지녀던 이 분야에서 이렇다 할 작품을 내 놓지 못했다. 동방 교회는 오랫동안 다윗의 시편만을 고수했으며(크리소스토무스의 말대로, 다윗이 기독교 회중 안에서 처음과 중간과 마침이었다), 워낙 이단적 성향에 비판적이었던 까닭에 성경의 내용을 벗어난 노래들을 공개적으로 사용하는 데 철저한 반감을 갖기까지 했다. 아리우스파와 아폴리나리우스파는 선대의 영지주의자들과 마찬가지로 송교시와 음악을 대중에게 사신들의 오류를 권장하고 선전하는 수단으로 사용했다. 따라서 남용을 우려하여 올바른 사용마저 금하는 것이 현명하지 않음에도 불구하고, 동방 교회는 이 분야의 예술을 불신했다. 360년경에 열린 라오디게아 공의회는 영감되지 않은, 즉 '사적인' 찬송들을 교회에서 사용하는 것을 금했고, 451년의 칼케돈 공의회는 이 결정을 재확인했다.

그럼에도 불구하고 예외가 없지 않았다. 크리소스토무스는 아리우스파의 찬송이 콘스탄티노플에 끼치고 있던 부패한 영향을 효과적으로 일소할 수 있는 가장 효과적인 방법이란 적극적으로 엄숙한 교송(交誦)과 송영을 지어 대처하는 것이라고 생각했다. 나지안주스의 그레고리우스는 고대의 방식으로 정통신앙적 찬송들을 지었다. 그러나 이 찬송들은 사변적이고 신학적인 성격과 대중적 정서 결여 때문에 교회에서 널리 사용되지 못했다. 이러한 평가는 아나크레온(Anacreon, 주전 572?-488? 그리스 서정시인)의 시 형식으로 대축일들을 빛낸 예루살렘의 소프로니우스(Sophronius)가 지은 찬송들과, 철학적 찬송들을 지은 프톨레마이스의 시네시우스(Synesius, 410년경)의 찬송들, 6보격으로 요한복음을 풀어 설명한 이집트 파노폴리스의 노누스(Nonnus)의 찬송들, 테오도시우스 2세의 아내 유독시아의 찬송들, 그리고 유스티니아누스 1세 때의 정치가로서 여러 편의 풍자시와 성 소피아 성당 헌당식을 위한 시를 지은 파울루스 실렌티아리우스의 찬송들에 대해서도 똑같이 내릴 수 있다. 콘스탄티노플 주교 아나톨리우스(458년 죽음)는 이 시기에 교회 찬송의 개념을 어느 정도 이해하고 회중의 용도에 맞게 찬송들을 개작한 유일한 시인으로 평가할 수 있다.

시리아 교회는 동방 교회들 가운데 최초로 영지주의자 바르데사네스

____

되어 있다. (참조. Daniel, l. c. p. 276 sqq.).

(Bardesanes, 170년경)와 그의 아들 하르모니우스(Harmonius)의 이단적 시들에 대립하여 대중적인 정통신앙적 시를 지어 공예배에 받아들였다. 에프라임 시루스(378년 죽음)는 아주 여러 편의 시리아어 찬송들을 지어 그 길을 선도했고, 그 뒤 5세기 중반에 안디옥의 장로 이삭과 특히 메소포타미아 사루그의 주교 야콥(521년 죽음)이 그의 뒤를 훌륭하게 계승했다.

5세기 이후에 그리스 교회는 시에 대한 편견을 걷어내고 공예배를 위해서 무수히 많은 양의 찬송을 창작했다.

라틴 교회뿐 아니라 그리스 교회 시(詩)의 역사에서 세 번의 획기적 시대를 구분할 수 있다: (1) 형성기 — 고전기의 운율을 버리고 고유한 양식을 고안해 낸 시기로서, 650년까지 이어짐; (2) 완성기 — 820년까지 이어짐; (3) 쇠퇴기 — 1400년 혹은 콘스탄티노플 멸망 때까지 이어짐. 제1기는 비록 나지안주스의 그레고리우스와 예루살렘의 소프로니우스가 쓴 몇몇 송시들이 있긴 했지만, 그리스 예배서에 아무런 흔적도 남기지 못했다. 그리스 시의 번성기는 화상 파괴 논쟁기와 일치하는데, 가장 유력한 시인들이 동시에 화상 옹호자들이었다. 그 중 대표적인 사람이 그리스 교회의 가장 위대한 신학자이자 가장 위대한 시인이라는 이중의 영예를 지닌 다마스쿠스의 요한이었다.

그러므로 그리스 시의 꽃은 우리가 다루는 역사보다 후대에 만개한 셈이다. 그럴지라도 5세기에 적어도 그 봉오리를 발견하게 되는 까닭에 여기서 그 독특한 성격을 간략히 묘사하고자 한다.

그리스 교회의 최초의 시인들, 특히 4세기의 나지안주스의 그레고리우스와 7세기의 예루살렘의 소프로니우스는 고전적 운율들을 사용했는데, 그것은 기독교적 개념과 교회 찬송에 전혀 맞지 않았던 까닭에 점차 폐기되었다. 그리스 교회에서는 결국 운문이 발을 붙이지 못하게 된 셈이다. 그 대신 히브리 시와 초기 기독교 찬송들인 마리아·사가랴·시므온·천군 천사들의 찬송들에서 운문조의 산문이 채택되었다. 콘스탄티노플의 아나톨리우스(458년 죽음)가 널리 사용되던 고전적 운율을 포기하고 새로운 길을 개척한 최초의 사람이었다. 그리스 고유의 운문 체계에서 본질적인 점들은 다음과 같다:

첫째 연(stanza)은 다음 연들의 전형을 이루며, 뒤의 것들을 끌어오기 때문에 전문 용어로 히르모스(Hirmos)라고 한다. 다음 연들은 트로파리아(Troparia, stanzas)라고 하며, 찬송 연주를 위해 의미와 상관 없이 붓점으로 구분된다. 여러 개의 트로파리아 — 세 개에서 스무 개 이상 — 가 모여 하나의 송시(ode, 송부)를 구성하며, 이것이 비슷한 시기에 생 갈의 수사 노트케르(Notker)가 도입한 라틴의 속창(續唱)(Sequence)에 해당한다. 각 송시는 히르모스에 토대를 두며, 성모를 찬송하는 트로파리아로써 끝난다.[52] 송시들은 대개 이합체(離合體, 각 행의 머릿글자를 모으면 말이 되는 형식)로, 때로는 알파벳 순서로 배열된다(아마 시편 25, 112, 119편을 모델로 삼은 듯하다). 아홉 개의 송시가 모여 카논(canon)을 이룬다.[53] 오래된 송시들은 성육신·부활·승천의 위대한 사건들을 노래하므로 새로 장엄한 성격을 띤다. 하지만 후대의 긴 송시들은 무명의 순교자들을 예찬하는 내용으로서 극히 단조롭고 지루하며, 복음과 무관한 요소들로 가득하다. 동방의 찬송 가운데 아무리 우수하다고 하는 것도 라틴 찬송과 개신교 찬송에서 느낄 수 있는 건강한 간결성과 자연스러움, 열정이 없다.

동방 교회의 대표적인 시인들은 아나톨리우스(458년 죽음), 크레테의 안드류(660-732), 게르마누스 1세(634-734), 다마스쿠스의 요한(780년경 죽음), 예루살렘의 코스마스(780, 작곡가라 불림), 테오파네스(759-818), 스투디움의 테오도루스(826), 스미르나의 메트로파네스(900년 죽음), 레오 6세(886-917), 유티미우스(920년 죽음)이다.

그리스 교회의 시는 전례서들, 특히 라틴의 성무일도서에 해당하는 「메나이아」(Menaea)의 열두 권에 실려 있으며, 대부분 운문체 산문으로 된 시적 혹은 반(半) 시적 송시들로 이루어져 있다.[54] 이 아홉 세기에 걸쳐 형성된 이 보물들이 오늘날까지 동방 교회의 울타리를 벗어나지 못했으며, 사실상 온 교회가 사용할

---

52) 그런 이유에서 마지막 트로파리온을 동정녀 마리아의 칭호 테오토코스에 근거하여 테오토키온이라 한다.

53) κανών. Neale은 (*Hymns of the East*, Ch. Introd. p. xxix에서) 이렇게 말한다: "카논은 아홉 편의 송시로 구성된다 – 각 송시는 세 편에서 스무 편 사이의 트로파리온을 포함한다. 송시의 수가 아홉인 이유는 카논의 모델이 되는 Lauds에 성경의 찬송 아홉 편이 수록되어 있기 때문이다. 첫째는 모세가 홍해를 건넌 뒤에 부른 찬송이고, 둘째는 모세가 신명기 33장에서 부른 찬송이고, 셋째는 한나의 찬송, 넷째는 하박국의 찬송, 다섯째는 이사야의 찬송(26:9-20), 여섯째는 요나의 찬송, 일곱째는 세 소년의 찬송(3-34), 여덟째는 Benedicite, 아홉째는 Magnificat와 Benedictus이다.

54) Neale, l. c., p. xxxviii.

만한 좋은 열매를 그다지 맺지 못했다. 닐(Neale)은 최근에 그리스 교회의 중요한 찬송들을 상당 부분 간추려 가면서 현대 영어 운문으로 번역하는 귀중한 노력을 기울여 왔다.

여기서 칼케돈 공의회(452)에 참석했던 콘스탄티노플 총대주교 성 아나톨리우스가 쓴 찬송 몇 편을 닐의 번역으로 소개하고자 한다. 첫 편은 성탄절 찬송으로서 헬라어로 시작한다:

Μέγα και παράδοξον θαῦμα (크고 능한 기사)

"크고 능한 기사를,
　절기들이 간직한다:
동정녀가 거룩한 아기를
　순결한 몸으로 낳으신다.

말씀이 육신이 되시나
　여전히 높은 곳에 거하신다:
하늘 높은 곳에서 목자들을 보며
　그룹들이 찬송을 부른다.

우리도 그룹들과 함께 기쁨으로
　그 찬송을 다시 부른다:
"지극히 높은 곳에서는 하나님께 영광이요
　땅에서는 기뻐하심을 입은 사람들 중에 평화로다."

그룹들이, 그 찬란한 천사의 무리가
　만유의 대왕께 찬송을 드릴 때
그대 골짜기들과 산들이여, 기뻐할지어다!
　그대 바다여, 네 손바닥을 칠지어다!
그가 만민을 구속하러 오시므로
　만민에게 경배를 받기에 합당하시도다.
베들레헴에 나신 아기여,

구주이며 주시여!
이제 우상들은 멸망하고
　　모든 오류가 쇠할 것이요,
우리 주 우리 하나님
　　그리스도께서 다스리실 것이다.”

또 한 편의 성탄절 찬송은 '베들레헴에' 이라는 어구로 시작한다:

“만물의 창조주, 영원하신 하나님!
　　그가 베들레헴에 나신다!
만유의 대왕인 그가
　　에덴의 문을 여신다! 거기서 화염검이
길을 내준다; 거기서
　　가로막힌 담장이 무너지고,
하늘과 땅의 권세들이 하나가 된다;
　　천사들과 인간들이 옛 유대를 회복하고
거룩한 자들이 거룩한 자들과 재회하니
　　얼마나 행복한 결합인가! 이제 동정녀의 태가
그룹들이 이루는 보좌처럼
　　만유보다 크신 분을 품는다:
스랍들이 두려워 떨며 모시는 분을,
　　세상에 영원하고 충만한 사랑을
부어주러 오시는 분을 품는다.”

풍랑을 잔잔케 하신 그리스도를 찬송하는 시는 이렇게 시작한다:

“풍파가 드세었고
　　밤은 칠흑 같았다;
고단하게 돌아가는 노에
　　언뜻 비치는 흰 거품.

어부들이 공포에 휩싸이고
　　절망이 닥쳐오는데
그때 참 하나님께서 말씀하시되
　　'평안할지어다! 나다.'
산처럼 일어선 물결이여
　　그대 고개를 숙일지어다!

울부짖은 유라굴로여
　　그대 잠잠할지어다!
참 빛이신 분이
　　'평안할지어다! 나다' 라고 하시면
절망이 그 힘을 잃고
　　슬픔이 홀연히 사라진다.

구원자 예수여!
　　제게 오시옵소서.
고해를 지나는
　　제 고단한 항해를 보옵소서!
사망의 풍랑이 일어나
　　저를 삼키러 위협할 때
참 진리께서 나직히 말씀해 주옵소서!
　　'평안할지어다! 나다.'"

115. 라틴 찬송

　그리스 찬송보다 더욱 중요한 것이 4~16세기에 창작된 라틴 찬송이다. 그리스 찬송에 비해 범위는 좁지만 꾸밈없는 순수함과 진실함, 풍부함과 활력과 충일한 사고에서는 능가하며, 개신교 정신에 한결 가깝다. 객관적인 교회적 성격에다 깊은 정서와 주관적 적용, 그리고 구원 체험을 겸비함으로써 그리스 찬송보다 더 따뜻하고 활력이 있다. 이런 점에서 위에 언급한 시기의 라틴 찬송은 구주와 그 구원의 은혜를 즐거워하는 지극히 아름답고 심오한 표현을 내놓는 개신교 찬송으로 이행하기 전의 과도적 성격을 지닌다고 할 수 있다. 라틴의 대표적인 찬송들은 성무일도서를 통해서 널리 쓰이게 되었으며, 번역과 모방을 통해서 개신교 교회들에서도 자연스럽게 쓰이게 되었다. 이 찬송들은 대부분 구원의 위대한 사실들과 기독교의 근본 교리들을 다룬다. 그러나 그 중 많은 수가 마리아와 순교자들을 높이는 데 치중하며, 미신으로 손상되어 있다.

그리스 교회도 그랬지만 라틴 교회에서도 이단들이 시작(詩作) 활동에 다소 자극을 주었다. 라틴 교회 시가(詩歌)의 아버지는 힐라리우스와 암브로시우스로서, 두 사람 모두 서방에서 정통신앙을 대변하여 아리우스주의와 맞서 싸운 사람들이다.

기독교 정신이 더러는 해방시키고 더러는 변혁하는 방식으로 라틴어와 라틴 운문에 영향을 끼쳤다. 청년기의 시는 맹렬한 파도와 같아서 끝을 모르고 어떤 장애든 뚫고 나간다. 그러나 완숙기에 접어들면 절제하게 되고, 스스로를 제한하는 데서 참다운 자유를 누린다. 균형과 질서를 견지하고, 주기적으로 평정을 구가한다. 이것이 운율이며, 이 운율이 그리스와 로마 시에서 완숙의 경지에 도달한다. 라틴 교회의 시는 나름대로의 언어와 나름대로의 문법, 나름대로의 작시법, 나름대로의 아름다움을 지니며, 신선함과 활력과 선율에서 심지어 고전 시대 라틴 시를 능가한다. 라틴 시는 신화적 우화들의 도움을 모두 버리는 대신에 하나님 나라의 역사와 성경의 시, 그리고 기독교의 용사 시대의 시에서 좀 더 순결하고 풍부한 정신을 얻어야 했다.

그러나 그러기 위해서 먼저 고대 라틴어로부터 전환하던 상태의 유럽 남부의 로망스어들처럼 야만적 상태를 거치지 않으면 안 되었다. 그러한 과정에서 우리는 라틴어가 젊고 패기있는 기독교의 영향을 받아가는 모습을 보게 된다. 그 영향으로 라틴어는 두 번째 봄의 숨결을 들이쉬어 새로운 꽃을 피워냈고, 새로운 아름다움의 옷을 입었고, 옛 단어들이 새롭고 더 깊은 의미를 지니게 되었으며, 죽은 단어들이 되살아나고 새로운 단어들이 조성되었다. 이 과정에서 까다로운 고전적 취향을 거스르는 것들이 많이 있었지만, 그럴지라도 그러한 손실들이 훨씬 더 풍부한 이득들로 벌충되었다. 로마 제국에서 승리를 쟁취한 기독교는 고전 라틴어가 급속히 몰락과 해체의 길로 치닫는 것을 지켜보았다. 세월이 흐르는 동안 기독교는 고전 라틴어의 잿더미에서 새로운 창조를 이끌어냈다.

고전 운율 체계가 점차 느슨해졌고, 강세(accent)가 장단(quantity)을 대체했다. 고대인들에게 체계나 규범으로서 알려지지 않던 운(韻, rhyme)이 시의 중간이나 말미에 도입되어서 노래에 서정적(음악적) 성격을 불어넣었고, 그로써 음악에 좀 더 가까이 다가갔다. 찬송 시가 교회에서 노래로 불려져야 했기 때문이다. 이렇게 강세와 곡조가 붙은 시가 처음에는 대단히 불완전했지만, 그럴지라도 이교 고전 시들의 상투적이고 경직되고 냉랭한 운율에 비하면 훨씬 더 자유롭고 깊이 있고 따뜻한 기독교 정신에 부합했다.[55] 음절의 장단(quantity)은 다소 인위적이고 가변적인 장치인 반면에, 강세(accent) 곧 다음절 단어에서 한 음절을 강조하는 것은 자연스럽고 대중적이며, 듣기에 편하다. 암브로시우스와 그의 추종자들은 품격 높은 본능으로 단장격 이보구(二步句, 각운 두 개로 이루어지는 시행)를 찬송 형식으로 채택했다. 이것이 고대의 운율들을 통틀어 가장 운율이 덜하면서도(the least metrical) 가장 규칙성이 강한(the most rhythmical) 형식이었다. 듣기 좋은 시가(詩歌)로 나가려는 경향이 강세가 붙은 운율과 나란히 진행했으며, 이러한 경향이 힐라리우스와 암브로시우스 찬송 시들의 조야한 초기 단계에 이따금씩 나타난다. 이것이 가장 충만하게 나타난 경우는 이러한 경향을 본격적인 발전 궤도에 올려놓은 다마수스의 찬송 시였다.

운(韻, rhyme)은 야만 시대의 산물도, 고도로 발달한 문명 시대의 산물도 아니고, 다만 거의 모든 나라와 언어와 문화 단계에서 크고 작게 나타나는 현상일 뿐이다. 운율(rhythm)과 마찬가지로 이것도 균형과 음운 변화(euphony)와 한계와 주기적 반복에 대한 자연스러운 미학적 감각에서 생긴다.[56] 그것이 도처에서 발

---

55) 대주교 Trench(*Sacred Latin Poetry*, 2d ed. Introd. p. 9): "처음부터 형식과 정신, 옛 이교 형식과 새 기독교 정신 사이에서 투쟁이 벌어졌다. 후자는 전자가 부여하는 속박과 제약에서 벗어나고자 힘썼다. 전자는 후자에게 도움도 뒷받침도 되지 못하고 장애가 될 뿐이었다. 자유를 준 게 아니라 지극히 끔찍한 속박을 가했다. 새 포도주가 옛 부대에서 발효되다가 급기야는 터졌는데, 하지만 터지는 과정에서 땅바닥에 쏟아지지 않고 더욱 고결한 성배(聖杯)에 담겼다. 그것은 새 포도주만큼 새로운 그릇이었다." 이러한 해방의 과정을 트렌치는 프루덴티우스의 예를 들어 설명한다. 프루덴티우스는 대체로 고전 운율법을 여전히 고수하면서도 상당한 파격을 시도했던 것이다.

견되며, 심지어 엔니우스(Ennius)를 비롯한 로마 공화정 시대 시인들이 남긴 대중적 시들에서도 발견된다. 심지어 키케로의 산문에도 드물지 않게 이것이 나타나며, 특히 독창적인 두운법(頭韻法)과 대구법(對句法) — 예를 들면, patet(분명하다)와 latet(모르다), spes(희망)와 res(현실), fides(믿음)와 vides(지각), bene(훌륭하게)와 plene(풍부하게), oritur(뜨다)와 moritur(지다) — 을 즐겨 사용하는 아우구스티누스에게도 자주 나타난다. 로마의 다마수스는 그것을 찬송 시에 도입했다. 그러나 rhyme이 정규적인 형식을 최초로 갖춘 것은 중세의 리틴 종교 시에서였으며, 12-13세기에는 이것이 생 빅토르의 아담(Adam), 힐데베르트, 성 베르나르, 클뤼니의 베르나르, 토마스 아퀴나스, 보나벤투라, 토마스 아 첼라노, 야코부스 데 베네딕티스('슬픔의 성모' *Stabat mater*의 저자)에게서 완숙한 경지에 도달했다. 무엇보다도 엄청난 힘이 담겨 있는 심판에 관한 비류 없이 위대한 찬송 시에서 그러한 경지에 도달했는데, 처음에는 진지한 내용에서, 다음에는 모음들을 음악적으로 흉내낼 수 없을 만큼 훌륭하게 다룬 시들이 그것이다. 물론 내가 말하는 것은 프란체스코회 수사 토마스 아 첼라노(1250년경)의 디에스 이라이(*Dies irae*, 진노의 날)이다. 이 시는 읽을 때마다 새로운 경이감을 일으키며, 어떠한 현대어로도 제 뜻을 충분히 살리기 힘들다. 12세기의 생 빅토르의 아담에게서도 탁월한 rhyme들이 나타난다. 예를 들면 복음서 저자 요한을 묘사한 시(*De S. Joanne evangelista*에 수록됨)가 그러한 경우인데, 올스하우젠(Olshausen)은 이 시를 자신의 제4복음서 주석의 제구(題句)로 삼았으며, 트렌치(Trench)는 라틴 교회의 시에서 가장 아름다운 연이라고 평가한다.

라틴 찬송의 운율은 다양하며, 규명하기 어려운 경우가 많다. 가반티(Gavanti)는 그것을 크게 여섯 종류로 구분한다:[57]

1. 이보 약강격(二步弱强格, Iambici dimetri). 예, "Vexilla regis prodeunt."

---

56) 참조. Trench가 rhyme에 대해서 해놓은 탁월한 평가. 잘 알려진 대로 Milton은 고전에 대한 편애에 눈이 멀어 (「실낙원」 서문에) rhyme을 "야만 시대가 초라한 내용과 부실한 운율을 상쇄하기 위해 고안한 장치; 모든 현명한 귀에 하찮게 들리고, 진정한 음악적 기쁨을 주지 못하는 것"이라고 부른다. 트렌치는 밀턴 자신이 rhyme을 사용하여 쓴 "영국 문학이 보유하고 있는 가장 고상한 서정시들인" 송시들과 소네트들을 지적함으로써 그것이 얼마나 편향된 평가인가를 지적한다.

57) *Hymnus des S. Agatha.*

2. 삼보 약강격(三步弱强格, Iambici trimetri; ternarii vel senarii). 예. "Autra deserti teneris sub annis."

3. 이보 강약격(二步强弱格, Trochaici dimetri). 예. "Pange, lingua, gloriosi corporis mysterium." 토마스 아퀴나스의 성찬시.

4. Sapphici, cum Adonico in fine. 예. "Ut queant laxis resonare fibris."

5. Trochaici. 예. "Ave maris stella."

6. Asclepiadici, cum Glyconico in fine. 예. "Sacris solemniis juncta sint gaudia."

우리가 다루는 시기에는 이보 약강격(Iambic dimeter)이 유행했으며, 이 점에서는 힐라리우스와 암브로시우스도 예외가 아니었다.

116. 라틴 시와 찬송

프루덴티우스를 제외한 이 시기의 시인들은 모두 성직자들이었으며, 시·찬송과 비교적 가까운 관계를 가지고 살면서 활동했던 유력한 신학자들 가운데서 최고의 시인들이 나왔다.

푸아티에의 주교 힐라리우스(출신지 때문에 Pictaviensis라고 불림. 368년 죽음)는 아리우스 논쟁이 벌어질 당시 서방에서 아타나시우스의 역할을 수행한 인물인데, 제롬의 증언에 따르면 라틴 교회 최초의 찬송시 저자였다.[58] 그는 프리기아와 콘스탄티노플에서 망명 생활을 하는 동안 아리우스파 찬송가들을 접하게 되었고, 거기서 자극을 받아 귀국한 뒤에 서방 교회를 위해 정통신앙을 토대로 한 찬송들을 지었다.

그리고 그로써 라틴 찬송가의 기초를 닦았다. 그는 아름다운 아침 찬송인 "Lucis largitor splendide(영광스러운 빛의 아버지시여)," 오순절 찬송인 "Beata nobis gaudia(우리에게 복된 기쁨)," 그리고 유명한 글로리아 인 엑셀시스의 라틴어판인 듯한 찬송을 지었다. 그의 이름이 붙은 여러 찬송들의 저자에 대해서는 분명히 말하기 어려운데, 특히 다음 주현절 찬송처럼 벌써 rhyme이 정식으로 나

---

58) *Catal. vir. illustr.* c. 100. 세비야의 이시도루스도 같은 증언을 한다(*De offic. eccles.* 1. i).

타나 있는 찬송들의 경우는 더욱 그러하다:

"Jesus refulsit omnium   "모든 민족의 거룩한 구속자
Pius redemptor gentium."   예수가 비추셨다."

그의 아침 찬송 처음 세 연의 한 부분을 표본으로 소개하고자 한다. 이 찬송은 독일어와 영어로 자주 번역되었나:

"Lucis largitor splendide,   "영광스러운 빛의 아버지시여,
Cuius sereno lumine   당신의 평온하고 찬란한 광채에
Post lapsa noctis tempora   기나간 밤이 쉬이 물러가고
Dies refusus panditur :   새벽 빛이 밝아옵니다 :

"Tu verus mundi Lucifer,   "당신은 캄캄한 세상의 참된 빛,
Non is, qui parvi sideris,   작은 태양이 비추는 어떤 빛도
Venturae lucis nuntius   아침에 우리의 어둑한 태양의
Augusto fulget lumine :   도래를 선도하지 못합니다.

"Sed toto sole clarior,   "그러나 정오의 햇살보다 더 밝은
Lux ipse totus et dies,   당신은 낮의 충만한 광채,
Interna nostri pectoris   우리 가슴의 내밀한 곳들을
Illuminans praecordia."   당신의 은혜로 비추소서."

밀라노의 유명한 주교 암브로시우스는 힐라리우스보다 다소 연하이긴 하지만 (379년 죽음) 그가 지어놓은 찬송들의 수와 가치 때문에 여전히 라틴 교회 찬송의 아버지로 간주되고, 후세의 모든 찬송 저자들에게 모델이 되었다. 그는 찬송 저자로서 워낙 유명했기 때문에 암브로시아누스(Ambrosianus)와 힘누스(hymnus)라는 두 단어가 한때는 동의어로 쓰일 정도였다. 정말로 그가 지은 찬송들은 강한 믿음, 고양되면서도 건강한 단순함, 고상한 품격, 깊은 감동, 교회와 예배를 진정으로 존중하는 정신으로 식별된다. rhythm이 여전히 정규적이지 못하고,

rhyme은 불완전한 시작만 나타나며, 이 점에서 귀와 마음을 좀 더 사로잡는 중세의 부드럽고 풍성한 곡조들에 훨씬 못 미친다. 그의 찬송들은 갈거나 다듬지 않은 돌 제단과 같다. 신앙의 위대한 대상들을 먼 발치에서 앙모하는 태도로 냉철하게 소개한다. 그러나 그 속에는 열정이 내재해 있으며, 엄숙한 열정의 불이 밑에서 타오른다. 그가 지은 많은 찬송들은 시적 가치 외에도 아리우스주의에 대한 정통신앙의 증거들로서 역사적·신학적 가치도 갖고 있다.

삼십 편에서 백 편에 이르는 이른바 암브로시우스 성가들 가운데, 그의 저서들을 편찬한 베네딕투스회의 편집자들에 따르면 정말로 그가 지은 것은 열두 편뿐이며, 나머지는 익명의 저자들이 다소 성공적으로 모방한 것들이라고 한다. 닐(Neale)은 암브로시우스가 지은 찬송의 수를 열 편으로 줄여 잡으며, rhyme이 정규적으로 사용되는 것들과 운율적이지 않은 것들을 모두 배제한다. 진본들 가운데는 아침 찬송("Aeterne rerum conditor"), 저녁 찬송("Deus creator omnium"), 대림절 혹은 성탄절 찬송("Veni, Redemptor genetium")이 있다. 성탄절 찬송은 그의 걸작으로 평가된다. 현대어들로 자주 번역된 이 찬송을 다음과 같이 소개한다:

"Veni, Redemptor gentium,
Ostende partum Virginis;
Miretur omne saeculum:
Talis partus decet Deum.
"Non ex virili semine,
Sed mystico spiramine,
Verbum Dei factum est earo,
Fructusque ventris floruit.

"오소서, 세상의 구주시여,
오셔서 당신의 동정녀 탄생을 증거하소서.
온 땅이 사모하고, 만대가 경하하니
과연 하나님께 부합한 탄생입니다.
"인간의 뜻으로 나지 않으시고
성령으로 신비롭게
하나님의 말씀이 육신으로 나타나시고
인간에게 약속된 열매가 나타났습니다.

"Alvus tumescit Virginis,
Claustrum pudoris permanet,
Vexilla virtutum micant,
Versatur in templo Deus.

"동정녀의 태가 짐을 안으셨으나
정절의 영예는 영원합니다.
거기에 고결한 덕의 깃발이 날리고
하나님이 성전 삼아 거하십니다.

"Procedit e thalamo suo,	"당신의 방에서
Pudoris aula regia	정절의 왕실에서 기쁘게 나오사
Geminae Gigas substantiae,	위대한 두 본성을 지닌 채
Alacris ut currat viam.	정해진 길을 힘있게 내달으십니다.
"Egressus ejus a Patre,	"당신은 성부에게서 나오시고
Regressus ejus ad Patrem,	성부에게로 속히 돌아가시니
Excursus usque ad inferos	나오시기는 지옥까지요
Recursus ad sedem Dei.	돌아가시기는 거룩한 빛까지입니다.
"Aequalis aeterno Patri,	"아버지와 동등이신 이시여!
Carnis tropaeo cingere,	이제 전승 기념물인 당신의 육체에
Infirma nostri corporis	저희의 사멸적 연약함을 결착하시어
Virtute firmans perpeti.	영생이 약동하게 하옵소서.
"Praesepe jam fulget tuum,	"이곳 당신의 요람이 밝게 빛날 것이며
Lumenque nox spirat novum,	어둠이 새로운 빛을 들이쉴 것입니다.
Quod nulla nox interpolet,	여기에 가없는 믿음이 청명히 빛나고
Fideque jugi luceat."	다시는 석양이 임하지 않을 것입니다."

이 밀라노 주교가 지은 훨씬 더 유려한 찬송 — 이것만으로도 그의 이름이 영원히 기억되었을 것이다 — 은 암브로시우스의 송영인 테 데움 라우다무스(*Te Deum laudamus*)이다. 이미 언급한 대로, 이 찬송은 글로리아 인 엑셀시스와 함께 고대 가톨릭 교회 찬송 가운데 가장 귀중한 유산이며, 세상 끝날까지 기독교 세계의 모든 지역에서 경건하게 연주될 것이다. 오래된 전설에 따르면 암브로시우스가 성 아우구스티누스에게 세례를 줄 때 그와 협력하여 이 찬송을 지었다고 한다. 좀 더 구체적으로 말하자면, 두 사람이 사전에 서로 의견을 조율하지 않은 상태에서 마치 신적인 영감을 받는 양 회중 앞에서 이 시를 번갈아 가며 읊었다는 것이다. 그러나 암브로시우스의 전기작가 파울리누스는 이 일을 언급하지 않으며, 후대의 조사에 따르면 이 숭고한 기독교 시가 글로리아 인 엑셀시스와 마찬

가지로 산문으로 작성된 과거 그리스 찬송을 자유롭게 부연하여 옮긴 것이라고 한다. (이 찬송의 모태가 된 것으로 보이는 그리스 찬송의 몇몇 소절들이 「사도 헌장」과 그 밖의 문헌에 나타난다.)

암브로시우스는 그 밖에도 그리스의 화성 합창(symphony)들과 교창(antiphon)들을 지혜롭게 사용하여 개선된 성가 연주 방식을 밀라노에 도입했다. 이렇게 해서 지어진 암브로시우스 성가(Cantus Ambrosianus) 혹은 수식적 성가(figural song)가 곧 시편과 기도를 단음으로 낭송하던 기존의 방식을 음악적 강세와 약간의 억양법으로 대체했으며, 이로서 대다수 서방 교회들에 회중 찬송으로 보급되었다. 훗날 이것이 퇴화하다가 대 그레고리우스에 의해 개선되고 단순하게 다듬어졌으며, 이른바 로마 성가(Cantus Romanus) 혹은 성가대 성가(Cantus choralis)에게 자리를 내주었다.

교부들 가운데 가장 위대한 아우구스티누스(430년 죽음)는 영혼이 시로 충만한 사람이었다. 그가 지었다고 전해지는 찬송들은 부활절 찬송인 "Cum rex gloriae Christus," 낙원의 영광을 노래한 찬송인 "Ad perennis vitae fontem mens sitivit arida" 등이다. 그러나 그는 특히 「고백록」 같은 산문 저서들에 산재해 있는 고결한 시적 직관들과 사고들로써 후대의 시인들에게 '시의 소재'(materia carminis)를 제공하는 것으로 그쳤을 것으로 추측된다. 11세기에 오스티아의 주교 페트루스 다미아니(Peter Damiani)는 아우구스티누스가 명상한 하늘의 복스러움을 유려한 시로 표현했다.

제롬의 친구였던 로마 주교 다마수스(384년 죽음)도 성가를 몇 곡 지었으며, rhyme의 저자로 간주된다.

스코틀랜드 혹은 아일랜드 출신으로서 5세기 전반에 장로로 봉사한 코엘리우스 세둘리우스(Coelius Sedulius)는 "Herodes, hostis impie"와 "A solis ortus cardine" 그리고 좀 더 긴 찬송시 몇 곡을 지었다.

마르쿠스 아우렐리우스 클레멘스 프루덴티우스(Marcus Aurelius Clemens Prudentius, 405년 죽음)는 테오도시우스의 재위 때 변호사와 스페인 총독을 지낸 인물로서, 말년에 명상과 성가 작시에 힘썼으며, 다소 격하고 정열적인 스페인 학파를 대표한다. 벤틀리(Bently)는 그를 가리켜 기독교의 호라티우스와 베르길리우스라고 부르며, 닐(Neale)은 "초기 기독교 시인들 가운데 일인자"라고 부른다. 프루덴티우스는 고대 가톨릭 시인들 가운데 가장 재능이 있고 많은 작품을 내놓은 저자임에 틀림없다. 고전 시작법의 달인이었으나, 기독교의 새로운 사상들과 정서들에 새 옷을 입힐 줄 아는 사람이기도 했다. 그가 남긴 시들은 여러 편집본들로 간행되었다[59] 그의 시들 가운데는 6보격 형식의 긴 교훈시 혹은 서사시로서 역사적 가치가 큰 작품들도 있고,[60] *Cathemerinon*[61]과 *Peristephanon*[62] 같은 서사시 모음들도 있다. 프루텐티우스의 대표작들은 베들레헴에서 학살된 무고한 아기들을 위한 "Salvete, flores martyrum"과 장엄한 장례 시 "Jam moesta quiesce querela"인데, 후자는 초기 교회의 신자들이 광야와 카타콤에서 드리던 예배의 모습을 들여다 보게 하며, 헤르더(Herder)에 의하면 이 감동적인 시를 읽고 감동을 받지 않을 사람이 없다고 말한다.[63]

고대 가톨릭 시에서 중세 교회 시로 이행하던 과도기에 해당하는 시인 두 명을 더 언급할 필요가 있다.

베난티우스 포르투나투스(Venantius Fortunatus). 이탈리아 태생으로서 왕비 라데군데(Radegunde. 남편과 별거하면서 수녀원을 감독함)의 친구였고, 프랑스 일류 시인이었으며, 죽을 당시(600년경)에는 푸아티에의 주교였던 그는 다양한 주제를 다룬 열한 권의 시집과, 투르의 성 마르탱의 생애를 다룬 서사시 한 편, 아우구스티누스의 신적 은총 교리를 옹호한 신학 저서를 썼다. 그는 rhyme을 어느 정도 익숙하게 정규적으로 사용한 최초의 작가이긴 했으나, 그의 작품들은 여전히 상당히 자유분방하며, 따라서 많은 rhyme들이 단순히 같은 자음을 활용한 두운법이거나 모음을 반복한 것에 지나지 않는다. 그는 최초로 강약격(強弱格) 4보격(tetrameter)를 익숙히 사용했는데, 이 형식이 훗날 다양한 수정을 거쳐 중

---

59) 예. Th. Obbarius, Tub. 1845; Alb. Dressel, Lips. 1860.

60) Apotheosis — 그리스도의 신성에 관한 예찬시(1,063행); Harmatigenia — 죄의 기원에 관한 시(966행); Psychomachia — 영혼 안에서 벌어지는 선과 악의 전투에 관한 시(915행); Contra Symmachum — 우상 숭배에 관한 시.

61) '기독교 시대' 라는 말로 의역할 수 있음. 하루의 여러 시간에 부르도록 지은 찬송 시.

62) '면류관들에 대하여.' 영생의 면류관을 받은 여러 순교자들에 관한 14편의 찬송 시. 그중 여러 편이 매우 지루하고 밋밋하다.

63) 이 시가 열번째 Cathemerinon의 종결부이며, 고대 교회에 주로 쓰이던 장례 시였다.

세 찬송의 영화가 되었다. 프루덴티우스도 이미 그것을 한두 번 사용한 적이 있지만, 포르투나투스는 최초로 그것을 연(聯, stanza)들로 분류했다. 그의 대표작들은 어느 정도의 수정을 거쳐 로마의 성무일도서에 편입된 "Vexilla regis prodeunt"와 "Pange, lingua, gloriosi proelium (lauream) certaminis"이라는 수난 찬송들이다. "Vexilla regis prodeunt"는 성 금요일(그리스도의 수난일)에 성체를 제단까지 옮기는 행렬을 벌이는 동안 불렀다. 두 찬송 모두 그리스도의 십자가 발견 축일(the Invention of Cross)과 십자가 거양 축일(the Elevation of Cross)에 사용한다. 가톨릭 교회에서 애송되는 마리아 찬송인 "Ave maris stella"가 때로 그의 작품으로 간주되지만, 실은 훨씬 후대의 작품이다.

　여기서 그의 유명한 수난 찬송 두 편을 소개하고자 한다. 모두 580년경에 지어진 것들이다.

Vexilla Regis Prodeunt (왕의 깃발이 전진합니다)

"Vexilla regis prodeunt,
Fulget crucis mysterium,
Quo carne carnis conditor
Suspensus est patibulo.

"왕의 깃발이 전진합니다.
십자가가 신비스런 빛으로 빛납니다.
그가 육체로 계신 곳에 우리도 있습니다.
우리 형벌이 치러졌고, 죄값이 치러졌습니다.

"Quo vulneratus insuper
Mucrone diro lanceae,
Ut nos lavaret crimine
Manavit unda et sanuine.

"우리 위해 창 깊이 찔린 곳에
생명의 물이 그분 허리에서 솟구칩니다.
보혈로 우리를 씻기시려고
물과 피가 섞여 흐릅니다.

"Impleta sunt quae concinit
David fideli carmine
Dicens: in nationibus
Regnavit a ligno Deus.

"다윗이 참된 예언의 노래로 말한 것이
남김 없이 이루어집니다.
하나님께서 열방 중에서 통치하시고
나무에서 승리하신다고 그가 말했습니다.

"Arbor decora et fulgida

"아름다운 나무여! 생명의 나무여!

Ornata regis purpura   왕의 홍포를 입은 나무여!
Electa digno stipite   그 신실한 품에 세워진
Tam sancta membra tangere. 그 거룩한 손발을 안식하게 하라!

"Beata cuius brachiis   "넓게 벌리신 그 귀한 팔로
Pretium pependit saeculi   이 세상 무거운 죄와
Statera facta saeculi   인간이 치러야 할 값을 치르시고
Praedamque tulit tartaris." 얻으신 자들을 해하는 자들을 멸하십니다!"

Pange, Lingua, Gloriosi Praelium Certaminis
(내 혀여, 노래하라, 영광스러운 전투를)

"내 혀여, 노래하라, 영광스러운 전투를, 그 완전한 승리를,
십자가 전승 기념비 위로 승전을 외치라.
세상의 구주께서 자기 목숨을 버리심으로 어떻게 승리하셨는가를.

"첫 사람 아담을 지으신 하나님께서, 그가 해로운 사과를 먹어
죽음과 지옥에 직면하게 된 것을 보시고 크게 슬퍼하신 뒤,
옛 나무가 끼친 파멸을 극복할 이 나무를 바라보셨다.

"우리의 구원을 위해서는, 속이는 자의 다양한 간계를 제압하기 위해서는,
하나님의 그러한 작정이 필요했다.
원수의 독에서 약이 나오게 하셨다.

"그러므로 작정하신 거룩한 때가 찼을 때,
이 세상을 지으신 이가 자기 아버지를, 찬란한 천상의 집을 떠나사
마리아의 거룩한 태에서 육신을 입으신 하나님으로 나오셨다.

"베들레헴 말구유에 누이신 아기가 울 때,
동정녀 어머니가 강보로 덮어,

자기 하나님의 손발을 천으로 따뜻하게 감싼다.

"삼십년을 우리 가운데 거하시다가, 정해진 때가 차매,
고난 앞에 서신다. 이 일을 위해 나셨고, 기쁘게 맞이하신다.
십자가에 어린양이 달리고, 거기서 생명의 피를 흘리신다.

"그는 수치와 침뱉음, 신 포도주와 못들, 갈대를 참으셨다.
거룩하신 허리가 열리자, 물과 피가 쏟아졌다.
땅과 하늘과 별들과 대양들이 그 피로 깨끗이 씻긴다.

"신실한 십자가여! 세상에 둘도 없이 고귀한 나무여!
동료 나무들이 내는 잎사귀도 꽃도 열매도 내지 못하지만,
가장 고귀한 나무과 쇠와 가장 고귀한 분이 그대에게 매달렸다!

"영광의 나무여, 가지를 숙이고, 지친 그대 몸을 굽히어,
태어날 때부터 지녔던 해묵은 경직됨을 잠시 잊고,
하늘 영광의 왕께서 그대 품에 안온히 기대시게 하라.

"[왕이시여] 당신께서 홀로 이 세상을, 옛 방주처럼 항구를 찾는
난파한 인류를, 상함받은 어린양으로 흘린 거룩한 피로써
구속하시기에 합당하시나이다.

"찬송과 영광을 돌리나이다, 당신의 아버지께, 아들이신 당신께,
성령께, 영원히 삼위이시고 영원히 일체이시며,
무궁한 세월이 흘러도 동일본질이시고, 동일하게 영원하신 분께."

교부들 가운데 마지막 인물이자 중세 교황들 가운데 첫 인물인 그레고리우스 1
세(590-604)는 시인으로서는 포르투나투스에 비해 중요성이 훨씬 덜하다. 기원
이 모호한 여러 편의 찬송들에 그의 이름이 실려 성무일도서에 받아들여졌다.
그 중 가장 훌륭한 시가 "Primo dierum omnium"이라는 주일 찬송이다.

찬송들은 고대 교회 시가(詩歌)의 가장 아름다운 꽃들이다. 그러나 그 외에도 특히 갈리아와 스페인을 중심으로 서사시와 교훈시도 많이 등장했다. 이 시들은 홍수처럼 밀려드는 야만 풍조에 대항했으며, 고전 문화의 보화들과 연결고리를 유지하는 데 이바지했다. 콘스탄티누스의 재위 때 활동한 스페인의 장로 유벤쿠스(Juvencus)는 베르길리우스를 본딴 최초의 기독교 서사시인 복음서 역사 네 권(3,226행)을 집필했으나, 시적인 가치에서는 평범한 수준을 넘지 못했다. 그보다 훨씬 우수했던 시인은 프루덴티우스(Prudentius, 405년 숙음)였다. 그는 앞서 언급한 찬송들 외에도 여러 편의 교훈적이고 서사적이고 논쟁적인 시들을 썼다. 놀라의 주교 성 폰티우스 파울리누스(St. Pontius Paulinus, 431년 죽음)는 시인 아우소니우스(Ausonius)의 도움으로 시 세계에 발을 들여놓은 사람으로서 아우구스티누스와 제롬의 친구였으며, 경건한 정신으로 가득한 서른 편 가량의 시를 썼다. 대표작은 그의 수호성인인 성 펠릭스 축일에 관해서 지은 시들이다. 프로스페르 아퀴타누스(Prosper Aquitanus, 460년 죽음)는 평신도이자 아우구스티누스의 친구로서, 펠라기우스주의자들을 비판하는 교훈적 시와 여러 편의 풍자시를 썼다. 비엔의 주교 아비투스(Avitus, 523년 죽음)는 창조와 악의 기원에 관한 서사시를 썼고, 유스티니아누스 재위 때 궁정 관리를 지내다가 훗날(544년경) 로마 교회의 차부제가 된 아라토르(Arator)는 영웅시의 어조로 사도행전에 관한 석의를 1,800행 가량의 두 권으로 써냈다. 클라우디아누스 마메르투스(Claudianus Mamertus), 베네딕투스 파울리누스(Benedictus Paulinus), 엘피디우스(Elpidius), 오론티우스(Orontius), 드라콘티우스(Dracontius)는 그다지 중요하지 않은 시인들이다.

제 9 장

신학 논쟁들, 보편적 정통신앙의 발전

117. 개관. 이 시기의 교리적 중요성. 고대 철학의 영향

니케아와 칼케돈 시대는 보편적[에큐메니컬] 정통신앙이 형성되고 세계 교회에서 공식적으로 확립된 시기이다. 보편적 정통신앙이라 함은 성 삼위일체 교리와 그리스도의 성육신과 신적·인간적 위격 교리를 말하는데, 이것은 그리스와 라틴 교회 그리고 개신교가 아리우스주의와 테오도레투스주의, 네스토리우스주의, 유티케스주의에 반대하여 오늘날까지 신조로써 채택하고 있는 교리들이다. 이러한 삼위일체와 그리스도론 교리들 외에도 인간론과 구원론, 특히 죄와 은혜 교리들도 펠라기우스주의와 반(半)펠라기우스주의에 반대하여 발전하고 비교적 안정되게 확립되었다. 하지만 다만 라틴 교회에서만 그러했는데, 그리스 교회는 펠라기우스 논쟁에 거의 가담하지 않았기 때문이다.

이 교리들의 근본적인 본질, 이 교리들을 지키기 위해 힘쓴 교부들의 위대함, 그리고 그 결과의 중요성으로 인해, 이 시기는 신학사에서 사도 시대에 버금가는 중요성을 지닌다. 16세기 종교개혁을 제외하고는 이렇게 중대하고 진지한 논쟁이 치러지고 이렇게 온 교회가 교리 논쟁에 이목을 집중한 시대가 다시는 없었다. 이 시기에 이르면 교회가 고대 철학과 로마 제국의 학문을 소유하고, 그것을 기독교 진리를 해명하고 입증하는 데 적용하고 있었다. 이 시기에 벌어진 논쟁들의 진두에는 탁월한 역량과 뜨거운 경건을 지닌 교회 교사들이 서 있었다. 이들은 단순히 책상물림들이 아니라 덕망 높은 신학자들이었고, 행동에 과단성이 있고 생각의 폭이 깊고 넓은 지행합일의 면모를 지닌 사람들이었다. 이들에게 신학이란 마음과 목숨을 바쳐 수행해야 할 신성한 과업이었는데, 에우세비우스가 오리게네스에게 내린 평가를 이들에게도 적용하여 "이들의 삶은 곧 말과 같았고, 이들의 말은 곧 삶과 같았다"고 말할 수 있다.

신학 논쟁들이 당대의 지적 활동을 모두 빨아들이면서 교회와 제국의 토대를 뒤흔들었다. 진리를 향한 순수한 열정에 증오(odium)와 신학에 대한 과도한 욕구(rabies theologorum)가 상당 부분 뒤섞여 있었다. 그리고 그런 데서 발산되는 열정이 가장 깊고 신랄한 법이다. 종교란 영원한 운명에 관련된 것이 아니던가.

이 논쟁들을 주도한 사람들은 물론 주교들과 사제들이었다. 그들 곁에서 수사들이 마치 상비군처럼 포진한 채 정통신앙의 승리를 위해서 열정적으로 투쟁했고, 혹은 심지어 이단을 위해서 그러한 투쟁을 벌인 경우도 적지 않았다. 황제들과 세속 관리들도 신학 문제에 개입했으나, 대부분 신학의 자유롭고 교회 내부적인 발전을 저해했다. 이는 그들이 모든 신학 쟁점들에 정치적 성격을 부여했고, 궁정의 온갖 음모와 당시 사회의 관심사를 한데 결부시켰기 때문이다. 아리우스 논쟁이 전개될 때 콘스탄티노플에서는 모든 계층, 심지어 직공들과 은행가들, 점잖은 신사들과 저잣거리의 여자들, 도주 노예들조차 '호모우시온'이냐 '종속'이냐, '나음을 입었느냐, 입지 않았느냐' 하는 문제들을 가지고 열띤 논쟁을 벌였다.

동방 교회 특유의 사변적 정신이 종교적 진지함과 약간의 신비주의와 결합했고, 동시에 그리스의 호기심과 논쟁과도 결합했는데, 이것이 훗날 교회 내면의 삶을 살찌우기보다 해치는 쪽으로 영향을 끼쳤다. 아리우스파와의 투쟁 와중에 콘스탄티노플에 살았던 나지안주스의 그레고리우스는 논쟁심이 부모와 자녀, 남편과 아내, 노인과 젊은이, 주인과 종, 사제와 회중 사이에 내놓은 분열과 반목을 다음과 같이 묘사한다. "상황이 어디까지 갔는가 하면, 시장 거리가 온통 이단들의 설교로 울려퍼지고, 잔치 자리마다 이 허튼 소리로 오염되고, 즐거워야 할 자리가 초상집 분위기로 바뀌고, 엄숙해야 할 장례식이 그들의 경박한 태도로 해이해질 정도가 되었다. 심지어 여인들의 집인 단정한 수녀원들이 이 이단으로 소란해지고, 섣부른 논쟁으로 인해 정숙의 꽃들이 꺾인다."[1] 크리소스토무스는 후대의 멜란히톤과 마찬가지로 당대의 신학적 호전성으로 인해 많은 고초를 겪어야 했다.

---

1) *Orat.* xxvii. 2. 참조. *Orat.* xxxii. *Carmen de vita sua, vers.* 1210 sqq.

니케아 시대의 역사는 하나님의 교회가 천상의 보화를 지상의 질그릇에 간직하고 있음을 뚜렷이 보여준다. 16세기 종교개혁도 사실상 그칠 새 없었던 전쟁이었으며, 이 전쟁에서 온갖 불순한 개인적·정치적 동기들이 작용하고, 심지어 선한 대의를 앞장서서 주장하던 사람들조차 진리를 사랑으로 전하라는 사도의 명령을 어기는 경우가 적지 않았다. 그러나 당대의 열정적이고 불관용적 교리주의가 도덕적으로 매우 진지한 태도와 강한 신앙에 토대를 두었다는 점과, 그 점에서는 진리를 가볍게 대하거나 대단히 모진 불관용으로 신앙의 진리를 공격하는 무관심주의의 관용을 훨씬 초월해 있었다는 점을 잊어서는 안 된다. (프랑스 대혁명이 어떠했는지 기억하면 도움이 된다.) 이 거친 투쟁의 과정에서 하나님의 섭리는 어김없이 착오없이 역사했으며, 그로 인한 진리의 승리는 오류의 폭력과 강압을 생각할 때 더욱 커 보였다. 하나님은 온갖 부류의 사람들을 도구로 사용하시며, 선한 열의뿐 아니라 악한 열정조차 당신의 뜻을 이루시는 데 쓰신다. 교회가 거칠고 소란스러운 논쟁들 속을 통과할 때 진리의 성령께서 교회를 인도하셨으며, 종국에는 항상 진리가 오류에 대해서 승리를 거두도록 하셨다.

에큐메니컬 공의회들은 공개적인 전쟁터들이었으며, 이 전쟁터들에서 정통신앙의 승리가 확정되었다. 이 공의회들의 교리적 결정들은 삼위일체와 그리스도의 위격에 관한 지극히 심오한 논의에 의한 결과들을 포함한다. 그리고 교회는 오늘날까지 본질적으로 이 결정들의 울타리를 넘지 않았다.

그리스 교회가 신학과 그리스도론을 확립하는 동안, 라틴 교회는 인간론과 구원론에 치중했다. 전자는 그리스 민족성에 부합하게 지극히 사변적이고 변증적이고 충동적이고 감정적이었다. 후자는 로마의 특성에 부합하게 실제적이고 전통적이고 통일적이고 일관성 있고 꾸준했다. 전자가 오리게네스와 알렉산드리아 학파의 사색을 추종한 반면에, 후자는 테르툴리아누스와 키프리아누스에게 자극을 받았으며, 제롬과 아우구스티누스에게서 신학적 절정에 올라섰다. 그리스 교회의 사변적 경향은 그 교회에서 행해진 설교들에서도 잘 나타났는데, 세상의 숫자들, 물질의 이데아, 천사들의 다양한 계급, 신성 안에 계신 세 위격들(hypostases)의 관계, 그리고 그와 비슷한 추상적 질문들을 다루는 일이 적지 않았다. 하지만 라틴 교회도 깊은 연구 정신을 갖고 있었고(테르툴리아누스와 아우구스티누스에게서 잘 나타나는 대로), 동방의 삼위일체·그리스도론 논쟁들에 적극 개입하였으며, 자체의 권위로써 정통신앙의 승리를 결정지었다. 그리스 교회는 그 대 논쟁들에 생산력을 거의 소진했고, 그보다 더 깊은 죄와 은혜 개념에는 무관심함을 드러냈다. 아우구스티누스가 발전시킨 이 개념을 훗날 칼케돈 공의회는 신학적으로 스콜라적 형식주의(formalism)와 무의미한 세련된 문구들로 퇴보시켰다.

제4, 5세기는 교부 신학과 기독교 그리스·로마 문명이 번성한 고전적 시기였다. 5세기 후반에 서로마 제국은 이 문학적 보화를 견지한 채 대 이동의 풍랑 속으로 내려갔으며, 거기서 샤블마뉴 지하의 게르만-로마라는 새로운 형식을 취하기 시작했다. 동방 제국에서는 학문이 훨씬 잘 보존되었으며, 헬라어를 매개로 고대와의 일정한 유대가 유지되었다. 그러나 그리스 교회는 중세를 겪지 않았기 때문에 개신교 종교개혁도 겪지 않았다.

교부들의 지배적 철학은 기독교 정신과 공존할 수 있는 범위 내에서 플라톤적이었다. 동방의 사변적 신학자들, 특히 오리게네스 학파 사람들과 서방에서는 암브로시우스와 아우구스티누스가 플라톤 관념론에 의해 형성되었다.

플라톤주의가 기독교의 본질을 훼손할 정도로 기독교와 철저히 결합한 사례는 위(僞) 디오니시우스의 저서들에 실린 신비주의적 상징주의 체계에 잘 나타난다. 이 저서들은 5세기 이전에 저작되었을 가능성이 없는데도 불구하고 사도행전의 아레오바고 관원이 기록한 것으로 간주되었는데(참조. 행 17:34), 실은 아테네의 프로클루스(Proclus, 485년 죽음)가 대표한 후대의 신플라톤 학파에서 유래한 것이다. 이 디오니시우스 저서들(천상적 위계제도에 관하여; 교회의 위계제도에 관하여; 하나님의 이름들에 관하여; 신비주의 신학에 관하여; 그리고 열 편의 서신들)의 근본 사상은 이중 위계제도, 즉 천상적 위계제도와 지상적 위계제도로서, 각각 형언할 수 없고 초월적이고 초본질적(hyper-essential)인 하나님과 인간 사이를 중재하는 삼중 조직으로 구성된다. 이 정신은 고대 이교의 귀족 정치 정신의 잔재이며, 교회의 위계적 조직과 연결하는 끈을 형성하며, 위 디오니시우스 체계가 특히 중세의 신비주의 신학에서 왜 그토록 큰 중요성과 인기를 얻었는지 설명해 준다.

키레네의 시네시우스(Synesius)에게서도 플라톤주의가 기독교를 압도한다. 그는 알렉산드리아의 유명한 여성 철학자 히파티아(Hypatia)의 열정적인 제자로서, 410년에 펜타폴리스의 수도 프톨레마이오스의 주교로 초빙을 받았다. 그는 주교직에 오르기 전에 자신의 철학적 견해를 버릴 수 없으나, 공개석상에서는 대중적 신앙에 순응하겠노라고 솔직하게 밝혔다. 알렉산드리아의 테오필루스 — 오리게네스 지지자들을 앞장서서 박해한 사람이자, 기독교 플라톤주의의 아버지 — 는 이 의심스러운 순응론을 받아들였다. 이렇게 해서 시네시우스는 주교가 되었으나, 사랑하는 학문을 포기하고 주교로서의 과중하고 성가신 의무를 떠안은 것을 두고두고 후회했다. 그는 자신이 지은 찬송들에서 기독교의 삼위일체 교리와 플라톤주의의 신 개념을 혼합하며, 구주와 신적 헬리오스를 뒤섞는다. 헬리오스가 매일 지고 뜨는 것을 그는 그리스도께서 음부로 내려가셨다가 하늘로 오르신 일의 표상으로 받아들인다. 물질의 사슬에서 풀려나기를 바라는 영혼의 소원이 죄를 슬퍼하고 구원을 갈망하는 태도를 대신한다.

신학이 스콜라적 성격을 띠면서 살아 있는 사상들보다 변증적 형태로 더 다뤄지기 시작하고, 아리스토텔레스의 철학이 인기를 끌고 영향력을 행사하게 되었으며, 요한 필로포누스(John Philoponus)의 때(550년)부터 중세를 거쳐 개신교 종교개혁에 이르기까지 가톨릭 교회를 주도했다. 신비주의가 플라톤 사상에 더 가까웠던 반면에, 아리스토텔레스 철학은 스콜라주의 철학이었다.

양대 철학이 신학에 끼친 영향은 기독교의 원칙이 지배 원칙으로 작용하느냐, 지배당하는 원칙으로 작용하느냐에 따라서 유익을 끼치기도 하고 손상을 끼치기도 했다. 두 체계 모두 유신론적(기저에서는 유일신론적)이었으며, 진지하고 심오한 사색 정신에 호감을 주었다. 플라톤주의는 관념적이고 시적인 견해들에 힘입어 이성과 상상을 자극하고 비옥하게 하고 영감을 불어넣고 고양시켰으나, 쉽게 영지주의 오류와 신비주의의 황혼에 빠졌다. 아리스토텔레스주의는 근실한 사실주의와 예리한 논리적 구분에 힘입어 오성(悟性) 계발에 좋은 학문이자 변증의 학교요, 논리적이고 체계적인 방법에 도움을 주었으나, 무익한 형식주의를 유발하는 부작용도 지니고 있었다. 사실은 마치 신앙이 가장 고도한 이성인 것과 마찬가지로, 기독교 자체가 가장 고도한 철학이었다. 기독교는 "만물이 너희 것이라"는 사도 바울의 원리에 입각하여 예술과 과학뿐 아니라 철학에 대해서도 연속적인 발전을 이루어낸다.

118. 신학의 원자료들. 성경과 전승

교회가 기독교 신학의 원자료들과, 신앙과 행위의 준칙에 관해서 바라보는 시각은 이전 시기와 다를 바 없이 그대로 유지되었고, 다만 각론에서 발전을 보았다.[2] 그것을 소개하자면 다음과 같다: 하나님이 내신 구약과 신약 성경은 인간의 저작들과 대조된다; 가톨릭 교회가 사도 시대부터 견지해온 구전 전승, 곧 살아 있는 신앙은 이단 분파들의 다양한 견해들과 대조된다; 그리고 성경과 전승, 이 두 가지가 하나의 무오한 원천과 신앙의 준칙이 된다. 둘 다 동일한 실체를 전하는 매체들이다. 성경은 하나님이 그리스도 안에서 베푸신 구원의 세시이다. 형식과 임무에서 성경과 구분되는 교회 전승은 정경을 결정하고, 참된 성경 해석에 열쇠를 제공하며, 성경을 이단적 오용으로부터 지킨다. 고대 그리스도인들이 이해한 둘의 관계는 국가의 최고법(이를테면 로마 법·나폴레옹 법전·영국의 관습법·미국 헌법)과 법을 해석하고 상충되는 해석을 놓고 판결하는 법원들의 관계로 설명할 수 있다. 예를 들어 "정통신앙의 아버지" 아타나시우스는 항상 성경을 토대로 결론을 내리며, 자신이 성경을 올바로 이해하고 설명하고 있다는 증거로써만 전승의 권위를 내세운다. 그는 가톨릭 신앙이 주님께서 주신 것이고, 사도들이 전파한 것이고, 교부들이 보존한 것이라고 말한다. 이 신앙 위에 교회가 세워져 있으며, 이 신앙을 떠나는 사람은 그리스도인이라 불릴 수 없다고 한다.[3]

교리적 전승의 총합이 **사도신경**(the Apostles' Creed)이라 불리는 것에 실려 있다. 이것은 처음에는 다양한 형태를 띠었으나, 4세기 초 이후에는 오늘날 공통되게 사용되는 로마의 형식을 취했다. 그리스 교회에서는 325년 이후에 사도신경의 자리를 그리스도의 신성 교리를 좀 더 분명히 표현한 니케아 신조가 차지했다. 두 신조는 사도들이 가르친 내용을 벗어나지 않으며, 특별히 그리스나 로마라고 명명할 만한 교리를 지니고 있지 않다.

그러므로 고대 가톨릭 교회의 성경과 전승 교리는 비록 로마 교회의 것과 비슷할지라도 그것과 완전히 같다고 혼동해서는 안 된다. 고대 가톨릭 교회의 교리는 성경과 전승을 내용에 관한 한 동일시하는 데 반해서, 로마 교회는 여러 교리들과 관습들에 대해서 전승에 의존한다. 이를테면 칠성사(七聖事)·미사·연옥·교황제·성모 무원죄 잉태 같은 교리들이 그것인데, 이런 것들은 성경에 아

---

2) 참조. 제1권, § 75, 76.

3) *Ad Serap. Ep.* i. cap. 28 (Opera, tom. i. pars ii. p. 676).

무런 근거도 두고 있지 않다. 개신교는 로마 교회의 이러한 견해를 비판하며, 성경이 기록된 하나님의 계시로서 완전성과 충족성을 지니고 있다고 주장한다. 그러면서도 전승의 가치를 부정하거나, 성경 해석에 있어서 교회의 의식을 부정하지 않으며, 신조들에 의해서 교회의 공적 가르침의 큰 틀을 잡는다. 개신교의 관점에서는 전승이 성경에 대해 협력적 위치에 있지 않고 종속적 위치에 있으며, 그 가치는 성경에 부합한 여부에 따라 좌우된다. 성경만이 유일한 신앙의 표준(norma fidei)이다. 교회 교리는 교리의 표준(norma doctrinae)일 뿐이다. 개신교는 로마 교회나 심지어 니케아 시대 교회에 비해서 성경 해석에 있어서 개인의 판단과 자유로운 연구에 훨씬 더 큰 역할을 부여한다.

I. 4세기 말에 이르러서도 정경의 범위 곧 신적 권위를 인정해야 할 책들의 수에 관한 의견이 여전히 달랐다.

유대교 정경 곧 히브리 성경이 보편적으로 받아들여진 데 반해서, 칠십인역에 덧붙은 외경(the Apocrypha)은 일반적인 방식으로만 교회에서 읽기에 적합한 책들로 간주되었으며, 따라서 정경 저서들과 엄격히 말해 위경(필명을 사용한) 저서들 중간에 해당하는 책들로 간주되었다. 이 책들은 비록 역사적으로 큰 가치를 지니고 있고 구약과 신약 사이의 간격을 메워주긴 하지만, 모두 예언이 중단된 뒤에 저작되었으므로 영감된 것으로 간주할 수 없고, 따라서 그리스도와 사도들에 의해서 인용되지 않았다.[4]

에우세비우스 시대에 신약성경에 관해서는 4복음서·사도행전·바울의 13서신·요한일서·베드로전서가 정경으로 널리 인정된 반면에,[5] 히브리서와 요한이삼서·베드로후서·야고보서·유다서는 많은 사람들에게 사도적 기원이 논박되었고, 계시록은 그 내용 때문에 의심을 받았다.[6] 구약 외경에 비해 신약의

----

4) 히브리서 11:35 이하는 마카베오하 6장 이하를 언급하는 듯하다. 그러나 역사를 언급하는 것과 엄숙한 ἡ γραφὴ λέγει로써 확증하기 위해 인용하는 것은 사뭇 다르다.

5) 따라서 호모로구메나라 불렸다.

6) 따라서 안티레고메나라 불렸다. 하지만 이것을 아포크리파와 노싸(νόθα)와 혼동해서는 안 된다. 엄밀히 말해서 신약에는 외경이 없다. 외경 복음서들과 외경 사도행전, 외경 묵시록들은 하나같이 사도들의 글과 크게 다르며, 한 번도 정경에 받아들여진 적이 없다. 구약의 외경들은 그 정신이 순수하며 후대 유대교 저서들에 사용되었다.

책들에 대한 이같은 불확실한 태도는 동방 교회에서 훨씬 더 오래 지속되었다. 그러나 4세기 중반에는 논란이 되던 일곱 권의 신약 저서들이 보편적으로 인정을 받았으며, 아타나시우스·나지안주스의 그레고리우스·이코니움의 암필로키우스·예루살렘의 키릴루스·에피파니우스가 제시한 정경 목록에 포함되었다. 다만 몇몇 경우에 계시록이 목록에서 빠졌을 뿐이다.

서방 교회에서는 신구약 정경이 4세기 말에 확정되었다. 이것은 제롬의 권위에 힘입은 결과였고(하지만 그는 비평적 회의와 전승의 원리 사이에서 흔들렸다), 특히 아우구스티누스의 권위에 힘입은 결과였다. 아우구스티누스는 알렉산드리아 교회의 정경을 확고히 따랐고, 논란이 되던 공동 서신들과 계시록에 대해서는 우세한 전승을 따랐다. 하지만 간혹 구약 외경을 하위적 권위를 지닌 제2정경 책들로 간주하는 경향을 나타낸다. 393년의 히포 공의회와 397년의 카르타고 공의회는 그 두 회의에 모두 참석한 아우구스티누스의 영향하에 구약 외경을 포함한 가톨릭 정경을 확정했고, 「순교자 행전」을 해당 순교자의 축일에 낭독하는 것 외에는 정경 이외의 책을 교회에서 낭독하는 것을 금지했다. 아프리카에서 열린 이 두 공의회는 아우구스티누스의 견해에 따라 마흔네 권을 다음과 같은 순서에 따라 구약 정경으로 확정했다: 창세기·출애굽기·레위기·민수기·신명기·여호수아·사사기·룻기·네 권의 열왕기(사무엘 상하와 열왕기 상하)·두 권의 파랄리포메나(역대기 상하)·욥기·시편·다섯 권의 솔로몬의 글·열두 권의 소선지서·이사야·예레미야·다니엘·에스겔·토비아(Tobia)·유딧(Judith)·에스더·두 권의 에스라·두 권의 마카베오(Maccabees). 신약 정경은 현재의 성경과 동일하다.

하지만 해외 교회가 내린 이 결정은 재가를 받아야 했는데, 로마 교구는 인노켄티우스 1세와 겔라시우스 1세(414) 때 동일한 정경 목록을 반복해서 발표함으로써 그 결정을 받아들였다.

이 정경이 16세기까지 이의 없이 유지되었으며, 트렌트 공의회의 제4차 회기 때 재가되었다.

개신교는 신약 정경에 대해서는 로마 교회의 결정을 유지했지만,[7] 정통 유대

___

그 기원이 정확하게 알려지지 않았으나, 그 내용은 유익하고 교훈적이다.

7) 루터가 안티레고메나에 속한 몇 권, 특히 야고보서와 히브리서, 계시록에 관해서

교와 초대 교회의 견해를 토대로 구약 정경에서 외경을 배제했다.

유력한 교부들이 성경에 대해서 말할 때 영감(inspiraion)과 무오한 권위(authority)에 해당하는 강한 표현을 사용하며, 평신도들에게까지 부지런히 성경을 읽도록 권장한다. 특히 크리소스토무스가 그러했다. 하지만 대다수 사람들이 제대로 교육을 받지 못한 데다 책값이 워낙 비쌌기 때문에 하나님의 말씀을 교회의 예배에 참석하여 듣는 것으로 만족해야 했으며, 성직자 집단의 지배적 정서가 자유롭고 사사로운 성경 연구를 억제하는 경향이 있었다. 물론 아직은 사적으로 성경을 읽는 행위가 금지되지는 않았지만, 성경이 사제들과 수사들의 책이라는 견해가 이미 존재하고 있었다. 성경이 원래의 목적대로 회중의 책이 된 것은 훨씬 후대에 인쇄술이 발달하고 개신교의 자유로운 정신이 확산된 후의 일이다. 오늘날 성경 단체들이 한 해 동안 인쇄·보급하는 성경의 양은 중세를 통틀어 혹은 종교개혁 이전 15세기를 통틀어 보급된 양보다 훨씬 많다.

현존하는 가장 오래된 성경 사본들은 4세기의 것이 고작이고, 그것도 극소수인 데다가 사소한 오류와 누락이 많다. 비평적 방법으로 원본을 복원하는 과제는 아직 만족할 만하게 해결되지 않았으며, 사도들의 원 저작들이 존재하지 않는 까닭에 대략 해결되는 수준을 넘어설 수 없다.

가장 오래되고 가장 중요한 사본들은 언셜체(4~8세기의 둥근 대문자 필사체)로 된 것들로서, 시내 사본(1859년에 티쉔도르프가 발견했고, 1862년에 출판됨)과 바티칸 사본(로마에 소장. 결점이 있음), 알렉산드리아 사본(런던에 소장), 그리고 많이 절단된 에프라임 시루스 사본(파리에 소장)과 불완전한 케임브리지 사본이다. 가장 오래된 본문은 주로 이 사본들과 그 외의 몇몇 언셜체 사본들에서 얻어야 한다. 2차 자료들은 교부들의 글에 실린 인용문들과 최초의 번역본들(이를테면 시리아어 페쉬토<Peshito>와 라틴어 불가타<Vulgate>), 그리고 후대의 사본들이다.

문자[의문<儀文>]에 의존하지 않고 기독교의 살아 있는 정신에 의존하는 신앙은 사본들과 고대와 현대의 성경 역본(譯本)들의 결함들 앞에서 오류로 떨어지지

보인 유명한 의심은 단순한 사건일 뿐이고, 비록 훗날 Philippi와 Kahnis 같은 개별적인 루터교 신학자들에 의해 다시 주장되긴 했으나, 교회 교리에 아무런 영향을 미치지 못했다.

않고, 새롭고 더욱 깊은 연구의 의욕을 갖게 된다.

교회가 로마 제국의 모든 민족들에게, 심지어 접경 지대의 야만족들 사이에 전파되면서 성경을 다양한 방언들로 번역해야 할 필요가 생겼다. 이 시기에 이루어진 중요한 역본이자 가장 많이 사용된 역본은 라틴어 「불가타」이다. 박식한 제롬이 「이탈라」(*Itala*)라는 라틴어 구역을 토대로 이뤄낸 이 역본은 많은 오류에도 불구하고 훗날 로마 교회에 의해서 원본 자체의 지위에 올랐다. 교부들은 대체로 히브리어 지식을 갖고 있지 못했나. 칠십인역으로도 충분하다고 긴주되었으며, 심지어 라틴 교회에서는 야만족들의 침공을 받고 동방 교회와 분열한 뒤부터는 헬라어 지식조차 꾸준히 감소했으며, 그 결과 원어 성경은 봉인된 책이 되었고, 15세기의 학문 부흥 때까지 그런 상태로 남았다.

성경 해석에서는 알레고리 해석과 적용 체계가 높은 평판을 얻었고, 특히 니케아 시대의 대 신학자들 대다수가 속해 있던 알렉산드리아 학파에서는 지극히 인위적인 발상으로 전락하는 경우가 많았다. 이러한 성경 해석 체계에 반대하여 루키아누스(311년 죽음)가 창시하고 타르수스의 디오도루스와 몹수에스티아의 테오도루스, 그리고 누구보다도 요한 크리소스토무스와 테오도레투스가 대표한 안디옥 학파는 좀 더 진지한 문법적·역사적 해석을 옹호했으며, 성경에 인간적 요소들과 신적 요소들이 있음을 좀 더 예리하게 구분했다. 테오도루스는 그로써 그리스 교회로부터 의심을 받았고 결국에는 단죄를 받기까지 했다.

라틴 교부들 가운데서도 성경 해석상의 비슷한 차이가 나타나는데, 아우구스티누스의 사려 깊고 생명력 있는 해석이 하나이고, 제롬의 문법적이고 고고학적 학문성과 교리적 피상성에 근거한 해석이 다른 하나이다.

II. 당시에는 성경이 최고의 권위이자 신앙의 무오한 준칙으로 보편적으로 받아들여졌다. 그러나 성경 자체가 다양하게 해석된 데다 이단들이 자신들의 견해를 뒷받침하기 위해서 원용하자, 이 시기의 교부들은 이레나이우스와 테르툴리아누스 같은 앞 시기의 교부들과 마찬가지로 사도들로부터 시작하여 주교들을 통해서 단절 없이 보존되어온 전승(tradition)에도 의존했다. 그들에게는 성경이 최고의 법이었다. 그리고 신자들의 유기적 몸인 보편적 교회의 종합된 지혜와 경건이 그 법의 참된 의미를 결정짓는 판사였다. 성경의 의미를 이해하기 위해서는 사적인 판단에 의해서든 기독교 세계의 보편적 신앙에 의해서든 아무튼 설명이 이루어져야 했던 것이다.

엄밀히 말하자면, 성경의 저자이신 성령께서는 성경에 대한 유일하게 무오한 해석자이기도 하시다. 그러나 당시의 보편적인 주장은, 성령이 정통신앙을 지닌 교회에만 계시고 이단과 분파에는 계시지 않으며, 성령께서 회집(會集)한 정통신앙의 주교들과 보편적 공의회들을 통해서 가장 분명하고 권위 있는 방법으로 뜻을 나타내신다는 것이었다. 힐라리우스는 이렇게 말한다. "이단들도 저마다 성경을 들먹이지만 성경을 깨닫고 그렇게 하는 것이 아니다. 교회 밖에 있는 사람들은 하나님의 말씀을 깨달을 수 없다." 이단들은 자신들이 성경을 따르고 있다고 생각하지만, 실제로는 성경에서 무엇을 배우기보다 성경에 자신들의 생각을 주입하여 얻은 자신들의 높아진 견해를 따를 뿐이다.

교부들 가운데 복음적 개신교에 가장 가까이에 서 있는 아우구스티누스조차 이 점에 대해서는 가톨릭 교회의 원리를 옹호한다. 이 점에 대해서 그가 사용한 논리는 마니교를 비판할 때 사용한 "나는 보편적 교회의 권위에 강권을 받지 않는다면 복음을 믿지 않겠다"는 유명한 공식이다. 그러나 이 말을 해놓고는 곧 이어 "하나님께서는 내가 복음을 믿지 않는 것을 금하신다"고 덧붙인다.[8]

그러나 이와 다른 전승들이 있다. 게다가 가톨릭 전승에 대해서도 다양한 해석들이 있다. 따라서 참된 전승과 그릇된 전승을 분간할 표준이 필요하다. 반(半)펠라기우스파 신학자 빈켄티우스(450년 죽음)라는 사람이 있었는데, 남부 갈리아 리리눔 수도원의 수사이자 사제로서 달리는 이름을 남겼을 리가 없는 그는 이 문제에 새로운 획을 그은 격언을 제시했고, 그것이 그 뒤로 로마 교회의 표준으로 남았다.[9] "모든 곳에서 언제든지 모든 사람이 믿어온 것"을 견지해야 한다는 것

---

8) *Contra Epist. Manichaei, quam vocant fundamenti,* cap. 6 (ed. Bened. tom. viii. p. 154). 아우구스티누스가 이런 주장을 한 목적은 마니교도들에게 성경 해석권이 없다는 것과, 가톨릭 교회가 성경의 적법한 소유자이자 해석자임을 보이려는 것이다. 그러나 로마 교회가 이 주장을 그대로 가져다 쓰는 것은 월권이다. 가톨릭 교회와 마니교 사이의 논쟁과, 로마교와 개신교 사이의 논쟁 사이에는 현저한 차이가 있는 것이다.

9) 레리눔 혹은 리리눔(오늘날의 세인트 호로라트)은 과거에는 로마령 갈리아에 속했다가 훗날 프랑스에 속한 지중해의 작은 제도(諸島)이다. 5세기에는 이곳의 수도원이 파우스투스 레기엔시스, 힐라리우스 아를라텐시스, 살비아누스 같은 박식한 수사들과 사제들을 프랑스에 배출한 신학교였다.

이 그의 격언이었다.[10]

이 말에는 교회의 정통신앙을 확인할 수 있는 세 가지 척도가 담겨 있다. 그것은 장소의 보편성, 시간의 보편성, 수(數)의 보편성이다. 혹은 편재성(ubiquity), 고대성(antiquity), 보편적 동의라고도 표현할 수 있다.[11] 달리 말하자면 신앙 조항이 사도들에게까지 거슬러 올라갈 수 있어야 하고, 모든 기독교 국가들에서 발견할 수 있어야 하며, 모든 신자들 사이에서 발견할 수 있어야 한다는 것이다. 그러나 이 원리는 기독교의 몇 가지 근본 신조들의 경우에만 적용할 수 있고, 구체적으로 로마 교회의 특성을 지닌 교리들에는 적용할 수 없으며, 그것이 조금이라도 합리적인 의미를 지니려면 대다수 신조들의 공통 분모가 되는 원리로 축소시켜 적용해야 한다. 앞서 말한 세 가지 척도 가운데 나머지 둘을 포함한다고 볼 수 있는 보편적 동의(consensus omnium)에 대해서, 빈켄티우스 자신은 그 조건을 대다수 성직자들의 합의로 규명하는 방식으로 제한을 설정한다. 신앙의 문제에 관한 한 회중의 소리나 로마 교회의 전체 체제에 조금도 의미를 두지 않은 것이다. 하지만 여러 중요한 교리들의 경우 대다수 성직자들의 합의는 고사하고 교부들의 동의(consensus patrum)조차 없었다. 자유 의지·예정·속죄 같은 중대한 교리도 예외가 아니었다. 어느 정도의 범위에서 개인이 다른 견해를 지닐 수 있는 자유가 사상 발전의 불가결한 전제 조건이며, 사실상 신조가 교회에 확정되기까지 그러한 과정을 거쳤다. 심지어 빈켄티우스조차 교회가 진리를 아는 지식에 꾸준히 진보해야 한다고 분명히 강조한다. 물론 사람이나 나무가 다양한 성장 과정을 거치더라도 정체성이 변하지 않듯이 기존에 거쳐온 단계들과 조화를 이루어야 한다는 말을 잊지 않지만 말이다.[12]

빈켄티우스는 글의 정신이나 경향이 철저히 가톨릭적이며, 개신교의 자유로운 성경 연구 같은 개념은 조금도 갖고 있지 않았다. 그러나 다른 한편으로는 새로운 교리(로마 교회가 후대에 도입한 것과 같은)에 대해서도 관용하지 않았을 것이다. 그가 원했던 것은 전승을 성경과 나란히 독립된 지식의 전거와 신앙의

---

10) *Commonit.* cap. 2 (in Migne's Patrolog. vol. 50, p. 640).

11) 빈켄티우스 자신이 다음 문장에서 Universitas, antiquitas, consensio라고 표현한 바와 같다. 참조. c. 27.

12) *Cap.* 23 (in Migne, vol. 50, p. 667 sqq.).

표준으로 세우는 것이 아니라, 성경의 참된 해석자로서, 이단의 남용을 막는 방책으로서 인정하려는 것뿐이었다. 그가 요구한 '교리의 고대성'이라는 표준은 사도성(apostolicity)을 내포하며, 따라서 신약성경의 정신과 내용에 부합한 것을 내포한다. 그는 교회가 자신에게 맡겨진 것을 충직하게 지키는 관리자이므로 아무것도 변경하거나 감하거나 늘리지 못한다고 말한다. 교회가 기울여야 할 유일한 노력은 옛것을 형성하거나 확증하거나 견지하는 것이다. 혁신은 이단들이 하는 일일 뿐, 정통신앙을 지닌 신자들이 할 일이 아니다. 성경은 그 자체로 완전하며 자충족적이다. 그러나 이단들도 저마다 성경에 호소하므로, 성경 해석의 표준으로서 교회의 권위가 개입해야 하며, 그 과정에서 보편성과 고대성, 보편적 동의를 따라야 한다.[13] 그는 같은 저서에서, 참된 신앙을 두 가지 방법으로 입증하는 것이 보편적 교회 신자들의 관습이라고 말한다. 첫째는 성경의 권위에 힘입는 것이고, 둘째는 보편적 교회의 전승에 힘입는 것이다. 성경 자체가 모든 문제를 해결하기에 모자라는 점이 있기 때문이 아니라, 성경에 대한 여러 상충된 해석과 왜곡이 존재하기 때문이다.[14]

동일한 정신이 교황 레오 1세의 말에서도 흐른다: "복음서 저자들과 사도들의 교리에서 단 한 마디라도 떠나거나, 성경에 대해서 사도들과 우리 교부들이 배우고 가르친 것과 달리 생각하는 것은 허용되지 않는다."[15]

교부들과 공의회들의 권위가 증가하고 성경에 대한 깊이 있는 연구가 쇠퇴하면서 전승에 대한 가톨릭의 원리가 갈수록 굳어지게 되었고, 이로써 점차 전승이 사실상 성경과 같은 위치이거나 그보다 우위에 올라서게 되었다. 전승은 자유로운 연구를 구속했고, 엄격하고 정체되고 불관용적인 정통신앙을 조장하여 오리게네스와 테르툴리아누스 같은 교부들이 단죄받도록 만들었다. 그러나 다른 한편으로 전승은 부패를 방지하는 유익한 힘도 발휘하여서, 고대 교회 교리의 내용이 기독교 세계를 집어삼키고 있던 이교 야만주의의 어둡고 혼란한 영향에 손상되는 것을 막아주었다.

---

13) *Commonit.* cap. 27 (in Migne, vol. 50, p. 674).

14) *Cap.* 29 (in Migne, vol. 50, p. 677).

15) Epist. 82 ad Episc. Marcianum Aug.

1. 삼위일체 논쟁

119. 니케아 공의회까지의 아리우스 논쟁(318-325)

아리우스 논쟁의 초점은 주로 그리스도의 신성에 맞춰졌지만, 그 과정에서 성령의 신성도 다루었으며, 그로써 성 삼위일체와 하나님의 성육신의 신비 전체가 쟁점이 되었다. 기독교 계시의 핵심이 걸린 논쟁이었다. 삼위일체 교리는 그 자체만 추상적 형태로 수립되어 있지 않고, 그리스도와 성령의 신성 교리와 밀접하게 연관되어 있다. 만약 그리스도와 성령의 신성 교리가 참이라면, 삼위일체 교리는 성경적 유일신론이 전제된 터에 논리적 필연성을 띠게 된다. 달리 말하자면, 만약 하나님이 한 분이시라면, 그리고 만약 그리스도와 성령이 성부와 구분되시면서도 신적 본질에 참여하신다면, 하나님은 삼위(三位)이심에 틀림없다. 비록 성경 자체에 삼위일체를 직접 언급하는 본문이 없고, 삼위일체라는 이름도 나오지 않지만, 이 교리는 창세기에서부터 계시록에 이르기까지 하나님을 창조주와 구속주와 성화자로 계시하는 중요한 사실들을 토대로 생생한 형태로 가르쳐지며, 뿐만 아니라 그리스도와 성령께서 신성을 지니고 계시다는 교훈에 간접적으로 함축되어 있다.

교회는 계시로 말미암은 삼위일체 교리를 항상 믿었고, 성부와 성자와 성령의 이름 안으로(into) 세례를 받음으로써[세례로써 삼위 하나님께 연합됨으로써: 역자주] 이 신앙을 고백했다. 삼위일체 교리에는 처음부터 하나님에 관한 이 계시가 신적 본질에 내재된 구분을 전제하고 있음에 틀림없다는 확신이 수반되었다. 그러나 이 신앙을 확고한 지식으로 확정하고 세례 고백을 교리로 수립하는 일은 3세기가 걸린 어렵고 진지한 지적 작업이었다. 마침내 니케아 시대에는 기독교의 신적 본질 여부가 걸려 있는 그리스도의 신성 교리를 놓고 치열한 투쟁이 벌어졌다.

이 근본적인 문제를 놓고 벌어진 논쟁들이 동방과 서방의 로마 제국과 교회를 한세기 반 이상 격동으로 몰아넣었으며, 이로 인해 처음 두 에큐메니컬 공의회들인 니케아와 콘스탄티노플 공의회가 열리게 되었다. 결국에는 정통 교리가 승리를 거두었고, 381년에는 오늘날에 이르기까지 모든 정통 교회들이 사실상 채택하고 있는 신조가 수립되었다.

아리우스 논쟁의 외적인 역사는 다음 세 단계로 구분된다:

1. 논쟁 발발로부터 니케아 공의회에서 정통신앙 진영이 잠시 승리를 거둘 때까지의 기간(318-325).

2. 아리우스파와 반(半)아리우스파의 반격과, 콘스탄티우스가 죽을 때까지 그 진영이 우위를 점한 기간(325-361).

3. 최후 승리와 니케아 신조의 완성; 콘스탄티노플 공의회(381)까지.

아리우스주의는 가톨릭 교회의 품에서 발생하여 니케아 공의회에서 이단으로 단죄를 받았으나, 훗날 다양한 형태로 교회에서 잠시 우위를 점하다가, 마침내 제2차 에큐메니컬 공의회에서 영구히 추방되었다. 그때부터 정치적·신학적 세력으로서의 중요성을 상실했지만, 아리우스파에 의해 기독교로 개종한 게르만 부족들 사이에서 2백 년 이상 비가톨릭 분파로서 존속했다.

아리우스 논쟁의 뿌리는 3세기 기독교 지식 사회의 조야한 상태가 반영된 오리게네스의 그리스도론에 담긴 모순적 요소들에서도 찾을 수 있고, 알렉산드리아 신학과 안디옥 신학 사이의 반목에서도 찾을 수 있다. 반면에 오리게네스는 그리스도에게 영원성과 그 밖의 신적 속성들이 있음을 인정했는데, 이 견해는 후대의 정통신앙이 믿던 본질의 동일성 교리로 논리적으로 이어지는 것이었다. 이런 이유로 인해서 그는 심지어 아타나시우스와 카파도키아 출신의 두 그레고리우스와 바실리우스에게까지 정당성을 인정받았다. 그러나 오리게네스는 신성 내의 위격적 구분을 강조하려는 열의로 인해 성부와 성자 사이에 본질적 구분이 있고, 성자가 성부에게 종속된 부차적 신이라고 분명히 가르침으로써 아리우스 이단에게 출발점을 제공했다. 오리게네스는 성자가 성부의 뜻으로부터 영원히 (eternally) 발생한다는 생각을 신적이되 부차적인 본질의 교류로 이해했으며, 이 견해가 신앙과 사상이 그보다 못한 아리우스의 손에 들어갔을 때에는 하나님과 피조물 사이의 어떠한 중간적 존재도 인정할 수 없었던 그의 투박한 논리에 의해서 성자를 최초의 피조물로 보는 견해로 전락했다.

그러나 일반적으로 아리우스주의는 알렉산드리아 학파보다는 안디옥 학파의 정신에 훨씬 더 가깝다. 아리우스 자신은 자신의 교리의 연원을 안디옥의 루키아누스로 지목하는데, 루키아누스는 사모사타의 파울루스가 주장한 이단적 삼위일체론을 옹호하다가 한동안 파문을 당했으나 훗날 크게 존경받는 지위에 올랐으며, 막시미아누스 치하에서 순교했다.

알렉산드리아 주교 알렉산더는 오리게네스가 주장한 성자의 영원한 발생 교리를 진지하게 받아들였고(이 교리를 훗날 아타나시우스와 니케아 신조가 가르쳤으나, 좀 더 깊은 의미에서 성부의 본질<substance>로부터 동일한 본질을 지닌 위격의 발생으로 가르쳤으며, 성부의 의지로부터 다른 본질을 지닌 위격의 발생으로 가르치지는 않았다), 이 교리에서 성자와 성부의 호모우시아 곧 동일본질을 연역해냈다.

313년 이후에 같은 도시에서 장로를 지낸 아리우스는 키가 훤칠하고 마르고 학식이 높고 빈틈없고 엄격하고 매력이 있었으나, 교만하고 교활하고 들떠있고 논쟁적인 인물로 그려진다. 그는 오리게네스의 종속설을 지나치게 강조했고, 알렉산더를 사벨리우스주의로 비판했으며, 그리스도가 세상의 창조주인 것이 사실이긴 하나, 그리스도도 하나님의 피조물이며 따라서 진정한 신이 아니라고 가르쳤다.[16]

두 사람 사이의 대립이 318년 혹은 320년경에 겉으로 분출했다. 아리우스와 그의 추종자들이 그리스도의 참된 신성을 부정한 죄로 321년에 알렉산드리아에서 백 명의 이집트와 리비아 주교들이 모인 공의회에서 면직과 출교를 당했다. 이러한 조치에도 아랑곳하지 않고 아리우스는 수많은 추종자들을 데리고 계속해서 종교 집회를 가졌으며, 알렉산드리아에서 추방된 뒤에는 팔레스타인과 니코메디아로 가서 자신의 교리를 퍼뜨렸고, 그 사상을 절반은 시로, 절반은 산문으로 된 재미있는 책으로 엮어 보급했다. 「연회」라는 이 책은 아타나시우스의 책에 일부 단편들로만 보존되어 있다. 여러 주교들이 그를 변호했는데, 특히 니코메디아의 에우세비우스와 가이사랴의 에우세비우스가 그 일에 앞장섰다. 이들은 그의 견해에 동조하거나 적어도 그의 견해가 무해하다고 생각했다. 알렉산더는 모든 주교들을 대상으로 여러 편의 회람 서신들을 발행하여 배교자들과 엑수콘톤파(Exukontians)를 단죄했다.[17] 주교가 주교를 대적하여 일어났고, 교구가

---

16) 하지만 이것은 오리게네스의 견해와 정면으로 배치되는 것이다. 오리게네스는 그리스도가 창조되지 않은 성부와 피조물 사이의 중간적 존재라고 주장했다. *Contra Cels.*, iii. 34.

17) 알렉산더가 아리우스파에게 이런 이름을 붙여주었는데, 그것은 하나님의 아들이 ἐξ οὐκ ὄντων 곧 '무로부터' 지음을 받았다고 주장했기 때문이다.

교구를 대적하여 일어났다. 쟁점의 중요성과 양 진영의 열기로 인해서 그 논쟁이 곧 온 교회를 끌어들였으며, 기독교 동방 전체를 신학적 전쟁터로 바꾸어 놓았다.

황제로서 기독교 세계의 종교 문제에 최초로 개입하되, 제국의 통일을 유지하려는 정치적 야심을 가지고 그렇게 한 콘스탄티누스는 처음에는 아리우스 논쟁을 무익한 말다툼으로 여기고서 서신들과 연로한 스페인의 주교 호시우스를 통해서 양 진영을 화해시키려는 외교적 노력을 기울였으나 아무런 성과도 거두지 못했다. 신학적·종교적 원리에 관한 질문들은 정치적 문제와 달라서 타협으로 조정될 수 없고, 마지막 결론이 날 때까지 싸우지 않으면 안 되었으며, 진리가 정복하거나 (한동안) 정복당하거나 둘 중 하나일 수밖에 없었다. 그러던 차에 자기 생각에 '신적 영감'을 받아서, 그리고 교분이 있는 주교들의 조언을 받아서 최초의 보편적 공의회를 소집했다. 제국의 모든 교회에서 대표를 한자리에 모이게 하여 그리스도와 하나님의 관계와 그 밖의 소소한 권징 문제들, 부활절 시기, 이집트의 멜레티우스파 분열 등에 대해서 최종 판결을 내리도록 할 셈이었다.

120. 니케아 공의회(325)

그 단어 자체에 승리라는 뜻이 내포되어 있는 니케아는 비두니아의 제2도시였고, 황궁 도시 니코메디아에서 불과 32k m밖에 떨어지지 않았으며, 제국 전역에서 해로와 육로로 쉽게 갈 수 있는 곳이었다. 오늘날 이곳에는 터키의 가난한 마을 이즈닉(Is-nik)이 자리잡고 있으며, 성 마리아 교회만 쓸쓸히 남아 이곳 지명에 세계사적 지위를 부여한 사건을 기념하고 있다.

이곳에서 황제는 재위 20년인 325년(그러니까 즉위 20주년이 되던 해)에 제국의 주교들에게 초대의 편지를 보내 오도록 하고, 그들의 편의를 위해 탈것을 보내고, 니케아에서의 체류 비용과 귀환 비용을 국고에서 지원했다. 주교마다 두 명의 장로와 세 명의 하인을 대동하도록 했다.[18] 주교들은 더러는 국가의 우편

---

18) 황제가 발행한 공의회 소집 서신은 현존하지 않는다. 에우세비우스는 *Vita Const.* iii. 6에서 황제가 매우 공손한 서신으로써 모든 나라 주교들에게 속히 니케아

마차를, 더러는 말과 노새 혹은 나귀를 이용했고, 더러는 걸어서 왔다. 많은 주교들이 사적인 분쟁건들을 황제 앞에 가지고 왔는데, 황제는 주교들이 제출한 문서들을 한 장도 읽지 않은 채 태워버리도록 지시했고, 서로 화해하고 협력하라고 당부했다.

회집한 주교들의 수는 고작 318명밖에 되지 않았다.[19] 이것은 제국 전역의 총 주교수의 1/6밖에 되지 않는 수였으며(제국 전역의 주교수는 적어도 1천8백명이었던 것으로 추정됨), 칼케돈 공의회 참석자 수의 절반밖에 되지 않는다. 장로들과 집사들과 그외 수행원들의 수를 합하면 총 참석자 수는 1천5백명 내지 2천명가량 되었을 것이다. 동방 교구들은 대부분 대표를 파견했다. 반면에 라틴 교회는 고작 일곱 명의 대표만 파견했다. 스페인에서는 코르도바의 주교 호시우스, 프랑스에서는 디종의 니카시우스, 북아프리카에서는 카르타고의 카이킬리아누스, 판노니아에서는 스트리도의 돔누스, 이탈리아에서는 밀라노의 유스토르기우스와 갈라브리아의 마르쿠스, 로마에서는 두 장로 빅토르 혹은 비투스와 빈켄티우스가 연로한 교황 실베스터 1세의 대리인 자격으로 참석했다. 페르시아의 주교 요한과 고트족의 주교 테오필루스(고트어 성경 번역자 울필라스의 선구자이자 스승)도 참석했다.

가톨릭 진영과 아리우스 진영, 그리고 철학자들 사이에 예비 변론이 있은 뒤에 정식 회기가 시작되었는데, 그 시기는 아마 오순절 무렵이었거나, 혹은 아무리 길게 잡아도 황제가 회의장에 도착한 6월 14일 이후였을 것이다. 모든 회기는 콘스탄티누스 즉위 기념일인 6월 25일에 마쳤지만, 대표들은 8월 25일에야 해산했다. 이들은 교회나 공회당에서 머물기도 하고, 황궁에서 머물기도 했던 것으로 보인다.

공의회의 개회는 황제가 회의장에 위풍당당하게 입장하면서 이루어졌다. 에

로 와달라고 청했다고 말한다. 아리우스도 초대를 받았다(Rufinus, *H. E.* i. 1). 콘스탄티누스가 시라쿠사의 주교에게 아를 공의회에 참석해 달라고 보낸 초대장(Eusebius, *H. E.* x. c. 5)에는 사제 두 명과 하인 세 명을 대동하고 오도록 권유하고, 여행 경비를 지불해 주기로 약속하는 내용이 실려 있다. 니케아 공의회 때에도 같은 조치가 취해졌음에 틀림없다. 참조. Eus. *V. Const.* iii. 6 and 9.

19) 아타나시우스(*Ad Afros,* c. 2와 그외의 대목들), 소크라테스(*H. E.* 1. 8), 테오도레투스(*H. E.* i. 7).

우세비우스는 그 정경을 다음과 같은 아첨의 말로써 묘사한다: "모든 주교들이 황궁의 중앙 건물에 입장한 뒤에 건물 옆에 마련된 많은 좌석에 겸손하게 착석한 채 황제의 도착을 조용히 기다렸다. 황궁 대신들이 한 사람씩 입장했다. 물론 모두 그리스도께 대한 신앙을 고백한 사람들이었다. 황제의 도착을 알리는 신호가 있자, 장내에 있던 모든 사람이 자리에서 일어났으며, 황제는 하늘에서 온 하나님의 사자처럼 금과 보석으로 치장한 훤칠하고 날씬한 자태로 아름답고 힘차고 당당하게 입장했다. 그는 이러한 외양에다 깊은 신앙과 과묵하고 겸손한 태도를 겸비했는데, 이러한 태도가 차분히 내리깔린 눈과 홍조를 띤 얼굴, 몸의 동작과 걸음걸이에 잘 나타났다. 그는 자신을 위해 마련된 금 보좌에 당도하자 주교들에게 앉으시라는 권유를 받은 뒤에 착석했다. 그에 이어 모든 주교들이 착석했다."[20]

교회가 이만한 지위를 누린다는 것은 방금 전에 겪었던 박해기를 생각하면 참으로 격세지감을 느끼게 하는 것이었다. 한때 로마 황제를 교회의 가장 큰 원수로 두려워했다가, 이제는 반쯤 야만적으로 차려입은 황제를 하늘에서 내려온 하나님의 사자로 환대하고, 세례조차 받지 않은 그에게 교회의 가장 큰 회의를 주재하는 영예로운 의장직을 부여하고 있는 주교들의 생각에 얼마나 큰 혁명이 일어난 셈인가!

가이사랴의 에우세비우스일 가능성이 높은 주교가 황제 오른편에서 간단한 환영사를 낭독한 뒤에, 황제가 일어나 점잖은 어조로 라틴어를 사용하여 개회 연설을 했으며, 그것이 곧이어 헬라어로 통역되었다. 연설은 다음과 같이 진행된다:[21]

"친애하는 여러분, 제가 여러분의 회의에 참관할 수 있도록 허락을 받는 것이 저의 가장 큰 소원이었습니다. 제게 온갖 복들과 아울러 이곳에 합력하여 한마음으로 모인 여러분을 모두 뵙게 되는 이러한 지극히 큰 복을 내리신 하나님께 감사를 드리지 않을 수 없습니다. 악한 원수가 우리에게서 이러한 행복을 앗아가지 않게 해주시기를 기원하며, 그리스도의 원쉬리키

---

20) *Vita Const.* iii. 10. 위의 번역은 다소 압축된 것이다.

21) Euseb., l. c. iii. c. 12.

니우스와 그의 군대[가 구주의 도우심으로 정복된 뒤에 악한 마귀가 새로운 간계로 하나님의 법을 박해하지 않게 되기를 기원합니다. 저는 교회에 불화가 생기는 것을 어떠한 전쟁보다 더 두렵고 고통스럽게 생각합니다. 저는 하나님의 도우심으로 저의 원수들을 정복한 순간에, 이제는 제가 해방시킨 사람들과 하나의 기쁨으로 하나님께 감사를 드리는 것보다 더 시급한 일이 없다고 믿었습니다. 그러나 여러분 사이에 불화가 있다는 말을 듣고는 이 문제를 결코 소홀히 다루어서는 안 된다고 확신했고, 세가 어떤 도움이 될까 하고서 지체없이 여러분을 불러모았던 것입니다. 하지만 하나님의 기름 부음을 받은 여러분이 남들에게 설교하는 평화의 일치 안에서 모든 이의 마음이 하나가 되는 것을 보아야 비로소 제 소원도 이루어질 것입니다. 그러므로 친애하는 여러분, 하나님의 종들이여, 지체하지 마시기 바랍니다. 분쟁의 원인들을 모두 버리시고, 불화의 매듭들을 평안의 율법으로 풀어버리십시오. 그렇게 하면 여러분이 하나님께서 가장 기뻐하시는 일을 하게 될 것이며, 그것이 여러분과 함께 종이 된 제게도 넘치는 기쁨이 될 것입니다."

이 연설을 마친 뒤 콘스탄티누스는 공의회 의장단(성직자들)에게 발언권을 넘겼고, 그 뒤부터 회의가 본격적으로 시작되었다.[22] 하지만 황제는 그 뒤로도 계속해서 적극적인 역할을 수행했으며, 상당한 영향력을 행사했다.

공의회에 참석한 교부들 중에는 대다수 평범한 사람들도 있었지만, 저명하고 덕망 높은 인사들도 여럿 있었다. 가이사랴의 에우세비우스가 학식에서는 가장 유력했다. 알렉산드리아 주교 알렉산더를 수행하여 온 젊은 대부제[대집사] 아타나시우스는 열정과 지성과 웅변이 탁월했다. 더러는 고백자들로서 여전히 몸에 박해 때 받은 그리스도의 흔적을 지니고 있었다. 테베 남부의 파프누티우스(Paphnutius)와 헤라클레아의 포타몬(Potamon)은 오른쪽 눈을 잃었고, 리키니우스 치하에 달궈진 쇠로 고문을 당한 네오 가이사랴의 파울루스는 양손을 쓰지 못했다. 어떤 이들은 철저한 금욕 생활로, 심지어는 기적들로써 명성이 높았다. 니시비스의 야코부스는 삼림과 동굴을 전전하며 은수자로서 숱한 세월을 보내

---

22) Euseb., iii. 13. 에큐메니컬 공의회 의장직에 관한 문제는 § 65에서 이미 언급한 바 있다.

며 초근목피로 연명하면서 들짐승처럼 지냈으며, 이오니아 제도(諸島)의 수호성인인 키프로스의 스피리디온(혹은 성 스피로)은 성직자가 된 뒤에도 소박한 목자 생활을 했다. 동방의 주교들 가운데는 가이사랴의 에우세비우스가, 서방의 주교들 가운데는 코르도바의 호시우스 혹은 오시우스가[23] 황제에게 가장 큰 영향력을 행사했다. 이 두 사람은 공의회장에 나란히 앉아서 알렉산드리아와 안디옥의 주교들과 함께 번갈아가며 의장직을 수행했을 것이다.

신학적 쟁점에 관하여 공의회는 벽두부터 세 진영으로 갈렸다.

그리스도의 신성을 확고히 주장한 정통신앙 진영은 처음에는 소수였으나 재능과 영향력에서는 의석수에 비해 비중을 갖고 있었다. 이들을 이끈 사람은 알렉산드리아 주교 알렉산더와 안디옥의 유스타티우스(Eustathius), 예루살렘의 마카리우스, 앙키라의 마르켈루스, 코르도바의 호시우스(황궁 주교)였고, 무엇보다도 대부제 아타나시우스가 실질적으로 이 진영을 주도했다. 그는 왜소하고 나이가 어린데다 후대의 관례대로라면 공의회에서 발언권을 갖거나 의석을 차지할 수 없는 지위에 있었음에도 불구하고 누구보다도 뜨겁고 깊은 열정과 통찰력을 드러냈고, 진작부터 향후 정통신앙 진영의 수장이 될 역량을 드러냈다.

아리우스파 혹은 에우세비우스파는 스무 명의 주교들을 확보했던 것 같으며, 이들을 이끈 사람은 니코메디아의 주교 에우세비우스(훗날 콘스탄티노플 주교가 됨)로서, 황실 가문과 황제의 명령으로 공의회에 참석한 장로 아리우스와 교분을 갖고 있었으며, 자주 아리우스를 대신하여 그의 견해를 발표하도록 요구를 받았다. 이 진영의 유력 인사들 가운데는 니케아의 테오그니스(Theognis), 칼케돈의 마리스, 에베소의 메노판투스가 있었다. 이들은 이렇게 무시할 수 없는 세력으로 정통 에큐메니컬 공의회들에서 여러 의석을 차지했다.

가이사랴의 에우세비우스가 대변인 역할을 한 다수의 대표들은 우파와 좌파 사이에서 중도 노선을 취했으나 우파에 좀 더 가까웠으며, 결국에는 우파로 기울었다. 그들 중 많은 수가 정통신앙의 정서를 지니고 있었으나 진리를 분변하는 능력이 약했고, 어떤 이들은 오리게네스의 제자들이었거나 학문적 용어 체계보다는 단순한 성경적 해석을 선호했으며, 또 어떤 이들은 확고한 신념은 없고 불확실한 견해만 지니고 있었으며, 따라서 강한 쪽의 논리에 혹은 외부적인 고

---

23) 아타나시우스는 언제나 그에게 대(the Great)라는 칭호를 붙였다.

려에 쉽게 흔들렸다.

아리우스파는 초기에 신조를 제출했으나 강한 반대에 부닥쳐 좌절되었으며, 신조 문서는 갈가리 찢겨졌다. 사태가 이쯤 되자 신조에 서명했던 열여덟 명의 주교들 가운데 이집트의 테오나스와 세쿤두스를 제외한 나머지 사람들이 아리우스 진영을 포기했다.

그러자 교회사가 에우세비우스가 중도파의 이름으로 고대 팔레스타인 신앙고백서를 제출했다. 이 문서는 니케아 신조와 매우 유사했고 그리스도의 신성을 일반적인 성경 용어들로 인정을 했으나, 쟁점이 되어 있던 문구인 호모우시오스(ὁμοούσιος) 곧 '동일본질의'(consubstantialis)를 회피했다. 황제는 미리 이 신앙고백서를 보고받고서 승인했으며, 심지어 아리우스파도 이 문서를 채택할 용의를 갖고 있었다.

그러나 이 마지막 상황 자체가 극우파에게는 대단히 의심스러웠다. 그들은 아리우스주의자가 정직한 심정으로는 도저히 서명할 수 없는 신조를 원했고, 특히 아리우스파가 혐오하고, 비성경적이고 사벨리우스적이고 물질주의적인 표현으로 간주한 표현인 호모우시오스를 신조에 넣어야 한다고 주장했다.[24] 황제는 에우세비우스의 신조가 채택되지 않으리라는 것을 분명히 내다보았다. 평화를 유지하기 위해서 만장일치에 가장 가까운 결정이 무엇인가를 심중에 두고 있던 그는 논란이 되던 그 단어에 대해서 자신의 의견을 표출했다.

그러자 코르도바의 호시우스가 단상에 올라서 신앙고백서가 준비되었고, 그것을 공의회 서기 가이사랴의 부제(훗날에는 주교) 헤르모게네스가 낭독하겠다고 선언했다. 그 문서가 사실상 잘 알려진 니케아 신조로서, 아래에서 언급할 몇 가지 첨삭이 가해졌을 뿐이다. 호시우스의 행동은 다소 돌발적인 것이었다. 공의회는 당면한 문제 외에 다른 문제를 신경쓸 겨를이 없었던 것이다. 공의회의 일차적인 관심사는 성자의 참된 신성 교리를 확립하는 것뿐이었다. 성령의 신성

---

24) 그러나 아타나시우스는 그 용어를 강조하지 않았고 신학적 해설에 그것을 사용하지도 않았다. 그는 이름보다 내용을 중시했다. 호모우시오스라는 단어는 호모스와 우시아가 합성된 단어로서, 니케아 공의회가 창안해낸 것이 아니고, 콘스탄티누스가 창안한 것은 더욱 아니며, 다만 과거에 신학 용어로 생긴 것이며, 심지어 오리게네스와 영지주의자들 사이에서도 쓰였다. 물론 삼위일체라는 용어와 마찬가지로 성경에서 발견할 수 없는 것은 마찬가지이지만 말이다.

은 비록 불가피하게 연루된 쟁점이긴 해도 당시로서는 특별한 의제로 상정되지 않았으며, 따라서 공의회는 "그리고 성령을 (우리는 믿는다)"는 문안으로 만족했다. 콘스탄티노플 공의회는 성령에 대한 마지막 조항을 확대 정의했다. 니케아 신앙고백의 적극적인 부분에다 아리우스 이단을 단죄하는 대목이 덧붙었다.

호시우스를 필두로 거의 모든 주교들이 그 신조에 서명했으며, 호시우스 다음으로 두 명의 장로들이 자신들의 주교의 명의로 서명했다. 이것이 기독교 교회에서 그런 성격의 문서에 서명한 최초의 사례이다. 가이사랴의 에우세비우스도 하룻동안 숙고한 뒤에 서명했으며, 이 행위에 대해서 자신의 교구에 보내는 서신에 해명을 했다. 니코메디아의 에우세비우스와 니케아의 테오그니스는 단죄 문구를 배제한 신조에만 서명했으며, 이 일로 인해서 면직을 당하고 한동안 추방까지 당했지만, 마침내 공의회의 모든 법령에 동의했다. 아리우스파 역사가 필로스토르기우스(Philostorgius) — 그는 그다지 언급할 가치가 없는 인물이다 — 는 그 두 사람이 황제의 조언에 고분고분하여 반(半) 아리우스파의 단어인 호모이우시오스(ὁμοιούσιος, 유사 본질의)를 호모우시오스(동일 본질의)로 대체한 것에 대해서 일구이언을 했다고 비판을 쏟아부었다.[25] 오로지 이집트의 두 주교인 테오나스와 세쿤두스만이 일관되게 서명을 거부했으며, 그로써 아리우스와 함께 일리리아로 추방되었다. 아리우스의 서책들은 소각되었고, 그의 추종자들에게는 기독교의 원수들이라는 낙인이 찍혔다.

이것이 국가가 이단을 처벌한 최초의 사례이다. 그리고 이것이 가톨릭 신앙을 이탈한 모든 집단에 대해서 국가가 처벌을 가한 오랜 역사의 서막이 되었다. 교회와 국가가 결합하기 전에는 교회의 출교[파문]가 최고형이었다. 그런데 이제는 추방이, 훗날에는 심지어 사형이 추가되었는데, 이제는 교회에 대해서 저지른 모든 범죄가 국가와 사회에 대해서 지은 범죄로 간주되었기 때문이다.

니케아 공의회가 판결한 다른 두 쟁점인 부활절 문제와 멜레티우스 분열은 이미 해당 부분에서 언급한 바 있다. 공의회는 권징 문제로 스무 개의 법령을 공포했다. 신조와 법령들이 한 권에 기록되었으며, 주교들이 이 책에 다시 서명했다. 공의회는 세 가지 큰 쟁점에 대한 결정을 알리는 서한을 이집트와 리비아 주교

들에게 발행했다. 황제도 교회들에게 여러 칙령들을 보냈는데, 이 칙령들이 성령의 감화로 된 것이며, 해당 지역에서 법률과 같은 권위를 지닌다고 밝혔다. 즉위 20주년이 되던 해 7월 29일에 그는 공의회 참석자들을 자신의 화려한 궁전으로 초대하여 성대한 잔치를 베풀었는데, (세상의 영화에 매우 민감했던) 에우세비우스는 황제의 그러한 모습을 그리스도가 땅에서 다스리시는 표상으로 묘사한다. 황제는 주교들을 극진히 대접한 뒤 격조 있는 고별사로서 그들을 돌려보내되, 모든 속주 관리들에게 주교들을 끽듯이 대하라고 당부하는 서한을 가지고 가게 했다.

이렇게 해서 니케아 공의회가 끝났다. 이것이 에큐메니컬 공의회들 가운데 최초이자 가장 존귀한 회의이며, 예루살렘의 사도 공의회 다음으로 기독교 세계의 모든 공의회들 가운데 가장 중요하고 유명하다. 아타나시우스는 이 회의를 가리켜 "모든 이단에 대해 승리를 거둔 진정한 기념비이자 증표"라고 했다. 대 레오는 콘스탄티누스와 마찬가지로 이 공의회의 결정 사항이 성령의 감화로 말미암은 것이라고 했고, 심지어 그 법령들이 영원히 유효하다고까지 말했다. 그리스 교회는 해마다 (오순절 전 주일에) 이 공의회를 기념하여 특별 축일을 지킨다. 이 교회에서는 훗날 이 공의회를 미화하는 외경적인 연설문들과 전설들이 많이 생겼는데, 5세기에 시지코스[소아시아 북서부의 고대 그리스 도시]의 겔라리우스가 그것들을 모아 책 한 권으로 펴냈다.

니케아 공의회는 4세기의 가장 중요한 사건이었으며, 위험한 오류에 대해서 피 흘리지 않고 지적으로 거둔 승리는 콘스탄티누스와 그의 계승자들이 피 흘려 거둔 모든 승리를 합친 것보다 진정한 문명의 진보에 훨씬 큰 결과를 초래했다. 과거에 이루어졌던 그리스도의 신성과 성육신에 관한 논의의 결과들을 정리하고, 동시에 향후 수 세기 동안 가톨릭 정통신앙이 발전해 갈 수 있는 기틀을 다짐으로써 교리사에서 새로운 기원을 열었다. 제2차 에큐메니컬 공의회 이후에 증보(增補)된 형태의 니케아 신조는 후대에 첨가된 필리오케(filioque) 구절을 제외한다면 그리스 교회와 라틴 교회와 개신교 교회들이 한결같이 채택하고 있는 유일한 신조이며, 15세기가 지난 오늘날까지도 문명 세계의 모든 나라들에서 주일마다 기도와 찬송으로 드려진다. 물론 서방 교회에서는 사도신경이 훨씬 더 보편적으로 사용되며, 이것이 훨씬 단순하고 쉬운 형식으로 인해서 교리문답 교육과 예배의 목적에 훨씬 더 부합한 것이 사실이다. 그러나 사도신경은 동방 교회에서는 뿌리를 내리지 못했다. 아타나시우스 신조도 논리적 치밀함과 완벽함에서 니케아 신조를 능가하는데도 역시 동방 교회에서는 뿌리를 내리지 못했다. 용암이 흘러내린 토양에서 달고 아름다운 포도나무가 자랐다. 니케아 공의회장을 에워쌌던 인간들의 거친 열정과 사악함이 사라지고, 그리스도의 영원한 신성에 대한 신앙만 남았으며, 이 신앙이 살아 있는 한 니케아 공의회는 존경과 감사의 이름으로 언제까지든 남아 있을 것이다.

121. 아리우스파와 반(半)아리우스파의 반격(325-361)

니케아 공의회가 다수 주교들의 견해들을 제어하고 승리를 거둔 것은 외양만의 승리였다. 물론 공의회가 강한 요새를 구축했고, 그 안에서 그리스도의 본질적 신성을 옹호하는 자들이 이단의 공세에 맞서서 방어전을 펼 수 있게 된 것이 사실이다. 그리고 이 점에서 니케아 공의회는 대단히 중요한 의미를 지니며, 진리의 최후 승리를 확보했다. 그러나 주교들이 호모우시온 문서에 서명했을지라도 그 중 더러는 마지못해서 혹은 황제의 눈치를 보느라, 혹은 기껏해야 광의로 해석하면서 서명했다. 이들은 상황이 바뀌면 언제든지 반대 진영에 설 준비가 되어 있는 사람들이었다. 이제 논쟁이 처음으로 봇물 터지듯 본격적으로 터져나왔으며, 아리우스주의는 정치적 발전과 세력화를 꾀하는 길에 들어서게 되었다. 거대한 격동으로 진행된 중간기가 시작되었고, 이 기간 동안 공의회에 대항하여 공의회가 열리고, 신조에 대항하여 신조가 작성되고, 저주에 대항하여 저주가 선포되었다. 이교도 암미아누스 마르켈리누스는 콘스탄티우스 재위 기간에 열린 공의회들에 대해서 "대로들이 황급히 마차를 몰고 오가는 주교들로 뒤덮였다"고 꼬집어 말한다. 심지어 아나타시우스조차 성직자들이 제 위치에서 착실하게 사역하지 못하고 들뜬 채 참 신앙을 찾아 제국 곳곳을 찾아다니면서 믿지 않는 세계로부터 조소와 경멸을 사는 행태를 비판했다. 불관용과 폭력의 면에서 아리우스 진영이 정통신앙 진영을 능가했으며, 주교 선출 과정에서 유혈극이 벌어지는 경우가 흔치 않았다. 제국 정부가 개입해봐도 불에 기름을 끼얹는 것과 같을 뿐이었으며, 자연스러운 신학 발전을 저해했다.

아타나시우스의 생애는 교리 논쟁으로 얼룩졌다. 그는 일생을 자신이 옹호한

대의에 바쳤다. 그를 면직시킨 행위가 적법했는가 하는 문제가 니케아 신조가 승리를 거두어야 하는가 하는 문제와 거의 동일했다.

니코메디아의 에우세비우스와 니케아의 테오그니스는 호모우시온 지지자들을 공격하는 데 자신들의 역량을 총동원했다. 콘스탄티누스는 아타나시우스와 아리우스의 중간에 섰던 가이사랴의 에우세비우스와 황제의 누이 콘스탄티아, 고백자인 그녀의 아버지의 설득과 아리우스의 모호한 신앙고백에 마음이 흔들려 아리우스에 마음이 기울었으며, 결국 그를 유배지에서 돌아오게 했다. 그럴지라도 그는 예전과 다름없이 자신이 정통신앙의 견해와 니케아 신조에 부합하게 서 있다고 생각했다. 논쟁의 진정한 의미를 그는 한 번도 이해하지 못했던 것이다. 아타나시우스는 328년 4월에 알렉산더가 죽자 알렉산드리아 주교이자 니케아 진영의 수장이 되었는데, 일단 주교가 된 다음에는 이단 죄로 면직된 성직자를 복직시키기를 거부했고, 두 번의 아리우스파 공의회 — 한 번은 사가 에우세비우스의 사회로 열린 두로 공의회이고, 다른 한 번은 335년(혹은 336년)에 콘스탄티노플에서 열린 공의회 — 가 내린 거짓 단죄를 역으로 단죄하고 무효화했으며, 그 결과 336년에 황제에 의해서 교회의 평화를 깨뜨리는 자로 지목되어 갈리아 트레브로 유배되었다.

이 일이 있는 직후에 아리우스 — 그는 이미 예루살렘 공의회(335년)에서 이단 죄를 사면받은 상태였다 — 가 콘스탄티노플 교회의 사귐 안으로 엄숙히 받아들여졌다. 그러나 황궁에서 사도들의 교회로 가기로 작정된 행렬이 거행되기 전인 저녁에, 그는 용변을 보고 있다가 여든의 나이로 갑자기 죽었다(336년). 사인은 콜레라로 인한 것이었던 것으로 추정된다. 많은 사람들은 그의 이러한 죽음을 천벌로 생각했다. 더러는 원수들이 독살했다고도 했고, 더러는 아리우스가 자신이 승리를 거둔 데 너무 기뻐하다가 죽었다고 했다.[26]

콘스탄티누스는 죽기 직전에 아리우스주의자인 니코메디아의 에우세비우스에게 세례를 받았는데, 그가 죽자(337) 아타나시우스가 콘스탄티누스 2세(340년 죽음)에 의해 유배가 철회되어 귀국했는데, 그때 교구민들이 보여준 환대는 "어느 황제도 받지 못했던" 열렬한 것이었다.[27] 몇 달 뒤에(339) 아타나시우스는 니

---

26) 참조. Athanasius, *De morte Arii Epist. ad Serapionem* (Opera, tom. i. p. 340). 그는 당시에 콘스탄티노플에 있던 사제 마카리우스에게서 정보를 얻었다.

케아 교리를 확증하기 위해서 알렉산드리아에 거의 백 명의 주교들을 불러 공의회를 개최했다. 그러나 이것은 일시적인 승리였다.

동방에서는 아리우스주의가 우세했다. 콘스탄티누스 대제의 둘째 아들로서 동방의 군주였던 콘스탄티우스(Constantius)는 자신의 조정 신료들과 함께 철저한 불관용의 태도로 아리우스주의를 신봉했다. 니코메디아의 에우세비우스는 콘스탄티노플 주교가 되었다(338). 그가 이끈 아리우스파는 비교적 온건하긴 했으나 아타나시우스와 정통신앙을 채택한 서방 교회를 적대시하는 점에서 다소 일관성이 없었던 반(半)아리우스파였다. 따라서 그가 이끈 집단에는 에우세비우스파(Eusebians)라는 이름이 붙었다. 아타나시우스는 두 번째로 면직된 뒤 로마 주교 율리우스에게로 망명했다(339 혹은 340). 율리우스는 341년 가을에 50명 이상의 주교를 소집하여 공의회를 열고, 망명객을 보호하고 그의 적대 진영을 단죄할 방책을 논의했다. 서방 교회 전체는 보편적으로 니케아 정통신앙에 확고히 속해 있었고, 아타나시우스가 참 신앙을 위해 고난을 당하고 있다고 평가했다. 반면에 341년에 에우세비우스파가 어느 교회의 헌당식에 맞춰서 개최한 안디옥 교회회의는 25개조의 법령을 공포했는데, 이 법령은 대체로 정통신앙의 정신에 부합하여 유효하다고 인정을 받긴 했으나, 동시에 아타나시우스의 면직을 재가했으며, 아리우스주의를 배격하는 네 개의 신조를 제시했으나, 정통신앙의 문구, 특히 뜨거운 감자와 같은 호모우시온 문구는 회피했다.[28]

이렇게 해서 동방과 서방이 명백한 대립의 관계에 들어가게 되었다.

이 분열을 치유하기 위해서 두 황제 곧 동방의 콘스탄티우스와 서방의 콘스탄스가 343년에 일리리아의 사르디카에 총공의회를 소집했다. 이 공의회는 니케아 진영과 로마의 영향력이 압도했다.[29] 교황 율리우스를 대신하여 두 명의 이탈리

---

27) 나지안주스의 그레고리우스가 그렇게 말한다. 그가 귀국한 날짜는 아타나시우스의 축일 서간집에 따르면 338년 11월 23일이라고 한다.

28) 정통신앙 진영의 교회법과 반아리우스 진영의 신앙고백 사이의 이러한 현저한 모순들이 이 안디옥 교회회의에 관한 온갖 가설들을 야기시켰다.

29) (아타나시우스에 따르면) 도합 170명 가량의 주교들이 사르디카 공의회에 참석했는데, 그 중 94명은 서방 교회의 대표들이었고, 76명은 동방 혹은 에우세비우스파의 대표들이었다. 공의회 법령에 받은 서명들은 힐라리우스의 글에 59명 서명 주교들의 명단만 실려 있을 뿐, 나머지는 유실되었다.

아 사제가 회의에 참석했다. 스페인 주교 호시우스가 의장을 맡았다. 이 회의에서 니케아 교리가 확정되었고, 열두 개 법령이 동시에 채택되었는데, 그 중 더러는 로마 교구의 권징과 권위와 관련하여 대단히 중요한 의미를 갖고 있다. 그러나 아리우스파 성향의 동방 주교들은 아타나시우스를 인정한 데 불만을 품고서 회의장을 떠나 인근 도시인 필리포폴리스에서 대립 공의회를 열었다. 그리고 이 회의에서 안디옥 공의회 법령들을 재확인했다. 그러므로 대립된 공의회들이 교회의 불화를 해소하기는커녕 더욱 불을 지폈다.

콘스탄티우스는 형제 콘스탄스의 강권을 못이겨 346년에 아타나시우스를 복권시켰다. 그러나 350년에 콘스탄스가 죽자 온건한 아리우스파 성향의 교회회의를 세 번 연속 소집했다. 1차 회의는 판노니아의 시르미움에서(351), 2차 회의는 갈리아의 아를(Arelate 혹은 Arles)에서(353), 3차 회의는 이탈리아 밀라노에서 열렸다(355). 그는 세 교회회의가 공포한 법령들을 서방 교회에 강요하고, 자신의 뜻을 거역하는 로마의 리베리우스·코르도바의 호시우스·푸아티에의 힐라리우스·칼라리스의 루시퍼(Lucifer) 같은 주교들을 폐위하고 추방했으며, 아타나시우스를 알렉산드리아 주교좌에서 몰아냈다. 아타나시우스의 경우에는 예배를 인도하고 있는 동안 5천 명의 무장병력을 풀어서 그를 쫓아냈고, 그의 자리에 배우지 못하고 탐욕이 강한 아리우스주의자 카파도키아의 게오르기우스(Georg)를 앉혔다(356). 이 포악한 조치에는 황궁 주교들과 콘스탄티우스의 마지막 아내이자 열성적인 아리우스주의자 유세비아가 막후에서 큰 영향력을 행사했다. 니케아 신앙을 충직히 고수하던 사람들은 유배지에 가서도 온갖 학대와 수모를 겪었다. 그런 이유로 콘스탄티우스는 아타나시우스와 힐라리우스, 루시퍼에게 바로와 사울, 아합, 벨사살 같은 자로 격렬히 비판을 받았으며, 인간의 탈을 쓴 짐승, 적그리스도의 선구자, 심지어 적그리스도로 지목을 당했다.

이렇게 해서 아리우스주의가 로마 제국 전역에서 승기를 잡았다. 물론 이때의 아리우스주의는 원래의 강경한 형태가 아니라 호모이우시온 곧 본질의 유사성 교리라는 온건한 형태를 띠었는데, 이것은 한편으로는 니케아 신조의 호모우시온 교리(본질의 동일성)에, 다른 한편으로는 아리우스파의 헤테로우시온 교리(본질의 이질성)에 반대되는 것이었다.

아리우스파가 권력을 잡은 이 기간에는 심지어 교황좌마저 이단 사상으로 더럽혀졌다. 리베리우스가 면직을 당한 뒤에 부제 출신 펠릭스 2세가, 아타나시우스의 표현을 빌자면, "적그리스도적 사악한 수단을 동원하여" 그의 후임자로 선출되었다.[30] 로마 교회의 많은 사가들은 이 이유로 그를 단순한 대립 교황으로 간주한다. 그러나 로마 교회의 저서들에는 이 펠릭스가 합법적 교황으로 등재되어 있을 뿐 아니라 심지어 성인으로까지 이름이 올라 있다. 그 이유는 훨씬 후대의 전설에 따르면 그가 콘스탄티우스를 이단이라고 비판했다가 그에게 처형되었다고 하기 때문이다. 그의 축일은 7월 29일이다. 그가 교황이 된 뒤에 맞이한 운명은 사뭇 다른 형태로 전해진다. 로마 주민들은 리베리우스 시절을 그리워했고, 리베리우스는 유배 생활에 몹시 지친 나머지 회유를 당해 아리우스적 혹은 아리우스 성향의 신조에 서명을 함으로써 배교를 했고, 에우세비우스파와 교회적 사귐을 유지했다.[31] 이러한 상태에서 교황직을 되찾았으며, 로마에 갔을 때 열렬한 환영을 받았다(358). 그는 366년에 정통신앙을 고백한 채 죽었다. 심약했던 까닭에 한때 그것을 부인했으나 마음으로까지 부인한 것은 아니었던 것이다.

심지어 거의 백세에 가까웠던 주교 호시우스조차 오랜 구금 생활과 황제의 협박을 견디지 못하여 357년의 제2차 시르미움 공의회가 채택한 아리우스 신조에 서명을 했으나(힐라리우스의 진술에 따르면 자필 서명을 하지는 않았다), 곧 자신의 불충한 행위를 회개했고, 죽기 직전에 아리우스 이단을 단죄했다.

이렇게 해서 니케아 정통신앙은 완전히 진압된 것처럼 보였다. 그러나 이제 공동의 적을 제압했다고 판단한 이단적 다수가 자중지란으로 인해 분열로 치닫기 시작했다. 그들은 두 진영으로 갈라섰다. 앙키라의 바실리우스와 라오디게아의 그레고리우스가 이끄는 우파에 해당하는 에우세비우스파 혹은 반(半)아리우스파는 성자가 성부와 동일 본질(호모우시오스)을 지니지 않고 유사 본질(호모이우시오스)을 지녔다고 주장했다. 우파에는 심정적으로 니케아 신앙에 동의하되 아타나시우스에게 편견을 가지고 있거나, 호모우시오스라는 용어에서 사벨리우스주의의 기미를 바라본 많은 사람들이 속해 있었다. 당시에는 아직 본질(substance. 우시아, οὐσία)과 위격(person. 휘포스타시스, ὑπόστασις)이 제대로 구

---

30) 참조. § 72.

31) 리베리우스의 배교는 아타나시우스·힐라리우스·제롬·소조메누스 같은 가장 정통적 교부들의 뚜렷한 증언과, 힐라리우스가 자신의 여섯째 단편에 간단한 논평과 함께 수록한 리베리우스 자신의 서신 세 편으로 우리에게 전해진다.

분되지 않았던 탓에 호모우시아라는 단어가 위격의 통일과 쉽게 혼동될 수 있었던 것이다.

좌파 혹은 확고한 아리우스파는 안디옥의 주교 유독시우스(Eudoxius)와 그의 부제 아이티우스(Aetius), 특히 뮈시아 시지쿠스의 주교 유노미우스(Eunomius. 그의 이름을 따서 이 집단은 유노미우스파라 불렸다)의 주도하에 성자가 성부와 다른 본질(헤테로우시오스, ἑτεροούσιος)을 지녔고, 심지어 성부와 같지 않다(아노모이오스, ἀνόμοιος)고 가르쳤으며, 무(無)에서(엑스 우크 온톤, ἐξ οὐκ ὄντων) 창조되었다고 했다. 이들은 자신들의 표준 용어들로 인해서 헤테로우시오스파, 아노모이오스파, 엑수콘톤파라는 이름을 얻었다.

반(反)니케아파의 이러한 내부 갈등으로 인해 여러 차례의 공의회들이 열렸다. 시르미움에서 두 번(제2차, 357년; 제3차 358년), 안디옥에서 한 번(358), 앙키라에서 한 번(358), 셀레우키아와 리미니에서 동시에 한 번(359), 콘스탄티노플에서 한 번(360) 열렸다. 그러나 분열이 치유되지는 않았다. 공의회들에 상정된 타협안에는 우시아라는 단어가 완전히 삭제되고, 호모이우시오스(유사 본질의) 대신에 호모이오스(유사한)와 아노모이오스(같지 않은)가 쓰였는데, 이것은 어느 진영도 만족시키지 못했다. 콘스탄티우스는 자신이 지니고 있는 정교(政敎)상의 권력으로 분쟁을 진압하려고 했으나 허사였다. 그러다가 361년에 그가 죽음으로써 니케아 정통신앙 진영이 두번째이자 항구적으로 승리를 거두었다.

122. 정통신앙 진영의 최후 승리와 콘스탄티노플 공의회(381)

배교자 율리아누스(Julian the Apostate)는 모든 기독교 진영들에 대해 관용을 베풀었다. 그들이 서로 물어뜯도록 조장하여 자멸하기를 바라는 속셈이었다. 이런 속셈으로 유배지로 쫓겨나 있던 정통 진영의 주교들을 불러들였다. 심지어 아타나시우스조차 돌아왔으나, 곧 '신들의 원수'로 지목되어 다시 추방되었다가 훗날 요비아누스가 집권했을 때 다시 복권되었다. 이제 그리스도인들은 이교가 되살아나고 있는 현실 앞에서 공동의 전선을 정비할 필요를 느끼고서 한동안 분쟁을 그쳤다. 따라서 아리우스 논쟁도 자연스럽게 소멸되었다. 진리가 활력을 되찾았고, 니케아 정신이 본연의 힘을 발휘할 수 있게 되었다. 그리고 이것이 점차 승리를 거두었다. 처음에는 로마와 밀라노, 갈리아에서 여러 차례의 정통 진영의 교회회의들이 열린 라틴 교회에서 승리를 거두었고, 다음에는 이집트와 동방에서 승리를 거두었는데, 이 경우에는 아타나시우스의 현명하고 열정적인 활동과, 세 명의 위대한 카파도키아 주교들인 바실리우스, 나지안주스의 그레고리우스, 니사의 그레고리우스의 활동에 큰 힘을 입었다.

373년에 아타나시우스가 죽은 뒤에 아리우스주의는 한동안 알렉산드리아에서 다시 권력을 되찾고서 정통 진영에 온갖 박해를 퍼부었다.

콘스탄티노플에서는 나지안주스의 그레고리우스가 379년부터 작은 회중을 상대로 사역하여 큰 성공을 거두었는데, 이 회중만이 아리우스파의 지배 기간 동안 정통 신앙에 진실하게 남았다. 그는 의미심장하게도 아나스타시아(부활)라고 이름붙인 가정 예배당에서 그리스도의 신성에 관한 유명한 설교들을 했는데, 이 설교들이 그에게 신학자(Divine)라는 칭호를 얻게 했고, 그것과 아울러 많은 핍박을 받게 했다.

아리우스파 황제 발렌스(Valens, 364-378)는 반(半)아리우스파와 아타나시우스파 모두를 철저히 탄압했고, 그 결과 반아리우스파가 아타나시우스파에 합류하는 결과를 초래했다. 그의 후임자 그라티아누스(Gratian)는 정통 진영 사람이어서 추방당했던 주교들을 다시 불러들였다.

이로써 이단 진영이 사실상 지적·도덕적으로 와해된 상태에서 황제 테오도시우스 1세(혹은 대 테오도시우스)가 즉위했다. 그는 스페인에서 태어나 니케아 신앙으로 교육을 받았고 권좌에 올랐으며, 길고 강력한 재위 기간 동안(379-395) 로마 제국에서 정통신앙의 승리를 외적으로 철저히 완수해 놓았다. 즉위 직후인 380년에 공포한 유명한 칙령에서, 그는 자신의 모든 신민들에게 정통신앙을 고백할 것을 의무화했고, 이단들에 대해서는 법적 처벌로써 위협했다. 콘스탄티노플에 입성한 뒤에 데모필루스(Demophilus. 자신의 이단적 소신을 정직하게 끝까지 버리기를 거부한 인물) 대신에 나지안주스의 그레고리우스를 총대주교로 세웠으며, 40년간 권력을 차지해온 아리우스파를 수도의 모든 교회들에서 쫓아냈다.

이러한 강압적 조치들을 법제화하고 제국 교회의 통일을 회복할 의도로, 테오도시우스는 381년 5월에 콘스탄티노플에서 제2차 에큐메니컬 공의회를 소집했다. 이 공의회는 반(半)아리우스주의자들인 마케도니우스파(Macedonians) 혹은 성령이단론자들(Pneumatomachi)의 주교 36인이 퇴장한 뒤에 불과 150명의 주교로써 구성되었다. 라틴 교회는 아예 대표를 파견하지 않았다.[32] 멜레티우스(그는 공의회가 개회한 직후에 죽었다)와 나지안주스의 그레고리우스, 그리고 그가 사임한 뒤에는 콘스탄티노플의 넥타리우스(Nectarius)가 차례로 의장을 맡았다. 이렇게 콘스탄티노플 총대주교가 알렉산드리아 총대주교보다 높은 자리에 오르게 된 것은 새 로마[콘스탄티노플]의 주교에게 옛 로마 주교 다음의 첫째 서열을 부여한 그 공의회 법령 제3조로써 설명된다.

이 공의회는 새로운 신조를 작성하지 않았지만, 니케아 신조에 비본질적인 몇몇 대목을 고치고, 마케도니우스주의나 성령이단론을 배척하고 성령의 신성에 관한 중요한 구절을 첨가한 수정안을 채택했다.[33] 이렇게 개선된 형태의 니케아 신조가 채택되었다. 하지만 헬라어 문서에는 후대의 라틴어 문서에 첨가된 필리오케(filioque, '그리고 아들에게서') 구절이 없다.

이 공의회의 법령 제7조는 유노미우스파 혹은 아노모이오스파, 아리우스파 혹은 유독시우스파, 반(半)아리우스파 혹은 성령이단파, 사벨리우스파, 마르켈리우스파, 아폴리나리우스파 등의 이단들을 단죄하고, 권징에 관련된 문제들을 조정한다.

황제는 공의회 법령들을 재가했고, 벌써 381년 7월에 모든 교회를 대상으로 성부와 성자와 성령의 동등한 신성을 믿는, 그리고 특정 정통파 주교들과 교제

---

32) 이 공의회 법령에 대한 최초의 라틴어 번역문에는 로마 교회의 특사로 파스카시누스(Paschasinus), 루켄티우스(Lucentius), 보니파키우스(Bonifacius) 세 사람이 서명인 명단에 들어 있지만, 이것은 이 공의회와 451년의 제4차 에큐메니컬 공의회를 혼동한 것임에 틀림없다. 제4차 공의회에 위의 세 사람의 특사로 참석했다. 바로니우스는 교황 다마수스가 이 공의회를 소집했다고 주장하는데, 이것도 제1차 콘스탄티노플 공의회를 382년에 열린 제2차 콘스탄티노플 공의회로 착각한 결과이다.

33) 니케아 신조의 이 수정·증보판은 제2차 에큐메니컬 공의회에서 최초로 작성한 것 같지 않고, 그 내용이 10년 전쯤에 유포된 듯하다. 이렇게 생각하는 이유는 에피파니우스가 374년에 집필한 *Ancoratus*라는 책에서 두 가지 유사한 신조들을 소개하는데, 두 가지가 당시에 이미 동방에서 사용되고 있던 것으로 밝히기 때문이다. 짧은 신조는 문자적으로 콘스탄티노플 공의회 신조와 일치하며 긴 신조는 성령에 대해서 좀 더 길게 진술한다. 두 신조 모두 아나테마를 싣고 있다. Hefele(ii, 10)는 짧고 더 중요한 형식을 더 높이 평가한다.

관계에 있는 교회에서 시무하는 주교들에게 복종하도록 의무화하는 법을 공포했다. 이단들의 공예배를 금지했다.

이로써 아리우스주의와 유사 오류들이 로마 제국에서 영구히 뿌리뽑혔다. 물론 유사한 견해들이 산발적으로 이런저런 계기를 틈타 다시 끊임없이 고개를 들긴 했지만 말이다.

그러나 아리우스파가 득세하던 기간에 로마 제국으로부터 기독교를 전해 받은 서방 특히 갈리아와 스페인의 다양한 야만족들 사이에서는 아리우스의 교리가 두 세기 동안 더 존속했다. 고트족 사이에서는 587년까지, 스페인의 수에비족 사이에서는 560년까지, 429년에 북아프리카를 정복하고 가톨릭 신자들을 잔인하게 박해한 반달족 사이에서는 그들이 530년에 벨리사리우스에게 축출될 때까지, 부르군트족 사이에서는 그들이 534년에 프랑크 제국에 합병될 때까지, 롱고바르드족 사이에서는 6세기가 끝날 때까지 아리우스의 사상이 존속했다. 하지만 이 야만족들이 아리우스주의를 견지한 것은 확신 때문이 아니라 우연히 그랬던 것이며, 그것과 정통 교리 사이의 차이를 전혀 알지 못했다. 최초로 로마를 정복한 알라릭과, 북아프리카를 정복한 게네세릭, 이탈리아 왕이자 니벨룽겐 반지의 주인공 테오도릭은 아리우스주의자들이었다. 최초의 튜턴어 번역 성경은 아리우스파 선교사 울필라스(Ulfilas)에게서 나온 것이다.

123. 쟁점이 된 신학적 원리들: 논쟁의 취지

이제는 아리우스 논쟁의 내부 역사로 들어가 대립된 사상들의 발전 과정을 살펴보고자 한다. 우선 이 주제를 생각할 때 반드시 알아야 할 일반적인 관점들을 소개한다.

피상적이고 이성주의적인 시각에서 바라보면 이 거대한 투쟁이 헬라어의 한 문자 이오타(ι)를 놓고 벌어진 형이상학적이고 쓸데없는 말다툼으로 비칠 것이다.[34] 그러나 그것은 기독교의 심장에 해당하는 논쟁이었으며, 다소간에 다른 모든 신앙 조항들에 영향을 끼칠 수밖에 없었다. 팽팽하게 대치한 양 진영이 그리

---

34) ὁμοούσιος 와 ὁμοιούσιος.

스도와 성부의 관계에 관해 주장한 상이한 견해들은 기독교가 정말로 하나님에게서 유래한 종교인가, 가장 고등한 계시가 무엇인가, 실질적인 구속이 무엇인가, 아니면 단순히 상대적 진리가 무엇인가 하는 일반적인 문제를 내포하고 있었다.

그러므로 그 논쟁은 기독교 교리사의 분쟁들이 지니는 철학적·역사적 의미를 다른 어떤 합리주의적 사가들보다 훨씬 더 깊이 분별한 바우어 박사(Dr. Baur)가 제대로 파악한다. 그는 이렇게 말한다. "문제의 본질은 과연 기독교가 가장 숭고하고 절대적인 하나님의 계시인가 하는 것이었으며, 하나님의 자존적이고 절대적인 존재가 하나님의 아들 안에서 인간과 연합하시고, 그 연합에 힘입어 인간이 하나님의 아들을 통해서 하나님과 진정으로 하나가 되고, 절대 확실한 사죄와 구원을 얻게 할 정도의 본질적인 사귐을 하나님과 나누게 되었는가 하는 것이었다. 이 관점에서 볼 때 아타나시우스는 논쟁의 핵심을 파악하고 있었으며, 따라서 아리우스 교리를 비판할 때 언제나 그가 던진 주된 논지는, 만약 인간을 진정한 존재의 연합으로 하나님과 연합시켰다고 주장되는 그가 절대 하나님이 아니었거나, 혹은 절대 하나님과 동일 본질을 지니지 않고 다만 피조물들 가운데 하나의 피조물이었다고 한다면, 기독교를 완전한 구원으로 만드는 모든 것, 즉 기독교의 전체 본질과 구속의 모든 실재가 완전히 헛되고 무의미하게 될 것이다. 만약 하나님과 인간 사이에 창조되고 유한한 어떤 것을 넘어서는 게 아무것도 없다면, 혹은 아리우스주의자들이 생각하는 '하나님과 본질적 차이를 지닌 하나님의 아들' 같은 중보자와 구속자, 즉 하나님의 본질로부터 나옴을 입고 하나님과 동일하게 영원하되 무에서 창조되고 시간 안에 태어난 분이 존재하지 않는다면 창조주와 피조물 사이를 갈라놓는 무한한 간격이 채워지지 않은 채 남아 있을 것이고, 하나님과 인간 사이에 진정한 중보자란 존재하지 않는 셈이 된다. 아타나시우스 교리의 독특한 성격이 성부와 성자의 관계를, 그리고 그 관계 안에서 하나님과 인간의 관계를 본질의 연합과 교류로 이해하려는 노력에 있는 것과 마찬가지로, 정반대 노선을 취하는 아리우스 교리는 우선 성부와 성자를, 그 다음에는 하나님과 인간을 무한과 유한의 추상적 대립에 놓는 정반대의 구분의 목표를 갖는다. 그러므로 아타나시우스에 따르면 기독교는 하나님과 인간이 연합되는 종교인 반면에, 아리우스에 따르면 기독교 계시의 본질은 인간이 온갖 유한한 속성을 지닌 자신을 하나님의 절대 존재와 구분하는 차이를 인식하는 것으로만 이루어진다. 하지만 여기서 묻지 않을 수 없는 것은, 기독교가 인간을 하나님께 좀 더 가까이 다가가게 하는 대신에 하나님과 인간 사이의 간격을 고정시킬 뿐이라고 한다면 기독교의 가치란 대체 무엇인가 하는 것이다."[35]

아리우스주의는 세상의 정신을 동원하여 기독교 계시의 정신을 공격한 종교적·정치적 전쟁이었다. 이 세상의 정신은 교회를 3백 년간 외부에서 박해를 하다가, 기독교의 이름 아래 들어와서 그리스도를 유한하고 피조된 존재의 범주로, 기독교를 자연 종교의 범주로 격하하려고 했다. 아리우스주의의 형태를 취한 세상의 정신은 참된 신적 구주를 창조된 반신(半神)으로, 격상된 헤라클레스로 대체했다. 아리우스주의는 인간 이성에서 나왔으나, 아타나시우스주의는 신적 계시에서 나왔다. 그리고 두 사상은 저마다 다른 원천의 지식을 종속적이고 보조적인 요인으로 사용했다. 전자가 정신과 효과에서 이신론적이고 합리주의적이었던 반면에, 후자는 유신론적이고 초자연적이었다. 전자가 진리의 척도를 합리성으로 삼은 반면에, 후자는 성경과의 부합성으로 삼았다. 전자에서는 지적 관심이, 후자에서는 도덕적이고 종교적 관심이 동인이 되는 원리였다. 그럼에도 불구하고 이성과 변증법적 공식을 메마른 연역을 통해서 다룬 아리우스에 비해, 아타나시우스는 훨씬 더 깊고 유능한 사상가이기도 했다.

이 점과 연관하여 또 다른 차이가 확연하게 존재했다. 아리우스주의는 세속적 정치 권력과 황실에 결탁했다. 황제-교황적 원리를 표방했으며, 따라서 콘스탄티우스 치하에서 이 사상이 득세한 시기는 국가가 교회의 권리를 가장 독단적이고도 강압적으로 침해한 시기였다. 이와 달리 아타나시우스는 콘스탄티우스에게 수없이 면직을 당하면서도 황제에 대해서 직언을 서슴지 않은 태도에 잘 나타나듯이, 정통신앙의 대변인이었을 뿐 아니라 세속 권력에 대한 교회 독립의 대변인이기도 했으며, 이 점에서 독일 황제주의에 대항한 그레고리우스 7세의 선구자였다.

아리우스주의가 황실 정치의 시류에 줏대없이 흔들리고, 황실의 지원이 끊긴 순간부터 다양한 학파와 분파로 갈라진 것과 달리, 니케아 신앙은 그 위대한 옹호자 아타나시우스와 마찬가지로 시류에 흔들림 없이 본연의 자세를 유지했으며, 내면으로부터의 착실한 성장에 의해서만 강력한 진보를 이룩했다. 아타나시

---

35) *Die christliche Kirche vom 4–6ten Jahrhundert,* 1859, p. 97 sq.

우스는 아리우스파와 반(半)아리우스파 사이의 다양한 집단들을 구분하지 않고, 보편적 신앙의 원수들이라는 같은 범주에 넣고 대했다.

124. 아리우스주의

아리우스파는 후내의 시도사들의 이름을 따서 에우세비우스파, 아이티우스파, 유노미우스파라고 불리기도 하고, 그들이 사용한 특징적인 표현들을 따서 엑수콘톤파(Exukontians), 헤테로우시오스파(Heteroousiasts), 아노모이오스파(Anomoeans)라고도 불리는데, 이 집단의 교리는 다음과 같다:

성부만 하나님이시다. 그러므로 성부만 낳음을 입지 않으시고, 영원하시고 지혜로우시고 선하시고 불변하시며, 세상과 무한한 간격으로 구분되어 계시다. 성부께서는 직접 세상을 창조하실 수 없었고, 다만 대리자인 로고스(the Logos)를 통해서 창조하셨다. 하나님의 아들은 선재(先在)하고, 모든 피조물들 앞에, 모든 피조물들 위에 존재하며, 하나님과 세상 사이의 중간적 존재이고, 세상의 창조자이고, 성부의 완전한 형상이고, 성부의 생각을 실행하는 자이며, 따라서 은유적인 의미에서 하나님·로고스·지혜라고 부를 수 있다. 그러나 반면에 성자 자신은 피조물이다. 다시 말해서, 하나님의 첫 피조물이며, 그를 통해서 성부께서 다른 피조물들을 존재케 하셨다. 성자는 인지 가능한 모든 시간 이전에 성부의 뜻에 의해서 (하나님의 본질로부터가 아닌) 무로부터(ἐξ οὐκ ὄντων, 이 표현에서 엑수콘톤파라는 이름이 유래함) 창조되었다. 그러므로 성자는 영원하지 않고 시작이 있으며, 그가 존재하지 않았던 때가 있었다.

이처럼 아리우스주의는 성자가 자신이 창조한 모든 세계들에 앞서서 인격적으로 선재했다고 주장하는 점에서 에비온주의·소치니[소키누스]주의·이신론(deism)·합리주의를 훨씬 능가한다. 그러나 성자를 피조물들의 영역으로 낮추는 점에서는 그 사상들과 맥을 같이한다. 이것은 성자의 존재가 유한하고 일시적이라는 뜻을 내포한다. 아리우스주의는 초기에는 성자에게 불변성도 부여했으나, 후에는 피조물이 지니는 가변성에 종속시켰다. 하지만 이러한 모순은 만약 필요할 경우 도덕적 불변성과 육체적 불변성을 구분하면 해결된다. 성자는 본성으로는 가변적이지만, 의지를 자유롭게 실행함으로써 선하게 남는다고 설명하면 되는 것이다. 아리우스는 일단 성자에게서 신적 본질을 박탈한 뒤에는 엄밀한 의미에서 어떠한 신성도 그에게 일관성 있게 허용할 수 없었다. 성자의 존재 기한과 능력, 지식을 제한했고, 성자가 성부를 완전하게 알지 못했고, 따라서 성부를 완전하게 계시할 수 없었다고 분명히 주장했다.

성자는 본질상 성부와 구분되며 — 아이티우스와 유노미우스가 훗날 좀 더 강력하게 표현한 대로 — 성부와 다르다고 했다. 그리고 이러한 불일치성을 일부 아리우스주의자들은 모든 도덕적·형이상학적 속성들과 조건들에 확대시켰다. 그리스도가 신성을 지닌다는 교리가 아리우스에게는 필연 사벨리우스주의나 영지주의의 허황된 방출(emanation, 발산) 이론으로 귀결되는 것으로 보였다. 그리스도의 인성에 대해서, 아리우스는 그에게 오직 인간의 육체만 인정하고 이성적 기능을 지닌 영혼은 인정하지 않았으며, 이 점에서 아폴리나리우스도 비록 정통 신앙의 전제들에서 출발하고 그리스도의 신적 위격의 통일성을 견지할 의도를 지니긴 했으나 아리우스와 대동소이한 결론에 도달했다.

아리우스주의가 후대에 이룬 발전은 사실상 새로운 것이랄 게 없었고, 오히려 무수한 불일치와 모순을 드러냈을 뿐이다. 예를 들어, 명쾌함을 진리의 척도로 간주한 유노미우스는 계시가 모든 것을 명쾌하게 만들었으므로 인간이 하나님을 완전하게 알 수 있다고 주장했다. 반면에 아리우스는 성자에게조차 하나님 혹은 자신에 대한 완전한 지식을 인정하지 않았다. 부정적이고 이성적인 요소가 갈수록 크게 부각되었고, 이로써 논쟁이 깊은 신앙심이 증발한 채 형이상학적 전쟁으로 바뀌었다. 니케아 공의회와 콘스탄티노플 공의회 중간에 작성된 아리우스주의와 반(半)아리우스주의의 18개 신조는 꽃 없는 잎사귀들이요 열매 없는 가지들이다. 아리우스 이단이 자연스럽게 내달은 길은 내리막길로서, 소치니주의를 통과하여 결국 그리스도를 단순한 인간 곧 가장 모범적인 인간으로 바라본 합리주의로 내려갔다.

그러면 이제는 이 오류를 찬성하고 반대하는 데 각각 동원된 논리들을 살펴보기로 하자:

1. 아리우스주의자들은 해석학적 증거들을 그리스도를 어쨌든 피조물의 범주에 두는 듯한 성구들이나(예. 잠 8:22-25; 행 2:36), 혹은 육신이 되신 (선재적이고 신적이 아닌) 로고스에게 성장(발전)과 지식의 부족과 지침과 슬픔과 그 밖의 가변적인 인간 정서와 정신 상태가 있었다고 말하거나 성자가 성부에게 종속된

다고 가르치는 듯한 성구들에서 끌어내었다(예. 눅 2:52; 히 5:8, 9; 요 12:27, 28; 마 26:39; 막 13:52 등).

아타나시우스는 오로지 예수의 인격에서 인간적인 면만 가리키는 성구들을 언급하는 방식으로 아리우스주의자들의 이러한 논리들을 다소 쉽게 배격했다. 예를 들어, 주님께서 심판의 날이나 시각을 알지 못하신다고 말씀하실 때, 이것은 다만 그분의 인성 때문이다. 천지의 주재이시며, 날들과 시각들을 만드신 주님께서 그것을 모르실 리가 없는 것이다! 아타나시우스는 아리우스주의자들이 유대인들의 독단 곧 신과 인간이 공존할 수 없다는 편견을 품고 있다고 비판한다. 유대인들은 그리스도가 만약 하나님이라면 어떻게 인간이 되어 십자가에서 죽을 수 있단 말인가 하고 말했는데, 아리우스주의자들은 그리스도께서 인간이신데 어찌 동시에 하나님이실 수 있는가 하고 말한다. 아타나시우스는 우리가 그리스도인들이라고 말한다. 우리는 그리스도께서 영원한 신성을 지니고 있다고 말씀하실 때 그분에게 돌질을 하지 않으며, 그분이 부족한 인간의 용어로 우리에게 말씀하실 때 그것이 마음에 조금도 걸림이 되지 않는다. 그러나 그리스도가 지니신 양면을 도처에서 선포하는 것이 성경의 독특한 교리이다. 즉, 그리스도께서 성부의 형상이자 로고스로서 항상 하나님이셨으며, 훗날 우리를 구원하시기 위해서 인간이 되셨다는 것이 성경이 일관되게 가르치는 교훈이다. 아타나시우스는 '지음을 받으셨다'(made), '창조되셨다'(created), '되셨다'(became)라는 표현들을 인성에 적용할 수 없을 때, 그 표현들을 '증거되셨다'(testified), '이루셨다'(constituted), '입증하셨다'(demonstrated)라는 뜻을 지닌 비유적 표현들로 받아들인다.[36]

아리우스주의를 적극적으로 공격하기 위한 해석학적 증거들로서, 아타나시우스는 그리스도에게 신적 이름들과 신적 속성들, 신적 사역들, 신적 위엄을 돌리

---

36) 잠언 8:22 이하의 엑티세와 에테메리오세를 아리우스주의자들은 특히 강조하는데, 아타나시우스는 아리우스파에 대한 두번째 비판 연설에서 이 단어들을 아주 방대하게 다루면서, 이 단어들을 로고스(양 진영이 그분을 소피아로 이해하는 점에서는 일치함)의 본질과 관련짓지 않고, 로고스의 성육신과 우리 인류가 그를 통해서 얻게 된 재창조와 관련짓는다. 이것은 에베소서 2:10("우리는 그의 만드신 바라. 그리스도 예수 안에서 선한 일을 위하여 지으심을 받은 자니 이 일은 하나님이 전에 예비하사 우리로 그 가운데서 행하게 하려 하심이니라")을 근거로 제시한 해석이다.

는 모든 친숙한 증거 본문들을 거의 모두 인용하는데, 여기서 그 내용을 자세히 언급할 필요는 없겠다.

물론 그의 해석은 대다수 교부들의 해석과 마찬가지로 현대의 문법적·역사적·비평적 시각에서 바라볼 때는 알레고리적인 변칙과 공상과 궤변을 상당히 많이 드러내는 것이 사실이다. 그러나 이단의 해석과 비교하자면 훨씬 더 심오하고 참되다.

2. 아리우스주의를 떠받치는 신학적 논증들은 대체로 부정적이고 이성에 호소하는 것들이다. 그것은 한 마디로 반대 견해가 비이성적이고, 엄격한 유일신론 및 하나님의 위엄과 배치되며, 사벨리우스주의나 영지주의 오류들로 이어진다는 것이다. 물론 니케아의 호모우시오스를 가장 열정적으로 옹호한 사람 축에 드는 앙키라의 마르켈루스가 삼위성(三位性)을 부정하는 마르켈루스의 오류에 빠진 것이 사실이긴 하지만, 대다수 니케아 교부들은 한치 오류 없는 기지로써 사벨리우스주의의 스킬라(그리스 신화에 등장하는 머리가 여섯인 여자 바다 괴물: 역자주)와 삼신론(三神論, Tritheism)의 카리브디스(그리스 신화에 등장하는, 바다의 소용돌이를 의인화한 여자 괴물) 사이를 정교하게 헤치고 지나갔다.

아타나시우스는 아리우스파의 반론에 압도적인 변증 능력으로 대처했으며, 그들 이론의 내부 모순들과 철학적으로 불합리한 점들을 들춰냈다. 아리우스주의는 두 신(神) 곧 창조되지 않은 신과 창조된 신, 지존의 신과 하위 신을 가르치며, 따라서 이교의 다신교로 떨어진다. 그리스도가 단지 피조물일 뿐이라고 하면서도 다른 한편으로는 창조주라고 주장한다. 피조물이 생명의 근원이고, 모든 피조물들의 시작과 끝일 수 있다는 듯이 말이다! 그리스도를 창세 전의 존재로 간주하지만 영원성은 부정하는데, 실은 시간이란 세상의 개념에 속하는 것이고, 오직 세상 안에서 창조된 것이며, 따라서 창세 전에는 영원밖에 없었다.[37] 아리우스주의는 선재(先在)의 그리스도가 창조되기 전의 시간을 상정하며, 그로써 하나님 자신을 시간 개념에 포함시키는데, 이것은 하나님의 절대 존재와 모순된다. 하나님의 불변성을 강조하지만, 성자의 영원한 발생과 함께 영원한 부성(父

---

37) 시간은 모든 피조된 것들의 순차적 형태이다. 아리우스로서는 '시간이 첫 피조물인 그리스도와 함께 발생했다'고 말했음직하다. 그러나 그는 그렇게 말하지 않았고, 다만 시간을 성자 앞에 두었을 뿐이다.

性)마저 부정하며, 그로써 어쨌든 하나님 안에 본질적 변화가 있는 것으로 생각하도록 만든다.[38] 아타나시우스는 아리우스파가 이원론과 이교라고 비판하며, 구원 교리 자체를 무너뜨린다고 공격을 가한다. 성자가 피조물이라고 한다면, 인간은 이전과 다름 없이 하나님과 여전히 분리된 채 남아 있게 되기 때문이다. 어떠한 피조물도 다른 피조물들을 구속(救贖)하여 그들을 하나님과 연합시킬 수 없는 것이다. 만약 그리스도가 신이 아니라면 우리가 신의 본질에 참여하는 것도, 하나님의 자녀들이 되는 것도 무방한 일이 되고 만다.[39]

125. 반(半)아리우스주의

반아리우스파(Semi-Arians) 혹은 흔히 불리듯이 유사본질파(Homoiousiasts)[40]는 이론과 행동에서 니케아 정통신앙과 아리우스 이단 사이에서 왔다갔다 했다. 이들의 교리는 이견들(사실상 화합될 수 없는)을 내부적으로 화해시킨다는 인상을 주지 못하고, 외교적인 회피와 일시적 절충과 피상적이고 편협한 **황금의 중용**(juste milieu)에 치중한다는 인상을 준다. 이들은 기존에는 대다수 니케아 이전 교부들의 그늘에 숨어왔으나, 이제는 분명하고 명쾌한 결정을 내릴 시기를 맞이했다.

이들의 교리는 가이사랴의 에우세비우스가 니케아 공의회에 상정했다가 기각된 신앙고백서와, 340-360년에 열린 안디옥과 시르미움에서 열린 공의회들의 신앙고백서들에 실려 있다. 신학적으로 이들을 가장 잘 대표한 사람은 초기에는 가이사랴의 에우세비우스로서, 그는 오히려 자신이 존경하던 오리게네스에 더 밀착했고, 후기에는 예루살렘의 키릴루스로서, 그는 니케아파의 정통신앙에 좀

---

38) 이것은 알렉산드리아의 알렉산더가 제기한 반론으로서, 그다지 큰 무게를 지니지 못한다. 성자가 로고스이기 때문에, 아리우스파가 말하는 하나님이란 아들이 창조되기 전까지는 이성 없는 존재였음에 틀림없다는 것이 반론의 요지이다.

39) 참조. 아리우스파를 비판한 두번째 연설. cap. 69 ff.

40) 에우세비우스파라는 이름은 아리우스파와 반아리우스파에 대해서 쓰이는데, 이들은 모두 한동안 니코메디아(가이사랴가 아닌)의 에우세비우스를 수장으로 삼는 하나의 정파로서 아타나시우스와 니케아파를 대적하는 공동의 목적을 놓고 활동했다.

더 접근했다.

반(半)아리우스주의의 상징적 표현은 호모이우시온으로서, 호모우시온과 헤테로우시온에 각각 대립되는 용어이다. 이 사상 체계는 그리스도가 피조물이 아니고 성부와 함께(물론 동일하게는 아니고) 영원하지만, 유사 본질을 지닐 뿐이며 성부에게 종속된다고 가르친다. 성자의 영원한 발생(generation)을 주장하는 점에서, 그리고 성자가 피조된 존재임을 부정하는 점에서 니케아 신조와 일치하지만, 본질의 동일성을 부정하는 점에서는 아리우스주의와 일치한다. 따라서 양 진영 어느 쪽도 만족시키지 못했으며, 양 진영에 의해서 논리적 모순이라는 비판을 받았다. 아타나시우스와 그의 동료들은 반아리우스파를 겨냥하여, 유사 속성들과 관계들은 혹시 말할 수 있겠으나, 유사 본질들 혹은 유사 실체들이란 성립될 수 없다고 주장했다. 본질이란 둘이 동일하지 않으면 다를 수밖에 없기 때문이다. 어떤 사람을 놓고 말할 때, 그가 다른 사람과 유사하다고 할 수 있는 것은 실체[본질]에 대해서는 불가능하고 다만 외모와 형태에 대해서만 가능하다. 반아리우스파가 용인하듯이, 만약 성자가 성부의 본질을 지니신다면, 그것은 성부와 동일 본질일 수밖에 없다. 반면에 아리우스파가 반아리우스파에게 퍼부은 비판은 이러하다: 창조된 존재와 창조되지 않은 존재 사이의 중간 존재란 없다. 만약 성부 하나님께서만 창조되지 않으셨다면, 성자를 포함한 다른 모든 존재는 창조된 것이고, 결과적으로 성자가 성부와 다른 본질을 지니신 셈이며 성부와 유사하지 않은 셈이다.

이처럼 양 진영에서 비판을 받은 반아리우스주의는 오래 존속할 수 없었다. 심지어 콘스탄티노플 공의회가 열리기 전에 이미 이 집단의 주류가 정통신앙 진영으로 넘어갔다.

126. 되살아난 사벨리우스주의. 마르켈루스와 포티누스

정통신앙의 교리를 본격적으로 소개하기 전에, 아리우스의 종속설을 비판하려는 열정이 지나쳐 논쟁 과정에서 발생한, 그리고 정반대 극단을 형성한 한 가지 삼위일체 오류를 소개해야겠다.

마르켈루스(Marcellus)는 갈라디아 앙키라의 주교이자 아타나시우스의 친구였

고, 니케아파의 지도자 가운데 한 사람으로서, 니케아 공의회 직후에 아리우스
주의와 반(半)아리우스주의를 겨냥하여 쓴 장문의 논박서에서 그리스도의 동일
본질성(consubstantiality)을 과도하게 주장한 나머지 성부와 성자의 위격적 구분
에 손상을 입혔고, 적어도 용어상으로는 세련된 형태의 사벨리우스주의로 떨어
졌다.[41] 그리스도의 충분한 신성과 성부와의 동등성을 견지하기 위해서, 그는 그
리스도의 위격적(hypostatical) 선재를 부정했다. 하지만 마르켈루스의 정통신앙
을 놓고 동방교회와 서방교회는 의견이 엇갈렸으며, 이러한 차이는 심지어 현대
의 학자들 사이에서조차 존속한다. 335년에 반아리우스파가 주도한 콘스탄티노
플 공의회는 마르켈루스를 면직시키고, 가이사랴의 에우세비우스에게 그의 저
서를 비판할 임무를 맡겼다. 하지만 로마 교황 율리우스와 정통신앙 진영이 주
도한 사르디카 공의회(343)는 마르켈루스의 모호한 주장들과 그가 이전에 이룩
한 공로들, 아타나시우스와의 절친한 교분 등에 눈이 멀어 그의 정통신앙을 보
호하고 그를 주교로 복권시켰다. 하지만 이에 대항하여 열린 필리포폴리스 교회
회의는 그의 단죄를 재확인했다. 상황이 이쯤 되자 다른 곳에서는 항상 마르켈
루스에 대해서 예를 갖추어 말하던 아타나시우스조차 그를 가차없이 비판한 것
으로 전해진다.[42] 381년의 콘스탄티노플 공의회는 심지어 마르켈루스파와 포티
누스파의 세례를 무효라고 선언했다.

　마르켈루스는 종속설의 비판을 받지 않은 채 그리스도의 참된 신성을 확고히
견지하고 싶었다. 그는 성자의 영원한 발생에 관한 니케아 교리가 성자의 종속을
내포하며, 따라서 그의 영원성과 양립할 수 없다는 아리우스파의 주장을 정당하
다고 받아들였다. 그리고 이런 이유에서 이 교리를 완전히 포기하고서 아들, 형
상, 맏아들, 낳음을 입은 같은 표현들을 영원한 형이상학적 관계에 적용하지 않고
성육신에 적용했다. 이로써 로고스와 성자를 엄격히 구분했으며, 이것이 이 체
계의 첫 오류였다. 그는 성육신 이전에는 하나님의 아들이 없었고 다만 로고스
만 존재했다고 가르쳤으며, (적어도 에우세비우스가 그의 사상을 옮긴 바에 따
르면) 로고스에 대해서도 무인격적(impersonal) 능력, 하나님 안에 내재된 이성,

---

41) 그의 저서 , *De subjectione Domini Christi*, 고전 15:28을 토대로 함.

42) Hilary, *Fragm.* ii. n. 21 (p. 1299, ed. Bened.)는 아타나시우스가 이미 349년에
마르켈루스와의 사귐을 단절했다고 진술한다.

곧 인간 이성을 유추한 데 따라서, 하나님과 구분할 수 없고 영원하고 낳음을 입지 않은(unbegotten) 이성이라고 가르쳤다. 이 로고스는 창세 전에 하나님 안에서 침묵했으나(따라서 말씀이 없었으나), 그 뒤에 창조적인 말씀과 능력으로서, 하나님의 능동적·실천적 활동으로서(하나의 위격으로서가 아니라) 하나님에게로부터 나왔다고 했다. 이 능력이 창조의 원리로서 성육신 안에서 절정에 달하지만, 구속 사역을 마친 뒤에는 다시 하나님의 영면(永眠) 속으로 돌아간다. 성자는 구속 사역을 마친 뒤에 그의 나라를 성부께 돌리고, 태초와 마찬가지로 하나님 안으로 돌아가 안식한다. 그러므로 아들의 지위는 일시적인 상태로서, 그리스도가 인간으로 강림한 시점부터 시작하여 마침내 신성으로 격상 혹은 영화된다. 마르켈루스는 실제적 신인(God-Man)에 도달하지 못하고, 신적 권능이 인간 예수에 비범한 능력으로 내주하는 것에 머문다. 이 점에서 335년의 콘스탄티노플 공의회가 그에게 사모사타주의(Samosatenism)라는 비난을 가한 것은 어느 정도 정당한 것이다. 물론 그는 사모사타의 파울루스와 사뭇 다른 전제들에서 출발한 것이 사실이긴 하지만 말이다. 마르켈루스의 성령론과 삼위일체론도 미흡하기는 마찬가지이다. 물론 그가 보이지 않는 신적 개체(monad, 단자)가 삼중 개체(traid)로 확대되었다고 말하긴 하지만 사벨리우스적 의미로 그렇게 말하며, 세 실체 혹은 위격은 부정한다.

포티누스(Photinus)는 처음에는 앙키라의 부제[집사]였다가 훗날 판노니아 시르미움의 주교가 된 인물로서, 스승 마르켈루스의 생각에서 한 걸음 더 나아갔다. 그도 로고스와 성자의 개념을 엄밀히 구분하는 데서 출발하여 영원한 발생 개념을 배격하고, 그리스도 안의 신성을 하나님의 무인격적 능력으로 이해했다. 그러나 마르켈루스가 사벨리우스의 관점에서 성자의 본질과 로고스의 본질을 동일시하고 성자에게 로고스가 지닌 신적 속성들을 전가한 데 반해서, 포티누스는 사모사타의 파울루스와 아주 흡사하게 예수가 인성을 토대로 도덕적 개선과 공로에 힘입어 신적 위엄에 올랐으며, 따라서 예수 안에 있는 신성은 장성의 산물이라고 주장했다.

따라서 포티누스는 344년에 반아리우스파가 주도한 안디옥 공의회를 시작으로 동방과 서방에서 계속해서 열린 공의회들에 의해서 이단으로 단죄를 받았다. 그는 366년에 유배지에서 죽었다.

127. 성자가 성부와 동일본질이라고 정의한 니케아 교리

니케아, 호모우시오스, 아타나시우스 교리는 동방에서 아타나시우스에 의해서 가장 명쾌하고 능력있게 대표되었고, 그에게서 살과 피를 입었다. 그 다음으로 니케아 교리를 강력하게 옹호한 사람은 알렉산드리아의 알렉산더, 앙키라의 마르켈루스(하지만 그는 사벨리우스주의로 빗나가고 말았다), 바실리우스, 카파도키아 출신의 두 그레고리우스, 그리고 서방에서는 암브로시우스와 힐라리우스였다.

니케아 교리가 아리우스주의와 대치한 핵심 쟁점은 성자와 성부의 '본질의 동질성' 혹은 동일본질성(consubstantiality)이며, 이것이 (원래의) 니케아 신조 중 다음 조항에 실려 있다: "[우리는] 한 분이신 주 예수 그리스도, 하나님의 아들을 [믿는다]; 그는 성부의 독생자로 낳음을 입으신다. 즉, 성부의 본질이시고, 하나님의 하나님이시고, 빛의 빛이시고, 참 하나님의 참 하나님이시고, 낳음을 입으시되 지음을 입지 않으셨으며, 성부와 하나의 본질을 지니신다."

호모우시오스 곧 동일본질(consubstantial)이라는 용어는 물론 삼위일체라는 용어와 마찬가지로 성경에 사용되지 않는다.[43] 그러나 그것은 비록 정통신앙을 지닌 교부들뿐 아니라 이교 저자들과 이단 저자들에 의해서도 서로 다른 의미로 진작부터 쓰였던 용어였다. 이것은 아리우스파와 반아리우스파를 막아내는 보루가 되었고, 제1차 에큐메니컬 공의회와 제2차 공의회 사이의 격동의 시기에 교회를 동요하지 않게 붙잡아준 닻이 되었다. 초기에는 이것이 이단을 견제하는, 즉 아타나시우스가 거듭 말하듯이, 성자가 어떤 의미에서든 창조 내지 생산되었고 가변적이라는 주장을 부정하는 소극적인 의미를 지녔다.[44] 그러나 이후에는 '동일본질'이 정통신앙을 판가름하는 적극적인 잣대가 되어, 니케아 공의회의 정신으로 그리스도의 참되고 본질적 신성을 명쾌하게 표시하고, 외형상의 신성이나 절

---

43) Τριάς와 trinitas라는 단어를 이렇게 신성에 적용한 것은 2세기에 안디옥의 테오필루스와 아테나고라스가 처음이며, 3세기에 테르툴리아누스가 그렇게 했다. 하지만 신앙고백서는 성경과 다른 언어로 작성될 수밖에 없다. 신앙고백서란 성경의 해석이며, 그릇된 교리를 배제하는 데 그 뜻이 있기 때문이다.

44) Athanas., *Epist. de Decretis Syn. Nicaenae*, cap. 20 (i. p. 226); c. 26 (p. 231) 등.

반의 신성 혹은 하나님과의 유사함을 내세우는 주장들을 배척했다. 원래 성부 안에 있는 것과 동일한 신적이고 영원하고 불변한 본질이 영원부터의 발생(generation)이라는 파생적 방법으로 아들 안에 존재한다. 샘에서 발원한 물이 시내에 있고, 태양 빛이 광선 안에 있으며, 그리고 그것과 분리할 수 없는 것과 같은 이치이다. 따라서 주님께서는 "나는 아버지 안에 있고 아버지는 내 안에 계신 것을"(요 14:10), "나를 본 자는 아버지를 보았거늘"(14:9), "나와 아버지는 하나이니라"(10:30)라고 말씀하신다. 이것이 '하나님의 하나님', '참 하나님의 참 하나님'이라는 표현의 뜻이다. 그리스도는 인성으로써 인간과 함께 하시듯이, 그래서 우리의 살 중의 살이요 뼈 중의 뼈이시듯이, 신성으로써 아버지와 온전히 동일 본질로 계신다. 그럼에도 불구하고 마치 다른 인간들에 대해서 독립해 계시듯이 성부에 대해서 독립해 계신다. 이러한 관점에 서서, 바실리우스는 호모우시오스라는 용어를 들어서 삼위일체 내의 위격적 구분을 부정하는 사벨리우스주의를 비판한다. 왜냐하면 그것은 그 자체와 동일본질인 동일한 것이 아니라, 다른 것과 동일본질인 어떤 것이기 때문이다.[45] 실제로 사람들 사이의 동일본질성은 같은 본성을 지닌 상이한 개인들을 상정하며, 이런 관점에서 그 용어는 삼신적 의미에서 종(種, species)의 연합(unity)을 가리킬 수도 있다.

그러나 우리 앞에 놓인 경우에서 성자와 성부의 위격적 구분은 같은 유의 실체들의 공존(duality)으로 몰아가서는 안 된다. 그와 반대로 호모우시온은 단순한 속(屬, generic)의 결합과 구분되는 실체[본질]의 동일성 혹은 수적 결합(numerical unity)으로 이해해야 한다. 그렇지 않다면 그것은 어김없이 이원론 혹은 삼신론으로 이어지게 되어 있다. 니케아 교리는 유일신론의 토대에서 벗어나기를 거부하며, 사벨리우스주의와 삼신론 중간에 자리를 잡고 서 있다. 물론 당시에는 여전히 우시아와 휘포스타시스의 용례가 한동안 흔들렸다는 점과, '동일본질'과 '신적 본질의 수적 결합'의 관계가 후대에서만큼 명쾌하게 설명되지 않았다는 점을 인정해야 한다. 아타나시우스는 신적 본질의 결합이 분할할 수 없으며, 신성에는 하나의 원리만 있다고 주장한다.[46] 그는 전 시대에 테르툴리아누스가 그랬듯이, 그 관계를 불과 빛 혹은 샘과 시내의 관계로써 자주 예시한다. 하지만 이런

---

45) Basil. M. Epist. lii. 3 (tom. iii. 146).
46) *Orat.* iv. contra Arianos, c. 1 (tom. i. p. 617).

예시들에서는 비유 자체가 모든 것을 충분히 설명하지 않는다는 것을 잊어서는
안 된다.

그는 이렇게 말한다. "요한복음 14:10('나는 아버지 안에 있고 아버지는 내 안
에 계신 것을')의 말씀을 두 몸이 한 배를 타고 있는 것처럼 마치 성부와 성자가
서로 맞물려 서로를 보완하는 서로 다른 두 본질인 것처럼 이해해서는 안 된다.
성부는 충만하고 완전하시며, 성자는 신성의 충만함이시다."[47] 다른 곳에서는 이
렇게 말한다. "하나님 안에 마치 사람들처럼 서로 분리된 세 실제[본질]가 있는
것처럼 상상해서는 안 된다. 그렇게 하면 이교도처럼 여러 신들을 고안해 내게
된다. 오히려 샘에서 발원한 시내가 비록 두 가지 형태와 이름을 지닐지라도 서
로 분리되지 않는 것으로 생각하는 것이 옳다. 성부는 성자가 아니시고 성자는
성부가 아니시다. 성부는 성자의 아버지이시고, 성자는 성부의 아드님이시기 때
문이다. 샘이 시내가 아니고 시내가 샘이 아니지만 둘이 하나이고 같은 물이 샘
에서 시내로 흐르는 듯이, 신성도 구분 없이 성부로부터 성자에게로 부어진다.
따라서 주님께서는 당신이 아버지에게서 나오셔서 아버지에게로 가신다고 말씀
하신다. 그럴지라도 주님은 언제나 아버지와 함께 계시며, 아버지 품에 계시며,
아버지의 품은 아들의 신성이 한 번도 비어 있은 적이 없다."[48]

성자는 성부의 본질을 지니시지만, 구분이나 감소에 의하지 않고 단순하고 완
전한 자체 교류(self-communication)에 의하여 그 본질을 지니신다. 이러한 영
원한 사랑의 신적 자체 교류가 발생(generation)으로 묘사되고, 아버지, 아들, 독생
자, 맏아들이라는 성경 용어들로 암시된다. 영원한 발생은 하나님의 본질에서 이
루어진 내적 과정이며, 성자는 이 본질의 내재적 소산이다. 반면에 창조는 하나
님의 의지의 행위이며, 피조물은 창조주 밖에 있으며, 창조주와 다른 본질을 지
닌다. 성자는 인간으로서는 출생하시고, 하나님으로서는 출생하거나 창조되는
것과 무관하시다. 그는 낳음을 입지 않은 아버지에게서 영원부터 낳음을 입으신
다. 아타나시우스는 이 점을 아버지의 품에 계시는 독생자에 관한 구절(요 1:18)
에 토대를 둔다.

그러므로 발생과 창조는 사뭇 다른 개념들이다. 발생은 하나님 자신의 본질에

---

47) *Orat.* iii. c. Arian. c. 1 (p. 551).

48) *Expositio Fidei,* cap. 2.

서 이루어지는 내재적이고 필연적이고 항구적인 과정이요, 아버지가 아들에게 본질 혹은 자신을 영원히 교류하시는 것이다. 반면에 창조는 하나님의 외부 지향적이고 자유롭고 단회적인 행위로서, 무로부터 상이하고 일시적인 본질[실체]을 내놓는다. 하나님 안에 있는 영원한 부성(父性)과 자성(子性)은 지상에 존재하는 모든 유사한 관계들의 완전한 원형이다. 그러나 신적 발생은 모든 인간적 발생과 다른데, 그것이 절대적으로 영적이라는 점에서 뿐 아니라, 같은 종류의 새로운 본질을 생산하지 않고, 낳음을 입은 분이 낳은 분과 동일 본질을 지닌다는 사실에서도 서로 다르다. 이는 신적 본질이 그 단일성 때문에 구분될 수 없고, 무한성 때문에 증가할 수 없기 때문이다. 제대로 말하자면, 발생은 본질과 하등 상관이 없고 다만 위격적 구분에만 상관이 있을 뿐이다. 아들이 낳음을 입는 것은 하나님으로서가 아니라 아들로서이고, 본질에 대한 것이 아니라 이디오테스(ἰδιότης) 곧 그의 독특한 특성과 아버지와의 관계에 대한 것이다. 신적 본질은 낳지도 않고 낳음을 입지도 않는다.

성령의 발출(processio)도 마찬가지여서 성령의 본질이 아닌 위격에 상관이 있다. 더 나아가 인간의 발생에서는 아버지가 아들보다 나이가 많게 마련이지만, 신적 발생은 시간 안에서 이루어지지 않고 영원 안에서 이루어지므로 한 위격이 다른 위격보다 앞에 존재하거나 뒤에 존재하는 그런 것이 있을 수 없다. 성자가 발생하시기 전에 존재하셨는가 하는 문제에 대해서, 알렉산드리아의 키릴루스는 이렇게 대답했다: "성자의 발생은 그의 존재에 앞서지 않았다. 성자는 영원히 존재했으며, 발생에 의해서 영원히 존재했다." 성자는 성부의 존재에 필연적이었고, 성부는 성자의 존재에 필연적이었다.

하지만 이렇게 영원한 발생과 관련하여 강조된 필연성이 영원한 발생의 자유를 손상하는 것은 아니다. 필연성이 강조된 것은 그 발생이 인위적이고 우연한 것이 아님을 강조하려는 것뿐이며, 그 토대를 하나님 자신의 본질에 확고히 두기 위함이다. 하나님이 아버지이시려면 영원부터 아들을 낳으시고 그로써 자신을 번식(reproduce)하셔야 한다. 그럴지라도 하나님은 이 일을 하실 때 외부의 법칙에 순응하시는 방식이 아닌, 당신 자신의 법과 의지로써 하신다. 아타나시우스가 한편으로는 하나님이 당신의 의지로부터 성자를 낳으시는 게 아니라 당신의 본성(nature)에 의해서 낳으신다는 것을 강조하는 것이 사실이지만, 그러면서도 다른 한편으로는 하나님이 의지와 상관 없이 성자를 낳으신다거나, 혹은 억지로 혹은 무의식적 필연에 의해서 낳으신다는 생각을 인정하지 않는 것도 사실이다. 그러므로 [성자의] 발생은 그것을 올바로 이해한다면 본질의 행위인 동시에 의지의 행위인 셈이다. 아우구스티누스는 성자를 가리켜 "의지 중의 의지"(will of will)라고 부른다.[49] 하나님 안에서는 자유와 필연이 동시에 발생하는 것이다.

신적 발생의 양태는 신비이고 또한 신비일 수밖에 없다. 물론 그것을 인간의 발생을 근거로 설명하고 유추하는 것은 금물이며, 그 문제는 순전히 도덕적이고 영적인 방식으로 이해해야 한다. 지적 과정으로서 인식되는 영적 발생은 하나님의 영원한 자기 지식이다. 윤리적 표현으로 환언하자면, 그것은 하나님 당신 안에서 이루어지는 동작과 행위 안에 나타나는 영원하고 절대적인 사랑이다.

아타나시우스는 네 권으로 집필한 아리우스파 논박서에서 성자의 동일본질성을 논증하는 과정에서, 성경의 증거를 인증하는 동시에(성경의 증거가 다른 모든 논증들을 충분히 주도해 나간다), 어느 때는 실제적 방법을 취해 구속 사상으로부터 시작하고, 다른 때는 사변적 방법을 취해 하나님에 대한 사상에서 시작한다.

그리스도는 우리를 저주와 죄의 세력에서 건져주시고, 하나님과 화목시키시고, 영원하고 신적인 생명에 참여하는 자들로 삼아주셨다. 그러므로 그리스도는 하나님이심에 틀림없다. 혹은 부정적인 방법으로 접근하여, 만약 그리스도가 피조물이라면 다른 피조물들을 죄와 죽음에서 구속하실 수 없었다. 구속이란 창조 못지않게 더도 덜도 아닌 신적 행위인 것이다.[50]

아타나시우스는 하나님에 대한 사상에서 출발한 경우에는 다음과 같이 말한다: 하나님에게는 아버지의 관계가 우연히 발생하지도 않고 시간 안에서 발생하지도 않는다. 만약 그렇다면 하나님이 변화에 종속되실 것이다. 아버지의 관계는 영원·지혜·선·거룩 같은 속성들과 마찬가지로 필연적으로 하나님의 본질과 특성에 속한다. 따라서 하나님은 영원부터 아버지이셨음에 틀림없으며, 이러한 상태가 성자의 영원한 발생을 가능케 한다.[51] 신적 부성과 자성(子性, sonship)

---

49) Voluntas de voluntate. *De trinit.* x v. 20.

50) 참조. 특히 아리우스 논박서 제2권, c. 69 이하.

51) *Orat.* 1. *contra Arianos,* c. 28 . 물론 이 주장에 대해서는, 로고스가 육신이 되시어 신성에 영원히 인성을 취하심으로써 결국 하나님께 일정한 변화가 발생한 것이

이 지상의 모든 유추적 관계들의 원형이다. 성부 없이는 성자가 없듯이, 성자 없이는 성부가 없다. 아들을 낳지 못하는 아버지란 캄캄한 빛이나 마른 샘물 같은 표현처럼 성립될 수 없는 모순이다.

반면에 피조물들의 무존재(無存在)는 창조주의 완전에서 아무것도 이끌어내지 않는다. 왜냐하면 창조주는 뜻하시면 언제든 창조하실 능력이 있기 때문이다.[52] 성자는 성부 자신의 내적 본질에 속하는 반면에, 피조물은 하나님에게 외부적인 존재이며 하나님의 의지 행위에 종속된다. 더 나아가 하나님은 이성과 지혜, 능력을 상정하지 않고는 이해할 수 없으며, 성경에 따르면 (아리우스파들도 인정하듯이) 성자는 로고스 곧 하나님의 지혜와 능력과 말씀이며, 그로 말미암아 만물이 창조되었다. 불에서 빛이 발산되듯이, 따라서 빛을 불과 분리할 수 없듯이, 말씀(the Word)은 하나님에게서 나오고, 지혜(the Wisdom)가 지혜자에게서 나오고, 아들(the Son)은 아버지에게서 나온다. 그러므로 아들은 처음부터, 즉 영원한 신적 존재의 시작, 원래의 시작부터 곧 영원부터 계셨다. 그분은 자신을 가리켜 아버지와 하나라고 하시며, 사도 바울은 그를 세세에 찬양을 받으실 하나님으로 높인다(참조. 롬 9:5).

마지막으로, 그리스도는 만약 하나님이 아니시라면 성경에 누차 표현되고 교회에서 항상 그렇게 높임을 받으신 그러한 예배의 대상이 되실 수 없다. 피조물을 숭배한다면 그것은 우상 숭배이다.

아타나시우스와 그의 동역자들이 쓴 따뜻하고 열정적이고 웅변적이고 명쾌한 논쟁서들을 정독하고, 그것을 그들의 대적들이 쓴 모호하고 황량하고 거의 부정 일색인 주장들과 피상적인 논지들과 비교해 보면, 그들의 글이 비록 각론에서는 해석학적·변증적 면에서 결핍들을 안고 있음에도 불구하고 진리와 성경의 권위에 대한 충분하고 치밀한 이해와 깊은 이성의 사색, 그리고 초기 교회가 견지해온 전통적 신앙을 지니고 있음을 금방 확인할 수 있다.

니케아 교리의 정신과 경향은 신앙을 수립하려는 것이다. 그것은 그리스도와 기독교를 드높인다. 아리우스 오류는 냉랭하고 무정하며, 그리스도를 피조물의 영역으로 전락시키고, 이교도들의 행습대로 참 하나님께 대한 예배 대신에 피조

아니냐는 반론을 제기할 수 있다.

52) *Orat. ii. c. Arianos,* c. 1 sqq. *Orat. iii. c.* 66.

물을 신격화하여 숭배하려고 한다. 이런 이유에서도 그리스도의 참되고 본질적인 신성에 대한 신앙이 오늘날까지도 줄어들지 않는 생명력으로 유지되어온 반면에, 아리우스가 주장한 반신(半神) 곧 세상을 창조했으면서도 스스로 피조물인 신의 허구는 아주 오래 전에 완전히 종적을 감추었다.

128. 성령에 관한 교리

니케아 공의회의 결정은 주로 그리스도의 본질적 신성에 관한 것이었다. 그러나 아리우스 논쟁이 폭넓게 진행되는 과정에서 성자의 신성과 함께 서고 무너질 수밖에 없는 성령의 신성도 간접적으로 쟁점이 되었다. 교회는 항상 성령에 대한 신앙을 성부와 성자에 대한 신앙과 관련지었지만, 성령에 관한 교리는 성부와 성자에 관한 교리에 부록 정도로만 간주해온 것이 사실이었다. 그러다가 결국 논리 전개 과정에서 성령의 신성과 위격도 똑같이 강조하게 되었고, 성령께서 성부와 성자와 함께 삼위일체의 한 위격이심을 인정하게 되었다.

아리우스파는 성령이 성자의 첫 피조물이라고 주장했으며, 성자가 성부에 종속되듯이 성령도 성자에게 종속된다고 주장했다. 그러므로 아리우스파가 말한 삼위일체란 내재적이고 영원한 삼위일체가 아니라 시간 안에서 발생하고 서열이 있으며, 창조되지 않은 하나님과 창조된 두 반신(半神)으로 구성되는 셈이다. 여기서 반(半)아리우스파는 다른 곳에서와 마찬가지로 여기서도 정통 교리에 접근했지만, 성령의 동일본질성을 부정하고 창조됨을 주장했다. 특히 반대파인 아리우스파에 의해서 콘스탄티노플 총대주교좌에서 축출되었던 온건한 반아리우스주의자인 마케도니우스(Macedonius)가 대표적인 경우이다. 362년 이후에 그의 영향을 받아 성령에 관한 그릇된 교리를 추종한 사람들을 가리켜 마케도니우스파(Macedonians)라고 했고, 혹은 성령이단파(Pneumatomachi)와 트로피코스파(Tropici)라고도 했다.[53]

---

53) τροπικοί. 이 이름은 정통신앙 진영이 성령의 신성을 주장할 때 근거로 제시한 성구들을 그들이 단순히 비유(trope) 혹은 은유로 설명한 데서 유래한 듯하다. 참조. Athanas., *Ad Serap.* Ep. i. c. 2 (tom. i. Pars ii. p. 649).

니케아 정통신앙파 가운데서도 한동안은 삼위일체의 제3위에 관한 교리를 불확실하게 이해하고 있는 사람들이 많이 있었다. 더러는 성령이 하나님의 무인격적 능력 혹은 속성이라고 주장했고, 더러는 소극적인 태도로 성경의 표현을 넘어서지 않으려고 했다. 나지안주스의 그레고리우스는 나름대로 성령이 성부와 성자와 동일본질이심을 믿고 가르쳤음에도 불구하고, 380년에 이르러서까지도 다음과 같은 현저한 양보를 했다: "우리들 가운데 지혜로운 어떤 사람들은 성령을 영향력으로 혹은 피조물로 혹은 하나님으로 생각하고, 더러는 성경을 존중한다 하면서 성경이 이 문제에 대해서 결정적인 교훈을 하지 않으므로 뭐라고 단정할 수 없다고 말한다. 이런 이유로 그들은 성령께 경배를 드리거나 그렇지 않은 사이에서 흔들리며 어정쩡한 태도를 취하는데, 하지만 실제로 이것은 악한 태도이다."[54] 바실리우스는 370년에도 여전히 성령을 하나님이라 부르기를 주저했다. 물론 교회에서 연약한 자들을 배려해서 취한 태도이긴 했지만 말이다. 푸아티에의 힐라리우스는 성령이 하나님의 깊은 것이라도 통달하시는 분으로서, 하나님이심에 틀림없다고 믿었지만, 성경에서 그분을 하나님이라 칭하는 구절들을 발견할 수 없었으며, 성경이 가르치고 마음이 입증하는 것이 성령의 존재라는 것으로 만족해야 한다고 생각했다.[55]

그러나 교회는 한 분 안에 두 분으로만 만족할 수 없었다. 세례 신조와 사도의 축도, 그리고 전통적인 삼위일체적 송영들은 성령을 성부와 성자와 동등한 반열에 올려놓으며, 본질의 통일성에 근거한 신적 삼위성(三位性)을 요구한다. 신적 삼위성은 본질의 어떠한 비동질성도, 창조주와 피조물의 혼합도 허용하지 않는다. 아타나시우스는 이 점을 잘 인식하고서 성령이단파 혹은 트로피코스파에 맞서서 성령의 동일본질성을 단호하게 옹호했다.[56] 바실리우스도 같은 입장을 취했고, 나지안주스의 그레고리우스·니사의 그레고리우스·디디무스·암브로시우스도 마찬가지였다.

이 교리가 알렉산드리아 공의회(362), 로마 공의회(375), 그리고 마침내 콘스탄

---

54) *Orat.* xxxi. *De Spiritu sancto*, cap. 5.

55) *De trinitate*, ii. 29; and xii. 55.

56) 362년에 트무이스의 주교 세라피온에게 보낸 네 편의 서신(Ep. ad Serapionem Thmuitanum episcopum contra illos qui blasphemant et dicunt Spiritum S. rem creatam esse), in his Opera, ed. Bened. tom. i. Pars ii. pp. 647-714.

티노플 공의회(381)에서 승리를 거두었고, 에큐메니컬 정통신앙의 본질적 구성 요소가 되었다.

따라서 콘스탄티노플 신조는 다음과 같은 중요한 내용으로 니케아 신조를 보완했다: "그리고 주(主)이시요 생명을 주시는 분이시고, 아버지와 함께 예배와 영광을 받으시며, 선지자들의 증거를 받으신 성령을."

이 문구는 성령의 동일본질성을 비록 명시하지는 않았으나 사실상 그 점을 주장하며, 성령께 신적 위엄과 예배를 돌린다.

니케아 교부들이 성령의 신성을 입증하기 위해 제시한 해석학적 증거들은 주로 다음과 같다. 성경은 성령을 아무데서도 피조물이나 천사의 반열에 두지 않고 하나님으로, 하나님과 동일하게 영원한 분으로, 하나님의 깊은 속을 통달하는 분으로(고전 2:11, 12) 소개한다. 성령께서는 우주를 충만하게 채우시며 모든 곳에 계시지만(시 139:7), 피조물들은 심지어 천사들조차 일정한 공간을 차지하고 있다. 성령은 심지어 창조에도 관여하셨고(창 1:3), 모세와 선지자들을 충만하게 채우셨다. 그분에게서 중생과 성화라는 신적 사역이 나온다(참조. 요 3:5; 롬 1:4; 8:11; 고전 6:11; 딛 3:5-7; 엡 3:16; 5:17, 19 등). 성령은 교회에 온갖 은사들을 내리시는 분이다(고전 12장). 성부와 성자와 마찬가지로 신자들 안에 내주하시며, 신자들을 신적 생명에 참여하게 하신다. 성령을 거스르는 행위는 극단적인 죄라서 사함을 받을 수 없다(마 12:31). 성령께 거짓말을 하는 것을 가리켜 성경은 하나님께 거짓말한 것이라고 말한다(행 5:3, 4). 세례 문구(마 28:19)뿐 아니라 사도의 축도(고후 13:13)에서도 성령은 성부와 성자와 동렬에 놓여 계시며, 그럴지라도 두 분과 구분된다. 그러므로 참 신이시면서도 동시에 자의식을 지니신 인격이심에 틀림없다. 성령은 성화의 근원이시고, 우리를 신적 생명과 연합시키시며, 따라서 하나님이심에 틀림없다. 삼위일체 하나님은 당신 안에 창조된 것과 변화 가능성이 있는 것을 두시지 않는다. 성자께서 영원부터 성부에게 낳음[발생]을 입으시듯이, 성령께서는 성자를 통해서 성부로부터 나오신다[발출]. (반면에 성령이 성자로부터 나오신다는 생각은 라틴 교회가 차후에 성자의 동일본질성으로부터 추론한 것이며, 니케아 교부들에게는 알려지지 않았다.)

발생(generation)과 발출(procession)간의 구분이 이 시기에는 구체적으로 규명되지 않는다. 아우구스티누스는 두 개념 모두 충분히 표현할 수도, 설명할 수도 없다고 말한다. 이 시기에는 성령 교리가 어떤 점에서도 그리스도에 관한 교리

만큼 정교하게 수립되지 못했으며, 따라서 많은 공백을 드러낸다.

129. 니케아-콘스탄티노플 신조

이제는 긴 논쟁을 통해서 확립된 니케아 신조와 콘스탄티노플 신조를 비교해보자. 전자에는 실려 있는데 후자에는 빠진 부분은 괄호로 표시했고, 전자에는 실려 있지 않은데 후자에는 실려 있는 부분은 고딕체로 표시했다.

니케아 신조 (325)

"우리는 한 분 하나님, 전능하신 아버지, 보이는 것과 보이지 않는 모든 것을 만드신 이를 믿사옵나이다. "또한 한 분 주 예수 그리스도를 믿사옵는데, 그분은 성부에게서 낳으신 하나님의 아들로서, [독생자 곧 하나님의 하나님이신 성부의 본질이시며], 빛의 빛이시고, 참 하나님의 참 하나님이고, 지음을 입지 않으시고 낳음을 입으시고, 성부와 하나의 본질이시나이다. 그분에 의해서 [하늘과 땅의] 만물이 지음을 받았으며, 그분은 우리 인간들을 위해, 우리의 구원을 위해 강생하시어 육신이 되시고 인간이 되셨으며, 고난을 받으셨고 사흘날에 다시 살아나셔서 하늘에 오르셨고, 거기로부터 살아 있는 자들과 죽은 자들을 심판하러 오십니다.

"또한 성령을 믿사옵나이다.

["그리고 다음과 같이 말하는 자들, 곧 그분이 존재하지 않은 때가 있었다거나, 지음을 받기 전에는 계시지 않았다거나, 무로부터 혹은 다른 실체나 사물로부터 지음을 받았다고 말하거나, 하나님의 아들이 창조되었다거나 변할 수 있다거나 변경될 수 있다고 말하는 자들은 거룩한 보편적·사도적 교회에 의해서 단죄를 받습니다."]

니케아 - 콘스탄티노플 신조 (381)

"우리는 한 분 하나님, 전능하신 아버지, 하늘과 땅, 보이는 것과 보이지 않는 모든 것을 지으신 분을 믿사옵나이다.

"또한 한 분 주 예수 그리스도를 믿사옵는데, 그분은 모든 세계들(아이온들)이 있기 전에 성부께로부터 낳음을 입은 하나님의 독생하신 아들이시고, 빛의 빛이시고, 참 하나님의 참 하나님이시고, 지음을 받지 않고 나음을 입으셨고, 성부와 하나의 본질을 지니시며, 그분에 의해서 만물이 지음을 받았사옵나이다. 그분은 우리 인간들을 위해서 그리고 우리의 구원을 위해서 하늘로부터 강생하셨고, 성령으로 말미암아 동정녀 마리아에게서 육신을 입으셨고 인간이 되셨나이다. 그분은 성경에 따라서 본디오 빌라도 아래에서 **우리를** 위해서 십자가에 달리셨고, 고난을 당하셨고, 장사되셨고, 사흘날에 다시 살아나셨고, 하늘에 오르셨고, 성부의 우편에 앉아 계시며, 거기에서 살아 있는 자들과 죽은 자들을 심판하시러 영광을 가지고 다시 오십니다. 그분의 왕국은 끝이 없사옵나이다.

"또한 성령을 믿사옵는데, 그분은 주(主)이시며 생명을 주시는 분으로서, 성부께로부터 발출하시며, 성부와 성자와 함께 예배와 영광을 받으시며, 선지자들로 말미암아 말씀하시나이다. – 하나의 거룩한 보편적·사도적 교회를 믿사옵나이다. 우리는 죄 사함을 위한 하나의 세례를 믿사옵나이다. 우리는 죽은 자들의 부활을 기다리오며, 장차 올 세상의 생명을 믿사옵나이다. 아멘."

주의해서 비교해 보면 콘스탄티노플 신조가 니케아 신조를 상당 부분 개선했음을 알 수 있다. 말미에 아나테마를 뺀 부분과, 성령과 교회와 구원의 도리에 관한 조항들을 첨가한 부분이 그것이다. 첨가한 부분(성경에 의하면)은 진리로 인도하는 이 신적이고 무오한 안내자를 인정한 것으로서 그것 역시 중요하다. 전체 내용이 니케아 신조(the Nicaenum)에 비해 완전하고 균형이 있으며, 이 점에서 사도신경에 더 가깝다. (사도신경도 같은 방식으로 창조로 시작하여 부활과 영생으로 마치며, 논쟁적 부조화로 인해 막히는 대목이 없다. 그러나 사도신경이 구조상 훨씬 단순하며, 따라서 다른 신조들에 비해 회중과 어린이의 용도에 훨씬 잘 맞게 되어 있다.)

콘스탄티노플 신조는 한동안 니케아 신조와 나란히 유지되다가, 451년 칼케돈 공의회에서 최초로 공식 채택된 이후로 니케아 신조를 점차 대체했다. 그때부터 콘스탄티노플 신조가 니케아 신조라는 이름으로 불리게 되었다. 그럴지라도 동방 교회의 일부 분리파 집단들에서는 원래의 니케아 신조가 여전히 사용된다.

라틴 교회는 그리스 교회로부터 개선된 니케아 신조를 받아 채택했으나, 성령에 관한 조항에서 그 유명한 필리오케 구절이 추가되는 것을 허용했는데, 이 구절은 589년에 톨레도 공의회에서 처음 삽입된 뒤에 양 교회 사이에 치열한 분쟁의 계기가 되었다.

130. 니케아의 삼위일체 교리. 삼위일체 용어 체계

성령의 본질적 신성과 위격성에 관한 교리가 니케아의 삼위일체 교리를 완성했다. 이제는 삼위일체 교리 전체를 좀 더 구체적으로 살펴보자.

이 근본적이고도 포괄적인 교의는 기독교 신론의 통일성과 충만한 생명력을 동시에 얻었다. 그리고 이 점에서 이 교의는 다른 교의가 넘볼 수 없는 지위에서 기독교 전체를 대표한다. 한편으로는 이교의 다신론을 막아주고, 다른 한편으로는 유대교의 이신론과 추상적 유일신론을 막아주는 보루가 된다. 오류들을 피하고 이 두 가지 양 극단에 존재하는 진리의 요소들을 취합한다. 니사의 그레고리우스는 우리가 이 교의에 힘입어 이교도들에 대해서는 본질의 통일성을 견지하고, 유대인들에 대해서는 위격들의 구분을 견지한다고 말한다. 우리는 다수성(multiplicity)을 무조건 배격하는 게 아니라, 이교의 다신론처럼 존재의 통일성을 훼손하는 것만을 배격한다. 또한 모든 통일성을 배격하는 게 아니라, 다양성과 충분하고 살아 있는 행위를 부정하는 그런 통일성만 배격한다. 정통신앙의 삼위일체 교리는 더 나아가 사벨리우스주의와 삼신론 사이에서 진정한 중용의 도리를 수립한다. 사벨리우스주의와 삼신론은 모두 신적 삼위성을 가르치긴 하나, 전자는 위격적 구분을 희생시키고, 후자는 본질적 통일성을 희생시킨다.

정통신앙의 삼위일체 교리는 다른 교의들을 건전하게 견지하는 영향력을 발휘했다. 온갖 '발산'(emanation) 이론들을 잠재우고, 하나님의 본질로부터 나오시는, 따라서 그분과 하나이신 성부와 성령을 하나님의 자유로운 의지에 의해 무로부터 발생하는, 따라서 상이한 본질을 지닌 것들과 엄격히 구분함으로써 기독교 창조관을 확립했다. 오리게네스의 영원한 창조 가설을 배제한 채, 신적 본질 내에 지식과 사랑의 행위와 작용이 있음을 설명했다. 그리고 구주와 성령의 참된 신성을 강조함으로써 구속 사역과 성화 사역의 신적 성격을 확증했다.

니케아 교부들은 자신들이 삼위일체의 신비를 다 밝혀낸 듯한 자세를 취하지 않았으며, 인간의 지식이란 특히 이렇게 깊고 핵심적인 교의 앞에서는 지극히 단편적인 것에 지나지 않는다는 것을 너무나 잘 알고 있었다. 하나님께 속한 것들에 대한 사색은 신비로 끝나고 불가해한 부분에 도달하며, 그 앞에서 인간의 사고는 겸손한 송영으로 꿇어 엎드릴 수밖에 없다.

아타나시우스는 이렇게 말한다. "인간은 삼위 하나님이 입으신 옷의 한 자락만 붙들 수 있을 뿐이다. 그룹들이 옷의 나머지 부분을 날개로 덮고 있다." 358년에 수사들에게 쓴 편지에서, 그는 이 신비를 연구하면 할수록 자신의 이해를 피해간다고 털어놓으면서,[57] 시편 저자의 말을 인용하여 자신의 심정을 토로한다: "이 지식이 내게 너무 기이하니 높아서 내가 능히 미치지 못하나이다"(시 139:6). 아우구스티누스는 "삼위일체를 정의해보라는 요청을 받는다면, 이것이 다 저것이다 딱히 말할 수 없다고밖에 대답할 수 없다"고 말한다.[58] 그러나 우리의 신앙에 대해서 어떻게 혹은 왜를 설명할 수 없을지라도, 그리스도인은 자신이 믿는 것과 믿지 않는 것을 알 수 있고 또한 알아야 하며, 신앙의 내용을 이루고 있는 사실들과 진리들을 확신하고 있어야 한다.

정통신앙의 삼위일체 교리에서 핵심 사항들은 다음과 같다:

1. 오직 하나의 신적 본질(essence) 혹은 실체(substance)만 있다. 성부·성자·성령은 본질이 하나 곧 동일본질이시다. 서로 안에 계시고, 서로 분리되지 않으시며, 서로를 배제한 채로는 인식될 수 없으시다. 이 점에서 니케아 교리는 철저히 유일신론적 혹은 일신론적이며, 이교의 다신론이 옷을 새로 갈아입은 것에 지나지 않는 삼신론과 구분된다.

본질(우시아)과 본성(nature, φύσις)은 철학적 의미로는 개인, 인격을 가리키지 않고, 속(屬, genus) 혹은 종(種, species)을 가리킨다. 숫자상의 하나(unum in numero)가 아닌 여럿 중의 하나의 존재(ens unum in multis)를 가리킨다. 모든 사람은 비록 개인으로서는 저마다 다르지만, 동일한 실체를 지니며 동일한 인간 본성을 공유한다. 호모우시온이라는 용어는 엄밀한 문법적 의미로는 헤테로우시온과 다를 뿐 아니라, 모노우시온(한 본질)이나 투토우시온과도 다르며, 수적 동일성을 뜻하지 않고, 본질의 동일성 혹은 여러 존재들 가운데 본성의 공유를 뜻한다.

---

57) Ep. ad Monachos (Opera, tom. i. p. 343).

58) *Enarrat. in Ps. xxvi. 8.*

칼케돈 신조에 호모우시온이라는 단어가 분명히 이런 뜻으로 쓰이는데, 구체적으로 말하자면, 그리스도께서 "신성에 관해서는 성부와 동일본질(호모우시오스)이시고, 인성에 관해서는 우리와 동일본질이시다"라고 [그러나 개인적으로는 우리와 구분되신다고] 진술되어 있다. 니케아 신조는 신적 본질의 단일성 혹은 수적 통일성을 명확하게 주장하지 않는다("우리는 한 분 하나님을 믿습니다"라는 첫째 조항의 표현을 제외하면). 그리고 니케아 교부들의 주안점은 아리우스주의에 맞서서 성자와 성령이 분명히 하나님이시며 성부와 본질상 동일하심을 강조하는 데 있었다. 만약 호모우시온과 모노우시온의 차이를 지나치게 부각시키거나, 그들이 신성의 단일성(monarchia) 곧 수적 통일성을 똑같은 비중으로 강조한 여러 단락들을 간과한다면, 그들에게 삼신론의 비판을 덮어씌울 수밖에 없다.

그러나 신적 삼위일체에서는 동일본질성이 종(種)의 동일성을 가리키는 동시에 수적 통일성도 가리킨다. 종의 단일성(unum in specie)뿐 아니라 수(數)의 단일성(unum in numero)도 가리킨다. 세 위격(person)이 신적 본질에 맺고 계신 관계는 마치 아브라함과 이삭과 야곱 혹은 베드로와 요한과 바울이 인간 본성과 맺은 관계처럼 세 분이 신적 종(種)과 맺는 그런 관계가 아니다. 신적 본질은 그 단순성 때문에 절대 나뉠 수 없으며, 무한성 때문에 절대 확장될 수도 전이될 수도 없다. (반면에 육체적 본질은 나뉠 수 있고, 인성은 발생에 의해 증가될 수 있다.) 신적 본질이 셋이라면 서로를 제한하고 배제할 것이며, 따라서 무한하거나 절대적일 수 없다. 하나님의 나뉘지 않는 하나의 본질의 온전한 충만함이 그 본질에 내포된 모든 속성들과 함께 삼위일체의 모든 위격에 거하되, 각 위격마다 나름대로의 방식으로 거한다. 구체적으로 말하자면, 성부 안에는 본연의 원리로서, 성자 안에는 영원한 발생에 의해서, 성령 안에는 영원한 발출에 의해서 거한다. 교회는 '하나의 신적 본질 그리고 세 위격'을 가르치지 않고, 세 위격 안에 있는 하나의 본질을 가르친다. 성부·성자·성령은 구별된 세 개인으로 이해해서는 안 되며, 서로 안에 계시고 연대적(solidaric) 일체를 이루고 계신다.

니케아 교부들이 남긴 많은 단락들이 삼신론의 인상을 주는 것이 틀림없는 사실이지만, 이것은 사벨리우스적 기조를 지니고 있다고 볼 수 있는 다른 단락들에 의해서 중화된다. 따라서 그들의 입장은 이 양극단 사이의 중용으로 간주해야 한다. 훗날 6세기 중엽에 알렉산드리아에서 활동한 아리스토텔레스주의자 겸 단성론파인 요한 필로포누스(John Philoponus)가 삼신론의 죄목으로 단죄를 받게 되는데, 그 이유는 φύσιϛ(본성)와 휘포스타시스(위격)를 구분하지 않았고, 삼위일체 내에 위격의 수대로 세 본성, 세 본질, 세 신성이 있다고 간주했기 때문이었다.[59]

2. 이러한 하나의 신적 본질 안에 세 위격(three persons) 혹은 좀 더 나은 표현을 사용하자면 휘포스타시스가 계시다. 즉, 성경이 성부·성자·성령이라 부르는 나뉘지 않고 나눌 수 없는 하나의 동일한 전체의 세 가지 다른 존재 양태들이 계시다.[60] 이러한 구분들은 신성의 상이한 속성들과 능력들 혹은 행위들이 아니고, 신성이 인간 정신에 자신을 나타내실 때 취하시는 주관적 양상들은 더더욱 아니다. 그러나 각 위격은 신적 존재의 온전한 충만함을 그에 딸린 모든 속성들로써 표현하시며, 세 위격이 상호 지식과 사랑의 관계로 서 계시다. 성부는 당신의 생명 자체를 성자에게 전달하시고, 성령은 두 분 사이를 잇는 결합과 교통의 끈이시다. 성자는 성부께 말씀하시고 신인(神人)으로서 심지어 성부께 기도하시며, 그로써 첫 사람이 둘째 사람과 마주하여 서듯이, 성부에 마주하여 서신다. 그리고 성령을 당신이 성부께로부터 보내실 '다른 보혜사'라고 하시며, 그로써 성령을 제3위로 말씀하신다(참조. 요 14:16).

이 대목에서 정통신앙 교리는 사벨리우스주의 혹은 양태론(modalism)을 버렸다.(이 사상은 성부와 성자와 성령을 엄격히 대등한 지위에 놓고 생각하는 것이 사실이지만, 한 분 하나님의 상이한 이름들과 형태들로서 그러할 뿐이다.)

반면에 앞서 암시했듯이, 위격(person)이라는 용어를 사람 사회에서 통용되는 의미로 (즉, 인격이라는 의미로) 받아들여서는 안 된다. 마치 세 위격이 세 분의 상이한 개인들이거나, 자의식을 지니고 따로 행동하는 세 분인 것처럼 생각해서는 안 되는 것이다. 삼위일체 사상이 말하는 위격 개념은 단순한 현시(顯示) 혹은 역할 수행의 형태에 관한 개념(사벨리우스주의로 빠지게 될)과, 독립되고 제한

---

59) 삼신론과, 요한 필로포누스와 요한 아스쿠스나게스의 교리는 단편들로만 우리에게 전해진다.

60) 하나님의 삼위성(tri-personality)에 관한 문제를 오늘날 제기되는 하나님의 인격(personality)에 관한 문제와 혼동해서는 안 된다. 삼위성은 니케아 교부들이 추상적 군주신론과 사벨리우스주의에 반대하여 주장한 것인 반면에, 인격성은 기독교 유신론이 하나님과 인간 정신의 인격적 관계를 불가능하게 만드는 범신론에 반대하여 주장한 것이다.

된 인간 인격에 관한 개념(삼신론으로 귀결될) 사이의 중간에 놓여 있다. 달리 말하자면, 삼위일체 사상이 말하는 위격 개념은 모노우시온(한 본질) 개념이나, 하나의 동일한 존재의 삼중적 개념과 양상이라는 유니테리언적 삼위일체 개념, 혹은 독자적이고 구별된 세 존재라는 삼신론적 삼위일체 개념을 회피한다. 각 위격에는 동일하고 분리할 수 없는 신적 본질이 계시며, 이 본질은 그 위격과 다른 위격들을 구분하는 개별적 특성과 관계로써 연합되어 있다. 위격이라는 단어는 사실상 좀 더 적확한 용어가 없는 까닭에 임시변통으로 취하여 사용한 것일 뿐이다. 하나님께 대해 우리가 지니고 있는 개념은 우리가 사용하는 용어 체계보다 더 참되고 깊으며, 하나님의 본질과 특성은 우리가 내놓는 가장 지고한 사상조차 초월한다.

니케아 교부들과 아우구스티누스는 전 시대에 테르툴리아누스와 알렉산드리아의 디오니시우스가 그랬던 것처럼 삼위일체를 설명할 때 창조된 존재를 근거로 한 유추들을 사용했다. 그들이 사용한 비유들은 태양·광선·빛, 샘·시내·흐름, 뿌리·줄기·열매, 무지개의 색깔들(바실리우스와 니사의 그레고리우스), 영혼·생각·정신(나지안주스의 그레고리우스), 기억·지성·의지(아우구스티누스), 그리고 사랑(아우구스티누스. 하나님은 사랑이시므로, 이것이 가장 훌륭한 예증이 된다)이다. 물론 이런 비유들은 그들도 시인했듯이 증거로서 불충분하며, 억지로 끼어맞추려고 하면 완전히 그릇된 개념으로 빠지기 십상이다. 예를 들어 태양·광선·빛은 대등한 관계가 아니고, 나중의 둘은 첫번째 것의 특성 혹은 발산에 지나지 않는다. "무릇 비유란 불완전하다"(Omne simile claudicat).[61] 하지만 교부들이 사용한 유추들은 사실상 가장 이성적인, 그리고 플라톤에서부터 셸링과 헤겔에 이르기까지 위대한 철학자들에 의해 다양한 형태로 인정되어 온(비록 종종 완전히 비성경적인 의미로 그렇게 되긴 했으나) 교리로부터 비이성적이라는 비판을 막아내는 소극적인 역할을 수행한다. 삼위일체성은 창조된

―――――――――――――

61) 이것은 교부들이 절감하고 시인한 것이다. 그들은 위와 같은 비유들을 단지 이해에 도움이 되는 수단으로만 사용했다. Joh. Damascenus(*De fide orthod.* 1. i. c. 8; Opera, tom. i. p. 137)는 이렇게 말한다: "피조물들 안에서 그 자체로 성 삼위일체의 본성을 온전히 비쳐주는 이미지를 발견한다는 것은 불가능하다. 창조되고 합성되고 가변적이고 제한적이고 부패 가능성이 있는 것이 이런 결핍들에서 벗어나 있는 초본질적인 신적 본질을 어찌 명료하게 표시할 수 있겠는가?"

모든 생명에 명백히 흐르며, 특히 하나님의 형상대로 지음을 받은 인간 안에 여러 모양으로 투영된다. 육체·영혼·정신의 관계에, 사고·정서·의지의 기능에, 자의식의 본질에,[62] 그리고 사랑의 본질에 그러하다.[63]

3. 각 신적 위격은 고유한 **특성**(property) 곧 독특한 개체성을 지닌다. 이것이 헬라어로는 이디오테스(ἰδιότης)로, 라틴어로는 프로프리에타스(proprietas)로 표현되었다. 이것을 속성(attribute)과 혼동해서는 안 된다. 이는 신적 속성들인 영원·편재·전능·지혜·거룩·사랑 등은 신적 본질에 내재되어 있고, 세 신적 위격들이 공유하고 계시기 때문이다. 이와 달리 이디오테스는 위격(hypostasis)의 독특성이며, 따라서 서로간에 전달 내지 전이될 수 없다.

제1위께서는 부성(父性) 곧 낳음을 입지 않으신 상태를 고유한 특성으로 지니신다. 제2위께서는 아들 되심 곧 낳음을 입으신 상태를, 성령께서는 발출되심을 고유한 특성으로 지니신다. 달리 말하자면, 성부께서는 낳음을 입지 않으시되 낳으시고, 성자께서는 창조함을 입지 않으시되 낳음을 입으시며, 성령께서는 성부에게서 (그리고 라틴 교리에 따르면 성자에게서도) 발출되신다. 그러나 앞서 말했듯이, 이러한 특성들은 위격들에만 관련되며, 세 위격에 동일한, 그리고 낳지도 않고 낳음을 입지도 않으며, 발출하지도 않고 발출되지도 않는 신적 본질에 관해서는 아무런 효력도 지니지 못한다.

4. 신적 위격들은 서로 안에 깊이 스며들어 계시며, 신적 본질 내에 영원한 상호 교류(intercommunication)와 활동(motion)을 형성하신다. 이는 주님께서 "나는

---

62) 자의식의 삼위일체성은 자기 자신에 대해서 개관화하고, 정·반·합의 논리 법칙에 따라 혹은 주관적 생각(thinking)과 주관적 사유(thought)의 결합에 의해서 이 객관성 안에서 자아를 알아가는 과정으로 이루어진다. 이러한 사색적 논증은 라이프니츠와 헤겔 같은 독일 철학자들에 의해 발전했고, Dr. Shedd(*Hist. of Christian Doct.* i, p. 366 ff., note)에 의해서도 채택되었다. 그러나 이 유추는 잘해봐야 사벨리우스적 삼중 인격에 도달할 뿐, 정통신앙에 이르지는 못한다.

63) 사랑 개념을 토대로 한 삼위일체에 대한 윤리적 귀납을 최초로 시도한 사람은 아우구스티누스였다. 이 설명은 하나님의 도덕적 본질[사랑], 성부와 성자의 관계, 성령의 '사귐'을 토대로 삼으며, 의심할 여지 없이 깊은 진리의 요소가 담겨 있다. 그러나 엄밀히 말하자면 서로 다른 두 인격과 무인격적 관계만을 내놓을 뿐이어서, 성부와 성자를 설명하는 데는 과도하고, 성령을 설명하는 데는 크게 모자란다.

아버지 안에 있고 아버지는 내 안에 계신 것"과 "아버지께서 내 안에 계셔 그의 일을 하시는 것"을 말씀하신 대로이다(참조. 요 14:10). 이 완전한 내주(內住)와 생명의 교제가 훗날 (다마스쿠스의 요한과 스콜라주의자들에 의해서) 다음과 같은 용어들로 지칭되었다: ἐνύπαρξις περιχώσησις, inexistentia, immanentia, inhabitatio, circulatio, permeatio, intercommunio, circumincessio.

5. 니케아 교리에는 이미 두 삼위일체 곧 영원부터 존재한 구조상의 내재적 삼위일체와 현시(顯示)상의 **경세적**(經世的, economic, 경륜적) 삼위일체 사이의 구분이 사실상 내포되어 있다. (비록 이 구분이 정식으로 표현된 것은 훨씬 후대의 일이긴 하지만.) 이는 니케아 교리에 따르면 성자의 발생과 성령의 발출이 영원한 과정이기 때문이다. 기독교 지성의 인식과 실질적 필요는 엄밀히 말해서 창조와 구속과 세계 보존이라는 삼중적이고 진보적인 사역으로 나타나는 계시의 삼위일체와 더불어 출발하지만, 이성은 거기서부터 존재의 삼위일체로 거슬러 올라간다. 하나님이 당신을 계신 그대로 계시해 오셨기 때문에 그분의 본성과 해오신 사역들 사이에는 아무런 괴리가 있을 수 없기 때문이다. 성자와 성령의 영원한 선재(先在)가 두 분이 우리의 구원을 이루시기 위해 방편으로 사용하신 역사적 계시의 배경이다. 성경은 주로 계시의 삼위일체를 다루며, 본질의 삼위일체에 관해서는 암시만 하고 지나간다. 하나님과 로고스 사이의 영원한 구분을 강조하는 요한복음 서문이 그 예에 해당한다. 하지만 니케아 교부들은 그리스 정신의 형이상학적 경향에 부합하게 다소 배타적으로 사변적 영역으로, 그리고 삼위일체 하나님께서 내재적으로 창세 전부터 지니시는 관계라는 미지의 영역으로 들어가며, 구원 사실들이라는 실제적인 토대에는 그다지 큰 관심을 두지 않는다.

6. 니케아 교부들은 전대의 교부들과 마찬가지로 동일본질 교리와 상충되는 인상을 주는 일정한 **종속설**(subordinationism)을 여전히 가르친다. 그러나 본질(우시아)의 종속설과 위격 곧 차서와 위엄의 종속설을 구분해서 생각해야 한다. 니케아 교부들은 전자는 부정했고 후자는 긍정했다. 신성의 본질은 오직 하나이고 절대 완전하므로 정도가 용인되지 않는다. 성부·성자·성령은 동일한 신적 본질을 지니고 계시지만, 대등한 방식이 아닌 종속의 차서에 의해서 지니고 계신다. 성부는 본연의 본질을 지니고 계시며, 그것을 누구에게서도 받지 않으신다. 제1의 신적 주체로서, 오직 그분에게만 절대성이 속하며, 따라서 그분은 하

나님으로, 혹은 신성의 원리, 근원, 뿌리로 불리신다. 반면에 성자는 당신의 본질을 성부에게 전달받아서, 따라서 부차적이고 파생적인 방법으로 지니신다. "아버지는 내성자보다 크심이니라"(요 14:28). 성부는 낳음을 입지 않으시고, 성자는 낳음을 입으신다. 성자는 성부에게서 말미암지만, 성부는 성자에게서 말미암지 않으신다. 부성이 성부의 본질이지만, 성자의 본질은 아들됨에 있다. 이와 동일한 종속적 지위를 성령에게는 더욱 확실히 적용할 수 있다. 니케아 교부들은 위격의 삼위성에도 불구하고 성부가 단자(monad)로시 그분에게시 성자와 성령이 나오시고 다시 그분에게 돌아간다고 이해함으로써 신적 통일성 개념을 가장 잘 보존할 수 있다고 생각했다.

이러한 종속을 가장 평이하게 표현한 사람이 서방에서 니케아 교리를 앞장서서 옹호한 푸아티에의 힐라리우스이다. 아타나시우스가 테르툴리아누스와 마찬가지로 자주 사용한 샘과 시내, 태양과 빛 같은 친숙한 비유들도 성자를 성부에게 종속된 분으로 이해하도록 만들었다. 심지어 니케아-콘스탄티노플 신조도 성자를 '하나님의(of) 하나님', '빛의(of) 빛', '참 하나님의(of) 참 하나님'이라고 부름으로써 그러한 생각을 은연중에 뒷받침한다. 이는 만약 어떤 인격이 다른 인격의 어떤 것이거나 어떤 것을 지니고 있다면 그는 자신의 것이 아니고 자신의 것을 지니고 있는 게 아니기 때문이다. 그럴지라도 이 표현은 좀 더 바르게 이해할 수 있으며, 실제로 때로 니케아 이후의 교부들에 의해서 성자와 성령에게 성부로부터 말미암는 위격들만 부여하고, 신성의 본질은 세 위격 모두에게 공통되고 세 위격 모두에게 함께 영원한 것으로 인정하는 데 사용되기도 했다.

이러한 종속설을 뒷받침하는 성경적 논거는 다음과 같은 구절들에서 많이 발견된다: "아버지께서 자기 속에 생명이 있음같이 아들에게도 생명을 주어 그 속에 있게 하셨고"(요 5:26, 27); "내 아버지께서 모든 것을 내게 주셨으니"(마 11:27; 비교. 28:18); "아버지는 나보다 크심이니라"(요 14:28). 그러나 이 구절들과 이와 유사한 구절들은 로고스가 성육신하시어 낮아지신 상태에서, 혹은 인성이 신적 영광과 권능에 참여하는 데까지 높아지신 상태에서 성부와 맺으신 역사적 관계를 가리키는 것이지(참조. 요 17:5; 빌 2:9-11), 성부가 성자와 맺으신 영원한 형이상학적 관계를 가리키는 것이 아니다.

성령 교리도 그랬지만 이 점에서도 니케아 체계는 아직 더 발전할 필요가 있었다. 니케아 교부들이 주로 강조한, 성자의 동일본질성 교리의 논리적 일관성은 이렇게 니케아 이전의 종속설의 잔재를 때가 되면 극복해야 했다.

131. 아우구스티누스의 니케아 이후 삼위일체 교리

그리스 교회가 니케아 공의회의 삼위일체 교리 진술로 중단한 데 반해, 라틴 교회는 5세기 초에 아우구스티누스의 심오하고 경건한 사색적 정신에 힘입어 아타나시우스 신조를 이루어내는 데까지 꾸준히 발전했다. 모든 교부들을 통틀어 아타나시우스 다음으로 이 교의 수립에 크게 이바지한 사람은 아우구스티누스였다. 그는 정교한 사색으로 니케아 시대의 모든 신학자들보다 스콜라 신학과 종교개혁 신학에 더 큰 영향을 끼쳤다. 그가 니케아 신조에 개진한 점들은 다음과 같다:

1. 그는 종속설의 잔재를 제거했고, 세 위격의 동일본질성과 본질의 수적 일체성을 더욱 분명하고 예리하게 제시했다.[64] 그럴지라도 그 역시 성부가 이 점에서 성자와 성령 위에 계시고, 성부 홀로 다른 것에 속하지 않으시고 다만 절대 고유하시고 독립해 계신 반면에, 성자는 성부에게서 낳음을 입으시고, 성령은 성부에게서 발출하시며, 좀 더 고상한 의미에서 볼 때 성자에게서 보다는 성부에게서 발출하신다고 인정했다.[65] 사람은 동일 본성을 지닌 세 사람을 말할 수 있어도, 삼위일체 안의 세 위격은 개별적으로 존재하시는 세 개체가 아니시다. 신적 본질은 모든 사람에게 공통된 추상적·일반적 본질이 아니라 구체적이고 살아 있는 실체이다. 한 분이시며 동일하신 하나님이 성부, 성자, 성령이시다. 삼위일체가 수행하시는 모든 일은 협력 사역들이다. 그러므로 성자의 성육신뿐 아니라 하나님의 성육신에 대해서도 말할 수 있으며, 대개 로고스에게 돌려지는 구약성경의 신현(神顯) 사례들도 성자뿐 아니라 성부와 성령과 관련지어 말할 수 있다.

정통신앙의 삼위일체 교리가 사벨리우스주의와 삼신론 중간에 놓여 있다고 한다면, 아우구스티누스는 차라리 사벨리우스 편에 가깝다. 그는 인간 정신에 삼위일체의 신비가 투영되어 있다고 보고서, 그것을 토대로 한 유추들을 사용하

---

64) *De trinit.* 1. vii. cap. 6 (§ 11), tom. viii. f. 863.

65) *De trinit.* 1. xv. c. 26 (§ 47, fol. 1000).

여 삼위일체 교리를 구체적으로 제시한다. 그 과정에서 각별한 기쁨과 세련된 심리학적 통찰력을 발휘하지만, 그러면서도 그 유추들이 베일을 걷는 것이 아니고 다만 여기저기서 안을 들여다 볼 수 있게 할 뿐이라는 겸손한 인상을 준다. 그는 인간 존재가 성부에 해당하고, 인간의 지식 혹은 의식이 성자에 해당하고, 의지가 성령에 해당한다고 설명한다.[66] 정신·말·사랑에서도 유사한 삼위성을 발견하며, 서로 다르면서도 하나의 인간 본성일 뿐이고 하나의 인간 인격에 속하는 기억·지성·의지 혹은 사랑의 관계에서도 삼위성을 발견한다.

2. 아우구스티누스는 성령께서 성부뿐 아니라 성자에게서도 발출하신다고 생각했다. (비록 주로 성부에게서 발출하신다고 보긴 했지만.) 이 생각은 세 위격이 본질상 완전히 일치한다는 견해에서 나왔으며, 성자께서 성령을 보내신다고 말하는 몇몇 성구들로 뒷받침되었다(참조. 요 15:26; 요 20:22). 그는 성령을 성부와 성자 사이의 사랑과 사귐으로 표현하기도 했고, 두 분을 연결하는 띠이자, 신자들을 하나님과 연합시키는 띠로 표현하기도 했다.[67]

니케아-콘스탄티노플 신조는 성령의 성부로부터의 발출(processio Spiritus *a Patre*)만을 진술한다. 물론 배타적[독점적] 의도로 그렇게 한 것은 아니고, 성령께서 성자 못지않게 성부와 가까운 관계에 계심을 말하여 성령이단파(Pneumatomachi)를 비판하려는 것이었다. 성령은 성자에 의해 창조되지 않고, 마치 성자가 영원부터 성부에게 낳음을 입으시듯 영원히 성부에게서 발출되신다. 만물이 성부에게로부터 나오고, 성자에 의해 중재되고, 성령에 의해서 완성된다. 아타나시우스와 바실리우스, 그리고 두 명의 그레고리우스는 성자로부터의 발출을 부정하지 않은 채 이 견해를 제시한다. 몇몇 그리스 교부들, 이를테면 에피파니우스·앙키라의 마르켈루스·알렉산드리아의 키릴루스는 성령이 성부와 성자에게서 발출되신다고 주장한다. 반면에 몹수에스티아의 테오도루스와 테오도레투스는 성령이 성자에게 종속되는 것을 인정하지 않으려고 한다.

서방에서는 아우구스티누스의 견해가 점차 보편적 지지를 받았다. 보에티우스(Boethius)와 대 그레고리우스 같은 사람들이 이 견해를 채택했다. 이 견해는 심지어 589년의 톨레도 공의회에 의해서 필리오케(Filioque: 아들로부터: 성령이

---

66) *Confess.* xiii, 11.

67) *De trinit.* x v. c. 17 (§ 27) fol. 987.

성자로부터도 나온다는 뜻)가 첨가되면서 니케아 신조에 삽입되었으며, 아울러 그 견해를 반대하는 자들에 대한 아나테마도 삽입되었는데, 이는 그리스 신학자들이 아닌 아리우스파를 겨냥한 것이었다.

이 점에서 오늘날까지 그리스 교회와 라틴 교회 사이에 교리상의 주된 차이가 있다. 물론 그로 인한 논쟁은 9세기 중반에 총대주교 포티우스(Photius)의 재위 기간(867)에 가서야 비로소 터지긴 했지만 말이다. 워터랜드 박사(Dr. Waterland)는 그 쟁점들을 이렇게 정리한다.[68] "그리스인들과 라틴인들은 **발출**(procession)에 관해서 숱하고 지루한 논쟁을 벌였다. 한 가지 주목할 점은, 양 진영이 모두 전거로 제시하는 고대의 저자들이 성자를 언급하지 않은 채 성령께서 성부로부터 발출하신다고 자주 말하되, 오직 성부에게서만 발출하신다고는 말하지 않았다는 점이다. 따라서 현대의 그리스인들이 실제 의미는 아닐지라도 적어도 표현에서만큼은 그 조상에 확실히 수정을 가한 셈이다. 라틴인들을 놓고 생각하자면, 그들은 고대의 저자들 중 누구도 이 교리를 단죄한 적이 없었던 점과 그들 중 많은 수가 그것을 주장했던 점, 정작 동방 교회들이 단죄한 것도 그 교리 자체라기보다 총공의회가 작성한 신조에 어떤 내용을 덧붙이려는 행위였다는 점, 그리스 교회들이 그 교리를 이단시하면서도 실은 다른 단어들로 동일한 내용을 상당 부분 받아들이지 않을 수 없다는 점, 그리고 성경 자체가 성령께서 비록 성자로부터는 아니더라도 적어도 성자에 의해서 발출되신다는 것을 분명히 가르치는데, 이 말은 사실상 같은 뜻이라는 점을 강조했다."

그리스 교회와 라틴 교회 사이에 형성된 이러한 교리적 차이는 얼른 보면 그것이 대수롭지 않은 것 같을지라도 양 교회의 전형적인 특징을 보여주며, 대 에큐메니컬 공의회들 이후에 동방 교회가 견지한 보수적이고 정체적(停滯的)인 신학과, 서방 교회의 진보적이고 체계적인 신학간의 차이를 드러낸다. 역사가 깊고 널리 공인되는 신앙고백에 변경을 가하는 것이 지혜로운 일인가 의문을 제기할 수도 있다. 하지만 반드시 인정하고 넘어가야 할 점은, 니케아 신조가 여러 변화들을 겪은 뒤에 콘스탄티노플 신조로 구현되었으며, 이것일 라틴인들뿐 아니라 그리스인들도 채택했다는 사실이다.

그러나 필리오케의 경우에 니케아 신조를 작성한 동방 교회가 한 번도 자문을

---

68) *Works*, vol. iii. p. 237 f.

요청받은 적이 없었고, 그 단어가 첨가된 사실이 샤를마뉴에 의해서 처음으로 로마 주교에게 통보되었을 때 로마 주교는 이러한 변화에 반대했었다. 그의 후임자들은 이것을 묵인했으며, 개신교 교회들은 물론 심사숙고를 거친 뒤에 필리오케가 첨가된 니케아 신조를 받아들였다. 그리스 교회는 포티우스 시대 이래로 줄곧 이 단어가 첨가되는 것에 반대했으며, 지금도 이것을 받아들이려 하지 않는다. 그리스 교회는 성 삼위일체 내부에서 일어나는 영원하고 내면적인 과정인 **발출**과, 시간 안에서 이루어신 계시 행위인 성령의 **보냄받으심**을 예리하게 구분한다. 성령은 성부에게서만 영원히 발출하시지만(물론 성자를 통해서), 오순절에 성부와 성자에 의해서 보냄을 받으셨다. 따라서 전자의 경우에는 현재 시제가 사용되지만(참조. 요 15:26), 후자의 경우에는 미래 시제가 사용된다(14:26; 15:26). 그리스 교회는 성부의 위엄과 주권을 신성의 유일한 근원과 뿌리로 간주한다. 라틴 교회는 성부와 동일한 본질을 지닌 성자의 위엄에 관심을 가지며, 이중의 보냄받으심으로부터 이중 발출을 추론한다.

132. 아타나시우스 신조

니케아 이후 혹은 아우구스티누스의 삼위일체 교리는 보편 교회의 신앙고백서들 가운데 세번째이자 마지막 문서에서 고전적 진술에 도달한다. 이 문서는 아타나시우스 신조(Symbolum Athanasianum) 혹은 첫 단어들을 따서 **퀴쿰케 신조**(Symbolum quicumque)라고 불린다. 로마 교회와 개신교 교회들에서는 이것을 넘어서는 정통 교리의 발전이 이루어지지 않았다. 이 신조는 논리적 명쾌성과 정확성과 간결성에서 어떤 것도 능가할 수 없는 걸작이다. 천사들도 들여다 보기를 원하는 신앙의 비밀의 무궁한 깊이를 제한된 변증적 형태로 진술하고 그로써 이단을 막아낸 점을 놓고 보자면, 이 전례적(典禮的)·신학적 신앙고백서는 소기의 목적을 달성했다. 여기서 신조 전문을 소개하고자 한다. 읽으면서 그리스도론 논쟁들의 결과들을 떠올리면 좋을 것이다. 아우구스티누스와 그 이전에 활동한 저자들의 병행 구절들을 함께 첨부하는데, 이 내용을 익명의 저자가 어떤 경우에는 단어 그대로 사용하여 훌륭한 솜씨로 하나의 유기적 전체로 엮어냈다.

1. QUICUMQUE vult salvus esse, ante omnia opus est, ut teneat catholicam fidem.

2. Quam nisi quisque integram inviolatamque servaverit, absque dubio in aeternam peribit.

3. Fides autem catholica haec est: ut unum Deum in Trinitate, et Trinitatem in unitate veneremur;

4. Neque confundentes personas; neque substantiam seperantes.

5. lia est enim persona Patris alia Filii, alia Spiritus Sancti.

6. Sed Patris et Fili et Spiritus Sancti una est divinitas; aequalis gloria, coeterna maiestas.

7. Qualis Pater, talis Filius, talis Spiritus Sanctus.

8. Increatus Pater: increatus Filius, increatus Spiritus Sanctus.

9. Immensus Pater: immensus Filius, immensus Spiritus Sanctus.

10. Aeternus Pater: aeternus Filius: aeternus (et) Spiritus Sanctus.

11. Et tamen non tres aeterni: sed unus aeternus.

12. Sicut non tres increati: nec tres immensi, sed unus increatus, et unus immensus.

13. Similiter omnipotens Pater: omnipotens (et) Filius: omnipotens Spiritus Sanctus.

14. Et tamen non tres omnipotentes; sed unus omnipotens.

15. Ita Deus Pater: Deus Filius: Deus (et) Spiritus Sanctus.

16. Et tamen non tres dii; sed unus est Deus.

17. Ita Dominus Pater: Dominus Filius: Dominus (et) Spiritus Sanctus.

18. Et tamen non tres Domini; sed unus est Dominus.

19. Quia, sicut singillatim unamquamque personam Deum ac Dominum confiteri christiana veritate compelimur:

20. Ita tres Deos aut (tres) Dominos dicere catholica religione prohibemur.

21. Pater a nullo est factus: nec creatus; nec genitus.

22. Filius a Patre solo est: non factus; nec creatus, sed genitus.

23. Spiritus Sanctus a Patre et Filio: non factus; nec creatus, nec genitus (est); sed procedens.

24. Unus ergo Pater, non tres Patres: unus Filius, non tres Filii: unus Spiritus Sanctus, non tres Spiritus Sancti.

25. Et in hac Trinitate nihil prius aut posterius: nihil maius aut minus:

26. Sed totae tres personae coaeternae sibi sunt et coaequales.

27. Ita ut per omnia, sicut iam supra dictum est, et unitas in Trinitate, et Trinitas in unitate veneranda sit.

28. Qui vult ergo salvus esse, ita de Trinitate sentiat.

29. Sed necessarium est ad aeternam salutem, ut incarnationem quoque Domini nostri Iesu Christi fideliter credat.

30. Est ergo fides recta ut credamus et confiteamur, quia Dominus noster Iesus Christus, Dei Filius, Deus et homo est.

31. Deus est ex substantia Patris ante saecula genitus: et homo est ex substantia matris in saeculo natus.

32. Perfectus Deus: perfectus homo, ex anima rationali et humana carne subsistens.

33. Aequalis Patri secundum divinitatem: minor Patre secundum humanitatem.

34. Qui licet Deus sit et Homo; non duo tamen; sed unus est Christus.

35. Unus autem non conversione divinitatis in carnem, sed assumptione humanitatis in Deum.

36. Unus omnino, non confusione substantiae, sed unitate personae.

37. Nam sicut anima rationalis et caro unus est homo; ita Deus et homo unus est Christus.

38. Qui passus est pro salute nostra: descendit ad inferos: tertia die resurrexit a mortuis.

39. Ascendit ad caelos: sedet ad dexteram (Dei) Patris omnipotentis:

40. Inde venturus (est), iudicare vivos et mortuos.

41. Ad cuius adventum omnes homines resurgere habent cum corporibus suis;

42. Et reddituri sunt de factis propriis rationem.

43. Et qui bona egerunt, ibunt in vitam aeternam; qui vero mala, in ignem aeternum.

44. Haec est fides catholica, quam nisi quisque fideliter firmiterque crediderit, salvus esse non poterit.

1. 누구든지 구원을 받고자 하는 사람은 모든 것 이전에 보편적[catholic, 참 기독교적] 신앙을 붙들어야 한다.

2. 이 신앙을 완전하고 순결하게 지키지 않으면, 반드시 영원한 멸망에 처하게 될 것이다.

3. 그러나 이것이 보편적 신앙이다: 우리는 삼위로 계시한 한 분 하나님과, 일체로 계시는 삼위 하나님을 경배한다;

4. 위격들을 혼동하지도 않고; 본질을 나누지도 않는다.

5. 이는 성부의 한 위격; 성자의 또 다른 위격; 성령의 또 다른 위격이 계시기 때문이다.

6. 그러나 성부와 성자와 성령의 신성은 모두 하나이다: 영광이 동등하고, 엄위가 다 함께 영원하다.

7. 그런 분으로 성부가 계시고, 그런 분으로 성자가 계시며, 그런 분으로 성령이 계신다.

8. 성부는 창조되지 않으셨다; 성자는 창조되지 않으셨다; 성령은 창조되지 않으셨다.

9. 성부는 다 헤아릴 수 없는 분이시다; 성자는 다 헤아릴 수 없는 분이시다; 성령은 다 헤아릴 수 없는 분이시다.

10. 성부는 영원하시다; 성자는 영원하시다; 성령은 영원하시다.

11. 그럴지라도 영원한 분이 세 분 계신 것이 아니고; 영원한 한 분이 계신다.

12. 창조되지 않은 세 분이 계신 것이 아니듯이; 헤아릴 수 없는 세 분이 계신 것도 아니며; 다만 창조되지 않은 한 분과 헤아릴 수 없는 한 분이 계신다.

13. 마찬가지로 성부는 전능하시다; 성자는 전능하시다; 성령은 전능하시다.

14. 그럴지라도 전능자가 세 분 계신 게 아니라, 한 분의 전능자가 계실 뿐이다.

15. 그와 같이 성부는 하나님이시다; 성자는 하나님이시다; 성령은 하나님이시다.

16. 그럴지라도 하나님이 세 분 계신 게 아니라, 한 분 하나님이 계실 뿐이다.

17. 그와 같이 성부는 주(主)이시다: 성자는 주이시다: 성령은 주이시다.

18. 그럴지라도 주가 세 분 계신 게 아니라, 한 분 주가 계실 뿐이다.

19. 우리는 기독교 진리에 의해서 각 위(位)께서 친히 하나님이시고 주이심을 인정하도록 요구받는 것처럼:

20. 세 분 하나님 혹은 세 분 주가 계신다고 말하지 말도록 보편적[가톨릭] 종교에 의해서 당부받는다.

21. 성부는 아무것으로도 지음을 받지 않으셨고: 창조되지 않으셨고: 낳음을 입지 않으셨다.

22. 성자는 성부에게서만 나시되: 지음을 받지 않으셨고: 창조되지 않으셨고: 다만 낳음을 입으셨다.

23. 성령은 성부와 성자에게서 나오셨으나: 지음을 받지 않으셨고: 창조되지 않으셨고, 낳음을 입지 않으셨고: 다만 발출하셨다.

24. 이로써 세 분 성부가 아닌 한 성부가 계신다: 세 분 성자가 아닌 한 성자가 계신다: 세 분 성령이 아닌 한 성령이 계신다.

25. 그리고 이 삼위일체 안에서는 어느 위가 앞서고 다른 위가 뒤지는 일이 없다: 어느 위도 다른 위보다 크거나 작은 일이 없다.

26. 그러나 세 위격 전체가 다 함께 영원하시고 동등하시다.

27. 따라서 앞서 말했듯이, 모든 일에서 삼위로 계신 일체께, 그리고 일체로 계신 삼위께 예배를 드리는 것이 마땅하다.

28. 그러므로 구원을 받게 될 사람은 삼위일체에 관해서 그렇게 생각해야 한다.

29. 더 나아가 우리 주 예수 그리스도의 성육신에 대해서도 올바로 믿는 것이 영원한 구원을 얻는 데 필수적이다.

30. 그렇다면 올바로 믿는다는 것은 우리 주 예수 그리스도 곧 하나님의 아들이 하나님이시며 인간이심을 믿고 고백하는 것이다.

31. 성부의 본질을 지니시고, 창세 전에 낳음을 입은 하나님이시다: 어머니의 본질을 지니시고 세상에 태어나신 인간이시다.

32. 완전한 하나님이시다: 이성의 기능을 지닌 영혼과 먹고 사는 육체를 지니신 완전한 인간이시다.

33. 신성으로는 성부와 동등이시다: 인성으로는 성부보다 낮으시다.

34. 그는 비록 하나님이시며 인간이시지만: 그럴지라도 그는 둘이 아니요, 한 분 그

리스도이시다.

35. 한 분이신 것은 신성이 육체로 전환되시어 된 것이 아니라, 인성이 신성에 참여하시어 된 것이다.

36. 온전한 한 분이신 것은 본질의 혼합으로 된 것이 아니라, 위격의 결합으로 된 것이다.

37. 이성의 기능을 지닌 영혼과 육체가 한 인간을 이루듯이, 하나님과 인간이 한 분 그리스도를 이루신 것이다.

38. 그분은 우리의 구원을 위해 고난받으셨다; 음부에 내려가셨다; 사흘날에 죽은 자들 가운데서 살아나셨다.

39. 그분은 하늘에 오르셨다; 그분은 전능하신 성부 하나님 우편에 앉으셨다.

40. 그곳에서 살아 있는 자들과 죽은 자들을 심판하러 오실 것이다.

41. 그분이 오실 때는 모든 인간들이 반드시 자신들의 육체를 지닌 채 다시 살아날 것이다;

42. 그리고 자신들의 행위를 직고할 것이다.

43. 그리고 선을 행한 자들은 영원한 생명으로 들어갈 것이지만; 악을 행한 자들은 영원한 불 속으로 들어갈 것이다.

44. 이것이 보편적[가톨릭] 신앙이다; 사람이 이것을 진정으로 확고히 믿지 않으면 구원을 받을 수 없다.

이 놀라운 저작의 기원은 신비스러운 어둠에 가려져 있다. 사도신경과 마찬가지로 이것도 어느 한 사람의 저작이 아니라 교회의 정신이 이루어낸 산물이다. 사도신경이 니케아 이전 시대의 신앙을, 니케아 신조가 니케아 시대의 신앙을 반영하듯이, 아타나시우스 신조는 삼위일체와 하나님의 성육신이라는 신비에 대한 니케아 이후 시대의 신앙을 공식적으로 표현한다. 8세기 이래로 삼위일체 정통 교리의 위대한 투사인 아타나시우스를 이 신조의 저자로 간주해온 옛 전승은 이미 오래 전에 모든 진영에 의해 포기되었다. 그 이유는 아타나시우스와 동시대인들의 저서들, 심지어 제3차와 4차 에큐메니컬 공의회들의 결정들에조차 그 증거가 발견되지 않기 때문이다. 그리스 교회에서는 11-12세기에야 비로소 나타났으며, 그 뒤에도 소수의 사본들, 즉 번역체의 특성을 분명히 드러내고 여러 점에서 서로 다른, 그리고 성령이 성부와 성자에게서 발출하셨다는 구절이 삭제되거나 수정된 사본들에만 나타난다.[69] 이 신조는 완전히 니케아 이후거나 아우구스티누스 시대에 발전한 삼위일체 교리를 내포하며, 심지어 5세기에 이루어진 그리스도론 논의들까지도 암시한다(비록 네스토리우스파를 가려내기 위한 단어<테오토코스, 하나님의 어머니>는 나오지 않지만). 아우구스티누스의 「삼위일체론」(415년에야 비로소 완성됨)과 레리눔의 빈켄티우스가 쓴 「충고」(*Commonitorium*, 434)에서 여러 구절을 그대로 취한다. 이 책들이 그 단락들을 기존의 신조에서 인용하지 않고, 새로 써나간 것이 분명하다. 반면에 이 신조에는 단성론과 단의론 논쟁이 암시되지 않으며, 따라서 570년 이후에 작성되었다고 볼 수 없다. 570년이라는 연대를 제시하는 이유는 그 해에 푸아티에의 베난티우스 포르투나투스가 이 신조에 대한 짧은 주석을 썼기 때문이다.

추측하건대 이 신조는 5세기 중엽에 아우구스티누스 학파 사람이 갈리아에서 작성한 듯하다. 이것이 가장 먼저 등장하여 최초로 교회로부터 권위를 인정받은 곳이 갈리아이다. 그러나 저자 혹은 편집자를 구체적으로 파악할 수 없으며, 학자들 사이에 저자를 놓고 설왕설래가 있었지만 모두 사견일 뿐이다. 이 신조의 권위는 갈리아에서부터 라틴 기독교 세계 전체로 퍼져나갔으며, 훗날 유럽에 있는 일부 그리스인 교회에서도 채택되었다. 다양한 개신교 교회들은 아타나시우스 신조를 니케아 신조와 사도신경과 함께 공식적으로 채택하거나, 그렇지 않더라도 삼위일체와 그리스도의 위격 교리에 관한 한 자체의 신앙고백서들에 포함시켰다.

아타나시우스 신조는 간결한 조항들과 대범한 대조들로써 삼위일체 교리를 유니테리언 및 삼신론 교리와 대립시키고, 성육신과 그리스도의 신인적(神人的) 위격 교리를 네스토리우스주의 및 유티케스주의와 대립시키며, 그로써 고대 교회의 삼위일체 논쟁과 그리스도론 논쟁의 결과를 명쾌하고 간결하게 요약한다. 성부와 성자와 성령의 본질이 하나이고 위격은 셋임을 가르치며, 그리스도가 한 분의 개별적 위격으로서 완전한 신성과 완전한 인성을 지니신다고 가르친다. 삼위 하나님은 세 위격에 하나의 본질을 지니시고, 그리스도는 하나의 신인적 위격에 두 본성 혹은 본질을 지니신다고 가르친다.

---

69) 그리스 교회들에서는 이 신조를 사용할 때마다 이 구절을 라틴어 삽입으로 간주하여 삭제한다.

아타나시우스 신조는 이 신앙에 영원한 구원이 달려 있다고 진술한다. 신조 서두와 후미에 붙은 저주의 구절들은 심지어 신조의 내용에 동의하는 사람들에게까지 부담감을 준다. 그러나 원래의 니케아 신조도 이와 비슷한 아나테마를 실었다가 훗날 삭제되었다. 그것이 삭제된 데에는 아나테마는 이단들에게 선포해야 하는 것이며, 오직 하나님께서만 판단하시는 특정인들에게 적용해서는 안 된다는 의중이 실려 있다. 그리고 마지막으로 구원과 멸망이 특정 신학 문구나 인간의 개념, 진리의 표현을 받아들이고 배척하는 데 달려 있지 않고, 계시된 진리 자체를 믿는 믿음, 살아 계신 하나님, 성부·성자·성령에 대한 믿음, 하나님이시요 사람이며 세상의 구주이신 예수 그리스도에 대한 믿음이 비록 이해가 대단히 부족할지라도 사람을 구원하며, 불신앙이 사람을 멸망에 떨어뜨린다는 것이 원래의 니케아 신조에 실렸던 아나테마가 삭제된 의도였다. 그것은 주님께서 선포하신 말씀과 부합한 것이었다: "믿고 세례를 받는 사람은 구원을 얻을 것이요 믿지 않는 사람은 정죄를 받으리라"(막 16:16). 진정으로 겸손하고 자비한 그리스도인이라면 구체적인 사안들에서 대단히 신중해야 하며, 심판은 모든 것을 아시고 의로우신 하나님께 맡긴다.

아타나시우스 신조를 마지막으로 에큐메니컬 신조들도 마감된다. 이 신조들은 정통 기독교 세계 전체가 받아들이고 있으나, 다만 복음적 개신교 교회들은 이 신조들에 절대적 권위를 부여하지 않고 상대적 권위만을 부여하며, 마르지 않는 샘과 같은 무오한 하나님 말씀으로부터 모든 교회의 교리들을 자유롭게 연구하고 발전시킬 권리를 남겨둔다.

2. 오리게네스 논쟁들

133. 팔레스타인에서 발생한 오리게네스 논쟁.
에피파니우스, 루피누스, 제롬(394-399)

아리우스 논쟁과 네스토리우스 논쟁 중간에, 그리고 아리우스 논쟁과 간접적으로 연관되어 오리게네스의 정통신앙을 둘러싼 격렬하고도 용렬한 사적 분쟁이 발생했는데, 이것은 참으로 교회 교리의 발전에 아무런 득도 되지 못했음에도 불구하고 신학사에 나름대로 의미를 지닌다. 순수한 신앙을 지키려는 열정과 모든 자유로운 사색을 금지하려는 편협한 정신이라는 이중적인 양상으로 정통신앙이 진보했음을 보여주는 사건이었기 때문이다. 오리게네스가 단죄를 당함으로써 그리스 교회의 신학계는 치명타를 맞고서 기계적 전통주의와 형식주의로 점차 빠져들어갔다. 우리는 여기서 될 수 있는 대로 일반적인 쟁점들에만 논의를 국한시키고, 극히 무미건조하고 파렴치한 개인적 독설과 비방을 시시콜콜 들춰내지 않으려 한다.

위대한 선구적 지식인들이 누리는 특권이란 허다한 사람들의 지성을 흔들어 깨우고, 공감이든 반대든 뜨거운 반응을 일으키고, 후대의 여러 세대들에게까지도 자극을 주고 그들의 사상 형성에 기여하는 것이다. 그들이 내놓은 오류조차 생각하지 않고 지내는 사람들의 고답적인 정통신앙보다 더 이로움을 끼치는 경우가 적지 않다. 그러한 오류란 정직하게 진리를 추구하는 데서 생기며, 새로운 연구를 자극하기 때문이다. 이러한 선구적 지식인의 한 사람이 오리게네스(Origen)였다. 그는 니케아 이전 시대의 가장 탁월한 지식인이자 유능한 신학자로서, 그리스 교회의 플라톤 내지 슐라이어마허라고 할 만한 사람이었다. 그의 독특한 견해는 주로 플라톤 지향적 경향 때문에 이미 그의 당대에 반발을 불러일으켰고, 후대의 발전된 정통신앙의 관점에서 단지 위험한 이단쯤으로 보일 수밖에 없었다. 두로[티르]의 메토디우스(311년 죽음)가 최초로 그의 창조와 부활 교리를 비판했다. 반면에 팜필리우스(309년 죽음)는 옥중에서 오리게네스를 변호하는 글을 썼으며, 훗날 에우세비우스가 이 글을 이어받아 완성했다. 오리게네스의 이름은 아리우스 논쟁에까지 연루되었으며, 양 진영에 의해 저마다의 목적을 위해 이용되기도 하고 남용되기도 했다. 죽은 위인의 정통신앙 여부에 관한 문제가 이런 식으로 그 시대의 중요한 쟁점이 되었으며, 순수한 교리를 지키려는 열의와 점차 세력을 키워가던 온갖 오류에 대한 공포가 그것을 쟁점으로 더욱 키워놓았다.

이 문제를 놓고 세 집단이 일어났다. 첫째는 자유롭고 진보적인 제자들이었고, 둘째는 맹목적 지지자들이었으며, 셋째는 맹목적 비판자들이었다.

1. 신념상 오리게네스를 따르던 추종자들은 그의 저서들을 읽고 자구(字句)에 매이지 않은 채 많은 교훈과 자극을 받았으며, 시대의 요구에 부응하여 오리게

네스 자신보다 기독교의 구체적 교리들에 관한 좀 더 명쾌한 지식을 수립해 갔으며, 그 과정에서 그에 대한 기억과 그가 남긴 공헌에 대한 존경심을 잃지 않았다. 이들 가운데 대표적인 사람들은 팜필리우스 · 가이사랴의 에우세비우스 · 알렉산드리아의 디디무스였고, 좀 더 폭넓은 관점에서 보자면 아타나시우스 · 대 바실리우스 · 나지안주스의 그레고리우스 · 니사의 그레고리우스도 그 무리에 포함된다. 라틴 교부들 가운데는 힐라리우스가 있었고, 제롬도 초기에는 오리게네스를 존경하다가 나중에는 비판자로 돌아섰다. 니사의 그레고리우스와 아마 디디무스는 지성을 가지고 창조된 모든 피조물들의 최후 구원을 주장한 오리게네스의 교리조차 지지했다.

2. 맹목적이고 굴종적인 추종자들은 오리게네스의 자유로운 정신을 제대로 이해할 역량이 없었던 까닭에 문자에 얽매였고, 아직 완숙하지 못하고 오류가 섞여 있는 그의 모든 견해를 신조처럼 고수했고, 오리게네스 본인보다 그 견해를 더욱 강조했으며, 그것을 극단에까지 밀고갔다. 이렇게 스승을 기계적으로 추종하다 보면 지식의 끊임없는 장성을 지향하고 있는 스승의 정신을 크게 거스르게 마련이다. 이 부류에는 니트리아 산지에 거주하던 이집트 수사들이 속해 있었는데, 그 중에서 디오스쿠루스(Dioscurus) · 암모니우스(Ammonius) · 에우세비우스 · 엔티미우스(Enthymius) 네 사람을 대표격으로 꼽을 수 있다. 이들은 '키 큰 형제들'이라는 이름으로 알려지며, 학식이 매우 깊었다.

3. 오리게네스 비판자들은 더러는 무지해서, 더러는 편협하거나 사려분별이 부족하여 그의 사색들을 지극히 위험한 이단의 근원으로 간주하여 차단했고, 그를 표본으로 내세워 모든 자유로운 신학적 논의를 단죄했다. 하지만 이러한 학문 자세가 없이는 지식의 진보가 불가능하며, 만약 이런 자세가 없었다면 니케아 교의조차 존재할 수 없었을 것이다. 이 부류에는 파코미우스를 수장으로 삼아 스케트 사막에서 거하던 이집트 수사들이 있었는데, 이들은 오리게네스를 신봉하던 니트리아의 수사들의 신비주의와 신령주의에 반대하여 신적인 것들을 지극히 감각적으로 이해하는 견해를 주장했으며, 그로써 신인동형론파(Anthrophomorphites)라 불렸다. 아리우스 논쟁이 발생하기 전까지는 오리게네스의 이름이 거의 알려지지 않았던 로마 교회는 대체로 그를 건전하지 못하고 위험한 저자로 간주하는 강한 편견을 견지했다.

오리게네스 비판자들 가운데 그의 유골을 제거하려는 시도가 있었는데, 이 일에 앞장선 사람은 키프로스[구브로] 살라미스[콘스탄티아]의 주교 에피파니우스 (403년 죽음)였다. 그는 정직하고 어질어 동시대인들에게 큰 존경을 받았으나, 다른 한편으로는 거칠고 집요하고 고집이 센 금욕적 성인이자 이단 박멸자였다. 그는 이집트 사막의 수사들한테서 오리게네스를 이단의 수괴로 간주하는 철저한 미움을 물려받았으며, 「파나리온」(Panarion, 여든 가지 이단설에 대한 교정책)에서 오리게네스의 여러 저서들을 소개함으로써 그를 미워하는 문헌적 근거를 제시했다. 이 책에서 그는 오리세네스를 아리우스주의와 나른 여러 오류들의 아버지로 낙인찍었다. 그는 이것으로 만족하지 않고 여행과 강연을 통해서 이미 오래 전에 작고한 알렉산드리아의 교사의 영향을 모든 곳에서 지워버리려고 노력했으며, 이러한 자신의 행위를 하나님과 교회를 위한 최대의 봉사라고 간주했다.

그 연로한 주교는 394년에 이러한 뜻을 품고서 팔레스타인을 방문했다. 이 지역에서는 여전히 오리게네스가 큰 스승으로 존경을 받고 있었다. 방문 기간 동안 예루살렘 주교 요한과 박식한 수사들인 루피누스와 제롬이 동행했는데, 루피누스는 당시에 예루살렘에, 제롬은 베들레헴에 거하고 있었다. 주교 에피파니우스는 예루살렘에서 행한 맹렬한 설교로써 청중을 웃겼다 울렸다 하면서 오리게네스를 단죄해야 한다고 강력하게 촉구했다. 요한과 루피누스는 거절했다. 그러나 제롬은 과거에는 오리게네스를 사도들 이후로 가장 위대한 교회 교사로 간주했고, 그의 교리적 오류는 배제한 채 그의 해석학 저서들에서 많은 것을 배웠으나, 자신이 정통신앙 옹호자로서 쌓아온 명성이 흔들리는 것을 걱정한 나머지 반대 진영으로 넘어가 요한과 교회적 교제를 단절하고, 한때 친구 사이였던 루피누스와 지극히 격렬한 지상(紙上) 논쟁을 벌였다. 이 일은 신학의 지독한 추문 (chronique scandaleuse)에 속한다. 이 갈등은 397년에 총대주교 테오필루스가 중재에 나섬으로써 진정되는 듯하다가 재발되었다. 제롬은 오리게네스의 사상 가운데 특히 그의 선재 교리, 마귀와 귀신들이 최후에 회개한다는 교리, 육체 부활을 영적으로 승화하여 해석한 교리를 단죄했다. 반면에 루피누스는 서방으로 돌아간 뒤(398) 오리게네스의 여러 저서들을 라틴어로 번역하면서 그 내용을 정통신앙의 취향에 맞게 각색했다. 두 사람 모두 자신들이 오리게네스주의자라는 비판을 불식시키고 그것을 서로에게 전가하는 데 똑같이 열정적인 노력을 기울였는데, 하지만 오리게네스의 교훈들을 차분하게 조사하고 비평적으로 분석하는 방법을 취하지 않고, 인신 공격과 저급한 독설을 주고받는 방법을 취했다.

루피누스는 교황 아나스타시우스(398-402 재위)에게 소환령을 받았다. 일찍이 아타스타시우스는 로마에서 열린 교회회의에서 오리게네스를 단죄한 바 있었다. 그러나 루피누스는 교황에게 해명서를 보낸 뒤에 아퀼레이아에서 은신했다. 그는 놀라의 파울리누스와 아우구스티누스 같은 사람들에게 높은 평가를 받았으며, 시칠리아에서 숨을 거두었다(410).

134. 이집트와 콘스탄티노플에서 발생한 오리게네스 논쟁. 테오필루스와 크리소스토무스(399-407)

한편 이 논쟁의 제2막은 이집트에서 전개되었다. 이곳에서는 무원칙하고 야심적이고 모략에 능한 알렉산드리아 주교 테오필루스가 논쟁을 주도했다. 그는 처음에는 오리게네스를 존경하고 신인동형론파 수사들을 멸시했으나, 후에는 교회 기금을 자기에게 넘기기를 거부하는 이시도루스와 '키 큰 네 형제'와 불화를 겪으면서 오리게네스 비판자로 돌아섰으며, 여러 논문을 통해서 그의 오류들을 공격하고(399-403), 그의 기억에 대해서 아나테마를 선포했다. 이 조치에 대해서 에피파니우스와 제롬, 로마 주교 아나스타시우스에게 지지를 얻었다. 동시에 그는 오리게네스파 수사들에게 매우 가혹한 탄압 조치들을 취했으며, 그들을 이집트에서 추방했다. 이 수사들 중 대다수가 팔레스타인으로 도피했다. 그러나 키큰 형제들을 포함한 약 50명의 수사들은 콘스탄티노플로 갔는데, 그곳에서 401년에 주교 요한 크리소스토무스에게 따뜻한 영접을 받았다.

크리소스토무스라는 고상한 인물이 이런 식으로 그 논쟁에 휘말리게 되었다. 안디옥 학파의 열정적인 학자이자 항상 현실을 중시한 신학자였던 그는 오리게네스의 철학적 사색에 손톱만큼도 공감하지 않았지만, 그가 성경 강해로써 얼마나 큰 유익을 끼쳤는가 제대로 평가할 줄 알았고, 따라서 그리스도의 사랑과 공의에 힘입어 망명해온 수사들을 선처하도록 테오필루스에게 부탁했다. 하지만 그 수사들이 자신들의 무결을 입증하기 전까지는 그들을 성찬에 받아들이지 않았다.

테오필루스는 오랫동안 질시해온 크리소스토무스를 권좌에서 끌어내릴 중요한 단서를 잡게 되었다고 판단하고서, 심지어 당시에 거의 여든에 가까운 노인이었던 에피파니우스를 자신의 출세욕을 채울 수단으로 활용했다. 이 노인이 402년 한겨울에 키프로스에서 콘스탄티노플로 찾아왔다. 자신이 오면 머리 천 개 달린 히드라인 이단을 능히 무찌를 수 있다고 생각했던 것이다. 그는 오리게네스와 관련된 모든 이단들을 수도에서 내쫓고 제단에서 아나테마를 공포할 수 있기 전에는 자신을 영접하기 위해서 도시의 모든 성직자들을 소집한 크리소스토무스와 교회적 교제도 나누지 않고, 숙어가던 황제의 아들을 찾아가 기노해 주지 않기로 결심하고서 수도에 왔다. 그러나 니트리아에서 온 수사들을 만나 그들의 생각을 들어본 뒤 그들이 부당한 대접을 받고 있다는 것을 확인하고는 곧장 키프로스행 배에 다시 몸을 실었다. 해안까지 배웅을 나온 주교들에게 그는 "나는 여러분에게 이 도시와 황궁과 위선을 위탁합니다. 그러나 나는 가야 합니다. 몹시 서둘러야 하기 때문입니다" 하고 말했다. 그리고는 항해하는 동안에 숨을 거두었다. 403년 여름의 일이었다.

에피파니우스가 정직만 앞세워 서툴게 시도했다가 실패로 끝난 일을 간교한 테오필루스가 이루어냈다. 그는 직접 콘스탄티노플로 여행하여 고소인 겸 판사로 나타났다. 그는 성직자들과 황후 유독시아, 그리고 조정(朝廷)이 엄격한 도덕 수준을 강요하고 탄핵을 주저하지 않던 크리소스토무스에게 품고 있던 불만을 이용하는 방법을 잘 알고 있었다.[70] 그는 403년에 크리소스토무스 자신의 교구에 있는 칼케돈의 '떡갈나무 앞' 사유지에서 36명의 주교들을 은밀히 불러 공의회를 소집한 뒤 크리소스토무스에 대해서 불륜죄와 성직자의 신분을 벗어난 죄와 대역죄를 둘러씌우고는 면직과 추방을 결의했다.[71]

크리소스토무스는 지진과 백성의 동요로 인해서 사흘간 면직과 추방 조치를

---

70) 소크라테스(*H. E.* vi. 4)에 따르면, 그가 미움을 받은 또 다른 이유는 소화 불량 때문이든 습관적 금욕 때문이든 식사를 혼자서 하고 식객을 받아들이지 않았기 때문이라고 한다. 그러나 민중은 그를 인간으로서 그리고 설교자로서 크게 존경하고 사랑했다.

71) 공의회가 제시한 29개 죄목 가운데는 크리소스토무스가 성인인 에피파니우스를 어리석은 자와 마귀라고 불렀다는 것과, 성직자들을 비방하는 내용으로 가득찬 책을 저술했다는 것, 배석자들을 두지 않은 채 여성들의 방문을 받았다는 것, 혼자서 목욕을 하고 식사도 혼자서 한다는 것이 포함되어 있었다.

면했으나, 다시 404년에 열린 공의회에 의해 단죄된 뒤에 황궁에서 추방되었다. 이 일에 직접적인 계기가 된 사건은, 성 소피아 교회에 인접한 자리에 황후 유독시아의 은상이 건립되고 그 일과 관련하여 연극이 공연된 데 분개한 크리소스토무스가 마가복음 6:17 이하를 본문으로 삼아 세례 요한에 자신을 빗대어 지혜롭지 못하게 지나치게 과장된 설교를 한 일이었다: "다시 헤로디아가 분노하고, 다시 그녀가 광분하고, 다시 그녀가 춤을 추고, 다시 그녀가 요한[이것이 크리소스토무스 자신의 이름이었다]의 목을 소반에 담아 달라고 요구하고 있습니다."[72] 그는 망명길에 올라 쿠쿠수스와 아라비수스에서 기독교 세계 전역에 서신을 보냈고, 페르시아와 스키티아 선교에 깊은 관심을 나타냈으며, 총공의회를 열어 자신의 문제를 해결해 달라고 요청했다. 그의 정적들은 황제 아르카디우스에게서 그를 멀리 떨어진 피티우스 사막으로 압송하라는 명령을 받아냈다. 그는 그곳으로 가는 도중인 407년에 폰투스의 코마에서 예순의 나이로 숨을 거두었다. 숨을 거두면서 자신이 부당하게 박해를 당한 일을 포함한 모든 일에 대해서 하나님께 찬송을 드렸다.

크리소스토무스는 민중 사이에 성인으로 존경을 받았고, 그가 죽은 지 30년 뒤에 황제 테오도시우스 2세의 명령으로 유골이 콘스탄티노플로 성대하게 운구되어 황실 묘지에 안장되었다. 유골이 운구되어 오는 동안 황제가 친히 칼케돈까지 마중을 나가 관 앞에 엎드려 절했고, 죄를 지은 자신의 부모 아르카디우스와 유독시아의 이름으로 그 성인에게 사죄를 구했다. 당대의 사회는 오리게네스의 대범한 정신을 이해하고 평가할 수 없었으나, 그럴지라도 에피파니우스의 좁은 경건과 크리소스토무스의 고매한 인품에는 통할 수 있었다.

당시에는 비록 자유로운 사색에 대한 반감이 지배적이었지만, 오리게네스에게는 항상 많은 독자들과 그를 존경하는 사람들이 적지 않았다. 특히 팔레스타인의 수사들 가운데 그런 사람들이 많았는데, 그 중에 두 사람 도미티아누스와 테오도루스 아스키다스가 유스티니아누스 1세의 황궁에 총애를 입고 영향을 끼치게 되었다. 그러나 이 황제 치하인 6세기 중반에 오리게네스의 정통신앙에 대

---

72) 참조. Socr. *H. E.* vi. 18. 유독시아는 젊고 아름다운 여성이었는데, 자기 남편을 멸시하고서 연애를 일삼았다. 아들 소 테오도시우스가 태어나고서 4년 뒤에 죽었는데, 진짜 아버지는 수행원 요한이었다고 한다. 참조. Gibbon, ch. xxxii.

한 분쟁이 삼장(the Three Chapters) 논쟁과 함께 재개되었다가, 544년의 공의회에서 오리게네스의 열다섯 가지 명제가 단죄되는 것으로 매듭지어졌다. 그 이래로 최근까지 아무도 오리게네스를 지지하는 발언을 감히 하지 못했으며, 그의 저서들 가운데 상당수가 유실되었다.

알렉산드리아의 키릴루스를 끝으로 그리스 교회의 신학 연구가, 테오도레투스를 끝으로 해석학 연구가 거의 종료되었다. 그 이후로 그리스인들은 옛 업적들을 보물처럼 대하며 개성과 수십에만 반족했다. 너 이상 신보하시 않는 교회, 정체해 있는 교회는 퇴보하거나 타락하게 마련이다.

3. 그리스도론 논쟁들

135. 개관. 알렉산드리아 학파와 안디옥 학파

신학에서 가장 어려운 문제이자 가장 포괄적인 교의들인 삼위일체론과 그리스도론은 서로 밀접하게 연관되어 있다. 따라서 하나가 결정되었을 때 다른 하나에 대한 논의와 연구가 곧 이어졌다. 삼위일체에 관한 사색들은 그리스도의 위격에 관한 연구에서 비롯되었으며, 거기서 다시 본래로 돌아갔다. 두 교의의 일치점은 하나님의 성육신 개념이다. 그러나 아리우스 논쟁에서는 성자를 주로 성부에 대한 본질적이고 창세 전의 관계로 바라보았다. 반면에 그리스도론 논쟁에서는 성육신하신 역사적 그리스도와 그분의 신적-인간적 위격의 구성이 쟁점이었다.

기독교 사상의 중심이 되는 구속 개념은 위격 안에 신성과 인성이 결합되되 혼합되지 않는 구주를 요구한다. 참 구주가 되시기 위해서는 그 위격이 모든 신적 속성들을 지녀야 하시는 동시에, 인류의 모든 관계들과 상태들에 들어오셔야 하며, 그것들을 하나님에게로 이끌어 올려야 한다. 그러므로 그리스도에 관한 정통신앙의 교리에는 다음 네 가지 요소가 들어온다. 그리스도는 참 하나님이시다; 그분은 참 인간이시다; 그분은 하나의 위격이시다; 신성과 인성이 모든 인격적 결합과 조화를 이룬 채 그분 안에 거하되 [혼합되지 않고 독특하게 남는다.

아리우스 논쟁은 그리스도의 본질적이고 영원한 신성이 보편적으로 인정되는 것으로 귀결되었다. 그리고 논쟁이 끝나기 전에 그리스도의 참 인성이 쟁점으로 부각되었다. 물론 교회는 언제나 영지주의적 가현설에 맞서서 그리스도의 참 인성을 가르쳤으나, 이제는 아폴리나리우스주의(Apollinarianism)의 부분적 부정에 맞서서 좀 더 분명하게 표현하고 이성을 지닌 영혼을 강조할 필요가 생겼다. 그리고 이제는 더 나아가 그리스도 안에 거하는 신성과 인성의 관계가 쟁점이 되었다. 아리우스 논쟁에 자극을 가했던 오리게네스는 그리스도의 위격에 관한 비밀을 놓고 더 깊은 사색이 이루어지도록 최초로 자극을 가한 사람이기도 했다. 그러나 이 큰 문제에 대해 제시된 견해들에는 오랫동안 모호함과 불확실함이 섞여 있었다. 정통신앙의 그리스도론은 강력하고 열정적인 투쟁을 거친 뒤에 얻은 결과이다. 그토록 악명높았던 신학의 광기(rabies theologorum)가 인간을 위한 화목제물로 오신 분의 위격에 관한 논쟁들에서만큼 오랫동안 격렬하게 분출된 적이 없었고, 후대에 화목의 애찬에 대한 논쟁들에서만큼 그렇게 분출된 적이 없었다.

알렉산드리아 신학파는 전형적인 사변적이고 신비주의적인 성향을 토대로, 신성 안에서 인성을 잃을 위험이, 그렇지 않으면 적어도 인성이 신성과 뒤섞일 위험이 있을 정도로 성육신 행위에서 신성과 인성의 밀접한 결합을 보았다. 반면에 냉정한 지성과 반추를 강조하던 안디옥 혹은 시리아 학파는 두 본성을 추상적으로 분리시키는 정반대의 극단으로 기울었다.[73] 두 경우 모두 그리스도의 한 위격 안에 신성과 인성이 참되게 영원히 결합되어 있는 성육신의 신비 — 이것이 구주와 중보자 개념에 필수적이다 — 가 다소 약화되거나 변경된다. 전자의 경우에는 성육신이 신성과 인성의 변형 혹은 혼합(σύγκρασις)이 되고, 후자의 경우에는 인간 안에서 로고스의 단순한 내주(ἐνοίκησις) 혹은 두 본성의 도덕적 결합(συνάφεια) 혹은 두 위격의 결합이 된다.

이제는 이러한 양극단을 배척한 채 그리스도 안에 있는 두 본성의 위격적 결합과 독특성을 동일한 배려와 치밀함으로 강조하는 것이 교회의 문제였다. 교회

---

73) 안디옥 학파의 수장인 길리기아 몹수에스티아의 주교 테오도루스는 그리스도의 신성과 인성의 결합을 남녀의 결혼에 의한 결합에 비유하며, 완전한 인격(휘포스타시스, 위격)이 없는 완전한 본질은 생각할 수 없다고 말한다.

는 이 일을 그리스도론 논쟁들을 통해서 해냈는데, 이 논쟁들이 그리스 교회를 2백 년 이상 격렬하게 휘저어놓았다. 로마 교회는 비록 대체적으로 평온을 유지하긴 했으나 유력한 몇몇 지도자들이 이 일에 지대한 관심을 가졌으며, 로마 주교의 강력한 영향력에 힘입어 제4차 총공의회와 제6차 총공의회에서 두 번 정통 신앙의 승리를 확정지었다.

이 긴 드라마를 다섯 막으로 구분할 필요가 있다.

1. 아폴리나리우스 논쟁. 니케아 시대에 종결되었으며, 그리스도의 온선한 인성, 즉 그리스도가 과연 인간 육체와 인간 영혼(human soul, anima animans)을 지니신 동시에 인간 정신(human spirit, anima rationalis)도 지니시는가 하는 문제가 쟁점이었다.

2. 네스토리우스 논쟁. 431년에 에베소 제3차 에큐메니컬 공의회에 의해 그리스도의 이중 위격성 교리가 배척되는 것으로 귀결되었다.

3. 유티케스 논쟁. 단일 본성 교리 혹은 좀 더 정확하게 말하자면 그리스도의 인성이 신성에 흡수된다는 교리가 451년에 칼케돈 제4차 에큐메니컬 공의회에서 단죄되는 것으로 귀결되었다.

4. 단성론 논쟁. 유티케스의 이론을 보강하려는 부분적인 대응. 553년에 콘스탄티노플 제5차 에큐메니컬 공의회로써 귀결되었다.

5. 단의론 논쟁(633-680). 680년에 콘스탄티노플의 제6차 공의회가 그리스도 안에 하나의 의지만 있다는 교리를 배격함으로써 마무리되었다.

136. 아폴리나리우스 이단(362-381)

아폴리나리우스(Apollinaris)는 시리아 라오디게아의 주교로서, 니케아 시대의 삼위일체 논의의 결과를 그리스도론에 최초로 적용하고, 그로써 장기간에 걸친 그리스도론 논쟁을 시작시켰다.[74] 그는 최초로 그리스도의 인성에 심리적 · 영적

---

74) 그의 이름은 대개 아폴리나리스라고 표기하는데, 심지어 Petavius, Baur, Dorner, 그리고 모든 영어권 저자들이 이 표기를 사용한다. 이렇게 관행으로 굳어진 표기를 억지로 바로잡을 생각은 없다. 다만 그리스 교부들은 항상 아폴리나리오스라고 표기

측면이 있다는 점에 교회의 이목을 집중시켰고, 이와 대조적으로 그리스도 안에 이성의 기능을 지닌 인간 영혼이 거한다는 교리를 과거보다 더 명쾌하고 분명하게 제시했다.

아폴리나리우스는 그의 아버지(대 아폴리나리우스. 알렉산드리아 출신으로서 라오디게아 장로)와 마찬가지로 경건과 고전 지식이 뛰어났고, 포르피리오스와 배교자 율리아누스를 겨냥하여 기독교를 학문적으로 변호하고 니케아 신앙을 고수한 일로 유명했다. 아타나시우스에게도 높은 신망을 얻었는데, 아타나시우스는 그의 위신을 고려하여 자신의 저서들에서 그의 오류를 비판할 때 실명으로 거론하지 않았다.

그러나 아폴리나리우스는 그리스도의 참 신성을 고수하려는 열정과 이중적 인격이 성립되는 것에 대한 우려로 인해 그리스도의 완전한 인성을 부정하는 오류로 떨어졌다. 그는 심리학적 삼분법을 채택함으로써 그리스도에게 인간의 육체와 인간의 혼(soul)이 있다고 인정했지만, 인간의 영(spirit, 정신) 혹은 이성은 인정하지 않고, 그 자리를 신적 로고스에게 할애했다. 로고스가 인간 예수와 단순한 결합을 이루었다는 개념에 반대하여, 그는 둘 사이의 유기적 통일성을, 그리고 그로써 참된 성육신을 확증하고자 했다. 그러나 그렇게 하는 과정에서 인간의 가장 중요한 구성 요소를 배제하는 우를 범했다. 네스토리우스주의가 본격적인 신인($\theta\epsilon\acute{\alpha}\nu\theta\rho\omega\pi\sigma\varsigma$) 대신에 신을 지닌 인간($\ddot{\alpha}\nu\theta\rho\omega\pi\sigma\varsigma$ $\theta\epsilon\sigma\phi\acute{\sigma}\rho\sigma\varsigma$)만 주장했듯이, 그는 육신을 지닌 신($\theta\epsilon\acute{\sigma}\varsigma$ $\sigma\alpha\rho\sigma\phi\acute{\sigma}\rho\sigma\varsigma$)에까지만 도달했다. 그는 성경이 말씀이 육신이 되었다고 가르칠 뿐 영(spirit, 정신)이 되었다고는 가르치지 않는 사실에 호소했다. 하나님이 육체에 나타나셨다고 했다.

이에 대해서 나지안주스의 그레고리우스는 이와 관련한 성구들에서 육신($\sigma\acute{\alpha}\rho\xi$)이라는 단어가 인간 본성 전체를 가리키는 제유법으로 사용되었다고 올바로 논박했다. 아무튼 아폴리나리우스는 이런 식으로 로고스와 인간 육신의 관계를 매우 밀접하게 연관시키어, 모든 신적 속성들이 인간 본성으로 전이되도록 하고, 모든 인간적 속성들이 신적 속성으로 전이되도록 하며, 둘이 그리스도의 한 본성 안에서 혼합되도록 했다. 따라서 그는 로고스가 십자가에 달리셨다고 말할 수 있었으며, 그분의 육신에 대한 경배를 말할 수 있었다. 그는 그리스도를

했으며, 그러니까 아폴리나리우스라고 표기하는 것이 더 정확하다는 것을 밝혀둔다.

하나님과 인간 사이의 중간적 존재로 보았고, 그 안에서 신적인 한 부분과 인간적인 두 부분이 혼합되어 하나의 새로운 본성을 이루어낸다고 보았다.

에피파니우스는 앞서 다음과 같이 파격적으로 관대하고 정중한 표현을 사용하여 논박을 시작한다: "우리 형제들 가운데 높은 지위에 있는, 그리고 우리를 비롯하여 정통신앙을 지닌 모든 이들에게 큰 존경을 받는 어떤 이들은 그리스도께서 육체로써 자신을 나타내신 데서 영(spirit, ὁ νοῦς)을 배제해야 한다고 생각하고, 우리 주 그리스도께서 육체와 혼(soul)을 취하셨을 뿐, 우리의 영은 입지 않으셨고 따라서 완전한 인간이 아니셨다고 주장했습니다. 연로하시고 덕망 높으신, 심지어 복된 교부 아타나시우스조차 귀히 여기셨던 라오디게아의 아폴리나리우스가 이 교리를 고안하고 유포시킨 최초의 사람이었습니다. 우리는 처음에 그의 몇몇 제자들한테 이 교리를 전해듣고는 그런 분이 이런 교리를 유포시킨다고 도저히 믿을 엄두가 나지 않았습니다. 우리는 그의 제자들이 그렇게 박식하고 사려 깊은 인물의 깊은 생각을 제대로 이해하지 못하고, 그가 가르치지 않은 내용을 자기들끼리 날조해냈으려니 생각했습니다."

이미 362년에 알렉산드리아에서 열린 공의회는 이 교리를 배척했고(저자의 이름은 거명하지 않은 채), 그리스도께서 이성적인 혼을 지니셨다고 주장했다. 그러나 아폴리나리우스는 교회의 사귐에서 탈퇴하지 않은 채 375년까지 자신의 분파를 계속해서 꾸려나갔다. 그는 390년에 죽었다. 그의 저서들은 비판자들의 저서에 실린 무수한 단편들을 제외하고는 모두 유실되었다.

그러므로 아폴리나리우스는 그리스도의 신성을 가르쳤으나 그분 인성의 완전함(τελειότης)은 부정했고, 니케아 신조의 호모우시온에서 떠나 아리우스 이단으로 떠났다. 아리우스 이단도 그와 유사하게 그리스도 안에 인간 영(spirit) 대신에 신적 로고스를 두지만, 그것 외에도 그리스도의 가변성(τρεπτότης)을 주장했다. 반면에 아폴리나리우스는 그리스도의 불변성을 더욱 확고하게 수립하고, 아리우스파가 사용하는 무기들을 사용하여 그들을 비판하고, 니케아 교의를 좀 더 훌륭하게 논증하는 데 뜻을 두었다. 그는 온전한 신성과 온전한 인성이 한 위격에 결합되어 있다는 것과, 따라서 온전한 두 본성이 온전한 한 위격에 있다는 것이 불가능하다고 주장했다. 그리스도의 위격의 통일성과 동시에 그분의 무죄성이 인간의 영(spirit)을 제거해야만 확보될 수 있다고 생각했다. 죄란 그 좌소를 의지와 무관한 혼에 두지 않고 육체에도 두지 않으며 다만 지적 기능을 지니고 자유롭고, 따라서 가변적인 인간의 의지 혹은 영에 두기 때문이라고 했다. 또한 그는 그리스도의 온전한 인성을 가르치는 교회의 교리가 그리스도의 속죄의 고통을 인간 본성에 제한하고, 그로써 그리스도의 사역에서 속죄의 공효를 반감시킨다고 지적했다. 한 인간의 죽음이 죽음을 멸할 수 없는 노릇이기 때문이라고 했다.

속죄의 고통에는 내내 신성이 참여해야 한다고 보았다. 아폴리나리우스의 비판자들은 이런 이유에서 그가 신성으로 하여금 고통과 죽음에 처하게 만들었다고 비판했다. 하지만 그는 로고스의 두 면을 구분하여, 한 면은 인간에게 결합되어 고통을 당할 수 있고, 다른 한 면은 하나님께 결합되어 모든 고통을 초월해 있다고 주장했다. 그리스도 안의 신적·영적 본성이 인간의 정신적·육체적 본성과 맺고 있는 관계를 아폴리나리우스는 술과 물이 섞인 것으로, 쇠에서 빨갛게 달아오른 불로, 인간 안에서 영혼과 육체가 이루는 결합으로 (즉, 비록 독특하게나마 서로에게 스며들어 하나를 이루는 것으로) 예시했다.

하지만 그의 교리는 각론에 들어가면 다양하게 설명되며, 따라서 제자들 사이에서도 복잡한 견해들이 대두했는데, 그 가운데 더러는 서로 완전히 상반되는 경우들도 있었다. 어떤 진술에 따르면 아폴리나리우스가 그리스도께서 심지어 인성까지도 하늘에서 가지고 내려오셨고 영원부터 육체로 계시는 분이셨다고 주장했다고 하며, 다른 진술에 따르면 이것이 단지 그 제자들의 견해였을 뿐이거나, 영원부터 성육신을 작정하셨다는 그의 주장과, 로고스와 그리스도의 육체의 결합을 크게 강조한 것(이대로라면 심지어 우상 숭배의 우려 없이 육체를 숭배할 수 있도록 허용된다)을 놓고 비판자들이 근거 없이 추론한 것이었다고 한다.

교회는 이렇게 반(半) 가현설적 성육신을, 이렇게 생략되고 엉뚱한, 그리하여 귀하신 교회의 머리에 손상을 입히는 그리스도의 인성관을, 이로 인해서 생긴 반쪽짜리 구속을 도저히 받아들일 수 없었다. 로고스의 성육신은 그분이 온전한 인간이 되신 사건이다. 그러므로 이 사건은 그분이 인간의 나뉘지 않는 온전한 본성, 즉 영적이고 육체적이되 다만 죄가 없는 본성을 취하셨음을 의미한다. (죄는 사실상 인간의 본성에 속하지 않고 밖에서 외부의 독으로서 마귀의 속임을 통해서 들어왔다.) 예수의 생애에서 이루어진 많은 일들, 이를테면 슬픔과 번민과 기도에 관련된 일들이 예수께서 이성적 혼(soul)을 지니셨음을 암시한다. 영은 인간의 가장 본질적이고 가장 고귀한 구성 요소이자 지배적 원리이며, 혼과 육체와 똑같이 구속을 필요로 한다. 만약 로고스께서 인간의 영을 취하지 않으셨다면 참 인간이지 못하셨을 것이고, 우리의 모범이 되실 수 없었을 것이다. 게다가 영을 구속하실 수도 없었을 것이다. 반쪽짜리 구속은 아예 구속이 되지 못한다. 온전한 구주가 되시기 위해서, 그리스도는 온전한 인간이기도 하셔야 한다. 이것이 아폴리나리우스 논쟁의 비중있는 교리적 결과였다.

아타나시우스와 두 명의 그레고리우스, 바실리우스, 에피파니우스는 아폴리나리우스의 오류를 비판했으나, 저마다 당혹감을 가지고서 전면에서 공격하지 못하고 배후에서 측면에서 잘못을 지적했으며, 두 완전한 인격이 한 인격을 형성할 수 없다는 그 주안점에 제대로 답변할 준비가 되어 있지 못했다. 후대의 정통신앙 교리는 그리스도의 인성의 무인격성을 가르침으로써, 그리고 그리스도의 인격이 모두 로고스 안에 거한다고 봄으로써 이 난제를 넘어갔다.

377년과 378년에 다마수스의 주재로 열린 로마의 공의회들과 381년에 열린 제2차 에큐메니컬 공의회는 아폴리나리우스파를 단죄했다. 공의회의 결정을 이행하기 위해서 황제의 법령들이 388, 397, 428년에 공포되었다.[75] 상황이 이쯤 되자 아폴리나리우스파 가운데 일부 회원들은 가톨릭 교회로 돌아갔고, 다른 이들은 단성론파에 합류했다. 그 집단의 교리를 위해서 아폴리나리우스가 어느 정도는 길을 닦은 셈이었기 때문이다.

이렇게 이 오류가 배척되었음에도 불구하고 그리스도 안의 신성과 인성의 적합한 관계에 관한 문제는 아직 해결되지 못하고, 오히려 최초로 본격적으로 대두되었다. 공의회의 결정을 주도한 교회 교사들은 그리스도 안에 이성적 인간 혼(soul)이 있어야 할 당위를 입증했다. 그러나 두 본성의 결합 양태에 관해서 그들의 견해는 혼동되었고, 몇몇 경우에 그들의 표현들은 전혀 부정확하고 실상을 그릇되게 이해한 것이었다.[76] 교회가 최초로 하나님께서 육신 안에 나타나셨다는 이 위대한 비밀을 명쾌하게 깨닫고 그것을 공식적으로 표현한 것은 그리스도론

---

75) *Conc. Constant.* i. can. 1. 이 법령은 아리우스파, 반아리우스파, 성령이단파, 사벨리우스파, 마르켈리우스파 혹은 포티누스파뿐 아니라 아폴리나리우스파에게도 아나테마가 선포되었다.

76) 이것은 아타나시우스에게도 해당되는 경우이다. 참조. § 135에 소개된 그에 관한 주해.

논쟁의 차후 단계들을 지나면서 이루어진 일이다.

137. 네스토리우스 논쟁(428-431)

아폴리나리우스주의는 위격[인격]의 통일성을 지키기 위해서 두 본성, 적어도 인성의 완전성을 포기했는데, 이 점에서 비록 독특한 방식으로나마 단성론 이단을 예기(豫期)했으며, 안디옥 학파의 교리와 정면으로 배치되었다. 안디옥 학파의 교리는 거의 비슷한 시기에 발전했고, 다소 후대에 다소[타르수스]의 주교 디오도루스(394년 죽음)와 몹수에스티아의 주교 테오도루스(393-428)에 의해 발전했으며, 그리스도 안의 신성과 인성을 지나치게 확실하게 구분한 결과 비록 표현은 그렇게 노골적으로 하지 않았으나 사실상 그리스도가 이중적 위격[인격]을 지닌 듯이 해석했다.

이 학파에서 네스토리우스가 배출되었고, 그가 자신의 이름을 딴 그리스도론 이단의 수장 겸 순교자가 되었다. 그의 교리는 덜 사변적이고 좀 더 실천적이라는 점에서, 그리고 그리스도의 위격적 통일성에 대해서 훨씬 관심을 기울인다는 점에서만 몹수에스티아의 테오도루스의 교리와 달랐다. 그는 원래 수사였다가 안디옥에서 장로가 되었으며, 그 뒤 428년에는 콘스탄티노플 총대주교가 되었다. 사람들은 그가 제2의 크리소스토무스가 되어주기를 기대했고, 그로써 그가 알렉산드리아의 경쟁자에게 빼앗겼던 명예를 되찾아 주기를 바랐다. 네스토리우스는 정직한 사람으로서 웅변이 뛰어나고 수사적(修士的) 경건 생활을 하고, 정통신앙을 파수하려는 뜨거운 열의가 있었으나, 그 이면에는 조급하고 부허하고 경솔한데다 확고하고 실제적인 판단력이 부족했다. 그는 총대주교 임직 설교에서 황제 테오도시우스 2세에게 이렇게 말했다: "폐하시여, 만약 이단이 제거된 땅을 제게 주신다면, 저는 그 대가로 하늘을 드리겠습니다. 제가 이단들과 싸우도록 도와주시면 폐하가 페르시아와 싸우실 때 도와드리겠습니다."[77]

네스토리우스는 취임하자마자 아리우스파·노바티아누스파·십사일파·마케도니우스파에 대해 강경한 제재 조치를 취했고, 황제에게 이단들을 좀 더 철

---

[77] Soctrates, *H. E.*, vii. 29.

저히 규제하는 법을 제정해 달라고 요청했다. 다만 펠라기우스파에 대해서는 그들의 자유의지 교리에 동조하는 바가 있었던 까닭에(하지만 원죄 교리에 대해서는 그렇지 않았다) 관용을 베풀었고, 기존에 추방되었던 그 집단의 지도자들은 에클라눔의 율리아누스와 켈레스티우스(Celestius) 같은 사람들을 불러들였으며, 429년에는 황제와 교황 첼레스티노에게 그들을 위해 중재해 주었다. (하지만 당시에 콘스탄티노플에 살고 있던 평신도 마리우스 메르카토르가 펠라기우스주의에 대해서 퍼뜨린 험담 때문에 여러 차례에 걸친 그의 중재는 별 성과를 거두지 못했다.) 네스토리우스와 이렇게 부분적인 접촉을 가진 탓에 펠라기우스주의는 에베소 공의회에서 네스토리우스주의와 함께 단죄를 당했다.

그러나 이제는 네스토리우스 자신이 콘스탄티노플 교계와 사이가 벌어지게 되었다. 매우 대담하면서도 모호한 하나님의 어머니라는 표현에 반대한 것이 그 원인이었다. 이 표현은 이미 오리게네스·알렉산드리아의 알렉산더·아타나시우스·바실리우스 같은 이들이 동정녀 마리아에게 가끔씩 사용했고, 아리우스 논쟁이 끝난 뒤 마리아 숭배가 확산되면서 민중의 신앙 용어로 자리를 잡은 상태였다.[78]

물론 피조물이 창조주를 낳았다거나, 영원한 신성이 마리아에게서 그 기원을 취하셨다는 것이 이 표현의 의미가 아니었다. 만약 그런 의미였다면 지극히 부당하고 그것만큼 사악한 이단설이 없었을 것이며 충격적인 신성모독이었을 것이다. 그러나 그 표현은 다만 그리스도 안에 신성과 인성이 불가분리하게 결합되어 있음과, 로고스의 실제적 성육신, 즉 마리아의 몸에서 인성을 취하시고, 그녀의 태에서 신인(God-Man)으로 나오시고 신인으로서 십자가에 달리셨음을 가

---

78) Deipara, genitrix Dei, mater Dei. 이 단어가 니케아 이전 시대에 쓰인 용례에 대해서는 다음을 참조하라: Petavius, *De incarnatione*, lib. v. c. 15 (tom. iv. 471 sqq., Paris ed. of 1650). 성경에서는 이 표현이 나오지 않으며, 비슷한 주의 모친이라는 표현만 나온다(눅 1:43). 그러나 예수의 모친이란 표현은 자주 나온다. 키릴루스는 하나님의 어머니라는 표현을 사용하는 근거로 갈라디아 4:4을 제시한다: "때가 차매 하나님이 그 아들을 보내사 여자에게서 나게 하시고." 개신교의 정서에는 테오토코스라는 단어가 로마 가톨릭의 마리아 숭배와 불가피하게 연관되어 있기 때문에 그것을 불쾌하게 받아들인다. 확실히 그 단어는 이교 신화에 등장하는 신들의 어머니들을 연상케 한다. 참조. §§ 82, 83.

리키려는 의도밖에 없었다. 그리스도는 인격(person)으로서 태어나셨고, 인격으로서 고난을 당하셨기 때문이고, 그리고 그리스도 안의 인격은 그분의 인성에 거하시지 않고 신성에 거하셨기 때문이다. 따라서 인간 인격의 중심인 이성적 혼(soul)은 육체의 고통과 사투(死鬪)에 참여하되, 혼 자체는 죽지 않고 죽을 수도 없다.

하지만 안디옥 학파의 신학은 인간 인격이 배제된 인성을 생각할 수 없었고, 인간 인격이 신적 로고스에서 엄격히 구분된다고 보았다. 그러므로 몹수에스티아의 테오도루스는 진작부터 테오토코스라는 용어를 힘을 다해 논박했던 것이다. 그는 다음과 같이 말한다. "마리아가 낳으신 분은 로고스가 아니라 예수였다. 로고스는 비록 특별한 방법으로 처음부터 예수 안에 거하시긴 했으나 편재하셨고 언제나 그런 상태로 존재하시기 때문이다. 그러므로 마리아는 엄밀히 말해서 그리스도의 어머니이지 하나님의 어머니가 아니다. 마리아를 가리켜 하나님의 어머니라고 할 수 있는 것은 단지 비유로(per anaphoram)만 가능하다. 왜냐하면 하나님이 독특한 의미로 그리스도 안에 계셨기 때문이다. 올바로 말하자면, 마리아가 낳은 사람은 그 안에서 로고스와의 결합이 시작되었으나 그 결합이 여전히 불완전하여서 아직 하나님의 아들이라 불릴 수 없었던 상태였다." 심지어 그는 하나님이 동정녀에게서 나셨다고 말하는 것을 '정신나간 짓'이라고 일축했다. "마리아에게서 나신 분은 하나님이 아니라 하나님이 그 안에서 거하시는 성전[인간]이었다."

유사한 맥락에서 네스토리우스와 그가 콘스탄티노플에 올 때 안디옥에서 데려온 친구 사제인 아나스타시우스는 강단에서 테오토코스라는 개념과 사상을 비판했다. 네스토리우스는 그 논쟁이 콘스탄티노플에서 진작부터 진행되고 있음을 발견했다고 주장했다. 왜냐하면 어떤 사람들은 마리아를 하나님의 어머니(테오토코스)라고 부르고 있었고, 다른 이들은 인간의 어머니(안쓰로포토코스)라고 부르고 있었기 때문이다. 그는 중간적 표현인 그리스도의 어머니(크리스토토코스)를 제안했다. 그리스도께서는 하나님이신 동시에 사람이시기 때문이라는 것이 그 이유였다. 그는 이 쟁점에 대해서 여러 번 설교를 했다.

첫번째 설교에서 그는 이렇게 말한다: "여러분은 마리아를 하나님의 어머니라고 불러도 되는지 묻습니다. 그렇다면 하나님께 어머니가 계신 것입니까? 만약 그렇다면 신들에게 어머니들을 두는 이교를 나무랄 수 없게 됩니다. 그런데 만약 그렇다면 바울이 거짓말쟁이가 됩니다. 그는 그리스도의 신성에 대해서 말하면서, 아비도 없고 어미도 없고 족보도 없다고 말하기 때문입니다(참조. 히 7:3). 여러분 부형들이여, 마리아가 하나님을 낳은 것이 아닙니다 …… 피조물은 창조되지 않은 창조주를 낳지 못하고, 하나님의 도구인 인간을 낳을 뿐입니다. 성령께서 로고스를 잉태하신 것이 아니고, 로고스를 위해서 동정녀로부터 그가 거하실 만한 성전을 조성하신 것입니다(참조. 요 2:21). 성육신하신 하나님은 죽지 않으셨고, 육신이 되실 때 거하신 사람을 살리셨습니다 …… 그분이 사용하신 이옷을, 나는 그 안에 덮이시고 그것과 불가분리하게 되신 하나님으로 인해서 존중합니다; …… 나는 본성들을 분리하지만 예배는 결합합니다. 이것이 무슨 뜻이어야 하는지 생각해 보시기 바랍니다. 마리아의 태에서 조성되신 그는 자신이 친히 하나님이 아니셨고 하나님이 그를 취하셨으며[auumsit, 즉 인성을 입으셨으며], 취하신 그분으로 인해서 취해지신 그분 역시 하나님이라 불립니다."[79]

테오토코스라는 단어로 인해서 네스토리우스 논쟁이 촉발되었다. 그러나 이 단어는 동시에 신학 사상과 강렬한 종교적 정서를 반영했다. 당시에 점증하던 마리아 숭배 분위기와 밀접히 연결되었다. 그러므로 경건의 장(場)에 자리를 잡았고, 사변적 신학보다 민중에게 훨씬 가까이 다가갔으며, 그로써 매우 뜨거운 열정을 일으켰다. 아리우스 논쟁 때 호모우시오스라는 단어가 정통신앙 진영의 구호였듯이, 네스토리우스 논쟁 때에는 테오토코스라는 단어가 그 역할을 했다. 이 단어에 반대한다는 것은 곧 성육신의 신비를 부정하거나, 그리스도 안에서 신성과 인성의 진정한 결합을 부정한다는 뜻으로 받아들여졌다.

그리고 의문의 여지 없이 네스토리우스가 대표한 안디옥 학파의 그리스도론은 로고스가 실제로 인간이 되셨다고 생각하지 않았다. 물론 본성들[신성과 인성]의 이중성을 주장하고, 두 본성간의 지속적인 구분을 주장한 것과, 하나님께서 잉태되시거나 고난과 죽음을 당하실 수 있다는 생각을 부정한 것이 사실이고 그것은 바르고 정당한 태도였다. 그러나 두 본성의 구분을 이중적 인격성을 주장하는 데까지 밀고 나갔다. 성육신 개념 대신에 인성 혹은 그보다는 전인(全人)이 로고스와 교제를 나누게 되었다는 개념과, 신성이 그리스도 안에 내주하게 되었

---

79) In the original in Mansi, iv. 1197; in a Latin translation in Marius Mercator, ed. Garnier, Migne, p. 757 f f.

다는 개념을 내세웠다.

네스토리우스의 사상에서 확인하게 되는 것은 신인(God-Man)이 아니라 단지 '하나님을 지닌 인간' 개념이며, 나사렛 예수의 인격이 신적 로고스가 거하실 때 쓰시는 도구 혹은 성전에 지나지 않는다는 개념이다. 두 본성이 하나의 위격적 결합을 이루는 것이 아니라, 도덕적 결합, 친밀한 사귐 혹은 유대를 이룰 뿐이다. 두 본성은 서로 외적이고 기계적인 관계를 지니며, 이 관계 안에서 각 본성이 고유한 속성들을 유지하되, 어떤 유형의 속성간의 교류(communicatio idiomatum)도 없다. 이 결합은 첫째로, 하나님 편에서 자비로써 자신을 낮추시어 이루어진, 이로써 로고스가 인간을 신적 기쁨의 대상으로 삼으신 일이다. 둘째로 인간이 더 높은 위엄과 하나님의 아들의 지위로 오르신 일이다. 셋째로, 하나님의 이러한 낮추심으로 인해서 실제적인 사역(operation)의 사귐이 발생하는데, 이 사귐 안에서 인성이 신성의 도구와 성전이 되며, 이로써 ἕνωσις σχετικη(일시적 연합)가 완료된다. 안디옥 그리스도론을 유능하게 수립한 몹수에스티아의 테오도루스는 인간이 하나님의 아들의 지위로 격상한 일을 점진적·도덕적 과정(눅 2:52에서 출발하는)의 양상으로 설명했으며, 그 일을 예수께서 점진적으로 얻어가신 덕과 공로에 종속시켰다. 그리고 그러한 덕과 공로가 부활로써 완료되었고, 그의 자발적 덕의 승리에 대한 상으로 그에게 복된 신적 생명이 부여되었다고 주장했다.

그러므로 안디옥 학파와 네스토리우스의 이론은 비록 겉으로 명시는 하지 않지만 그 기저가 그리스도의 인격에 이중성이 있다고 말하는 것과 같다. 이 사상 체계는 인격이 서로 독립되지 않은 상태에서의 두 본성의 실재를 인식하지 못한다. 그리스도 인격의 신인적(theoanthropic) 결합과 아울러 그분 사역의 신인적 결합도 부정하되, 특히 그분의 고난과 죽음을 부정한다. 이러한 관점으로 인해서 구속의 실재를 약화시킨다.[80]

---

80) 키릴루스는 네스토리우스가 하나님의 아들이 죽었다가 다시 살아나셨다고 말하지 않고 항상 인간 예수가 죽었다가 살아났다고 말할 뿐이라고 비판한다. 네스토리우스 자신은 자신의 두번째 설교(Mar. Merc. 763 sq.에 수록됨)에서 다음과 같이 말한다: "넓은 의미에서는 하나님의 아들이 죽었다고 말할 수 있지만, 하나님께서 죽으신 것은 아니다. 더욱이 성경은 탄생과 수난과 죽음을 전할 때 하나님이라고 말하지 않고 그리스도 혹은 예수 혹은 주라고 말한다. 태어나고 죽고 묻히신 하나님은 경배의

물론 이 관점에서 보자면 마리아는 인간 예수의 어머니 이외에 다른 존재일 수가 없고, **테오토코스**라는 이름은 엄밀히 말하자면 불합리하거나 신성모독적일 수밖에 없게 된다. 네스토리우스는 하나님께서 마리아의 태를 통과하셨다(transiit)는 정도로만 인정한다.

정통신앙 진영이 애용하던 이 구호에 대해 공격이 가해지자 민중과 수사들이 강하게 들고 일어났다. 그들은 알렉산드리아 신학에 동조하고 있었던 것이다. 이들은 강단에서 설교하고 있던 네스토리우스에게 면박을 주고, 거리에서 그를 모욕했다. 네스토리우스도 악을 악으로 갚아서 수사들이 처벌과 구금을 당하도록 하였고, 429년에 열린 지역 공의회에서 비판 세력의 견해를 단죄했다.[81]

콘스탄티노플에서 네스토리우스를 가장 앞장서서 비판한 사람은 시지쿰의 주교 프로클루스(Proclus)였다. 그는 총대주교직을 놓고 네스토리우스와 경합을 벌이다가 패한 듯하며, 성모 무원죄 잉태 교의를 빼놓고는 현대의 여느 광신적 로마 가톨릭 교도 못지않게 마리아 숭배를 극단적으로 실천한 사람이었다. 그는 설교 시간에 마리아를 다음과 같이 과장되게 칭송했다: "한 점 흠없는 정절의 보고(寶庫); 둘째 아담의 영적 낙원; 두 본성이 하나로 달구어진 작업장; 말씀이 육신과 결혼한 신방(新房); 신적 탄생의 불에 손상되지 않은 살아 있는 자연의 수풀; 그룹들 사이에 좌정하신 분을 태운 가벼운 구름; 목자가 자기 양들에게 입히시는, 하늘 이슬로 목욕한 순결한 양털; 여종이자 어머니, 동정녀이자 하늘(the Virgin and Heaven)."

그에 이어서 훨씬 강력한 비판자가 등장했는데, 그가 알렉산드리아의 총대주교 키릴루스(Cyril)였다. 박식하고 예리하고 활동적이었으나, 성격이 지나치게 급하고 콧대가 높고 야심이 많고 논쟁 기질이 강한 고위 성직자였다. 개인적 이해와 교리적 관심 양면에 이끌려 투쟁의 장에 들어선 그는 예전에 자신과 성향이

대상이 될 수 없다." 그는 다른 설교에서 말하기를, 빌라도는 신을 십자가에 못 박지 않고 신이 옷처럼 입으신 이를 못박았으며, 아리마대 요셉은 로고스에게 수의를 입혀 장사하지 않았다고 한다(in Marius Merc. 789 sqq.).

81) 바실리우스가 황제 테오도시우스에게 보낸 상소에 따르면, 네스토리우스가 제단으로 가려 할 때 어떤 대범한 수사가 그를 완고한 이단으로 지목하면서 가로막자 손을 들어 그를 친 다음 그를 관리들에게 넘겨주었고, 관리들이 그를 거리로 끌고다니면서 매질을 한 다음 성 밖으로 내쳤다고 한다.

비슷했던 숙부이자 전임 총대주교 테오필루스가 오리게네스 논쟁 때 고결한 크리소스토무스를 넘어뜨렸던 것처럼 콘스탄티노플에 있는 자신의 경쟁자를 타도하기 위해서 수단과 방법을 가리지 않았다. 두 총대주교들에게는 신학 논쟁이 곧 권력 투쟁이었다. 개인적 인품에서 키릴루스는 네스토리우스에 한참 못미쳤지만, 세상 돌아가는 일에 대한 지식과 기민함, 신학 지식과 통찰에서는 앞섰으며, 그리스도와 마리아에 대해서 더욱 큰 존경을 표시했다. 신성과 인성을 추상적으로 구분하는 데 반대한 점에서 올바른 위치를 견지했다. 비록 그리스도 안에 있는 두 본성을 혼합하거나 혼동하는 정반대의 오류로 기울긴 했지만 말이다. 그는 교리의 가치가 반드시 그것을 대표하는 사람들의 인품으로 정당화될 수 있는 것이 아님을 여실히 보여주는 사례이다. 하나님은 당신의 뜻을 이루시기 위해서 선하고 악하고 중립적인 온갖 수단들을 쓰시는 것이다.

키릴루스는 먼저 네스토리우스에게 편지를 썼다. 그 다음에는 황제와 황후 유도키아에게, 그리고 교회 문제에 지대한 관심을 가지고 있던 황제의 누이 풀케리아에게도 편지를 썼다. 마지막으로는 로마 주교 첼레스티노(Celestine)에게 썼으며, 동방과 서방의 주교들과 교회들을 향해서 자신의 경쟁자가 주장하는 위험한 이단설들을 경계하라고 주장했다. 본능적으로 정통신앙에 애착을 갖고 있던 첼레스티노는 자신의 권위에 힘입고자 하는 키릴루스에 대해서는 만족감을 표시한 반면에, 추방되었던 펠라기우스파 인사들을 우호적으로 맞아들인 네스토리우스에 대해서는 격분했고, 로마에서 열린 공의회에서 그의 교리를 단죄했으며, 열흘 내에 교리를 철회하지 않으면 총대주교직을 면직시키겠다고 공언했다(430).

네스토리우스가 자신의 견해를 고수하자, 키릴루스는 안디옥 총대주교 요한의 우호적인 중재를 무시한 채 교황의 지시로 열린 알렉산드리아 공의회에 참석하여 콘스탄티노플 총대주교에게 열두 조항의 아나테마 곧 단죄문을 공포했다(430).[82]

이에 대항하여 네스토리우스도 열두 조항의 아나테마를 공포했는데, 이 문서에서 그는 자신의 비판자들을 아폴리나리우스 이단으로 몰아세웠다. 박식한 성경 주해가이자 교회사가인 키로스의 테오도레투스도 안디옥의 요한에게 요청을

---

82) *Cyrilli Opera*, tom. iii. 67.

받아 키릴루스를 비판하는 글을 썼다.

이로써 논쟁이 대단히 광범위하고 치열한 성격을 띠게 되었으며, 에큐메니컬 공의회가 열리기 전에는 해결될 수가 없게 되었다.

138. 에베소 에큐메니컬 공의회(431). 타협

테오도시우스 2세는 서방을 관할하던 공동 황제 발렌티니아누스 2세와 합의하여 431년 오순절에 에베소에서 보편적 공의회를 소집했다. 이 도시에서는 일찍부터 하나님의 동정녀 어머니에 대한 숭배가 빛과 생명을 내린다고 하는 여신 디아나 숭배를 대체한 상태였다. 이때 이곳에서 열린 공의회가 세 번째 에큐메니컬 공의회이며, 따라서 오늘날 모든 교회들에 의해 존중된다. 그러나 도덕적 성격에서 이 공의회는 니케아 공의회나 제1차 콘스탄티노플 공의회에 크게 못미쳤다. 무자비하고 격하고 급한 정신이 공의회를 지배하여 모든 법령들에 영향을 끼쳤다. 따라서 교리적 결과도 주로 부정적인 것, 즉 네스토리우스주의를 단죄한 것이었다. 이 공의회의 긍정적이고 에큐메니컬적인 특성은 후속 법령들과, 공의회의 주류를 이루던 세력이 동방 주교들 가운데 소수 반대파와 손을 잡은 일로써 겨우 확보되었다.

네스토리우스는 처음에는 마치 전쟁터에라도 나가듯이 열여섯 명의 주교들과 무장 병력을 대동하고서 에베소에 도착했다. 그는 황제의 후광을 입고 있었으나, 대다수의 주교들과 에베소 및 콘스탄티노플 민중들의 압도적인 여론은 그에게 등을 돌리고 있었다. 황제는 공의회에 직접 참석할 여건이 되지 못해서 친위대 대장인 칸디디아누스(Candidian)를 대신 보냈다. 키릴루스는 이집트 주교 50인 외에도 수사들과 파라볼라노이(parabolanoi: 병자들을 간호하고 죽은 자들을 장사지내는 일을 맡은 수도원 구성원들. 주교의 경호원 역할도 수행함. 수사 서약은 하지 않은 듯하다. 유스티니아누스 시대 이후에는 이들에 관한 언급이 나타나지 않는다: 역자주), 노예들, 선원들로 구성된 거창한 수행원들에게 성 마가와 하나님의 성모의 깃발을 들린 채 도착했다. 그의 진영에는 에베소의 대주교 멤논(Memnon), 그 수하의 아시아 속교구 주교들 40인, 팜필리아에서 온 주교 12인이 있었다. 그리고 소아시아의 성직자들, 수사들, 민중도 정서가 그들과 같았다. 로마 교황은 에큐메니컬 공의회에서는 처음으로 주교 2인과 사제 1인을 대표로 파견했다. 이들은 키릴루스를 지지했으나 논쟁에 개입하지 않고 양 진영 사이에서 중립적인 판단을 내리는 시늉을 함으로써 교황의 권위를 유지했다. 하지만 논쟁이 회의 벽두부터 전개된 것은 아니었다.[83] 네스토리우스의 친구였던 안디옥 총대주교 요한은 자신의 주교들과 함께 먼 길을 여행하느라 개회 당일에 도착하지 못했다.

키릴루스는 좀 더 기다려보자는 황제 대리인의 권고를 거부하고서 오순절 열엿새 뒤인 6월 22일에 160명의 주교들과 함께 성 마리아 교회에서 공의회를 개회했다. 네스토리우스는 세 번이나 출두 요구를 받았으나 모든 주교들이 모이기 전에는 출두하지 못하겠다고 버텼다. 그러자 공의회가 그를 배제한 채 속회되어 쟁점 심의에 들어갔고, 결국 그를 단죄했다. 주교들은 만장일치로 다음과 같은 결의를 통과시켰다: "누구든 네스토리우스를 저주하지 않는 자는 저주를 받을지어다; 참 신앙이 그를 저주한다; 거룩한 공의회가 그를 저주한다. 누구든 네스토리우스와 사귐을 갖는 자는 저주를 받을지어다. 우리 모두는 네스토리우스와 그의 추종자들, 그의 불경건한 신앙과 그의 불경건한 교리를 저주한다. 우리 모두는 네스토리우스를 저주한다."(후략)[84] 그런 다음 이전 교부들이 그리스도론에 관해 남긴 표현들과 네스토리우스의 저서들에서 인용한 여러 구절들이 낭독되었고, 밤이 이슥하도록 지속된 첫 번째 회기의 말미에는 다음과 같은 면직 결의서가 약 2백 명의 주교들에 의해 채택되어 서명되었다: "그 자[네스토리우스]에 의해서 모독된 주 예수 그리스도께서 이 거룩한 공의회를 통해서 네스토리우스가 주교직과 성직자로서의 모든 사귐에서 축출되는 것을 결정하신다."[85]

에베소 주민들은 희색이 만면하여 이 결정에 환호하고 밤 거리를 조명으로 밝

---

83) 아우구스티누스도 참석 의뢰를 받은 서방 교회 주교들 가운데 한 사람이었다. 황제가 특사에게 초대장을 들려서 그에게 보냈다. 그러나 그는 공의회가 열리기 직전인 430년 8월 28일에 숨을 거두었다.

84) 면직 결의서에 서명하기 전에 참석자 수가 198명으로 늘어나 있었다. 로마 교회 측 기록에 따르면 키릴루스가 교황의 이름으로 교황의 위임하에 의장을 맡았다. 그러나 이 경우에 그가 두 번째와 이후 회기들에서는 의장직을 교황 특사들에게 넘겨주어야 옳았으나 그렇게 하지 않았다.

85) Mansi, iv. fol. 1211; Hefele, ii. 172.

혔으며, 저마다 횃불을 든 채 키릴루스를 그의 거처까지 호위해 주었다.[86]

다음 날 네스토리우스는 거두절미한 채 진술된 법령을 수령했다. 자신의 면직을 알리는 이 공문에 그는 새로운 유다로 표현되어 있었다. 그러나 그는 분개한 채 이 법령에 항거했으며, 황제 앞으로 불복의 뜻을 담은 서신을 보냈다. 황제 대리인은 그 법령이 공의회의 일부 참석자들만 입을 모아 가결시킨 것이라는 이유로 무효임을 선언했고, 모든 역량을 동원하여 그 법령이 발행되는 것을 막았다.

며칠 뒤인 6월 26일 혹은 27일에 안디옥의 요한이 마침내 에베소에 도착했고, 곧 이어 테오도레투스라는 저명한 주교를 비롯한 그의 생각에 동조하는 주교 42인이 도착했다. 이들은 황제 대리인과 친위대의 보호하에 대립 공의회를 열어 반대파의 공의회가 서둘러 결의한 사항들을 하나도 인정하지 않고, 알렉산드리아의 키릴루스와 에베소의 멤논에게서 사제로서의 모든 기능을 박탈하고, 이단과 무질서의 주범으로 규정하고, 그들과 같은 표를 던진 다른 주교들에 대해서는 키릴루스의 이단적 명제들에 저주를 할 때까지 파문에 처한다고 결의했다.[87]

이때부터 상호 비방과 욕설, 정략과 술수, 음모, 폭행이 잇달았는데, 이것이 사랑이 식을 대로 식고 성령을 무시하고 살던 당대 기독교가 빚어낸 가장 우울한 정경이다. 그러나 기독교의 참된 본질은 무자격한 성직자들 위에 초연히 존재하면서 인간의 추악한 열정조차 진리와 의를 선양하는 데 붙잡아 사용하는 법이다.

7월 10일에 교황 특사들이 판결자들로 자임하며 도착하자, 키릴루스는 두 번째 회기를 시작하여 그 뒤로 다섯 번의 회기(도합 일곱 번의 회기)를 계속했다. 한 번은 멤논의 저택에서, 한 번은 성 마리아 교회에서 열린 공의회는 네스토리우스파와 펠라기우스파를 단죄하는 여러 편의 회람 서신들과 여섯 조항의 교회법을 발행했다.

양 진영은 우유부단한 황제에게 매달렸다. 문제의 본질을 이해하지 못하고 있던 황제는 줄곧 네스토리우스 진영에 기울어져 있다가, 콘스탄티노플의 주민들

---

86) 키릴루스가 아주 흡족한 어조로 당시의 정황을 친구에게 편지로 알렸다. 참조. Mansi, tom. iv. 1241 sq.

87) 이 대립 공의회의 법령들은 Mansi, tom. iv. 1259 sqq. (Acta Conciliabuli)에 실려 있다.

과 수사들이 연로하고 덕망 높은 달마티우스(Dalmatius)의 주도로 벌인 시위와 종교 행렬에 크게 놀란 나머지 '하나님의 어머니'를 숭배하게 되었다. 황제는 결국 네스토리우스와 키릴루스 및 멤논을 면직시키기로 작정하고서 고위 대신 가운데 한 사람인 요한을 에베소로 보내 자신의 결정을 공포하게 하고, 될 수 있는 대로 양 진영을 화해시키도록 했다. 면직된 주교들은 체포되었다. 그러자 다수파 공의회가 다시 황제와 서방의 공동 황제에게 항소하여 자신들의 억울함을 읍소하면서 키릴루스와 멤논을 석방해달라고 간청했다. 그들은 자신들에 의해 면직된 적이 없으며, 오히려 항상 정통 교리의 지도자들로서 높은 신망을 받아왔다고 했다. 안디옥파도 황제를 자기들 편으로 끌어들이기 위해서 모든 수단을 다 동원했으며, 그리스도의 두 본성을 확실히 구분하되, 두 본성의 혼동되지 않은 결합(ἀσύγχυτος ἕνωσις)을 견지하기 위해서 마리아에게 테오토코스라는 논란이 되던 칭호를 인정한다는 내용의 신조를 전달했다.

그러자 황제가 양 진영에서 여덟 명의 대변인들을 선발하여 자신이 칼케돈에서 주재할 회의에 참석시키라고 통보했다. 그들 가운데 한쪽 진영에는 교황 대표단이 포함되었고, 다른 쪽 진영에는 안디옥의 요한과 키로스의 테오도레투스가 포함되었다. 한편 키릴루스와 멤논은 에베소에 구금되어 있었고, 네스토리우스는 본인의 의사에 따라 안디옥의 구 수도원 건물에서 은거하고 있었으며, 431년 10월 25일에 막시미니아누스가 그의 후임으로 콘스탄티노플 총대주교로 임명되었다. 에베소 공의회는 무익한 논의 끝에 431년 10월에 해산되었고, 키릴루스와 멤논은 석방되었으며, 양 진영의 주교들은 귀향을 명령받았다.

이 분열은 두 해를 더 지속되다가 마침내 어느 선에서 타협이 이루어졌다. 안디옥의 요한이 에미사의 연로한 주교 파울루스를 알렉산드리아에 사신으로 보내면서 자신이 이미 짧은 형태로 황제에게 제출한 바 있는 신조를 들려보냈다. 이 신조는 두 본성의 공존을 주장함으로써 키릴루스를 견제하고 하나님의 어머니라는 칭호를 사용함으로써 네스토리우스를 견제하여서 교리적 대립을 해소했다.[88]

테오도레투스가 작성한 이 신조의 내용은 이렇게 전개된다. "우리는 다음과 같이 고백한다: 하나님의 독생자이신 우리 주 예수 그리스도께서 이성적 영혼과

---

88) In Mansi, tom. v. fol. 305; Hefele, ii. 246; Gieseler, i. ii. p. 150.

육체가 자존(自存)하는 완전한 하나님이시고 완전한 사람이시다; 그는 신성으로는 만세 전에 성부에게 낳음을 입었지만, 인성으로는 말세에 우리와 우리의 구원을 위해서 동정녀 마리아에게서 나셨다; 신성으로는 성부와 동일 본질을 지니시고, 인성으로는 우리와 동일한 실체를 지니신다; 이는 두 본성이 서로 결합되어 있기 때문이다. 그러므로 우리는 한 분 그리스도, 한 분 주, 한 분 아들을 고백한다. 그럴지라도 혼합과 거리가 먼 이 결합으로 인해서, 우리는 거룩한 동정녀가 하나님의 어머니라고도 고백한다. 왜냐하면 로고스이신 하나님이 육체와 인간이 되셨고, 잉태 순간부터 전[殿. 인간성<humanity>]을 자신과 결합시키셨기 때문이다. 그는 이 전을 동정녀에게서 취하셨다. 그러나 복음서와 서신서들이 그리스도에 관하여 기록하는 말씀에 관해서, 우리는 신학자들이 하나의 위격을 가리키는 어떤 내용을 두 본성에 공동으로 적용하고, 다른 내용을 두 본성을 가리키는 것으로 구분하며, 하나님에 해당되는 표현들을 그리스도의 신성에 적용하되, 낮아지신 일을 가리키는 표현들을 그의 인성에 적용한다는 것을 안다."[89]

키릴루스는 이 고백서에 동의했고, 안디옥 총대주교가 보낸 화해의 서신에 쓴 답장에서 몇 가지 교리적 해설을 덧붙여 고백서의 내용을 자구(字句) 그대로 옮겨적었으나, 교회의 사귐을 깨뜨리지 않기 위한 불가피한 조건으로서 네스토리우스에 대한 단죄와 면직을 주장했다. 동시에 그는 황실에 온갖 선물들을 보내 황실을 정통 신영에 끌어들이는 비결도 갖고 있었다. 군주에게 선물을 보내 복종을 입증하는 동방의 관습에 따르면 그것이 반드시 뇌물로만 간주되지 않았다. 안디옥 사람들은 두 본성 교리를 지킨 것으로 만족하고서, 교회의 통일을 위해서 네스토리우스 한 사람을 희생시키고, 그의 '악하고 불경스러운 혁신 사상'에 아나테마를 내리는 것이 최선책이라고 생각했다. 이로써 433년에 통일이 이루어졌다. 물론 이렇게 되기까지 양 진영에서 서로에 대한 비판이 적지 않았고, 황제

---

89) Gieseler(i. ii. p. 152)는 네스토리우스가 키릴루스가 서명한 이 고백과 부합한 내용 외에는 주장한 적이 없다고 말한다. 그러나 네스토리우스는 그리스도 안의 본성들을 지나치게 구분하여 비록 그런 표현은 하지 않았으나 사실상 두 위격을 주장할 만큼 되었다. 그는 진정으로 인간이 되심(becoming)을 가르치지 않고, 로고스가 즉 인간 본성이 아닌 인간 위격과 결합했다고 가르쳤다. 그는 일관되게 테오토코스를 부정했다. 그의 교리가 동시대인들에 의해서 크게 곡해되었던 것이 부인할 수 없는 사실이다. 그러나 그 점에서는 키릴루스의 교리도 마찬가지였다.

의 공권력이 발동된 사례도 없지 않았다.

불행한 네스토리우스는 4년간 조용히 은둔을 즐기던 안디옥 성문 앞의 조용한 유프레피우스 수도원에서 끌려나와 정처없는 유배의 길에 올랐다. 처음에는 아라비아로 갔다가 이집트로 갔고, 그곳에서 자신이 권력을 쥐고 있을 때 이단들에게 가했던 박해의 쓴 잔을 바닥의 찌끼까지 다 마셔야 했다. 체념과 홀로서기의 삶을 감내하면서 「비극」(Tragedy)이라는 의미심장한 제목으로 자신의 일대기를 남긴 뒤 439년 이후에 숨을 거두었는데, 어디서 언제 최후를 맞이했는지 아무도 모른다.[90] 당시 사회의 살벌하고 광적인 단면이 에바그리우스가 인용한 글에 잘 나타난다.[91] 그 글에 따르면 네스토리우스가 신성을 모독한 데 대한 형벌로 혀가 벌레들에게 갉아먹힌 뒤에 더 혹독한 영원한 고통으로 떨어졌다고 한다. 단성론파 진영의 야코부스파(Jacobites)는 해마다 상 이집트(Upper Egypt)에 그의 것으로 추정되는 무덤에 돌을 던지는 관습이 있으며, 비가 악인과 선인에게 고루 내림에도 불구하고 그의 무덤은 하늘에서 내린 비로 적셔진 적이 없다는 전설을 대대로 퍼뜨렸다. 황제는 한때 그를 총애했으나 이제는 완전히 그에게 등을 돌린 채 그의 저서들을 모두 소각하게 했고, 그의 추종자들에게 시몬 마구스[마술사 시몬]의 이름을 따서 시몬파(Simonians)라는 낙인을 찍었다.[92]

네스토리우스에게 가해졌던 것과 동일한 정통신앙에 대한 열정이 이미 오래전에 죽은 네스토리우스의 스승이자 그의 오류의 원조인 몹수에스티아의 테오도루스의 저서들에 가해졌다. 에데사의 주교 라불라스(Rabulas, 435년 죽음)는 그에게 아나테마를 선고하고 그의 저서들을 금서로 규정했다. 비록 그의 후임자

---

90) Fragments in Evagrius, *H. E.* i. 7, and in *the Synodicon adversus Tragaediam Irenaei*, c. 6. 그 책 제목이 *Tragedy*였다는 것은 네스토리우스파 수도대주교 Ebedjesu가 진술한다. 황제의 대리인이자 네스토리우스의 친구로서 훗날 티르[두로]의 주교를 지낸 Irenaeus는 네스토리우스의 생애와 당대의 교회사를 다룬 책을 마찬가지로 *Tragedy*라는 제목으로 저술했는데, 이 책의 단편이 라틴어 번역으로 이른바 *Synodicon*(in Mansi, v. 731 sqq.)에 보존되어 있다.

91) *Hist. Eccl.* i. 6.

92) 네스토리우스는 이러한 슬픈 운명과 올곧은 성품 때문에 오랫동안 혐오의 대상이 된 뒤 루터 이래로 많은 동정을 받게 되었다. 반면에 키릴루스는 잔인한 행위로 인해 많은 비판과 냉소를 당했다.

이바스(Ibas, 436-457)가 테오도루스에 대해서 다시 관심을 가지고 그의 여러 저서들을 시리아어(페르시아 교회의 공식 언어)로 번역한 일이 있긴 했으나, 곧이어 박해가 재개되었고, 안디옥 신학을 가장 오랫동안 보존해 주었고 페르시아에 성직자들을 배출한 에데사 신학교마저 489년에 황제 제노에 의해서 해산되었다. 이것으로 네스토리우스주의가 로마 제국에서 종언을 고했다.

139. 네스토리우스파

아리우스주의를 제외한 고대의 대다수 이단들이 역사에서 완전히 도말되었다가 간헐적으로 뚜렷한 수정이 가해진 채 개인의 견해로 다시 고개를 들었을 뿐인데 반해, 5세기의 그리스도론 이단들인 네스토리우스주의와 단성론(Monophysitism)은 오늘날까지 조직을 갖춘 분파들로 존속한다. 동방의 이 분리주의 교회들은 고대 교회사의 중요한 장들이 화석으로 고스란히 남은 잔재들이다. 현재 이들은 무지와 미신으로 전락해 있다. 그러나 그리스 정교회보다 서방 기독교에 더 쉽게 접근할 수 있는 상황에 있으며, 로마 교회와 개신교 교회들에게 흥미로운 선교지가 되고 있다. 특히 네스토리우스주의자들과 아르메니아인들이 더욱 그러하다.

네스토리우스파가 그리스 정교회와 다른 점은 에베소 공의회의 결의와 마리아를 하나님의 어머니로 숭배하는 행위, 화상(畵像) 사용(하지만 십자가 성호는 인정한다), 연옥 교리(하지만 죽은 자들을 위한 기도는 인정한다), 화체설(하지만 성찬에 그리스도가 실제적으로 임재한다고 주장한다)을 배척한다는 것과, 예배가 훨씬 간단하다는 것이다. 이들은 카톨리쿠스(catholicus 혹은 총대주교)에서부터 차부제와 독서자에 이르기까지 여덟 개의 직분으로 이루어진 독특한 성직 위계 조직을 둔다. 사제까지 해당되는 다섯 개의 하위 직분은 결혼할 수 있다. 과거에는 주교들과 대주교들, 총대주교들도 이러한 특권을 누렸다. 이 집단의 금식은 횟수도 많고 정도도 매우 엄격하다. 축일들은 유대인들의 관습과 마찬가지로 해질녘에 시작된다. 총대주교는 고기를 입에 대서는 안 된다. 그리고 그는 항상 같은 가문에서만 선출되며, 세 명의 수도대주교에 의해서 임명된다. 교회의 대다수 문서들이 시리아어로 되어 있다.

네스토리우스주의는 로마 제국에서 뿌리뽑힌 뒤에 페르시아 왕국에서 도피처를 발견했고, 이곳으로 에데사 신학교의 여러 교사들이 망명했다. 그 중 한 사람인 바르수마스(Barsumas)는 니시비스의 주교가 되어(435-489) 그곳에 새로운 신학교를 세우고, 페르시아 그리스도인들에게 키릴루스파 에베소 공의회에 대한 반감과, 안디옥 및 네스토리우스적 신학에 대한 지지를 확고히 심어주었다. 이들은 정치적으로 콘스탄티노플에 대립해 있던 페로체스(Pherozes) 혹은 피루츠(Firuz, 461-488 재위)부터 줄곧 페르시아 왕들에게 호의를 입었다. 셀레우키아 공의회(498)에서 이들은 제국의 모든 정통 교회와의 관계를 포기했다. 이들은 자신들의 전례 용어를 따서 스스로를 갈대아 혹은 아시리아 그리스도인들이라 불렀지만, 비판자들은 그들을 네스토리우스파라고 불렀다. 이들은 총대주교를 두고 있었는데, 이 직위에 임명된 사람은 496년부터 야젤리크(Yazelich, 카톨리쿠스)라는 직함으로 이중 도시인 셀레우키아-크테시폰에, 762년 이후에는 바그다드(사라센 제국 수도)에 정주했으며, 13세기에는 그의 감독하에 25명 이상의 수도대주교가 있었다.

네스토리우스 교회는 여러 세기 동안 번영을 누리면서 페르시아부터 시작하여 대단한 선교 열정에 힘입어 인도와 아라비아, 심지어 중국과 타타르까지 전파되었으며, 학문 증진과 학교 및 병원 건립에 이바지했다. 마호메트도 네스토리우스파 수사 세르기우스한테 기독교에 관한 불완전한 지식을 얻은 것으로 추정된다. 이 집단은 마호메트에게 많은 특권을 받아 누린 결과 아라비아인들 사이에서 상당한 신망을 얻었고 그들의 문화에 영향을 끼쳤으며, 그로써 철학과 학문 일반의 발전에 이바지했다.

이 분파는 11세기에 타타르인들 사이에서 왕 곧 케라이트 출신의 사제-왕 장로 요한(프레스터 존<Prester John>)과 같은 이름의 후임자를 기독교로 회심시키는 데 성공했다.[93] 그러나 이 일에 관해서는 매우 불확실한 기록만 남아 있을 뿐

---

93) 교황들이 로마 교회와 손잡도록 하기 위해서 대사들을 보냈으나 뜻을 이루지 못했고, 결국 그 빛이 칭기스칸의 정복에 의해서 소멸되고 만 이 전설상의 사제-왕국에 대해서는 다음을 참조하라: Mosheim, *Historia Tartarorum eccles. Helmst.* 1741; Neander, *Kirchengesch.*, vol. v. 84 f f. (9th part of the whole work, ed. 1841); Ritter, *Erdkunde*, part ii. vol. i. pp. 256, 283 (2d. 1832).

이며, 결국 네스토리우스파 기독교는 그 뒤로 타타르와 중국에 아주 경미한 흔적밖에 남기지 못했다.

몽고 왕국 치하에서 네스토리우스파는 잔혹한 박해를 받았다. 14세기 말에 아시아를 휩쓸면서 곳곳을 폐허로 만든 티무르(Timur)라는 가공할 정복자가 이들을 거의 멸절시켰다. 그럴지라도 이들은 쿠르디스탄의 거친 산악 지대와 계곡 지대와 아르메니아에서 터키의 지배를 받으며 오늘날까지 독자적인 총대주교의 감독하에 명맥을 유지해 오고 있다. 총대주교는 1559년부터 17세기까지는 모술(이라크 북부 티그리스 강에 면한 도시)에 본부를 두었으나, 그 뒤로는 쉽게 접근할 수 없는 터키와 페르시아 접경 지대에 거주해오고 있다. 이들은 대단히 무지하고 가난하며, 전쟁과 페스트와 콜레라로 인구도 크게 줄었다.

네스토리우스파의 일파, 특히 도시들에 거주하는 집단들은 때때로 갈대아 교회라는 이름으로 로마 교회와 연합했고, 바그다드에 자신들의 총대주교를 두고 있다.

다른 한편으로, 미국에서 온 개신교 선교사들이 1833년부터 복음 전파와 학교 설립, 성경과 양서 번역 등의 활동으로 네스토리우스파에게 복음을 전하고 개화하기 위해 왕성한 노력을 기울여 상당한 성과를 거두었다.

동인도의 **도마파 기독교**(the Thomas-Christians)는 네스토리우스파에서 갈라져 나온 집단으로서, 말라바르 연안에서 복음을 전했던 것으로 추정되는 사도 도마에게서 이름을 취했다. 이들은 시리아어 전례에 테오도루스와 네스토리우스의 기억을 담아 기리며, 네스토리우스파 총대주교들을 지지한다. 16세기에 이들은 예수회 선교사들의 강압에 못 이겨 60년간(1599-1663) 울며 겨자먹기로 로마 교회에 귀속되었다. 그러나 인도에서 포르투갈의 세력이 네덜란드에 의해 흔들리면서, 이들은 독립된 지위를 되찾았고, 포르투갈인들이 추방되면서부터는 말라바르 연안에서 신앙의 자유를 향유했다. 도마파 기독교의 회원수는 예나 지금이나 7만 명에 달하는데, 이들이 대영제국의 치하에서 하나의 도(道)를 이룬 채 자체의 사제들과 장로들의 감독을 받고 있다(이 글을 쓸 당시에는 인도가 영국의 식민지였다: 역자주).

140. 유티케스 논쟁. 강도들의 공의회(449)

제3차 에큐메니컬 공의회의 결과는 긍정적인 면보다 부정적인 면이 다소 강했다. 이 공의회는 네스토리우스의 오류를 단죄하되 참된 교리를 확고히 규명하지 못했다. 공의회 이후에 알렉산드리아파와 안디옥파가 연합한 것은 양 진영이 자신들의 신념을 조금씩 희생하여 성사시킨 피상적인 화해에 지나지 않았다. 원래 타협이란 오래가지 않는 법이다. 원칙들과 제도들은 최상의 결과에 이르기까지 발전해야 하며, 이단들도 익을 대로 익어서 제 속을 드러내도록 해야 한다. 안디옥 신학이 그리스도 안의 인성과 신성을 이중 인격[위격]으로까지 구분하는 네스토리우스주의를 낳았듯이, 알렉산드리아 신학은 두 본성의 구분을 희생해 가면서 그리스도의 위격적 통일을 강조하고, 그로써 신적 로고스가 인성을 흡수한 것으로 해석하는 유티케스주의나 단성론이라는 정반대의 오류를 낳았다. 후자의 오류는 전자만큼 위험한 것이다. 이는 만약 그리스도께서 참 인간이 아니시라면 우리의 모범이 되실 수도 없고, 그의 수난과 죽음도 마침내 단순한 비유적 표상들이나 가현적 쇼로 전락하게 될 것이기 때문이다.

한편 키릴루스파의 다수가 연합 신조에 불만을 표시하자 키릴루스는 무원칙하게 처신했다는 비난을 불식시켜야 했다. 그는 연합 신조에 언급된 두 본성의 이중성(duality)이 신성과 인성을 추상적으로 구분한 것일 뿐이고, 두 본성이 한 분 그리스도 안에서 철저히 하나가 된 까닭에 두 본성이 하나가 된 뒤에는 모든 구분이 중단되고, 성육신하신 아들 안에서는 하나의 본성만 식별할 수 있다고 주장했다. 하나의 본성의 주체인 로고스는 물론 인간의 모든, 혹은 신인적(神人的)인 모든 속성들을 지니시긴 하지만 인간의 본성은 지니지 않으신다고 했다. 키릴루스의 성육신 이론은 성부수난설(Patripassianism)에 근접하지만, 성자가 성부와 다른 위격이라고 주장하는 점에서는 그 이론과 차이가 있다. 신성과 인성을 혼합시키되 오직 그리스도 안에서만 혼합시키며, 따라서 범신론적이지 않고 그리스도-일신론적(Christo-theistic)이다.

반면에 요한과 이바스, 특히 테오도레투스가 주도한 동방파 혹은 안디옥파는 연합 신조를 자신들의 관점에서 해석하여, 두 본성이 성육신 이후에도 한 분 그리스도 안에 존속했다고 주장했으며, 이 온건한 네스토리우스주의가 칼케돈 공의회에서 로마 주교의 도움을 받아 승리를 거두게 했다.

그러다가 단성론에 미련이 남은 집단에 의해서 새로운 논쟁이 시작되었다.

키릴루스는 444년에 죽었고, 과거에 그를 수행하여 에베소 공의회에 참석했던 그의 대부제 디오스쿠루스(Dioscurus, 디오스코로스)가 후임으로 알렉산드리아 총대주교가 되었는데(444-451), 그는 전임자보다 단점은 훨씬 더 많으면서 지성과 신학 역량에서는 훨씬 못 미치는 그런 위인이었다.[94] 야심이 지나친데다 성격이 불같이 급했으며, 자신의 계획을 성취하고 알렉산드리아 교구를 동방 전체의 수장 교구로 끌어올리기 위해서 수단과 방법을 가리지 않았다. 그리고 이른바 강도들의 공의회(the Council of Robbers)에서 잠시 자신의 뜻을 달성했다. 단성론파의 우두머리로 자임하고서 곳곳에서 안디옥 그리스도론에 대해 전쟁의 불을 지폈다.

자신의 이름을 딴 단성론 이단의 신학적 대변인은 유티케스(Eutyches)였다(하지만 그가 단성론의 창시자는 아니다). 나이 지긋하고 많은 이들에게 존경을 받았으나 그것 외에는 딱히 중요하지 않았던 콘스탄티노플의 장로이자 대수도원장(archmandrite, 300명의 수사를 감독하는 동방교회의 대수도원장)이었던 그는 키릴루스가 주도한 에베소 공의회에 찬성하고 네스토리우스를 단죄하기 위해서 오랜 은둔 생활을 깨고 처음으로 사회에 모습을 드러내어 공적인 발언을 했다. 그와 알렉산드리아 그리스도론과의 관계는 네스토리우스와 안디옥 그리스도론과의 관계와 같았다. 즉 그는 알렉산드리아 그리스도론을 무르익게 했고, 그것을 일반인이 알아들을 수 있게 표현했고, 그것을 확고히 고수했다. 하지만 재능과 학식에서는 네스토리우스에 절반도 미치지 못했다. 그가 이 논쟁에 연루된 것은 상당 부분 우발적인 결과였다.

유티케스는 키릴루스와 마찬가지로 그리스도의 신성을 주로 강조하고, 성육신 이후에는 더 이상 두 본성을 말할 수 없다고 주장했다. 탄생하신 이후의 주님 안에서는 그는 오직 하나의 본성만을 예배했다. 하나님의 본성이 육체와 인간이 되셨다고 했다. 무인격적(impersonal) 인간 본성이 인격적 로고스에 의해 동화되고 사실상 신격화되었으며, 따라서 그의 육체는 우리의 것과 절대로 동일 본질

---

94) 그는 키릴루스의 기억을 지워버리기 위해서 무모한 일을 서슴지 않았다. 그의 막대한 토지 재산을 몰수했고(키릴루스는 부유한 가문 출신이었다), 그가 네스토리우스와 투쟁을 벌일 때 교회 공금을 횡령했다고 비난했으며, 그의 친인척들을 공직에서 내몰았다. 하지만 그는 칼케돈 공의회에서 교회의 공금과 빈민 구제금을 착복한 혐의로 고소를 당했다.

(호모우시온)을 지니지 않는 신적 육체라고 했다. 인간의 모든 속성들이 한 분의 주체 곧 인격화하신 로고스에게 전이된다고 했다. 따라서 하나님이 태어나셨고, 하나님이 고난을 당하셨고, 하나님이 십자가에 달려 돌아가셨다고 말할 수 있고 또 당연히 그렇게 말해야 한다고 주장했다. 그러므로 그는 한편으로는 로고스-인격이 고난과 죽음을 당할 수 있었음을 주장했고, 다른 한편으로는 그리스도 안에서 인성이 신격화되었다고 주장할 수 있었다.

테오도레투스는 447년에 집필한 세 권의 대화록에서 유티케스가 주장한 이러한 이집트 유형의 교리를 가현설·영지주의·아폴리나리우스주의 같은 이단들에게 물려받은 구걸 깡통이라고 비난하고, 안디옥 그리스도론 곧 한 위격 안에 두 본성이 혼합됨 없이 연합한다는 교리를 옹호했다. 그러자 디오스쿠루스(Dioscurus)는 안디옥 총대주교 돔누스(Domnus)에게 한 분이신 주 그리스도를 하나님의 두 아들로 구분한다는 이유로 고소했고, 테오도레투스는 이에 대해 온건한 어조로 답변했다. 디오스쿠루스는 콘스탄티노플 황실을 선동하여 동방 아시아 교회를 적대시하도록 만들려고 노력했다. 돔누스와 테오도레투스도 나름대로 자신들의 교리를 정당화하기 위해서 황실의 마음을 얻는 데 주력했다. 이렇게 해서 논쟁이 이전보다 한층 격렬하게 재개되었으며, 이번에는 콘스탄티노플의 유티케스라는 인물에 집중되었다.

448년에 콘스탄티노플 총대주교 플라비아누스가 소집한 지역 교회회의에서 유티케스는 프리기아 도릴레움의 주교 에우세비우스에게 오류 죄로 고소를 당했다. 그는 성육신 이후의 양성론과 그리스도의 육체가 우리의 육체와 동일본질임을 인정하라는 거듭된 요구를 끝까지 거부하다가 면직과 성무 중지 조치를 당했다. 고향으로 돌아가는 길에 주민들에게 수모를 당했다. 448년의 교회회의는 "그리스도께서 성육신 이후에 하나의 실체, 하나의 위격인 한 분 그리스도, 한 분 아들, 한 분 주 안에 두 본성으로 이루어지셨다"는 신앙을 고백했다.

양 집단은 여론을 끌어들이려고 노력했으며, 먼 지역의 주교들, 특히 로마의 레오 1세에게 서신을 보냈다. 449년에 레오는 여러 통의 서신, 특히 플라비아누스에게 보낸 서신에서 공의회의 결정을 추인했는데, 이 서신이 그리스도론의 역사에서 새로운 획을 그은 것으로서, 그는 이 서신에서 한 위격 안에 두 본성이 있다는 정통 교리를 능숙하고 심오하고 명쾌하게 분석했다.[95] 그러나 유티케스는 수사들의 사회와 황실에 유력한 친구들을 두고 있었으며, 특히 알렉산드리아의 디오스쿠루스에게 강력한 뒷받침을 받았는데, 그의 권유로 황제 테오도시우스 2세가 총공의회를 소집하게 되었다.

이 공의회는 449년 8월에 에베소에서 열렸고, 모두 135명의 주교들이 참석했다. 이 회의가 교회사의 지독한 추문(chronique scandaleuse)에서도 악명높은 위치를 차지한다. 디오스쿠루스는 수사들과 무장 병력의 호위를 받으며 강압적으로 회의를 주재했다. 그러는 동안 플라비아누스와 그의 친구들은 무서워서 감히 입을 열지도 못했고, 테오도레투스는 아예 회의장에 발을 들여놓지도 못했다. 콘스탄티노플 공의회에서 유티케스를 고소했던 도릴레움의 주교 에우세비우스가 안건에 대해서 설명을 마치자 회의장에는 "에우세비우스를 태워죽여라. 산 채로 태워버려라. 저 자가 그리스도를 둘로 쪼갰으니 저 자도 둘로 쪼개야 한다"는 고함이 여기저기서 쏟아졌다. 공의회는 유티케스의 정통신앙과 거룩함을 인정했고, 유티케스 자신이 발언대에 나가 자신을 변호했다. 공의회는 키릴루스가 작성한 열두 가지 아나테마를 채택하고, 양성론(dyophysitism)을 이단으로 단죄하고, 테오도레투스·플라비아누스·레오를 포함하여 그 사상을 옹호하는 사람들에게 면직과 파문을 내렸다. 세 명의 로마 대표들(주교들인 율리우스와 레나투스, 부제인 힐라루스)은 공의회의 위압에 눌려 레오가 전해 준 서신을 공의회 앞에서 낭독하지도 못한 채 혹시 공의회 결의문에 서명을 강요당하지 않을까 우려하여 은밀히 공의회장을 빠져나갔다. 플라비아누스는 격분한 수사들에게 심한 폭행을 당한 뒤에 추방을 당했는데, 그 상황에서 새로운 공의회 소집을 청구한 뒤에 폭행으로 인한 부상을 극복하지 못하고 며칠 뒤에 숨을 거두었다. 그의 후임으로 디오스쿠루스의 친구이자 대리인인 부제 아나톨리우스(Anatolius)가 콘스탄티노플 총대주교로 선출되었다. 하지만 그는 훗날 정통신앙 진영으로 넘어갔으며, 아름답고 섬세한 헬라어 찬송들을 저작함으로써 자신의 선출을 둘러싼 불명예를 씻어냈다.

---

95) 레오가 황제와 황제의 누이 풀케리아, 그리고 강도 공의회에 보낸 서신들과 함께 특사들 편으로 보낸 이 서신(*Epistola Dogmatica ad Flavianum*, Ep. 28 in Ballerini, 24 in Quesnel)은 훗날 451년의 칼케돈 공의회에서 공식 승인을 받았으며, 거의 신조의 권위를 부여받았다. 이 서신은 *the Opera Leonis*, ed. Baller. tom. i. pp. 801-833; Mansi, tom. v. fol. 1359; Hefele (Latin and German), ii. 335-346에 실려 있다.

도무지 성직자답지 못한 성직자들의 이러한 행동이 시종일관 워낙 무원칙하고 강압적이었던 까닭에, 제2차 에베소 공의회는 내내 '강도들의 공의회'라는 낙인이 찍히게 되었다.[96] 네안더(Neander)는 이 공의회에 관해서 다음과 같이 적절하게 평가한다. "이 공의회의 다수파가 교리 문서에 나타낸 도에 지나친 열정은 복음의 정신에 정면으로 배치되는 것이었다. 그들은 자신들이 그리스도를 영과 생명을 지니신 분으로 인정하는 듯 상상했으나 기질과 행동으로는 그분을 부정했다." 예를 들어 디오스쿠루스는 어느 주교에게 가해진 불륜과 그 밖의 악들에 대한 비난을 다음과 같은 말로 일축했다. "만약 여러분이 그의 정통신앙을 문제삼아 고소할 근거가 있다면 우리는 그것을 받아들일 것입니다. 하지만 우리는 불륜에 관한 판결을 내리려고 이 자리에 모인 것은 아닙니다."[97] 이처럼 교리 문서에 대한 과도한 열정이 도덕에 관련된 모든 문제들을 압도했다. 그것은 테오도레투스의 말대로 마치 그리스도께서 단순히 교리 체계를 확립하러 오셨을 뿐이지, 생활의 준칙은 주신 일이 없다고 말하는 것과 같았다.

141. 칼케돈 에큐메니컬 공의회(451)

이렇게 해서 디오스쿠루스 진영은 유약한 테오도시우스 2세의 황실을 이용하여 동방 교회를 굴복시키는 데 성공했으며, 이렇게 되자 동방 교회는 서방을 향해 도움을 청하게 되었다.

440-461년에 재위한 교황 레오는 전임자들 중 그 누구도 발휘한 적이 없었고 후임자들 가운데서도 비슷한 예를 찾아보기 힘든 탁월한 역량과 대범함과 감화력을 지닌 사람이었다. 이러한 그가 자신의 면직을 결의한 강도 공의회에 대해서 서방 교회 전체를 대표하여 여러 서신들을 통해서 항의하고 나섰다. 그리고 그 과정에서 복잡하게 얽힌 당시의 정세를 교황권 진작을 위해 지혜롭게 이용했

---

96) 이 명칭(latrocinium Ephesinum)은 교황 레오가 풀케리아에게 보낸 서신(451년 7월 20일, Ep. 95, ed. Ballerini, alias Ep. 75)에서 처음 사용했다.

97) 칼케돈 공의회 제3차 회기에서는 디오스쿠루스 자신이 방종과 폭음 같은 악습들로 고소를 당했다. 참조. Hefele, ii. p. 429.

다. 감히 범접하기 힘든 위엄과 활력과 용의주도함과 역량과 논쟁의 쟁점을 정확히 꿰뚫어 보는 통찰력을 가지고 글을 쓰고 행동했다. 그는 당대의 가장 위대한 지식인이자 고대 교회의 교황들 가운데 단연 가장 유명한 인물이었다. 그는 자유롭고 정통신앙이 확립된 이탈리아에서 공의회를 새로 열 것을 촉구했다가, 얼마 후에는 공의회 소집을 유예하자고 제의했는데, 이는 무엇보다도 아틸라의 침공으로 서방의 정국이 대단히 불안했기 때문이었지만, 그 외에도 굳이 공의회를 열지 않고노 주교들에게 사신의 「교리 서신」(*Epistola Dogmatica*)에 서명하도록 유도함으로써 자신이 원하던 결과를 얻으려는 의도도 없지 않았다.

동시에 정치적 변화가 발생했는데, 이것이 동방에서 자주 그랬듯이 교리적 격변을 몰고왔다. 450년 7월에 테오도시우스가 말에서 낙상하여 숨을 거두는 사건이 발생했다. 그에게 남자 후계자가 하나도 없었던 탓에 유명한 장군이자 원로원 의원인 마르키아누스(Marcian)가 그의 누이 풀케리아와 결혼하면서 후임 황제가 되었다.[98] 풀케리아는 교황 레오와 두 본성 교리에 호감을 가지고 있었다. 마르키아누스는 플라비아누스의 유골을 예를 갖춰 안장했고, 면직되었던 여러 주교들을 복권시켜주었다.

새 황제는 제국의 평화를 회복하기 위해서 451년 5월에 자신의 이름과 서방의 동료 황제의 이름으로 총공의회를 소집했다. 하지만 공의회 장소를 이탈리아로 정하지 않고 니케아로 정했는데, 이렇게 한 목적은 자신이 공의회를 좀 더 잘 통제하려는 뜻도 있었고, 제1차 에큐메니컬 공의회의 기억들에 힘입어 공의회의

---

98) 하지만 풀케리아는 자신의 종신 정절 서약을 보장받는 조건으로 결혼을 했다. 마르키아누스는 예순살의 홀아비였으며, 수완이 뛰어나고 신앙이 탁월한 인물로 널리 평가를 받았다. 어떤 저자들은 그를 황제로서 콘스탄티누스와 테오도시우스와 나란히 혹은 그들보다 높은 위치에 둔다. 참조. 레오의 서신들, Baronius(Annales), Tillemont(Emper. iii. 284), Gibbon(ch. xxxiv 후반). Gibbon은 마르키아누스에 대해서 이렇게 평가한다: "그가 칼케돈 공의회에 의해 확립된 정통 신조를 위해 발휘한 열정 그것만 해도 가톨릭 신자들에게 감사의 심정을 불러일으켰을 것이다. 그러나 그가 사생활과 훗날 권좌에 오른 뒤에 보여준 행동은 그가 전대의 두 세습 황제들 대에서 거의 해체될 정도로 약해진 제국을 회복하고 활력을 다시 불어넣을 역량이 있었다는 합리적인 신념을 뒷받침하고도 남는다 …… 그가 몸소 보여준 모범은 풍습과 예법 개혁을 위해 그가 공포했던 법률들에 무게를 실어주었다."

권위를 배가하려는 뜻도 있었다. 공의회 소집을 알리는 다음과 같은 칙령이 수도대주교들에게 전달되었다:

"참 신앙과 정통 종교에 관련된 것은 다른 무엇보다도 존중되어야 합니다. 이는 하나님께서 우리에게 호의를 베푸시는가의 여부가 우리 제국의 번영에도 관계가 있기 때문입니다. 그런데 지극히 거룩한 로마 대주교 레오의 서신들에서 나타나듯이 참 신앙에 관해 여러 가지 의심들이 생긴 까닭에, 우리는 비두니아[비시니아] 니케아에서 거룩한 공의회를 소집하기로 결정했습니다. 이는 모든 이들의 동의에 힘입어 진리를 검증하고, 참 신앙을 냉철하고도 보다 명쾌하게 천명함으로써 향후에는 이와 관련하여 어떠한 의심이나 분열도 생기지 않도록 하기 위함입니다. 그러므로 오는 구월 초하루에 관하의 주교들 가운데 지혜롭고 정통 신앙을 견지하는 적절한 수의 주교들을 니케아로 보내주시기 바랍니다. 우리 황제들도 전쟁 때문이 아니라면 그 숭엄한 회의에 직접 참석할 것입니다."[99]

레오는 공의회 일자와 장소가 마음에 들지 않았으나 승복하고 주교들인 파스카시누스(Paschasinus)와 루켄티우스(Lucentius), 사제 보니파키우스(Boniface)를 특사들로 파견하면서, 이들에게 이미 콘스탄티노플에 파견되어 있던 교황특사들과 합류하여 공의회에서 자신을 대변하도록 했고, 파스카시누스에게 자신의 이름으로 회의를 주재하도록 임무를 부여했다.[100]

그러나 451년 9월에 니케아에 회집한 주교들이 격앙되고 난폭한 행위를 드러내자 회의 장소가 곧바로 콘스탄티노플 맞은 편에 있는 칼케돈으로 바뀌었다. 황궁과 원로원이 직접 회의에 개입하여 될 수 있는 대로 양 진영의 종교적 광기가 폭력으로 터져 나오는 것을 막기 위함이었다. 이 도시에서 보스포루스 해협으로부터 약 2스타디아 혹은 2백 걸음밖에 떨어지지 않은 곳에 장관이 내려다 보이게끔 솟아 있는 언덕에 성 유페미아 교회가 서 있었는데, 이 교회에서 10월 8일에 제4차 에큐메니컬 공의회가 개회되어 11월 1일까지 속개되었다. 참석한 주교 수에서는 고대 교회의 여느 공의회를 능가했으며, 교리적 중요성에서는 니케아

____

99) 이 약속은 비록 제6차 회기 단 한 번에 국한되긴 했으나 실제로 이행되었다.
100) Evagrius, *H. E.* ii. c. 4.

공의회에만 버금갔다.[101] 그러나 교황이 파견한 대표 2명과 아프리카 주교 2명을 제외한 나머지 5-6백 명의 주교들은 모두 그리스인들과 동방인들이었다. 그러므로 교황 대표들이 라틴 기독교 세계 전체를 대표해야 했다. 회의 진행을 외부적으로 지원한 황제 대리인들은 원로원 대표단이 참석한 가운데 황제의 이름으로 교회의 중앙, 성단소 가림막 앞에 자리를 잡았다. 왼쪽에는 로마 대표단이 앉았는데, 이들은 에큐메니컬 공의회 사상 처음으로 영적 의장들로서 회의를 주재했다. 그들 뒤에는 콘스탄티노플의 아나톨리우스, 안디옥의 막시무스, 그리고 동방에서 온 대다수 주교들이 자리를 잡았으며, 이들은 한결같이 유티케스주의 비판자들이었다. 오른쪽에는 알렉산드리아의 디오스쿠루스(하지만 그는 곧 자리를 포기하고 중앙에 앉을 수밖에 없었다), 예루살렘의 유베날리스, 이집트와 일리리쿰과 팔레스타인에서 온 주교들이 앉았는데, 이들은 유티케스주의자들이었다.

회의는 벽두부터 격앙된 채 진행되었고, 양 진영의 신학 열기가 과도하게 닳아올라 일촉즉발의 상태까지 가기 일쑤였던 까닭에 회의를 참관하던 평신도들이 나서서 주교들에게 성직자 신분을 상기시켜야 할 판이었다.[102] 키루스의 테오도레투스가 소개되었을 때 동방파는 열광적으로 환영한 반면 이집트파는 "유대인을 내쳐라! 저자는 하나님의 원수요 그리스도를 더럽힌 자다!" 하고 고함을 질렀다. 동방파는 맞고함으로 응수하기를, "살인자 디오스쿠루스를 처단하라! 그가 저지른 죄악들은 천하가 다 안다!"라고 했다. 네스토리우스에 대한 반감이 워낙 강했던 까닭에 테오도레투스는 마침내 (제8차 회기에서) 마음을 다잡고서 자신의 연로한 친구에게, 그리고 마리아를 "하나님의 어머니"라고 부르지 않는 자들과 한 분 그리스도를 두 아들로 구분하는 모든 자들에게 아나테마를 선언하고 나서야 비로소 공의회를 차분하게 진정시킬 수 있었다. 그러나 유티케스와 강도 공의회에 대한 반감은 한층 더 컸고, 황실이 이러한 정서를 뒷받침하고 있었다. 이러한 영향하에 대다수 이집트 주교들이 곧 왼쪽[동방파]으로 넘어가서 자신들의 오류를 자백했고, 더러는 강도 공의회 때 강압에 의해 어쩔 수 없이 그 공의

---

101) 하지만 현존하는 서명자 명단들은 불완전하여서 참석자 수가 520명부터 630명에 이르기까지 들쭉날쭉하다.

102) 이렇게 고함과 비방을 주고받는 상황은 황제 대리인들과 원로원 의원들, 품위 있는 주교들의 눈에는 양 진영에 아무런 도움도 되지 않는 것으로 비췄다.

회의 결정에 참여했었노라고 변명했다. 서기단이 강도 공의회의 회의록과 앞서 열렸던 콘스탄티노플 공의회(448) 회의록을 다른 공식 문서들과 함께 낭독했으나 불쑥 제기되는 이의와 박수, 환호, 욕설 등으로 꾸준히 낭독해 가기가 여간 어렵지 않았다. 오늘날 우리[19세기 중반의 유럽인들: 역자주]가 의회 에티켓에 관해서 갖고 있는 관념과 완전히 상반되는 상황이었다. 하지만 회의장이 흥분에 싸일 때 인간의 열정이 통제 불능의 상황으로 치닫는 경우를 우리라고 해서 늘 새롭게 접하지 않는 것은 아니다.

벌써 첫 번째 회기에서 강도 공의회의 결정이 무효로 선언되었고, 순교자 플라비아누스가 정통 진영의 인물로 공포되었고, 알렉산드리아의 디오스쿠루스와 예루살렘의 유베날리스, 그 밖의 유티케스주의의 주요 인사들의 면직이 결의되었다. 그러자 동방의 주교들은 이렇게 외쳤다: "원로원이 장구하기를! 거룩하신 하나님, 거룩하시고 전능하시고 불멸하신 하나님, 저희에게 자비를 베푸소서. 황제들의 위(位)가 무궁하기를! 경건을 저버린 자들은 반드시 패망할지어다! 살인자[플라비아누스를 죽인] 디오스쿠루스의 직위를 그리스도께서 폐하셨다! 이것은 의로운 판결이며, 의로운 원로원이며, 의로운 공의회이다!"

디오스쿠루스는 다음 회기에 세 번이나 소환되어 탐욕과 부정, 간음과 그 밖의 죄악들의 죄목으로 자신에게 가해진 고소에 대해서 자기 변호를 해야 했으나 이렇다 할 성과를 거두지 못한 채 성직자로서의 모든 기능을 박탈당했다. 반면에 면직되었던 다른 다섯 주교들은 자신들의 오류를 시인한 뒤에 공의회에 다시 받아들여졌다.

10월 10일에 열린 둘째 회기에서는 디오스쿠루스가 이미 떠난 상태에서 니케아–콘스탄티노플 신조, 키릴루스의 서신 두 편(하지만 그가 공포한 아나테마는 배제됨), 레오가 플라비아누스에게 보낸 유명한 교의 서신(*Epistola Dogmatica*)이 공의회 앞에 낭독되었고, 주교들은 우레와 같은 갈채를 보내면서 다음과 같이 소리쳤다: "그것이 선조들의 신앙입니다! 그것이 사도들의 신앙입니다! 우리도 모두 그것을 믿습니다! 정통 신자들도 그것을 믿습니다! 다른 내용을 믿는 자에게는 아나테마가 임할 것입니다! 베드로께서 레오를 통해서 그렇게 말씀하셨습니다. 심지어 키릴루스도 그렇게 가르치셨습니다. 그것이 참 신앙입니다."[103]

---

103) Mansi, tom. vi. 971.

10월 22일에 열린 다섯째이자 가장 중요한 회기에서는 니케아-콘스탄티노플 신앙고백을 포괄하는 적극적인 내용의 신앙 고백이 채택되었으며, 그런 뒤 쟁점으로 넘어가서 레오의 고전적 서신의 문구들을 거의 그대로 사용하여 다음과 같이 천명했다:[104]

"우리는 거룩한 교부들을 따라서 다음 사항을 만장일치로 가르친다: 한 분이요 동일한 아들인 우리 주 예수 그리스도는 신성에 대해서 완전하시고, 인성에 대해서 완전하시다; 그는 참 하나님과 참 인간 곧 이성의 기능을 지닌 영혼과 인간 육체가 엄존하는 분이시며, 신성에 대해서는 성부와 동일본질이시고, 인성에 대해서는 우리와 동일본질이시다;[105] 모든 점에서 우리와 한결같으시되 죄는 없으시다; 그의 신성에 대해서는 모든 세계가 지어지기 전에 성부에게서 낳음을 입으셨고, 인성에 대해서는 이 마지막 날들에 우리 인간들과 우리의 구원을 위해서 하나님의 어머니 동정녀 마리아에게서 낳음을 입으셨다;[106] 그는 한 분이요 동일한 그리스도·아들·주·독생자로서, 두 본성으로 알려지시고,[107] 혼동도 없고

---

104) 전문(全文)은 Mansi, tom. vii. f. 111-118에 실려 있다. 이 신조는 Evagrius, ii. 4 에도 실려 있다.

105) 호모우시오스가 두 구절에 모두 쓰이되, 약간 차이가 있다. 그리스도가 성부에 대해서 지니시는 호모우시아는 수적 일치 혹은 본질의 동질성(하나님께서 본질에서 하나이심, 모노우시오스)을 내포하는 데 비해, 그리스도가 인간들에 대해서 지니시는 호모우시아는 일반적인 일치 혹은 본질의 동등성을 뜻할 뿐이다.

106) 테스 테오토쿠. 이 구절은 네스토리우스를 겨냥한 것이다. 마리아는 단순히 예수의 인간 본성의 어머니가 아니라, 예수 그리스도의 신인적(神人的) 인격의 어머니이기도 하다. 하지만 그의 영원한 신성에 대해서(according to) 어머니가 아니라, 그의 인성에 대해서 어머니이다. 마찬가지로 수난의 주체도 신인적 인격이었지만, 그럴지라도 그의 신적이고 고통을 당하실 수 없는 본성에 대해서 그랬던 것이 아니라, 그의 인간 본성에 대해서 그랬던 것이다.

107) Ἐν δύο φύσεσιν. 라틴어 번역으로는 in duabus naturis. 이 구절은 유티케스를 겨냥한 것이다. 오늘날 사용되는 헬라어 본문에는 ἐκ δύο φύσεων으로 표기되어 있는 것이 사실이다. 하지만 이것은 문맥으로 볼 때 본질적으로 동일한 것만을 의미할 수 있겠지만, 유티케스주의와 단성론의 의미로도, 즉 그리스도가 두 본성의 합류로 생기셨고, 성육신 이래로는 하나의 본성만 지니신다는 의미로도 이해할 소지가 있다. 이런 의미로 이해했기에 디오스쿠루스는 공의회에서 ἐκ δύο φύσεων을 기꺼이 받아

변이도 없고 단절도 없고 분열도 없으시다; 본성들(natures)의 구분은 본성들의 연합에 의해서 결코 폐지되지 않고 각 본성의 독특성이 유지되며, 두 본성이 하나의 인격(person)과 위격(hypostasis) 안에서 동시에 발생한다.[108] 우리는 두 인격으로 구분되고 분리된 아들을 고백하지 않고, 한 분의 동일한 아들, 독생자, 하나님-로고스, 우리 주 예수 그리스도를 고백하되, 옛적에 선지자들이 그에 관해서 선언해 놓은 대로, 그가 친히 우리에게 가르치신 대로, 그리고 교부들의 신조가 우리에게 전해준 대로 고백한다.

"지금 우리는 이 결의를 지극히 포괄적이면서도 정교함과 신중함을 가지고 작성한 까닭에, 거룩하고 보편적인 공의회는 다음과 같이 규정했다: 아무도 구두로든 글로든 다른 신앙을 제안하거나 그것을 품거나 남들에게 가르치려고 해서는 안 된다; 이교나 유대교 혹은 어느 이단에서 회심한 사람들에게 감히 다른 신조를 제시하거나 다른 신앙을 가르치려드는 사람들은, 만약 그들이 주교들이나 그 이하 성직자들이라면 주교직과 영적 직위에서 면직될 것이요, 만약 그들이 수사들이나 평신도들이라면 파문에 처해질 것이다."

이 신앙고백서가 공식적으로 낭독되자 모든 주교들은 이렇게 환호했다. "이것이 교부들의 신앙입니다; 이것이 사도들의 신앙입니다. 우리는 이것에 동의하며, 우리 모두의 생각이 그러합니다."

이 신앙고백서는 제6차 회기(10월 25일)에서 황제와 황후가 참석한 가운데 엄숙히 재가되었다. 황제는 그리스도를 향해서 신앙의 일치를 회복해 주신 것을 감사드렸고, 향후에 새로운 논쟁으로 분란을 일으키는 자들에 대해서 중벌로써 엄중히 경고했다. 공의회는 이에 대해 "폐하는 사제 겸 왕이시고, 전쟁의 승리자이시며, 신앙의 스승이십니다" 하고 환호했다.

차후 회기들에서는 강도 공의회에서 면직되었던 에데사의 주교 이바스의 항소를 다루어 그를 복권시켰고, 그 밖의 권징 문제들과 몇몇 사적인 문제들을 다

───────────────

들이려 했던 것이다. 그러나 바로 이런 이유 때문에 동방의 주교들과 로마의 교황 특사들은 한 목소리로 ἐκ라는 단어에 반대했으며, ἐν이 사용되는 다른 표현을 주장하여 뜻을 관철시켰다.

108) Εἰς ἓν πρόσωπον καὶ μίαν ὑπόστασιν.

루었으며, 스물여덟 조항의 교회법을 제정했다. 하지만 이것은 지금 우리의 관심사가 아니다.[109]

황제는 여러 칙령들을 공포함으로써 공의회 결정 사항들에 법적 효력을 실어주었고, 유티케스주의자들을 제국에서 모조리 추방하며, 그들의 저서들을 소각하라고 명령했다.[110] 교황 레오는 공의회의 교리적 고백을 추인했으나, 콘스탄티노플 총대주교를 자신과 동등한 지위에 올려놓은 교회법 제28조에 대해서는 항의를 표시했디. 이러한 지지와 환희에도 불구하고 교회의 평화는 오직 표면적이었을 뿐, 단성론으로 인해 참으로 지리하게 전개될 갈등과 투쟁이 목전에 다가와 있었다.

그러나 단성론 논쟁으로 들어가기 전에 이제 바야흐로 기독교 세계의 정통 교리로 자리잡은 칼케돈 그리스도론을 좀 더 면밀히 설명할 필요가 있다.

142. 정통 그리스도론 – 분석과 비평

제1차 니케아 공의회는 그리스도의 영원한 선재(先在)를 확립했다. 제4차 에큐메니컬 공의회의 신조는 성육신하신 로고스 곧 땅에서 행하시다가 이제는 성부 하나님의 우편에 앉아 계시는 분에게 관련되며, 아리우스주의에 반대하여 니케아 신조에 동의하긴 하되 그리스도의 신성을 그의 인성과의 사실과 다른 관계에 놓고 이해하는 오류들을 겨냥한다. 이 신조로써 사실상 고대 교회의 정통 그리스도론이 완성된다. 차후에 단성론과 단의론 논쟁들에 의해 첨가된 정의들은 새로운 내용도 아니고 비교적 본질적인 것도 아니기 때문이다

위(僞) 아타나시우스 신조(the pseudo-Athanasian Creed)의 둘째 부분은 큰 특징들에서 그리고 거의 단어들에서조차 칼케돈 공의회 신조와 대동소이한 내용

---

109) 이 공의회가 제정한 법령 제28조는 콘스탄티노플 주교에게 로마 주교와 동등한 권리와 로마 주교에 버금가는 서열을 준다는 내용인데, 이 법령에 관해서는 위의 § 56을 참조하라.

110) 논쟁 초기에 자신이 수사로서 칠십 년을 살았노라고 말했던 유티케스는 공의회가 개회된 직후에 죽은 듯하다. 디오스쿠루스는 파플라고니아의 강그라로 유배되어 그곳에서 454년까지 살았다.

을 채택했으며, 16세기의 모든 종교개혁 교회들의 신앙고백서도 같은 내용을 채택했다.[111] 니케아 신조의 삼위일체 교리와 마찬가지로, 칼케돈 신조의 삼위일체 교리도 그리스와 라틴, 개신교 기독교 세계의 공동 유산이다. 다만 다른 점은 그리스와 라틴 교회와 달리, 개신교가 곳곳에서 복음서들과 사도들의 글들이 전하는 살아 계신 그리스도에 담긴 무궁무진한 이 비밀의 곳간을 항상 새롭게 깊이 탐구해 나갈 권리를 남겨 두고 있다는 점이다.

신인(神人)으로서의 충만한 생명으로 거하시는 예수 그리스도의 인격[위격]은 인간의 어떠한 논리 공식으로도 그 전모를 제시할 수 없다. 불완전하고 유한한 인간의 인격조차 사색의 범위를 넘어서는 신비로운 배경을 지니고 있는데, 하물며 창조주와 피조물, 무한자와 유한자, 불변하시고 영원하신 분과 가변적이고 일시적인 존재 사이의 거대한 차이들이 조화롭게 공존하고 있는 그리스도의 완전한 인격에는 얼마나 신비로운 배경이 두르고 있는 것인가! 정통신앙의 신조들은 참 신앙을 낳을 수도 없고 자라게 할 수도 없다. 그것들은 생명의 떡과 물이 아니라, 다만 신학 연구의 표준이요 공적 가르침의 준칙일 뿐이다.

이런 생각들은 과장과 폄하를 동시에 벗어나 칼케돈 신조의 진정한 위치와 정

---

111) 참조. § 132에 the Symbolum Quicunque에 관해서 인용된 필자의 논문. 개신교의 신앙고백서들 가운데 칼케돈 신조의 의미로 그리스도의 위격을 가장 간략하면서도 명쾌하게 정의해 놓은 것은 웨스트민스터 (장로교) 소요리문답이다: "하나님의 선택하신 자들의 구속자는 다만 주 예수 그리스도이십니다. 그는 영원하신 하나님의 아들로서 사람이 되시어 한 위에 양성을 가지신 하나님이시요 사람이시었으며 영원토록 그러하십니다"(제21문의 답). 웨스트민스터 신앙고백서는 이 교리를 칼케돈 신조에 가장 가까운 단어들로써 다음과 같이 진술한다(제8장 2조): "하나님의 아들은 삼위일체 하나님의 제2위격으로서 참 하나님이시요, 영원하신 하나님이요, 아버지 하나님과 동일본질이시요, 아버지 하나님과 동등하시다. 이 하나님의 아들이 때가 무르익었을 때 성육신하사 인간의 본성을 입으셨으니, 그는 인간과 똑같은 본질적 특징들을 지니셨고, 인간과 똑같은 약점을 보유하고 계시지만, 죄만 없으시다. 그는 성령의 능력으로 잉태되사 마리아의 태에서 나셨으니 그는 이 여인의 본성으로부터 나셨다. 따라서 예수 그리스도의 한 위격 안에는 신성과 인성이 불가분리하게 연합되어 있으니, 이 두 본성은 각각 온전하고 완전하고 구별을 분명히 한다. 이 양자는 결코 변경될 수도 없고, 혼성될 수도 없고, 혼동될 수도 없다. 이 위격은 참 하나님이신 동시에 참 인간으로서, 한 그리스도시요, 하나님과 사람 사이에 있는 유일무이한 중보자이시다."

당한 가치를 제시한다. 이 신조는 그리스도론의 신비를 모두 함축하려는 야심을 갖지 않고, 다만 정통 교리의 사실들을 제시하고 그 울타리들을 세우는 것으로 만족한다. 그렇다고 해서 신학적 논의가 더 이상 필요하지 않다는 뜻이 아니고, 그리스도의 신성이나 인성 어느 하나를 부정하려는, 혹은 두 본성을 그릇된 관계로 실정하려는 그릇된 개념늘을 경계해야 한다는 뜻이다. 칼케돈 신조는 그리스도론적 사색이라는 배가 스킬라(Scylla, 그리스 신화에 등장하는 머리가 여섯 개인 바다의 여자 괴물)와 카리브디스(Charybdis, 그리스 신화에 등장하는 바다의 소용돌이를 의인화한 여자 괴물: 역자주) 사이에 나있는 해로를 정확하게 통과할 수 있도록, 그로써 네스토리우스의 양성론(兩性論, dyophysitism)과 유티케스의 단성론의 암초에 좌초하지 않도록 빛을 비춰주는 등대이다. 이 신조는 성육신의 신인적(神人的) 과정의 영원한 결과를 명료한 윤곽으로 소개하는 것으로 만족하며, 과정 자체에 대한 연구는 신학의 과업으로 남겨놓는다. 물론 레오가 작성한 교리적 서신은 여기서 한 걸음 더 나아가 그리스도론에 대한 신학적 해석을 표방하는 것이 사실이지만, 바로 이 이유 때문에 칼케돈 신조 자체만한 구속력과 표준으로서의 지위를 지니지 못한다.

니케아 신조의 삼위일체 교리가 삼신론과 사벨리우스주의 중간에 자리잡고 있듯이, 칼케돈 신조는 네스토리우스주의와 유티케스주의 사이에 난 진정한 중도의 길을 취한다.

칼케돈 신조는 양성론(兩性論)을 받아들인다. 그리고 그런 정도만큼 이집트파보다는 온건한 안디옥파를 선호하고 만족시켰다.[112] 그러나 동시에 철저한 네스토리우스주의에 대립하여 그리스도 위격의 불가분리적 통일성을 동일한 명료함을 가지고 가르친다.

다음은 이 신조의 주된 개념들이다.

1. 로고스 곧 하나님 안에 계신 제2위의 진정한 성육신. 그 동기는 다 측량할 수 없는 하나님의 사랑이고, 목적은 타락한 인류를 구속하여 하나님과 화목케 하는

---

112) 따라서 이 신조의 기초가 된 레오의 *Epistola Dogmatica*에서도 네스토리우스는 언급조차 되지 않는 반면에, 유티케스는 장문으로 논박된다. 그러나 레오는 그 후 457년에 황제에게 보낸 서신(Ep. 156, ed. Bellerini)에서 네스토리우스와 유티케스를 동일하게 위험한 이단들로 분류한다.

것이다. 성육신은 하나님이 인간으로 전환(conversion)하신 것도 아니고 인간이 하나님으로 전환한 것도 아니다. 신의 인간화도 아니고, 인간의 신화(神化)도 아니다. 그런가 하면 두 요인들의 외형적이고 가변적인 결합에 불과한 것도 아니다. 그것은 두 본성이 하나의 위격적[인격적] 생명 안에 실제적이고도 항존적으로 결합한 것이다.

로고스의 성육신은 무엇보다도 신적 로고스가 자신을 비하하여 인간 본성을 입으신 것이며, 동시에 그 뒤 인간 본성이 신적 인격과 더불어 불가분리하고 영원한 사귐이라는 높은 지위로 격상된 것이다. 로고스는 인간의 육와 혼과 영을 입으시고, 지상에서의 인간 생명에 따르는 모든 상황들과 연약들 속으로 들어가시되 죄는 없으시다. 물론 죄는 인간성의 본질적 혹은 필연적 요소가 아니라 비본질적(accidental) 요소이다. 레오는 자신의 서신에서 이 문제를 다음과 같이 표현한다. "우주의 주님께서 종의 형체를 취하셨습니다; 고난을 당하실 수 없는 하나님이 고난을 당하는 인간이 되셨습니다; 불멸의 존재가 죽음의 지배에 굴복하셨습니다; 엄위로운 분이 친히 낮게 되셨습니다; 강하신 분이 약하게 되셨습니다; 영원하신 분이 사멸적인 존재를 입으셨습니다." 참 하나님이신 그분이 동시에 참 인간이시되, 한쪽 요소가 다른 쪽 요소에 의해 변경되거나 폐지되지도 않으시며, 단순히 비본질적 요소로 전락되지도 않으신다.

이 신비로운 연합이 성령의 능력을 통해서 불가해한 방법으로 동정녀 마리아의 태에서 이루어졌다. 그러나 이 기적적 수태가 다만 시작이었을 뿐이었는지, 아니면 그것이 시작과 동시에 완료되었는지에 대해서는 칼케돈 신조에 정의되어 있지 않다. 그리스도는 적어도 인간 본성으로는 점진적 발전과 도덕적 투쟁의 법칙들 아래 들어오셨는데, 그렇지 않고서는 모든 인류의 모범이 되실 수 없었다.

2. 본성(nature)과 인격(person, 위격)의 정확한 구분. 본성 혹은 본질(substance)은 존재를 구성하는 능력들과 자질들의 총화(totality)이다. 반면에 인격[위격]은 자아(the Ego) 곧 자의식이 있고 자기를 주장하고 행동하는 주체이다. 본성이 없는 인격은 없지만, 인격이 없는 본성은 있을 수 있다(예. 이성이 없는 존재들). 교회의 교리는 삼위일체 교리에서는 하나의 신적 본질 혹은 실체 안에서의 세 위격을 구분하는 반면에(비록 인간 사회에서 통용되는 위격 혹은 인격이라는 단어의 의미로 그렇게 하지는 않지만), 그리스도론에서는 반대로 한 인격(일상적인

의미에서의 인격) 안에서의 두 본성을 가르친다. 그러므로 로고스가 인간 인격(위격)을 지니셨거나, 혹은 한정된 인간 개인과 결합하셨다고 말한다는 것은 불가능하다. 만약 그렇다면 신인(the God-Man)이 두 인격으로 구성될 것이기 때문이다. 오히려 로고스는 인간 본성 곧 모든 인간들이 공유하는 본성을 친히 취하셨다. 그러므로 특정한 한 사람을 구속하시지 않고, 동일 본질 혹은 실체를 공유한 존재들인 모든 인간들을 구속하셨다. 인격체인 로고스는 개인적인 인간(ἄνθρωπος)이 되지 않으시고, 인간의 육·혼(soul)·영(spirit) 진체를 포함하는 육체(σάρξ)가 되셨다. 인격적이고 자의식이 있는 자아가 로고스 안에 거한다. 그러나 이 점에 대해서는 아래에서 좀 더 자세히 다룰 것이다.

3. 성육신 곧 하나님의 무한한 사랑의 행위의 결과가 신인(God-Man)이다. 그는 (네스토리우스가 말한) 두 인격을 지닌 이중적 존재도 아니고, (아폴리나리우스 혹은 단성론이 말한) 혼합된 중간적 존재 곧 신도 인간도 아닌 제3의 어떤 존재(tertium quid)도 아니며, 다만 신이신 동시에 인간이신 한 분의 인격이시다. 그리스도는 이성적 인간 영혼을 지니시고 — 후대에 첨가된 정의에 따르면 — 인간 의지를 지니시며,[113] 그러므로 인자(the Son of Man)라는 단어의 의미에 온전히 부합하신다. 그럼에도 불구하고 동시에 그리스도는 구분되지 않는 하나의 자의식이 붙어 있는 하나의 인격을 지니신 하나님의 영원한 아들이시다.

4. 본성들의 이중성. 이것이 네스토리우스주의가 지녔던 일말의 진리였으며, 이점을 칼케돈 공의회가 주로 강조했다. 왜냐하면 에베소 공의회(431)가 네스토리우스주의 혹은 추상적 양성론(兩性論, dyophysitism)을 단죄하는 데 초점이 있었다고 한다면, 이 공의회의 초미의 관심사는 유티케스주의 혹은 단성론을 단죄하는 것이었기 때문이다. 두 견해 모두 본성[본질]들의 구분을 인정하지만, 유티케스주의는 성육신 이후의 행위부터는 이 구분을 부정했으며, (아폴리나리우스주

---

113) 680년에 콘스탄티노플에서 열린 제6차 에큐메니컬 공의회는 단의론(單意論, monothelitism)을 단죄하고 양의론(兩意論, dyothelitism) 곧 그리스도 안에 두 의지가 있다는 교리를 결의했는데, 이러한 상태란 그리스도의 개인적 생애의 윤리적 투쟁과 승리에, 그리고 우리의 모범이 되시는 일에 필요한 것이다. 이 두 의지는 서로 상반되지 않지만, 인간 의지가 항상 신적 의지에 조화를 이루며, 모든 일에서 신적 의지에 순종한다. "나의 원대로 마옵시고 아버지의 원대로 하옵소서"라는 말씀에서 구분과 일치가 발견된다.

의와 마찬가지로) 그리스도를 중간적 존재 곧 두 본성 혹은 좀 더 정확히 말하자면 인간적 요소가 흡수되어 신화되어 있는 한 본성의 혼합체로 해석했기 때문이다.

칼케돈 신조는 이러한 사상에 맞서서 다음과 같이 주장했다. 즉, 심지어 성육신 이후에도 그리고 영원무궁토록 본성들의 구분은 혼동이나 변경 없이 지속되지만, 다른 한편으로는 분리나 분할도 없어서, 신성은 항상 신성으로 남고 인성은 항상 인성으로 남되, 그럴지라도 두 본성은 마치 삼위일체의 위격들과 마찬가지로 끊임없이 하나의 공통된 생명을 지니며, 서로에게 스며든다.

신성의 변경 없는 지속은 그 불변성에 포함되며, 사실상 모든 진영이 인정하는 바였다. 따라서 논쟁의 초점은 다만 인성에만 맞춰졌다.

그리고 이 점에서 성경은 분명히 유티케스주의의 편을 들어주지 않는다. 복음서들이 가르치는 그리스도는 인성이 신성에 의해 흡수되거나 소멸되거나 심지어 약해진 인격체의 인상을 전혀 주지 않는다. 정반대로 그리스도는 탄생부터 무덤까지 가장 고도하고 가장 공정한 의미에서 진정하고도 참된 인간으로 나타난다. 그가 마리아의 실체에서 취하신 육체는 여느 인간 육체와 다를 바 없이 출생했고, 자랐고, 배고픔과 목마름을 알았고, 자고 깨어났고, 고통과 죽음을 당하셨으며 장사되셨다. 그의 이성적 영혼은 사람들이 하는 식대로 기쁨과 슬픔을 느꼈고 생각했고 말했고 행동하셨다. 그의 인성이 겪은 유일한 변화는 다른 사람들과 동일한 기반에 서서 인간의 성장 법칙에 따라 정신적으로 육체적으로 온전한 인간으로 발전하시되, 정상적으로, 죄나 내면적 분열이 없이 발전하신 것이고, 신성과 결합함으로써 고귀함과 완전에 이르신 것이다.

5. 인격의 통일성. 이것이 유티케스주의와 후대의 단성론이 지녔던 일말의 진리였다. 하지만 이 두 사상은 이 점을 강조하느라 인간적 요인을 희생시켰다. 오직 한 분이시며 동일하신(self-same), 한 분이신 주(Lord), 한 분이신 구주가 계신다. 구분 안에 통일이 있으며, 통일 안에 구분이 있다. 레오(Leo)는 이렇게 말한다. "참 하나님이신 분이 동시에 참 인간이시며, 이 통일 안에는 아무런 허위가 없다. 이 안에는 인간의 비천함과 하나님의 엄위가 서로 완벽하게 스며 있기 때문이다 …… 두 본성이 오직 하나의 인격을 구성하기 때문에, 우리는 한편으로는 '하늘에서 내려온 자 곧 인자'(요 3:13)라는 말을 듣는 동시에 하나님의 아들이 동정녀에게서 육신을 취하셨다는 말을 듣는 것이고, 하나님의 아들이 십자가

에 못 박혀 죽었다는 말을 듣는가 하면(참조. 고전 2:8, '영광의 주를 십자가에 못 박지 아니하였으리라'), 그가 성부와 동일하게 영원하고 본질이 같은 신성으로 고난을 당하신 게 아니라, 인성의 약함으로 고난을 당하신 것이라는 말을 듣는다."

여기서도 칼케돈 신조는 확고하고 분명한 성경적 근거를 갖고 있다. 복음 역사에서 이 인격적 통일성이 도처에서 흔들릴 수 없는 사실로 나타난다. 그리스도의 자의식은 분열되지 않는다. 그는 말씀하시고 행동하시고 고통을 겪으시며, 죽은 자 가운데서 살아나시고 하늘에 오르시고 하나님 우편에 앉으시고, 장차 살아 있는 자들과 죽은 자들을 심판하러 영광 중에 다시 오실, 하나요 동일한 신인적(神人的) 주체이시다.

신성과 인성이 그리스도 안에서 이중적 인격을 형성하지 않는 것은 마치 인간 안에 있는 영혼과 육체가 그런 것이나, 혹은 신자 안에 있는 중생한 생명과 자연적 생명이 그런 것과 마찬가지이다. 인간의 인격이 물질적 본질과 영적 본질이 하나로 통일되어서 정신이 지배 원칙이요 인격의 중심을 차지하는 것처럼, 그리스도의 인격도 인성과 신성이 그러한 결합을 이루어서 신성이 자의식의 좌소가 되어 인성에 고루 스미고, 인성에 활력을 부여한다.

혹시는 불과 쇠에 관한 친숙하고 오래된 유추를 생각해도 도움이 될 것이다.

6. 그리스도의 사역(work) 전체는 그분의 인격에 결부시켜야지, 신성이나 인성 어느 한쪽에만 결부시켜서는 안 된다. (내재하는 신성에 힘입어) 전능한 능력으로 기적들을 일으키신 분은, 그리고 (고난을 당할 수 있는 인성에 따라서) 고난을 당하시고 장사되신 분은 한 분의 신인적(神人的) 그리스도이시다. 인격(person)이 고난의 주체였고, 인성이 고난의 좌소이자 지각 기관이었다. 그리스도께서 낮아지시고 높아지신 모든 단계에서 이루어진 이러한 신성과 인성의 위격적(hypostatical) 연합에 의해서 그의 사역과 공로들은 우리 인류를 위해 무한하면서도 진정으로 인간적이고 모범적인 의미를 지닌다. 신인(神人, God-Man)이 고난을 당하셨기 때문에, 그의 죽으심은 세상을 하나님과 화목시킨다. 그가 인간으로서 고난을 당하셨기 때문에 우리에게 우리도 그의 자취를 따르도록 모범을 남겨놓으셨다.[114]

7. 그리스도의 인성이 지니는 무위격성(anhypostasia) 곧 무인격성(impersonality). (좀 더 정확히 말하자면 enhypostasia). 이것은 어려운 점이지만

한 분이신 신인에 관한 정통 교리에서 꼭 필요한 연결고리이다. 만약 인성의 무위격성 혹은 무인격성이 아니라면 그리스도 안에 인격이 둘이 되는 셈이며, 성육신 이후에는 네 번째 위격 곧 인간의 위격이 신적 삼위일체에 있게 되는 셈이기 때문이다. 하지만 그리스도의 인성의 무인격성을 절대적인 의미로 이해하기보다는 아래에서 설명하는 방식대로 상대적인 의미로 이해하는 것이 옳다.

신인(God-Man)의 인격적 삶은 그 중심이 당연히 로고스 안에 있다. 그분은 영원부터 신성 안에서 제2위이셨으므로 자신의 인격을 상실할 수 없었다. 앞에서 살펴본 대로, 그분은 인간 인격(person)과 결합하시지 않고 인간 본성(nature)과 결합하셨다. 그러므로 신성이 그리스도의 인격성(personality)의 뿌리이자 토대이다. 더욱이 그리스도는 항상 자신의 신적 기원과 특성을 충분히 의식하신 상태에서 말씀하시고 행동하신다. 자신이 성부에게서 오신 것과, 성부께서 자신을 보내셨다는 것을 충분히 의식하시고, 심지어 땅에 거하시는 동안에도 하늘에 거하시면서 성부와 단절됨 없는 사귐을 나누신다는 것을 의식하신다. 그리고 그리스도의 인성은 자체의 독립된 인격을 지니지 않았다. 성육신 전에는 존재 자체가 없었고, 성육신과 더불어 비로소 존재가 시작되었으며, 선재(先在)하시는 로고스의 인격과 워낙 긴밀히 연결된 까닭에 성육신 안에서만 로고스의 인격의

---

114) 이 점에서도 정통 개신교 신학은 옛 가톨릭 신학과 철저히 일치한다. 이 점과 관련하여 성공회 개신교 신학의 양대 학파에서 두 사람의 견해를 예로 소개하고자 한다. 성공회 신학자 Richard Hooker는 위에 인용한 레오의 서신을 분명히 염두에 두고서 이렇게 말한다. "우리는 그리스도께서 기적을 행하신 것과 고통을 당하신 것을 모두 인정하며, 그분에 관해서 겸비(謙卑)에 해당하는 말과 신적 영광에 해당하는 말을 사용한다. 하지만 전자에 대해서는 그분이 동정녀 마리아에게서 취하신 본성에 적용하고, 후자에 대해서는 처음부터 지니고 계신 본성에 적용한다"(*Eccles. Polity*, book v. ch. 52, vol. ii. p. 291, Keble's edition). 17세기 위대한 청교도 신학자 John Owen은 좀 더 분명하게 다음과 같이 말한다. "그리스도께서 교회의 왕과 제사장과 선지자로서 행하신 모든 일에서, 즉 친히 행하시고 겪으신 모든 일에서, 지금도 우리를 위해서 계속 행하고 계신 모든 일에서, 그것이 어떤 본성에 의해서 이행되었든간에 그분 안에 있는 인성만의 혹은 신성만의 행위와 사역으로 간주해서는 안 된다. 그것은 한 인격으로서 하나님이신 동시에 사람이신 분의 전인(全人)의 행위와 사역이다"(*Declaration of the Glorious Mystery of the Person of Christ;* chap. xviii., in *Owen's Works*, vol. i. p. 234).

충분한 자의식을 발견하고, 인성이 발전해간 모든 단계에서 로고스의 인격이 깊이 침투하고 그 인격에 의해 통제를 받았다. 그러나 인성은 인적 인격성에서 필요한 요소를 구성하며, 이런 의미에서 옛 개신교 신학자들과 함께 그리스도께서 신적인 동시에 인간적인 '하나님이시기도 한 인간'(a persona σύνθετος)이라고 말할 수 있다.

이렇게 해석한다면 교회가 엔휘포스타시아에 관해서 가르치는 교리는 그다지 형이상학적인 혹은 심리학석인 난제를 일으키지 않는다. 물론 오늘날 우리 현대 사회의 사고 방식대로라면 인격이 없는 완전한 인간 본성(인성)을 생각할 수 없다. 우리는 인격이 지성과 자유로운 의지로 이루어진다고 생각하며, 따라서 인격이 없다면 본성이 단순히 추상적인 힘과 자질과 기능으로 전락한다고 여긴다. 그러나 예수의 인성은 사실상 홀로이지 않았다. 처음부터 인격적이며 인성과 생명으로 결합된 다른 본성과 불가분리하게 연결되었다. 예수의 경우에는 로고스의 인격이 자의식의 빛이며 의지의 힘으로서 신성뿐 아니라 인성에도 고루 스며 있다.[115]

8. 비판과 발전. 이 칼케돈 그리스도론은 후대에 신랄한 비판을 거치게 되는데, 두 본성을 구분하는 이유로 이원론이라는 비판을 받기도 했고, 인성에 인격이 없다는 교리 때문에 가현설이라는 비판을 받기도 했다.

그러나 이 두 비판은 서로를 중화시킨다. 그것은 마치 정통 삼위일체 교리가 삼중 위격성(tripersonality)이나 동일본질성(consubstantiality) 중 어느 하나만 취할 경우 삼신론과 양태론(Modalism)의 비판을 받게 되는 것과 같은 이치이다. 물론 칼케돈 신조만의 독특한 우수성은 그리스도 내에 존재하는 거대한 대조들을 아주 분명하고 빈틈없는 기지로써 결합시키고, 두 본성의 차이뿐 아니라 위격의 통일성까지도 정확하게 규명하려고 시도한 점에 있다. 그리스도 안에 서로 모순되는 것처럼 보이는 점들이 모두 조화를 이루도록 한 것이다.

---

115) 청교도 신학자 John Owen(*Works*, vol. i, p. 223)은 그리스도의 인성에 관해서 매우 정확하게 말하며, 칼케돈의 그리스도론과 일치한다: "그것은 그 자체로 ἀνυπόστατος이다. 즉, 그 자체로 독립된 존재(subsistence)를 지니지 않으며, 여느 인격에 있는 동일한 본질과 구분해야 한다. 그러나 그것은 아들의 인격 안에 독립된 존재를 지니며, 그로써 그것이 그것의 독립된 존재이다. 그 인격에서는 신성이 suppositum이다.

이러한 큰 울타리 안에는 물론 더 깊고 원대하게 사색할 만한 여지가 광범위하게 놓여 있다. 성육신의 가능성과 실재와 양태, 성육신이 하나님의 계시와 인간의 성장·발달과 맺고 있는 관계, 성육신이 하나님의 불변성과 본질상의 삼위일체, 계시상의 삼위일체와 맺고 있는 관계가 그런 주제들이다. 이런 주제들이 특히 최근에 들어서 독일 개신교 신학자들 사이에서 진지하고 깊이 있게 다뤄지고 있다.[116]

현 상태의 그리스도론 논쟁에 나타나는 큰 결핍은, 한편으로는 바울의 케노시스(kenosis) 개념 곧 로고스의 자기 제한, 자기 부인(self-renunciation) 개념에 대한 치밀한 논의가 부족하다는 점이고, 다른 한편으로는 예수께서 땅에서 유아기부터 성년기까지 성장해 가신 과정을 진정으로 인간의 관점에서 묘사하되, 그의 신성을 훼손하는 일 없이, 오히려 그의 절대적 독특성(uniqueness)과 무죄의 완전성을 그의 신성의 증거로서 제시하면서 묘사하는 노력이 부족하다는 점이다. 이 두 과제는 얼마든지 수행할 수 있고 또 당연히 수행해야 한다. 따라서 고대 교회가 이 과제에 대해서 쏟아부은 엄청난 노력과 진지한 사색을 쓸데없는 정력 낭비로 치부해서는 안 되며, 오히려 그 노력을 확증하고 확대하고 완성해야 옳을 것이다.

그리고 그리스도의 위격이 지니는 신인적(神人的) 영광에 대한 주요 견해들에 동의하는 개신교 학자들 사이에서도 여전히 견해가 엇갈린다. 어떤 학자들은 케노시스를 제한하여 신적 존재 형태 혹은 신적 위엄과 영광을 부정하는 방향을 취한다. 다른 학자들은 케노시스에 다양한 정도를 부여하여서, 심지어 그리스도가 신적 본질을 부분적으로 혹은 전체로 비우신 것으로 해석하며, 그로써 성부와 성자 사이에 이루어진 내적·삼위일체적 과정과 성자를 통한 세상 통치가 그의 지상 생애 동안에는 부분적으로 혹은 전체로 보류된 것처럼 해석한다. 또 어떤 학자들은 성육신을 순간적인 행위로 바라보며, 그 행위와 기적적 수태와 탄생에서 완성되었다고 주장한다. 반면에 다른 학자들은 그것을 점진적 과정으로, 즉 영원한 로고스와 인간 예수가 지속적인 발달 속에서 윤리적으로 일체가 되어간

---

116) Schleiermacher, R. Rothe, G schel, Dorner, Liebner, Lange, Thomasius, Martensen, Gess, Ebrard, Sch berlein, Plitt, Beyschlag 같은 학자들이 그 논의를 이끌어 왔다.

과정으로 바라보며, 그로써 완전한 신인(God-Man)이 되신 시점이 예수의 지상 생애의 시작이 아닌 완성이었다고 생각한다.

그러나 비교적 최근에 대두한 이런 견해들은 비록 저마다 진지하고 깊고 가치가 있긴 하지만 아직까지는 중요한 혹은 널리 공인을 받는 결과들에 도달하지 못했으며, 따라서 칼케돈 그리스도론을 대체할 수 없다. 교회의 신학은 예수 그리스도의 신인적 위격을 갈수록 더 깊이 사색하고 경모(敬慕)하는 방향으로 항상 새롭게 돌아갈 것이다. 신인(神人)이신 예수 그리스도는 현재뿐 아니라 영원무궁토록 역사의 태양이시고, 기적들 중의 기적이시고, 신성의 영원한 신비이시며, 상실하고 멸망한 인류에게 구원과 생명을 주시는 마르지 않는 샘이시다.

143. 단성론 논쟁들

칼케돈 공의회는 기대했던 만큼 교회의 평화를 정착시키지 못했으며, 팔레스타인과 이집트에서는 오히려 격렬한 반대에 부닥쳤다. 니케아 공의회가 그랬듯이 이 공의회도 교회에서 보편적 공인을 받기 전까지는 뜨거운 투쟁의 시련을 겪어야 했다. 니드너(Niedner)는 "그 문제가 지닌 형이상학적 난해함과 종교적 중요성이 그 공의회가 보편적(ecumenical) 권위를 인정받기 힘들게 만든 장애였다"고 말한다. 물론 칼케돈의 비판자들은 인성이 신성으로 흡수된다는 유티케스의 이론을 배격했지만, 그럴지라도 그리스도 안에 하나의 본성이 있다는 교리를 확고히 주장했다. 그리고 이런 이유 때문에 그들은 칼케돈 공의회 이후로 단성론파(單性論派, Monophysites)라고 불렸는데, 하지만 그들은 반대로 공의회 지지자들을 양성론파와 네스토리우스파라고 낙인찍었다. 사실 이들은 합성적 본성(μία φύσις σύνθετος 혹은 μία φύσις διττή)을 인정했으나 두 본성을 인정하지는 않았다. 다양한 특성들(qualities)을 주장했으나 그 특성들에 따른 실체들은 인정하지 않았으며, 그리스도 안의 인성을 불변적인 신적 본질에 속한 '우연'(accident, 비본질적 속성)으로 이해했다.

이들이 칼케돈에 비판하여 제시한 주된 논지는, 두 본성 교리가 필연적으로 두 위격 혹은 주체(subject) 교리로 이어지고, 따라서 한 분 그리스도를 하나님의 두 아들로 갈라놓게 되어 있다는 것이었다. 이들은 '본성'(nature)과 '위격'

(person, 인격)이라는 용어들을 사용하는 데서는 네스토리우스파와 완전히 일치했으나, 그 둘을 구분하는 정통 교리에 대해서는 배격했다. 인격이 배제된 인성을 이해할 수 없었다. 이 점을 놓고서 네스토리우스파가 그리스도 안에 두 본성이 있으므로 독립된 두 위격(휘포스타시스)이 있는 게 당연하다고 생각한 반면에, 단성론파는 그리스도 안에 하나의 위격만 있으므로 본성도 하나일 수밖에 없다고 생각했다. 이들은 본성을 하나의 종(種, species, κοινόν)에 속한 모든 개체들에 공통된 것이긴 하되 단순히 하나의 종으로 존재하는 일은 없고 다만 개체들 안에서 존재하는 것으로 간주했다. 그러므로 그들에 의하면 푸시스(φύσις) 혹은 우시아(οὐσια)란 사실상 언제나 개별적 존재인 셈이다.

단성론파의 전례(典禮) 구호는 하나님이 십자가에 못 박히셨다는 것이었다. 이 말을 그들은 삼성송(三聖頌)에 덧붙여 공예배에 도입했다: "거룩하신 하나님, 거룩하신 전능자, 거룩하신 불멸자, 저희를 위해 십자가에 못 박히신 이여, 저희를 긍휼히 여기시옵소서."[117] 이 점 때문에 그들은 하나님 수난파(Theopaschites, 테오파시트파)라고도 불렸다. 이 문구는 그 자체로는 정통으로서 만약 로고스 하나님으로 이해하여 "육신에 따라", "인간 본성[인성]에 따라"라는 생각을 보탤 경우 테오토코스에 적절한 짝이 된다. 이 문구는 이렇게 수식된 의미로써 훗날 유스티니아누스에 의해서 교리 관련 법령에 채택되었을 뿐 아니라, 제5차 에큐메니컬 공의회에 의해서도 인정을 받았다(비록 삼성송에 추가된 형태로 그런 것은 아니었지만). 이는 그리스도의 신인적(theanthropic) 위격[인격]이 탄생뿐 아니라 수난에 대해서도 주체이기 때문이다. 그의 인성이 수난의 좌소(seat)이자 기관(sensorium)이다. 그러나 신성 전반에 해당되는 삼성송에 첨가된 것으로서, 그러니까 성자뿐 아니라 성부와 성령에까지도 해당되는 것으로서, 이 문구는 적합하지도 않고 분명하지도 않다. 하나님 수난설은 성부와 성자에게 공통되는, 고난을 당하실 수 없는 신적 본질을 십자가상의 신인의 수난에 적용한 점에서 과거에 등장했던 성부 수난설(Patripassianism)과 유사하지만, 성부 수난설과 달리 성자와 성부를 혼동한다기 보다 아들 안의 인격과 본성을 혼동한다.

이렇게 해서 칼케돈 공의회에서부터 단성론 논쟁들이 격렬하고도 복잡한 양상으로 시작되었는데, 이 논쟁들이 백년이 넘도록 위로는 총대주교들과 황제들

---

117) 이사야 6:3에 소개되는 스랍들의 찬송에 부연한 것.

로부터 아래로는 수사들과 농민들에 이르기까지 동방 교회 전체를 격동에 몰아넣었으며, 심지어 오늘날까지 그 상흔을 남겨놓았다. 단성론 논쟁들은 신학에 이렇다 할 유익을 끼치지 못했고 경건에 큰 손상을 입혔다. 오히려 당시 교회의 암울한 부패상을 적나라하게 드러냈을 뿐이다. 아타나시우스와 니케아 교부들을 뜨겁게 달아오르게 했던 실천적 신앙에 대한 강렬한 관심이 크게 식거나 그릇된 방향을 취했다. 신학적 사색이 메마른 형이상학적 현학성으로 내려앉았고, 파벌의 구호와 공허한 문구들이 실재적 진리보다 더 높이 평가되있다. 이 책에서 우리는 교리사에서 결코 중요하지 않다고 말할 수는 없으나 지루하기 짝이 없는 이 장을 그냥 간단히 정리하고 넘어가는 것으로 만족한다. 참고로 이 부분은 최근에 기젤러(Gieseler), 바우어(Bauer), 도르너(Dorner)의 연구로부터 새로운 조명을 받고 있다.

단성론 논쟁의 외면적 역사는 격분과 음모, 면직과 추방, 선동과 분열, 재연합 시도로 얼룩져 있다. 칼케돈 공의회가 끝난 직후에 수사들과 폭도들 사이에서 유혈 분쟁이 발생했으며, 단성론 파벌들은 보편 교회에서 분파로 갈라져 나갔다. 예를 들어 팔레스타인에서는 테오도시우스(Theodosius, 451-453)가 예루살렘 총대주교 유베날리스에게 대립했고, 알렉산드리아에서는 티모테우스 아일루루스(Timotheus Aelurus)와 페트루스 몽구스(Peter Mongus, 454-460)가 새로 선출된 총대주교 프로타리우스(Protarius. 그는 안디옥에 갔다가 그곳에서 일어난 폭동에 휘말려 살해되었다)와 페트루스(Peter the Fuller, 463-470)에 대립했다. 30년에 걸친 혼란 끝에 단성론파는 야비한 황제 사칭자인 바실리스쿠스(Basiliscus, 475-477)의 보호하에 일시적인 승리를 거두었다. (바실리스쿠스가 회람 서신을 발행하여 모든 주교들에게 칼케돈 공의회를 단죄하도록 명령했던 것이다<476>.)

그가 몰락한 뒤에 제노(Zeno, 474-475, 47-491)가 콘스탄티노플 총대주교 아카키우스(Acacius)의 조언을 받아서 유명한 화해 신조인 헤노티콘(*Henoticon*)을 공포했는데, 이 문서는 쟁론이 되는 표현들을 삼가고 유티케스주의와 네스토리우스주의를 동시에 단죄함으로써 단성론과 양성론의 화해를 이끌어내고, 그러기 위해서 칼케돈 신조를 폐기하려는 데 의도가 있었다(482). 그러나 이 신조가 공포된 직후에 분열이 두 차례 더 발생하게 되었는데, 한 번은 단성론파 내부에서 일어났고, 또 한 번은 동방과 서방 사이에서 일어났다. 로마 주교 펠릭스 2세는 헤노티콘을 즉각 거부한 뒤 동방과의 사귐을 단절했다(484-519). 단성론파 가운데 강경 세력도 칼케돈 공의회 지지자들 못지않게 헤노티콘에 불만을 품었다. 그 결과 한 편이 자신들의 총대주교들에게 반기를 든 채 지도자 없는 집단(Acephali)이 된 동안, 다른 편은 로마에 귀속했다. 그러다가 황제 유스티니아누스 1세(518-527)가 즉위한 뒤에야 비로소 칼케돈 공의회의 권위가 비교적 평온한 가운데 확립되었고, 로마와의 화해도 회복되었다. 이제 단성론파 주교들이 파면되어 대부분 알렉산드리아로 피신했는데, 그곳에서는 단성론파가 어지간한 공격에는 무너지지 않을 만큼 막강한 세력을 구축하고 있었다.

단성론파의 내부 분열은 특히 그리스도의 인성과 보통 사람의 본성이 과연 본질적으로 어느 정도나 다른가 하는 점을 놓고, 따라서 그리스도의 인성이 우리의 본성과 온전한 동일 본질이라는 정통 교리에서 어느 정도나 벗어났는가 하는 점을 놓고 발생했다.[118] 단성론파의 파벌들 가운데 가장 중요한 집단은 세베루스파(Severians. 안디옥 총대주교 세베루스에게서 유래) 혹은 그리스도가 부활 전에 지니신 육체가 사멸적이고 부패될 수 있었다고 가르친 프싸르톨라트라이파(Phthartolaters, 부패할 수 있는 자의 숭배자들)였다.[119] 율리아누스파(Julianists. 할리카르나수스의 주교 율리아누스<Julian>와 그와 동시대인인 히에라폴리스의 세나야스<Xenajas>에게서 유래한 이름) 혹은 아프싸르토도케타이파(Aphthartodocetae)는 그리스도의 육체가 원래 썩을 수 없는 것이었다고 주장했으며, 이들의 주장은 가현설에 근접했다.[120]

전자는 그리스도께서 '육체에 대해서는 우리와 동일 본질'(κατὰ σάρκα ὁμοούσιος ἡμῖν)이라는 가톨릭 교리에 양보했다. 후자는 두 본성의 혼합(σύγχυσις)이라는 관점에서, 그리스도의 육체가 처음부터 로고스의 불후성

---

118) Petavius(l. c. lib. i. c. 17)는 단성론파에 열두 개의 파벌이 있었다고 전한다.

119) 프싸르톨라트라이('썩을 수 있는'이란 뜻의 프싸르토스와 '종', '숭배자'라는 뜻의 라트레스에서 유래).

120) 아프싸르토도케타이. Phantasiastae라고도 불렸는데, 그 이유는 이들이 다만 그리스도의 가현적(seeming) 육체를 인정한 듯이 보였기 때문이다. 하지만 Gieseler는 위에 언급한 논문의 후반부에서 율리아누스파의 견해가 엄밀히 말해서 가현설이 아니었고, 알렉산드리아의 클레멘스·오리게네스·힐라리우스·니사의 그레고리우스·아폴리나리우스의 견해들과 비슷했음을 입증했다.

(incorruptibleness)에 참여하게 되었으며, 단순히 경륜에 따라서(κατ᾽ οἰκονμίαν) 불후성에 속했다고 주장했다. 이 집단들은 특히 예수께서 물 위를 걸으신 사건을 근거로 내세웠다. 두 집단 모두 부활 이후에 그리스도의 육체가 부패할 수 없는 성격을 지니게 되었다는 데 동의했다. 여기서 주목할 만한 점은 프쏘라(φθορά)라는 단어가 때로는 취약함이라는 뜻으로도 쓰였고, 때로는 부패 가능성이라는 뜻으로도 쓰였다는 점이다.

결코 한가하다고 할 수 없는 이 문제에 대한 해결책은, 부활 전의 그리스도의 육체가 타락 전의 아담의 육체와 유사했다는 것인 듯하다. 즉, 부활 전의 그리스도의 육체는 불멸성과 불후성의 씨앗을 지니고 있었으나, 영화롭게 되기 전에는 요소들의 영향에 종속되었고, 파멸될 수 있었으며, 실제로 외부의 폭력에 의해서 죽임을 당했으나, 내주(內住)하던 죄 없는 영혼의 영향으로 부패에서 보존되어 다시 불멸의 생명으로 일으켜졌다고 이해하는 것인 듯하다. 상대적인 불멸성이 절대적인 것으로 바뀌었다고 보는 것이다.[121] 이상의 내용을 종합해 볼 때, 그리스도의 육체가 부활 이전과 이후에 동일했으며, 부활 이후에 영화롭게 되었다고 아무런 모순 없이 주장할 수 있다.[122]

세베루스파는 그리스도의 편재(遍在)에 관한 문제에 대해서 테오도시우스파(Theodosians)와 테미스티우스파(Themistians) 혹은 아그노이타이파(Agnoetae)로 세분되었다.[123] 율리아누스파는 그리스도의 육체가 창조된 육체였음을 주장하던가 부정하는 것에 따라서 크리스톨라트라이파(Kristolatrae)[124]와 아크티스테타이파

---

121) 참조. 아우구스티누스가 구분한 소 불멸성(immortalitas minor)과 대 불멸성(immortalitas major).

122) 아우구스티누스와 대 레오가 주장한 바와 같다.

123) 그들의 지도자인 알렉산드리아의 부제 Themistius의 이름에서 유래. 그들의 반대파에 의해서 Agnoetae라고도 불렸다. 왜냐하면 그리스도께서 낮아지신 상태에서는 편재하지 않으셨고, 많은 일들에 대해서 우리와 같은 무지를 공유하셨다고 가르쳤기 때문이다(참조. 눅 2:52; 막 13:32). 이 견해는 필연적으로 양성론(Dyophysitism)으로 이어지며, 따라서 엄격한 단성론파에게 배척을 당했다.

124) 그들의 설립자 Gajanitae에서 유래. 이들은 그리스도의 육체가 창조되었다고 보았다.

125) 이들은 그리스도의 육체 자체는 창조되었으나, 그 육체가 로고스와 연합함으

(Aktistetae)[125]로 세분되었다. 단성론파에서 가장 일관성을 유지한 사람은 수사학자 스테파누스 니오베스(Stephanus Niobes, 550년경)였다. 그는 그리스도의 신성과 인성이 그분 안에서 절대적으로 하나가 되었다고 보고서, 신성과 인성을 구분하려는 모든 시도가 불가하다고 주장했다.[126] 에데사의 대수도원장 바르 수다일리(Bar Sudaili)는 이 원리를 심지어 창조까지 연장하였고, 창조가 마침내 하나님 안에서 온전히 흡수될 것이라고 주장했다. 요한 필로포누스(John Philoponus, 530년경)는 혼란을 가중시켰다. 단성론 원리들에서 출발하여 푸시스를 추상적 의미 대신에 구체적 의미로 받아들이고, 그것을 휘포스타시스와 동일시한 그는 하나님 안에서 세 분의 개별 존재들을 구분했고, 그로써 삼신론에 빠지게 되었다. 그는 아리스토텔레스의 유(類, genus), 종(種, species), 개체(individuum, 원자)의 범주들을 사용하여 이 견해를 입증하려고 했다.

144. 삼장(三章)과 제5차 에큐메니컬 공의회(553)

단성론의 이후 운명은 황제 유스티니아누스 1세(527-565 재위)와 연관된다. 이 박식하고 혈기 왕성한 군주는 교회를 대하는 면에서 독실하되 허영과 허세가 있었으며, 긴 재위 기간 동안 입법자와 신학자, 정복자와 참 신앙의 수호자로서 명성을 두루 얻고자 열망했다. 기도와 금식, 신학 연구와 토론으로 거의 습관적으로 밤을 새웠다. 자신의 권좌를 성모와 대천사 미가엘의 특별한 가호하에 두었으며, 자신의 유명한 법전에서, 특히 「신법」(Novelles)에서 성직자들의 특권을 확증하고 확대했다. 수도와 도(道)들에 웅장한 교회당들과 자선 기관들을 세웠다. 이단들을 도로 교회로 들어오게 하고, 교회의 모든 파벌들을 통일시키며, 미래를 위해서 정순한 정통신앙을 확립하는 것을 자신의 특별한 사명으로 간주했다. 이러한 과업들을 수행하는 과정에서 스스로를 주연 배우로 자부했으나, 실제로

로써 창조되지 않은 상태가 되었고, 따라서 부패할 수 없는 상태로 되었다고 말했다.

126) 그의 지지자들은 단성론파의 다른 집단들에게 니오비타이파라는 이름으로 단죄를 당했다.

는 황후나 궁정 신학자들과 내시들의 도구로 쓰이는 편이었다. 모든 분야에 걸쳐 통일을 강요하려던 그의 노력은 교회와 국가 안에 분열들만 가중시켰을 뿐이다.

유스티니아누스는 칼케돈의 법령들을 크게 존중했으며, 자신의 로마 법전에 네 번의 에큐메니컬 공의회를 재가하는 조항을 실었다. 그러나 아름답고 교활하고 사악한 여성인 그의 유명한 아내 테오도라는 황후의 지위를 이용하여 교회와 금욕적 경건에 지대한 열정을 쏟아부었고, 은밀히 단성론을 지지했으며, 황제의 계획을 번번이 무산시켰다. (프로코피우스의 언급이 사실이라면, 테오도라는 원래 출신이 미천했고 심지어 방탕하게 지내던 중 황제에 의해 황후의 자리에 올랐다.) 황제를 유혹하여 "하나님이 우리를 위해서 십자가에 못 박히셨다"는 단성론파의 전례 문구를 선호하게 만들고, 이것을 교회 관련 법령으로 재가하게 만들었다(533).[127]

테오도라의 입김으로 단성론자 안티무스(Anthimus)가 콘스탄티노플 총대주교가 되었으며(535), 줏대없는 비길리우스(Vigilius)가 단성론 교리를 지지한다는 비밀 약정하에 로마 주교가 되었다(538). 하지만 안티무스는 단의론의 죄목으로 곧 면직을 당했으며(536), 비길리우스는 그런 상황 앞에서 약속을 지키지 않았다.[128] 그러는 동안에 오리게네스 논쟁이 재연되었다. 황제는 한편으로는 콘스탄티노플의 메나스(Mennas)에게 보내는 서신에서 오리게네스의 오류들을 단죄하고, 다른 한편으로는 단성론파에 눈엣가시와 같던 안디옥의 교사들을 단죄하는 칙령을 내렸다. 그렇게 단죄를 당한 안디옥의 대표적인 교사들이 몹수에스티아의 테오도루스(네스토리우스의 스승)와 키로스의 테오도레투스, 에데사의 이바스이다. (하지만 나중 두 사람은 이미 칼케돈 공의회에 의해 정통 신앙을 명시적

---

127) 이 추가 문장은 Concilium Quinisextum(can. 81)에 의해 삭제될 때까지 시리아 가톨릭 교회에서 여전히 사용되었다. 그 뒤에는 단성론파와 단의론파에게만 국한되었다. 가톨릭 교회에서는 이 문구가 삼위일체 대신에 사위일체를 가르친다는 견해가 널리 받아들여졌다.

128) Hefele는 비길리우스가 애당초 단성론을 지지한 적이 없었고 다만 야심을 이루기 위해서 그런 약속을 했을 뿐이라고 생각한다. 하지만 동기가 사실을 바꿔놓지는 못하는 법이며, 그의 거듭된 철회로 인해 가중된 교황 무류설에 대한 반증을 약화시키지도 못한다.

으로 공인받은 바 있다.) 황제는 테오도루스에 대해서는 철저히 단죄했으나, 테오도레투스에 대해서는 그가 키릴루스와 에베소 제3차 에큐메니컬 공의회를 비판한 글들에 대해서만 단죄했으며, 이바스에 대해서는 그가 페르시아인 주교 마리스(Maris)에게 쓴 편지, 곧 키릴루스파가 에데사에서 부린 행패를 성토하고 속성간의 교류(communicatio idiomatum)를 부정하는 내용의 편지에 대해서만 단죄했다. 이상의 내용을 담은 법령이 이른바 삼장(三章, Three Chapters) 곧 단죄 문서 혹은 그 안에 거명되어 단죄된 사람들과 저서들이다.[129]

이렇게 해서 삼장을 둘러싸고 격렬한 논쟁이 시작되었는데, 쟁점의 가치에 비해 불필요하게 방대한 논쟁이 이루어졌다는 것이 일반적인 평가이다. 동방 교회는 음모와 폭력에 쉽게 굴복했으나, 서방 교회는 저항했다. 카르타고의 폰티아누스(Pontianus)는 황제든 그 누구든 죽은 자들을 심판할 권리는 없다고 천명했다. 하지만 로마의 비길리우스는 상황에 따라 유리한 편에 붙었으며, 헤르미아네의 파쿤두스(Facundus)가 이끄는 양성론파 아프리카인들에 의해 잠시 파문을 당했다. 그는 548년에 콘스탄티노플에서 삼장을 단죄하는 문서에 서명했으나, 황제가 두 번째로 공포한 삼장 반대 칙령에는 서명을 거부했으며(551), 그 후 그것을 변호했다.

유스티니아누스는 이 논쟁을 종식시키기 위해서 교황의 동의를 받지 않은 채 553년에 콘스탄티노플에서 제5차 에큐메니컬 공의회를 소집했는데, 이 회의에는 164명의 주교들이 참석하여 5월 5일부터 6월 2일까지 콘스탄티노플 총대주교 유티키우스(Eutychius)를 의장으로 여덟 차례의 회기를 진행했다. 이 회의는 삼장에 아나테마를 추가했다. 즉 몹수에스티아의 테오도루스라는 인물과 테오도레투스의 반 키릴루스적 저서들, 그리고 이바스의 서신에 대해서 아나테마를 선언하고, "하나님이 십자가에 달리셨다" 혹은 "삼위일체의 한 위격이 고난을 당하셨

---

129) 트리아 케팔라이아, tria capitula. 'Chapters'(章)은 특정 오류들을 아나테마의 형식으로 간추려 놓은 항목들 혹은 간략한 명제들이라고 할 수 있다. 키릴루스가 네스토리우스에게 가한 열두 가지 아나테마도 케팔라이아라고 한다. 하지만 삼장은 다음과 같은 뜻으로 이해하는 것이 옳다: 1. 몹수에스티아의 테오도루스라는 인물과 저서들; 2. 테오도레투스가 키릴루스를 비판한 저서들; 3. 이바스가 마리스에게 보낸 서신. 이런 이유에서 impia capitula, 아세베 케팔라이아라는 명칭이 생겼다. 이렇게 일상적인 의미에서 벗어난 명칭으로 인해 많은 혼동을 일으켰다.

다"는 문구를 재가했으나, 그 문구를 삼성송(三聖頌, Trisagion)에 대한 첨가로 간주하지는 않았다.[130] 이렇게 해서 유스티니아누스의 교리 법령들이 교회에 의해 재가를 받게 되었다. 그러나 오리게네스주의에 대해서는 더 이상의 언급이 나타나지 않는다. 사실상 그런 언급이 아예 필요하지 않았다. 왜냐하면 544년의 지역 교회회의가 이미 그 사상을 단죄한 바 있기 때문이다. 아마도 오리게네스파의 친구이자 그 공의회 지도자의 한 사람인 테오도레 아스키다스(Theodore Askidas)가 에큐메니컬 공의회에서 오리게네스가 단죄당하는 상황을 막았던 것 같다. 그러나 이것이 쟁점이며, 그 공의회 법령의 진정성과 온전성에 관한 어려운 문제와 연관된다.[131]

비길리우스는 처음에는 공의회의 결정에 항의했다. (실은 공의회가 그에게 여러 번 참석을 권했는데도 그가 끝내 참석하지 않자 성무 중지령을 내렸다. 하지만 그 후 그가 공의회의 결정에 지지 의사를 밝히자, 공의회는 7년간 로마를 떠나 있던 그에게 로마로 돌아가도록 허락했으나, 그는 555년에 여행 도중 시라쿠사에서 죽었다.) 그가 입장을 네 번이나 바꾼 일은 교황 무류성 주장을 무색하게 만든다. 그의 후임자 펠라기우스 1세(Pelagius I)는 취임 즉시 공의회의 결정을 승인했다. 그러나 그의 이러한 태도에 반발한 이탈리아 북부와 아프리카, 일리리아의 교회들이 로마 교구에서 탈퇴했으며, 훗날 교황 그레고리우스 1세가 취임하여 대다수 이탈리아 주교들에게 그 공의회를 인정하도록 설득하는 데 성공하기까지 분열 상태를 유지했다.

그러므로 이 논쟁의 결과는 안디옥 신학이 단죄를 당한 것과, 알렉산드리아의 단성론 교리가 칼케돈의 정의와 조화를 이룰 수 있는 한도에서 부분적인 승리를 거둔 것이었다. 그러나 그 뒤 칼케돈의 양성론이 양의론(兩意論, dyothelitism)의 형식으로 다시 대두했고, 680년에 콘스탄티노플에서 열린 제6차 에큐메니컬 공

---

130) *Collect.* viii. can. 10.

131) 물론 11번째 아나테마에서 오리게네스의 이름이 다른 이단들(아리우스, 유노미우스, 마케도니우스, 아폴리나리우스, 네스토리우스, 유티케스)과 함께 단죄를 당하는 것이 사실이지만, 그 관계가 자연스럽지 못하며, 따라서 Halloix, Garnier, Jacob, Basnage, Walch 같은 사람들은 그의 이름이 후대에 첨가되었다고 간주한다. 어쨌든 오리게네스에 대한 열다섯 조항의 아나테마들은 이 법령에 속하지 않고, 그 전에 544년에 열린 콘스탄티노플 교회회의에 속한다. 참조. Hefele, ii. p. 768 ff.

의회(Concilium Trullanum I이라고도 함)에서 교황 아가토(Agatho)의 서신(이것은 레오의 교의 서신<Epistola Dogmatica>를 연상하게 한다)의 영향으로 단의론에 대해 승리를 거두었다. (단의론은 하나의 의지라는 윤리적 개념이 하나의 본성이라는 육체적 개념에 의존하기 때문에 단성론을 내포한다.)

그러나 제5차 에큐메니컬 공의회의 여러 가지 양보들에도 불구하고, 단성론파는 어떠한 방식으로든 칼케돈의 양성론적 공의회를 인정하기를 거부한 채 정통 교회에서 이탈해 있었다. 상황이 이쯤 되자 유스티니아누스는 아프싸르토도케타이파(Aphthartodocetae)의 교리(그리스도의 육체가 원래 썩을 수 없는)를 재가함으로써 그들을 불러들이려 했으나(564), 이러한 시도는 교회를 새로운 갈등에 밀어넣을 위험이 농후했다. 그러나 얼마 후인 565년에 그가 죽음으로써 이러한 무익하고 독재적인 통일 계획도 종결되었다. 그의 후임자 유스티니아누스 2세는 565년에 관용령을 선포했는데, 그 내용은 모든 그리스도인들에게 인격(위격)과 자구(字句)를 놓고 싸우지 말고 주님을 영화롭게 하라고 권고하는 것이었다. 그때 이래로 단성론파의 역사는 가톨릭 교회의 역사와 구분된 채 이어졌다.

145. 단성론 분파들: 야코부스파, 콥트파, 아비시니아파, 아르메니아파, 마론파

단성론파는 자신들의 반대파인 네스토리우스파와 마찬가지로 동방에서 심지어 오늘날까지도 자체의 주교들과 총대주교들을 보유한 채 분파들로 존속했다. 이처럼 그리스도의 온전한 신성과 인성을 인정하는 이 그리스도론적 오류들은 끈질기게 살아남은 반면에, 신성 혹은 인성을 부정하는 곧 교회의 오류들(에비온주의 · 영지주의 · 마니교 · 아리우스주의 등)은 오래 전에 소멸했다. 앞서 언급한 그리스도론적 오류들은 마치 마술에 걸린 듯 5세기에 자신들이 주장했던 것과 동일한 입장에 서 있다. 네스토리우스파는 제3차 에큐메니컬 공의회를 배격하고, 단성론파는 제4차 에큐메니컬 공의회를 배격한다. 전자가 그리스도 안의 두 본성의 차이를 추상적 구분에 이를 정도로 강조하는 반면에, 후자는 수 세기를 버틴 완고함으로 한 분 안에 두 본성이 혼합되었음을 주장하고, 정통 그리스 교회의 품으로 돌아가는 것을 금한다. 이들은 정통 그리스 교회 및 동방의 연합

교회 혹은 로마 교회와 구분되는 이집트·시리아·아르메니아의 고대 민족 교회들이다.

단성론파는 시리아·아르메니아·아시리아·이집트·아비시니아의 산악 지대들과 계곡들과 사막들에 흩어져 있으며, 그 나라들의 그리스 정교인들과 마찬가지로 대부분은 이슬람교의 지배하에, 일부분은 러시아의 지배하에 살고 있다. 이들은 아랍인들과 터키인들이 비잔틴 제국을 약화시키고 마침내는 정복하는 과정에서 힘을 보탰으며, 그로써 이슬람교의 궁극적 승리를 촉진했다. 그 대가로 정복자들에게 다양한 방법으로 호의를 입었으며, 그리스 교회와의 분열을 영속화했다. 하지만 진작부터 침체와 무지와 미신에 빠졌으며, 기독교 세계에는 살아 있는 사람에게 기도하는 시체와 방불하다. 이들은 고대 기독교 역사에서 떨어져 나간 편린들이며, 5-6세기에 그리스도론을 놓고 형성되었고, 이제는 이슬람교의 무대가 된 전장에서 출토된 진귀한 화석들이다. 그러나 하나님의 섭리는 마치 유대인들을 보존하셨듯이 그들을 보존하셨는데, 그들이 폭풍우와 같은 전쟁과 박해를 뚫고서도 오늘날까지 변하지 않은 모습으로 존재하고 있는 것이 하나님의 뜻과 무관하게 이루어진 일이 아님은 자명한 사실이다. 이들이 그리스 정교회를 혐오하는 사실이 개신교와 로마 교회의 선교에, 그리고 서방 기독교와 서방 문명의 영향에 좀 더 접근하기 쉽게 만드는 요인으로 작용하고 있다.

다른 한편으로 이들은 개신교가 아랍인들과 터키인들에게 들어가기 위한 관문 역할을 하는데, 아랍인들에게는 야코부스파가, 터키인들에게는 아르메니아인들이 그런 역할을 한다. 이들이 회심하게 되리라는 희망을 갖게 되는 이유가 한 가지 더 있다. 왜냐하면 오늘날 이슬람교도들이 고대의 동방 교회들을 멸시하고 있긴 하지만, 결국에는 좀 더 순수한 형태의 기독교에 의해서 무릎을 꿇게 될 것이기 때문이다. 이 점에서 터키 제국 내의 아르메니아인들에게 들어가 있는 미국의 선교회들은 페르시아의 네스토리우스파 사이에 들어가 있는 선교회들과 마찬가지로 조만간 동방을 복음으로 거듭나게 할 신앙의 전초 기지들로서 대단히 원대한 중요성을 지닌다.

단성론 분파들의 교리들과 제도들, 의식들은 대체로 그들이 네스토리우스 이단으로 배격하는 칼케돈 그리스도론을 제외하면 그리스 정교회와 공통된다. 그들은 필리오케를 배격하거나 적어도 인정하지 않는다. 미사 곧 성찬 제사를 화체설과 함께 견지하고, 성찬에 유교병을 사용하고, 삼중 침수(浸水)에 의해 세례시에 중생한다고 가르치고, 칠성사(七聖事)를 견지하고(하지만 명시적으로 그렇게 하지는 않는다. 성례에 해당하는 분명한 용어나 고정된 개념을 갖고 있지 않기 때문이다), 총대주교 중심의 정치 제도와 수도원주의, 순례와 금식, 사제들과 부제들에 대한 단회 결혼[132](주교들에게는 결혼이 허용되지 않음)을 가르치며, 피나 목매달아 죽인 것을 먹지 못하도록 금한다.[133] 반면에 그들은 연옥과 면죄부를 가르치지 않으며, 그리스인들과 로마인들에 비해 예배식이 단순하다. 그들의 교리에 따르면, 모든 사람은 사후에 슬픔이나 기쁨이 없는 곳인 음부(Hades)로 들어가며, 대 심판을 받은 후에는 천국으로 들어가든지 지옥으로 던져지든지 한다. 그러기 전까지 살아 있는 자들이 드리는 대도(代禱, 도고)와 경건한 행동이 죽은 자들의 최후 운명에 영향을 준다고 가르친다. 그리스 정교인들과 마찬가지로, 이들은 성인들의 그림들과 유물들을 존중하지만 같은 정도로 그렇게 하지는 않는다. 그들에게는 성경과 전승이 계시의 협력적 근원이며 신앙의 준칙들이다. 성경 읽기를 금하지는 않으나 민중이 무지하므로 그 일에 제한이 있다. 예배시에 고대의 자국어들, 하지만 오늘날 그들에게는 사어가 된 언어들을 사용한다.

단성론파에는 네 지류가 있다: 시리아 야코부스파(Jacobites); 콥트파(Copts, 아비시니아파<Abyssinians>를 포함한); 아르메니아파(Armenians); 고대성이 덜한 마론파(Maronites).

I. 메소포타미아 시리아와 바빌로니아의 야코부스파. 이들의 이름은 자신들의 에큐메니컬[즉, 특정 지역에 국한되지 않는] 수도대주교 야코부스(Jacob)에게서 유래했다. (그의 별명은 바라다이<Baradai> 혹은 찬찰루스<Zanzalus>이다.)[134] 이 비범한 사람은 6세기 중엽에 박해받는 단성론파를 위해서 지칠 줄 모르는 열정으로 37년간(541-578) 몸과 마음을 바쳤다. "아사헬처럼 발이 가볍고"(참조. 삼하 2:18) 걸인의 옷을 걸치고 다닌 그는, 상해(傷害)와 주림의 위험을 무릅쓰고 각처

---

132) 평신도들은 재혼이 허용되지만, 세번째 결혼은 간음으로 간주된다.

133) 참조. 행 15:20. 라틴 교회는 사도들의 공의회가 내린 이 결정을 유대 기독교가 존속하는 동안에 일시적으로 취한 조치로 보았다.

134) 그의 옷이 걸인의 옷과 같은 데서 유래함. 바라다이는 아랍어와 시리아어로 말을 덮는 천 혹은 수의(壽衣)를 뜻한다.

를 누비고 다녔다. 안디옥 총대주교구를 부흥시켰고, 주교들과 사제들과 부제들을 임명했고, 교회들을 조직했고, 분열들을 치유했으며, 이로써 단성론파를 멸절의 일보 직전에서 구해냈다.

오늘날 단성론파 총대주교에게는 안디옥 총대주교라는 직함이 붙어다닌다. 왜냐하면 그 계승이 안디옥의 세베루스에게로 거슬러 올라가기 때문이다. 하지만 그는 대개 디아르베키르(터키 남동부 티그리스 강 연안의 도시: 역자주)나 다른 소도시들 혹은 수도원들에서 기거한다. 14세기 이래로 안디옥 총대수교의 식함에는 안디옥의 유명한 순교자이자 주교인 이그나티우스의 이름이 붙었다. 야코부스파 수사들은 심한 미신과 엄격한 금욕주의로 유명하다. 야코부스파의 일단은 로마 교회에 가입했다. 최근에 미국에서 온 몇몇 개신교 선교사들도 그들 가운데서 거점을 확보했다.

II. 이집트의 **콥트파**는 민족의 면에서 보자면 비록 그리스와 아랍의 혈통이 섞이긴 했으나, 고대 이집트인들의 적통(嫡統)이다. 칼케돈 공의회 직후에 이들은 총대주교 프로테리우스에 대항하여 티모테우스 아일루루스를 선출했다. 그 뒤 우여곡절을 겪은 끝에 536년부터는 자신들의 알렉산드리아 총대주교를 보유해 왔으며, 그는 이집트의 대다수 고관들과 마찬가지로 카이로에 거주한다. 그는 자신을 복음서 저자 마가와 성 아타나시우스, 키릴루스의 진정한 계승자라고 주장한다. 이 직위는 항상 수사들 사이에서 선출되며, 전통적인 **취임·사퇴 관습**(nolo episcopari)을 엄격히 고수하여 본인의 의사와 상관 없이 선출된다. 총대주교에 선출된 사람은 엄격한 금욕 생활을 할 의무가 있으며, 밤에는 매 시각마다 15분씩 깨어 간단한 기도를 드려야 한다. 오직 그에게만 성직 임명권이 있으며, 임명을 할 때는 안수의 방법을 사용하지 않고 후보자에게 숨을 불어넣고 기름을 붓는다. 그의 관할권은 이집트·누비아·아비시니아 혹은 에티오피아에까지 뻗어 있다. 그는 아비시니아의 '아부나'(Abuna, 즉 '우리 아버지') 곧 총대주교를 선출하여 임명한다. 그의 휘하에는 주교가 열두 명 있는데, 그 중 더러는 실제 관할권을 행사하고, 더러는 명의만 갖고 있다. 그리고 이들의 휘하에는 독서자들과 구마사들에까지 내려가는 성직자들이 있다. 콥트어 성경은 불완전한 두 가지 판본이 현존한다. 하나는 상 이집트(Upper Egyptian) 혹은 테베(Thebaic) 판본으로서, 그 지방의 아랍식 지명을 따서 사히드(Sahidic) 곧 고지(Highland) 판본이라고도 하며, 다른 하나는 하 이집트(Lower Egyptian) 혹은 멤피스(Memphitic) 판본이라고도 한다.

콥트인들은 자신들의 지역에서 가톨릭 교도들보다 훨씬 수가 많았으며, 가톨릭 교도들에 대해서 멜키테스파(Melchites, '왕'이라는 뜻의 히브리어 melech에서 유래) 혹은 카이사르파 그리스도인들이라는 경멸조의 별명을 붙였다. 이들은 같은 지역에 거주하는 가톨릭 교도들에게 극단적인 증오심을 품고 살았으며, 이런 정서가 훗날 사라센족의 이집트 정복을 훨씬 용이하게 만들었다(641). 그러나 이들은 훗날 바로 이 사라센족에게 잔인하게 박해를 당했으며,[135] 2백만을 상회하던 신도수가 15만 내지 20만 명으로 급감했다. 그들 중 만 명 가량 혹은 다른 보고들에 따르면 3만 내지 6만 명이 카이로에 살고 있으며, 나머지는 대부분 상 이집트에서 살고 있다. 오늘날 이들은 다른 모든 종교 집단들과 공통되게 관용을 누리고 있다. 이들과 아비시니아인들은 유대인들과 이슬람교도들의 할례 관습을 채택한다는 점에서 다른 단성론 집단들과 구분되는데, 할례는 평신도들이 (남녀 모두에게) 시행하며, 이집트에서는 위생상의 목적으로 시행한다. 이들은 여전히 유대교의 육류 섭취법을 준수한다. 오늘날 이들은 가난과 무지와 거의 야만적인 상태에 전락해 있다. 심지어 성직자들조차 하층민 출신들로서 걸인들과 다름 없으며, 미사경본을 읽고 다양한 의식을 수행하는 것밖에 모른다. 심지어 자신들의 고대 교회 언어인 콥트어 곧 고대 이집트어조차 모른다. 이들은 농사와 사례금으로 생활한다. 그들의 수도원들에 소장되어 있는 콥트어·시리아어·아랍어 문헌들은 최근에 타탐(Tattam)과 그 밖의 여행자들에 의해 대부분 대영박물관으로 옮겨졌다.

오늘날 그들을 대상으로 선교 활동이 이루어지고 있는데, 주로 영국 교회 선교회(the Church Missionary Society of England, 1825년부터 활동 시작)와 미국 연합 장로회(the United Presbyterians of America)가 활동을 벌이고 있지만 이렇

---

135) 심지어 아랍 역사가 Makrizi가 그들에게 연민을 품을 정도로 박해가 잔인했다.

136) 콥트족에 대한 상세하되 대단히 부정적인 소개가 Edward W. Lane의 *Manners and Custom of the Modern Egyptians* (1833)에 실려 있다. 그럴지라도 이들은 이집트의 다른 부족들에 비해 수준이 높은 편이다. A. P. Stanley(*Hist. of the Eastern Church*, p. 95)는 그들을 다음과 같이 소개한다: "콥트인들은 비천하게 전락해 있는 상태에서도 여전히 본토인들 가운데 가장 문화 수준이 높다. 이집트의 지성

다 할 성과는 거두지 못하고 있다.[136]

아비시니아파 교회는 콥트족의 자교회이며, 4세기에 알렉산드리아 출신의 두 선교사 프루멘티우스(Frumentius)와 아이데시우스(Aedesius)가 세웠다. 이 교회는 야만과 무지, 미신, 기독교가 기묘하게 뒤섞여 있다. 이 교회가 사용하는 에티오피아어 성경은 초대 선교사들이 작성한 것으로 추정되며, 구약성경에 외경인 「에녹서」가 포함되어 있다. 4세기에 작성된 것으로 보이는 악수마(Axuma, 과거 그 나라의 수도)의 연대기는 성경과 거의 대등한 대접을 받는다. 이 교회는 칼케돈 공의회를 미련한 자들과 이단들의 집회로 폄하한다. 아비시니아 교회는 콥트 교회보다는 유대교의 요소들을 훨씬 더 많이 지니고 있다. 기독교 주일과 유대교 안식일을 함께 지킨다. 돼지고기를 비롯한 구약 율법에 부정한 짐승으로 규정된 육류의 섭취를 금한다. 민족 전체의 정화(淨化) 곧 재세례를 기념하는 연례 축일을 기념한다. 언약궤의 모형을 간직하고 있으며, 그것에 '시온의 궤'라는 이름을 붙이고 거기에 예물과 기도를 바치며, 그것을 공예배의 중심으로 삼는다. 이 교회는 외적 의식들에 마술적 효험이 있다고 믿는데, 특히 침례가 진정한 중생을 끼친다고 생각한다. 이상하게도 이 교회는 본디오 빌라도를 성인으로 공경하는데, 그 이유는 그가 손을 씻어 무고한 피와 상관 없음을 밝혔기 때문이라고 한다. 다른 곳에서는 다 소멸된 그리스도의 본성에 관한 논쟁이 이곳에서는 여전히 격렬하게 벌어지고 있다. 아비시니아인들은 성인들과 그림들을 공경하지만 조각상들은 그렇게 여기지 않는다. 구체적으로, 십자가는 공경하되 수난상은 공경하지 않는다. 모든 사제가 십자가를 손에 들고 다니며, 만나는 사람마다 그것을 내밀어 그것에 입맞추게 한다. 많은 수의 교회당이 작고 지붕이 돔 형식을 하고 있으며, 갈대와 지푸라기로 덮여 있다. 바닥에는 가로대와 버팀목이 여러 개 놓여 있어서 긴 예배 시간에 몸을 기댈 수 있게 했는데, 이는 동방의 관습대로 예배당에 의자가 따로 없기 때문이다. 아비시니아 교회는 비록 기독교의 흔적이 많이 지워지긴 했으나 그래도 여전히 농경과 예술과 법률과 사회 상황에서 아프리카의 이교 나라들에 비해 훨씬 수준이 높으며, 이것은 미개한 상태의 기독교라 하더라도 아예 없는 것보다는 낫다는 증거이다.

이 콥트족의 필경사들 속에 여전히 살아 움직인다. 이들은 이런 이유로 인해 정복자들의 관청에서 관리로 혹은 나일강 수위표 기록원들로 기용된다."

서방의 영향은 심지어 아비시니아에까지 뚫고 들어갔다. 17-18세기에 예수회 선교회들과, 19세기의 개신교 선교회들이 숱한 위험과 자기 부인을 감내해 가면서 선교 활동을 했으나 그 성과는 대단히 미약하다.

III. 아르메니아파. 이들은 단성론 집단들 가운데 가장 수도 많고 흥미를 끌고 소망스러운 집단이며, 오늘날 복음적 개신교에 접근하기에 가장 가까운 상태에 있다. 이들의 뿌리는 이들의 원래 고향에 자리잡고 있는 아라랏 산과 마찬가지로 기나긴 과거로 거슬러 올라간다. 이들이 기독교로 개종한 것은 4세기 초의 일로서, 티리다테스(Tiridates) 왕 치하에 아르메니아의 초대 총대주교이자 교회 저자이며 이 교회가 배출한 가장 위대한 성인인 계몽자 그레고리우스(Gregory the Enlightener)의 주도로 이루어졌다.[137] 그가 아르메니아에 수도원들과 신학교들을 설립했고, 훗날 메스롭(Mesrob)이 헬라어 성경을 토대로 시리아어 역본인 「페쉬토」를 참조하여 아르메니아어 번역 성경을 제작했다. 그것이 동시에 아르메니아 문학의 기원이기도 한데, 이는 메스롭이 최초로 그 나라 문자를 창안했기 때문이다. 아르메니아 교회가 채택한 정경에는 다른 성경에는 없는 네 권이 실려 있다. 구약성경에는 「요셉과 아세낫의 역사」(*the History of Joseph and Asenath*), 「열두 족장의 언약」(*the Testament of the twelve Patriarches*)이 실려 있고, 신약성경에는 「고린도인들이 바울에게 보낸 서신」(*The Epistle of the Corinthians to Paul*)과 「바울이 고린도인들에게 보낸 셋째 서신」(*a Third Epistle of Paul to the Corinthians*, 하지만 위작임)이 실려 있다. 아르메니아어로 작성된 문헌 중에서 두번째로 가장 오래된 것은 반세기 뒤에 모세스 코레넨시스(Moses Chorenensis)가 집필한 그 나라 땅과 사람들의 역사이다.

아르메니아인들은 552년에 그리스 교회에서 탈퇴했으며, 그 해를 자신들 교회의 원년으로 삼는다. 페르시아인들은 정치적 이유를 가지고 아르메니아인들의 분리를 지지했지만, 그들 자신은 기독교에 철저히 적대적이었으며, 조로아스터

---

137) 계몽자. 그는 결혼을 하여 여러 아들을 두었다. 니케아 공의회에 긴급히 초대를 받았으나 자기 대신 아들 아리스탁스를 보냈고, 훗날 그에게 자신의 직위를 물려준 다음 여생을 산악 동굴로 들어가 지냈다. 그가 남긴 여러 편의 설교들이 현존하는데, 이것은 1737년에 콘스탄티노플에서 최초로 인쇄되었다.

교를 아르메니아에 보급하려고 노력했다. 아르메니아 교회는 칼케돈 공의회가 열릴 때 마침 주교직들이 공석으로 있었던 탓에 대표단을 파견하지 못했다가, 491년에 황제 제노가 공포한 「헤노티콘」을 채택했으며, 595년에 열린 트윈(테빈 혹은 토빈. 당시의 수도) 공의회에서 결정적으로 단성론 교리에 대한 지지를 천명했다. 「아르메니아 신앙고백」(*Confessio Armenica*)은 다른 점들에서는 니케아 신조와 매우 비슷한 신조로서, 사제가 매일 아침 예배 때 낭송한다. 아르메니아 교회는 오랫동안 한 사람의 총대수교 곧 카볼리쿠스(Catholicus)를 누어 왔는데, 그는 초기에는 세바스테에 거주했으나, 훗날에는 아라랏 산 자락 에리반 근처에 자리잡은 그들의 성도(聖都) 에츠취미친(데드슈미아진. 오늘날 러시아령)의 수도 원에 거주했으며, 그의 휘하에 42명의 주교가 있다. 총대주교 임직식에는 계몽 자 그레고리우스의 시신에서 취한 손을 여전히 촉각에 의한 계승의 매체로 사용 한다. 훗날에는 예루살렘(1311), 길리기아의 시스(1440)에, 그리스 제국이 멸망 한 뒤에는 콘스탄티노플(1461)에 다른 총대주교구들이 설치되었다. 아르메니아 는 637년에 이슬람교의 지배를 받기 시작했고, 오늘날 일부분은 터키에, 일부분 은 러시아에 속해 있다. 그러나 이 나라가 겪은 파란만장한 운명과 잦은 압제로 인해서 무수히 많은 아르메니아인들이 해외로 도피했고, 오늘날도 러시아와 터 키, 페르시아와 인도, 오스트리아 등지에 흩어져서 살고 있다.

흩어진 아르메니아인들은 대부분 상공인과 중개인으로서 성공한 사람들이며, 거상(巨商)들의 민족과 교회가 되어 터키에서 큰 영향력을 행사하고 있다. 이들 은 이렇게 여러 나라에 흩어져 살고, 상업을 좋아하고, 정치적 독립이 없고, 고 대 민족적 관습과 의식을 고수하고, 타국 땅에서 수시로 억압을 당하는 상황에 서도 여러 나라들에서 영향력을 행사하며 살기 때문에, 이들이 동방 특히 터키 에서 차지하는 지위는 유대인들이 기독교 세계에서 차지하고 있는 것과 비슷하 다.

아르메니아 민족의 총인구는 2백5십만 명에서 천5백만 명에 이르기까지 다양 하게 추산된다.

아르메니아 교회는 오랫동안 양분되어왔는데, 두 집단은 내면적으로 서로 매 우 비슷한데도 서로 철저히 대립한다. 연합 아르메니아파(the united Armenians) 는 1439년의 피렌체 공의회 이래로 로마 교회와 유대를 맺어왔다. 이 집단에는 대수도원장 메히타르(Mechitar, 1749년 죽음)가 세운 메히타르회(the

Mechitarists)가 속해 있는데, 이 집단은 이탈리아 베네치아 근처의 산 라자로 섬에 유명한 수도원을 보유하고 있으며, 이곳을 중심으로 1702년 이래로 로마 가톨릭 교회를 위하여 아르메니아 문학과 교육 사업에 힘쓴 결과 많은 성과를 거두었다. 분리 아르메니아파(the schismatical Armenians)는 자신들이 옛부터 견지해온 독특한 교리와 정치 체제를 확고히 고수한다. 이들은 스스로를 정통이라 간주하며, 연합 혹은 로마 아르메니아파를 분리파라고 부른다.

1830년 이래로 영국과 바젤과 미국에서 온 개신교 선교사와 소책자 및 성경 단체들이 아르메니아인들, 특히 단성론 집단에 들어가 사역하여 괄목할 만한 성과를 거두었다. 특히 미국 해외선교회(the American Board of Commissioners for Foreign Missions)는 아르메니아어와 아르메니아 – 터키어(아르메니아어 문자로 기록하는 터키어)로 기록된 성경과 신앙 서적을 배포했으며, 콘스탄티노플 · 브루사 · 니코메디아 · 트레비존드 · 에르츠룸 · 아인탑 · 카르푸트 · 디아르베키르 등지에 유력한 교회들과 학교들을 세웠다. 그 중 여러 교회들은 이미 심한 박해의 시련을 견뎌냈으며, 그로써 자신들에게 미래에 대한 밝은 소망이 있음을 입증했다. 흩어진 유대인들의 회당들이 우상 숭배자들 사이에서 유일신교에 대한 증인과 기독교 예비 학교 역할을 했던 것처럼, 이 개신교 아르메니아 교회들과 개신교 네스토리우스 교회는 동방에서 복음적 문화의 전초기지 역할을 수행하며, 아마도 성경 지대에서 초기 기독교의 부흥을 알리는 신호탄이자, 장차 이슬람교도들의 개종을 알리는 전조인 듯하다.

IV. 단성론파에서 가장 늦게 생긴 집단이자 단의론 논쟁의 유일한 기념비로서 있는 집단은 마론파(the Maronites)이다. 이 집단의 명칭은 성 마론에게서 유래했는데, 마론은 시리아에 유력한 수도원을 설립했다(400). 이들은 레바논에서 북으로는 트리폴리에서 시작하여 남으로는 티르 인근과 게네사렛 호수까지 뻗어 있는 경사 지대와 계곡 지대에 거주하며, 인구는 오십 만에 육박한다. 알레포와 다마스쿠스 등지에도 작은 교회들을 두고 있다. 순수한 시리아 혈통을 물려받았고, 여전히 전례(典禮)에 시리아어를 사용하지만 일상 언어는 아랍어이다. 총대주교의 감독을 받으며, 총대주교는 대개 레바논 산 카노빈 수도원에 거주한다. 원래부터 단의론자들이었으며, 심지어 그리스도께 단일 의지가 있다는 교리 — 단성론을 윤리적으로 보충한 교리 — 가 제6차 에큐메니컬 공의회(680)에서 배척된 뒤에도 여전히 그 입장을 고수해왔다. 그러나 십자군 원정(1182) 이후, 특히 1596년 이후에는 로마 교회로 넘어가기 시작했다. 물론 그럴지라도 양형 영성체(떡과 포도주를 모두 사용하는 성찬)와 시리아어 미사 경본, 사제들의 결혼, 전통적인 금식일들, 자체의 성인들, 특히 성 마론에 대한 숭배를 그대로 간직했다.

18세기에는 이 집단에서 동방의 유명한 세 사람의 학자들인 아세마니 사람 요셉 시몬(Joseph Simon, the Assemani, 1768년 죽음), 그의 동생 요셉 알로이시우스(Joseph Aloysius), 두 사람의 숙부 스테파누스 에보디우스(Stephen Evodius)가 배출되었다. 이들은 레바논 산에서 태어나 로마의 마론파 대학에서 공부했다.

시리아에도 마론파가 있는데, 이들은 로마 교회를 혐오한다.

4. 인간론 논쟁들

146. 펠라기우스 논쟁의 성격

동방 교회가 그리스도론 논쟁에 힘을 소진하면서, 서방의 도움으로 그리스도의 위격에 관한 보편적 교리를 발전시키고 있는 동안, 라틴 교회는 죄와 은혜에 관한 인간론적·구원론적 쟁점들에 치중하면서, 동방 교회의 도움을 받거나 그 교회에 영향을 주는 일 없이 위대한 진리의 보화들을 발견하고 있었다. 제3차 에큐메니컬 공의회는 펠라기우스주의를 단죄했다. 하지만 사전에 면밀한 조사를 거치지 않았고, 그 사상이 네스토리우스주의와 관련되었다는 점 때문에 곁가지로 단죄했을 뿐이다. 그리스 사가들인 소크라테스·소조메누스·테오도레투스·에바그리우스는 비록 펠라기우스주의가 대두한 시기를 다루었으면서도 그 사상을 놓고 벌어진 논쟁들에 조금도 눈길을 주지 않는다. 이러한 사실에서 볼 수 있는 것은 서방인들의 철저한 실사구시 정신과, 그에 대조되는 동방인들의 사색적이고 사변적인 정신이다. 그럴지라도 그리스도론 논쟁들과 인간론 논쟁들은 뗄래야 뗄 수 없이 연결되어 있다. 왜냐하면 그리스도께서 인간을 구속하시기 위해서 인간이 되셨기 때문이다. 구주의 위격과 사역은 한편으로는 인간의 구속 가능성을, 다른 한편으로는 인간의 구속의 필요성을 전제한다. 마니교는 전자를, 펠라기우스는 후자를 부정한다. 이 두 근본적인 인간론 이단들에 대립하여, 교회는 진리의 전모를 발전시켜야 할 과제를 안게 되었다.

아우구스티누스가 등장하기 전까지 교회의 인간론(anthropology)은 지극히 조야하고 불확실했다. 물론 인간의 타락과 도덕적 책임, 죄로 인한 두려운 저주, 구속 은혜의 필요성에 대해서는 전반적으로 견해가 일치했다. 하지만 선천적 부패의 범위, 중생과 회심 사역에서 인간의 자유와 신적 은혜의 관계에 대해서는 그렇지 못했다. 그리스 교부들, 특히 알렉산드리아 교부들은 영지주의 사상의 이원론과 숙명론에 반대하여 인간의 자유를, 그리고 인간의 자유와 신적 은혜의 불가결한 협력을 크게 강조했다. 반면에 라틴 교부들, 특히 테르툴리아누스와 키프리아누스, 힐라리우스와 암브로시우스는 사변적 원리들보다는 실천적 경험에 이끌리어 인간의 유전적 죄와 죄책, 하나님의 주권적 은혜를 강조했으며, 그러면서도 자유와 개인의 책임을 부인하지는 않았다. 그리스 교회는 인간 의지와 신적 은혜가 협력하여 회심을 일으킨다는, 아직 발전되지 않은 신인협력설(synergism)을 주장한 반면에, 라틴 교회는 아우구스티누스의 영향을 받아 하나님께 모든 영광을 돌리고 자유 자체를 은혜의 소산으로 이해하는 신단세설(神單勢說, divine monergism)을 주장했다. 이에 반해 펠라기우스주의는 회심의 주된 공로를 인간에게 돌리고, 은혜를 단순한 외적 보조물로 격하하는 인단세설(人單勢說, human monergism)의 원리를 표방했다. 하지만 아우구스티누스가 죽은 뒤에는 그리스의 신인협력설과 유사한 반(半)펠라기우스주의(Semi-Pelagianism)라는 절충적 사상이 서방에서 유행하게 되었다.

각각 정반대 형태의 단세설을 주장한 펠라기우스와 아우구스티누스는 이전 세대의 아리우스와 아타나시우스보다, 혹은 이후 세대의 네스토리우스와 키릴루스보다 훨씬 더 엄밀하게 양 진영을 대표한 사람들이다. 펠라기우스는 브리타니아 출신으로서 한 번 이상 자신의 오류로써 세상을 격동시켰으며, 아우구스티누스는 아프리카 출신으로서 한 번 이상 자신의 진리로써 세상을 격동시켰다. 이들이 각기 주장한 원리들과 경향들이 다양한 수정을 거쳐 교회사 전반으로 이어졌고, 중요한 시대마다 다시 고개를 들고 나타났다. 9세기의 고트샬크 논쟁(이중 예정론 논쟁), 종교개혁, 라틴 교회의 신인협력설 논쟁, 개혁교회의 아르미니우스 논쟁, 로마 가톨릭 교회의 얀센주의 논쟁은 예전과 다를 바 없는 대논쟁을 새롭고 특수한 양상들로 재연한 것일 뿐이다.

각 사상 체계에는 원 주창자의 개인적 특성과 경험이 고스란히 반영되어 있다. 펠라기우스는 심지가 곧은 수사로서, 내면의 갈등을 겪어본 일이 없이, 차분히 발전해 가는 방식으로 율법적 경건을 닦았다. 그것은 죄의 깊이도 은혜의 높이도 경험해 보지 못한 경건이었다. 반면에 아우구스티누스는 예리한 격동과 격심한 갈등을 숱하게 겪다가 값없이 임해온 하나님의 은혜에 함몰되어 믿음과 사랑의 삶으로 새로 창조된 사람이었다. 펠라기우스는 지성이 편협하되 대단히 명석했고 도덕적 의지도 근실했으나, 숭고한 이상에 오르려는 열정은 없었다. 따라서 자신의 낮은 거룩함의 표준을 실천하기가 어렵지 않다고 생각하는 편이었다. 아우구스티누스는 대범하고 상승하는 지성과 뜨거운 마음이 있었고, 내면의 열정의 물결에 오랫동안 동요한 끝에야 비로소 평안을 발견하는 편이었다. 그는 죄의 온갖 비참함을 맛보았고, 그런 뒤에 구속의 영광을 절실히 깨달았고, 이 경험에 힘입어 자신의 논적보다 훨씬 더 내면의 두 적대 세력을 잘 이해하고 설명할 수 있었으며, 논리의 설득력과 충만함에서 성령의 감화를 받은 사도 바울 외에는 그를 능가할 사람이 없었다. 실로 아우구스티누스는 모든 교부들을 통틀어 경험과 교리 양면에서 바로 이 사도를 가장 빼어닮았고, 종교개혁자들에게 영향을 끼친 점에서도 이 사도에 버금간다.

펠라기우스 논쟁은 죄와 은혜의 강한 대립을 축으로 전개된다. 이 논쟁은 인간이 하나님과 맺고 있는 윤리적·종교적 관계에 관한 모든 교리를 포괄하며, 따라서 인간의 자유, 원시의(原始義)의 상태, 타락, 중생과 회심, 구속의 영원한 목적, 하나님 은혜의 본질과 역사에 관한 교리들을 포함한다. 이 논쟁은 결국에는 구속이 주로 하나님의 일인가 인간의 일인가, 인간이 거듭나야 하는가 그냥 개선되기만 하면 되는가 하는 쟁점에 도달한다. 펠라기우스 사상의 핵심은 인간의 자유이고, 아우구스티누스 사상의 핵심은 하나님의 은혜이다. 펠라기우스는 자연인(natural man)에게서 시작하여 인간 자신의 노력에 의해 의와 거룩함에 도달한다. 아우구스티누스는 인간의 도덕적 충족성에 절망하며, 새 생명과 선을 행할 능력 자체를 하나님의 창조의 은혜에서 찾는다. 전자(펠라기우스)가 선택의 자유에서 율법적 경건으로 이어진다면, 후자(아우구스티누스)는 죄의 예속에서 하나님 자녀가 복음으로 말미암아 누리는 자유로 이어진다. 전자에게는 그리스도가 단지 스승과 모범이고, 은혜가 인간의 태생적 능력 발전에 외적인 보조 수단이지만, 후자에게는 스승과 모범을 넘어서서 제사장이자 왕이시며, 은혜가 새 생명을 낳고 양육하고 완성케 하는 창조의 원리이다. 전자가 중생과 회심을 인간의 덕을 강화하고 완전케 하는 점진적 과정으로 이해한다면, 후자는 그것을 옛것이 사라지고 모든 것이 새롭게 되는 완전한 변화로 이해한다. 전자가 인간의 존엄과 능력을 중시한다면, 후자는 하나님의 영광과 전능하심을 숭앙하느라 인간의 그런 면이 크게 보이지 않는다. 전자가 선천적 긍지를 예찬한다면, 후자는 회개하는 세리와 죄인을 위한 복음이다.

펠라기우스주의는 자기 자랑에서 시작하여 자기 기만과 무능에 대한 자각으로 마친다. 아우구스티누스주의는 인간을 먼저 겸손과 절망의 진토로 밀어넣는다. 은혜의 날에게 업혀 초자연적 능력을 힘입는 데로 올려놓기 위함이다. 그런 다음 그를 자신에 관한 지식이라는 지옥에서 건져내어 하나님에 관한 지식이라는 천국으로 인도한다. 펠라기우스 사상은 명쾌하고 냉철하고 지적이지만 피상적이다. 반면에 아우구스티누스주의는 지식과 경험의 깊이가 있고, 신비 앞에 경외심을 품게 만든다. 전자는 상식의 철학에 토대를 둔다. 상식의 철학이란 일상 생활에는 없어서는 안 될 것이지만, 하나님께 관한 일들은 도저히 깨달을 기능이 없다. 반면에 후자는 거듭난[중생한] 이성의 철학에 토대를 둔다. 이것이 본성의 한계들을 뚫고서 깊고도 깊은 하나님의 계시를 깨닫게 한다. 전자가 '지식이 신앙을 낳는다'(Intellectus proecedit fidem)는 명제와 더불어 시작한다면, 후자는 정반대의 공리인 '신앙이 지식을 낳는다'(Fides proecedit intellectum)는 명제와 더불어 시작한다. 둘 다 성경을 사용한다. 하지만 전자가 성경을 이성에 맞춘다면, 후자는 이성을 성경에 굴복시킨다. 펠라기우스주의는 이성주의에 확실히 결합해 있고, 이성주의의 실천적 면을 제시한다. 이 사상의 선천적[자연적] 의지가 아우구스티누스 사상의 선천적 이성에 부합한다. 그리고 펠라기우스주의에 따르면 선천적 의지가 선을 행할 능력이 있는 것처럼, 이성주의에 따르면 선천적 이성은 진리를 깨달을 수 있는 능력이 있다. 모든 이성주의자[합리주의자]들은 인간론에서 펠라기우스주의자들이다. 그러나 펠라기우스와 켈레스티우스(Celestius)는 이 점에서 일치하지 않았으며, 다른 모든 교리들에서는 자신들이 전통적 정통신앙에 부합한다고 천명했다. 물론 이것은 좀 더 깊은 의미와 상관 관계를 고려하지 않고서 내놓은 말이다. 아무리 하나님께 속한 비밀들이더라도 과거의 유산을 토대로 순전히 외적이고도 기능적으로 믿을 수 있는 것이다. 이것은 신학사(神學史), 특히 동방의 신학사가 넉넉하게 입증한다.

하나님의 은혜가 회심을 일으키는 데서 인간의 자유와 어떻게 관련되는가 하는 이 난제의 진정한 해결책은 두 가지 요인 곧 은혜와 자유 가운데 어떤 한 가지 요인에 있는 것이 아니다. 만약 그렇다면 인간이 스스로를 구속하는 지위로 격상되거나 반대로 이성 없는 기계로 전락할 것이고, 궁극적으로 숙명론적 범신론이나 무신론에 빠지게 될 것이기 때문이다. 진정한 해결책은 하나님의 주권과 인간의 책임 양변을 충분히 강조하되 창조주와 구주의 지극히 뛰어나심에 합당하게 신적 사역을 죄 있는 피조물 위에 둠으로써 두 요인을 조화시키는 데서 찾아야 한다. 비록 아우구스티누스가 이 문제를 풀어낸 방법이 모든 면에서 만족스럽지 못할지라도, 그리고 펠라기우스의 오류를 비판하려는 열정이 지나쳐 정반대의 극단으로 치달은 점이 없지 않을지라도, 모든 본질적인 점에서 그는 그리스도인의 경험뿐 아니라 성경, 특히 바울 서신들과 대단히 심오한 사색을 지니고 있다. 그의 총서 제10권에는 그가 펠라기우스를 논박한 내용이 장장 1400쪽의 분량으로 실려 있는데(베네딕투스 판본), 그 내용을 읽어보면 사고와 경험이 얼마나 깊고 폭넓은지 놀라게 될 것이고, 과연 만대를 위한 보고라 인정하지 않을 수 없게 될 것이다. 게다가 아우구스티누스는 펠라기우스 논쟁이 시작될 때 이미 쉰일곱의 나이였고, 마니교와 도나투스파와의 논쟁들을 겪은 터였다. 이러한 신학의 거장들은 이 '학문들의 여왕'이 시대의 모든 정신 활동을 부려 쓸 때에야 비로소 등장할 수 있었다.

펠라기우스 논쟁에는 거대한 정신적 에너지와 그에 못지않은 도덕적·종교적 진지함이 동원되었으나, 동방에서 진행된 삼위일체론과 그리스도론 논쟁에 발산되었던 만큼의 열정과 음모는 나타나지 않았다. 논쟁의 전면에 아우구스티누스의 탁월한 재능과 순수한 열정이 우뚝 서 있었다. 그는 신학적 위엄을 한순간도 굽힌 적이 없었고, 서릿발 같은 신념에도 불구하고 마음에 따뜻한 사랑이 있었다. 하지만 이러한 아우구스티누스조차 도나투스파와 펠라기우스의 오류를 공권력이 탄압하는 행위를 정당화할 만큼 자기 시대의 불관용 정신을 넘지 못했다.

147. 펠라기우스 논쟁의 외부 역사(411-431)

펠라기우스는 평범한 수사로서, 4세기 중엽에 당시 문명 세계의 끝에 자리잡고 있던 브리타니아에서 태어났다.[138] 두뇌가 명석하고 성품이 온순하고 학식과 교양을 겸비하고 인격이 무흠한 그런 사람이었다. 아우구스티누스조차 그의 교리들은 철저히 혐오하면서도 그의 인품에 대해서는 거듭 존경을 표했다.[139] 그는 그리스 신학, 특히 안디옥 학파의 신학을 공부했고, 일찍부터 수신(修身)과 사회 개량에 남다른 열의를 쏟았다. 하지만 그의 도덕성은 풍성하고 깊은 신앙 생활에서 나온 것이라기보다는 외형적 계율주의였고, 금욕적 자기 수련과 수사로서의 자기의(自己義)였다. 논쟁이 시작되기 전부터 "주께서 명하시는 것을 주옵시고, 주께서 뜻하시는 바를 명하시옵소서"라는 아우구스티누스의 유명한 말에 강한 반감을 품은 것이 그의 어떠함을 단적으로 잘 드러낸다.[140] 계명에 순종할 힘이 계명 자체와 동일한 근원에서 나와야 한다는 말을 그는 이해할 수 없었다. 그에게는 믿음이 이론적 신념 이상의 것이 아니었다. 종교의 본령은 도덕적 행동 곧 자신의 힘으로 하나님의 계명을 지키는 것이었다. 이러한 생각이 그가 아니키아 귀족 가문 출신의 로마 수녀 데메트리아스에게 보낸 서신 서두에 잘 드러난다. 거기서 그는 모범적인 처녀를 인간 본성이 본디 우수함을 말해주는 증거로 묘사한다: "나는 도덕적 개선과 거룩한 생활 영위에 관해서 자주 말하는 과정에서, 먼저 인간 본성의 능력과 자질을 먼저 말한 다음에 그것이 무엇을 성취할 수 있는지를 제시하는 데 익숙해져 있습니다. 이렇게 하는 이유는 소망이 벗처럼 우리를 선한 생활의 길로 이끌기 전에는 그리로 들어갈 수 없기 때문입니다.

---

138) 그의 브리타니아 이름은 Morgan, 즉 '바다의'(Of the sea, Marigena)였다고 한다. 헬라어, πελάγιος

139) 참조. 아우구스티누스가 펠라기우스에 관해서 말해놓은 단락들, in Wiggers, l. c. i. p. 35. 그럴지라도 아우구스티누스는 그가 팔레스타인 디오스폴리스 교회회의에서 드러낸 행위를 놓고 그의 이중성을 비판한다. Wiggers는 펠라기우스에 관해서 이렇게 말한다: "펠라기우스가 항상 올곧지만은 않았다는 것을 인정해야 한다. 그가 자신의 견해를 말할 때 항상 속에 아무것도 감추지 않고 말하지만은 않은 것이다. 사실상 그는 교회회의들에서 명백히 자신의 견해와 일치하는 견해들을 단죄하기도 했다. 물론 이런 이중성은 그가 평화를 사랑하고 신학적 견해에 그다지 큰 가치를 부여하지 않은 탓이기도 할 것이다."

140) "Da quod jubes, et jube quod vis," *Confess.* l. x. c. 29, et passim.

무엇을 성취할 수 있다는 가능성을 상실하고 좌절하면 그 즉시로 그것에 대한 갈망도 사라져 버리는 법입니다."

409년에 이미 중년의 나이에 접어든 펠라기우스는 로마에서 기거하면서 바울 서신서들에 대한 간단한 주석을 집필했다. 제롬의 저서들에 보존된 이 주석은 명쾌하고 착실한 주해 역량을 드러낸다. 그는 도덕적으로 부패한 로마 사회를 개선하기 위해서 조용하고도 온건하게 활동했고, 켈레스티우스(Celestius)라는 저명한 변호사를 회심시켜 자신의 수도 생활과 자신의 견해에 참여하게 만들었다. 스승보다 젊고 논리력이 있고 철저한 일관성을 갖춘 이 사람을 통해서 논쟁에 불이 붙었다. 펠라기우스가 자기 사상의 도덕적 창시자였다고 한다면, 켈레스티우스는 지적 창시자였다. 이들은 사실상 새로운 사상 체계를 창시할 의도가 없었고, 자신들이 성경을 준봉하고 교리를 바로 세우고 있다고 믿었다. 이들은 기독교의 교의적 측면보다 윤리적 측면에 더 관심이 있었다. 하지만 이들이 도덕적 완전을 얻기 위해 기울인 노력은 의지의 선천적 능력을 확신하는 견해에 토대를 두었으며, 이 견해는 과거 십년 동안 아우구스티누스의 영향으로 아프리카 교회에서 발전해온 인간론의 원리들과 명백히 상충되었다.

이렇게 의기투합한 두 사람은 411년에 공포스러운 고트족 왕 알라릭을 피하여 로마를 떠나 아프리카로 갔다. 이들은 아우구스티누스를 만나기 위해서 히포로 찾아갔으나 그는 도나투스파의 일로 방금 카르타고로 떠나고 없었다. 펠라기우스는 그에게 매우 정중한 편지를 보냈고, 아우구스티누스도 비슷한 어조로 답장을 보냈다. 하지만 그의 답장에는 죄에 대해서 하나님의 말씀이 가르치는 참된 교훈을 확고히 아는 것이 얼마나 중요한가를 지적해 주려는 의중이 깔려 있었다. "선생이 나에 대해서 평가하고 있는 그런 사람이 될 수 있도록 나를 위해서 기도해 주시오"라고 그는 말했다. 펠라기우스는 답장을 받은 직후에 팔레스타인으로 갔고, 켈레스티우스는 카르타고로 가서 장로직을 신청했다. 하지만 그것은 반발을 예상하고도 남을 일이었다. 이런 경솔한 시도가 위기를 불러일으켰다. 그가 남다른 재능과 금욕 열정에 힘입어 지인들을 많이 두고 있는 것이 사실이었지만, 동시에 낯선 견해들로 인해 경계의 시선을 한 몸에 받고 있었던 것도 사실이었다.

마침 그 무렵에 카르타고에 와 있던, 그리고 얼마 후 아우구스티누스의 요청으로 암브로시우스의 전기를 집필한 밀라노의 부제 파울리누스는 주교 아우렐리우스를 찾아가 켈레스티우스를 조심해야 한다고 말하고, 412년에 카르타고에서 열린 공의회에서 그의 고소인으로 출석했다. 그는 켈레스티우스의 저서들에서 발견한 예닐곱 가지의 오류들을 고소 이유로 제시했다:

1. 아담은 사멸적 존재로 창조되었으므로 설혹 죄를 범하지 않았을지라도 죽었을 것이다.

2. 아담의 타락은 그 한 사람에게만 해를 입혔을 뿐 인류에게는 해를 입히지 않았다.

3. 유아들은 아담의 타락 전 상태와 동일한 상태로 세상에 들어온다.

4. 인류는 아담의 타락 때문에 죽는 것도 아니고, 그리스도의 부활 때문에 다시 사는 것도 아니다.

5. 세례받지 않고 죽은 유아들도 구원을 받는다.

6. 복음뿐 아니라 율법도 천국으로 인도한다.

7. 그리스도가 오시기 전에도 무죄한 사람들이 있었다.

중요한 명제들은 두 번째와 세 번째로서, 이 둘은 긴밀하게 연결되어 있으며, 훗날 치열한 쟁점이 되었다.

켈레스티우스는 회피적인 답변으로 대응했다. 위의 명제들이 학교들에서 다루는 사변적 질문들로서 신앙의 내용에 관련되는 것이 아니며, 그 질문들에 관해서는 교회 내에 이견들이 존재한다고 주장했다. 그리고는 오류들을 시인하고 철회하라는 요구를 거부했다. 그러자 공의회는 그에게 출교를 언도했다. 그는 즉시 에베소로 가서 그곳에서 장로 임명을 받았다.

아우구스티누스는 이 조치에 직접 개입하지 않았다. 그러나 펠라기우스의 교리가 심지어 아프리카와 시칠리아에서도 많은 지지자들을 얻는 것을 발견하고는 벌써 412년과 415년에 그의 교리를 논박하는 논문들을 썼다. 논박은 하되 존경과 절제의 태도를 잃지 않은 논문들이었다.[141]

---

141) *De peccatorum meritis et remissione; De spiritu et litera; De natura et gratia; De perfectione justitiae hominis.*

148. 팔레스타인에서 벌어진 펠라기우스 논쟁

한편 펠라기우스는 팔레스타인에 체류하면서 수녀 데메트리아스에게 보낸 서신으로 인해 주목을 받고 있던 차에 그곳에서 논쟁이 분출되었다. 그의 견해가 그 지역 사회, 특히 오리게네스파 사이에서 폭넓게 받아들여졌다. 당시만 해도 동방 교회가 아우구스티누스의 견해에 전혀 영향을 받고 있지 않았고, 자유와 은혜라는 두 가지 개념을 통째로 수용했을 뿐, 두 개념 사이의 관계를 엄밀히 규명하려는 시도를 하지 않았다. 그러나 마침 당시에 팔레스타인에 서방 출신의 두 신학자 제롬과 오로시우스가 와 있었다. 그리고 이들이 펠라기우스에게 이견을 제시했다.

당시 베들레헴에서 수사로서 지내던 제롬은 초기에는 그리스 교부들의 신인 협력설을 확고히 받아들였으나, 그러면서도 암브로시우스와 아우구스티누스가 가르친 절대적이고도 보편적인 죄의 오염 교리에도 동의했다. 그러나 오리게네스를 철저히 존경하던 데에서 철저히 적대시하는 데로 입장이 바뀌어 있었다. 그는 펠라기우스가 자유 의지와 인간 본성의 도덕적 능력에 관해서 가르친 교리가 오리게네스와 루피누스에게 영향을 받은 것이라고 평가했다. 따라서 펠라기우스를 비판하는 것이 곧 오리게네스의 몇몇 저서들을 직접 모욕하는 것으로 생각했다. 이런 의도로 펠라기우스 논박서를 쓴 것인데, 하지만 상처받은 자존심과 모멸감으로 인해 자신의 이름조차 언급하지 않는다. 첫번째 편지에서는 로마의 크테시폰(Ctesiphon)이라는 사람이 질문한 내용에 답하고(415),[142] 두번째 편지에서는 대화체로 된 세 권의 저서로 펠라기우스파를 비판하는데, 이 저서는 415년에 집필되었고, 이 책이 집필된 직후에 예루살렘 교회회의에서 펠라기우스가 사면되었다.[143] 그럼에도 불구하고 이 논문과 그 밖의 지면에서 제롬 자신이 의지의 자유와 신적 예지에 근거한 조건적 예정을 가르치며, 따라서 겉으로는 펠라기우스파를 맹렬히 비판했음에도 불구하고 반(半, 유사) 펠라기우스주의 입장에 선다. 비록 아우구스티누스는 그의 대화록을 높이 평가하긴 했지만 말이다.[144]

---

142) Epist. 133 ad Ctesiphont. adv. Pelag. (Opera, i. 1025-1042).

143) *Dialogus c. Pelag.* (Opera, tom. ii. 693-806).

스페인의 젊은 성직자 파울루스 오로시우스는 공부를 좀 더 해볼 요량으로 당시에 제롬을 찾아가 함께 기거하고 있었는데, 그에게 갈 때 아우구스티누스가 전해준 오리게네스와 펠라기우스 논쟁 관련 서신들을 그에게 전달했다.

415년 6월에 예루살렘의 주교 요한이 소집한 교구 교회회의에서 이 오로시우스가 단상에 올라가 펠라기우스를 비판하면서, 카르타고 공의회가 이미 켈레스티우스를 단죄했다는 소식과 아울러, 아우구스티누스가 그의 오류들을 논박한 사실을 알렸다. 펠라기우스는 "아우구스티누스가 대체 나와 무슨 상관이 있다는 말입니까?"라는 회피와 비난의 말로 답변했다. 오로시우스는 북아프리카 교회 전체를 회복시킨 은인인 주교에게 그렇게 오만하게 말하는 사람은 보편 교회에서 출교됨이 마땅하다는 견해를 밝혔다. (이것은 아우구스티누스가 도나투스파 논쟁을 해소한 일을 두고서 한 말임에 틀림없다.) 단죄를 당한 오리게네스를 크게 존경하던, 그리고 아우구스티누스의 권위를 조금도 인정하지 않던 요한은 "내가 아우구스티누스요"(I am Augustine)라고 말한 다음 피고[펠라기우스]의 변호를 시작했다. 그는 수사이자 평신도에 불과한 펠라기우스를 장로의 지위에 올려주었다. 그는 펠라기우스의 주장, 즉 인간이 하나님의 계명들을 마음만 먹으면 쉽게 지킬 수 있고, 죄에서 해방될 수 있으며, 이 일을 위해서 하나님의 도움이 필요하다는 주장에 아무런 잘못이 없다고 두둔했다. 펠라기우스는 헬라어와 라틴어를 동시에 구사하는 이점이 있었던 반면에, 요한은 헬라어만, 오로시우스는 라틴어만 알았기에 통역관을 세웠는데 통역이 부정확하기 일쑤였다. 많은 이야기가 오간 뒤에 그 문제를 로마 주교 인노켄티우스의 판결에 맡기자는 합의가 이루어졌다. 논쟁에 연루된 양 진영이 모두 서방 교회 소속이었기 때문이었다. 로마 주교의 판결이 있기 전까지는 양 진영이 상호 비방을 중단한다는 합의도 있었다.

팔레스타인에서 열린 두번째 공의회는 펠라기우스에게 훨씬 더 유리하게 돌아갔다. 14명의 주교들로 구성된 이 공의회는 그해[415년] 12월에 디오스폴리스 혹은 룻다에서 가이사랴의 주교 율로기우스(Eulogius)의 사회로 진행되었으며, 의제는 갈리아에서 추방된 뒤 제롬과 한편에 서서 활동하던 두 주교인 헤로스와 라자루스가 펠라기우스를 고소한 건을 처리하는 것이었다. 하지만 고소문이 요

---

144) *Op. imperf. contra Jul.* iv. 88.

령 없이 작성된 까닭에 펠라기우스는 모호한 말로 빠져나가면서 사실상 자신의 견해이기도 한 켈레스티우스의 교훈을 비록 이단은 아니지만 어리석은 것으로 폄하하는 선에서 무마할 수 있었다. 예루살렘의 요한도 참석한 이 공의회는 쟁점의 본질을 뚫고 들어가지 못했고, 사실상 쟁점을 이해하지도 못했으며, 오히려 펠라기우스에게서 이단 혐의를 벗겨주었다. 제롬이 이 공의회를 '시원찮은 교회회의'라고 부른 것이 조금도 무리가 아니었다. 하지만 "거기서 사면된 것은 이단설이 아니라 이단설을 부정한 사람이었다"는 아우구스티누스의 평가도 일리가 있다.

제롬은 펠라기우스파를 본격적으로 비판하느라 값비싼 대가를 치러야 했다. 416년 초에 펠라기우스의 사상에 동조하는 수사들이 깡패들을 데리고 베들레헴에 있는 그의 수도원으로 몰려가서 행패를 부리고 건물을 불태우자 그 연로한 학자가 무서워 도망하지 않을 수 없었던 것이다. 예루살렘 주교 요한은 사건 주동자들을 처벌하지 않은 채 지나갔다. 이쯤 되었으니 제롬으로서는 심지어 말년에까지도 여러 서신을 통해서 펠라기우스를 제2의 카틸리나(BC 1세기 로마의 반란자)라고 부르면서 그에 대한 분노를 토로하는 것도 무리가 아니었다.

149. 로마 교회의 입장. 펠라기우스주의에 대한 단죄

이 문제가 로마 교구에 상정되면서 새로운 전기가 마련되었다. 416년에 열린 두 차례의 아프리카 교회회의(한 번은 카르타고에서, 다른 한 번은 밀레브<오늘날의 멜라>에서 열림)는 다시 한 번 펠라기우스의 오류를 단죄하고, 판결 결과를 교황 인노켄티우스에게 보냈다.[145] 그런 뒤 북아프리카 주교 5인이 교황에게 세 번째이자 좀 더 강한 소신을 담은 서신을 보냈는데, 5인의 주교 가운데 아우구스티누스도 포함되어 있었다.[146] 펠라기우스도 교황에게 서신과 신앙고백문을 보냈으나, 제때에 도착하지 않았다.

---

145) Concilium Carthaginense의 회의록에 대해서는 Mansi, iv. 321 sqq.를, Concilium Milevitanum의 회의록에 대해서는 ibid. f. 326 sqq.를 참조하라.

146) Mansi, iv. 337 sqq.

인노켄티우스는 논쟁의 쟁점이 무엇인지 그것이 로마 교구의 이익에 어떤 관계가 있는지 제대로 파악하고 있었다. 그는 아프리카의 주교들이 성 베드로의 교회에 항소한 사실을 치하하면서, 기독교 세계에서 발생하는 모든 문제를 자기 교구로 가져오는 것이 타당하다고 밝혔다. 그리고 펠라기우스와 켈레스티우스, 그리고 그들의 지지자들을 단죄한 아프리카 교회회의들의 결정에 전폭적인 지지를 보냈다. 하지만 디오스폴리스 교회회의에 대해서는 어떤 판결도 내리지 않았다.147)

그러나 얼마 후(417) 인노켄티우스가 죽고 조시무스(Zosimus)가 취임했다. 그는 분명히 동방의 혈통을 물려받은 사람이었다(417-418 재위). 이 중대한 시점에 펠라기우스가 인노켄티우스에게 보냈던 편지가 도착했는데, 편지 내용은 자신이 부당하게 비판을 받고 있으며, 자신의 사상이 정통신앙에 부합하다는 것이었다. 켈레스티우스는 직접 로마를 찾아가서 미리 준비해 간 문서와 구두 설명으로 조시무스를 만족시키는 데 성공했다. 그는 펠라기우스와 마찬가지로 자신이 정통신앙을 지니고 있음을 아주 소상하게 해명해 갔다. 하지만 그가 열거한 점들은 모두 큰 문제가 되지 않는, 학자들 사이에 사소하게 쟁론되던 그런 것들이었다. 그는 이런 점들을 열거하여 자신의 정통신앙을 주장한 뒤 만약 자신의 생각이 그릇되다면 로마 주교의 판단을 따라 얼마든지 고칠 용의가 있다고 밝혔다.

어느 모로 보나 독자적인 신학관을 갖추었다고 할 수 없는 조시무스는 그의 말을 다 듣고난 뒤 북아프리카 주교들에게 회람 서신과 그 내용에 대한 문서적 증거를 보냈다(417). 그 골자는 그들이 사안을 좀 더 철저히 심사하지 않은 일과, 성경의 교훈을 깨닫는 데 착념하지 않고 호기심을 자극하는 한가한 논쟁에 몰입하는 우를 범한 일을 놓고 그들을 책망하는 내용이었다. 그러면서 펠라기우스와 켈레스티우스의 정통신앙을 힘주어 강조했으며, 그들을 앞장서서 비판하던 헤로스와 라자루스를 자신이 과거에 파문과 면직의 벌로 다스린 바 있는 용렬한 자들로 폄하했다. 로마에 찾아온 펠라기우스와 켈레스티우스는 그렇게 눈물이 많고, 그렇게 하나님의 은혜(gratia Dei)와 하나님의 보호(adjutorium divinum)를 자주 되뇌이는 사람들이 이단으로 단죄를 받았다니 자기로서는 납득할 수 없다고

---

147) 인노켄티우스의 답변은 Mansi, tom. iii. f. 1071 sqq.에 실려 있다.

말했다. 그리고는 결론에 가서는 주교들에게 로마 교구의 권위에 복종하라고 호소했다.[148]

로마 주교가 이렇게 잠시 펠라기우스 이단에 호의를 보여준 일은 후대의 교황들이 펠라기우스적 경향에 빠져들게 될 일과 교황청이 얀센주의를 단죄하게 될 일을 예단하게 해주는 의미심장한 징후이다.

아프리카 주교들은 자신들의 대의명분이 너무나 확고했던 까닭에 그렇게 물러빠진 판결에 순응할 수 없었다. 게다가 그 판결은 전임 교황인 인노켄티우스의 판결과 정면으로 배치되는 것이었다. 따라서 417년 혹은 418년에 카르타고에서 공의회가 열렸을 때, 이들은 조시무스의 판결에 예를 충실히 갖추면서도 결연하게 항의했으며, 그가 켈레스티우스의 모호한 해명에 크게 현혹된 것임을 알아야 한다고 당부했다. 418년에 카르타고에서 열린 아프리카의 총공의회에서 2백 명이 넘는 주교들은 펠라기우스의 오류들을 규명한 여덟 조항의 교회법을 작성했는데, 그 내용은 아우구스티누스의 견해에 철저히 합치하는 것이었다.[149] 간략하게 소개하자면 다음과 같다:

1. 누구든 아담이 사멸적 존재로 지음을 받았고, 죄를 짓지 않았어도 자연적 필연에 의해 죽었으리라고 말하는 자는 저주를 받을지어다.

2. 누구든 유아세례를 부정하거나 유아의 원죄를 부정하여 세례 신조의 '죄사함을 위하여'라는 문구를 문자 그대로 받아들이기를 꺼리고 완곡한 의미로 받아들이려 하는 자는 저주를 받을지어다.

3. 누구든 천국이나 다른 곳에 중간 지점이 있어서 세례를 받지 않고 죽은 유아들이 그리로 들어가 행복하게 살지만, 세례를 받지 않았으므로 천국 곧 영생에는 들어갈 수 없다고 말하는 자는 저주를 받을지어다.[150]

---

148) 조시무스가 아프리카 주교들에게 보낸 두 편의 서신에 대해서는 Mansi, iv. 350, 353을 참조하라.

149) 이것이 제16차 카르타고 교회회의이다. Mansi는 그 교회법 전문을 소개한다 (tom. iii. 810–823, 참조. iv. 377).

150) 세례받지 않고 죽은 유아들의 구원을 부정하는 교회법 제3조는 그 출처[권위]가 의심스러우며, 이시도루스와 디오니시우스의 글에 나오지 않는다는 점이 의미심장하다. 이 점 때문에 펠라기우스파를 단죄한 교회법 조항의 수가 8개나 9개로 차이있

넷째 조항은 의롭다 하시는 하나님의 은혜가 이미 저질러진 죄를 사하는 효과만 끼친다는 교리를 정죄한다. 그리고 나머지 조항들은 하나님의 은혜와 인간의 죄에 관한 그 밖의 피상적인 견해들을 단죄한다.

이와 동시에 아프리카 주교들은 황제 호노리우스에게서 펠라기우스파를 규제하는 칙령을 이끌어내는 데 성공했다.

상황이 이렇게 조성되어 가자 조시무스의 견해에도 변화가 일어나 418년 중반에 동방과 서방의 모든 주교들을 대상으로 펠라기우스와 켈레스티우스에게 저주를 선포하고, 자신이 인간 본성의 부패에 관한 교리와 세례 및 은혜에 관한 교리에서 카르타고 공의회의 결의와 뜻을 같이한다고 천명하는 내용의 회람 서신을 발행했다. 회람 서신에 서명하기를 거부하는 자들에게는 면직과 추방과 재산 몰수의 처벌이 공포되었다.[151]

이 서신에는 이탈리아의 주교 18인이 서명을 거부하다가 면직을 당했다. 이들 가운데 여럿은 나중에 철회하고서 복직되었다.

하지만 그들 가운데 가장 유명했던 에클라눔(캄파니아 지방 카푸아 근처의 작은 도시)의 주교 율리아누스는 죽을 때까지 소신을 굽히지 않았고, 유배 상태에서도 아우구스티누스에 대립하여 탁월한 역량과 열정으로 자신의 원리들을 고수했다. 자기 집단에 임한 온갖 불행이 아우구스티누스 때문에 임했다고 보았다. 아우구스티누스는 그를 치밀하게 비판했다.[152] 율리아누스는 펠라기우스파에서 가장 식견이 높고 예리하고 체계적인 학자였으며, 아우구스티누스에게 가장 위협적인 논적이었다. 학식과 재능으로 뭇사람의 존경을 받을 만했고 생활이 올곧았고 소신을 굽히는 법이 없었으나, 지나친 열정과 자부심으로 인해 위신이

게 진술된다.

151) Epistola tractoria 혹은 tractatoria. 이 회람 서신은 일부 단편들만 현존한다. 참조. Mansi, iv. 370. 이 서신은 418년의 아프리카 공의회 이후에(이전이 아님), 그리고 펠라기우스파를 규제하는 호노리우스의 sacrum rescriptum이 발행된 뒤에 작성되었다.

152) 그 목적으로 두 권의 방대한 저서를 집필했다: *Contra Julianum*, libri vi. (Opera, tom. x. f. 497-711); *Opus imperfectum contra secundam Juliani responsionem, in six books*(tom. x. P. ii. f. 874-1386). 두번째 책은 완성하지 못한 채 죽었다(430).

많이 깎였다.

율리아누스와 켈레스티우스를 비롯한 추방된 펠라기우스파 지도자들은 429년에 콘스탄티노플에서 총대주교 네스토리우스에게 따뜻한 영접을 받았다. 그는 그들이 원죄를 부정한 것은 인정할 수 없었으나 인간 의지에 도덕적 능력이 있다는 그들의 교리에는 동조했으며, 황제와 교황 첼레스티노(켈레스티누스)에게 그들을 위해 중재를 시도했으나 성과를 거두지 못했다. 황제 테오도시우스는 마리우스 메르카토르(Marius Mercator)의 자문을 받아 시비곡직을 따져본 뒤에 그 이단들에게 수도를 떠나라고 명령했다(429). 네스토리우스는 켈레스티우스에게 보낸 서신(현존함)에서 그에게 지극히 명예로운 호칭을 사용했고, 세례 요한과 핍박을 받은 사도들을 생각하고서 인내하라고 위로했다.[153] 네스토리우스파 그리스도론을 확립한 몹수에스티아의 테오도루스(428년 죽음)는 419년에 아우구스티누스의 인간론을 비판한 저서를 썼는데, 이 책은 단편들만 남아 있다.[154]

이후에 펠라기우스와 켈레스티우스가 어떻게 살다가 죽었는지 우리로서는 알 길이 없다. 죽은 시기와 장소가 전혀 알려져 있지 않다. 전하는 바로는 율리아누스는 기근이 들었을 때 전재산을 가난한 사람들에게 나눠준 뒤 450년에 시칠리아에서 학동들을 가르치며 인생을 마무리했다고 한다.

펠라기우스주의는 이로써 이미 430년경에 외적으로는 종언을 고한 셈이다. 그 뒤로 다시는 교회적 분파로 일어서지 못하고 다만 신학 학파로만 남았다. 이탈리아에서는 5세기 중반까지 여전히 이 사상을 추종하는 사람들이 있었던 까닭에 로마 주교 대 레오는 펠라기우스 사상을 지닌 사람들에 대해서 교회 앞에서 그 사상을 명백히 철회하지 않으면 성찬에 받아들이지 말라고 주교들에게 지시해야 할 필요를 느꼈다.

431년(아우구스티누스가 죽던 해)에 열린 에베소 제3차 에큐메니컬 공의회에서 펠라기우스(혹은 좀 더 올바로 말하자면 켈레스티우스)는 네스토리우스와 같은 범주에 분류되었다. 그리고 두 사람 사이에 일정한 유사점이 있었던 것이 사실이었다. 둘 다 신성과 인성을 추상적으로 구분하되, 네스토리우스는 그리스도

---

153) In Marius Mercator, in a Latin translation, ed. Garnier-Migne, p. 182.

154) In Photius, Bibl. cod. 177, and in the Latin translation of Marius Mercator, also in the works of Jerome, tom. ii. 807-814 (ed. Vall.).

의 위격에서, 펠라기우스는 회심 사역에서 구분했으며, 생명의 유기적 통일성을 전혀 인정하지 않았다. 에베소 공의회가 교황 첼레스티노 앞으로 보낸 서신에 따르면 펠라기우스파를 단죄하는 서방 교회의 법령이 에베소에서 낭독되고 동조를 받았다고 하지만, 어느 회기에 그 일이 이루어졌는지 우리로서는 알 길이 없다. 우리는 이 법령을 둘러싼 논의들에 대해서도 아는 바가 없다. 에베소 공의회의 법령에서 켈레스티우스가 네스토리우스와 함께 두 번 단죄를 당하는 것이 사실이지만, 그의 사상이 어떠했기 때문에 단죄한다는 구체적인 진술은 없다.[155]

펠라기우스 쟁점에 대해서 그리스 교회가 보인 태도는 퍽 소극적인 것이었다. 명분으로는 펠라기우스주의를 단죄했으나, 아우구스티누스의 적극적인 교리들을 채택한 적이 없다. 예전과 다름 없이 신인협력설 혹은 반(半) 펠라기우스주의를 가르쳤으며, 하지만 그러면서도 인간의 자유가 하나님의 은혜와 어떠한 관계가 있는가 하는 문제를 깊이 성찰하는 데로 들어가지 않았다.

150. 펠라기우스 사상: 인간의 시원적(始原的) 상태와 자유: 타락

펠라기우스가 뚜렷하게 파악하여 구체적 행동으로 옮긴 독특한 인간론 교리들 — 이것을 켈레스티우스가 변증법적으로 발전시키고 주교 율리아누스가 가장 예리하게 변호했다 — 은 비록 체계적 형식으로 제시되지는 않았지만 그 내용이 논리적으로 긴밀하게 연결되어 있다. 얼른 보기에도 단순함과 명쾌함, 설득력이 돋보이며, 자연인의 피상적이고 자기 만족적인 도덕성을 충실하게 표현한다. 펠라기우스의 사상은 인간 본성에 대한 지극히 경험적인 견해에서 나왔

---

155) Can. i. and Can. iv. 법령 제4조는 이렇게 되어 있다: "만약 성직자들이 바른 사상에서 이탈하여 네스토리우스나 켈레스티우스에게 암묵적으로든 명시적으로든 지지 의사를 밝힌다면, 교회회의는 그들에 대해서도 면직을 규정한다." Dr. Shedd(ii. 191)는 다음과 같이 정확하게 파악한다: "에베소 공의회가 최종적으로 가결한 펠라기우스주의에 대한 단죄는 펠라기우스의 사상이 성경과 그리스도인의 경험에 위배된다는 뚜렷하고도 근거 있는 확신에서 나온 것이라기 보다는, 그의 사상이 네스토리우스의 사상과 연계되어 있을 것이라는 추정에서 나온 것인 듯하다."

다. 따라서 도덕적 삶의 근원을 추구해 올라가지 않고 그 현상들에서 그치며, 모든 인간과 모든 의지의 행위가 거대한 전체와 아무런 유기적 관계도 없이 그 자체로 서 있는 것으로 간주한다.

이 사상에 내포된 여러 교리들을 인류의 도덕적 역사의 두 가지 거대한 단계들에 맞춰 다음과 같이 열거해 볼 수 있다.

I. 인류의 시원적 상태와 자유의 교리.

인간의 시원적 상태에 관한 교리는 펠라기우스 사상에서 하위에 해당하지만, 자유 교리는 중심을 차지한다. 왜냐하면 그의 사상에서는 시원적 상태가 본질상 현재와 일치하는 반면에, 자유는 도덕적 존재인 인간이 역사 가운데 발전해온 모든 단계들 안에서 지녀온 독특한 특권이기 때문이다.

펠라기우스는 아담이 하나님에 의해 무죄하게 지음을 받았고, 불멸의 영혼과 사멸적 육체를 가지고 모든 선을 행할 완전한 능력을 받았다고 가르쳤다. 아담은 이성과 자유 의지를 부여받았다. 이성으로는 이성 없는 피조물들을 다스려야 했고, 자유 의지로는 하나님을 섬겨야 했다. 자유가 인간의 최고선(最高善)이요 명예와 영광이다. 즉 소멸될 수 없는 자연의[생득적] 선(bonum naturae)이다. 이것이 원치 않는 섬김을 받지 않으시는 하나님께 대해서 인간이 맺고 있는 관계의 유일한 토대이다. 펠라기우스에 따르면, 자유 의지가 본질상 선택의 자유(liberum arbitrium)와 매순간 선이나 악을 행할 절대 동일한 능력(possibilitas boni et mali)을 내포한다고 한다.[156] 그의 생각은 이렇게 전개된다. 즉, 자유란 필연적으로 악을 행할 능력도 지닌다. 왜냐하면 악을 행할 능력이 없다면 선을 행할 의지를 품는 것이 무색해지기 때문이다. 이렇게 악을 선택할 능력이 없다면, 선을 선택하는 행위 자체도 자유로운 것이 아니며, 따라서 도덕적 가치를 지니지 못한다. 인간은 선과 악, 생명과 죽음이 자기 손에 쥐어지기 전까지는 자유롭고 자발적인 도덕적 주체라고 할 수 없다.[157]

이것이 펠라기우스가 지닌 유일한 자유 개념이며, 이 개념으로 그와 그의 추종자들이 끊임없이 회귀한다. 그는 자유를 그 형태에서만, 그 최초의 단계에서만

---

156) Augustine, *De gratia Christi et de pecc. origin.* c. 18 (§ 19, tom. x. fol. 238).

157) *Ep. ad Demet.* cap. 3.

바라보며, 선과 악을 영원히 대립시켜 놓은 채 그 자리에 고정시켜 남겨놓는다. 그의 자유 개념에는 과거도 없고 미래도 없다. 외부나 내부의 그 어떤 것에서도 절대 독립해 있다. 한껏 부풀었다가도 다시금 본래로 돌아오는 진공이다. 사람이 제 마음대로 끄적일 수 있는 영원한 빈 서판이다. 번번이 결정을 한 뒤에도 도로 무결정과 동요로 되돌아가는 들떠 있고 쉼 없는 선택이다. 인간의 의지는 교차로에 서 있는 영원한 헤라클레스이다. 먼저 오른쪽으로 한 걸음 내디디다가 다음에 왼쪽으로 내디디기를 반복하여 전에 있던 자리로 끊임없이 돌아온다. 펠라기우스가 알고 있었던 것은 자유로운 선택과 강제의 대립이 전부이다. 그에게서는 발전이나 전환의 단계들을 찾아볼 수 없다. 그는 의지를 그 행위들과 고립시키고, 행위들을 서로 고립시키며, 습관과 행위의 유기적 관계를 간과한다. 인간의 자유는 인간의 다른 모든 영적 능력과 마찬가지로 나름대로의 발전을 지닌다. 평형을 넘어서서, 죄를 짓거나 짓지 않을 수 있는 단순한 능력을 넘어서서 이편이나 저편을 선택하게 마련이다. 의지가 결정하면 그것으로써 벌써 무관심과 중립을 떨쳐버린 것이며, 그러한 결정 행위는 횟수가 많아질수록 더욱 고착된다. 그래서 선이나 악이 습관 곧 제2의 천성이 된다. 의지가 덕을 결정하고 덕을 실행함으로써 진정으로 자유롭게 되거나, 아니면 악의 노예가 된다.[158] "죄를 짓는 자마다 죄의 종이라"(요 8:34). 선은 그것 자체가 상이고, 악은 그것 자체가 벌이다. 선택의 자유는 능력이 아니라 약함이다. 즉 어떤 적극적 형태를 취하기까지, 악을 배척하고 선에 몰두할 때까지, 그리하여 도덕적 자제력을 갖게 되어 그리스도처럼 악을 선택한다는 것이 비록 육체적으로야 그렇지 않지만 도덕적으로는 불가능하게 될 때까지 기다리는, 다듬어지지 않은 에너지이다. 그것이 수행(修行)의 충동을 지니는 것은 자기 적멸 혹은 적어도 자기 제어를 향한 충동을 지니는 것이다. 선택의 자유를 올바로 사용하면 거룩한 상태에 이르고, 그릇되게 사용하면 죄 아래 예속되는 상태에 이른다. 의지의 상태는 그 행위들에 영향을 받으며, 선하든 악하든 항구적인 특성으로 고착된다. 모든 행위

---

158) 물론 펠라기우스 자신도 어느 정도는 습관과 그것이 의지에 미치는 영향을 인정했다(Ep. ad Demetr. c. 8). 그러나 켈레스티우스와 율리아누스는 그의 선택의 자유 개념을 훨씬 더 경직되게 수립하여, 구체적 수행(修行)에 의한 어떠한 발전이나 변화도 없고 항상 동일하게 남아 있는 순전히 본성적 혹은 형식적 능력으로 생각했다.

는 도덕적 상태 곧 습관을 형성하는 데로 나간다. 그리고 습관이 새로운 행위들의 모체이다. 완전한 자유는 도덕적 필연성과 하나이다. 그 안에서는 인간이 더 이상 악을 행할 수 없다. 왜냐하면 악을 행할 의지를 품지 않기 때문이며, 선을 행할 의지를 품기 때문에 반드시 선을 행할 수밖에 없기 때문이다. 이런 상태에서는 유한한 의지가 하나님의 뜻에 기쁘게 순종하므로 신적 의지와 일체가 되며, 배교의 가능성을 초탈한다. 이것이 하나님의 자녀들이 장차 영광 중에 누릴 복된 자유이다. 물론 자연적 덕과 국가의 정의라는 하위의 영역이 있는 것이 사실이고, 이 영역에서는 타락한 사람일지라도 선택의 자유를 일정 부분 지니며, 자신의 인격을 세워가는 주체로 존재한다. 그러나 하나님과의 관계를 놓고 생각할 때, 그는 하나님과 격리된 상태와 죄에 예속된 상태에 있다. 자력으로, 순수한 의지의 결단으로는 이 상태에서 솟아나올 수 없고, 거듭나게 하는 은혜의 사역에 힘입어서만 그렇게 될 수 있다. 겸손과 믿음으로라야 받을 수 있는 이 은혜의 사역은 그를 해방시켜서 그리스도인의 덕을 실천할 수 있게 해준다. 이렇게 위로부터 거듭날 때, 새사람의 의지가 하나님의 은혜와 협력하여 그리스도인의 생명으로 장성하게 된다.

펠라기우스는 육체적 **죽음**을 죄 없이도 만연했을 자연 법칙으로 간주했다. 죽음을 죄의 결과로 설명하는 성경 구절들을 그는 도덕적 부패나 영원한 저주에 결부시켜 설명했다. 그럴지라도 그는 아담이 만약 죄를 짓지 않았다면 특별한 권리에 힘입어 죽음을 면했을 수도 있다고 한발 물러서서 시인했다.

II. **아담의 타락과 그 결과들.**

인류 혹은 인간 본성의 유기적 전체에 관한 개념이 박약했던 펠라기우스는 아담을 단순히 고립된 개인으로만 보았다. 아담에게 인류의 대표로서의 지위를 부여하지 않았고, 따라서 그의 행위들에 대해서도 개인을 넘어서는 어떤 의미를 부여하지 않았다.

그는 첫 인간의 죄가 하나님의 명령에 불순종한 단회적이고 고립된 행위라고 보았다. 율리아누스는 첫 인간의 죄를 어린이가 짓는 사소한 잘못에 비유한다. 어린이는 감각적인 유혹에 넘어갈 수 있으나, 나중에 자신의 잘못을 뉘우치는 것이 아니냐는 것이다. "돌발적이고 경험도 없고 생각도 깊지 못하고 무서워할 줄도 모르던" 아담은 겉보기에 좋아 보이던 금단의 열매에 마음을 두고 있었고,

여자가 설득하면 넘어가게 될 상태에 있었다. 이러한 단회적이고 변명의 여지가 있는 범죄 행위는 아담의 영혼이나 육체에 아무런 결과를 끼치지 않았고, 그의 후손들에게는 더욱 영향을 끼치지 않았다. 그들은 아담과 무관하게 스스로의 공과(功過)에 의해서 서기도 하고 넘어지기도 한다.

그러므로 이 사상에 따르면 원죄나 유전적 죄책이란 있을 수 없는 셈이다. 펠라기우스가 인정한 것은 아담이 불순종으로 말미암아 나쁜 전례를 남겼고, 그것이 그의 후손들에게 다소 해로운 영향을 끼치게 되었다는 점뿐이다. 이런 정도의 의미에서 그는 디오스폴리스 교회회의(415)에서 아담의 죄가 그에게만 해를 입혔을 뿐 인류에게는 아무런 해도 입히지 않았다는 켈레스티우스의 주장을 단죄했다. 더 나아가 그는 인류에게 죄가 가중되는 경향이 있음을 인정했다. (하지만 그는 그 원인이 오로지 악에 길들인 습관에 있다고 보았고, 그 습관이 오래되고 깊이 배일수록 악의 세력도 커진다고 보았다.) 그러나 죄는 인간과 함께 태어나는 것이 아니다. 죄는 본성의 산물이 아니라 의지의 산물이다. 인간은 덕도 없고 악도 없는 상태로 태어나되, 다만 그 둘의 가능성을 다 가지고 태어난다. 죄가 인간 사회에 이렇게 만연하게 된 원인은 어려서부터 어른들의 악한 행위와 사회의 악한 관습을 보며 자라기 때문이다.

그리고 이 점에는 예외 경우들이 있다. 로마서 5:12의 "모든 사람"은 상대적인 의미로 '다수'를 가리키는 말로 이해해야 한다. 그리스도가 오시기 전에도 죄와 상관 없이 산 사람들이 있었다. 이를테면 의인 아벨, 아브라함, 이삭, 동정녀 마리아, 그리고 그 밖의 여러 사람들이 그들이다.[159] 펠라기우스는 성경이 여러 의인들의 죄에 관해 함구하는 사실을 근거로 그런 사람들이 죄 짓지 않고 살았다고 추론했다. 마리아를 해석하는 점에서, 펠라기우스는 아우구스티누스보다 오늘날 로마 가톨릭 교회의 견해에 더 가깝다(아우구스티누스는 마리아에게 자범죄만 없다고 했을 뿐 원죄가 없다고는 하지 않았다). 제롬은 마리아에 대해 하염없는 공경심을 지닌 사람이었으나 아우구스티누스와 같은 구분조차 하지 않고, 모든 피조물은 죄의 세력 아래 놓여 있으며, 하나님의 자비가 아니면 구원을 받지

---

159) 참조. Pelagius, *Com. in Rom.* v. 12, and in August. *De natura et gratia*, cap. 36 (§ 42, Opera, tom. x. fol. 144).

160) *Adv. Pelag.* l. ii. c. 4 (tom. ii. 744, ed. Vallarsi).

못한다고 못 박아 말한다.[160]

물론 원죄를 인정하지 않으면 유전적 죄책도 인정하지 않게 된다. 그리고 이런 연관성을 떠나서라도, 펠라기우스는 원죄가 하나님의 공의와 양립할 수 없다고 보았다. 이 입장에서 생각하면 세례받지 않고 죽은 유아들이 구원을 받는다는 결론이 필연적으로 도출된다. 하지만 펠라기우스는 영생(vita aeterna) 곧 하위 등급의 구원과 세례받고 죽은 성인[성도]들이 들어가는 천국(regnum caelorum)을 구분했다. 그리고 천국에 들어가려면 세례를 받아야 한다고 강조했다.[161]

펠라기우스의 이러한 타락 교리에서 보게 되는 것은 앞에서 확인했듯이 인류를 구분해서 보는 견해이다. 그는 아담을 그의 후손들과 구분짓는다. 그의 불순종은 다른 죄들과 별개이다. 여느 사람과 마찬가지로 그도 개인에 불과할 뿐, 온 인류의 대표가 아니다. 창조적인 출발점들이란 없다. 모든 사람이 저마다 자신의 역사를 새로이 시작하는 것이다. 이러한 체계에서는 사도 바울이 아담과 그리스도를 인류 조상들의 대표로 설명한 것이 아무런 의미를 갖지 못한다. 아담의 행위가 단지 개인적 의미를 지닌다면 그리스도의 행위도 마찬가지이다. 만약 아담의 죄가 전가될 수 없다면, 그리스도의 공로도 전가될 수 없다. 아담과 그리스도에게서 남는 것은 모범뿐이며, 그 모범에서 영향을 받고 안 받는 것은 오로지 우리의 자유 의지에 달려 있다. 그러나 펠라기우스의 이러한 생각과 달리, 첫 사람의 죄와 그 후손들의 죄 사이에는 부인할 수 없는 연대성이 있다.

마찬가지로 그는 죄를 의지의 개별적인 행위로 간주하지만, 실은 그것만이 아니라 죄성(silfulness)이라는 것이 있다. 죄에 물든 상태와 죄에 물든 습관이 있으며, 그것이 구체적인 죄의 행위에 의해 완성되고 강화되며, 그것이 다시 다른 죄의 행위를 낳는다.

실러(Schiller)의 2행시에는 깊은 진리가 담겨 있다:

"새 악의 씨앗이 되는 것,
이것이 악행에 내려 있는 저주이다."

---

161) August, *De peccatorum meritis et remissione*, lib. i. c. 21 (§ 30, tom. x. f. 17); *De haeresibus*, cap. 88.

마지막으로, 죄의 본질과 뿌리는 펠라기우스가 내비치듯이 육욕(sensuality)이 아니라(물론 그가 이 점에 대해 자신의 견해를 명확히 밝히지는 않지만), 죄의 가장 큰 두 가지 형태인 교만과 육욕을 포함하는 자아 추구이다. 사탄의 죄는 하나님과 동등한 지위를 노려 반역을 꾀한 교만이었다. 사탄의 이러한 죄에서 아담의 타락이 시작되었고, 이것은 아담이 금단의 열매를 먹기 전에 벌써 마음에 농익어 있었다.

151. 계속 살아남은 펠라기우스 사상: 인간의 능력과 하나님의 은혜에 관한 교리

III. 펠라기우스의 사상에 따르면, 인간의 현재 도덕 상태는 모든 점에서 타락 전 아담의 상태와 같다고 한다. 모든 아기는 첫 사람이 하나님께 지음을 받을 당시와 동일한 도덕적 능력과 소양을 지니고 태어난다. 앞서 살펴본 대로, 선택의 자유란 한 번 잘못한 것으로 사라지는 것이 아니며, 이교도들과 유대인들과 그리스도인들에게 매한가지인데, 다만 그리스도인들의 경우에는 은혜의 도움을 얻는 것이 다를 뿐이다.[162] 펠라기우스는 영혼 창조론자였다. 육체만 부모에게서 나올 뿐, 영혼은 저마다 하나님께서 직접 창조하시며, 따라서 죄가 없다고 주장했다. 아버지의 죄는 아버지 개인이 의지의 행위로 이뤄 놓은 것이고 본성에 부여되어 있지 않는 까닭에 자녀에게 아무런 영향도 주지 않는다. 유일한 차이는 첫째로, 아담의 후손이 아기로 태어나며, 아담처럼 성인으로 창조되지 않는다는 것뿐이다. 둘째로, 아담의 후손들은 아담의 불순종이라는 나쁜 전례를 두고 있으며, 그것이 다소 모방을 부추기고, 그 영향력에 대다수가 ─ 전부 그런 것은 아니고 ─ 굴복한다.

율리아누스는 이교도들이 내놓은 용기와 정절과 절제 같은 덕목들을 제시하면서, 이런 점들이 인간 본성이 선천적으로 선하다는 증거가 아니냐고 수시로 주장한다.

그는 도덕적 행위의 문제를 그런 식으로 바라보았으며, 그런 식으로 판단했

---

162) Pelagius, in Aug. *De gratia Christi*, c. 31 (x. 244).

다. 따라서 아우구스티누스가 이교도들의 덕행에 나타나는 부패한 본성을 지적한 데 대해서 다음과 같이 논박한다. "만약 이교도들이라고 해서 그들의 정절이 정절이 아니라면, 불신자들의 육체는 육체가 아니라고, 이교도들의 눈은 눈이 아니다, 그들의 논밭에서 자라는 곡식은 곡식이 아니다, 이런 말을 해도 틀린 말이 되지 않을 것이다."

아우구스티누스는 도덕 행위의 가치를 내면의 성향 혹은 의지의 방향에 두고, 그것을 삶 전체의 통일성에서, 하나님을 향한 사랑을 표순으로 판단했다. 그것이 모든 진정한 덕의 영혼이며, 그것이 은혜를 통해서 우리에게 베풀어진다고 했다. 아우구스티누스가 자연적[선천적] 덕행들의 존재를 부정한 것은 아니다. 자제·관대·박애·아량 같은 덕들이 창조주에게서 나오는 것이며, 인간들 사이에 어느 정도 가치와 공로를 형성한다는 것을 그도 인정했다. 하지만 그러한 덕들과 기독교만의 특수한 은혜들 사이에 큰 구분선을 긋고, 그 은혜들만 진정한 의미의 선이며, 그것만이 하나님 앞에서 가치를 지닌다고 주장했다.

성경과 역사, 그리스도인의 경험은 펠라기우스 체계가 인간의 선천적 도덕 상태에 관해 가르치는 그런 우호적인 견해를 결코 수긍하지 않는다. 정반대로 두려운 부패상과 모든 악으로 치닫는 보편적 경향을 지극히 우울하게 묘사하며, 하나님께서 은혜로 개입하셔야만 그런 상태가 극복될 수 있다고 가르친다. 그럼에도 불구하고 아우구스티누스 역시 극단적인 견해를 드러내기도 한다. "믿음을 따라 하지 아니하는 것은 다 죄니라"(롬 14:23)는 사도 바울의 말씀을 잘못 적용하여 이교도들의 모든 덕행들을 야심과 명예욕 탓으로 돌리고는 악으로 낙인찍는 것이다.[163] 사실상 이것은 스스로 모순된 태도이다. 이는 하나님께서 지으신 본성이 그 실체대로는 선하고, 하나님의 형상이 완전히 상실되지 않고 지워졌을 뿐이며, 이렇게 상실된 상태에 존재하는 인간의 슬픔조차 선의 흔적이 남아 있는 것을 드러낸다는 것이 그의 지론이기 때문이다.[164]

---

163) *De civit. Dei*, v. 13–20 and xix. 25. 뒤에 소개한 부분에서 그는 참 종교에서 나오지 않는 덕행들을 악행들이라고 부른다. 아우구스티누스가 했다고 종종 언급되곤 하는 "이교도들의 덕행들은 찬란한 악행들이다"라는 말은 그의 이 발언에서 유래한 것이 틀림없는데, 하지만 필자가 알기로는 이 말이 이런 형태로는 그의 저서들에 나오지 않는다.

164) *De Genesi de lit.* viii. 14; *Retract.* ii. 24.

펠라기우스는 선(good)의 개념에서 능력, 의지, 행동(posse, velle, esse)이라는 세 가지 요소를 구분한다. 첫째는 인간 본성에 속하고, 둘째는 인간의 자유 의지에 속하며, 셋째는 그의 행위에 속한다. 능력 곧 선을 행할 힘, 윤리적 체질(constitution)은 은혜이며, 따라서 인간 본성에 원래부터 구유되어 있는 것으로서 하나님에게서 나온다. 능력은 결심[의지]과 행동의 조건이다(비록 능력이 결심과 행동을 반드시 내놓지는 않지만). 결심을 하고 행동을 하는 것은 절대로 인간 자신에게 속한다.[165] 말하고 생각하고 보는 힘은 하나님의 선물이다. 그러나 우리가 실제로 생각하고 말하고 보는가, 우리가 과연 제대로 생각하고 말하고 보는가 그렇지 않은가 하는 것은 우리 자신에게 달린 일이다.

여기서 인간 본성이 그의 의지와 행위로부터 기계적으로 단절된다. 본성은 하나님에게만 속하고, 의지와 행위는 인간에게 속한다. 도덕적 능력은 의지와 그 행위를 넘어서서 존재하지 않고 그 한도 안에서 존재하며, 훈련에 의해서 증가한다. 따라서 그 능력의 증가는 인간 자신에게 달려 있다. 반면에 선을 행하려는 의지를 품고 실천하는 데에도 하나님의 도우심이 없어서는 안 된다. 하나님께서 우리 안에서 일하시어 의지를 품게도 하시고 실천하게도 하시기 때문이다. 펠라기우스 사상은 본인들도 의식하지 못하는 가운데 세상을 하나님이 창조하여 태엽을 감아놓은 시계로 보는 이신론적 개념에 토대를 둔다. 태엽이 감긴 시계는 저절로 돌아가며, 기껏해야 가끔 손을 봐주면 된다. 이 체계에서 하나님은 편재하시면서 만물을 붙들고 다스리는 분, 그 안에서 만물이 살고 기동하고 그 존재를 두는 분이 아니라, 우주가 잘 굴러가는지 지켜보는 다소 수동적인 관찰자이다. 그러므로 제롬은 펠라기우스주의자들에 대해서 (그들의 이름을 거론하지 않은 채) 인간이 하나님에게 절대 의존해 있음을 부정하는 것을 비판하며, 하나님께서 한순간도 끊임없이 일하신다는 내용의 그리스도의 말씀(요 5:17)을 인용한다.[166]

---

165) Pelagius, *Pro libero arbitrio*, cited in Augustine's *De gratia Christi*, c. 4 (§ 5, tom. x. fol. 232).

166) *Epistola ad Ctesiphontem*. Dr. Neander(*Church History*, vol. ii. p. 604 f f. Torrey's transl.)는 창조주와 피조물의 관계에 관한 이러한 견해 차이를 아우구스티누스 사상과 펠라기우스 사상의 가장 근본적인 차이로 간주한다.

Ⅳ. 하나님의 은혜에 관한 교리.

인간의 자연적[선천적] 이성과 의지가 충족하다면 초자연적 계시와 은혜가 굳이 없어도 될 것이 아닌가 하는 생각을 갖게 된다. 하지만 펠라기우스는 이 점을 인정하지 않는다. 자연적 은혜(그가 말하는 '도덕적 능력') 외에도 초자연적 은혜가 필요하다고 주장한다. 이 은혜는 계시를 통해서 오성(悟性)을 밝히고, 인간에게 선한 것을 뜻하고 행하도록 돕는다.[167] 이 은혜는 과거의 죄를 사하는 소극적인 유익 곧 칭의를 부여한다.[168] (펠라기우스의 개념은 개신교의 선언적 의라는 의미에 해당하고, 가톨릭의 형성적 의에는 해당하지 않는다.) 다른 한편으로 은혜는 교훈과 모범의 힘에 의해 의지를 굳게 하는 적극적 유익을 부여한다. 우리 인류는 아담을 추종하여 죄를 지어왔던 것처럼, 그리스도를 본받아 의를 행하는 사람들이 되어야 한다고 주장한다. "그리스도인이 아닌 사람들 안에는 적신(赤身)과 절망 상태에 선(善)이 존재하지만, 그리스도인들은 그리스도의 도우심에 힘입어 선을 행할 용기를 얻는다"고 펠라기우스는 말한다.[169] 그는 인류의 가중되는 부패에 따라서 은혜 안에서 각기 다양하게 발전된 상태들을 구분한다. 처음에는 인간들이 본성으로 의롭게 살았고(justitia per naturam), 다음에는 율법 아래서 의롭게 살았고(justitia sub lege), 마지막에는 은혜 곧 복음 아래서 의롭게 살았다(justitia gratiae)고 그는 말한다.[170] 내면의 율법 곧 양심으로 더 이상 충분하지 않을 때 외면의 법 곧 모세 율법이 왔고, 죄를 짓는 습관에 압도되어 모세 율법도 충분하지 못하게 되었을 때 그리스도의 덕을 보고 배움으로써 도움을 받아야 했다.[171] 에클라눔의 율리아누스도 하나님의 은혜를 여러 종류와 등급으로 구분한다. 첫 번째 은혜의 선물은 아무것도 없는 데서 우리 인간을 창조하신 것이고, 두 번째 선물은 인간의 이성적 영혼을 창조하신 것이고, 세 번째 선물은 기록된 율법을 주신 것이며, 네 번째 선물은 복음과 그에 따른 온갖 유익을 주신 것이다. 하나님의 아들이 내리신 선물 안에서 은혜가 완성된다.[172]

---

167) Pelagius, in Aug. *De gratia Christi*, c. 7 (§ 8, x. f. 233).

168) Pelag. *Com. in Rom.* iv. 6.

169) In Aug. *De gratia Chr.* c. 31 (tom. x. fol. 244).

170) Aug. *De pecc. orig.* c. 26 (§ 30, tom. x. f. 266).

171) Cited from Pelagius, l. c.

그러므로 은혜가 자연적 능력이 발전하도록 돕는 긴요한 외부의 도움(adjutorium)이지만, 절대적으로 필요하지는 않게 되는 셈이다. 켈레스티우스는 은혜가 단회적 행위들을 위해 베풀어진 것이 아니라는 주장을 제시했다. 펠라기우스도 사실상 하나님이 그리스도 안에서 베푸신 은혜가 모든 순간과 모든 행위에 필요하다는 것을 부인하는 자들을 단죄했다. 그러나 이러한 주장은 논쟁 과정에서 그에게 억지로 짜낸 양보이며, 그의 전제들에서 논리적으로 나온 것이 아니다.[173]

더욱이 펠라기우스에 따르면 은혜는 (아우구스티누스가 가르친 대로 선택된 자들만 위한 것이 아니라) 모든 사람들을 위한 것이지만, 먼저 앞세울 가치가 있다고 한다. 하지만 이러한 생각이 사실상 은혜의 자유로움을 파괴한다.[174] 그는 이렇게 말한다. "이교도들이 쉽게 심판과 저주에 떨어지는 이유는, 자유 의지를 가지고 있어서 신앙을 가질 수 있고 하나님의 은혜를 받을 자격이 있음에도 불구하고 자기들에게 내린 자유를 악하게 사용하기 때문이다. 반대로 그리스도인들이 상을 받는 이유는 자유를 선하게 사용하여서 하나님의 은혜를 받을 자격을 갖추고, 그분의 계명들을 지키기 때문이다."[175]

그러므로 펠라기우스주의는 은혜 개념을 지나치게 넓힘으로써 인간 본성 자체와 모세 율법을 포함시키는 반면에, 그리스도의 은혜를 부당하게 좁혀 이해함으로써 교훈과 모범의 힘으로 위축시킨다. 그리스도께서는 과연 최고의 스승이자 완전한 모범이기도 하시지만, 동시에 대제사장이시고, 왕이시며, 새로운 영적 창조의 주체이시다. 단순한 스승이셨다면 모세와 소크라테스와 특별히 구분

---

172) In Augustine's *Opus imperf.* i. 94 (tom. x. f. 928).

173) 이 점에 관해서는 Augustine의 *De gratia Christi,* cap. 2를 참조하라.

174) 참조. 롬 4:4, 5; 엡 2:8, 9. 은혜의 본질에 관해서는 펠라기우스보다 차라리 셰익스피어가 훨씬 잘 깨달았다. 「베네치아의 상인」(제4막 1장)에서 저 유명한 포셔의 연설에 그의 은혜관이 잘 실려 있다:

> "자비의 특성은 구속되지 않습니다:
> 그것은 하늘로서 내려와 낮은 곳에
> 온화하게 떨어져, 그것을 내신 이와
> 그것을 받는 이에게 이중의 복을 끼칩니다."

175) Pelagius in Aug. *De gratia Chr.* c. 31 (x. f. 245).

될 만한 것이 없으셨을 것이고, 인류를 죄책과 죄의 예속에서 구속하실 수도 없었을 것이다. 더욱이 그리스도는 외부에서 신자들에게 영향을 주고 마는 게 아니라, 성령을 통해서 그들의 영적 생활의 원리로서 거하시고 일하신다. 그렇기 때문에 아우구스티누스는 자신의 대적에게 다음과 같은 기대를 표시한다. "펠라기우스가 은혜를 올바로 깨달아 고백하게 되었으면 좋겠다. 그 은혜는 우리에게 미래의 큰 영광을 약속할 뿐 아니라 믿음과 소망을 불어넣어 주고, 우리에게 모든 선한 것을 훈계힐 뿐 아니라 우리 마음속에서 그렇게 교훈하며, 단순히 지혜만 계시할 뿐 아니라 지혜를 사랑할 마음도 일으킨다."[176]

펠라기우스의 죄론을 따르자면, 아우구스티누스의 글에 비친 그의 피상적 은혜론이 불가피한 결과이다. 만약 인간 본성이 부패하지 않았고, 자연적 의지가 모든 선을 행할 능력이 있다면, 우리에게 새로운 의지와 새로운 생명을 창조해 줄 구속주가 필요 없고, 다만 개선시키고 향상시켜 줄 이만 필요하며, 구원은 본질상 인간의 사역이 된다. 펠라기우스 체계에는 사실상 구속과 속죄, 중생, 신생에 해당하는 개념들이 없다. 그 대신에 인간의 자연적 능력을 완전케 하려는 도덕적 노력을 강조하고, 하나님의 은혜를 가치 있는 도움과 지원 정도로만 이해한다. 펠라기우스와 그의 추종자들이 삼위일체와 그리스도의 위격 같은 교회의 교리들을 전통적으로 주장한 것도 다행한 모순일 뿐이다. 논리상 그들의 체계는 이성주의적 그리스도론으로 이어진다.

펠라기우스주의는 인간이 구속받아야 할 필요를 부정하는 인간론적 이단으로서, 그리스도의 신성을 부정하는 에비온파 그리스도론과 부합한다. 반면에 인간의 구속 가능성을 부정하고, 영지주의처럼 그리스도의 참 인성을 부정하는 마니교와 상반된다.

152. 아우구스티누스의 체계:
인간의 시원적 상태와 자유 의지

아우구스티누스(354-430)는 펠라기우스 논쟁을 시작하기 10년 전인 400년에

---

176) *De gratia Christi*, c. 10 (tom. x. f. 235).

집필한 「고백록」(Confessions)에서 이미 인간의 죄와 하나님의 은혜에 관한 자신의 깊고 풍성한 경험들을 적어놓았다. 신학도라면 누구나 읽어야 할 이 고전적 자서전은 신자 일반에게 보편적으로 적용된다. 그리스도인은 이 책을 읽으면서 자신의 방황을 통회하고, 자기 자신에 대해서 절망하고, 무조건 자신을 하나님의 팔에 내맡기며, 아무 공로 없이 베푸시는 은혜를 부여잡는다. 아우구스티누스는 이전 시대의 교회사를 자신의 생애로 두루 경험했으며, 펠라기우스주의가 등장하기 전에 그것과 상반된 마니교 이단을 이론과 실천 면에서 극복했다. 그리고 펠라기우스 이단을 신학적으로 논박함으로써, 그리고 성경적 인간론을 명쾌하게 발전시킴으로써 가장 고상하고 항구적인 명성을 얻었다. 「고백록」에 기록된 사건들로써 복음적 죄론과 은혜론을 제시하듯이, 반(反) 펠라기우스적 저서들에 제시한 교리들로써 자신의 개인 경험을 제시한다. 자신이 직접 느껴보지 않은 것은 아무것도 가르치지 않는다. 그의 글들에는 철학자와 생명력 있는 그리스도인이 도처에 혼합되어 있다. 그의 숭엄한 형이상학적 사색은 무의식중에 경배로 이어진다. 그의 개인적 경험이 내뿜은 생명의 향기는 그의 견해들에 배나 관심을 갖게 하며, 생각이 진지한 모든 사람들에게 거역할 수 없는 매력이 된다.

그렇다고 해서 그의 체계가 항상 정확히 동일한 것은 아니다. 그것은 개인적 갈등과 현실적 시련을 통해서 비로소 완전하게 되었다. 그는 초기에 제시한 여러 견해들 — 이를테면 선택의 자유에 관한 견해와 신앙을 인간의 행위로 간주한 견해 — 을 「재고록」(Retractations)에서 포기했다.[177] 따라서 그를 무오한 안내자로 여겨서는 안 된다. 더욱이 그가 복음적 죄론과 은혜론을 개신교적 의미로 가르친 것도 아니며, 그의 충직한 제자들인 얀센파(Jansenists)와 마찬가지로 성례적이고 엄격히 가톨릭 교회의 사상 체계와 관련지어 그 교리들을 가르쳤다. 세례를 받아야 중생하고, 세례받지 않은 어린이들은 모두 멸망한다고 가르쳤으며, 칭의를 본질상 성화와 동일시했다. (물론 성화가 인간의 공로가 아니라 값없이 베풀어지는 은혜의 사역임을 시종일관 강조하긴 했지만.) 시대 상황을 초월하여 우뚝 서는 것은, 그리고 어느 오류와 투쟁하는 과정에서 그 오류와 상반되는 또 다른 극단에 빠지지 않는 것은 성령의 감화를 받은 사도들의 독점적인 특

---

177) *Retract.* l. i. c. 9.

권이다. 그럴지라도 아우구스티누스는 별들처럼 빛나는 교부들 중에서도 단연 빛나는 별로서, 그 빛이 중세 암흑기를 비추었으며, 오늘날까지도 가톨릭 교회와 개신교 양 진영에 두루 비춘다.

그의 자서전은 인류가 종교적으로 발전하면서 거친 세 단계인 무죄 상태(status integritatis), 타락 상태(status corruptionis), 구속 상태(status redemtionis)로 소개할 수 있다.

I. 인간의 시원적(始原的) 상태, 즉 무죄 상태.

아우구스티누스의 낙원 개념은 펠라기우스의 개념보다 훨씬 넓고 숭고하며, 타락도 훨씬 더 깊이 이해하고, 구속 은혜의 현시도 훨씬 더 영광스럽게 설명한다. 인간의 처음 상태는 천국의 지복(至福)에 들어간 사람들의 상태와 비슷하다. 물론 아직 자라지 않은 씨앗이 완숙한 열매와 다른 만큼 최후 상태와 다르다. 아우구스티누스에 따르면 인간은 창조주의 손에서 나왔고, 그분의 진정한 걸작이며, 결함이 조금도 없다. 인간은 선을 행할 수 있는 자유를 가지고 있었고, 하나님을 알 수 있는 이성을, 그리고 하나님의 은혜를 지니고 있었다. 그러나 아우구스티누스가 말하는 은혜란 (그가 적극적인 의미로 취한 단어라기보다) 피조물이 선한 상태를 견지하기에 불가결한 보편적이고 초자연적인 도움을 뜻할 뿐이다.[178] 인간이 하나님과 맺은 관계가 기쁨이 있고 온전히 순종하는 그런 관계였다. 육체와 영혼의 관계도 마찬가지였다. 육체가 아직은 영혼을 거슬러 정욕을 품지 않았다. 둘 다 완벽한 조화를 이루었고, 육체가 정신에 온전히 순종했다. "스스로를 거스르려는 갈등에 시험과 공격을 당하지 않은 아담은 그 지위에서 자기 자신과 복된 평화를 누렸다." 이러한 내면의 상태가 외부의 상태와도 통했다. 낙원은 영적인 세상이었을 뿐 아니라 가시적이고도 물질적인 세상이었다. 더위도 추위도 없었고, 위축됨도 들뜸도 없었고, 병과 고통 등 어떤 유의 결함도 없었다. 아우구스티누스가 묘사하는 아담과 낙원의 완벽한 상태는 초기 개신교 신학자들이 그랬던 것처럼 종종 성경의 과장 없는 표준을 넘어서며, 장차 임할

---

178) 이렇게 광범위한 의미에서 모든 선의 근원인 은혜를 아우구스티누스는 죄와 무관하게 보며, 그것이 심지어 선한 천사들도 지니고 있는 것으로 본다. 참조. *De corrupt. et grat.* § 32.

천상의 낙원에서 그 색채를 조금 빌려다 쓴다.[179]

그럴지라도 아우구스티누스는 인간의 시원적 상태가 상대적으로, 즉 그 유형에서만 완전했다고 시인한다. 이것은 아이가 아이로서 완벽할지라도 어른이 되어야 하는 것과 같은 이치이고, 씨앗이 씨앗으로서 갖출 것을 다 갖추고 있을지라도 장차 커서 나무가 되어야 하는 것과 같은 이치이다. 오직 하나님만 불변하시고 절대 선하시며, 인간은 시간 속에서 발전해야 하며, 따라서 변화해야 한다. 시초에 인간에게 부여된 선물들은 두 가지 길 가운데 어느 한 쪽으로 발전할 수 있도록 해주는 능력이었을 뿐이다. 아담은 곧장 걸어가면서 하나님과 조금도 괴리가 없이 화목한 가운데 자신을 발전시키고, 그로써 점차 최종적인 완전을 얻어갈 수 있었다. 반면에 곁길로 나가 자신의 자유 의지를 남용하여 **무로부터**(ex nihilo) 악을 발생시키고, 그로써 불화와 모순을 겪어가며 자신을 발전시킬 수도 있었다. 하나님은 자비를 베푸시어 그의 정신이 오류를 범할 수 없고, 그의 의지가 죄를 지을 수 없고, 그의 육체가 죽을 수 없게 되는 것이 가능하게 만들어 놓으셨다. 정상적으로 장성하게 되면 이 가능성이 현실이 될 것이었다. 그러나 이것은 단지 가능성이었을 뿐, 오류와 죄와 죽음이라는 반대의 가능성도 그 안에 내포되어 있었다.

아우구스티누스는 '죄 짓지 않을 가능성'과 '죄 짓는 행위의 불가능성' 사이의 중요한 차이를 부각시킨다. 전자는 죄로부터의 조건적 혹은 잠재적 자유로서, 반대 상황인 죄의 예속으로 빠질 수 있다. 타락 전 인간의 상태가 이러했다. 후자는 죄로부터의 절대적 자유 혹은 완전한 성결로서, 하나님과 시험을 통과한

---

179) 참조. *Opus imperf.*의 여러 단락들: i. 71; iii. 147; vi. 9, 17; *Contra Jul.* v. 5; *De civitate Dei*, xiii. 1, 13, 14, 21; xiv. 10. 여기서 그는 에덴의 아름다움과 우아함을 시적인 색채로 묘사하며, 그 완전함을 심지어 동물과 채소의 영역에까지 확대한다. 그러면서도 모든 글에서 이런 견해를 일관되게 견지하는 것은 아니다. 그의 견해는 펠라기우스주의를 논박하는 과정에서 좀 더 과장되었다. 그가 395년에 완성한 *De libero arbitrio*, iii. c. 24, §§ 71, 72에서는 첫 사람들이 지혜롭지도 어리석지도 않았고, 다만 처음에는 지혜롭게 되거나 어리석게 될 가능성만 지니고 있었다고 말한다. 반면에 훨씬 후기에 집필한 *Opus imperf. c. Jullianum*, l. c. c. 1 (tom. x. f. 1222)에서는 최초의 인간이 가장 지혜로웠다고 말한 피타고라스의 말을 근거로, 최초의 인간이 피조물들에게 이름을 지어줄 만큼 탁월한 지혜를 갖고 있었다고 말한다.

거룩한 천사들, 그리고 구속되어 하늘로 들어간 성도들에게 속한다.

마찬가지로 그는 절대적 불멸과 상대적 불멸을 구분한다.[180] 전자는 죽는 것이 불가능한 상태로서, 죄짓는 것이 불가능한 상태를 전제로 하며, 하나님과 부활 이후 성도들의 속성이다. 후자는 불멸을 위한 사전 준비이며, 죽음이라는 반대 가능성을 내포한다. 이것이 타락 전 아담의 불멸이었으며, 만약 그가 이 상태를 잘 지켰더라면 죽는 것이 불가능한 상태로 들어갔을 것이지만, 죄를 지음으로써 이 상태를 상실했다.[181]

자유도 인간이 시초에 부여받은 상태라고 아우구스티누스는 주장한다. 그러나 그는 자유를 여러 유형으로 구분하며, 발전 단계에 따른 다양한 단계를 상정한다. 이 점을 유의하지 않으면 그가 모순된 주장을 하는 게 아니냐고 그릇 생각할 수 있다.

아우구스티누스가 이해한 자유란 무엇보다도 자발성(spontaneity) 혹은 자발적 행동(self-activity)으로서, 외부의 강제나 동물적 본능에 의한 행동과 상반된다. 죄와 거룩함은 다 자발적인 것이다. 자연적[선천적] 필연에 의한 행위가 아니라 의지의 활동이다.[182] 자유는 언제든 본질적으로 인간 의지에 속하며, 이것은 죄를 지은 상태에서도 그러하다(이 상태에서는 의지가 엄격히 말해서 자기 의지에 예속된다). 자유가 죄책과 형벌, 공로와 보상의 조건이다. 생각할 힘이 있는 사람은 자유를 부정할 수 없으며, 만약 부정한다면 인간의 책임과 도덕적 본성을 무너뜨리게 된다. 자발성이 없는 의지란 지성 없는 지력(知力)과 마찬가지로 철저한 모순이다.

자유의 두번째 형태는 선택의 자유(liberum arbitrium)이다. 이 점에서는 아우구스티누스가 펠라기우스와 절반쯤은 동행한다. 그의 이러한 면모는 특히, 자유를 일절 부정하고 악을 자연적 필연과 시원적(始原的) 실체로 본 마니교를 비판한 초기 저서들에서 나타난다. 펠라기우스와 마찬가지로, 그는 타락 전 첫 인간이 선택의 자유가 있었다고 말한다. 하나님께서 인간을 죄를 지을 수도 있고 짓지

---

180) 절대적 불멸과 상대적 불멸은 non posse mori와 posse non mori로, 혹은 immortalitas major와 immortalitas minor로도 표기한다.

181) 참조. *Opus imperf.* l. vi. cap. 30 (tom. x. fol. 1360).

182) *Retract.* i. c. 9, § 4.

않을 수도 있는 이중의 가능성을 지닌 존재로 지으시되, 전자를 금하고 후자를 명하셨다고 한다. 그러나 아우구스티누스가 펠라기우스와 다른 점은 아담을 선과 악, 순종과 불순종 사이의 철저한 중립적 위치에 놓고 바라보지 않고, 선에 대한 적극적이고 체질적인 성향을 갖고 있으면서도 동시에 죄를 지을 가능성도 갖고 있었다고 보는 점이다. 그 외에도 아우구스티누스는 은혜와 참된 자유를 강조하느라 선택의 자유를 폄하하고, 그것을 시초의 잠정적 시험 상태로 제한한다. 이러한 상대적이고 잠정적인 상태를 하나님이나 천사들, 성도들이나 죄인들에게 적용할 수 없다. 그것은 구체적으로 선이나 악을 선택하게 되면 다소 넘어서게 될 의지의 불완전이다. 아담은 신적 은혜의 도움에 힘입어 ─ 그 은혜가 아니면 선을 뜻하더라도 그것을 견지할 수 없다 ─ 참된 자유, 필연적으로 도덕적 선을 행하는 상태에 올라서야 마땅했다. 그러나 그는 악을 택함으로써 죄의 예속으로 떨어졌다.[183] 하지만 아우구스티누스는 선택의 자유가 타락한 인간에게도 어느 정도는 남아 있었다고 우발적으로 한 발 물러선다. 하지만 그것은 죄와 거룩함 사이에서 내리는 선택이 아니라, 죄의 영역과 사회적 공의의 영역 안에서 개인이 내리는 선택임을 밝힌다.[184]

마지막으로, 아우구스티누스는 지고한 형태의 자유, 즉 선하고 거룩한 것을 향한 의지의 자기 결단 곧 자기 결정을 가장 자주 가장 호의적으로 말하며, 그것이 하나님의 자녀들이 누리는 복된 자유라고 말한다. 현세에서는 이 자유가 죄 지을 가능성을 내포하지만, 하늘에서는 신적 자유의 형상인 복되고 선한 필연(felix necessitas boni)이 되고, 죄 지을 뜻을 품을 수 없으므로 지을 수도 없게 된다.[185] 이것은 죄의 상태에 있는 익숙해지고 악한 필연(dura necessitas mali)과 정반대된다. 이

---

183) 이 자유 개념에 관해서는 *De libero arbitrio* (in Opera, tom. i. f. 569 sqq.)라는 논문을 참조하라. 이 논문은 388년에 시작하여 395년에 마쳤으므로 초기 저작에 포함되는 셈이다. *De correptione et gratia* (특히 9–11장)와 *Opus imperf. c. Julianum*의 제6권도 참조하라. *Contra duas epistolas Pelag.* 1. ii. c. 2 (tom. x. f. 432)에서 그는 선택의 자유를 부정하는 마니교의 견해와 타락 이후에도 그것이 지속되었다는 펠라기우스의 견해를 동시에 반대한다.

184) *Contra duas epist. Pelag.* ii. c. 5 (or § 9, tom. x. f. 436); *De gratia et libero arbitrio*, c. 15 (x. f. 734).

185) *De corrept. et gratia*, § 32 (x. 768).

것은 모든 이성적 존재들이 공유하는 기능이 아니라, 참된 그리스도인들에게만 국한되는 도덕적 발전의 최고 단계이다. 아우구스티누스는 이 자유를 우리 주님 의 다음 말씀에서 발견한다. "그러므로 아들이 너희를 자유케 하면 너희가 참으 로 자유하리라"(요 8:36). 이것은 은혜 없이 되는 것이 아니라 은혜에 의해서 발 생한다. 은혜가 풍성할수록 자유도 풍성해진다. 의지는 그것이 건강한 정도만큼 자유롭고, 하나님 안에서 참 생명의 요소로써 움직이고 자발적인 마음으로 순종 하는 정도만큼 건강하다. 하나님을 섬기는 섯이 참된 자유이다.[186]

153. 아우구스티누스의 체계: 타락과 그 결과

아우구스티누스의 인간 타락 교리를 이해하기 위해서는 무엇보다도 그가 인 류의 유기적 통일성 사상을 가지고, 그리고 첫째 아담과 둘째 아담에 대한 사도 바울의 심오한 비유(참조. 롬 5:12 이하; 고전 15:22)를 가지고 논의를 시작한다 는 점을 기억해야 한다. 또 한 가지 기억해야 할 점은 그가 첫 사람을 단순히 개 인으로 바라보지 않고, 마치 그리스도께서 구속되고 중생한 인류에 대해서 맺고 계신 것과 동일한 관계로써 자연적 인류에 대해서 전체 인류의 시조와 대표로 존재했다고 본다는 점이다. 창세기 3장에 심오하고도 쉽게 기록된 타락 역사는 그러므로 보편적 의미를 지닌다. 아담 안에서 인간 본성이 타락했고, 따라서 그 에게 본성을 물려받은, 그리고 그 안에서 씨앗 형태로 존재하다가 역사 안에서 자라난 사람들이 사실상 그와 한 사람이다.[187]

그러나 아우구스티누스는 인류가 유기적 관계를 지닌다는 생각과, 아담의 죄 가 원죄라는 생각에서 멈추지 않는다. 아담의 모든 후손이 그 안에서 어떤 형식 으로든 선재(先在)했고, 따라서 개인적으로 의식은 하지 못했을지라도 실제로 아 담 안에서 구체적으로 개인적으로 범죄했다고 추정했다. 우리는 아담이 타락할

---

186) 이 심오하고 고상한 자유 개념은 아우구스티누스가 펠라기우스 논쟁이 시작 되기 훨씬 전에, 즉 「고백록」에서 벌써 제시한 것이다. 참조. *De civit. Dei*, l. xiv. c. 11.

187) *De civit. Dei*, l. xiii. c. 14.

당시에 '아담의 허리에'(in lumbis Adami) 있었기 때문에, 아담의 죄는 '법률상 씨와 싹'(jure seminationis et germinationis) 곧 우리의 죄와 죄책이며, 육체적 죽음은 아담에게 형벌이었듯이 심지어 유아에게도 형벌이다. 그러므로 아담의 후손이 형벌을 받는 것은 다른 사람의 죄 때문이 아니라, 자신들이 아담 안에서 지은 죄 때문이다. 앞으로 살펴보겠지만, 아우구스티누스는 이 견해를 로마서 5:12에 대한 그릇된 해석을 토대로 수립한다.

I. 타락. 인간의 시원적 상태는 죄 지을 가능성을 내포하며, 이것이 그 상태의 불완전한 점이었다. 이 가능성이 실재가 되었다. 이것이 왜 실현되었는가 하는 문제는 이해하기가 쉽지 않다. 악은 선처럼 충분한 이유를 갖고 있지 않기 때문이다. 악은 그 자체가 비합리성이다. 아우구스티누스는 시원적 상태와 죄의 상태 사이에 큰 간격을 둔다. 그러나 일단 이 큰 간격을 극복하고나면 그의 체계가 내내 일관성을 지니고 있음을 발견하게 된다.

아담은 외부에서 시험을 받지 않은 채 타락하지 않았다. 그를 시험한 천사는 교만하여 하나님을 떠났던 자로서, 아직 순전함을 간직하고 있는 인간을 시험하여 시기심을 일으켰다. 그는 먼저 좀 더 약하고 남의 말을 쉽게 믿는 특성을 지닌 여자에게 접근했다. 아담이 범한 죄의 본질은 실과를 먹은 행위 자체에 있지 않았다. 그 행위 자체는 악하지도 해롭지도 않았기 때문이다. 그 죄의 본질은 하나님의 명령에 불순종한 데에 있었다. "그 명령이 요구한 것은 순종이었다. 이성적 피조물에게 그 덕목은 사실상 모든 덕목들의 모체이자 후견인이었기 때문이다." 죄의 원리 곧 뿌리는 자긍심[교만]과 자아 추구, 자신을 지으신 이를 떨쳐버리고 스스로 생을 도모해 보려는 의지의 열망이다. 이 자긍심이 외적인 행위를 낳았다. 우리의 첫 시조는 공식적으로 불순종에 떨어지기 전에 마음으로 범죄했다. "인간은 악한 의지에 자극을 받기 전에는 아직 악한 행위를 저지르지 않았던 것이다." 이 자긍심이 심지어 뱀의 유혹보다 먼저 있었다. "만약 인간이 마음에 쾌락을 취하기 시작하지 않았다면 뱀이 그의 마음을 사로잡을 수 없었을 것이다."

아담이 차지했던 높은 지위와, 그가 지음을 받은 하나님의 형상을 먼저 생각한다면, 그리고 하나님의 명령이 얼마나 단순했는지, 낙원에 온갖 과실이 풍부한 상황에서 그것을 순종하기가 얼마나 쉬웠는지, 그리고 마지막으로 창조주이시며 가장 큰 시혜자께서 경고하신 형벌이 얼마나 두려운 것이었는지를 먼저 생각한다면, 아담의 타락이 더 크게 보이고, 그가 받은 형벌이 더욱 당연하게 여겨지게 된다.

이렇게 해서 아우구스티누스는 외형을 넘어서서 본질로 들어간다. 표면을 뚫고 좀 더 깊은 진리로 들어간다. 외적 행위로 그치지 않고, 주로 뿌리에 놓여 있는 성향을 바라본다.

II. 최초의 죄의 결과들은 아담에게와 그의 후손들 모두에게 죄 자체의 흉악함에 비례하여 총괄적이고 두려운 것이었다고 아우구스티누스는 바라본다. 그리고 이 모든 결과들은 동일한 법으로써 순종에 대해서는 보상을, 죄에 대해서는 형벌을 매기시는 의로우신 하나님께서 내리신 형벌이기도 했다. 이 결과들은 모두 광범위한 의미에서의 **죽음**에 포함된다. 창세기 2:17에 경고된 죽음은 육체와 영혼에 다 돌아갈 모든 악으로 이해해야 한다.

아우구스티누스는 죄의 결과들을 일곱 가지 주제로 구분한다. 처음 넷은 소극적인 것들이고, 나머지는 적극적인 것들이다.

1. **선택의 자유를 상실함.** 선택의 자유는 본래 죄의 가능성을 지닌 채, 선한 것들을 적극적으로 향하고 사랑하는 것이었다. 그런데 이 선택 대신에 죄를 지을 수밖에 없는 필연성 곧 악에 대한 예속이 찾아왔다. "은혜의 뒷받침을 받았다면 선의 근원이 되었을 의지가 하나님을 배반한 아담에게는 악의 근원이 되었다."

2. **지식에 장애가 생김.** 인간은 본래 모든 것을 큰 수고 없이 쉽게 배울 수 있었고, 모든 것을 올바로 이해할 수 있었다. 그러나 이제 정신이 어두워졌고, 이마에 땀을 흘려야만 지식을 터득할 수 있게 되었다.

3. **하나님의 은혜를 상실함.** 하나님의 은혜가 있었기에 인간은 자신이 뜻하는 선한 것을 행할 수 있었고, 그 안에서 남아 있을 수 있었다. 그러나 인간은 그런 적극적인 의지를 발휘하지 않음으로써 자신의 능력을 저버렸고, 이제는 선을 행하고 싶어도 할 수 없게 되었다.

4. **낙원을 상실함.** 땅이 이제는 하나님의 저주 아래 놓이게 되었다. 땅이 이제는 가시덤불과 엉겅퀴를 내며, 인간은 이마에 땀을 흘려야만 먹고 살 수 있게 되었다.

5. **육욕.** 즉 감각 행위 자체가 아니라, 감각적인 것들에 집착하고, 육체가 정신을 거슬러 욕망을 갖게 된 것을 말한다. 이렇게 해서 하나님은 죄를 죄로 벌하신다 — 이것이 율리아누스가 신성모독으로 간주했던 명제이다. 인간이 하나님께

순종하듯이, 원래 육체는 정신에 기쁘게 순종하게 되어 있었다. 의지가 나뉘지 않고 하나로 통일되어 있었다. 하지만 타락으로 인해 이 아름다운 조화가 깨졌고, 바울 사도가 로마서 7장에 묘사한 갈등이 발생했다. (아우구스티누스는 이 단락을 중생한 사람의 상태로 언급한다.) 정신이 하나님에 대해서 반역하게 되면 그에 따른 자연적인 형벌로써 육체가 정신에 대해 반역하게 되어 있다. 그러므로 육욕(concupiscentia)은 본질상 바울이 나쁜 의미로 '육체'라고 부르는 것과 동일하다. 그것은 감각 자체가 아니라 감각이 인간의 더 숭고한 이성적 본성을 지배하는 상태이다. 하지만 아우구스티누스가 정신에 조금도 방해를 받지 않는 생활을 사모하느라 배고픔과 목마름 같은 합법적인 욕구들마저 혹히 그것이 탐욕의 형식을 취할 경우에는 멀게나마 타락과 연계된 것으로 다루는 경향이 있었던 것이 사실이다.[188] 율리아누스는 동물적 욕구의 뿌리가 시원적 인간 본성에 내재해 있던 동물적 요소에 있다고 보았다. 이에 대해서 아우구스티누스는 인간이 짐승보다 나은 점은 이성이 감각적 본성을 철저히 지배하는 데 있다는 점과, 따라서 이 점에서 인간이 짐승에 가까워지는 것이 하나님께서 내리시는 징벌이라는 점을 지적했다. 그렇다면 육욕은 단순히 육체적인 것도, 성경이 말하는 육체($\sigma\acute{\alpha}\rho\xi$)도 아니지만, 그 자리를 영혼에 두고 있으며, 그것이 없이는 어떠한 정욕도 발생하지 않는다. 그러므로 영혼 안에서 저급하고 지상적이고 자아를 추구하는 본능과, 고상하고 하나님을 닮은 충동 사이에 벌어지는 갈등을 상정하지 않을 수 없다.

복합적인 감각적·육체적 욕구들이 하나님을 닮은 정신과 충돌하여 생기는 갈등, 이것이 육욕의 일반적 의미이다. 그러나 아우구스티누스는 그 단어를 율법에 어긋나는 성욕이라는 협소한 의미로 자주 사용한다. 이 욕구는 타락 직후에 우리 첫 시조의 수치로 나타났다. 이 수치는 벌거벗었기 때문에 생긴 것은 아니었다. 왜냐하면 벌거벗었다는 것이 시조에게는 하등 새로울 것이 없었기 때문이다. 오히려 그것은 육체의 욕구 때문에 생겼다. 그러므로 그 자체로는 선하던 것이 이제는 육체와 영혼간의 불화로 인해 법을 거스른 채 발생했다. 그러나 그렇다면 타락이 없었다면 번식이 있었겠는가? 타락이 없었어도 번식은 당연히 있었을 것이다. 하지만 이성이 평정을 유지한 채 감각적 욕구를 지배하는 상태에

---

188) *Contra Jul.* iv. c. 14, § 68, f. 616.

서 이루어졌을 것이다. 순수한 의지와 정숙한 사랑의 행위였을 것이고, 마치 어머니의 품과 같은 대지에 씨앗을 뿌리는 것만큼 수치와는 거리가 먼 행위였을 것이다. 그러나 타락한 뒤에는 육욕이 정신을 지배한다. 아우구스티누스 자신이 젊은 시절에 육욕에 철저히 휘둘린 쓰라린 경험을 갖고 있었다. 그는 번식 행위에 끼어든 이 죄의 요소 때문에 출산의 고통이 있게 된 것이라고 설명한다. 실제로 창세기에는 출산의 고통이 타락의 결과로, 하나님에게서 나온 저주로 설명된다. 만약 인간이 순수하게 남았다면 "마치 나무에 과실이 맺히듯, 무르익은 열매가 모태에서 진통 없이 나왔을 것이다."[189]

6. 육체적 죽음. 이것에는 질병과 육체의 고통이 따른다. 아담은 사멸적 존재로, 즉 죽을 수 있는 존재로 지음을 받았으나, 처음에는 죽음에 예속되지 않았었다. 만약 순차적인 발전 과정을 거쳤다면 죽음의 가능성이 불멸의 능력에 의해 극복되었을 것이다. 그랬더라면 육체가 점차 영적 속성을 띠고 영광을 옷입게 되었을 것이며, 급격한 변화나 심지어 노쇠조차 없었을 것이다. 그러나 사람은 죄를 지음으로써 필연적으로 죽음을 맞이해야 하는 쓰라린 운명의 나락으로 떨어졌다. 정신이 의도적으로 하나님을 버렸기 때문에, 이제는 원치 않아도 육체를 버려야 하게 되었다. 아우구스티누스는 깊은 성찰로써 영혼과 육체의 단절만이 죽음이 아니라, 죄에 물든 인간의 생애 전체가 지속적인 죽음의 상태라고 역설한다. 심지어 해산의 고통과 아기의 첫 울음과 더불어 죽음이 시작된다. 그러므로 "선악을 알게 하는 나무의 실과는 먹지 말라. 네가 먹는 날에는 정녕 죽으리라"는 주님의 경고는 사람이 타락하면서 즉시 실현되기 시작했다. 우리 시조는 그 뒤로도 오랜 세월을 살긴 했지만 타락한 순간부터 즉시 노쇠와 죽음의 길에 접어들었던 것이다. 이제는 삶이 죽음을 향해 끊임없이 나아가는 행진이며, "아무에게도, 심지어 어린이에게도 잠시 쉬거나 걸음을 더디하는 것이 허용되지 않고, 다만 모두가 예외 없이 동일한 보폭으로 걸어가야 하며, 아무도 다른 사람과 다른 보폭을 유지하도록 강요받지 않는다. 남들보다 짧은 생을 살다간 사람도 그의 하루가 좀 더 길게 살다간 사람의 하루보다 짧은 법이 없다. 그리고 죽음에 이르기까지 더 많은 시간을 쓰는 사람도 더디 가는 것이 아니라, 다만 더 먼 여행을 하는 것뿐이다."

---

189) *De civitate Dei*, xiv. 26.

7. 아담의 타락이 끼친 가장 중요한 결과는 그의 모든 후손이 물려받게 된 원죄와 유전적 죄책이다. 이것은 논쟁의 가장 중요한 쟁점들 가운데 하나였으므로 자세히 다룰 필요가 있다.

154. 아우구스티누스의 체계: 원죄, 인간 영혼의 기원

아우구스티누스에 따르면 원죄(peccatum originale, 유전적 죄책<vitium hereditarium>)는 영혼이 나면서부터 악으로 향하는 성향으로서, 아담의 모든 후손 — 성령으로 잉태되시고 순결한 동정녀에게서 나신 그리스도를 제외한 — 이 이것을 지닌 채 세상에 들어오며, 이것에서 다른 모든 자범죄들이 필연적으로 나온다. 이것이 주로 나타나는 양태가 육욕 곧 정신에 대한 육체의 투쟁이다. 죄는 단순히 개별적 행위가 아니라 조건과 상태와 습관이며, 이것이 번식에 의해서 대대로 계승된다. 앞에서 말했듯이, 원죄는 필연적으로 아담의 총괄적이고 대표적인 특성에서 유래한다. 그 안에서 인간 본성 자체가, 따라서 잠재적으로 그 본성을 물려받게 될 모든 인간이 타락했다.[190] 뿌리의 타락이 줄기와 가지들에게도 전달된다. 그러나 하나님의 눈에는 죄가 있는 곳에 반드시 죄책과 형벌이 있다. 온 인류가 시조의 타락으로 인해 멸망한 집단(massa perditionis)이 되었다. 물론 이 집단에는 죄성과 죄책 양면의 정도에 따라 다양한 부류가 있다.

원죄와 죄책은 자연적 출생에 의해서 번식된다. 아담에게 심겨진 총체적 특성이 서로 유기적으로 발생하는 개인들에게 차례로 확산된다. 하지만 죄란 단지 육체에 속한 것이 아니고 주로 그리고 본질적으로 정신에 속한 것인 까닭에, 아우구스티누스가 영혼들의 기원과 번식에 관한 당대의 어떤 이론들에 근거하여 자신의 견해를 펼쳤는가 하는 문제가 생긴다.

이 형이상학적 문제가 신학을 원죄 교리와 결부시키는데, 그렇기에 이 교리가 무엇 때문에 필요한가 하는 점을 말할 시점이 되었다. 영지주의적이고 범신론적인 발산설(emanation-theory)은 이미 오래 전에 이단으로 배격되었다. 그러나 이것 외에 세 가지 다른 견해가 교회에 지지자들을 두고 있었다.

---

190) *De peccatorum meritis et remissione*, l. iii. c. 7. De corrept. et gratia § 28.

1. 영혼 전이설(轉移說, Traducian-theory) 혹은 영혼 출생설(Generation-theory). 영혼이 육체와 함께 번식 행위에서, 따라서 인간을 매개로 하여 발생한다는 이론.[191] 성경의 다음 구절들에 암시적인 뒷받침을 받으며(창 5:3; 시 51:5; 롬 5:12; 고전 15:22; 엡 2:3), 원죄 교리에 철저히 부합하다. 이런 점 때문에 테르툴리아누스 이래로 서방 신학자들은 원죄 교리를 설명하거나 근거를 제시할 때 이 이론을 채택했다.

2. 영혼 창조설(Creation-theory). 영혼 하나하나를 하나님이 직접 창조하셨고, 육체가 출생하는 순간이나 그 뒤에 영혼이 육체와 결합한다는 이론. 동방의 여러 신학자들과 제롬이 이 견해를 주장했는데, 이들은 하나님의 끊임없는 창조 활동을 그 근거로 제시했다(참조. 요 5:17). 이 이론이 성립하기 위해서는 창조주의 손에서 나올 때는 틀림없이 순수했었을 영혼이 자연적으로 출생한 육체와 결합할 때 죄에 오염된다는 추정이 필요했다. 펠라기우스와 그의 추종자들이 이 이론을 주장했다.

3. 영혼 선재설(Preexistence-theory). 플라톤이 주장했고, 오리게네스가 좀 더 충분히 발전시킨 이론. 영혼이 육체가 존재하기 전부터 존재했고, 다른 세상에서 죄를 지었고, 감옥인 육체에 추방되어 그 속에서 아담의 죄책을 속하도록 되었으며, 금욕적 수행(修行)에 힘입어 원래의 상태를 회복한다는 것이 그 내용이다. 이것이 오리게네스가 주장한 이단설들 가운데 하나로서, 황제 유스티니아누스 때 단죄를 받았다. 심지어 니사의 그레고리우스조차 비록 네메시우스와 알렉산드리아의 키릴루스와 마찬가지로 영혼이 육체보다 먼저 창조되었다고 주장했음에도 불구하고 오리게네스의 이론을 이교적 신화와 우화로 간주했다. 오리게네스 자신은 성경이 명시적으로 영혼의 선재를 가르치지 않는다는 점을 인정하면서도, 여러 단락들, 이를테면 에서와 야곱이 모태에서 다툰 일과, 세례 요한이 엘리사벳의 태에서 마리아의 문안을 받았을 때 뛰논 일을 전하는 단락들이 그것을 암시한다고 주장한다. 이 이론에서 취할 수 있는 유일한 내용은 모든 인간 영혼이 영원부터 하나님의 생각과 목적 안에 존재했다는 것이다.

아우구스티누스는 선재설을 단호히 배격했다. 하지만 그는 아담 안에서 모든

---

191) 이 이론의 주창자는 테르툴리아누스이다(*De anima*, c. 27, *Opera*, ed. Fr. Oehler, tom. ii. p. 599 sqq.).

인간이 총괄적으로 선재했고 배교했다는 자신의 견해에 비슷한 논박을 당할 소지가 있다는 점을 의식하지 못했다. 그 역시 인류의 운명을 우리의 시간적 의식이 가 닿을 수 없는 데서 이루어진 초월적 자유 행위에 걸어 놓기 때문이다. 물론 그와 오리네게스 사이에는 엄연한 차이가 있긴 하다. 그가 이 행위를 세상 역사의 시초에 두고, 전체 인류의 시조인 한 사람에게 돌리는 반면에, 오리게네스는 그것을 이전 세상에 두고, 각 개별적 영혼의 행위로 바라보는 것이다.

그러나 아우구스티누스는 영혼 창조설과 출생설 사이에서 흔들린다. 왜냐하면 성경이 그 점에 관해서 단정지어 가르치는 바가 없기 때문이다. 그는 하나님의 계속적인 창조 활동과 육체 및 영혼의 유기적 통일을 모두 견지하고 싶어한다.

아우구스티누스는 이 문제 전체가 신앙과 교회에 속하기 보다 학문과 학교들에 속한다고 간주하면서 자신은 잘 모르겠다고 실토하는데, 이러한 태도는 그와 같은 위대한 사색가로서는 커다란 자기 부인이 아닐 수 없다. 그는 이렇게 말한다. "성경이 명시적으로 증거하지 않는 곳에서는 인간의 탐구도 이것이다 저것이다 결정하는 데 주의해야 한다. 그것에 관해 아는 것이 구원에 필요하다면 성경이 좀 더 자세히 말했을 것이다."[192]

영혼의 기원에 관한 세 가지 이론에 대해서는 총괄적으로 비판하고, 한 가지 절충안을 찾을 수 있다. 각 이론에는 진리의 요소가 담겨 있으며, 하나만 독단적으로 내세울 때는 그릇된 견해가 된다. 각각의 인간 영혼은 신적 정신, 신적 의지 안에, 첨언하자면 신적 생명 안에 이상적 선재(先在)를 두며, 각각의 인간 육체뿐 아니라 인간 영혼도 하나님과 부모의 협력에 의한 산물이다. 이것이 절충안이다. 선재설은 이상적 선재를 구체적이고 자의식적이고 개별적인 선재와 혼동하는 점에서 오류를 범하고, 출생설[전이설]은 하나님의 창조 활동 — 이것이 없으면 불멸의 정신은 고사하고 어떠한 존재도 생길 수 없다 — 을 무시하고 영혼을 물질적 관점에서 바라보는 점에서 오류를 범하며, 창조설은 인간의 매개 활동을 부정하고, 그로써 영혼을 순전히 육체와의 우발적인 관계 안에 두는 점에서 오류를 범한다.

---

192) *De peccatorum mer. et remiss.* 1. ii. c. 36, § 59.

155. 원죄와 유전적 죄책 교리를 위한 논증들

이제는 아우구스티누스가 자신의 원죄와 죄책 교리를 수립할 때 사용한 증거들과, 그의 비판자들이 제시한 반론들을 살펴보자.

1. 아우구스티누스는 성경적 근거를 주로 로마서 5:12의 $\dot{\epsilon}\phi'$ $\hat{\omega}$ $\pi\acute{\alpha}\nu\tau\epsilon\varsigma$ $\mathring{\eta}\mu\alpha\rho\tau o\nu$ 에서 찾는다. (제롬은 「불가타」에서 이 구절을 in quo omnes peccaverunt로 잘못 번역해 놓았다.) 아우구스티누스는 헬라어 지식이 일천했던 까닭에 in quo를 아담과 결부시켰다(5:12 서두의 '한 사람'이 되는 셈인데, 이것은 너무나 멀다). 그러나 헬라어의 $\dot{\epsilon}\phi$ $\hat{\omega}$ 는 중립적인 의미로, 따라서 접속사로 이해해야 한다. 그럴 경우 "모든 사람이 죄를 지었다는 근거에서" 혹은 "모든 사람이 죄를 지었으므로"가 된다. 아우구스티누스의 해석과 교리, 즉 모든 사람이 아담 안에서 직접(personal) 타락했다는 것은 그러므로 당연히 유지될 수 없다. 반면에 바울은 의문의 여지 없이 이 단락에서 죄와 죽음의 우발적 결합과, 아담의 죄와 그 후손의 죄성 곧 원죄의 우발적 결합을 가르친다. 이 증거는 아담과 그리스도의 대비, 그리고 아담과 그리스도가 각각 대표성을 가지고 인류와 맺은 관계에서 발견되며, 특히 $\pi\acute{\alpha}\nu\tau\epsilon\varsigma$ $\mathring{\eta}\mu\alpha\rho\tau o\nu$ 에서 발견되되, 불가타와 아우구스티누스가 번역한 대로 $\dot{\epsilon}\phi$ $\hat{\omega}$ 에서 발견되는 것은 아니다. 아우구스티누스가 원죄를 가르치는 것으로 제시하는 성경의 다른 단락들은 창세기 8:21, 시편 51:7, 요한복음 3:6, 고린도전서 7:14, 에베소서 2:3이다.

2. 교회에서 유아에게 세례를 주는 관행과, 세례를 줄 때 "죄 사함을 위하여"라는 관습적 문구를 사용하고 귀신 쫓는 의식을 거행하는 것은 죄와 마귀의 세력이 심지어 유아들까지도 장악하고 있음을 상정한다. 유아는 자의식이 생기기 전에는 자범죄를 범하지 않기 때문에 유아에게 끼치는 세례의 효과는 원죄와 죄책의 사죄와 관련될 수밖에 없다.[193] 이것이 논쟁 서두부터 매우 중요한 쟁점이었

---

193) 참조. *De nuptiis et concup.* i. c. 26 (tom. x. f. 291 sq.); *De peccat. mer. et remiss.* i. c. 26 (§ 39, tom. x. fo. 22); *De gratia Christi*, c. 32, 33 (x. 245 sq.). 원죄 교리와 유아세례 관행의 관계는 논쟁 서두부터 분명하게 부각되었다. 어떤 이들은 심지어 아우구스티누스의 글(*De pecc. mer.* iii. 6)에서, 논쟁이 유아세례 문제로 시작했고 원죄 문제로 시작한 것이 아니라고까지 단정했다. 참조. Wiggers, i. p. 59.

으며, 아우구스티누스가 거듭 되짚어본 문제였다.

여기서 그는 틀림없이 펠라기우스보다 논리적으로 유리한 위치를 차지하고 있었다. 펠라기우스는 전통적 유아세례 관행을 인정하긴 하면서도 거기서 가장 중요한 의미를 제거함으로써 이미 선한 본성을 단지 고상하게 만드는 의식으로 해석했으며, 이러한 견해를 일관되게 밀어부치기 위해서 세례를 어른의 자범죄 사죄를 위한 것으로 제한할 수밖에 없었다.

하지만 펠라기우스파는 세례받지 않고 죽은 유아들이 멸망에 떨어진다는 혐오스러운 추론에 정당한 반감을 품었다. 사실 그 추론은 성경 어디서도 가르치지 않았고, 비뚤어지지 않은 신앙 정서에 거스르는 것이었다. 펠라기우스는 세례받지 않고 죽은 유아들을 절반의 복을 누리는 중간 상태, 즉 세례받은 자들을 위해 마련된 천국과 불신자들을 위해 마련된 지옥 사이에 놓인 상태에 놓는 편이었다. 하지만 이 점에 대해서 그가 뭐라고 명시적으로 말한 바는 없다. 그는 분명히 구원의 토대를 기독교의 구속보다는 개인의 자연적·도덕적 특성에 둔다. 따라서 그의 견해에는 세례가 그의 비판자들의 경우만큼 중요한 위치를 차지하지 않았다.

아우구스티누스는 마태복음 25:34, 46와 그 밖의 성경 단락들의 권위에 근거하여 중립적 중간 상태를 정당하게 부정하며, 복락과 멸망이 거룩함과 악함의 정도에 따라 다양한 등급을 이룬다고 상정함으로써 그 난제를 설명한다. 그러나 원죄 개념과, 세례가 구원에 필수적이라는 개념에 강박된 나머지 세례받지 않고 죽은 유아가 멸망에 처한다는 견해를 주저없이 제시한다.[194] 물론 이 두려운 교리를 최대한 도로 유순한 표현으로 설명하고, 멸망을 최소한의 형벌이나 복락의 박탈 정도로 축소시키긴 하지만 말이다.[195] 그는 자신의 전제들을 포기하지 않고서라도 은혜의 선택 교리에 의해서, 혹은 그리스도의 공로를 예외적으로 죽음이나 음부에 적용함으로써 그 난제를 우회할 수도 있었다. 그러나 사람이 거듭나 하나님 나라에 들어가려면 외적 세례가 필수적이라는 가톨릭 교리에 발목이 묶인 그는 세례받을 기회조차 없이 유아기에 죽는 인류의 절반의 영원한 운명에 관해서 좀 더 너그러운 견해를 제시하지 못했다.

---

194) *De pecc. orig.* c. 31 (§ 36, tom. x. f. 269).
195) *Contra Julianum*, 1. v. c. 11 (§ 44, tom. x. f. 651).

하지만 418년에 열린 북아프리카 카르타고 공의회의 법령 제3조(세례받지 않고 죽은 유아가 구원을 받는다는 견해를 단죄함)가 여러 사본들에 빠져 있고, 따라서 권위가 의심받는다는 주목할 만한 사실을 기억할 수 있다. 여기서 아우구스티누스 체계의 경직성이 기독교의 위대한 사랑의 힘 앞에서 자리를 내주었다. 아우구스티누스조차 「신국론」(*De civitate Dei*)에서 멜기세덱의 예에 관해서 말하면서, 하나님께서 이교도들 가운데서도 선택된 백성 곧 영혼으로 참된 이스라엘 백성을 두시고, 그 사람들을 성령의 은밀한 권능으로 당신에게 인노해 오셨을 가능성이 있다는 대범한 추론을 하는 것이다. 그렇다고 한다면 이 생각을 왜 유아들에게 적용해서는 안 되는지 얼마든지 반문할 수 있는 셈이다. 구주께서 친히 유아들에게 (세례에 관한 언급 없이) 아주 특별한 의미로 천국의 권리를 매겨주시지 않았던가?

3. 성경과 교회의 증거는 경험으로 확증된다. 악으로 기우는 성향은 의식이 생기고 자발적으로 행동하면서 깨어난다. 젖먹이조차 고집과 심술과 불순종의 증거들을 드러낸다. 도덕성이 자라면서 사람은 이러한 성향이 단지 한계나 결핍이 아니라 나쁜 것이고, 벌을 받아 마땅한 것인 줄을 자각하게 된다. 따라서 심지어 유아들조차 고통과 질병과 죽음에 처하는 현실을 우리는 바라본다. 하나님께서 세상을 원래 이런 상태로 지으셨다고 생각한다면 그것은 하나님에 대한 온당한 생각이 아니다. 하나님은 인간을 흠 없이, 선을 지향하도록 지으셨음에 틀림없다. 인간 본성이 원래는 이렇지 않았을 텐데 하는 생각이 실제로 온 인류에게 널리 퍼져 있다. 아우구스티누스는 어떤 책에서 키케로의 「공화정」(*Republic*) 제3권의 한 단락을 인용한다. "자연은 인간을 친어머니로 대하지 않고 계모로 대해 왔다. 그래서 인간을 세상에 내보낼 때 벌거벗고 취약하고 가녀린 육신에다가, 어떻게든 책임을 면하려 하고, 온갖 염려에 굴복하고, 노력을 회피하고, 육욕에 기우는 영혼을 지닌 채 나오게 해왔다. 그럴지라도 우리는 영혼에 존재하는 신적인 불을 모른다고 할 수 없다. 그 불은 마치 재 속에서처럼 마음에서 희미하게 깜빡거린다." 키케로는 이렇게 된 책임을 창조적인 본성에 두었다. "이처럼 그는 비록 원인은 바라보지 못했지만 사실은 명확하게 본 셈이다. 그는 성경 지식이 없었으므로 원죄 개념을 갖고 있지 않았기 때문이다."

156. 펠라기우스의 반박에 대한 답변

이 적극적인 주장들에 덧붙여서 생각해야 할 것은, 때로는 펠라기우스가 아우구스티누스의 이론에 매우 정교하게 가한, 그리고 에클라눔의 율리아누스가 논쟁 과정에서 가한 반박들에 대한 직접적인 답변들이다.

율리아누스는 다섯 가지 점을 중심으로 아우구스티누스를 반박하는데, 그 초점은 아우구스티누스 자신이 인정한 전제들에서 원죄를 제외시키는 데 맞춰져 있었다. 그의 반박 내용은 다음과 같다: 만약 인간이 하나님이 피조물이라면 하나님의 손에서 선하게 나왔음에 틀림없다; 만약 결혼이 그 자체가 선한 것이라면 악을 출생할 수 없다; 만약 세례가 모든 죄를 사하고 거듭나게 한다면, 세례 받은 유아들이 죄를 물려받을 수 없다; 만약 하나님이 의로우시다면 다른 사람들이 지은 죄를 가지고 유아들을 정죄하실 수 없다; 만약 인간 본성이 완전한 의에 이를 수 있다면 선천적으로 결함을 가지고 태어날 수 없다.[196]

우리가 주목하는 것은 이 논지들 가운데 처음 네 가지이다. 다섯번째 논지는 사실상 첫번째 논지에 포함된다.

1. 만약 원죄가 생육에 의해서 번식된다면, 만약 죄의 전이(tradux peccati)나 생득적 죄악(malum naturale) 같은 것이 있다면, 죄는 실체적인 것이며, 비록 유아들의 아버지이신 하나님을 죄의 창시자로 만들지 않더라도, 우리는 마니교의 오류에 빠지게 된다. 반면에 마니교는 죄의 근원을 인간 본성의 아버지인 마귀에게로 돌린다.

이러한 비판을 예리하고 명석한 율리아누스가 거듭 강하게 제시했다. 그러나 아우구스티누스에 따르면, 모든 본성(nature, 자연)은 그것이 본성인 한에는 그 자체로는 선하며, 악은 본성이 부패하여 결함이 거기에 들어붙은 것일 뿐이라고 한다. 마니교는 악을 실체로 간주하지만, 아우구스티누스는 그것을 우유성(偶有性, accident)으로 간주한다. 마니교가 악을 적극적이고 영원한 원리로 보는 반면에, 아우구스티누스는 그것의 기원을 피조물에게서 찾으며, 그것을 부정적이거나 소극적인 존재로 여긴다. 전자가 악을 본성의 필연으로 주장하는 반면에, 후자는 자유로운 행위로 간주하며, 전자가 그것을 물질 곧 육체에 두는 반면에, 후

---

196) *Contra Julianum Pelagianum*, 1. ii. c. 9 (§ 31, tom. x. f. 545 sq.)

자는 의지에 둔다. 아우구스티누스는 펠라기우스주의자들에게 마니교의 오류를 답습한다고 비판했다. 그들이 육체의 욕구를 인간의 시원적 본성 자체에 두고, 그로써 그것을 치유할 길을 사전에 봉쇄하기 때문이었다. 그러나 그들이 바라본 육체의 욕구(concupiscentia carnis)는 아우구스티누스가 바라본 것과 같지 않은, 방종에 탐닉할 때만 비로소 죄가 되는 무결한 본능적 충동이었다.

2. 만약 악이 본질 곧 실체가 아니라면, 세례를 받고 거듭나서 악의 세력이 타파된 사람이 죄 없는 자녀를 낳을 것이라고 기대해야 한다. 만약 죄가 출생에 의해서 번식된다면 의도 번식되어야 마땅하다.

그러나 아우구스티누스에 따르면 세례는 원죄의 죄책(reatus)만 제거할 뿐, 죄 자체(concupiscentia)를 제거하지는 못한다. 출생에서 동인 역할을 하는 것은 중생한 영혼이 아니라, 여전히 육욕의 지배하에 있는 본성이다. "중생한 부모들은 하나님의 아들들을 낳지 않고 세상의 자녀들을 낳는다." 그러므로 태어나는 모든 유아들도 원죄의 저주를 씻어주는 동일한 세례를 받아 중생할 필요가 있다. 아우구스티누스는 유추들에 호소한다. 특히 좋은 감람나무와 들감람나무가 서로 크게 다른데도 좋은 감람나무 씨에서 들감람나무가 자라는 사실을 지목한다.[197]

3. 그러나 만약 자녀 생산이 육욕 없이 불가능하다면, 결혼이 정죄받아야 할 행위가 아닌가?[198]

그렇지 않다. 결혼과 그로 인해 자녀를 낳는 것은 본성[자연]과 마찬가지로 그 자체는 선하다. 결혼과 자녀 출생은 남녀의 음양 관계에서 비롯된다. "생육하고 번성하라"는 축복과 "이러므로 남자가 부모를 떠나 그 아내와 연합하여 둘이 한

---

197) *De peccat. mer. et remiss.* ii. cap. 9 and c. 25; *De nuptiis et concup.* i. c. 18; *Contra Julian.* vi. c. 5.

198) 이 질문에 대한 논박에 대해서는 특히 418년 혹은 419년에 이 질문을 논박할 목적으로 집필한 *De nuptiis et concupiscentia* 제1권(tom. x. f. 279 sqq.)을 참조하라. 율리아누스는 네 권으로 된 저서에서 다시 이것을 논박하고, 이 내용을 본 아우구스티누스가 *De nuptiis et concup.*의 제2권과 *Contra Julianum* 여섯 권을 쓰게 된다(421). 율리아누스는 다시 이 책을 비판하는 글을 펴냈고, 이에 대해서 아우구스티누스도 429년에 *Opus imperf.*를 써서 대응했는데, 이 책은 그가 죽던 해인 430년에 집필되었다.

몸을 이룰지로다"는 명령은 낙원에서부터 내린 것이며, 설혹 죄가 없었더라도 "전혀 육욕(정욕)이 없이"(sine ulla libidine), "조용한 움직임과 연결 그리고 두 지체의 결합"(tranquilla motio et conjunctio vel commixtio membrorum)으로서 이루어졌을 것이다. 육욕은 후에 우발적으로[외부로부터] 생겨서 출산 행위에 우유성으로 존재하게 되었으며, 본성에 의해서 수치감으로 은폐된다. 그러나 그것이 결혼의 복을 무효로 돌리는 것은 아니다. 남녀가 수치심을 갖게 된 것은 다만 죄 때문이다. 인간이 남녀로 존재하는 것 자체는 존귀한 것이다. 따라서 중생한 사람들은 당연히 육욕을 출산의 목적에만 사용하여 하나님의 자녀가 될, 따라서 그리스도 안에서 거듭나게 될 유아를 낳아야 한다. 아우구스티누스는 이러한 욕구에 대해서 고린도전서 7:3 이하를 근거로 '용납될 수 있는 죄책'이라고 부른다. 그러나 현재의 상태에서는 육욕을 결혼과 분리할 수 없으므로, '결혼이 주는 유익'을 포기하고 결혼을 필요악으로 간주하는 것이 더욱 일관성 있는 태도였을 것이다. 당대에는 수도원적 금욕주의가 시대 정신의 뒷받침을 받아 그러한 성향을 강하게 추구했던 것이다. 그리고 이 점에서는 아우구스티누스와 펠라기우스 사이에 큰 차이가 없었다. 펠라기우스는 훨씬 더 나아가 정절[순결]을 가장 숭고한 형태의 기독교 덕으로 칭송했다. 그가 수녀 데메트리아스에게 보낸 편지는 도덕적 순결로써 인간 본성의 탁월함을 입증하는 완벽한 처녀의 상을 그린다.

4. 인간이 다른 사람의 죄 때문에 형벌을 받는다는 생각은 하나님의 의에 위배된다. 인간은 자기 의지로써 행한 죄에 대해서만 책임이 있다. 율리아누스는 자주 인용되는 에스겔 18:2-4을 근거로 내세우는데, 이 단락에서 하나님은 이스라엘 사회에 "아비가 신 포도를 먹었으므로 그의 아들의 이가 시다" 하는 속담을 쓰지 못하도록 금하시면서, "범죄하는 그 영혼은 죽으리라"는 원칙을 분명히 해 두신다.[199]

철저히 개인 위주로 생각하는 펠라기우스의 원칙을 놓고 볼 때, 이 반박은 매우 자연스럽고 일축하기가 쉽지 않다. 그러나 인류를 유기적 전체로 이해하고 아담을 인간 본성의 대표이자 그의 모든 후손을 포함하는 인물로 이해하는 아우구스티누스의 체계에서, 그 반박은 부분적으로 힘을 상실한다. 아우구스티누스

---

199) Aug. *Opus imperf.* iii. 18, 19 (tom. x. 1067, 1069). 아우구스티누스의 답변은 그다지 만족스럽지 못하다.

는 이로써 모든 인류가 타락에 처해 있는 것으로 이해하며, 그로써 그들이 사실상 아담 안에서 자신들이 행한 죄 때문에 형벌을 받는 것이라고 생각한다. 그러나 이 말로써 난제가 충분히 해결되지 않는다. 그로서는 유기적 견해를 다르게 적용하여 더 멀리 끌고 나갔어야 옳았다. 이는 아담이 그의 후손들과 격리되지 않기 위해서는 원죄도 자범죄와 떼어놓고 생각해서는 안 되기 때문이다. 하나님은 자범죄 없이 원죄를 벌하시지 않는다. 항상 인간의 삶을 하나의 전체로 바라보시고, 원쇠를 무수히 많은 사범죄들을 잉태하는 어머니로 보시며, 인긴을 정죄하실 때도 다른 사람의 죄책을 끌어다가 정죄하시지 않고 아담의 행위를 자신의 행위로 삼는 데 대해서, 자신의 자발적 범죄로써 타락을 반복한 데 대해서 정죄하신다. 자범죄는 무의식적 유아기를 지나서 사는 사람은 누구든 범한다. 그러나 앞에서 살펴본 대로, 아우구스티누스는 심지어 유아기조차 오직 원죄에 해당하는 형벌에 예속시키며, 그로써 하나님의 의에 대해서 침해할 뿐 아니라, 시작과 끝이 있고, 하나님의 모든 행위를 이해하는 데 열쇠가 되는 그분의 사랑에 대해서도 침해한다.

아우구스티누스의 죄론을 요약하자면 다음과 같다: 죄의 두려운 세력은 보편적이다; 그것이 개인들뿐 아니라 인류 전체를 지배한다; 그것은 의지의 도덕적 특성에 좌소를 두고, 거기에서 특정 행위로 나아가며, 거기서 다시 의지를 거역한다; 그것은 모든 인간을 예외 없이 하나님의 공의로운 형벌 아래에 둔다. 그럴지라도 타락으로 인한 부패가 인간의 본질을 바꾸어 놓고, 구속(救贖) 가능성마저 상실하게 할 만큼 크지는 않다. 인간의 구속 가능성을 부정하는 것은 마니교의 오류이며, 구속의 필요성을 부정한 펠라기우스 사상의 정반대 극단이다. 아우구스티누스는 이렇게 말한다. "상실한 선을 비통해하는 것은 여전히 선하다. 만약 우리 본성에 선한 것이 하나도 남아 있지 않다면 선을 상실하여 심판을 받게 된 것을 슬퍼하는 일도 없을 것이기 때문이다."[200] 심지어 이교도들의 마음에도 하나님의 율법이 완전히 지워지지 않았으며(참조. 롬 2:14), 패륜아들의 삶에도 가끔 선행이 나온다. 그러나 이런 것들은 구원에 전혀 소용이 없다. 이런 것들은 진정으로 선한 게 아니다. 탁한 이기심의 원천에서 흘러나오기 때문이다.

---

200) *De Genesi ad literam*, viii. 14.

모든 참된 선행에 대해서 믿음은 뿌리이고, 사랑은 동기이며, 이 사랑이 성령에 의해서 우리 마음에 고루 퍼진다. "믿음으로 좇아 하지 아니하는 모든 것이 죄니라"(롬 14:23). 그러므로 그리스도께서 오시기 전에는 모든 덕(德)이 마치 우리가 믿는 동일한 그리스도를 소망하던 구약 성도들의 덕과 마찬가지로 의식적으로든 무의식적으로든 기독교적인 것이다. 혹은 좀 더 면밀히 조사해 보면 순수한 동기와 정당한 목표가 결여된, 상대적 악이나 겉만 그럴싸해 보이는 덕일 수도 있다. 명예욕과 권력욕이 고대 로마인들의 근본적인 특성이었는데, 그것이 먼저 자유와 조국을 위해 한 몸을 바치는 덕을 낳았고, 그것이 사람들의 눈에 대단히 영광스럽게 비쳤다. 그러나 후에 카르타고를 함락시키면서 온갖 부류의 도덕적 부패가 쏟아져 들어와 로마인들의 악들을 낳게 되었다.[201]

이렇게 이교도의 혹은 자연적인 도덕성을 그럴싸한 형태의 악으로 이해하는 견해는 비록 대체로는 사실이긴 하나 그럴지라도 정당하지 못한 극단으로서, 아우구스티누스 자신도 이것을 일관되게 견지할 수 없었다. 그조차 이교도들 사이에, 예를 들어 고매한 인격의 파브리키우스 같은 사람과 반역자 카틸리나 사이에 중요한 도덕적 차이들이 있음을 시인하지 않을 수 없었다. 그리고 비록 이 차이를 죄와 죄책의 크고 작은 정도 차이로, 소극적으로 규명했지만, 그의 이러한 태도에는 파브리키우스가 기독교 도덕성의 위치에 보다 가까이 서 있다는 것과, 이교도들 사이에도 적어도 상대적인 선이 존재한다는 것을 인정하는 적극적인 면이 내포되어 있다. 더욱이 그는 그리스도께서 오시기 전에 이스라엘 백성들 사이에서 뿐 아니라 이방인들 사이에서도 멜기세덱과 욥처럼 하나님을 경외하는 사람들이 있었던 것을 부정하지 못한다. 이들은 육체를 따라서 나지 않고 영을 따라서 난 참 이스라엘 사람들이며, 하나님께서 성령의 은밀한 역사로써 세례와 외적 은혜의 수단들 없이도 당신에게 가까이 이끄신 사람들이다.[202] 따라서 알렉산드리아의 교부들은 칠흑 같은 이교의 밤에서 로고스의 흩어진 광선들을 보았

---

201) "이교도들의 모든 덕은 다만 찬란한 악들일 뿐이다"라는 말이 아우구스티누스가 한 것으로 자주 돌려진다. 하지만 아우구스티누스는 그런 형식으로 말하지 않고 다만 그런 내용으로 말했을 뿐이다. 참조. § 151에 이 주제에 관해 인용한 글과 발언들.

202) 「고백록」, 제1권 2장. 크리스챤다이제스트 역간, p. 31.

다. 다만 그들은 기독교적인 것과 기독교적이지 않은 것을 예리하게 구분하지 않았을 뿐이다.

그러므로 인간의 모든 자랑이 설 자리가 없다. 그리스도를 떠나 있는 인간은 병들었고, 그 병은 죽을 병이지만, 치유될 가능성이 있다. 그리고 병이 위중할수록 의사가 더 위대하며, 약 곧 구속 은혜도 더 효험이 크다.

157. 아우구스티누스의 구속 은혜 교리

아우구스티누스는 두 가지 길을 통해서 자신의 독특한 구속 은혜 교리에 도달한다. 첫째로, 그는 밑에서 위를 쳐다보면서 대조법을 사용하여 사유한다. 즉, 중생하지 못한 사람은 선을 행할 능력이 전혀 없다는 그의 견해에서 출발한다. 부패가 심할수록 치유의 원리도 강해야 한다. 따라서 은혜 교리는 죄에 관한 교리에 대한 적극적인 대응부일 뿐이다. 둘째로, 그는 위에서 아래로 내려다 보면서 사유한다. 즉, 하나님께서 자연인의 삶에도 그러시지만 영적인 사람의 삶에 대해서는 더욱 모든 것을 주관하시고 모든 것을 감찰하신다는 생각에서 출발한다. 펠라기우스가 하나님과 창조 이후 세계를 이신론적으로 구분하여 인간을 독립된 발판에 세우는 데 반해, 아우구스티누스는 그와 논쟁을 시작하기 전부터도 자신의 사색력과 진지한 인생 경험에 힘입어 피조물이 그 안에서 살고 기동하고 존재를 유지하는 창조주에 대한 절대 의존감을 절절이 느끼고 있었다. 그러나 하나님께서 세상에 임재해 계심을 아우구스티누스가 깊이 의식했다고 해서 그것이 범신론과 무슨 관계가 있는 것은 아니었다. 그는 그런 생각으로 인해 하나님의 초월성과 그분이 세상에서 절대 독립해 계심을 부정하는 일이 조금도 없었다. 그는 성경의 인도를 받아 이신론과 범신론 사이의 참된 중용을 견지했다.

「고백록」 서두에서 그는 다음과 같이 매우 아름답게 말한다. "내가 내 하나님을, 내 하나님과 내 주님을 어찌 부르리? 이는 내가 주님을 부를 때 내 안으로 들어오시라고 청하는 것임이로다. 내 안에 내 하나님이 오실 수 있는 곳이 어딘가? 어찌 하늘과 땅을 지으신 하나님이 내 안에 오실 수 있으리? 주 나의 하나님이여, 내 안에 주님을 담을 수 있는 곳이 있나이까? 주님이 지으시고 나를 지어 그 안에 두신 하늘과 땅이라도 주님을 담으리이까? 주여, 존재하는 어떤 것도 주님

없이는 있지 않을 것이니 혹시 존재하는 무엇이든지 주님을 받아들일 능력을 가지도록 지으셨던 게 아니옵나이까? 그런즉 주님이 내 안에 계시지 않으면 내가 존재하지도 존재할 수도 없사오니, 내가 주님을 내 안에 오시라고 청할 까닭이 무엇이니이까? 내가 지옥에 있어도 거기 주님이 계시며 '음부에 내 자리를 펼지라도 거기 계시니이다.' 그러하오니 나는 주님 안에 있지 않고서 존재하지 못할 것이니이다. 전혀 있지 못할 것이옵나이다. 만물이 주께로부터 나오고 주로 말미암고 주 안에 있나이다. 주여, 참으로 그러하나이다. 참으로 그러하나이다. 내가 이미 주 안에 있나니 어디서 주를 부르리이까? '나는 천지에 충만하지 아니하냐?'고 말씀하셨거늘, 내 하나님을 내게 오시게 하려고 내가 하늘과 땅을 넘어 어디로 갈 수 있나이까?" 간단히 말해서, 인간은 하나님 없이는 아무것도 아니며, 하나님 안에, 하나님을 통해 있으면 모든 것을 다 가진 것이다. 이렇게 저변에 흐르는 정조가 이 교부로 하여금 펠라기우스 이단설을 논박하면서 발전시킨 모든 견해들에 이를 수 있게 한 것은 필연적인 결과였다.

펠라기우스가 은혜 개념을 부정(不定, 불확정)으로 확대하고, 그것을 자연적 은사들과 율법, 복음, 사죄, 계명, 모범의 잡동사니로 축소한 데 반해, 아우구스티누스는 은혜를 구체적으로 기독교의 영역에 국한했다. (그가 은혜를 그리스도의 은혜(gratia Christi)라고 부른 것은 그런 이유 때문이다.) 물론 그리스도가 오시기 전에 은혜가 유대 민족 시대의 성도들 가운데서 발휘된 것을 인정하긴 했지만 말이다. 그러나 기독교의 영역 안에서 발휘된 은혜에는 비교할 수 없이 큰 깊이를 부여했다. 그에게 은혜란 무엇보다도 그리스도 안에서 인간들을 내면으로부터 변화시키시는 하나님의 창조의 능력이다. 은혜는 먼저 사죄라는 소극적 효과를 내어 하나님과의 사귐을 가로막는 장벽을 제거한다. 그런 다음 새로운 생명의 원리를 전달하는 적극적인 역할을 수행한다. 이 둘이 칭의 개념에서 결합되는데, 앞에서 살펴보았듯이, 아우구스티누스는 이것을 단번에 이루어지는 선언적 의라는 개신교적 개념으로 주장하지 않고, 점진적으로 의롭게 만들어 간다는 가톨릭적 의미로 주장한다. 이로써 사실상 칭의를 성화와 동일시한다.[203] 그럴지라도 그는 이 과정 전체를 하나님의 은혜와 관련짓고 인간의 모든 공로를 배제

---

203) *De spiritu et litera*, c. 26 (tom. x. f. 109).

204) 참조. *De gratia et libero arbitrio*, c. 8 (§ 19)와 그 밖의 여러 곳. 이런 글들에

하기 때문에, 본질적으로 복음적 기반에 서 있다.[204]

우리가 첫째 아담에게서 우리의 죄악되고 사멸적인 생명을 물려받듯이, 둘째 아담은 하나님으로부터 그리고 하나님 안에서 우리 안에 죄 없고 불멸한 생명의 씨앗을 심어주신다. 그러므로 적극적인 은혜는 펠라기우스가 가르쳤던 것처럼 단순히 외부에서 교육과 훈계에 의해 우리의 지성에 발휘되는 것으로 그치지 않고, 우리의 인격 중심에서 활동하면서 의지에 선행을 할 수 있는 힘과 그리스도를 본받을 능력을 부여한다. 따라서 아우구스티누스는 자주 은혜를 선의의 영감 혹은 사랑의 영감이라 부르며, 그것이 바로 율법의 성취라고 한다.[205] "아무런 뜻도 가지고 있지 않은 그를 은혜가 와서 만나서 뜻을 갖게 한다. 뜻을 갖게 된 사람을 은혜가 따라다니면서 그 뜻이 헛되게 되지 않도록 한다."[206]

믿음 자체는 은혜의 결과이다. 실로 그것이 은혜의 첫번째이자 근본적인 결과이다. 믿음이 다른 모든 것들을 위해 길을 닦아주고, 스스로를 사랑으로 나타낸다. 아우구스티누스는 한때 믿음을 인간의 행위라고 주장한 적이 있었지만(물론 절대적인 의미에서 그렇게 말한 것은 아니고, 믿음의 역량 혹은 하나님이 주시는 것을 받는 행위라는 의미에서 그렇게 말한 것이긴 하다), 훗날에는 특히 고린도전서 4:7에 기록된 바울의 가르침("네게 있는 것 중에 받지 아니한 것이 무엇이뇨")에 이끌려 생각을 고쳤다.[207] 한 마디로 은혜는 새 사람에게 호흡과 피이다. 이것에서 참되고 선하고 신적인 모든 것이 나오며, 이것을 떠나서는 하나님께서 받으시는 일을 전혀 할 수 없다.

은혜에 대한 이 근본 개념에서 아우구스티누스가 펠라기우스를 비판하면서 설명한 은혜의 여러 특성들이 생긴다:

첫째로, 은혜는 그리스도인의 덕에 절대적으로 필요하다. 그리스도인으로 사는 데 단순히 보조 수단이 아니라 필수적인 요인이다. 은혜는 "매순간 선하게 행동하고 선하게 생각하고 선하게 말하는 데" 필요하다. 은혜가 없다면 그리스도인

서 그는 fides, caritas, omnia bona opera, vita aeterna를 공로와 상관 없이 값없이 베풀어지는 하나님의 은혜에 돌린다.

205) *De corrept. et grat.* cap. 2 (x. 751).

206) *Enchir.* c. 32.

207) 참조. *Retract.* i. c. 23; *De dono perseverantiae* c. 20, and *De praedest.* c. 2.

다운 삶을 시작할 수도, 지속할 수도, 완숙한 경지로 이끌 수도 없다. 은혜는 복음이 약속의 형태로 남아 있던 옛 시대에도 필요했다. 그리스도 이전에 살다간 성도들은 대망의 형태로 하나님의 은혜에 힘입어 살았다. 아우구스티누스는 이렇게 말한다. "그들은 두려움과 죄책감을 일으키고 벌을 가하는 율법 아래서 살지 않고, 마음으로 선한 것을 기뻐하게 하고, 마음을 치유하고 자유롭게 하는 은혜 아래 살았다."[208]

둘째로, 은혜는 공로와 무관하게 임한다. 만약 그라티아(Gratia, 은혜)가 무상으로 주어진 것(gratuita), 호의로 베풀어진 것(gratis data)이 아니라면 그것은 그라티아가 아니다.[209] 사람은 은혜를 받지 않으면 선을 조금도 행할 수 없으므로, 당연히 스스로 은혜받을 자격을 구비할 능력이 없다. 은혜받을 자격을 구비하려면 그럴 만한 선한 일을 행해야 하기 때문이다. "아직 하나님을 사랑하지도 않았는데 어찌 공로를 지닐 수 있었겠는가? 그 사랑을 가지고 사는 것이 당연한데, 아직 그것을 갖고 있지 못할 때 우리는 그것을 받았다. 하나님이 먼저 우리를 사랑하신 까닭에 베푸신 그 사랑을 받지 않았다면, 우리는 하나님을 사랑할 힘을 얻지 못했을 것이다. 그 사랑을 받지 않았다면 어찌 선한 일을 행할 수 있었겠는가? 그런데 이제 그런 사랑을 받고나서 어찌 선한 일을 행하지 않고 가만히 있을 수 있겠는가?" "성령께서는 당신이 뜻하시는 곳에 숨을 불어넣으시며, 공로를 따라 보응하시지 않고 친히 공로를 일으키신다.[210] 그러므로 은혜가 인간에게 임하는 이유는 그가 이미 믿기 때문이 아니라, 그로 믿도록 하기 위함이다. 그가 선행을 많이 쌓아 은혜를 받을 자격을 갖추고 있기 때문이 아니라, 그로 선행을 할 자격을 갖춰주기 위함이다."

펠라기우스는 원인을 결과와, 결과를 원인과 뒤바꿈으로써 자연스러운 관계를 뒤집어 놓는다. 하나님께서 늘 불변하시다면, 우리 구원의 토대는 오직 하나님 당신에게서 찾을 수밖에 없다. 아우구스티누스는 "어떠한 선한 공로도 내지 못하고 악만 내놓던" 사죄받은 죄인들의 사례들을 근거로 제시한다. 예를 들어, 사도 바울은 "믿음의 도를 혐오하여 그것을 박해하고 말살하기에 광분하다가,

---

208) *De grat. Christi et de peccato origin.* 1. ii. c. 25 (§ 29).

209) 참조. *De gestis Pelagii,* § 33 (x. 210); *De pecc. orig.* § 28 (x. 265).

210) *De pecc. orig.* § 28 (x. 265).

거역할 수 없는 은혜의 힘에 사로잡혀 갑자기 그 믿음의 도에 회심했으며, 그 길로 원수에서 친구로 바뀌었을 뿐 아니라, 자신이 한때 말살하려 했던 박해자의 위치에서 그 믿음을 위해 박해를 받는 자의 위치로 자리를 옮겼다." 아우구스티누스는 유아들이 의지를 품지 못할 때, 따라서 자발적 공로도 쌓지 못할 때 거룩한 세례를 통해서 은혜의 나라에 들어오는 것도 근거로 제시한다.[211] 마지막으로 자신의 예를 근거로 제시하는데, 자신이야말로 하나님께서 공로와 무관하게 값없이 거역힐 수 없게끔 자비를 베푸신 사례임을 강조한다. 그리고 그가 다른 글들에서 공로에 관해서 말할지라도, 그것은 성령께서 사람 안에 일으키시고, 하나님께서 그것에 대해 후하게 상을 내리시는 선행을 의미하며, 따라서 영생이 은혜를 위한 은혜라고 말한다. "여러분의 모든 공로가 하나님의 선물일진대, 하나님은 여러분의 공로를 여러분의 것으로 여기지 않으시고 당신의 은혜의 선물로 여기시어 그것에 면류관을 씌워주신다."[212]

은혜는 거역할 수 없게 작용한다. 물론 의지를 물리적으로 강제하는 식으로 작용한다는 말이 아니고 도덕적인 힘으로, 즉 사람에게 의지를 품게 하고 어김없이 그 목표에 도달하게 하고, 그로 하여금 회심와 최후의 완전에 이르게 하는 식으로 작용한다는 말이다.[213] 이 점은 아우구스티누스의 예정 교리 전체와 밀접히 맞물려 있으며, 일관되게 예정 교리로 이어지거나 예정 교리에서 흘러나온다. 따라서 펠라기우스주의자들은 아우구스티누스가 은혜라는 명목으로 일종의 숙명론을 도입했다는 비판을 거듭 제기한 것이다. 그러나 불가항력성을 은혜의 모든 영향력으로 확대하는 것은 분명히 옳지 않다. 성경은 성령을 근심케 하고, 소멸하고, 훼방하고, 성령께 거짓말하는 행위를 자주 말하며, 따라서 은혜를 거역하는 일이 있을 수 있음을 암시하기 때문이다. 게다가 성경에는 그렇게 성령을 거역한 구체적인 사례들이 많이 실려 있다. 사울·솔로몬·아나니아와 삽비라·배반자 유다가 신적 은혜의 영향하에 있었으면서도 그것을 거역했다는 것은 부인할 수 없는 사실이다. 그러므로 아우구스티누스는 거역할 수 없는 은혜를 선택된 자들에게 임하는 특수한 중생의 은혜와 동일시할 수밖에 없었고, 그 은혜가

---

211) *De gratia et libero arbitrio*, cap. 22 (§ 44, tom. x. f. 742).

212) *De grat. et lib. arbitrio*, c. 6 (f. 726).

213) *De corrept. et grat.* § 38 (tom. x. p. 771).

동시에 견인(堅忍)의 은사(donum perseverantiae)를 부여한다고 보았다.[214]

마지막으로, 은혜는 **점진적으로** 혹은 정도에 따라 작용한다. 은혜는 타락으로 생긴 모든 결과들을 제거한다. 하지만 인간의 유한성을 고려하여 그들이 받아들일 수 있는 순서에 맞춰 제거함으로써 그들이 신자로서의 특성을 점진적으로 드러

---

214) 칼빈주의 신학자들, 특히 장로교 신학자들이 아우구스티누스의 체계를 항상 이런 식으로 이해한다. Dr. Cunningham도 그중 한 사람이다(l. c. vol. ii. p. 352): "아우구스티누스는 은혜의 불거역성 혹은 불가항력성을 주장할 때 인간이 선한 일을 무조건 할 수밖에 없게 된다거나, 원하든 원치 않든 억지로 회개하고 믿게 된다는 뜻으로 말한 것이 아니라(그의 교리가 많은 경우 이런 식으로 오해된다), 그 능력이 결과를 내기에 어느 정도 충분하거나 적합하게끔 베풀어지면 어김없이 인간이 하나님의 그 능력에 힘입어 의지가 변화함으로써 확실히 효과적으로 그러한 의지를 갖게 된다는 뜻으로 말한 것이다. 아우구스티누스와 그의 체계를 받아들인 사람들은 사람이 성령을 거역할 수 있음을 부정하지 않는다. 그럴 가능성이 성경에 분명히 제시되어 있기 때문이다. 오히려 그들이 한결같이 주장하는 것은, 우리의 [웨스트민스터] 신앙고백의 언어를 사용하자면, '선택되지 않은 사람들, 최후에 멸망할 사람들도 어느 정도 성령의 공통된 사역들을 지닐 수 있고', 그것을 물론 거역하고 떨쳐버릴 수 있다는 것이다." Dr. Shedd(*Hist. of Doct.* vol. ii. 73)도 견해가 같지만, 그는 불가항력적 은혜를 모든 중생한 자들에게 적용한다. "아우구스티누스가 불가항력적이라는 말로 가리키는 것은 모든 은혜가 아니라 사람을 실제로 중생케 하는 은혜이다. 그가 이 단어로 의도하는 것은 인간의 의지가 자기 뜻과 무관하게, 즉 강제로 변개(變改)된다는 것이 아니라, 신적 은혜가 인간 영혼의 지극히 완고함을 이길 수 있다는 것이다 …… 신적 은혜가 불가항력적이라는 것은, 죄인이 어떠한 형태의 은혜도 거역할 수 없다는 뜻이 아니라, 은혜가 중생을 일으킬 만큼 특별한 정도로 임할 때는 죄인의 반발을 이기고, 하나님이 능력 베푸시는 날에 그로 하여금 은혜를 받아들일 의지를 일으킨다는 뜻이다." 이 말은 칼빈주의적이다. 하지만 비록 아우구스티누스의 견해로 소개되긴 했으나 아우구스티누스적이지는 않다. 아우구스티누스에 따르면 세례받은 모든 사람이 중생하지만, 그럼에도 불구하고 많은 수가 영원히 멸망한다고 하기 때문이다. 그러므로 불가항력적 은혜는 선택된 자들이라는 좀 더 좁은 울타리 안의 무리에게 한정하여 사용해야 한다. 아우구스티누스의 세례 교리는 칼빈보다는 루터와 가톨릭의 견해에 훨씬 더 가깝다. 칼빈에 따르면 세례가 끼치는 중생의 효과가 하나님의 판단에 의존하며, 진정으로 중생한 자들은 동시에 선택된 자들이며, 따라서 그들은 끝까지 은혜에서 탈락할 수 없다. 아우구스티누스는 성례를 중시하여서 열매 없이 끝나는 중생의 가능성을 추정하지만, 칼빈은 선택과 중생을 중시하여서 열매 없는 세례의 가능성을 추정한다.

나게 한다. 은혜는 보모(保姆)와 같아서, 자신이 맡은 아이에게 무엇이 가장 유익한가를 우선적으로 생각하며, 아이가 수시로 변해감에 따라서 아이에게 필요한 것들을 지혜와 사랑으로 공급한다. 아우구스티누스는 이렇게 각기 다른 발전 단계를 이어가는 은혜에 각기 다른 이름을 부여한다. 거역하는 의지를 극복하고, 죄에 대한 생생한 지식과 구속에 대한 갈망을 부여하는 과정에서는 은혜가 출생의 은혜(gratia praeveniens) 혹은 드러남의 은혜(gratia praeparans)이다. 신앙과 선을 행할 자유 의지를 일으키고, 영혼을 그리스도에게 연합시키는 과정에서는 작용하는(人效的) 은혜(gratia operans)이다. 죄에서 해방된 의지로 하여금 아직 남아 있는 악과 싸우게 하고, 신앙의 열매로 선행을 내놓게 하는 과정에서는 **협력적 은혜**(gratia cooperans)이다. 마지막으로, 신자로 하여금 끝까지 믿음을 견지하게 하고, 비록 현세에서는 불가능한 일이긴 하지만 완전한 상태에 도달하여 더 이상 죄를 짓거나 죽지 않게 하는 과정에서는 완성의 은혜(gratia perficiens)이다.[215] 이것은 견인의 은사(donum perseverantiae)를 내포하며, 이것이 선택에 대한 유일하게 확실한 증표이다.[216] "우리가 스스로를 가리켜 선택된 자들 혹은 하나님의 자녀들이라고 부르는 이유는 가시적으로 거룩한 생활을 해나감으로써 거듭난 증거를 나타내는 모든 사람들을 그렇게 부르기 때문이다. 그러나 실제로 그가 그 이름으로 불림을 받는 위치를 끝까지 견지하는 사람만이 그렇게 불릴 자격이 있다." 그러므로 사람이 아직 세상에 남아 있는 동안에는 이 점[선택 여부]에 관해서 그를 확실하게 판단할 수 없다. 죽기까지, 즉 배교의 위험이 중단되는 시점까지 인내하는 것이야말로 은혜이다. "왜냐하면 이 은혜의 선물은 다른 어떠한 선물보다 간직하기가 훨씬 어렵기 때문이다. 물론 아무것도 어려울 것이 없는 분에게는 이것을 저것처럼 베푸시는 것이 쉬운 일이긴 하지만 말이다."

그리고 은혜와 자유의 관계에 관해서는, 둘은 얼른 생각하면 상충되는 듯하지만 서로를 배척하지 않는다. 아우구스티누스의 체계에서는 인간의 자유 곧 선을 행할 자기 결단이 하나님 편에서의 은혜와 상관된다. 은혜가 클수록 선을 행할 자유도 커지고, 선을 행하는 기쁨도 더 커진다. 그 둘은 사랑 개념 안에서 하나로

---

215) *De grat. et lib. arbitr.* c. 27, § 33 (tom. x. 735).

216) 아우구스티누스는 이것을 428년 혹은 429년에 집필한 마지막 저서들 중 한 권인 *Liber de dono perseverantiae*에서 다룬다.

서, 객관적이고 주관적이며, 피동적이고 능동적이며, 이해를 하고 이해를 받는
다.[217]

아우구스티누스의 인간론은 아래의 세 가지 표제로 요약할 수 있다:

1. 시원적 상태: 하나님과의 직접적인 연합; 어린이 같은 무결함; 후대에 올 모
든 것의 씨앗과 조건; 무죄하게 발전할 가능성과 죄로 치달을 가능성.

2. 죄의 상태: 하나님에게서 쫓겨남; 예속; 죽음의 지배; 구속의 갈망.

3. 구속 곧 은혜의 상태: 시원적 상태보다 더 숭고하고 간접적인 연합; 투쟁을 통
해 승인된 덕; 하나님 자녀들의 복된 자유; 이생에서는 죄와 죽음의 잔재에 괴롭
힘을 당하지만, 내세에서는 배교의 가능성을 벗어버린 채 절대 완전한 자유에
들어감.

158. 예정론

아우구스티누스는 이러한 죄와 은혜에 관한 교리로 논의를 마치지 않았다. 신
학에서 인간론과 구원론을 떠받치는 뿌리를 추적했다. 자신의 생애에서 하나님
이 아무런 공로 없이 내려주신 기이한 은혜를 체험하고, 성경의 다양한 단락들,
특히 로마서를 공부하면서 생각을 논리적으로 발전시켜간 결과, 전지하시고 전
능하신 하나님의 무조건적이고 영원한 뜻에 관한 교리에 도달하게 되었다. 이
교리에서 그는 인류의 타락과 구속으로 이어져온 역사의 프로그램을 발견했다.
그리고 그 사색의 심연을 경외심을 잃지 않은 채 대범하게 건넜다. 그것은 인간
의 모든 지식이 신비와 외포(畏怖)에 함몰되어 있는 심연이었다.

일반적인 의미에서, 예지가 신적 지성에 관련된 속성인 것처럼, 예정은 신적
의지에 관련된 속성이다. 물론 하나님을 이전과 이후로 설명할 수 없다. 그분에게
는 모든 것이 영원한 현재이다. 하나님이 세상이나 인간을 맹목적으로, 고정된
계획도 없이 창조하셨다거나, 이 계획이 피조물들에 의해서 어떤 식으로든 방해
를 받을 수 있다는 것은 생각할 수 없는 일이다. 게다가 인간의 자연적 삶과, 그

---

217) 이 내용에 관해서는 특히 *De gratia et libero arbitrio*를 참조하라.

삶에 부여된 정신적 은사들과 지상적 복들에는, 그리고 은혜의 영역에는 훨씬 더 전적으로 우리의 의지나 행위로부터 독립된 채 움직이는 숭고한 인도가 모든 곳에 감돌고 있다. 사람이 자기가 이 나라 혹은 저 나라에서 태어나고, 이 시대 혹은 저 시대에 태어나고, 이런 상황 혹은 저런 상황에서 태어나고, 태어나 살면서 획을 그을 만한 큰 사건들을 겪고, 무수한 배움의 기회들을 가지고, 무엇보다도 하나님의 자녀로 거듭나서 거룩하게 자라가는 과정에서 하나님의 섭리와 값없이 베푸신 은혜를 어찌 인정하지 않을 수 있겠는가? 그리스도인으로서 좀 더 숭고한 길에 들어서서 살수록 공로를 스스로에게 돌릴 생각이 갈수록 줄어들며, 모든 일에 대해 하나님께 감사하려는 심정이 더 많이 생기는 법이다. 신자는 앞에 올 영생을 바라볼 뿐 아니라, 뒤로 무궁히 펼쳐져 있는 영원을 되돌아 보며, 하나님의 사랑에 담긴 영원한 뜻에서 자신이 받은 구원의 시작과 견고한 닻을 발견한다(참조. 롬 8:29; 엡 1:4).

이상의 내용을 종합할 때, 생각이 있는 그리스도인이라면 값없이 베풀어진 은혜에 의한 어떤 형태의 선택을 믿지 않을 수 없다. 그리고 실제로 성경에는 그러한 교훈이 가득하다. 그러나 아우구스티누스 때에 이르기까지 이 교리는 심오한 연구 대상이 된 적이 없었고, 따라서 정교하게 규명된 적도 없으며, 다만 피상적이고 우발적으로 다뤄졌을 뿐이다. 그리스 교부들과 테르툴리아누스, 암브로시우스, 제롬, 펠라기우스는 조건적 예정을 가르쳤을 뿐이고, 그 예정의 근거를 인간의 자유로운 행위에 대한 예지에 두었다. 아우구스티누스는 죄론과 은혜론에서도 그렇지만 이 교리에서도 과거의 신학자들을 훨씬 넘어서서 은혜로 말미암는 무조건적 선택을 가르쳤고, 구속의 목적을 인류 가운데 소수를 이루는 선택자들의 정해진 범위에 국한시켰다.

아우구스티누스의 체계에서는 칼빈의 체계와 달리 예정 교리가 출발점이 아니라 완성점이다. 그에게는 예정 교리가 죄론과 은혜론에서 연역한 것이다. 그러므로 사변적이기보다 실제적이다. 다뤄지는 문맥을 보더라도 성례를 다루는 부분이다. 혹시 훨씬 후대의 용어를 미리 갖다 쓰자면, 그의 예정 교리는 후택설(infralapsarianism)의 범위 안에서 움직이지만, 철학적으로 보자면 전택설(supralapsarianism)에 비해 일관성이 떨어진다. 후택설이 죄에 대한 자각에서 출발하여 타락 — 세계사에서 구속을 제외할 때 가장 중대한 사건 — 을 하나님의 목적에서 배제하고, 그것을 하나님의 허용의 범주에 놓아 첫 사람의 자유의지에 부속시키는 데 반해서, 전택설은 하나님의 절대 주권에 대한 자각에서 출발하여 아담의 타락을 하나님의 영원하고 불변한 계획에 포함시키되, 물론 그것을 목적으로 삼는 것은 아니고(만약 그렇다면 하나님을 모독하는 생각이 된다), 정반대의 목표를 이루기 위한 일시적인 방편으로, 혹은 유기(遺棄)된 자들에 대한 하나님의 공의와 선택된 자들에 대한 하나님의 은혜를 계시하기 위한 소극적인 (negative) 조건으로 삼는다. 그러므로 엄밀히 말하자면, 아우구스티누스는 선택과 유기라는 이중 작정을 생각지 않고, 다만 선택된 자들에 대한 구원의 작정을 인식할 따름이다. (물론 간혹 논리적 충동이 그를 전택설의 주변에까지 데려가는 일이 없지는 않다.) 하지만 후택설에서든 전택설에서든 작정은 영원하고 무조건적이고 불변하다. 두 체계의 차이는 '작정의 대상'(subject)에 있는데, 후택설의 경우는 타락한 인간이고, 전택설의 경우는 그냥 인간이다. 아우구스티누스가 논리적으로 더 설득력 있고 사색적인 전택설을 취하지 않은 것은 일종의 고결한 모순이다. 그의 깊은 도덕적 신념이 죄의 기원을 신적 의지로 거슬러 올라가 찾는 시도를 하용하지 않았다. 그리고 아담과 인류 사이의 끊을 수 없는 관계를 바라보는 자신의 독특한 관점에 의해서 모든 인간 하나하나를 아담의 타락에 개별적으로 책임을 지는 존재들로 만들 수 있었다. 그러나 이러한 관계를 부정한 펠라기우스주의자들은 그가 일종의 숙명론을 가르치고 있다고 비판했다.

아우구스티누스의 이론에 따르면, 최초의 죄는 자유의 행위로서, 피할 수 있었고 당연히 피해야 했다. 그러나 일단 죄를 범한 뒤에는 그 죄가 씨의 형태로 아담의 허리에 존재하던 온 인류를 하나님의 보응적 공의에 처하게 만들었다. 모든 인간이 다만 멸망에 처한 집단으로서, 그들 본성의 죄와 자범죄, 양자로 인해 현세에서의 일시적 형벌과 내세에서의 영원한 형벌을 받아 마땅하다. 하나님은 인류의 많은 수를, 아니 (만약 모든 이교도들과 세례받지 않고 죽은 유아들이 멸망한다면) 절대 다수의 수를 그들이 받아 마땅한 운명에 버려두시더라도 의로우실 뿐이다. 그러나 하나님은 영원부터 일부 사람들에게는 당신의 은혜를 나타내시기로 작정하셨고, 그 방법은 그들을 멸망의 집단에서 건져내되 그들에게서 아무런 공로도 찾지 않는 것이었다.

이것이 은혜로 말미암는 선택 곧 예정이다. 원인과 결과가 결부되듯, 준비가 실행에 결부되듯, 선택 곧 예정도 은혜 자체와 결부된다. 예정이 궁극적이고 깊이를 잴 수 없는 구원의 토대이다. 예정은 예지와 구분된다. 의지가 지성과 구분되는 것과 같은 이치이다. 의지가 반드시 지성을 내포하지만, 지성이 항상 의지를 내포하는 것은 아니다.[218] 하나님은 장차 하고자 하시는 일을 미리 작정하시고 아신다. 인간의 타락과 인간들이 개별적으로 지은 죄들을 하나님은 심지어 영원부터 완전히 아시지만, 그 죄들을 작정하지도 뜻하지도 않으시고 다만 허용하실 뿐이다. 따라서 예지가 예정과 독립되는, 그리고 인간의 자유가 개입되는 지점이 있는 셈이다. (여기에 전택설에 비해 후택설의 철학적 약점이 있으나, 반면에 윤리적 상점이 있다.) 예정은 다만 선과 관련될 뿐 익과는 관련되지 않는다. 그것은 선택과 동일하다. 반면에 전택설에서의 예정은 선택의 작정(decretum electionis)과 유기의 작정(decretum reprobationis)을 포함한다. 아우구스티누스가 몇몇 부분에서는 (죄로 인한) 멸망에 대한 예정을 말하는 것이 사실이긴 하나, 죄에 대한 예정을 말하는 일이란 없다.[219] 은혜의 선택은 공로를 예지(豫知)함 없이 절대 자유로운 뜻을 조건으로 삼는다. 하나님께서 당신의 자녀들을 예정하신 것은 그들의 신앙 때문이 아니다. 그들의 신앙도 그 자체가 은혜의 선물이기 때문이다. 오히려 그들이 신앙을 갖고 거룩하게 되도록 예정하신다.[220]

따라서 사람이 선택을 받았으면서도 거룩하지 않은 생활을 할 수 있다고 가르치는 게 아니냐는 비판은 사전에 차단된다.[221] 따라서 자비의 그릇으로 예정된 사람들은 비록 다윗과 베드로처럼 잠시 넘어지는 일이 있을지라도 최종적으로 은혜에서 떨어질 수 없다. 그들은 마침내 소명과 칭의와 영화로 이어지는 단계를 통해서 구원을 받는데, 이것은 하나님이 전능하시고 그분의 약속들이 '예'와 '아멘'인 것만큼 확실하다.[222] 하지만 진노의 그릇들은 그들 자신의 과오로 인해

---

218) *De praed. sanctorum*, cap. 10.

219) *De anima et ejus origine* (written A. D. 419), 1. iv. c. 11 (or § 16, tom. x. f. 395).

220) *De praed. sanct.* c. 18.

221) 튀니스(튀니지의 수도) 아드루메툼의 일부 수사들이 던진 이런 비판에 대해서, 아우구스티누스는 특히 *De correptione et gratia* (A.D. 427)에서 답변한다. 이 논문에서 그는 gratia와 liberium arbitrium 곧 은혜와 선택의 자유가 그렇듯이 correptio와 gratia 곧 징계와 은혜도 서로를 배척하지 않고 서로의 조건이 되어준다는 것을 논증한다.

222) *De corrept. et grat.* c. 7 (§ 14).

멸망한다. 선택에는 필연적으로 견인(堅忍)의 은사(donum perseverantiae)가 속해 있으며, 이것은 행복한 죽음으로 입증된다. 선택에서 배제된 사람들은 아무리 세례와 중생을 받았을지라도 죽는 모습에서 자신들이 선택된 자의 수에 들지 않았음을 드러낸다.[223] 따라서 이생에서는 누가 선택을 받은 사람인지 확실하게 알 수 없으며, 모든 사람에게 회개를 촉구하고 모든 사람에게 구원을 제시해야 한다. 그럴지라도 은혜의 소명은 일부 사람들에게만 효과를 드러낼 뿐이다.

이미 언급했듯이, 아우구스티누스는 이 교리를 자신의 죄론에서 연역해 냈다. 만약 모든 사람이 본성으로 선을 행할 힘이 전혀 없다면, 만약 우리 속에서 선을 행할 마음을 품게 하고 실제로 선을 행하게 하는 것이 은혜라면, 만약 믿음 자체가 값없이 내려진 은혜의 선물이라면, 구원의 궁극적인 토대는 사람이 다 헤아릴 수 없는 하나님의 뜻에서만 찾을 수 있는 셈이다. 아우구스티누스는 개인들과 나라들의 삶에서 이루어져온, 더러는 복음으로 부름을 받고 더러는 어둠 속에서 죽어가는 이 놀라운 섭리의 현실들을 논거로 제시했다. 왜 이 사람들은 믿음을 갖게 되고, 저 사람들은 그렇게 되지 못하는가 하는 것은 실로 신비에 속한 일이다. 이생에서는 섭리의 인도를 다 설명할 수 없으며, 다만 하나님이 의로우시다는 사실만 굳게 믿으면 내세에서 그 이유를 온전히 알게 될 것이라고 그는 말한다.

아우구스티누스는 자신의 교리를 뒷받침하기 위해서 성경의 여러 본문들을 인용할 수 있었는데, 그 중에서도 로마서 9장을 크게 강조한다. 그러나 만인을 구원으로 부르셨다고 가르치는, 그리고 복음을 받거나 배척하는 데 대한 책임을 사람에게 돌리는 다른 본문들에 대해서는 경직된 해석들로 설명할 수밖에 없었다. 예를 들어 디모데전서 2:4("하나님은 모든 사람이 구원을 받으며 진리를 아는 데 이르기를 원하시느니라")에서 하나님이 구원을 얻기를 바라시는 모든 사람들을 부자든 가난한 자든, 많은 배운 사람이든 배우지 못한 사람이든 모든 **종류의** 사람들로 이해하거나, 혹은 그 구절의 의미를 '구원받는 모든 사람은 오직 하나님의 뜻에 의해서만 구원을 받는다'고 뒤집어서 해석한다.[224] 비판들을 논박할

---

223) *De corrept. et gratia*, c. 9 (§ 23, x. f. 763).

224) *Opus imperf.* iv. 124; *De corrept. et gratia*, i. 28; *De praed. sanct.* 8; *Enchir.* c. 103; *Epist.* 217, c. 6.

길이 딱히 보이지 않을 경우에는 하나님의 지혜는 사람이 다 측량할 수 없다는 말로 대신한다.

아우구스티누스의 예정 교리는 신학 논쟁에 직접 불을 댕기는 결과를 초래했는데, 이 논쟁은 거의 백년간 지속되면서 지지 논리와 반대 논리를 동시에 발전시켰으며, 중도에 해당하는 사상도 일으켰는데, 이제 살펴보고자 하는 것이 바로 그것이다.

159. 반(半)펠라기우스주의

반펠라기우스주의(Semi-Pelagianism)는 첨예하게 구분되는 펠라기우스의 사상과 아우구스티누스의 사상 중간에 걸린, 다소 막연하고 불분명한 절충안으로서, 각 사상의 모서리를 떼어내고 어느 때는 이쪽으로 어느 때는 저쪽으로 기운다. 반펠라기우스주의라는 명칭은 스콜라주의 시대에 소개되었지만, 모든 본질적 사항들을 고루 지닌 교리 체계는 아우구스티누스의 말년과 그가 죽은 직후인 5세기에 프랑스 남부에서 형성되었다. 아우구스티누스 이전에 대두한 신인협력설(synergism)과 수도원적 계율주의의 영향이 두루 결합한 것이 사상의 출처였다. 이 사상의 요지는 하나님의 은혜와 인간의 의지가 협력하여 회심과 성화 사역을 이룬다는 것과, 사람이 첫 걸음을 내디뎌야 한다는 것이다. 이 사상은 인간이 도덕적으로 건실하다는 펠라기우스의 교리를 배격하지만, 동시에 자연인이 전적으로 부패했고 죄에 예속되었다는 아우구스티누스의 교리도 배격하며, 대신에 인간의 자발적 의지의 힘이 병들었거나 절름거리는 상태에 있다는 견해로 대체한다. 펠라기우스의 은혜 개념을 단순히 외적 보조물로 간주하여 배격하지만, 다른 한편으로는 은혜의 주권성과 불가항력성과 제한성을 가르친 아우구스티누스의 교리도 확고히 배격한다. 그리고 인간 대리인과 더불어 그리고 그를 통해서 이루어지는 은혜의 필연성과 내적 사역과, 그리스도를 통한 보편적 속죄, 예지에 근거한 예정을 주장했다. 펠라기우스의 요소들과 아우구스티누스의 요소들을 접목시키려고 한 이 시도는, 그러나 내적으로 유기적 조화를 이루지 못하고 오히려 기계적이고도 억지스러운 결합을 이루어서 어느 진영도 만족시키지 못한 채 대체로 펠라기우스 진영으로 기울고 만다.

이런 이유로 인해서 반펠라기우스주의는 중세의 계율적이고 금욕적인 경건에 놀라우리 만큼 잘 어울렸으며, 따라서 언제나 가톨릭 교회의 울타리 안에 남아 있었고 개별적인 분파를 일으킨 적이 없었다.

이 사상의 기원과 전개 과정에 따른 중요한 특징들을 살펴보기로 하자.

펠라기우스 체계는 아우구스티누스에 의해서 퇴출을 당하고, 교회에 의해서 이단으로 배격과 단죄를 당했다. 하지만 이 결과가 그 자체로 반드시 아우구스티누스 체계의 완승을 뜻하는 것은 아니었다. 많은 사람들, 심지어 펠라기우스의 비판자들조차 아우구스티누스가 가르친 인간의 예속과 은혜의 절대 선택 교리들 같은 옛 교부들의 원대한 교리들에서 몸을 움츠리고, 중도적 사상을 선호했다.

먼저 북아프리카 아드루메툼 수도원의 수사들이 예정 교리를 놓고 논쟁을 벌였다. 그들 중 더러는 예정 교리를 곡해하여 현세적 안전을 강조했고, 더러는 이 교리로 인해 고뇌와 좌절에 빠져들었으며, 더러는 아우구스티누스에 비해 인간의 자유와 책임을 좀 더 강조할 필요를 느꼈다. 아우구스티누스는 수사들의 논쟁 소식을 듣고는 「은혜와 자유 의지에 관하여」(*De gratia et libero arbitrio*)와 「징계와 은혜」(*De correptione et gratia*)라는 논문을 써서 보냈다. 대수도원장 발렌티누스(Valentinus)는 수사들을 대신하여 존경과 순종을 담아 그에게 답장을 보냈다.

그러나 동시에 갈리아 남부에서 가톨릭 교회 내의 정규 신학 학파의 형태로 예정 교리에 대해 좀 더 위험한 반발이 일어났다. 이 학파의 구성원들은 초기에는 '펠라기우스파 잔당'이라 불렸으나, 대체로는 그들의 본거지인 마실리아(마르세유)를 근거로 마실리아파(Massilians)라 불렸으며, 훗날에는 반(半)펠라기우스파라 불렸다. 아우구스티누스는 이들에 관한 소식을 학문과 경건이 깊은 두 친구 프로스페르(Prosper)와 힐라리우스(Hilarius)에게 들었는데,[225] 이들은 아우구스티누스에게 직접 펜을 들어 이들을 견제해달라고 간청했다. 이것이 계기가 되어서 아우구스티누스는 「거룩한 예정에 관하여」(*De praedestinatione*

---

225) 그를 아를의 주교 힐라리우스와 혼동해서는 안 된다. 그는 아를의 주교와 구분하기 위해서 힐라리우스 프로스페리라 불린다. 힐라리우스는 자신을 평신도라고 부른다(Aug. Ep. 226, § 9).

sanctorum)와 「견인의 은사에 관하여」(*De dono perseverentiae*)를 썼는데, 이 두 권으로써 저자로서의 활동을 훌륭하게 마감했다. 그는 논란을 일으킨 갈리아 사람들을 펠라기우스파에 비해 유순하게 다루며, 그들을 형제들이라고 부른다. 그가 죽은 뒤에는(430) 논쟁이 주로 갈리아에서 지속되었다. 당시에 북아프리카는 반달족의 승승장구로 정세가 불안했기 때문에 수십년 동안 신학계와 교계의 활동이 뜸했던 것이다.

반펠라기우스파의 선두에는 요한 카시아누스(John Cassian)가 서 있었다. 마실리아 수도원 설립자이자 대수도원장이던 그는 투철한 교양과 풍부한 인생 경험, 확고한 정통신앙을 지닌 사람이었다. 크리소스토무스를 깊이 존경하던 제자로서, 스승에게 부제 임명을 받았고, 장로로도 임명받았음에 분명하다. 그는 헬라어를 정통으로 배웠고 수도원주의에 강한 애착을 가지고 있었는데, 이것이 그가 반펠라기우스주의로 기우는 데 적절한 토양이 되었다. 그는 한동안 로마에서 펠라기우스와 함께 사역했고, 훗날에는 갈리아 남부에서 수도원 설립을 위해 힘썼으며, 민중들을 독려하고 몸소 모범을 보임으로써 수도원주의를 크게 진작시켰다. 수도원주의는 봉쇄구역 안에서 죄의 유혹과 모든 것을 황폐케 하는 야만족들의 침공과, 혼란기의 비참한 생활에서 보호받기를 구했다. 그러나 수도 생활에 대한 열정이 지나쳐서 외적인 행위와 금욕적 단련의 가치를 지나치게 강조하는 경향으로 흘렀고, 아우구스티누스 신학이 지닌 자유롭고 복음적인 성격을 배척했다. 카시아누스는 열두 권으로 된 「수도원 제도에 관하여」(*De coenobiorum institutis*)를 집필했는데, 이 저서에서 먼저 수사들의 외적 생활을 기술한 다음, 그들이 여덟 가지 큰 악(무절제, 부정, 탐욕, 분노, 슬픔, 무기력, 야심, 교만)에 맞서서 내면의 투쟁을 벌여 승리하는 생활을 소개했다. 이보다 더 중요한 것은 열네 권으로 된 「교부전」(*Collationes Patrum*)으로서, 카시아누스와 그의 친구 게르마누스가 이집트에 가서 7년을 체류하는 동안 그곳의 노련한 금욕주의자들과 나눈 대화를 기록한 것이다.

이 저서에서, 특히 제13권인 「대화」(*Colloquy*)에서, 그는 펠라기우스의 오류들을 단호히 배격하며, 인간들의 보편적 죄성, 아담의 타락으로 인한 죄성의 도래, 모든 개인의 행위에 하나님의 은혜가 필요한 점을 시인한다. 그러나 아우구스티누스를 거명하지는 않았어도 분명히 그를 의식한 채 선택 교리와 불가항력적이고 특정한 은혜의 역사 교리를 비판한다. 그것이 교회의 전승에, 특히 동방 신학에 배치될 뿐 아니라 자신이 금과옥조로 떠받들던 금욕적 계율주의에도 배치된 다고 보았다.

펠라기우스와 아우구스티누스 양자에 대립하여, 그는 하나님의 형상과 인간 의 자유가 타락에 의해 완전히 사라진 것이 아니라 약화되었을 뿐이라고 가르쳤 다. 다른 말로 하면, 인간이 병들었으나 죽지는 않았고, 스스로는 회복할 수 없 으나 의사의 도움을 바랄 수는 있고, 의사가 도우려 할 때 그것을 받거나 거절할 수 있으며, 구원을 받으려면 하나님의 은혜에 자신의 협력을 보태야 한다고 했 다. 두 요인 가운데 무엇이 먼저인가 하는 질문에 대해서는 경험에 입각하여 다 음과 같은 취지의 대답을 했다. 인간의 의지는 가끔, 실은 자주 탕자와 삭개오, 회개한 강도, 고넬료의 경우처럼 스스로 회개를 결심하고, 때로는 은혜가 회개 를 예기하여, 마태와 바울의 경우처럼 거역하는 의지를 하나님께로 데려온다 — 하지만 이런 경우에도 강제는 없다. 그러므로 그의 견해에서는 선행적(先行的) 은 혜(gratia praeveniens)가 분명히 간과된다.

이상의 내용이 대개 반펠라기우스주의(Semi-Pelagianism)의 원리들이다. 물론 이것을 뼈대로 하여 다양하게 수정하고 적용한 견해들이 많이 있다. 교회는 심 지어 로마 교회조차 선행적 은혜의 필요를 정당하게 강조해왔으나, 반펠라기우 스주의의 아버지라고 할 수 있는 카시아누스를 비판하지 않았다. 대 레오는 심 지어 그에게 네스토리우스주의 논박서 집필을 의뢰했으며, 그는 그 기회를 이용 하여 자신의 사상이 정통신앙에 부합하다는 점을 부각시키고, 자신이 431년에 에베소에서 단죄를 당한 펠라기우스주의와 네스토리우스주의 같은 이설들과 하 등 상관이 없음을 밝혔다. 그는 432년 이후에 충분히 수를 누리고 죽었으며, 정 식으로 시성되지는 않았어도 몇몇 교구들에서 성인으로 존경을 받고 있다. 그의 저서들은 실제적 훈육용으로 매우 널리 읽힌다.

카시아누스가 집필한 「대화록」 제13권에 대해서, 아우구스티누스파의 신학자 겸 시인인 프로스페르 아퀴타누스(Prosper Aquitanus)는 아마도 반달족의 약탈을 피해서인지 고향 아퀴타니아를 떠나 갈리아 남부 지방으로 가서 살았다. 전쟁이 그치지 않던 시기에 선택 교리에서 위로와 평안을 얻은 그는 432년경에 은혜와 자유에 관한 저서를 집필했는데, 이 책에서 카시아누스의 열두 가지 명제를 비 판하고, 첫째 명제를 제외한 나머지가 모두 이설이라고 주장했다. 더 나아가 아 우구스티누스와 그의 사상을 변호하는 장시(長詩)를 썼으며,[226] 예정 교리를 지극

히 혐오스러운 시각으로 바라본 "갈리아인들의 비방과 빈켄티우스의 비판"을 논박했다.[227]

그러나 반펠라기우스주의는 큰 인기를 끌었고, 프랑스에서 상당수의 지지자들을 얻었다. 카시아누스 이후에 이 사상을 앞장서서 옹호한 사람들은 다음과 같다: 사제-수사인 레리눔의 빈켄티우스(Vincentius) —「충고」(*Commonitorium*)의 저자. 이 책에서 그는 교리를 판가름할 참된 가톨릭적 척도로서 3가지 합의안을 제시하는데, 그 배후에는 아우구스티누스주의의 새로운 교리들에 대한 반감이 은밀히 깔려 있다(434경);[228] 레기움(리에츠)의 주교 파우스투스(Faustus) — 아를 공의회(475)에서 극단적 아우구스티누스주의자인 사제 루키두스(Lucidus)를 비판했고, 공의회의 의뢰를 받아 하나님의 은혜와 인간의 자유에 관한 저서를 집필했다;[229] 게나디우스(Gennadius) – 마르세유의 사제(495년 이후 죽음). 제롬이 쓰다 만 전기적 저서(*De viris illustribus*)를 495년에 해당하는 부분까지 이어서 썼고, 아우구스티누스의 예정 교리를 그의 과도한 집필욕에서 나온 것으로 평가했다; 아르노비우스(Arnobius the younger); 많이 회자된 익명의 소논문「예정된 자」(*Praedestinatus*, 460경) — 아우구스티누스가 명쾌하게 제시한 논리적 결과들을 침소봉대하는 방식과 불충분한 근거로 비판하는 방식으로 예정 교리를 혐오스럽게 소개한 다음 그 교리를 논박했다.

「예정된 자」(*Praedestinatus*)의 저자는 우연히 자기 손에 논문 한 편이 들어왔는데, 표지를 보니 황당하게도 정통 신앙의 스승인 아우구스티누스의 이름이 적혀 있었고, 가톨릭의 이름으로 신성모독적이고 신앙에 해로운 교의를 몰래 퍼뜨리려는 의도가 짙게 깔려 있다는 인상을 받았다고 한다. 이런 생각을 가지고 논문을 한 구절 한 구절 옮겨적으면서 비판을 해나갔다. 논문 자체는 세 권으로 되어 있었다. 제1권은 아우구스티누스의 저서「이단론」(*De haeresibus*)을 따라서

---

226) Carmen de ingratis.

227) 이 논박서는 *Responsiones Prosperi Aquitani ad capitula calumniantium Gallorum*과 *Ad capitula objectionum Vincentianorum*으로서, the Benedictine edition of the Opera Augustini의 제10권 부록에도 실려 있다.

228) 참조. 위의 § 118.

229) *De gratia Dei et humanae mentis libero arbitrio* (in the Biblioth. maxima Patrum, tom. viii.).

시몬 마구스로부터 저자의 시대에 이르기까지 발생한 90가지 종류의 이단들을 열거하고, 마지막 이단으로 이중 예정 교리를 지목하면서, 이 주장은 하나님을 악의 창조자로 만들고, 인간의 모든 도덕적 노력을 무용지물로 만든다고 비판했다; 제2권은 이 90가지 이단에 대해서 아우구스티누스의 이름을 도용한 논문이지만, 동일 저자가 집필한 반펠라기우스주의적 글임에 틀림없다; 제3권은 그렇게 희화화한 가공적 아우구스티누스의 예정 교리를 논박하는 내용으로서, 반펠라기우스주의자들이 흔히 사용하는 논지들을 그대로 사용한다.

이 논문에 대응하는 내용이 「모든 민족을 부르심에 대하여」(*De vocatione omnium gentium*)라는 역시 익명의 글에서 발견된다. 이 글은 앞서 소개한 「예정된 자」(*Praedestinatus*)가 아우구스티누스의 사상을 침소봉대한 것에 반비례하여 그의 사상을 완화함으로써 그의 위신을 세우려고 노력한다.[230] 이 책의 저자는 교황 레오 1세(461년 죽음)로 간주되어 왔으며, 그를 저자로 보는 것이 전혀 무리한 일은 아니다. 하지만 그처럼 저명 인사의 저서가 익명으로 되어 있다는 것은 생각할 수 없는 일이다. 저자는 예정(praedestinatio)이라는 단어조차 회피하며, 그리스도께서 모든 사람들을 위해서 죽으셨고, 모든 사람이 구원을 받을 것이라고 명시적으로 가르친다. 따라서 아우구스티누스의 특정 구원론(particularism)을 배격하는 셈이다. 그러나 반면에 반펠라기우스주의의 원리들도 배격하며, 자연인에게 선을 행할 능력이 전혀 없다고 주장한다. 서슴없이 은혜를 인간 의지 위에 두며, 신앙 생활 전체를 처음부터 끝까지 공로 없이 임하는 은혜의 사역으로 설명한다. 그는 세 가지 생각을 전개한다. 첫째, 하나님은 모든 사람이 구원받기를 원하신다. 둘째, 아무도 자신의 공로로는 구원을 받지 못하고 다만 은혜로 구원을 받는다. 셋째, 인간의 오성은 하나님의 지혜의 깊이를 재지 못한다. 이러한 생각을 전제로, 인간은 하나님의 의로우심을 신뢰해야 한다고 역설한다. 멸망에 처한 사람은 누구나 자기 죄에 대한 정당한 형벌을 받는 것뿐이다. 하지만 성도라 할지라도 자신이 구원을 받는 것은 순전히 은혜로 말미암는 것이므로 자신의 공로를 자랑할 수 없다. 그러나 매년 세례받지 않은 채 죽어가는 무수한 유아들은 어떻게 되는가? 그들은 구원의 지식을 배울 기회조차

---

230) 이 글은 레오 1세의 저서와 Prosper Aquitanus의 저서에서도 발견되지만, 후자에게 비판을 받는다.

갖지 못하지 않았는가? 저자는 이것을 난제로 여기기는 하되 아주 못 풀 문제로 여기지는 않는다. 부모가 대표성을 갖는 데서 실마리를 찾으며, 아우구스티누스의 원죄 교리를 단순한 선의 결핍이라는 소극적 개념으로 희석시키며, 유전적 죄책 개념과 세례받지 않고 죽은 유아가 멸망에 처한다는 개념도 그에 맞게 희석시킨다. 일반 은혜와 **특별** 은혜를 구분하여, 일반 은혜는 자연과 율법과 복음에 나타난 외적인 계시를 통해서 인간에게 오고, 특별 은혜는 구원의 능력을 내면에 부어함으로써 회심과 중생을 일으키며, 이것은 구원받은 사람들에게만 부여된다고 한다.

반펠라기우스주의는 수십년 동안 갈리아에서 성행했다. 레기움의 파우스투스의 주도로 472년의 아를 교회회의와 475년의 리옹 교회회의에서 승리를 거두었다. 이 두 교회회의에서는 아우구스티누스의 이름이 언급되지 않은 채 그의 예정 교리가 단죄되었다.

160. 반(半)아우구스티누스주의의 승리. 오랑주 공의회(529)

그러나 이 교회회의들은 지역 회의에 지나지 않았으며, 오히려 분열의 원인이 되었다. 북아프리카와 로마에서는 아우구스티누스의 교리 체계가 다소 완화된 형태로이긴 하나 승기를 잡았다. 496년에 교황 겔라시우스가 발행한 법령인 *de libris recipiendis et non recipiendis*(초기의 금서목록)에서 아우구스티누스와 프로스페르 아퀴타누스의 저서들은 교회가 승인한 저서들의 목록에, 카시아누스와 레기움의 파우스투스의 저서들은 외경 곧 금서 목록에 포함되었다. 아우구스티누스의 교리 체계는 심지어 갈리아에서도 6세기 초에 비엔의 대주교 아비투스(Avitus, 490-523)와 아를의 대주교 카이사리우스(Caesarius, 502-542) 같은 유능하고 저명한 사람들에게 옹호를 받았다. 이들과 같은 대열에 넣을 수 있는 사람은 반달족에게 추방된 뒤 사르디니아에 가서 지낸 60명의 아프리카 주교들을 대표

---

231) 그는 파우스투스를 비판하는 세 권의 *De veritate praedestinationis et gratiae Dei*를 썼다. 이 책들에서 이중 예정이라는 표현을 사용하지만, 두번째 예정을 죄가 아닌 멸망에 적용되는 뜻으로 이해하며, 죄에 대한 예정을 주장하는 사람들을 비판한다.

한 루스페의 풀겐티우스(Fulgentius, 533년 죽음)였다.[231]

논쟁은 스키티아의 수사들에 의해 다시 타올랐다. 이들은 단성론에 입각한 신수난주의(神受難主義, theopaschitism)를 확고히 지지하고, 네스토리우스주의와 관련된 모든 것을 혐오하고, 교황 호르미스다스(Hormisdas)와 유배중인 아프리카 주교들에게 반(半)펠라기우스주의를 단죄하라고 촉구하여, 아프리카 주교들에게는 비교적 호응을 얻었다.

이러한 일련의 시도들은 결국 온건한 아우구스티누스주의 혹은 반(半)펠라기우스주의와 구분하여 반(半)아우구스티누스주의라 할 수 있는 교리 체계의 승리로 귀착되었다. 아를의 카이사리우스가 주도한 오랑주(아라우시오) 교회회의에서 반펠라기우스 체계는 그 지지자들이 거명되지 않은 채 25개조의 법령에 의해 단죄되었으며, 아우구스티누스의 죄와 은혜 교리가 승인되되, 절대적 혹은 특정적 예정 교리는 승인되지 않았다. 같은 해에 열린 발렌스(발렌시아) 교회회의에서도 비슷한 결과가 도출되었으나, 구체적인 내용은 알려지지 않는다.[232]

오랑주(Orange) 교회회의는 인간론과 구원론에서 아우구스티누스적 결정으로 인해 큰 중요성을 지닌다. 그러나 내용 중복이 많기 때문에 (대부분 성경과 아우구스티누스 및 그의 추종자들의 저서들에서 인용한 것들임) 가장 중요한 명제들을 정리해서 소개하는 것으로 충분할 것이다.

1. 아담의 죄는 인간의 육체에만 해를 입히지 않고 영혼에도 해를 입혔다.

2. 아담의 죄는 죄와 사망을 모든 인류에게 끼쳤다.

3. 은혜는 단순히 우리가 그것을 구할 때 임하는 것이 아니라, 은혜 자체가 우리에게 구할 마음을 일으킨다.

5. 신앙의 첫걸음 곧 믿고자 하는 마음도 은혜가 일으키는 것이다.

9. 모든 선한 생각과 행동은 하나님의 선물이다.

그럴지라도 세례받지 않고 죽은 모든 유아들, 심지어 모태에서 죽은 아이들까지도 멸망의 범주에 포함시킨다.

232) 530년에 비엔 도의 수도 발렌스에서 열린 교회회의의 법령은 유실되었다. Pagi를 비롯한 일반적인 견해는 이 교회회의가 오랑주 교회회의 이후에 열렸다고 하며, Hefele는 이전에 열렸다고 하지만, 뒷받침할 만한 정확한 자료가 없다.

10. 중생한 자들과 성인들도 끊임없이 하나님의 도우심이 있어야 한다.

12. 하나님이 우리 안에서 사랑하시는 것은 우리 자신의 공로가 아니라 당신이 내리신 선물이다.

13. 아담 안에서 약해진 자유 의지는 세례의 은혜를 통해서만 회복될 수 있다.

16. 우리가 지니고 있는 모든 선한 것은 하나님의 선물이며, 따라서 아무도 자랑해서는 안 된다.

18. 공로 없이 베풀어시는 은혜가 공도를 일으키는 행위보다 앞선다.

19. 인간은 타락하지 않았더라도 구원을 받으려면 하나님의 은혜가 필요했을 것이다.

23. 인간이 죄를 지을 때는 자신의 의지로 죄를 짓는 것이며, 선을 행할 때는 하나님의 뜻을 이행하되 자발적으로 이행하는 것이다.

25. 하나님의 사랑은 그 자체가 하나님의 선물이다.

이 장들에 교회회의는 인간론과 구원론에 관한 신조를 덧붙였는데, 이 신조에는 반펠라기우스주의와 상반되는 다음 다섯 가지 명제가 실려 있다.

1. 타락으로 말미암아 자유의지가 크게 약화되었고, 그로 인해 선행적(先行的) 은혜가 없이는 아무도 인간의 마땅한 도리대로 하나님을 사랑하고 그분을 믿고 혹은 그분을 위해서 선을 행할 수도 없다. ('마땅한 도리대로'<sicut oportuit>라는 말에는 절대 기준에는 못 미치지만 그래도 어느 정도 기준에는 이를 수 있다는 뜻이 암시되어 있다.)

2. 하나님의 은혜로 말미암아 모든 사람은 하나님의 협력에 힘입어 자기 영혼의 구원에 필요한 일을 수행할 수 있다.

3. 어느 누구도 하나님에 의해 죄를 짓도록(ad malum, 죄에 대해서) 예정되었다는 것이 우리의 신앙이 아니다. 오히려 만약 그렇게 악한 생각을 믿는 사람이 있다면 우리는 그런 사람을 큰 혐오를 가지고(cum omni detestatione) 단죄한다.

4. 무릇 선행은 그 시작이 우리에게서 비롯되지 않고, 하나님이 우리의 공로를 보시지 않고 당신께 대한 믿음과 사랑을 우리 마음에 일으키시며, 그로써 우리로 하여금 세례를 받을 마음을 주시고, 세례를 받은 뒤에는 당신의 도우심에 힘입어 당신의 뜻을 실행할 수 있게 하신다.

5. 이러한 교부들과 교회회의의 교리가 평신도들에게도 유익하므로, 평신도들 가운데 이 엄숙한 회의에 참석한 저명한 사람들도 이 법령들에 서명할 것이다.

이 요구를 받아들여 주교들 외에도 장관(Praefectus praetotio) 리베리우스(Liberius)와 그 밖의 유명인사(viri illustres) 일곱 명이 법령에 서명했다. 성직위계제도로 치닫던 당시의 정황을 감안할 때 평신도의 존재를 이렇게 인정한 것은 의미심장한 일로서, 내면으로는 복음적 교리와 보편적 사제직(만인 제사장직) 개념이 결합되어 있었음을 암시한다. 그리고 반드시 기억해야 할 것은 갈리아에서 최초로 반(牛)펠라기우스주의를 열정적으로 반대하고 하나님의 주권적 은혜를 옹호하고 나선 프로스페르와 힐라리우스가 평신도들이었다는 점이다.

공의회의 결의 사항들은 카이사리우스(Caesarius)에 의해서 로마로 전달되었으며, 530년에 교황 보니파키우스 2세(Boniface II)에 의해 승인을 받았다. 보니파키우스는 승인의 글에서, 반펠라기우스주의는 그리스도에게 나아가는 길을 하나님의 은혜 없이 방치해 둔 반면에, 공의회 법령은 심지어 선한 의지와 믿음의 시작조차 선행적 은혜의 선물이라고 공포한 점을 강조했다. 이로써 교회는 은혜가 자유보다 우위를 점한다는 것과, 선행적 은혜의 필요성과 중요성을 아무런 장애 없이 가르칠 수 있게 되었다.

반(牛)펠라기우스적 사상(사상가들이 아닌)은 이렇게 배척을 당했음에도 불구하고 교회에 다시 스며들었고, 그 결과 아우구스티누스가 온 교회에서 시성된 성인과 표준적 교사로서 존경을 받고 있는 동안에, 카시아누스와 레기움의 파우스투스는 프랑스의 성인들로서 존경을 받았다.

이 책에서 우리가 다루어온 시기가 끝나갈 무렵에, 대 그레고리우스(Gregory the Great)가 선행적 은혜는 남기고 불가항력적 은혜와 특정적(제한적) 구원론의 성격을 지닌 절대적 작정은 뺀 온건한 아우구스티누스 체계를 표방했다. 그를 통해서 이 온건한 아우구스티누스주의가 중세 신학에 지대한 영향을 발휘하게 된다. 그럴지라도 본래의 아우구스티누스주의는 항상 그 지지자들을 보유하여서, 비드(Bede)・앨퀸(Alquin)・세비야의 이시도루스(Isidore) 같은 사람들은 이중 예정(gemina praedestinatio) 곧 ‘구원으로의 선택과 멸망으로의 유기’를 가르쳤다. 본래의 아우구스티누스주의는 9세기에 고트샬크(Gottschalk) 논쟁 때 다시 대두했다가 스콜라주의와 당시에 만연하던 계율주의에 의해 제어되었고, 위클리프

(Wyclif)와 후스(Huss) 같은 종교개혁 선구자들에 의해 옹호되었으며, 16세기 종교개혁 때에는 칼빈주의 안에서 전면적인 인정을 받고 독자적인 발전의 길을 걸었으며, 사실상 칼빈주의를 통해서 부분적으로 다듬어진 뒤 가장 일관된 형태를 지니게 되었다.

제 10 장

교부들과 신학 저서들

1. 그리스 교부들

161. 가이사랴의 에우세비우스

이 책에서 우리가 다뤄온 제3기는 교회의 위대한 교사들이 전례 없이 많이 등장한 시기이다. 신학적 역량과 실천적 경건을 겸전한 이들은 교회에 강력하게 도전해온 오류들에 맞서서 대단히 중요한 교의들을 발전시킴으로써 후대의 그리스도인들에게 두고두고 감사를 받았다. 이들은 쇠망해 가는 로마 제국의 모든 학문과 웅변을 독점한 채, 그것을 미래 세대들을 위해서 기독교의 대의에 복속시켰다. 이들은 과연 교회의 아버지들(교부들)이라 불릴 자격이 있는 사람들이다. 교단 구분 없이 기독교 세계에 속했고, 특히 그리스 교부들 가운데 아타나시우스와 크리소스토무스, 라틴 교부들 가운데 아우구스티누스와 제롬은 글과 행동으로 강한 영향력을 행사했다. 물론 여러 교회들이 성경의 수위권과 교회 전승의 가치에 관해 간직해온 견해들에 따라서 그들이 누린 권위에도 다소 차이가 있긴 했다.

가장 중요한 니케아 시대와 니케아 이후 시대의 신학자들 시리즈를 '교회사의 아버지'이자 기독교의 헤로도토스로 평가받아온 가이사랴의 에우세비우스 (Eusebius)로부터 시작하고자 한다.

그는 260년 내지 270년경에 아마 팔레스타인에서 태어나서 안디옥에서, 나중에는 팔레스타인의 가이사랴에서 교육을 받았는데, 그가 주로 배운 것은 오리게네스의 저서들이었다. 성경과 교부에 관련된 방대한 문헌을 수집한, 학문이 깊은 장로 팜필루스(Pamphilus)와 두터운 교분을 쌓았는데, 팜필루스는 자신이 가이사랴에 세운 유명한 신학교를 이끌다가 309년에 디오클레티아누스의 박해 때 순교자의 최후를 맞이한 인물이다. 에우세비우스는 오랫동안 이 학교에서 교편을 잡았으며, 선임자 겸 친구가 죽은 뒤에는 두로와 이집트를 여행했으며, 그리스도인들에게 가해진 마지막 처참한 박해의 광경을 목격했다. 자신도 고백사로서 옥에 갇혔으나 곧 풀려났다.

20년 뒤에 에우세비우스가 두로 공의회(335 혹은 336년)의 의장으로서 아타나시우스의 반대 진영에 섰을 때, 헤라클레스의 주교 포타몬(Potamon)은 그에게 다음과 같이 면박을 주었다고 에피파니우스의 글은 전한다: "에우세비우스, 어찌 당신이 무고한 아타나시우스의 판사로 앉아 있는 거요? 대관절 이럴 수가 있는 거요? 무슨 이유로? 독재자들이 날뛰던 시절에 당신은 나와 함께 옥에 앉아 있지 않았소? 저들은 내가 신앙을 고백했다는 이유로 내 눈을 후벼 파냈지. 헌데 당신은 성한 몸으로 나왔소. 이리 말짱한 몸으로 이 자리에 와 있는 거요. 어떻게 감옥에서 빠져나올 수 있었지요? 불법[우상들에게 제사 드리는 행위]을 은밀히 약속한 대가 때문이 아니었소? 아니면 실제로 그 짓을 한 게 아니오?" 그러나 에우세비우스가 이렇게 비겁하고 그리스도를 배반했다는 추측은 흥분에 싸인 순간에 시기와 파당심에서 생긴 것인 듯하다. 만약 그러한 흠이 실제로 있었다면 에우세비우스가 고대 교회에서 주교 지팡이를 위임받지 못했을 것이다.

315년경이나 그 이전에 에우세비우스는 가이사랴의 주교로 선출된 뒤에 죽을 때인 340년까지 그곳에서 봉직했다. 331년에는 유스타티우스(Eustathius)가 안디옥 총대주교직을 면직당한 뒤 그 직위를 수여받았으나, 조용한 집필 활동을 더 중시했던지라 정중하게 고사했다.

그는 원치도 않게 아리우스 논쟁들에 휘말렸고, 니케아 공의회에서 유력한 역할을 수행했으며, 공의회장에 배석한 황제의 우편에 앉는 영예를 누렸다. 니케아 공의회 이후에 전개된 당혹스러운 상황에서 그는 중도 노선을 견지하면서 양 진영의 화해를 도모했다. 이로 인해 한편으로는 황제 콘스탄티누스의 각별한 호의를 입었으나, 다른 한편으로는 니케아 정통신앙 지도자들로부터 은밀히 아리우스 이단으로 기운 게 아니냐는 의혹을 받았다.[1] 확실한 것은 니케아 공의회 이

전에 그가 아리우스의 견해에 동조했다는 점이고, 그 공의회에서 정통이긴 하나 불분명한 절충 신조를 제시했다는 점, 공의회 이후에는 아타나시우스를 비롯한 정통신앙 옹호자들과 사이가 좋지 않았다는 점, 그리고 335년에 아타나시우스를 단죄한 두로 교회회의에서 그가 주도적 역할을 했고, 에피파니우스에 따르면 의장을 맡았다는 점이다. 이러한 사실들과 부합하는 것이 자신의 「교회사」에서 아리우스 논쟁(318년에 발생)에 관해 함구하고 있다는 점이다. 그는 이 저서에서 324년까지 다루었으므로 326년, 그러니까 니케아 공의회의 결정이 가장 적합한 결론으로 제시되어 있었을 때까지 아직 완성하지 못했을 것이다. 물론 그로서는 자신의 교회사를 신학 학파들이 논쟁을 벌이던 신조로 마감하기보다 콘스탄티누스가 리키니우스에게 승리를 거둔 사건으로 마감하고 싶었을 것이라는 점도 무시할 수 없다. 그러나 그가 니케아 신조에 서명한 것이 엄연한 사실이다. 비록 소극적인 태도로 서명에 임했고 호모우시온에 대한 자신의 해석을 유보하긴 했을지라도, 그 신조를 자기 교구민들에게 공식적으로 권장했으며, 그것을 공식적으로 배격한 적이 없었다.

이렇게 명백히 모순된 태도를 설명할 수 있는 유일한 방도는 그의 우유부단함과 교리적 분방함에서 찾아야 할 것이다. 이러한 태도는 여러 시대 여러 나라들에 존재해온 다양한 견해들을 친숙히 알고 있는 역사가들에게서 드물지 않게 보게 된다. 호모우시온이라는 중요한 점에 대해서 그는 확고하고 최종적인 확신에 도달한 적이 없다. 기존에 통용되던 오리게네스적 '성자 종속설'과 니케아 정통신앙 사이에서 흔들렸다. 오리게네스 편에 서서 성자의 영원성을 뚜렷하고 강력하게 주장했으며, 그만한 정도에서 그리스도를 시간 안의 피조물로 해석한 아리

---

1) 고대의 성직자들 가운데는 힐라리우스와 제롬(그는 다른 면에서는 그에게 호의적으로 말한다), 테오도레투스가 그렇게 생각했고, 제2차 니케아 공의회(787)는 심지어 그를 아리우스 이단으로 명시하여 단죄하는 부당한 판결을 내렸다. 반면에 교회사가인 소크라테스와, 로마 주교들인 겔라시우스와 펠라기우스 2세, 발레시우스는 에우세비우스의 정통신앙을 변호하거나, 적어도 그에 관해서 매우 존경의 어조로 평가했다. 갈리아 교회는 심지어 그를 성인의 반열에 올려놓았다. 아타나시우스는 그가 니케아 신앙에서 아리우스주의로 혹은 반(半)아리우스주의로 배교했다고 명시적으로 비판하지는 않으나, 그가 325년 이전에는 아리우스와 같은 노선을 취하다가 니케아에서 견해를 바꾸었다고 자주 말한다.

우스주의를 단호히 배격했다. 그러나 호모우시온에서부터는 한 발을 뺐다. 그 용어와 개념이 성경을 넘어서는 것처럼 비쳤기 때문이다. 따라서 마르켈루스를 논박할 때든 사벨리우스를 비판할 때든 그 용어를 일절 사용하지 않았다. 종교적 정서로는 그리스도의 온전한 신성을 인정하지 않을 수 없다는 부담감이 있었으나, 사벨리우스주의에 대한 우려가 그의 발목을 잡았다. 그는 정통신앙에 엄격히 부합하는 문구들을 피하고, 대신에 과거에 널리 사용되던 다소 불분명한 용어들을 취했다. 그는 기질상 신학적 통찰력 면에서 약했다. 사실 그는 논쟁보다는 타협과 평화에 어울리는 사람이었다. 그는 니케아 이전 신학과 니케아 신학의 접경에 서 있었다. 그의 교리는 그 두 가지 신학의 색채를 차례로 드러내며, 아리우스 논쟁의 초기 단계에서 아직 해결되지 않은 교회 문제를 고스란히 반영한다.

그의 신학적 우유부단함은 유약한 성격과 관련되어 있다. 그는 인간 관계의 폭이 넓고 융통성 있는 궁정 신학자였고, 자신의 후원자이자 친구인 초대 기독교 황제의 위세에 눈이 멀어 끌려다녔다. 콘스탄티누스는 그에게 수시로 자문을 구하고, 그를 식사에 초대하고, 자신이 경험한 십자가 환상을 그에게 들려주고, 유명한 기독교 군기(軍旗, labarum)를 보여주고, 그가 이따금씩 행하는 설교를 선 자세로 경청하고, 그에게 여러 통의 서신을 보내고, 콘스탄티노플의 교회들이 사용할 성경 사본 필사 작업을 그에게 감독하게 했다.

콘스탄티누스 즉위 30주년 기념식(336) 자리에서, 에우세비우스는 극단적인 과장법을 동원하여 작성한 찬사를 낭독했고, 그가 죽은 뒤에는 "죽은 사람에 대해서는 좋은 점만 말하라"는 격언에 충실하게 정직을 저버리면서까지 그의 덕을 예찬하고 그의 과오들은 의도적으로 생략했다. 하지만 이런 면모에도 불구하고 지성과 정서에 고상한 특성들을 지니고 있었으며, 만약 그가 좀 더 차분한 시대를 살았더라면 어떤 교구를 맡아 사역했을지라도 그러한 특성들이 훌륭하게 빛났을 것이다. 그가 사적인 이익을 위해 황제에게 청탁한 적이 없었다는 것도 그의 어떠함을 말해주는 대목이다.

에우세비우스의 신학적·문학적 가치는 학문 분야에 놓여 있다. 그는 문헌들을 닥치는 대로 읽고 연구하고 수집했으며, 이교와 기독교를 통틀어 그리스 문헌을 접하고 이해하는 분야에서는 여느 교부들보다, 심지어 오리게네스와 제롬보다 한 수 위였던 것 같다. 반면에 독창성과 열정, 예리함, 사고의 깊이에서는 오리게네스·아타나시우스·바실리우스·두 명의 그레고리우스에 현저히 못 미친다. 그의 학문은 깊이보다 폭이 훨씬 두드러지며, 철학적 정신이나 비평적 판단으로 통제되거나 체계화되지 못했다.

그의 저서들 가운데서는 역사 관련 저서들이 단연 가장 유명하고 가치가 크다. 「교회사」(*Ecclesiastical History*), 「연대기」(*Chronicle*), 「콘스탄티누스의 생애」(*Life of Constantine*), 그리고 디오클레티아누스의 박해 때를 배경으로 한 「팔레스타인의 순교자들」(*Martyrs of Palestine*)이 그것이다. 박해기의 막바지와 기독교가 제국의 국교가 되기 시작하던 시기를 걸쳐서 산 그의 위치와, 무수히 많은 고전 문헌을 접한 그의 경력이 이 저서들에 남다른 가치를 부여한다. 그는 대체로 온건하고 중용을 견지하고 진리를 사랑했다. 이것은 그가 살던 시대가 논쟁 열기로 몹시 흥분되고 들떠 있었던 점을 생각하면 쉽지 않은 성품이다. 그가 신학의 이 중요한 분야교회사를 최초로 본격적으로 개척했고, 수 세기 동안 이 분야에서 전범으로 남았다는 사실만으로도 그에게 교회사의 아버지라는 명예로운 칭호가 돌아가는 것이 무리가 아니다. 그럴지라도 그는 비평적 사가도 아니었고 문체가 세련된 작가도 아니었으며, 다만 성실하고 박식한 수집가였을 뿐이다. 그의 「교회사」는 그리스도의 탄생에서부터 324년에 콘스탄티누스가 리키니우스에게 승리를 거두는 대목에 이르기까지 특색이 없고 어딘가 모자란 구석이 있는 듯하고 응집력도 없고 단편적인 모습을 드러내지만, 그러면서도 용사와 같았던 교회의 청년기를 흥미롭게 진술하는데, 따라서 책의 가치도 저자의 탁월한 역사 기술에 있기보다는 낯선 자료들, 몇몇 경우에는 현존하지 않는 자료들을 거의 그대로 발췌하여 인용하는 데에 있다. 처음 3세기를 다룬 교회사 저서로서도 이 책은 독보적인 위치를 차지한다. 에우세비우스 이후의 사가들은 그가 마감한 시기 이후부터 다루기 시작하기 때문이다.

그의 「연대기」는 325년까지 내려온 세계사를 시대와 민족별로 간략히 소개한 내용과, 이 세계 연대기를 연표 형식으로 간추린 내용으로 이루어져 있다. 헬라어 원서는 유실되었으며, 다만 신켈루스(Syncellus)의 저서에 여기저기 단편들로만 남아 있다. 하지만 연표가 실려 있는 둘째 부분은 378년에 제롬에 의해 번역되고 연속해서 작성되었으며, 수 세기 동안 기독교 세계의 연대기적 역사 지식의 원천과 역사 집필의 토대가 되었다. 제롬은 「이름」(*Onomasticon*)이라는 에우세비우스의 유용한 저서 — 성경에 언급된 지명들을 소개한 책 — 를 여러 군데

첨삭을 가하며 번역하기도 했다.

「콘스탄티누스 송덕문」이라고 해야 더 적합할 「콘스탄티누스의 생애」에서, 에우세비우스는 송덕문을 쓰려는 열정에 눈이 멀어 사가로서의 품위를 거의 망각했다. 그럴지라도 이 저서는 자신의 친구였던 황제의 재위를 이해하는 데 주된 사료이다.

그의 역사 관련 저서들 가운데 중요성이 조금 떨어지는 것들은 「복음의 예비」(*Praeparatio evangelica*)와 「복음의 증명」(*Demonstratio evangelica*) 같은 변증서들이다. 모두 324년 이전에 집필된 이 책들은 고대 교회의 변증 자료의 집대성이다. 「복음의 예비」는 모두 열다섯 권으로, 그리스 저작들에 등장하는 이교 신앙들을 문헌적으로 논박하는 데 의도를 둔다. 「복음의 증명」은 원래는 스무 권이었으나 처음 열 권만 현존하며, 기독교의 절대 진리를 기독교 신앙의 본질을 토대로, 그리고 구약 예언들이 성취된 사실들을 토대로 적극적으로 입증한다. 다섯 권으로 된 「신현」(*Theophany*)은 대중이 읽기 쉽도록 위의 두 권을 요약한 책으로서, 마치 에피파니우스가 *Panarion* 이후에 *Anacephalaeosis*를 썼듯이 좀 더 일반적인 용도로 나중에 집필한 듯하다. 헬라어 원문은 추기경 마이(Mai)가 발행한 단편들로만 알려지며,[2] 오늘날은 1839년에 타탐(Tattam)이 니트리아의 수도원에서 발견하고, 1842년에 새뮤얼 리(Samuel Lee)가 런던에서 편집한 시리아어 역본으로 복원되었다.[3] 이 부류에는 그의 변증서인 「히에로클레스 논박서」(*Against Hierocles*)가 포함된다.[4]

위의 책들보다 한 단계 더 가치가 떨어지는 책들은 에우세비우스가 쓴 두 권의 교리서들인 「마르켈루스 논박서」(*Against Marcellus*)와 「교회 신학에 관하여」(*Upon the Church Theology*, 역시 마르켈루스 논박서)로서, 성자의 위격적 존재를 지지하는 내용이다.[5]

---

2) In the fourth volume of the *Novae Patrum Bibliothecae*, Rom. 1847, pp. 108–156, reprinted in Migne's edition of the works of Eusebius, tom. v. 609 sqq.

3) 이 책은 영어로도 번역되었다: *On the Theophania* 혹은 *Divine Manifestation of Our Saviour Jesus Christ*, by Eusebius, translated into English, with Notes. 헬라어 원본에 대한 고대 시리아어 역본(현존하지 않음)을 토대로 번역되었다.

4) In Migne's edition, tom. iv. 795–868.

5) In Migne's edition, tom. vi. p. 707 sqq.

그가 성경 여러 권(이사야·시편·누가복음)에 대해서 쓴 주석들은 독립된 관점이나 히브리어 지식 없이 오리게네스의 알레고리 해석법을 답습한다.

마지막으로 덧붙일 수 있는 저서들은 성경 서론과 고고학 분야의 몇 권, 앞서 언급한 일종의 성경 지리서인 「이름」(Onomasticon), 오리게네스를 힘써 옹호한 「변명」(Apology)의 단편들이다. 「변명」은 팜필루스와 함께 309년 이전에 공동 집필한 초창기 저서로서, 오리게네스 논쟁이 벌어졌을 때 에피파니우스와 제롬에게 신랄한 비판의 표적이 되었다.[6]

162. 에우세비우스 이후의 교회사가들

에우세비우스는 자신의 의도와 무관하게 교회사 학파를 설립하게 되었다. 그를 뒤이은 교회사가들은 콘스탄티누스 시대에 끊어진 이야기의 실타래를 6세기 말까지 이어가면서 그와 마찬가지로 외적인 사실들을 단순하게 기술하고 가치 있는 문헌들을 수록했으나, 고전 시대의 투키디데스와 타키투스, 현대의 여러 사가들이 보여준 비평적 취사선택이나 철학적 통찰, 자료 배열의 기교는 전혀 드러내지 못했다. 처음 3세기의 역사는 아무도 손대지 않았다. 이 분야에서는 에우세비우스가 더 이상 손댈 수 없을 만큼 완벽하게 다루었다고들 생각했다. 소크라테스(Socrates)·소조메누스(Sozomen)·테오도레투스(Theodoret)의 사기(史記)들은 거의 같은 시대를 다루지만 서로 정보를 공유하거나 남의 정보를 빌려다 쓰는 일이 없으며, 그런데도 저마다 다루는 내용들이 매우 비슷하다.

에바그리우스(Evagrius)는 이야기를 6세기 말까지 이어간다. 그들 모두가 교회사와 정치사를 하나의 축으로 엮어 다루는데, 이렇게 했던 것은 콘스탄티누스 이후에 동방에서는 교회사와 정치사가 불가분의 관계로 얽혀 진행되었기 때문이다. 그리고 이 사가들은 (필로스토르기우스를 제외하고는) 모두 본질상 정통 신앙의 관점을 견지한다. 이들은 서방 교회의 역사를 배제하며, 다만 그 지역의 사건이 동방 교회와 접촉될 때만 다룬다.

---

6) 제6권은 친구가 죽은 뒤 에우세비우스 혼자 덧붙였다. 첫권은 루피누스의 라틴어 역본으로 여전히 현존하며, 포티우스의 글에 발췌된 내용으로도 현존한다.

이들 에우세비우스의 계승자들은 다음과 같다:

소크라테스(Socrates). 콘스탄티노플의 변호사 혹은 수사학자로서, 380년에 태어났다. 일곱 권으로 된 그의 저서는 306-439년의 시기를 다루며, 문헌들에서 발췌한 무수한 자료들과, 차분하고 공평한 진술로 인해 가치를 지닌다. 이 책은 노바티아누스주의에 기울었다는 비판을 받았다. 그는 당대인들과 후대인들에 비해 사가의 의무를 퍽 숭고하게 여기는 태도를 견지했다. 따라서 이단들과 분파들에 대해서 좀 더 관대하게 판단했고, 황제들과 주교들을 징송하는 데는 비교적 인색했다.[7]

헤르미아스 소조메누스(Hermias Sozomen)는 팔레스타인 출신으로서 소크라테스와 연하의 동시대인이자 그와 마찬가지로 콘스탄티노플에서 수사학자로서 활동했다. 323년부터 호노리우스가 죽던 해인 423년까지를 다룬 아홉 권의 교회사를 썼으며, 따라서 내용이 대체로 소크라테스의 교회사와 일치한다. 물론 소크라테스의 저서를 모른 채 쓴 듯하며, 자신이 큰 애착을 둔 은수자들과 수사들의 역사를 많이 첨가했다.[8]

테오도레투스(Theodoret)는 키루스(Cyrus)의 주교로서, 390년경에 안디옥에서 신앙과 교양이 깊은 어머니에게서 태어났으며, 성 유프레피우스 수도원에서 (아마 네스토리우스와 함께) 교육을 받았다. 다소의 디오도루스와 몹수에스티아의 테오도루스의 저서들을 토대로 사상이 형성되었고, 420년 이후에 시리아의 키로스(Cyros 혹은 Cyrrhos)의 주교가 되었으며, 457년에 죽었다. 그는 그리스도론 논쟁들과 관련하여 안디옥의 양성론 혹은 온건한 네스토리우스주의를 학문적으로 가장 탁월하게 옹호한 인물로 알려져 있다. 431년에 에베소에서 단죄를 받았고, 449년에 강도 공의회에 의해 면직당한 뒤, 451년에 제4차 에큐메니컬 공의회에 의해서 네스토리우스와, 테오토코스를 부정하는 모든 자들을 단죄한다는 조건으로 사면을 받았으나, 죽고나서 오랜 후에 제5차 에큐메니컬 공의회에 의해서 다시 부분적인 단죄를 받았다. 그러므로 그는 에우세비우스와 마찬가지로 교회사 저자였을 뿐 아니라 교회사 무대에서 직접 활동한 배우이기도 한 셈이다. 그

---

7) Hussey의 독립 편집본: *Socratis scholastici Historia Eccl.* Oxon. 1853, 2 vols. 8vo.

8) 그는 (제4권 15장에서) 자신의 할아버지가 수사 힐라리온의 기적을 보고서 온 가족과 함께 기독교로 회심했다고 전한다.

는 주교로서 모범적인 생애를 살아서 비판자들로부터도 이렇다 할 비난을 받지 않았으며, 특히 가난한 자들을 선대했다. 서책들 외에는 재산을 소유하지 않았으며, 교구의 수입을 공적 유익에 사용했다. 자기 시대의 미신들과 약점들을 초월하지 못하고 그 한계 안에서 살았다.

그의 「교회사」(Ecclesiastical History)는 모두 다섯 권으로 되어 있고 450년경에 집필되었으며, 325-429년의 시기를 다룬다. 이것이 에우세비우스의 교회사를 가장 내실있게 이어간 저서이며, 비록 짧기는 하나 소크라테스와 소조메누스의 저서들을 본질적인 면에서 보충한다.

그의 「종교사」(Historia religiosa)는 은수자들과 수사들의 전기들로 구성되어 있고, 금욕적 성결에 대한 깊은 열정으로 집필되었으며, 당대의 취향에 맞게 전설적인 이야기들을 많이 수록하고 있다. 다섯 권으로 된 「이단적 우화들」 (Heretical Fables)은 피상적인데다가 오류도 많긴 하지만, 기독교 교리사를 이해하는 데 다소 중요하다. 이 책에는 테오도레투스에게서 도무지 기대할 수 없을 만큼 네스토리우스에 대한 준열한 단죄가 실려 있다.[9]

테오도레투스는 다작가였다. 위에 소개한 역사 관련 저서들 외에도 구약성경의 거의 모든 책들과 바울의 모든 서신들에 대해 귀중한 주석들을 썼고, 키릴루스와 알렉산드리아 그리스도론을 비판하는 교의적이고 논쟁적인 저서들을 썼으며, 그리스 철학에 대해서 기독교를 변호하는 글과 여러 편의 설교들과 서신들을 썼다.

에바그리우스(Evagrius:536년에 시리아에서 태어나 594년에 죽음)는 안디옥의 법률가로서, 총대주교 그레고리우스를 각별히 섬겼다. 특히 588년의 근친상간 사건 때 그에게 큰 도움을 주었다. 그는 두 번 결혼했는데, 두 번째 결혼식 때 안디옥 주민들은 축제를 벌여 그를 축하해 주었다(592). 그는 에우세비우스와 테오도레투스를 마지막으로 계승한 사람이라고 평가할 만하다. 모두 여섯 권으로 된 「교회사」(Ecclesiastical History)를 431년의 에베소 공의회와 더불어 시작하여, 황제 마우리케(Maurice)의 재위 12년인 594년으로 마감한다. 그는 네스토리우스와 유티케스 논쟁들을 각별히 중요하게 다루고, 주교들과 수사들, 교회들과 공공건물들, 지진들과 그 밖의 재난들을 기술하며, 코스로에스 전쟁과 야만족의 공

---

9) Book iv. ch. 12.

격 같은 정치적 사건들을 곁들인다. 정통신앙을 엄격히 견지했으나, 수사들과 성인들, 성유물들을 미신적으로 숭배했다.

테오도루스(Theodorus Lector)는 525년경에 콘스탄티노플 교회에서 독서자로 활동했고, 소크라테스·소조메누스·테오도레투스의 글들을 엮어 「삼인의 역사」(*Historia tripartita*)라는 제목으로 펴냈는데, 이 저서는 필사본으로 현존한다. 또한 소크라테스의 사기(史記)를 이어서 431-518년의 시기를 다루었는데, 이 책은 요한 나마스게누스(John Damascenus)와 닐루스(Nilus), 니케쬬투스 칼리스티(Nicephorus Callisti)의 글에 단편으로만 남아 있다.

필로스토르기우스(Philostorgius, 368년 출생)는 아리우스파 교회사가로서, 그에 관해서는 포티우스의 글에 수록된 단편들 외에는 자료가 남아 있지 않다. 이 단편들에는 분파 정신이 워낙 강렬하게 담겨 있어서 나머지 부분을 읽지 않아도 그 성격을 넉넉히 짐작할 수 있다. 그는 아리우스 논쟁이 시작된 시점부터 발렌티니아누스 3세의 재위 때인 423년까지를 다룬다.

그리스 교회사가들의 명맥은 니케포루스 칼리스투스(Nicephorus Callistus) 혹은 칼리스티(Callisti, 즉 칼리스투스의 아들)로서 끊긴다.[10] 그는 역사의 목소리가 6세기 이래로 침묵을 지키고 있는 것을 의아하게 생각하여, 전대의 역사가들이 남겨둔 뒤 오래 방치된 과제를 다시 떠맡았으나, 시각을 훨씬 넓혀서 시초부터 911년에 이르는 보편적 교회의 통사를 쓸 계획을 세웠다. 하지만 현존하는 것은 610년에 황제 포카스(Phocas)가 죽을 때까지에 해당하는 열여덟 권과 다른 다섯 권의 목차뿐이다. 그는 에우세비우스와 전대의 사가들의 글을 광범위하게 활용했으며, 사도들의 말년에 관한 신뢰하기 힘든 전승들과, 단성론의 역사, 수사들과 성인들의 역사, 야만족들의 발흥 등의 내용들을 덧붙였다. 펠라기우스 논쟁을 무시하고 넘어가며, 5세기 이후의 라틴 교회에도 눈길을 주지 않는다.

오래 기다려온 라틴 교회의 경우는 에우세비우스가 계승자를 한 명밖에 일으키지 못했다. 그가 바로 장로이자 수사인 아퀼레이아의 루피누스(Rufinus, 330-

---

10) 그를 화상 파괴 논쟁 때 면직되어 828년에 죽은 콘스탄티노플 총대주교 니케포루스와 혼동해서는 안 된다. 간략한 *Chronographia ab Adamo ad Michaelis et Theophili tempora* (828)를 포함한 그의 저서들은 Migne의 *Patrologia Graeca*의 tom. c.를 구성한다.

410)이다. 처음에 제롬의 친구였던 그는 후에는 철저한 원수가 되었다. 에우세비우스의 「교회사」를 자기 재량껏 첨삭을 가해 번역했으며, 그 책에 이어서 대 테오도시우스(393)까지 다루었다. 하지만 그렇게 이어서 집필한 내용은 이렇다 할 가치가 없다. 그는 은수자들의 전기와 사도신경 해설서를 썼으며, 오리게네스의 저서 여러 권을 거슬리는 부분들을 손질하는 방식으로 번역했다.

카시오도루스(Cassiodorus)는 집정관을 지내다가 수사가 된 인물로서(562년경 죽음), 소크라테스·소조메누스·테오도레투스의 저서들을 간추려 「삼인의 역사」(Historia tripartita)를 편집했는데, 이 책은 중세 라틴 교회에 유익을 끼쳤다.

엄밀한 의미에서 라틴 교회 신학자들 중에서 교회사에 이바지한 사람은 제롬(419년 죽음)이었다. 그가 집필한 위인전(392)을 갈리아 남부의 반(半)펠라기우스파 장로 게나디우스(Gennadius)가 이어받아 495년까지 썼다. 술피키우스 세베루스(Sulpicius Severus, 420년 죽음)는 훌륭한 문체로 창조부터 400년까지를 다룬 「종교사」(Sacred History) 혹은 「신구약사」(History of the Old and New Testament)를 썼다. 파울루스 오로시우스(Paulus Orosius, 415년경)는 변증적 관점에서 세계사를 다루었는데, 하지만 이 책은 역사라는 이름을 붙이기가 어렵다.

163. 대 아타나시우스

니케아 시대를 기점으로 볼 때, 아타나시우스(Athanasius the Great)는 자기보다 연장자로서 동시대를 살아간 콘스탄티누스가 정치적·세속적 중심이었다면, 그는 신학적·교회적 중심이었다. 두 사람에게 모두 대(the Great)라는 칭호가 붙는다. 굳이 경중을 따지자면 아타나시우스에게 이 칭호가 더 적합하다. 그는 지적·도덕적 면에서 과연 위대했고, 강력한 오류들과 황궁의 세력에 맞서서 오랜 세월 고난을 받으며 투쟁하는 과정에서 그러한 면모를 입증했다. 아타나시우스는 세상과 대치했고, 세상은 아타나시우스와 대치했다(Athanasius contra mundum, et mundum contra Athanasius)는 것이 그의 두려움을 모르는 독립 정신과 소신에 대한 바위 같은 충절을 너무나 적절히 표현한 유명한 말이다. 그는 가톨릭 교회가 권위의 공리로 내세우는 항상, 어디서나, 그리고 모든 사람들에 의해 믿어진 것(Quod semper, quod ubique, quod ab omnibus creditum est)에 대해서 확고한 모순을 세우는 듯하며, 진리가 반드시 다수의 편에 있는 것만은 아니고 매우 인기가 없는 경우도 많다는 것을 삶으로써 입증한다. 고독한 인생을 보낸 아타나시우스는 심지어 유배지에서도, 공의회와 황제의 금령에 처한 상황에서도, 진리를 품고 지냈으며, 훗날 얻은 별명대로 과연 '정통신앙의 아버지' 같은 처신을 했다.[11]

313년 어느 순교자의 축일[성일]에 알렉산드리아의 주교 알렉산더가 소년들이 무리를 지어 노는 모습을 보게 되었다. 교회 예배 놀이였는데, 소년 아타나시우스가 주교역을 맡아 침례를 거행하고 있었다.[12] 알렉산더는 그 소년을 보고서 커서 큰일을 할 사람임을 직감하고서 소년을 데려다 가르쳤으며, 나이가 들었을 때 비서로, 나중에는 자신의 대부제로 임명했다. 아타나시우스는 고전과 성경, 교부들을 공부하면서 금욕자로서 생활했다. 나이가 들어 두각을 나타내기 전에 벌써 성 안토니우스의 독거처를 찾아가 그를 만나고 올 정도였다.

아타나시우스는 325년에 자기 주교를 모시고 니케아 공의회에 참석했다가, 회의장에서 아리우스주의를 논박하고 그리스도의 영원한 신성을 옹호하는 열정과 역량으로 큰 주목을 받았다. 하지만 이때 이단 진영에게 받은 혐오가 워낙 커서 평생 그들로 인해 많은 시련을 겪게 되었다.

328년에 그는 임종을 앞둔 알렉산더의 추천으로 알렉산드리아 후임 주교로 지명되었다. 아직 주교가 될 만한 법정 연령이 되지 않았고, 본인도 의사가 없어서 처음에는 도망칠 생각까지 품었으나, 교구민들의 지지에 힘입어 결국 동방에서 가장 높은 성직에 올랐다. 알렉산드리아 주교가 동시에 이집트·리비아·펜타폴리스의 수도대주교이기도 했던 것이다.

그러나 주교가 되자마자 아리우스파와 투쟁을 시작하게 되었고, 이 투쟁은 여러 번에 걸쳐 오랫동안 지속될 것이었다. 당시에는 아리우스파가 이미 콘스탄티누스 황실을 장악했고, 황제를 설득하여 아리우스와 그의 지지자들을 유배지에서 돌아오도록 했던 것이다. 그때부터 아타나시우스 개인의 운명은 아리우스 논

---

11) 에피파니우스가 일찍이 그를 이렇게 불렀다(*Haer.* 69, c. 2).

12) 루피누스가 그렇게 전한다(*H. E.* 1, i, c. 14). 대다수 로마 가톨릭 사가들은 이 전설이 연대적으로 부합하지 않다는 점과, 그 성인의 품위에 어울리지 않는다는 점을 들어 그것을 배격한다.

쟁사와 워낙 긴밀히 얽힌 까닭에 니케아와 아타나시우스가 동일한 뜻의 표현이 되었으며, 아타나시우스의 면직과 복권이 곧 니케아 정통신앙의 쇠퇴와 승리를 가리키게 되었다. 대적들은 막강한 권력과 간계를 사용하여 온갖 인격적·정치적 혐의를 둘러씌워 ― 하지만 실은 그가 아리우스와 반(半)아리우스 이단을 집요하게 공격했기 때문에 ― 다섯 번이나 그에게 면직과 추방의 고통을 안겨주었다. 그 결과 그는 첫 번째 유배 생활을 트레브에서, 두 번째는 주로 로마에서, 세 번째는 이집트 사막에서 수사들과 함께 보냈다. 하지만 유배지에서도 글로써 자신의 의로운 대의명분을 위해 투쟁했다. 그러다가 아리우스 진영이 쇠퇴의 길을 걷게 되었는데, 먼저는 내부 갈등 때문이었고, 그 뒤 그들의 든든한 후원자이던 황제 콘스탄티우스의 죽음(361)이 중대한 기로가 되었다.

이교 황제 율리아누스는 양 진영에서 추방되었던 주교들을 불러들였다. 혹시 그들이 서로를 물고뜯지 않을까 기대했던 것이다. 그렇게 해서 기독교를 증오하던 황제의 가장 철저한 적이었던 아타나시우스가 다시 주교직을 받게 되었다. 그러나 그가 열정적이고 지혜로운 활동으로 오히려 교구의 조화를 회복하고 이교에 큰 타격을 입히고(그는 이교보다 차라리 아리우스주의를 훨씬 더 위험하게 생각했다), 그로써 율리아누스의 간교한 계획을 무산시키자, 황제는 다시 폭력을 동원하여 위험한 평화 파괴자라는 죄목을 붙여 그를 다시 추방했다.

이로써 아타나시우스는 네 번째로 알렉산드리아를 떠나게 되었으나, 울며 아쉬워하는 동료들에게 다음과 같은 예언적인 말로써 위로했다: "힘들을 내십시오. 잠시 구름이 끼었을 뿐입니다. 곧 걷힐 겁니다." 나일강에서 그를 태운 황제의 배에는 자객이 둘 고용되어 있었으나, 아타나시우스는 침착하게 기회를 노려 탈출하는 데 성공했다. 362년에 율리아누스가 죽자 그는 후임 황제 요비아누스의 명을 받아 다시 교구로 돌아갔다. 그러나 다음 황제인 아리우스주의자 발렌스가 즉위하여 367년에 콘스탄티우스 치하에서 면직되었다가 율리아누스에 의해 복권되었던 모든 주교들을 다시 추방한다는 칙령을 내렸다. 이때는 나이가 지긋하게 들었던 아타나시우스는 다섯 번째로 사랑하는 양들을 떠나야 했는데, 이번에는 아버지의 무덤 근처에서 넉 달 이상 은신했다. 아타나시우스가 피신한 뒤 알렉산드리아 주민들이 자신들의 정통파 주교에 보내는 열정적 지지 여론에 부담을 느낀 발렌스는 칙령을 철회했다.

이때부터 아타나시우스는 평화를 얻었으나, 그 연로한 몸으로 젊은이 못지않은 열정으로 아폴리나리우스주의를 비판하는 글들을 썼다. 마침내 373년에 그는 거의 46년의 봉사를 마치고서, 하지만 아직 아리우스주의와의 투쟁의 종결을 확인하지 못한 채 눈을 감았다. 비록 유언으로 정통신앙의 최후 승리를 장담했지만, 모세와 마찬가지로 목적지에 당도하기 전에 지상의 무대에서 부름을 받았다.

아타나시우스는 많은 위인들(다윗과 바울에서부터 나폴레옹과 슐라이어마허에 이르는)처럼 키가 아주 작고 다소 구부정하고 잦은 금식과 시달림으로 인해 수척했으나, 용모는 수려했고, 안광이 있었으며, 대적들조차 그 앞에서 함부로 처신하기 힘든 위엄이 있었다. 어디든 거리낌 없이 가는 그의 왕성한 활동력, 민첩하고 신비감을 일으키는 행동, 누구도 무릎을 꿇릴 수 없는 용기, 미래를 내다보는 통찰, 이런 면들을 그의 친구들은 하나님이 곁에서 도우신 결과로 보았으나, 원수들은 악의 세력과 결탁해서 나온 힘이라고 보았다. 따라서 원수들의 진영에서는 그가 마술을 부리고 있다는 의혹까지 생겼다.[13] 알렉산드리아에 있는 그의 회중과 이집트의 주민들과 수사들은 아타나시우스가 격동의 세월을 겪을 때 그와 동일한 충절과 존경으로 내내 그와 함께했다. 나지안주스의 그레고리우스는 아타나시우스에 대한 뜨거운 찬사를 다음과 같은 말로 시작한다: "내가 아타나시우스를 예찬할 때는 덕 자체를 예찬하는 것입니다. 왜냐하면 그분은 모든 덕을 한 몸에 두루 지닌 분이기 때문입니다." 소 콘스탄티누스(Constantine the Younger)는 그를 가리켜 "하나님의 사람"이라고 했고, 테오도레투스는 "위대한 계몽자"라고 했으며, 다마스쿠스의 요한은 "하나님의 교회의 모퉁잇돌"이라고 했다.

물론 이런 표현들은 모두 퇴화한 그리스 수사학의 양식을 사용한 과장법일 뿐이다. 아타나시우스도 자기 시대의 과오에서 자유롭지는 못했다. 그러나 그는

---

13) 이 신념이 카파도키아의 성 게오르게에 관한 아리우스파적 전설에 잘 나타나 있다. 아타나시우스에 대립하여 주교로 임명된 아리우스파 게오르게는 '마법사' 아타나시우스와 대결한 결과 알렉산드리아 주민들에게 살해를 당했다는 것이 전설의 내용이다. 이런 식으로 아리우스파는 자신들의 위대한 적수에 대한 기억에 보복을 가했다. 훗날 '마법사'가 '용'이 되었고, 그 용을 게오르게가 말을 타고 무찌른다는 식으로 전설의 내용이 바뀐다. 다른 사람들의 증언에 따르면 게오르게는 디오클레티아누스 때 순교한 인물이라고 한다.

인생 전체를 놓고 볼 때 교회사에서 가장 순수하고 가장 당당하고 가장 존경받을 만한 사람 중 하나였다. 그리고 이러한 평가는 오늘날도 거의 모든 교계에서 받아들여지고 있다.

아타나시우스는 격조와 전통을 지닌 신학자이자 목회자였다. 몸통도 하나였고 사상도 하나였으며, 이 점에서 편향적인 사람이었다. 그럴지라도 이 점을 깊이 생각하면 그는 강직하고도 포괄적인 사상을 지니고 태어나 다른 사람들을 모두 그 사상에 종속시킨 위인들 축에 든다고 해야 옳다. 사도 바울이 십자가에 달리신 그리스도를 위해서 평생을 살고 사역했고, 그레고리우스 7세가 로마의 성직위계제도를 위해서 그렇게 살았고, 루터가 믿음으로 의롭다 함을 얻는다는 교리를 위해서 그렇게 살았고, 칼빈이 하나님의 주권 사상을 위해서 그렇게 살았다. 그리스도의 신성을 확증하는 것, 그것이 아타나시우스의 열정이자 필생의 업이었다. 그것을 그는 기독교 신앙이라는 건물의 초석으로 정당하게 간주했으며, 그것이 없다면 구속(救贖)을 생각할 수 없었다. 이 진리를 위해서 자신의 모든 시간과 힘을 다 바쳤다. 이 진리를 위해서 면직과 20년간의 유배를 견뎠다. 이 진리를 위해서라면 언제든 기꺼이 피를 흘릴 용의가 있었다. 이 진리를 옹호하기 위해서 그토록 심한 증오를 받았고, 그토록 큰 사랑을 받았고, 항상 존경 아니면 증오의 대상이 되었다. 자신의 신념이 옳고 하나님께서 자신을 보호하신다는 흔들림 없는 확신이 있었기에, 자신의 대적들이 늘 그랬던 것처럼 성직을 유지하고자 세속 권력에 고개를 숙이고, 황궁의 대신들에게 굽신거리는 짓을 한 순간도 하지 않을 수 있었다.

아타나시우스가 아리우스파에 대해서 확고부동한 자세를 취했던 이유는 그들이 기독교의 본질 자체를 무너뜨린다고 믿었기 때문이며, 그들에 맞서기 위해서는 아무리 불쾌하고 경멸스러운 평가라도 달게 받았다. 그는 아리우스파를 다신론자들·무신론자들·유대인들·바리새인들·사두개인들·헤롯당·첩자들·이교도들보다 심한 박해자들·거짓말쟁이들·개들·이리들·적그리스도들·마귀들이라고 불렀다. 그러나 그는 영적 무기들만을 사용했고, 한 세기 뒤에 자신의 지위를 물려받은 키릴루스처럼 계획적으로 공권력을 동원하지 않았다. 박해를 받을지언정 박해를 하지 않았다. 정통신앙은 신앙을 설득해야지, 강요해서는 안 된다는 격언을 그대로 이행했다.

그는 앙키라의 마르켈루스 같은 선한 사람들이 범한 비본질적 오류들에 대해서는 관대하게 대했다. 오리게네스에 대해서 존경을 담아 평가했으며, 그의 사역에 대해서 감사를 표시했다. 이에 비해 에피파니우스와 심지어 제롬도 오리게네스의 기억을 지워버리고 그의 유골을 기꺼이 불태웠다. 자신이 일면식도 없었던 바실리우스의 정통신앙에 대해서 의혹이 제기되었을 때 그러한 평가에 귀 기울이지 않았으며, 자신의 이러한 관대한 태도가 약자를 위한 정당한 태도라고 공언했다. 자신이 높이 평가하고 사랑하던 아폴리나리우스를 비판하는 글을 쓰지 않을 수 없게 되었을 때에는 그의 오류를 논박하는 데에 만족했고, 그의 이름을 거론하지 않았다. 그는 단어와 문장보다 신학 사상에 더 깊은 관심이 있었다. 호모우시오스라는 상징적인 단어에 대해서조차, 그리스도의 본질적이고 영원한 신성의 위대한 진리가 훼손되지 않는다는 보장만 있다면 완고하게 고집할 생각이 없었다. 그는 362년에 알렉산드리아에서 열린 공의회에 마지막으로 공식 석상에서 모습을 드러내었을 때 서로 논쟁하던 진영들을 중재하고 화해시키는 위치를 견지했다. 그가 보기에 두 진영은 우시아와 **휘포스타시스**라는 단어들의 사용을 놓고 갈등을 겪고 있긴 하지만 신앙의 큰 토대에서는 하나였던 것이다.

동방 교회의 교부들 가운데 아타나시우스처럼 서방 교회에서 높은 평가를 받은 사람은 다시 없었다. 로마와 트레브에 잠시 체류했던 경험과, 라틴어를 구사할 수 있었던 것이 이러한 효과를 내는 게 이바지했다. 그는 서방에 수도원주의를 이식했다. 그러나 그가 서방 세계에서 명성을 얻게 된 원인은 기독교의 근본 교리를 옹호했기 때문이었다. 훨씬 후대에 그의 이름으로 작성된 **퀴쿤케 신조**(아마 프랑스에서 발생한 듯함)가 라틴 교회에서 보편적으로 받아들여졌으며, 오늘날까지도 중요한 의미를 지닌 채 사용되고 있다. 그의 이름은 성 삼위일체 교리에 관한 투쟁과 승리와 떼어놓을 수 없이 깊숙이 관련되어 있다.

저자로서 평가할 때, 아타나시우스는 신학적 깊이와 분별력, 변증 능력, 그리고 때로는 뇌성벽력과 같은 웅변이 두드러진다. 매사에 자신의 대적들에 비해 지적 우월성을 확고히 드러내며, 과연 이단을 때리는 망치였음을 입증한다. 이단들의 은신처를 샅샅이 색출하고 그들의 모든 주장과 궤변을 논박하면서도, 논쟁의 주요 초점에서 눈을 떼지 않았으며, 항상 새로 힘을 내서 그 점으로 되돌아오곤 했다. 그의 견해는 확고한 논리적 연계성에 의해 지배되었다. 하지만 모진 풍상의 세월을 겪느라 방대한 체계의 저서를 쓸 겨를이 없었다. 그가 남긴 저서들은 거의 대부분 그때그때의 상황을 위해 쓴 것이었다. 그 중 적지 않은 글들이 유배 생활에 경황이 없는 상황에서 나온 것들이다.

그의 저서들은 다음과 같이 구분할 수 있다.

1. 기독교 변증서. 젊었을 때(325년 이전) 쓴 탄탄하고 열정적인 저작을 이 부류에 넣을 수 있다. 「그리스인들에 대한 논박서」(*A Discourse against the Greeks*)와 「하나님의 말씀의 성육신에 관하여」(*On the Incarnation of the Divine Word*)가 그것인데, 그때 이미 성육신을 기독교 신앙의 핵심 개념으로 간주하고 있었다.

2. 니케아 신앙에 대한 교의서와 변증서. 이 저서들은 아리우스 논쟁사를 이해하는 데도 매우 중요하다. 이 부류에 속한 저서들 가운데 아리우스를 겨냥한 것들은 다음과 같다: 「모든 주교들에게 보내는 회람 서신」(*An Encyclical Letter to all Bishops*, 341년 작성); 「니케아 공의회 법령에 관하여」(*On the Decrees of the Council of Nicaea*, 352); 「알렉산드리아 디오니시우스의 견해에 관하여」(*On the Opinion of Dionysius of Alexandria*, 352); 「이집트와 리비아의 주교들에게 보내는 서신」(*An Epistle to the Bishops of Egypt and Libya*, 356); 「아리우스파에게 던지는 네 편의 연설」(*Four Orations against the Arians*, 358); 「아리우스의 죽음에 관해 세라피온에게 보내는 편지」(*A Letter to Serapion on the Death of Arius*, 358 혹은 359); 「수사들에게 보내는 아리우스파의 역사」(*A History of the Arians to the Monks*, 358-360). 이 글들에 굳이 덧붙이자면 「성령의 신성에 관해 세라피온에게 보내는 서신」(*Epistles to Serapion on the Deity of the Holy Spirit*, 358) 네 편과 그리스도의 온전한 인성을 변호하는 내용의 「아폴리나리우스 논박서」(*Against Apollinaris*, 379)를 덧붙일 수 있다.

3. 자기 변호에 관한 저서들. 「아리우스파와 대치하며 내놓는 변명」(*An Apology against the Arians*, 350); 「콘스탄티우스에게 보내는 변명」(*an Apology to Constantius*, 356); 「도피에 관한 변명」(*an Apology concerning <his> Flight <De fuga>*, 357 혹은 358); 그 외 여러 통의 편지들.

4. 해석학 저서들. 특히 시편 주석. 그는 알렉산드리아 학파의 과도한 알레고리 해석법에 근거하여 시편의 도처에서 그리스도와 교회에 관한 예표들과 예언들을 찾아낸다. 그 외에도 성경 개요 혹은 개론이 있다. 그러나 그다지 중요하지 않은 이 저서들은 여러 면에서 진정성이 의심을 받는다.

5. 금욕주의적이고 실천적인 저서들. 대표적인 것이 「성 안토니우스의 생애」(*Life of St. Anthony*)[14] — 365년경에 혹은 어쨌든 안토니우스가 죽은 뒤에 집필함 —

와 「축일 서신집」(*Festal Letters*)인데, 후자는 최근에야 비로소 알려졌다.[15] 「축일 서신집」은 그가 주교로서 어떤 자세로 목회를 했는지 어렴풋하게나마 알게 해주고, 그가 가르친 많은 교리들과 당시 교회의 상황에 대해서도 빛을 비춰준다. 이 서신들에서 아타나시우스는 알렉산드리아의 관습에 따라서 매년 주현절(Epiphany)이 되면 이집트의 성직자들과 회중들에게 부활절 일자를 고지하며, 성경 단락들에 대한 강론과 시의에 맞는 교훈을 덧붙인다. 이 서신들은 부활절 기간, 특히 종려주일에 이집트의 각 교회들에서 낭독되었다. 아타나시우스는 40년간 주교직을 수행했기 때문에, 만약 피신이나 와병으로 인해 방해만 받지 않았다면 그 햇수만큼의 축일 서신을 썼을 것이다. 서신들은 헬라어로 기록되었으나 곧 시리아어로 번역되었고, 수 세기 동안 니트리아 수도원의 먼지에 묻혀 있다가 개신교 학자들의 발굴 조사에 힘입어 다시 빛을 보게 되었다.

164. 대 바실리우스

아시아 도(道)의 카파도키아는 4세기에 세 사람의 저명한 교회 교사들을 배출했다. 그들은 바실리우스(Basil)와 두 명의 그레고리우스로서, 자기 지방 사람들의 일반적인 성향과 사뭇 대조되는 인생을 살았다. 카파도키아인들은 소심하고 비겁하고 이중적인 사람들이라는 평가를 받았기 때문이다.[16]

대 바실리우스(Basil the Great)는 329년경에 카파도키아의 수도 카이사리아에서 부유하고 경건한 가족의 품에 태어났다. 조상들도 순교자들로서 널리 알려진 사람들이었다. 그의 마음에 경건의 씨앗을 심어준 이는 할머니 성 마크리나(St. Macrina)와 어머니 성 에멜리아(St. Emmelia)이다. 그에게는 형제 넷과 누이 다섯이 있었는데, 모두 신앙적인 생애를 살았다. 형제 중에 그레고리우스는 니사

---

14) Opera, tom. ii.p.p. 785-866. 참조. 위의 § 35.

15) 참조. Cureton, Larsow, Angelo Mai가 편집한 축일 서신집들.

16) 5세기 초에 살았던 펠루시움의 이시도루스의 서신들에 특히 이런 평가가 실려 있다. 나지안주스의 그레고리우스는 카파도키아인들에 대해서 좀 더 우호적인 평가를 하며, 그들이 정통신앙을 받아들이고 있는 것을 자랑스럽게 여겼다.

의 주교, 페트루스는 세바스테의 주교가 되었고, 누이 소 마크리나(Macrina the Younger)도 바실리우스와 마찬가지로 동방 교회 성인의 반열에 올랐다. 바실리우스는 어렸을 때는 수사학자이던 아버지에게 글을 배웠고, 커서는 콘스탄티노플에 유학하면서(347) 저명한 리바니우스 밑에서 학문과 도량을 닦았다. 그 뒤 아테네로 가서 351-355년에 수사학·수학·철학을 공부했는데, 이때 함께 공부한 사람들 가운데는 절친한 친구인 나지안주스의 그레고리우스와 당시 황태자였던 배교자 율리아누스가 있었다.

아테네는 당시에도 여전히 그리스 전지역과 심지어 아시아의 먼 지방에서까지도 학생들이 많이 몰려드는 곳이었다. 고대의 명성과 유서깊은 전통 때문이기도 했고, 탁월한 철학·웅변 교수들인 소피스트들이 있었기 때문이기도 했다. 당시에는 존경의 의미로 철학·웅변 교수들을 소피스트라고 불렀는데, 당시에는 히메리우스(Himerius)와 프로아이레시우스(Proaeresius)가 명성을 날렸다. 소피스트들은 저마다 자신의 학교와 학파를 두고 있었는데, 제자들은 스승에게 절대 존경과 복종을 바쳤으며, 새로 학생이 올 때면 그를 자기들의 스승 밑에 두게 하려고 노력했다. 다양한 학파들 사이에서 이러한 노력과 아울러 지상(紙上) 논쟁이 벌어져서 조야하고 거친 행동으로 이어지는 경우도 적지 않았다. 기독교 신앙을 아직 확고히 터득하지 않은 젊은이들에게 아테네에서의 유학 생활과 고전에 대한 심취는 큰 유혹을 안겨주었고, 이교 신앙에 대한 열정에 쉽게 불을 붙일 수 있게 할 수 있었다. 하지만 물론 이교는 이미 생명력을 잃은 상태였으며, 마술과 모호한 신비주의 같은 인위적인 수단에 의존하여 명맥을 유지하고 있었다.[17]

바실리우스와 그레고리우스는 아테네 유학 생활을 착실하게 마쳤으며, 그곳에서 배운 어떠한 근사한 시적·수사학적 지식도 이전에 배운 신앙 훈련의 인상을 지우지 못했다. 그레고리우스는 43번째 '연설'(Oration)에서 아테네 유학 생활에 관해 다음과 같이 말한다: "우리가 시내에서 알고 있는 거리는 딱 두 곳뿐이었다. 하나는 교회들과 사제들에게로 난 아주 근사한 길이었고, 다른 하나는

---

17) 당시 아테네에서 이루어지던 학생들의 생활에 대해서는 나지안주스 그레고리우스의 *Oration*, 43d, ch. 14 sqq (in older editions the 20th)와, Libanius의 *De vita sua*, p. 13, ed. Reiske를 참조하라.

공립학교들과 교사들에게로 난 길이었는데, 우리는 이 길을 그다지 높게 치지 않았다. 극장과 오락장, 거룩하지 못한 유희의 장소로 난 길들은 다른 사람들이 가든말든 우리는 상관하지 않았다. 거룩한 생활이 우리의 지대한 관심사였다. 우리의 유일한 목표는 그리스도인이라 불리는 것이고, 실제로 그렇게 되는 것이었다. 여기에 우리의 모든 명예가 걸려 있었다."[18]

뒤에 고전 학문들에 관해서 행한 연설에서, 바실리우스는 그 학문들을 권장하지만, 항상 경계를 늦추어서는 안 되고, '영생'이라는 그리스도인의 큰 목표를 항상 유념해야 한다고 훈계하면서, 지상에 속한 모든 것들과 업적들은 실재에 대한 그림자와 꿈일 뿐이라고 말한다. 장미꽃을 꺾을 때는 가시를 조심해야 하며, 꽃의 색깔과 향기에만 도취해서는 안 되고, 꿀벌처럼 꽃에서 유익한 꿀을 거둘 줄도 알아야 한다고 말한다.[19]

바실리우스가 그레고리우스와 나눈 두터운 교분은 원기와 열정이 넘치던 젊은 시절부터 죽을 때까지 계속되었다. 영적·도덕적 목표의 동질성에 근거를 두고, 기독교적 경건에 의해 거룩하게 된 이 교분이 교부들의 역사에 아름다운 한 장을 이루며, 여느 교회사가도 아직 들어가 보지 못한 분야에 간략한 일화를 남겨놓는다.

모든 것을 금욕의 잣대로 재던, 따라서 생각이 트인 교부들마저 족쇄로 옥죄던 편협한 시기에, 두 사람은 학문과 예술, 그리고 자연의 아름다움에 마음을 열었다. 바실리우스와 두 그레고리우스의 저서들에서는 우리가 이교 고전들에서 찾으려 해봐야 찾을 수 없는 자연에 대한 소묘들이 나타난다. 고대 그리스와 로마의 시인들과 철학자들이 묘사해 놓은 자연의 풍광이란 그 분량을 몇 쪽 분량으로 쉽게 압축할 수 있다. 소크라테스는 플라톤의 글에서 확인되는 바로는 인간이 나무들과 들판에서 배울 게 별로 없다고 생각했으며, 따라서 산책을 하는 일이 없었다. 자아에 대한 지식을 모든 배움의 참된 목표로 여기고 그것에 너무 치중한 나머지 자연에 대한 연구 자체를 무익하게 여겼다. 자연을 백날 연구해 봐

---

18) *The Oratio funebris in laudem Basilii* M. c. 21 (Opera, ed. Migne, ii. p. 523).

19) 이 유명한 연설은 중세에 고전 학문들을 존중하는 태도가 조금이라도 보존되는 데 이바지했으며, 여러 사람들에 의해서 많이 편집되었다. 예, Hugo Grotius (새로운 라틴어 번역과 서문이 수록됨), 1623; Joh. Potter, 1694; J. H. Majus, 1714 등.

야 인간이 더 명석해지거나 인격이 깊어지지 않기 때문이라고 했다. 자연의 아름다움에 대한 자각은 계시 종교에 의해서만 일깨워진다. 계시 종교는 창조 세계의 도처에서 하나님의 권능과 지혜와 선하심의 흔적을 보도록 가르치는 것이다. 룻기와 욥기, 시편의 여러 시들(특히 104장)과 성경의 비유들은 그리스나 로마 문학에서 유사한 예를 찾을 수 없는 것들이다. 유명한 자연학자(박물학자) 알렉산더 폰 훔볼트(Alexander von Humbolt)는 자신의 목적을 위해서 교부들의 글에서 자연을 매우 아름답게 묘사해 놓은 대목들을 수집했다.[20] 이런 내용들은 기독교의 정신이 자연을 바라보는 시각까지 변화시키는 능력이 있음을 입증하는 흥미로운 증거들이다.

그들이 자연을 묘사해 놓은 글에는 애잔한 슬픔이 흐르는데, 이런 것들은 그리스·로마의 고전 작품들에서 찾아볼 수 없다. 이것이 바실리우스의 형제 니사의 그레고리우스에게 특히 현저하다. 예를 들어 그는 이렇게 말한다. "바위 능선을 바라볼 때, 계곡과 연한 풀들로 파랗게 덮인 평원을 바라볼 때, 나무들이 오색 잎사귀들로 아름답게 흔들리고, 길가에 백합들이 달콤한 향기와 눈부신 색채로 걸음을 멈추게 할 때, 바다 저 멀리 구름이 일으키는 조화를 바라볼 때, 내 영혼은 기쁨이 배인 슬픔에 사로잡힌다. 그리고 가을이 되어 열매들이 다 사라지고 잎들이 떨어지고 가지들이 꺾이고 그리 아름답던 옷을 다 벗을 때, 우리는 끊임없는 규칙적인 순환을 따라서 자연의 이 경이로운 조화에 깊이 빠져든다. 영혼의 사려깊은 눈으로 자연을 깊이 들여다 보는 사람은 대자연 앞에서 왜소하기 짝이 없는 인간을 느낀다."[21] 하지만 나지안주스의 그레고리우스가 순교자 마마스(Mamas)에 관해 행한 연설에서 봄의 아름다움을 묘사해 놓은 것과 같은, 햇살

―――――――――――――

20) 그는 *Kosmos* 제2권에서 다음과 같이 정당하게 주장한다(p. 26): "기독교의 정조(情操, sentiment)는 자연 질서와 아름다움으로부터 창조주의 위대하심과 선하심을 입증하는 경향을 띠었다. 이러한 경향, 즉 하나님이 하신 일들을 가지고 하나님에게 영광을 돌리려는 경향이 자연에 대해서 왕성하게 묘사하도록 만들었다." 이런 유의 그림 중에서 가장 초기의 것이자 가장 방대한 것을 그는 변증가 미누키우스 펠릭스의 글에서 찾는다. 그런 다음 바실리우스(Epist. xiv.; Epist. ccxxiii <tom. iii. ed. Garnier>)와 니사의 그레고리우스, 그리고 크리소스토무스에게서 그런 예들을 인용한다. 특히 자신이 바실리우스에게 "오랫동안 각별히 심취했다"고 실토한다.

21) 니사의 그레고리우스의 여러 단편들에서 간추림.

처럼 밝은 내용들도 발견할 수 있다.[22]

이러한 자연에 대한 묘사들의 두 번째 특징이자 교회사가에게 가장 중요한 것은 지상의 아름다움을 영원하고 천상적인 원리와 연관짓는 것과, 창조 만물을 보고서 하나님께 영광을 돌리는 것인데, 이것은 시편과 욥기의 내용을 기독교 교회로 옮겨 놓은 것이라 할 수 있다. 바실리우스는 창조 역사를 주제로 설교하면서 소아시아 지방의 맑게 갠 밤하늘의 아름다움을 묘사하는데, 그 하늘에는 별들이 "하늘의 영원한 꽃들로 피어 있어서 인간의 정신을 보이는 것에서 보이지 않는 것으로 일으켜 세운다"고 한다. 나지안주스의 그레고리우스는 방금 언급한 연설에서 봄을 지극히 정겹고 생생한 색채들로 묘사한 다음 이렇게 말을 잇는다: "만물이 이루 말할 수 없이 아름다운 소리로 하나님을 찬미하고 그분에게 영광을 돌린다. 모든 일에 대해서 하나님께 감사를 드리는 것이 내 본분이며, 따라서 저 피조물들의 노래도, 내가 지금 대신 읊고 있는 노래도 마땅히 우리가 하나님께 드려야 옳다 …… 실로 지금은[부활절을 가리킴] 세상의 봄이요 정신의 봄이요 영혼의 봄이요 육체의 봄이다. 보이는 봄이요 보이지 않는 봄이다. 만약 보이는 봄에 올바로 변화하여 새 사람들로서 새 생명에 들어간다면 보이지 않는 봄이 올 때 우리가 들어가 얻을 땅이 있을 것이다." 이로써 땅이 하늘의 현관이 되고, 육체의 아름다움이 신령한 아름다움의 형상으로 거룩하게 된다.

그리스 교부들은 자연의 아름다움을 예술 작품보다 우위에 두었다. 예술 작품에 대해서는 이교적으로 남용되어온 점 때문에 일정한 편견을 가지고 있었다. "화려한 건물을 보고 계십니까? 그 기둥들에서 속히 눈을 떼어 저 멀리 펼쳐진 창공을, 너른 들판을 바라보십시오. 거기에는 양들이 해변에서 풀을 뜯고 있습니다. 수평선 위로 황금빛을 쏟아내는 일출에 고요한 마음이 온통 울렁일 때는, 봄날에 부드러운 잔디에 누워, 혹은 듬직한 나무 그늘에 앉아 아스라히 먼 곳을 한없이 바라볼 때는 어떤 예술품이라도 시시하기 짝이 없습니다." 안디옥 근교의 고적한 수도원에서 크리소스토무스가 이렇게 말했고, 훔볼트(Humboldt)는 이렇게 독창적으로 덧붙여 말한다. "숲이 울창하던 당시 시리아와 소아시아의 산촌에서 웅변이 다시 자연의 샘에서 제 요소와 제 자유를 발견한 것 같았다."

조야한 상징물들로 두려운 자연의 세력을 숭배하던 켈트족과 게르만 부족들

---

22) 참조. Ullmann's *Gregor von Nazianz*, p. 210 f f.

에게 기독교가 처음 전래되던 거친 시대에는 마치 테르툴리아누스가 예술을 이교 예술에 대해서 지녔던 그러한 경계심을 가지고 자연과의 접촉을 권장하지 않는 태도가 등장했다. 12~13세기의 교회회의들(투르, 1163; 파리, 1209)은 수사들에게 자연에 관한 책을 읽는 행위를 죄악으로 규정했으며, 이러한 태도는 저명한 스콜라학자들인 대 알베르투스(Albert the Great, 1280년 죽음)와 다재다능한 로저 베이컨(Roger Bacon, 1294년 죽음)이 자연의 신비들을 파헤치고 자연에 대한 연구를 다시 명예로운 지위로 올려놓을 때까지 지속되었다.

이제는 바실리우스의 생애로 돌아가 살펴보자. 아테네 유학을 마친 그는 수사학자가 되어 고향 카이사리아로 돌아갔다. 그러나 그 직후(360)에 시리아·팔레스타인·이집트를 두루 여행하면서 수도원 생활을 주의깊게 살폈고, 갈수록 그것에 대한 열정을 갖게 되었다. 다시 고향에 돌아와서는 가산(家産)을 정리하여 가난한 사람들에게 나눠주고 폰투스의 고적(孤寂)한 곳으로 들어갔다. 어머니 에멜리아가 누이 마크리나와 그 밖의 경건하고 교양있는 처녀들을 데리고 살고 있던 수녀원을 지척에 둔 곳이었다. 그는 친구 그레고리우스에게 쓴 편지에서 이렇게 말한다. "하나님께서 내 생활 스타일에 꼭 맞는 장소를 보여주셨다네. 우리가 한번 가서 살아보고 싶다고 허물없이 말하던 그런 곳일세. 전에 우리가 아득하게만 상상하던 곳이 지금 내 눈 앞에 펼쳐져 있는 것일세. 숲이 울창한 높은 산에서는 사시사철 맑은 시냇물이 북쪽으로 흘러내린다네. 산 밑에는 평야가 널찍히 펼쳐져 있고, 이슬이 사방을 촉촉히 적셔 땅을 비옥하게 만들고. 주위 숲에는 이름도 다 댈 수 없이 다양한 나무들이 군집하여서 마치 강한 성채처럼 길을 떡 가로막고 있다네. 깊은 계곡이 양쪽으로 내려오고, 가운데는 돌짝밭일세. 한쪽 계곡에는 산에서 급류가 쏟아져 내려와 무서워 건널 엄두가 나지 않는 장벽을 이루고, 다른 쪽 계곡은 폭이 너무 넓어 접근할 수 없다네. 내 오두막은 언덕 높은 곳에 있지. 워낙 높은 곳에 있어서 발 밑으로 끝없이 펼쳐지는 평야가 한눈에 내려다 보이고, 붓꽃들이 암피폴리스 근처의 스티르몬 꽃들보다 더 아름답고 풍성하게 피어 있다네. 광야를 흐르는 강은 내가 알고 있는 여느 강보다 물살이 빨라 바위에 세차게 부딪히며, 심연 속으로 포말을 지으며 빨려들어간다네. 이 강은 산을 넘는 나그네에게는 아름답고 매혹적인 풍광을 선사하고, 토박이들에게는 씨알 굵은 고기들을 선사하지. (촉촉한) 대지에서 솟아올라 땅을 비옥하게 하는 운무(雲霧)와, 강에서 불어오는 신선한 바람을 자네는 상상하겠는가? 새들의 정겨운 지저귐과 활짝 핀 꽃들의 풍성함을 자네는 알겠지? 무엇보다도 나에게 기쁨을 주는 것은 한없이 고적한 동네의 분위기라네. 가끔 사냥꾼들만 지나다닐 뿐이지. 내 광야는 자네 사는 곳과 달라 곰과 이리를 먹이는 대신에 사슴들과 산양들을 먹여 자라게 한다네. 이곳을 다른 어느 것과 바꾸겠는가? 알레마이온(Alemaeon)은 엔키나데스(the Echinades)를 발견한 뒤에 더 이상 방랑하기를 바라지 않았었지."[23]

이 낭만적인 글은 수도 생활이 지식인들의 정신에 이상적이고 시적인 면으로 자리잡고 있었음을 보여준다. 이 지방에서 바실리우스는 인간 사회의 온갖 시름과 번민과 방해에서 벗어난 채 하나님을 가장 잘 섬길 수 있다고 생각했다. "땅에 붙어 살면서 천사들의 합창단을 닮아 아침에 일어나 기도를 드리고, 찬미와 노래로 창조주를 찬양한 다음, 찬란한 햇살을 받으며 일터로 나가서 틈틈이 기도하고, 소금으로 간을 맞추듯 찬송으로 일에 간을 맞추는 것보다 더 복된 삶이 어디 있으랴? 조용한 독거(獨居)가 영혼을 씻어내는 첫걸음이다. 마음이란 외부로부터 방해를 받지 않고, 세상의 오감에 휘둘리지 않는다면 평정을 누리며 단정하게 하나님을 생각할 수 있는 법이다." 그는 "온갖 약이 다 구비되어 있는 약국과 같은" 성경에서 "자기 병을 고칠 진정한 약을" 발견했다.

그럴지라도 그는 도시로부터 도피한다고 해서 자기 자신으로부터 도피할 수 있는 것이 아님을 발견했다. 그래서 두 번째 서신에서는 이렇게 말한다.[24] "도시에 있던 내 거처는 만악의 근원이라 버리길 참 잘했는데, 나 자신은 도무지 버려지지 않더군. 바다에 익숙치 않아 배멀미하는 사람과 똑같은 신세가 되어 버렸네. 큰 배니까 요동이 심하려니 하고 배에서 내려 작은 배에 옮겨탔다가 훨씬 더 심한 멀미를 하게 되는 그런 사람 말일세. 내가 꼭 그런 꼴이야. 속에 있는 정념을 그대로 품고 있는 한에는 어디로 가서 살든 변함없이 마음에 고통을 느끼게 되고, 따라서 이런 독거 생활도 실은 그다지 큰 유익이 되지 않는다네."

하지만 편지 뒷부분과 다른 글들에서는 세상 일을 정리하고서 독거와 독신과 성경 연구에 착념하고, 기도와 묵상으로 거룩한 생활을 하고, 엄격한 금욕으로 품행을 다스리는 것이 거친 정념들을 길들이고 참된 영혼의 평정을 얻는 데 필

---

23) Ep. xiv. (tom. iii. p. 132, ed. nova Paris. Garn.)
24) 친구 그레고리우스에게 보낸 서신: Ep. ii. c. 1 (tom. iii. p. 100).

수적임을 역설한다.

바실리우스는 친구 그레고리우스를 자기 곁으로 오게 하는 데 성공했다. 이들은 의기투합하여 기도와 연구와 노동에 힘썼다. 자신들이 소장하고 있는 오리게네스의 저서들을 간추려 「교양의 추구」(*Philocalia*)라는 공저를 내놓기도 했고, 공동 수도 생활을 널리 확대시키고 그 틀을 잡아주는 데 크게 이바지한 수도회칙을 쓰기도 했다.

364년에 바실리우스는 억지로 떠밀려서 장로가 되었고, 370년에는 그레고리우스와 그의 아버지의 협조에 힘입어 카이사리아의 주교이자 카파도키아 전역의 수도대주교에 선출되었다. 쉰 명의 농촌 주교들을 감독하는 이 직위에 오른 다음부터 그는 교회를 올바른 방향으로 감독하고, 당시에 동방 황제 발렌스에 기대어 다시 세력을 장악한 아리우스파에 맞서 투쟁을 벌였다. 가톨릭 신앙의 승리를 이끌어내기 위해서 노력하는 과정에서, 처음에는 서방의 정통신앙 진영과 밀접한 관계를 유지했고, 다음에는 아직 신조로써 확정되지 않은 성령에 관한 교리, 즉 성령을 피조물로 간주해서는 안 된다는 정도의 교리를 관대하게 받아들이는 태도를 취했다. 그러나 정통신앙 진영의 엄수파, 특히 수사들은 성령의 신성을 분명히 표시할 것을 요구했으며, 자연히 바실리우스를 격렬히 비판했다. 아리우스파는 그를 한층 더 심하게 몰아부쳤다. 황제는 카파도키아를 이단 지역으로 격하시키기를 원했고, 그곳의 행정관들을 보내 그곳 주교인 바실리우스에게 재산 몰수와 추방과 사형으로 협박했다. 이에 대해서 바실리우스는 다음과 같이 대답했다. "좀 더 심한 건 없소? 이런 것들은 내게 아주 시시한 조치들이오. 대체 재산이 없는 자가 무얼 몰수당할 게 있겠으며, 어느 지역에 연연하지 않은 자가, 그리고 온 땅을 다 소유한 하나님의 나그네가 추방을 당한들 어떻겠소? 순교란 내게 과분한 것이오. 다만 죽음이 내게는 퍽 유익한 것이오. 내가 평생 붙들고 의지하고 사는 하나님께 한시라도 빨리 갈 수 있게 하질 않소? 게다가 나는 이미 거반은 죽어 있고, 진작부터 무덤으로 달려가고 있는 몸이오."

황제는 바실리우스를 추방할 생각이었는데, 마침 여섯살 난 그의 아들이 갑자기 병에 걸렸고, 의사들도 저마다 발뺌하면서 가망이 없다고들 했다. 그러자 사람을 보내 바실리우스를 오게 했고, 아들이 곧 기력을 되찾았다. 물론 얼마 후에 죽긴 했지만. 황제를 보필하던 장관도 병에 걸렸다가 회복되었는데, 전에 거만하게 하대하던 그 주교의 기도 덕택에 자기가 살아났다고 했다. 이렇게 해서 하나님의 각별하신 도움으로 위기를 모면했다.

　그러나 어렵고 당혹스러운 일들과 분열과 갈등이 끊임없이 일어나 마음의 소원을 이루고 교회의 평화 회복을 가로막았다. 이러한 격랑과 온갖 적대 행위들이 그의 육신을 쉬이 늙게 했다. 그러다가 379년에 숨을 거두었는데, 그것은 니케아 정통신앙이 최후 승리를 거두기 2년 전의 일이다. 그는 숨을 거두면서 이렇게 말했다. "내가 나의 영을 주의 손에 부탁하나이다. 진리의 하나님 여호와여 나를 구속하셨나이다."[25] 큰 무리가 깊이 애도하는 가운데 그는 무덤에 묻혔다.

　바실리우스는 가난했고 항상 병약했다. 정장이라고는 낡을 대로 낡은 긴 옷 한 벌뿐이었으며, 식탁에 오르는 것도 노상 빵과 소금과 푸성귀가 고작이었다. 대신에 가난하고 병든 사람들을 보살피는 데 앞장섰다. 카이사리아 접경에 '바실리아스'라고 하는 대규모 보호시설을 지었는데, 앞서 언급했듯이 주로 사회에서 완전히 버림받고 오갈 데 없게 된 문둥병자들을 위한 시설이었다. 몸소 문둥병자들을 보살피고 그들을 형제들로 대접했으며, 그들의 험한 몰골에도 아랑곳하지 않고 입맞추기를 주저하지 않았다.[26]

　바실리우스는 설교자와 신학자로서도 유명했지만, 영혼들의 목자와 교회 감독자로서 훨씬 더 유명했다. 게다가 수도원주의 역사에서 그는 아주 두드러진 위치를 차지한다. 고전 교양에서도 동시대의 누구에게도 뒤지지 않았으며, 두 명의 그레고리우스와 함께 그리스 교부들 가운데 초창기 작가들로 평가된다. 문체는 순수하고 세련되고 활기가 있었다. 포티우스(Photius)는 누구든 찬사(상찬) 작가가 되려면 데모스테네스나 키케로를 공부할 필요가 없고, 바실리우스만 공부하면 된다고 생각했다.

　저서로는 361년에 유노미우스를 비판하면서 그리스도의 신성을 변호한 다섯 권과, 375년에 친구 암필로키우스(Amphilochius)의 부탁을 받고 집필한 성령에 관한 저서가 교리사에서 중요한 위치를 차지한다. 그는 초기에는 사벨리우스주의를 우려하여 호모우시아 교리를 강력히 지지하는 데서 몸을 움추렸지만, 아리우스파의 박해를 받는 과정에서 그 신앙을 확고히 견지하게 되었다. 동방 교회에 중요한 저서로는 그가 쓴 것으로 간주되는 전례서를 들 수 있는데, 이 책은

---

25) 이것은 다윗의 기도(시편 31:5)인데, 루터도 이 기도를 드린 뒤 세상을 떠났다.
26) *Greg. Naz. Orat*, xliii, 63, p. 817 sq.

성 크리소스토무스의 전례서와 함께 오늘날도 사용되고 있으나, 오늘날의 형태를 갖추기까지 여러 사람의 손을 거쳐 수정되었음에 틀림없다. 그는 창조에 관한 역사서 아홉 권도 남겼는데, 이 책에는 알레고리적 공상들로 가득하지만, 고대 교회에서는 최고의 명성을 누렸으며, 암브로시우스와 더러는 아우구스티누스에 의해서도 유사한 저서들에서 폭넓게 사용되었다.[27] 시편 설교들과 다양한 주제들에 관한 설교들, 여러 권의 금욕적·도덕적 소책자들, 그리고 365편에 달하는 서신들이 그의 생애와 시대를 이해하는 데 큰 도움을 준다.

165. 니사의 그레고리우스

니사의 그레고리우스(Gregory of Nyssa)는 바실리우스의 동생이자 그 집안의 셋째 아들이었다. 과연 뼈대있는 가문 출신이었으나, 그는 이 점에 관해서는 끝내 입을 다문다. 그리스도인이라면 혈통과 재산, 지위를 세상 친구들에게 다 넘겨주는 게 마땅하다고 그는 말한다. 그에게는 기독교 신앙을 물려받아 잘 전수하는 것이 하나님을 가까이 하는 것이었고, 도덕적 품성이 곧 조국이었고, 하나님의 아들이라는 신분을 자각하는 것이 곧 자유였다. 그는 약하고 소심했으며, 따라서 실천적인 삶보다는 연구와 사색에 어울리는 기질이었다. 오리게네스의 저서들을 탐독하면서 사상이 형성되었고, 형의 영향을 많이 받았으며, 형을 아버지와 스승이라 불렀다. 이것이 그의 생애 초기에 관해서 알려진 전부이다.

그레고리우스는 수사학자로서 잠깐 활동하다가 세상을 등지고 폰투스의 고적한 곳으로 물러나 지냈으며, 그곳에서 금욕 생활에 큰 애착을 갖게 되었다.

당시에 널리 퍼져 있던 수도 생활에 대한 동경에 부합하게, 그는 비록 결혼한 몸이었음에도 특별한 사역에 임하려 하는 사람들에게 정절을 최고 단계의 완전으로 권장했고, 결혼으로 인한 방해와 올무에서 벗어나 있는 사람의 행복을 묘사했으며, 그것이 시조가 낙원에서 누리던 본연의 상태로 회복되는 것이라고 생

---

27) Homiliae ix. in *Hexaemeron*. Opera, i. pp. 1–125, ed. Garnier (new ed.).

28) 그가 결혼했다는 것은 그의 글에 암시된 내용(*De virginitate*, c. 3. 이 글에 등장하는 Theosebia는 초기의 일부 로마 학자들과 Rupp. l. c. p. 25가 추정하는 것처럼 그

각했다.[28] 그는 이렇게 말한다. "정절은 결혼의 온갖 악으로부터 자유롭다. 영아를 유기하는 일도 없고, 남편과 사별하여 애곡하는 일도 없다. 항상 진정한 신랑과 함께 거하면서 거룩한 삶을 기쁘게 살아가고, 죽음이 올 때도 신랑과 헤어지지 않고 그분과 영원히 결합한다." 하지만 영적 정절의 본질은 그저 감각적 절제 따위의 사소한 문제에 있지 않고, 삶 전체의 순결에 있다는 것이 그의 견해였다. 그에게는 정절이 참된 철학이요 완전한 자유였다. 그는 금욕 생활의 목적이 육체를 괴롭게 하는 데 있지 않고 —그것은 방편일 뿐이다 — 영적 기능들을 가장 홀가분하게 발휘하는 데 있다고 보았다.

그의 형 바실리우스는 372년에 한가하게 연구에만 몰두하고 있는 동생을 강권하여 자신의 사역지에서 멀지 않은 니사의 주교가 되게 했다. 니사는 카파도키아 지방의 하찮은 소도시였다. 바실리우스는 동생이 지역 덕분에 명성을 얻게 되는 것보다 지역이 동생 덕분에 명성을 얻게 되는 것이 더 낫다고 생각했던 것이다. 그리고 그의 예상은 적중했다. 그레고리우스는 니케아 신앙을 확립하기 위해서 열정적인 사역을 펼쳤다. 그 결과 아리우스파의 표적이 되었고, 아리우스파는 376년에 열린 교회회의에서 그를 면직시키고 추방하는 데 성공했다. 그러나 2년 뒤에 황제 발렌스가 죽고 그라티아누스가 추방령들을 철회하면서 그레고리우스는 주교직을 되찾았다.

하지만 다른 시련들이 그에게 찾아왔다. 형제들과 누이들이 하나둘씩 차례로 세상을 떠난 것이다. 몹시 존경하던 형 바실리우스도 죽었다. 그는 형의 장례식 때 설교를 했으며, 아름답고 고상하던 누이 마크리나의 죽음을 당하고서 그 생애와 죽음을 기리는 글을 썼다. 누이는 생전에 약혼자와 사별한 뒤 그에게 준 마음을 끝까지 간직하려는 마음에서 독신으로 지냈고, 훗날 어머니와 함께 은둔 수행을 했으며, 살아가는 모습으로 형제들에게 지대한 영향을 끼쳤다는 것이 그 글의 내용이다.

그레고리우스는 누이의 입을 빌어 영혼과 죽음, 부활과 최후 회복에 관한 자신의 신학 강론을 해나갔다.[29] 마크리나는 그레고리우스의 품에 의지한 채 다음

의 누이가 아니라, 그의 아내이다)과, 나지안주스의 그레고리우스가 쓴 조사(弔辭)(Ep. 95)에서 확인된다.

29) 그의 대화록 *De anima et resurrectione*, Opp. iii. 181 (ed. Morell, 1638).

과 같은 기도를 드린 뒤에 숨을 거두었다. "하나님, 당신께서는 제게서 죽음의
두려움을 거둬가셨나이다. 이생의 끝이 진정한 생의 시작이 되도록 제게 허락하
셨나이다. 당신께서는 저희의 육체에 죽음의 잠을 잘 시간을 주시며, 마지막 나
팔로써 저희의 육체를 잠에서 깨우시나이다 …… 당신께서는 저희를 위해서 친
히 저주와 죄가 되심으로써 저희를 그 둘에서 건지셨나이다. 당신은 뱀의 머리
를 밟으셨고, 음부의 문을 부숴버리셨고, 사망의 세력인 자를 이기셨으며, 저희
에게 부활로 들어가는 문을 열어주셨나이다. 원수를 파하고 저희의 생명을 안전
히 지키시기 위해서 당신은 당신을 경외하는 자들에게 표적을 주셨나이다. 영원
하신 하나님, 그것은 당신의 거룩한 십자가의 표적입니다. 저는 모태에서부터
당신과 정혼했으며, 제 영혼이 온 힘을 다해 당신을 사랑하오며, 소싯적부터 지
금까지 제 몸과 마음을 당신께 다 드렸나이다. 주님, 제게 빛의 천사를 보내시어
쇄신의 장소로, 평화의 물이 흐르고 거룩한 교부들의 품이 있는 곳으로 인도하
게 하옵소서. 주님은 화염검을 부러뜨리셨고, 당신과 함께 십자가에 달려 죽으
면서 당신의 자비를 붙잡은 사람을 낙원으로 데려가셨나이다. 당신의 나라에서
저 역시 기억해 주옵소서! …… 제가 말과 행동과 생각으로 그릇 행한 것을 용서
해 주옵소서! 제 영혼이 흠도 점도 없이 당신 앞에 타오르는 번제처럼 당신의 손
에 가납되게 하옵소서!"[30]

그레고리우스는 콘스탄티노플 에큐메니컬 공의회에 참석했는데, 당대의 유력
한 신학자의 한 사람이었던 점을 감안할 때 그 회의에서 큰 영향력을 행사했을
것임에 분명하며, 후대의 그릇된 전승에 따르면 그 회의에서 재가된 니케아 신
조의 추가 부분을 그가 작성했다고 한다.[31] 그 공의회는 그에게 '가톨릭 정통신
앙을 떠받치는 기둥들의 한 사람으로서' 분란이 발생하여 교회 분열의 위험이
있는 아라비아와 예루살렘을 방문하도록 위임했다. 팔레스타인을 방문한 그는
현지 상황이 우려할 만한 수준인 것을 파악하고는 어떤 카파도키아의 대수도원
장이 예루살렘에 가 있는 자신의 수사들을 순례차 방문하는 일에 대해 조언을
구해왔을 때 가지 말도록 설득했다. 그는 이렇게 말한다. "장소를 옮긴다고 하나

---

30) Gr. Nyss. περὶ τοῦ βίου τῆς μακαρίας Μακαρίνης.

31) In Niceph. Call., *H. E.* xiii. 13. 이 추가 부분은 381년 이전에 여러 해 동안 사용
되었으며, Epiphanius의 *Anchorate.* n. 120 (tom. ii. p. 122)에 발견된다.

님께 더 가까이 갈 수 있는 것은 아닙니다. 대수도원장님이 계신 곳에서 마음의 숙소가 준비만 되어 있다면 하나님이 가까이 오실 수 있습니다 …… 카파도키아를 떠나 펠레스타인으로 여행하느니, 차라리 육체를 떠나 주님께 올라가는 것이 낫습니다." 그레고리우스는 팔레스타인 지역에 평화를 조성하지 못한 채 카파도키아로 돌아온 뒤, 예루살렘 사람들이 "마치 마귀를 대하듯이, 죄와 구주의 공적들을 대하듯이 자기 형제들에게 증오를 퍼붓는 것"을 보고서 매우 가슴아파했다.

그레고리우스의 생애 말년에 대해서는 알려진 바가 없다. 그는 예루살렘에서 돌아온 뒤 세 번, 그러니까 383년과 385년, 394년에 콘스탄티노플에 있었으며, 395년경에 숨을 거두었다.

그는 지적 생활의 풍성한 결실을 무수한 저서들에 담아놓았는데, 무엇보다도 다음과 같은 논쟁적인 교리서들에 그런 내용이 알차게 담겨 있다: 「유노미우스 논박서」(*Against Eunomius*); 「아폴리나리우스 논박서」(*Against Apollinaris*); 「성자와 성령의 신성에 관하여」(*On the Deity of the Son and the Holy Ghost*); 「하나님 안에서 우시아와 휘포스타시스의 차이에 관하여」(*On the difference between ousia and hypostasis in God*); 그리고 요리문답 형태의 기독교 신앙 개론서.[32] 누이 마크리나와 함께 영혼과 부활에 관해서 나눈 아름다운 대화는 이미 언급했다. 그 외에도 설교문을 많이 남겼는데, 그 중에서도 세상과 인간 창조에 관한 설교, 모세의 생애, 시편, 전도서, 아가, 주기도, 팔복에 관한 설교와, 유력한 순교자들과 성인들(스데반, 마흔 명의 순교자들, 그레고리우스 타우마투르구스, 에프렘, 멜레티우스, 자기 형 바실리우스)에 관한 찬사들, 금욕주의를 권장하는 여러 권의 가치 있는 소책자들, 수사 올림피오스에게 보낸 누이 마크리나의 전기가 두드러진다.

그레고리우스는 행동가라기보다 사상가였다. 탁월한 형이상학적 두뇌가 있었으며, 삼위일체와 성육신의 신비를 입증하고, 본질과 위격을 정확하게 구분한 점에서 항구적인 기여를 했다. 니케아 시대의 모든 교회 교사들 가운데 그가 오리게네스에 가장 가까운 사람이다. 그는 어떤 때는 오리게네스가 사용했던 철저

---

32) Λόγος κατηχητικὸς ὁ μέγας. 이 책은 유형이 비슷한 오리게네스의 *De principiis*와 대등한 위치에 놓을 가치가 있다.

히 알레고리적 해석법을 추종했을 뿐 아니라 심지어 그의 교리적 견해들을 송두리째 수용하기까지 했다.[33] 오리게네스와 마찬가지로 그에게서도 인간의 자유가 큰 부분을 차지한다. 두 사람 모두 관념론적인 사람들이었고, 때로는 의식적으로든 무의식적으로든 교회 교리, 특히 종말론과 모순되는 견해를 제시한다. 예를 들어 그레고리우스는 만물의 최후 총괄갱신(總括更新) 교리를 채택한다. 그의 관점에서는 구속 계획이 철저히 보편적[우주적]이며, 모든 영적 존재들을 그 대상으로 포함한다. 선이 유일한 긍정적 실재이고, 악은 소극적이고 비실재적이며, 하나님께로부터 나온 것이 아닌 까닭에 최후에 가서는 소멸할 수밖에 없다. 불신자들이 육체의 죄를 씻어내기 위해서 둘째 사망을 과연 지나지 않을 수 없지만, 하나님께서는 그들을 끝내 버리지 않으신다. 그들의 영적 본성들이 하나님께 속한 것이고, 따라서 그들은 하나님의 소유이기 때문이다. 순결한 영혼들을 쉽게 고통 없이 이끄시는 그분의 사랑이 세상에 붙어 있는 모든 사람들에게 정결케 하는 불이 되시기를, 불순한 요소가 다 빠져나가기까지 하신다. 만물은 하나님께로부터 나오듯이, 마침내 그분께 돌아가게 되어 있다.

166. 나지안주스의 그레고리우스

나지안주스(혹은 나지안젠)의 그레고리우스(Gregory Nazianzen)는 신학자 그레고리우스라고도 불리며, 카파도키아 교부 3인 가운데 세번째 사람이다. 목회자로서는 죽마고우 바실리우스에 못 미치고, 사변적 사상가로서는 니사 출신의 동명 친구에 못 미치지만, 웅변가로서는 두 사람보다 뛰어나다. 그는 두 사람과 함께 니케아 신앙과 긴밀히 연결된 그리스 신학의 꽃을 피워냈으며, 비록 자유로운 사색에 마음을 열어놓긴 했지만 정통신앙을 수호하기 위해서 싸운 사람들 가운데 한 사람이다. 고위직과 수행을 위한 독거, 시와 자연과 사람 사귐에 대한 열정이 번갈아 가며 진행된 그의 생애는 낭만적인 멋을 지닌다. 그는 "기질상 사색적 생활의 차분함과 목회 생활의 복잡함 사이를 오갔으나 어느 쪽에도 만족하지

---

33) 그와 오리게네스의 관계에 대해서는 Rupp, l. c.의 부록 pp. 243-262를 참조하라.

못했고, 사상가도 시인도 아니었으며, 젊을 때 품었던 포부대로 웅변가로서 비록 과장되고 건조한 경우가 많긴 했으나, 정통신앙의 승리를 위해서 뿐 아니라 참되고 실천적인 기독교를 위해서 힘있게 사역했다."[34]

나지안주스의 그레고리우스는 330년경에, 그러니까 황제 율리아누스보다 한 해 앞서서 태어났다. 출생지는 그의 아버지가 주교로 시무하던 카파도키아 남서부의 상업 도시 나지안주스(나지안줌)이거나 이웃 마을인 아리안주스였다.

그의 신앙 인격 형성에는 고대 기독교 역사에서 고상하기로 손꼽히는 여성인 어머니 노나(Nonna)가 깊고 유익한 영향을 끼쳤다. 이 여성은 기도와 거룩한 생활로써 남편을 힙시스타리우스파(Hypsistarians)라는 분파에서 참 신앙으로 돌아서게 했다(이 분파는 확고한 신앙 없이 그저 지존자를 숭배하는 집단이었다). 그리고 마치 한나가 사무엘을 하나님께 구별하여 바쳤듯이 아들이 태어나기도 전에 그를 하나님을 섬길 자로 바쳤다. 그레고리우스의 글에 따르면, "그(노나)는 솔로몬의 정신을 지닌 아내였다. 매사에 결혼법에 따라 남편에게 복종하되, 참 신앙에 대해서는 남편의 교사와 지도자가 되기를 부끄러워하지 않았다. 신적인 일들에 관한 지식과 엄격한 신행(信行)에서의 고등한 문화와 가속(家屬)을 돌보는 일상적인 과업을 결합시키는 어려운 문제를 해결했다. 만약 어머니가 가정일에만 매달렸다면 신앙을 알지 못하는 사람처럼 보였을 것이고, 하나님과 예배에만 매달렸다면 부허한 사람처럼 보였을 것이다. 그런데 어머니는 매사에 편향됨이 없었다. 믿음의 기도가 효험이 있음을 많은 경험을 통해서 깊이 확신하고 있었고, 따라서 기도에 게으르지 않았으며, 기도에 힘입어 자신과 남들의 고통으로 인한 극한 슬픔까지도 극복했다. 이 방법으로 항상 마음을 철저히 다스린 까닭에, 슬픈 일이 생겨도 하나님 앞에 감사를 드리기 전에는 푸념을 한 마디라도 하는 법이 없었다."

---

34) K. Hase, *Lehrbuch*, p. 138 (7th ed.). 그에 대한 Gibbon(*Dicline and Fall, ch. xxii*)의 평가는 독특하다: "그의 이름에 성인이라는 칭호가 붙었다. 그러나 나지안주스의 그레고리우스의 생애를 진정으로 빛낸 것은 성인이라는 칭호가 아니라 따뜻한 마음과 세련된 지성이다." 그 무신론적 사가는 '따뜻한 마음'이라는 찬사를 사용하여 고대 교회에 또 다른 화살을 날린다: "내가 그 말을 쓴 것은 다만 그의 천성이 종교적 열정으로 완고해지거나 불타오르지 않았을 때에 한한 것이다. 그는 은퇴한 뒤에는 넥타리우스에게 콘스탄티노플의 이단들을 색출하라고 권고했다."

그레고리우스는 특히 어머니가 가난한 사람들과 병든 사람들에게 얼마나 후하고 헌신적인 사랑을 쏟아부었는지를 각별하게 회상한다. 그러나 그가 어머니에 관해서 전하는 다른 일면은 위와 같은 모습과 너무나 어울리지 않는 듯하다: "어머니는 이교도 여성들에 대해서 전혀 관용심이 없었던 까닭에 말을 걸거나 손을 내밀어 인사를 하는 일이 없었다.[35] 부정한 우상의 제단에 다녀온 사람들과는 함께 식사도 하지 않았다. 이교 신전들을 쳐다보지도 않았고, 마당을 밟는다는 것은 더욱 생각할 수 없는 일이었다. 극장에는 아예 발길조차 향하지 않았다." 물론 노나의 경건은 그 시대의 정신 안에서 움직였고, 복음적 자유보다는 금욕적 계율주의의 특징을 지니고 있었으며, 일정한 외적 형식들을 고수했다. 거룩한 물건들에 각별한 존경을 바친 점도 특기할 만한 일이다. "어머니는 교회의 성찬상을 향해 등을 보이거나 교회 뜰에 침을 뱉는 일을 감히 하지 않았다."

노나는 거룩한 생애에 합당한 죽음을 맞이했다. 지긋한 나이에, 남편이 남의 도움을 일절 받지 않고 혼자서 세운 교회에서, 한 손으로는 제단을 붙들고, 다른 손은 하늘을 향해 간절히 들어올린 채 "제게 자비를 베풀어 주옵소서, 그리스도, 저의 왕이시여!"라고 기도를 드리면서 숨을 거두었던 것이다. 도처에 슬픔이 깔린 시대에, 특히 과부들과 고아들이 즐비하여 생시에 늘 그들의 위로와 힘이 되어주던 상황에서, 노나는 순교자들의 무덤 근처에 자리잡은 남편의 무덤 옆에 나란히 안장되었다. 노나의 정 많은 아들은 어머니의 경건과 복된 죽음을 시(詩)로써 이렇게 읊는다. "사멸적 존재들이여, 죽어가는 인류를 애도하라; 하지만 노나 같은 이의 죽음 앞에서, 나는 기도드린 뒤 다시 울지 않는다."

그레고리우스는 어릴 때 성경과 기초 학문을 배웠다. 일찍부터 웅변학에 남다른 애착을 가졌고, 어머니의 영향으로, 그리고 어느 날 꾼 꿈에 힘입어 평생 독신으로 지내면서 하나님 나라에 온전히 자신을 드리기로 결심했다. 이 시기의 다른 교회 교사들과 마찬가지로 그 역시 독신을 우월하게 생각했으며, 결혼이 유익하고 하나님이 정하신 제도임을 부정하지 않으면서도 웅변과 시로써 독신

---

35) 이것은 마태복음 5:44 이하에 원수를 사랑하라는 뚜렷한 명령에 위배되는 태도이다. 요한이서 10, 11절에서 요한이 주는 계명은 노나의 행위를 정당화하는 구절로 제시할 수도 있으나, 실은 이교도들에 대한 것이 아니고 기독교를 대적하는 이단들에 대한 것이다.

을 예찬했다. 그의 아버지와 친구 니사의 그레고리우스는 결혼하여 가정을 유지하면서 주교직을 수행했는데, 당시로서는 이것이 소수에 해당하는 경우였다.

그레고리우스는 고등 교육을 받기 위해서 고향을 떠나 카파도키아의 카이사리아로 갔으며, 아마 그곳에서 일찍부터 바실리우스와 교분을 쌓은 듯하다. 그 뒤 팔레스타인의 카이사리아로 가서는 당시에 유명한 웅변 학교들을 다녔고, 그 뒤에는 자신이 몹시 존경하던 아타나시우스가 교회를 지도하던 알렉산드리아로 갔다. 그리고 마지막에는 아테네로 갔는데, 이 도시는 그리스 학문과 예술의 중심지로서 고대의 명성을 여전히 유지하고 있었다. 그곳에서 뱃길로 여행을 하다가 만난 심한 폭풍우 속에서 간신히 살아남은 그는 심한 번민에 사로잡혔다. 왜냐하면 교육을 충분히 받은 그리스도인이었음에도 불구하고 당시에 드물지 않던 관습에 따라 아직 세례를 받지 않고 있었고, 하지만 세례를 구원의 조건으로 알고 있었기 때문이다. 그는 자신이 목숨을 건진 것을 부모의 도고(禱告) 덕분이라 생각했다. 예감과 꿈을 통해서 그가 처할 위기를 미리 직감하고 있던 그의 부모는 아들이 살아남은 것을 영적 소명에 헌신하라는 뜻으로 받아들였다.

아테네에서 그레고리우스는 바실리우스와 신앙의 교제를 더욱 두텁게 했는데, 이 점에 관해서는 바실리우스의 생애를 다루면서 이미 언급한 바 있다. 그레고리우스가 말하듯이, 두 사람은 몸만 서로 다를 뿐 영혼은 하나일 정도로 친밀했다. 그는 당시에 그곳에 와서 공부하고 있던 황태자 율리아누스를 알게 되었으나 철저히 거부감을 느꼈고, 그에 관한 자신의 예언적 직감을 "로마 제국이 이곳에서 이러한 악을 교육시키고 있단 말인가!"라고 적었다. 훗날 그는 율리아누스의 철저한 비판자가 되었으며, 그가 죽은 뒤에는 그를 신랄히 비판하는 글을 두 편 썼는데, 하지만 이 글들은 기독교를 위한 순수한 애정에서 쓴 것이라기보다 뜨거운 격노에 휩싸여 쓴 것이며, 기독교를 대적하다가 하나님께 응징을 받은 두렵고 치욕스러운 사례로서 만천하에 드러내려는 데 의도가 있었다.

친구들은 그레고리우스가 아테네에 남아 웅변학 교사가 되어 주기를 바랐으나, 그는 서른의 나이에 그곳을 떠나 콘스탄티노플에 잠시 들러 유명한 의사이

---

36) 카이사리우스는 훗날 콘스탄티노플에서 황제의 주치의로 활동하게 되며, 포티우스를 비롯한 많은 사람들은 그가 현존하는 신학적·철학적 질문 모음인 *Dialogi iv sive Quaestiones theol. et philos.* 145의 저자였다고 생각한다. 하지만 충분한 근거는

던 친형제 카이사리우스를 데리고 부모의 집이 있는 고향 도시로 돌아갔다.[36) 그가 세례를 받은 것은 이 무렵이다. 이때부터 그는 온 영혼을 다 바쳐 엄격한 금욕 생활에 몰입했다. 음악 같은 무흠한 낙들도 감각을 만족시킨다는 이유로 다 포기했다. "그의 음식은 빵과 소금이었고, 음료는 물이었고, 침대는 맨바닥이었으며, 의복은 질이 낮은 옷이었다. 낮에는 종일 노동을 했으며, 밤에는 기도와 찬송, 거룩한 묵상에 힘썼다. 초기 생애도 결코 느슨하게 보내지 않았지만, 흡족할 만큼 엄격하지 않았다는 이유로 두고두고 가책했다. 과거에 헤프게 웃었던 기억들로 인해 많은 후회의 눈물을 흘렸다. 침묵과 조용한 묵상이 그에게 법이자 낙이었다."[37) 그가 완전한 은거에 들어가지 않은 것은 오로지 부모에 대한 애정과 배려 때문이었으며, 동일한 이유로 인해 재능과 성향을 썩힌 채 아버지를 도와 가문과 재산을 돌보았다.

그러나 곧 독거 명상 생활에 대한 강렬한 소원을 품게 되었으며, 잠시나마 바실리우스와 함께 폰투스의 조용한 지역에 가서 기도와 묵상, 노동에 몰입했다. 훗날 그는 이때의 추억에 대해서 친구에게 이렇게 썼다. "지난 날 자네와 함께 단출하게 보냈던 그 즐거운 시간으로 다시 돌아갈 수 있다면 얼마나 좋을까? 자발적 가난이 마지못해 누리는 유희보다 백배는 더 귀한 것이니까. 그때 함께 찬송을 부르고 밤을 새워가며 기도드리던 시절로 다시 돌아갈 수만 있다면. 기도로써 하나님 앞에 이르던 그 시절, 세상과 육체의 굴레를 벗어던진 시절, 자네 덕분에 형제들과 영적 사귐과 조화를 나누며 하나님을 닮은 생활을 하던 시절로 돌아갈 수 있다면. 뜨거운 열심으로 성경을 연구하고, 성령의 인도를 받아 그 안에서 빛을 발견하던 시절로 돌아갈 수만 있다면." 그런 다음 주변의 아름다운 자연 환경을 보고 얻은 다소 덜한 즐거움을 언급한다.

그레고리우스는 부모의 집을 방문했을 때 전혀 뜻밖에, 게다가 전혀 원치도 않던 상태에서 아버지에 의해서 장로로 임명되었다. 이것은 361년의 어느 축일 예배 때 회중 앞에서 이루어진 일이다. 이러한 강제 선출과 임명이 우리의 정서

없다. 참조. Fabricius, *Bibl. Gr.* viii. p. 435. 그는 진정한 그리스도인이었으나 죽기 직전인 368년에 세례를 받았다. 어머니 노나는 아들의 장례식 때 축일의 복장인 흰옷을 입고 장례 행렬을 따라갔다. 카이사리우스는 훗날 자기 친형제인 그레고리우스와 누이 고르고니아, 그리고 어머니와 마찬가지로 가톨릭 교회의 성인 명단에 올랐다.

37) Ullmann, l. c. p. 50.

에는 전혀 맞지 않지만 당시에는 빈번했으며, 특히 회중의 다급한 요구가 있을 때에는 많은 경우 그것을 하나님의 음성으로 간주했다. 바실리우스와 아우구스티누스도 같은 방식으로 장로로, 아타나시우스와 암브로시우스는 주교로 임명되었다. 그레고리우스는 이런 황당한 사건을 당한 직후 폰투스에 있는 친구에게 도피했으나, 연로한 부모를 배려하지 않을 수 없었던 데다가 교회의 청빙이 워낙 강했던지라 362년 부활절 무렵에 나지안줌으로 돌아가 첫번째 설교를 했다. 이 설교를 통해서 자신의 행동이 정당했음을 밝히면서 이렇게 말했다. "하나님의 부르심에 다소 소극적인 태도를 취하는 것도 나름대로 유익이 있습니다. 모세와 예레미야가 자신들의 나이를 생각해서 그렇게 했습니다. 하지만 하나님이 부르실 때 아론과 이사야처럼 속히 부름에 임하는 것도 유익합니다. 두 경우 모두 경건한 정신이 전제가 되어야 하는데, 전자는 자신의 약함을 고려하는 것이고, 후자는 부르시는 분의 능력을 의지하는 것입니다." 그레고리우스의 비판자들은 그가 교만하게도 사제직을 업신여겼다고 비판했다. 그러나 그는 자신이 도피하지 않을 수 없었던 가장 중요한 이유를 말했다. 당시와 같은 험악한 시대에 자신이 양떼를 감독하고, 불멸의 영혼들을 보살필 자격이 없다고 생각했다는 것이었다.

한편 바실리우스는 수도대주교로서 아리우스주의에 맞서서 가톨릭 진영을 강화하려는 의도로 카파도키아의 소도시들에 새로운 주교구들을 설치하고는 자신의 젊은 친구에게 사시마라는 도시를 맡겼다. 그곳은 세 개의 대로가 합류하는 곳에 위치한 가난한 상업 소도시로서, 물과 나무도 부족하고 사회도 빈약했으며, 거친 마부들만 분주히 왔다갔다 했고, 그와 그의 대적인 티아나의 주교 안티무스(Anthimus) 사이에 가끔 알력이 빚어지던 곳이었다. 이것은 우정을 표시한 것 치고는 매우 이상한 방식이었으며, 아무리 바실리우스가 그레고리우스에게 겸손과 자기 부인을 기대했다손 치더라도 적절하지 않은 조치였다.[38] 그레고리우스로서는 어느 주교구로 배정을 받던 하등 상관이 없었겠으나 이 조치로 인해 자존심에 깊은 상처를 입었고, 일시적으로나마 그와 바실리우스의 관계가 소격

---

38) Gibbon(ch. xxvii)은 바실리우스의 이러한 조치가 성직위계적 교만을 과시하고 그레고리우스에게 모욕을 주려는 의도였다고 그릇되게 설명한다. 하지만 바실리우스는 자기 동생에 대해서도 별로 낫게 대하지 않았다. 니사도 사시마 못지않게 중요하지 않은 도시였던 것이다.

해진 듯하다. 어쨌든 그레고리우스는 친구와 연로한 아버지의 거듭된 부탁에 못이겨 새로운 직분으로 축성을 받긴 했으나, 그가 과연 사시마로 갔을지는 상당히 의문이다.[39] 어찌 됐든, 우리는 그가 후에 독거를 하다가 372년에 다시 나지안줌에서 아버지를 도와 사역하는 모습을 보게 된다. 그는 372년에 아버지가 참석한 자리에서 행한 설교에서, 자신이 정말로 사랑하는 은둔 사색 생활과 공적 사역으로 부르시는 성령의 소명 사이에서 동요하고 있음을 말했다.

그 설교 내용을 간단히 소개하자면 이와 같다. "저를 도와주십시오. 저는 내면의 소원과 성령의 부르심 사이에서 몹시 흔들리고 있습니다. 제 마음에서는 산지의 독거처로 도피하여 영혼과 육체를 침잠케 하고, 영혼을 온갖 감각적인 것들로부터 거둬들이고 내면으로 물러나 아무런 방해도 받지 않고 하나님과 사귐을 갖고, 성령의 빛에 온전히 조명을 받으라는 음성이 끊임없이 들립니다 …… 그러나 다른 한편으로, 성령께서 저를 생의 한가운데로 인도하여 공공의 유익을 도모케하고, 다른 사람들을 진보케 하여 저 자신을 진보케 하고, 빛을 펼치고, 하나님의 소유이고 거룩한 백성이고 왕 같은 제사장들인(참조. 딛 2:14; 벧전 2:9), 그리고 여러 면에서 다시 성결하게 된 하나님의 형상인 백성들에게 하나님을 알리라고 부르십니다. 이는 대체로 정원이 나무보다 크고, 온갖 아름다운 것들로 가득한 천체가 별 하나보다 찬란하고, 몸 전체가 지체 하나보다 뛰어난 것처럼, 하나님 앞에서 그 말씀을 풍성하게 배운 교회 전체가 인격을 제대로 갖춘 한 사람보다 훌륭하며, 무릇 사람은 자기 일신상의 일을 도모할 뿐 아니라 다른 사람들의 일도 돌아보는 것이 당연하기 때문입니다. 그리스도께서도 당신 자신의 존엄과 신적 영광에 얼마든지 그대로 계실 수 있었지만, 당신의 고난으로 우리의 죄를 도말하실 뿐 아니라 당신의 죽음으로써 사망을 멸하시기 위해서 자신을 낮추사 종의 형체를 취하셨을 뿐 아니라 온갖 부끄러움을 개의치 않으시고 십자가의 죽음을 참으셨습니다."

이렇게 해서 그는 자신이 존경하는, 그리고 만인의 존경을 받던 백세에 가까운 아버지 곁에서 충실한 동역자가 되었으며, 45년간 사제직을 수행했다. 그리고 374년에 아버지가 돌아가셨을 때 바실리우스도 참석한 장례식에서 감동적인

---

39) Gibbon은 이렇게 말한다. "그는 정색을 하며 항의하기를, 자신은 이런 혐오스러운 신부와 영적 결혼을 치른 적이 없다고 했다."

설교를 했다. 설교 도중에 아직 살아계시던 어머니를 향해 돌아보면서 이렇게 말했다. "생명은 하나 곧 (신적인) 생명을 바라보는 것입니다. 죽음은 하나 곧 죄입니다. 죄는 영혼을 부패시키기 때문입니다. 그러나 많은 사람들이 수고를 기울이는 다른 모든 것은 우리를 참된 것으로부터 유인하는 꿈입니다. 그것은 기대를 저버리는 영혼의 망상입니다. 그러니 사랑하는 어머니, 살아 있다는 것을 자랑할 것도 없고 죽는 것을 두려워할 것도 없습니다. 어떤 악을 당하든 만약 거기서 참된 삶을 견뎌낸다면, 만약 모든 변화로부터, 모든 격랑으로부터, 모든 권태로부터, 악에 대한 모든 예속으로부터 건짐을 받아 마치 작은 빛들이 큰 빛 둘레를 선회하듯이 영원하고 더 이상 변할 수 없는 것들과 함께 있게 된다면, 과연 그렇다면 어떤 악이라도 견딜 만한 것입니다."

그레고리우스는 궐석이 된 주교직을 잠시 맡아 수행한 뒤 375년에 다시 은퇴하여 자신이 아끼던 독거 생활을 시작했는데, 이번에는 이사우리아의 셀레우키아로 갔다. 성 테클라(St. Thecla)에게 봉헌된 교회당이 있는 곳이었다.

379년에 그곳에서 사랑하는 바실리우스가 죽었다는 가슴아픈 소식을 듣게 된다. 그때의 심경을 바실리우스의 동생 니사의 그레고리우스에게 다음과 같이 적어 보냈다. "이렇게 해서 나는 아직도 살아남아 바실리우스의 죽음을, 이 거룩한 영혼의 소천을 전해듣는 불행을 맛보았다네. 그의 영혼은 이미 이생에 있을 때부터 내내 이 순간을 준비하다가 우리에게서 빠져나가 주님 안에 들어갔을 뿐이라네." 당시에 그레고리우스는 심신으로 매우 침체해 있었다.

수사학자 유독시우스(Eudoxius)에게 보낸 편지에서 그는 이렇게 썼다. "제게 요즘 어떻게 지내는지 물으셨지요? 여간 힘겹지 않습니다. 제게는 더 이상 바실리우스가 없습니다. 카이사리우스도 없습니다. 한 사람은 저의 영적인 형제이고, 다른 한 사람은 육신의 형제입니다. 아버지와 어머니가 나를 버렸다는 다윗의 말이 깊이 와닿습니다. 제 몸은 병들었고, 나이는 머리까지 차오르고, 근심은 갈수록 복잡하게 얽혀만 가고, 해야 할 의무들에서 헤어나오질 못하고, 친구들은 신의가 없고, 교회에는 유능한 목회자들이 없으며, 선은 시들고 악은 뻔뻔하게도 무성합니다. 배가 캄캄한 밤 바다를 항해하고 있는데 아무데도 빛이 없습니다. 그리스도께서 주무시고 계십니다. 어떻게 해야 좋습니까? 제게는 이 악에서 빠져나갈 길이 단 하나뿐입니다. 그것은 죽음입니다. 그러나 만약 현 상태대로 심판을 받게 된다면 내세는 제게 정말로 끔찍한 것이 될 것입니다."

그러나 하나님께서는 섭리로써 제국의 동방 수도의 현저한 지위와 중대한 사역을 아직 그를 위해 남겨 놓고 계셨다. 379년에 그는 아리우스주의의 압제하에 놓여 있던, 그 결과 미미한 소수로 전락해 있던 콘스탄티노플의 정통신앙 진영의 교회로부터 목회자로 청빙을 받았다. 여러 덕망 높은 주교들이 그에게 그 청빙을 수락하라고 권유했다. 그는 아무 연락도 취하지 않은 채 콘스탄티노플에 나타났다. 병치레로 형편없게 된 몰골, 남루한 복장, 단순하고 은둔적인 생활 방식으로 인해, 그는 처음에는 외화(外華)를 좋아하던 수도 주민들에게 큰 실망감을 안겨주었고, 많은 조소와 박해를 받았다.[40] 그러나 이러한 열악한 상황에서도 그는 강렬한 웅변과 신실한 사역에 힘입어 그 작은 교회를 신앙과 기독교적 삶으로 일으키는 데 성공했고, 니케아 교리가 다시 승리를 거두는 데 이바지했다. 이 성공을 기념하기 위해서 그가 사역하던 작은 가정 예배당이 훗날 웅장한 교회당으로 변모했고, 이 교회에 아나스타시아 곧 부활 교회라는 이름이 붙여졌다.

온갖 계층의 사람들이 그의 설교를 들으러 몰려왔다. 그는 설교 시간에 그리스도의 신성과 삼위일체 교리를 입증하는 데 주력했으며, 동시에 참된 신앙에 합당한 거룩한 생활을 하라고 근실하게 촉구했다. 당시에 이미 쉰 살에 접어든 유명한 제롬조차 그의 설교를 들으러 시리아에서 콘스탄티노플을 찾아왔으며, 그에게 개인적으로 성경 해석을 배웠다. 제롬은 감사한 마음으로 그를 자신의 스승이자 교리문답 교사라고 불렀다.

그레고리우스가 이렇게 제국 수도에서 내면적으로 힘써 지지한 니케아 신앙이 380년 2월에 새 황제 테오도시우스의 그 유명한 칙령에 의해 외면적으로 승리를 확정짓게 되었다. 황제는 그해 12월 24일에 콘스탄티노플에 들어와서 아리우스파 주교 데모필루스(Demophilus)와 휘하의 모든 성직자들을 면직시키고, 주교좌 교회를 그레고리우스에게 넘기면서 다음과 같이 말했다. "이 전을 하나님께서 우리의 손을 들어 당신의 수고에 대한 보상으로 당신에게 위임합니다."

---

40) 한 번은 아리우스파의 무리가 밤에 그의 교회에 난입하여 제단을 더럽히고 성찬 포도주에 피를 섞었으며, 그레고리우스는 곤봉과 돌을 든 여자들과 수사들 틈을 간신히 빠져나갔다. 다음 날 그는 이 소요 사태로 인해 법정에 소환당했으나 워낙 훌륭하게 자신을 변호한 까닭에 그 사건으로 인해 오히려 자신의 정당한 명분을 크게 부각시키는 데 성공했다. 훗날 그가 고백자라는 명예로운 칭호를 얻게 된 계기가 바로 이때의 사건이었던 것 같다. 참조. Ullmann, p. 176.

시민들은 환호작약하면서 그에게 주교직을 맡아달라고 요구했으나 그는 단호히 거절했다. 그리고 사실상 그는 아직 자신의 주교구인 나지안주스 혹은 사시마에서 풀려나지 않은 상태였다(비록 사시마 교구에는 공식적으로 임직한 적이 없긴 하지만). 풀려나려면 교회회의의 재가를 받아야 했다.

테오도시우스가 신학 논쟁을 공식적으로 종결짓기 위해서 381년 5월에 그 유명한 에큐메니컬 공의회를 소집했을 때, 그레고리우스는 이 공의회에 의해서 콘스탄티노플 수교로 선출되었으며, 성대한 예식이 거행되는 농안 수교직에 임직했다. 이 지위에 힘입어 한동안 그 공의회의 의장직을 맡아 수행했다.

이집트와 마케도니아 주교들은 늦게 도착하여 그의 선출의 적법성 문제를 제기했다. 니케아 공의회의 법령 제15조에 따르면 그가 사시마 교구에서 다른 교구로 옮길 수 없다는 것이 그 이유였다. 물론 그들의 속에는 자신들이 없는 상태에서 선출이 이루어진 데 대한 반감과, 그레고리우스가 의를 용감히 외치는 설교자이므로 틀림없이 자신들을 혐오할 것이라는 생각이 자리잡고 있었다. 그들의 이러한 태도가 그레고리우스에게 깊은 상처를 주었다. 결국 그는 공의회가 파벌 싸움으로 진행되는 것을 못마땅하게 여기고서 다음과 같은 유명한 연설로써 주교직을 사임했다:

"이 회의가 향후에 저에 관해서 무슨 결정을 내리든, 저는 여러분에게 훨씬 더 숭고한 문제에 관심을 가져 주시기를 간곡히 부탁드립니다. 청컨대, 하나가 되십시오! 사랑으로 서로 일치하십시오! 우리가 언제까지 이렇게 절대 무오한 사람들이라는 조소를 받아야 하며, 대결 의식 그 한 가지에 사로잡혀 지내야 하는 것입니까? 서로 우애의 손을 내미십시오. 하지만 저는 제2의 요나가 될 생각입니다. 저는 비록 이 풍랑에 아무 책임이 없으나, 우리가 함께 탄 배(교회)의 구원을 위해서 저 자신을 내놓겠습니다. 제가 제비뽑기에 걸려 바다로 던져지겠습니다. 바다 깊은 곳에서 어느 후덕한 고기가 저를 받아줄 것입니다. 이것을 신호로 여러분은 서로 화목하십시오. 저는 마지못해서 주교좌에 올랐는데, 이제 기쁜 마음으로 그 자리에서 내려옵니다. 제 노약한 몸조차 제게 그리 하도록 권고합니다. 제게는 단 한 가지 빚이 남아 있습니다. 그것은 죽음입니다. 이 빚을 하나님께 졌습니다. 그러나 삼위일체 하나님이시여, 저는 오로지 당신을 위해서 슬플 뿐입니다. 유능하고 담대하고 열정이 가득한 사람이 당신의 이름을 높이 세워드렸어야 옳았다는 생각이 듭니다. 여러분, 그러면 안녕히 계십시오. 부디 제

수고와 고통을 잊지 말아주시기를 바랍니다."

회집한 주교들 앞에서 행한 유명한 고별사에서, 그는 자신의 목회 내력을 소개하고, 콘스탄티노플에서 니케아 신앙이 과거에는 굴욕을 당하다가 현재는 승리를 거두게 된 상태를 묘사하고, 이 위대한 변화에 자신이 참여한 일을 말하고, 그 대가로 오직 휴식을 간청한다. 그리고 청중에게 서로 일치하고 사랑하라고 권고한다. 그런 다음 콘스탄티노플과 특히 자신이 애정을 쏟아부은 교회를 떠났는데, 떠나면서 다음과 같은 말을 남겼다:

"그러면 나의 아나스타시아여, 그리도 거룩한 이름을 지닌 교회여, 안녕히! 그대는 한때 멸시를 받던 우리의 신앙을 다시 한 번 드높였도다. 그대, 우리가 함께 일궈낸 승전의 터여, 새로운 실로여, 우리가 40년 광야를 방랑할 때 메고 다니던 언약궤를 이곳에 다시 안치했노라."

그가 이 고위직을 자발적으로 사임한 것이 부분적으로는 지나치게 예민한 성격 탓도 없지 않았지만, 그런 직위에 오르기 위해서라면 온갖 음모와 편법을 가리지 않던 많은 성직자들과 사뭇 다른 그레고리우스의 출중한 인격을 뚜렷이 드러내준다. 그레고리우스는 381년에 콘스탄티노플을 떠나서 여생을 나지안주스 접경에 있는 부모의 사유지 아리안주스에서 독거 생활을 하면서 기도와 독서와 글쓰기에 몰두했다. 하지만 독거 생활을 하면서도 교회의 여러 문제들에 관해서 많은 서신들을 통해서 조언했으며, 주변 사람들의 삶과 고통에 대해서 적극 관심을 기울였다. 죽음이 다가올수록 묵상과 엄격한 금욕 실천으로 죽음을 힘써 준비했다. 그의 일념은 "날이 갈수록 더욱더 진리 안에서 하나님과 그분에 속한 것들을 비치는 투명한 거울이 되고, 소망 안에서 미리 내세의 보화를 즐기고, 천사들과 동행하고, 미리 세상을 버리면서도 땅 위에서 행보하고, 성령에 이끌려 더 높은 곳으로 올라가는 것"이었다. 그는 몇 편의 시(詩)에서 자신을 바위 동굴에서 짐승들 틈에 살면서, 맨발로 다니고, 옷은 한 벌로 만족하고, 거적을 덮은 맨땅에서 자는 모습으로 묘사한다. 그는 390년 혹은 391년에 죽었다. 어떤 정황 속에서 죽었는지는 알려지지 않는다. 그의 유골은 훗날 콘스탄티노플로 이장되었으며, 오늘날은 로마와 베네치아에 전시되어 있다.

그레고리우스가 남긴 저서들 가운데 유노미우스파와 마케도니우스파에 대해서 니케아 교리를 변호한 다섯 권의 「신학적 강연록」(*Theological Orations*)이 단연 돋보인다. 콘스탄티노플에서 행한 이 강연록은 그에게 신학자(Theologian, 좁은 의미에서는 '로고스 신성의 옹호자')라는 명예로운 칭호를 안겨주었다.[41] 그의 다른 강연들(모두 45편)은 유명한 순교자들과 친구들, 친척들, 교회의 축일들, 공적인 사건들이나 사적인 사건들을 기리는 내용들이다. 그 중 두 편은 황제 율리아누스가 죽은 뒤에 그를 신랄하게 비판한 내용이다.[42] 이 강연들은 특정 성경 본문들에 근거를 두지 않았고, 논리적 순서와 연결도 엄격히 따르지 않았다.

그레고리우스는 아마 크리소스토무스를 제외하면 그리스 교회가 배출한 가장 위대한 웅변가일 것이다. 그러나 그의 웅변은 사주 설득으로 전락하며, 부자연스러운 수식과 수사학적 과장이 많다. 이런 점은 그 시대의 분위기에는 부합한 것이었으나, 건강하고 자연스러운 정서에는 맞지 않는다.

시인으로서는 비록 큰 존경을 받긴 했으나 역량은 다소 떨어진다. 시는 생애 후반에 들어서 비로소 쓰기 시작했으며, 그나마 새가 나뭇가지에 앉아 지저귀듯이 본능적 충동에 의해 쓰지 않고, 자신이 살아온 생애를 돌아보거나 교리적 혹은 도덕적 주제를 반추하는 맥락에서 썼다. 그가 남긴 웅변들 가운데 많은 수가 시적인 반면에, 시들 가운데 많은 수가 산문적이다. 그의 송시(訟詩)나 찬송 중에 교회 예배에 쓰이게 된 것은 한 편도 없다. 그럼에도 몇몇 짧은 작품들, 경구들, 풍자시들, 비문들은 매우 아름다우며, 고귀한 애정과 깊은 정서, 탁월한 재능과 교양을 드러낸다.

마지막으로 소개할 것은 그레고리우스가 남긴 242편(혹은 244편)의 서신들인데, 이 서신들은 당대의 역사를 이해하는 데 중요하며, 그 중 몇 편은 문체와 내용이 매우 세련되고 흥미롭다.

167. 알렉산드리아의 디디무스

---

41) 따라서 그의 저서들은 *Orationes theologicae*라고도 불렸다. 이 저서들은 다음 저서에 수록되어 있다: *Orat.* xxvii–xxxi. in the Bened. ed. tom. i. pp. 487–577 (in Migne, tom. ii. 9 sqq.); in the *Bibliotheca Patrum Graec. dogmatica of Thilo*, vol. ii. pp. 366–537.

42) *Invectivae*, Orat. iv. et v. in the Bened. ed. tom. i. 73–176 (in Migne's ed. tom. i. pp. 531–722). 그는 아리우스파 황제 콘스탄티우스(자기 형제가 그의 주치의였다)를 칭송할 정도로 율리아누스를 두려워했다.

디디무스(Didymus)는 알렉산드리아 교리문답 학교의 마지막 위대한 교사이자 오리게네스의 충직한 제자로서, 309년경에 알렉산드리아에서 태어난 듯하다. 네 살에 완전히 실명(失明)했고, 이런 이유로 카이쿠스(Caecus, 소경)라는 별명을 얻긴 했으나, 각고면려 끝에 철학·수사학·수학에서 폭넓고 철저한 지식을 쌓았다. 글은 목판에 글자들을 새기는 방식으로 기록했으며, 성경은 교회에 가서 설교를 들으면서 그 내용을 거의 암기하는 방식으로 익혔다.

아타나시우스는 그를 신학교 교사로 임명했고, 그는 그 학교에서 거의 60년 동안 열성을 바쳐 가르쳤다. 제롬·루피누스·팔라디우스·이시도루스 같은 사람들조차 그의 발 앞에 앉아 존경어린 표정으로 강의를 들었다. 더 나아가 그는 금욕 생활을 크게 강조했으며, 이집트 은수자들 사이에서 크게 존경을 받았다. 성 안토니우스와도 교분이 두터웠는데, 그는 디디무스가 장차 멸망할 감각의 세계에 대해서는 눈이 멀었으나 하나님의 신비로우심을 볼 수 있는 천사의 눈을 부여받았다고 칭송했다. 디디무스는 충분히 수를 누리다가 만인의 사랑을 받는 가운데 395년에 숨을 거두었다.

디디무스는 삼위일체 교리에서 철저히 정통 노선을 추구했고, 아리우스파를 예리하게 비판했으나, 동시에 오리게네스를 크게 존경했고, 오리게네스가 가르친 영혼 선재설과 아마도 총괄갱신론에 대해서까지 지지했다. 이런 이유로 인해서 죽은지 오랜 뒤에 여러 번의 총공의회들에서 단죄를 당했다.[43]

주요 저서는 단권으로 된 「성령론」(*On the Holy Ghost*)으로서 제롬에 의해 라틴어로 번역되었는데, 이 책에서 그는 상당한 분별력과 단순하고 성경적인 문체를 사용하여 성령과 성부의 동일본질을 옹호함으로써 당대에 활개를 치던 반(半) 아리우스파와 프뉴마노마키[성령이단자들]를 논박했다. 그 외에도 헬라어로 기록한 「삼위일체론」(*Trinity*) 세 권이 있다. 마니교 비판서도 썼다. 성경 강해서를 많이 남겼는데, 그 중에서 현존하는 것은 공동서신 주석 한 권과, 시편·욥기·잠언, 그리고 바울 서신서 몇 권에 대한 주석의 단편들이다.[44]

---

43) 처음에는 553년의 제5차 에큐메니컬 공의회에서 단죄를 받았다. 680년의 제6차 에큐메니컬 공의회는 그가 영혼 윤회라는 이교 사상을 끌어들인 오리게네스의 가증한 교리를 변호한 자라는 낙인을 찍었다. 그리고 787년에 열린 제7차 에큐메니컬 공의회도 이 판결을 반복했다.

168. 예루살렘의 키릴루스

키릴루스(Cyrillus)는 장로를 지냈고, 350년 이후에는 예루살렘 주교를 지낸 사람으로서, 생애의 많은 부분을 아리우스 논쟁에 폭넓에 참여했다. 그를 주교로 천거했던 아리우스주의자, 가이사랴의 아카키우스(Acacius)는 그와 더불어 니케아 신앙과 교회 권징 문제를 놓고 투쟁을 벌였으며, 357년의 공의회에서 그를 면직시켰다. 이 조치는 360년에 아리우스파가 주도한 콘스탄티노플 공의회에서 추인되었다.

황제 콘스탄티우스가 죽은 뒤인 361년에 그는 주교직에 복직되었고, 363년에는 철천지 원수처럼 행세하던 아카키우스가 정통신앙으로 회심했다. 황제 율리아누스가 유대인들에게 성전을 재건하도록 부추길 때, 키릴루스는 다니엘과 그리스도의 예언들을 근거로 그 일이 온전히 이루어지지 못할 것임을 예고했다고 하며, 결과도 그의 예고대로 되었다. 아리우스파 황제 발렌스 치하에서, 그는 다른 모든 정통파 주교들과 함께 면직과 추방을 당했다가, 마침내 테오도시우스 치하인 379년에 예루살렘으로 돌아가 죽는 날까지 몹시 피폐해진 자신의 교회를 감독하고 회복시키는 일에 전념할 수 있었다.

키릴루스는 381년의 콘스탄티노플 에큐메니컬 공의회에 참석했는데, 이 공의회는 그의 직위를 확증했고, 그가 신앙을 지키기 위해서 아리우스파로부터 당한 많은 고초를 크게 치하했다. 그는 381년에 눈을 감았다. 눈을 감을 때 주교의 칭호와 정통신앙을 보편적으로 인정받았으며, 첫 번째 유배 기간 동안 반(半)아리우스파 주교들과 교분을 나눈 전력을 가지고 많은 사람들이 제기한 의혹들도 모두 불식된 상태였다.

그는 중요한 신학서를 한 권 남겼는데, 이 책은 헬라어 원전으로 온전히 남아 있다. 스물세 권으로 이루어진 「교리문답서」(Catecheses)가 그것이다. 이 책은 그가 347년경에 장로로 시무할 때 세례 예비자반을 가르치면서 전한 연속 설교들로 이루어져 있다. 「사도신경」 혹은 당시에 팔레스타인 교회들이 사용하고 있던 「신앙의 준칙」(the Rule of Faith)의 틀을 따르고 있고, 본질적인 내용에서 로마 교회와 일치한다. 다양한 조항들에 성경 증거 본문들을 제시하며, 당시 이단들

---

44) 주석들의 라틴어 번역본은 교부들의 총서에 실려 있다.

의 곡해에 맞서서 그 성구들의 본의를 변호한다. '비밀의 교리문답서'(*Mystagogic Catecheses*)라 불리는 마지막 제5권은 갓 세례받은 사람들에게 행한 설교로서, 성례 교리와 전례사(典禮史)를 이해하는 데 중요하다. 이 책에서 그는 당시의 세례가 어떠한 형태의 의식으로 거행되었는지 설명한다. 먼저 귀신을 쫓아내고, 옷을 털고, 기름을 붓고, 간단한 신앙고백을 하게 하고, 세 번 물에 담그고, 기름 부음으로 세례를 확증한다. 아울러 성찬의 본질과 의식에 관해서도 설명하는데, 그는 성찬을 신자들이 그리스도와 신비로운 생명의 연합을 하는 의식으로 바라보며, 성찬과 관련하여 적어도 화체설 교리에 근접한 용어들을 사용한다. 성찬과 관련하여 초기의 성찬 전례를 소상히 소개하는데, 그 내용은 본질적인 면에서 「사도헌장」과 「성 야고보 전례」 같은 동방 교회에 남아 있던 다른 전례들과 일치한다.

키릴루스의 「교리문답서」는 일반인들을 위한 최초의 신앙 강론서이다. 니사의 그레고리우스도 교리문답서를 쓰긴 했지만, 그것은 교리문답자들을 위한 것이라기보다, 교리문답 교사들과 교사 지망생들을 위한 것이었다.

진정성이 의심되는 여러 설교문들과 소책자들 외에도, 베데스다에서 불구자가 고침을 받은 이적에 관한 설교와,[45] 351년에 황제 콘스탄티우스에게 쓴 훌륭한 서신도 키릴루스의 저작으로 평가된다.[46] 이 서신에서 그는 황제에게 골고다에서부터 감람산 너머의 한 지점까지 십자가 형상이 찬란하게 나타나는 기적이 일어난 일을 전하며(이 내용은 소크라테스와 소조메누스 같은 사가들도 전한다), 황제에게 '동일본질이신 삼위일체'를 찬송하라고 권한다.

169. 에피파니우스

에피파니우스(Epiphanius)는 주로 깊은 학문과 치열한 열정으로 정통신앙을 옹호한 일로 명성을 얻은 인물로서, 310-320년에 팔레스타인의 엘류테로폴리스 근

---

45) *Homilia in paralyticum*, 요 5:2-16 (in Migne's ed. pp. 1131-1158).

46) *Ep. ad Constantium imper. De viso Hierosolymis lucidae signo*, pp. 1154-1178.

처에서 태어나 매우 지긋한 나이에 접어든 403년에 콘스탄티노플에서 키프로스로 배를 타고 돌아가던 중에 바다에서 죽었다. 비록 신빙성이 아주 없지는 않지만 불확실한 전승에 따르면, 그는 가난한 유대인 부모의 아들로 태어나 부유한 유대인 법률가에 의해 교육을 받다가, 열여섯살에 기독교 신앙을 받아들였다고 한다.[47] 이 전승이 사실이라면 그는 사도 바울 이후에 유대인 지식인이 회심한 첫번째 사례이고, 고대 교부들 중에서는 유일한 사례가 되는 셈이다. 다른 모든 교부들은 기독교 가정에서 태어났거나, 이교도였다가 기독교로 회심했기 때문이다.

에피파니우스는 이집트의 은수자들 사회에 들어가 엄격한 금욕 생활을 하다가, 엘류테로폴리스 근처 수도원의 대수도원장이 되었다. 그는 자신의 스승이자 친구인 힐라리온(Hilarion)과 협력하여 팔레스타인에 수도원주의를 널리 보급하는 데 힘썼다.[48]

367년에 그는 회중과 수사들에 의해서 키프로스 섬의 수도 살라미스(콘스탄티아)의 주교로 만장일치로 선출되었다. 이곳에서 그는 이단들을 논박하는 저서들을 썼으며, 자기 시대의 교리 논쟁들에 적극 가담했다. 오리게네스를 이단의 괴수로 간주하여 그의 영향을 말살하는 것을 생의 과업으로 삼았으며, 이 일로 인해서 이집트의 은수자들에게 철저한 증오를 받았다. 이 과업을 위해 연로한 나이에 팔레스타인과 콘스탄티노플을 방문했으며, 크리소스토무스가 면직과 추방을 당하던 해에 숨을 거두었다. (크리소스토무스는 격렬한 오리게네스 논쟁에서 에피파니우스의 반대편에서 무고히 희생된 사람이다.)[49]

에피파니우스는 동시대인들에게조차 성인과 정통신앙의 족장으로 존경을 받았다. 한번은 그가 주교 요한과 함께 예루살렘의 거리를 지나가는데, 어머니들이 아이들을 데리고 나와서 복을 빌어주기를 바랐고, 군중이 그를 에워싸고 그의 발에 입맞추고 그의 옷술을 만지는 일도 있었다. 그가 죽은 뒤에 그의 이름에는 기적에 관한 전설들이 많이 생겼다. 그는 진실하고 금욕적인 경건을 실천하

---

47) 참조. 그의 제자 John이 쓴 전기 (in Migne's ed. i. 25 sqq.).

48) 그는 힐라리온에 관한 찬사를 집필했는데, 이 글은 그의 몇몇 다른 저서들과 함께 유실되었다.

49) 참조. 위의 §§ 133, 134.

며 살았고, 정통신앙에 대해 진지하되 단호한 열정을 쏟아부었다. 성품이 후덕하여 다른 사람의 열정에 도구로 이용되는 경우가 적지 않았으며, 그의 열정은 지식에 근거한 것이 아니었다. 그는 대표적인 이단 사냥꾼이었다. 그는 기독교를 수도원적 경건 및 교회 중심의 정통신앙과 동일시했으며, 머리 천 개 달린 괴물과 같은 이단을 모든 은신처에서 색출해내는 것을 필생의 과업으로 여겼다. 하지만 열정에 눈이 먼 나머지 훗날 경건과 정통신앙의 본질적 부분으로 간주된 것을 소멸해 버리는 경우도 가끔 있었다. 화상(畵像)들을 혐오하던 초기 기독교의 관점에 입각하여 팔레스타인의 시골 교회에 비치되어 있던 그리스도의 혹은 어떤 성인의 그림을 폐기했다. 때로는 교회법을 어기기도 했다.

에피파니우스의 학문은 비록 폭은 넓지만 체계는 그다지 잡히지 않았다. 그는 다섯 가지 언어를 구사했다. 히브리어·시리아어·이집트어·헬라어는 잘 알았고, 라틴어는 조금 할 줄 알았다. 그에 비해 세 가지 언어만 알고 있던 ― 물론 세 가지 언어에 대해서는 에피파니우스보다 훨씬 탁월하긴 했지만 ― 제롬은 그를 '다섯 개의 혀를 지닌 사람'이라고 불렀고, 루피누스(Rufinus)는 그가 방랑 설교자로서 모든 언어 모든 나라에 두루 다니면서 위대한 오리게네스를 비방하는 것을 거룩한 사명으로 간주하고 있는 것을 책망조로 말했다.[50] 그는 세계와 인간들에 관한 지식, 건실한 판단력, 비평적 분별력이 부족했다. 맹신이 워낙 심했던 까닭에 그의 저서들에 무수한 오류들과 모순들을 남겼다. 문체는 아름답거나 세련된 면을 찾아볼 수 없다.

하지만 그의 저서들은 고대의 이단들과 교부시대 논쟁의 역사를 이해하기 위한 자료의 창고로서 여전히 상당한 가치를 지닌다. 그것을 소개하자면 다음과 같다:

1. 「닻」(Anchor).[51] 기독교 교리, 특히 삼위일체·성육신·부활 교리를 변호한 저서. 모두 121장으로 구성되어 있다. 에피파니우스는 373년에 이단들과 귀신들의 속임에 요동하는 사람들에게 닻과 같은 교훈을 해달라는 성직자들과 수사들의 강한 요청을 받아 이 논문을 집필했다. 이 논문에는 긴 신조와 짧은 신조 두

---

50) Hieron, *Apol. adv. Rufinum*, 1. iii. c. 6 (Opera, tom. ii. 537, ed. Vall.)

51) *Ancoratus* 혹은 *Ancora fidei catholicae*, in tom. ii. of Petavius; tom. iii. 11–236 of Migne.

편이 수록되어 있는데, 이 신조들은 제2차 에큐메니컬 공의회가 성령과 교회에 관한 교리에 대해서 니케아 신조에 첨가한 부분이 교회에서 이미 여러 해 동안 쓰이고 있었음을 보여준다.[52] 좀 더 구체적으로 말하자면, 에피파니우스에 따르면 짧은 신조는 니케아 공의회부터 발렌티니아누스와 발렌스의 재위 제10년(373)까지 동방에서 정통신앙을 받아들인 교리문답자가 세례를 받을 때 의무적으로 고백해야 하는 내용이었다고 하는데, 이 신조가 콘스탄티노플 신조와 똑같은 것이다. 긴 신조는 성령에 관한 조항에서 심지어 아폴리나리우스주의와 마케도니우스주의를 구체적으로 비판한다. 두 신조는 다 같이 니케아 신조의 아나테마들을 수록하며, 그 중에서 긴 신조는 그 내용을 좀 더 자세한 형태로 수록한다.

2. 「의료 상자」(*Panarium*).[53] 모든 이단들의 독을 해독하는 약을 제시한 책으로서, 374-377년에 각계각층의 요청에 부응하여 집필한 에피파니우스의 대표작이다. 고대 교회의 주된 이단 연구서이기도 하다. 앞서 나온 순교자 유스티누스·이레나이우스·히폴리투스의 유사한 성격의 저서들과, 이후에 나온 필라스트리우스(혹은 필라스트루스)·아우구스티누스·테오도레투스·위(僞) 테르툴리아누스(pseudo-Tertullian)·위 제롬(pseudo-Jerome)·*Praedestinatus*의 저자의 유사한 저서들보다 방대하다. 에피파니우스는 편집자로서의 꼼꼼함과 부지런함은 발휘했으나 논리적이나 연대적인 배열을 무시한 채 태초부터 자기 시대까지 등장해온 이단들에 관한 기록이나 구전 자료들에서 취할 수 있는 모든 내용을 망라해서 다루었다. 그러나 그의 주된 관심사는 이단의 치유 곧 교리적 논박으로서, 이 일로써 자신이 하나님과 교회에 지대한 봉사를 하고 있다고 믿었으며, 그가 제시한 논박은 편협하고 열정에 치우친 면이 있음에도 불구하고 여러 좋은 사상과 탄탄한 논증들을 지니고 있다. 그는 부당하게도 이단 개념을 모든 종교 분야로 확대 적용한다. 하지만 이단은 기독교 진리를 곡해 내지 모방한 것일 뿐이며, 기독교 종교를 토대로 존립한다. 그는 무려 여든 개의 이단을 소개하고 논박하는데, 그 중 스무 개는 그리스도께서 오시기 전에 등장했던 것들이

---

52) *Anc.* n. 119 and 120 (tom. iii. 23 sqq. ed. Migne).

53) Panarium (*Panaria*), *sive Arcula or Adversus lxxx. haereses* (Petavius, tom. i. f. 1-1108; Migne, tom. i. 173-1200, and tom. ii. 10-832).

다. 그가 소개하는 기독교 이전의 이단들은 다음과 같다: 야만주의(Barbarism) - 아담부터 홍수까지; 스키티아주의(Scythism); 헬레니즘(다양한 철학파들을 거느린 우상 숭배의 본산); 사마리아주의(다양한 분파들로 분화됨); 유대주의(일곱 집단으로 세분됨: 바리새파, 사두개파, 서기관파, 낮세례파(Hemerobaptists), 오세안파(Osseans), 나사렛파, 헤롯파).[54] 고대 전승에 따르면 시몬 마구스가 조상 역할을 한 기독교 이단들 가운데서는 영지주의의 다양한 집단들(크게 압축하면 열두 집단 정도가 됨)이 주요 공간을 차지한다. 에피파니우스는 64개의 이단을 설정해 놓고서 오리게네스파·아리우스파·포티우스파·마르켈리우스파·반아리우스파·프뉴마토마키파·반(反)디코마리아니트파(Anti-dikomarianites)를 비롯한 자기 시대의 이단들을 논박해 나간다. 이전 시대의 이단들에 대해서는 이미 잘 알려진 순교자 유스티누스·이레나이우스·히폴리투스의 저서들과 그 밖의 기록 전승들과 구전 전승들을 많이 사용하되 뚜렷이 출처를 밝히지는 않는다. 후반부에서는 자신의 판단과 경험을 더 많이 피력할 수 있었다.

3. *Anacephalaeosis*는 *Panarion*을 순서만 약간 바꾸어 요약한 것이다.[55]

여기서 니케아 이후 시대의 유사 저서들에 몇 마디를 덧붙이는 것이 적절할 것이다.

에피파니우스와 거의 동시대이거나 약간 후인 339년에 브릭시아(브레스키아)의 주교 필라스트리우스(Philastrius) 혹은 필라스트루스가 *Liber de haeresibus*(모두 156장)를 썼다.[56] 그도 에피파니우스와 마찬가지로 이단이라는 표현을 광범위하

---

54) 에피파니우스는 좀 더 간략한 책인 *Anacephalaeosis*에서는 *Panarion*의 순서를 다소 변형한다.

55) *Epitome Panarii* (tom. ii. 126, ed. Patav.; tom. ii. 834-886, ed. Migne).

56) Edited by J. A. Fabricius, Hamburg, 1728; by Gallandi, *Bibliotheca*, tom. vii. pp. 475-521; by Oehler in tom. i. of his Corpus haeresolog. pp. 5-185. 필라스트루스의 글이 에피파니우스의 글과 매우 유사한 이유는 대체로 전자가 후자를 근거로 삼았기 때문으로 설명된다. 이것이 아우구스티누스(Epistola 222 ad Quodvultdeum)의 견해인 듯하다. 그러나 립시우스(l. c. p. 29 ff.)는 두 사람의 글이 더 오래된 자료, 즉 히폴리투스의 32권짜리 이단 논박서를 토대로 삼았다고 지적하며, 에피파니우스가 히폴리투스에 대해 침묵한 이유(그는 히폴리투스를 한 번밖에 언급하지 않는다)를 그 시대 저자들의 일반적인 몰염치로 설명한다.

게 적용하며, 그것을 156가지 체계로, 즉 그리스도 이전의 28가지와 이후의 128가지로 분류한다. 그리고 온갖 부류의 이단들에 대한 독특한 견해를 넣어 소개한다.

그 뒤를 이은 사람이 아우구스티누스이다. 그는 말년에 시몬파(Simonians)로 시작하여 펠라기우스파로 끝나는 88가지 이단에 관한 개론을 썼다.[57]

*Praedestinatus*라 불리는 책의 익명의 저자는 아우구스티누스의 이단 목록에 네스토리우스파와 예정론파를 덧붙였다. 그러나 예정론파란 저자가 선과 악의 절대 예정을 주장하는 이단을 풍자하고 비판할 의도로 고안해낸 것인 듯하다.[58]

4. 위에 소개한 이단 비판서들 외에도, 성경에 쓰인 도량형들과, 아론의 에봇 흉패에 있던 열두 개의 보석에 관한 성경 고고학적 논문을 소개할 수 있는데, 에피파니우스는 성경에 등장하는 관련 명칭들을 알레고리적으로 해석한다.

에피파니우스의 아가서 주석은 1750년에 로마에서 라틴어 역본으로 출간되었다. 그의 저작으로 평가되는 그 밖의 저서들은 유실되었거나 진정성이 의심된다.

170. 요한 크리소스토무스

원명은 요한(John)인데, 7세기에 그를 존경하는 후손이 크리소스토무스 곧 '황금 입'이라는 이름을 붙여주었다. 그는 그리스 교회가 배출한 가장 위대한 주해가이자 설교가였으며, 기독교 세계 전역에서 여전히 가장 큰 명성을 누리고 있다. 동방의 교부들 가운데 그만큼 오점을 남기지 않은 사람이 없으며, 현대의 주석가들에 의해 그만큼 많이 읽히고 자주 인용되는 사람도 없다.

크리소스토무스는 347년에 안디옥에서 태어났다. 아버지는 유명한 장교였고, 어머니 안투사(Anthusa)는 스무살에 남편과 사별한 뒤 노나와 모니카와 함께 고대 기독교 세계의 여성들 가운데 찬란한 이름을 남겼다. 심지어 이교도들에게까지 존경을 받았으며, 유명한 수사학자 리바니우스는 안투사의 정절과 경건을 듣고

---

57) *Liber de haeresibus*. 부제 Quodvultdeus의 요청을 받아들여 쓴 책이다.
58) *Corpus haereseol*. i. 229–268. 참조. 위의 § 159.

는 "기독교 사회에 참 훌륭한 여성들이 있구나!" 하고 말하지 않을 수 없었다. 안투사는 아들에게 좋은 것을 골라 가르쳤고, 일찍부터 아들의 영혼에 경건의 씨앗을 심어주었으며, 그것이 훗날 그 자신과 교회를 위해서 매우 풍성한 결실을 하게 되었다. 크리소스토무스는 어머니에게 듣고 배운 훈계와 성경 지식에 힘입어 이단의 유혹에서 자신을 지킬 수 있었다.

문학 교육은 리바니우스에게 받았는데, 리바니우스는 그를 자신이 길러낸 최고의 학자로 평가했으며, 임종 직전에 누구를 후계자로 세우고 싶은가 질문을 받았을 때 "그리스도인들이 요한을 멀리 데려가지만 않았다면 당연히 요한이지"라고 대답했다.

크리소스토무스는 공부를 마친 뒤에 수사학자가 되었다. 하지만 곧 하나님이 하시는 일에 일생을 바치기로 결심했고, 안디옥에서 주교 멜레티우스에게 3년간 배운 뒤에 세례를 받았다.

회심한 뒤 그의 마음에는 수도 생활에 대한 열망이 가득했다. 이것은 그 시대의 금욕적 경향에 영향을 받은 것이었다. 하지만 곁에 있어달라는 어머니의 간곡한 만류 때문에 한동안 수도 생활에 대한 뜻을 접어두었다. 멜레티우스는 그를 독서자로 세운 뒤 그에게 성직자의 길을 밟게 했다. 훗날 주교로 선출되었을 때(370), 그는 친구 바실리우스를 지목하면서 그가 자신보다 훨씬 적임자라고 천거했으나, 그로부터 비겁하게 회피한다는 강렬한 비판을 받았다. 이것이 계기가 되어 「사제직에 관하여」(*On the Priesthood*)라는 유명한 논문을 쓰게 되었는데, 바실리우스와 나누는 대화 형식을 띤 이 글에서 그는 진리에 엄격히 순종하지 못하는 자신의 삶을 변명하고, 성직에 따르는 엄중한 의무들을 열거한다.[59]

그는 어머니와 사별한 뒤 유혹과 번잡에 찌든 도시 생활을 버리고 안디옥 근처의 산지로 들어가 수도 생활을 시작했으며, 그곳에서 6년간 신학 연구와 묵상과 기도로 행복한 나날을 보냈다. 그곳에서 지내면서 박식한 대수도원장 디오도루스(훗날 다소의 주교가 됨, 394년 죽음)에게 배웠고, 안디옥파(네스토리우스파) 신학의 유명한 아버지 몹수에스티아의 테오도루스(429년 죽음) 같은 뜻이 통하는 젊은이들과 교제를 나누었다. 그에게 수도원주의는 경험과 자기 연단을 제공하는 가장 유익한 학교였다. 그럴 수 있었던 이유는 그가 순수한 동기로 이런

---

59) *De sacerdotio libri* vi.

생활 형태를 취했기 때문이고, 수도 생활을 하면서 도덕적·영적 장성에 유용한 지식과 교양을 쌓았기 때문이다.

이 시기에 그는 수도원주의와 독신 생활을 칭송하는 초기 저작들과, 수도 서약을 깨고 결혼을 결심한, 타락한 테오도루스(훗날 몹수에스티아의 주교가 됨)에게 보내는 장문의 편지 두 편을 썼다. 크리소스토무스는 이 작은 사건을 자기 시대의 금욕적 관점에서 배교와 방불한 중대한 일로 간주했으며, 따라서 수사적 기교와 간절한 호소와 통렬한 비판과 두려운 경고를 섞어가면서 자신이 생각한 바 천국에 이르는 가장 확실하고 안전한 길을 친구에게 일러주었다. 인간은 죄를 지을 수 있으나, 죄에 그대로 머물러 있는 것은 악마적인 일이며, 넘어지는 것은 영혼을 파멸로 몰아넣지 않지만 땅바닥에 그냥 넘어진 채 있으면 멸망에 떨어지게 된다고 그는 말한다. 그의 호소는 소기의 효과를 거두었으며, 그의 글을 읽는 우리의 입장에서도 만약 일시적이고 비정상적인 신앙 생활 형태로 간주될 수밖에 없는 삶의 방식을 바꾸는 일 대신에 정말로 중대한 어떤 범죄를 대입해서 생각한다면 회개할 수 있는 큰 용기를 얻게 된다.

요한은 극단적인 고행 탓에 건강을 잃고서 380년에 안디옥으로 돌아갔다. 386년에 그곳에서 멜레티우스에 의해 부제로 임명되었고, 플라비아누스에 의해서 장로로 임명되었다. 웅변과 순수하고 진실한 성품에 힘입어 온 교회에서 큰 명성과 사랑을 얻게 되었다.

안디옥에서 16~17년을 사역하는 동안 설교들과 주석들의 상당 부분과, 사제직에 관한 논문, 낙심한 스타기리우스에게 보내는 위로의 편지, 홀로 사는 생활의 유익과 그에 따른 의무에 관해 젊은 과부에게 주는 교훈을 작성했다. 재혼에 대해서는 옳지 않다고 가르쳤다. 그것이 죄이거나 불법이기 때문이 아니라, 결혼의 이상적 개념과 경건의 높은 차원을 감안할 때 재혼이 적절하지 않다고 생각했기 때문이었다.

넥타리우스(나지안주스의 그레고리우스를 계승한 인물)가 죽은 뒤인 397년 말엽에, 크리소스토무스는 거의 자신의 뜻과 상관 없이 콘스탄티노플 총대주교로 선출되었다. 이 직위를 맡아 여러 해 동안 사역하면서 유익한 결과를 끼쳤다. 그러나 남의 눈치를 보지 않는 설교 스타일로 인해서 황후 유독시아의 분노를 사게 되었고, 게다가 야심 많은 알렉산드리아 총대주교 테오필루스가 그의 명성을 시샘했다. 크리소스토무스는 박해를 피해온 이집트의 오리게네스파 수사들에게 그리스도인으로서 온정을 베푼 일로 인해서 오리게네스 논쟁에 휘말리게 되었고, 마침내 테오필루스와 유독시아가 합세하여 그를 주교좌에서 끌어냈다. 민중과 로마 주교 인노켄티우스 1세가 아무리 그를 지지하고 후원했어도 소용이 없었다. 그는 407년 9월 14일에 유배의 노정에서 모든 것을 하나님께 감사드리면서 숨을 거두었다. 그리스인들은 그의 기념일을 11월 13일에 지키고, 라틴인들은 1월 27일에 지킨다. 라틴인들의 기념일은 438년에 그의 유골이 황제들과 총대주교들의 유골이 안치된 콘스탄티노플의 사도 교회에 엄숙하게 장사된 날이다.

박해와 부당한 고난이 크리소스토무스의 인격을 시험했으나 오히려 그의 명성을 한결 부각시켰을 뿐이다. 그리스 교회는 그를 오직 아타나시우스와 세 명의 카파도키아 교부들만 근접할 수 있는, 교회의 가장 위대한 스승으로 존경한다. 그가 사역한 시기는 삼위일체 논쟁과 그리스도론 논쟁 사이의 비교적 조용한 시기에 해당한다. 따라서 그는 오리게네스 논쟁 외에는 여느 교리 논쟁에 개입하지 않았다. 실은 오리게네스 논쟁에서도 매우 결백했다. 원래 사변에 치우치지 않는 성향이었던 까닭에 오리게네스의 오류들과 멀찍이 거리를 두었던 것이다. 만약 몇십 년만 오래 살았다면 아마 네스토리우스주의와 관련하여 의심을 받았을 가능성이 높다. 자신의 스승 다소의 디오도루스, 동료 학생이었던 몹수에스티아의 테오도루스, 그리고 그의 후계자 네스토리우스와 함께 다 같이 안디옥 학파 소속이었기 때문이다. 그는 당시에 아직 교리적으로 완숙한 경지에 이르지 못한 이 학파로부터 알렉산드리아 학파의 인위적이고 알레고리적인 해석법과 사뭇 다르게, 성경을 순수하고 근실하고 문법적이고 역사적으로 해석하는 방법을 터득했으나, 그 학파가 곧 발견하게 된 이성주의적 경향과는 철저히 거리를 두었다. 이렇게 해서 그는 안디옥 신학의 가장 건실하고 가치있는 대표자로 남아 있게 되었다. 인간론에서, 그는 신인협력설을 확고히 견지하며, 따라서 그의 제자이자 반(半)펠라기우스주의 창시자인 카시아누스가 그를 근거로 제시한다. 그러나 크리소스토무스의 신인협력설은 그리스 교회 전체가 믿고 배우던 것으로서 아우구스티누스주의와 직접 상충되는 것이 없었다. 크리소스토무스는 펠라기우스 논쟁이 시작되기 여러 해 전에 죽었기 때문이다. 그는 아리우스파와 노바티아누스파에 반대했고, 그리스 교회에 일관되게 충성했다. 그러나 편협한 교리주의와 파당심에서 비롯된 논쟁은 피했으며, 열매 없는 정통신앙보다 실천적 신앙을 크게 강조했다.

크리소스토무스가 변증 신학에 크게 이바지한 것이 사실이긴 하지만, 그의 중요성과 공로는 그 분야에 있지 않고, 해석학과 설교, 그리고 목회에 있다. 이 분야에서는 그리스와 라틴을 망라한 고대 교부들 가운데 그를 능가할 만한 사람이 없다. 재능과 교양에서 그는 총대주교구에서 사역하기에 적합했다. 본인이 직접 말하듯이, 당시에는 주교가 궁정과 귀부인들의 사회와 귀족들의 가문에서 제국의 고위 관료들보다 더 큰 영예를 누렸다.[60] 따라서 성직위계세도가 부어한 자부심을 갖게 하고 세상에 순응하게 만들 커다란 위험을 갖고 있었고, 실제로 많은 고위성직자들이 그 위험 앞에서 넘어졌다. 이러한 위험을 크리소스토무스는 다행히도 회피했다. 화려한 총대주교 관저에서 지내면서도 단순한 수도 생활을 지속했고, 기본적인 생활을 하고 남는 모든 수입은 병든 자들과 나그네들을 돌아보는 데 사용했다. 자신에게는 가난했지만, 가난한 사람들에게는 부요로웠던 것이다. 그는 선행에 풍성한 진실한 기독교를 전했고, 엄격한 권징을 고집했으며, 당대의 악들과 궁정의 허황되고 세속적이고 위선적인 종교를 과감하게 비판했다. 그 과정에서 당연히 때로는 온건과 사려분별의 한계를 넘어섰는데, 대표적인 경우가 황후 유독시아를 요한의 피에 굶주린 새 헤로디아라고 비판한 일이다. 그러나 항상 '선의 진영'에 치우쳤으며, 아무도 두려워하지 않은 채 자신의 의무를 수행해가는 그의 모습이 높고 유력한 지위에 있는 성직자들에게 항상 지대한 영향력을 행사했다. 네안더(Neander)는 그가 그리스 교회에서 수행한 사역을 17세기 루터교의 실천적 개혁자 슈페너(Spener)의 사역과 비교하면서, 그를 일컬어 당대의 세속 정신과 맞서 싸우다가 희생된 기독교 사랑의 순교자라고 부른다.[61]

강단에서 크리소스토무스는 청중에게 무제한한 권력을 휘두르는 절대군주였다. 감동한 청중의 우레와 같은 박수 소리에 설교를 중단해야 하는 경우가 빈번했으며, 그럴 때면 그렇게 하는 것이 하나님의 집에서는 합당하지 않다고 정중히 책망했다.[62] 그가 이렇게 최고 기량의 웅변력을 터득한 것은 데모스테네스와

---

60) *Homil.* iii. in *Acta Apost.*

61) In his monograph on Chrisostom, vol. i. p. 5.

62) 이렇게 박수를 치고 발을 구름으로써 설교자를 치켜세우는 그리스 교회의 관습

리바니우스의 학교에서였지만, 그 역량을 더욱 고상하고 거룩하게 다듬은 것은 더 뛰어난 성령의 학교에서였다. 그는 성경을 연구하고 기도하고 묵상함으로써 설교를 신중하게 준비하는 습관이 있었다. 그러나 예기치 않은 상황을 유용하게 활용할 줄 알았고, 실제로 그가 남긴 숭고한 설교들 가운데 일부는 즉흥적으로 행한 것이다. 설교의 착상은 그리스도인의 경험, 특히 무궁무진한 보고인 성경에서 얻었는데, 그에게 성경은 과연 일용할 양식이었으며, 그것을 심지어 평신도들에게도 진지하게 권했다. 성경의 장절(章節)이 도입된 뒤에 관례가 된 특정 본문 위주의 설교에 매이지 않고, 성경전서를 가지고 순서대로 강해했다. 그의 언어는 고상하고 엄숙하고 생명력 있고 열정적이고 종종 힘이 넘쳤다. 그럴지라도 진리를 벗어나 과장하거나 작위적인 대조를 사용하지 않았다. 당시에는 그런 방식을 사용해야만 설교를 잘한다고 평가를 받았지만, 실제로 건강하고 교양 있는 사람들에게는 그것이 부족과 부패로 비쳤다. 프랑스의 가장 유명한 설교자들인 보쉬에(Bossuet), 마시용(Massillon), 부르달루(Bourdaloue)는 크리소스토무스를 모델로 삼았다.

이 교부가 남긴 저서들 가운데 분량이 가장 방대하고 가치도 가장 큰 것은 6백 편이 넘는 설교문들로서, 안디옥에서 장로로 시무할 때와 콘스탄티노플에서 주교로 시무할 때 전한 것들이다. 이 설교들에 그의 해석학이 고스란히 나타나 있다. 그의 설교들은 과연 해석학의 풍부한 곳간이어서, 후대의 그리스 주석가들인 테오도레투스·테오필락투스·외쿠메니우스가 많은 내용을 거기서 인용했고, 때로는 그의 주해를 요약하는 것으로 만족했다. 본격적 의미에서의 주석이라고 하면, 그는 이사야서의 처음 여덟 장과 갈라디아서에 대해서만 주석을 썼다. 그가 성경 본문들을 가지고 전한 거의 모든 설교가 다소 주해의 성격을 띤다. 그가 남긴 주해들은 창세기·시편·마태복음·요한복음·사도행전, 그리고 히브리서를 포함한 바울의 모든 서신들을 본문으로 한 것이다. 그의 바울 서신 설교들은 특히 높은 평가를 받는다.

은 교회가 국가와 연합한 뒤에 생긴 세속화의 징후였다. 이러한 그릇된 관습을 비판하는 크리소스토무스의 강력한 설교에 청중이 가장 열정적인 박수 갈채를 보낸 것이 그 시대의 특징이다.

성경전서에 대한 이런 주해 설교들 외에도, 크리소스토무스는 성경의 개별 단락들이나 절들에 대한 설교와, 절기 강론들, 사도들과 순교자들을 기념하는 연설들, 특별한 상황에 맞춘 강론을 전했다. 특별한 상황에 맞춘 강론들 가운데는 유대인들을 비판하는 8편의 설교(안디옥 교회에 조성되던 유대화주의적 경향을 비판함)와, 아노모이우스파(아리우스파)를 비판한 12편의 설교, 특히 그의 웅변 역량이 유감없이 발휘된 조각상들에 관한 유명한 21편의 설교가 있다. 조각상에 관한 설교는 387년에 안디옥에서 주민들이 몹시 격앙되어 있던 상태에서 행했다. 당시에 과중한 세금에 짓눌려 지내오던 주민들이 봉기를 일으켜 황제 테오도시우스 1세와 죽은 황후 플라킬라, 황태자들인 아르카디우스와 호노리우스의 조각상들을 쓰러뜨린 뒤 시내로 질질 끌고 다니는 사태가 발생했는데, 이에 분노한 황제가 안디옥 시를 말살해버리겠다고 위협하던 상황이었다. 다행히도 주교 플라비아누스가 나서서 중재한 덕분에 재앙을 면할 수 있었다.

크리소스토무스의 그외 저서들은 앞서 언급한, 젊었을 때 쓴 사제직에 관한 논문과, 기독교 신앙을 변호한 여러 편의 교리적·도덕적 단상들, 독신 생활과 고상한 형태의 수도 생활을 칭송한 글들, 그리고 거의 유배 기간에 해당하는 403-407년에 쓴 242편의 서신들이 있다. 서신들 중에서 가장 중요한 것은 로마 주교 인노켄티우스 1세에게 쓴 두 편과 로마 주교의 답장, 그리고 경건한 과부이자 여부제로서 그의 벗이었던 올림피아스에게 쓴 17편의 긴 서신들이다. 그의 서신들에는 한결같이 숭고한 기독교적 정신이 숨쉰다. 서신 어느 구석에도 유배를 면하고 싶은 심정이 표출되어 있지 않고, 경건과 덕의 길에서 이탈하는 것이 유일한 불행이라는 소신이 나타나 있으며, 진심어린 우정과, 교회의 앞날을 걱정하는 충심, 그리고 하늘의 영광을 앙망하는 차분하고도 기쁨에 찬 기대가 곳곳에 배어 있다.

이른바 「크리소스토무스의 전례」(*Liturgy of Chrysostom*)는 그리스 교회와 러시아 교회에서 오늘날도 사용되고 있는 문서로서, 이미 관련 부분에서 언급한 바 있다.[63]

크리소스토무스의 제자들과 그를 존경한 사람들 중에서 특별히 언급할 만한 인물들은 5세기 전반에 활동한 두 명의 대수도원장들이다. 한 사람은 시나이(시

---

63) 참조. § 99.

내)의 대 닐루스(the elder Nilus)로서, 제국의 고위 관직을 버리고 아들과 함께 시내 산의 한적한 은거지로 들어갔고, 아내와 딸은 이집트의 수녀원에 들어갔다. 다른 한 사람은 펠루시움 혹은 펠루시오타의 이시도루스(Isidore)로서, 알렉산드리아 출신이며, 나일강 어귀에서 그리 멀지 않은 곳에 있던 수도원을 감독했으며, 키릴루스가 네스토리우스를 비판할 때 그와 동조했으나, 지나치게 격한 적개심을 삼가도록 경고했다. 이들은 고대 수도원주의를 훌륭하게 대표할 만한 사람들이며, 방대한 분량의 서신들과 해석학적·금욕적 논문들에서 학식과 경건과 판단력과 자제력을 발휘하여 당대의 거의 모든 신학적·실천적 문제들을 다루었다.

171. 알렉산드리아의 키릴루스

대다수 교부들의 생애와 사역이 우리의 끊임없는 존경과 신심을 불러일으키는 반면에, 알렉산드리아의 키릴루스(Cyril)는 극히 언짢은, 혹은 적어도 극히 개운치 않은 인상을 준다. 우리 눈에 비치는 그의 모습은 신학과 정통신앙을 감정 표출의 수단으로 삼는 자의 모습이다.

키릴루스는 412년경에 알렉산드리아의 총대주교가 되었다. 그는 숭고한 크리소스토무스를 면직시키고 추방되도록 공작을 했던 전임자이자 숙부(혹은 백부)인 악명높은 테오필루스의 전철을 밟았다. 실은 교만과 잔인에서 테오필루스를 능가했다. 가까스로 주교직에 오른 그는 알렉산드리아에 있는 모든 노바티아누스파 교회들의 문을 닫게 하고, 그들의 교회 재산을 몰수했다. 415년에는 무장 병력을 이끌고 가서 매우 많은 수의 유대인들이 모인 회당들을 습격했다. 그들이 조금 소란을 피웠다는 것이 그 이유였다. 그때 그는 일부 유대인들을 처형하고, 나머지는 추방하고, 그들의 재산은 흥분한 군중들이 나눠갖도록 허용했다.

국가 권력의 영역을 침범한 이러한 행위로 인해 그는 두고두고 알렉산드리아의 총독 오레스테스(Orestes)와 갈등과 대립을 겪게 되었다. 그는 니트리아 산에 있는 5백 명의 수사들을 불러 자신의 호위대로 삼았으며, 이들은 공개적으로 총독을 모욕했다. 그 중에 암몬이라는 수사는 총독에게 돌을 던져 부상을 입혔다가 그 대가로 살해되었다. 그러나 키릴루스는 죽은 그를 순교자로 선언하고는 교회에 엄장했으며, '존경받을 자'라는 뜻의 타우마시오스(Thaumasios)라는 별명을 붙여주었다. 하지만 식자층의 비난을 못이겨 이 행위를 슬그머니 잊혀지게 할 수밖에 없었다.

키릴루스는 오레스테스의 친구이자 유명인사였던 히파티아(Hypatia)를 살해하도록 사주한 혐의를 자주 받기도 한다. 그러나 추측하건대 그는 이 참혹한 비극을 주도한 기독교도들의 감정을 자극하고, 자신의 높은 지위로써 그 행동을 추인하는 일에 간접적으로밖에 개입하지 않았던 것 같다.[64]

그는 숙부(백부)로부터 크리소스토무스에 대한 강렬한 반감을 터득했으며, 403년에 칼케돈 근처의 쿼르쿰에서 열린 악명높은 교회회의(Synod ad Quercum)에서 그의 면직안에 찬성표를 던졌다. 이런 방식으로 콘스탄티노플과 안디옥의 총대주교들을 철저히 견제했으며, 따라서 크리소스토무스가 죽은 직후에 두 총대주교들은 그의 부당한 단죄를 철회할 필요를 느끼게 되었다. 키릴루스는 심지어 그 거룩한 인물을 배반자 유다와 비교하는 후안무치를 범하기도 했다. 그럴지라도 그는 훗날 펠루시움의 이시도루스와 그 외 사람들의 심한 항의에 굴복하여 — 적어도 외견상으로는 — 크리소스토무스의 이름을 자기 교회의 딥티쿰(Diptychum, 미사 때 기념할 생사자 명단: 역자주)에 올리도록 허용했으며(419), 그로써 로마 교구로 하여금 알렉산드리아와 다시 교제를 나눌 수 있게 했다.

428년부터 그가 죽던 해인 444년까지 그의 생애는 그리스도론 논쟁들로 얼룩졌다. 그는 제3차 에큐메니컬 공의회에서 반(反) 네스토리우스적 정통신앙을 가장 열정적으로 가장 유력하게 주장했으며, 자신의 정적을 제거하기 위해서 수단과 방법을 가리지 않았다. 신학 지식과 통찰력이라는 무기 외에도, 상대방의 주장을 의도적으로 곡해하고, 계략을 꾸미고, 폭력을 동원하고, 콘스탄티노플 주민들과 수사들을 선동하고, 제국 관리들과 심지어 황제의 누이 풀케리아에게 거듭 뇌물을 바치는 등의 비열한 방법도 사용했다. 사유 재산이 많았음에도 불구하고 뇌물을 쓸 때 교회의 재정을 사용했기 때문에 친족들에게는 거액의 유산을 물려주었어도 알렉산드리아 교회에게는 빚을 지게 만들었다. 하지만 후임자가 자신의 상속자들을 괴롭히지 않도록 미리 방지하기 위해서 무자격한 후임자 디오스쿠루스가 임직할 때 성대한 의식을 베풀어 주었다.[65]

---

64) 참조. § 6, and Tillemont, tom. xiv. 274-276.

키릴루스는 훗날 평화를 회복하기 위해서 노력을 기울였으나 그것이 그의 인격에 묻은 얼룩들을 지우지는 못한다. 왜냐하면 반대파의 강압에 못이겨 그런 노력을 했기 때문이다. 하지만 444년 이후에 그의 후임자 디오스쿠루스가 그의 신학적 역량을 제외한 모든 못된 기질을 고스란히 물려받아 평화를 파괴하는 데 발휘했기 때문에 오히려 구관이 명관이라는 생각을 갖게 만들어 놓았다.

키릴루스는 정통신앙과 경건이 사뭇 다른 것이며, 순수한 교리를 수호하기 위한 열정이 비기독교적인 정신과 공존할 수 있음을 현저히 보여준 사람이다. 인격 면에서 그는 자신에게 불행하게 희생된 정적의 발꿈치에도 미치지 못했다. 가톨릭 사가들의 판단은 자기들이 속한 교회의 권위에 제약을 받게 마련인데, 가톨릭 교회는 눈이 멀었는지 이상하게도 그를 성인의 반열에 올려놓았다.[66] 하지만 티이몽(Tillemont)은 키릴루스가 성인으로서 적합하지 않은 행위를 많이 했다는 것을 인정하지 않을 수 없다고 느낀다.[67] 개신교 사가들의 평가는 좀 더 신랄했다. 온건하고 정직한 프란츠 발흐(Chr. W. Franz Walch)는 그에게 어떤 선한 평가도 매길 수 없다고 말한다.[68] 영국의 사가 밀먼(H. H. Milman)은 만약 자신이라면 키릴루스의 야만적 행위의 죄짐을 짊어지고 그리스도의 심판대 앞에 서느니, 차라리 네스토리우스의 모든 이단설을 짊어지고 서겠다고 말한다.[69]

그러나 키릴루스라는 개인이 인격적으로 저지른 과오들을 비판하느라 신학자로서 이룩한 공로들을 백안시해서는 안 된다. 그는 열정과 예리한 지성, 폭넓은 학문을 지녔고, 그리스 교회의 가장 중요한 교리적·논쟁적 신학자들의 반열에 드는 사람이다. 그 시대 사람들 중에서 그를 능가하는 인물은 테오도레투스뿐이

---

65) 하지만 디오스쿠루스는 키릴루스의 말을 귀담아듣지 않고서 그의 상속자들에게 거액을 받아내고, 그들을 극히 가난하게 만들어 버렸다. 키릴루스의 친족 중 한 사람이 칼케돈 공의회에 참석하여 디오스쿠루스의 이러한 행위를 비난했다(*Acta Conc. Chalc. Act.* iii. in Hardouin, tom. ii. 406). "불의한 재물은 오래가지 않는다"는 속담이 그대로 들어맞은 사례이다.

66) 심지어 단성론파인 콥트파와 아비시니아파도 Kerlos라는 축약형의 이름과 '세상의 박사'라는 호칭으로 그를 기념한다.

67) *Memoires,* xiv. 541.

68) 참조. *Ketzerhistorie,* p. 932.

69) *History of Latin Christianity,* vol. i. p. 210.

었다. 그는 알렉산드리아 신학과 그 교회를 유의미하게 대변한 마지막 인물이었다. (물론 그 학파와 교회는 진작부터 쇠퇴와 경화의 길을 걷고 있었지만.) 그런 점에서 키릴루스는 안디옥 학파의 가장 박식한 대표자인 테오도레투스와 비견할 만하다. 그가 추구한 목표는 자신보다 더 순수하고 역량이 뛰어났던 선배 알렉산드리아 주교(아타나시우스)가 한 세기 전에 삼위일체 교리를 확립한 그 업적을 그리스도의 성육신과 위격 교리에 대해서 수립하려는 것이었다. 그러나 그는 알렉산드리아 신학의 초자연주의와 신비수의에 지나치게 편승했고, 성육신의 실재와 그리스도의 위격의 통일성을 옹호하려는 열의가 지나쳐서 단성론 오류의 경계까지 다가갔다. 심지어 아타나시우스가 사용한 단어들(비록 그의 정신은 아니지만)을 논리의 근거로 삼기도 했다. 이렇게 될 수 있었던 이유는 니케아 시대가 아직은 우시아와 휘포스타시스의 신학적 차이를 확정하지 않았기 때문이다.

그리고 이것과 연관된 것이 마리아를 하나님의 동정녀 어머니로 존경한 그의 지대한 열정이다. 제3차 에큐메니컬 공의회 때 에베소에서 마리아에 관해서 행한 감상적이고 과장된 연설에서, 그는 성경의 범위를 넘어서서 우상 숭배에 근접하는 속성들을 마리아에게 부여했다.[70] 그는 이렇게 말한다. "하나님의 거룩한 어머니시여! 당신은 세상의 풍성한 보화요, 꺼지지 않은 등불이요, 정절의 면류관이요, 참 교리의 홀(笏)이요, 쇠하지 않는 성전이요, 어떠한 공간도 능히 담아둘 수 없는 분의 거처요, 주의 이름으로 오시는 분을 낳으신 어머니이자 동정녀이십니다. 거룩한 마리아여, 당신은 무한자를 잉태하셨고, 당신을 통해서 성 삼위일체께서 영광과 예배를 받으시고, 당신을 통해서 귀한 십자가가 세계 도처에서 앙모의 대상이 되고, 당신을 통해서 하늘이 기뻐하고 천사들과 천사장들이 즐거워하고, 당신을 통해서 마귀가 무장해제되어 추방되고, 당신을 통해서 타락한 피조물이 하늘로 회복되며, 당신을 통해서 모든 믿는 영혼이 구원을 얻습니다." 이런 유의 과도한 예찬이 네스토리우스를 비판하는 연설과 글에 두루 자리 잡고 있다.

그럴지라도 키릴루스는 아우구스티누스와 달리 마리아를 죄 혹은 연약에서 제외시키지 않았으며, 오히려 바실리우스와 마찬가지로 마리아가 십자가 아래

---

70) *Encomium in sanctam Mariam Deiparam,* in tom. v. Pars ii. p. 380 (in Migne's ed. tom. x. 1029 sqq.).

에서 그리스도의 참 신성을 의심했고, 베드로가 십자가라는 말을 듣고는 크게 실망하여 "주여 그리 마옵소서. 이 일이 주에게 미치지 아니하리이다"(마 16:22)고 외쳤을 때와 마찬가지로 십자가를 두려워했다고 생각한다. 요한복음 19:25을 강해하면서, 키릴루스는 이렇게 말한다. "무릇 여성은 다소 눈물을 좋아하고 애상에 깊이 잠기는 성향이 있다 …… 주의 모친조차도 예상치 않던 수난 앞에서 크게 상심했으리라는 것을 거룩한 복음서 저자는 가르치고자 했다. 주께서 십자가에서 당하신 죽음이 워낙 가혹한 것이었기에 주의 모친의 마음을 거의 뒤흔들어 놓았다 …… 마리아가 다음과 같은 생각을 마음에 하지 않았다고 생각해서는 안 된다: 나무에 달려 조소를 당하고 있는 저 사람을 내가 낳았다; 하지만 그가 자신을 가리켜 전능하신 하나님의 친아들이라고 말했는데, 뭔가 착각한 것 같다. 그는 자신이 생명이라고 말했는데, 그렇다면 어떻게 그가 십자가에 달렸단 말인가? 어떻게 자기를 죽이려는 자들에게 결박을 당했단 말인가? 자신을 박해하는 자들의 음모를 어찌 타도하지 못했단 말인가? 어찌하여 십자가에서 보란듯이 내려오지 않는단 말인가? 그가 나사로를 생명으로 돌아오게 하지 않았으며, 많은 기적들로 온 유대 땅을 경이로 진동시키지 않았던가? 여성이 비밀을 모르는 상태에서 그런 생각의 흐름에 빠져드는 것은 매우 자연스러운 일이다. 주께서 고난을 당하시던 상황이 워낙 비장했기 때문에 아무리 심지가 굳은 사람도 평정을 잃기에 충분했음을 우리는 헤아려야 한다. 그렇다면 여성이 그런 생각에 빠져든 것이 조금도 이상할 게 없다." 키릴루스는 시므온이 칼에 관해서 한 예언 (눅 2:35)을 이런 식으로 해석하면서, '그것은 여성의 생각을 여러 갈래로 갈가리 찢어놓는 지독히 예리한 고통이라는 뜻이다. 시험이란 그것을 당하는 사람들의 마음을 떠보아 그 안에 있는 생각들을 고스란히 들춰내기 때문이다"라고 말한다.[71]

키릴루스는 과도한 파당심을 제외하면 네스토리우스의 추상적 양성론에 맞서서 그리스도의 인격이 통일되어 있다는 중요한 진리를 강력하고도 효과적으로 대변했다.

이런 이유 때문에 그가 그리스도론에 관하여 네스토리우스와 테오도레투스를 논박하여 쓴 저서들은 교리사에서 상당히 중요한 비중을 차지한다. 이 저서들

---

71) Cyril, in Joann. lib. xii. (in Migne's ed. of Cyril, vol. vii. col. 661 sq.).

외에도 그는 배교자 율리아누스가 기독교를 공격하는 데 대항하여 433년에 집필하고 황제 테오도시우스 2세에게 헌정한 유용한 변증서와, 삼위일체와 성육신에 관한 교리서를 남겼다. 성경 해석자로서, 그는 알렉산드리아 학자들이 전형적으로 사용해온 작위적인 알레고리적·교리적 해석법을 그대로 사용했고, 그 영민한 두뇌를 가지고도 크리소스토무스나 테오도레투스에 비해 그다지 유익을 남기지 못했다. 주석은 주로 긴 설교 형식을 사용했으며, 모세오경에 관한(혹은 그보다는 모세오경의 주요 부분들과 의식법의 예표적 의미에 관한) 주석과, 이사야서·열두 권의 소선지서·요한복음 주석이 있다. 오늘날은 여기에다 시편과 바울 서신 몇 권에 대한 강해의 단편들을 덧붙일 수 있다. 그 외에도 설교 형식의 누가복음 주석이 있는데, 최근에야 비로소 알려진 이 글은 처음에는 헬라어 원서로 기록된 단편들로 존재했고, 나중에는 니트리아 수도원의 사본들을 토대로 한 시리아어 번역서로 온전한 모습을 갖추게 되었다.[72] 마지막으로 키릴루스의 저서에는 서른 편의 부활절 설교(*Homiliae paschales*. 알렉산드리아의 관습대로 이 설교를 통해 부활절 일자를 고지함)와, 에베소 등지에서 전한 여러 편의 설교들, 그리고 대부분 네스토리우스 논쟁에 관련되는 88편의 서신들이 포함된다.[73]

172. 시리아인 에프라임

    동방의 교부들을 마감하기 전에 고대 시리아 교회의 가장 저명한 신학자요 웅변가요 시인인 에프라임(Ephaem 혹은 Ephraim)을 간단히 살펴봐야 한다. 그는 '교회의 기둥', '시리아인들의 스승', '시리아인들의 선지자'라고 불렸고, 찬송가 저자로서는 '성령의 기타'라고 불렸다. 그의 생애는 일찍부터 기적에 관한 전설들과 얽혔기 때문에, 경건을 목적으로 한 허구에서 진리를 체로 걸러내기가 불가능하다.

---

72) By Angelo Mai and R. P. Smith.

73) *The Homilies and Letters* in tom. v. Pars ii. ed. Aubert (in Migne, with additions, in tom. x.).

에프라임은 4세기 초에 메소포타미아의 이교 가정에서 태어났다. 커서 기독교를 받아들였다는 이유로 아브닐(Abnil) 신의 사제였던 아버지한테 집에서 쫓겨난 그는 존경을 받는 주교이자 고백자인 니시비스의 야코부스에게 찾아가 교육과 아마 세례까지 받은 듯하며, 325년에 그를 모시고 니케아 공의회에 참석했으며, 그 밑에서 교사로 활동했다. 그리고 곧 해박한 신앙 지식과 열정적인 정통신앙, 그리고 금욕적 경건에 힘입어 큰 명성을 얻게 되었다. 363년에 니시비스 지방이 페르시아로 넘어갔을 때 로마 영토로 빠져나와 에데사에 정착했는데, 당시에 에데사는 시리아에서 기독교 학문의 중심지가 되어 있었다. 그는 도시 근처의 동굴에서 은수자로서 지내면서 금욕과 연구 생활에 몰두하고, 설교로써 수사들과 주민들에게 큰 감화를 끼쳤다. 이때 다혈질적인 기질을 철저히 다스려 가면서 온갖 낙과 담을 쌓아놓고 지냈고, 맨바닥에서 잠을 잤다.

주변 농촌 마을에 남아 있던 우상 숭배의 잔재를 제거하기 위해서 노력했고, 온갖 부류의 이단들에 대항하여 니케아 정통신앙을 변호했다. 이집트로 여행하여 그곳의 은수자들 틈에서 여러 해를 지냈다. 나름대로 하나님의 지시를 받아 카이사리우스에 있는 대 바실리우스를 찾아갔으며, 그에게 부제[집사] 임명을 받았다. 바실리우스는 그를 매우 높게 평가했으며, 훗날 그를 주교로 세우기 위해서 제자 두 사람을 에데사로 보냈다. 그러나 에프라임은 그러한 중책을 면하기 위해서 모자라는 사람 행세를 했으며, 그 모습을 본 사자들은 돌아가서 그가 미쳤다고 보고했다. 바실리우스는 그들의 어리석음을 질책하면서, 에프라임이 신적인 지혜로 충만한 사람이라고 일러주었다.

에프라임은 죽기 직전에 에데사 시가 심각한 기근을 당했을 때 은둔 생활을 정리하고 마을로 내려와서는 주변에 굶어죽어가는 가난한 사람들을 방치하고 있는 부자들을 강하게 비판하는 설교를 했으며, 만약 재물을 선하게 쓰지 않으면 그것이 그들의 영혼을 망쳐놓을 것이라고 경고했다. 그의 설교를 들은 부자들은 크게 뉘우치고서 그 앞에 재산을 내놓았다. 에프라임은 그 돈으로 3백 개가량의 침상을 마련한 뒤 외지인과 원주민을 가리지 않고 고통당하는 사람들을 몸소 보살피기를 기근이 끝날 때까지 쉬지 않았다. 기근이 끝나자 다시 은둔처로 돌아갔고, 며칠 뒤인 379년 어느 날에 친구 바실리우스의 뒤를 따라 숨을 거두었다.

소조메누스는 에프라임이 부제 이상의 성직을 얻지 못했으나, 인격으로 세운 업적으로 인해 가장 높은 성직에 오른 사람들에 못지않은 명성을 얻었으며, 거룩한 생활과 학식으로 인해 많은 사람의 존경을 받았다고 전한다. 그는 자신의 교리를 철저히 따르려는 제자들을 많이 남겼다. 그 중 대표적인 사람들이 시리아인들이 자기 나라의 영광으로 간주하는 아바스(Abbas) · 제노비우스(Zenobius) · 아브라함(Abraham) · 마라스(Maras) · 시므온(Simeon)이다.[74]

에프라임은 대단히 많은 글을 남겼다. 이것은 그가 어릴 적에 본 환상, 즉 그의 혀뿌리에서 포도나무가 사라나 사방으로 뻗어가다가 땅끝까지 미쳤고, 줄기에는 포도송이들이 주렁주렁 열렸으며, 그것을 따면 즉시 새로운 포도송이들이 열리는 환상이 그대로 실현된 것이었다. 그의 저서들은 성경 주석들과 설교들, 금욕 생활을 권하는 소책자들, 그리고 신앙 시들로 이루어져 있다. 주석들과 찬송들 혹은 운율조 산문들은 시리아 원어로 보존되어 있고, 동방 학자들에게 그 자체로 문헌학적 가치를 지닌다. 그 외 저서들은 헬라어 · 라틴어 · 아르메니아어 역본들로만 존재한다. 제대로 된 헬라어 역본들이 크리소스토무스와 제롬의 시대에 벌써 알려져 널리 읽히고 있었다. 에프라임의 저서들을 보면 그가 과연 헬라어를 알고 있었는지 단정하기 어렵게 만든다. 어떤 저자들은 그가 헬라어를 알았다고 주장하고, 다른 저자들은 그렇지 않았다고 주장한다.[75]

그의 주석들은 니사의 그레고리우스의 말대로 "창조의 책에서부터 마지막 은혜의 책에 이르기까지" 성경전서에 두루 미친다. 현존하는 주석들로는 구약성경의 역사서들과 선지서들, 욥기에 대한 시리아어 주석들과, 아르메니아어로 번역된 바울 서신들의 주석들이 있다.[76] 하지만 그의 주석들은 후대의 주석가들에 의해서 거의 사용되지 않았다. 그는 히브리어 성경을 토대로 본문을 해석하지 않고 고대 시리아어 역본인 「페쉬토」(*the Peshito*)를 토대로 해석했다.

포티우스에 따르면 천 편이 넘는다고 하는 그의 설교들은 더러는 강해 설교이

---

74) Sozomen, *H. E.* iii. 16.

75) 소조메누스와 테오도레투스는 에프라임이 헬라어를 몰랐으나, 시리아어를 "신적 은혜의 광채를 반사하는 매체"로 사용했다고 분명히 말한다. 전설에 따르면 에프라임은 바실리우스를 방문했을 때 기적에 의해 헬라어를 구사하는 능력을 부여받았으며, 바실리우스도 성령의 영감에 힘입어 시리아어로 그에게 인사를 건넸다고 한다.

76) Opera, tom. iv. and v., or vol. i. and ii. of the Opera Syr., 그리고 메히타르회(the Mechitarists)가 증보해 놓은 내용.

고, 더러는 유대인과 이교도와 이단을 비판하는 변론적 설교이다. 이 설교들은 그의 대중 연설 역량이 어느 정도였는가를 여실히 보여준다. 비애와 환호, 생략과 대립과 예화, 질책, 정겨운 위로가 주제에 맞게 풍부하게 사용된다. 하지만 과장과 허세, 장황, 그리고 그 시대의 미신들, 이를테면 금욕의 덕을 과찬한다거나 동정녀 마리아와 성인들과 성유물들을 과도하게 숭배하는 면모도 못지않게 풍부하게 드러나 있다. 그의 설교들 가운데 더러는 동방의 여러 교회들과 심지어 서방 교회들에서도 성경 교훈 이후에 공식적으로 낭독되었다.[77]

그의 찬송들은 바르데사네스(Bardesanes)와 그의 아들 하르모니우스(Harmonius)의 이단적 견해가 끼치는 영향을 막기 위해 작성되었으며, 시리아 대중들이 익히 아는 노래에 붙여서 널리 사용되었다. 소조메누스는 이렇게 말한다. "에프라임은 시리아인들이 하르모니우스의 세련된 어법과 운문체를 좋아하는 것을 발견하고는 혹시 그들이 그의 사상마저 섭취하지나 우려하게 되었다. 그래서 헬라어를 모르면서도 하르모니우스의 운율체를 나름대로 연구한 뒤 교회의 교리들을 가지고 비슷한 시를 지었고, 거룩한 사람들을 칭송하는 찬송을 지었다. 그때부터 시리아인들은 에프라임의 송시들을 하르모니우스가 사용한 방법에 따라서 불렀다." 테오도레투스도 비슷한 이야기를 전하며, 에프라임의 찬송들이 조화와 운율을 경건과 결합시켰고, 하르모니우스의 이단적 찬송들의 해악을 막으려 했던 중요한 목적을 충분히 달성했다. 전하는 바로는 그가 3만 편이 넘는 시를 썼다고 한다.[78] 그러나 주석들을 제외한 그의 시리아어 저서들은 운문으로, 즉 동수의 음절들로 구성된 행들로 작성되었고, 비록 정규적인 운율은 아닐지라도 압운(押韻, rhyme)과 유운(類韻, assonance)도 가끔 사용된다.

2. 라틴 교부들

173. 락탄티우스

---

77) Hieron, *De script, eccl,* c, 115,
78) Sozomen, iii, 16,

에우세비우스가 그리스 교부들 사이에서 그렇듯이, 피르미아누스 락탄티우스(Firmianus Lactantius)는 라틴 교부들 사이에서 제2기와 3기의 경계선에 서 있으며, 회고록들을 통하여 자신이 직접 겪으면서 지켜본 로마 제국에서의 교회의 박해와 승리를 한 줄로 엮어 써나간다. 그럴지라도 신학적 견해에서는 니케아 이전 시대에 속한다.

그는 자신의 고백에 따르면 이교도 부모에게서 태어났다. 어떤 학자들이 그의 이름에서 유추하듯이, 그는 이탈리아 피르뭄(페르모)에서 테이난 듯하다. 공부는 수사학자 겸 변증가인 시카의 아르노비우스(Arnobius)가 이끌던 학교에서 했고, 이 점 때문에 어떤 학자들은 그가 아프리카인이었다고 추측한다. 그는 식탁 담소를 위해 백여 가지 6보격 수수께기를 모은 「향연」(*Symposion*)이라는 시집으로 두각을 나타냈으며, 디오클레티아누스로부터 니코메디아에 와서 라틴어를 가르쳐달라는 초빙을 받았다. 그러나 이 도시의 주민들은 대부분 그리스인들이어서 그에게 배우러 오는 사람이 없었기 때문에 글을 쓰면서 시간을 보냈다. 그가 성년이 된 것은 디오클레티아누스 치하에서 박해가 시작되기 직전 혹은 중간이었던 것 같은데, 그때 그는 기독교를 받아들였다. 비록 자신이 박해를 당하지는 않았지만, 박해의 처참한 광경들을 직접 지켜보았다. 그리고는 미움과 욕설의 대상인 그 종교를 변호하기 위해서 펜을 들었다.

그 후(312) 콘스탄티누스가 그를 갈리아에 있는 자신의 궁정으로 데려가서 아들 크리스푸스의 가정교사로 삼았다(하지만 크리스푸스는 황제의 사주로 326년에 처형되었다). 궁정에서 지내는 동안 그는 아주 소박한 생활을 했으며, 사치와 탐욕의 유혹을 견뎌냈다. 전하는 바로는, 330년경에 아주 지긋한 나이로 트레브에 있는 황제의 거처에서 숨을 거두었다고 한다.

제롬은 락탄티우스를 당대에 학문이 가장 높았던 인물로 평가한다. 그의 저서들은 과연 그가 폭넓으면서도 치밀한 지식과 세련된 수사학적 교양, 명쾌하고 순수하고 우아한 문체로 글을 써내는 탁월한 역량이 있었음을 보여준다. 문체를 놓고 평가할 때, 그는 제롬을 제외한 거의 모든 라틴 교부들을 능가하며, 기독교 세계의 키케로라고 해도 과언이 아니다. 그가 렐리가레(religare, 묶다)라는 단어에서 렐리기온(religion, 종교)이라는 단어를 이끌어낸 장본인인데, 그는 이 단어를 하나님과 인간의 재결합 곧 화목으로 정의했다. 이 정의는 기독교의 본질에 부합한 동시에, 시초의 결합과 죄로 인한 분리와 재연합으로 말미암는 회복이라

는 세 가지 개념을 포함한다.[79]

그러나 그는 철학자나 신학자라기보다 수사학자였으며, 제롬의 평가대로 진리를 확립하기보다 오류를 논박하는 역량이 더 뛰어났다. 그의 저서들에 담긴 교리 문제는 그의 스승 아르노비우스의 경우와 마찬가지로 매우 모호하고 불만족스러우며, 이런 점으로 인해 그는 엄밀한 의미에서 교회의 권위 있는 스승들인 교부들의 범주에 포함되지 않는다. 교황 겔라시우스(Gelasius)는 그의 저서들을 외경, 즉 교회가 받아들이지 않은 저서들에 포함시켰다.

이런 점에도 불구하고, 그의 「신학 강요」(*Divine Institutes*)는 세련된 문체에 힘입어 많은 독자를 거느렸으며, 판본들이 수백 개가 넘었다고 한다. 그가 기독교 교리를 설명하는 데서 범한 실수들과 오류들은 이단에 해당하지는 않고, 다만 당시에 교회의 교리가 그만큼 조야하고 안정되지 못한 상태에 있었음을 반영할 뿐이다. 죄론에서 그는 마니교에 근접한다. 인간론과 구원론에서는 아우구스티누스 때까지 거의 보편적으로 받아들여지던 신인협력설을 따른다. 삼위일체 교리에서는 대다수 니케아 이전 교부들과 마찬가지로 성자 종속설의 견해를 지녔다. 그는 그리스도의 이중적 탄생(duplex nativitas) — 한 번은 창조 때, 다른 한 번은 성육신 때 — 을 가르쳤다. 그리스도께서 창조 때 마치 입에서 말이 나오듯 하나님께로부터 나오셨으나, 휘포스타시스(실체, 위격)적으로 나오셨다고 했다.[80]

그의 가장 중요한 저서는 이교를 포괄적으로 비판하고 기독교를 변호한 「신학 강요」로서, 기독교를 지식인 사회에 제대로 알리고, 학문성과 문학성을 잘 사용하여 기독교를 권하려는 의도로 저작되었다. 그는 이 책을 디오클레티아누스의 박해 때 썼다가, 321년경에 증보와 개선을 거친 듯하다. 이는 그가 황제를 초대 기독교 군주로 추켜세우고서 그에게 이 책을 헌정하기 때문이다.[81]

마찬가지로 변증의 목적을 가지고 쓴 책이 「박해의 종말에 관하여」(*De morte* 혹은 *mortibus persecutorum*)이다. 교회의 외부 역사를 이해하는 데 중요한 이 책은, 네로부터 디오클레티아누스 · 갈레리우스 · 막시미누스(314)에 이르기까지

---

79) *Instit. div.* 1. vi. cap. 28 (vol. i. p. 223, ed. Fritzsche).

80) 제롬에 따르면 그는 성령의 인격성을 부정했다고 한다(Ep. 41 ad Pammach. et Ocean.)

81) L. i. c. 1.

그리스도인들이 당한 잔인한 박해들과, 박해자들로 하여금 기독교의 불멸의 위력을 어쩔 수 없이 증거하도록 만든 하나님의 심판들을 상세한 정보를 토대로, 하지만 격정적인 어조로 기술한다.

「하나님께서 하신 일」(De opificio Dei)이라는 책에서는 인간 본성의 조직과, 그 안에 나타나 있는 하나님의 지혜를 관찰한다.

「하나님의 진노」(De ira Dei)라는 논문에서는 악에 대해 하나님의 진노가 반드시 따르며, 이 진노는 그분의 선히심과 온전히 일치한다고 주장한다. 하나님께 항상 은혜를 받을 만한, 그리고 그분의 진노를 두려워할 필요가 없는 생활을 해나가라고 권고한다.

락탄티우스는 「주홍에 관하여」(de Phoenice), 「주님의 고난에 관하여」(de Passione Domini), 「주님의 부활에 관하여」(de resurrectione Domini) 같은 다양한 단편들과 시들, 각각 세 연의 6보격으로 이루어진 백 개의 「수수께끼들」(Aenigmata)을 남겼다.

174. 푸아티에의 힐라리우스

푸아티에 혹은 픽타비엔시스의 힐라리우스(Hilary) — 그의 이름에 푸아티에라는 프랑스 남부 도시의 지명이 붙는 이유는 그곳이 그의 출생지이자 훗날 그의 주교구였으며, 동명의 다른 사람들과 그를 구분하기 위함이다 — 는 아리우스 논쟁이 벌어졌을 때 정통신앙을 일관되게 고백하고 강력히 변호한 일로 특히 유명하며, 그 이유로 '서방의 아타나시우스'라는 칭호를 얻었다.

그는 3세기 말엽에 태어나 장년이 되어 아내와 딸 아프라(Apra)와 함께 기독교 신앙을 받아들였다. 철학자들의 저서들을 읽어도 발견할 수 없었던 인생의 수수께끼를 푸는 해답을 성경에서 발견했다. 350년에 고향 도시의 주교가 되었고, 주교직에 임직하자마자 당시에 갈리아 교회를 황폐하게 만들고 있던 아리우스주의를 단호하게 비판하고 나섰다. 이 일로 인해 콘스탄티우스의 영으로 아리우스주의가 지배하던 소아시아 프리기아로 추방되었다. 이곳에서 356-361년에 삼위일체에 관한 열두 권의 책을 썼는데, 이것이 그의 대표작이 되었다. 그 뒤 갈리아로 복귀했다가 다시 추방을 당한 뒤 368년에 죽을 때까지 농촌으로 은퇴하여 지냈다.

그는 앞서 언급한 신학 저서 외에도 아리우스주의를 비판한 얇은 두께의 책들을 여러 권 썼는데, 「교회회의들에 관하여」(*On Synods*)나 「동방인들의 신앙」(*the Faith of the Orientals*, 358), 「아르미니눔과 셀레우키아 교회회의사」(*a history of the Synod of Armininum and Seleucia*)의 단편들, 아리우스파 황제 콘스탄티우스를 비판한 소책자, 밀라노의 아리우스파 주교 아욱센티우스를 비판한 소책자가 그 범주에 속한다. 오리게네스의 주석을 자유롭게 번역하는 방식으로 집필한 시편과 마태복음 주석과, 독창적인 찬송 몇 편을 썼으며, 이 찬송들은 그를 고대 교회의 서정시인들 가운데 암브로시우스에 버금가는 지위에 올려놓는다.

힐라리우스는 철저한 성경 지식, 신학적 깊이와 정교함, 진지하고 실천적인 경건을 겸비한 사람이었다. 오리게네스와 아타나시우스의 저서들에 의존하여 홀로 공부를 했으나, 그러면서도 독립적인 사색가이자 연구가였다. 그가 사용하는 언어는 종종 모호하고 무겁지만, 진지하고 강한 점이 테르툴리아누스를 연상케 한다. 그는 아타나시우스와 그 외의 그리스 교부들의 사상을 라틴어로 옮겨야 했으나, 헬라어가 지니고 있는 풍부하고 다양하고 정교함을 라틴어로 옮기는 데 한계가 있었던 까닭에 사색의 깊이를 그대로 전하기에 어려운 점이 있었다. 그에게는 아타나시우스와 마찬가지로 하나님의 성육신이 신학과 그리스도인의 삶의 중심이었다. 그는 성자와 성부의 동일본질 교의와, 그리스도의 위격 교의가 발전하는 데 이바지했다. 그 과정에서 특히 요한복음을 정교하게 사용했다.

그러나 성자 종속설을 말끔히 해소하지 못했고, 성령을 가리켜 분명히 하나님이라고 하지도 못했다. 그의 성령론은 인간론 및 구원론과 마찬가지로 아우구스티누스 이전의 모든 교부들과 다름 없이 비교적 조야했다. 그리스도론에서는 동시대 신학자들에 비해 멀리 깊이 바라보았다. 그리스도의 신성과 인성의 차이를 뚜렷이 부각시키면서도 그리스도의 위격의 통일성을 확고히 주장했다. 그는 하나님의 아들이 세 번 나셨다고 상정한다. 첫 번째는 아버지의 품에서 영원히 발생하신 것이고(성부에 대해서 이렇게 발생하신 성자는 본질과 영광이 동등하시다), 두 번째는 성자가 순전히 자유로운 사랑의 동기로 성육신하시고 종의 형체를 취하신 일이며, 세 번째는 부활로써 인자가 하나님의 아들로 태어나시고, 종의 형체가 하나님의 형체로 변하시고, 즉시 하나님의 충만한 영광을 나타내시며, 인성의 이상을 실현하신 일이라고 한다.

175. 암브로시우스

암브로시우스(Ambrose)는 서방 제국의 3대 교구 가운데 하나인 갈리아를 통치하는 총독의 아들이었다. 340년경에 트레브(트레비리)에서 태어나 로마로 가서 고위 관료가 되기 위한 수업을 받았으며, 수사학자로서 크게 이름을 떨친 뒤에 이탈리아 북부를 다스리는 장관으로 선출되었다. 그때 이탈리아 장관인 프로부스(Probus)가 "가서 재판관처럼 행동하지 말고 주교처럼 행동하게"라는 훌륭한 조언을 해주었는데, 이것이 훗날 무의식중에 행한 예언으로 해석되었다. 암브로시우스는 정의와 온유로써 이 직무를 수행했으며, 그로써 만인의 찬사를 받았다.

그의 관청이 있던 밀라노는 이탈리아 제2의 도시로서 황제들이 자주 거주하던 곳인데, 당시에 이 도시의 주교직을 서방에서 아리우스파의 수장이던 카파도키아인 아욱센티우스가 차지하고 있었다. 그런데 암브로시우스가 부임한 직후에 그가 죽었다. 그러자 후임자 선정 문제를 놓고 회중의 견해가 둘로 갈라졌으며, 유혈 사태가 발생할 조짐이 보였다. 총독은 자신에게 사태를 진정시킬 의무가 있다고 생각했다. 그러나 회중 앞에 나아가 채 발언하기도 전에 갑자기 어떤 어린이의 음성이 낭랑하게 울려퍼졌다. "암브로시우스를 주교로 세우세요!" 그 말이 마치 하나님의 음성인 것처럼 사람들의 마음을 압도했고, 아리우스파와 가톨릭파가 다 같이 '아멘' 하고 외쳤다.

암브로시우스는 당시에 교리문답자였던 까닭에 아직 세례도 받지 않은 상태였다. 따라서 회중의 갑작스런 결정이 몹시 두려웠고, 무슨 수단을 동원해서든 그 책임 있는 직위를 면하고자 했다. 하지만 결국 여드레만에 승복을 하고서 세례를 받았고 곧 밀라노 주교로 임직했다. 그것이 374년에 일어난 일이다. 그의 친구 카이사리아의 대 바실리우스는 그리스도를 얻기 위해서 가문과 재물과 웅변 역량을 분뇨처럼 여긴 그를 그토록 중요한 직위에 세우신 것을 크게 기뻐했다.

암브로시우스는 이때부터 평생을 교회를 위해서 살았으며, 고대 기독교 세계가 배출한 위대한 주교들 가운데 로마인의 위엄과 열정과 치리의 지혜와 성령의 능력을 유감없이 발휘한 인물이 되었다. 그는 사역을 시작하면서 적지 않은 부동산과 재산을 처분하여 가난한 사람들에게 나눠주었고, 그 중 일부는 일찍부터

정절 서약을 한 경건한 누이 마르켈라 혹은 마르켈리나를 위해 남겨놓았다. 청
빈하게 살기로 작정하고서 일체의 연회 초대에 응하지 않았고, 저녁 식사는 주
일과 토요일, 저명한 순교자들의 축일들에만 했고, 밤 시간은 대부분 뒤늦게 배
운 성경과 그리스 교부들, 신학 저서들을 공부하고 기도하는 데 보냈고, 매주일
과 주중에도 기회가 생길 때마다 설교했고, 모든 사람들, 특히 가난하고 불우한
사람들을 만나주었으며, 목회와 특히 교리문답자 교육에 각별한 노력을 기울였
다.

아리우스파에 대해서는 말과 행동으로 단호히 비판했으며, 서방에서 니케아
신앙이 승리를 거두게 하는 데 이바지했다. 그 과정에서 아리우스파 신자인 황
후 유스티나에 대해서 아타나시우스의 용사적인 정신으로 대단히 대범하고 위
엄 있고 일관되게 처신했다. 황실은 아리우스파 신자들이 사용하도록 가톨릭 교
회당을 내어줄 것을 요구했고, 아리우스파에게도 정통 신자들과 동등한 권리를
부여해야 한다고 주장했다. 그러나 암브로시우스는 교회가 국가로부터 완전히
독립해 있다고 천명한 뒤 끝까지 버팀으로써 결국 승리를 거두었다. 황제가 교
회 안에 있지, 교회 위에 있는 게 아니며, 따라서 교회 건물들에 대해서 어떠한 권
리도 갖고 있지 않다는 것이 그의 소신이었다.

암브로시우스는 세속 문제들에 개입하지 않았고, 관리들의 환심을 사려고 하
지도 않았다. 다만 독재 정권 시절에 사형 판결을 받은 사람들과 불우한 사람들
을 위해서 선처해 주도록 요구는 했다. 이러한 소신있는 행동으로 인해 영적인
직분을 더욱 독립적으로 수행할 수 있었으며, 교회의 진정한 감독으로서 황제에
대해서도 두려워하지 않을 수 있었다. 따라서 막시무스가 제위를 찬탈하고서 교
회에 교제의 손을 내밀었을 때도, 그가 만약 황제 그라티아누스를 살해한 행위
를 진심으로 회개하지 않는 한 받아들일 수 없다고 단언했다.

당시에 소멸해 가던 이교를 가장 품위있게 가장 웅변적으로 옹호하던 로마 장
관 심마쿠스가 로마 원로원 의사당 앞에 서 있던 승리의 제단을 존속시켜야 한
다고 주장하면서, 황제 발렌티니아누스에게 고대 신들에 대한 숭배와 신전들을
관용해 줄 것을 탄원했을 때, 암브로시우스는 황제에게 탁월한 내용의 편지를
보내 그의 요구를 들어주지 못하게 했다.

우리의 주교 암브로시우스가 세속 권력에 가장 인상적으로 맞섰던 것은 황제
테오도시우스를 대했던 사건이다. 참으로 위대한 황제였으나 격정적이고 독재

적이었던 그는 데살로니가에서 일어난 폭동 사건을 접하고서 크게 격분하여 수천 명의 무고한 시민들에게 죄를 물어 처형했다. 이에 암브로시우스는 다윗 앞에 섰던 선지자 나단처럼 희생자들을 대변하여 황제에게 회개할 것을 요구하면서 회개할 때까지 성찬에 참여하는 것을 금했다. 교회 현관에서 황제를 만났을 때, 그는 이렇게 말했다. "여전히 사람의 피를 묻힌 손으로 어찌 기도를 드리려 하십니까? 그런 손으로 어찌 주님의 지극히 거룩하신 몸을 받으려 하십니까? 어찌 그분의 귀한 피를 받아 마시려 하십니까? 그냥 돌아가십시오. 감히 죄악에 죄악을 쌓으려 하지 마십시오." 다윗도 살인을 했고 간음을 범하지 않았느냐고 황제가 반문하자, 주교는 이렇게 대답했다. "좋습니다. 만약 다윗의 죄를 본받으셨다면, 회개한 모습도 본받으십시오."[82] 결국 황제는 교회의 권징에 승복하고서 자기 죄를 공개적으로 자백했으며, 사형 판결이 내려진 지 30일이 지나기 전까지는 형 집행을 하지 못하도록 하는 법을 공포한 뒤에야 비로소 사면을 받았다.[83]

이때부터 암브로시우스와 테오도시우스의 관계는 아무런 불화 없이 지속되었으며, 전하는 바로는 황제가 주교를 지긋이 존경하는 심정으로, 최근에 자신에게 직언을 한 사람은 그가 처음이었으며, 자신이 알고 있는 한도에서 주교의 자격을 갖춘 자는 그가 유일한 사람이라고 말했다고 한다. 황제는 395년에 밀라노에서 암브로시우스의 품에 안겨 임종을 했다. 주교는 장례식 설교에서 황제가 자신보다 교회의 상황에 더 큰 관심을 보였다고 전하면서, 병사들에게 이렇게 말한다. "테오도시우스의 신앙은 여러분의 승리입니다. 여러분이 지니고 있는 진리와 신앙이 그 아들들의 힘이 되도록 하십시오. 불신앙이 있는 곳에는 맹목이 있지만, 신앙이 있는 곳에는 천군(天軍)이 있습니다."

2년 뒤에 암브로시우스 자신이 중병에 걸렸다. 밀라노 전체가 염려와 두려움에 휩싸였다. 하나님께 목숨을 연장시켜달라고 매달리라는 간청이 여기저기서 들어올 때, 그는 이렇게 대답했다. "나는 여러분 사이에서 살았으므로 좀 더 오래 사는 것이 부끄러울 게 없습니다. 하지만 죽는 것도 두렵지 않습니다. 우리에게는 선하신 주님이 계십니다." 그는 와병중에 기적으로 많은 사실을 깨닫고 천

---

82) Paulinus, *Vita Ambr.* c. 24.
83) Paulinus, l. c. c. 24.

상의 음성을 들었으며, 그리스도께서 자신에게 웃는 모습으로 나타나셨다고 직접 말했다. 그의 공증인이자 전기작가인 부제 파울리누스는 그의 생애를 끊임없는 기적 사건들로 장식하면서, 다음과 같이 말한다. "그가 죽기 얼마 전에 내게 시편 43장을 강해하며 받아적으라고 말할 때, 그의 이마에서 작은 방패 모양의 불꽃을 보았다. 불꽃이 타오르면서 그의 얼굴이 눈처럼 희어졌으며, 한동안 시간이 흐른 뒤에야 본래의 얼굴색으로 돌아왔다."[84]

그는 성 금요일 밤, 그러니까 397년 4월 4일 토요일 새벽에, 여러 시간 두 손을 모으고 기도드린 뒤 쉰일곱의 나이에 숨을 거두었다. 유대인들과 이교도들조차 그의 죽음을 아쉬워했다. 부활절 밤에 많은 사람들이 그의 유해가 안치된 교회당에서 세례를 받았다. 갓 세례받은 적지 않은 수의 아기들이 그가 이마에 찬란한 별을 단 채 주교좌에 앉아 있는 모습을 보았다. 그는 죽은 뒤에도 여러 곳에서 기적을 일으켰는데, 이에 대해서 파울리누스는 자신이 직접 겪은 경험과 믿을 만한 사람들과 문서들을 제시하면서 기적의 신뢰성을 역설한다.

암브로시우스는 전 시대의 키프리아누스와 후 시대의 레오 1세와 마찬가지로 위대한 교회 감독자였다. 주교로서 당대의 교황들 위에 우뚝 선 인물이었다. 신학자와 저자로서는 교부들 가운데 2등성에 해당하며, 제롬과 아우구스티누스에 한참 뒤진다. 이 저명한 고위성직자는 해석학·교리·금욕주의 분야에서 여러 권의 저서들을 남겼으며, 그 외에도 설교문들과 웅변들, 서신들을 남겼다. 성경해석에서는 철저히 알레고리 방법을 채택했으며, 그만의 독특한 내용을 내놓지 못했다. 그가 남긴 성경 강해서들 가운데 손꼽히는 것들은 창조 역사를 다룬 설교들(*Hexaemeron*, 389), 스물한 편의 시편 강해(390-397), 누가복음 주석(386)이다. 그의 저서 목록에 포함되어 있는 바울 서신 주석(이른바 '암브로시아스터' 혹은 위 암브로시우스의 명의로)은 저자가 불분명한데, 아마 교황 다마수스 휘하의 부제 힐라리우스가 집필한 것인 듯하며, 여러 점에서 펠라기우스의 주석들과 유사하다. 교리서들 가운데는 신앙에 관한 다섯 권과 성령에 관한 세 권, 성례에 관한 여섯 권(세례·견신례·성찬에 관한 교리문답 설교들)이 언급할 가치가 있다. 윤리서들 가운데는 「의무론」(*On Duties*<*De Officiis*>)이 가장 중요하다. 이 책은 형식 면에서 같은 주제를 다룬 키케로의 유명한 저서와 비슷하며, 사실

---

84) *Vita Ambr.* c. 42.

상 그 내용을 기독교적 정신으로 재현해냈다. 성직자들의 생활 규범집인 이 책은 비록 체계적인 방법을 사용하지 않았을지라도 기독교 도덕 교리를 제시한 최초의 시도이다.[85] 이외에도 금욕적 단상집을 여러 권 썼다: 「동정녀들에 관하여」(*On Virgins*); 「정절에 관하여」(*On Virginity*); 「동정녀 제도에 관하여」(*On the Institution of the Virgin*); 「성별한 처녀의 타락에 관하여」(*On the Fall of a Consecrated Virgin*) 등. 이러한 단상집들은 독신제도와 수도원적 경건이 널리 보급되는 데 크게 이바지했나. 현존하는 그의 서신 91편 가운데 석지 않은 수가 역사적으로 큰 의미를 지닌다.

암브로시우스는 성경 강해와 신학, 특히 성육신과 삼위일체 교리에서 철저히 그리스 교부들에 의존한다. 특히 바실리우스를 표본으로 삼는데, 그의 「헥사메론」(*Hexaemeron*)은 바실리우스의 글을 거의 그대로 옮긴 것이다. 인간론에서는 동방의 교리로부터 아우구스티누스의 체계로 이행하는 과정에 해당한다. (암브로시우스는 아우구스티누스의 스승이자 선구자였다.) 가장 독특한 성격을 드러낸 분야는 윤리학으로서, 세 권으로 된 「의무론」에 집약되어 있다. 그는 강단 웅변가로서 대단한 품위와 호소력과 장악력이 있었으며, 아우구스티누스에게 깊은 영향을 주어 결국 그가 회심하는 데 크게 이바지했다. 많은 어머니들은 혹시 자기 딸들이 암브로시우스의 설교를 듣고서 독신 생활을 하게 될까봐 그의 설교를 듣지 못하게 했다.

암브로시우스는 예배의 역사에서도 매우 중요한 위치를 차지하며, 교회 음악과 시에도 불후의 봉사를 남겼다. 그 점에 관해서는 앞 장에서 살펴보았다. 신학과 해석학 분야에서도 그랬듯이 이 분야에서도 그는 그리스 교회의 보화를 라틴 교회에 소개했다. 밀라노 교회는 오늘날까지 그의 이름을 따서 지은 암브로시우스 전례(ritus Ambrosianus)라는 독특한 의식을 사용한다.

176. 제롬 – 성직자와 학자로서

제롬의 생애와 인격에 관해서는 수도원주의의 역사와 관련하여 이미 대략 살

---

85) *De officiis ministrorum.* 3권으로 됨 (in the Bened. ed. tom. ii. f. 1–142).

펴보았으므로, 여기서는 신학과 저술 분야에 초점을 맞춘다. 그는 주로 이 분야에서 교회에 봉사했고 가장 큰 신망을 얻었다.

제롬은 라틴 교부들 가운데 가장 박식하고 가장 웅변력이 뛰어나고 가장 흥미로운 저자이다. 선래적으로 지식에 대한 깊은 갈증을 갖고 있었으며, 기나긴 생애를 다하는 날까지 쉬임없이 가르치고 배우고 집필했다. 끼니를 거르면 안 되듯 독서와 연구를 하루라도 거르면 큰일나는 그런 지적 본성을 지닌 사람 축에 속했다. 그는 책 없이는 살 수 없었다. 따라서 큰 희생을 무릅쓰고 당시로서는 상당한 분량에다 가격도 만만치 않았던 책을 사모으고, 그것을 여행길에 가지고 다녔다.[86] 책뿐 아니라 라오디게아에서 사역하던 대 아폴리나리우스, 콘스탄티노플에서 사역하던 나지안주스의 그레고리우스, 알렉산드리아의 디디무스 같은 위대한 교회 교사들을 직접 찾아가 설교를 듣기도 했으며, 지긋한 나이에도 배우는 학생의 자세를 취하기를 부끄러워하지 않았다. 그가 공부에 내건 원칙은 "선조들의 글을 읽고, 모든 것을 맹목적으로 받아들이지 않고, 좋은 것은 확고히 쥐고, 어떠한 일이 있어도 가톨릭 신앙에서 떠나지 않는 것"이었다.

그에게는 학문의 어머니라고 할 수 있는 지식에 대한 열정 외에도, 해박한 기억력과 예리한 이해력, 신속하고 건실한 판단력, 뜨거운 기질, 무궁무진한 상상력, 번득이는 기지, 탁월한 표현력이 있었다. 수사학과 변증학의 온갖 기교에 능통했다. 과연 기독교 세계의 키케로라는 이름이 락탄티우스보다 그에게 더 어울리는 점이 있다. 물론 락탄티우스에 비해 고전적 순수성에서 떨어졌고, 자기 시대의 그릇된 취향에서 벗어나지 못하긴 했지만. 이미 선대에 테르툴리아누스가 라틴어를 기독교 신학의 기관으로 사용했었고, 키프리아누스·락탄티우스·힐라리우스·암브로시우스가 그 길을 훨씬 개척해 놓았으며, 아우구스티누스가 다른 모든 교부들을 합친 것보다 더 많은, 함축성 있는 문장들로 기독교 문학을 풍성하게 만들어 놓은 것이 사실이지만, 그럴지라도 제롬이야말로 라틴 교회의 언어를 확립해 놓은 장본인이다. 그의 「불가타」가 마르틴 루터의 번역 성경이 독일 문학에, 개신교의 흠정역 성경이 영어에 끼쳤던 것과 같은 그러한 결정적이고 표준적인 영향을 라틴 교회의 언어에 끼쳤던 것이다.

---

86) 그는 오리게네스의 많은 저서들을 구입하느라 지갑이 텅 비었다고 토로한다, Ep. 84, c. 3 (tom. i. 525).

그의 학문은 라틴·헬라·히브리의 언어와 문학을 포괄했다. 아우구스티누스가 헬라어 실력이 일천했고, 히브리어는 전혀 몰랐던 것과 크게 대조된다. 제롬은 라틴 고전들, 특히 키케로·베르길리우스·호라티우스의 작품들에 능숙했다. 키케로에게서 완전히 손을 떼게 만든 두려운 환상을 겪은 후에도(그는 그 환상 때문에 세속적 학자의 길을 접고 기독교 금욕자와 은수자의 길에 들어섰다) 청년기에 읽던 그 저자들의 책을 완전히 손에서 놓지 않거나, 혹은 적어도 자신의 충실한 기억을 되살려 그 책들을 인용했으며, 이런 면 때문에 루피누스에게 자기 모순과 위증의 비판을 받기도 했다. 탁월한 언어 능력에 못지않았던 것이 교회 문헌에 대한 지식이었다.

그는 라틴 교부들 가운데서 특히 재능과 활기 넘치는 문체로 인해 테르툴리아누스를 존경했다. 물론 그가 몬타누스주의에 몸담은 것에 대해서는 용서하지 않았지만 말이다. 테르툴리아누스 다음으로는 키프리아누스·락탄티우스·힐라리우스·암브로시우스를 존경했다. 그에게는 그리스 고전들이 라틴 고전들만큼 친숙하지는 않았다. 그럴지라도 헤시오도스·소포클레스·헤로도토스·데모스테네스·아리스토텔레스·테오프라스토스·갈레노스를 익숙히 알고 있음을 보여준다. 그러나 그리스 교부들의 글은 정독했으며, 특히 오리게네스·에우세비우스·디디무스·나지안주스의 그레고리우스에 정통했다. 다만 이레나이우스·아타나시우스·바실리우스 같은 교리 중심의 저자들에 대해서는 깊이 있게 알지 못했다.

히브리어에 대해서는 장년이 된 뒤에 많은 노력을 쏟아부은 끝에 익혔다. 이 언어를 처음 배운 것은 시리아의 칼키스 광야에서 5년간 금욕 생활을 할 당시(374-379)에 회심한 익명의 유대인에게서였다. 그 뒤 베들레헴에서 팔레스타인의 랍비 바르 아니나(Bar-Anina)에게 배웠는데, 이 랍비는 유대인들의 눈이 두려워 밤에 그를 찾아갔다.[87] 이 일을 알게 된 속좁은 비판자들은 제롬이 기독교보다 유대교를 더 좋아하고, 그리스도를 배반하고 새로운 '바라바'를 택했다는 유치한 소문을 퍼뜨렸다.[88] 훗날 제롬은 구약성경을 번역하면서 다른 유대인 학자들에게 도움을 받았으며, 그러느라 적지 않은 비용을 지불했다. 뿐만 아니라

---

87) Ep. 84 ad Pammach. et Ocean. c. 3 (tom. i. 524, ed. Vallarsi).

88) 루피누스가 마가복음 15:7을 가지고 그에 관해 이런 험담을 퍼뜨렸다.

성 파울라와 그 딸 유스토키움 같은, 자신을 존경하던 여제자들에게도 옛 언약을 기록한 거룩한 언어를 공부하려는 열의를 불어넣었으며, 히브리어 시편들을 가지고 함께 주님을 찬송할 수 있는 정도까지 그들을 이끌어 주었다. 하지만 이런 식의 공부가 "히브리어의 거친 발음을 따라 하느라 라틴어의 우아하고 아름다움을 크게 훼손하게 되기 때문"에 자신의 문체에 해악을 끼치는 것을 안타까워했다. 하지만 히브리어 공부에 충실한 덕에 헬리오도루스와 인노켄티우스에게 보낸 서신들에서 말한 대로, 초기 저서들에서 범했던 공허하고 과장된 수식으로 부풀어 오르는 것을 면할 수 있었다. 그의 히브리어 실력은 완벽하지는 않았을지라도 오리게네스·에피파니우스·에프라임 시루스보다는 월등했다(이들은 제롬 외에 히브리어를 조금이라도 이해했던 유일한 교부들이었다). 당시로서는 문법적·사전적 도움도 없었고 마소라 사본의 구둣점도 없었던 상황을 감안하면 제롬의 히브리어 수준은 상당한 것이었다.

제롬은 유감스럽게도 허영을 완전히 벗어버리지 못한 점이 있어서, 자신의 학문에 상당한 자부심을 갖고 있었고, 정적 루피누스에 대해서 자신이 "철학자요 수사학자요 문법학자요 변증학자요 히브리어·헬라어·라틴어 세 언어에 능통한" 즉 당시 문명 세계에 통용되던 세 개의 주요 언어를 통달한 사람이라고 자랑했다.[89]

이런 다양하고 희귀한 은사들과 역량들에 힘입어 그는 극히 영향력 있고 유용한 교회의 교사가 되었다. 비록 수도원적인 편향된 경건이긴 하나, 진실하고 열정적인 경건을 함양하고 발휘하는 데 그 모든 은사와 역량을 사용했기 때문이다. 백발이 성성할 때까지 이러한 태도를 잃지 않고 성경을 끊임없이 연구했고, 모든 고전 작품들보다 성경을 우위에 놓고 살았기 때문에 성경의 의미를 우수하게 읽어낼 수 있었다. 그의 저서들에는 성경 지식이 고루 배어 있으며, 성경 인용구들로 가득하다.

그러나 이런 점에도 불구하고 과오들도 적지 않았으며, 이런 부정적인 면이 그에 대한 정당한 평가와 존경을 가로막는다. 사색과 인격이 깊지 못했고, 진리의 미세한 의미를 읽어내지 못했으며, 신념이 확고하고 강하지 못했다는 것이 그의 결점이었다. 따라서 여러 유형의 모순된 태도를 드러냈는데, 오리게네스를

---

89) *Apol. adv. Ruf.* lib. iii. c. 6 (tom. ii. 537).

대하는 태도가 대표적인 경우였다. 정통신앙의 수호자라는 명성을 어떻게 해서든 잃지 않으려고 자신에게 그토록 많은 유익을 끼친 그 위대한 스승에게 부당한 평가를 가했던 것이다. 제롬은 기질이 매우 충동적이었으며, 순간순간 기분에 따라 행동하는 예가 많았다. 그의 저서들 중 많은 수가 심사숙고 없이 매우 성급하게 써내려간 것들이다. 그는 허영과 야심과 격정이 과도했으며, 이러한 그릇된 면들을 충분히 극복하지 못했다. 남의 비판을 담담히 참아내질 못했다. 그래서 말년에 쓴 논쟁 저서들조차 질투와 미움과 분노로 가득하다. 아우구스티누스에게 보낸 서신들에서도 자신이 폭 넓은 학자임을 곳곳에서 내세우며, 한 군데에서는 아우구스티누스의 독백들과 시편 주석 몇 편을 제외하고는 그의 저서들을 굳이 들춰보지 않았다고 말한다. 그는 진리와 정식의 법칙들을 훼손하면서까지 수사학적 과장과 부당한 추론을 남발했다. 그러면서도 소피스트 고르기아스의 예를 지적하면서, 훈련상의 혹은 논쟁적 스타일과 교육적 스타일의 모호한 차이를 들어 자신의 태도를 변호했다. 그가 자신의 스승 키케로에게서 배운 또 한 가지는 과장된 웅변과 박수를 유도하는 수사적 기교들인데, 이런 것은 기독교 신학자에게 적합하지 않은 태도이며, 그가 젊었을 때 본 환상에서라면 하나님께 다음과 같은 준열한 책망을 받을 만한 것이었다: "너 거짓말하고 있구나! 너는 그리스도인이 아니라 키케로의 제자이다. 네 보화가 있는 곳에는 네 마음도 있는 것이다."

177. 제롬의 저서들

발라르시(Vallarsi)의 편집본에서 제목이 무려 열한 쪽을 차지하는 제롬의 저서들은 해석학 저서들과 역사 저서들, 논쟁적·교리적 저서들, 논쟁적·윤리적 저서들, 그리고 서신들로 분류할 수 있다.

I. 해석학 저서들이 맨 앞자리를 차지한다. 이 부류에서 「불가타」 곧 신약전서의 라틴어 역본이 가장 중요하고 가치있는 자리를 차지하며, 이 작품이 유일하게 불후의 공헌을 해왔다.

제롬은 언어 지식과 동방 여행 경험, 문화적인 폭에서 당대의 누구보다도, 16

세기에 이르는 그 어떤 후손보다도 그 방대한 작업을 맡아 성공적으로 해낼 수 있었던 최적의, 사실상 유일한 사람이었다. 동방과 서방이 점차 소원해지고, 그에 따라 라틴 기독교 세계에 성경 원어들에 대한 지식이 쇠퇴해 가고 있던 당시의 상황에서 그가 맡은 작업은 대단히 긴요한 것이었다. 역사에서 그런 경우를 종종 볼 수 있는 대로, 바로 이 점에서 우리는 하나님의 섭리의 손길을 분명하게 보게 된다. 제롬은 로마에 두번째 체류하는 동안(382-385) 교황 다마수스의 제안을 받아들여 이 작업에 착수했다. (다마수스는 자신이 남긴 찬송들보다도 제롬에게 이 제안을 한 점이 훨씬 더 높은 평가를 받는다.) 제롬은 처음에는 2세기부터 전해져 내려온 구 라틴어 번역성경인 「이탈라」(the Itala)를 손질할 생각이었다. 이 번역본은 필사자들의 소홀과 교정자들의 비일관성 때문에 매우 혼동스러웠던 것이다. 결국 그는 20년간의 노고 끝에 405년에 베들레헴에서 번역을 완료했다. 처음에는 복음서들을 번역했고, 다음에는 신약성경 나머지 부분, 다음에는 시편, 그리고 그 다음에는 불규칙적인 순서로 역사서와 선지서, 시가서를 번역했으며, 외경 일부도 번역했는데, 하지만 외경은 정경과 현저한 차이를 두었다. 그가 직접 평가한 대로 이 '경건한 노력이었으나 위험한 발상'이었던 이 작업으로 인해서, 무지와 변화에 대한 맹목적인 혐오로 인해 온갖 비판을 받았고, 평화를 깨뜨리고 성경을 혼란케 하는 자라는 지탄을 받았다. 그러나 다른 격려도 적지 않게 받았다. 「불가타」 중에서 신약성경과 시편은 번역이 완료되기 오래 전부터 교회에 회람되면서 사용되었다. 예를 들어, 아우구스티누스는 제롬의 신약성경을 사용하고 있었으며, 제롬에게 구약성경도 속히 번역하도록 촉구하되, 「칠십인역」을 본문으로 사용할 것을 권했다. 「불가타」는 결국 외부의 인준이 없이 그 자체의 내용에 의해서 서방에서 사용되기 시작했는데, 처음에는 「이탈라」 역본과 함께 사용되다가 9세기경 이후에는 독점적으로 사용되었다.

「불가타」는 고대 교회의 성경 역본들 가운데 맨 앞자리를 차지한다. 「칠십인역」이 그리스 기독교 세계에 끼쳤던 것과 같은 영향을 라틴 기독교 세계에 끼쳤으며, 직접 간접으로 유럽의 초기 자국어 역본들 대다수의 모체가 되었다.[90] 이 역본은 비록 입수 가능한 모든 자료들을 사용하긴 했으나 원어들을 토대로 이루

---

90) 제롬의 역본보다 더 오래된 고트어 역본과, 메토디우스와 키릴루스에게서 유래한 슬라브어 역본은 예외이다.

어졌으며, 마치 루터의 성경이 옛 독일어 역본들보다 우수한 만큼 「이탈라」보다 크게 우수했다. 현 단계의 성경 문헌학과 해석학에 비추어 볼 때 「불가타」에 대해서 많은 오역과 부정확한 전달과 모순과 무원칙을 지적할 수 있지만, 이런 오점들에도 불구하고 이 역본은 거의 신성시되던 「칠십인역」에서 곧장 히브리어 원어 성경으로 거슬러 올라간 책이라는 극찬을 받을 만하다. 그만큼 충실함과 자유로움이 결합되어 있고, 문체가 그만큼 품위와 명쾌함과 우아함을 지니고 있기 때문이다. 따라서 헬라어를 제대로 해석할 줄 아는 사람이 사라진 뒤에는 이 역본이 자연스럽게 서방 기독교 세계의 성직자용 성경이 되었으며, 독일·스위스·네덜란드·잉글랜드의 종교개혁이 원어 성경으로 돌아갈 때까지, 그래서 성경의 정신을 훨씬 깊이 관통하게 될 때까지 계속 그러한 지위를 유지했다. 물론 종교개혁 시대에도 끊임없이 「불가타」의 도움을 받아 여러 민중의 성경을 제작해 낸 것이며, 이렇게 해서 나온 번역 성경들은 수 세기 전에 「불가타」가 가톨릭 성직자들에게 수행했던 역할을 복음적 평신도들에게 수행하게 되었다. 이 역본이 로마 교회에서는 오늘날도 동일한 지위를 누리고 있는데, 이 교회는 부당하고 악하게도 이 역본을 원어 성경과 동등한 지위에 올려놓는다.

제롬은 창세기·대선지서와 소선지서·전도서·욥기·시편 일부분·마태복음·갈라디아서·에베소서·디도서·빌레몬서에 대한 주석을 남겼다. 이외에도 오리게네스가 예레미야와 에스겔, 누가복음, 아가에 대해서 행한 설교들을 번역했다. 오리게네스의 아가서 설교에 대해서 그는 이렇게 평가한다: "오리게네스는 다른 저서들에서는 다른 모든 저자들을 능가했지만, 아가서에서는 자신조차 능가했다."[91]

제롬의 해석 역량이 가장 돋보이는 주석은 선지서들(특히 이사야 주석<408-410>; 에스겔 주석<410-415>; 예레미야 32장 주석<완성하지 못한 채 죽음>)과 갈라디아서·에베소서·디도서(388년 집필) 주석, 그리고 창세기에 관한 비평적(혹은 탐구적) 질문집이다. 그러나 주석들이 획일적인 형식을 띠고 있지는 않다. 많은 부분이 아주 평범하기 그지없는 내용이고, 그렇지 않으면 즉흥적인 발상이나 다른 책에서 읽은 것을 무성의하게 옮겨적은, 혹은 생각나는 대로 필사자에

---

91) Praef. in Homil. Orig. in Cant. tom. iii. 500. 오리게네스 논쟁이 벌어질 때, 루피누스는 이 문장을 그에게 상기시키기를 잊지 않았다.

게 불러주어 받아적게 한 것들이다. 그는 명쾌하고 자연스럽고 확고한 주해로 놀라게 하는 경우도 적지 않지만, 까다로운 단락을 만나면 주저하거나, 유대교 전승들과 초기 교부들, 특히 오리게네스·에우세비우스·아폴리나리우스·디디무스의 해석을 그대로 인용하여서 독자들에게 스스로 판단하고 선택하도록 내맡긴다. 하지만 학자로서의 근면성과 취향과 기술이 방법과 일관성에서의 결핍을 확실히 벌충해 주며, 따라서 그의 주석들은 우리가 당대 라틴 교회에서 얻을 수 있는 가장 교훈적인 주석인데, 신학적 깊이와 영적 열정에서 아무도 따라올 수 없는 아우구스티누스의 주석들도 이렇게 교훈적인 면에서는 그의 주석들을 능가하지 못한다. 그는 자신의 이사야서 주석 서문에서 다음과 같이 정당하게 진술한다. "성경을 알지 못하는 사람은 하나님의 능력과 지혜를 알지 못한다. 성경에 대한 무지가 곧 그리스도에 대한 무지이다."

제롬은 성경을 건실하게 연구하려면 반드시 출발점으로 삼아야 할 문법적·역사적 해석의 아버지가 될 만한 선천적 재능과 노력에 의한 지식을 갖고 있었다. 성경 해석자가 자신의 발상을 하나님의 말씀에 주입해서는 안 되고 말씀의 의미를 이끌어야 한다는 올바른 소견을 갖고 있었으며, 때로는 오리게네스와 알레고리적 해석법에 대해서 광활한 상상의 벌판을 누비고 다니면서 성경과 교회에 관해 감춰진 지혜에 대해서 저자 자신의 생각과 상상을 제시하는 그릇됨을 지적하곤 했다.[92] 이러한 건강한 해석 정신에서는 크리소스토무스와 테오도레투스를 제외한 모든 교부들을 능가했다. 라틴 교회에서는 이단 펠라기우스(그의 간략한 바울 서신 강해가 제롬의 저서들에 통합되었다)와 정체가 불확실한 암브로시아스터(그의 주석은 암브로시우스의 저서들에 수록되어 있다)를 제외한 그 누구도 제롬처럼 생각한 사람이 없었다.

그러나 제롬은 일관성이 퍽 약했다. 자신이 에우세비우스에게 가한 비판을 고스란히 범한 것이다. (에우세비우스는 이사야 주석 서문에 역사적 주해를 약속해놓고 그것을 잊어버린 채 오리게네스의 형식에 안주했다.) 제롬은 원래 장로와 주교가 동일한 직분이라는 등의 대범한 주장을 종종 했고, 심지어 성경 영감론에 대해서 느슨한 시각을 비치기까지 했으나, 그럼에도 불구하고 전통적인 해석을 깰 만큼 용기가 없었고, 자신의 정통신앙에 지나치게 연연했다. 역사적 의

---

92) 참조. 특히 이사야 주석 제5권 서문과 Ep. 53 ad Paulinum, c. 7.

미를 제시한 뒤에 공상적인 알레고리 해석에 몰입하려는, 혹은 자신의 표현대로 "영적 이해의 돛을 펴고 싶은" 충동을 뿌리치지 못했다.

그는 대체로 성경에 이중적인 의미, 즉 문자적 의미와 영적 의미, 혹은 역사적 의미와 알레고리적 의미가 있다고 보았다. 때로는 오리게네스와 알렉산드리아 학자들과 같은 노선에 서서 삼중 의미, 즉 역사적 의미와 교훈적 의미, 그리고 영적인(신비적인) 의미가 있다고 주장하기도 했다.

하나님의 말씀은 문자 안에 살아 있고 생명을 주는 정신을 지니고 있으며, 모든 시대 모든 상황에 무한하게 적용할 수 있다. 따라서 고대 교회가 추구한 알레고리 해석법에 진리가 있다. 그러나 영적 의미는 자연적이고 문자적인 의미로부터 치밀함과 절제를 가지고 이끌어내야지, 문자적 의미와 별다른 의미를 외부에서 이끌어내어서는 안 된다.

제롬은 때로는 오리게네스만큼이나 문자와 역사를 무원칙하게 곡해하며, 문자적 의미가 불합리하거나 무가치하게 보일 때면 그것을 완전히 배격하는 어이없는 원칙을 채택한다. 예를 들면, 다윗 왕이 노년에 첩으로 둔 수넴 여자를 솔로몬이 그토록 격찬한, 영원히 순결한 하나님의 지혜로 이해했고(이것은 우리아와 밧세바에게 저지른 이중적 범죄를 오리게네스가 알레고리적 해석으로 말소한 것을 모방한 것이다),[93] 바울과 베드로가 나눈 진지한 논쟁을 그 자리에 있던 안디옥 그리스도인들에게 교훈을 주기 위한 가짜 다툼으로 해석했다. 이러한 거짓에 의한 두둔(patrocinium mendacii)을 옳지 않게 여긴 아우구스티누스는 그를 두 사람 사이의 전형적인 특징인 서신 논쟁으로 끌어들였다.[94]

아우구스티누스와 제롬이 두 가지 해석 문제를 놓고 서신을 통해서 논쟁을 벌일 때 서로 번갈아 가면서 상대방의 관점을 취했다는 것이 주목할 만하다. 안디옥 사건(갈 2:11-14)에 관한 논쟁에서, 아우구스티누스는 복음적 자유와 진리에 대한 사랑이라는 원칙을 내세웠고, 제롬은 교리에 충실해야 한다는 전통적인 원

---

93) Ep. 52 ad Nepotianum, c. 2-4.

94) 참조. Jerome's Com. on Gal. ii. 11-14; Aug. Epp. 28, 40, 82, 혹은 제롬의 서신들 가운데 Epp. 56, 57, 116 (*Opera*, i. 300 sqq.; 404 sqq.; 761 sqq.). 제롬은 오랫동안 이 그릇된 해석을 변호하다가 마침내 415년에 *Dial. contra Pelag.* 1. i. c. 22에서 그것을 포기했다. 이 두 가지 점 외에도, 오리게네스의 오류들이 라틴 교회의 가장 저명한 이 두 교부 사이에 서신의 주제가 되었다.

칙과 모호한 적응 논리를 앞세웠다. 하지만 칠십인역의 권위를 놓고 벌인 논쟁에서는 제롬이 진정한 진보를 주장한 반면에, 아우구스티누스는 역행과 그릇된 전통주의를 고수했다. 그리고 두 사람은 훗날 이에 대한 자신들의 오류를 인식했고, 마침내 부분적으로 그것을 철회했다.

제롬은 선지서들을 주해하면서 도처에서 자기 시대의 이단들에 대해서 해놓은 말을 발견했다(이것은 마치 루터가 도처에서 교황파, 광신 집단, 분리주의파를 암시해 놓은 말을 발견한 것과 같다). 그러면서도 다른 한편으로는 오리게네스가 모든 천년왕국 사상을 비판할 때 발휘한 열정을 물려받아서, 우리 주님의 재림에 관한 가르침에서 만물의 종말에 관한 언급을 거의 지적하지 않는다. 예를 들어 마태복음 24장에 기록된 그리스도의 종말론 강설과, 바울이 데살로니가후서에서 불법의 사람에 관해 해놓은 예언조차 예루살렘 멸망 사건에 국한해서 해석한다.

넓은 의미에서 해석학 저서에 분류할 수 있는 책으로는 먼저 「히브리 이름들에 관한 해석」(*the Intertpretation of the Hebrew Names*)을 들 수 있는데, 구약성경과 신약성경에 등장하는 이름들에 대한 어원적 사전인 이 책은 당시에는 유용했으나 여러 면에서 결핍이 있으며, 오늘날은 쓰이지 않는다. 다음으로는 에우세비우스의 「이름론」(*Onomasticon*)으로서, 알파벳 순서로 작성한 일종의 성경 지세학(地勢學)이며, 고대를 연구하는 학자들에게 여전히 귀중한 자료이다.

II. 역사 저서들. 그 중 일부는 앞에서 다루었다. 이 책들은 교부들과 성인들의 역사, 기독교 문학, 그리고 기독교 도덕을 이해하는 데 중요하다.

그 중 첫째로 꼽히는 것이 에우세비우스의 「그리스 연대기」(*the Greek Chronology*, 379년까지의 세계와 교회의 역사에서 중요한 사건들을 연대순으로 모아놓은 글)를 라틴어로 자유롭게 번역하고 연장한 책이다. 제롬은 콘스탄티노플에 가서 나지안주스의 그레고리우스의 집에 기거할 때(380년) 필경사를 불러 놓고 받아적게 하는 즉흥적인 방식으로 이 책을 썼다. 이 책은 많은 오류들에도 불구하고 라틴 문학에 매우 요긴하게 쓰였으며, 중세 내내 빈약하기 짝이 없던 서방 기독교 세계에 관한 역사 자료에서 중요한 위치를 차지했다. 아우구스티누스의 친구로서, 갈리아에서 반(牛)펠라기우스파에 반대하여 '값없이 베풀어지는 은혜' 교리를 변호한 프로스페르 아퀴타누스(Prosper Aquitanus)가 「연대기」를 449

년까지 연장했다. 그리고 후대의 저자들이 6세기 중반까지 이어서 썼다.

이보다 좀 더 독창적인 저서가 「유명 저자들의 목록」(the Catalogue of Illustrious Authors)이다. 테오도시우스 재위 제10년(392-393년)에 황실 관리인 친구 덱스테루스의 요청을 받아 쓴 이 책은, 신학 문헌사의 선구자로서 135장에 걸쳐 사도들부터 제롬 자신에 이르기까지 많은 교회 저자들의 간단한 전기와 그들의 주요 저서들을 소개한다. 이 책에는 켈수스·포르피리오스·율리아누스 등의 이교도들이 기독교를 잘 모른 채 가한 비판을 논박하려는 의도도 담겨 있었다. 당시에 제롬은 아직까지는 이단을 극도로 혐오하지 않았으며, 오리게네스와 에우세비우스 같은 사람들을 퍽 공정하고 관대하게 평가했다. 그러나 이 책에 실린 많은 전기들은 지나치게 간단하고 내용도 빈약하다. 예를 들어 키프리아누스·아타나시우스·대 바실리우스·니사의 그레고리우스·에피파니우스·암브로시우스·크리소스토무스(407년 죽음) 같은 중요한 사람들의 전기도 예외가 아니다. 동시대인으로서 그보다 연하였던 아우구스티누스는 당시에 이미 여러 권의 철학적·해석학적·변증적 저서들을 펴냈음에도 불구하고 그에 관한 소개는 전혀 싣지 않았다.

「유명 저자들의 목록」은 훗날 같은 정신으로 반(半)펠라기우스파 저자 마르세유의 게나디우스(Gennadius)와 세비야의 이시도루스(Isidore), 일데폰수스(Ildefonsus) 같은 저자들에 의해서 중세까지 연장되었다.

제롬은 유명한 은수자들인 테베의 파울루스(Paul, 375), 힐라리온(Hilarion), 투옥된 말쿠스(Malchus, 390)의 전기도 썼는데, 이 글들은 문체는 아주 세련되고 재미있으나 전설적이고 미신적인 내용이 적지 않고, 수도 생활을 과도하게 예찬해 놓았다. (그가 이 글들을 통해서 거두고자 한 효과가 바로 그것이기도 했다.)[95] 당시에는 이 책들이 소설처럼 널리 애독되었다. 이 전기들과, 죽은 친구들, 이를테면 네포티아누스·루키니우스·레아·블라실라·파울리나·파울라·마르켈라 같은 사람들을 기리는 서간체 글들은 수사학적·금욕적 성인전(聖人傳)의 결작들이다. 이 글들은 역사와 전설을 구분 없이 섞고, 대중을 계도하려는 목적으로 역사적 진실을 무시하는 점에서 중세의 전설 문학을 선도했다고 할 수 있다.

---

95) *Opera,* tom. ii. 1 sqq.

III. 논쟁적인 교리적 혹은 윤리적 저서들. 더러는 아리우스파 논쟁, 더러는 오리게네스 논쟁, 더러는 펠라기우스 논쟁을 다룬다. 첫번째 등급으로 분류할 수 있는 책들은 제롬이 시리아의 광야에 나가서 지낼 때(379) 안디옥에서 벌어진 멜레티우스 분쟁에 대해서 분리주의적인 루키페리아누스파(Luciferians)를 비판한 「대화」(the Dialogue)와, 로마에서 시작하여 베들레헴에서 마친 디디무스의 「성령론」(on the Holy Ghost) 번역서이다. 예루살렘 주교 요한을 비판한 책(339)과, 한때 친구였던 루피누스에게 쓴 「변명」(Apology, 402-403. 세 권으로 됨)은 오리게네스주의를 겨냥한 책이다. 세번째 등급에는 펠라기우스파를 비판한 「대화」(the Dialogue, 415, 세 권으로 됨)가 속한다. 그외의 논쟁서들인 「헬비디우스 논박서」(Against Helvidius), 「요비니아누스 논박서」(Against Jovinian), 「비길란투스 논박서」(Against Vigilantus, 406년에 하룻밤 새에 쓴 책)는 교리적인 성격과 윤리적인 성격을 함께 지니고 있고, 주로 마리아의 무원죄 정절, 독신제도, 철야, 성유물 숭배, 수도 생활을 옹호하는 데 치중한다.

이런 논쟁서들의 내용은 앞의 해당 부분에서 살펴본 바 있는데, 대체로 이런 책들은 저자에게 이렇다 할 신망을 보태주지 못하며, 그가 로마 교회의 대표적 성인의 한 사람으로서 지니는 명성에 전혀 어울리지 않는다. 이 책들에서 제롬은 변증가로서 갖춰야 할 모든 방어와 공격의 기교들을 치밀하게 보여줄 뿐 아니라, 논적들을 제압하고, 심지어 그들이 죽은 뒤까지도 철저히 짓눌러버리기 위해서 모든 기지와 조롱과 풍자와 의혹과 비방을 서슴지 않고 사용하는 광적인 열정도 드러낸다. 그리고 책의 내용이 이런 과오들을 벌충할 만큼 출중한 것도 되지 못한다. 제롬은 독창적이거나 심오하거나 체계적이거나 일관성 있는 사상가가 아니었고, 따라서 변증 신학자로서는 전혀 적합하지 않았기 때문이다. 아리우스 논쟁 때에도 우시아와 휘포스타시스를 구분하는 논의에 참여할 뜻을 비추지 않았으며, 이 중요한 문제를 로마 주교 다마수스의 판단에 넘겼다. 오리게네스 논쟁에서는 오리게네스파에 대한 철저한 적대감에 휩싸여 과거에 자신이 그를 사도들 이후에 가장 위대한 교사로 존경하고 그의 견해를 신봉하던 태도를 완전히 뒤집었다. 펠라기우스 논쟁 때에는 주로 사적인 고려에 치중하여 아우구스티누스의 진영에 온전히 힘을 실어주지 않았다. 왜냐하면 평소에 죄의 보편성을 확신하긴 했으나, 의지의 자유와 예정에 관해서는 신인협력설 혹은 반(半)펠라기우스적 견해를 채택했기 때문이다. 이런 태도로 인해 훗날에도 에라스무스

에 이르기까지 반펠라기우스파 사이에서 가장 높은 존경을 누렸다.[96]

제롬은 도덕가와 실천적 목회자로서도 그다지 훌륭하지 못했다. 일관성 있는 도덕 교리 체계가 없었고, 기독교적 삶의 토대와 핵심을 관통하지 못한 채 금욕주의와 결의론(決疑論)의 주변만 맴돌았다. 당대의 정신에 편승하여 수도원적 도피에서, 그리고 특히 결혼 같은 하나님의 자연적 제도들을 천시하는 데서 신앙의 본질을 찾았으며, 건실한 원칙들을 철저히 뒤엎은 채 심지어 금욕 생활에 따른 불결함을 내면의 순결에 대한 표지로 옹호했다. 결혼에 대해서는 매우 낮게 평가하여, 그것을 단순히 동정녀들의 수를 늘리기 위한 필요악 정도로 간주했다. 사도 바울이 고린도전서 7:1에 해놓은 "남자가 여자를 가까이 아니함이 좋으나"라는 말을 가지고 "그러므로 여자를 가까이하는 것은 나쁜 짓이다. 좋은 것의 유일한 반대는 나쁜 것이니까" 하고 전혀 비합리적인 추론을 했다. 그리고 주님께서 "아이 밴 자들과 젖먹이는 자들에게 화가 있으리라"고 하신 말씀(마 24:19)을 평상시의 임신 자체와, 아기들이 우는 것과, 결혼 생활에 따르는 모든 고통과 결실에 대한 단죄로 해석했다. 사도 베드로가 결혼했다는 사실이 마음에 걸린 그는, 사도가 그물을 버릴 때 아내도 버렸으며, "순교의 피를 흘림으로써 결혼 생활로 생긴 얼룩을 모두 씻어버렸음에 틀림없다"는 근거없는 추론으로 그 사실을 약화시키려고 했다.

네포티아누스라는 젊은이에게 보내는 편지에서 — 이 편지는 문체 자체만 놓고 볼 때는 퍽 아름답고 풍성하다 — 그는 다음과 같이 조언한다. "숙소에 어지간해서는, 아니 절대로 여자가 찾아오도록 하지 마시오. 그리스도의 모든 딸들과 처녀들을 모두 무시하든 아니면 모두 사랑하든 택일해야 합니다. 여자들과 한 지붕에 거하지도 말고, 지금까지 정절을 지켜왔다는 사실조차 너무 신뢰하는 것은 좋지 않습니다. 당신이 다윗보다 더 거룩할 수 없으며, 솔로몬보다 더 지혜로울 수 없습니다. 여자로 인해 인간이 낙원에서 쫓겨나게 되었던 사실을 추호도 잊어서는 안 됩니다. 병에 걸리면 형제나 누이나 어머니에게 간호를 받으십

---

96) 따라서 펠라기우스의 여러 저서들, 그의 바울 서신 주석, 그의 *Epistola ad Demetriadem de virginitate*, 교황 인노켄티우스에게 보낸 *Libellus fidei, Epistola ad Celantiam matronam de ratione pie vivendi* 등의 글들이 역사의 아이러니에 의해서 정신과 목표가 유사하다는 이유로 제롬의 저서들에 수록된 것은 결코 우연이 아니다.

시오. 가족이 없으면 교회에 나이든 여자들이 많이 있으니, 그들에게 후한 사례를 하고서 간호를 받으십시오. 어떤 사람들은 몸은 아주 성한데 마음은 병들어 있습니다. 자주 대면하는 사람에게 간호를 받게 되는 것은 어쨌든 위험한 일입니다. 목회자로서 공식적인 직무를 수행하게 되어 과부나 젊은 여자를 심방하게 되면 혼자서 그 집에 들어가지 마십시오. 심방에 동행해도 부끄러울 것이 없는 사람을 데리고 가십시오. 독서자나 시종, 시편 독창자, 즉 옷으로 단장하지 않고 선한 품행으로 단장하며, 아름답게 보이려고 머리를 곱슬거리게 하지 않고, 삶 전체로 정절을 나타내 보이는 사람만 데려가십시오. 하지만 사적으로나 증인 없이는 절대로 여자와 대면해서는 안 됩니다."

하지만 이러한 조언은 그 시대의 정신에 철저히 부합한 것이었으며, 부분적으로는 제롬 자신이 젊었을 때 했던 쓰라린 경험에서, 그리고 쇠망의 길에 접어든 로마 제국의 철저히 부패한 사회상에서 나온 것이기도 하다.

제롬은 이렇게 철저한 금욕을 옹호하는 가운데, 성직자들과 수사들의 과오에 대해서 채찍과 같은 신랄한 비판을 가하기를 게을리 하지 않았다. 그리고 그의 저서들에는 곳곳에 진주와 같은 아름다운 도덕적 경구들과, 세상을 경멸하고 거룩하게 살 것을 권하는 웅변이 실려 있다.

IV. 제롬의 서신들은 많은 결핍들에도 불구하고 매우 교훈적이고 흥미로우며, 평이한 흐름과 세련된 표현에서 키케로의 서신들에 결코 뒤지지 않는다. 발라르시(Vallarsi)는 최초로 그의 서신들을 자신의 편집본 첫 권에 연대순으로 수록했으며, 기존의 배열 순서(심지어 베네딕투스판의 순서까지도)를 진부한 것으로 만들었다. 그가 소개한 것은 모두 150편인데, 이중에는 에피파니우스 · 알렉산드리아의 테오필루스 · 아우구스티누스 · 다마수스 · 파마키우스 · 루피누스 같은 동시대인들이 쓴 편지도 여러 편 있다. 그 중 더러는 그들이 제롬에게 직접 쓴 것이고, 더러는 그가 관심이 있었던 문제들을 다룬 것이다. 제롬의 서신들은 로마 주교 다마수스 · 원로원 의원 파마키우스 · 놀라의 주교 파울리누스 · 알렉산드리아의 테오필루스 · 에반겔루스 · 루피누스 · 헬리오도루스 · 리파리우스 · 네포티아누스 · 오케아누스 · 아비투스 · 루스티쿠스 · 가우덴티우스 · 아우구스티누스, 그리고 파울라와 유스토키움 · 마르켈라 · 푸리아 · 파비올라 · 데메트리아스 같은 몇몇 유명한 여성 금욕주의자들 같은 친구들에게 쓴 것이다. 그의 서신들은 당시의 기독교 세계를 떠들썩하게 하던 철학과 종교 생활에 관한 거의 모든 문제들을 다루며, 제롬과 그 시대의 훌륭한 점들과 그릇된 점들, 그리고 그와 시대 사이의 현저한 차이들을 사실대로 반영한다.

신학과 그리스도론에서는 정통신앙을, 인간론에서는 반(半)펠라기우스주의를 표방했고, 교회와 전승 교리에서는 로마 중심적 태도를 견지했고, 종말론에서는 반(反)천년왕국주의, 윤리에서는 계율적이고 금욕적 태도를 취했으며, 모든 이단들을 거칠게 다루었고, 수도 생활을 그 과도한 면들까지 열성적으로 옹호한 제롬은 중세 가톨릭 세계에서 기독교와 교회 학문의 수호성인으로 내내 존경을 받았으며, 아우구스티누스 다음가는 교회박사(maximus doctor ecclesiae)로 평가를 받았다. 그러나 성경에 뜨거운 애정을 쏟고, 원어들을 탐구하고, 성경을 훌륭하게 번역해내고, 해석학에서 다양한 업적을 남김으로써, 종교개혁 시대에도 크게 쓰였으며, 라틴 교부들 가운데 학자와 저자로서 여전히 최고의 평가를 받고 있고, 신학적 영향력에서는 아우구스티누스에 버금가는 지위를 차지하고 있다. 반면에 도덕적 인품에서는 힐라리우스나 암브로시우스, 레오 1세 같은 다른 라틴 교부들에 훨씬 못 미치며, 심지어 로마교회의 금욕주의 표준에 따르더라도 지극히 제한된 의미에서만 성인으로 평가를 받을 수 있을 뿐이다.

178. 아우구스티누스

자서전을 쓴다는 것은 대담하고도 미묘한 일이다. 아무리 위대한 인생을 살았든, 하나님께 큰 은혜를 받아 글로 남길 충분한 가치가 있는 생애를 살았든 그것은 마찬가지이다. 자서전들 중에서 성 아우구스티누스의 것만큼 허영과 자찬의 암초를 훌륭히 피하고, 정직과 겸손으로 이토록 지대한 존경과 사랑을 받은 것이 없다.

그가 나이 마흔여섯에 쓴 「고백록」(*Confessions*)은 여전히 첫사랑의 열기로 타오르고, 성령의 불과 기름부음이 가득하다. 이 책은 마치 다윗이 시편 51장에서 그랬듯이, 자기 자신과 후대를 놓고서 소싯적의 죄를 하나님께 남김없이 자백하는 숭고한 글이다. 동시에 자신을 어둠에서 빛으로 인도하시고, 자신을 불러 그리스도의 나라에서 봉사하도록 하신 하나님의 은혜를 높이 노래하는 찬송이기도 하다. 이 책에서 우리는 "진토에 엎드려 하나님과 대화하며 그의 사랑을 흠뻑 받는" 만대의 교회를 위한 위대한 교사를 보게 된다. 그는 자신의 명예와 위대함과 아름다움을 철저히 지워버리며, 그것을 지극히 자비로우신 하나님 앞에 감사한 마음으로 바친다. 이 책을 읽는 사람은 기독교가 꿈이나 망상이 아니라 진리와 생명이라는 것을 절절히 느끼며, 하나님의 기이한 은혜를 그와 함께 앙모하게 된다.

아우렐리우스 아우구스티누스(Aurelius Augustinus)는 354년 11월 13일에 타가스테에서 태어났다. 북아프리카 히포 레기우스에서 그다지 멀지 않은 비옥한 누미디아 지방의 한적한 마을이었다. 그는 이교도였던 아버지 파트리키우스(Patricius)한테서 열정적인 감수성을 물려받았고, 그리스도인이었던 어머니 모니카(Monica)한테서 하나님을 향한 깊은 갈망을 물려받았다. 어머니에게 물려받은 이 성품이 다음 글귀에 잘 배여 있다: "당신은 저희를 당신의 영광을 위해서 지으셨사오며, 저희 마음은 당신 안에서 안식하기까지 안식하지 못하나이다." 이 갈망과, 예수라는 감격적이고도 거룩한 이름에 대한 존경이 자기 자신도 잘 알지 못하는 상태에서 마다우라와 카르타고에서 보낸 학창 시절에 줄곧 그를 따라다녔고, 로마와 밀라노를 여행할 때, 그리고 육체의 쾌락의 미로를 끝없이 방황할 때, 마니교에 미치고, 학문적 회의주의와 플라톤의 관념론에 빠질 때에도 내내 그의 속에 잠재해 있었다. 마침내 어머니의 기도와 암브로시우스의 설교와 성 안토니우스의 전기와 무엇보다도 성령님의 손에 들려 쓰인 바울의 서신서들에 의해서 나이 서른셋의 이 사람이 큰 변화를 받아 기독교 세계 전체에 이루 말할 수 없이 큰 유익을 끼쳤으며, 심지어 어렸을 때 범한 죄와 잘못조차 진리를 선양하는 데 사용했다.

그토록 많은 기도와 눈물로 성원한 아들이 망할 수 없었으며, 아들을 세상에 내놓을 때 겪은 육체의 고통보다 더 극심한 영적 고통을 감내해낸 신실한 어머니가 죽기 직전에 그 기도와 기대가 성취되는 것을 보도록 허락받고, 그로써 지상의 고향을 다시 밟아보지 못했을지라도 큰 기쁨을 안고 세상을 떠날 수 있게 됨으로써 장차 어머니가 될 모든 사람들에게 귀감이 되었다. 모니카는 고향으로 가는 도중에 티베르 강 어귀의 오스티아에서 쉰여섯의 나이에 아들의 품에 안겨 숨을 거두었던 것이다. 이미 아들과 시공의 한계를 우련히 넘어서는 감격적인 대화를 나누면서 성도들이 영원히 누리게 될 영원한 안식을 미리 맛본 뒤에 맞이한 죽음이었다. 모니카는 외국 땅에서 죽게 된 것을 애석해하지 않았다. 왜냐하면 자신을 마지막 날에 다시 일으켜 주실 하나님으로부터 멀리 있지 않다는 것을 알았기 때문이다. "내 시신을 아무 곳에다 묻어다오. 이 일로 마음을 쓰지 않으면 좋겠다. 내가 정말로 원하는 한 가지는 네가 내 하나님의 제단 앞에 설 때마다 나를 기억해달라는 것이다."[97] 아우구스티누스는 자신의 「고백록」으로써 모니카에게 절대로 쇠할 수 없는 기념비를 세워준 셈이다.

사도 바울이 다메섹 가는 길에서 했던 회심 이후로 철저하고 신실한 회심이 있었다면 그것은 아우구스티누스의 회심이었다. 그는 386년 9월에 밀라노에서 그리 멀지 않은 카시키아쿰 별장의 정원에서 마치 새 생명을 출생시키기 위해 산고를 겪듯이 정신과 마음의 극심한 번민에 빠져 있었다. 그리고 그때 어떤 아이가 말하는 "집어들어 읽으라!"는 소리에서 하나님의 음성을 들었다: "오직 주 예수 그리스도로 옷입고 ……"(롬 13:14). 그는 이 순간을 회고하면서 다음과 같은 감동적인 애가를 적었다: "저는 당신을, 이리도 오래 되었고 이리도 새로운 당신의 아름다움을 늦게사 사랑했습니다. 저는 당신을 늦게사 사랑했습니다! 당신은 안에 계셨으나 저는 밖에 있었고, 밖에서 당신을 찾았습니다. 그리고 당신의 아름다운 창조 속으로 추한 제 자신을 내던졌습니다. 당신은 저와 함께 계셨고, 저는 당신과 함께 있지 않았기 때문입니다! 당신 안에 있지 않던 것들이 제가 당신 안에 거하지 못하도록 가로막았습니다! 당신은 부르셨고, 큰 소리로 외치셨으며, 멀어버린 제 귀를 뚫고 말씀하셨습니다. 당신은 희미하게 빛을 비추시다가 찬란하게 밝히셨고 멀어버린 제 눈을 뜨게 하셨습니다. 당신은 숨을 내쉬셨고, 저는 들이마셨으며, 당신 안에서 호흡하게 되었습니다. 제가 당신을 맛보았기에 이제 당신을 향해 배고프고 목마릅니다. 당신이 저를 만지셨기에 제 마음이 당신을 갈망합니다. 제가 만일 당신 안에서 한 번만이라도 살 수 있다면, 고통과 번민이 제 곁을 떠날 것입니다. 흡족히 당신으로 충만하여 모든 게 제게 생명이 될 것입니다."

아우구스티누스는 387년 부활절 주일에 밀라노에서 암브로시우스에게 세례를 받았다. 친구이자 동료 회심자인 알리피우스(Alypius)와 자신의 친아들 아데오다투스(Adeodatus, '하나님이 주신')가 함께 세례를 받았다. 세례가 내면의 변화

---

97) *Conf.* 1. ix. c. 11.

에 신적인 도장을 찍었다. 그는 세상과 철저히 단절했다. 로마와 밀라노에서 경력을 쌓아온 수사학 교사라는 화려하고 수입이 좋은 직업을 포기했다. 재산을 정리하여 가난한 사람들에게 나눠주었다. 그리고는 자신의 진귀한 은사들을 오로지 그리스도를 섬기는 데만 바쳤으며, 마지막 숨을 쉬는 날까지 그 일에 충성을 다하였다. 극진히 존경하고 사랑하던 어머니가 돌아가신 뒤, 그는 두 번째로 로마로 가서 여러 달 기거하면서 거짓 철학과 마니교 이단에 맞서서 참 기독교를 변호하는 저서들을 썼다. 아프리카로 돌아간 뒤에는 친구 알리피우스와 에보디우스와 함께 고향 타가스테에서 3년을 머물면서 사색과 집필에 몰두했다.

그러다가 391년에 본인의 고사에도 불구하고 회중의 소리에 의해서 장로로 선출되었는데, 키프리아누스와 암브로시우스의 경우처럼 누미디아의 해안 도시 히포 레기우스(오늘날의 보나)에서도 그것이 하나님의 음성임이 입증되었다. 그리고 395년에 그는 그 도시의 주교로 선출되었다. 그 뒤부터 죽는 날까지 38년 동안 이 도시에서 사역하면서 그곳을 서방 기독교 세계의 지적 중심지로 만들어 놓았다.

그의 생활 형태는 겉으로 볼 때 지극히 단순했고, 적절히 금욕적이었다. 한 집에서 자신의 사역자들과 함께 지내면서 사도시대처럼 유무상통을 했으며, 이 집을 신학교로 만들어 10명의 주교와 수많은 하위 성직자들을 배출했다. 여성들은 심지어 그의 누이조차 이 집에서 살 수 없었으며, 그를 보려면 다른 사람들 틈에 끼어서야 볼 수 있었다. 아우구스티누스는 그 대신 여성들의 신앙 공동체들을 설립했으며, 경건한 과부였던 자신의 누이에게 이 공동체의 하나를 감독하게 했다. 한번은 설교 시간에, 수도원에서만큼 훌륭한 사람을 찾기도 어렵고, 수도원에서만큼 악한 사람을 찾기도 어렵다고 말했다. 그는 성직자들의 삶을 수도원 일과와 연결시킴으로써 자신도 모른 채 아우구스티누스회 설립자가 되었는데, 훗날 이 수도회가 종교개혁자 루터를 세상에 배출하게 된다. 아우구스티누스는 동방의 수도원 수사들이 입던 고깔 달린 검정 수사복을 입었고, 가죽 허리띠를 맸다. 거의 채소밭에서 지내다시피 했으며, 공동 식사를 할 때 책을 읽거나 자유롭게 대화를 했으며, 자리에 없는 사람 이야기를 하지 않는 것을 규율로 정했다. 그는 자신의 묘비에 다음과 같은 2행시를 새겨넣도록 했다:

"Quisquis amat dictis absentum rodere vitam,

Hanc mensam vetitam noverit esse sibi." (아우구스티누스 묘비명)
(누구든지 없는 자를 말로 비방하기를 좋아하는 자는
이 금지된 식탁이 자신에게 해당된다는 것을 모른다.)

닷새 동안 하루도 거르지 않고 설교하는 경우가 많았고, 때로는 하루에 두 번 설교했으며, 그리스도 안에서 모두가 자신과 더불어 살고, 자신이 모든 이들과 더불어 살 수 있도록 하는 데 설교의 목표를 두었다. 아프리카 어느 곳을 가든 구원의 말씀을 전해달라는 부탁을 받았다. 비록 묵상이 가장 즐거운 시간이긴 했으나, 자신의 직무와 관련된 외적인 사무도 성심껏 보았다. 가난한 사람들에게 각별히 신경을 썼으며, 암브로시우스와 마찬가지로 신자가 다급할 때는 교회의 그릇들을 녹여다가 옥에 갇힌 사람들을 보석으로 풀려나게 했다. 그러나 상속자들에게 손해를 입히는 기부는 받지 않았으며, 카르타고의 주교 아우렐리우스에게 어떤 사람이 유산을 물려받아 교회에 기부했다가 아내가 예기치 않게 임신을 하게 된 경우에 대해서 기부금을 돌려주라고 조언했다.

아우구스티누스의 사역은 자신의 좁은 교구를 크게 넘어서서 펼쳐졌다. 그는 북아프리카와 당시 서방 교회 전체의 지적 수장이었다. 모든 신학적·교회적 문제들에 적극적인 관심을 기울였다. 마니교·도나투스파·펠라기우스에 맞서서 정통신앙을 지켜냈다. 이단과 분파에 대해서 당시 가톨릭 진영의 논쟁의 짐이 모두 그에게 집중되었다. 그리고 그 안에서 가톨릭 신앙이 승리를 거두었다.

아우구스티누스는 말년에 자신의 저작들을 비평적으로 검토했으며, 「재고록」(*Retractations*)을 통해서 옳지 않다고 판단되는 내용들을 철저히 걸러냈다. 그가 온유한 정신으로 쓴, 반(反)펠라기우스파 논박서들이 비슷한 시기의 저작이다. 그는 일흔두 살이 될 때까지 자신의 직무를 홀로 짊어졌으며, 그 뒤에는 회중이 만장일치로 그의 친구 헤라클리우스를 조력자와 후계자로 선출했다.

아우구스티누스는 인생의 황혼을 갈수록 심해지는 병고와 야만스러운 반달족의 침략으로 인한 말할 수 없는 처참한 심경으로 보냈다. 당시 반달족은 아프리카 전역을 휩쓸면서 도시들과 촌락들, 교회들을 무자비하게 파괴하고, 심지어 요새로 지은 히포 시마저 포위하고 있었다. 이러한 상황에서도 아우구스티누스는 끝까지 자신의 임무를 충실히 수행했다. 인생의 마지막 열흘은 외부와의 접촉을 철저히 단절한 채 회개의 시편들을 거듭해서 읽으며 기도와 눈물로 보냈다. 그 시편들이 눈에 쉽게 띄도록 침대 머리맡의 벽에 기록하도록 했다. 이렇게 참회를 하면서 인생을 마감했다. 포위로 인한 공포와 자기 주민들의 절망 속에서, 그는 자신이 미래를 위해서 얼마나 풍성한 씨앗을 심었는지 가늠할 수 없었다.

히포가 포위된 지 석 달째인 430년 8월 28일에, 일흔여섯의 나이로 맡은 바 소임을 충분히 감당한 채 많은 친구들과 제자들이 보는 앞에서 자신이 그토록 사모하던 영원의 세계로 조용하고도 행복하게 건너갔다. 그는 자신의 「명상록」(*Meditations*)에 이렇게 술회해 놓았다. "전능하신 하나님, 당신의 집에 거할 곳들이 얼마나 훌륭하고 얼마나 아름답고 멋진지요! 당신의 신방에서 당신의 아름다우심을 보고싶어 제 마음이 달아오릅니다 …… 예루살렘이여, 하나님의 거룩한 성이여, 그리스도의 사랑스러운 신부여, 내 마음이 그대를 사랑하며, 내 영혼이 그대의 아름다움을 사모하여 얼마나 오랫동안 탄식했던가! …… 왕들의 왕이신 분이 친히 그대 가운데 계시며, 그분의 자녀들이 그대의 내실에 있다. 그곳에는 천사들의 합창대가 있으며, 천상 시민들의 교제가 있다. 눈물 골짜기 같은 지상의 순례를 마치고 큰 기쁨에 도달한 이들이 모두 참예하는 혼인 잔치가 있다. 멀리 내다보는 선지자들의 성가대가 있다. 열두 사도들이 있다. 무수한 순교자들과 거룩한 고백자들로 이루어진 승리의 군대가 있다. 충분하고 완전한 사랑이 그곳을 지배한다. 하나님께서 만유 안에 만유가 되시기 때문이다. 그들은 하나님을 영원히 사랑하고 찬송하며, 찬송하고 사랑한다 …… 내 보잘것없는 육신이 해체되면 나는 영원히 복되고 완전하게 될 것이다 …… 그날 나는 내 왕이시며 하나님 앞에 서서 그분이 황송하옵게도 친히 약속하신 대로 그분의 영광을 바라볼 것이다: '아버지여 내게 주신 자도 나 있는 곳에 나와 함께 있어 아버지께서 창세 전부터 나를 사랑하시므로 내게 주신 나의 영광을 저희로 보게 하시기를 원하옵나이다.'" 하늘의 예루살렘을 사모하는 이러한 심정이 De gloria et gaudiis Paradisi(낙원의 영광과 기쁨에 대하여)라는 찬송에 장엄하게 표현되어 있다:

"Ad perennis vitae fontem mens sativit arida."
(영원한 생명의 삶으로 메마른 마음이 채워졌다.)

이것이 아우구스티누스의 「명상록」에 실려 있으며, 이 사상은 어느 정도는 그에게서 비롯되었다. 물론 이것이 시의 형식을 입은 것은 훨씬 후대에 다미아니 (Peter Daminai)에 의해서 이루어진 일이긴 하지만.[98]

아우구스티누스는 유언을 남기지 않았다. 가난을 자처했으므로 물려줄 지상의 재산이 없었기 때문이다. 있었다면 서재의 책들뿐이었다. 그는 이것을 교회에 물려주었으며, 이 책들은 다행히도 아리우스파 야만족들에 의해 훼손되지 않았다.

그가 죽은 직후에 히포가 반달족에 의해 함락되어 무참히 파괴되었다.[99] 아프리카가 로마 제국에게서 떨어져 나갔다. 그리고 몇십 년 뒤에는 서로마 제국 전체가 멸망했다. 아프리카 교회는 전성기를 맞이한 순간에 쇠망의 길을 걸은 셈이었다. 그러나 아우구스티누스의 사역은 소멸될 수 없었다. 그의 사상은 살아 있는 씨앗처럼 유럽의 토양에 떨어졌고, 자신이 듣도 보도 못한 민족들과 나라들에서 풍성한 결실을 이루었다.

한눈 팔지 않고, 항상 펜을 손에 쥐고, 의(義)를 향해 가슴이 불타올랐던 아우구스티누스(그의 초상화가 대체로 이런 모습으로 묘사된다)는 최고의 철학자이자 신학자로서 자기 시대 위에 피라미드처럼 우뚝 섰으며, 후의 여러 세기를 군림하듯 내려다보았다. 정신이 대단히 비옥하고 깊었으며, 용기와 상승(上昇)의 기세가 있었다. 게다가 그리스도인의 사랑과 겸손으로 충만한 심정까지 겸비했다. 고대와 현대의 가장 위대한 철학자들의 반열에 당연히 드는 인물이다. 우리는 그를 광활한 대로에서든 협소한 소로에서든, 아찔한 알프스 산맥 정상에서든 두려울 정도로 깊은 사색에서든, 전대나 후대의 철학적 사색가들이 밟아보았던 곳이면 어디서든 그를 만날 수 있다. 신학자로서 그는 스콜라주의 시대든 종교개혁 시대든 어떠한 교부도 넘어서지 못한 독보적인 인물(facile princeps)이다. 큰 도량으로 사상을 널리 흩뿌렸고, 그의 사상이 후대에 다른 여러 땅들에 강한 지진을 일으켰다. 그에게는 테르툴리아누스의 독창적 역량과 키프리아누스의 교회 정신이 겸비되어 있었고, 그리스 교회의 사변적 지식과 라틴 교회의 실제

---

98) 참조. Daniel, *Thesaurus hymnol.* i. p. 116 sqq., and iv. p. 203 sq.

99) 주민들은 바다로 피신했다. 그 도시에는 아우구스티누스의 후임 주교가 일어나지 못했다. 7세기에 이 유서깊은 도시가 아라비아인들에게 무참히 파괴되었으나, 그곳에서 약 3km 떨어진 곳에 옛 도시의 잔해를 사용하여 보나 시가 건설되었다. 참조. Tillemont, xiii. 945, and Gibbon, ch. xxxiii.

적 지혜가 융합되어 있었다. 그는 진정한 의미에서 기독교 철학자이자 철학적 신학자였다. 아주 난해한 문제들을 가지고 두고두고 씨름하면서 계시된 진리의 저 끝까지 관통하여 깨달음을 얻는 것이 그의 소원이자 기쁨이었다. 그는 과연 신앙이 지성을 낳는다(Fides proecedit intellectum)는 자신의 좌우명에 따라서, 그리고 전대의 신학자들과 마찬가지로 유명한 이사야 7:9(칠십인역, "만일 너희가 믿지 아니하면 정녕히 깨닫지 못하리라"<개역한글판: 굳게 서지 못하리라>)을 근거로 신앙의 수위성을 일관되게 강조했다. 그러나 그에게는 신앙 자체가 이성의 행위였으며, 따라서 신앙에서 지식에 이르는 데에 필수적이고 불가피한 전환이 있었다. 그는 항상 겉으로 드러난 행위 이면에서 동기를 바라보았고, 다양한 사건들의 배후에 존재하는 보편적 법칙을 바라보았다. 형이상학자와 기독교 신자가 그 안에 손잡고 있었다. 그의 명상은 아주 쉽게 설교로 이어졌고, 설교는 명상으로 이어졌다. 그는 사고의 명쾌함과 예리함을 깊이 있게 결합시켰다. 대단히 노련한 변증가로서, 비판자들이 던지는 주장들을 논박하고 이론을 수립하는 일에 지칠 줄 몰랐다.

그는 여느 고전 저자보다, 여느 교회의 교사보다 아름답고 독창적이고 풍부한 발언들로 라틴 문학을 풍성하게 살찌웠다.

교회가 가르치는 거의 모든 교리를 창의적이고도 명쾌하게 다루면서 더러는 완성시키고 더러는 발전시켰다. 그의 사상의 중심에는 하나님이 그리스도 안에서 값없이 베푸신, 그리고 실제적이고 역사적인 교회를 통해서 작용하는 구속의 은혜가 자리잡고 있다. 죄론과 은혜론에서는 복음적 곧 바울적인 노선을 취하지만, 교회론에서는 가톨릭적(즉, 로마 가톨릭이 아닌 옛 가톨릭의) 노선을 취한다. 바울적 요소는 펠라기우스 논쟁에서 주로 부각되고, 가톨릭적·교회적 요소는 도나투스파 논쟁에서 주로 부각된다. 하지만 서로가 서로에 의해서 수정 보완된다.

바우어 박사(Dr. Baur)는 엉뚱하게도 아우구스티누스 체계의 근본 사상을 자유라고 짚어내며(그것은 오히려 펠라기우스 체계에 어울린다), 이것을 토대로 아우구스티누스와 오리게네스의 유사성을 지적하는데, 기발하긴 하지만 절반의 진실일 뿐이다. 그는 다음과 같이 말한다. "고대에는 지성에서 그리고 방대하고 일관성 있는 시야에서 아우구스티누스만큼 오리게네스에 필적하는 교회 교사가 없었다. 개성과 사고 방식의 차이를 떠나서 아우구스티누스만큼 오리게네스에 근접한 사람은 아무도 없었다. 두 사람이 자기들의 시대를 얼마나 훌쩍 초월해 있었는가 하는 것은 처음 여섯 세기의 신학자들 중에서 독특한 사상 체계를 확립한 사람이 그들뿐이었다는 사실에서 가장 잘 나타난다. 그리고 이 사실은 아우구스티누스의 사상이 오리게네스의 사상과 얼마나 유사한가 하는 것도 입증한다. 전자는 후자와 마찬가지로 자유(freedom) 개념에 입각해 있다. 두 사상 체계에는 인간 생명의 발전 전체를 결정짓는 구체적인 행위가 있다. 두 체계에서 이 행위는 개인의 유한한 자각을 훨씬 벗어나 있다. 단 한 가지 차이가 있는데, 그것은 오리게네스의 체계에서는 그 행위가 각 개인에게 속하고, 이 현세적 삶과 의식의 외부에서만 발생한다. 아우구스티누스의 체계에서, 그것은 인류 역사의 영역 안에 놓여 있지만, 다만 한 개인의 행위일 뿐이다. 오리게네스의 체계에서 이교 사상을 기독교 신앙에 도입한 인상을 주는 영혼의 선재(先在)와 타락 개념만큼 거부감을 주는 것이 없다고 한다면, 아우구스티누스의 체계에도 현재 인간의 죄악된 상태를 과거의 행위를 가지고 설명하기 위해서 개인의 삶과 의식을 무시하는 유사한 태도가 있다. 그에게서는 이교적 플라톤의 관점이 구약성경에서 취한 관점으로 대체될 뿐이다 …… 그러므로 아우구스티누스의 체계와 오리게네스의 체계를 본질적으로 구분하는 것은, 아담의 타락이 영혼들의 시간 전 타락으로 대체된다는 것과, 오리게네스의 경우 여전히 이교적 의복을 걸치고 있는 것이 아우구스티누스의 경우에는 순전히 구약의 형식을 취하고 있다는 것뿐이다."

아우구스티누스의 학문은 그의 천재성에 미치지 못했고, 오리게네스와 에우세비우스만큼 폭이 넓지도 못했으나, 당대에는 여전히 상당한 수준의 것이었으며, 제롬을 제외한 여느 라틴 교부들보다 우수했다. 그는 마다우라와 카르타고의 학교들을 다니면서 토론을 위한 양질의 이론적·수사학적 기초를 쌓았으며, 그것이 신학 연구에도 좋은 영향을 끼쳤다. 라틴 문학에 친숙했으며, 비록 고전 작품들을 성경의 더 숭고한 아름다움 밑에 두었지만, 그 탁월함을 백안시하지 않았다. 대학 시절에 키케로의 「호르텐시우스」(현존하지 않음)를 읽으면서 철학에 대한 열정과 진리 자체를 추구하는 태도를 갖게 되었으며, 플라톤 학파와 신플라톤 학파의 저서들(수사학자 빅토리누스의 라틴어 번역본들)을 공부하면서 엄청난 열정을 갖게 되었다. 하지만 두 학파의 사상에서 예수라는 거룩한 이름과, 사랑과 겸손이라는 중요한 덕목을 얻지 못했으며, 실천할 능력을 얻지 못한 채 아름다운 이상들만 발견했을 뿐이다. 그의 「신국론」(*City of God*)과 이단 논박서들, 그리고 그 외 저서들은 고대 철학과 시, 역사에 대한 해박한 지식을 보여준다. 그 저서들에서 그리스와 로마의 대표적인 인물들을 거론하며, 종종 피타고라스 · 플라톤 · 아리스토텔레스 · 플로티노스 · 포르피리오스 · 키케로 · 세네카 · 호라티우스 · 베르길리우스와 초기 그리스와 라틴 교부들, 동방과 서방의 이단들을 언급한다. 하지만 그의 그리스 학문에 대한 지식은 대부분 라틴어 번역서들을 통해서 얻은 것이다. 본인도 솔직하고 겸손하게 시인하듯이, 제롬과 비교할 때 그의 헬라어 지식은 피상적인 수준을 넘지 못했다.[100] 히브리어는 아예 몰랐다. 따라서 라틴어 성경을 통달했음에도 불구하고 주해에서 많은 실수를 범했다. 그는 학자라기보다 사상가였으며, 항상 흘러넘치던 자신의 사색에 주로 의존했다.

179. 아우구스티누스의 저서

아우구스티누스가 44년간 집필한 방대한 저서들은 기독교 지식과 경험의 광산이다. 그 안에는 숭고한 사상들과 고귀한 정서들과 경건한 생각들과 명쾌한 진리 진술과 오류에 대한 강한 논박과 열정적인 웅변과 시들지 않는 아름다움이 가득하지만, 반면에 무수히 많은 반복과 공상적인 견해와 뛰어난 두뇌를 이용한

---

100) 그가 헬라어를 전혀 몰랐다고 주장하는 사람들도 가끔 있다. 대표적인 경우가 Gibbon(ch. xxxiii)이다: "아우구스티누스의 피상적 지식은 라틴어에만 한정되었다." 그러나 이것은 기번의 다른 주장, 즉 "성 아우구스티누스의 정통신앙은 마니교 학파에서 끌어온 것이다"라는 주장만큼이나 틀린 것이다. 청년 시절에 그는 헬라인들의 영광스러운 언어에 반감을 가지고서(*Conf.* i. 14) 플라톤의 저서들을 라틴어 번역서로 읽었다(vii. 9). 하지만 세례를 받은 뒤에 로마에 두 번째 체류할 때는 성경 연구를 위해서 헬라어를 열심히 공부했다. 히포에 가서 장로로 사역할 때는 헬라어 실력을 크게 향상시킬 기회를 얻었다. 왜냐하면 주교 아우렐리우스가 그리스 본토 출신으로서 라틴어보다 모국어를 훨씬 잘했기 때문이다. 아우구스티누스는 자신의 저서들에서 헬라어를 가끔 언급한다. *Contra Jul.* i. c. 6 § 21 (tom. x. 510)에서는 크리소스토무스의 글을 번역하면서 원문을 인용해가며 펠라기우스파 율리아누스의 주장을 바로잡아 준다.

기발한 추측도 못지않게 많이 실려 있다. 문체는 생명력과 활기가 가득하고 단어들에 기지가 흘러넘치지만, 순수함과 우아함에서는 조금 떨어지며, 기민한 정적 에클라눔의 율리아누스가 지적한 대로 지루하고 장황한 점이 없지 않다. 본인도 말했듯이, 그는 회중이 알아듣지 못하는 말을 하느니, 차라리 문법학자들에게 비판을 받는 편을 택하고자 했다. 따라서 문체에는 별로 신경을 쓰지 않았는데, 그럴지라도 숭고한 시적 표현을 적지 않게 내놓았다. 문학적 명성에는 개의지 않았으며, 다만 하나님과 교회를 향한 사랑에 이끌려 정신과 마음을 온진히 기울여 글을 썼다. 회심하기 전에 쓴 저서들인 「아름답고 적절한 것들에 관하여」(*De Pulchro et Apto*)와, 카르타고 · 로마 · 밀라노에서 수사학자로서 행한 연설들과 찬사들은 유실되어 현존하지 않는다. 웅변학 교수, 이교 철학자, 마니교 신자, 무신론적인 자유 사상가의 시절은 그가 「고백록」과 그 외 저서들에서 후회하고 철회하는 내용으로만 우리에게 알려질 뿐이다. 그리스도인으로서 그의 학문 경력은 신앙을 공개적으로 고백하기 위해 카시키아쿰로 가서 칩거할 때부터 시작한다. 카시키아쿰과 로마와 타가스테 근교에서 쓴 저서들에서는 기독교 철학자로서 나타나던 그가, 목회자가 된 뒤부터는 신학자로서 나타난다. 그럴지라도 신학 저서들에서조차 형이상학적이고 사변적인 성향을 곳곳에서 드러낸다. 목회자가 된 뒤에도 이성을 포기하거나 위축시킨 일이 없었고, 다만 그것을 신앙에 종속시키고, 계시된 진리를 변호하는 데 사용했을 뿐이다. 신앙이 이성의 선구자이며, 이성이 탐구하는 영역을 발견한다고 그는 생각했다.

다음에 소개할 내용은 그의 가장 중요한 저서들을 일별해 놓은 것으로서, 여기에 소개될 저서들의 내용은 대부분 앞부분에서 언급한 바 있다.

I. 자전적(自傳的) 저서들. 이 범주에는 「고백록」과 「재고록」이 포함된다. 전자에서는 자신의 죄를 고백하고, 후자에서는 자신의 신학적 오류들을 고백한다. 전자에서는 자신의 인생에, 후자에서는 자신의 저서들에 예리한 비판을 가한다. 그러므로 이 책들은 그의 사역 전체를 판단하는 데 가장 훌륭한 표준을 제공한다.[101]

---

101) 이런 이유에서 베네딕투스회 편집자들은 「재고록」과 「고백록」을 그의 저서들 맨 앞에 싣는다.

「고백록」은 그의 저서 중에서 가장 유익한, 적어도 가장 교훈적인 책이다. 교부 문학을 통틀어 가장 교훈적인 책이라고 해도 지나치지 않는다. 따라서 이 책은 심지어 그의 생시에도 가장 많이 읽혔으며, 그 뒤로도 가장 많이 출판되었다. 이보다 더 진실하고 진지한 책은 다시 집필되지 않았다. 역사 부분에 해당하는 제10권은 모든 교단을 통틀어 신앙 고전들 가운데 한 권이며, 토마스 아 켐피스(Thomas a Kempis)의 「그리스도를 본받아」(*Imitation of Christ*)와 번연(Bunyan)의 「천로역정」(*Pilgrim's Progress*)에 버금가는 인기를 누렸다. 어떠한 자서전도 진정한 겸손과 영적 깊이와 보편적 관심에서 이 책을 능가하지 못한다. 아우구스티누스가 쾌락에 탐닉하던 이교도, 마니교 이단, 근심에 싸인 구도자, 진실한 참회자, 감사하는 회심자로서 했던 경험들은 본능의 유혹들과 오류의 미로를 헤치고 진리에 대한 깨우침과 거룩함에 도달하기 위해 고뇌하고 분투하다가 마침내 많은 탄식과 눈물을 뒤로 하고 자비로운 구주의 품에서 안식과 평안을 발견하는 모든 인간 영혼 안에 투영된다. 루소(Rousseau)의 「고백록」(*Confessions*)과 괴테(Goethe)의 「진리와 시」(*Truth and Poetry*)는 비록 아우구스티누스와 사뭇 다른 정신으로 쓴 글들이긴 하나 탁월한 재능과 폭넓은 이해가 녹아 있다는 점에서 아우구스티누스의 「고백록」에 견줄 수 있다. 하지만 이들이 인간 본성을 거룩하게 되지 못한 상태로 추앙하는 식으로 본성의 허영과 약함을 적나라하게 드러내듯이, 히포의 주교는 오로지 하나님의 영광에만 시선을 고정시키면서 인간을 회개의 진토에서 성령의 새롭고 멸하지 않을 생명으로 일으켜 세운다.

아우구스티누스는 「고백록」을 400년경에 집필했다. 처음 열 권은 하나님 앞에서 드리는 연속된 기도와 자백의 형태로써 자신의 초기 생애와 회개, 그리고 서른넷의 나이에 아프리카로 돌아간 일을 개략적으로 술회한다. 이 열 권에서 두드러지는 점들은 그가 밀라노에서 회개한 감동적인 사건과, 존경하는 어머니와 함께 오스티아에서 보낸 마지막 날들 이야기이다. 어머니와 함께 보낸 그날들이 마치 천국 문 앞에 이르러 그곳에서 보낸 것과 같았고, 장차 영광의 보좌 앞에서 다시 만나게 되리라는 큰 확신을 주었다고 그는 쓴다. 마지막 세 권(그리고 그리고 제10권의 일부분)은 사변적 철학에 할애된다. 이 부분은 한편으로는 마니교를 암시적으로 비판하면서, 인간이 과연 하나님을 알 수 있는가 하는 문제와, 시간과 공간의 본질 문제 같은 형이상학적 질문들을 다룬다. 그리고 모세의 우주 기원론을 교부들이 흔히 사용하던, 하지만 우리 시대에는 낯선 전형적인 알레고리적 해석 방식으로 해석한다. 그러므로 일반 독자들에게는 그다지 가치가 없고, 다만 추상적이고 형이상학적인 주제들조차 신앙의 관점에서 다룰 수 있음을 보여주었다는 점에서만 의미가 있다.

「재고록」은 "말이 많으면 허물을 면키 어려우나"라는 잠언(10:19)을 생각하게 하는 인생의 황혼녘에 쓴 책이다. 아우구스티누스는 무슨 무익한 말을 하든지 심판날에 이에 대하여 심문을 받으리라는 말씀(마 12:36)을 기억하고서, 심판을 면할 길을 찾아 이 책을 쓴 것이디(참조. 고전 11:31). 자신이 주교가 되기 진과 뒤에 쓴 무수한 저서들을 연대순으로 정리한 뒤, 나이만큼 완숙하게 된 견해를 근거로 그릇되거나 불분명하게 보이는 내용들은 철회하거나 수정했다. 그럼에도 불구하고 그의 신학 체계에서 중요한 점들은 회심할 때부터 그 당시까지 동일하게 남았다. 「재고록」은 진리에 대한 그의 사랑과 성실함과 겸손함을 아름답게 증거한다.

「고백록」이나 「재고록」과 같은 범주에 넣을 수 있는 것은 그의 서신들로서, 베네딕투스회 편집자들의 판본 제2권에는 270편의 서신들이 386년부터 429년까지 연대순으로 수록되어 있다. 이 서신들은 당대의 중요한 쟁점들을 때로는 매우 상세하게 다루며, 그의 배려와 직무에 대한 책임감과 넓은 마음, 그리고 바울 사도처럼 여러 사람에게 여러 모양이 되고자 했던 노력을 고스란히 보여준다.

친구들과 제자들에게 받은 질문들이 많이 쌓였을 때, 그는 그 질문들에 답하는 책을 집필했다. 이런 식으로 교리와 성경 해석과 그 밖의 주제들을 다룬 다양한 문답집들을 펴냈다(390년, 397년 등).

II. 철학 논문들. 대화체로 되어 있고, 거의 모두 생애 초기에 집필했다. 세례를 앞두고 밀라노 근교의 한가로운 농촌 카시키아쿰에서 반년을 거하면서, 모니카와 아들 아데오다투스, 형제 나비기우스, 친구 알리피우스, 아저씨뻘 되는 사람들과 제자들과 함께 일종의 아카데미 혹은 기독교적이고 플라톤적인 연회를 열어 서로 배우고 격려를 하면서 쓴 것도 있고, 로마에 두 번째 체류하면서 쓴 것도 있으며, 아프리카로 돌아간 직후에 쓴 것도 있다.[102]

이 범주에는 다음 저서들이 속한다: 「아카데미 철학자들 반박론」(*Contra*

---

102) In tom. i. of the ed. Bened. (*Retractions* and *Confessiones* 바로 뒤에, 그리고 그 책 말미에 수록됨.)

Academicos libritres)(386) — 신플라톤주의의 회의론과 개연론(인간이 진리에 도달할 수 없고, 기껏해야 개연성에 이를 수 있을 뿐이라는 견해)을 비판함;「복된 삶에 관하여」(*De vita beata*)(386) — 참된 복이란 하나님을 온전히 아는 것이라고 주장함;「질서론」(*De ordine*)(386) — 악의 문제를 세상에 대한 하나님의 작정과 관련지어 설명함;「독백」(*Soliloquia*)(387) — 최고선이신 하나님에 관해서, 그리고 진리에 대한 지식과 불멸성에 관해서 자신의 영혼과 대화함;「영혼의 양」(*De quantitate animae*)(387) — 영혼의 크기, 기원, 비물질성 따위의 잡다한 문제들을 논함;「음악론」(*De musica libri vi*)(387–389);「스승론」(*De magistro*)(389) — 하나님의 말씀의 중요성과 고귀함, 무오한 주재(主宰)이신 그리스도에 관해서 아들 아데오다투스와 나눈 대화록(경건하고 유망했으나 조숙했던 그는 아프리카로 돌아간 직후인 389년에 죽었다).[103] 여기에 「영혼과 그의 기원」(*De anima et ejus origine*)(419)을 포함시킬 수 있다. 그 외에도 문법과 변증학, 수사학, 지리에 관한 철학적 논문들을 썼으나, 현존하지 않는다.

이 글들은 아직은 기독교적이거나 교회적인 성격을 드러내지 않지만, 기독교

---

103) 아우구스티누스는 「고백록」(1. ix. c. 6, 크리스챤다이제스트 역간, pp. 226–227)에서 자신이 불법적인 사랑으로 얻은 이 아들에 관해서 다음과 같이 감동적으로 쓴다: "우리는 나의 피붙이이며 내 죄의 자식인 아데오다투스를 데리고 갔나이다. 이미 주님은 그를 고상한 소년으로 만드셨나이다. 그는 채 15살이 되지 않았으나, 그의 지능은 많은 진중하고 박식한 사람들의 그것을 능가하였나이다. 우리의 흉한 꼴을 고칠 능력이 있으신 만물의 창조주 주 나의 하나님이여, 주님의 은사를 주님께 고백하나이다. 이는 그 소년에게 죄밖에 나의 것이 없음이니이다. 오직 주님의 훈계로 그를 육성할 마음을 우리에게 주신 것은 바로 주님이시니이다. 내가 주님의 은사를 주님께 고백하나이다. 내가 쓴 책 가운데 「교사론」이 있나이다. 이는 아데오다투스와 내가 나눈 대화록인데, 주님은 거기 나의 대담자의 입으로 표현된 모든 것이 그의 것임을 아시나이다. 물론 그는 그때 불과 16살이었나이다. 나는 훨씬 놀라운 다른 많은 은사를 그에게서 발견하였나이다. 그런데 그런 경이를 일으킬 수 있는 이가 주님 외에 누구리이까? 그리고 주님은 그의 생명을 세상에서 신속히 옮기셨으나, 이제도 나는 그를 회상할 때 안심하나이다. 이는 그의 어린 시절이나 청년 시절이나 그의 모든 생애에 대하여 두려워할 것이 없음이니이다. 우리는 그를 우리의 동료로 여겼으니, 마치 그가 은혜에 관하여 우리와 같은 나이에 속하여 주님의 훈계 가운데 우리와 함께 훈련받는 것 같았나이다. 그리하여 우리는 세례를 받았으며, 지난 생활에 대한 걱정은 우리를 떠났나이다."

정신에 의해 사로잡히고 거룩하게 된 플라톤주의를 드러내며, 고상한 사고와 이상적인 견해들, 치밀한 논리로 가득하다. 아우구스티누스 자신이 진리의 지식에 도달하기까지 거친 인간 사고의 다양한 단계들을 제시하고, 다른 사람들에게도 그 성소에 이르는 길을 안내하려는 것이 이 글들의 목적이다. 이 글들은 그의 신학에 초보적인 서론 구실을 한다. 그는 훗날 「재고록」에서 이 글들에 실린 많은 내용, 이를테면 플라톤의 영혼 선재설과, 지식 습득이 정신에 감추인 지식을 재수집하거나 발굴하는 것이라는 플라톤의 사상 같은 내용을 철회하였다. 철학자였던 아우구스티누스가 세월이 갈수록 신학자로 변모해 갔으며, 견해도 갈수록 긍정적이고 경험적인 것으로 바뀌었다. 물론 더 좁아지고 독단적인 것으로 바뀐 경우도 없지 않지만. 그럴지라도 그는 철학적 사유를 결코 중단하지 않았으며, 따라서 후기 저작들, 특히 「삼위일체론」과 「신국론」에도 심오한 사색들이 많이 실려 있다. 그는 회심 이전에는 특정 철학 체계를 추종하여, 처음에는 마니교를, 다음에는 플라톤주의를 따랐으며, 회심 이후에는 성경의 신적 계시에 기반을 둔, 그리고 신학과 종교의 시녀인 기독교 철학을 받아들였다. 그러나 동시에 가톨릭적·교회적 철학의 길을 닦았는데, 이 철학은 성경의 권위가 아닌 교회의 권위에 토대를 두며, 중세 스콜라주의에서 완숙하게 된다.

철학사에서 그는 가장 높은 지위를 차지하며, 알렉산드리아의 클레멘스와 오리게네스를 비롯한 다른 모든 교부들보다도 학문들의 학문이라는 그 학문에 크게 이바지했다. 이교 철학을 그 중심이 범신론이거나 이원론인 사상으로 규정하여 공격하고 논박했고, 점성술과 마술 같은 미신들을 뿌리째 흔들어 놓았고, 영혼 방출설과 하나님이 세계의 영혼이라는 개념을 철학에서 몰아냈고, 심리학을 크게 발전시켰고, 악의 기원과 본질 문제를 선대와 후대의 여느 학자보다 훌륭하게 풀어냈으며, 하나님의 전능과 전지가 인간의 자유와 맺고 있는 관계를 최초로 철저히 연구했다. 간단히 말해서, 그는 본격적인 기독교 철학 창시자이며, 아리스토텔레스와 함께 중세 스콜라주의 제국을 양분했을 뿐 아니라, 새로운 철학 체계들이 생길 수 있도록 씨앗을 제공했으며, 기독교 교리를 이론적으로 수립하는 작업에 언제나 중요한 자료가 될 것이다.

III. 이교도들과 유대인들을 비판한 변증서들. 이 부류 가운데 스물두 권으로 된 「신국론」이 여전히 읽힐 가치가 있다. 이 저서는 가장 깊고 풍성한 고대의 변증서로서, 로마가 고트족 왕 알라릭에게 함락을 당한 413년에 쓰기 시작하여 426

년에 완성했으며, 여러 권을 낱권으로 펴냈다. 세계와 인간에 관한 이론을 집약한 이 저서는 세계사를 최후에 멸망할 이 세상 왕국과 영원히 존재할 하나님의 왕국이라는 두 개의 대립적 흐름 혹은 조직적 세력으로 바라보는 최초의 포괄적 철학서이다.[104]

Ⅳ. 종교적·신학적 저서들:「믿음의 유용론」(*De utilitate credendi*) – 영지주의적인 지나친 지식 숭상을 비판함(392);「신앙과 신조론」(*De fide et symbolo*) – 393년에 장로 신분으로 주교들의 요청에 따라 히포 공의회에서 사도신경에 관해 행한 연설;「기독교 교육론」(*De doctrina Christiana iv libri*)(397; 426년에 증보된 제4권) – 신앙의 유추로써 성경 해석을 지도하기 위한 해석학 개론서;「교리문답자를 위한 지침서」(*De catechizandis rudibus*)(400) – 교리문답 교육을 위한 저서;「지침서」(*Enchiridion* (혹은 *De fide*) *spe et caritate*) – 421년이나 그보다 뒤에 라우렌티우스의 요청을 받아 집필한 신앙과 도덕에 관한 간략한 교리서(따라서 '라우렌티우스를 위한 입문서')<*Manuale ad Laurentium*>라고도 불림).

Ⅴ. 논쟁적·신학적 저서들. 이 저서들이 교리사의 가장 풍성한 자료이다.「이단론」(*De haeresibus ad Quodvultdeum*) – 이단들을 집합적으로 다룬 저서로서, 428-430년에 카르타고에 사는 친구이자 부제를 위해서 썼으며, 시몬파(the Simonians)에서부터 펠라기우스파에 이르기까지 88종류의 이단들을 개관한다. 「참 종교론」(*De vera religione*)(390)이라는 저서에서는 참 종교를 이단과 분파에서 찾을 수 없고, 다만 당시의 보편 교회에서만 찾을 수 있다고 주장한다.

그 밖의 논쟁서들은 마니교 · 도나투스파 · 아리우스파 · 펠라기우스파 · 반(半) 펠라기우스파 같은 특정 이단들을 겨냥한다. 아우구스티누스는 소신이 워낙 단호했기 때문에 일체의 개인 감정에 휘둘리지 않았고, 논쟁의 펜을 사용할 때도 '비판은 강하게, 태도는 유순하게'(fortiter in re, suaviter in modo)라는 진정한 기독교 정신으로 사용했다. 그는 사도 바울의 '오직 사랑 안에서 참된 것을 하여'라는 교훈을 이해했으며, 이 점에서 제롬과 크게 대조를 이룬다(그도 본래 제롬 못지않게 불같은 성격이었으나, 제롬에 비해 자신의 성격을 훨씬 잘 제어할 줄 알았다). 마니교도들에 대해서도 다음과 같이 아주 아름다운 표현을 사용한다. "진리를 발견하기 위해 얼마나 큰 고통을 치러야 하는지, 오류를 막아내기가

---

104) In the Bened. ed. tom. vii. Comp. *Retract.* ii. 43, 그리고 이 책의 § 12.

얼마나 어려운지를 모르는 사람들은 여러분에 대해 밑도 끝도 없는 증오로 타오릅니다. 그러나 그토록 오랜 세월 동안 크게 방황한 끝에 진리를 알게 된 저는 제가 여러분의 사상에 빠져 눈이 먼 채 방황하고 있을 때 저의 동료 신자들이 제게 보여준 것과 같은 인내로써 여러분을 대하지 않을 수 없습니다."[105]

1. 마니교 비판서들은 대체로 생애 초기에, 철학서들에 바로 이어서 집필했다. 이때 쓴 내용들에 대해서 아우구스티누스는 훗날 대부분 철회하게 되는데, 그 이유는 마니교의 숙명론을 비판하느라 의지의 자유를 옹호했기 때문이다. 중요한 마니교 비판서들은 다음과 같다:「가톨릭 교회의 풍습과 마니교의 풍습」(*De moribus ecclesiae catholicae, et de moribus Manichaeorum*)(두 권으로 되어 있고, 로마에 두번째로 체류할 때인 388년에 집필함);「참 종교론」(*De vera religione*)(390);「악과 자유의지론」(*Unde malum, et de libero arbitrio*) - 악을 실체로 규명하고, 악의 좌소를 자유 의지 대신에 물질에 두는 마니교 교리를 비판함(388년에 쓰기 시작하여 395년에 완성함);「마니교도들에 반대하여 창세기에 대해서 논함」(*De Genesi contra Manichaeos*) - 성경의 창조 교리를 옹호함(389);「두 개의 영혼에 대해서」(*De duabus animabus*) - 마니교의 심리학적 이원론을 비판함(392);「포르투나투스 논박」(*Disputatio contra Fortunatum*)(392년 8월에 포르투나투스라는 히포의 마니교 사제를 훌륭하게 논박함);「근본주의자들이 말하는 마니교도들의 편지에 반대하여」(*Contra Epistolam Manichaei quam vocant fundamenti*)(397);「마니교도 파우스투스 반박」(*Contra Faustum Manichaeum*)(33권, 400-404);「선의 본성」(*De natura boni*)(404) 등.

이 책들은 악의 기원, 자유 의지, 구약과 신약의 통일성, 계시와 자연의 조화, 무로부터의 창조(이원론과 물활론을 비판함), 지식에 대한 신앙의 우월성, 성경과 교회의 권위, 참된 금욕주의와 거짓 금욕주의 등의 쟁점들을 다루며, 우리에게 마니교적 영지주의에 대한 정보와 그에 대한 반론들을 제공하는 주된 원천이다. 아우구스티누스는 자신이 직접 이 종파에 9년간 몸담은 경험이 있었기 때문에 누구보다도 그들을 비판하기에 적합한 위치에 있었다. 마치 바울이 바리새적 유대교를 비판하기에 잘 준비되어 있었던 것과 같았다. 아우구스티누스가 주장한 악의 본질 교리는 특히 귀중하다. 그는 만대의 교회를 위해서 악이 물질적인

---

105) 참조. *Contra Epist. Manichaei quam vocant fundamenti*, 1. i. 2.

것도 실체적인 것도 아니고, 다만 피조물의 자유 의지의 산물이며, 그 자체로는 선한 실체의 왜곡이며, 하나님이 창조하신 본성(nature)이 부패한 것이라고 주장했다.

2. 프리스킬리아누스파 비판서들. (프리스킬리아누스파<the Priscillianists>는 마니교의 원리들 위에 수립된 스페인의 분파이다.) 대표적인 저서들은 다음과 같다:「프리스킬리아누스파와 오리게네스파를 반박하며 파울루스 오로시우스에게」(*Ad Paulum Orosium contra Priscillianistas et Origenistas*)(411);「거짓 반박」(*Contra mendacium*)(420) – 콘센티우스(Consentius)에게 보낸 글; 영혼의 기원에 관하여 주교 옵타투스(*Optatus*)에게 보낸 제190서신(*alias Ep.* 157)(418)과, 영혼의 본질, 최후 심판의 제한, 선한 목적을 위한 거짓의 합법성에 관한 그릇된 견해들을 논박한 두 편의 서신.

3. 도나투스파 비판서들. 393-420년에 집필되었고, 분리주의를 비판하는 데 초점이 있으며, 교회와 교회 권징, 성례에 관한 아우구스티누스의 교리가 실려 있다. 다음 저서들이 이 부류에 속한다:「도나투스파 반박 시편」(*Psalmus contra partem Donati*)(393) – 규칙적 운율 없는 대중 찬송으로서, 도나투스파의 찬송을 상쇄할 의도로 작성됨;「파르메니아누스 서신 반박」(*Contra epistolam Parmeniani*)(400) – 도나투스를 계승한 카르타고의 도나투스파 주교를 비판함;「도나투스파에 반대한 세례론」(*De baptismo contra Donatistas*)(400) – 이단 세례의 유효성을 인정함;「페틸리아누스의 글에 대한 반박」(*Contra literas Petiliani*)(400년경) – 성례의 효과가 그것을 집례하는 사제의 개인적 자격과 교회적 신분에 달려 있다는 키프리아누스와 도나투스파의 견해를 비판함;「도나투스파에 반대하여 가톨릭 교인들에게 보내는 편지 또는 교회의 통일성에 대하여」(*Ad Catholicos Epistola contra Donatistas, vulgo De unitate ecclesiae*)(402);「도나투스파인 문법학자 크레스코니우스를 반박함」(*Contra Cresconium grammaticum Donatistam*)(406);「도나투스파와 가진 모임」(*Breviculus collationis cum Donatistis*)(411) – 도나투스파와 사흘간에 걸쳐 벌인 종교 회담에 관한 간략한 기록;「도나투스파에 대한 견책」(*De correctione Donatistarum*)(417);「도나투스파 주교 가우덴티우스 반박」(*Contra Gaudentium, Donat. Episcopum*)(420) – 도나투스파를 비판한 마지막 저서.

4. 아리우스 비판서들. 그리스도와 성령의 신성, 그리고 삼위일체를 주제로 다

른다. 이 가운데 가장 중요한 저서는 열다섯 권으로 된 「삼위일체론」(*De Trinitate*, 400-416)이다. 고대 교회가 삼위일체에 관해서 내놓은 가장 심오하고 명쾌한 저서로서, 아타나시우스와 두 그레고리우스의 유사한 저서들에 비해 조금도 못하지 않으며, 수 세기 동안 삼위일체 교리의 최종 표준 역할을 했다. 논쟁에 직접적인 초점을 맞추지 않는다는 점에서 적극적 교훈서 범주에 넣을 수도 있다. 잘 알려지지 않은 막시미노 아리아노(Maximino Ariano)라는 사람과 나눈 대담도 같은 아리우스파 비판서 범주에 속하며, 428년에 집필되었다.

5. 펠라기우스 비판서들. 수도 많을 뿐더러 아우구스티누스가 남긴 가장 영향력 있고 가치 있는 저서들이다. 412-429년에 집필되었다. 이 저서들에서 아우구스티누스는 자신의 지적·영적 역량을 남김없이 발휘하여 인간론과 구원론을 전개하며, 복음적 개신교 체계에 가장 근접한다. 다음 저서들이 이 부류에 속한다:「죄책과 사죄, 유아세례에 관하여」(*On the Guilt and the Remission of Sins, and Infant Baptism*, 412);「영과 의문에 관하여」(*On the Spirit and the Letter*)(413);「자연과 은혜에 관하여」(*On Nature and Grace*, 415);「펠라기우스의 행적」(*On the Acts of Pelagius*, 417);「그리스도의 은혜와 원죄에 관하여」(*On the Grace of Christ, and Original Sin*, 418);「결혼과 육욕에 관하여」(*On Marriage and Concupiscence*, 419);「은혜와 자유 의지에 관하여」(*On Grace and Free Will*, 426);「권징과 은혜에 관하여」(*On Discipline and Grace*, 427);「에클라눔의 율리아누스를 비판함」(*Against Julian of Eclanum*. 두 권의 방대한 저서. 421-429년에 집필했고, 제2권은 미완이며, 따라서 미완의 저서<*Opus imperfectum*>라 불렸다);「성도의 예정에 관하여」(*On the Predestination of the Saints*, 428);「견인의 은사에 관하여」(*On the Gift of Perseverance*, 429) 등.

VI. 해석학 저서들. 대표적인 저서들은 다음과 같다:「창세기 강해」(*De Genesi ad literam.*)- 열두 권으로 되어 있으며, 창세기 처음 세 장, 특히 창조 역사를 문자적으로 해석한 방대한 저서이다(하지만 신비적이고 알레고리적인 해석들도 많이 실려 있다. 401-415년에 집필했다);「시편 해설」(*Enarrationes in Psalmos*)(대부분 설교들임); 124편의 요한복음 설교(416년과 417년); 10편의 요한일서 설교(417);「산상보훈 강해」(*the Exposition of the Sermon on the Mountain*, 393);「사복음서 대조서」(*De consensu evangelistarum*, 400);「갈라디아서」(*the Epistle to the Galatians*, 394); 미완의 로마서 주석.

아우구스티누스는 성경을 해석할 때 정규적인 문법적·역사적 주해보다 생생하고 심오하고 신앙의 덕을 세우는 생각들을 더 많이 다룬다. 아우구스티누스 자신과 독자들 모두 성경 해석에 필요한 언어 지식과 성향 혹은 취향을 갖고 있지 못했다. 그는 신학의 토대를 해석학보다는 성경 진리에 깊이 젖은 기독교적이고 교회적인 정신에 두었다.

VII. 윤리적·실천적·금욕적 저서들. 이 저서들의 부류에는 다음과 같은 주제의 396편의 설교들(대체로 간략함)이 포함된다: *de Scripturis* (성경 본문들에 관한 설교); *de sanctis* (사도들과 순교자들과 성인들을 기념하는 설교); *de diversis* (다양한 행사들에 관한 설교) – 이 가운데 더러는 아우구스티누스가 직접 적었고, 더러는 회중이 받아적었다.

도덕적인 내용의 다양한 논문들도 있다: 「절제론」(*De continentia*)(395); 「거짓에 대하여」(*De mendacio*)(395) – 거짓을 금하는 내용(이 책을 앞서 언급한 프리스킬리아누스파의 거짓 이론 비판서인 「거짓 반박」(*Contra mendacium*<420>)과 혼동해서는 안 된다); 「기독교의 투쟁론」(*De agone Christiano*)(396); 「수도사들의 일에 관하여」(*De opere monachorum*)(400) – 수사들의 게으름을 비판함; 「결혼생활의 축복에 대하여」(*De bono conjugali adv. Jovianum*)(400); 「거룩한 처녀성에 대하여」(*De virginitate*)(401); 「믿음과 노동에 관하여」(*De fide et operibus*)(413); 「불순한 결혼에 대하여」(*De adulterinis conjugiis*)(419) – 고린도전서 7:10 이하에 관한 내용; 「선한 과부의 삶」(*De bono viduitatis*)(418); 「인내론」(*De patientia*)(418); 「죽은 자들을 위해 배려될 조치에 대하여」(*De cura pro mortuis gerenda*)(421) – 놀라의 파울리누스에게 쓴 글; 「금식의 유익」(*De utilitate jejunii*); 「하나님께 대한 열심」(*De diligendo Deo*); 「명상록」 등.

여기에 소개하지 않은 무수한 논문들과 서신들을 덧붙이면 실로 방대하기 이를 데 없는 저서들을 개관할 때, 그리고 그가 주교로서 기울인 큰 노력과 많은 여행들과 신자들 사이의 분쟁 조정들을 고려할 때, 이 교부가 얼마나 충성스러웠고 풍성했고 활력이 넘쳤고 인내심이 강한 인물이었는가 하는 생각에 입이 다물어지지 않는다. 참으로 이만하면 과연 살 만한 가치가 있는 인생이었다.

180. 아우구스티누스가 후대에 끼친 영향과, 그와 가톨릭 사상과 개신교 사상의 관계

이 거목을 떠나기에 앞서, 그리고 그가 가장 밝은 별로 찬란하게 비춘 교회사 시기를 정리하기에 앞서, 그가 자기 시대 이래로 세계에 어떠한 영향을 끼쳤으며, 크게 대립해 있는 가톨릭 사상과 개신교 사상 사이에 어떠한 위치를 지니고 있는가 하는 점들을 살펴봐야 할 것이다. 사실상 모든 교부들이 양 진영의 공동의 유산이다. 하지만 그들 가운데 아우구스티누스만큼 양 진영에 항구적인 영향을 끼친 인물이 없었고, 그만큼 양 진영으로부터 이렇게 큰 존경을 받아온 인물이 없었다. 유독 그리스 교회에 대해서는 그가 끼친 이렇다 할 영향이 없다. 이 교회는 충분히 발전하지 못한 채 선대에 중단된 신인협력적 인간론을 그 뒤로도 계속 견지해 왔기 때문이다.[106]

---

106) 로마 가톨릭 신학자들은 교부들을 자신들의 독점적 자산으로 주장하는데, 이것은 대단히 옹졸하고 노예적이고 기계적인 주장이 아닐 수 없다. 그것은 교부들이 개신교 신조에 대해서뿐 아니라 교황청의 주장에 대해서도 모순되는 내용들을 아주 많이 가르쳤으며, 본질상 로마교에 해당하는 특정 교리들을 모르고 있었기 때문이다 (이를테면 교황 무류설·칠성사·화체설·연옥·고해성사·성모 무원죄 잉태 등). 한때 옥스퍼드 소책자 운동을 이끌었던 뉴먼 박사(Dr. Newman)는 (자신의 중재 제의에 관해서 Dr. Pusey에게 쓴 편지<1866, p. 5>에서) 다음과 같이 말한다. "나는 서재에서 성 아타나시우스나 성 바실리우스의 책을 꺼내어 읽으면서 마치 내가 집 나온 자식과 같은 느낌이 들었던 일이 생각납니다. 그런데 마침내 가톨릭 교회에 가입하게 되었을 때 나는 그 책들에 입을 맞추면서, 그것 안에서 내가 과거에 잃은 채 지내왔던 것보다 더 많은 것을 받은 것같은 느낌을 받았으며, 교부들의 저서를 읽을 때도 마치 자신들을 교회에 유산으로 물려준 영광스러운 성인들과 직접 대화라도 하듯이 '여러분이 이제 나의 것이고, 나는 여러분의 것입니다. 여기에는 한치의 틀림도 없습니다'라고 말했습니다." 하지만 이런 논리라면 유대인들도 모세와 선지자들의 글들에 대해서 독점권을 주장할 관한이 있다. 교부들은 자기들의 시대에 기독교의 진보와 투쟁을 대표한 살아 있는 사람들이었지만, 위대한 진리들을 해설하고 변호하되, 후대에 바로 잡아진 무수한 오류들과 불완전한 면들이 없다고 할 수 없는 사람들이었다. 교부들의 진정한 자녀들이란 그리스도와 사도들의 터 위에 서서 인간의 다른 어떤 저서들보다 신약성경에 입 맞추고, 그들이 그리스도를 좇은 만큼 그분을 따르며, 참된 복음적이고 보편적인 기독교가 전진하는 데 동참하여 자신들의 몫을 수행하는 사람들이다.

1. 아우구스티누스는 무엇보다도 가톨릭 사상과 개신교 사상이 마니교나 아리우스주의, 펠라기우스주의 같은 고대의 급진적 이단들에 맞서서 공동으로 주장한 교리적 토대를 발전시키는 데 크게 이바지했다. 이 거대한 지적 전쟁들이 벌어졌을 때 대체로 기독교 진리의 진영에 서서 위험한 오류들을 막아낸 사람이 아우구스티누스였다. 그의 영향력에 힘입어 히포 공의회(393)와 카르타고 공의회(397)에서 성경의 정경(물론 구약 외경까지 포함하는)이 현재의 형태로 확정되었다. 그는 마니교 이원론과 물활론, 숙명론을 제압했고, 성경이 가르치는 신관(神觀)과 창조관, 성경이 가르치는 죄의 본질 교리와 죄가 인간의 자유 의지에서 비롯되었다는 교리를 방어했다. 니케아의 삼위일체 교의를 발전시켰고, 성령의 이중 발출 교리로써 그것을 완성시켰으며, 그 교의에 니케아 이후 서방에서 널리 받아들여진, 그리고 아타나시우스 신조에서 취한 고전적 표현을 받아들인 형태를 입혔다. 반면에 그리스도론에는 보탠 것이 없으며, 그리스도론을 둘러싼 대대적인 논쟁이 벌어지기 직전에 눈을 감았다. 그 논쟁은 그가 죽은 지 20년 뒤에야 칼케돈 공의회에서 보편적 합의에 이르렀다. 그럴지라도 그는 서방 세계에 "한 위격 내의 두 본성"이라는 중요한 문구를 널리 유포시킨 점에서 레오(Leo)를 예기(豫期)했다.

2. 아우구스티누스는 한편으로는 그리스 가톨릭주의와 구분되고, 다른 한편으로는 복음적 개신교와 구분되는 라틴 가톨릭 체계의 신학적 창시자이기도 하다. 그는 중세의 신학 전체를 지배했으며, 변증적 정신에 힘입어 스콜라주의의 아버지가 되었고, 경건한 마음에 힘입어 신비주의의 아버지가 되었으나, 극단적으로 나간 두 체계에 대해서는 하등 책임이 없다. 스콜라주의는 오성(悟性)으로 하나님을 이해하려고 생각하다가 결국에는 공허한 변증법에 빠져 길을 잃었다. 신비주의는 정서에 힘입어 하나님을 붙잡으려고 노력하다가 막연한 정서주의에 빠져 길을 잃었다. 원래 아우구스티누스가 추구한 것은 정신과 마음, 진취적인 사고와 겸손한 신앙을 겸비한 태도로 하나님에 관해 배워 가려는 것이었다. 안셀무스(Anselm)·클레르보의 베르나르(Bernard)·토마스 아퀴나스(Thomas Aquinas)·보나벤투라(Bonaventura)가 이 점에서 그에게 가장 근접한 사람들이다. 오늘날은 가톨릭 교회가 로마 교회가 되었기 때문에, 아우구스티누스는 이 교회에서 암브로시우스·힐라리우스·제롬·대 그레고리우스보다 더 중요하게 평가를 받는다. 이런 현상은 내면적 친밀성을 배제하고서는 설명할 수 없다.

아우구스티누스가 회심하게 된 데에는 성경 외에도 주교 암브로시우스와의 인격적 만남과 금욕자 안토니우스의 전기가 큰 영향을 끼쳤다. 그의 회심은 이교에서 기독교로 옮긴 것이 아니라(이는 그가 이미 마니교 사상을 간직한 그리스도인이었기 때문이다) 이단에서 역사적·주교제 중심적 교회, 즉 복음의 토대를 공격하던 분파들과 집단들에 맞서 싸운 사도적 기독교의 유일한 합법적 매체 역할을 한 그 교회로 옮긴 것이었다. 그를 복음에 대한 신앙으로 이끈 것은 물론 정신과 마음을 아무런 조건 없이 하나님 앞에 온전히 굴복시킨 태도였지만, 동시에 교회의 권위에 대한 자신의 사적 판단을 포기한 태도이기도 했다. 그는 가톨릭 교회가 숭고한 신앙의 조건으로 가르치던 금욕 생활을 회심할 때 지녔던 심정으로 받아들였다. 물론 훗날의 루터처럼 수도원에 들어가지 않았지만(그가 에르푸르트에서 한 회심은 본질적으로 가톨릭적인 것이었다), 자기 집에서 수사처럼 단순하게 살면서 자발적 가난과 독신 서약을 지켰다.[107]

아우구스티누스는 키프리아누스의 교회관을 채택했고, 도나투스파와 투쟁할 때 교회의 통일성·거룩성·보편성·독점성·모성(母性)을 당대의 가시적 교회에, 즉 주교제 중심의 확고한 조직과 단절되지 않은 계승과 사도신경을 가지고 80-100개에 이르는 분파들의 공격을 버텨내면서 로마에 가시적 중심을 두고 있던 교회에 적용함으로써 키프리아누스의 교회관을 완성시켰다. 이 교회에서 그는 좌초한 인생의 안식처와, 참 기독교의 고향과, 확고한 사고의 기반과, 마음의 만족과, 자기 능력을 무한히 발휘할 좋은 밭을 발견했다. 후대의 로마 교회가 주장하는 교회의 속성 가운데 아우구스티누스가 제시하지 않은 것은 무오성뿐이

---

107) 순수한 기독교 원리들에 따르면 아우구스티누스가 13년 동안 불법으로 동거해온 아프리카 여성 — 이 여성은 그에게 항상 충실했고, 그에게 사랑스럽고 좋은 재능이 있는 아데오다투스를 낳아 주었다 — 을 돌려보내지 않고, 또한 여러 가지 훌륭한 점들을 훨씬 더 많이 구비한 다른 여성을 배필로 고르려고 시도하지 않고, 그 여성과 결혼했다면 훨씬 더 고상한 일이 되었을 것이다. 이 점에서 복음적 개신교의 도덕성이 가톨릭적 금욕주의보다 얼마나 우수한 것인가 하는 것이 명백히 드러난다. 그러나 당시의 지배적인 시대 정신을 감안할 때, 만약 그가 그런 결혼을 했더라면 그렇게 높은 평가를 받을 수도, 그렇게 많고 유익한 업적을 성취할 수도 없었을 것이다. 독신은 결혼을 천시하던 이교적 풍조에서 가정 생활을 중시하고 신성하게 여기는 복음적 기독교의 정신으로 건너갈 수 있게 이어준 교량이었다.

었다. 그는 초기 공의회들의 결정이 후대의 공의회들에 의해서 점진적으로 교정되어가는 것이라고 생각했다. 펠라기우스 논쟁 때에는 교황 조시무스에 대해서 독립적인 태도를 취했으며, 이것은 선대에 키프리아누스가 이단 세례 논쟁에서 교황 스테파누스에게 보였던 태도이기도 했다. 이처럼 그에게 논리의 정당성과 그것을 주장할 만한 권리가 있었기 때문에, 조시무스는 아프리카 교회에 굴복하지 않을 수 없었다.

아우구스티누스는 성례를 하나님의 언약에 근거한, 보이지 않는 은혜에 대한 보이는 표징으로 뚜렷하고 고정된 정의를 내린 최초의 교부였다. 그러나 성례가 일곱 가지라고는 생각조차 하지 않았으며, 이것은 훨씬 후대에 만들어진 교리이다. 세례 교리에서 그는 철저히 가톨릭적이었다. 물론 그것이 자신의 예정 교리와 논리적인 모순이 있긴 했지만 말이다. 그러나 성찬 교리에서는 선대의 교부들인 테르툴리아누스나 키프리아누스와 마찬가지로 칼빈이 가르친 그리스도의 살과 피의 영적 임재와 실현이라는 사상에 좀 더 가까웠다. 그는 적어도 말기 저작들에서는 가톨릭의 기적 신앙과 마리아 숭배에도 이바지했다.[108] 하지만 그가 마리아에게서 제외해 준 것은 원죄가 아닌 자범죄였으며, 마리아를 극진히 존경했음에도 불구하고 그를 하나님의 어머니라고 부르지는 않았다.

초기에는 신앙의 자유를 옹호하고 오류를 순전히 영적인 방법으로 제거해야 한다고 주장한 그는, 후기에는 강제 개종(coge intrare)이라는 치명적인 원리를 주장했으며, 공권력에 의한 박해 체계에 자신의 권위를 크게 실어주었다. 자신의 이러한 주장이 중세에 가서 얼마나 참혹한 결실을 거두었는가를 보았다면 아마 몸서리쳤을 것이다. 왜냐하면 그는 본래 마음이 따뜻하고 온건한 사람이었으며, 개인적으로 "진리 외에는 정복할 방도가 없으며, 진리의 승리는 사랑에 있다"는 영광스러운 원리에 입각해서 행동했기 때문이다.[109]

이처럼 위대하고 선한 사람일지라도 부주의한 열정에 사로잡히게 되면 큰 재앙의 원인이 될 수 있는 법이다.

3. 반면에 아우구스티누스는 모든 교부들을 통틀어 복음적 개신교에 가장 근접한 사람이며, 그의 죄론과 은혜론을 감안할 때 종교개혁의 첫 선구자라고도

---

108) 참조. §§ 81, 82.
109) 참조. § 27.

부를 수 있다. 루터교와 개혁교회는 그에게 성인이라는 칭호를 부여하는 데 항상 주저함이 없었으며, 그가 죄인을 변화시키는 하나님의 기이한 은혜와 능력을 가장 참되고 극적으로 입증한 훌륭한 증인이었다고 주장했다. 주목할 만한 점은, 그가 바울의 교훈에 서서 가르친 교리들(개신교 사상에 가장 근접한)이 그의 체계에서 좀 더 원숙한 후기에 제시된 것이라는 점과, 이 교리들이 평신도들에게 널리 받아들여졌다는 점이다. 그가 인간론을 발전시키는 계기가 된 펠라기우스 논쟁은 그를 신학석으로, 교회석으로 설성에 올려놓았는데, 그가 발년에 가장 늦게 내놓은 저서들은 두 명의 평신도 친구들인 프로스페르와 힐라리우스의 제보로 알게 된 펠라기우스주의자 율리아누스와 갈리아의 반(半)펠라기우스파를 비판하는 데 뜻을 두었다. 이러한 반펠라기우스적 저서들이 가톨릭 교회에 강력한 영향력을 행사하여서 펠라기우스주의로 기울어지던 성직위계제도와 수도원제도의 경향을 저지했다. 하지만 그러한 경향이 성직자 사회와 수도원 사회의 피와 골수에서 완전히 사라지지는 않았다. 그것은 장차 적절한 때가 오기를 기다리면서, 기존의 체계에 조용히 반감을 키워갔다.

심지어 중세에조차 우수한 분파들, 즉 성경으로 돌아감으로써 기존의 기독교를 단순하고 순수하고 영적으로 만들려고 노력한 집단들과, 종교개혁 이전의 개혁자들인 위클리프·후스·베셀 같은 사람들은 사도 바울 다음으로 히포의 주교를 '값없이 임하는 은혜' 교리를 대변한 인물로 받아들였다.

종교개혁자들은 아우구스티누스의 저서들에 힘입어 사도 바울을 더 깊게 이해했고, 그로써 자신들의 중대한 소임을 이루기 위한 준비를 갖추었다. 교회가 배출한 어떠한 교사도 그만큼 루터와 칼빈의 형성에 이바지한 사람이 없었다. 두 사람에게 아우구스티누스만큼 펠라기우스주의와 의식주의를 그처럼 강력하게 제거할 무기를 제공한 사람은 없었다. 두 사람이 그토록 존경과 사랑으로 자주 인용한 인물이 다시 없었다.[110]

---

110) 루터는 교부들에 대해서 대단히 신랄한 비판을 가한다(그는 아우구스티누스를 제외하고는 교부들에 대해서 깊이 있게 알지 못했다). 심지어 바실리우스와 크리소스토무스, 제롬도 그의 비판을 면치 못한다. (제롬에 대해서는 금식과 독신과 수도원 제도를 옹호했다는 이유로 독설을 퍼부었다.) 때로는 아우구스티누스에게조차 불만을 표시하는데, 왜냐하면 그에게서 자신의 '오직 믿음'과 '교회가 죽고 사는 항목'을 발견할 수 없었기 때문이다. 따라서 이렇게 말한다: "아우구스티누스도 자주 오류

멜란히톤과 츠빙글리를 포함한 모든 종교개혁자들이 처음부터 아우구스티누스의 자유 의지에 대한 부정과 예정 교리를 받아들였으며, 때로는 그보다 더 멀리 나아가 전택설에 빠져서 인간의 공로와 자랑의 마지막 뿌리까지 잘라내기도 했다. 이 점에서 아우구스티누스는 마치 루터교와 맺고 있는 것과 같은 관계를 가톨릭 교회와 맺고 있다. 다시 말해서, 그는 과도한 주장들에 대해서까지도 비판을 받기보다 존경을 받는, 불가침의 권위를 지니고 있는 것이다. 그럼에도 불구하고 그의 예정 교리는 얀센주의를 단죄한 교황의 조치에 의해서 간접적으로 단죄를 받았다. (이는 마치 루터의 견해가 협화신조(the Form of Concord)에 의해서 배척을 당한 것과 같은 경우에 해당한다.) 얀센주의는 로마 가톨릭 교회의 품에서 자라난 아우구스티누스주의의 부흥에 다름 아니었던 것이다.

아우구스티누스와 종교개혁자들이 이 방향으로 깊이 들어간 이유는 죄와 은혜에 대한 자각이 그만큼 진지하고 컸기 때문이다. 펠라기우스의 느슨한 인식은 절대로 종교개혁자를 낳을 수 없었다. 인간의 절대 무능, 하나님에 대한 무조건적 의존, 인간으로 하여금 모든 선한 일을 행할 힘을 주시는 하나님 은혜의 전능한 능력에 대한 견고한 확신만이 그 일을 할 수 있었다. 자신이 교회와 인류를 위한 소명을 하나님께 받았다는 확신을 다른 사람들에게 주고자 하는 사람은 자신이 영원하고 불변한 하나님의 작정에 대한 신앙에 철저히 사로잡혀 있어야 하고, 가장 어둡고 절망적인 상황에서도 그 신앙을 굳게 붙들어야 한다.

위인들에게서, 오로지 위인들에게서나 큰 대립과 명백한 모순이 공존할 수 있는 법이다. 좁은 생각은 그런 것을 품을 수 없다. 가톨릭적이고 교회적이고 성례적이고 사제적인 제도가, 아우구스티누스의 체계 안에서 주관적이고 인격적인 체험을 강조하는 복음적·개신교적 기독교와 대립해 있다. 특히 보편적 부르심

를 범했다. 그를 절대 신뢰해서는 안 된다. 선하고 거룩한 분이긴 하지만 그럴지라도 다른 교부들과 마찬가지로 참 신앙에서는 결핍이 있었다." 그러나 이러한 성급한 발언은 그에 대해서 무수히 해놓은 찬사들에 압도된다. 그리고 루터가 그렇게 아우구스티누스를 비판한 발언들도 모두 겸허한 심정으로 한 것으로 받아들여야 한다. 그는 아우구스티누스를 가리켜 가장 경건하고 중후하고 진지한 교부이자, 순수한 교리를 가르치고, 기독교적 겸손으로 그 교리를 성경에 종속시킨 신학자들의 대부라고 부르며, 그가 만약 16세기에 살았다면 개신교 진영에 섰겠지만, 제롬은 로마 진영에 섰을 것이라고 말했다.

(적어도 교회 내에서)을 상정하는 세례에 의한 보편적 중생 교리는 논리적 원리상 절대 예정 교리와 합치할 수 없다. 구속의 작정을 세례받은 자들의 범위로 한정하기 때문이다. 아우구스티누스는 한편으로는, 누구든 세례받은 사람은 성례의 외적 행위에 수반되는 성령의 내적 역사로 말미암아 사죄를 받으며, 자연의 상태에서 은혜의 상태로 옮겨가며, 따라서 세례받은 자의 자격으로(qua baptizatus) 하나님의 자녀이자 영생의 후사가 된다고 생각한다. 하지만 다른 한편으로는 이런 모든 유익들을 하나님의 절대 의지에 종속시키며, 하나님께서는 오직 '멸망할 다수'로부터 특정한 수만 구원하시며, 그들을 끝까지 보존하신다고 주장한다.

칼빈과는 달리, 그에게는 중생과 선택이 일치하지 않는다. 중생은 선택 없이도 존재할 수 있지만, 선택은 중생 없이는 존재할 수 없다. 아우구스티누스는 많은 사람들이 사실상 다시 멸망하기 위해서 은혜의 왕국으로 태어난다고 생각하는 반면에, 이에 반해 칼빈은 선택과 무관한 세례란 의미없는 예식일 뿐이라고 주장한다. 전자가 내면적 효과에 소홀한 반면에, 후자(칼빈)는 외적 형식에 소홀하다. 성례적이고 교회적인 체계는 영원한 선택을 사실상 부정할 만큼 세례에 의한 중생을 크게 강조한다. 반면에 칼빈주의적이고 청교도적인 체계는 선택을 강조하느라 성례의 효과를 반감시킨다. 루터교와 성공회는 중간 노선을 취하여서, 그 문제에 대한 만족스러운 신학적 해답을 주지 못한다. 성공회는 두 가지 대립된 견해를 용인하는데, 전자에 대해서는 「공동기도서」(*the Book of Common Prayer*)에서, 후자에 대해서는 완만하게 칼빈주의를 담은 「삼십구개조」(Thirty-nine Articles)에서 인정한다.

아우구스티누스의 체계가 제롬의 라틴어 번역성경과 마찬가지로 역사의 그 전환기, 즉 옛 문명이 야만주의의 물결 앞에서 사라지고, 기독교의 주도하에 새로운 질서가 준비되어 가던 시기에 적절하게 맞춰 등장한 것은 분명히 하나님의 섭리였다. 교회는 강하고 압도적인 조직과 탄탄한 교리 체계를 가지고 기독교를 거대한 이민으로 인한 혼돈에서 구출해야 했으며, 중세의 야만족들을 신앙과 교양으로 가르칠 학교가 되어야 했다.

이 훈련 과정에서 지적으로 가장 중요한 역할을 수행한 것이 제롬의 성경과 학문성, 그리고 아우구스티누스의 신학과 비옥한 사상이었다.

아우구스티누스는 워낙 보편적인 존경을 받기 때문에, 모든 방면에서 영향력을 행사할 수 있고, 심지어 과도한 교훈조차 별로 거부감을 주지 않았다. 그는 교회 권위의 원리에서는 충분히 가톨릭적이었지만, 교회의 성직위계적이고 성례 중심적인 성격에 수정을 가하고, 외적이고 기계적인 의식주의(儀式主義)에 제동을 걸고, 장차 새로운 정신이 대두하여 성직위계적 통치의 각질을 깨고 새로운 발전을 선도할 때까지 죄와 은혜에 대한 깊은 자각과 뜨겁고 참된 기독교적 경건을 보존한 점에서는 자유롭고 복음적이었다. 어떠한 교부도 그처럼 중세 가톨릭 체계에 유익을 끼치면서 동시에 복음적 종교개혁을 예비한 사람이 없었다. 그는 사도 바울의 진정한 계승자이자 루터와 칼빈의 선구자가 될 충분한 자격이 있다.

만약 그가 종교개혁 시대에 살아 있었다면 틀림없이 복음적 운동에 앞장서서 당시에 로마 교회를 지배하던 펠라기우스주의를 공격했을 것이다. 우리는 가톨릭 체계와 로마주의 혹은 교황주의 사이에 강한 유사성이 있음에도 불구하고 중대한 차이도 있다는 사실을 잊어서는 안 된다. 양자의 관계는 기독교를 예견하고 준비한 구약 시대의 유대교와, 십자가 사건과 예루살렘 멸망 이후의, 기독교에 적대적인 유대교의 관계와 유사하다. 가톨릭 체계는 고대 교회사와 중세 교회사를 망라하며, 교황제의 부패와 그에 따라 점차 증가하던 '머리와 몸의 개혁'(reformatio in capite et membris)의 필요성에 대한 인식과 함께 증가한 바울적·아우구스티누스적 혹은 복음적 경향들도 포함한다. 로마주의의 진정한 원년은 트렌트 공의회가 그것에 신조적 표현을 부여하고, 종교개혁의 교리들에 저주를 선언한 시점이다. 가톨릭 체계는 로마주의의 힘이지만, 로마주의는 가톨릭 체계의 약점이다. 가톨릭 체계는 얀센주의를 낳았는데, 교황제는 그것을 단죄했다. 교황제는 망각하는 것도 없고 배우는 것도 없으며, 교리에 어떠한 변화도 용인하지 않는다(첨가에 의한 변화를 제외하고는). 변화를 용인한다는 것은 자체의 근간이 되는 무오성을 무너뜨리는 것이며, 자살을 자초하는 것이다. 그러나 가톨릭 체계는 궁극적으로 자체를 그토록 오래 가두어온 교황제의 사슬을 끊고 새로운 생명과 활력을 입을 수 있다.

아우구스티누스는 이처럼 거대하게 양분되어 있는 기독교 세계에서 양 진영으로부터 동시에 존경을 받고, 양 진영에 동일한 영향력을 행사하는 중재적 위치에 서 있는 까닭에, 장차 양 진영의 모든 진리들을 보존하고, 양 진영의 모든 오류들을 버리고, 양 진영의 모든 죄를 용서하고, 양 진영의 모든 증오와 반목을 잊어버리는 방식으로 가톨릭 체계와 개신교 체계를 하나로 화해시킬 수 있는 훌륭한 담보로 존재한다. 어쨌든 신앙에서는 권위와 자유, 객관적인 것과 주관적인 것, 교회적인 것과 개인적인 것, 유기적인 것과 개별적인 것, 성례적인 것과 경험적인 것 사이의 모순이 절대적인 요소가 아니라 상대적이고 일시적인 요소이며, 사물의 본질에서 생긴 것이라기 보다는 현세에서 인간이 지니는 지식과 경건의 결핍들에서 생긴 것이다. 이런 요소들은 교회가 장차 신적 본질과 인간적 본질의 결합에 따라서 들어가게 될 완전한 상태에서, 즉 유한한 사고와 논리적 이해의 한계를 초월하면서 그리스도의 인격에서 이미 완전히 실현되어 있는 그런 완전한 상태에서 궁극적인 조화를 이루어낼 것이다.

그 요소들은 사실상 사도 바울의 신학 체계에서 연합되어 있다. 그는 교회를 신비스러운 '그리스도의 몸'이요, '진리의 기둥과 터'라고 지극히 숭엄하게 이해하면서, 동시에 복음적 자유와 개인의 책임, 신자와 구주 사이의 인격적 연합을 크게 천명했다. 우리는 하나의 거룩한 가톨릭적·사도적 교회와 하나의 성도의 사귐과 하나의 우리와 한 분 목자를 믿고 소망한다. 양 교회가 참으로 그리스도를 닮아가고 그분에게 더 가까이 갈수록, 그리고 그분의 나라를 실제적으로 나타낼수록, 서로 간에도 더욱 가까워질 것이다. 그리스도께서는 모든 신자들의 공동의 머리이시고 생명의 축이시며, 상이한 모든 인간적 분파들과 신조들의 신적 조화이시기 때문이다. 아우구스티누스의 가장 위대하고 고상한 제자들의 한 사람인 파스칼(Pascal)은, "그리스도 안에서 모든 모순들이 해소된다"고 말한다

● **독자 여러분들께 알립니다!**

'CH북스'는 기존 '크리스천다이제스트'의 영문명 앞 2글자와
도서를 의미하는 '북스'를 결합한 출판사의 새로운 이름입니다.

필립 샤프 교회사전집 3

니케아 시대와 이후의 기독교

1판 1쇄 발행 2004년 5월 25일
1판 중쇄 발행 2021년 2월 23일

발행인 박명곤
사업총괄 박지성
편집 채대광, 김준원, 박일귀, 이은빈, 김수연
디자인 구경표, 한승주
마케팅 박연주, 유진선, 이호, 김수연
재무 김영은
펴낸곳 CH북스
출판등록 제406-1999-000038호
대표전화 070-4917-2074 **팩스** 031-944-9820
주소 경기도 파주시 회동길 37-20
홈페이지 www.hdjisung.com   **이메일** main@hdjisung.com
제작처 영신사 월드페이퍼

© CH북스 2004